ISBN 978-0-428-99928-5
PIBN 10431193

For support please visit www.forgottenbooks.com

1 MONTH OF
FREE
READING

at

www.ForgottenBooks.com

By purchasing this book you are eligible for one month membership to ForgottenBooks.com, giving you unlimited access to our entire collection of over 700,000 titles via our web site and mobile apps.

To claim your free month visit:
www.forgottenbooks.com/free431193

English
Français
Deutsche
Italiano
Español
Português

www.forgottenbooks.com

Mythology Photography **Fiction**
Fishing Christianity **Art** Cooking
Essays Buddhism Freemasonry
Medicine **Biology** Music **Ancient
Egypt** Evolution Carpentry Physics
Dance Geology **Mathematics** Fitness
Shakespeare **Folklore** Yoga Marketing
Confidence Immortality Biographies
Poetry **Psychology** Witchcraft
Electronics Chemistry History **Law**
Accounting **Philosophy** Anthropology
Alchemy Drama Quantum Mechanics
Atheism Sexual Health **Ancient History**
Entrepreneurship Languages Sport
Paleontology Needlework Islam
Metaphysics Investment Archaeology
Parenting Statistics Criminology
Motivational

CODEX DIPLOMATICUS

REGNI CROATIAE, DALMATIAE ET SLAVONIAE.

VOLUMEN V.

DIPLOMATA ANNORUM 1256—1272. CONTINENS.

DIPLOMATIČKI ZBORNIK

KRALJEVINE

HRVATSKE, DALMACIJE I SLAVONIJE.

IZDALA

JUGOSLAVENSKA AKADEMIJA ZNANOSTI I UMJETNOSTI

POTPOROM KR. HRV.-SLAV.-DALM. ZEM. VLADE.

SABRAO I UREDIO

T. SMIČIKLAS

PRAVI ČLAN AKADEMIJE.

SVEZAK V.

LISTINE GODINA 1256—1272.

ZAGREB.

TISAK DIONIČKE TISKARE.

1907.

U knjižari Jugoslavenske akademije (knjižari Dioničke tiskare — Gjuro Trpinac) u Zagrebu

dobivaju se knjige, koje su svojina Jugoslavenske akademije znanosti i umjetnosti, i to:

I. Zbornici, koje izdaje Akademija.

1. Rad Jugoslavenske akademije znanosti i umjetnosti. (Knj. 1—173):
Knjige 1—59 zajedničke su za sva tri razreda; od njih nema više u zalihi
knj. 4—10 i 14, ostale pak stoje:
knj. 1—19 po 2 K. 50 fil.
" 20—59 " 3 K.
Počevši od knj. 60:
Posebne knjige razredâ historičko-filologičkoga i filosofičko-juridičkoga:
svaka knj. po 3 K.,
samo knj. 129 4 K., a 142 knj. 3 K. 50 fil.
Posebne knjige razreda matematičko-prirodoslovnoga:
knj. 137, 139, 141, 149 i 163 po 2 K., ostale knj. po 3 K.,
samo knj. 120 po 4 K., 122 po 5 K., a 123 po 1 K. 50 f.
U slavu petdesetgodišnjice prieporoda hrv. knjige g. 1885. knj. 80. 4 K.
Boškovićeva stogodišnjica: knj. 87, 88 i 90 stoji 9 K.

2. Stari pisci hrvatski. (Knj. 1—21.)
Knj. I. Pjesme M. Marulića. U Zagrebu 1869. Cijena 4 K.
 " II. Pjesme Šiška Menčetića Vlahovića i Gjora Držića 1870. Cijena 4 K.
 " III. i IV. Pjesme Mavra Vetranića Čavčića. 1871. i 1872. Cijena III.
 knj. 4 K., knj. IV. 5 K.
 " V. Pjesme Nikole Dimitrovića i Nikole Nalješkovića. 1873. Cijena 4 K.
 " VI. Pjesme Petra Hektorovića i Hanibala Lucića. 1874. Cijena 4 K.
 " VII. Djela Marina Držića. 1875. Cijena 6 K.
 " VIII. Pjesme Nik. Nalješkovića, A. Čubranovića, M. Pelegrinovića i
 S. Mišetića Bobaljevića i Jegjupka neznana pjesnika. 1876. Cijena 3 K.
 40 fil.
 " IX. Djela Ivana Fr. Gundulića. 1877. Cijena 10 K.
 " X. Djela Frana Lukarevića Burine. 1878. Cijena 5 K.
 " XI. Pjesme Miha Bunića Babulinova, Maroja i Oracija Mažibradića i
 Marina Burešića. 1880. Cijena 3 K. 60 fil.
 " XII., XIII. i XIV. Djela Gjona Gjora Palmotića. 1882., 1883. i 1884.
 Cijena knj. XII. 6 K., XIII. 7 K., XIV. 4 K.
 " XV. Djela Antuna Gleđevića. 1886. Cijena 4 K.
 " XVI. Djela Petra Zoranića, Antuna Sasina i Savka Gučetića Bende-
 viševića. 1888. Cijena 5 K.
 " XVII. Djela Jurja Barakovića. 1889. Cijena 6 K.
 " XVIII. Pjesni razlike Dinka Ranine. 1891. Cijena 5 K.
 " XIX. Djela Gjona Gjora Palmotića. (Dodatak.) 1892. Cijena 1 K.
 " XX. Crkvena prikazaña starohrvatska XVI. i XVII. vijeka. 1893.
 Cijena 5 K.
 " XXI. Djela Dominka Zlatarića. 1899. Cijena 5 K.

3. Starine. Knjiga 1—32. 1869—1907. Cijena 1. knjizi 2 K. 50 fil., knj. 7.,
10., 21., 22., 23., 24., 25., 26., 29., 30., 31. i 32. po 4 K, ostalim po 3 K.

4. Monumenta spectantia historiam Slavorum meridionalium. (Knj. 1—31):
Knj. I—V., IX., XII., XXI., XXII. 1868. 1870. 1872. 1874. 1875.
1878. 1882. 1886. 1890. 1891. Listine o odnošajih izmedju južnoga Sla-
venstva i mletačke republike. Cijena I., II., III. i IX. po 6 K., IV., XXI.,
XXII. po 8 K., V. i XII. po 5 K., XVII. knj. 4 K.
Knj. VI., VIII., XI., 1876. 1877. 1880. Commissiones et relationes Venetae.
Tom. I. II. III. Cijena VI. i XI. knj. 4 K., VIII. knj. 5 K.
Knj. VII. 1877. Documenta historiae chroaticae periodum antiquam illu-
strantia. Cijena 12 K.
Knj. X., XIII. Monumenta Ragusina. T. I. 1879 et II. 1882. Cijena X. knj.
5 K., knj. XIII. 6 K.
Knj. XIV. Scriptores. Vol. I. Annales Ragusini Anonymi, item Nicolai
de Ragnina. 1883. Cijena 6 K.
Knj. XV. Spomenici hrvatske krajine. Vol. 1. 1884. Cijena 6 K.
Knj. XVI. Spomenici hrvatske krajine. Vol. II. 1885. Cijena 6 K.
Knj. XVIII. Acta Bulgariae ecclesiastica. 1887. Cijena 6 K.
Knj. XIX. Acta coniurationem Petri a Zrinio et Francisci de Frankopan,
nec non Francisci Nadasdy illustrantia. Cijena 5 K. 60 fil.

CODEX DIPLOMATICUS

REGNI

CROATIAE, DALMATIAE ET SLAVONIAE.

EDIDIT

ACADEMIA SCIENTIARUM ET ARTIUM SLAVORUM MERIDIONALIUM

AUXILIO REGIMINIS CROAT., DALM. ET SLAV.

COLLEGIT ET DIGESSIT

T. SMIČIKLAS

ACADEMIAE SOCIUS ORD.

VOLUMEN V.

DIPLOMATA ANNORUM 1256—1272. CONTINENS.

—

ZAGRABIAE.

EX OFFICINA SOCIETATIS TYPOGRAPHICAE.

1907.

DIPLOMATIČKI ZBORNIK

KRALJEVINE

.HRVATSKE, DALMACIJE I SLAVONIJE.

IZDALA

JUGOSLAVENSKA AKADEMIJA ZNANOSTI I UMJETNOSTI

POTPOROM KR. HRV.-SLAV.-DALM. ZEM. VLADE.

SABRAO I UREDIO

T. SMIČIKLAS

PRAVI ČLAN AKADEMIJE.

SVEZAK V.

LISTINE GODINA 1256—1272.

—.

ZAGREB.

TISAK DIONIČKE TISKARE.

1907.

Štampane zbirke upotrebljene u svescl IV. i V. ovoga zbornika.

Baluze Miscellanea (ed. Mansi) Lucae 1761—1764. T. I.—IV. fol.

Bogišić-Jireček Liber statutorum Ragusii. Zagreb. 1904. 8⁰.

Bullettino di Archeologia e Storia Dalmata. Spalato. 1878—1907 T. I—XXX.

Carrara Archivio capitolare di Spalato. Spalato 1844. 8⁰.

Cherubini Bullarium Romanum. Romae 1638. T. I—IV. fol.

Codex diplomaticus patrius hungaricus (Hazai okmánytár) Studio et opera Emerici Nagy, Joan. Nep. Paur, Caroli Ráth et Desiderii Véghely. Jaurini et Budapestini 1861—1891. T. I—VIII.

Csemeki és Tarkeöi Dessewffy Csalad. Budapest 1903. 4⁰.

Dumont Corps universel diplomatique du droit des gens. Amsterdam 1726—1731. T. I—VIII fol.

Endlicher Rerum hungaricarum Monumenta Arpadiana. Sangalli. 1849. 8⁰.

Erben Regesta Bohemiae. Pragae. 1855—1862. T. I—II. 4⁰.

Fabijanić Storia dei. fratri minori dai primordi della loro istituzione in Dalmatia e Bosnia fino ai giorni nostri. Zara. 1863—1864. Voll. I.—II. 8⁰.

Farlati Illyricum Sacrum. Venetiis. 1751—1819. fol. Voll. I—VIII.

FeJér Codex diplomaticus Hungariae ecclesiasticus ac civilis. Budae. 1829—1844. 8⁰. Prodromus, 11 tomi in 43 voll. et 2 indices.

Ficker Regesta imperii. Innsbruck. 1879. T. I.

Fuxhoffer Monasteriologia regni Hungariae libri duo totidem tomis comprehensi. Recognovit, ad fidem fontium revocavit et auxit Maurus Czinár. Pestini 1858—1860 4⁰. Voll. I—II.

Гласник српског ученог друштва. Београд. Књига I—LXXIII. 8⁰.

Hormayer Geschichte der gefürsteten Grafschaft Tirol. Tübingen. 1806—1808. 8⁰. T. I—II.

Huillard-Bréholles Historia diplomatica Friderici secundi. Paris. 1852—1861. T. I—VI. 4⁰.

Jaksch Monumenta historica ducatus Carinthiae. Klagenfurt 1896—1898. 8⁰ Bd. I—II.

Kandler Codice diplomatico Istriano. Trieste 1870—1871. 4⁰.

Katona Historia critica regum Hungariae Pestini, Posonii, Cassoviae, Budae, Colocsae, Budae 1779—1817. 8⁰. Voll. I—XLII.

Kercselich Historiarum cathedralis ecclesiae Zagrabiensis partis I. tomus I. Zagrabiae (1770) fol.

Kercselich De regnis Croatiae-Slavoniae notitiae praeliminares. Zagrabiae. (1870.) fol.

Knauz Monumenta ecclesiae Strigoniensis. Strigonii. 1874. Voll. I—II. 4⁰.

Koller Historia episcopatus Quinqueecclesiarum. Posonii. 1782—1812. Voll. I—VII.

Kubinyi Codex diplomaticus Arpadianus 1095—1301. Budapest 1867—1884. Voll. I—II. 8⁰.

Kukuljević Jura regni Croatiae, Dalmatiae, Slavoniae. Zagrabiae. 1861. T. I—III. 4'.

Kukuljević Borba Hrvata s Mongoli i Tatari. Zagreb. 1861. 8⁰.

Kukuljević Arkiv za povjestnicu jugoslavensku. Zagreb. 1850—1875. T. I—XII. 8⁰.

Kukuljević Regesta documentorum regni Croatiae, Dalmatiae et Slavoniae. Saec. XIII. Zagrabiae. 1896. 8⁰.

Laszowski Povjesni spomenici plemenite općine Turopolja nekoč »Zagrebačko polje« zvane. Zagreb. 1904—1907. T. I—III. 8⁰.

Ljubić Listine o odnošajih južnoga Slavenstva i mletačke republike. (Ovo je u »Monumenta Slavorum meridionalium« I—V.) Zagreb. 1868—1873.

Ljubić Libellus Polichorion qui Topicus vocatur u Starine XXIII jugoslavenske akademije. Zagreb. 1890.

Lucius Memorie istoriche di Tragurio ora detto Traù. Venetia 1674. 4⁰.

Lucius De regno Dalmatiae et Croatiae libri sex. Amstelodamii. 1666. fol.

Makušev u Записки императорскои академіи наукъ. Petersburg. Tom. XIX.

Makušev Monumenta historica Slavorum meridionalium vicinorumque populorum. Varšava. 1874. P. I.

Manrique Cisterciensium seu verius ecclesiasticorum annalium a condito Cistercio. Lugduni 1642—1659. T. I.—IV. fol.

Mansi Sacrorum conciliorum nova et amplissima collectio. Florentiae et Venetiae 1758—1798. T. I—XXXI. fol.

Martene Thesaurus novus anecdotum seu collectio monumentorum. Paris. 1717. T. I—V. fol.

Miklosich Monumenta serbica spectantia historiam Serbiae, Bosniae. Ragusii. Viennae 1858. 8⁰.

Palacky Litterarische Reise nach Italien. Prag. 1838. 4⁰.

Pavlović Memorie di cose dalmatiche nella storia della vita di San Giovanni Orsini vescovo di Traù. Zara. 1864. 8⁰.

Pertz Monumenta Germaniae Scriptores. Hanoverae 1826—1869. Tom. I—XXI.

Potthast Regesta pontificum Romanorum inde ab MCXCVIII ad a. MCCC(CIV. Berolini 1874—1875. Voll. I.—II.

Pray Annales veterum Hunnorum, Avarorum et Hungarorum ab a. 210—1517. Viennae 1763—1767. T. I—IV. fol.

Pray Specimen hierarchiae hungaricae complectens seriem chronologicam archiepiscoporum et episcoporum Hungariae. Posonii et Cassoviae 1776. Voll. I.—IV. 4⁰.

Rad jugoslavenske akademije. Zagreb. 1867. knj. 1.

Rath-Rómer Györi történelmi és régészeti füzetek. Budapest. 1861—1865. T. I—IV.

Raynaldi Annales ecclesiastici ab an. 1198. Lucae 1747—1756. Voll. I—XV. fol.

Ripolli Bullarium ordinis ff. Praedicatorum Romae 1729—1740. T. I—VIII. fol.

Sbaralea Bullarium franciscanum. Romae. 1759—1768. Voll. I—IV. tol.

Starine jugoslavenske akademije. Zagreb. 1869—1907. T. 1—32.

Šafařik Památky dřevního písemnictví Jihoslovanův. Praha. 1863. 8⁰.

Teleki Hynydiak kora. Pest. 1852—1857. T. I—XII. 8⁰.

Thallóczy-Barabas Codex diplomaticus comitum de Blagay. Budapest. 1897. 8⁰.

Theiner Vetera monumenta historica Hungariam sacram illustrantia. Romae. 1859—1860. Voll. I—II. fol.

Theiner Vetera monumenta Slavorum meridionalium historiam illustrantia. Romae. 1863. Zagrabiae. 1875. T. I—II. fol.

Tkalčić Monumenta historica episcopatus. Zagrabiensis. — Zagrabiae. 1873.—1874. Voll. I—II. 8⁰.

Tkalčić Monumenta historica lib. et reg. civitatis Zagrabiae, metropolis regni Croatiae. 1889—1904. Voll. I—XI. 8⁰.

Tosti Storia della badia di Monte Cassino. Neapoli. 1842—1843. T. I.—III. 4⁰.

Vjesnik zemaljskoga arkiva u Zagrebu. T. I—VIII. 8⁰.

Wadding Annales Minorum. Romae. 1731. — T. I—XII. fol.

Zalavarmegyei története Szerkesztik Nagy Imre, Véghely Dezső és Nagy Gyula. Budapest. 1886—1890. Kötet 1—2. Okleveltár.

535.

1256, 15. februara. U Draču.

Petar Vrana Dračanin, koji je imao napasti na dubrovačke trgovce, očituje se njihovim prijateljem.

† Signum crucis manus proprie Petri Vrana, qui hoc firmat.

† In nomine domini dei eterni anno dominice incarnacionis, mille-simo ducentesimo quinquagesimo sexto, die martis, quinto decimo mensis februarii, quarte decime indictionis. Ego Petrus Vrana ciuis Dirrachii qui in hoc dicto seu scripto uoluntarie signum crucis propria manu feci, sepe sepius a nobili uiro domino Cosme Mramathe proximo Dirrachii et a probis hominibus eiusdem rogatus, ut preceptum mihi factum a do-mino meo cur Michaeli magno despoti supra mercatores et comuni(!) Ra-gusii, ut capere deberem de bonis illorum, ut mihi esset satisfactum de omnibus rebus, quibus(!) mihi olim furatus fuit quondam Theodorus Can-pano(!) et ut ipsum preceptum loco honoris et amoris ciuitate(!) Ragusii et comunale(!) eiusdem uacaret aut pro irrito aberetur (!). Ego uero conside-rante(!) priscam amicitiam, quam cum mercatoribus et bonis hominibus Ragusii abui et uti solebam mediante(!) supplicationibus supradictorum proborum uirorum et etiam interuentu nobilibus(!) uiris ser Theodorus Bodatie et Fuscii Binzole, Palme Gangule, Marculi Johannis qui interfu-erunt et argumentum dederunt, ut preceptum dicti despoti uacaret et pro irito haberetur. Unde mea spontanea uoluntate nullo me cogente inuitu, set ut antiqua amicicia habet(!) incrementum, renuntio predictum preceptum, ut inimiciciam, qua exinde uidebatur oriri, casetur(!). Coram sub-scriptis testibus renuncio omnem uigorem et auctoritatem, quam abebam de supra memorato facto, ut amodo in antea nec per me uel meos he-redes siue per aliqua persona (!) a nobis de lo(!) summissa mercatores Ragusii ad causam extra detraere(!) ualeamus, sed semper taciti et con-tenti exinde maneamus, quantum ad uigorem prefati precepti aberi uide-bamur, ut nullam(!) uigorem et auctoritatem habeat et ad futuram memo-riam et cautelam comunitate(!) Ragusii hoc presens scriptum fieri rogaui

Nicolaum diaconum imperialis(!) puplicus Dirrachii notarius sub afirmacionem meam et subscriptorum testium roborari, hac(!) eodem notarius suo consueto signo munire, anno, mense, die et indictione pretitulatis.

† Ο' δοῦλος τοῦ κυρ . . . . . proximos Dirrachii . . . . . .

(Više grčkih potpisa nečitljivih. Ljudi potpisnici jesu zvan zemljišta našega naroda, zato si ne dadosmo truda, da i fragmente njihovih imena priopćimo).

† Nicolaus diaconus imperialis puplicus notarius.

(Signum notarii.)

Original u dubrovačkom arkivu. Zbirka saec. XIII.

536.

1256, 21. februara.

Bela kralj ugarski i hrvatski nagradjuje Jakova sina Jakova bana za zasluge stečene u ratu sa Tatarima.

Bela dei gracia Ungarie, Dalmacie, Croacie, Rame, Seruie, Gallicie, Lodomerie, Comanieque rex etc. Cum regalis clemencie splendor eo magis radios suos circumfundere et subditorum corda incalescere soleat, quo maiora pietatis et gratitudinis exempla in eos ostenduntur, qui sumpma fide et contemptis quibusuis infortuniorum, miseriarumque procellis regum saluti invigilant cunctaque sua perire sinunt, quam in fidelitate deesse. Hinc est, quod ad universorum tam presencium quam futurorum memoriam pervenire et perennari volumus, quod nos singulari fide Jacobi filii Jacobi bani, filii olim Gerlicze moti et grata recolentes memoria id, quod dum superioribus (annis) contra Danislaum Lodomerie ducem iustissima arma iustissimum bellum gereremus, deque oppugnacione castri Yryzlou ageretur, ad quod quidem castrum capiendum quam plurimi nostrum impetum cum multorum cede et vulneracione, absque tamen diu iam sperata et optata captivacione fecerunt. Ecce dictus Jacobus, divina ipsum inflamante gracia, primus omnium cum paucorum manu impetum facere primusque non solum muros conscendere, sed signa quoque nostra regia superplantare coepit; partaque forti manu victoria castrum ipsum etsi graviter vulneratus, nostre tamen subiecit potestati, triumphumque nobis comparavit cum sanguinis effusione letissimum. Dum autem in infelici illorum perniciosa Thartharorum gente ad fluvium Sayw conflictum regnum nostrum Hungarie pessumiret, nobisque hostibus undiquaque circumventis, nihil preter mortem iam superesset, ipse Jacobus lateri nostro continuo adherens, cum larga sanguinis sui effusione viam ad sylvas et latibula montium stricto ubique ense aperuit; dumque nos non sine miseria ad partes maritimas fatali fato recepissemus, ipse Jacobus de salute, vita et victu nostro non absque discrimine vite proprie prodivit fidelissime cunctasque infortuniorum erumnas qua premebamur, nobiscum ad ultimum usque . supportavit. Quemadmodum proinde grata nobis est tanta fidelitatis memoria, ita eundem Jacobum, ut nostre quoque gracie evidens habeat symbolum, quo in sua senectute pacifice et sine erumnis gaudeat, nostra clemencia recreandum duximus. Terram proinde Wrych cum tribus mansionibus in terra Zwplych, in dictis partibus maritimis, ubi tanta fidelitatis exibuit argumenta et que per decessum ex hac luce Renoldi, filii Dyonisii, de dicta Wrych ad manus nostras nostramque collationem secundum approbatam regni nostri consuetudinem devenerant, eidem Jacobo, filio Jacobi bani, in filios filiorum posterorumque posteros in sempiternum ex prematuro prelatorum et baronum nostrorum ad presentem synodum comparencium (consilio) dedimus et contulimus; eo per expressum addito, ut eundem Jacobum filiosque eiusdem et posteros nullus banus, comes vel iudex regni, preter nostram personam sub onere 100 marcarum fini argenti iudicare valeat aut audeat. Datum per manus dilecti ac fidelis nostri magistri Smaragdi prepositi Albensis, aule nostre vice-cancellarii. Anno domini millesimo CCLVI., X. kalendas martii, regni autem nostri anno XIII.

Fejér Cod dipl. Hung. VII. 3. 36—38. — Kukuljević Reg. no. 691.

537.

1256, 25. februara.

Nadbiskup spljetski Rogerij očituje, da je primio od samostana dominikanskoga i od Tome arcidjakona neku svotu novaca.

Anno dominice incarnacionis millesimo ducentesimo quinquagesimo sexto, indictione quartadecima, die quinto exeunte februarii, regnante domino nostro Bela serenissimo rege Ungarie, tempore domini Rogerii venerabilis archiepiscopi Spalatensis, Stephani illustris bani Sclavonie comitis, Duymi Kasari, Miche Madii, Nicole Desse iudicum. Nos suprascriptus Rogerius dei gracia archiepiscopus Spalatensis per hoc presens instrumentum confitemur et facimus manifestum, nos recepisse a vobis Thoma archidiacono et fratre Jesse de ordine fratrum Predicatorum conventus Spalati nomine ecclesie romane, de mandato domini pape tredecim libras et quinque soldos et medium bonorum denariorum grossorum Venecie, quos denarios mutuo nos habere dicimus; renuncians omni excepcioni non date et numerate pecunie tempore contractus. Ad securitatem autem vestram huic instrumento nostrum sigillum pendens fecimus apponi. Actum in camera ipsius domini archiepiscopi in prensencia et testimonio domini Nicolai Pharensis episcopi, Nicole Duymi, Marini Symeonis Leonardi de Pessine Spalatensibus et aliis. Ego Dobre Duscize examinator conscius scripsi.

Ego Amicus capellanus, communis Spalatensis iuratus notarius his interfui et de voluntate ipsius domini archiepiscopi rogatus scripsi et consveto signo roboravi.

Original u arkivu kaptola spljetskoga. Na listini visi končana uzica, pečat je otpao.

Farlati Ill. sacrum. III. 279. — Fejér Cod. dipl. Hung. IV. 2, 414. (samo početak.) — Wenzel Cod. Arpad. cont. VII. 437—438. — Kukuljević Reg. no. 692.

538.

1256, 3. marta. U Zadru.

Stana daruje vrt Dominikancima.

In nomine dei eterni amen. Anno ab incarnacione domini nostri Jesu Christi millesimo ducentesimo quinquagesimo sexto, mensis marcii, die tercio intrante, indicione quarta decima, Jadre. Nos namque Paulus et Dimincius filii quondam Chorese et Stane uxoris eiusdem protestamur, quod dicta Stana mater nostra cum esset propinqua morti, tamen sana mente et integro sensu, vocato suo patrino Rastica archipresbitero Jadrensi dixit, quod ortum quem aliquando ab abbatissa sancti Platonis comparaucrat ad usum eiusdem ecclesie sancti Platonis deuolueretur fratribus Predicatoribus in eadem ecclesia commorantibus. Vnde nos ratam habemus et firmamus donacionem nostre matris in orto predicto. Preterea plenam et irreuocabilem securitatem facimus vobis suprascriptis fratribus Predicatoribus de orto antedicto, quod neque per nos neque per nostros heredes et successores dicti fratres Predicatores propter ortum aliquod grauamen paciantur. Actum est hoc et firmatum coram hiis vocatis et rogatis testibus, scilicet Cosa Saladino et Andrea Cotopania.

Ego Grisogonus de Mauro examinator manu mea misi.

Ego seruus(!) deo Alberto(!) clericus sancte Marie Magdalene Jadre notarius rogatus, ut audiui hanc cartam scripsi, roboraui et signo consueto signavi.

(Signum notarii.)

Original u arkivu gubern. u Zadru (odio samostana sv. Dominika no. 2164).

539.

1256, 21. marta. U Stolnom Biogradu.

Bela kralj ugarski i hrvatski dozvoljuje gradjanima na Gradcu sajam o blagdanu sv. Marka.

Nos B(ela) dei gracia rex Hungarie etc. significamus omnibus quibus presentes hostendentur, quod voluimus ac concessimus, ut in monte Grech de Zagrabia, nundine ab octo diebus ante festum beati Marci evangeliste incipiendo usque octavas eiusdem festi sine tributo quolibet celebrentur. Unde quicumque vel undecumque voluerint illic, secure et libere debeant advenire, faciendo mercaturam, secure ad propria revertantur, nullusque ipsis dampna vel molestias presumat aliquatenus irrogare, cum velimus eos illuc congregari sub nostra proteccione speciali. Datum aput Albam curiam, in festo sancti Benedicti, anno domini MCC quinquagesimo sexto.

Tkalčić Mon. civ. Zagr. I. 26. br. 31. — Kukuljević Reg. no. 694.

540.

1256, 24. marta.

Bela kralj ugarski i hrvatski priznaje šesterim plemenima Gorjanskim njihovu djedovinu.

(B)ela dei gracia Hungarie, Dalmacie, Rame, Seruie, Gallicie, Lodomerie, Comanieque rex universis presentes litteras inspecturis salutem in omnium salvatore. Excellencia regia remediis invigilans subiectorum solet ea litterarum testimonio roborare, que legitime terminantur, ne hiis processu temporum in irritum revocatis veritati preiudicet, falsitas et iniquitas prevaleat equitati. Proinde ad universorum noticiam tenore presencium volumus pervenire, quod cum post recessum Tartarorum pro revocandis iuribus castri indebite occupatis per totum regnum nostrum diversos iudices misissemus, inter ceteros Chak comes de Gara, ensifer noster, dilectus noster et fidelis sex generaciones de comitatu Gara ad nostram presenciam evocavit et terras eorundem nomine terrarum castri castro restitui repetebat. Eedem autem generaciones ex adverso responderunt, quod ille terre ipsorum essent hereditarie et quod quondam per Moys comitem de Gara in nostra presencia racione castri in iudicium ipse terre fuissent deducte, ac in presencia Stephani bani tocius Sclavonie, cui in hac parte commiseramus [vice]s nostras, quod ille terre ad eos iure hereditario pertineant, testibus ydoneis conprobassent; super quo eciam nobis curaverunt nostrum privilegium exhibere. Verum quia per idem nostrum privilegium constitit nobis, relacioni ipsarum sex generacionum veritatem plenissime suffragari, liti finem imponere cupientes, ipsas sex generaciones ab impeticione dicti comitis Chak in hac parte duximus absolvendas. Sed cum in privilegiis que ipse sex generaciones presentarunt, solummodo trium generacionum nomina haberentur, specialiter inter alias terras generacionis Bracon eidem tanquam suas hereditarias presencium testimonio reliquimus quiete, pacifice et perpetuo possidendas, sicut dinoscuntur hactenus tenuisse sine iuris preiudicio alieni. In cuius rei perpetuam firmitatem presentes litteras dari fecimus sigilli nostri duplicis munimine roboratas. Datum per manus magistri Smaragdi Albensis ecclesie electi aule nostre vicecancellarii dilecti et fidelis nostri anno domini millesimo ducentesimo quinquagesimo sexto, nono kalendas aprilis, regni autem nostri anno vicesimo primo.

Original u kr. ug. drž. arkivu u Budimpešti: M. O. D. L. no. 430. (Stara sign. N. R. A. fasc. 1531. no. 18.) Na listini visi svilena vrvca, crvene, bijele i zelene boje; pečat otpao. Postoji i potvrda kralja Ljudevita od g. 1356. 12. juna, prepisana po zagrebačkom kaptolu g. 1357. 25. marta(?) pod sign. M. O. D. L. no. 431. (Stara sign. N. R. A. fasc. 1531, no. 18.) Wenzel. Cod. dipl. Arp. vol. VII. 421—422. — Kukuljević Reg. no. 696.

541.

1256, 24. marta. U Spljetu.

Suci spljetski dosudjuju, da sudac Dujmo Kasari nije dužan platiti jamstvo za Lampridija Dešicu, već da se vjerovnik drži dužnika.

Anno dominice incarnationis millesimo ducentesimo quinquagesimo sexto, indictione quarta decima, die octauo exeunte marcio, regnante domino nostro Bela serenissimo rege Vngarie, temporibus domini Rogerii venerabilis archiepiscopi Spalatensis, Stephani illustris bani Sclauonie comitis, Duymi Kasari, Miche Madii, Nicole Dese iudicum. Coram nobis iudicibus Spalatensibus supradictis questione suborta inter iudicem Duymum Kasarum et Lampredium Sagarelle de sedecim pecudibus, de quibus idem Duymus fideiusserat eidem Lampredio Sagarelle pro Lampredio Desciçe, ut sunt in iure confessi. Predictus iudex Duymus dicebat, quod ipse uolebat soluere eundem Lampredium Sagarelle de rebus mobilibus aut de immobilibus ipsius Lampredii Desciçe cum bocaro curie usque ad summam ualoris ipsorum pecudum. Et cum per ipsum Lampredium Sagarelle responderetur, quod ipse uolebat recipere predictam solucionem solummodo in pecudibus et non in aliis rebus, nos auditis hinc inde propositis et super premissis cum consiliariis habito consilio diligenti duximus iudicandum, quod ipse Lampredius Sagarelle reciperet solucionem ab ipso Duymo de rebus sui debitoris secundum iustam extimationem ipsarum pecudum. A qua sententia dictus Lampredius appellavit et secundum statutum ciuitatis Spalati appellationem suam exequi infra terminum editum non curauit. Vnde eundem iudicem Duymum Kasarum duximus absoluendum de fideiussione ipsarum pecudum ab impetitione eiusdem Lampredii Sagarelle et idem Lampredius se tenere ad suum debitorem debeat. Actum in ecclesia sancti Laurencii. Testes: Gregorius Grube, Petrus Cerneche, Co(s)me Petri Kamurcii et allii.

Ego Geruasius Grubesce examinator precepto curie scripsi.

Ego Amicus capellanus comunis Spalatensis iuratus notarius his interfui et de mandato iudicum rogatus scripsi et consueto signo roboraui.

(Monogram not.)

Original u arkivu kaptola u Spljetu a. 1256. (XVI. 1, 100). — Wenzel Cod. Arpad. dipl. VII. 451. (po kopiji u beč. taj. arkivu). — Kukuljević Reg. no. 695.

542.

1256, 29. marta. U Dubrovniku.

Senat dubrovački daje Ivanu Ranjini i Mihajlu Binzoli punomoć da sklope ugovor s gradom Firmom.

Hoc est exemplum cuiusdam instrumenti cuius tenor talis est.

Anno incarnationis domini millesimo ducentesimo quinquagesimo sexto, mensis martii tertio die astante, Raguse, ordinata curia cum sonitu campane. Nos Andreas de Auro comes Ragusii cum consiliariis et nos commune Ragusii et cum laudatione totius populi Raguse committentes committimus et plenam commissionem damus vobis nobilibus viris Michaeli de Pinçola et Johanni de Ranana dilectis et nobilibus conciuibus et ambasatoribus nostris, ut omnia que feceritis et ordinaueritis, firmaueritis et concordaueritis cum potestate et communi Firmi ciuitatis

ratum et firmum habebimus, nunc et semper. Hec autem carta commis-
sionis in sua firmitate pe[rma]neat et nullo testimonio rumpi p(os)sit.
Hii sunt testes: Grubessa Gundule, [Mi]chael Peçane, Dabrana Lampridii,
Dobroslauus Ranane et Rosin(us) Goyslaui iurati iudices. Et ego presbyter
Pascalis et communis Raguse notarius suprascriptus sum et testis sub
anno domini millesimo ducentesimo quinquagesimo. sexto, indictione
quarta decima, ... exeunte aprilis, presentibus magistro Gualterio
Petri Gaulterii, Johanne . . . . . ip[sa] . . . do de sancto Olpidio (!) . . . . .
uocatis testibus. Hoc actum fuit intra f. r. . . . . .

Et ego Jacobus Mathei de Prato notarius de mandato domini
Vbaldo . . . . mi per dominum Jacobinum domini Bernardini
de Parma potestatem . . . . [publi|caui.

(Signum notarii.)

*Originalni prijepis na istoj pergameni, gdje se nalazi i ugovor s gradom
Firmom od godine 1256. 19. aprila, u arkivu jugoslavenske akademije u
Zagrebu. Diplomata a. 1256. Gl. br. 545.*

543.

1256, 29. marta.

*Bela kralj ugarski i hrvatski, dajući ispitati iza tatarske provale
sva prava i naslove, potvrdjuje Babonićima povelje kralja Emerika
i svoju.*

Bela dei gracia Hungarie, Dalmacie, Croacie, Rame, Seruie, Gallicie,
Lodomerie, Cumanieque rex omnibus Christi fidelibus tam presentibus
quam futuris presentem paginam inspecturis salutem in omnium salvatore.
Officii nostri debitum remediis invigilat subiectorum et precipue fideliter
famulantium, quia dum concedimus, quod postulant, dum confirmamus,
quod obtinent et tramitem servamus equitatis et in conservatione seu
augmentatione iurium quiescimus eorundem. Proinde ad universorum
notitiam volumus pervenire, quod cum de consilio baronum nostrorum
post recessum Tartarorum terras seu alia iura a castris per quempiam
indebite occupata vel detenta, per totum regnum nostrum diversos iudices
constituendo, revocari et castro restitui faceremus, inter cetera factum
terrarum per totum banatum ultra Drawam existentium dilecto et fideli
nostro Stephano bano totius Sclavonie et capitaneo Stirie duximus co-
mittendum, qui mandato a nobis sibi tradito speciali his, apud quos
terras castri ex nostra donatione reperit possideri, terminum assignavit
coram nobis comparendi et sua privilegia exhibendi; quo adveniente

inter alios fideles nostri Babonig et Stephanus comites ad nostram accedendo presentiam super terra Wodychan, in qua iobagiones castri de Dobycha terras duarum villarum, ratione terre castri Bezdig et Mekuyn nuncupatas requirebant, privilegium illustris regis Herrici patrui nostri clare memorie sub aurea bulla et nostrum similiter super eiusdem terre confirmatione concessum presentarunt, quibus inspectis dictam terram duarum villarum et terram Wodycham, prout metis circumdatur, eisdem pro fidelibus servitiis, que nobis exihibuerant, perpetuo duximus relinquendam. Cuius quidem terre mete, prout in aureo privilegio iam dicti regis Herrici vidimus contineri, hoc ordine distinguntur: incipit enim a capite rivuli qui vocatur Zuonna et per eundem currit inferius usque, cadit in fluvium Zana, per eundem fluvium procedit usque dum cadit in alium fluvium qui nominatur Vna, per quem dirigitur inferius et exit de fluvio Vn per rivulum, qui nominatur Strigomla et per eundem rivulum ascendit superius ad alium rivulum, qui dicitur Mequin et cadit in prefatum rivulum Strigomla, deinde vero procedit per quandam semitam ascendens ad verticem, per quam revertitur ad metam priorem, videlicet ad caput rivuli Zuonna. In cuius rei memoriam et perpetuam firmitatem presentes literas dedimus duplicis sigilli nostri munimine roboratas. Datum par manus dilecti et fidelis nostri magistri Smaragdi Albensis prepositi, aule nostre vice cancellarii, anno domini millesimo ducentesimo quinquagesimo sexto, quarto kalendas aprilis, regni autem nostri anno. vicesimo primo.

Thallóczy-Barabas Cod. Blag. 14—15 br. 7. (Po prijepisu Stjepana bana od g. 1352.) — Fejér VII. 4. 117—118.

Kukuljević Reg. br. 697. ima ovu opazku: E transumpto Stephani bani totius Slavoniae et Croatiae de dato Zagrabiae 14. nov. 1352. in congregatione generali universorum nobilium et cuiusvis conditionis et status hominum in regno Slavoniae existentium celebrata, ad petitionem Duymi filii Radoslai filii Babonek confecto. In archivo comitum Blagaj no. 32 a Rad. Lopašić.

544.

1256, 9. aprila.

Abraham župan moravečki uredjuje raspru radi zemlje izmedju knezova Mirka i Jakova.

Nos Abraam dei gracia comes de Moraucha notum facimus omnibus hoc presens scriptum inspecturis quibus presentes litere patuerint, quod cum accedens ad nostram presenciam Mirco comes ex una parte et ex altera Jaco comes, idem Mirk comes coram nobis super dictum Jaconem requisivit quandam terram, que vocatur Scalatina in Moraucha, quam asseruit, quod idem Jaco multo tempore sua potestate observasset. Nos vero inter ipsos secundum iuris ordinem iudicium iudicavimus tali modo, quod dictam terram ad duas partes dividendo, media pars dicte terre contineretur predicto Mirconi comiti, altera vero pars Jaconi comiti contineretur. Unde iidem dicti viri hoc consenciendo, dictam terram in presencia pristaldi terrestris nomine Pribcone in duas partes diviserunt et dictus Mirk comes mediam partem dicte terre que sibi contigit in presencia dictorum pristaldorum cum metis circumstantibus assignavit. Cuius prima meta terre incipit ex meridie super uno magno berch de una magna arbore silicis, ubi est meta et ibi conterminatur terre et metis populis (!) castrensibus (!) de villa Gyous; hinc vero progreditur et descendit inferius in una valle et perveniet ad rivum Moraucha, ubi dictum rivum transit ultra super arborem ceraseam, ubi est meta; hinc vero progreditur et ibit ad unam viam, que transit ultra et ibidem iuxta eam sub cino est meta; hinc vero progreditur versus aquilonem et ascendit super unum magnum montem et perveniet ad cerasum iuxta vineam, ubi est meta; hinc de dicta arbore cerasea progreditur et ibit ad unam semitam, que est in berch, ubi conterminatur terre et metis filio Martini nomine Wolcoyn; hinc vero in eodem berch in dicta semita progreditur versus orientalem et perveniet et coniungitur ad proprias suas terras dicti Mirk comitis et suorum cognatorum. Ut igitur ne processu temporis hec causa possit promoveri, nos A(braam) comes predicto Mirconi comiti pro iustificacione sue terre literas nostras concessimus |perpetu]o possidendas, sigillo nostro munimine roboratas. Datum in dominica ramis palmarum, anno domini M⁰CC⁰ quinquagesimo VI⁰.

Original na pergameni u knjižnici narodnog muzeja u Budimpešti s. a. 1256. (prešao ovamo iz zbirke Véghely-eve kupnjom g. 1899. U pismu listine kao da imade neznatnih ostataka longobardskoga pisma u e i r. — Na listini vidi se trag, gdje je o vrvci visio pečat.

Cod. dipl. patrius. VIII. 66—67 no. 52.

545.

1256, 19. aprila. U Firmi.

Firmanci i Dubrovčani izmiruju se.

In dei nomine amen. Anno domini millesimo ducentesimo quinquagesimo sexto, indictione quarta decima, die duodecima exeunte aprilis, presentibus magistri Jacobo Petrigisi, Fidendeo Actoris Uulpis, Vgone domini Bernardi, Jacobo Gualdumerii et Jacobo Cantarello testibus, coram domino Vbaldo iudice communis Firmi, per dominum Jacobinum domini Bertirandi Rollandi Rubei de Parma potestatem Firmi, Marcus da Cateliano pro se et filio suo condam Johanne, Matheus Johannis Bononis, Johannes Natalis, Dominicus Iohannis Fasiani, Politus da Marano pro se et nepote suo Alberto da Marano et magister Gualterius Petri Gualterii pro se et fratre suo Palmerio condam pro se et aliis sociis eorum, fuerunt confessi et contenti se recepisse a hominibus mercatoribus de Ragusia condam venientibus cum eorum mercimoniis et rebus ad ciuitatem Firmanam viginti et vnam libram uult(atici) (?) de quantitate mille ducentarum sex de . . . . . quas homines et mercatores de Ragusia, qui veniebant et venient cum rebus et mercacionibus . . . . . ad litora portus et in districtum ciuitatis Firmi et ad ipsam ciuitatem ar. . . . st. . . . facere tenebantur predictis Firmanis et aliis eorum sociis condam, vt continetur . . . . . a tulo . . . . . . Firmi Aiaroso da Ragusa et filio suo Michaeli et aliis suis . . . . sione predictis Firmanis ablatis et detentis [supradictus] dominus N. . . . . de p. . . co . . . . des Ranana Raguseorum ambasadores, ut continetur in carta scripta per . . . e pl. . . . tarium cartam Raguse factam anno incarnacionis domini millesimo ducentesimo quinquagesimo sexto, mensis marcii, tertio die astante etc. secundum . . . . predictis Firmanis . . . . tatis . . . et ad u . . . ciuitat . . . . eonem procuratorum siue cu . . . . quod habebunt in locis predictis decem solidos uult(atici) (?) uel . . . . . factum in quantitate predicta ipsis Firmanis ablata et sp. . . . anor . . . decem solidos per centenarium libras teneantur facere ipsis Raguseis soluentibus de ipsis . . . . centenarium solutis, vt dictum est cartam quietationis et confessionis, quod si dicti Ragusei qui uenerint ad ciuitatem Firmanam et eius districtum non soluerint decem solidos de omni centenario libras dederunt predicti Michael et Johannes ambasatores Ragusei, vt ambasatores Ragusei predictis Firmanis licentiam et liberam potestatem accipiendi et auferendi eorum auctoritate de bonis et rebus hominum et mercatorum dicte terre Ragusane, vt sibi satisfacient in quantitate pecunie predicte ; et hec omnia predicta dicti Ragusei ambasatores pro commune Ragusii et dicti Firmani inter se concorditer firmauerunt, laudauerunt et rata et firma habere promiserunt sub obligatione suorum Firmanorum bonorum et dicti ambasatores promiserunt sub eadem obligatione bonorum communis Ragusii coram iudice supradicto. Hoc actum fuit in palatio communis Firmi. Et

ego Jacobus Mathei de Prato notarius rogatus scribere, subscripsi et
publicaui.

(Signum notarii.)

*Savremeni prijepis na pergameni u arkivu jugoslavenske akademije u
Zagrebu. Diplomata a. 1256. — Listina je sasvim od vlage izjedena. Na
istoj pergameni nalazi se i punomoć senata dubrovačkog od g. 1256. 29.
marta. Vidi našu listinu pod br. 542.*

546.

1256, 30. aprila. U Zagrebu.

*Pred kaptolom zagrebačkim uredjuje se po zapovijedi kraljevoj kape-
tanu Perklinu pravo posjeda Glavnice i čini se razvod medja.*

Capitulum ecclesie Zagrabiensis universis presencium noticiam habituris salutem in domino Jesu Christo. Ad universitatis noticiam harum
serie volumus pervenire, quod cum magister Bernaldus phisicus domini
Bele regis Hungarie cum litteris preceptoriis eiusdem domini regis, ut
nos una cum ipso hominem nostrum ydoneum, coram quo prescriptus
homo regius possessionem Glaunicha vocatam, que quondam Velizlay
sine heredum solacio sexus virilis decedentis fore dinoscebatur, simul
cum possessionibus castrensium in eadem Glaunicha existentibus collacioni regie pertinentes, comiti Perclino capitaneo Graciensi per veteres
metas et antiquas, convocatis commetaneis et vicinis rite et legitime
reambulatam, prout in dictis regalibus continebatur, perpetuo possidendam
assignaret, si non foret contradictum; contradictoribus autem ydem homo
regius presente homine nostro in eiusdem domini B(ele) presencia comparendi terminum competentem assignaret. Cumque nos precepto et
mandato regio obtemperantes unacum prescripto magistro Bernaldo phi-
sico domini regis et concanonico ecclesie Budensis, Nycolaum et Paulum
magistros concanonicos ecclesie nostre predicte transmisissemus; prescriptus tandem homo regius cum predictis sociis nostris et concanonicis,
nec non comite Nicolao vice-comite de Morawcha per Stephanum banum
tocius Sclavonie ad hoc specialiter deputato, ad nos redeuntes, unanimiter nobis et concorditer retulerunt, quod ipsis feria quinta proxima
post octavas Pasce domini super faciem dicte possessionis Glaunicha
accedentibus, eandem rite et legitime omnibus vicinis et commetaneis
convocatis et ipsis non contradicentibus, ymmo pocius assensum benivolum eidem comiti Perclino prebentibus in hac parte et consensum
per cursus harum metarum. Incipit enim prior et principalis meta a

parte aquilonis in monte Feketew dicto, unde in supercilio monticuli vulgariter berch dicti inter fluvios Glaunicha vocatos, maiorem scilicet fluvium Glaunicha et minorem, qui quidem mons extenditur ab aquilone orientem versus; secundoque in supercilio eiusdem montis longo spacio venitur ad quandam arborem castanee in tergo eiusdem montis, sub qua est meta terrea; abhinc adhuc tendit in eiusdem monticuli tergo longo spacio et venitur ad arborem ilicis, ubi est meta terrea; abhinc eundo per spacium longum descenditur de monticulo veniturque ad arborem populeam, ubi fluvius Glauniche minor coniungitur maiori fluvio Glauniche, ubi est meta terrea; quarum omnium metarum pars remanens ex parte fluvii minoris Glauniche pertinent ad nobiles, parte vero ad fluvium maioris Glauniche existente, cedente et remanente comiti Perclino antedicto; in palude nempe maioris Glauniche paulisper contra cursum aque eundo exitur de palude et venitur ad arborem nucis, ubi est meta terrea; exhinc adhuc tendit per quandam planiciem, deinde ascendit in monticulum, qui est inter fluvios Glaunicha et Blagusa vocatos; eundoque per tergum eiusdem montis venitur ad arborem piri silvestris, ubi est meta terrea; deinde per longum spacium versus aquilonem eundo venitur ad metam terream; adhuc tendit aquilonem versus per silvam spacio longo et venit ad quandam metam secus metam principalem erectam sub arborem abiei; et ibi terminantur possessionis antedicte mete. Quarum omnium metarum pars existens ex parte fluvii Glaunicha pertinet comiti Perclino antedicto: reambulatam idem homo regius presentibus dictis sociis et concanonicis nostris, nec non dicto comite Nicolao vice-comite de Moroucha statuisset et assignasset cum omnibus utilitatibus et pertinenciis suis quibuslibet, terris arabilibus, silvis, pratis, fluviis et locis molendinorum, in perpetuum et irrevocabiliter possidendam, tenendam pariter et habendam, contradiccione quorumlibet commetaneorum et vicinorum dicte possessionis, ut premisimus, non obstante comiti Perclino et posteritatibus descedentibus ab eodem. In cuius rei memoriam et perpetuam firmitatem presentes concesimus litteras sigilli nostri munimine roboratas. Datum in quindenis Pasce domini anno eiusdem M^0 ducentesimo quinquagesimo sexto.

Original na pergameni u kr. ugar. drž. arkivu u Budimu DL., 432. (Stara sig. N. R. A. fasc. 1531 no. 14). O svilenoj vrvci zelene boje visi oštećeni kaptolski pečat. — Na hrptu nešto poznija bilješka: »priuilegium de possessione Glauicha uocata«, te nastavljeno rukom XVII. stoljeća: »seu Glavnicha« etc. — Ovdje nalazi se takodjer prijepis kaptola stolnobiogradskog od god. 1330. 23. jula DL. 433. (Stara sign. isto).

Fejér Cod. dipl. IV. 2. 414 — Wenzel Cod. dipl. Arpad. VII. 441—6. — Kukuljević Reg. no. 698.

547.

1256, 2. maja. U Zadru.

Petar Dronković pravi svoju oporuku.

In nomine dei eterni amen. Anno ab incarnacione domini nostri
Jesu Christi millesimo ducentesimo quinquagesimo sexto, mensis madii,
die secundo intrante, indicione quartadecima, Jadre. Manifestus sum ego
quidem Petrus Dronchouiç cum meis heredibus, quia recepi a te Domincia uxore mea dilecta, centum bonos romanatos pro repromissione
tua. Vnde volo, ut post decessum meum habere debeas suprascriptos
tuos centum romanatos de bonis meis et quousque dictos romanatos
plenarie post mortem meam non habueris, volo, ut habeas illam villam
meam que uocatur Verçan(i) ad tuam utilitatem; quam villam si habere
non poteris, volo vt habere debeas tantumdem de terra in alia vila (!) me(a)
que uocatur Gesalni.[1] Preterea volo et dico, quod si suprascripta uxor
mea uiduare uoluerit et custoderit thorum meum, habeat vnam predictarum
vilarum in gaudimento in vita sua. Actum est hoc et firmatum coram his
vocatis et rogatis testibus, scilicet Tolimiro presbitero sancti Petri noui
et Marcardino cupario.

Ego Gregorius examinator manum meam mitto.

Ego seruus deo(!) Alberto clericus sancte Marie Magdalenc Jadre notarius rogatus, ut audiui hanc cartam scripsi, roboraui et signo consueto
signaui.

(Signum notarii).

*Original u gubernijalnom arkivu u Zadru (odio sam. sv. Krševana
caps. XV. 351.)*

548.

1256, prije 15. maja.

*Župan Haholdo vraća kaptolu zagrebačkomu pet godina uskraćenu
desetinu i uglavljuje, kako će u buduće plaćati.*

Nos magister A(lexander) uicebanus et comes Zagrabiensis memorie
commendantes tenore presencium notum facimus quibus expedit uniuersis,
quod cum questio mota fuisset inter capitulum Zagrabiense super decimis

---

[1] Gasaline?

quinque annorum ex parte Hoholdi comitis et populorum suorum et de terra generacionis Guri prouenientibus et secundum sentenciam iudicis aule regis, memorato Hoholdo comiti iuramentum fuisset adiudicatum super eo, quod idem Hoholdus comes decimatores ipsius capituli a dicandis decimis et exigendis propriis populorum suorum et de terra generacionis Guri non impediuisset, et pro parte capituli Petrus Zagrabiensis et Petrus Camarcensis archidiaconi iurare debuissent super decimis quinque annorum per ipsum Hoholdum comitem denegatis, quas iidem archidiaconi taxabant ad summam quingentarum pensarum et hoc in decimis propriis comitis Hoholdi, populorum suorum et de terra generacionis Guri in frugibus, vino, apibus, gallinis, kytis, suellis et agnis denegatis et predicta iuramenta debuissent prestari Zagrabie apud ecclesiam maiorem coram nobis. Loco autem et termino constitutis, nobis mediantibus talis inter partes conuencio interuenit, ut comes Hoholdus soluet omnes decimas suas proprias frugum, uinearum, populorum et specialiter de terra generacionis Guri, tali modo, quod de singulis uineis maioribus et minoribus duos cubulos uini, pro decima capecia frugum unum denarium persoluere tenetur. Si autem, domino auxiliante, solucionem decimarum in frugibus et uineis in illa prouincia contingat augmentari, soluere tenebitur secundum quod alii comprouinciales persoluent, non obstante conuencione iam premissa. Kytas et gallinas soluet in specie, in agnis et apibus soluet in specie et si decem uel nouem compleri non possent, rediment secundum consuetudinem prouincie. De singulis custodiis porcorum, que vcol uocatur, soluet policham; de liberis uillis ipsius soluet decimas in frugibus, uineis, agnis, apibus sicut de aliis populis suis et duos denarios de singulis portis; kytas et gallinas non soluet. Solucionem policharum de liberatis uillis ipsius soluendis ad instanciam et peticionem ipsius comitis Hoholdi perpetualiter remiserunt. In cuius rei testimonium presentes litteras concessimus sigilli nostri munimine roboratas. Datum Zagrabie anno domini MCCL sexto.

Original u arkivu kaptola, fasc. 17. no. 3. Pečat viseći na odrescima pergamenc nosi nadpis: Sig. Alexandri Magistri vicebani.

Fejér Cod. dipl. Hung. IV. 2, 414. (Ima izvadak). — Tkalčić Monum. episc. Zagr. I. 113--114. — Wenzel Cod. dipl. Arp. cont. XI. 431—432. — Kukuljević Reg. no. 725.

549.

1256, 15. maja.

Bela kralj ugarski i hrvatski potvrdjuje ispravu podbana Aleksandra glasom koje župan Hahold vraća zagrebačkom kaptolu desetinu.

Bela dei gracia Hungarie, Dalmacie, Crouacie, Rame, Seruie, Gallicie, Lodomerie, Cumanieque rex omnibus Christi fidelibus presentes litteras inspecturis salutem in eo qui regibus dat salutem. Excellencia regia subleuans honera subiectorum solet hys munus confirmacionis impendere que dinoscuntur legitime ordinata, ne eisdem processu temporum in irritum reuocatis ueritati preiudicet falsitas et iniquitas preualeat equitati. Proinde ad uniuersorum noticiam tenore presencium uolumus peruenire, quod fideles nostri et dilecti fratres Zagrabiensis ecclesie optulerunt nobis litteras Alexandri uicebani comitis Zagrabiensis, dilecti et fidelis nostri, inter ipsos et comitem Haholdum super facto decimarum confectas, suplicantes humiliter et deuote, ut easdem dignaremur confirmare, quarum tenor talis est:

(Slijedi predidnća povelja podbana Aleksandra.)

Cum igitur iustis petencium precibus fauorem impartiri beniuolum uigor equitatis et ordo exigat racionis, suplicacionem dictorum fratrum iustam attendentes, prefatas Alexandri uicebani litteras presentibus litteris nostris fecimus inseri et sigilli nostri duplicis munimine roborari. Datum per manus magistri Smaragdi Albensis ecclesie electi, aule nostre uicecancellarii, dilecti et fidelis nostri, anno domini millesimo ducentesimo quinquagesimo sexto, idus maii, regni autem nostri anno uicesimo primo.

Original u nadbiskupskom arkivu u Zagrebu: »Decimalia 3/1.« — Pečat je otpao, visi na listini samo malo crvene i smedje svilene vrvce.

550.

1256, 18. maja.

Bela kralj ugarski i hrvatski dosudjuje Varaždincima otok Tursoj, koji je svojatao župan Juraj sin Lukin.

Bela dei gracia Hungarie, Dalmacie, Crouacie, Rame, Seruie, Gallicie, Lodomerie, Cumanieque rex omnibus Christi fidelibus presentes litteras inspecturis salutem in eo qui regibus dat salutem. Excellencia regia inuigilans remediis subditorum, solet ea suis litteris roborare, que iuris ordine terminantur, ne eisdem processu temporum in irritum reuocatis veritati prescribat falsitas et iniquitas preiudicet equitati. Proinde ad uniuersorum noticiam tenore presencium volumus peruenire, quod cum inter comitem Georgium filium comitis Luce super quadam insula vicina hospitibus nostris de Worosdino, quam idem comes Georgius nomine insule Tursoy repetebat et inter ipsos hospites nostros de Worosdino in nostra presencia questio verteretur, volentes ipsum factum iuris ordine terminare, inquisicioni dilecti et fidelis nostri Stephani bani tocius Sclauonie et capitanei Stirie duximus committendum, qui nobis per suas litteras intimauit, dictam insulam magnam ad prefatos nostros hospites pertinere. Cum comes Georgius locum turris et fossatum, sicut asserebat, in eadem insula non potuerit demonstrare, vnde eosdem hospites ab impeticione dicti comitis Georgii sentencialiter duximus absoluendos, dictam insulam eisdem perpetuo et pacifice relinquentes. Ne igitur iidem hospites nostri pro dicta insula possint per quempiam processu temporum litibus pregrauari, presentes litteras in testimonium dari fecimus sigilli nostri duplicis munimine roboratas. Datum per manus magistri Smaragdi Albensis ecclesie electi, aule nostre vicecancellarii, dilecti et fidelis nostri, anno domini millesimo ducentesimo quinquagesimo sexto, quinto decimo kalendas iunii, regni autem nostri anno vicesimo primo.

Original na pergameni u arkivu grada Varaždina fasc. I. no. 4. Na listini visi žuta i crvena svilena vrvca s ulomkom pečata. — Na hrptu listine je notica: »Super insulam Tursoy sew Sabacz vocatam«. — Ova listina nalazi se i u potvrdi kralja Sigismunda od g. 1407.
Kukuljević Reg. no. 701.

551.

1256, 4. jula. U Dubrovniku.

Klement Trifonov prodaje kupljeno pravo od općine dubrovačke za prodaju soli knezu dubrovačkomu Andriji Doriji.

† Anno incarnationis domini millesimo ducentesimo quinquagesimo sexto, mensis iulii, quarto die intrante, coram subscriptis testibus. Clemens Trifonis Symeonis ostendit cartam notarialem, que sic incipit: † Anno incarnationis domini millesimo ducentesimo quinquagesimo quinto, mensis decembris decimo die astante, ordinata curia cum sonitu campane. Nos quidem Andreas de Auro comes Ragusii cum consiliariis de

paruo et magno consilio et nos comune Ragusii confitemur, quoniam de sale nostri comunis Ragusii uendidimus sex milliaria salis Clementi Triphonis Simeonis ad centum et septuaginta et unum solidum de denariis grossis de argento pro uno quoque milliario salis, qui sunt per summam mille et uiginti sex solidi denariorum grossorum de argento ad duodecim denarios grossos pro uno quoque perpero et cetera, prout in ipsa carta continetur. Et idem prenominatus Clemens ipsam prenominatam cartam cum sua plena uirtute et potestate, sicut ipse ipsam habuit, dedit prenominato domino Andree de Auro comiti Ragusii, ut in omnibus et in omnia et per omnia idem dictus dominus Andreas comes sit nomine et loco proprie persone predicti Clementis ad extrahendum et habendum sibi totum, quod in ipsa carta continetur et de toto quod in ipsa carta continetur, idem prenominatus dominus Andreas comes suum uelle faciat, sicut de sua causa. Quoniam idem prenominatus Clemens confessus est et dixit, quoniam prenominatus dominus Andreas de Auro comes Ragusii paccauit me de toto illo, quod n ipsa carta continetur. Hec autem carta nullo testimonio rumpi possit. Hii sunt testes: Dabrana Lampridii iuratus iudex et ego presbyter Pascalis et comunis notarius iuratus scriptor sum et testis.

(Signum notarii).

Original u dubrovačkom arkivu. Zbirka saec. XIII.

552.

1256, 5. jula. U Dubrovniku.

Ivan nadbiskup hoće da ode iz Dubrovnika, a Dubrovčani ga mole, neka ostane.

In nomine dei eterni amen. Anno ab incarnatione domini nostri Jesu Christi millesimo ducentesimo quinquagesimo sexto, mensis iulii, die quinto intrante, indictione quarta decima, Ragusii, in presentia horum quorum nomina inferius conscribentur. Dominus Andreas d'Auro comes Ragusii et omnes nobiles uiri de suo consilio intelligentes, quod reuerendus pater dominus Johannes, dei gratia archiepiscopus Ragusinus, uolebat recedere de Ragusii ciuitate, iuerunt ad eum, eidem pro parte sua et totius comunis Ragusii humiliter supplicantes, ut amore dei et intuitu pietatis ad presens non exire deberet de ciuitate Ragusii. Si de sua procederet uoluntate dimittens eos tamquam oues perditas in deserto, quia non eum in aliquibus offenderant, nec erant sibi in aliquo obligati. Et si uolebat recedere, suum exitum non impediebant, uerum tamen de suorum consensu non processerat, nec erat eorum uoluntas, quod ipse recedere deberet. Et in predictis se ex toto extra ponebatur aptum in sala archiepiscopatus Ragusii, presentibus hiis testibus rogatis, uidelicet domino uenerando d'Auro et dominis Jacobo Dente et Marco Casuo Venetis et aliis.

(Monogram notarov.) Ego Saua Detho diaconus ecclesie sancti Apollinarii et notarius his omnibus interfui rogatus, scripsi et compleui et roboraui.

Original u dubrovačkom arkivu. Zbirka saec. XIII.

553.

1256, 17. jula. U Anagni.

Aleksandar papa preporuča duhovnim i svjetskim vlastima Franjevce.

Alexander episcopus servus servorum dei venerabilibus fratribus, archiepiscopis et episcopis, ac dilectis filiis abbatibus, prioribus, decanis, archidiaconis, prepositis, archipresbiteris, rectoribus et aliis ecclesiarum prelatis per Dalmatiam et Sclavoniam constitutis, salutem et apostolicam benedictionem. De pia et sancta conversatione dilectorum filiorum de ordine fratrum Minorum, qui sunt in vestris partibus constituti, frequenter evenire percepimus, quod quando aliqui fideles partium earundem seculum relinquentes bona sua piis locis et pauperibus deputant, aliqua de bonis ipsis, predictis fratribus pro edificiis, libris et vestibus, ac aliis eorum necessitatibus largiuntur, nonnulli vero aliqua bona ad se spectantia fratribus eisdem pro similibus rebus et necessitatibus divine retributionis intuitu in ultima voluntate relinquunt, caventibus vobis aliquando mediam quandoque tertiam seu quartam partem de bonis ipsis pretextu portionis canonice ab eisdem fratribus extorquere in grave ipsorum preiudicium et scandalum fidelium predictorum. Nos itaque misericorditer attendentes, quod non solum indecens et indignum, immo est poenitus ab omni humanitate remotum, aliquid de premissis ab eisdem fratribus exigi, qui sub extrema paupertate viventes de prelatorum et ecclesiarium helemosinis deberent poenitus substentari, universitatem vestram per dei misericordiam obsecramus et in remissionem vobis iniungimus peccatorum, ac per apostolica scripta districte precipiendo mandamus, quatenus circa personas dictorum fratrum effectum benevolum pro divina et nostra reverentia dirigentes, nichil ab eis de bonis huiusmodi ulterius exigatis, sed onera paupertatis eorum de bonorum vestrorum subsidiis potius relevetis, ita quod exinde apud nos gratiosi favoris augmentum vobis preveniat et nulla super hoc coactionis necessitas intercedat. Datum Anagnie 16. kalendas augusti, pontificatus nostri anno secundo.

Fabijanić Hist. dei fratri minori I. 413. — Kukuljević Reg. no. 680.

554.

1256, 30. jula. U Anagni.

Papa Aleksandar daje Franjevcima neke povlasti.

Alexander episcopus servus servorum dei venerabilibus fratribus, universis archiepiscopis et episcopis et dilectis filiis abbatibus, prioribus, decanis, archidiaconis, rectoribus et ceteris ecclesiarum prelatis per Dalmatiam, Istriam et Sclavoniam constitutis, salutem et apostolicam benedictionem. Nimis iniqua vicissitudine largitoris bonorum omnium respondentes, dum hii qui de Christi patrimonio impinguati luxuriant, dampnabiliter in eodem Christum patenter in famulis suis persequi non verentur, ac si factus est impotens dominus ultionum. Cum enim dilecti filii fratres Minores abnegantes salubriter semet ipsos elegerint in altissima paupertate Christo pauperi ad placitum famulari, tamquam nihil habentes et omnia possidentes, non desunt plerique tam ecclesiarum prelati, quam alii qui vera cupiditate traducti proprie aviditati subtrahi reputantes, quitquid predictis fratribus fidelium pietas elargitur, quietem ipsorum multipliciter inquietant, molestiarum occasiones exquirentes varias contra ipsos. Volunt namque et si non omnes ipsis invitis eorum confessiones audire, ac eis iniungere poenitentiam et eucharistiam exhibere, nec volunt, ut corpus Christi in eorum oratoriis reservetur et fratres ipsorum defunctos apud suas ecclesias sepeliri compellunt et illorum exequias celebrari et si quis decedentium fratrum alibi quam in ecclesiis suis elegerit sepulturam, funus primo ad ecclesias suas deferri cogunt, ut oblatio suis usibus cedat, nec sustinentes eos habere campanam vel cimiterium benedictum, certis tantum temporibus permittunt ipsos celebrare divina, volunt etiam in domibus eorundem certum numerum fratrum sacerdotum, clericorum et laicorum, nec non cereorum lampadarum et ornamentorum pro sua voluntate taxare, ac residuum cereorum quando noviter apponuntur, exigunt ab eisdem, nec permittunt, ut novi sacerdotes eorum alibi quam in ecclesiis suis celebrent primas missas, eos nihilominus compellentes, ut in cotidianis missis quas in suis locis et altaribus celebrant, oblationes ad opus eorum recipiant et reservent. Quidquid etiam eis dum celebrant missarum sollempnia intra domorum suarum ambitum pia fidelium devotione donatur, ab ipsis extorquere oblationis . . . . . contendentes, quod eisdem etiam in ornamentis altaris quam in libris ecclesiasticis absolute confertur, vendicant perperam iuri suo, cogendo eos ad sinodos suos accedere, ac suis constitutionibus subiacere. Nec hiis contenti, capitula et scrutinia in locis ipsorum fratrum pro his corrigendis futuros se comminantur, fidelitatem iuramento firmatam ab eorum ministris custodibus et guardianis nichilominus exigentes, eis quoque ut tam extra civitates, quam intra cum eis processionaliter veniant ex levi causa mandantes excommunicationis sententiam fulminant in benefactores eorum et id ipsum fratribus comminantes, eos de locis in quibus domino famulantur, satagant amovere, nisi eis obediant in omnibus supradictis. Ad hec ne fratres ad honorabiles civitates et villas, ubi religiose ac honeste valeant commorari, a populis devote vocati accedere audeant inhibentes, tam in accedentes fratres, quam in receptatores eorum presumunt excommunicationis sententiam promulgare. Ab eis etiam de ortorum fructibus decimas, nec non de habitaculis fratrum sicut de Judaeorum domibus contendunt redditus extorquere, asserendo, quod nisi fratres morarentur ibidem, eis ab aliis habitatoribus proventus aliqui solverentur et ut ipsos sue subdant totaliter ditioni, eisdem ministros, custodes et guardianos volunt preficere pro sue arbitrio voluntatis. A quibus omnibus fratrum molestiis quidam ex vobis non. ommino abstinere dicuntur. Cum igitur ordo fratrum Minorum a bone memorie Honorio, Gregorio et Innocentio romanis pontificibus praedecessoribus nostris et nobis ipsis dignis eorum exigentibus meritis approbatus, ne apostolicae sedis statuta contempnere videamini, quae humiliter suscipere ac servare tenemini reverenter, universitatem vestram monemus attente per apostolica vobis scripta firmiter praecipiendo mandantes, quatenus conscientiae ac fame vestre salubriter consulentes, universi et singuli a praenotatis praedictorum fratrum gravaminibus poenitus desistatis, subditos vestros ab hiis artius compescendo. Nos enim cum huiusmodi dictorum fratrum, quos sue religionis obtentu inter alios religiosos artius amplexamur, in visceribus caritatis gravamina tolerare nolimus, sicut etiam nec debemus, omnes interdicto suspensionis et excommunicationis sententias, si quas a vobis vel vestrum aliquo, premissorum occasione in eosdem fratres vel ipsorum aliquem seu ecclesias et oratoria vel benefactores eorum promulgari contigerit, iritas decernimus et inanes. Datum Anagnie IIII. kalendas augusti, pontificatus nostri anno secundo.

Fabijanić Hist. dei fratri minori I. 411—413. — Kukuljević Reg. no. 681.

555.

1256, mjeseca septembra.

Andrija župan varaždinski svjedoči o razdiobi roda Buzada bana.

Andreas comes Varasdiniensis universis Christi fidelibus presentes litteras inspecturis salutem in vero salutari. Quum labilis sit humana memoria et rerum turbae non sufficiat, ob hoc ratio, mater aequitatis, adinvenit, ut res gesta vivacitate litterarum perpetuitatem debeat continere. Hinc est, quod ad universorum notitiam presentibus volumus pervenire, quod cum dominus noster Bela, illustris rex Hungariae, nobis per litteras dedisset in mandatis, quod in concambio nobilium, Michaelis videlicet, fratris magni Buzad bani ex una parte et Lancredi filii eiusdem Buzad bani, ex altera comitum debemus interesse, ratione perpetuae pacis et dilectionis invicem inter se tale concambium ordinarunt, quod prefatus comes Michael quatuor terras Komor sub una meta constitutas et duas terras Welyka etiam sub una meta existentes, quas omnes a Jurkone filio Ochuz bani pro concambio obtinuerat, terram etiam Pyantoch ac terram Bykene contulit comiti Lancredo supradicto, cum eodem capituli Zagrabiensis privilegio in pace perpetua possidendas, pro concambio terrarum Szombathely, Bela et Tumon, quas idem comes Lancredus contulit Michaeli prememorato perpetualiter possidendas cum eisdem privilegiis, quibus ipse terras obtinebat nominatas. Tali tamen obligatione interiecta, quod si de predictis terris a comite Michaele Lancredo comiti collatis per aliquam questionem amitti contigeret, ipse comes Michael ex ista parte Dravae de terra sua tantum dare tenebitur, quantum amitti contigerit, praeter castrum; si autem peccatis exigentibus possessionibus, quas ibidem habet [privari][1] contingeret, nihilominus de aliis possessionibus suis ubicunque habebit, ubi abbatibus de Simighio et de Zaladia visum fuerit, tantum equaliter restaurabit. Nec si ipsum mori contingat, infantia filii causam super premissis suscitatam poterit prorogare. Verum etiam si per aliquam questionem de prefatis terris a comite Lancredo Michaeli comiti collatis causa moveretur, nec per predicta privilegia seu instrumenta possit liberari, nihilominus prefatus comes Lancredus tenebitur expedire. Hoc etiam inter partes adiecto, quod quecunque partium de predicta compositione seu ordinatione concambii superius memorati resiliret, adversae parti tenebitur solvere 100 marcas. Anno domini incarnationis 1256., in mense septembri.

Hevenešova zbirka Tom. XXIX. 143. sq. u sveuč. biblioteci u Budimpešti. Spomen ove listine nalazi se u listini kralja Ljudevita od g. 1376.

[1] U rukopisu mjesto prazno.

28. februara, koje mi ne ćemo priopćiti, jer ne spada na nas; za to v. Wenzel Cod. dipl. Arp. cont. XI. 427—429 (izvornik ove potonje u kr. komor. ark. u Budimu). — Fejér Cod. dipl. Hung. IV. 2. 397—399. — Kukuljević Reg. no. 705, gdje joj bilježi signaturu u budimskom komor. arkivu N. R. A. fasc. 516, no. 712., spominje se sadržaj. — Gl. bilješku ap. Wenzel Cod. dipl. Arp. XI., 428—429. — Kukuljević Reg. no. 712.

556.

1256, 11. oktobra. Na Rabu.

Dumica, kći Damijana Surdi, daje samostanu sv. Marije u Zadru svoju zemlju u Gilanu.

Anno domini millesimo ducentesimo quinquagesimo sexto, indicione quinta decima, mense octubris, die vndecimo intrante. Arbe, temporibus equidem domini nostri Rainerii Geni incliti ducis Venecie, Dalmatie atque Croatie et Stephani venerabilis Arbensis episcopi, ac Angeli Mauroceni egregii comitis, presentibus presbitero Cipriano capellano monasterii sancte Marie de Jadera, Matheo de Georgio et Duymo de Matafarro. Ego quidem Dumincia heremita, filia Damiani Surdi et Stane iugalibus, per hoc presens scriptum dedi, tradidi atque ad proprium concessi pro anima mea et meorum genitorum monasterio sancte Marie de Jadera totam meam partem vnius mei loci, quem dictus pater meus nobiscum dedit ad pastinandum Slauci Mladossi et Drasenni ciuibus Farensibus, nunc habitatores (!) Jadere et quem (!) possitum (!) est in Gilano iuxta vineam Petri Catarini ex vna parte et ex altera parte iuxta territorium sancti Helie, ex parte austri firmat in Blasi de Soppe, videlicet medietatem tocius dicti loci, ita tamen, dum dictus Damianus pater meus vixerit, de dicta parte mea prefati loci in se fructum accipiat integrum et post mortem dicti patris mei Damiani integre tota medietas memorati loci discalumpniate in dicto monasterio sancte Marie deueniat et perpetuo permaneat cum potestate habendi, tenendi, donandi, alienandi, pignori locandi et quicquid abbatisse dicti monasterii cum suis sororibus seu successoribus de ea et in ea dicta medietate prefati loci perpetuo placuerit faciendi absque omni contradicione.

† Ego Martinus filius de Slouigna examinator manum misi.

Et ego Juannus Arbensis notarius hiis interfui rogatus, vt audiui scripsi, compleui et roboraui.

(Signum notarii).

Original u arkivu samostana svete Marije u Zadru.

557.

1256, prije 13. oktobra.

Bela kralj ugarski i hrvatski iznovice potvrdjuje knezu Hudini darovani mu posjed Viskuz u Medjumurju.

Bela dei gracie Vngarie, Dalmacie, Croacie, Rame, Seruie, Gallicie, Lodomerie, Cumanieque rex omnibus Christi fidelibus tam presentibus quam futuris presentem paginam inspecturis salutem in omnium saluatore. Officii nostri debitum remediis inuigilat subiectorum, quia dum concedimus quod postulant, dum confirmamus quod obtinent et tramitem seruamus equitatis, et in augmentacione seu conseruacione iurium quiescimus eorundem. Proinde ad vniuersorum noticiam uolumus peruenire, quod cum de consilio baronum nostrorum, post recessum Tartarorum terras seu alia iura a castro per quempiam indebite occupata uel detenta, per totum regnum nostrum diuersos iudices constituendo, reuocari et castro restitui faceremus. Inter cetera factum terrarum totaliter per banatum ultra Drawam existencium et specialiter factorum terrarum castri Simigiensis ibidem ultra Drawam existencium, dilecto et fideli nostro Stephano bano tocius Sclauonie et capitaneo Stirie duximus committendum. Qui mandato a nobis sibi tradito speciali hiis apud quos ipsas terras castri ex nostra collacione reperit possideri, terminum assignauit competentem coram nobis comparendi et sua priuilegia statuendi. Quo adueniente, inter alios comes Hudina fidelis noster ad nostram accedendo presenciam super Wizkuz, quem a castro Simigiensi eximendo, sibi pro seruiciis suis contuleramus, nostrum priuilegium sub aurea bulla presentauit, continens hunc tenorem: *(Gl. listinu od 26. apr. 1245. Vol. IV. pg. 274. ovoga zbornika)* Inspecto igitur priuilegio nostro, quod de uerbo ad uerbum presentibus inseri fecimus, collacionis nostre ad plenum memores, ac seruicium que nobis idem comes Hudina exhibuit ad memoriam revocantes, eandem terram Wyzkuz iuxta supplicacionem eiusdem sibi et per eum suis heredibus heredumque successoribus perpetuo duximus relinquendam, innovantes priuilegium nostrum et eciam presentibus confirmantes. In cuius rei memoriam et perpetuam firmitatem presentes dedimus literas dupplicis sigilli nostri munimine roboratas. Datum per manus dilecti et fidelis nostri magistri Smaragdi Albensis prepositi, aule nostre vicecancellarii. Anno domini millesimo ducentesimo quinquagesimo sexto, regni autem nostri anno vicesimo primo.

Liber privileg. episcop. Zagrab. list. 57. — Tkalčić Monum. episcop. Zagrab. I. 112.—113. — Kukuljević Reg. br. 723.

558.

1256, 18. oktobra. U Križevcima.

*Stjepan ban rješava prijepor izmedju Vukote i roda njegova, te
Miroslava.*

Nos Stephanus banus tocius Sclauonie et capitaneus Stirie significamus omnibus presens scriptum inspecturis, quod cum inter Volcutam
filium Jurgis Dragos, filium Zdezlay et fratres suos et filios Vratissa,
Volchila filium Volcumi, Dedomerum filium Volxa, Chadunam filium
Raduani, Raduhnam filium Radomeri et totam generacionem eorum a
parte vna et Miruzlaum et filios Endre ab altera questio magna sepius
super terris eorum hereditariis verteretur, tandem nos ad peticionem
vtriusque partis inclinati, Leucham fratrem Budyna dilectum et fidelem
nostrum ad separandas ipsorum terras cum certis metis duximus diri-
gendum, qui ad nos reuersus presentibus partibus et affirmantibus dixit
terras eorum in duas partes diuisisse per metas, quarum unam partem,
scilicet de parte orientali reliquit Volcote et sue generacioni, scilicet
iobagionibus castri pacifice possidendam, terram autem a parte occidentali Miruzlao et filiis Endre similiter pacifice possidendam. Mete autem
quas idem Leucha inter terras parcium eleuauit, taliter distinguuntur.
Prima igitur meta incipit de Croarzka et vadit in fluuium Locholnycha,
ubi fluuius Sornouyk cadit in Locholnycha et ibi dimittit fluuium Locholnycha et vadit in fluuio Sornouyk superius usque ad caput Sornouyk
et inde ascendit ad montem, vbi est meta terrea et crux in arbore
querci, deinde descendit ad vnam pirum et vadit per fluuium Lipnicza,
deinde autem vadit inter duas vineas ad sepulcrum Hogye, quod est pro
meta, de sepulcro autem vadit per vnam viam, que wlgo vocatur Pomgno
et parum eundo declinat ad dexteram partem et cadit in caput Lipnicza,
deinde per Lipniczam vadit inferius, postea autem exit de fluuio Lipnicza
ad dexteram partem, deinde autem ad partem orientalem et deinde per
cruces ad montem, vbi peruenit in unam quercum, que est in medio vie
et per eandem viam vadit ad caput Lukauz et per Lukauz vadit inferius
per magnum spacium ibi exit ad . . . . [ali]am, dehinc autem ad
horozt et· de horozt vadit . . . . adhuc et inter Lipnicza et
Lampniza est quedam terra nomine Losan que . . . . et sue
generacioni, in qua nec filii Endre, nec Miruzlaus h . . . . et iuxta
eandem terram Losan iacet terra filiorum [End]re versus occidentem et
metas fil[ior]um Endre et Volcute, ibi diuidit Mochyrad et distingit, deinde
autem de Lomnyza, vbi sunt mete terree per magnam viam, vadit vsque

Globlacamaca (!), deinde vadit parum ad partem orientalem et ibi perue-
nient ad locum qui wlgo dicitur Curym, deinde vadit ad territorium
Volcute, vbi Volcuta et generacio sua demiserunt quinquaginta vereten
illis de eorum porcione pro concambio; sed quia dimensio illa, scilicet
quinquaginta vereten, sub villa suppleri non potuerunt, postmodum sup-
pleuerunt eas ante villam filiorum Endre, filiis Endre memoratis; preterea
idem Leucha pristaldus terram eorum hereditariam similiter existentem
cis fluuium Odra diuisit in duas partes, quarum vna pars ex parte orientis
Volcute et sue generacioni, alia autem pars ex parte occidentis cessit
Miruzlao et filiis Endre antedictis et sic vtraque pars amodo in pace
super facto metarum suarum debet permanere. Et quod deinceps questio
inter ipsos non possit moueri, litteras nostras vtrique parti duximus
concedendas. Datum in Crisio, in festo Luce ewangeliste, anno domini
M⁰. C⁰ C. L⁰ sexto.

*Iz originalnog prijepisa hercega Ivana Korvina od god. 1495. 25. jula
na pergameni u kr. ugar. državnom arkivu u Budimpešti: M. O. D. L.
32.887. Stara signatura N. R. A. fasc. 137. no. 5.*

Laszowski Spom. Turopolja I. 11—13. — Kukuljević Reg. br. 707.

559.

1256, 10. novembra.

*Bela kralj ugarski i hrvatski odredjuje razvod medja medju šomogjkim
županom i Berislavovim sinovima, podanicima grada Gariča.*

(B)ela dei gracia Hungarie, Dalmacie, Croacie, Rame, Seruie, Gallicie,
Lodomerie, Comaniequc rex vniuersis presentes literas inspecturis salutem
in eo qui est salus omnium. Officii nostri debitum nos ammonet invigilare remediis subiectorum, quia dum eorum excutimus honera, dum
scandala remouemus, nos in ipsorum quiete quiescimus et pacis eorum
commodo gratulamur. Proinde ad vniuersorum noticiam tenore presencium
uolumus pervenire, quod cum inter Herricum comitem Symigiensem,
dilectum et fidelem nostrum et castrenses castri Symigiensis Garig ex
una parte et iobagiones castri Symigiensis in Garig existentes ex altera,
qui a tempore regis Colomani, carissimi fratris nostri felicis recordacionis
et ante in Garig terras possederant, super terminis terrarum suarum in
nostram presenciam questio uerteretur, volentes scandalum seu discordiam tollere de medio eorumdem, ne in antea grauentur laboribus et

expensis, dictum Herricum comitem, qui uice sua Pangracium officialem
suum de Garig ad hoc deputauit et magistrum Benedictum Quinqueecle-
siensem, fidelem hominem nostrum, pro metis eorumdem distiguendis
duximus transmittendos, ne processu temporum prefati iobagiones castri
de terra castrensium ualeant occupare uel castrenses contra eosdem
occasionem seu materiam habeant querulandi. Ex quibus uidelicet iobagionibus predictis mete terrarum Petri, Gregorii, Martini, Bartholomei,
Johannis et Dominici, filiorum Berizlay, prout dictus magister Benedictus
nobis retulit, sicut et prefatus Pangracius per suas literas intimauit, taliter
distinguntur. Prima meta de Palichna incipit ex parte terre magistri
Moys, ab oriente iuxta fluuium Chernalika in loco, ubi exit de fluuio ad
unam vallem et ascendit ad metam terream separantem limites Garig
et Yzdench, ibique intrat siluam et per siluam in arboribus cruce signatis
peruenitur ad arborem tulgfa, sub qua est meta terrea, et ibi relicto
Yzdench incipit tenere metam cum Otrochk per uallem Subnak, ueniendo
per magnum spacium cadit in predictum fluuium Chernalika; deinde
descendit usque ad locum, ubi riuulus Palichna cadit in eundem Cher-
nalikam, per riuulum autem Palichna ueniendo superius exit ad unam
siccam uallem et per eam uadit superius ad arborem tulgfa cruce signatam,
deinde ad uiam ubi sunt due mete, una filiorum Berizlaii in gertanfa,
altera Otrochk in narfa, ibique intrant magnam siluam et per medium
silue eundo in arboribus cruce signatis exit ad uiam in planicie et transeundo uiam est meta sub arbore hasfa ex parte terre castri, inde tenendo metam cum castrensibus uadit ad uallem ad metam sub arbore
bikfa, inde ad caput dicte uallis, ubi est meta in arbore tulgfa; deinde
parum eundo intrat siluam in arbore kl(e)nfa cruce signata, inde eundo
per siluam uadit ad uiam et deinde exit ad semitam et in ea eundo
intrat aliam siluam, de illa exit ad tulgfa sub qua est meta terrea, inde
directe eundo uersus occidentem cadit ad uallem et de ualle ad metam,
ibique intrat aliam uallem in cuius capite est meta terrea, ibique intrat
siluam et eundo uenitur ad arborem bikfa cruce signatam, per medium
silue eundo in arboribus cruce signatis exit ad metam terream iuxta
uiam et per uiam uenitur ad metam sub arbore almafa, inde uadit ad
metam sub piro, ibique relicto castro incipit tenere metam cum Teklisa
in ualle Lypovycha et in ea descendens exit ad unam siccam uallem,
inde directe ad metam terream, inde parum se reflectendo per arborem
gertanfa, sub qua est meta et descendit in uallem, ubi est meta terrea
et per eandem descendens cadit in riuulum Palichna, inde eundo inferius
exit ad aliam uallem Zuweruscha et in capite eiusdem uallis iuxta uiam
est meta terrea, inde eundo uersus septemtrionem intrat siluam et per
eam uadit usque ad arborem tulgfa, sub qua est meta terrea et in eadem

silua venitur ad arborem klenfa, sub qua est meta terrea, inde ad caput
unius uallis, ubi sunt tres mete, quarum una est filiorum Berizlay in arbore bikfa, altera Teclisa, tercia castri, inde tenendo metam cum castro
uadit ad magnam arborem tulgfa cruce signatam, ubi est meta terrea
sub arbore gertanfa, inde reflectitur et uadit ad caput unius uallis nomine Scuha dol, ubi est meta terrea, inde descendens cadit in riuulum
Jaurowa et per illam uadit superius, exit ad uiam in meta terrea ibique
separatur a castro, incipit tenere metam cum Coletk et per ipsam uiam
eundo uersus orientem per metas terreas cadit in riuulum Zuoytin, ubi
est meta terrea, et inde uadit superius iuxta domum Coletk usque ad
locum, ubi exit ad metam terream, inde uadit ad arborem hasfa sub
qua est meta terrea, inde directe ad aliam arborem gertanfa sub qua
est meta terrea. Abhinc per frutices et arbores cruce signata uadit ad
caput predicti riuuli Zuouyn, ubi est meta in arbore scilfa, inde per
siluam uadit ad tres metas angulares, quarum una est filiorum Berizlay,
altera Coletk, tercia Stephani et Lopatk, inde per medium silue eundo
in arboribus cruce signatis et metis peruenitur ad caput Blanice, ibique
sunt due mete, quarum una est filiorum Berizlay, altera Stephani et per
illam tenendo metam cum Ciglana descendens usque ad arborem bikfa,
sub qua est meta terrea, ibique transit Blanicham ad unam uallem et per
eam uadit ad duas metas in viam quarum una est filiorum Berizlay,
altera Stephani et relicto Stephano uadit iuxta terram Coletk ad duas
metas terreas, quarum una est filiorum Berizlay, altera Coletk, inde eundo
e........ et riuulum Chernalika et per eam descendens peruenitur ad
priorem metam, ubi fuit incepta ibique terminatur. Item prima meta
alterius terre eorumdem, que Ebrisk et Lezcbuch uocatur, incipit ab
occidente in fluuio Garig et exit ad unam uallem, ubi est meta terrea,
et per eam eundo peruenitur ad metam sub arbore gertanfa, inde
progreditur uersus orientem eundo per siluam in arboribus cruce signatis
iuxta terram Drask exit ad planiciem .... pa ubi est meta terrea
ibique intra siluam et .... uadit ad caput unius uallis, ubi est meta
sub arbore tulgfa et per eandem uallem descendens per magnum spacium
iuxta terram dicti Drask exit ad metam sub arbore tulgfa, ibique incipit
tenere metam cum castrensibus de Chernalika, inde uadit directe ad
magnam uiam et peruenitur ad locum ubi transit uiam ad metam sub
arbore gertanfa, abhinc directe uadit per metas et uenitur ad locum, ubi
intrat aqua Suplonicha in meta sub arbore tulgfa, deinde ad aquam
Suplonicha et per ipsam descendes inferius uadit per magnum spacium
usque ad locum, ubi exit de dicta aqua ad unam uallem in meta terrea,
per illamque progrediens uadit ad caput eiusdem, ubi sunt due mete,
una antiqua et altera noua et ibi intrat siluam et per eam uadit in

antiquis metis usque ad duas metas, quarum una est antiqua et altera
noua, inde cadit in uallem siccam in planicie et peruenitur ad riuulum
Lizcouch, per quem descendens inferius exit ad metam sub arbore gertanfa, per arboresque de narfa cruce signatas itur ad antiquam metam
et per antiquas et nouas metas descendens cadit in predictum riuulum
Garig et per illum eundo superius reuertitur ad priorem metam, ubi
fuit incepta, ibique terminatur. Item prima meta tercie terre predictorum
filiorum Berizlay, que Disnicha uocatur, incipit iuxta magnam uiam sub
arbore gertanfa et progeditur directe ad riuulum Jelsowa in meta sub
arbore cheresnafa et per eundem uadit inferius ubi exit ad uiam, que
ducit in predictam magnam uiam ubi sunt due mete, una filiorum Berizlay, altera Mortunus et cognatorum suorum, inde parum eundo in
eadem uia exit ad metam terream, deinde descendit ad pirum sub qua
est meta, ibique cadit in riuulum Lisnicha et per eundem uadit superius
uersus domum ipsorum et uenitur ad locum, ubi de riuulo exit ad siccam
uallem ad metam terream, ibique tenendo metas cum castrensibus ascendit
in berch usque ad metam terream, inde descendit in uallem ad partem
occidentalem, que uallis ducit inferius in minorem Disnicham, per quam
uadit superius tenendo metas cum filiis Peztowan peruenitur ad locum,
ubi exit ad unam uallem nomine Scothachka in meta terrea et in ea
eundo ex parte Nazler per metás terreas ascendit ad tres metas angulares, quarum una est filiorum Berizlay, altera Nazler, tercia castri, deinde
progrediens in monte per uiam uersus septemtrionem et uadit ad metam
sub arbore quercus, inde per berch tenendo metas cum castrensibus
uadit per uiam usque ad metam sub arbore tulgfa desiccata, deinde
descendit in uallem, que ducit per metas usque in riuulum Disnicha in
meta terrea et in Disnicha eundo parum superius exit ad uallem que
ducit superius usque ad uiam magnam, ubi est meta terrea, per uiam
autem supradictam uadit ad metam sub arbore horoztfa et ab inde eundo
parum reflectitur iuxta siluam et uadit ad metam terream, iterato sub
horoztfa et inde directe uadit ad uiam usque ad metam sub vinea
Vde(z) et in uia uadit ad foueam luporum, ubi est meta sub arbore horoztfa, inde descendit in uallem siluosam iuxta terram dicti Vdez, in ea
eundo exit per uallem iterum ad magnam uiam ubi est meta sub arbore
horoztfa, inde per uiam descendit ad metam sub arbore horoztfa, abhinc
ueniens cadit in riuulum Zabordna in meta iaurfa, et in Zabordna eundo
parum exit ad uallem iuxta terram Wlchete et per uallem uadit superius
ad metam sub arbore horoztfa, deinde ad metam sub arbore horoztfa
predicti et inde reflectitur ad uiam et per eandem in berch uadit usque
ad locum, ubi exit de uia ad metam terream et inde descendens per
unam uallem cadit in riuulum Detcha et in ea eundo parum inferius

exit ad uallem, per quam itur superius ad metam sub arbore horoztfa, abhinc in latere montis uenitur ad metam sub arbore bikfa, ibique cadit in uallem et per aliam uallem exit ad dumum uiminis ubi est meta; deinde ad magnam uiam ad metam sub arbore horoztfa, abhinc per uiam magnam uadit uersus meridiem usque ad duas metas, quarum una est filiorum Berizlay, altera Gordos Curui, deinde per unam uallem descendes cadit in riuulum Yelsowa et transit riuulum in metam sub dumo ex parte terre castri, inde uadit directe superius per montem siluosum usque ad locum, ubi est meta sub arbore gertanfa, inde iuxta cultam terram eiusdem Petri uadit superius directe ad pirum, ubi est meta terrea, et inde intrat ad magnam uiam supradictam et per ipsam reuertitur per magnum spacium ad priorem metam, ubi fuit incepta, ibique terminatur. Item prima meta terre filiorum Berizlay, empticie a filiis Brezhal, Martino et Georgio et Johanne, filio Wolkan, que est iuxta riuulum Garig incipit tenere metam cum Cheh iuxta aquam Garig in meta terrea, deinde per siccam uallem ueniet superius ad uiam ubi est meta terrea, deinde per fossatum descendit in siccam uallem et in ea eundo superius exit in una parua ualle ad metam terream, deinde in planicie descendit in uallem et in ea eundo ascendit superius ad metam sub dumo munurofa, inde per uiam uadit in silua ad tres metas angulares, quarum una est filiorum Berizlay, altera Cheh et tercia Johannis filii Wolkan, ibique relicto Cheh incipit tenere metam cum dicto Johanne et uadit per uiam in silua ad metam terream, deinde ad alias duas metas, quarum una est filiorum Berizlay et altera Johannis iuxta uiam, inde per uiam eundo peruenitur ad metam angularem, inde reflectitur ad uallem Zolotnik et per Zolotnik descendens cadit in riuulum Garyg et per eum descendit inferius ad priorem metam ubi fuit incepta, ibique terminatur. Vt igitur dictus Petrus ac fratres sui prenominati cum suis heredibus heredumque suorum successoribus ac castrenses qui agebant contra ipsos pace perpetua gratulentur, presentes litteras in testimonium dari fecimus perpetue firmitatis sigilli nostri dupplicis munimine roboratas. Datum per manus magistri Smaragdi prepositi Albensis, aule nostre vicecancellarii, dilecti et fidelis nostri, anno domini millesimo ducentesimo quinquagesimo sexto, IV. idus nouembris, regni autem nostri anno vicesimo secundo.

Original u arkivu nadb. Privilegalia, pečat manjka. Vrvce crveno-zelene.

Tkalčić Monum. episcop. Zagrab. I. 106—110. — Wenzel Cod. dipl. Arp. XI. 412—17. — Kukuljević Reg. no. 710.

560.

1256, 10. novembra.

Bela kralj ugarski i hrvatski rješava raspru radi medja izmedju Henrika župana šomogjkoga i Kokota sina Zelkova.

[B]ela dei gracia Hungarie, Dalmacie, Croacie, Rame, Seruie, Galicie, Lodomerie, Comanieque rex omnibus presentes litteras inspecturis salutem in omnium salvatore. Officii nostri etc. *(kao kod br. 559. sve do »mate- riam habeant querulandi«.)* Ex quibus videlicet iobagionibus castri predicti mete terre Kokot de Comore (!)[1] filii Zelk, prout dictus magister Bene- dictus nobis retulit et prefatus Pongracius per suas litteras intimavit, taliter distinguntur. Prima meta incipit iuxta Camariam in meta terrea, inde vadit iuxta Camariam ad duas metas, quarum una est ipsius Kokot sub arbore tulfa, inde per Cherit eundo exit ad metam sub arbore gurtanfa, ibique intrat vallem Hemelinna et vadit in ea supe- rius usque ad locum ubi per quandam semitam vertitur ad montem ad metam angularem, deinde per planiciem iuxta silvulam in quadam semita vadit iterum ad metam angularem (sub) arbore iurtanfa; abhinc iuxta terram Zulre descendens cadit iterum in Hemilinnam in meta sub arbore tulfa, deinde ad caput ipsius Hemelinna et inde iuxta terram castri vadit ad arborem iurtanfa(!), abhinc ad metam terream in planicie et inde ad arborem bykfa, sub qua est meta terrea separans a filiis Chakani, deinde per viam vadit ad metam sub arbore narfa, inde incipit ire versus sep- temtrionem in alia via et pervenit ad locum, ubi reflectit se ad caput Choromisnik et per Choromisnik descendens pervenit ad metam com- munem inter filios Chakani et Kokot, sub arboribus tulfa cruce signatis, deinde per silvam que communis est filiis Chakani et dicto Kokot per- venitur ad priorem metam terream iuxta Camariam supradictam. Ut igitur dictus filius Zelk et heredes ipsius, ac castrenses qui agebant contra ipsum pace perpetua gratulentur, presentes litteras in testimonium perpetue firmitatis dari fecimus sigilli nostri duplicis munimine roboratas. Datum per manus magistri Smaragdi Albensis ecclesie preposíti, aule nostre vice- cancellarii, dilecti et fidelis nostri, anno domini M⁰CC⁰L⁰ sexto, IIII. idus novembris, regni autem nostri anno vicesimo secundo.

Original u kr. ugarskom državnom arkivu u Budimu M. O. D. L. no. 443. (Stara sign. N. R. A. fasc. 1.531. no. 19). Na listini nalazi se svilena vrvca crvene i ljubičaste boje, pečat otpao. Na hrptu suvremena bilješka: »distinccio metarum gariensium et simidiensium«.

Wenzel Cod. dipl. Arp. VII. 427.—8. — Kukuljević Reg. no. 708.

---

[1] Mjesto je ispravcima zamrljano.

561.

1256, 10. novembra.

Razvod medja izmedju Šomogjkoga župana Henrika i podanika grada Garića.

Bela dei gratia Hungarie, Dalmatie, Croatie, Rame, Servie, Gallicie, Lodomerie, Cumanieque rex omnibus presentes litteras inspecturis salutem in domino. Officii nostri etc. *(kao kod broja 559. sve do »materiam habeant querulandi«.)* Ex quibus videlicet iobagionibus castri predicti mete terrarum Mortonus filii Chenke et fratrum suorum Stephani videlicet et Martini, ac Cheh generi sui, hoc ordine distinguntur. Prima meta incipit iuxta ryvulum magne vallis sub arbore tulfa ab oriente in meta terrea, inde vadit ad viam ad duas arbores tulfa sub quibus est meta, deinde tenendo metam cum castro per unam parvam vallem siccam, descendens cadit in ryvulum Desnicha in duabus arboribus bykfa et scylfa simul iunctis sub quibus est meta, ibique transeundo Desnicham ad metam sub arbore bykfa per unam vallem ascendens pervenitur ad metam terream in monte, deinde in vallem Privinuam, ibique tenendo metam cum Ochmych per unam viam ascendens pervenitur similiter ad metam terream in monte, abhinc descendit ad dumum viminis ad metam et inde ascendit ad caput vallis et ab eo ad montem ad duas metas, quarum una est Mortunus et altera Martini filii Tusk, de monte autem directe ad rivulum minoris Desnicha ad pyrum ultra aquam et ab eo directe ad metam, unde sub arbore gertanfa super caput unius vallis, que descendens in aquam predictam in qua parum eundo exit in Himelinnam et in ipsa eundo superius exit ad duas metas iuxta viam, quarum una est Koyani et Wolkimir, altera Martini comitis, abhinc eciam descendit in vallem silvosam nomine Poyatiskar et de ipsa per unam siccam vallem exit ad montem ad duas metas, quarum una est dicti Mortunus et fratrum suorum, altera Wlkoy filii Barilla suptus vineam, deinde descendit ad caput Zalatinszka et per ipsam descendens cadit in magnam Desnicham et per eandem vadit superius usque ad locum, ubi vadit superius et ibi exit ad duas metas, quarum una est Mortunus et fratrum suorum, altera filiorum Berizlai sub piro, deinde ad viam in modum crucis ad metas terreas, abhinc per viam progrediens versus orientem cadit in Ylsoam et per ipsam vadit inferius, iuxta terram Gordus cadit iterum in Dysnicham et inde itur usque ad locum, ubi exit per unam malakam et vadit usque ad viam magnam ubi sunt due mete, quarum una est Koyani et altera dicti Gordus, abhinc transeundo viam vadit ad dumum vyminis ibique per siccam vallem predictam et per eandem descendit ad priorem metam ubi fuit incepta ibique terminatur, secundum infrascriptas metas terre dicti Koyani certis metis et signis separantur. Item prima meta terre dicti Cheh que Lokouch vocatur incipit ab oriente iuxta fluvium Soploniche sub arbore tulfa ibique per rivulum Lescouch eundo pervenitur ad locum, ubi exit ad siccam vallem et per illam veniens cadit in rivulum Garigh ibique transit aquam in quandam vallem ad metam terream, ad occidentem per vallem autem veniendo iuxta terram Martini filii Berizlai pervenitur ad metam iuxta viam in monte et inde per fossatum veniens cadit in vallem, (in qua) eundo superius exit per quendam Suhodol ad metam terream, deinde in planicie eundo cadit in vallem et per eam itur ad caput ad metam terream sub dumo monerobokor, abhinc eundo per viam silvosam pervenitur ad tres metas, quarum una est Cheh, altera Martini, tercia Johannis, deinde iuxta ipsum Johannem in nemore eundo pervenitur ad metam Johannis antiquam, abhinc transeundo viam cadit in Lokouch et in ea eundo per quandam siccam vallem exit et vadit ad tres metas, quarum una est Cheh, altera Johannis, tercia Georgii, ibi relicto Johanne vadit iuxta terram dicti Georgii in via per magnum spacium pervenitur ad duas metas, quarum una est Chech, altera Georgii, inde ad alias duas metas, ibique intrant silvam et vadit ad magnam arborem tulfa, sub qua est meta, deinde ad caput Dragoych ad metam terream sub arbore bykfa et in Dragoych eundo inferius pervenitur ad pirum, sub qua est meta, inde per potok vadit in silvam Seplenicha et per aliam vallem revertitur ad arborem tulfa, sub qua est meta, inde ad caput eiusdem vallis et exit ad metam sub arbore tulfa, deinde in planicie vadit versus occidentem et cadit in vallem siccam in meta sub arbore bykfa et per vallem directe vadit ad metam sub arbore berekunafa, inde iuxta arbores cruce signatas vergit versus orientem ad metam terream sub arbore tulfa, deinde reflectitur per semitam et cadit in ryvulum Lokouch in meta sub arbore de prunis et per rivulum iam dictum descendens exit ad viam prope molendinum ipsius Cheh et subtus molendinum cadit in Soplincham et per aquam vadit superius usque ad priorem metam, ubi fuit incepta, ibique meta terre Lokouch terminatur Ut igitur dictus Martinus et fratres sui, Stephanus scilicet et Martinus, ac Cheh gener eiusdem, nec non castrenses qui agebant contra ipsos, pace perpetua gratulentur, presentes litteras in testimonium perpetue firmitatis dari fecimus, sigilli nostri duplicis munimine roboratas. Datum per manus magistri Smaragdi prepositi Albensis, aule nostre vicecancellarii, dilecti fidelis nostri. Anno domini $M^0 CC^0$ quinquagesimo sexto, quarto ydus novembris, regni autem nostri anno vicesimo secundo.

Iz prijepisa čazmanskoga kaptola od god. 1357. »feria quarta ante festum beati Galli confessoris«, pošto je originalnu povelju predložio: »Bartholomeus filius Mathius nobilis de districtu Garygh«. Čuva se u arkivu grofova Erdödy u Glogovcu.

Cod. dipl. patrius VII. 53—5.

562.

1256, 10. novembra.

Bela kralj ugarski i hrvatski uredjuje medje kastrensa i jobagiona garičkih.

Bela dei gracia Hungarie, Dalmacie, Croatie, Rame, Servie, Gallicie, Lodomerie, Cumanieque rex omnibus presens scrip(tum) inspecturis salutem in domino. Officii nostri etc. *(kao kod broja 559, sve do »materiam habeant querulandi«.)* . . . . us per . . . .

. . . .

. . . . per . . . .

. . . . autem exit ad . . . .

. . . . peruenit . . . . naar suub qua

est . . . . castrensium deinde . . . .

. . . . per ipsam viam uadit ad meridiem et satis bene eundo in eadem via peruenit ad (arborem) gertean sub qua est meta, dei(nde) . . . . . . (va)dit ad arborem cerasi (sub) qua est meta, deinde vadit et peruenit ad arborem gertean sub qua est meta, deinde uero itur ad orientem ad calistam . . . . iam cadit in uallem et per ipsam vallem uadit inferius, de hinc autem per aliam vallem reuertitur et uadit ad orientem, ex hinc ad meridiem ad planiciem ad metam terream iuxta terras filii Wolcani uadit et peruenit ad uiam ad occidentem et iterum uenit ad magnam viam per quam tendit ad meridiem, peruenit ad arborem siluestris pomi, sub qua est me(ta) . . . . (v)adit ad meridiem satis bene peruenit ad arborem gertean ad unum(!) Suhodol, deinde iam vadit ad occidentem et peruenit ad arborem byk cruce signatam, ibique . . . . dictam ad arborem pomi, deinde autem iuxta terram Gordus uadit per unum potok ad occidentem usque caput ipsius potok . . . . m peruenit usque magnam uiam ubi (est) uicinus ipsius terre Martinus filius Tosk ubi est

meta terrea et ibi cadendo in uiam . . . . uenit ad . . . . . e
est inter vias et per ipsam uadit et peruenit usque vineam ipsius Otmich
que est si . . . . it in . . . . . . per quem tendit superius
ad aquilonem, deinde reuertitur per uallem ad orientem . . . .
Mortunus . . . . r ad meridiem ab hinc iterum ad orientem ad
priorem metam, ubi fuit incepta et sic (terminatur. Ut igitur predicti
. . . . . perpe)tua pace gratulentur, presentes litteras in testimonium
perpetue firmitatis dari fecimus sigillique nostri duplicis munimine roboratas. Datum per manus Smaragdi prepositi Albensis, aule nostre vicecancellarii dilecti et fidelis nostri. Anno domini millesimo CC. quinquagesimo sexto, IIII. idus novembris, regni autem nostri anno vicesimo
secundo.

Original na pergameni vrlo oštećen u kr. ugar. arkivu u Budimpešti.
M. O. D. L. 35.145. Na listini visi o crvenoj svilenoj vrvci ulomak pečata

563.

1256, 10. novembra.

Razvod medja izmedju Somogjkoga župana Henrika i podanika grada
Gariča.

Bela dei gracia Hungarie, Dalmacie, Croacie, Rame, Seruie, Gallicie,
Lodomerie, Cumanieque rex omnibus Christi fidelibus presentes litteras
inspecturis salutem in eo qui est salus omnium. Officii nostri etc. *(kao*
kod broja 559. sve do »materiam habeant querulandi«.) Ex quibus uidelicet
iobagionibus castri predicti mete terrarum Martini comitis filii Tusk, ac
fratris ipsius nomine Gord, que uulgariter Borsonouch nuncupantur,
prout dictus homo noster Benedictus nobis retulit, prout eciam prefatus
Pangracius per suas litteras intimauit, hoc ordine distinguntur. Prima
meta incipit a parte occidentali sub vna arbore, que uulgo scylfa dicitur,
circa quam est meta terrea antiqua, separans limites Grassancha a Garyg
super vineam sacerdotis: deinde tam per vineas, per valles et colles
eundo peruenitur ad metas sub arbore berekenefa super quandam
vineam in monte, abhinc eciam per valles et colles vergit directe per
magnum spacium ad duas arbores tulfa dupplicatas, sub quibus est
meta iuxta magnam viam in monte euntem ad castrum Garig, per
ipsam itaque viam eundo satis longe in berch peruenitur ad locum, ubi

exit de ea ad vnam semitam et per eam, eundo similiter in berch,
exit ad quandam metam et ab ea cadit in caput vallis nomine Horoustouch et ulterius tenet metam cum filiis et cognatis Pestuani; de capite autem dicte vallis descendens, parum ascendit in berch ad partem
orientalem, inde per colles et valles eundo peruenitur ad metam sub
arbore tulfa triplicata, deinde ad caput minoris Desniche et per ipsam
eundo inferius cadit in maiorem Desnicham et in ea eundo exit ad
metam terream in planicie, ibique relictis filiis Pestuani incipit tenere
metam cum Wlcoy filio Borisa et ibi cadit in paruam vallem, que ducit
in riuulum Desnicha et per eam eundo inferius exit ad quandam vallem
ad partem orientalem, que similiter ducit superius ad berch ad metam
terream ibique cadit in magnam vallem et in ipsa eundo inferius exit
ad quandam vallem paruam et per illam eundo exit ad berch uersus
meridiem ad metam sub arbore nyrfa, iuxta terram Coyani descendit
in vallem . . . . . et in ea eundo parum exit in vna modica ualle ad
berch et inde directe vadit ad metam sub arbore berekenefa, deinde
iuxta terram Vde(z) cadit in vallem nomine Predelech et in ea eundo
exit per quandam vallem paruam ad metam terream iuxta uiam, ibique
per uiam eundo in berch peruenitur ad locum, ubi reflectitur uersus
orientalem partem ad duas metas, quarum vna est Martini comitis,
altera Vde(z), ibique relicto Vde(z) tenet metam cum Mortunus et per
planiciem directe eundo cadit in Desnicham in meta sub arbore de piro
et transeundo riuulum uadit inter duas antiquas sessiones directe ad
montem ad duas metas, quarum vna est Martini comitis, altera Mortun,
deinde descendit in siccam vallem et ibi tenendo metam cum Othmich
procedit inferius usque ad locum, vbi exit in una valle ad duas metas,
quarum vna est ipsius Martini, altera Othmich iuxta uiam, per uiam
eundo peruenitur iterum ad duas metas, quarum vna est Gordus fratris
sui, altera predicti Otmich; inde cadit in quandam vallem et per eam
descendens cadit in riuulum Desnicha et per ipsam eundo exit in vallem
nomine Hymellinna et vadit ad caput eiusdem, ibique sunt due mete,
quarum vna Gordus, altera Stephani Vngari; inde ad uiam itur iterum
ad duas metas, abhinc per uiam eundo uersus meridiem peruenitur ad
duas metas, quarum vna est Gordus, altera Stephani, deinde iuxta sil-
uulam per paruam uallem descendit ad metam sub arbore gertanfa,
abhinc iuxta fenetum ipsius Gordus per metas in nemore eundo cadit
in Gruseuch, qui distingit limites Grassanicha et Garig, per Gruseuch
autem eundo peruenitur ad caput eiusdem iterum ad metam ipsius
Martini comitis, ibique sub quadam vinea progrediens cadit in magnam
viam et per ipsam eundo longe in berch peruenitur ad metam sub

arbore tulfa et abhinc per vallem cadit in Lesnam et per aliam vallem ascendit ad magnam viam ad metam antiquam communem inter Grassanicham et Garig, ibique transeundo viam per vnam vallem ex parte occidentis descendit in Cotynnam et transeundo eam ad duas arbores de cerasis vadit ad montem ad metam sub arbore nucum, inde per berch progrediens per longum in latere vnius mentis descendit ad metam sub arbore buzfa, abhinc ad arborem berekenefa, deinde per valles et colles prope sessiones ipsius Martini vadit ad vineam Jelk et inde directe ad priorem metam, vbi fuit incepta, ibique terminatur. Vt igitur predictus Martinus et frater ipsius Gordus, ac eorum heredes et sepedicti castrenses, qui contra ipsos agebant, pace perpetua gratulentur, presentes litteras in testimonium perpetue firmitatis dari fecimus, sigilli nostri duplicis munimine roboratos. Datum per manus magistri Smaragdi Albensis ecclesie prepositi aule nostre vice-cancellarii dilecti et fidelis nostri. Anno domini M⁰CC⁰LVI⁰, quarto idus nouembris, regni autem nostri anno vicesimo secundo.

Original s kojega visi pečat na crveno-žutoj vrvci, u arkivu kneza Batthyânya u Körmendu.

Wenzel. Cod. dipl. Arp. con. VII. 424—426. — Kukuljević Reg. br. 709.

564.

1256, 11. novembra.

Razvod medja zemlje Lukavec medju Ivanom sinom Vukanovim i Henrikom šomogjkim županom.

(B)ela dei gratia Hungarie, Dalmacie, Croacie, Rame, Seruie, Gallicie, Lodomerie, Cumanieque rex omnibus quibus presentes ostenduntur tam presentibus quam futuris salutem in omnium saluatore. Officii nostri etc. *(kao kod broja 559. sve do »materiam habeant querulandi«.)* Ex quibus quidem iobagionibus castri, mete terre Johannis, filii Wolkan, que Lokouch nuncupatur, apud ecclesiam sancti Johannis existentis hoc ordine distinguntur, prout magister Benedictus et Pangracius memorati nobis in scriptis presentarunt. Incipit enim in capite Labatinnich apud sanctum Johannem, inde uergit inferius usque ad locum, ubi exit per uallem ad duas metas terreas, inde per planiciem uadit ad duas metas ex parte terre castri, inde ad caput Salatinnik, ubi est meta sub arbore girtianfa, inde per Salatinnik eundo exit ad duas metas terreas iuxta terram filiorum Berizlay, inde uadit ad duas metas, abhinc per uiam eundo peruenitur ad duas metas. quarum una est Johannis, altera

filiorum Berizlay, deinde parum eundo uenitur ad metam terream et
inde reflectitur per unam semitam ad siluam et uadit ad tres metas,
quarum una est Johannis, altera filiorum Berizlai, tercia Cheh, iuxta ipsum
Cheh in meta una eundo peruenitur ad tres metas, quarum una est
Johannis, altera Cheh, tercia Georgii Beriuoy; iuxta terram itaque Georgii
eundo peruenitur ad duas metas iuxta Lokouch et ibi transit Lokouch
in uallem uersus septemtrionem et per illam uallem eundo exit ad metam
terream sub dumo munuroufa, inde reflectitur uersus domum Georgii in
planicie et cadit in siccam uallem que ducit ad duas metas, ibique in
metis dicti Georgii peruenitur iterum ad priorem metam et sic terminatur.
Item prima meta terre ipsius Johannis que Desnicha nuncupatur incipitur
in ualle Hemelinna in loco, ubi exit uersus meridiem iuxta terram Stephani Ungari ad metam sub arbore gertanfa, inde ascendit ad uiam ad
metam terream, deinde per uiam eandem peruenitur ad tres metas angulares, inde iuxta terram Benedicti filii Bodiuoy descendit directe uersus
orientem ad riuulum Desnicha, per quem uergit uersus meridiem usque
ad locum, ubi exit de eo in quandam uallem ad metam terream, per
dictam autem uallem uadit superius iterum ad orientem ad duas arbores
narfa, sub quibus sunt mete terree, deinde exit ad magnam uiam et in
ea eundo parum exit ad metam sub arbore clenfa, inde directe descendit
ad maiorem Desnicham in meta, per quam eundo superius exit ad quandam uallem in meta sub arbore pomi et per dictam uallem tenendo
metas cum castro uadit ad duas metas terreas, inde per uiam uadit iterum
ad duas metas terreas, inde ad ueterem metam et nouam et ab inde
per semitam quandam tenendo metam cum Othmich descendens cadit
in aquam Desnicham et per eam descendens inferius exit iterum ad
uallem Hemelinna et per ipsam reducitur ad metam priorem et ibi terminatur. Item incipit prima meta terre Gordus curui, que Ilsva uocatur ab
oriente in ualle una iuxta domum Welchete, per uallem autem eundo
uersus occidentem uadit ad caput eiusdem, ibique reflectitur parum et
uadit iuxta domum Welchete ad uiam ad duas metas, quarum una est
Gordus et altera Welchete, inde ad sessionem Odolen, ibique cadit in
Deschen et uadit ad caput eiusdem ad duas metas, quarum una est
Gordus, altera Welchete in bikfa, ibique transit uiam ad caput magne
uallis et in ea eundo inferius parum exit ad siccam uallem ad uiam
iuxta uineas et in uia eundo exit ad duas metas, quarum una est Gordus
altera Welchete in arboribus tulfa, inde eundo ad caput uallis Suynna
nomine peruenitur, abhinc relicto Welchete incipit tenere metam cum
filiis Brezual et itur ad antiquam metam Wolcani iuxta uiam in arbore
tulfa, deinde uadit per quandam siccam uallem et cadit in magnam
uallem, per quam itur superius usque ad locum, ubi exit in una parua

ualle ad dumum uiminis, ubi est meta ipsius Gordus et Koiani, inde ad uiam et transit uiam ad metam terream, ibique per uallem siccam descendit per quandam malacam in Desnicam et per eam eundo parum exit in Ilsoam et per illam uadit superius per magnum spacium exit per Suhodol iuxta terram filiorum Berizlay ad uiam, ubi sunt due mete, per uiam autem euntem in Garig peruenitur ad metam sub arbore tulfa, ubi due uie coniunguntur, ibique refletitur in uallem et per illam uallem exit ad duas metas, quarum una est Gordus, altera filiorum Berizlay, deinde in latere montis peruenitur ad metam sub arbore tulfa ibique cadit in Deschen et per eam reducitur ad metam priorem et sic terminatur. Item incipit prima meta terre eiusdem Gordus, que Chasma uocatur, iuxta fluuium Chasme sub arbore tulfa in loco, ubi riuulus Pleterna nomine cadit in Chasmam et per Pleternam eundo superius peruenitur ad metam sub arbore salicis, deinde pereundo ad aliam metam sub arbore gertanfa, abhinc tenent metam cum Stephk, filio Zouk et sic terminatur. Item prima meta terre Welchete que Zaburna uocatur, incipit in transitu riuuli eiusdem Zaburna in duabus metis, quarum una est ipsius Welchete, altera Vde(z) iuxta uiam euntem in Garig, ibique intrat Zaburnam et uenit usque ad uiam ueterem et per eam uadit ad montem ad uiam in modum crucis et est ibi meta, inde per uiam iuxta uineam sacerdotis uadit ad metam ueterem, deinde descendit in uallem Zahatuk et per eam uenit inferius usque ad locum, ubi exit ad aliam uallem in meta sub arbore gertanfa et per uallem nomine Blasey uadit superius ad caput eiusdem, ubi est meta sub piro, inde ad metam Petri filii Berizlay, deinde per metas eiusdem Petri descendens cadit in predictum riuulum Zaburna' ibique terminatur. Item prima meta alterius terre eiusdem Welchete nomine Dedech, quam habet iuxta terram Gordus incipit ab oriente . . . una que est inter domum suam et domum Voynk et per ipsam uadit superius uersus occidentem ad caput eiusdem ad metam sub arbore de piro, inde parum reflectitur et uadit ad uiam ad metam sub arbore tulfa, inde descendit in uallem usque ad sessionem . . . en, deinde ad caput Deschen ad metam sub arbore bikfa ibique transit uiam ad caput magne uallis, ubi est meta sub arbore hasfa, per eandem tendens inferius parum exit in unam siccam uallem et per eam uadit ad uiam iuxta uineam ad metam terream, deinde in uia eundo exit ad duas arbores tulfa sub quibus est meta, abhinc per uallem siccam cadit in caput Sywinna nomine et per eam descendit usque ad locum ubi exit in aliam uallem siccam iuxta terram filiorum Brezual et per metas dupplicatas, quarum una est Welchete altera filiorum Brezual reuertitur in riuulum Deschen et per illum rediit in metam priorem et sic terminatur. Vt igitur predicti Johannes, Gordus et Welcheta et castrenses qui agebant contra ipsos de cetero super terminis terrarum suarum pace perpetua gratulentur, presentes litteras in testimonium perpetue firmitatis dari fecimus, sigilli nostri dupplici munimine roboratas. Datum per manus dilecti et fidelis nostri magistri Smaragdi, Albensis prepositi, aule nostre vicecancellarii Anno domini millesimo ducentesimo quinquagesimo sexto, III. idus novembris, regni autem nostri anno vicesimo secundo.

Original. u arkivu nadbiskupskom, Privilegialia. Crveno-ljubičasta svilena vrvca visi bez pečata.

Tkalčić Mon. episc. Zagr. I. 110—112. — Wenzel. Cod. dipl. Arp. XI. 418—421. — Kukuljević Reg. no. 711.

565.

1256, 11. novembra.

Razvod medja medju šomogjkim županom Henrikom i podanicima grada Gariča.

Bela dei gracia Hungarie, Dalmacie, Croacie, Rame, Servie, Gallicie, Lodomerie, Cumanieque rex omnibus quibus presentes ostenduntur tam presentibus quam futuris salutem in omnium salvatore. Officii nostri etc. *(kao kod broja 559. sve do »materiam habeant querulandi«.)* Ex quibus quidem iobagionibus castri memorati mete terrarum Martini et Georgii filiorum Brezwal, prout magister Benedictus nobis retulit et sicut dictus Pangracius per suas litteras intimavit, hoc ordine distinguntur. Incipit enim prima meta terre ipse nomine Descha in uno rivulo Babich nomine in loco, ubi exit de eo in meta ad unam vallem, per quam vergit superius versus meridiem usque ad berch ad metam terream sub arbore tulfa; inde de berch iuxta vineam descendit in aliam vallem et per illam eundo inferius exit ad quandam vallem, ubi est meta et per eam ascendit in berch ad magnam viam venientem de Garig ad metam sub arbore viminis, inde tenendo metam cum terra castri vadit inferius per viam et exit de ea ad metam sub arbore cheresnafa supra quandam vineam; inde progrediens cadit in unam vallem siccam que similiter cadit in rivulum Desche ibique separatur a terra castri et incipit tenere metam cum filiis Berivoy et per rivulum vadit superius parum et exit ad unam siccam vallem que ducit ad duas metas, quarum una est filiorum Berivoy ab oriente et altera filiorum Brezwal ab occidente, inde transeundo viam cadit in vallem nomine Grabroa et per eam descendens exit de ea ad siccam vallem in una meta sub arbore bikfa ibique separantur a terra filiorum Berivoy

et venit superius iuxta terram castri per frutices in berch in illam vallem
que ducit in magnam vallem et ibi relicto castro incipit tenere metam
cum Mortunus filio Chenka et cognatis suis et per illam magnam vallem
vadit superius versus septemtrionem usque ad locum, ubi exit de ea ad
unam vallem ad metam ad arborem tulfa, item venit superius ad duas
metas, quarum una est Gordus et altera filiorum Brezval in arboribus
tulfa, inde cadit in vallem Jelsoa, que ducit inferius ubi est meta sub
arbore gertianfa et exit ad unam vallem que ducit ad metam sub arbore
kurtuelfa et ibi in una sicca valle exit ad berch usque ad viam ad
metam sub arbore almafa et ibidem cadit in vallem que iuxta domum
Wlchete ducit in rivulum Desche, ubi est meta sub arbore kurtuelfa et
per illum rivulum progrediens inferius exit ad unam siccam vallem in
loco, ubi est meta sub arbore tulfa, inde vadit per ipsam vallem superius
usque ad locum ubi exit in una parva valle ad vineam sacerdotis in
montem, ibique cadit ad magnam viam in meta terrea et per illam viam
in berch vadit directe per spacium magnum versus orientem et transit
viam in modum crucis et ibidem in una meta sub arbore tulfa cadit in
vallem nomine Cremenna et per eam descendens exit ad metam sub
arbore gertianfa et venit ad magnam viam ad arborem tulfa cruce signatam, sub qua est meta terrea, inde per viam versus meridiem per
antiquam viam descendens ducit in rivulum Bobuch in meta sub arbore
munuroufa et per eundem vadit iuxta terram castri ad priorem metam,
ubi fuerat inchoata ibique terminatur. Item prima meta terrea eorundem
Martini et Georgii nomine Scranefelde incipit in rivulo Bubouch a parte
meridionali in una meta terrea sub arbore zilfa, inde per quandam
vallem ascendit in berch ad metam sub arbore tulfa tenendo metas cum
hospitibus de Garig, inde per berch vadit ad viam et in ea eundo exit
ad metam terream supra caput unius vallis, inde per viam eundo ascendit
in berch in una meta super caput alterius vallis, ibique incipit tenere
metam cum castrensibus et ascendit in berch et eundo per longum in
via pervenit ad arborem tulfa magna cruce signatam, sub qua est meta
terrea, inde ad unam viam ad montem, ubi est meta terrea, que contingit metam Draguch, inde iuxta metam dicti Draguch per berch in
magnam viam descendit iterum versus meridiem et cadit in predictum
rivulum Bubouch, que reducit in metam priorem ubi fuit incepta et ibi
omnino terminatur. Item prima meta terre eorum Martini et Georgii
que Yzdench nuncupatur incipit iuxta terram Otrochk in silva in arbore
tulfa sub qua est meta, inde iuxta terra hospitum de Cherna reca progrediens versus orientem pervenit ad unam metam in via et transeundo
viam per siccam vallem vadit in silvam et per eandem itur in locum,
ubi intrat fluvium Yzdench et ibi est meta sub arbore tulfa et per eundem

fluvium vadit superius usque ad locum, ubi exit de dicto fluuio ad unam siccam vallem et per ipsam tenendo metam cum terra Yzdench per arbores crucesignatas vadit in magna silva versus septemtrionem et exit de silva ad metam sub arbore gertanfa iuxta viam; abhinc vero vadit usque ad metam Otrochk supradicti, inde tenendo metas cum ipso Otrochk revertitur per unam viam ad priorem metam, ubi fuerat incoata ibique omnino terminatur. Ut igitur predicti Mortun et Georgius ac castrenses qui agebant contra ipsos pace perpetua gratulentur, presentes litteras in testimonium perpetue firmitatis dari fecimus sigilli nostri dupplicis munimine roboratas. Datum per manus dilecti et fidelis nostri magistri Smaragdi Albensis prepositi, aule nostre vicecancellari. Anno domini millesimo ducentesimo (quinquagesimo) sexto, tercio ydus novembris, regni autem nostri vicesimo secundo.

Original u arkivu obitelji grofova Erdödy u Glogovcu. — Ostanci pečata, koji je visio na vrvci crvene i ljubičaste boje.
Cod. dipl. patrius. VII. 56—58. no. 48.

566.

1256, 16. decembra.

Bela kralj ugarski i hrvatski i Stjepan ban postavljaju granicu izmedju komore nadbiskupa ostrogonskoga i biskupa zagrebačkoga.

Nos Bela dei gracia rex Hungarie (etc. et Stephanus banus tocius Sclavoniae et) dux Stiriae tenore presentium omnibus volumus fieri manifestum, quod magister Benedictus canonicus Zagrabiensis et archidiaconus de Guercha in camera de ultra Dravam non resedit ut homo episcopi Zagrabiensis, quamvis idem episcopus una cum bano Stephano vice nostra procuraverit cameram ultra Dravam, sed tanquam homo bani Stephani, per ipsum banum ad hoc specialiter deputatus, quod et idem episcopus coram nobis praesentialiter recognovit. Ne ergo ex eo, quod dictus magister Benedictus in dicta camera permansit, Strigoniensi ecclesiae et venerabili patri B(enedicto) archiepiscopo eiusdem ad quem et eius ecclesiam supradictae camerae decimatio, sicut et aliarum, in quacunque provincia camerae constituantur, vel moneta cudatur, pertinet et pertinuit et quam decimationem ipsius archiepiscopi et ecclesiae Strigoniensis homo in eamera praefata de ultra Dravam residens, plene et pacifice eorum nomine percepit semper et percipit, preiudicium aliquod generetur, vel Zagrabiensis episcopus aut quivis alius in dicta camera ultra Dravam ius aliquod in posterum sibi valeat vendicare, eidem venerabili patri B(enedicto) archiepiscopo Strigoniensi ac eius ecclesiae presentes dedimus litteras dupplicis sigilli nostri munimine roboratas. Datum anno domini MCCLVI., decimo septimo kalendas ianuarii, regni autem nostri anno XXII.

Pray. Itier. P. l. 139. — Katona Hist. cr. 249. — Fejér Cod. dipl. Hung. IV. 2, 393—394 i 370. — Teleki Hunyadiak kora XI. 108—109. iz potvrde kralja Matije nadbiskupiji ostrogonskoj od g. 1462. — Knauz Mon. ecclesiae Strig. I. 439. — Kukuljević Reg. no. 713. i 714.

567.

1256, 28. decembra.

Izabire se opat u samostanu lokrumskom.

Anno incarnationis domini millesimo ducentesimo quinquagesimo sexto, mensis decembris, quarto die astante, vacante monasterio sancte Marie et sancti Benedicti de insula Lacromonensi de Ragusio etc. prout in ipsa carta electionis continetur. Qui prenotatus dominus Johannes . . . . prenotatam electionem dicens: ad honorem dei omnipotentis et beate Marie semper virginis et beati Benedicti secundum dominum et secundum regulam beati Benedicti tamquam monach(us in) eodem monasterio Cromonensi, facto signo sancte crucis, accipio predictam electionem. Ut autem hoc instrumentum robur obtineat veritatis, prenotati monachi et prior cum suis sigillis pendentibus fecerunt communire.

Farlati Illyricum sacrum. VI. 109. — Kukuljević Reg. no. 726.

568.

1256.

Osuda za šest rodova u županiji gorskoj.

Privilegiales readiudicatoriae regis Belae pro sex generationibus de comitatu de Gora, super terris ipsorum per eosdem post discessum quoque Tartarorum ex hoc regno tentis et possessis de anno 1256.

Fejér Cod. dipl. Hung. IV. 2. 413. (Po originalu u ostrogonskom arkivu). — Kukuljević Reg. no. 722.

569.

1256.

Pred kaptolom požeškim svjedoči se o prodaji zemlje kraj Orljave.

Capitalum ecclesie beati Petri de Posaga omnibus presentem paginam inspecturis salutem in domino sempiternam. Ad universorum noticiam harum serie volumus pervenire, quod accedens ad nostram presenciam Bylota terram tenens filius Bolk ex una parte, ex altera vero Demetrius filius Predrag, Dragota filius Dragan terram tenentes, in nostra presencia astiterunt. Idem Bylota confessus est, se coram nobis terram quandam suam Lusan nuncupatam precio comparatam de Wulkota iobagione castri nostro testimonio mediante, quam terram idem Wulcoţa ante adventum Tartarorum optinuerat ex consensu Bele fratris sui et volun-tate Wulcota supradicti, Demetrio et Dragota supradictis vendidisse pro triginta tribus pensis ad compotum frisaticorum in argento, equis et bobus, coram nobis integraliter persolutis, imperpetuum pacifice possi-dendam. Cuius terre processus talis est, quod incipit ab Oriava de terra Remunt versus aquilonem et abinde tendit in sicca valle ad silvam, que sicca vallis est pro meta supradictis Demetrio et Dragota cum Bylota in Scelca; item tenens in magno spacio per ipsam siccam vallem et pervenit ad magnam stratam regalem et transit ipsam viam regalem versus meridiem in fine cuiusdam planiciei; deinde tendit versus orientem et sic pervenit in Oriavam, in qua eundo superius ad priorem metam, ubi est Nenina mlaka. In cuius rei memoriam et certitudinem pleniorem presentes litteras ad peticionem dicti Bylote supradictis Demetrio et Dragota munimine nostri sigilli contulimus roboratas. Actum anno gracie M⁰CC⁰ quinqu(age)simo sexto.

Original na pergamcnı u kr. ug. drž. arkivu u Budimu M. O. D. L. no. 449. (Stara sign. N. R. A. fasc. 1531. no. 15)., na njoj svilena vrvca zelene boje, pečat otpao.

Wenzel Cod. dipl. Arpad. VII. 443—444. — Kukuljević Reg. no. 719.

570.

1256.

Stjepan ban hrvatski ı kapetan štajerski rješava parbu radi Gra-bova sela.

Nos Stephanus banus tocius Sclavonie et capitaneus Styrie signifi-camus tenore presencium universis, quod cum Pautyn, Wogrissa et generacio eorundem super terra Grabro scelo, Jacov filium Gordizlov conuenissent Iitis ordine coram nobis, idem Jacov exhibuit litteras magistri Alexandri vicebani nostri, in quibus invenimus eandem causam coram eo fuisse inter ipsos diucius ventilatam et tandem de eiusdem magistri Alexandri vicebani iudicio processisse, quod Jacov cum Bratko, Ztoyzlov filio Branisa, Wlkadrug, Claudo, Wlkowoy filio Zlobymerii et Cvplen filio Kvles prestiterat sacramentum super eo, quod Jacov non fecerat maliciose, quod hactenus suppresserat et non presentauerat coram nobis privilegium Salomonis bani habitum super ipsa terra Grabo(!) scelo, sed propterea, quod idem detentus fuerat in captivitate per abbatem Toplicensem et non poterat prosequi suum factum, quam terram postmodum dictus magister Alexander vicebanus ordine iudiciario observato secundum continenciam privilegii Salomonis bani statuerat dicto Jacov. Unde et quia in priori iudicio Pautyn, Wgrissa et generacio eorundem (coram) magistro Alexandro vicebano privilegio predicto non contradixerant et iudicium ipsius magistri Alexandri vicebani de iusticia processerat, Pautynum, Wogrissam et generacionem eorundem iudicio condempnantes, quia iterato inchoauerant causam iuris ordine terminatam, eisdem super facto ipsius terre perpetuum silencium imponendo, dictam terram Grabo scelo Jacov sepedicto reliquimus et statuimus iure perpetuo possidendam. Prima igitur meta huius terre, sicut in eodem privilegio Salomonis bani vidimus contineri, incipit a quodam puteo et tendit per quendam fluvium ad partem orientalem et venit superius ad terream metam et conterminatur terre Gurgys, Wratech ac Gordizlay, ubi est meta terrea in arbore nomine harost, deinde venit ad partem meridionalem ad magnam viam exercitualem et per eandem viam venit ad unam arborem que vulgo vocatur harozt et ibi conterminatur terre Gurgys, Dragsan et Gordyzlay, deinde venit ad partem occidentalem ad metam Waratcha, abinde venit ad quasdam vineas et inde ad tres metas terreas, videlicet Dragsani, Halapone et Gordyzlay et inde ad fluvium Granschech et deinde inter duas vineas ad metam terream, abinde venit ad priorem metam, ubi est puteus, ibique terminatur. Ut autem huius rei series robur optineat perpetue firmitatis, nec ullo unquam processu temporum possit vel valeat in irritum revocari, presentes litteras contulimus sigilli nostri munimine roboratas. Datum anno ab incarnacione domini millesimo ducentesimo quinquagesimo sexto.

Original vrlo lijepo pisan na pergameni u kr. ugar. drž. arkivu u Budimu. M. O. D. L. no. 447. (Stara sign. N. R. A. fasc. 1531. no. 17.). Na listini nalazi se snažna svilena vrvca bijele, crvene i zelene boje, pečat otpao.

Fejér Cod. dipl. IV. 2. 414. — Wenzel Cod. dipl. Arpad. VII. 439 —440. — Kukuljević Reg. no. 716. i 718.

571.

1256. U Požegi.

*Pred kaptolom požeškim zamjenjuje Zagrab svoju zemlju Huršovu za
neku zemlju Lamperta sina Razbojdova.*

Capitulum ecclesie beati Petri de Posoga omnibus presentes litteras
cernentibus salutem in domino. Nouerint vniuersi, quod in nostra presencia costitutus Lampertus filius Razboyd comitis ex una parte, ex altera
uero Zagrab una cum Briccio. Placuit enim partibus, ut mutarent terram
contiguam, scilicet wlgaliter nomine Hursoa. Predictus uero Lampertus
sua propria terra cambium fecit, sed dictus Zagrab terram quam sibi
quondam comparauerat propria pecunia a consanguineis dicti Lamperto(!)
videlicet, Clemente, Artolph et Blasio, scilicet a filiis Benedicti, quam
uero dedit pro septem marcis et insuper tredecim marcas una cum predicto Briccio persoluerunt, uerum quia in valore XX. marcarum terram
sibi exemerunt reuera, q(uonia)m dicto Briccio tercia pars cedit de terra
sepedicta, que sequestratur a Hursoa supradicta, verum tamen cum omnibus pertinenciis suis. Cuius terre prima meta incipit ultra aquam Hursoa
uersus ad meridiem, ubi est meta prope ad ecclesiam, que fundata est
sub titulo sancti Nicolay, tantum ad cancellam altaris, quantum sagita
potest iactari et continuo sequestrabatur de Hursoa et protenditur ad
meridiem, ubi est meta in piro, ab inde in latere cacuminis sub nemore
est meta terrea et uadit ad occasum solis, ac peruenit ad pothoch, iuxta
quem est meta terrea et uertitur super eodem pothoch ad meridiem, ac
uadit in cacumine per siluam, ubi est meta terrea, ibi enim exit a dicto
·pothok et regreditur iuxta siluam ad occidentem, ac peruenit ad magnam
viam, ubi enim est meta terrea, et per eandem viam regreditur contra
meridiem ac pervenit ad terram Alexandri et Paris in cacumine et
peruenit ad terram filiorum Wolcoy, ab inde eundo commetatur ad
terram Benedicti in sepedicta magna via, postea est meta in tylia, ex inde
protenditur per siluam ad aquilonem in via, ab inde commetaneus est
Laurencius filius Alexi comitis, ubi sunt pro meta signacula in arboribus silvestribus et mete terree, ac exinde super berch in caput, ubi est
meta terrea et sunt mete terree continue; et per idem planum berch
peruenit ad dictam aquam Hursoa, ubi est meta terrea, postmodum
St(ephanus) est commetaneus, tandem per dictam aquam Hursoa, recurit
ad priorem metam, ubi terminatur; verum tamen aqua Hursoa inuenit
ipsas terras cum dicto St(ephano). Vt autem processu prolixi temporis
hanc uendicionem et empcionem, ne aliquis in irritum ualeat retractari,

super hoc nostras litteras dari postularunt. Nos igitur, prout tenemur de iure ad instanciam parcium vicinorum etiam ac commetaneorum, presentem concessimus dari paginam, sigilli nostri munimine roboratam. Actum anno domini MCCⁿLⁿVIⁿ.

Iz originalnog novog izdanja ove listine po kaptolu požeškom g. 1305. 23. novembra u knjižnici narodnog muzeja u Budimpešti. Ovamo dospjela zamjenom iz kr. ug. državnog arkiva g. 1895. (nosi signaturu u državnom arkivu D. L., 33.709; N. R. A. fasc. 1501. no. 17.), gdje se čuva pod jednakom signaturom drugi original.

572.

1256. U Zagrebu.

Pred kaptolom zagrebačkim biva izmjena zemalja izmedju Jurka sina Ochuza bana i Mihajla Buzadova.

Capitulum Zagrabiensis ecclesie omnibus presens scriptum inspecturis salutem in domino. Ad universorum noticiam harum serie volumus pervenire, quod constitutis in nostra presencia ab una parte Gurk filio Ochuz quondam bani et ab altera Egidio officiali comitis Michaelis fratris magni Buzad pro ipso comite Michaele, idem Egidius, secundum quod eciam littere domini sui, quas nobis exhibuit, sub sigillo notorio astruebant, dominum suum, comitem scilicet Michaelem, terram Zebusce cum octo villis, quam terram idem Michael comes receperat de genero suo Gurk antedicto in concambio pro terra Nedeliche cum quinque villis; item villam(!)[1] Sancte Crucis cum tribus villis, quas ab eodem Gurk titulo possederat empcionis, confessus est reddidisse predicto Gurk iure perpetuo possidendas, in concambio pro quatuor villis Comor sub una meta constitutis et pro terra Velika cum duabus uillis eciam sub una meta constitutis et pro villa Endere sita iuxta Kerka et quod addidisset eidem Gurk racione concambii et precipue dileccionis, qua sibi tenebatur nonaginta et quatuor marcas. Quod concambium idem Gurk assistens personaliter approbavit, insuper taliter (se) obligando, quod si per aliquam questionem villas antedictas, quas Gurk dedit comiti Michaeli, amitti contingeret, idem Gurk tantum de terra sua hereditaria aliunde ipsi Michaeli comiti dare teneatur et nichilominus predicte pecunie refundere quantitatem. In cuius rei testimonium presentes litteras contulimus sigilli

---

[1] Treba da bude terram.

nostri munimine roboratas. Datum per manus magistri Michaelis lectoris ecclesie nostre, anno domini M⁰CC⁰L.⁰ sexto.

Original na pergameni vrlo lijepo pisan, u dr. ug. ark. u Budimu: M. O. D L. no. 446. (Stara sign. N. R. A. fasc. 358. no. 5.) — Na listini visi o svilenoj vrvci crvene boje potpuno dobro sačuvan ovalni pečat kaptola u običnom vosku sa stojećim kipom sv. Stjepana. — Legenda: † S(igillum) Capitulo Zagrabien(sis) † Imago s(an)cti Stephani regis.

Wenzel. Cod. dipl. Arp. VII. 446—447. — Kukuljević Reg. no. 720.

573.

1256.

Mihajlo i Lankred od roda Buzadova izmjenjuju neke zemlje.

Nos comes Michael significamus omnibus presentes inspectoribus, quod cum karissimo fratre nostro comite Lancereto tale fecimus concambium, quod nos dedimus eidem quatuor terras Comor sub una meta constitutas et duas terras Welyka, eciam sub una meta existentes, quas omnes a Jurkone filio Ochuz bani nostro genero eciam pro concambio optinueramus, cum eodem privilegio capituli Zagrabiensis, quo easdem terras tenebamus et terram Pyancove, ac terram Bykenc iure perpetuo possidendas, ita, ut salvo in filios filiorum perpetuitatis privilegio de terris supradictis debeat gratulari. Hac eciam obligacione interiecta, quod si per aliquam questionem de terris iam nominatis amitti contingeret, tantum de alia terra nostra ubicunque ex ista parte Drawa preter castra nostra habebimus, tenemur eidem sine lite restaurare. Quibus possessionibus si peccatis exigentibus carere debemus, nichilominus de terra nostra propria, ubicunque nobis remaneret, tantam et equalem, iuxta sentenciam venerabilium virorum, videlicet abbat(um) de Simigio et Zaladia, eidem comiti L(ancereto) statuere tenebimur, preter castra nostra supradicta. Verum eciam, si nos mori contingat et ipsa causa questionis tempore filii nostri forsitan suscitabitur, ipse filius noster propter infanciam causam non debet prorogare, sed subplebit composicionem antedictam, sicut in litteris Andree tunc comitis Warasdiensis continetur, qui inter nos ex speciali mandato Bele domini nostri illustris regis Ungarie super ipso concambio extitit ordinator. Anno domini M⁰CC⁰ quinquagesimo sexto.

Original na pergameni u kr. ug. drž. ark. u Budimu: M. O. D. L. no. 448. (Stara sign. N. R. A. fasc. 1331. no. 16.). Vidi se trag, gdje je visio pečat.

Wenzel. Codex diplom. Arpad. cont. VII. 447—8. — Kukuljević Reg. no. 712 i 721.

574.

1256. U Zagrebu.

*Martin sin Bogdanov prodaje Ivanu sinu Ivankovu svoje trsje za
14 pensâ.*

Capitulum Zagrabiensis ecclesie omnibus presens scriptum inspecturis salutem in domino. Ad universorum noticiam harum serie volumus
pervenire, quod constitutis in nostra presencia ab una parte Marino
filio Bogdan de Blyna et ab altera Johanne filio Iwanech de Sernov,
idem Marinus tres vineas suas sitas in Sernov, iuxta silvam Lomna,
quas se dixit obtinuisse a dicto Johanne litis ordine, coram bano confessus est: se vendidisse eidem Johanni iure perpetuo sine contradictione
qualibet possidendas pro quatuordecim pensis, quas se d xit ab ipso
Johanne plenarie recepisse, ita quod dictus Marinus et heredes sui heredumque successores easdem vel alias quascumque vineas in ipso territorio
Sernov facultatem non habeant de cetero repetendi. In cuius rei testimonium presentes literas ad instanciam parcium contulimus sigilli nostri
munimine roboratas. Datum per manus magistri Mychaelis, lectoris nostre
ecclesie, anno ab incarnacione domini MCC quinquagesimo sexto.

*Privileg. monaster B. V. Mariae de Toplica no. XXXVIII. — Tkalčić
Monum. episcop. Zagrab. I. 114. — Wenzel Cod. dipl. Arp. XI. 434 donosi
regest. — Kukuljević Reg no. 724.*

575.

1256. U Spjetu.

Nadbiskup Rogerije zalaže Tomi arcidjakonu četiri srebrne posude.

In nomine domini amen. Ego Rogerius dei gratia Spalatensis archiepiscopus confiteor per hoc scriptum, quia recepi a te Thoma archidiacono Spalatensi sexaginta libras denariorum de pecunia domini pape,
pro quibus tradidi tibi quatuor vasa argentea, sex marcas ponderantia,
ita quod si pretaxata pecunia extra civitatem tradenda fuerit, tu assi-
gnabis eadem vasa ad manus Gru(b)cii vel alicuius amicorum eorum et
recipies pecuniam memoratam. Si vero non fuerit qui meo nomine vasa
redimat supradicta, tunc licitum tibi sit tradere ipsa precise pro pecunia
sepedicta, nec tenearis exinde mihi vel alicui redere rationem. Actum

in presentia domini Prodani et fratris sui Gru(b)cii et mei P. dicti romani clerici de Paliano, qui scriptum presens scripsi.

Original na pergameni u arkivu kaptola u Spljetu. Na listini vidi se trag gdje je o vrvci visio pečat.
Farlati Ill. sacrum III. 279. — Wenzel Cod. dipl. Arp. cont. VII. 437. — Kukuljević Reg. no. 717.

576.

1257, 8. januara.[1] U Rožatu.

Potvrdjuje se lokrumski izbor od 4. decembra 1256.

Anno incarnationis domini millesimo ducentesimo quinquagesimo septimo, mensis ianuarii, octavo die intrante . . . . Monachi monasterii sanctae Mariae et sancti Benedicti de insula Lacromonensi de Ragusio, videlicet presbyter Domana, Slove, Paulus et Martolus, bona voluntate omnium fratrum et monachorum predicti monasterii in presentia subscriptorum testium ad hoc specialiter convocatis(!), in ecclesia monasterii sancte Marie de Razato presentavere domino Johanni presbitero et monacho priori priorati sancte Marie de Razato electionem ab omnibus predictis factam et sigillatam cum pendenti sigillo dicti monasterii Lacromonensis in ipsum prenotatum dominum Joannem tanquam in abbatem et pastorem eorum. In cuius electionis carta sic incipit.

(Slijedi listina 4. decembra 1256.)

Actum est hoc in prenotata ecclesia sancte Marie monasterii de Razato. Hii sunt testes.

† Ego presbiter Elias Viviani, canonicus sancte Marie Ragusine ecclesie sum testis.

† Ego clericus Gervasius Petrana, canonicus sancte Marie Ragusine (ecclesie) sum testis.

† Ego clericus Rubana(!) Rosini, canonicus sancte Marie Ragusine ecclesie sum testis. Et ego presbiter Pascalis de Capalu, canonicus sancte Marie Ragusine ecclesie et communis Ragusii notarius iuratus scriptor sum et testis, complevi et roboravi.

Farlati Ill. sacrum. VI. 108—9. — Kukuljevic Reg. no. 726.

---

[1] Pošto indikcija nije označena, teško je sigurnošću reći, da li ova listina ide u god. 1257. ili 1258.

577.

1257, 12. januara.

Bela kralj ugarski i hrvatski daje sloboštine Jastrebarskomu.

Bela dei gracia Hungarie, Dalmacie, Croacie, Rame, Seruie, Gallicie, Lodomerie, Cumanieque rex vniuersis presentes litteras inspecturis salutem in eo qui regibus dat salutem. Sublimitas regia cuius est proprium in multitudine populi gloriari, solet ampliorem subditis concedere libertatem, ut per hoc famulancium numerus augeatur. Proinde ad vniuersorum noticiam tenore presencium uolumus peruenire, quod hospites nostri de Jaztrabarcka de comitatu de Podgoria nobis humiliter suplicarunt, ut libertatem qua utuntur hospites nostri de Petrina et de Zomobur eis concedere dignaremur, cuius quidem libertatis forma hec est. Ut videlicet eos nullus iudĭcum nostrorum preter maiorem uille eorundem, quem uoluntarie elegerint, audeat iudicare et si ab ipsorum iudice conquerentibus satisfieri non poterit, iudex eorum in nostra presencia et non alias super ipsa causa citatus teneatur et debeat respondere, et in quocunque casu inter ipsos hospites uel per eosdem hospites contra extraneos aliquos uel per extraneos contra ipsos hospites causa orta fuerit, eadem causa non duello sed iuramento ac testimonio decidatur. Statuimus eciam, quod si banus eis ad ualorem unius marce dampnum fecerit, in centuplo restau(ra)ret eisdem, tamen bano non aliud nisi domos suas occasione descensus dare teneantur, pro aliis uero necessariis precium recipiant. Et si aliquis ipsorum prole caruerit, tam ipso uiuente, quam a seculo transmigrante, bona sua ubicunque uoluerit libere conferat retinenda. Et si quis ipsam uillam intrare uoluerit moraturus, omnia bona ·sua, domos uidelicet et alia que possidet omnibus scientibus liberam habeat uendendi facultatem et recedens de uilla eandem retineat libertatem. Statuimus eciam, ut sacerdotem quemcunque uoluerint in suam recipiant ecclesiam, de decimis eorum proud (!) mos est hospitibus ubicunque manentibus disponentes. Nec hoc uolumus sub silencio pertransire, quod predicti hospites nostri nobis annuatim pro collecta centum pensas et pro tributo fori triginta pensas soluere tene(a)ntur. Ad hec cum iidem hospites nostri de Jaztrabarcka se terra dicerent indigere, Stephano bano tocius Sclauonie et capitaneo Stirie dilecto et fideli nostro dedimus in mandatis, ut de terra filiorum Cuetk et de terra filiorum Kundis et de terra generacionis Draguzlay iobagionum castri de Podgoria et eciam castrensium eisdem ad tria aratra assignaret, qui nobis personaliter retulit et per suas litteras intimauit, quod ipsis hospitibus de terra predictorum hominum ad tria aratra iuxta nostrum preceptum assignasset sub hiis metis: Prima meta incipit a septemtrione iuxta unum monticulum ubi est meta terrea et inde uadit in uirgultum, ubi est meta terrea, deinde descendit in riuulum Dalych, per quem uadit inferius ad portum antiquum, deinde cadit ad magnam uiam, per quam uadit ad partes orientales, cuius dextera pars ad locum fori, sinistra uero pars pertinet generacioni Draguzlai, deinde tendit ad partem meridionalem, ubi frutex quercus uocatur et uadit ad pirum cruce signatam, sub qua est meta terrea, inde uadit ad arborem zylfa cruce signatam, inde uadit ad riuulum Chebdyn, ubi est meta et ibi sumit filios Kundis sibi commetaneos, deinde itur ad occidentem per eundem riuulum Chebdyn, parum eundo exit de riuulo ad terram filiorum Priba et peruenit ad terram filiorum Cuetk, cuius dextera pars loco fori, sinistra uero pars filiis Priba noscitur pertinere, deinde uenit ad metam terream ad occidentem, deinde ad fruticem quercus ubi est meta terrea, deinde uenit ad pirum cruce signatam, ubi est meta terrea, deinde ad fluuium Podgoria, ubi est meta terrea, deinde per eundem fluuium superius eundo peruenit ad magnum portum, ubi iuxta uiam est meta terrea, deinde ad occidentem ad metam terream in horozt fundatam, ubi dextera pars loco fori, sinistra uero pars filiis Cuetk noscitur pertinere, silua autem ibi existens communis esse debet iobagionibus castri et castrensibus ac hospitibus memoratis, sicut in eiusdem bani uidimus litteris contineri. Vt igitur premissa robur perpetue optineant firmitatis, presentes litteras in testimonium perpetue firmitatis dari fecimus sigilli nostri duplicis munimine roboratas. Datum per manus magistri Smaragdi Albensis ecclesie prepositi aule nostre uicecancellarii dilecti et fidelis nostri, anno ab incarnacione domini millesimo ducentesimo quinquagesimo septimo, II. idus ianuarii, regni autem nostri anno vigesimo secundo.

Original u arkivu trgovišta Jastrebarskoga. Na listini visi još svilena vrvca zelene i bijele boje, dočim je pečat s nje izgubljen. Istu povelju potvrdio je kasnije ban Mikac 1340. 24. aprila, onda 1480. kralj Matija, kasnije Ivan Korvin 1495., kralj Ferdinand III. (kako je prepisaše ban Mikac, Matija i Ivan Korvin) 1648. i napokon 1670. kralj Leopold I. Izvornici u istom arkivu.

Kercselich Not. prael. 459. — Katona VI. 254. — Fejér IV. 2. 416—417. — Fejér VII. 5. S. 579. (nabraja samo medje). — Kukuljević Jura regni I. 486. — Cod. dipl. patrius VII. 60. (iz prijepisa). — Kukuljević Reg no. 727.

578.

1257, 4. marta.

Bela kralj ugarski i hrvatski potvrdjuje magistru Tiburciju za zasluge njegove i njegove braće zemlje u županiji garešničkoj.

Bela dei gracia Hungarie, Dalmacie, Croacie, Rame, Servie, Gallicie, Lodomerie, Cumanieque rex universis presentes litteras inspecturis salutem in eo qui est salus omnium. Regie convenit maiestati, ut in eos munificencie sue dona specialiter extendantur, qui se per eximie fidelitatis merita corone regie devotos et acceptos iugiter reddiderunt, ut sic alacritas devotorum premiis incitata ad pociora fidelitatis merita forcius accendatur. Ad universorum igitur noticiam harum serie volumus pervenire, quod accedens ad nostram presenciam magister Tyburcius phisicus fidelis noster a nobis humiliter postulavit, ut quasdam terras existentes in comitatu de Guersenicha, Fel-Guersenicha et Ol-Guersenicha, ac Stupna vocatas, sibi confirmare ex plenitudine regalis gracie dignaremur. Nos vero ipsius precibus inclinati sua et fratrum suorum recolenda merita ad animum duximus revocanda, de quibus ad noticiam singulorum pauca de plurimis referamus. Cum enim civitas Spalatensis infidelitatis illata macula se a nostro dominio retrahere niteretur et nos ad refrenandam eorum maliciam dilectum et fidelem nostrum Dionisium tunc banum tocius Sclavonie misissemus, Trystanus frater eiusdem magistri Tyburcii usque ad portas civitatis ob fidelitatem corone debitam approprians, ibidem occubuit laudabiliter dimicando. Duo eciam fratres eius in exercitu generali habito contra Thartaros sunt perempti, fidelitatis constanciam fuso sanguine proprio declarantes. Ad hec idem magister Tyburcius una cum venerabili patre Philippo Zagrabiensi episcopo ad sedem apostolicam et curiam regis Corraddi in nostris legacionibus proficiscens, redeunte eodem episcopo, ipse ibidem pro expediendis nostris legacionibus usque ad anni spacium iugi laborum instancia extitit commoratus. Hec itaque et alia ipsius et fratrum suorum merita que recitata per singula occuparent locum spaciosi sermonis ad animum revocantes, terras memoratas a terris castrensium nostrorum metis undique separatas, eidem magistro Tyburcio et per eum suis heredibus heredumque successoribus confirmamus iure perpetuo possidendas, sub eadem condicione, quibus alii prediales nostri, qui vulgo paraznuk dicuntur, possidere dinoscuntur. Mete autem terrarum predictarum, prout in litteris capituli Chasmensis vidimus contineri, hoc ordine distinguuntur. Prima meta terre Fel-Guersenicha incipit in rivulo Guersenicha in meta una sub arbore de piro; inde vadit versus occidentem ad metam sub arbore tulfa eundo per campum; inde ascendit ad montem ad arborem tulfa, sub quo est meta terrea tenendo metas cum terra castri, deinde ascendit in beerch versus aquilonem et itur ad metam sub arbore gemelchenfa; abhinc descendens iterum ad occidentem pervenit ad dumum viminis, ubi est meta. Exinde descendit ad vallem, ubi est meta in arbore tulfa sub vineis, que vallis ducit superius ad montem versus orientem, ad metam sub arbore cerasorum et inde vadit per montem versus aquilonem ad metam in arbore de piro; deinde descendit in vallem que ducit inferius in rivulum Golobug, inde eundo superius exit versus occidentem ad metam sub dumo monoroufa, inde ad montem ad arborem tulfa, sub qua est meta iuxta viam. Deinde descendens vadit ad metam sub arbore nirfa, deinde intrat vallem, que descendit· et in alia valle ascendit iterum ad predictam viam ad metam terream a parte orientis, inde in via ad aliam metam terream, deinde ad puteum ad metam in arbore bikfa et inde iterum ad rivulum Golobug, per quem itur superius usque ad locum, ubi exit in vallem versus occidentem, que ducit superius ad eandem viam, ibique est meta in arbore tulfa et per viam venitur ad metam terream. Deinde reflectitur versus orientem et cadit iterum in Golobug, inde iterum ad caput eiusdem ibique est meta in arbore tulfa. Ubi relicto limite castri incipit tenere metam cum Tyburcio fratre Gabrielis et ibi in via vadit versus orientem et ascendit ad montem ad metam terream, abhinc descendens cadit in caput vallis, que vallis ducit in rivulum Guersenicha. Inde per rivulum vadit inferius versus meridiem usque ad locum ubi exit ad metam terream a parte orientis ibique cadit in viam, que ducit ad montem Garig usque ad metam in arbore tulfa; inde ad caput vallis ubi est meta in tulfa; inde descendit versus meridiem in rivulum Stupna, de flumine autem ad orientem et vadit ad montem usque ad metam in tulfa, deinde per montem et per viam vadit ad metam sub arbore cerasorum, deinde usque ad locum ubi exit versus occidentem ad metam in arbore scilfa; inde descendit in vallem que ducit inferius ad priorem metam, ubi fuit incepta. Item prima meta terre Stupna incipit sub vinea ipsius magistri Tyburcii, ubi est meta terrea, inde per vallem versus occidentem, ubi intrat in rivulum Stupna et per rivulum transit in vallem que ducit in montem ad metam terream, ibique est commetaneus eius Tyburcius prefatus, inde vadit superius versus aquilonem ad metam de berekunafa; deinde descendit per arbores crucesignatas in rivulum Scumecha et ibi erit commetaneus Ptolonig, inde rivulus idem ducit superius versus orientem ad heremitas, inde exit ad viam, que ducit ad montem versus partem meridionalem et per eandem viam descendit ad priorem metam ubi fuit incepta. Item prima meta terre que Ol-Guersenicha dicitur et alterius, quam emit de Druscone, incipit sub arboribus de tulfa in una radice procreatis iuxta siccam vallem, per quam vadit superius versus orientem ad pontem, ubi est meta in egurfa, inde per eandem itur ad metam (prout) ante et inde in aliam vallem versus meridiem, in qua per arbores crucesignatas venitur ad montem usque ad metam de tulfa iuxta viam, ibique incipit tenere metam cum castrensibus, descendit in vallem versus occidentem et exit de ea ad metam de tulfa, inde ad viam magnam, iuxta quam est meta terrea, inde ad arborem tulfa crucesignatam ibique intrat silvam et vadit versus meridiem per arbores crucesignatas usque ad locum, ubi exit ad campum ibique est meta sub arboribus tulfa triplicatis, deinde ad metam sub arbore narfa, inde eundo intrat in rivulum Guersenicha et per ipsum vadit superius versus orientem usque ad puteum, ubi exit ad metam terream, inde ad viam ad metam de tulfa, inde per viam eundo declinat per veterem viam in meta terrea, de tulfa exit ad campum, deinde iuxta silvam eundo pervenitur ad locum, ubi intrat in via ad silvam, ibique est meta sub arbore tulfa, deinde venitur ad metam sub arbore narfa, tenendo metam cum Tulk, inde ad arborem tulfa, deinde ad narfa et per alias arbores crucesignatas vadit ad magnam silvam communem, deinde ad campum Louna, ubi stat aqua, deinde incipiendo de Louna inter duas piscaturas que Seege vocantur ad magistrum Thyburcium et ad Tulk pertinentes tendit superius versus aquilonem et per arbores crucesignatas exit ad magnam viam que est communis via piscatorum, exinde declinat ad silvam ad arborem tulfa crucesignatam, perinde in arboribus crucesignatis veniet ad stabulum porcorum Tulko(nis); deinde, per arbores crucesignatas veniet in Golobug, ubi fuit domus Wlchizlou et per rivulum exit in silvam, ac per arbores crucesignatas revertitur ad quatuor arbores tulfa superius dictas, ubi prima meta fuit incepta, ibique terminatur. Item quandam particulam terre eiusdem iuxta Sauam existentem, que Vstilouna nuncupatur, quam ab antiquo possedit, idem capitulum metis non distinxit pro eo, quod locus piscatorum esse dicitur et terras arabiles non habebat nisi paucas. Ut igitur hec a nobis facta confirmacio robur optineat perpetue firmitatis, nec per quempiam processu temporis valeat in irritum revocari, presentes concessimus litteras duplicis nostri sigilli munimine roboratas Datum per manus magistri Smaragdi, prepositi Albensis, aule nostre vicecancellarii dilecti et fidelis nostri, anno domini millesimo ducentesimo quinquagesimo septimo, quarto nonas marcii, regni autem nostri anno vicesimo secundo.

Original u arkivu obitelji grofova Erdöda u Glogovcu.
Cod. dipl. patrius VII. 64—7. no. 52. — Kukuljević Reg. no. 729.

579.

1257, 23. marta. U Dubrovniku.

Ugovor mira izmedju Dubrovnika i Spljeta.

Anno (dominice incarnacionis millesimo) ducentesimo quinquagesimo septimo, mensis martii, nono die astante, Ragusii. Cum per voluntatem domini Guydo (potestatis Spalati, iudicum et) consiliatorum, necnon eiusdem terre universorum civium, Johannes Vitalis et Gregorius Grube viri . . . . . . nobili et praeclaro viro Jacobo Contarino, de mandato incliti ducis Venecie comiti Ragusii et eiusdem terrae . . . . nuntii mitterentur, ut per cuiusdam commissionis virtutem ipsius potestatem habent tractandi, componendi . . . . . et terminandi cum preclaro viro domino Jacobo Contarino comite antedicto, iudicibus et communitate Ragusii super omnibus causis, negotiis et questionibus, que quondam incubuerunt et nunc ad presens incumbunt inter cives Spalatinos et communitatem uniuersam et inter Ragusanos cives et communitatem, propterea quod aliquod scandalum inter utramque civitatem posset oriri, sicut antea fuisset exortum. Cuius vero antedicte commissionis tenor talis est: Anno dominice incarnationis millesimo ducentesimo quinquagesimo septimo, indictione quintadecima, die quartadecima intrante martio, regnante domino nostro Bela serenissimo rege Hungarie, temporibus Rogerii venerabilis archiepiscopi Spalatini, Stephani illustris bani Sclavonie comitis, Guydonis comitis Modrusse et Vinodollii potestatis, Desse Michaelis, Petri Cerneche, Dobre Duscize iudicum. Vir nobilis dominus Guydo potestas et iudices supradicti cum consiliariis et universa civitate Spalatina per hoc presens instrumentum scriptum constituerunt et ordinaverunt, viros providos Johannem Vitalis et Gregorium Grube, presentes suos nuntios, procuratores et actores in Ragusa ad tractandum, componendum, pasciscendum, concordandum et terminandum cum egregio et illustri viro domino Jacobo Contarino comite, iudicibus et communitate Ragusii super omnibus causis et negotiis, que incumbunt inter cives Ragusii et Spalatinos, propterea quod aliquid scandalum inter utramque civitatem posset oriri, sive hactenus fuisset exortum et ad omnia faciendum, que veri et legitimi procuratores facere possent et deberent, promittentes ratum habere et firmum, quicquid procuratores circa predicta cum predicto domino comite Ragusii duxerint faciendum. Actum Spalati in palatio domini potestatis. Testes: Johannes Cicayda, Andreas Michaci, Micha Madii et alii. Et ego Opprissa Dabralis examinator manum meam misi. Ego Amicus capelanus comitis

Spalatini iuratus notarius his interfui et de mandato domini potestatis, iudicum, consiliatorum et comitis rogatus scripsi et consueto signo roboravi. Qui vero antedicti nuntii et procuratores virtute et potestate supradicte commissionis cum nobili viro domino Jacobo Contarino Ragusii comite antedicto, iudicibus, consiliaiiis et comunitate universa civitatis eiusdem cum sonitu campane per laudationem populi Ragusii ad tale concordium devenerunt, scilicet: quod ex civitate Spalatina quattuor boni homines eligantur et etiam totidem de Ragusio, qui sint iudices ad locum constitutum, scilicet ad Stammum ad medium mensem madium primo venturi ad omnia reppressalia, robarias, debita . . . . questiones tractanda, terminanda et etiam restituenda que sint inter utramque civitatem vel quondam fuerint . . . . . . autem aliquod commune predictarum civitatum ad locum constitutum termino antedicto voluerint . . . . iustum impedimentum, sit culpabile alteri communi. Homines vero predictarum civitatum, qui . . . . coram constitutis iudicibus ad dictum locum termino antedicto voluerint parere. . . . . . . iustum impedimentum in discretione utriusque civitatum predictorum iudicum debeat remanere . . . . . . qui in predictis civitatibus tunc non fuerint, non sit preiudicium nec gravamen. Et homines . . . . in rebus et personis possint venireRagusium pro suis utilitatibus faciendis. Et e converso possint . . . . . . usque ad terminum antedictum. De hoc autem concordio sunt due carta similes, hec et alia de . . . . . . tulit antedictus dominus comes comunis Ragusii et aliam cartam tulerunt prenominati nuntii . . . . . . nullo testimonio rumpi possit. Actum est hoc Ragusii ordinata curia cum sonitu campane Hii sunt testes Dommana Guereri, Theodorus Bodatiae, Andreas Zreue, Velcassus Johannis et Dimitrio . . . . . iudices Ragusii et alii. Et ego presbyter Pascalis et comunis Ragusii notarius, scripsi per laudationem praenominatorum . . . . et iuris iudicum et consiliatorum et populi et curie cum sonitu campane Ragusii et per rogationem predictorum nuntiorum Spalatinorum, videlicet Johannis et Gregorii scriptor sum et testis et consueto meo signo roboravi.

Original u c. k. tajnom arkivu u Beču. Rubr. Spalato 163/5 Ragusa 427/5 veoma oštećen. Na lijevoj strani uz kraj polivena pergamena crvenom bojom, koja je izgrizla pergamenu i mnogo razorila teksta, te se ne može čitati.

Wenzel. Cod. dipl. VII. 477—479. — Kukuljević Reg. no. 731.

580.

1257, 26. marta. U Spljetu.

Nadbiskup Rogerije odsudjuje arcipresbitra Prodana, da daдe svoj jedan vrt crkvi sv. Dujma za kamen zvan Gaman, poklonjen od njega biskupu zagrcbačkomu.

Anno dominice incarnationis millesimo ducentesimo quinquagesimo septimo, indictione quinta decima, die sexto exeunte marcio, regnante domino nostro Bela serenissimo rege Vngarie, temporibus domini Rogerii venerabilis archiepiscopi Spalatensis, Stephani illustris bani Sclauonie comitis, Guidonis comitis Modrusse et Vinodoly potestatis, Dese Michaelis, Petri Cerneche, Dobre Dusciçe iudicum. Nos Rogerius dei gratia archiepiscopus Spalatensis vniuersis presens instrumentum inspecturis salutem in domino. Cum dudum murmur et rumor tam in clero quam in populo multus esset, quod Prodanus archipresbiter quendam lapidem qui Gaman uulgariter dicebatur de camera ecclesie recepisset et distraxisset illum pro sue arbitrio uoluntatis, ipsum pluries presente clero et populo uocari fecimus coram nobis, qui sic in nostra et ipsorum presentia recognoscit, quod cum archidiaconus et capitulum olim ad opus ecclesie fieri facerent quandam crucem, ut ad decorem ipsius poneretur in ea, illum lapidem receperunt et non est in ea, quia erat inabilis, collocatus, set remansit per quandam incuriam et negligenciam penes ipsum. Tandem cum bone memorie Stephanus Zagrabiensis episcopus ad partes istas aduenisset et multa donaria in pannis et sericis et aliis ecclesie nostre fecisset, ostensum sibi lapidem uidit, uisum laudauit, laudatum concupiuit et habuit concupitum, non tamen credidit idem archipresbiter, quod magni ualoris existeret lapis ille, set hoc agens, ut ipsum episcopum ad donandum alliceret pro . . . . si male fecisset, super hoc se nostris beneplacitis committebat. Verum cum ab hiis uerbis plurimi discordarent et assererent aliter esse factum, Venecias misimus et alibi et nequiuimus exinde aliquid reperiri, recepimus postmodum plures litteras fratrum Predicatorum de Vngaria, quod notum erat illud que archipresbiter confessus fuerat coram nobis, prout familia dicti episcopi publice testabatur. Nos uero, quia de ualore lapidis non constabat, licet de simplicitate uel presumptione huiusmodi fuisset grauiter arguendus, uoluimus et pronunciauimus, quod quendam ortum patrimonialem sub terra sancti Domnii situm, apud sanctum Nicolaum de Arcuç in recompensationem dampni illati concederet ecclesie sancti Domnii, ut de eo in perpetuum suam faceret loco illius lapidis uoluntatem cum suo beneplacito et assensu.

Qui nostre uoluntati in presencia populi acquieuit et cum suo consensu presentes litteras nostri sigilli munimine roboratas ipsi ecclesie duximus faciendas; absoluendo ipsum, quod nullus eundem uel aliquem qui pro eo esset de cetero inquietare possit uel eciam impedire. Actum in ecclesia sancti Domnii. Testes: dominus Thomas archidiaconus, Petrus primicerius, dominus Laurencius miles potestas, Petrus Cerneche, Dobre Dusciçe iudices et allii. Et ego Oprissa Dabrallis examinator manum meam misi. Ego Amicus capellanus comunis Spalati iuratus notarius hiis interfui et de mandato domini archiepiscopi et eiusdem archipresbiteri Prodani rogatus scripsi et consueto signo roboraui.

(Signum notarii.)

Original u arkivu kaptola u Spljetu a. 1257. (XVI. 2. 43.) Na listini vidi se trag, gdje je o uzici visio pečat. Drugi primjerak u c. k. tajnom arkivu u Beču.
Wenzel Cod. dipl. Arp. II. 289. — Kukuljević Reg. 730.

581.

1257, 28. marta.

Bela kralj ugarski i hrvatski dajući poslije provale tatarske zemlje ogledati, potvrdjuje posjede Tiburcija i njegova brata Gabriela u županiji garešničkoj.

Bela dei gracia Hungarie, Dalmacie, Croacie, Rame, Servie, Gallicie, Lodomerie, Cumanieque rex omnibus presens scriptum inspecturis salutem in vero salutari. Officii nostri debitum nos ammonet invigilare remediis subiectorum, quod dum eorum discutimus honera, dum scandala removemus, nos in ipsorum quiete quiescimus et pacis eorum comodo gratulamur. Proinde ad universorum noticiam harum serie volumus pervenire, quod cum post recessum Tartarorum ad quoslibet comitatus pro revocandis iuribus castri indebite occupatis diversos iudices misissemus, inter cetera ad comitatum de Gerzenche fidelem nostrum magistrum Chak ensiferum duximus transmittendum, dantes sibi in mandatis, ut et terras ac alia iura castri memorati indebite occupata revocaret et iobagionum castri terras, super quibus non est contencio et quas a castro hactenus pacifice tenuerunt, a terris castrensium reambularet et iisdem iobagionibus castri relinqueret, novas metas iuxta veteres elevando, ne de cetero questio moveri posset aliquatenus de eisdem. Igitur sicut idem magister Chak, post hec ad nos rediens terram Girzincha nuncupatam invenit et Tyburcium fratrem Gabrielis iobagionem castri memorati ab antiquo pacifice possideri, super qua, prout a nobis mandatum habuerat, novas metas fecit elevari iuxta veteres. Cuius eciam mete, prout magister Chak sub sigillo Chazmensis capituli nobis presentavit, hoc ordine distinguuntur. Prima meta incipit iuxta flumen Grezinche in meta terrea et itur versus orientem in via ad metam terream; inde declinat versus aquilonem ad aliam viam que vadit ad montem Garig ad metam que est sub arbore bikfa. Item ex hac via exit versus occidentem progrediens iuxta silvam et venitur ad metam que est sub arbore horoztfa et inde declinat ad eandem viam ad metam sub arbore tulfa. Inde descendens vadit in rivulum qui vocatur Zumuga, quis rivulus descendens intrat ad flumen Grescenche et in ripa eiusdem fluminis est meta terrea. Item per fluvium Grezenche vadit superius ad aquilonem; inde exit in vallem versus occidentem ad metam terream et per eandem vallem itur ad silvam unam; inde ascendit ad montem, ubi est meta sub arbore hasfa. Inde descendit ad vallem ad magnam viam que discernit terram de Monozlov et hac declinat versus meridiem ad caput dicte vallis ibique est meta sub arbore bikfa. Inde descendit in vallem, dividens terram cum populis castri venitur ad fontem et ad metam que est sub arbore curtuelfa. Ex hac ascendit per arbores crucesignatas ad montem et ibi est meta sub arbore horostfa. Inde progrediens vadit ad metam terream, ex hac ad viam que ducit ad arborem hasfa sub qua est meta. Inde declinat ad aliam viam versus orientem ad metam que est sub arbore horostfa, dividens terram cum magistro Tyburcio, descendit in vallem ad rivulum Grezenche, qui tendit ad arborem cheresnafa, sub qua est meta et inde ad arborem gyofa sub qua est meta, inde cadit ad priorem metam, ubi fuit incepta ibique terminatur. Nos igitur id quod iam per dictum magistrum Chac provide factum est, ipsi Tyburcio duximus perpetuo confirmandum. Ut igitur premissa robur optineant perpetue firmitatis, presentes litteras dedimus dupplicis sigilli nostri munimine roboratas. Datum per manus magistri Smaragdi Albensis prepositi, aule nostre vicecancellarii, dilecti et fidelis nostri, anno domini millesimo ducentesimo quinquagesimo septimo, quinto kalendas aprilis, regni autem nostri vicesimo secundo.

Po prijepisu kaptola čazmanskoga od g. 1351. 28. aprila, pošto ga za to zamolio bio »Johannes filius Nicolai W'grini nobilis de Gerscenche«. — Original. u arkiou grofova Erdödy u Glogovcu. — Cod. dipl. patrius. VII. 67—69. no. 53. — Kukuljević Reg. br. 732.

582.

1257, 28. marta.

Bela kralj ugarski i hrvatski dajući pregledati zemlje poslije provale Tatara u garešničkoj županiji, potvrdjuje posjede sinovima Draže.

Bela dei gracia Hungarie, Dalmatie, Croatie, Rame, Seruie, Gallicie, Lodomerie, Cumanieque rex omnibus presens scriptum inspecturis salutem in domino sempiternam. Officii nostri debitum nos ammonet invigilare remediis subditorum, qui dum eorum excutimus honera, dum scandala remouemus, nos in ipsorum quiete quiescimus et pacis eorum commodo gratulamur. Proinde ad uniuersorum noticiam harum serie volumus peruenire, quod cum post recessum Tartarorum ad quoslibet comitatus pro reuocandis iuribus castri indebite occupatis, diuersos iudices misissemus, inter cetera ad comitatum de Gerzenche fidelem nostrum magistrum Chac ensiferum duximus transmittendum, dantes sibi in mandatis, ut et terras ac alia iura castri memorati indebite occupata reuocaret et iobagionum castri terras, super quibus non est contentio et quas a castro hactenus pacifice tenuerunt, a terris castrensium reambularet et eisdem iobagionibus castri nouas metas, iuxta ueteres eleuando, ne de cetero questio moueri posset aliquatenus de eisdem. Igitur sicut idem magister Chac post hec ad nos rediens retulit: terras Gradista et Tehno uocatas inuenit per Thomam, Desiderium et Ysumpnit. filios Draso iobagiones dicti castri ab antiquo pacifice possideri, super quas prout a nobis mandatum habuerat, nouas metas fecit eleuari iuxta ueteres. Quarum eciam mete, prout idem magister Chac sub sigillo Chasmensis capituli nobis in scriptis presentauit, hoc ordine distinguntur. Prima meta incipit sub arbore zilfa et uadit versus aquilonem ad metam terream, diuidens terram cum comite Wechelino, inde per vallem uadit ad campum ad metam terream, inde itur per valles et colles ad montem ad magnam uiam ad metam sub arbore bikfa et per eandem uiam uadit uersus orientem, inde descendit ad caput riuuli qui uocatur Golgouch, ubi est meta sub arbore tulfa, item riuulus descendit uersus meridiem, diuidens terram cum Vlup et itur ad magnam siluam et commune, ibique terminatur. Item prima meta terre Thome predicti Tehno nomine, que pertinet ad Thomam tantummodo incipit sub arbore tulfa, diuidens terram cum castrensibus, inde per magnam vallem itur superius uersus orientem ad metam terream et inde descendit in aliam vallem, inde ad montem ad metam sub arbore bikfa et inde descendit uersus aquilonem, intrat in riuulum Pribyn, item riuulus ducit superius

uersus orientem ad alium riuulum uersus meridiem ad metam sub arbore
narfa et inde itur ad magnam uiam diuidens terram cum comite Gardas
et uenitur ad metam sub arbore tulfa, ex hac descendit in uallem magnam
uersus meridiem et exit per campum ad metam terream, inde descendit
per arbores cruce signatas ad metam sub arbore gyrtanfa et ex hac in
siluam magnam et communem, ibique terminatur. Nos igitur id quod
iam per dictum magistrum Chac prouide factum est, ipsis Thome, Desiderio et Ysumpnit perpetuo duximus confirmandum. Vt igitur premissa
robur optineant perpetue firmitatis, litteras nostras concessimus duplicis
sigilli nostri munimine roboratas. Datum per manus magistri Smaragdi,
Albensis prepositi, aule nostre uicecancellarii, dilecti et fidelis nostri,
anno domini MCCLVII, quinto kalendas aprilis, regni autem nostri
anno uicesimo secundo.

*Original u nadbiskupskom arkivu Privilegialia. Pečat otpao, a zeleno
žula svilena vrvca ostala.*

*Tkalčić Monum. episc. Zagr. I. 115—116. — Wenzel Cod. dipl. Arp.
XI. 437.— 438. -- Kukuljević Reg. br. 733.*

583.

1257, 30. marta.

*Bela kralj ugarski i hrvatski daje iza provale tatarske ogledati
zemlje u županiji garešničkoj.*

Bela dei gracia Hungarie, Dalmacie, Croacie, Rame, Servie, Gallicie,
Lodomerie, Cumanieque rex universis presens scriptum inspecturis salutem in omnium salvatore. Officii nostri debitum remediis invigilat
subiectorum, quia dum eorum excutimus honera, dum scandala removemus, nos in ipsorum quiete quiescimus et pacis eorum commodo gratulamur. Proinde ad universorum noticiam volumus pervenire, quod cum
post recessum Tartarorum ad quoslibet comitatus pro revocandis iuribus
castri indebite occupatis diversos iudices misissemus, inter cetera ad
comitatum de Guersencha fidelem nostrum magistrum Chak ensiferum
duximus transmittendum, dantes sibi in mandatis, ut et terras ac alia
iura predicti castri indebite occupata revocaret et iobagionum castri
terras, super quibus non est contencio et quas a castro hactenus pacifice tenuerunt, a terris castrensium reambularet et eisdem iobagionibus
castri relinqueret, novas metas iuxta veteres elevando, ne de cetero
questio moveri possit aliquatenus de eisdem. Igitur sicut idem magister
Chak post hec ad nos rediens retulit terram Lipig nuncupatam, invenit

per Fàrcasium filium Sebret, iobagionem dicti castri ab antiquo pacifice possideri, super quam, prout a nobis mandatum habuerat, novas metas fecit elevari iuxta veteres. Cuius eciam terre, prout idem magister Chak sub sigillo Chasmensis capituli nobis in scriptis presentavit, mete hoc ordine distinguntur. Incipit enim prima meta terre dicti Farcasii sub piro iuxta flumen Guersenche et itur in rivulo Drinus versus meridiem, exit in vallem parvam, ascedens(!) iuxta Gay venitur ad montem, (ubi) sub arbore tulfa est meta, indeque descendens dividensque terram cum populis castri veniet ad metam sub arbore bikfa et vallis descendit ad arborem almafa, ex hac intrat in flumen Guersenche et rivulus ascendit ad metam prius inceptam ibique terminatur. Item prima meta terre Drusk fratris eiusdem Farcasii incipit de flumine Kousouch et exit ad arborem crucesignatam, que bik vocatur et inde itur ad viam iuxta viam meta sub arbore hasfa tenensque metam cum Iwanka; ex hac descendit in valle versus meridiem intrat in rivulum et venitur ad pontem, ibique est meta sub arbore horoztfa. Item rivulus currit ad silvam magnam ad metam sub arbore horoztfa, ex hac ad arborem narfa crucesignatam, exinde venitur ad flumen, quod vocatur Globog, ibique meta sub arbore gertanfa, per flumen itur versus meridiem ad viam, secus viam meta sub arbore horoztfa et inde in silvam magnam, sub arbore tulfa crucesignatam, ex hac per arbores crucesignatas venitur ad viam piscatorum, iuxta viam meta sub arbore hasfa, ex hac via ducit in flumen, quod vocatur Kousouch et flumen ducit superius versus aquilonem, indeque exit ad arborem kurtuelfa crucesignatam, ex hac iuxta silvam venitur per arbores crucesignatas intrat in flumen iuxta flumen meta sub arbore horoztfa, item flumen ducit superius versus occidentem ad metam prius inceptam, ibique terminatur. Ut igitur premissa robur optineant perpetue firmitatis, presentes eisdem Drusk et Farcasio dedimus litteras duplicis sigilli nostri munimine roboratas. Datum per manus magistri Smaragdi Albensis ecclesie prepositi, aule nostre vicecancellarii dilecti et fidelis nostri, anno domini millesimo ducentesimo quinquagesimo septimo, tercio kalendas aprilis, regni autem nostri anno vicesimo secundo.

Original u arkivu obitelji grofova Erdödy. Na listıni visi ostatak pečata na svilenoj i modroj vrvci.

Coa. dipl. patrius VII. 69. 40, no. 54. — Kukuljević Reg. no. 678.

584.

1257, 30. marta.

Petar arcidjakon zagrebački privolom kralja Bele uvadja monake Cistercite, gdje im je sagradio crkvu i oskrbio ih nekim posjedom i mlinovima.

Bela dei gracia Hungarie, Dalmacie, Croacie, Rame, Seruie, Gallicie, Lodomerie, Cumanieque rex universis presentes litteras inspecturis salutem in eo qui est salus omnium. Justis petencium desideriis principis convenit animum inclinari, presertim cum ab eo petitur, quod saluti conveniat, quod iusticie minime contradicat. Proinde ad universorum noticiam volumus pervenire, quod accedens ad nostram presenciam magister Petrus, archidiaconus Zagrabiensis, nobis humiliter supplicavit, ut donacionem, quam ecclesie beate virginis in insula Egidii, in qua fundaverat idem Egidius ecclesiam sancti Jacobi, facere intendebat, in qua eciam fratres Cisterciensis ordinis collocavit, nostro dignaremur privilegio confirmare. Ceterum quia de hiis, que dicte ecclesie conferre prefatus archidiaconus intendebat, nobis plene non constabat, precaventes et ex hoc aliquibus preiudicium generetur, inquisicioni et ordinacioni Stephani bani tocius Sclauonie et capitanei Stirie, dilecti et fidelis nostri, commisimus, ut idem facti seriem nobis fideliter in suis litteris intimaret. Et idem nobis rescripsit, quod nos contuleramus fratribus Cisterciensis ordinis terram unius aratri in insula antedicta, in qua insula fuit olim constructa ecclesia sancti Jacobi, iuxta quam idem archidiaconus construxit claustrum et ecclesiam in honore sancte Marie virginis gloriose, residuum vero illius insule emerat prefatus archidiaconus a Johanne, filio Yrozlay iusto precio persoluto. Item aliam insulam emit versus orientem a iobagionibus castri Zagrabiensis, scilicet: Jacou, Hutywoy, Cherna, Wlcheta et ab aliis cognatis eorumdem. Intimavit eciam nobis dictus banus, quod idem magister Petrus habuisset tria molendina a parte castri Grech, in aqua que dividit terram castri Grech a terra fratrum Zagrabiensium, que quidem archidiaconus sepedictus ab antiquo possederat titulo empcionis. Verum pro bono pacis, mediante bano Stephano exstitit ordinatum, ut duo molendina de tribus, scilicet unum melius et aliud deterius deberet habere archidiaconus antedictus, tercium vero molendinum, melius deteriori, deberent habere cives de Grech suis usibus aplicatum. Cum igitur bone rei dare consultum, presentis vite habeat subsidium pariter et eterne, intencionem laudabilem dicti magistri pio favore prosequi cupientes, ut terram in insula prenotata, a nobis

fratribus Cisterciensis ordinis datam et alias terras, quas iure empticio
dictus archidiaconus dinoscitur possedisse et duo molendina predicta,
sicut superius est premissum, conferre possit fratribus sepedictis, dedimus
et concessimus eidem plenariam facultatem, id quod per predictum
Petrum archidiaconum factum est in premissis presencium patrocinio
confirmantes. Ut igitur premissa robur obtineant perpetue firmitatis, nec
possint per quempiam processu temporum retractari, ad eternam rei
memoriam presentes eisdem fratribus dedimus litteras duplicis sigilli
nostri munimine roboratas. Datum per manus magistri Smaragdi, Albensis
ecclesie prepositi, aule nostre vicecancellarii, dilecti et fidelis nostri, anno
domini millesimo ducentesimo quinquagesimo septimo, tercio kalendas
aprilis, regni autem nostri anno vicesimo secundo.

Iz prijepisa kaptola zagreb. od g. 1557. U arkivu kapt. zagreb.
Kercselich Monum. eccles. Zagrab. — Fejér Cod. dipl. Hung. IV. 2.
447. (Ima izvadak.) — Tkalčić Monum. episcop. Zagr. I. 116—117. i Monum.
civit. Zagrab. 26—27. — Wenzel Cod. dipl. Arp. XI. 441. donosi regest.
— Kukuljević Reg. no. 734.

585.

1257, 21. aprila. U Trogiru.

Dujmo de Cega daje Kitošu zemlju u Podmorju, da nasadi vinograd.

In Christi nomine. Anno incarnacionis eius millesimo ducentesimo
quinquagesimo VII., indictione XV., mense aprili die X.exeunte, temporibus domini Columbani venerabilis episcopi, Stephani bani comitis, Marini
Blasii, Valentini Kasari et Valentini Petri iudicum, Tragurii, hoc actum
est. Manifestum est, quod Duymus de Cege dedit Kytoso et fratribus
suis quatuordecim vretenos de terra sua sita apud murum in Podmorie
supra vineam Paparelli et iuxta viam publicam ad plantandum in ea
vineam tali quidem tenore, quod iidem totam predictam terram pastinabunt
usque ad quatuor annos ex pacto et pastinatam tenentur eam colere
et bene laborare annuatim, secundum quod continetur in capitulari huius
ciuitatis, quod si non fecerint, erunt condempnandi secundum sententiam
capitularis supradicti. Tempore autem uindemiarum idem Duymus
quartam partem de toto musto quod in vinea fuerit paratum suis expensis
recipiet in vinea supradicta omni anno et tres partes ipsis relinquet pro
labore. Similiter uero de omnibus aliis fructibus in eadem vinea crescen-
tibus habebit Duymus quartam partem. Testes sunt Radouanus Scocilanin et Luce Petri.

Ego Lucas Mathei examinator manum meam misi.

Et ego Geruasius communis Tragurii iuratus notarius hiis interfui et de uoluntate utriusque partis rogatus scripsi et signo consueto signaui.

(Monogram notarov.)

Original u arkivu kaptola u Trogiru a. 1257. no. 13.

586.

1257, 13. maja. U Senju.

Dubrovčani brane se platiti arboraticum u Senju, što im se priznaje.

In Christi nomine. Anno incarnationis eiusdem millesimo ducentesimo quinquagesimo septimo, indictione quinta decima, die dominico tertio decimo intrante mense madii, temporibus ecquidem domini nostri Bele dei gratia serenissimi regis Hungarie et domini Stefani bani totius Sclauonie et capitanei de Styria, domini Philippi dei gratia uenerabilis episcopi ciuitatis Senie et domini Federici Veglensis, Modrusiensis et Vinodolensis comitis ac potestatis Seniensis, vice et nomine domini regis, Radosclaui et Jacobi iudicum electorum a domino rege ciuitatis Senie. Et cum nauclerius Dimitrius de Cortaco(?), Maffeus filius Nicole Dyruzi, Dimigna filius Vite de Babagne, Zugnus filius Volce de Baruce, Nicola filius Mathei de Bogodaza, Gregorius filius Petri de Leo, Radde de Babalgue et Pizinigus de Scapuletto, omnes isti ciues Ragusini uenissent in portum Senie cum societate eorum cum quodam suo banzone habente duos arbores et illum honerassent de lignamine in illo portu, et frater Gilelmus domus templi de Senia precepit Wlcasci facere aufferi arboraticum dictis Ragusinis, ipsi dare noluerunt, appelantes se de illo arboratico ad dominum Federicum supradictum uicarium domini regis et potestatem Seniensem et ad iudices supradictos ciuitatis Senie et territorii Seniensis, dicentes ciues Ragusini et affirmantes coram domino Federico et coram iudicibus et coram curia Seniensi, quod nullum debebant soluere tributum in portu Senie et quod nulla ciuitas Dalmatina in alia ciuitate Dalmatie soluere debet arboraticum. Et insuper dicentes Ragusini, quod si aliqui ciues ciuitatis eorum aliquo tempore soluerent arboraticum in portu Senie, quod illud arboraticum fuit eis uiolenter acceptum et absque ratione. Protestantes sententie Ragusini quidem debebant soluere arboraticum et supradictus frater Guilelmus preceptum dicebat coram dicto domino Federico uicario domini regis et coram iudicibus supradictis et coram curia Seniensi, quod Ragusini persoluere debebant arboraticum et semper persoluerint in portu Senie, inducendo Desam filium olim Miriesce testem qui quondam tributarius existerat domus Templi dicens, quod ipse Desa semper suo tempore acceperat arboraticum a Ragusinis. Et cum dictus inductus fuisset ad dictam testificationem faciendam, dixit coram domino Federico uicario supradicto et coram omnibus: uerum est quod auferebamus arboraticum precepto preceptoris. Et Ragusini semper conquerebantur et faciebant deffensionem illius arboratici. Et ad hoc dictus dominus Federicus et iudices antedicte ciuitatis Senie diligenter inquirentes a senioribus et bonis hominibus ciuitatis Senie, qui pro iuramento tenentur omnimode operari bonum statum ciuitatis, inquirantur ab eis, quod ipsi publice dixerunt, quod Ragusini non debebant soluere arboraticum in portu Senie. Et insuper dicebant dicti seniores, quod quidam preceptor domus Templi quodam tempore accepit a Ragusinis canipum vnum pro arboratico, unde ciues Senienses, qui pro tempore aderant, astulerunt illum canipum preceptori et dederunt illum canipum Ragusinis. Acta sunt hec et testificata in ciuitate Senie super mulum portus multis uidentibus et audientibus.

(Signum notarii). Ego Lanfrancus Munarolli de Vincentia sacri pallacii notarius, nunc uero Seniensis tabellio, hec de precepto supradicti domini Federici uicarii et potestatis Seniensis et iudicum scripsi et roboraui.

Original u dubrovačkom arkivu. Zbirka saec. XIII. Na ledjima biljeſka: Hec carta est de libertate arboratici de portu Segnie.

587.

1257, 30. maja.

Bela kraľj ugarski i hrvatski oslobadja nekoga Halu i sinove Bodičeve izpod vlasti Templara, pod koju su se, prinuždeni gladom, sami podvrgli.

Bela dei gracia Hungarie, Dalmacie, Croacie, Rame, Seruie, Gallicie, Lodomerie, Cumanieque rex omnibus presentes litteras inspecturis salutem in eo qui est salus omnium. Ad vniuersorum noticiam harum serie uolumus peruenire, quod cum Hala, filius Cosme, Maladechwet, Wolcoyn, filii Bodich, qui de iobagionibus castri nostri Zagrabiensis fuerant oriundi, mole paupertatis oppressi, se cum terris suis domui sancti sepulchri de Golgonicha reddidissent servituros, sicut eorumdem nobis assercio demonstrabat. Tandem nos ipsam causam cognicioni et inquisicioni dilecti et fidelis nostri Stephani bani tocius Sclauonie et capetanei Styrie duximus committendam, qui sicut nobis in suis litteris postmodum intimauit, sciuit ipsos esse et fuisse iobagiones castri memorati et oppressos paupertatis mole dicte domui sancti sepulchri cum suis terris adhesisse. Nos igitur volentes ipsos in priori statu et libertate conseruare, ne ex hoc iura castri nostri memorati alienentur, eos cum terris suis, super quibus magister Macha stabilarius nouas metas erexit iuxta ueteres, restituendos duximus ad debita et seruicia dicto castro exercenda, non obstante priuilegio, litteris seu instrumentis, si qua dicta domus super hoc facto contra ipsos impetrarat. In cuius rei memoriam et perpetuam firmitatem presentes eisdem dedimus litteras dupplicis sigilli nostri munimine roboratas. Datum per manus magistri Smaragdi Albensis ecclesie prepositi, aule nostre vicecancellarii, electi in archiepiscopum Colocensem, dilecti et fidelis nostri, anno do nino millesimo ducentensimo quinquagesimo septimo, tercio kalendas iunii, regni autem nostri anno vicesimo secundo.

Original u ark. nadbisk. Zagreb. Privilegialia. Sa crvene svilene vrvce otpao pečat. Listina izgrižena miševima.

Kercselich Mon. eccles. Zagr. 4. — Tkalčić Monum. episcop. Zagrab. I 117. — Wenzel Cod. dipl. Arpad. cont. XI. 439. — Kukuljević Reg. no. 735.

588.

1257, 7. jula. U Viterbi.

Aleksandar IV. papa nadbiskupu ostrogonskomu, da nema odgovarati biskupu zagrebačkomu.

Alexander episcopus servus servorum dei venerabili fratri (Benedicto) archiepiscopo Strigoniensi salutem et apostolicam benedictionem. Obtentu precum dilecti filii Nicolai camerarii nostri specialem persone tue gratiam facientes, auctoritate tibi presentium indulgemus, ut per litteras in forma commissionis vel executionis seu conservationis, super quibuscumque rebus ab apostolica sede obtentas vel obtinendas, que de hoc indulto expressam non facerent mentionem, coram venerabili fratre nostro (Philippo) Zagrabiensi episcopo, cum ipsum habeas, ut asseris, certa ratione suspectum, conveniri non valeas, nec respondere tenearis invitus. Nulli etc. nostre concessionis etc. presentibus post quinquennium minime valituris. Datum Viterbii, nonis iulii, pontificatus nostri anno III.

Theiner Mon. Hung. I. br. 449. str. 236. Iz reg. orig. an. III. ep. 484. fol. 56. — Potthast Reg. pontif. II. br. 16.917. — Kukuljević Reg. br. 736.

589.

1257, 17. jula. U Zadru.

Dimince Prvoš i žena mu Draga poklanjaju neki posjed samostanu sv. Nikole.

In Christi nomine. Anno incarnationis eius millesimo ducentesimo quinquagesimo septimo, mensis iulii, die quintodecimo exeunte, indictione quintadecima, Jadere. Temporibus domini Raynerii Geni, incliti ducis Venecie et magistri Laurentii, venerabilis Jadrensis archiepiscopi ac Marini Badoarii, egregii comitis. Nos Dimince Puruos et Draga coniunx considerantes condicionem mundanam esse fragilem et caducam, uolentes seruire domino, qui multiplicato fructu suos remunerat seruitores, ideo bona nostra et gratuita uoluntate pro remedio tam peccatorum nostrorum, quam etiam parentum nostrorum offerimus personas nostras et omnes res quas hodie habemus et habituri erimus toto tempore vite nostre, videlicet unam vineam positam ad Çerodol(um) iuxta Radoslauum Gertaueç de trauersa et iuxta quandam mulierem, que uocatur Sabata, de austro Leonardus filius quondam Dominici Longi et vnum ortum positum in eodem Çerodolo et quatuor petias terre in manibus venerabilis abbatisse monasterii sancti Nicolay de Jadera, recipienti uice et nomine dicti monasterii, ut ab hodie in antea omnia bona nostra sint in potestate et dominio monasterii memorati, hac tamen condicione aiecta, ut tam unus quam ambo insimul, donec uixerimus, predictas res per nos oblatas monasterio antedicto in manu et potestate nostra debeant remanere, ad faciendum de usis fructibus predictarum rerum quicquid exinde nobis placuerit, post uero obitum nostrum omnes res predictas per nos memorato monasterio offertas seu datas, sint in potestate dicti monasterii sine aliqua difficultate uel contradictione, promittentes solempniter predictam nostram oblacionem, tam personarum quam etiam rerum nostrarum, ratam et inuiolabilem obseruare in perpetuum. Quod si contra fecerimus, facta nostra sint irrita et inania et possessiones nostre penes ipsum monasterium remaneant sine nostra contradictione uel nostrorum successorum. Actum est hoc et firmatum coram his vocatis et rogatis testibus, scilicet Madio Vitace de Petriço, Simeone de la Clarita et aliis. Ego Raynerius Varicassa examinator manum misi. Ego Michael sancte Marie maioris clericus et Jadere notarius interfui rogatus, ut audiui hanc cartam scripsi, roboraui et signo consueto signaui.

(Signum notarii).

Original u gubernijalnom arkivu u Zadru, odio samostana sv. Nikole br. 11.

590.

1257, 26. jula. U Dubrovniku.

Gojslava udova Tunijeva mijenja svoje zemljište s obćinom dubro-
vačkom.

† Anno incarnationis domini millesimo ducentesimo quinquagesimo septimo, mensis iulii, quinto die astante, ordinata curia cum sonitu campane. Nos quidem Jacobus Contarinus comes Ragusii cum consiliariis de paruo et magno consilio et nos comune Ragusii confitemur, quoniam nos tale cambium fecimus cum Goyslaua (!) quondam uxore Petri Tunii et filiis eorum, clerico Jacobo et Marino de terreno comunis Ragusii. Dedimus eis in perpetuum a signis que signati(!) sunt in petris uiuis talibus signis Coïe,[1] ab ipsis signis uersus montem usque ad maceriam uinearum et terrarum suarum, ut habeant et possideant et de ipso suum uelle faciant. De quibus signis unum signum incipit a petra que est in fronte cantonis dictarum uinearum et terrarum eorum et reliqua signa sunt in aliis petris uiuis et uadunt uersus occidentem usque ad petram signatam prope maceriam uinearum Nycifori de Marze, propter quod ego prenominata Gayslaua cum prenominatis filiis meis clerico Jacobo et Marino totum meum terrenum, qui(!) fuit prenominati uiri mei Petri, qui(!) est longus de quinque passibus de canna et latus est de una uia ad aliam uiam super terrenum comunis Ragusii et subterreno Andree Pauli Raborre sub camara dedimus comuni Ragusii, ut in perpetuum illum habeat et possideat et de ipso suum uelle faciat et unaqueque pars predictarum partium pro se tenetur super se et super omnia sua alteri parti cum iustitia deffendere dictam partem terreni ab omnibus hominibus uolentibus illam sibi per iniustitiam calumpniare. De hoc autem cambio sunt due carte, hec et alia, de quibus cartis unam cartam tullit comune Ragusii et aliam cartam tullit prenominata Gayslaua cum dictis filiis suis. Hec autem carta nullo testimonio rumpi possit. Hii sunt testes: Andreas Benesse et Proculus Michaelis iurati iudices. Et ego presbyter Pascalis et comunis notarius iuratus scriptor sum et testis.

(Signum notarii).

Original u dubrovačkom arkivu, slova ispod teksta prerezena. Zbirka Saec. XIII.

---

[1] To jest: Commune.

591.

1257, 11. oktobra.

Bela kralj ugarski i hrvatski uredjuje poslije provale tatarske posjede
u županiji garešničkoj.

Bela dei gracia Hungarie, Dalmacie, Croacie, Rame, Servie, Gallicie, Lodomerie, Cumanieque rex omnibus presentes litteras inspecturis salutem in vero salutari. Officii nostri debitum nos ammonet invigilare remediis subiectorum, quia dum eorum honera excutimus, dum scandala removemus, nos in eorum quiete quescimus et pacis eorum commodo gratulamur. Proinde ad universorum noticiam tenore presencium volumus pervenire, quod cum post recessum Tartarorum ad quoslibet comitatus pro revocandis iuribus castri indebite occupatis diversos iudices misissemus, inter cetera ad comitatum de Guerzencha fidelem nostrum magistrum Chak ensiferum duximus transmittendum dantes sibi in mandatis, ut et terras ac alia iura castri predicti indebite occupata revocaret et terras iobagionum castri, super quibus non est contencio et quas a castro hactenus pacifice tenuerunt, a terris castrensium reambularet et eisdem iobagionibus castri relinqueret, novas metas iuxta veteres elevando, ne de cetero questio moveri possit aliquatenus de eisdem. Igitur sicut idem magister Chak post hec ad nos rediens retulit, terras Zapolsycha, Lonarve, Pukurtu existentes iuxta Zowam et Kyus Gersenche nominatas invenit per Wecherinum iobagionem ipsius castri ab antiquo pacifice possideri, super quas prout a nobis mandatum habuerat, elevari fecit novas metas iuxta veteres. Quarum siquidem terrarum mete, prout idem magister Chak sub sigillo Chasmensis capituli nobis presentavit, hoc ordine distinguntur. Prima meta terre Zapolsycha incipit sub arbore harozth crucesignata in parte septemtrionali et ibi tenet commetaneum Endre; inde vadit ad molendinum Buisse in fluvio Kotinna eundo per metas Endre versus septemtrionem et inde de fluvio Kotinna in valle una ascendit versus orientem iuxta fluvium ad metam gertanfa et eundo in valle ascendit ad arborem nar versus meridiem cum meta terrea contigua ad metas Thome; inde itur per planiciem ad metas terreas, abhinc descendit per vallem modicam versus meridiem et venit per eandem vallem ad arborem tul, sub qua est meta terrea iuxta viam; abhinc tendit versus zefirum ad arborem gertan; inde vadit per arbores crucesignatas usque Zuha Kotinna in commetaneitate Thome et ibi est zilfa crucesignata et meta terrea; abhinc vadit directe per Zuham Kotinnam usque ad Kotinnam maiorem et ibi descendendo ad Kotinnam venit per ipsam Kotinnam in Kokotnik et Trebses que Fuk dicitur, est dicti Wecherini; de Kokotnik autem ascendit in Prerowa; deinde ad fluvium Chernech versus septemtrionem et in capite ipsius Chernuch est meta sub arbore gertan et eundo per silvam venit ad arborem harozt, sub qua est meta terrea; deinde transit ad magnum campum et ibi in modica valle est horoztfa, sub qua est meta terrea et eundo per ipsum campum venit ad arborem iwam et ibi est meta terrea. Item eundo in eodem campo venit ad arbo·em pomi; inde intrat in unam vallem et exit ad magnum montem et ibi est arbor harozth circumfusa meta terrea; abhinc tendit versus septemtrionem per magnam viam successive per duas metas terreas et venit ad unam vineam sub qua est arbor harozth circumfusa meta terrea. Inde vergit versus orientem ad magnam vallem et ibi est arbor harozth sub qua est meta terrea; ibi sunt commetanei homines de Vdorhel; inde venit ad fluvium Zapo(l)sicha et ibi est arbor piri sub quae est meta terrea et inde descendens transit Zapo(l)sicham et in ripa ipsius Zapo(l)sicha est arbor zil cum meta terrea. Item de fluvio Zapo(l)sicha ascendit ad montem et venit ad unam viam et ibi est arbor harozth cum meta terrea et procedens per semitam venit ad arborem harozth; inde vadit versus orientem per magnam viam ad arborem bik, sub qua est meta terrea, Olup commetaneo existente; inde per eandem viam transiens silvam venit ad arborem bik, sub qua est meta terrea; inde tendit versus meridiem ad metam terream; inde ad arborem nucis, que est circumfusa meta terrea ibique Ders existit commetaneus; inde descendit ad rivulum et in ipso rivulo procedens transit ad partem orientalem et venit ad arborem gertan ibique est meta terrea; inde venit ad metam terream et inde ad fluvium Glogovech et in ripa ipsius fluvii est haroztfa cum meta terrea; abhinc tendit versus septemtrionem ad arborem harozt, sub qua est meta terrea, Olup commetaneo existente; inde tendens versus orientem venit ad arborem bik et ibi est meta terrea; inde descendit ad terram Endre et ibi est arbor harozth cum meta terrea. Inde tendit per unum campum versus orientem ad arborem bik sub qua est meta terrea et eundo per ipsum venit ad Kotinuam ibique est arbor harozth cum meta terrea et inde revertitur ad priorem metam et ad molendinum Buissa, quod est in Kotinua et ibi terminatur. Item terra eiusdem Wecherini in Lounatewe existens de parte superiori metata est cum arbore fyuz, sub qua est meta terrea, ab inferiori autem parte vadit cum arboribus cruce signatis et commetanei sunt castrenses iuxta fluvium Lona, ubi sub harozth est meta terrea. Item terra eiusdem Wecherini existens iuxta Zowam usque Pukurrew et de Pukurrew itur superius per Zovam ad arborem piri continentem metam terream et existentem inter Domachii et Zowa. Item terra Guersenche existens sub magno monte incipit de parvo Guersenche venitque ad partem occidentalem et ibi est arbor pomi cum meta terrea ibique commetanei sunt homines de Vdorhel. Inde ascendit ad montem et venit ad arborem harozth ibique est meta terrea; abhinc venit ad arborem zyl; deinde descendit ad molendinum, quod est in magno Guersenche. Inde procedens superius in eodem Guersenche exit ad puteum Egun et ascendens ad montem venit ad magnam viam et ibi est meta terrea et eundo per ipsam viam exit ad campum et ibi est meta terrea Tyburcio commetaneo existente. Deinde vadit ad partem septemtrionalem per magnam viam et ibi sunt mete terre successive castrensibus conmetaneis existentibus et venit ad heremitas. Inde vadit versus orientem ad arborem harozth sub qua est meta terrea ibique conmetaneus est Gabrianus. Inde descendit ad vallem ad arborem has et ibi est meta terrea et transiens ad unum fluvium ascendit ad unam vineam, ibique est haroztfa cum meta terrea. Deinde descendit in Serena Gersenche versus meridiem ad arborem ihar et ibi est meta terrea Myko conmetaneo existente et inde regreditur ad arborem pomi ad metam priorem ibique terminatur. Nos igitur id quod per iamdictum magistrum Chak provide factum est, eidem Wecherino perpetuo duximus confirmandum. Ut igitur premissa robur perpetue firmitatis optineant, litteras nostras presentes eidem Wecherino dedimus dupplicis sigilli nostri munimine roboratas. Datum per manus dilecti et fidelis nostri magistri Smaragdi Albensis prepositi aule nostre vicecancellarii et electi in archiepiscopum Colocensem. Anno domini M⁰CC⁰ quinquagesimo septimo, V. idus octobris, regni autem nostri · vicesimo secundo.

Original. u arkivu obitelji grofova Erdöda u Glogovcu. Pečat visi na žutoj i zelenoj svilenoj vrvci.

Cod. dipl. patrius VII. 71—4. no. 55. — Kukuljević Reg. 738.

592.

1257, prije 13. oktobra.

Bela kralj ugarski i hrvatski priznaje prava i razvode zemalja u županiji garešničkoj.

Bela dei gracia Hungarie, Dalmacie, Croacie, Rame, Servie, Gallicie, Lodomerie, Cumanieque rex omnibus quibus presentes ostendentur salutem in omnium salvatore. Officii nostri debitum remediis invigilat subiectorum, quia dum concedimus, quod postulant dum confirmamus, quod optinent(!) nos in ipsorum quiete quiescimus et fovemur in pace. Proinde ad universorum noticiam volumus pervenire, quod cum post recessum Tartarorum ad quoslibet comitatus pro revocandis iuribus castri indebite occupatis, diversos iudices misissemus, inter cetera ad comitatum de Gerzenche fidelem nostrum magistrum Chak ensiferum duximus transmittendum dantes sibi in mandatis, ut et terras, ac alia iura predicti castri indebite occupata revocarent et iobagionum castri terras, super quibus non est contencio et quas a castro hactenus pacifice tenuerunt a terris castrensium reambularent et eisdem iobagionibus castri relinquerent, novas metas iuxta veteres elevando, ne de cetero questio moveri possit aliquatenus de eisdem. Igitur sicut idem magister Chak post hec ad nos rediens retulit, terras Desniche, Bursonoch, Pukur et Lunheta nuncupatas invenit per Martinum comitem filium Tusk, iobagionem dicti castri, ab antiquo pacifice possideri, super quas, prout mandatum a nobis habuerat, novas metas fecit elevari iuxta veteres. Quarum eciam terrarum mete, prout idem magister Chak sub sigillo Chasmensis capituli nobis in scriptis presentavit, hoc ordine distinguntur. Incipit enim prima meta terre Desnicha in capite rivuli Prybin, inde ascendit ad viam ad metam sub tribus arboribus gertanfa, et per eam viam iuxta terram Gord(us) vadit versus orientem usque ad metam terream, inde declinans cadit in vallem, que ducit rivulum Desnicha in meta terrea iuxta aquam, inde per eandem aquam vergit inferius usque ad locum, ubi exit ad magnam viam in meta, per ipsam autem viam, que discernit limites Garig et Gressenicha vadit ad montem ad metam sub arbore tulfa, inde descendit in caput rivuli Ripan, ubi est meta ex parte meridionali, per eundem rivulum descendit versus occidentem et vadit usque ad locum ubi exit ad siccam vallem, que ducit ad montem ad metam terream, de monte descendit per unam vallem in rivulum Pribin, per quem revertitur ad caput eiusdem, ubi prima meta fuit inchoata, ibique terminatur. Item prima meta terre Pukur incipit super ripam fluminis Zoploncha in valle, que ducit in aliud flumen nomine Pukur et per illum vadit inferius usque ad locum, ubi predicta aqua Zopuncha(!) cadit in Pukur et per Zopuncham revertitur in predictam vallem, ubi prima meta fuit incepta ex parte terre Michaelis. Item prima meta cuiusdam particule terre, que Lonatu(!) vocatur, incipit per quendam cursum aque, qui de flumine Lunha exit et separat a piscatoribus castri Gresseniche(!), qui et parum terre circuit in campo pro sessione piscatorum suorum et iuxta silvam revertitur in fluvium supradictum. Item prima meta terre Bursonouch incipit in monte Garig in una meta sub arbore tulfa et deinde descendit tam per valles quam per colles usque ad arborem burcolcha, sub qua est meta et abinde descendit per medium vinearum ad arborem, que zylfa vocatur, sub qua est meta, abhinc descendit ad arborem ceresnafa, ubi est meta; inde tam per valles quam per colles venitur ad metam sub arbore berekuefa et inde ad aliam metam sub arbore nucum, inde descendit ad rivulum Katinna in meta sub arbore cheresnefa et transeundo Katinnam in valle ascendit ad montem ad metam antiquam, exinde descendit ad rivulum qui Lysna vocatur et in eo parum eundo exit ad aliam vallem, que ducit ad montem ad metam terream iuxta viam, inde per viam descendens cadit in Waratnam, ubi descendit Katinna in eundo, ibique est meta et per Waratnam vadit superius usque ad locum, ubi exit ad metam terream iuxta vallem, que vadit superius ad metam, inde per montem ad metam sub arbore cherasorum, inde eundo descendit in rivulum, qui Bursonouch vocatur in meta sub arbore yarfa et per rivulum vadit superius ad metam sub arbore berekuefa, inde descendit in Zeregnam et per eum vadit superius usque ad caput eiusdem et inde ad montem ad metam sub arbore tulfa, inde descendit in Scemeta et per eum vadit superius usque ad metam sub arbore cherasorum, inde per viam descendit ad priorem metam, ubi fuit incepta ibique terminatur. Ut igitur premissa robur optineant perpetue firmitatis, presentes eidem comiti Martino dedimus litteras dupplicis sigilli nostri munimine communitas. Datum per manus dilecti fidelis nostri magistri Smaragdi Albensis prepositi, aule nostre vice-cancellarii, anno domini millesimo ducentesimo quinquagesimo septimo, regni autem nostri anno vicesimo secundo.

Original u kr. ug. drž. arkivu u Budimu: M. O. D. L. no. 458. (Stara sign. N. R. O. fasc. 1531. no. 20.). Vidi se trag, gdje visio pečat. Na hrptu nešto poznija bilješka: Martini comitis.

Fejér IV. 2., 447 (extractus.) — Wenzel Cod. dipl. arpad. VII. 453—455. — Kukuljević Reg. no. 743.

593.

1257, prije 13. oktobra.

Bela kralj ugarski i hrvatski potvrdjuje Uzmi zemlje u županiji garešničkoj.

Bela dei gracia Hungarie, Dalmacie, Croacie, Rame, Seruie, Gallicie, Lodomerie, Cumanieque rex omnibus quibus presentes ostenduntur salutem in omnium saluatore. Officii nostri debitum remediis inuigilat subiectorum, quia dum concedimus quod postulant, dum confirmamus quod obtinent nos in ipsorum quiete quiescimus et fouemur in pace. Proinde ad vniuersorum noticiam volumus peruenire, quod cum post recessum Tartarorum ad quoslibet comitatus prouocandis iuribus castri indebite occupatis diuersos iudices misissemus, inter cetera ad comitatum de Gresencha fidelem nostrum magistrum Chaak ensiferem duximus transmittendum, dantes sibi in mandatis, vt et terras ac alia iura predicti castri indebite occupata reuocaret et iobagionum castri terras super quibus non est contencio et quas a castro hactenus pacifice tenuerunt a terris castrensium reambularet et eisdem iobagionibus castri relinqueret, nouas metas iuxta veteres eleuando, ne de cetero questio moueri possit aliquatenus de eisdem. Igitur sicut idem magister Chaak pos thec ad nos rediens retulit terras Borsonouch et Lesnou nuncupatas, inuenit per Vzmam iobagionem dicti castri ab antiquo pacifice possideri, super quas prout a nobis mandatum habuerat, nouas metas fecit eleuari iuxta veteres. Cuius eciam mete, prout idem magister Chaak sub sigillo Chasmensis capituli in scriptis nobis presentauit, hoc ordine distinguuntur. Incipit enim de arbore kyrtulfa prima meta ipsius terre Vzme, que Borsonouch vocatur, que quidem meta est sica iuxta flumen Borsinok diuidens terram cum comite Gabriele, ex hinc itur in fluuium aliud(!) et vadit versus aquilonem, vbi est meta terrea, ex hac declinat versus meridiem ad montem ad metam terream, inde descendit in vallem et de illa valle vadit superius ad montem ad metam terream, deindeque descendens ad metam sub arbore nyarfa ex hac vergit versus meridiem ad montem ad metam terream ad dictum flumen quod vocatur Warathna ibique meta terrea et inde in valle ascendit ad montem ad metam terream, ex hac descendit ad caput fluminis et ibi est meta terrea, ex hoc ergo flumine exitur versus occidentem ad metam terream, inde intrat in flumen Warathna vbi est meta. Item alia terra eiusdem incipit de riuulo Kuthynna, exit in flumen ad aliud quod vocatur Lysna et inde de flumine exit ad dumum qui rekethya vocatur ibique meta est, inde venitur ad viam descendens ad dumum monerofa ibique meta, ex hoc flumine Lysna ascendit ad montem versus orientem ad metam sub arbore harasthfa, ex hac descendit in riuulum qui vocatur Pesne indeque exiens ascendit ad montem ad metam terream, ibique tenens metam cum populis de Garigh, deinde versus meridiem vallis ducit ad caput fluminis quod vocatur Hurseuch ibique est meta terrea, ex hac in vallem ascendit montem versus occidentem ad metam terream, indeque ad metam terream sub arbore bykfa, ex hac descendit in flumen Pyschine, inde exiens vergit in montem ad metam sub arbore gerthanfa, ex hac descendit in flumen Kathynna ibique est meta et flumen ducit superius ad priorem ibique terminantur. Vt igitur premissa robur obtineant perpetue firmitatis, presentes eidem Vzme dedimus litteras duplicis sigilli nostri munimine roboratas. Datum per manus dilecti et fidelis nostri magistri Smaragdi Albensis prepositi, aule nostre vicecancellarii anno domini millesimo ducentesimo quinquagesimo septimo, regni autem nostri anno vicesimo secundo.

Iz prijepisa kaptola čazmanskoga od g. 1344. 20. maja, kako to prepisao isti kaptol. g. 1416. 11. jula za samostan garički. Izvornik potonjega na pergameni u kr. ugarskom drž. arkivu u Budimpešti: M. O. D. L. 35.146. — Nekoć: Acta monast. Garig. fasc. IV. no. 40.
Kukuljević Reg. br. 742.

594.

1257, 26. decembra. Kotor.

Prijateljstvo izmedju Dubrovnika i Kotora.

Anno incarnationis domini millesimo ducentesimo quinquagesimo septimo, mensis decembris, sexto die exeunte, indictione quinta decima. Nos Desen de mandato domini Urosii inuictissimi regis, comes Cattari, iudices et consiliari cum uoluntate totius populi ciuitatis predicte, ac sonitu campane in concione sedentes, istud statuimus, ut pactum pacis habende cum hominibus Ragusii stabiliremus, ad quos Basilium Dabrace et Johannem Gige destinauimus missos pro stabilitatis pacto cum eisdem firmiter faciendo ad hoc, ut inter ciuitatem Ragusinam et homines Ragusinos et ciuitatem Cattari et homines Cattarinos pura amicitia perseueret, non fincta, que dei clementia suscipiat incrementum. Si uero inter ciuitates utrasque iam predictas et homines eorundem quedam fuerat exorta discordia, ad tale concordium dei auxilio deuenimus, semper habendum sub tali uidelicet conditione, ut Cattarini Ragusium ire uolentes libere emere et uendere ualeant, nullam exhibentes duanam excepto illi Cattarini, qui in Ragusio apotegam tenerent duanam persoluant, ut ceteri Ragusei. Similiter et homines Ragusei Cattarum uenire uolentes libere emere et uendere ualeant, nullam persoluendo duanam, nisi tamen illi Ragusei qui in Cattaro apotegam tenerent, sicut ceteri Cattarini duanam persoluant. Quam ob rem plurimum cupientes, ut presens scriptum et concordium robur deinceps teneat firmitatis, ac inuiolabiliter obseruetur, quod presens scriptum fieri fecimus per manus diaconi

Miche Gige comitis, iurati notarii, cum signo eiusdem assueto, quam presentem paginam nostre comunitatis sigillo fecimus comuniri.

Original u c. kr. tajnom arkivu u Beču. — Prijepis u dubrovačkom arkivu. Zbirka saec. XIII.

Ljubić Listine I. 89. — Kukuljević Reg. br. 740.

595.

1257. U Zagrebu.

Kaptol zagrebački uredjuje zemlje u Moslavini kraj Save.

Capitulum Zagrabiensis ecclesie omnibus presens scriptum inspecturis salutem in domino. Ad universorum noticiam harum serie volumus pervenire, quod constitutis in nostra presencia ab una parte Kenez filio Andree, pro se et fratre suo Nicholao et ab altera Petone sacerdote pro nepotibus Thome bani, scilicet filiis Thome, Thoma videlicet et Stephano et viro nomine Mohor pro Petro filio Petri. Idem Kenez confessus est, se et fratrem suum antedictum Nicholaum terram eorum nomine Marichna sitam ex parte Monozlau iuxta Zauuam vendidisse filiis Thome et filio Petri prenotatis perpetuo possidendam pro quinquaginta marcis, quas idem Kenez se et fratrem suum Nicholaum asseruit a predictis emptoribus plenarie recepisse. Cum autem de absencia predicti Nicholay dubio tangeremur, ipse Kenez pro sufficienti cautela se taliter obligavit, quod si predictus frater suus Nicolaus de vendicione facta aliquam faceret quescionem, aut eandem aliquatenus irritaret, sepedictus . . . . . de terra sua in Monoslou constituta, equivalentem terram terre vendite filius Thome et filio Petri eodem iure perpetuitatis statuere teneantur. In cuius rei memoriam presentes literas ad instanciam parcium contulimus sigilli nostri munimine roboratas et alphabeto medio bipartitas. Datum per manus magistri Michaelis lectoris ecclesie nostre, anno ab incarnacione domini millesimo ducentesimo quinquagesimo septimo.

Original u arkivu obitelji grofova Erdödya u Glogovcu. Na listini ima trag visećemu pečatu.

Cod. dipl. patrius VII. 75. no. 57. — Kukuljevic Reg. no. 741.

596.

1257. (U Zagrebu).

Pred Tiburcijem županom zagrebačkim nagadjaju se neki podanici
grada Zagreba glede zemlje Lukc.

Nos Tyburcius Zagrabiensis comes ad uniuersorum noticiam harum
serie uolumus peruenire, quod cum Yandrag et Martinus filius eius
Karachun filius Wlk iobagiones castri Zagrabiensis et tota generacio
eorum Lucach et fratres suos filios Endrey comitis pro terra nomine
Lonka existente iuxta fluuium Odra, in nostra conuenissent presencia,
quorum terminum responsionis secundum consuetudinem approbatam
semel ac secundo prorogassemus, tamen ad ultimum antequam ad
responsionem partes accederent peremptoriam, ad peticionem et instanciam istorum proborum, videlicet Myrozlay et Wolizlay terrestris comitis
nostri Borcii Menezlay et Martini comitis, ac aliorum quamplurium
supradictam causam pro terra iam dicta inter partes memoratas uenti-
lantem prout eciam ambabus placuit partibus sentencie eorundem pac
dimisimus reformare, qui pace inter ipsos ordinata una cum partibus
prenotatis ad nostram presenciam redierunt et iidem Yandrag et filius
eius iam dictus Karacun et omnes cognati eorum supradictam terram
prenotatis filiis Endrey duabus marcys ab eisdem racione pacis et
conuencionis receptis sine aliqua contradiccione remiserunt iure perpetuo
possidendam, que terra uocata Lonka prout a partibus intelleximus a
meridionali et orientali partibus contiguatur terre hereditarie eorundem
filiorum Endrey, ab occidente uero terre populorum qui dicuntur Chehy
commetatur, a septemtrionali uero parte fluuius nomine Odra distinguit
terram memoratem. Vt igitur huius rei series inrefragibilis processu
temporum permaneat et inconcussa, litteras nostras nostri sigilli munimine
hiisdem filiis Endrey concessimus roboratas. Pristaldus Menezlaus huius
cause. Datum ab incarnacione domini anno $M^0C^0C^0L^0$ septimo.

Iz izvornog prijepisa Stjepana bana od god. 1257. u kr. ugar. drž.
arkivu M. O. D. L. 32.984. Stara sig. N. R. A. fasc. 135. no. 22.
Wenzel Cod. dipl. arpad. VII. 462. (ima regest). — Kukuljević Reg.
br. 746. — Laszowski Spomenici Turopolja I. 13—14.

597.

1257.

Stjepan ban potvrdjuje nagodu, glede zemlje Lonke učinjenu pred Tiburcijem županom zagrebačkim.

Stephanus banus tocius Sclauonie et capitaneus Styrie omnibus presentes litteras inspecturis salutem in domino. Ad uniuersorum noticiam uolumus peruenire, quod accedentes ad nostram presenciam filii Endre comitis exhibuerunt nobis litteras Tyburcii comitis Zagrabiensis dilecti ac fidelis nostri petentes eas sigilli nostri munimine confirmari, quarum tenor de uerbo ad uerbum talis est.

(Gledaj prediduću listinu).

Nos igitur iustis peticionibus ipsorum filiorum Endre condescendentes, tenorem prefati Tyburcii comitis de uerbo ad uerbum in presens priuilegium nostrum inserere fecimus et terram prenotatam Lonka eisdem confirmauimus in perpetuum possidendam. Vt autem huius rei series coram nobis prouide celebrata robur obtineat firmitatis et nunquam possit in irritum reuocari, presentes litteras munimine nostri sigilli concessimus roboratas. Anno gracie $M^0CC^0L^0$ septimo.

Oznake originala vidi pod predjašnom listinom.
Laszowski Spomenici Turopolja I. 14. — Kukuljević Reg. br. 745.

598.

1257. In aurea curia.

U ime kraljice sudi se u korist Mauricija kraljičina iudex curiae za neku zemlju kraj Virovitice.

Nos magister Eynardus agasonum domine regine et comes de Golgoch significamus omnibus litteras presentes inspecturis, quod cum magister Mauricius iudex curie domine regine et comes Nitriensis petivisset a domina regina iudicem sibi dari super causa terre sue, quam habebat cum Moyk iobagione prediali domine regine de Vereucha, ipsam causam domina regina nostre sentencie commisit decidendam. Igitur cum predictus Moyk per Wyllanth villicum de Vereucha pristaldum huius cause datum per dominam reginam in termino assignato coram nobis comparuisset, magister Mauricius contra Moyk proposuit antedictum, quod idem Moyk, cum sit ipsius conterminalis, quandam particulam terre sue

pertinentem ad sanctum Georgium de Lochuna predium suum, sibi
subtraxisset et apud se detineret indebite occupatam. Contra quem
dictus Moyk respondit, quod ipsa terra, quam magister Mauricius ab eo
requirit, esset sua empticia de Paulo et fratre suo filiis Petri et eam
sicut ius empticium possedisset. Super quo nos auditis proposicionibus
parcium ordine iudiciario decrevimus, quod idem Moyk, quia empticiam
suam esse dicebat dictam terram, super hoc expeditores suos, Paulum
scilicet et fratrem suum predictos adduceret. Adveniente autem termino
adduccionis expeditorum suorum, memoratus Moyk iterato coram nobis
comparens, expeditores suos, sicut debebat, non adduxit, dicens, quod
adducere eos nullatenus potuisset. Et licet iudicare voluissemus, eo quod
iuris erat, quod dictos expeditores suos citatos, si vellet, adduceret, dixit,
quod nollet ad presens se intromittere super hoc cum eis ad accionem,
nisi quod postea, si videretur sibi, eos pro pecunia sua conveniret.
Propter quod ipsam terram eidem magistro Mauricio voluntate sua
propria sub nomine iuris magistri Mauricii libere et pacifice permisit
possidendam et nos eodem modo decrevimus iusticia debita postulante,
quod ipsa terra in ius magistri Mauricii devolvi debeat pleno iure, mittentes predictum pristaldum, ut ipsam terram magistro Mauricio debeat
assignare certis metis undique circumpositis. Cuius terre mete, prout per
eundem pristaldum didicimus, hoc ordine distinguntur: Prima meta incipit
iuxta quandam viam super duabus arboribus ilicis, super quibus sunt
signa crucis posita et inde procedit versus orientem iuxta eandem
viam et veniet ad unam arborem ilicis et exhinc similiter ad arborem
ilicis antedictam et abhinc eciam ad arbores ilicis, ubi est pratum
quoddam parvum, inde vero ad arbores ilicis magnas, que sunt recte
in aqua Chem(er)nicha et ex illa aqua revertitur ad priorem viam, ubi
recte iuxta viam sunt due arbores ilicis, inde vero directe super eandem
viam tendit versus meridiem et venit ad metam terream, ubi iuxta
veterem metam, que est sub duabus arboribus ilicis, est nova meta iuxta
eandem viam, que de sancto Georgio ducit ad ecclesiam sancti Andree
et ibi illa via relicta tendit versus occidentem et venit ad arborem, que
has vocatur, sub qua est meta et exinde per arborem ilicis venit iterum
ad aquam Chemernicha et transit illam aquam et venit ad arborem
ilicis, iuxta quam est nova meta iuxta veterem metam, que sunt iuxta
quoddam stagnum et iuxta illud stagnum venit ad arborem, que has
vocatur, et abhinc veniens sunt signa inmediate super arbore et venit
ad metam terream, que est sub arbore, que has vocatur et inde ad
magnam arborem ilicis, iuxta quam est meta terrea sub arbore, que
eciam has vocatur prope domum Moyk predicti et abhinc ad arborem
ilicis et inde ad arborem piri, inde vero ad metam terream, que est

iuxta sata et ortum predicti Moyk et exhinc super quadam via venit ad arborem pomiferi que est iuxta eandem viam, et inde veniendo parum transit illam viam et ad metam terream venit, in qua via est mactatum lignum ilicis et exhinc ad metam terream, que est in rure, inde vero ad aliam metam terream que est iuxta sata et arborem cerasi, abhinc autem per quandam planiciem venit ad metam terream, que est recte iuxta fluvium Luchuna et ibi adunatur terre eiusdem magistri Mauricii et sic terminatur. Ut autem huius rei series robur perpetue firmitatis optineat, presentes eidem magistro Mauricio litteras nostras concessimus sigilli nostri munimine roboratas. Datum in aurea curia anno domini millesimo ducentesimo quinquagesimo septimo.

Original u kr. ug. drž. arkivu u Budimu: M. O. D. L. no. 460. (Stara sig. N. R. A. fasc. 194. no. 16.). — Na listini vidi se trag, gdje je visio pečat. Na hrptu istom rukom: Contra Moyk pro magistro Mauricio super quadam particula terre (rukom XV. stoljeća dalje: de sancto Georgio metalis.)

Wenzel Cod. dipl. Arp. VII. 467—9.

599.

1257. U Zagrebu.

Kaptol zagrebački daje na znanje, da su Vratislav i Noreta sinovi Jakovljevi prodali svoju zemlju Pišenica, koju bjehu založili županu Aki pa ne iskupili, ženi županovoj.

Capitulum Zagrabiensis ecclesie omnibus presens scriptum inspecturis salutem in domino. Ad uniuersorum noticiam harum serie uolumus peruenire, quod cum Wratyzlaus et Noreta, filii Jacou, Tyburcio uicebano et comiti Zagrabiensi in uiginti marcis fini argenti fuissse ut debitores et ad easdem persoluendas sub pena se dupli per nostras litteras obligassent aduenienteque termino solucionis, scilicet festo sancti Martini, ipsam summam soluere non potuissent, terram ipsorum nomine Pissenicham Acha comiti, ut eos de ipsa solucione erga Tyburcium comitem expediret, in pignore obligarent usque octauas octauarum dicti festi, tali pena se grauantes, quod si in eisdem octauis octauarum terram suam ab Acha comite non redimerent cum uiginti marcis fini argenti, inciderent penam dupli et pro eodem duplo, scilicet pro quadraginta marcis, dicta terra cederet in ius et proprietatem Acha comitis supradicti. Venientibus itaque octauis octauarum sancti Martini, predictum debitum Acha comiti non soluerunt, sed elapso interuallo modico, accedentes ad nostram presenciam iidem filii Jacou terram sepedictam domine uxori Acha comitis ex consensu ipsius Acha comitis uendiderunt et tradiderunt iure perpetuo possidendam pro eisdem uiginti marcis fini argenti, quas de propria pecunia sua persoluit domina supradicta pro debito filiorum Jacou prenotato, ita tamen, quod dictus Acha comes ipsos filios Jacou de pena dupli, (in) quam erga Tyburcium comitem inciderant, debeat modis omnibus expedire et sicut partibus referentibus nobis constitit, ipsa terra Pissenicha terre Polance, quam Acha comes uxori sue pro dote sua contulit, conmetatur. In cuius rei testimonium presentes litteras ad instanciam parcium contulimus sigilli nostri munimine roboratas. Datum per manus magistri Michaelis lectoris ecclesie nostre, anno ab incarnacione domini millesimo ducentesimo quinquagesimo septimo.

Original u arkivu jugoslavenske akademije u Zagrebu: Dipl. a. 1257. Na listini visi svilena vrvca jasne ljubičaste boje; pečat je otpao. Kukuljević Reg. br. 747.

600.

1258, 5. januara. U Spljetu.

Udovica Skumuža daje sebe i sva svoja dobra samostanu sv. Benedikta.

In Christi nomine amen. Anno domini millesimo ducentesimo quinquagesimo octauo, mense ianuarii, quinto die intrante, actum est oc (!) in presenzia (!) orum (!) testium: Radosii canonici et Dominici eiusdem ecclesie capelani, Duimi Casari et Marini Bonazunta procuratoris et Stephani Justi et aliorum. Ego Scumuza, filia Conicii, orbata suo uiro uenit . . . . ecclesie ad monasterium beati Benedicti et contulit se et omnia sua bona, tam mobilia quam immobilia, ad manus domine abbatisse et ad suam uoluntatem, ut ipsa Scumuza uiuente domina Chatena abbatissa causa gracie et caritatis contulit ei omnia redita, que sibi acciderint, ut ipsa distribuat pro se et pro sui(s) defunctis, pro suo uiro Duimo Zadolino et pro se . . . . pro me . . . . et protestor accidisse, oc(!) post obitum meum, ut omnia mea bona, uidelicet domus que est iuxta domum Nicolai Duimi Formini et terra que est a(!) Murnanum iuxta terra(m) sancti Laurenzii de foro. Ibidem desuper in Murnano est alia terra iuxta vineam Dragi Lazazapi et terra que est in Paniolo iuxta terra(m) Petri Azarerii et terra que est in Bade iuxta terram filiarum Dese Jurize et pars terrarum Deraunice que Mecocui gerit. Nunc autem suplico et rogo et peto domina(!) Chatena abbatessa(!)

ud (!) matre (!) et domina, ut post obitum meum omnia mea supradicta uendentur et edificetur domus refectorii et domina abbatissa promisit et consulere et facere et adimplere.

Original (?) veoma trošan u arkivu samostana svete Marije u Zadru. Čini se, da je samo koncept, jer ne ima notarskoga ovjerovljenja.

601.

1258, 20. januara. U Budimu.

Kraljica Marija uredjuje medje posjeda Orljavice u požeškoj županiji.

Maria dei gracia regina Hungarie vniuersis Christi fidelibus presencium noticiam habituris salutem in salutis largitore. Quia pro temporum ua- rietate et comitum de Posoga quondam mutacione fideles iobagiones nostri in eodem comitatu terras tenentes super terris suis molestabantur, nec po- terant a longo tempore legitime possessas per calumpniatorum machina- menta quiete et pacifice possidere, frequens ipsorum nos supplicacio in- uitauit, vt terram vniuscuiusque ipsorum nostro dignaremur priuilegio confirmare. Verum quia non plene constabat nobis de quantitate terre ipsorum et metis, quibus unaquaque ipsarum cingebatur, fidei et diligencie fidelis nostri Gyleth comitis tawernicorum incliti domini nostri regis Hun- garie et comitis buchariorum nostrorum commisimus, vt ipse super unam- quamque ipsarum terrarum personaliter accedens quantitatem earum, quas a tempore clare memorie Vgrini Colochensis archiepiscopi et deinceps possessas inueniret ab eis simul et metas inspiceret et iuxta metas an- tiquas nouis erectis statum uniuscuiusque terre nobis suis litteris intimaret. Qui mandatum et commissionem nostram fideliter exequtus(!), omnium pre- dictorum iobagionum in dicto comitatu a tempore prefati archiepiscopi tenencium terras statumque ipsarum terrarum sub suo noto et autentico sigillo in quadam carta clausum nobis transmisit, inter quas terram Beluch, Sewa et Otrochk nomine Oryawicha fidelium iobagionum nos- strorum tenencium terram sub hoc statu et sub hiis metis inuenimus comprehendi. Prima siquidem meta terre Beluch, Sewa et Otrochk incipit ab oriente super monte, ubi est meta terrea et commetaneus eius est Bilotha, inde descendens per eundem montem in semitam uersus me- ridiem usque viam, vnde uadit ad pirum, ubi est meta terrea et com- metatur terre predicti Bilote(!), inde uero per quosdam rubos dirigit se ad quoddam fossatum ad riuulum Oriawicha et inde transiens riuum Oriawicha uadit ad sorbum, ubi est meta terrea, demum uadit ad nemus,

per quod nemus transiens descendit in riuum desiccatum versus occidentem et ibi est commetaneus eius Draas et inde ascendit in quandam
uiam iuxta quam est meta terrea et ibidem commetaneus eius est dictus
Draas, inde uero descendens per quoddam nemus versus occidentem
uadit ad arborem que wlgo nyrfa vocatur et ibi est meta terrea et ibi
est commetaneus eius predictus Dras (!), inde uadit ad metas tere (!) relicte Demetrii, demum uadit ad arborem qui uocatur narfa et ibi est
commetaneus terre relicte Demetrii, inde uero cadit in fossatum, quod
Birgnik potoca vocatur et inde descendens uersus orientem ad quandam
uiam usque riuum Oriawcha, quem transiens uadit ad fossatum uersus
orientem et inde ascendens per quandam particulam montis redit ad
primam metam et sic mete predicte terre terminantur, quam terram sub
metis supranotatis eisdem fidelibus nostris Beluch, Sewa et Otrochk et
ipsorum heredibus heredumque successoribus autoritate presentis priuilegii
in ius perpetuum confirmauimus sub eadem obseruancia, debitis et seruiciis ac ritu in omnibus et per omnia, sub quibus terram in Posoga tenentes hactenus deguerunt. Ne igitur huius nostre confirmacionis series
a quoquam ualeat infirmari, in qua calumpniatoribus via malignandi prouide est elisa, presens priuilegium dupplicis sigilli nostri munimine fecimus
roborari. Datum Bude per manus fidelis nostri magistri A[chatii] preposti
Budensis aule nostre cancellarii. Anno domini M⁰. CC⁰. quinquagesimo
octauo, tercio decimo kalendas februarii.

Original u kr. ugar. državnom arkivu u Budimpešti M. O. D. L.
33.917. Stara signatura N. R. A. fasc. 1531. no. 22. — Pod brojem
33.916. nalazi se suvremena kopija, što sudimo po tom, jer joj manjkaju
neka imena, koja ovdje .imamo. Na listini visi nešto crveno-bijele svilene
vrvce bez pečata. — Na hrptu bilješka XV. vijeka: »Littera domine Maric
regine super metis possessionum in Sclauonia anno domini M.CC.L. tercio(!)
emanata«.

Wenzel, Cod. dipl. Arp. cont. XI. 445—6. — Kukuljević Reg. no. 748.

602.

1258, 9. februara. U Viterbi.

Aleksandar IV. papa postavlja Alearda za nadbiskupa dubrovačkoga.

Alexander episcopus servus servorum dei venerabili fratri Aleardo
archiepiscopo Ragusino salutem et apostolicam benedictionem. Recte
tunc ecclesiarum utilitati prospicitur et indempnitati salubriter preca-
vetur, cum discretis et providis cura committitur earumdem. Unde ro-

manus pontifex, cui ex apostolatus officio imminet de universis ecclesiis sollicite cogitare, hoc maxime circa ipsas attendit et ad id propensius invigilat, ut per bonos et dignos gubernentur rectores, per duces perspicuos in suis gregibus dirigantur, per sacros et eruditos ministros in spiritualibus fulgeant et per dispensatores prudentes temporalium proficiant incrementis. Sane a venerabili fratre nostro J[ohanne] archiepiscopo quondam Ragusino ecclesie Ragusine libera resignatione recepta, cum de ipsius ecclesie ordinatione et populi Ragusini duritia cogitaremus attente, ad personam tuam ad eiusdem ecclesie regimen propter multa favorabiliter assumendam intuitum considerationis nostre convertimus, sperantes, quod per datam tibi a domino discretionem, consilii maturitatem, vite munditiam, religionis claritatem et litterarum scientiam apud populum ipsum dignum proficere debeas verbo pariter et exemplo. Unde te ipsi ecclesie de fratrum nostrorum consilio et potestatis nostre plenitudine in archiepiscopum preficimus ac pastorem, firmam spem fiduciamque tenentes, quod eadem ecclesia et populus predictus tue diligentie studio spiritualia et temporalia, auctore domino, suscipient incrementa. Quocirca mandamus, quatenus attendens te in partem non modicam nostre sollicitudinis evocatum, sic iugo domini, quod tibi per dispensationem nostram imponitur, humiliter subicias fortitudinis tue collum, de misericordia dei et apostolico favore confidens, quod exinde tibi proveniat in presenti meritorum gratia et premiorum gloria in futuro. Datum Viterbi V. idus februarii, pontificatus nostri anno quarto.

Theiner Mon. Slav. Mer. I. br. 116. str. 86. Iz reg. an. V. ep. 64, fol. 125. — Farlati Illyricum Sacrum VI. 107. — Wenzel Cod. Arpad. XII. 489. — Potthast Reg. pontif. II. br. 17.179.

603.

1258, 17. februara. U Spljetu.

Pred sudom spljetskim tuži se Jerolim Petra Pinose, da je prodao Stitiku Dubrovčaninu jedan milliarij sira i trećinu, a nije ga naplatio.

In nomine eterni et summi dei amen. Anno incarnationis eiusdem millesimo ducentesimo quinquagesimo octavo, indictione prima, mense februario, duodecimo die exeunte, temporibus domini Rogerii uenerabilis Spalatensis archiepiscopi, Stefani illustris bani Sclauonie comitis, nobilis uiri Guidonis comitis de Modrussa et de Vinodol potestatis, Duimi Casarii, Miche Madii et Nicolai Duimi iudicum. Coram nobis supradictis iudicibus accedens Jeronimus Petri Pinose proposuit, quod cum quodam genere, uidelicet Cocca in Spaletum uenerat, in presencia et testimonio quorumdam nostrorum conciuium Sabbe Trauaie, Petri Duscizze, Dobri Bubzelle, Radoe Chabatte, Stasii Zuetanne, dederat Stitico de Ragusio unum milliarium et tertiam de caseo, de quo nunquam ab ipso dixit se percepisse aliquod paccamentum, nec ab aliquo pro eo. Unde rogans petiit super hiis per dictos testes nos certificare et alios certos reddere deberemus. Nos uero propter maiorem securitatem et ad sciendam rei ueritatem omnes supradictos testes ad petitionem dicti Jeronimi coram nobis uocari fecimus, dantes eisdem sacramentum, quod de supradictis ueritatis testimonium perhiberent. Qui omnes coram nobis et in presentia Grubesse Zani de Ranina et Mathie de Rasti Ragusiensibus iurati ad sancta dei euangelia dixerunt, quod certi erant et bene recordabantur, quoniam dictus Jeronimus dictam quantitatem casei dicto Stitico coram ipsis dedit. At ubi ad ueritatem peruenimus et reperimus per dictos ydoneos testes dicta Jeronimi esse uera, ut nullus super his dubitare possit, puplicum de ipsorum attestatione sibi fecimus fieri instrumentum. Actum in platea coram curia in presencia et testimonio Dragi Stephani et Marini Bonagutte et aliorum plurium nobilium. Ego Lucas Janzii examinator manum meam misi et ego Lucas Spalatensis canonicus iuratus (notarius?) communitatis his interfui et ex precepto curie hoc brev(e) scripsi.

Original u dubrovačkom arkivu. Na premotu rupe pokazuju, da je imao biti pečat. Zbirka Saec. XIII.

604.

1258, 18. februara. U Ankoni.

Papaçonus podesta ankonski povjerava Symonu Bonivaldi-ju poslaniku ankonskomu, da s Paskom Varikašićem, poslanikom zadarskim, rješava razmirice izmedju obiju gradova.

In dei nomine amen. Dominus Papaçonus potestas Ancone de voluntate generalis conscilii de Ancona, more solito congregati in palacio filiorum quondam domini Tarabocci ad sonum campane et ipsum conscilium uniuersum nomine dicti communis Ancone constituerunt, fecerunt et ordinauerunt, dominum Marcellinum Bartholocci presentem syndicum procuratorem et nuntium specialem dicti communis Ancone a   1 tendum et conpromittendum in dominum Symonem Boniualdi discretum et nobilem uirum tamquam inarbitratorem et amicabilem conpositorem cum domino Pasca Uaricasso nuntio, procuratore, sindico et ambasciatore communis Jadere, prout continetur in cartula infrascripta . . . . . cati notarii pro ipso communi et eius universitate, ut quicquid inter eos idem dominus Simon dixerit et laudauerit et arbitratus fuerit, ratum habetur super omnibus et pro omnibus factis et negotiis tam generalibus quam specialibus communis Ancone, que dictum commune Ancone et specialis persona de Ancona petere, dicere et mouere pousset(!) communi et contra commune Jadere et e conuerso, que dictum commune Jadere et specialis persona de Jadera petere, dicere et mouere pousset(!) communi et contra commune de Ancona usque in odiernum diem tantum et etiam ad quietationem fatiendam(!) et recipiendam de omnibus et singulis supradictis et ad omnia et singula libere et generaliter facienda pertractanda et perconplenda, que in predictis et quolibet predictorum fuerint oportuna et expedire uidebuntur, dantes ei liberam et generalem administrationem in predictis et quolibet predictorum ratum habitum, quicquid per dictum sindicum factum fuerit et quolibet predictorum sub ypotheca bonorum dicti communis Ancone.

Sub anno domini M.CC.L.VIII., temporibus domini Alexandri pape, die lune XVIII. intrantis februarii, indictione prima, presente Antonio Roffi, Stefano Liberii, Petro Marcellini, Vitale Petri Palee, Bartholomeo Stefani Inçe dominis, Jacobo Boni comitis, Rainerio Simi et pluribus aliis.

Ego Bonusadcursus civitatis Ancone notarius hec omnia de uoluntate et mandato potestatis predicti et conscilii scripsi et publicaui.

(Signum notarii.)

Original u arkivu jugoslavenske akademije u Zagrebu. Diplomata a. 1258. — Kukuljević Reg. br. 750.

605.

1258, 4. marta. U Ankoni.

Ugovor izmedju Zadra i Ankone.

In nomine domini nostri Jesu Christi a nativitate eiusdem anno MCCLVIII., temporibus domini Alexandri pape, die lune, IV. intrante martio, indictione prima, civitate Ancone. Dominus Marcellinus Bartolocti sindicus, procurator et nuntius communis Ancone nomine et

vice dicti communis et pro ipso communi pro specialibus personis de
Ancona domino Pasco Varicasso nuntio, procuratori, sindico et ambas-
ciatori communis Jadere pro ipso communi Jadertino recipienti quietavit et renunciavit atque refutav(it) omne tholoneum(!), datium et debitum,
omnem iniuriam et rubbariam et quicquid peti, dici et moveri posset
usque in odiernum diem communi et contra commune Jadere per commune sive a communi vel a speciali persona de Ancona et etiam quidquid iuris et actionis habuerit et habet dictum commune Ancone et
specialis persona de Ancona usque odie contra dictum commune Jadere et pactum fecit ei de non ulterius petendo aliquid de predictis
nec aliquo predictorum. Et e converso dictus dominus Pasca nomine et
vice dicti communis Jadere et pro ipso communi et speciali persona
de Jadera eidem domino Marcellino pro predicto communi Ancone
recipienti quietavit, renunciavit atque refutavit omne tholoneum, dativam
et datium et omnem iniuriam et rubbariam et debitum et quidquid peti
dici et moueri possit usque odiernum diem communi et contra commune
Ancone per commune siue a communi (siue) a speciali persona de Jadera, etiam quicquid iuris et actionis habuit et habet dictum commune
Jadere et specialis persona d(e) Jadera usque odie(!) contra dictum commune Ancone. Et pactum fecit de non ulterius petendo (ali)quid ei
de predictis vel aliquo predictorum. Que omnia et singula predicta
dicti sindici stipulant nomine dictorum communium et universitatis
cuiuslibet terre et specialium personarum utriusque terre promiserunt
per se suosque successores inter se ad invicem obseruare et in ullo
nec aliquo predictorum contra facere vel venire occasione aliquia sub
pena mille librarum venetorum parvulorum, promittentes tanquam sindici nomine dictorum communium se facturos ita et curaturos, quod
speciales persone hinc inde omnia et singula observabunt et quod in
nullo contravenient sub dicta pena, qua soluta vel non rato manente
contractu, salvo quod si aliqua specialis persona de Jadera deberet
aliquid recipere vel habere ab aliqua persona de Ancona, possit suum
ius consequi coram [rec]tore Ancone, et e converso, si aliqua specialis
persona de Ancona deberet aliquid habere vel recipere ab aliqua speciali persona de Jadera, possit suum ius consequi coram rectore [com-
munis] Jadere dicta quietatione, quantum in hoc de speciali ad specialem non preiudicante, [ita] tamen, quod ius specialium hominum
non faciat preiudicium neque damnum alicui dictorum communium.
Actum in camera communis Ancone praesentibus domino Simone Bon-
vialdi, Leonardo suo fratre, Antonio Roffi, Vitale Petri Palee, Zani Dominici acti pndi(?), Bonacausa notario potestatis auctoritate testibus vocatis.

(Signum notarii.)

Ego Bonusadcursus civitatis Anconae notarius hec omnia publicavi et subscripsi.

(Signum notarii).

Original. u arkivu jugoslavenske akademije sa jednoga kraja oštećen. — Makušev Mon. Slav. merid. I. 96—7 (po djelu Conte Francesco Ferreti: »Ancona illustrata«. ff. 138.—9. Prijepis manjkav i loš.) Kukuljević Reg. br. 751.

606.

1258, 14. marta. U Zadru.

Dragoš i žena mu Stana prodaju vinograd u Bibanu Damjanu Grizovanu dozvolom nadstojnice samostana sv. Marije.

In nomine dei eterni amen. Anno ab incarnacione domini nostri Jesu Christi millesimo ducentesimo quinquagesimo octauo, die quarto decimo intrante mensis marcii, indicione prima, Jadre. Manifestum facimus nos quidem sa(ncto matrimo)nio Drochos et Stana coniuges Jadratini, consencientibus nobis domina Dabraça dei gracia monasterii sancte Marie monialium abbatissa et Symone de Mauro aduocato eiusdem loci cum nostris heredibus et successoribus, quia damus, donamus atque transactamus tibi namque Damiano de Grisouano de Strinci Jadratino tuisque heredibus totam nostram vineam siue pastinum, quam et quod habemus super terretorio (!) dicti loci sancte Marie monialium positam ad Bibanum que est circa sex gognaos; a cuius latere uersus borream est Martinus filius Sisco et uersus austrum est Cebrianus de Radochina, uersus quirinam est Rade sartor et uersus trauersam et P(ri)fco; amodo intromittendi, habendi, tenendi, uendendi, dona donandi, commutandi, pro anima iudicandi in perpetuum possidendi et dominandi et quicquid inde tibi placuerit faciendi, donec fructus exinde extraxeris et habebis et salua decima parte de vino fructibus et redditibus et omnibus aliis racionibus dicto monasterio et ita nullo tibi homine contradicente, ob quam autem donacionem mihi remunerasti libras quadraginta vnam denariorum uenecie, vnde exinde securus et quietus permaneas in perpetuum. Quam quidem donacionem et transaccionem cum nostris heredibus et successoribus tibi tuisque heredibus debeamus et teneamur deffendere et discalumpniare ab omni homine et persona te inde calupniante super nos et omnia nostra bona habita et habenda in hoc seculo. Actum est hoc et confirmatum coram his uocatis et rogatis testibus, videlicet domino Marco plebano sancte Marie maioris de Jadra et Cipriano presbitero.

Drugi rukopis.

Ego Andreas filius Kreste Cotopane examinator manum misi.

Ego Cato Raubado acolitus canonicus Clugiensis Jadre notarius predictis interfui rogatus, ut audiui hanc cartam scripsi, compleui et roboraui et signo consueto signaui.

(Signum notarii).

Original. u ark. samostana sv. Marije u Zadru.

Na hrptu nešto poznijom rukom : »Venditio vinee posite ad Bibanum per Dragosium et uxorem Damiano de Grisouano cum licencia abatisse in Bibano«.

607. ·

1258, 7. aprila. U Zadru.

Mateša daje svoj posjed zetu Damjanu i ženi njegovoj Pribi.

In Christi nomine. Anno incarnationis eius millesimo ducentesimo quinquagesimo octauo, mensis aprilis, die septimo intrante, indictione prima, Jadere. Temporibus domini Raynerii Geni incliti ducis Venecie et magistri Laurentii venerabilis Jadrensis archiepiscopi, ac Marini Badoarii egregii comitis. Manifestum facio ego Matesca, frater quondam Ualentini, quia ab hodie in antea in dei Christi nomine do, trado ac bona mea et gratuita uoluntate derelinquo, vendo quidem Damiano, dilecto genero meo et Pribe, coniugi tue, filie mee, omnia bona mea mobilia et immobilia ubicumque uel apud quemcumque inuenire poteritis in Jadera uel in districtu Jadrensi, tali quidem conditione adiecta, quod mihi predicto Matesca usque ad obitum meum dare debeatis uictum, uestitum et calciamenta iuxta bonam mensuram uestre possibilitatis. Post obitum uero meum omnia predicta bona diuidere et partire debeatis cum Teodoro . . . . . [cog]nato uestro taliter, quod tertiam partem omnium meorum bonorum dare debeatis . . . . . [Teodoro] . . . et in uos duas partes retinere. Ad faciendum de prenominatis bo[nis] . . . . plenarie uoluntatem. Insuper si uos suprascripti Damianus et Priba coniunx(!) intu[leritis] michi aliquam iniuriam, uel grauamen inhonestam(!), seu conditiones predictas non [o]bseruaueritis, licitum sit mihi propria auctoritate exire a uobis et bona mea per me vobis oblata capere et habere sine uestra contradictione uel successorum uestrorum. Actum est hoc et firmatum coram his vocatis et rogatis testibus, scilicet presbytero Milobrato, Marino de Nichiforo et Laurentio filio quondam Cosce Saladini naturali.

(Drugi rukopis).

Ego Petriço de Ferro examinator ma[num] meam misi.

[Ego] Michael sancte Marie maioris clericus et Jadrensis notarius interfui rogatus, ut audiui hanc cartam scripsi, roboravi et signo consueto signaui.

(Monogram not.)

Original u gubern. arkivu u Zadru, odio samost. sv. Nikole br. 12. Desni rub ošteden.

608.

1258, 18. aprila. U Monopoli.

Ugovor Martola Dubrovčanina u Monopolu.

† Exinde quod uirgo parens peperit sine semine Christum anno millesimo ducentesimo quinquagesimo octauo, regnante domino nostro Conrado secundo, dei gratia Jerusalem et Cicilie illustrissimo rege et duce Sueuie anno quinto, principatus uero domini nostri Manfredi diui augusti imperatoris Friderici secundi filii, dei gratia illustris principis Tarentini, honoris Montis Sancti Angeli domini anno octauo, mense aprilis, decimo octauo die eiusdem, prima indictione. Ego Antiochus filius Romizzer notarii ciuitatis Monopolis coram domino Jacobo principali iudice Monopolis Porfido Scorpioni et Damiano filio siri Johannis de notario Allamano ciuitatis eiusdem testibus subscriptis, uolumus tibi Marturo mercatori de Ragusio filio Johannis de Oclino uadium dedi et Luponem filium Guilelmi Capuci prenomine fideiussorem posui coram, ut in festo sancti Andree apostoli primo cum secunda(!) (die) inde futura, uel postea, cum tua uel tuorum heredum uoluntas fuerit, illico ego uel mei heredes demus et soluamus tibi uel tuis heredibus et affictemus intra in Monopoli in domo nostra staria sex boni et puri olei oliuarum ad unius uncie auri, quam a te presentialiter recepi et habeo. Contra quod si fecerimus, demus uobis quidquid proinde in curia iuste dederitis uel repromiseritis et que premissa sunt compleamus. Inuiti districto mee(!) et predicto fide(!) uestrisque heredibus, qui uobis hoc dedimus pignus, nos et nostros heredes per omnes res nostras habere et illinc a me appelationis et cab . . . . et renuntiaui tam ego . . . . uel minoris temporis a iure indulti debitoribus ad soluendum, quibus quocunque modo tueri nos possemus de predicto oleo uestro, de statuto termino non redendo, dum omnia fe-

cerimus, ut hoc libere continetur(!). Quod scripsit Bistantius notarius qui interfuit.

(Signum notarii.)

† Jacobus principalis Monopolitanorum iudex.
† Porfidus Scorpionis subscripsi.
† Johannides Alamanus subscripsi.

Original u dubrovačkom arkivu. Zbirka Saec. XIII. Listina trošna i oštećena.

609.

1258, 29. maja. U Viterbi.

Aleksandar IV. papa biskupu zagrebačkomu dozvoljuje, da crkvu katedralnu sagradi na zgodnijem mjestu.

Alexander episcopus servus servorum dei venerabili fratri (Philippo) episcopo Zagrabiensi salutem et apostolicam benedictionem. Ex tue devotionis sinceritate mereris, ut in petitionibus, quas nobis digne porrigis, exauditionis gratiam assequaris. Cum igitur, sicut nobis exponere curavisti, ecclesiam Zagrabiensem, que in loco minus apto constructa minatur ruinam, cupias in loco construere magis apto, nos tuis precibus inclinati construendi prefatam ecclesiam in loco magis idoneo et accomodo liberam tibi auctoritate presentium concedimus facultatem. Datum Viterbii IIII. kal. iunii, anno quarto.

Theiner Mon. Hung. I. br. 450, str. 236. Iz reg. orig. an. IV. ep. 143. fol. 138. — Wenzel Cod. dipl. Arp. cont. VII. 300. — Potthast Reg. pontif. II. br. 17.289. — Kukuljević Reg. no. 753. — Tkalčić Monum. Civ. Zagrab. I. 28, br. 35.

610.

1258, 1. juna. U Zadru.

Notarski prijepis listine kralja Stjepana izdane u Jegru g. 1166.

[Ego] Michael sancte Marie maioris clericus et Jadre notarius memoratum originale bulla aurea sigillatum, [non] abolitum, non cancellatum, nec in aliqua parte sui abrasum, set integrum et perfectum, lectum et auscultatum cum exemplo presenti anno ab incarnacione eius millesimo ducentesimo quinquagesimo octauo, mensis iunii, primo die, indictione prima, Jadre, in palatio archiepiscopali, presentibus priore fratrum Predicatorum de conuentu Jadre, ac priore ospitalis sancti Martini de Jadra, nobilibus viris Petriço de Forte, ac Pasca de Varicassa et aliis ex precepto venerabilis patris domini Laurentii dei gracia Jadre archiepiscopi, ut in eodem originali uidi et legi de uerbo ad uerbum fideliter exemplaui, nichil addens uel minuens, quod sentenciam mutet seu uariet, scripsi, roboraui et signo consueto signaui. Cui priuilegio predictus dominus Laurentius Jadrensis archiepiscopus, prior fratrum Predicatorum, custos fratrum minorum de Jadra, abbas sancti Crisogoni, comunitas ciuitatis Jadre sigilla sua dependentia fecerunt apponi ad rei perpetuam firmitatem.

Original, u arkivu gubern. u Zadru (odio sam. sv. Kuzme i Damiana, fasc. III. no. 6.).

Na listini vise končane uzice za 5 pečata, koji su otpali. ' *Vidi II. sv. ovoga zbornika str. 106. br. 100.*

611.

1258, 2. juna. U Stolnom Biogradu.

Pred kaptolom stolno-biogradskim Roza udova župana Detmara od plemena Borić-bana daruje svoj posjed Zapolje svojim kćerima Marjani i Martini.

Capitulum Albensis ecclesie vniuersis Christi fidelibus presentibus pariter et futuris presencium noticiam habituris salutem in eo qui salus est omnium. Ad uniuersitatis uestre noticiam tenore presencium uolumus peruenire, quod constituta coram nobis personaliter domina Rosa relicta comitis Detmari de genere Borich bani proposuit uiua uoce, quod dimidiam partem predii sui nomine Zapola, quod a Odola, Chalk et Borich filiis Borich, cognatis mariti sui comitis Dethmari antedicti in concambium cuiusdam predii sui nomine Golgoha sibi dicebat prouenisse, maiori filie sue nomine Mariane, uxori Thome filii Chepani contulisset perpetuo possidendam, aliam dimidiam partem minori filie sue nomine Martine uxori Alexandri filii Petrus donasset tali modo, quod si dicta filia sua heredes habuerit, similiter perpetuo debeat possidere, si uero sine heredibus decesserit, extunc pro anima ipsius domine Rose et filie sue Martine antedicte ecclesie in cuius cymiterio sepulte fuerint, conferatur, maior nichilominus filia sua supradicta liberam si uoluerit ab ipsa ecclesia habebit redimendi facultatem. Item omnia mancipia sua videlicet Rodus cum uxore, filiis et filiabus, Tolihna cum uxore, filiis et filiabus, Gurk cum uxore, filiis et filiabus, Bratizlou cum uxore, filiis et filiabus, Milbrath similiter cum uxore, filiis et filiabus, Liubizlou cum uxore similiter filiis et filiabus; item ancillas suas scilicet Migla cum filiis et filiabus, item Jagoda, Milihna Tupa et Pticha similiter filiabus suis donasset antedictis, tali tamen condicione interserta, quod si sepedicta minor filia sua sine liberis deo vocante migrauerit, pars que ipsam de dictis mancipiis et ancillis contingit in ius et proprietatem maioris filie sue Mariane memorate deuolui debeat pleno iure; nec hoc pretermittimus, fructus predicti predii et seruicium antedictoru.n mancipiorum et ancillarum eadem domina Rosa percipiet temporibus sue vite, ipsa uero e medio feliciter sublata, in ius et proprietatem filiarum suarum supradictarum deuoluentur modo et ordine suprascriptis. In cuius rei memoriam et perpetuam firmitatem ad peticionem ipsius domine Rose presentes litteras concessimus sigilli nostri munimine roboratas. Datum anno domini millesimo ducentesimo quinquagesimo octauo, quarto nonas iunii, magistro Philippo ecclesie nostre electo, aule regie vicecancellario, Gregorio cantore, Feliciano custode, Ambrosio decano existentibus.

Original u kr. ug. drž. arkivu u Budimpešti M. O. D. L. 33.712. — Stara signatura: N. R. A. fasc. 1502. no. 1. — Na listini visi na žuto-modroj svilenoj vrvci pečat, na kojem se ne razabire nikakav otisak. — Na hrptu bilješka XV. vijeka »Zapulya«.

Wenzel Cod. dipl. Arpad. cont. XI. 453—454. — Kukuljević Reg. no. 754.

612.

1258, 26. juna. U Dubrovniku.

Uredjuje se zemljište prema brdu radi općinskoga puta.

† Anno incarnationis domini millesimo ducentesimo quinquagesimo octauo, mensis iunii quinto die astante. Nos quidem Jacobus Contarinus comes Ragusii et iurati iudices Bubanna Petri, Michael Pezane, Dabrana Lampridii et Goyslauus Theodori Crosii hoc quod per sententiam legis iudicauimus testamur. Nostra enim coram presentia Andreas Zreue pro Vngara uxore Domane Guererii uetabat Vlcasso Johannis, ne fundamenta retinuat(!) in loco, ubi sapaverat(!) extra muros ciuitatis Ragusii, quia in placito cum Vlcasso se mittere non poterat sine Dommana uiro suo secundum usum Ragusii. Dicebat enim Andreas pro Ungara, quod Vlcassus apprehenderat de terreno Dommane uiri sui. Et Petrana de Dabro aduocatus communis Ragusii, pro communi Ragusii dixit Vlcasso: labora

et fundamenta murum tuum, quod non apprehendas de uia communis, et pro uia communis remaneat ita amplum, secundum quod iustum est. Et Vlcassus Johannis per aduocatum suum Vitanam de Cerne respondens dixit: Ego laboro in meo terreno et non in terreno Dommane. Et ostendit Vlcassus cartam que sic incipit: † Anno incarnationis domini millesimo ducentesimo quinquagesimo quinto, mensis augusti, quarto die astante. Nos quidem diaconus Matheus Theophili et Mengatia Lampridii et Basilius Prodani et Marinus Binzole per fidei sacramentum inter domnam Gayam filiam Geruasii Marini abbatissam cenobii sancti Symeonis cum uoluntate et consensu sui conuentus ex una parte et Vlcassus Johannis ex altera arbitres et iudices electi de quadam differentia et questione, quam inter se habebant de quinquaginta septem brazolarum de muro, ueteri ciuitatis Ragusii uersus montem usque ad territorium sancti Simeonis et de muro nouo ciuitatis Ragusii uersus montem ad predictum territorium de quinquaginta sex brazolarum. Et predicti arbitres et iudices per legis sententiam iudicarunt, quod a signis SI uersus montem in perpetuum usque occidentem et supra uiam communis Vlcassus Johannis uersus ciuitatem habeat suum territorium perpetuo et mensura ueraci, quod a muro ueteri ciuitatis Ragusii usque montem usque ad petras que habent tale signum SI sunt brazolarum quinquaginta septem et a muro nouo ciuitatis uersus montem usque ad predicta signa sunt brazolarum quinquaginta sex. Unde nos prenominati comes et iudices auditis eorum questionibus et uisa dicta carta iuimus ad dictum locum et uiso ipso loco per sententiam legis iudicauimus, quod Vlcassus habeat territorium suum, sicut in sua carta continetur et quod dimittat pro uia communis a signis sancti Simeonis usque ad murum suum palmos de canna nouem de oriente uersus occidentem: et si cum illis nouem palmis de canna pro uia communis inueniretur, quod Vlcassus accepisset de terreno Dommane Guererio. De tanto quantum Vlcassus accepisset de terreno Dommane, Vlcassus teneatur satisfacere Dommane in denariis, quantum dixerit dominus comes qui fuerit per tempora cum sua curia. Et quicunque laborauerit a Vlcasso in antea, debeat dimittere pro via communis palmos de canna nouem per amplum. De hac autem sententia sint due carte similes, hec et alia, de quibus cartis unam cartam tulit commune Ragusii et aliam cartam tulit Vlcassus. Hec autem carta nullo testimonio rumpi possit. Quod iudicium prenominatorum domini comitis et iuratorum iudicum ego presbyter Pascalis et communis notarius iuratus audiens scripsi.

(Signum notarii.)

Original u dubrovačkom arkivu, prerezana slova iznad teksta. Zbirka Saec. XIII.

613.

1258, 5. juna. U Spljetu.

Strija, udova Stoja Magera prodaje sve svoje imanje bratu Blažu
za 160 libara, koje poklanja svojim kćerima.

In nomine eterni et summi dei amen. Anno incarnationis eiusdem
• millesimo ducentesimo quinquagesimo octauo, indicione prima, quinto die
intrante iunio, temporibus domini Rogerii venerabilis Spalatensis archiepiscopi, nobilis viri Guidonis comitis Modruse, Vinodoli potestatis, Johannis Cigaide, Dragi Stephani, Alberti Jantii iudicum. Ego siquidem
Stria relicta Stoi Magerii per hoc presens instrumentum confiteor et protestor, quod cum omnia bona mobilia et immobilia, tam paterna quam
materna, tantum ad me quantum ad quemlibet nostrorum fratrum et
sororum spectarent et tam mihi quam ipsis de iure pertinuissent, meam
iurisdictionem, uim et potestatem, quam in dictis bonis habui, Blasio
meo fratri pro centum sexaginta libris venecianorum paruorum totaliter
uendidi atque in perpetuum concessi. Pro quibus libris dictus Blasius
quandam suam vineam Rainerio meo generi per publicum instrumentum
manu Miche Jaderensis notarii confectum me consentiente obligauit,
quas videlicet libras pro amore et nimia dilectione, quam erga Stanam
et Franciscam meas dilectas filias habeo, ipsis ad presens [et] in perpetuum do, delibero et concedo nomine donationis que dicitur inter
uiuos, que amplius reuocari non potest, cum omni suo iure et interesse
et cum plena potestate et auctoritate placetandi, excutiendi, intromittendi,
habendi, uendendi, comutandi, obligandi et omnimodam ex ipsis libris
superius nominatis uoluntatem faciendi, nemine eis in perpetuum contradicente; me quidem ex ipsis libris foris facio et ipsas in mearum filiarum potestate relinquo; renuncio enim omni iuri ecclesiastico uel
ciuili et etiam mee ciuitatis consuetudinibus, per quod possem uel uellem
hanc donationem perpetuam reuocare. Promitto etiam nunquam de predictis modo aliquo contrauenire sub ypoteca meorum omnium meorum (!)
bonorum. Et ad hoc, ut supradicta donatio stabilis et inreuocabilis in
perpetuum permaneat, ab ipsis dictis meis filiabus unum mantellum de
ipsa pro remuneratione suscepi. Actum in domo dicti (!) Rombaldi (!).
Testes sunt: Peruenus Magerii et Matheus Posilli et alii.

Ego Du[i]mus Dese examinator misi manum meam.

Et ego Lucas Spalatensis canonicus iuratus comunitatis [notarius]
hiis interfui et rogatus a dicta Stria hoc breue scripsi.

Original u arkivu grofova Begna u Posedarju. P. no. 3.

614.

1258, mjeseca juna. U Panormu.

*Manfred tarentski, namjesnik Konradinov u Siciliji, uzima samo-
stan sv. Silvestra na otoku Biševu pod svoju zaštitu.*

Manfredus diui augusti imperatoris Friderici filius, dei gratia princeps
Tarenti, honoris Montis Sancti Angeli dominus et illustris regis Conradi
secundi in regno Sicilie balius generalis. Per presens scriptum notum fieri
volumus vniuersis, quod venerabilis abbas et conuentus monasterii sanctorum Siluestri et Nicolay de insula Buçi magnificentie nostre humiliter
supplicauerunt, ut quia in eadem insula degunt deuote domino famulantes, dictos abbatem et conuentum ac ceteros fratres monasterii, idem
quoque monasterium, homines, possessiones, animalia, res omnes et bona
eorum que in presentiarum iuste possident ac in antea iusto titulo poterunt adipisci, sub regia nostraque protectione recipere misericorditer
dignaremur. Nos igitur actendentes honestam vitam et religionem eorum
et ut in eadem insula possint quieta et tranquilla mencium deuotione
domino famulari, eundem abbatem, conuentum, fratres suos, monasterium,
homines, animalia et ceteras res et bona eorum in presentiarum habita,
vel in antea iusto titulo aquirenda, sub regia nostraque protectione reci-
pimus speciali, presenti prohibentes edicto, ut nullus quietem eorum perturbare presumat, vel ipsos in personis aut bonis eorum offendere vel
suis rebus et suorum hominum violenter auferre, quod qui presumpserit,
regiam et nostram indignationem se nouerit incursurum. Ad huius itaque
protectionis nostre [vbe]riorem et stabilem firmitatem presens scriptum
fieri et sigillo nostro iussimus communiri.

Datum Panormi per manus Gualterii de Ocra regnorum Jerosolymi
et Sicilie cancellarii, anno dominice incarnationis millesimo ducentesimo
quinquagesimo octauo, mensis iunii, prime indictionis.

*Original u kaptol. arkivu biskupije u Hvaru. Na listini vidi se trag,
gdje je o vrvci visio pečat.*
*Lucius Mem. di Traù 105—106. — Wenzel Cod. dipl. Arpad. VII.
499. — Kukuljević Reg. no. 755.*

615.

1258, 4. jula.

Bela kralj ugarski i hrvatski rješava parbu radi zemlje Kostajnice.

Bela dei gracia Vngarie, Dalmacie, Croacie, Rame, Seruie, Gallicie,
Lodomerie, Cvmanieque rex omnibus presens scriptum inspecturis sa-

lutem in uero salutari. Spectat ad officium regie maiestatis, causas legitime terminatas litterarum testimonio roborare, ne processu temporis valeant in dubium revocari. Proinde ad universorum noticiam harum serie volumus peruenire, quod cum Georgius filius Maladyn, Bogdan Pozobuch, Farcasius pro Wlkyna et Georgius filius Zeztup iobagiones castri de Dobicha, terram Coztanicha repeterent a Hytynkone, asserentes eandem fuisse castri de Dobicha et post obitum regis Colomani felicis recordacionis per dictum Hetynk (!) occupatam; idem Hetynk ex aduerso respondit, ut ipsam terram Coztanicha vivente adhuc rege predicto pacifice usque ad hec tempora possedisset. Volentes igitur litibus finem inponere, predictis Georgio videlicet, Bogdano Pozobuch, Farcasio pro Wlkina et Georgio iobagionibus castri prenotati super ipsa terra Coztanicha coram capitulo Zagrabiensi adiudicavimus sacramentum. Adueniente vero die sacramenti talis inter partes composicio intervenit, prout dictum capitulum nobis in suis litteris intimavit, quod dictus Hytink (!) unam partem de ipsa terra Coztanicha dimisit castro memorato, certis undique metis districtam. Cuius prima meta incipit de fluvio Un apud metam terream, inde per quandam vallem procedit uersus septemtrionalem et per eandem vallem ascendit ad monticulum ad metam terream, inde descendit per metas ad fluvium Jeztrebnichicha, per quem venit in fluvium Tvrya et per fluvium Turia (!) venit in fluvium Polozka, per fluvium Polozka usque ad terram abbatis, ubi terra castri a terra Hytinconis separatur. Nos igitur ordinacionem ipsam ratam habentes, ne idem Hytinco vel ipsius heredes in posterum inquietari super ipsa terra valeant, presentes dedimus litteras dupplicis sigilli nostri munimine roboratas. Datum per manus magistri Smaragdi Albensis prepositi, aule nostre vicecancellarii, electi Colocensis, dilecti et fidelis nostri, anno domini millesimo ducentesimo quinquagesimo octavo, quarto nonas iulii, regni autem nostri anno vicesimo tercio.

Iz originalne potvrde kralja Stjepana od 1272. 8. juna u kr. ug. drž. arkivu u Budimu. M. O. D. L. no. 783. (Stara sign. N. R. A. fasc. 457, no. 24.).

Wenzel Cod. dipl. Arpad. cont. VII. 483—484. — Kukuljević Reg. no. 756.

616.

1258, 5. jula.

Bela kralj ugarski i hrvatski odredjuje, da gradjani na Gradcu kraj Zagreba banu plaćaju na godinu samo dvije stotine bensa, a daje im i zemlju Sviblan.

Bela dei gracia Hungarie, Dalmacie, Crohacie, Rame, Seruie, Gallicie, Lodomerie, Cumanieque rex omnibus presentes litteras inspecturis salutem in omnium salvatore. Officii nostri debitum remediis invigilat subiectorum, nam dum eorum utilitati prospicimus, dum concedimus profutura, plebium numerus crescit iugiter et augetur, in quo regis gloria specialiter denotatur. Proinde ad universorum noticiam harum serie volumus pervenire, quod cum hospites nostri de monte Grech, Zagrabie constituti, magna se quererentur solucione censuum aggravari, nec haberent silvam pro usu eorundem, dilecto et fideli nostro Stephano bano tocius Sclauonie et capitaneo Styrum(!) dedimus in mandatis, ut et debitum ipsorum diminueret et silvam usui eorum conpetentem assignaret. Qui tandem, sicut nobis per suas litteras intimavit et viva voce retulit, considendo cum eisdem, maxima considerata ipsorum incommoditate multiplici, quam iidem in monte Grech commorando assidue tollerabant, taliter ordinavit, ut de cetero ducentas tantummodo pensas monete usualis pro annuo censu in festo sancti Martini sine diminucione qualibet bano pro tempore constituto nomine nostro solvere teneantur. Inseruit eciam, quod terram nostram Cyblan nominatam cum silvis et aliis utilitatibus ac pertinenciis suis presentibus et requisitis iobagionibus castri Zagrabiensis eisdem assignasset. Nos igitur et predictorum civium nostrorum iustis et honestis precibus inclinati, id quod per iam dictum fidelem nostrum S(tephanum) banum provide factum est, presentibus duximus confirmandum. In cuius rei memoriam et perpetuam firmitatem presentes concessimus litteras dupplicis sigilli nostri munimine roboratas. Datum per manus magistri Smaragdi, Albensis prepositi, aule nostre vicecancellarii venerabilis electi ecclesie Colochensis, dilecti et fidelis nostri. Anno domini millesimo ducentesimo quinquagesimo octavo, tercio nonas iulii, regni autem nostri anno vicesimo tercio.

Tkalčić Monum. civ. Zagrab. I. 28—29. br. 36. — Kukuljević Reg. br. 757.

617.

1258, 6. augusta.

Bela kralj ugarski i hrvatski daruje Ladislavu, Filipu i Grguru sinovima župana Kleta zemlje Košku, Dubravu i Čepin u župa- niji vukovskoj.

Bela dei gracia Hungarie, Dalmacie, Croacie, Rame, Seruie, Gal- licie, Lodomerie, Cvmanieque rex omnibus Christi fidelibus presentes litteras inspecturis salutem in eo qui regibus dat salutem. Vt regalis sublimitatis immensitas manum munificam porrigat ad sudoriferos famu- latus subditorum, equitas suadet, racio postulat, ius requirit, presertim cum id inconcussum quippe permaneat atque firmum, quod regio fuerit patrocinio communitum. Proinde ad vniuersorum noticiam tenore pre- sencium volumus peruenire, quod cum Ladislaus, Philipus et Gregorius, filii comitis Cleti, fideles nostri, in primeuis adolescencie eorum temporibus gratum semper et acceptum indefesse fidelitatum studio nostro semper lateri adherendo exhibuissent famulatum, propter que nostre corone regie meruerunt multipliciter complacere. Et licet tediosum esset per singula enarrare, quod tamen de seruiciis eorundem memoriter habentes ad in- formacionem presencium et memoriam futurorum presentibus iussimus annotari, quod cum ferocitas et inestimabilis multitudo Tartarice gentis nostrum regnum inuasisset et nos cum quibusdam regni nostri nobilibus ad partes maritimas pro habendo remedio et querendo subsidio prouecti fuissemus, iidem Ladislaus, Philipus et Gregorius deuote fidelitatum famu- latus ibidem laudabiliter impenderunt, et licet a regia munificencia mi- nima videantur que ad presens agimus respectu eorum que facere inten- dimus et merentur, quasdam terras castri nostri de Walko, Koos videlicet cum suis pertinenciis, Dombro et Kendchapa vocatas, cum omnibus vtili- tatibus et pertinenciis suis in eodem comitatu existentes, sub hiisdem metis et terminis, quibus eedem terre ad predictum castrum nostrum dinoscebantur pertinere et limitate fuerant ac possesse, eisdem Ladislao, Philipo et Gregorio et per eos suis heredibus heredumque suorum in posterum successoribus dedimus, donauimus et contulimus iure perpetuo et irreuocabiliter pacifice possidendas, a iurisdiccione et potestate ipsius castri per omnia eximendo. Vt igitur huius nostre collacionis seu do- nacionis series robor (!) obtineat perpetue firmitatis, nec vllo vnquam tempore possit per quempiam in irritum reuocari, presentes concessimus litteras sigilli nostri dupplicis munimine roboratas. Datum per manus magistri Smaragdi Albensis ecclesie prepositi, aule nostre vicecancellarii,

electi ecclesie Colocensis, dilecti et fidelis nostri, anno domini millesimo
ducentesimo quinquagesimo octauo, octauo idus augusti, regni autem
nostri anno vicesimo tercio.

*Iz prijepisa kralja Stjepana od g. 1270. kako je to izvorno prepisao
palatin Nikola Gorjanski 1417. 25. februara. Original potonjega na pergameni u kr. ug. drž. arkivu u Budimpešti M. O. D. L. 33.212. Stara
signatura N. R. A. fasc. 442. no. 31. — Kukuljević Borba Hrvata s Mongoli i Tatari 106—107.*

*Wenzel. Cod. dipl. Arp. cont. VII. p. 481—482 (po izvorniku u kr.
kom. arkivu u Budimu). — Kukuljević Reg. no. 758.*

618.

1258, 3. septembra. U Ninu.

*Pred kaptolom ninskim daruje knez Ladislav Gušić Lapčanima selo
Gomiljane.*

Nos capitulum universum Nonensis ecclesie sancti Asselli significamus universis et singulis Christi fidelibus tam presentibus quam futuris
presentem paginam inspecturis. Ad universorum noticiam et perpetuam
rei memoriam harum serie volumus pervenire, quod accedens ad nostram
presenciam nobilis uir Ladizlaus filius condam comitis Jacobi de Cor-
bauia Gusych parte ex una et Bogdan et Stanizlaus fratres, filii Chrelat,
nec non Stipanus et Radovanus filii Bogdoslavii, simul et vicissim consanguinei, omnes de generacione Laptane [1] nobiles de Lapat, [2] quibus
omnibus supradictis circa nos existentibus idem Ladizlaus in nostra presencia et in dicta ecclesia protulit hec verba dicens: Quod ipse attendens
multimoda ac crebra servicia a predictis nobilibus de Lapat [2] et suorum
antecessorum sibi et suis antecessoribus a multis temporibus retroactis
fideliter inpensa et in futurum inpendenda, in reconpensacionem et retri-
bucionem huiusmodi suorum serviciorum, quandam terram seu possessionem suam desertam in Buxane Gomilane dictam, existentem prope
aliam villam suam Radoslaula uas, quas possidet dictus Ladizlaus ex dono
regie maiestatis, prout nobis claruit ibidem per quoddam privilegium
serenissimi domini nostri Bele regis, scriptum in M⁰ ducentesimo quinquagesimo, septimo idus februarii et aliud magnifici Stephani tocius
Croacie bani, scriptum M⁰ II. C. LII⁰, [3] sub eorum sigillis pendentibus, pre-

---

Potvrda od 1412. ima: [1] Lapchane. [2] Lapach. [3] ispisano slovima.

dictam villam Gomilane dictam in Buxane cum omnibus et singulis suis iuribus, proprietatibus utilitatibus et pertinenciis undique suis, predictus Ladizlaus per se suosque heredes heredumque suorum dedit, tradidit atque donavit perpetuo et inrevocabiliter predictis nobilibus Bogdano et Stanizlao, nec non Stipano et Radovano de Lapat, eis et eorum heredibus heredumque suorum(!),[1] ad habendum, tenendum, gaudendum, possidendum, quandiu fidelia servicia iusta et honesta ipsi vel eorum heredes predicto Ladizlao et suis heredibus exhibere voluerint ex eadem. In cuius rei testimonium et perpetuam firmitatem de rogatu et peticione parcium predictarum has presentes (litteras) contulimus sigilli nostri de subtus pendentis munimine roboratas. Datum None in dicta nostra kathedrali ecclesia sancti Asselli, sub anno domini M. II. C. L. VIII. mensis septembris die tercio.

Iz izvornog prijepisa kaptola zagreb. od god. 1384. 1. februara u kr. drž. ug. ark. u Budimu M. O. D. L. no. 474. (Stara sign. N. R. A. fasc. 465. no. 28.). Postoji ovdje još i potvrda kralja Sigismunda od g. 1412. na molbu Utišena sina Matije de Gomolyan. (M. O. D. ᵀ. 33.332. Stara sign. N. R. A. fasc. 446. no. 14.). Razlike naznačene su u notama.

Wenzel Codex dipl. Arpad. cont. Vol. VII. 495—496. — Kukuljević Reg. no. 759.

619.

1258, 5. oktobra. U Spljetu.

Kaptol spljetski daje Draženi, kćeri Dobre Ladobela na doživotno uživanje jednu bugnu (uljenik?)

In nomine eterni et summi dei amen. Anno incarnacionis eiusdem millesimo ducentesimo quinquagesimo octauo, indicione secunda, quinto die intrante octubri, temporibus domini Rogerii venerabilis Spalatensis archiepiscopi, nobilis viri Guidonis comitis Modrusse et Vinodoli potestatis, Sreče Caçete, Gregorii Grube, Dobri Dusiççe iudicum. Dominus Thomas Spalatensis archidiaconus cum assensu et uoluntate tocius capituli dedit Dragehne filie Dobre Ladobeli quandam bugnam prefati capituli, que est subtus ecclesiam sancti Andree de Fenestris, ut ipsa eam bene pauimento et aliis sibi necessariis debeat adaptare et usque dum vixerit in ipsa manere absque illius archidiaconi uel capituli aliqua contradictione. Pro cuius pensione octo solidos denariorum paruorum annuatim

---

[1] Očito fali successoribus, što potvrda ima.

dicto capitulo dabit usque dum ipsa uixerit; post suum uero decessum dictam bugnam ita sicut fuerit adaptata capitulo supradicto dimittet, ita quod ipsa nec aliquis pro ea possit pro aptatura dicte bugne tempore aliquo aliquid exigere uel extorqueri. Actum ante ecclesiam sancti Domnii. Testes: Jacobus Vesperuni clericus, Pinosa Petri et alii.

(Drugi rukopis).

Et ego Dobre Bidricicle(!) examinator manum misi.

Et ego Lucas Spalatensis canonicus iuratus (notarius) comunitatis hiis interfui et de mandato domini archidiaconi et capituli rogatus a dicta Dragehna hoc breue scripsi.

Original u ark. kaptola u Spljctu a. 1258. (XVI. 1. 168.). — Nema nikakvog not, znaka.

620.

1258, prije 13. oktobra.

Bela kralj ugarski i hrvatski potvrdjuje darovanje Stjepana bana Šemi i rodu njegovu.

[B]ela dei gracia Hungarie, Dalmacie, Croacie, Rame, Servie, Gallicie. Lodomerie, Cumanieque rex omnibus presens scriptum inspecturis salutem in omnium salvatore. Solet excellencia regia annuere precibus suplicancium in licitis et honestis. Proinde ad universorum noticiam harum serie volumus pervenire, quod Stephanus banus Sclavonie et capitaneus Styrie, dilectus et fidelis noster, in nostra presencia constitutus proposuit, ut terram Gurbuse filii Miconis, existentem in comitatu Zaladiensi vltra Dravam, que ad manus ipsius Stephani bani fuerat devoluta, eo quod idem Gurbuse culpis suis exigentibus finivit in patibulo vitam suam, contulisset Sceme filio Pouche servienti suo pro suis serviciis, hac interiecta condicione, ut idem Sceme vel fratres sui, aut heredes ipsorum, quamdiu eis placebit, ipsam terram tenebunt pacifice et quiete; si vero sine liberis decesserint, predicta terra ad Stephanum banum, vel ad heredes ipsius sine difficultate qualibet devolvetur; si vero eandem terram Sceme prefatus vel fratres ipsius vendere voluerint, ipsi bano vel suis heredibus vendere tenebuntur et non aliis, iusto precio persoluto; donandi seu legandi in vita vel in morte, eidem Sceme et fratribus suis, ac heredibus ipsorum potestate penitus interdicta. Mete eiusdem terre, sicut in litteris ipsius St[ephani] bani vidimus contineri, hoc ordine distinguntur: Piima meta incipit a fluvio Drava et vadit ad arborem populeam cruce signatam, sub qua est meta terrea, inde vadit ad aliam arborem populeam cruce signatam, sub qua est meta terrea, deinde vadit ad virgultum, ubi est meta terrea sub arbore scilfa cruce signata, deinde vadit ad meridiem ad viam, secus quam est meta terrea, deinde transit ipsam viam, pervenit ad curvam arborem ilicis in introitu silve existentem, super qua est crux et sub eadem meta terrea, deinde vadit ad silvam ad arborem ihor cruce signatam, ubi crux ponitur pro meta, inde vadit ad aliam arborem ihorfa cruce signatam, inde vadit ad arborem gyrtian cruce signatam, deinde pervenit ad fluvium Plitiche, iuxta quem sunt due arbores egur et ilex cruce signate, sub quibus est meta terrea, deinde per Pliticham vadit superius ad metas terre Opoy comitis, ibique terminatur. Suplicavit igitur Stephanus banus pro ipso Sceme et cum ipso, ut premissa nostro dignaremur privilegio confirmare. Cuius nos precibus inclinati presentes dedimus litteras dupplicis sigilli nostri munimine roboratas. Datum per manus dilecti et fidelis nostri magistri Smaragdi Albensis ecelesie prepositi aule nostre vicecancellarii electi Colocensis, anno domini millesimo ducentesimo quinquagesimo octavo, regni autem nostri anno vicesimo tercio.

Original na pergameni u kr. ugar. drž. arkivu u Budimu M. O. D. L. no. 478. (Stara sig. N. R. A. fasc. 597. no. 32). Na listini visi o svilenoj vrvci crvene i zelene boje odlomak dvostrukoga kraljeva pečata.

Wenzel Cod. dipl. Arpad. VII. 484—485. — Kukuljević Reg. no. 763.

621.

1258, prije 13. oktobra.

Bela kralj ugarski i hrvatski, priznaje i potvrdjuje prava i povlasti Omiša.

In nomine sancte trinitatis et individue unitatis amen. Bela dei gratia Hungarie, Dalmacie, Croacie, Rame, Servie, Gallicie, Lodomerie, Cumanieque rex omnibus Christi fidelibus tam presentibus quam futuris presentes litteras inspecturis salutem in omnium salvatore. Ad universorum notitiam tenore presentium volumus peruenire, quod nos fideles nostros nobiles de Almisio, videlicet comitem Ozur, Rados et totam communitatem recepimus in nostram graciam, sicut alios nobiles regni nostri, preterea promittimus eis, quod ipsos in ipsorum tenebimus libertate, terras, domos et vineas ipsorum tenebunt pacifice et quiete, sicut hactenus tenuerunt. Et si aliqua essent de iuribus ipsorum per aliquem

hominem occupata, eisdem restitui faciemus iustitia mediante. Castrum
etiam ipsorum nobis assignatum, ut (etiam) eorum captivos, scilicet Juram
et alios socios eorum valeamus liberare, tenebimus, donec nobis videbitur
expedire, nec alieni(!)[1] dabimus, sed eisdem, dum nobis visum fuerit,
restitui faciemus. Insuper habebunt iidem pacem cum illis, cum quibus
nos habemus et illos persequentur, qui nobis et nostris contrarii fuerint,
vel adversi, ad quos eisdem auxilium nostrum dabimus et iuvamen.
Sanccimus etiam, ut banus vel castellanus non presumat eos capere in
persona, nec eorum liberos vel uxores, nec recipere res ipsorum, nisi
convicti fuerint iuris ordine observato. Ad hec promittimus eis, ut nos
et nostri successores et banus, qui nunc est aut fuerit in futurum, ipsis
et successoribus ipsorum premissa omnia debeant irrevocabiliter observare. Ut autem hec omnia que promittimus, robur obtineant perpetue
firmitatis, dedimus eisdem fidem nostram et baronum nostrorum fidelium Stephani bani totius Sclavonie et capitanei Stirie, Dionysii comitis
de Zonuk, Muysi magistri dapiferorum nostrorum et comitis de Vrbas,
Laurentii magistri agazonum nostrorum et comitis Jaurensis, Nicolai
comitis Castri Ferrei, Alexii comitis de Zala, Andree comitis Vorosdiensis. Concedimus etiam eisdem, quod iidem ad Spaletum, vel Tragurium, aut ad alias terras nostras cum mercibus et aliis rebus suis
libere veniant et secure, nec ab eis tributum aliquod exigatur. Hec etiam
adiicimus: quod terras hereditarias, si quas habent, Syrmonicha usque
Gozd versus Zolmuch easdem confirmavimus. Et super his omnibus dedimus eis privilegium nostrum nostra bulla aurea roborando. Datum
per manus magistri Smaragdi, electi Colocensis, aule nostre vicecancellarii, dilecti fidelis nostri, anno domini millesimo ducentesimo quinquagesimo octavo, regni autem nostri vicesimo tertio.

*Original na širokoj pergameni u arkivu narod. muzeja u Budim-
pešti. — Na listini visi o svilenoj uzici narančaste boje okrugla zlatna
bula. Bula je prilično dobro sačuvana, na gornjem kraju na obodu je
krnja. Na aversi: Kralj na prijestolju sjedeći, u desnoj ruci mu žezlo, u
lijevoj jabuka. Okolo legenda: »† Bela dei gratia Vngar[ie], Dalmac[ie],
Crohac[ie], Ram[e], S[er]vie, Gali[cie], Lodom[erie], Cuman[ie] rex.«
— Reversa: Štit (grb) s dvostrukim križem. — Legenda: »† [Sigillum]
quarti Bele secundi Andree regis filii.«*

Fejér Cod. dipl. IV., 2, 450—452. — Kukuljević Reg. no. 762.

---

[1] Jamačno imalo biti: alicui.

622.

1258, 18. novembra. U Spljetu.

Općina spljetska prodaje Savku Travaie trinaest-mjesečni dobitak mlinova u Solinu za 600 funti.

In nomine eterni et summi dei amen. Anno incarnacionis eiusdem millesimo ducentesimo quinquagesimo octauo, indicione secunda, tercio decimo die exeunte nouembri, temporibus domini Rogerii venerabilis Spalatensis archiepiscopi, nobilis viri Guidonis comitis Vegle, Modrusse et Vinodoli potestatis, Sreçe Caçete, Gregorii Grubi, Dobri Dusçiçe iudicum. Laurencius domini potestatis vicarius, iudices et consiliarii pro utilitate et necessitate totius comunitatis uendiderunt Sabbi Trauaie introhitus molendinorum comunitatis hinc usque ad tredecim menses proximo uenturos, finito precio et precisa uenditione sexcentarum librarum denariorum paruorum, quas libras ipse soluere debet comunitati infra hiis mensibus, silicet, in quolibet mense quinquaginta libras denariorum paruorum usque ad plenam solutionem predictarum librarum cum bonorum suorum obligatione et sub pena dupli. Molendina uero sunt in Salona, in quibus molunt octo mole et debet percipere dictus Sabbe a macinantibus in eis duodecimum et non plus; expensas autem et alia necessaria que circa predicta molendina oportuerit facere, de suo proprio facere tenebitur et ipsa molendina in capite anni reuersi cum omnibus artificiis et necessariis sana dicte comunitati dabit et reddet, excepto si mola frangeretur, quam non mutare, set aptare uel reparare tenebitur; si ferrum uero frangeretur, comunitas ei ex gracia alium accomodare promisit; et si guerra medio tempore superuenisset c[iui]tati, propter quam homines ad molendinum ire non possent, quantum durabit ille timor, tantum predicta comunitas tempore pacis tenebitur redintegrare et restituere predicto Sabbi; et si latrones uel aliqui mali homines molendina uel molas frangerent, similiter comunitas tenebitur de suo proprio reparare. Actum in ospicio domini potestatis in presencia curie et Johannis Cigaide, Duimi Cassarii, Miche Madii et plurium alliorum.

Et ego Lucas Spalatensis canonicus iuratus (notarius) comunitatis hiis interfui et de uoluntate utriusque partis rogatus hoc breue scripsi.

Original u arkivu kaptola u Spljetu a. 1258. (XVI. 1. 184.). — Nema not. znaka.

Wenzel. Cod. dipl. Arpad. VII. p. 500—501. (po kopiji u taj. arkivu u Beču). — Kukuljević Reg. no. 761.

623.

1258. U Zagrebu.

Stjepan ban dosudjuje zemlje kraj Kupe redu templarskomu.

[N]os Stephanus banus tocius Sclavonie et capitaneus Stirie significamus tenore presencium universis, quod quum inter fratrem Yordanem
domorum milicie Templi per Vngariam et Sclauoniam magistrum ex
una parte et Wolk, Koyan filios Zibislai, Gregorium, Abrank, Mortum
filios Welezlai et Wolk filium Budur, Saulum, Velimer et Volcotam
filios Chuduzlai ex altera, super terra que iacet ultra Cuppam et eciam
extra ipsam aquam Cupe a parte Zagrabie, sub illis metis et divisis, que
in litteris capituli Zagrabiensis, sigillo ipsius capituli et sigillo Guidonis
abbatis quondam de Topliza, nec non et sigillo Nemeri comitis quondam
Zagrabiensis sigillatis, secundum quod partes concordi voce retulerunt,
plenius continentur et eciam super terra que vocatur Noak questio
fuisset diucius ventillata; tandem Wolk et ceteri omnes prenotati, recognoscentes se contra magistrum et domum Templi iniustam movisse
suspicacionem, dictas terras sub metis et divisis pretactis domui Templi
reliquerunt iure perpetuo pacifice possidendas ita, quod nec ipsi nec eorum
heredes heredumque successores (haberent ius) repetendi terras predictas
vel aliquam partem; de eisdem haberent de cetero facultatem, omnibus
eciam aliis questionibus seu litibus hactenus motis aut suscitatis contra
d[omum] Templi per eosdem quacunque de causa finem perpetuum et
silencium eternum posuerunt. Ut igitur rei huius series robur obtineat
perpetue firmitatis et nullo unquam tempore possit vel debeat per quempiam in irritum revocari, ad instanciam Wolk, Gregorij et omnium pretactorum domui Templi predicti contulimus litteras privilegiales sigilli
nostri munimine roboratas. Datum Zagrabie anno ab incarnacione domini millesimo ducentesimo quinquagesimo octauo.

*Original u kr. ugar. drž. arkivu u Budimu M. O. D. L. no. 481.
(Stara sign. Ord. Templ. fasc. 46. no. 52¹/₂). Vidi se trag, gdje je visio
pečat. Listina po srijedi dosta oštećena. — Na hrptu bilješka XIV. stoljeća:
»Littera Stephani bani super Cuppam partes Zagrabyam (!), qualiter litis
materia fuit ventilata et pertinet uilla supradicta ad Cruciferum«.
Katona Hist. crit. VI. p. 267. — Mss. Hevenesi t. A. no. I. p. 365
s nekim varijacijama. — Fejér Cod. dipl. Hung. IV. vol. 2. p. 476—477.
i VII. 5, 323—324 (s mnogo pogrješaka). — Wenzel Cod. dipl. Arpad.
cont. XI. 452. — Kukuljević Reg. no. 764.*

624.

1258.

Podložnici zagorskoga grada sv. Gjurgja (Belca), vraćaju pred Stje-
panom banom Vratislavu i Noreti dva rala zemlje, koje su im bili
oteli iza provale tatarske.

Nos Stephanus banus tocius Sclauonie et capitaneus Stirie significamus omnibus presens scriptum inspecturis, quod cum dominus noster
Bela illustris rex Vngarie terras castri a tempore Colomani regis felicis
memorie alienatas iudicare per totam Sclauoniam nobis precepisset, tandem pervenimus ad Zagoriam et ibi incepimus terras castri iudicare. Andreas igitur comes Vorosdiensis et secum omnes iobagiones castri de
Zagoria, scilicet: Salamon Volpoth, Stephanus Volpoth, Johannes filius
Johannis, Petrus filius Voychen, Ladizlo filius Vrazlo, Mortun filius
Jordan, Beneduc Volpoth, Benk filius Benedicti, Petrus filius Turdina,
Laurencius filius Nezbor, Ivan filius Iruzlo, Ende filius Michaelis et
omnes iobagiones castri de Zagoria accepto a nobis homine terram ad
duo aratra sufficientem ex terra sancti Georgii a Vratizlao et a Noreta
filiis Jaco reambulaverunt nomine castri, ipsos filios Jaco ad nostram
citando presenciam. Et cum utraque pars coram nobis fuisset constituta,
prefatus Andreas comes et omnes iobagiones castri proposuerunt, quod
illa particula terre fuisset castri et eam prefati filii Jaco violenter occupassent. E converso autem Vratizlo et Noreta responderunt, quod illa
particula terre esset eorum hereditaria, sicut alie terre sue ab avunculis
et atavis, ac ab antecessoribus suis eis devoluta. Auditis igitur partium
assercionibus, una cum nobilibus regni iudicavimus ipsum Andream comitem cum quatuor iobagionibus castri ad iurandum, scilicet cum Sa-
lamone Volpoth, cum Benedicto Volpoth, cum Benk filio Benedicti et
cum Martino filio Jordan, super eo: quod illa particula terre sit castri,
terminum ad hoc assignantes. Adveniente ergo termino iuramenti, idem
Andreas comes et illi quatuor iobagiones castri ad iurandum electi non
ausi fuerunt iurare, sed ipse Andreas comes ac illi quatuor iobagiones
castri et universi iobagiones castri prememorati qui in loco sacramenti
fuerant, illam particulam terre per eos reambulatam reliquerunt et permiserunt in nostra presencia Vratizlo et Noreta filiis Jaco nomine terre
hereditarie eorum in perpetuo possidendam. Quia (vero) dominus noster
illustris rex nobis firmiter dederat in mandatis, ut super terris castri
finem et perfectionem faceremus, ne ulterius nobiles terre, racione terre
castri in litem et actionem traherentur, nec castrum ulterius molestaretur

per nobiles terre, ideo super ipsa particula terre a filiis Jaco reambulata et super aliis terris filiorum Jaco hereditariis perpetuum silencium litis et actionis ipsis iobagionibus castri imponentes, misimus hominem nostrum idoneum cum homine capituli et misimus eciam omnes iobagiones castri super illam particulam terre reambulate et super omnes terras hereditarias ipsorum filiorum Jaco, scilicet tam super terra sancti Georgii quam super terra Scelniza, ut circuirent eas coram commetaneis et vicinis et metas earum nobis in scriptis reportarent, ut nos cum privilegii nostri patrocinio confirmaremus, quod . . . inter iobagiones castri et castrenses, ac ipsos filios Jaco super facto terrarum lis cessaret. Postmodum autem idem Andreas comes et omnes iobagiones castri ac commetanei ipsarum terrarum ad nos redeuntes dixerunt: quod circuissent terram sancti Georgii et terram Szelniza per totum et super metis earum nullus contradixisset et eciam nos cum fecissemus in presencia omnium iobagionum castri et in presencia commetaneorum legi ipsas metas, nullus eciam coram nobis contradixit, immo omnes assensum prebuerunt. Et priusquam non fuit contradictum, nos metas terre sancti Georgii et metas terre Szelniza in presens privilegium seriatim ponentes, ipsas terras in pace ipsis filiis Jaco tamquam hereditarias reliquimus. Prima igitur meta terre sancti Georgii incipit de Cremenagoriza, ab oriente autem commetaneus est comes Michael et a septemtrione sunt Cruciferi de sancto Joanne commetanei . . . postmodum vadit et descendit ad meridiem super Zotischa in magno spacio, ab oriente commetaneus suus est comes Michael et in fine Zotizka est arbor piri et ibi est meta terrea et ibi iungitur ad terram iobagionis castri nomine Wlchina, inde autem erigitur ad occidentem super montem, ubi est arbor quercus et ibi est meta terrea, inde autem de quercu per metas vadit ad occidentem et cadit in Birch et in Birch est via una iuxta quam est arbor piri, sub qua est meta et illa via vadit ad meridiem et aliquantulum eundo declinat ad sinistram et cadit in vallem in qua sunt mete terree et illa vallis vergit ad meridiem et ibi ab oriente commetaneus suus est Wlchina et inde pervenit supra vineas filiorum Jaco et ibi in monte supra vineas est meta terrea. Deinde versus meridiem pergendo pervenit ad iobagionem castri nomine Mortun filium Curda et ille Martinus est commetaneus ab oriente, deinde tenendo ipsum Martinum commetaneum paululum, vadit de meta ad metas super Birch, sicut idem Birch dividit, deinde pervenit ad arborem berekuna sub qua est meta terrea, deinde sub vinea ad occidentem pervenit ad rivulum Blatna, ubi est arbor gertean, sub qua est meta terrea, ubi sumit sibi commetaneum Nicolaum filium Gregorii pugilis, deinde autem per metas ascendit ad occidentem in monticulum, ubi est arbor nirfa, sub qua est meta terrea, deinde autem descendit per

metas ad siccam Botinam, iuxta quam est arbor kercus(!), sub qua est meta
terrea, deinde autem egreditur ad occidentem et elevatur ad Birch, ubi
est via iuxta quam est meta terrea, deinde per metas cadit in Cochinam,
ubi Cochina cadit ad magnam Botinam et de Cochina egreditur versus
aquilonem (et) pervenit ad caput Cochina, ubi est arbor gertean, sub qua
est meta terrea, ab occidente autem commetaneus est Benedictus filius
Buculo iobagio castri, deinde iuxta vineam vadit per metas versus aquilonem et pervenit ad locum, qui vocatur Pogana Gostun et pervenit ad
arborem tul in Birch, sub qua est meta terrea, ab occidente autem commetanei sunt filii Martini et in eodem Birch per metas versus aquilonem
vadit ad arborem nirfa, sub qua est meta terrea, deinde de meta ad
metas eundo, pervenit ad lapideum . . . est iuxta Botinam et nomen
monticuli est Pechta, deinde per Botinam superius ad aquilonem pervenit
ad fagum et de fago vadit ad occidentem et pervenit sub montem Bilch
et mons Bilch remanet ad partem filiorum Jacou et alter mons nomine
Scynch remanet versus partes comitis Farcasii, deinde autem per illos
montes Bilch et Scynch elevatur et cadit in silvam, ubi est arbor ilex,
super qua est crux et in illa silva vadit per metas cruceas et cadit in
lapidem, qui vocatur Pecha, ubi ad occidentem commetaneus est comes
Farcasius, de Pecha autem vadit ad m(eridiem) . . . . qui vocatur
Oztruz, super quem ascendendo egreditur in alto Birch versus aquilonem
deinde cadit in Honos in campum Vila et de . . . . cadit in locum,
qui vocatur Calch et ibi ad Calch adiungitur meta comitis Farcasii ab
occidente et ab oriente est terra filiorum Jaco et ab a(quilone terra)
Cruciferorum sancti Joannis, deinde autem vadit super magnum Honos,
qui est supra Cruciferos versus orientem per Birch et sic eundo per
Birch a meridie est terra filiorum Jaco et ab aquilone terra Cruciferorum,
et ita eundo per Birch cadit et descendit iterum in Cremena goricha,
ubi fuit inchoata et ibi terminatur terra sancti Georgii. Item prima meta
terre Scelniza incipit a Crapina in siccum Botinam, ultra Crapinam autem
commetaneus eius est comes Atha ex parte meridionali, deinde per siccum Botinam vadit versus aquilonem, ubi commetaneus est Pecurna,
filius Cupan ab occidente et siccum Botina cadit in magnam Botinam
et per Botinam vadit per metas ad aquilonem, de Botina autem vadit et
exit versus occidentem ad arborem populeam, deinde per metas cadit
in unum rivulum, ubi commetaneus est Georgius filius Chonk, deinde
transiens rivulum versus occidentem et cadit in alium rivulum per metas
et ibi sunt mete terree, deinde per eundem rivulum versus aquilonem
per metas aliquantulum et ibi est arbor ilex, sub qua est meta terrea et
ibi sunt Stephanus Volpoth et eius generatio commetanei, de ilice autem
per metas vadit per Birch et cadit in viam et vadit aliquantulum versus

aquilonem et ibi secus viam illam est arbor quercus, sub qua est meta terrea, de quercu autem vadit per metas versus orientem et pervenit ad arborem tileam, sub qua est meta terrea, deinde per metas transit lucum versus orientem et ibi est arbor pomi et de pomo vadit ad arborem quercus que stat iuxta Botinam, sub qua est meta terrea, deinde egreditur per Botinam inferius versus meridiem et ubi rivulus Climin cadit in Botinam, ibi per Climin egreditur superius versus aquilonem per metas, ubi commetaneus est Bratila, deinde per Climin eundo cadit ad vimina, que vocantur Zelencha, deinde egreditur ad orientem in Birch et ibi est meta terrea, deinde descendit ad orientem per metas in Scelnucam, ubi ex adverso veniens rivulus nomine Milniza et ... a Milniza vadit versus orientem, deinde per metas vadit versus orientem, ubi commetaneus est Stephanus Volpoth, de(inde) exit ad montem ad viam exercitus et vadit versus orientem de meta ad metas, de via autem illa exit ad dextram manum et ibi est arbor piri, sub qua est meta ... deinde descendit in vallem et de valle elevatur ad Birch versus orientem et ibi est meta terrea et super eundem Birch de meta ad metam vadit versus meridiem et ibi ex parte orientali commetaneus est Dursan filius Rack et ibi ambulando in Birch pervenit ad locum, ubi oritur unus rivulus nomine Jaronz, per quem rivulum vadit inferius per metas versus orientem et cadit in ipsum fluvium, in fluvium Crapina iuxta comitatum Hrosna, deinde per Crapina vadit inferius versus meridiem, ubi ultra Crapina vadit inferius versus meridiem, ubi ultra Crapina ab oriente commetaneus est comitatus de Hrosna, deinde per Crapinam inferius eundo iungitur ad comitatum de Morocha et per ... ad locum ubi sicca Botina cadit in Crapinam, ubi prima meta erat inchoata et ibi terminatur. Ut autem huius rei series salva semper consistat, nec amplius iidem filii Jaco per quempiam pro ipsis terris molestentur, literas nostras concessimus sigilii nostri munimine roboratas. Anno domini millesimo ducentesimo quinquagesimo octavo. Pristaldus est Elex.

Prijepis iz kasnije dobe u arkivu nadbiskupskom: »Juridica«.
Tkalčić Monum. episcop. Zagrab. I. 117 _ 120. — Wenzel Cod. dipl. Arpad. cont. XI. p. 447—451. — Kukuljević Reg. no. 766.

625.

1258.

Stjepan ban na molbu Andrije župana varaždinskog te graščana gradova Varaždina i Zagorja odredjuje medje ovim gradovima i posjedima sinova Selka.

Nos Stephanus banus tocius Sclauonie et capitaneus Styrie significamus omnibus presens scriptum inspecturis, quod, cum dominus noster Bela illustris rex Hungarie nobis dedisset in mandatis, ut terram castri per totam Sclavoniam et specialiter in comitatu Vorosdiensi(!) a tempore Colomani regis felicis recordacionis alienatus iudicaremus. Tandem Andreas comes Varasdiensis et omnes iobagiones castri, scilicet Ma[r]tinus Volpoth filius Nezdusa, Paul filius Pose, Joachim filius Mancha, Fulcumar Damask filius Thome, Rynchiz filius Rynk, Vlchik filius Isan, Volcuzlo filius Orobina, Demetrius filius eius, Atuzlo filius Ata, Ma[r]tinus filius Zulch et ceteri iobagiones castri Vorosdiensis et Benedictus, Volpoth, Salomon, Stephanus filius Rodus Benk, Isou frater eius, Juan filius Miruzlai et ceteri iobagiones castri de Zagoria quasdam terras filiorum Selk, scilicet Branich, Selk et Elia filii Ivance, nomine castri tam in Vorosdino quam in Zagoria reambulauerunt, super quibus terris nos iudicauimus eidem Andree comiti Vorosdiensi et secum quibusdam iobagionibus castri sacramentum super eo, quod sub ipso iuramento, si quas terras scirent castri esse, has ad castrum reciperent, si quas uero terras scirent ipsorum filiorum Selk esse hereditarias et empticias, has eis relinquerent sine qualibet contradiccione in perpetuum possidendas. Postmodum autem in loco sacramenti ipse Andreas comes Vorosdiensis et omnes iobagiones castri prenominati quasdam terras ab eis receperunt ad castrum, quas sciuerunt castri esse et alias terras eorumdem filiorum Selk, quarum nomina subscribuntur, que erant hereditarie, has nomine hereditarie, que erant empticie, has nomine empticie et que erant donaticie, has nomine donaticie reliquerunt eisdem filiis Selk prenominatis in perpetuum possidendas sine qualibet contradiccione, et quod deinceps eedem terre, que eisdem filiis Selk in pace remanserunt, ne in questionem cuiuslibet possint redire ullo modo. Ideo misimus nostros nobis fideles, scilicet Alexium et Scemam unacum homine Andree comitis Vorosdiensis et unacum iobagionibus castri prefati ad terras filiorum Selk, que eis, ut dicimus, in pace remanserunt; qui metas omnium terrarum suarum nobis in scriptis portauerunt, nemine contradicente, immo commetaneis suis consencientibus et fauentibus in hoc modo. Prima igitur meta terrarum ipsorum filiorum Selk existencium in Zagaria(!) incipit ab aquilone de fluuio Hugurie iuxta quem fluuium est meta terrea et super eandem metam est arbor que uocatur gertean nomine et inde tendit ad uiam magnam et per eandem uiam ascendit superius ad unum montem et ibi sunt due mete terree posite, ab oriente pertinent terre Gregorii filii Abramus, ab occidente vero parte filiis Selk, item de monte descendit inferius ad partem meridionalem et perueniet ad metam terream, super quam est arbor que tulfa dicitur, ubi est rixa cum Gregorio comite filio Abramus; item inde descendendo inferius supra unam uineam fecerunt metam terream, supra quam est dumus qui

8

vocatur ylex, inde vero tendit, itadem(!) inferius ad partem meridionalem, que cadit ad uiam, iuxta quam est meta terrea, ab oriente uero parte pertinet Farcasio comiti, ab occidente uero filiis Selk, item inde tendit itadem inferius ad meridionalem partem per eundem berzu(!) et ibi sunt due mete terree, ex orientali parte pertinet Farcasio comiti, ex occidentali uero parte filiis Selk, item inde perueniet ad uiam magnam et per eandem uiam uadit ad occidentalem partem, terra ad meridionalem partem pertinet ecclesie sancti Michaelis, ad aquilonem uero filiis Selk; item inde uenit super ecclesiam sancti Michaelis iuxta unam semitam et ibi est facta meta terrea; inde uero ueniet inferius iuxta cimiterium sancti Michaelis ad unum potoc que uocatur Kenecna et ibi est arbor que vocatur gerthanfa et per eundem potoc uadit inferius et inde exit et uadit ad partem occidentalem et iuxta uiam est meta terrea; item inde ascendit ad unum monticulum et cadit ad unam uiam et ibi est meta terrea et inde uadit per eandem uiam ad partem occidentalem et iuxta uiam est meta terrea; inde uadit per eandem uiam et declinat per unam semitam, de meridionali parte terra pertinet ad Petrus, de aquilonali uero parte pertinet filiis Selk, item inde per eandem semitam uadit per monticulum et perueniet ad duas metas terreas et ibi est commetaneus Tomas filius Tone, terra quidem filiis Selk pertinet ad partem orientalem, Tome uero terra pertinet ad partem occidentalem; item inde uadit per unum berzu et peruenit ad metam terream, supra quam est arbor quercus; inde uero uadit et perueniet ad uiam unam, iuxta quam sunt mete terree et ibi est arbor piri, ab occidente uero parte pertinet populis castri de Seunika, ab orientali uero parte filiis Selko; inde uero ascendit ad unum monticulum ad aquilonem et perueniet ad metam terream, supra quam est dumus ilex; item inde uadit et pertransiet uiam Seunika per eundem berzu et perueniet ad metam terream, inde uero ascendet superius ad unam arborem que kilin uocatur, inde uero etiam ascendet superius ad montem et ibi est meta terrea et ibi finietur meta populorum castri de Seuencha(!) et est ibi Petrus commetaneus et inde uadit ad orientalem partem per monticulum et perueniet ad metam terream, supra quam est arbor ilex, et inde uadit et transit unam ualliculam et perueniet ad unam arborem fagnum(!); item inde perueniet ad magnam uiam, iuxta quam est meta terrea et supra arbor ilex, item inde uadit per metam terream superius ad aquilonem ad montem, qui vocatur locus ciuitatis et ibi finientur terrarum mete Petrus et est ibi commetaneus nomine Vlcislo. Et inde descendit inferius, ex parte uero orientali est terra filiorum Selk, ex occidentali enim parte terra Wlcislo et inde perueniet ad arborem piri et ibi est meta terrea; item inde uadit et perueniet ad arborem serfa et

ibi est meta terrea; item inde descendet et perueniet ad arborem gar-
tanfa et ibi est meta terrea. Item inde descendet inferius ad partem
orientalem ad magnam uiam huguria(!), ad partem meridionalem tendit et
cadit iterum ad priorem metam et ibi terminantur mete terrarum filiorum
Selk. Item incipiunt mete terrarum eorundem existencium in comitatu
Vorosdiensi tali modo: prima igitur meta incipit ab arbore que uulgo
gertian dicitur cruce signata et ibi est meta terrea; ibi uero iam ab occidente sunt mete terre filii Isaac, ab oriente uero terra eorum et tendit
recte contra septentrionem et peruenit ad arborem que uulgo egur dicitur
et ibi (est) meta terrea, de inde ueniet ad metam terream iuxta uiam
positam in arborem quercus et ibi meta terrea posita inter arborem
dictam et arborem pomi et inde uadit ad arborem salicis cruce signatam
cum terrea meta, de inde uadit per uiam uersus occidentem et iuxta
est arbor que uulgo nir dicitur, habens sub se terream metam, de inde
exit de uia et tendit uersus septentrionem per metas terreas et peruenit
ad uiam et tendit contra occidentem et exiens de uia uadit ad salicem
cruce signatam cum meta terrea, de inde ueniet ad metam terream et
uertitur iterum contra septentrionem et uadit per campum per metas
et inde inter magnam uiam que tendit ad Vorasd(!) per eandem uiam
graditur contra occidentem et ibi deficit terra filii Isaac et est per modicum spacium commetaneus Wlchuc prefatus; de inde exit de uia et
uadit contra septentrionem per terreas metas per campum situm iuxta
Vorosd usque ad fundatam uiam et iterum ibi est commetaneus prefatus filius Isaac et ibi conterminatur terre eorum terra filiorum Lodomerii et per dictam uiam uadit contra orientem, de inde exit de uia et
uadit contra meridiem per metas terreas et conterminatur terre castrensi
et intrat in uallem et uadit per eandem contra orientem, de inde intrat
in quoddam lucum, quod uulgo malacha dicitur et per eam uadit et
exiens uadit ad metam terream contra meridiem positam et intrat quandam uiam et uadit per eam contra meridiem per paruum spacium; inde
exit de uia et intrat in lucum nomino uulgari malacha et uadit contra
orientem per metas terreas et uenit ad arborem quercus cruce signatam
habentem metam terream, de inde uertitur contra septentrionem iuxta
nemus in arborem que uulgo dicitur tulharast cruce signatam habentem
terream metam, de inde cadit in malacham et uadit per metas terreas
et transiens cadit in fossatum ueterem a quo exiens transit uiam, ibi
sunt posite due mete terree, de inde uadit et intrat in ualles et per
dumos qui uulgo raquetie uocatur uadit usque ad fundatam uiam
superius memoratam et ibi sunt due mete terree, inde transiens cadit in
aliam uiam minorem et per eam uadit contra occidentem et ibi separatur a terra castrensi et conterminatur terre filiorum Lodomerii et tenet

*

metas cum ea et ibi sunt due mete terree, de inde uadit contra septentrionem per metas terreas et cadit in uallem, per eam uadit contra
orientem, exiens uero de ualle uadit per metas terreas et transiens secundam vallem peruenit ad duas metas terreas et ibi desinit terra filiorum Lodomerii et attingit terra Atoslau(!) et uadit per metas terreas
contra meridiem usque ad uiam magnam et transiens eandem per metas
terreas uadit ad fundatam uiam, hanc transiens per metas terreas iterum
transit uiam unam et uallem unam, de inde per metas terreas transit
per densam siluam mixtam spinis et peruenit ad flumen quod Zbelcu
uocatur et ibi continentur due mete terree et per eandem aquam descendit contra orientem et deficiente terra Otosclau(!) est commetaneus
Martinus filius Sulich cum fratre, etiam in eadem aqua iterum commetaneus est Atosclau cum fratre, de inde ag(r)ediuntur mete terre Pauli
filii Pousa et tenentur per dictam aquam per longum spacium. Relicta
igitur terra Pauli filii Pousa adiunguntur mete terre Prouc(h) cum generacione sua et prima meta terre eorum continet metam terream in loco
cuiusdam ueteris molendini et exiens de aqua predicta uadit contra
septentrionem per arbores qui uulgo uocantur tulfa cruce signatas per
totam siluam et exiens de silua uadit per terreas metas usque ad uiam
que tendit ad Vorosd habentem metam terream et ibi consistit terra
predicti Prouch ad occidentem, terra uero filiorum Selk iacet ad orientem
et inde uadit uersus septemtrionem per metas terreas, de inde uertitur
a meta terrea contra occidentem et uadit ad longitudinem unius diete
et ibi est arbor salicis habens metam terream et ibi deficit terra Prouch
et est commetaneus Paulus filius Pousa, cuius terre mete uadunt per
uallem et ueniet ad terream metam et ibi incipit esse commetaneus
Atosclau usque ad locum cuiusdam aque unde prius Drava deffluebat et
per eandem aquam tendit uersus septemtrionem habens metas in littore
et arborem magnam, que uulgo iagnafa uocatur cruce signatam et uadens
per predictam aquam per longum spacium et exiens de aqua cadit in
vallem aru(n)dinetam et per eamdem uallem uadit recte contra orientem,
usque dum ueniens cadit in Drauam magnam, de qua exiens intrat in
vallem lutosam, que uulgo Sotruga uocatar et ibi est commetaneus
Wlcosclau cum Demetrio filio suo et in littore eiusdem continetur meta
terrea et ab hac meta uadit contra meridiem per longam terram per
metas terreas, usque dum ueniens p(re)t(er)it ab occidentali parte ecclesiam sancti Bartholomei et transiens magnam uiam tendit ad siluam
et ueniens ad siluam in prima arbore est crux posita et meta terrea,
per eandem siluam per arbores cruce signatas et metas terreas sitas, sub
eisdem uadit contra meridiem, usque dum peruenit ad aquam que uocatur
Zbelcu et in ripa est meta terrea et transit dictam aquam et uadit ad

arborem qui uulgo uocatur egurſa et uadens per siluam uenit ad arborem ilicis et transit quoddam Iutum, quod Churnuch uocatur et uadit ad arborem que uocatur gertanſa, de inde uenit ad arborem salicis et de inde uadit ad arborem quercus, de inde ad arborem qui uulgo dicitur iagnaſa que stat in ripa aque, que uocatur Plutuicha et ibi deficit terra Wlcuslay et per eandem aquam scandit et ex alia parte est commetaneus Gregorius de Leuinusa cum Martino fratre suo et per eandem aquam ascendit contra occidentem et erit ex alia parte commetanea terra eorum hereditaria a parte meridiana et ascendit per dictam aquam per longum spacium et exiens de dicta aqua intrat in lutum quoddam, quod uulgo Churnuch dicitur et est commetaneus Wlchcuc filius Isam et uadit per eundem lutum et exiens de luto priori mete conterminatur. Ut autem huius rei series salua semper consistat et quod iidem filii Selk easdem terras suas sine alicuius inpeticione possint possidere, litteras nostras concessimus sigilli nostri munimine roboratas, anno domini MCCLVIII°.

Original u arkivu jugoslavenske akademije u Zagrebu. Diplomata a. 1258. — Pečat je otpao; visi još crvenkasta i žuta svilena vrvca.

Kukuljevic Reg. no. 767.

626.

1258.

Stjepan ban potvrdjuje Selkovim sinovima njihov posjed na osnovu isprave kaptola zagrebačkoga od god. 1236.

Nos Stephanus banus tocius Sclauonie et capitaneus Stirie significamus omnibus presens scriptum inspecturis, quod cum dominus noster Bela illustris rex Vngarie nobis in tota Sclauonia et specialiter in comitatu Worosdiensi terras castri a tempore Colomani regis felicis memorie alienatas iudicare precepisset, tandem Andreas comes Worosdiensis et iobagiones castri eiusdem uniuersi, scilicet Damask, Martinus, Volpot filius Nesdasa, Wlcozlau et Demetrius filius eius, Folcumar, Paul filius Pouse, Renchet. Martyn filius Zulych, Iwahen filius Acha et ceteri iobagiones castri ex terra filiorum Selk nomine Ebrys aput sanctum Elyam, ubi est commetaneus eius Martinus filius Zulych, quandam particulam ad alterum dimidium aratrum existentem nomine castri reambulantes proposuerunt coram nobis contra filios Selk, quod ipsa particula terre castri esset. Ad quod filii Selk respondentes, ipsi particulam et alias terras adiacentes empticias esse suas a Zopina et Endre asseruerunt et quondam aliam terram, contiguam sibi, eciam empticiam cotum dicebant, super hoc priuilegium capituli Zagrabiensis nobis presentarunt. Vnde auditis parcium propositis et tenoribus priuilegii capituli intellectis, ipsam particulam terre ad alterum dimidium aratrum sufficientem castro Worosdiensi duximus reliquendam. Sed postmodum idem Andreas comes et iobagiones castri ipsam particulam terre ad alterum dimidium aratrum sufficientem in Ebris et eorum beneplacito et consensu eisdem filiis Selk reliquerunt in perpetuum possidendam. In cuius concambium in terra Zbelou prope ad Worosdinum a filiis Selk tantam terram receperunt, sicut in litteris Andree Comitis Worosdiensis et ex assercionibus iobagionum castri cognouimus manifeste; tum pro eo, quod terram in Zbelou prope Worosdinum utiliorem esse castro noscebatur, cum eciam pro eo, quod priuilegium capituli, in quo eciam alie terre filiorum Selk continebantur, irritare non liceret, sicut dicebatur. Nos autem ipsam particulam terre ad alterum dimidium aratrum sufficientem in Ebris cum aliis terris in priuilegio illo continentibus eisdem filiis Selk auctoritate presencium reliquimus in perpetuum possidendam et terram ad alterum dimidium aratrum sufficientem in Zbelou castro reliquimus similiter in perpetuum. Et quia ipsum priuilegium capituli Zagrabiensis super facto illarum terrarum, quod filii Selk presentauerant, in manibus nostris nolentibus nobis contigit lacerari, tenorem ipsius priuilegii de uerbo ad uerbum transscribi in presentem paginam nostram fecimus, ne filiis Selk aliquod preiudicium per hoc fieri contingeret, presens priuilegium nostrum continens totum tenorem priuilegii capituli Zagrabiensis eisdem filiis Selk reddidimus sigilli nostri munimine roboratum, ut deinceps eedem terre que in presenti priuilegio continentur, per quempiam non possint in irritum reuocari et eciam priuilegium ipsius capituli, licet laceratum et a sigillo separatum, eisdem filiis Selk cum sigillo nostro munitum reddidimus propter maiorem caucionem. Tenor eciam priuilegii capituli hic est :

(Gl. ispravu br. od 1236. kaptola zagrebačkoga. Vol. IV. br. 17. pg. 19—21 ovoga zbornika).

Vt autem huius rei serie salua consistat, litteras nostras concessimus sigilli nostri munimine communitas, anno domini $M^o CC^o L^o$ octauo.

Original s kojega se pečat izgubio u arkivu hercega Esterházyja u Željeznom.

Wenzel VII, 491—492. — Kukuljević Reg. no. 768.

627.

1258.

Kaptol zagrebački prepisuje listinu bana Stjepana, kojom ovaj dijeli zemlju Ebrys izmedju sinova župana Selka i podložnika grada Va-raždina.

Capitulum Zagrabiensis ecclesie omnibus Christi fidelibus scriptum inspecturis salutem in domino. Ad uniuersorum noticiam harum serie uolumus peruenire, quod Stephanus banus tocius Sclauonie et capitaneus Stirie missis ad nos litteris suis peciit, ut iuxta tenorem litterarum suarum stabilium Branychyo filio Selk et fratribus suis concessarum super terris eorum nostras litteras stabiles conferremus. Super quibus priuilegium ipsius bani recepimus in hec verba:

(Slijedi prediduća listina bana Stjepana, od g. 1258., koja sadržaje u sebi listinu kaptola zagrebačkoga od g. 1236.).

Nos itaque predicti bani iustis peticionibus annuentes, presentes pro cautela maiori contulimus, munientes in eisdem sigillo nostro tam bani, quam nostrarum seriem litterarum. Quas nostras litteras dictus banus sicut scripsit, attrectans incaute casu laniauerat accidente. Datum per manus magistri Mychaelis lectoris ecclesie nostre anno ab incarnacione domini M⁰ CC⁰ L⁰ octauo.

Original u arkivu knezova Esterházy u Željeznom.
Wenzel Cod. dipl. Arpad. cont. XI. 454—455. — Kukuljević Reg.
no. 765.

628.

1258. U Zagrebu.

Aleksandar župan podgorski rješava spor radi neke zemlje izmedju Cegulova i Staniskova roda.

Nos magister Alexander comes de Podgorya vicebanus et iudex Zagrabiensis notum facimus universis, quod cum Czegul cum generatione sua terram Boblachmezew a Ztanysk filio Wrasnyk et suis conpropinguis perambulasset, diuque inter partes super ipsa bona coram nobis fuisset altercatum, Ztanysk et cognatis suis ipsam terram dicentibus hereditariam esse sitam, tandem processu cause deposcente, predicto Ztanysk cum

Menezlao, Bosnia, Preda, Marizlao de Conchan, Wolwtta, Jaco filio Draghbrath, Namdragh, Toll filio Hotenow, Wolchetto fratre Jacow, Radwzlao et Krysano filio Ztepan adiudicavimus, super assertione sua confirmanda sacramentum, qui in die ad hoc assignato cum predictis testibus suis Zagrabie coram pristaldis Fekete scilicet nostro, Lewcha, terrestri, predictum prestitit sacramentum. Unde nos, secundum quod de iustitia tenebamur, ipsam terram, prout iustificata fuit legitime coram nobis, Ztanysk et suis propinquis ab iniusta impetitione Czegul et sue generacionis absolventes, reliquimus et restituimus in subscriptis metis iure perpetuo possidendam. Cuius terre sicut iidem pristaldi, noster Fekete et Lewcha, quos ad reambulandam ipsam terram miseramus, nobis retulerunt, incipit prima meta ultra fluvium nomine Oudina estque ibi in magna via meta terrea et deinde it ad paludem que vocatur Precowa et in portu est meta terrea et deinde it ad paludem et de palude venit ad nidum accipitris et deinde transit ultra campum et de campo iuxta sylvam venit ad paludem que vocatur Bwnych et ibi sunt cruces veteres et nove in arboribus et de dicta palude Bwnych venit ad arborem, que uulgo vocatur uucz, circa quam est meta terrea et de arbore vadit superius et cadit in magnam paludem nomine Bwnna et ibi superius per Bwnam eundo venit ad arborem nomine brezth et ibi est iuxta arborem antiquam antiqua meta terrea et nova et inde venit ad pontem et de ponte it ad magnam viam exercitualem et ibi a sinistra parte est terra Dazlaw et Wlchy loco et a dextra est terra Ztanysk et eius generationis et predicta via exercituali revertitur et ducit ad priorem fluvium, scilicet ad Oudinam et per Oudina(m) eundo inferius exit ad magnam viam uulgo sceph dictam ad metam priorem, ,ibique terminantur. Nec pretermittimus quondam Menezlaum Desce, Wolislaum, Endrich, Namdragh, iobagiones castri et Bosniam terrestrem comitem, quos cum predictis pristaldis pro erigendis metis eiusdem terre miseramus, prescriptas metas erexissent convocatis commetaneis sine contradictione cuiuslibet se dixerunt. Ut autem huius rei series robur obtineat perpetue firmitatis, nec ullo unquam processu temporis possit, vel debeat per quempiam retractari, presentes litteras contulimus sigilli nostri munimine roboratas. Datum anno ab incarnacione domini millesimo ducentesimo quinquagesimo octavo.

Laszowski Spom. Turopolja I. 15—16. po prijepisu 16. vijeka.

629.

1259, 11. januara. U Spljetu.

*Samostan sv. Dujma vraća Deši iz Trogira, odnosno samostanu sv.
Stjepana u Spljetu, kamo će se Deša sklonuti, cijenu za njegovu
zemlju u Pantanu.*

In nomine eterni et summi dei amen. Anno incarnacionis eiusdem
millesimo ducentesimo quinquagesimo nono, indicione secunda, undecimo
die intrante ianuarii, temporibus domini Rogerii venerabilis Spalatensis
archiepiscopi, nobilis viri Guidonis comitis Modrusse et Vinodoli potestatis, Sreçe Caçete, Gregorii Grube, Dobri Dusciçe iudicum. Cum Desa
Georgii de Tragurio offerret se et quandam suam terram nobis abbatisse
et conuentui, nec non nostro monasterio sancti Domnii Traguriensis,
que terra est in Pa(n)tano iuxta terras predicti monasterii nostri et
propter quoddam scandalum in ipso monasterio ortum ibi manere non
posset et ad euitandum illud scandalum ab ipso exiuisset et se obtulisset
abbati et monasterio sancti Stephani Spalatensis; nos quidem abbatissa
una cum nostro conuentu monasterii memorati uolentes facere prefato
Dese nostro fratri graciam speci[alem], quia in nostro monasterio manere
non poterat, propter ipsam terram, quam ipse nostro monasterio contulit,
dedimus et ex gracia contulimus monasterio sancti Stephani antedicti,
ubi ipse se obtulit, viginti libras denariorum paruorum, ut predicta terra
nostro monasterio in perpetuum debeat permanere et predictum monasterium sancti Stephani, quia illic prefatus Desa suam vitam finire et
consumare disposuit, ipsas libras a nobis et a nostro monasterio propter
predictam terram ex gracia habeat ad faciendum ex ipsis suam uoluntatem. Actum in palacio domini archiepiscopi Spalatensis in ipsius presencia et in presencia abbatis et decani sancti Stephani et ipsius Dese
Marini, Gaudie Bonag(u)nte, Damiani presbiteri et Marino canonicorum
Traguriensium et aliorum quam plurium.

Et ego Dobre Bulpicele examinator manum misi.

Et ego Lucas Spalatensis canonicus iuratus (notarius) comunitatis
hiis interfui et audiens a predicta abbatissa et eius conuentu rogatus
hoc breue scripsi.

*Original u arkivu samostana sv. Marije u Zadru. — Na listini visi
vrvca od pergam., pečat je otpao.*

630.

1259, 22. januara i 3. augusta. U Rabu.

*Naredjuju se neke odredbe kod biranja kneza, zatim u parnicama,
gdje sudjeluju Mlečani.*

Die X⁰ exeunte ianuario. Cum nobilis vir Marcus Badoarius comes
Arbensis foret electus de XL. et diceretur, quod esse non poterat occasione comitatus, capta fuit pars in maiori consilio, quod ipse esse non
possit uel debeat esse de officio quarantie et quod comites Dalmatie
de cetero esse non possint, nisi de maiori consilio et consilio rogatorum.

    C. M⁰CCL.VIIII., indicione secunda, die tercio intrante augusto
capta fuit pars in maiori consilio et ordinatum, quod quandocumque
aliqua questio fuerit inter Venetum et Venetam, seu inter aliquam personam et comune Venecie et pars illa fuerit conducta in maiori consilio
et fuerit talis muneri ei, quod debeat pars illa ire circum cum bussolis,
quod exire debeant de consilio illi, ad quos spectabit negocium et omnes
de prole eorum, videlicet germani, consanguinei carnales, nepotes fratris
uel sororis, soceri, generi, cognati et auunculi, videlicet fratres patris uel
matris secundum formam consilii olim capti super hiis, quibus tesere
adueniunt, quando fiunt electores.

Original u gubern. arkivu u Zadru (odio familije Ponti no. 371.).

631.

1259, 9. februara. U Dubrovniku.

*Egidije Kvirino knez dubrovački i gradjani obvezuju se gradjaninu
dračkomu Aleksiju de Pascali platiti 110 perpera.*

    † Anno incarnacionis domini millesimo ducentesimo quinquagesimo
nono, mensis februarii, nono die intrante, Ragusii, ordinata curia cum
sonitu campane. Nos quidem Egidius Quirinus comes Ragusine ciuitatis
cum consiliar(iis) et nos perplures eiusdem ciuitatis Ragusine confitemur
coram comite dicte ciuitatis Ragusine super se et super omnia bona sua
usque ad primum venturum festum sancti Petri debere dare centum
et decem perperos Alexio de Pascali Zarip ciui Durachii, uel alio homini qui hanc cartam habuerit. Hec autem carta nullo testimonio rumpi

possit. Hi sunt testes: Andreas Zreue et Velcassus Joh(ann)is iurati iudices et alii plures. Et ego presbiter Pascalis et comunis Ragusii notarius iuratus scriptor sum et testis solitoque meo signo roboraui hec.

. *(Signum notarii.)*

Original na pergameni u sredini prosječenoj u obliku križa. U arkivu jugosl. akad. u Zagrebu. Diplomata a. 1259.

632.

1259, mjeseca februara. U Zadru.

Stana udova Nikole Camasa Zadranina daje Desači pokćeri svoga pokojnog muža 60 libara.

† In nomine domini eterni amen. Anno ab incarnacione domini nostri Jesu Christi [mil]lesimo ducentesimo quinquagesimo octauo, mensis februarii die ter . . . . . [in]dicione secunda, Jadere. Manifestum facio ego Stana relicta Nico[lai] Camaso Jadrensis, quia cum meis succesoribus in dei et Christi nomine do, dono atque transacto tibi Dessaçe filie quondam adoptiue defuncti viri mei pro remedio anime ipsius et mee et tuis heredibus et successoribus ad extrahendum et habendum de bonis que fuerunt predicti defuncti mei viri tantum qui sint ualoris librarum sexaginta denariorum venetorum paruorum, quas ipse mihi de suis bonis per cartam sui testamenti ad suum obitum extrahere dimisit, secundum quod in dicta carta ipsius testamenti plenius . . . . . continentur. Quas sexaginta libras denariorum paruorum a modo in antea potestatem habeas extrahendi, habendi, tenendi, dandi, donandi, vendendi, obligandi, pro anima iudicandi et totam tuam' uoluntatem faciendi atque in tua plena uirtute et potestate relinquo atque p . . . . . et a te per omnia foris faciens in perpetuum nemineque tibi contradicente. Quas quidem libras sexaginta debeam et tenear cum meis successoribus tibi et tuis heredibus et successoribus discalumpniare et defensare ab omni homine illas calumpniante super me et omnia bona mea habita et habenda in hoc seculo. Actum est h[oc et] confirmatum coram his uocatis et rogatis testibus scilicet: . . . . . Blasii et Petrigna filio quondam Vite.

Ego Grisogonus Mauro examinator manu mea misi.

(Signum notarii).

Ego Systus Sambatinus presbiter sancti Marcealis et Jadrensis notarius rogatus, ut audiui hanc cartam scripsi, exemplaui et roboraui et meo signo signaui.

Original na pergameni u arkivu grofova Begna u Posedarju. P. no. 2.

633.

1259, 19. marta. U Spljetu.

Spljećani, Trogirani, primorski ban Butko i druge općine slažu se. da zarate na Poljičane.

In Christi nomine amen. Anno eiusdem 1259., indictione 2., die mercurii, die 13. exeunte martii, regnante domino Bela dei gracia serenissimo rege Hungarie et temporibus etiam domini Rogerii venerabilis archiepiscopi Spalatensis et existente nobili viro domino Guidone Vegliensi comite, Vinodolii et Modrussie eiusdem civitatis potestate. Cum predictus dominus Guido comes potestas una cum iudicibus, consiliariis et communitate Spalatensi et similiter una cum iudicibus, consiliariis et communitate Tragurii in guerra maxima pro honore corone regie et fidelitate observanda permanerent cum infidelibus Pollizanis dicte corone, comes Butheco, dei et regis gratia maritimus banus, promisit et firmavit sacramento et se voluntate propria obligavit, in eadem guerra iuxta dictum potestatem et communitates predictas esse et perseverare contra predictos infideles et eisdem infidelibus vivam guerram facere, remoto omni ingenio atque fraude, nec treguam vel pacem aliquam faciat cum infidelibus antedictis, nisi voluntate, consensu et consilio predicti domini potestatis et super memoratarum communitatuum. Et si contra predicta fuerit vel venerit occulte uel palam, notam infidelitatis regie maiestatis incursurum se confitetur, promittens eciam et se obligans facere omnes fideles corone sibi subditos intrare in guerram predictam. Et si aliquis de fidelibus domini regis sibi subditus intrare nollet, contra ipsum vel ipsos erit viribus atque posse et similiter ex adverso predictus dominus potestas una cum iudicibus, consiliariis et communitatibus predictarum civitatum promiserunt et se obligaverunt sub eodem modo atque forma et sub poena fidelitatis in dicta guerra permanere totis viribus atque posse, nec treguam vel pacem facere absque consilio et consensu dicti comitis Butheconis, nec in dicta guerra relinquere aliquo modo predictum comitem Butheconem. Et hec omnia fuerunt coram fratre Sebastiano priore fratrum Predicatorum de Spaleto et fratre Gesse et aliorum fratrum affirmata, ut neutra pars a predicto pacto ipsorum testimonio exire non auderet et ad maiorem firmitatem huius contractus et pacti litteras presentes per alphabetum divisas eiusdem tenoris, quarum una servabitur penes comitem Butheconem, alia penes comitem Spalatensem, tertia penes comitem Traguriensem sigillibus pendentibus predictorum fratrum Predicatorum, predictorum comitis Butheconis et dicti domini potestatis et civitatum predictarum fecimus communiri.

Lucius De regno Dalm. et Croat. IV, c. IX, 181. — Kukuljević Reg. br. 367. i 769.

634.

1259, mjeseca marta. U Orti.

Manfred, kralj sicilski, daje Spljećanima povlastice u trgovanju u svojoj kraljevini.

Maymfredus(!) dei gratia rex Sicilie notum facimus vniuersis presentibus et futuris, quod licet totius Dalmacie homines vti in sensum reprobum et in actum peruersum olim contra diue memorie dominum patrem et fideles nostros enormia multa commiserint et intulerint dampna piraticam exercendo et homines regni nostri Sicilie specialiter offendendo, quia tamen sindici vniuersitatis Spalati fideles nostri venientes ad presentiam nostram sollempniter promiserunt et tam pro parte eorum, quam aliorum ciuium dicte terre super sancta dei euangelia iurauerunt, quod contra regnicolas regni nostri piraticam nullatenus exercebunt, nec alias eos nitentur offendere uel offendent, de plenitudine gratie nostre ipsis concedimus et licentiam fauorabiliter indulgemus, ut in dictum regnum nostrum cum nauibus suis sub nostre securitatis tutela salui veniant et securi, mandantes et districte precipientes omnibus fidelibus nostris, vt nullus omnino sit, qui auctoritate propria eos in eundo, morando et redeundo per regnum in personis, mercimoniis et aliis rebus suis offendere, molestare seu impedire presumat, dum in fidelitate nostra constanter permaneant et deuote consistant, illicita de regno non extrahant et de licite extractis vectigal debitum curie nostre soluant et in regno ea condicione esse debeant, in qua alii fideles imperii et ipsi tempore dicti domini patris nostri et usque nunc esse consueuerunt. Ad huius autem gratie nostre memoriam et stabilem firmitatem presens scriptum exinde eis fieri et sigillo maiestatis nostre iussimus communiri. Datum Orte per manus Gualterii de Cera regnorum Jerosolimi et Sicilie cancellarii, anno dominice incarnacionis millesimo ducentesimo quinquagesimo nono, mensis marcii, secunde indictionis.

Original u arkivu kaptola u Spljetu (masso G., medju listinama bez datuma). — Na listini vidi se trag, gdje je o uzici visio pečat.
Lucius De reg. Dalm. et Croat. l. IV, c. 9. 182. — Fejér Cod. dipl. Hung. VII. 1. p. 313—314. — Kukuljevic Reg. no. 368. (pod god. 1239.) i no. 770.

635.

1259, 3. aprila.

Bela kralj ugarski i hrvatski, u parbi gradjana zagrebačkih s Petrom arcidjakonom dosudjuje, da ona dva mlina u Zagrebu, koja je isti arcidjakon poklonio Cistercitama, imadu njima ostati.

Bela dei gracia Hungarie, Dalmacie, Croacie, Rame, Servie, Gallicie, Lodomerie, Cumanieque rex omnibus presentes litteras inspecturis salutem in omnium salvatore. Ad universorum notitiam harum serie volumus pervenire, quod cum duo molendina super fluvium, qui terram Zagrabiensis capituli a terra castri nostri de Grech dividit in solo ipsius castri posita seu fundata, ecclesie sancte Marie in insula Egidii pro fratribus Cisterciensis ordinis per magistrum Petrum Zagrabiensem archidiaconum constructe duxerimus donanda et nostro priori privilegio confirmanda, licet postmodum super ipsis molendinis inter ipsum magistrum Petrum ex una parte et cives de Grech ex altera, materia controversie fuisset suborta. Nos tamen donationem huiusmodi dicte ecclesie sancte Marie factam, ratam habentes, ipsa molendina eidem ecclesie perpetuo et pacifice reliquimus possidenda. Volentes ut ipsam super hoc ecclesiam vel magistrum Petrum patronum ecclesie memorate nullus omnino audeat vel debeat de cetero molestare. In cuius rei testimonium et perpetuam firmitatem presentes dedimus litteras dupplicis sigilli nostri munimine roboratas. Datum anno domini MCCLVIIII, tercio nonas aprilis, regni autem nostri anno vicesimo quarto.

Iz bulle Aleksandra IV. g. 1259. — Tkalčić Mon. episc. Zagr. I. 121. i Monum. civit. Zagrab. I. 29—30. — Wenzel Cod. dipl. Arp. XI. 457, donosi regest. — Kukuljevic Reg. no. 771.

636.

1259, 4. aprila. U Dubrovniku.

Nadbiskup dosudjuje samostanu koludrica jednu kuću u Dubrovniku.

In nomine domini amen. Anno domini MCCLIX., quarto die intrante mensis aprilis, in archiepiscopali palatio nostro, presentibus domino
Mattheo (I) Theophili et Ursatio Bodacię et Vitale Ga(i)slavi et Mengacia
clericis Ragusinis et aliis presentibus rogatis testibus, coram nobis fra
Aleardo de ordine fratrum minorum dei et sedis apostolicę gratia archiepiscopo Ragusino. Mathias de Balacia citatus et interrogatus a domino
Vitale de Bodacia canonico Ragusino procuratore et auctore monasterii
sanctę Marię de Castelli: utrum ipse Mathias esset epitropus Filarię filię
quondam Lampridii de Stemlozo, sicut continebatur in quadam carta
testamenti facta per manum presbyteri Paschalis canonici Ragusini et
iurati notarii ostensa et exposita sibi; et respondit, quod sic. Item interrogatus utrum domus (!) quondam ipsius Filarię sita in palude iuxta
ecclesiam maiorem sanctę Marię versus montem et iuxta domum Michaelis
Mauresse cum omnibus suis pertinentiis pertineret ad ius dicti monasterii
et sua esset, secundum quod in dicta carta continebatur. Respondit, quod
sic. Cum itaque confessus in iure habeatur pro convicto et unicuique
tribuendum sit suum ius, habito deo prę oculis et ordine pręcio rationis
nos frater Aleardus archiepiscopus Ragusinus et ordinarius iudex dictum
Mathiam ad dicte domus cum suis pertinentiis omnibus dimissionem
sentencialiter condemnamus, adiudicantes eam in perpetuum dicto monasterio, quod ipsam habeat et possideat sicut suam, committentes quoque
domino Mattheo Theophili canonico Ragusino, ut vice nostri abbatissam
nomine suo et sui monasterii recipiat et ponat. Mandavimus quoque de
hac sentencia nostra fieri publicum instrumentum, quod ad maiorem
cautelam et firmius argumentum sigilli nostri pendentis robore muniretur.
Et ego Bubana canonicus Ragusinus et prenominati domini archiepiscopi
iuratus notarius (h)iis omnibus interfui et in eodem loco et eadem die presentibus dictis testibus rogatus scriptor extiti atque testis.

*Mattei Memorie storiche su Ragusa. Rukopis u knjižnici Male braće
dubrovačke br. 416. (st. br. 267.) Tom. III. 5—6.*

637.

1259, 4. aprila. U Dubrovniku.

Uručenje kuće koludricama dubrovačkim.

In nomine domini amen. Anno domini MCCLIX. quarto die intrante mensis aprilis, in archiepiscopali palatio nostro, presentibus domino Helia Viviani, clerico Vitale Galiani et Ningacia (!) canonicus Ragusii et Mathias Balacie laico et aliis vocatis testibus. Ego diaconus Matheus Theophili canonicus Ragusinus et mandato et collata mihi auctoritate a domino Aleardo dei gratia archiepiscopo Ragusino, quemadmodum continetur in quadam carta facta per Bubanam canonicum Ragusii et notarium dicti domini archiepiscopi Ragusini, dominam Catenam abbatissam sanctę Marię de Castello de civitate Ragusii precipientem, pro monasterio suo posui et induxi in corporalem tenutam de domo et omnibus pertinentiis domus, quę fuit Filarię filię quondam Lampredii, posita sive sita iuxta ecclesiam maiorem sanctę Marię de Ragusio versus montem et iuxta domum Nicholai Mauresse, ponentes in manum dictę abbatissę ostium ipsius domus, ut suo arbitrio et voluntate sua aperiat et claudat, intret et exeat ipsamque habeat et possideat in perpetuum libere sicut suam. Et ego Bubana canonicus Ragusinus iuratus notarius domini archiepiscopi Ragusini in eodem loco et die presentibus dictis testibus (h)iis omnibus interfui et rogatus testis extiti atque scripsi; predictus autem dominus archiepiscopus domum ad maiorem cautelam et efficacius argumentum hanc paginam fecit sui sigilli pendentis munimine roborari.

Mattei Memorie storiche su Ragusa. Rukopis u knjižnici Male braće dubrovačke br. 416. (st. br. 267.) Tom. III. 5.

638.

1250, 19. aprila. U Zagrebu.

Kaptol zagrebački daje Kukmanu i Andriji za dolnju Kašinu posjed Martina sina Norkova.

Nos Philippus dei gracia episcopus Zagrabiensis significamus tenore presencium vniuersis, quod Cucmano filio Wete, Endree, Andrea et Paulo, ac ceteris filiis Petri filii Pete ex una parte et procuratoribus capituli Zagrabiensis coram nobis constitutis ex altera, dictus Cucmanus et filii Petri proposuerunt, quod cum aui eorum cupientes sub protec-

cione et tutela ecclesie permanere et se cum quadam sua possessione
Casna inferiori vocata ecclesie spotanee submisissent, recognoscendo
ecclesiam liberaliter de eadem. Et cum multo tempore eos capitulum
confouisset, tandem ipsis pro quibusdam inimiciciis capitalibus relinquentibus dictam terram et moram facientibus in partibus alienis, cum adepta
pace redire vellent ad eandem, sicut antea moraturi, dictum capitulum
ipsos noluit admittere ad eandem, sed dei timore postposito, eam suis
vsibus applicantes, ipsos excluserunt ab omni vtilitate, possessione et
commodo dicte terre, quare a nobis petebant restitucionis beneficium in
eandem. Procuratores vero capituli propusuerunt ex aduerso: quod sepedicti aui pred(ictorum) ipsam terram Casna capitulo nomine ecclesie
simpliciter donauerunt, nullo sibi retento iure in eadem; et in huius facti
euidenciam confirmacionem inclite recordacionis regis Andree exhibebant,
petentes ab impeticione predictorum per nos sentencialiter se absolui.
Hec igitur et hiis similia partibus proponentibus coram nol is, cum non
uideretur uerisimile, quod tam paucarum possessionum homines taliter
suam terram ecclesie donauissent, ut sibi et suis heredibus in ipsa terra
nichil iuris penitus reseruassent, sentenciando decreuimus, sex de capitulo
debere deponere sacramentum, sue assertioni fidem iuramento facturi.
Qui in die et loco sacramenti, de voluntate et beneplacito tocius capituli
onus sacramenti prestandi euitare cupientes et ne scandalum prestarent
hominibus ad beneficium proteccionis ecclesie confugientibus, terram
Martini fili Xork, qui pro quibusdam maleficiis eadem meruit spoliari,
cum octo iugeribus terre arabilibus et cum quatuor iugeribus pro silua
lignaminibus deputatis, eidem terre adiacentibus, cum molendinis et aliis
vtilitatibus in eadem existentibus contulerunt predictis Cucmano et Endree
ac ceteris filiis Petri perpetuo et pacifice possidendam. Iidemque ipsa
terra contenti, cesserunt omni iuri et accioni, si quod uel si quam he-
bebant uel habere sperabant in terra Casna superius memorata contra
capitulum memoratum, nec ipsi uel eorum heredes nullo tempore re-
gressum habere poterunt in eandem. In cuius rei memoriam presentes
nostras litteras dedimus ad peticionem parcium utrarumque. Datum
sabbato ante octauas resurreccionis domini. Anno domini MCCL nono.

*Na originalu crveno-zelena svilena vrvca visi bez pečata. U arkivu
kapt. fasc. 17. br. 103.*

*Tkalčić Monum. episcop. Zagrab. I. 121—122. — Kukuljević Reg.
no. 772.*

639.

1259, 10. juna. U Zadru.

*Dobre. sin Gaucinje, poklanja samostanu sv. Krševana svoj vino-
grad u Petrčanu.*

In Christi nomine. Anno incarnacionis eius millesimo ducentesimo
quinquagesimo nono, mensis iunii, die decimo intrante, indicione secunda,
Jadre, temporibus domini Raynerii Geni incliti ducis Venecie et magistri
Laurencii venerabilis Jadre archiepiscopi, ac dominorum Leonardi Contareni et Marci Bemboli consiliariorum et rectorum ciuitatis Jadre. Ego
Dobre dictus O . . g . . yo filius quondam Gaucigne ciuis Jadrensis
cum meis heredibus et successoribus per hoc presens scriptum facio
manifestum, quod propter fidem et deuocionem, quam ego et mei antecessores habuerunt et habent in monasterio sancti Grisogoni de Jadra,
bona mea et spontanea uoluntate tibi religioso viro dompno Nicolao
venerabili abbati ipsius monasterii recipienti vice et nomine monasterii
et fratrum tuorum do, concedo et trado unam meam vineam positam
ad Petriçanum iuxta vineam Borili uersus austrum, de borea est terra
Cose Saladini, de trauersa vinca Miche de Lemesco et de corona(!) iuxta
vineam uestri monasterii, cum omnibus suis terminis et pertinenciis tam
subtus terram, quam supra terram ita, ut a presenti dicta vinea sit ipsius
monasterii beati Grisogoni tenenda et possidenda perpetuis temporibus
et faciendum ex ea quicquid dicto abbati et suis fratribus placuerit;
quam vineam ab hodie in antea constituo me pro parte et nomine
ipsius monasterii possidere, reseruato tamen michi quam diu uixero usu-
fructu predicte vinee mee, uero mortuo ususfructus predicte vinee ad
dictum monasterium deueniat pleno iure. Quam vineam tibi predicto
domino abbati et tuis successoribus discalumpniabo et defendam ab
omni homine ea(m) calumpniante cum meis heredibus et successoribus
super me et omnia bona mea habita et habenda in hoc seculo. Actum
est hoc et firmatum coram his vocatis et rogatis testibus, scilicet iudice
Nicolao de Trano et Matheo fratre eius et Bartolomeo plaçario domini
Raynerii Geni incliti ducis Venecie.

Drugi rukopis:

† Ego Cosa Saladinus examinator manum meam misi.

Ego Michael sancte Marie maioris clericus et Jadre notarius interfui rogatus, ut audiui hanc cartam scripsi, roboraui et signo consueto signaui.

(Monogram not.)

Original u gubern. arkivu u Zadru (odio samostana sv. Krševana capsula XVII. mas. B. no. 17. — Na hrptu suvremena biljeska: »De vinea posita in Peterçane«.

640.

1259, 25. juna. U Anagni.

Aleksandar IV. papa javlja malobraćanima u Zadru, da koludricama sv. Nikole podadu četiri svećenika za slušbu bošju.

Alexander episcopus servus servorum dei dilectis filiis . . . ministro et . . . vicario Sclavonie ac . . . guardiano ordinis Minorum Iadrensi salutem et apostolicam benedictionem. Quia personas religiosas eo maiori prosequi favore debemus, quo devotiori placere student domino famulatu, libenter illa sibi paterna sollicitudine procuramus, per que ipsarum religio laudabile suscipere valeat, auctore domino incrementum et eedem animarum salutem, pro qua mundi vanitatem penitus reliquerunt, liberius consequantur. Hinc est, quod cum, sicut dilecte in Christo filie . . . abbatissa et conventus monialium inclusarum monasterii sancti Nicolai Iadrensis ordinis sancti Damiani, ad romanam ecclesiam nullo mediante pertinentis, exponunt cum reverentia, quod aliquibus fratribus vestri ordinis indigeant, qui eis divina officia celebrent et exhibeant ecclesiastica sacramenta, discretioni vestre per apostolica scripta in virtute obedientie districte precipiendo mandamus, quatenus predictis abbatisse et conventui quatuor de fratribus vestri ordinis providos et discretos vestre administrationis pro celebrandis divinis officiis et exihibendis ecclesiasticis sacramentis absque difficultate qualibet concedatis in ipsarum monasterio permansuros, non obstante constitutione vestri ordinis aut aliqua sedis apostolice indulgentia etc. Quod si non omnes hiis exequendis interesse possitis, singuli vestri etc. Datum Anagnie VII. kalendas iulii, pontificatus nostri anno quinto.

Theiner Mon. Slav. Mer. I. br. 118. str. 87. Iz reg. an. V. ep. 261. fol. 234. — Wenzel Cod. Arpad. XII. 509. — Potthast Reg. pontif. II. br. 17.628.

641.

1259, 1. jula. U Severinu.

Bela kralj ugarski i hrvatski daruje posjed Sczolovnu(!) u Medjumurju
biskupu zagrebačkom i Tomi županu.

Bela IV. rex volens possessionem Sczolovna quam a castro Szaladiensi quondam exemptam pater eius Iwachino comiti Scibiniensi bonae memoriae filio comitis Beche pro multiplicibus serviciis donaverat, filiis eius et heredibus conservare, commemorat quedam eius servitia, inter cetera, quod cum Assenus Burul imperator quondam Bulgarorum auxilium a patre regis contra infideles suos de Budino ex amicitiae fiducia implorasset, rex ipse Iwachinum associatis sibi Saxonibus, Olacis, Siculis et Bissenis in subsidium transmisit, qui cum supra fluvium Obozt pervenisset tres duces de Cumania ipsis occurrentes, cum eis prelium commiserunt, quorum duobus occisis tertium nomine Karaz comes Jwachinus vinctum transmisit ad regem. Perveniens ad castrum Budin duas portas civitatis igne combusserit et post forte prelium ibi comissum, licet equo suo occiso, ipse acceptis letalibus plagis vix vivus remanserit. Tamen quatuor cognatis et aliis militibus per Bulgaros occisis castrum Budin ad manus eidem B .... Asseni restituit. Item in exercitu, quem pater regis contra Romanum ducem Ruthenorum levavit, in quo idem dux capite fuit truncatus, comes Iwachinus clara opera fidelitatis prestitit, quocirca illi pater regis possessionem Sczolovna donavit. Rex autem post mortem patris sui revocando omnes donationes, revocavit etiam prefatam, sed respectu servitiorum Iwachini ad petitionem filiorum eius Philippi episcopi Zagrabiensis et Thomae comitis de Crocov, restituit ipsis eandem possessionem Sczolovna, commemorans ipsorum quoque servitia; nam comes Thomas in minori adhuc etate constitutus contra Tartaros apud fluvium Soiov laudabiliter dimicavit, ubi letale vulnus in brachio dextro accipiens, amissis omnibus bonis suis vix mortis periculum evasit. Invalescente Tartarica tempestate, apud Iadram etiam cum patruo suo Dionisio comite et bano tocius Slavoniae ardenti studio servivit, se mortis periculo exponendo. Dictus autem episcopus cum adhuc in minori officio constitutus prepositura Dimisiensi(!) et cancellaria dominae reginae consortis regis Belae fungeretur, continuo studio servivit, legationes in regno et extra regnum ad regem (Bohe)miae dilectum cognatum et ad partes Bavariae, quando filiam regis Elisabetham filio ducis Bavariae matrimonialiter sociaverit, quorum omnium intuitu dictam possessionem rex eis restituit. Tandem tempore quo per Stephanum banum totius Slavoniae et comitem Paulum iudicem curiae occupata et confusa tempore Tartarorum iura castrorum in statum debitum revocari faciebat rex, suborta dubitatione de metis revisae sunt metae per Felicianum prepopositum Colocensem; quarum prima incipit ab aquilone de terra Vulchuk a fluvio Ehnech lutoso, inde per terras quae Mege dicuntur ad magnam viam qua itur Varasdinum, inde vergit per Bedniam et transit ipsam et pervenit ad fluvium Stopnik, ubi est ab oriente terra Horasnik et per cursum ipsius Stopnik et per quandam baram ad viam et ad montem Gradich, in quo castrum antiquitus fuerat et per circuitum montis venit ad magnam viam quae berczut dicitur et per eandem viam vadit ad Zogenefrie(?) et cadit in viam Slobiduta, ubi ab oriente est terra Vulchuk quae Zegene vocatur et a parte meridionali est terra Razina et in eadem via per bercz venit ad vineam et transiens viam descendit ad fluvium Razina et in minorem Razinam a parte meridionali sunt iobagiones castri Crisiensis Scibislov et cognati eius et superius ad aquam Wopak et ascendit quendam bercz, tendit ad montem, ubi est holm, in fine ipsius bercz cadit in Lizkochpotoka, ubi ultra est terra Greiacov et descendit in Bedniam quae venit Greiacopotoka a parte occidentali terra Greiacov. Per viam in bercz venit ad caput Strmech et terram Chresnieucz quae est Christiani. Porro terra Potey quae Zuhodol dicitur et descendit ad caput Zolonapotok et venit ad magnam viam Varastini, ab occidente est terra Crisiensis filii Zenesae, ubi castrum construxit et vadit prope ecclesiam sancti Martini et transeundo ecclesiam per viam cadit in Chernech potoka per quem circuit ecclesiam sanctae Crucis et terminatur in Vulchuk.

Kukuljević Reg. br. 774., po listini nalazećoj se u njegovoj zbirci, sada jamačno u budimskom arkivu. Sr. i Wenzel Cod. dipl. Arpad. VII. 309 do 312., gdje se u potvrdi kralja Matije od g. 1486. ova darovnica spominje. Kod riječi Comes de Crocov domeće Wenzel: (!). Sr. i ovoga zbornika IV. 421—422. Ima još jedan kraći regest u rukopisu jugoslavenske akademije (sign. l. d. 32) sa naslovom: Actorum et diplomatum familiae comitum. Oršić 765.

<h1 style="text-align:center">642.</h1>

1259, 21. jula. U Zadru.

Prvoneg i Diminoj prodaju dozvolom samostana sv. Krševana svoj vinograd supruzima Ivanku i Grubi.

In Christi nomine. Anno incarnacionis eius millesimo ducentesimo quinquagesimo nono, mensis iulii, die vndecima exeunte, indicione secunda, Jadre, temporibus domini Raynerii Geni incliti ducis Venecie et magistri Laurencii venerabilis Jadrensis archiepiscopi, ac Johannis Badouarii egregii comitis. Manifestum facimus nos Priuonegus et Diminoy fratres filii condam Desco, quia habita licencia domini Nicolay abbatis monasterii sancti Grisogoni do, uendo atque transacto vobis quidem Juanco de Brodaro et Grube coniugibus et uestris heredibus et successoribus quasdam nostras vites positas ad Petriçanum in terra suprascripti monasterii, que fuit condam Rasboy, quas etiam emimus a Pribislauo filio Draganic cum tota presalia, siue cum suis omnibus terminis et pertinenciis tam subtus terram quam supra terram ita, ut a modo in antea liceat vobis suprascriptis Juanco et Grube coniugibus et uestris heredibus et successoribus predictas vites libere habere, perpetuo possidere cum plena virtute et potestate intromit(t)endi, habendi, tenendi, uendendi, dandi, donandi, obligandi pro anima indicandi et totam uestram uoluntatem exinde faciendi, nemine vobis contradicente in perpetuum. Ob quam dationem, uendicionem siue transactionem vos prenominati Juanco et Gruba coniuges dedistis nobis, bene et integre exinde persoluistis nobis libras denariorum Venetorum sexdecim. Quas predictas vites debemus nos suprascripti Priuonegus et Diminoy fratres cum nostris heredibus et successoribus vobis prefatis Juanco et Grube coniugibus et uestris heredibus et successoribus discalumpniare et defensare ab omni homine et persona, vos exinde calumpniante super nos et omnibus nostris bonis habitis et habendis in hoc seculo, saluo semper omni iure suprascripti monasterii sancti Grisogoni, hoc est quartam partem totius fructus quod exinde babueritis. Actum est hoc et firmatum coram his vocatis et rogatis testibus, scilicet: Marco sancte Marie maioris plebano et Petro de M|en|gaça.

Drugi rukopis:

† Ego Cosa Saladinus examinator manum meam misi.

Ego Michael sancte Marie maioris clericus et Jadre notarius interfui rogatus, ut audiui hanc cartam scripsi, roboraui et signo consueto signaui.

(Monogram not.)

Original u arkivu samostana sv. Marije u Zadru.

643.

1259, 2. oktobra. U Stolnom Biogradu.

Bela kralj ugarski i hrvatski dosudjuje biskupu zagrebačkom Filipu posjed sv. Martina kod Vaške, koji mu je nastojao oteti Pavao sin Boriča bana.

Bela dei gracia Vngarie, Dalmacie, Croacie, Rame, Seruie, Gallicie, Lodomerie, Cumanieque rex omnibus presencium inspecturis salutem in domino. Ne rerum ueritas gestorum erroribus occultetur et ne noticiam presencium transcursu temporum obsorbeat obliuio, nostre regie interest sollicitudinis, vt ea, que coram nobis in figura iudicii actitantur, ad perpetuam rei memoriam scriptis autenticis commendemus. Proinde ad vniuersorum noticiam tenore presencium volumus peruenire, quod cum venerabilis pater Philippus episcopus Zagrabiensis, dilectus et fidelis noster, super terra sancti Martini, quondam Borich bani a Paulo filio quondam Borich bani coram nobis tractus fuisset in causam, idem Paulus predictam terram utpote hereditariam sibi cum instancia restitui postulauit. Zagrabiensis vero episcopus predictam terram titulo empcionis dixit se habere et eciam possidere et venditorem seu actorem suum religiosum uirum fratrem Rembaldum domorum hospitalis Jerosolimitani per Vngariam et Sclauoniam tunc maiorem preceptorem nominauit et litteris authenticis eiusdem fratris Rembaldi super hoc confectis legitime comprobauit. Cumque super hoc in nostre maiestatis presencia fuisset diucius litigatum, tandem eidem Zagrabiensi episcopo et fratri Arnoldo domorum maiore preceptore per Vngariam et Sclauoniam, qui eidem fratri Rembaldo immediate successit ex vna parte et Paulo prefato filio Borich bani coram nobis constitutis ex altera, cum de meritis cause ipsius presentibus nostris baronibus cognosceremus, in ipsa instancia iudicii predictus Paulus deprehensus est nostras regias litteras falsauisse. Cum igitur et si aliquid iuris in predicta terra sancti Martini predictus Paulus haberet, propter uicium comperte falsitatis ipsa terra sancti Martini, sicut et alia bona sua ad nostras manus essent merito deuoluenda, nos deliberato omnium baronum nostrorum qui tunc aderant consilio, predictum Zagrabiensem episcopum super ipsa terra sancti Martini ab impeticione ipsius Pauli et omnium qui nomine, iure seu occassione ipsius Pauli ipsum impeterent, uel impetere possent, sentencionaliter duximus absoluendum, adiudicantes eidem episcopo per eandem sentenciam predictam terram sancti Martini perpetuo et pacifice possidendam. In cuius rei firmitatem et robur presentes litteras nostras concessimus sigilli nostri

munimine roboratas. Datum et actum Albe, quinta feria post festum
sancti Michaelis, anno domini millesimo ducentesimo L nono.

Farlati Ill. sacr. V. 372. — Fejér Cod. dipl. Hung. IV. 2. 493. do
195. — Tkalčić Monum. episcop. Zagrab. I. 122—123. — Wenzel Cod.
dipl. Arpad. XI. 456—457. po poverdi od god. 1275. — Kukuljević Reg.
no. 775.

644.

1259, 22. oktobra. U Zadru.

Preste de Cotopagna daje Prvoslavu Mladači svoju zemlju, da si
nasadi vinograd.

In Christi nomine. Anno incarnacionis eius millesimo ducentesimo
quinquagesimo nono, mensis octubris, die decima exeunte, indicione tertia.
Jadre, temporibus domini Raynerii Geni incliti ducis Venecie et magistri
Laurentii venerabilis Jadrensis archiepiscopi, ac Johannis Badoarii egregii
comitis. Manifestum facio ego Preste de Cotopagna cum meis heredibus
et successoribus, quia do et concedo tibi quidem Priuoslauo filio Mladaçe
et tuis heredibus in quadam (!) meam terram vineam plantare, positam
a(l) Lemesce iuxta vineam Marini Carbanossi uersus boream et uersus
austrum iuxta vineam Pobrati, secundum quod presaliam factam habes
taliter, quod dictam terram per te tuoque labore a modo usque ad tres
annos completos debeas pastinare et dum eam habueris et ex ea aliquos
fructus extrahere poteris, debeas per te tuosque heredes mihi meisque
heredibus et successoribus annuatim quartam partem de vino de tina
hic in ciuitate; de oleo quidem et omni alio fructu ex ea habito tam
recenti quam sicco mihi similiter quartam partem dabis et si de aliquo
fructu recenti uel sicco uendideris, quartum denarium michi paccabis; si
uero ficus recentes domum portaueris ad commedendum, cum eodem
uase quarta uice mihi portabis. Si uero suadente diabolo in fraude contra
meam racionem repertus fueris, michi sex yperperos pacabis nomine
pene, uerum tamen si ullo tempore tu uel heredes tui ipsas vites uendere uolueris, primo mihi meisque heredibus et successoribus illam uendicionem debeas declarare, quod si eas emere uoluero, dando tibi illud
pretium, quod ab uno et ab alio habere poteris, michi ipsas dabis et non
alii homini, quod si ipsas emere noluero, postea liceat tibi uendere,
donare cuicumque uolueris, saluo semper omni iure meo, ut predictum
est. Item si predictam terram non pastinaueris usque ad suprascriptum

terminum, tunc debeas mihi satisfacere de non pastinata ad rationem
pastinate. Quam quidem terram debeam et tenear cum meis heredibus
et successoribus discalumpniare et defensare ab omni homine et persona,
te exinde calumpniante super me et omnia bona mea habita et habenda in hoc seculo. Actum est hoc et firmatum coram his vocatis et
rogatis testibus, scilicet Gregorio filio condam comitis Helye et Gauçigna
de Çoilo.

(Drugi rukopis).

Ego Michael Çadulinus examinator manus misi.

Ego Michael sancte Marie maioris clericus et Jadrensis notarius
interfui rogatus, ut audiui hanc cartam scripsi, roboraui et signo consueto
signaui.

(Monogram not.)

Original u arkivu samostana sv. Marije u Zadru. — Na hrptu nešto
kasnijom rukom : »instrumentum concessionis pastinationis per Preste de
Cotopagna Priuoslauo in terra nocata Lemesce«.

645.

1259, 6. novembra. U Zadru.

*Petrizo sin Zanzijev i Bona udova Soppova izmiruju se glede nekog
mjesta kraj crkve sv. Anastasije s Jakobom Zloradom.*

In nomine dei eterni amen. Anno ab incarnatione eius millesimo
ducentesimo quinquagesimo nono, mensis nouembris, die sexto intrante,
indictione tercia, Jadre, temporibus domini Raynerii Geni incliti ducis
Venetorum et magistri Laurentii venerabilis Jadrensis archiepiscopi, ac
Johannis Baduarii egregii comitis. Nos quidem Petriço filius Çançii de
Jadra et Bona relicta Soppe alterius filii eiusdem Çançii cum nostris heredibus et successoribus fatemur per hoc presens scriptum, quia loco et
auctoritate omnium heredum et successorum predicti Çançii patris et
soceri nostri facimus concordiam tecum Jacobe de Slurado pro parte
tuorum consanguineorum, uidelicet Leonis de Spaleto et eius sororis,
suorum heredum et successorum de uno loco siue proprietate tam nostrorum predecessorum, quam suprascripti Leonis posito prope ecclesiam
sancte Anastasie, qui locus uel que proprietas firmat in uiam puplicam
tam uersus boream quam uersus trauersam et in Andream de Petriço
uersus leuatum(!) et in Marinum de Bertaldo uersus punientum(!), taliter,
quod totus locus uel proprietas suprascripta debet per [me]d[ium] [di]uidi

et omnes Iapides qui in ipsa proprietate inuenientur per medium eciam diuidentur, unam medietatem cuius proprietatis uel loci, que medietas est ex parte quirine, debemus habere nos suprascripti Petriço et Bona pro cunctis heredibus et successoribus Çançii memorati et tu predicte Jacobe pro dicto Leone et sua sorore eorumque heredibus et successoribus debes habere alteram medietatem, que est ex parte trauerse et utraque medietas proprietatis eiusdem debet utrumque introitum et exitum obtinere tam ex parte quirine, quam ex parte trauerse. Facta uero et completa diuisione dicti loci siue proprietatis nos prefati Petriço et Bona cum nostris heredibus et successoribus debemus et tenemur tibi suprascripto Jacobo aut ipsi Leoni et eius sorori ipsorumque heredibus et successoribus discalumpniare et deffensare medietatem predictam proprietatis dicti Leonis et eius sororis ab omnibus heredibus et successoribus prefati Çançii nostri patris eam calumpniantibus sub pena tanti precii quanti est totus locus siue proprietas memorata, super nos et omnia nostra bona habita et habenda in hoc seculo, tu autem suprascripte Jacobe cum tuis heredibus et successoribus debes et teneris nobis nostrisque heredibus et successoribus discalumpniare et deffensare alteram medietatem nostram a suprascripto Leone et eius sorore ipsorumque heredibus et successoribus eam calumpniantibus sub eadem pena predicta super te et omnia tua bona habita et habenda in hoc seculo. Si igitur contra hanc diuisionis et concordie cartam aliquis nostrum ullo tempore iuerit, tunc ipse teneatur emendare auri libras quinque alteri non eunti et hec diuissionis(!) et concordie carta in sua permaneat firmitate. Actum est hoc et firmatum coram his vocatis et rogatis testibus, scilicet Georgio de Lisiça et Pelegrino de Ursulino.

(Drugi rukopis).

Ego Michael Çadulinus examinator manus misi.

Ego Ciprianus ecclesie sancte Marie maioris clericus et Jadrensis notarius interfui rogatus, ut audiui hanc cartam scripsi, roboraui et signo consueto signaui.

(Monogram not.)

Original u arkivu samostana sv. Marije u Zadru.

646.

1259, 3. decembra. U Anagni.

*Aleksandar IV. papa potvrdjuje dar dviju mlinova u Zagrebu, što
ih kralj Bela poklonio zagrebačkim Cistercitima.*

Alexander episcopus servus servorum dei dilectis filiis . . . . . priori
et conventui monasterii sancte Marie de insula Egidii, Cisterciensis ordinis, Zagrabiensis dioecesis, salutem et apostolicam benedictionem. Cum
a nobis petitur quod iustum est et honestum, tam vigor equitatis quam
ordo exigit rationis, ut id per sollicitudinem officii nostri ad debitum
perducatur effectum. Sane petitio vestra nobis exhibita continebat, quod
carissimus in Christo filius noster Vngarie rex illustris duo molendina
super fluvium, qui terram Zagrabiensis capituli a terra castri de Grech
eiusdem regis dividit, in ipsius castri districtu posita et ad eundem
regem spectantia, monasterio vestro regia liberalitate donavit, prout in
litteris ipsius regis confectis exinde plenius continetur. Nos itaque vestris
precibus inclinati, quod ab eodem rege factum est, pie ac provide in
hac parte ratum habentes et firmum, illud auctoritate apostolica confirmamus et presentis scripti patrocinio communimus, litterarum ipsarum
tenorem de verbo ad verbum presentibus inseri facientes, qui talis est:
(Gl. gore listinu od 3. aprila 1259.). Nulli ergo omnino hominum liceat
hanc paginam nostre confirmationis infringere, vel ei ausu temerario
contraire. Si quis autem hoc attemptare presumpserit, indignationem
omnipotentis dei et beatorum Petri et Pauli apostolorum eius se noverit
incursurum. Datum Anagnie III. nonas decembris, pontificatus nostri
anno quinto.

*Original u ark. kapt. Zagrab. Na crveno-žutoj svilenoj vrvci papin
olovnati pečat.*
*Tkalčić Monum. episcop. Zagrab. I. 123. i Monum. civitat. Zagrab.
I. 39. — Wenzel Cod. dipl. Arpad. XI. 464. donosi regest. — Potthast
Reg. pontif. br. 17.717. — Kukuljević Reg. br. 777.*

647.

1259, 10. decembra. U Trogiru.

Sinovi Beriše Soldana izmjenjuju neke zemlje s kaptolom trogirskim.

In Christi nomine amen. Anno incarnationis eius millesimo ducentesimo quinquagesimo nono, indictione tertia, mense decembris, die X.

intrante, temporibus domini Columbani venerabilis episcopi, Romani Stoche et Duymi de Cega iudicum, Tragurii hoc actum est. Pasculus et Helias ambo fratres filii quondam Berisii Soldani per hoc presens instrumentum sunt confessi et manifesti se recepisse a canonicis Traguriensibus quadraginta libras denariorum paruorum uenetorum, pro quibus nomine precise et irrevocabilis venditionis eisdem canonicis vendiderunt et dederunt quandam terram sibi iure hereditario pertinentem, sitam ad vicum supra terram Stanne relicte Rosco et iuxta viam perpetuo possidendam, dantes ei plenam potestatem dictam terram tenendi, vendendi, donandi et de ipsa omnem voluntatem suam faciendi, quam terram promiserunt ipsis canonicis et suis successoribus ab omni persona discalumpniari cum suorum bonorum omnium obligatione, tam presentium, quam futurorum, renunciantes omni exceptioni et omni iuri capitularis pro eo, quod non facta est mentio de uretenis, quia ipsa terra nec augeri nec minui potest, et pro cambio receperunt a canonicis unum passum de terra per longum et amplum apud Blatta de Pantano. Testes sunt Cerne Chualotte, Sabaciolus et alii plures.

(Drugom rukom)

Ego Silvester de Urso examinator manum meam mitto.

Et ego Geruasius communis Tragurii iuratus notarius a Pasculo cum Helia hanc cartam scripsi et signo consueto signaui.

(Monogram not.)

Original u arkivu kaptola u Trogiru.
Farlati Illyricum sacrum. IV. 346. — Wenzel Cod. dipl. Arp. con. XI. 469—70. — Kukuljević Reg. no. 776.

648.

1259.

Bela kralj ugarski i hrvatski dosudjuje gradjanima općine Gradec zemlju Ambrozinovu.

Nos B(ela) dei gracia rex Vngarie significamus universis quibus scire expedierit presencium per tenorem, quod cum Perynus mercator requireret de civibus nostris de monte Grech de Zagrabia terram Ambrosini duobus aratris sufficientem, et quedam instrumenta super eadem terra exiberet et dicti cives e converso nostrum exhibuissent privilegium bulla nostra aurea roboratum. Nos observare volentes ipsum privilegium nostrum bulla aurea munitum, presertim cum ipsa terra sit infra metas terre memorate civitatis, que mete in ipso privilegio civium continentur, eandem terram Ambrosini ipsis civibus dimisimus inrevocabiliter perpetuo possidendam, non obstantibus litteris seu instrumentis dicti Peryni aliquibus, si que habet super terra supradicta, si unquam vellet exhibere. Et ut hoc ratum habeatur firmum, presentes nostras litteras contulimus sigilli nostri munimine roboratas. Datum anno domini MCC quinquagesimo nono.

Original u akademičkoj zbirci. Pečat manjka. — Tkalčić Mon. civ. zagrab. I. 30—31.

649.

1259.

Stjepan mladi kralj podaje županu Poniću dvije zemlje u Medjumurju.

Stephanus dei gracia rex primogenitus illustris regis Ungarie et dux Stirie omnibus Christi fidelibus presentem paginam intuentibus salutem in vero salutari. Circumspeccio regum provida condignis premiis sibi obsequentibus sic debet occurrere, ut alii eorum exemplo provocati, ad fidelitatis studia forcius accendantur ac . . . . . consideracione inducti. Ad universorum noticiam harum serie volumus pervenire, quod cum illustris pater noster Bela rex Ungarie comitatum Zaladiensem [p]leno iure potencie nobis de sua gracia contulisset, quidam nobilis Elek nomine, sine solacio liberorum viam universe carnis [est in]gressus; verum cum possessio eiusdem Elek in comitatu Zaladiensi constituta Moruhchel nuncupata de iure ad manus nostras fuisset devoluta, nos ob remuneracionem serviciorum, que nobis fidelis noster Ponith comes indesinenter exhibuit et co[ram] oculis nostre maiestatis multipliciter in mera nota fidelitatis effulsit, predictam possesionem Moruchhel videlicet, cum eiusdem possessionis donacio legitime et immediate ad nos pertineret, ipsi Ponith comiti et suis heredibus contulimus perpetuo possidendam, salva quarta filiarum Elek iuxta regni nostri consvetudinem approbatam; nec hoc pretermittimus, quod idem Elek adhuc vivus, quemadmodum litere ordine iudiciario emanate iudicabant, in multis devictus extiterat Ponith comiti superius nominato. In cuius rei memoriam et perpetuam firmitatem literas nostras concessimus duplicis sigilli nostri munimine roboratas. Datum per manus magistri Benedicti aule nostre vicecancellarii dilecti et fidelis nostri, anno dominice incarnacionis millesimo ducentesimo quinquagesimo nono.

Iz izvorne potvrde kralja Ladislava IV. od g. 1276. u knjižnici narodnoga muzeja u Budimpešti (prije zbirka Véghely-ijeva).
Zala vármegye története I. 82—3. no. 59. — Kukuljević Reg. br. 786.

650.

1259.

Bilješka o nekoj darovnici.

. . . Aliud quoque priuilegium eiusdem (Stephani) ducis anno in eodem emanatum per eundem ducem duas terras, Polonam videlicet et terram Nedelk et Zunk (Zank) sitas inter Drauum et Muram a iurisdiccione castri Zaladensis liberas et exemptas cum suis pertinenciis Lanchreto filio Buzad pro suis seruiciis sub metis in eodem priuilegio contentis perpetuo datas fore exprimebat.

Originalna potvrda u izvorniku listine kralja Ljudevita od 1376. 28. februara u kr. ug. drž. arkivu u Budimpešti M. O. D. L. no. 73. St. sign. N. R. A fasc. 316. no. 45.
Wenzel Cod. diplom. Arpad. cont. XI. 462.—3. djelomično. — Kukuljević Reg. no. 784—6. (1314.)

651.

1259.

Bilješka o nekoj darovnici.

Tercium vero privilegium, scilicet dicti domini Stephani ducis anno domini MCCLmo nono confectum Chaak magistro pincernarum suorum pro suis seruiciis castrum Horyg et cum spectantibus ad Myltumberg et cum villa Saxumfeld, prout Morsolphus de Treun ipsam possedisset, cum vtilitatibus et pertinenciis in filios filiorum perpetuo ipsum ducem contulisse declarabat.

Originalna potvrda u izvorniku listine kralja Ljudevita od 1376. 28. februara u kr. ug. drž. arkivu u Budimpešti M. O. D. L. no. 73. St. sign. N. R. A. fasc. 516. no. 45.
Wenzel Cod. diplom. Arpad. cont. XI. 462.—3. — Kukuljević Reg. no. 784—6. (1314.)

652.

1259. U Gorama.

Prior templara Gvilermo u Gorama izdaje listinu o zemlji Grabre selo.

Rerum gestarum veritas idcirco litterarum memorie communitur, ne cum Iabenti seculo effluat, aut pravorum calumniis subruatur. Inde est quod nos frater Gwillelmus preceptor domus milicie de Gorra notum facimus universis, tam presentibus quam futuris presentem paginam inspecturis, quod ad nostram accesserunt presenciam Wolc filius Zibislaui ex una parte, ex altera vero parte Jacobus filius Gerdislavy, Wlcouoy filius Zlobimeri, Khabech filius Prodanez, qui cum bona voluntate obligaverunt se et dederunt, concesserunt et hac presenti carta confirmaverunt quandam terram Grabre selo, dicto Wlc (!) filio Zibislaui et heredibus suis libere et quiete in perpetuum possidendam et ad meliorem securitatem privilegium domini Stephani bani tocius Sclavonie secum portaverunt nobisque demonstraverunt. Qui sepedicti, scilicet Jacobus filius Gredislavi(!) Wolcoy filius Zlobimeri, Khabech filius Predanez (!) nulla in dicto privilegio continencia contradixerant, sed ad omnia concordabant. Pro hac autem donacione et concessione et huius carte confirmacione dedit Wolc sepedictus, scilicet Jacobo, Wolkovoy, Habech, pro sepedicta terra centum et quinquaginta pensas in gersummam (!) que centum et quinquaginta pense in presencia Detconis filio (!) Terdislai, Wolcovoy. filio (!) Borimeri, Wochillo filio ecclesie (!), Dobrolo filio Bratconis, Gregorio filio Velislaui, Radislavo et in presencia tocius parentele eorumdem fuerunt persolute. Prima igitur meta huius terre, sicut in privilegio domini Stephani bani vidimus contineri, incipit a quodam puteo et tendit per quendam fluvium ad partem orientalem et venit superius ad terream metam et conterminatur terre Gurgys, Vratech ac Gordislay(!) ubi est meta terrea in arbore nomine hrasth, deinde venit ad partem meridionalem ad magnam viam exercitualem et per eandem viam venit ad unam arborem, que vulgo vocatur hrast et ibi est meta terrea et conterminatur terre Gurgys, Dragsan et Gordislay, deinde venit ad partem occidentalem ad metam wrattha, abinde venit ad quasdam metas et inde ad tres metas terreas, videlicet Dragsani, Halapone et Gerdislay et deinde inter duas metas ad metam terream, abinde venit ad priorem metam, ubi est puteus ibique terminatur. Ut autem huius rei series robur optineat perpetue firmitatis, nec ullo unquam processu temporum possit vel valeat in irritum revocari, presentes literas contulimus sigilli nostri munimine roboratas. Datum Gorre, anno ab incarnacione domini millesimo ducentesimo quinquagesimo nono.

Original u kr. ug. državnom arkivu u Budimu III. 4701. (Stara sign. N. R. A. fasc. 1531. no. 25). — Na listini vidi se trag, da je visio pečat. Pisana je vrlo lijepom minuskulom sa mnogo kovrčica na slovima d, z; osim toga služi za različite kratice znak vertikalni.

Cod. dipl. patrius VIII. 75—76. no. 61.

653.

1259. U Zagrebu.

Aleksandar ban primorski i župan zagrebački dosudjuje topuskomu samostanu neku zemlju u Glini, koju su si posvojiti htjeli sinovi Ratini.

Nos magister Alexander banus maritimus et comes Zagrabiensis significamus tenore presencium universis, quod cum super facto terre, que incipit a ponte Glyna et vadit per viam magnam usque ad Motoy in dextra parte, inter abbatem Toplicensem ex una parte et filios Rata ex altera coram nobis questio verteretur et eadem fuisset deducta ad iudicium domini nostri Stephani bani; tandem idem banus cognito processu negocii decrevit, sicut in eiusdem bani literis invenimus contineri, quod ut predicta terra esset ecclesie Toplicensis, Ivan filius Jerozlai, qui pro abbate litem eiusdem terre portabat, cum Ivan filio Ortun de Blyna et Huet, officiali abbatis memorati, secundo die Marie Magdalene coram capitulo Zagrabiensi deberet prestare sacramentum. Instante itaque die sacramenti, Ivan filius Jerozlai cum adiudicatis sibi prenotatis iuxta formam prescriptam prestitit sacramentum. Unde quia in ipsius bani literis habebatur, quod prestito sacramento ipsa terra ad monasterium Toplicense devolvi deberet, nos eandem terram ab iniusta inpeticione filiorum Rata absolventes predicto monasterio restituimus iure perpetuo possidendam pacifice et quiete. Ut igitur huius rei series robur obtineat perpetue firmitatis, nec ullo unquam processu temporum per filios Rata vel eorum successores possit in irritum revocari, presentes contulimus literas sigilli nostri munimine roboratas. Datum Zagrabie anno ab incarnacione domini MCC quinquagesimo nono.

Privileg. monaster. B. V. Marie de Toplica no. LIII.

Tkalčić Monum. episc. Zagr. I. 244. — Wenzel Cod. dipl. Arpad. cont. XI. 464—465. — Kukuljević Reg. no. 779.

654.

1259. U Zagrebu.

Banovac Aleksandar dosudjuje zemlju Šepnicu Tomi i njegovim sinovima.

Nos magister Alexander comes de Podgoria, vicebanus et iudex Zagrabiensis significamus tenore presencium uniuersis, quod cum Thoma filius Bratuan terciam partem terre Scepnice accepto a nobis pristaldo Bosino a Micus, Micola et Stephano [filii]s Nicolai rehambulasset(!) suam esse asserendo et super eadem int(er) partes questio fuisset diuci(us) uentilata, tandem ordine iudiciario m[edi]ante quartam partem terre rehambulare per Petrum curialem comitem nostrum Zagrabiensem dicto Thoma(!) et filiis eiusde(m) assignari fecimus ... perpetuo possidendam certis metis distingendo. Et sicut eodem Petro comite intelleximus referente, mete ipsius terre hoc ordine distingu[ntur]. Prima meta incipit iuxta riuulum Scepnice a meta terrea de nouo eleuata iuxta ipsum riuulum et iuxta fruticem nucis et . . . . . ultra riuulum est arbor nucis cruce signata subt(us) montem super quem est vinea retro uillam filiorum Nicolai et ex parte montis [est c]o(m)metaneus Bolozod [a] parte aquilonis et inde directe per eundem riuulum, uadit ad unum molendinum, quod stat super ipsum ri[uulum] sub vinea(m) nominata(m) . . . . . . uillam et per eundem riuulum uadit ad duas arbores pruni et ibidem ex altera parte est arbor n[ucis cr]uce signata; inde directe uadit per ipsum riuulum et in uno loco transiens riuulum ubi cadit p(ar)uul(us) fluuius in riuu[lum Sce]pnice et ibi est arbor nucis cruce signata et ibi riuus(!) Scepnice cadit et manet in meta terre Thome, inde proce[dens] transit unam viam et uenit directe ad partem occidentis ad metam terream de nouo factam, inde uenit ad duas arbores p . . . quarum altera est cruce signata, inde parum ascendendo ad montem uenit ad metam eleuatam ad radices arboris [nuc]is c(ru)ce signate, inde ascendens per eundem montem descendit ad metam terream, iuxta quam stat truncus silicis c(ru)ce sig[nata], inde procedens transit uiam unam et dependit in uallem ad tres arbores, quarum una est arbor sorbelli, due uero n[uci]s, ex q(ui)b(us) altera est cruce signata; inde ascendens directe ad partem occidentis uenit ad arborem piri siluestris stantem in . . . . . c montis, que est cruce signata et meta terrea circumfusa; ibique t(er)minat(ur) et terra filiorum Nicolai ex meta remanet ad partem meridionalem, ad partem uero occidentis remanet terra filiorum Marge et ad septemtrionem terra fratrum sancti sepulcri, ad orientem uero remanet terra Thome et suorum cognatorum, cuius terre metas separat terra Bolozod eundo per dorsum montis. Vt igitur huius rei series robur perpetue obtineat firmitatis, nec ullo unquam processu temporis possit per quempiam ret(ra)ctari, presentes contulimus litteras sigilli nostri munimine roboratas. Datum Zag(ra)bie, anno ab incarnacione domini M⁰ CC⁰ L⁰ nono.

Iz originalne potvrde bana Stjepana od 1259. u kr. ug. drž. arkivu u Budimu: DL. 35.829. (bivša zbirka Kukuljevićeva).
Kukuljević Reg. no. 778.

655.

1259.

Stjepan ban potvrdjuje listinu banovca Aleksandra (od 1259.) za zemlju Šepnicu.

Nos Stephanus banus tocius Sclauon[ie] et capit[aneus] Stir[ie] significamus vniuersis, quod Thoma filius Bratuan ad nostram accedens presenciam litt[er]as stabiles(!) Alexandri vicebani nostri nobis obtulit, suplicans humiliter, ut easdem confirmare cum patrocinio litterarum nostrarum studeremus. Quarum tenor tales est:

(Slijedi prediduća listina podbana Aleksandra).

Nos autem iustis precibus ipsius Thome inclinati, tenorem litterarum Alexandri vicebani de uerbo ad verbum ad presentem paginam inseriri(!) fecimus et per ipsas litteras Alexandri vicebani nostri cum patrocinio presencium confirmamus eidem Thome et filiis suis antedictis, anno domini M⁰ CC⁰ L⁰ nono.

Original u kr. ug. državnom arkivu u Budimu: DL, 35.829 (prešao ovamo kupnjom dijela zbirke Kukuljevićeve g. 1889.) Stara neka sign. fasc. I. no. 1.
Na listini vidi se trag, gdje je o vrvci visio pečat. Listina je pisana minuskulom kakovu nalazimo samo u južnoj Italiji u ovo doba, te čini na prvi mah utisak pisma XIV. vijeka, po tome utisak falsifikata. Dakako da točnije ispitivanje vanjskih znakova tu sumnju otstranjuje.
Kukuljević Reg. no. 778.

656.

1259.

Ulomak medja nekoga posjeda opatije Topuske.

. . . .

ad montem ad tres metas, deinde descendit in aquam in Petrina, deinde
autem exit ad Bely potok, et exinde ascendendo vadit per fluvium ad
caput Bely potok deinde ad Damasingum, ubi est meta, deinde descendit
et transit rivulum ad metam, deinde autem iterum ad metam, deinde
veniendo perveniendoque ad viam que venit de Blina, per viam descendit
in Precopam, ubi sunt mete, de Precopa autem venit ad metas, deinde
per valles ascendendo in vallemque descendendo et super montem superius est meta terrea et inde ad Cochinam, deinde ascendit ad montem
ad caput rivuli ubi sunt mete in monte, deinde in Raunam, sed ibi terminantur. Datum anno domini MCCL nono. Pristaldi autem fuerunt:
Gurk filius Merge (comes?) terrestris et Blasius curie nostre. Nos itaque
iustis peticionibus predicti bani consencientes ad maiorem cautelam rei
geste et firmitatem presentes contulimus sigilli nostri munimine roboratas. Datum per manus Michaelis lectoris ecclesie nostre, anno ab
incarnacione domini prenotato.

Privileg. monaster. B. V. Mariae de Toplica, no. LXIV.
Tkalčić Monum. episcop. Zagrab. I. 124. — Kukuljević Reg. no. 780.

657.

1259.

Stjepan ban izmiruje radi medja knezove u Gorici.

Nos Stephanus banus tocius Sclavonie et capitaneus Stirie significamus omnibus presens scriptum inspecturis, quod cum Neudal et generacio sua, castrenses scilicet de Goricha, Petrum, Volc et Marcum filios
Chechan traxissent coram nobis in causam, requirentes quandam particulam terre ab eisdem, quam quidem particulam suam esse asserendo.
Et ipsi filii Chechan respondentes dixissent, illam particulam terre dona-
ticiam domini regis eisdem pro concambio terre sue hereditarie dicendo,
quod dudum eciam requisierunt ipsi castrenses ipsam terram ab eisdem,
sed non potuerunt optinere, ita asserentes, quod nos tunc per comitem
Thomam et per comitem Nicolaum, qui tunc erat comes de Goricha

ipsam terram cis fecissemus per metas continuas assignari. Nos itaque auditis parcium assercionibus, quia Nicolaus comes presens fuit, ipsum ad terram illam duximus transmittendum accepto sacramento ab eodem ita, ut ad fidem deo debitam metas terre ipsorum separaret, sicut quondam separaverat, qui ad nos reversus metas illius terre nobis in scriptis portavit, ipsis Neudalo et generacione sua non contradicentibus, pocius assensum prebentibus et favorem. Nos autem ipsam terram filiis Chechan reliquimus in perpetuum possidendam sub hiis metis. Prima igitur meta incipit apud unum puteum qui vocatur Oburh et per rivulum eiusdem putei cadit in fluvium Corona, de puteo autem ascendit in montem, ubi sunt due mete, quarum una filiorum Chechan et altera Neudali cum sua generacione, deinde iterum ad montem ad duas metas terreas, deinde vadit ad vallem ad duas metas terreas, deinde ad terram Vlchiz ad duas arbores crucesignatas, que sunt pro metis, quarum una filiorum Chechan, altera vero Neudali et sue generacionis et ibi terra Neudali remanet ad occidentem, terra vero Vlchiz ad aquilonem et ibi est arbor brezt vulgo vocata, ubi ab oriente terra Dobrozlai remanet, deinde vadit ad lapidem Zcala, deinde vadit ad Coronam et ibi terminatur. Ut autem huius rei series salva consistat, ne deinceps discordia inter partes super metis prefatis oriatur, presentes litteras concessimus sigilli nostri munimine roboratas. Anno domini M⁰CC⁰L⁰ nono.

Original u kr. ug. drž. arkivu u Budimu: DL. 4702 (Stara sign. N. R. A. fasc. 1531. no. 24.) Na listini vidi se trag, gdje je o vrvci visio pečat.

Cod. dipl. patrius VIII. 74—5, no. 60.

658.

1259.

Kraljica Marija daruje Čehu sinu Pučine posjed Dubovac u požeškoj županiji, kao zamjenu za grad Lobor, koji je Pučini kralj Bela oduzeo bio.

Maria dei gracia regina Hungarie vniuersis Christi fidelibus presentes inspecturis salutem in omnium saluatore. Ad uniuersorum noticiam tenore presencium uolumus peruenire, quod cum possessionem Pucyna filii Vrban Lobor uocatam cum castro in eadem constructo comiti Michaeli fratri Buzad noster dominus et consors carissimus Bela rex Hungarie illustris contulisse, postmodum Chech filius eiusdem Pucyna ad nostram accedens presenciam dictam possessionem Lobor et castrum a patre suo ablatum indebite asserebat et sibi mediante nostra gracia restitui postulabat. Verum quia donacio dicto comiti Michaeli facta sine causa racionabili tunc per dominum regem non fuit reuocata, nos attendentes seruicia dicti Cheh que in regno et extra regnum in legacionibus nostris fideliter deferendis exhibuit, terram Dobouch existentem in Posoga ad nostras manus inmediate spectantem, que post donaciones ex eadem factas ad nos extitit a suis possessoribus sepius deuoluta cum silua Zoaberke nuncupata in ea quantitate, prout latitudo eiusdem terre Dobouch extenditur, in permutacionem seu concambium dicte terre Lobor et castri dicto Cheh et suis heredibus, si quos habere poterit, contulimus perpetuo possidendam. Preterea cum inter ipsum Cheh et Elisabet relictam Demetrii familiarem sociam uxoris domini Johannis cognati nostri karissimi nobis efficientibus sic matrimonium celebratum, ex liberalitate propria hanc duximus graciam faciendam, quod si ipsum Cheh absque solacio heredum prius quam dictam uxorem suam mori contingat, extunc ipsa consors eius dictam terram Dobouch cum utilitatibus suis possideat quoad uiuit, post obitum vero eiusdem ad generacionem dicti Cheh tanquam ipsorum hereditariorum pleno iure deuolvatur perpetuo possidenda. Mete autem eiusdem Dobouch et silue, prout per litteras Philippi comitis de Posoga, cuius inquisicioni commiseramus, nobis constitit, taliter distinguntur. Prima meta incipit ab oriente in radice cuiusdam montis lapidosi, ubi coniunguntur Oroycha et Lypouch, inde egreditur uersus meridiem in quodam berch transeundo per fluuium Lipouch ad montem, in cuius cacumine est meta terrea, inde per eundem montem uadit ad locum, ubi in terram est fixus unus lapis pro meta, inde declinat iterato uersus orientem in uallem ad fluuium Bregorinik uocatum, inde per eundem fluuium uadit uersus meridiem usque terram Bilote Oroycha uocatam, inde eundo per Bregorinik uadit ad montem ad quandam arborem berekune cruce signatam, sub qua est meta in ore cuiusdam uallis, inde uersus meridiem ad arborem ilicis cruce signatam, sub qua est meta, inde uertitur ad occidentem et cadit in potok Zuini uocatum, ubi commetaneus est quidam Dras nomine et prope illum locum uersus Oroycha est quidam locus apertus Nadoslaz vocatus pertinens ad terram Dobouch, inde reclinando ascendit ad montem ad arborem gertanfa, sub qua est meta et prope illum locum in margine silue sunt tria loca aperta pertinencia ad terram Dobouch: Bogdasateluke, Boboycha et Vereklaz nominata uicina domini Dras, de predicta arbore gertanfa uadit ad occidentem per montem descendendo ad potok Kuhnek uocatum, inde sursum eundo paulisper per eundem potok exit ad arborem gertanfa, ubi est meta, inde transiens per campusculum uadit ad arborem nirfa cruce signatam, ubi est meta ad potok Zkorin uocatum, inde per idem potok uersus meridiem, ubi cadit ad alium potok Dobouch uocatum, per quem uadit uersus meridiem ad Zoaberke, in cuius introitu a meta Dras separatur, inde ad occidentem ad gertanfa, ubi est meta una Pose et altera terre Dobouch, inde ad arborem tulfa sub qua est meta, inde iterum ad tulfa, sub qua est meta, inde ad terciam arborem tulfa sub qua est meta, inde ad bikfa, ubi est meta iuxta potok Skopchonik uocatum, per quem uadit uersus meridiem, de quo exit ad arborem tulfa furcatam, sub qua est meta, inde ad potok Pokolasnik, inde reflectitur ad aquilonem et exit ad uillam Mortunus iobagionis castri Inferior Vrba uocatam et per campum uadit iuxta eandem uillam usque locum, ubi quidam paruus potok cadit in Pokolosnik, inde in magno spacio uadit sursum ad fontem Pokolosnik, ubi exit ad calistam, de qua uadit successiue per tres arbores piri in berch, sub quibus sunt mete, inde reuertitur ad aquam Dobouch, ubi Kolin est commetaneus; per ipsam aquam itur sursum in magno spacio et exit inde supra ad arborem nucis ad berch supra arborem cerasi, inde sursum ad latus montis ad quendam collem, inde ad uiam antiquam, per quam uadit supra quandam uineam, deinde per berch uadit ad radicem montis Trichuch, inde ascendit ad eundem montem ad calistam, ubi separatur a Kolino, inde uadit .ad terram Ivance filii Drusk ad berch, inde flectitur ad orientem usque locum, ubi est quasi declinium eiusdem berch et ibi descendit ad duos fontes qui coniunguntur, inde transit per berch et ascendit ad alium berch, per quod uadit in longum uersus villam Zochan ad pirum, ubi est meta, inde ad berekunefa inde per idem berch eundo ad meridiem ex parte terre Zkrabatnik reuertitur ad priorem metam ad radicem montis lapidosi predicti et ibi terminatur. Habet eciam dictus Cheh extra metas predictas in aqua Chernoch loca piscature, quarum una est in fine campi Wnuhleu uocati, altera in Koponicha, item clausura in aqua Knesnicha, item quarta piscatura in aqua Luki, que omnia pertinent ad terram Dobouch antedictam. Vt igitur presens concambium et gracia per nos facta robur perpetue optineat firmitatis, presentes dedimus litteras in testimonium sigilli nostri dupplicis munimine roboratas. Anno domini M⁰.CC⁰. quinquagesimo nono.

Original na pergameni u kr. ug. drž. ark. u Budimpešti: M. O. D. L. 33.714. Stara sign. N. R. A. fasc. 1502. no. 16. — Na listini visi o crveno-žutoj svilenoj vrvci ulomak dvostrukog pečata kraljice Marije.

Fejér Cod. dipl. IV. 2. 500—504. — Kukuljević Reg. no. 783.

659.

1259.

Stjepan ban odbija Črnka Črnavića što je silio neke ljude, da mu budu kmetovi, a oni su dokazali da su slobodni.

Nos Stephanus banus tocius Sclavonie significamus omnibus presens scriptum inspecturis, quod Chornug filius Chornavech iobagio castri de Glauniza a filiis Endre requirebat coram nobis Predivoy, Volkonam, Seynarkum, Volkomirium, Vlkoynum et Stoysam nomine suorum servorum, super quibus filii Endre dicebant, quod Churnug prefatus secundario predictos homines qui semper liberi fuissent impeteret in servitutem et qualiter predicti homines iustificati fuissent contra eundem Churnug, super hoc dixerunt litteras Gurk quondam comitis Zagrabiensis se habere. Quas cum filii Endre in die ad hoc assignato exhibuissent, prefatus Churnug eas falsificavit, demum tamen Churnug prefatus in forma composicionis habite in duello, quod habebat contra filios Endre super terris Dobony et Zuhodol, predictos quinque homines tanquam liberos et litteras Gurk comitis tanquam iustas reliquit coram nobis. Unde nos ipsos quinque homines ab iniusta impeticione ipsius Churnug absolventes et litteras Gurg comitis iustas habentes, litteras presentes contulimus in testimonium huius facti sigilli nostri munimine roboratas. Datum anno domini M⁰CC⁰L⁰ nono.

Original u obiteljskom arkivu grofa Alojza Niczkya u Ligvándu u šopronskoj županiji.
Cod. dipl. patrius IV. 37. — Wenzel Cod. dipl. Arp. VII. 510. — Kukuljević Reg. br. 781.

660.

1259.

Stjepan mladi kralj potvrdjuje Haholdu darovnice kraljeva Andrije i Bele.

[S]tephanus dei gracia rex primogenitus illustris regis Hungarie et dux Stirie universis Christi fidelibus presentes litteras inspecturis salutem in omnium salvatore. Ad regiam pertinet maiestatem, a qua jura deo tribuente prodierunt, unicuique reddere sua iura et facere subditis iusticiam, que sedis eius est correccio, ne regibus in iure et iusticia deficientibus facile trahatur ab aliis perniciosum exemplum. Proinde ad universorum noticiam harum serie declaramus, quod dilectus et fidelis noster Hoholdus sua nobis conquestione demonstravit, ut quasdam terras suas empticio comparatas pater noster illustris Bela rex oblocucionibus inimicorum suorum fecisset auferri, nullo prorsus iuris ordine observato; super quibus eciam idem nobis exhibuit privilegium Andree regis avi nostri inclite recordacionis et iterum aliud privilegium carissimi patris nostri super confirmacione prioris privilegii confectum, in quibus plenius continebatur, quod predictas terras comes Hoholdus bone memorie, pater predicti magistri Hoholdy iusto titulo empcionis conpararat. Nos igitur tenore predictorum privilegiorum diligencius inspecto et quia per solicitudinem nostre excellencie unicuique ius suum teneamur observare, terras ablatas que his exprimuntur vocabulis: Radych, villam Cun apud ecclesiam sancti Lamperti, villam Wlkoy eidem magistro Hoholdo et suis heredibus decrevimus perpetualiter restituendas attendentes, quod propter ipsius servicia eximia, que in fervore fidelitatis carissimo primum patri nostro et postea nobis indesinenter exhibuit, possessiones pocius sibi sint conferende, quam ab ipso auferende; transmittentes cum eodem magistrum Benedictum aule nostre vice-cancellarium archydiaconum de Wlko, qui reversus nobis retulit, quod prenominatas villas et totam terram de metis ad metas iuxta tenorem dictorum privilegiorum eidem statuisset. Ut igitur huiusmodi series et processus ratum ac stabile perseveret, nec processu temporum per quempiam in irritum possit vel debeat retractari, presentes eidem concessimus litteras duplicis sigilli nostri munimine confirmatas. Datum per manus magistri Benedicti, aule nostre vice-cancellarii archydiaconi de Wlko, dilecti et fidelis nostri, anno domini M° ducentesimo quinquagesimo nono.

Iz potvrde kralja Karla Roberta od god. 1335. 6. jula potvrdjene po kralju Ljudevitu 1347. 6. jula. Original potonje potvrde u kr. ugar. drž. arkivu u Budimu: M. O. D. L. no. 497. (Stara sign. N. R. A. fasc. 581. no. 28).

Wenzel Cod. dipl. Arpad. vol. VII. 506—507.

661.

1259.

Bilješka o jednoj listini.

Fassio coram conventu Varadiensi Joanka filii Joannis super vinea sua in villa Naydaycha Syrmiensi, civi de Zekchu in quinque marcis perennaliter obligata.

Wenzel Cod. dipl. Arp. vol. VII. 519.

662.

1260, 2. februara. U Zadru.

Petronja, sin Lampridijev, svjedoči, da zemlja u Ceperljanima pripada samostanu sv. Krševana.

In Christi nomine. Anno incarnacionis eius millesimo ducentesimo quinquagesimo nono, mense februario, die secundo, indiccione tercia, Jadre, temporibus domini Raynerii Geni incliti ducis Venecie et magistri Laurentii venerabilis Jadre archiepiscopi, ac Johannis Badouarii egregii comitis. Testificans testificor ego Petrogna filius condam Lampredii Jadratino (!) in anima mea et in ea ueritate que Christus est dico, quod cum tempore pueritie mee irem uenatu cum quibusdam nobilibus de Jadra, probis viris et antiquis, videlicet Duymo filio condam comitis Petrogne, Stephano et Grubesce de Joseph, haberemus transitum per quendam locum qui uocatur Ceperlani in confinio Onacoue blate, dicti nobiles viri dixerunt mihi: vide karissime fili et sis memor, quod terre iste, quas nos oculata fide demonstramus tibi, sunt monasterii beati Grisogoni et iste alie sunt beati Platonis. Ille autem terre que sunt beati Crisogoni (!) [sunt uersus boream iuxta] alias terras dicti monasterii sancti Crisogoni et terre beati Platonis sunt [ex parte austri iu]xta easdem terras sancti Crisogoni. Dico etiam in salute anime mee, quod nunquam sciui nec [memini] me audiuisse a maioribus meis, quod Rebeç, Dimigna et Jacobus habuissent in contrata illa aliquas terras suas proprias, set semper audiui, quod dicte terre que sunt ex parte borea iuxta terras sancti Platonis sunt prenominati monasterii sancti Crisogoni et credo, quod ita esse verum, sicut superius testificatus sum coram his vocatis et rogatis testibus, scilicet: iudice Nicola de Trano, Mari[no Gorbo]nosso et Marco nepote predicti domini archiepiscopi.

Original u gubern. arkivu u Zadru (odio samost. sv. Dominika no. 1114.) — Listina je oštećena, pa je stoga dopunjena iz poznije kopije.

668.

1260, 10. februara. U Spljetu.

Tiha udova Mihe Stoše pravi svoju oporuku.

In nomine eterni et summi dei amen. Anno incarnacionis eiusdem millesimo ducentesimo sexagesimo, indicione tercia, decimo die mensis februarii, temporibus domini Rogerii venerabilis Spalatensis archiepiscopi, Miche Madii, Alberti Jancii, Michaelis Leonardi iudicum. Ticha relicta Miche Stosce sane ac memoriter loquens, licet infirmitate grauata, integro tamen sensu et bona memoria, timens, ne ab intestato decederet, tale sibi ordinauit fieri testamentum. Inprimis dixit, quod Stanus eius gener cum Scemosa sua uxore habuerant a Micha suo uiro quinquaginta perperos et quinquaginta perperos habuerant ab ipsa, cum quibus redimerunt domum ipsius Stani, in qua eius filii habitant a Charecia Golube, que eam in pignus tenebat. Item dixit, quod Scemosa similiter acceperat a Micha Baciane quinquaginta perperos, quos ipse Micha ipsi Tiche dare tenebatur. Item dixit, quod dictus Stanus accomodauerit ab ea ducentas quadraginta libras denariorum paruorum, de quibus nichil unquam ab ipso se dixit habere. Item dixit Eliam suum nepotem mutuo accepisse ab ea triginta libras denariorum paruorum et alia uice centum uiginti libras similiter denariorum paruorum et dixit ipsum Eliam posuisse ei aliqua pignora pro viginti libris denariorum paruorum, que pignora ei violenter abstulerat in suo scrineo(!) cum pluribus instrumentis de suis possessionibus et debitis et nunquam aliquid ab eo de hiis omnibus perceperat. Item dixit, quod dictus Stanus habuit ab ea suum barculium ad regendum et custodiendum et ipse eum tenuit nichil ei dans de ipsius introhitibus et de ipso suas fecit uoluntates. Et etiam dixit Stanum habuisse ab ea centum pecudes ad pascendum a decessu Duimi sui filii et usque ad diem hanc, de quibus nichil se dixit habuisse nec introhitus, nec fructum, nec capitaneum. Item dixit Scemosam suam filiam habuisse ab ea sexdecim pensas auri de fragumo, quas ipsa sibi apropriauit. De quibus omnibus supradictis dixit et uoluit dicta Ticha, quod Dabra eius filia medietatem habere debeat, aliam heredes Scemose alie sue filie sibi tcneant et sic soluta medietate omnium supradictarum rerum heredes Scemose predicte Dabre suam partem in se recipiant, videlicet: terram que est ad Caçanam, quam pastinauit filius Besciçi et terram de Duye, quam pastinauit filius Plessecte et terras de Ocrenaso que diuise fuerunt cum Prodde Russi et terram in Dilato prope ecclesiam sanctorum Cosme et Damiani et duas terrulas que sunt similiter in Dilato sub uilla que uocatur Kasiçce et terra que est in insula Bracie et terra quam habent diuidere cum Dabro Loduli. Predicta uero Dabra dixit, quod habeat in sua parte et proprietate terram que est ubi dicitur »ad fontes« et terram que est »ad laculos« et terram de Garcutto et terram que est ad . . ille et terram que est ad Pillatum, quam pastinauit Sciue clericus et terram de Spinnuço et terram que est ad paludum(!) iuxta Joram Madii. Et dixit, quod omnia instrumenta que eius nepotes filii Stani que ipsa eis uel ipsorum patri uel matri de supradictis rebus fecerat irrita et uacua permaneant et nullam uigoris obtineant firmitatem. Quibus omnibus Elias Stani qui illic presens erat contradixit et negauit et se sub proteccione curie et suos fratres et sorores posuit dicens, suam auam non recte fuisse locutam. Item predicta Ticha uoluit et mandauit, quod pars quam habebat in Solta et terra que est ad sanctam Mariam de Pa(n)sano uendatur et detur pro sua anima per manus suorum comissariorum, patri spirituali quatuor libras, clericis qui ad eius exequias fuerint quatuor libras, matri Drasce et suo nepoti quinque libras, monasterio sancti Stephani libras decem, monasterio sancte Marie de Solta tres libras, Slaue Caca . . sei due libre, fratribus minoribus quatuor libre. Et dixit etiam, quod Micha bone memorie eius nepos habuerat de ipsa uiginti quinque libras, quas dixit, quod ipsis fratribus minoribus de eius parte detur pro ipsius anima. Dixit etiam, quod octo libras, quas Micha Baçiane ei dare tenetur, accipiat Dabra et pro eius anima faciat. Item mandauit, quod domus que fuit Berbeci iuxta domum Dabre eius filie et terra que est ad sanctum Andream post decessum Dabre uendatur, tamen ipsa in uita sua possideat et detur de hiis triginta libre monasterio sancti Benedicti et aliud monasterio sancti Stephani pro anima Duimi sui filii et suorum predecessorum. Item mandauit et uoluit, quod ad presens terra sancti Petri de Gumano quam in pignus habuit, ut libera et absoluta ipso monasterio reddatur. Item dixit, quod Dabre donauerat pater in sua disponsactione(!) pro dotibus centum perperos, quod etiam ipsa Dabra non negauit. Item dixit et uoluit, quod omnia superlectilia, vt est: silia, vegetes et alia que in domo post eius decessum remanserint sint Dabre et nichil heredes Scimose de hiis habeant, cum tantumdem et plus apud se habeant. Fecit et constituit suos commissarios ad exequendum omnia supradicta bona fide super ipsorum animas: Duimum Cassari et Biualdum

Duimi. Actum in domo ipsius Tiche in presencia Nicolai quondam sacriste eius patris spiritualis, Dese Michaelis, Philippi Cuse, Laurencii Deue et plurium alliorum. Ego Geruasius Grubesce scripsi. Et ego Lucas Spalatensis canonicus iuratus comunitatis hiis interfui et audiens a predicta Ticha rogatus hoc breue scripsi.

Iz notar. prijepisa od god. 1260. 7. juna. Ovaj se nalazi u arkivu kaptola u Spljetu a. 1260. — Wenzel Cod. dipl. Arpad. II. 326. (nepotpuno po kopiji XVII. vijeka u arkivu taj. u Beču). — Kukuljević Reg. no. 794. (nepotpuno no. 787. po Wenzelu).

664.

1260, 26 februara.

Bela kralj ugarski i hrvatski poklanja opatiji Topuskoj za uzdržavanje grada sagradjenoga na otoku sv. Ladislava, koji se prije zvao Vihudj, posjed Kralu.

Bela dei gracia Hungarie rex omnibus presentes litteras inspecturis salutem in vero salutari. Et si magnificencia regia ad omnes subditos extendi debeat, precipue tamen viris deo famulantibus eius non debet esse gracia aliena, cum non solum arma, sed et preces pie iuven[an]cium tueantur regnum et regium dyadema. Proinde ad universorum noticiam tenore presencium volumus prevenire, quod cum abbas et fratres ordinis Cysterciensis de Toplica, Zagrabiensis dyoecesis, in insula sancti Ladizlai, que prius Wyhugh nuncupabatur, turrim et domos pro defensione sua et obsequio regio de nostro consensu construere cepissent, ut in easdem se adversitatis tempore valeant receptare et terre ipsorum abbatis et fratrum, de quibus predicte turris et domus posset muniri victualibus, admodum sint remote. Volentes prope castrum predictum in aliqua terra utili, in qua sibi grangiam faciant providere, terram Pridislai et Ludugari nomine Crala cum omnibus pertinenciis suis, silvis videlicet, insula et piscacionibus contulimus predictis abbati et fratribus pro conservacione dicte turris et domorum suorum perpetuo possidendam, sub eisdem metis et terminis, quibus dictus Pridizlaus et Ludiganus(!) eandem dinoscuntur possedisse. Ut igitur hec nostra donacio robur perpetue obtineat firmitatis, presentes litteras in testimonium dari fecimus sigilli nostri munimine duplicis roboratas. Anno ab incarnacione domini MCC (sexagesimo), quarto kalendas marcii, regni autem nostri XX quinto.

Privilegia monasterii b. v. Marie de Toplica no. XVIII.
Tkalčić Mon. episc. Zagrab. I. 124—125. — Wenzel Cod. dipl. Arp. cont. XI. 478—479. — Kukuljević Reg. no. 788.

665.

1260, 8. marta. U Dubrovniku.

Naredjuje se, da se svaki Dubrovčanin, komu je općina što dužna, ima pismom vjerovnim javiti pred novim knezom mjesec dana iza njegova dolaska.

† Anno incarnationis domini millesimo ducentesimo sexagesimo, mensis martii, octauo die intrante, ordinata curia cum sonitu campane. Nos quidem Egidius Quirinus comes Ragusii cum iuratis iudicibus Dabrana Lampridii, Michaele Pezane, Pasqua Johannis Grade et Andrea Benesse et consiliariis et populo Ragusii statuentes statuimus et laudamus, quod quicunque homo uel femina habet cartam uel cartas super comune Ragusii de debito hinc retro, adducat eam uel eas ad predictum dominum comitem usque ad primum uenturum mensem aprilis, si est in Ragusio. Ille uel illa qui habet eam uel illas et si esset extra Ragusium et uenerit Ragusium, adducat eam uel eas ad predictum dominum comitem usque ad unum mensem postquam uenerit Ragusium. Et si predicto ordine nunc adducerent, inde in antea sit et sint rupta et rupte et uacua et uacue et sine ullo uigore usque in perpetuum. De hoc autem facto sint due carte similes, hec et alia. Hec autem carta nullo testimonio rumpi possit. Ego autem presbyter Pascalis et comunis notarius iuratus per laudationem prenominatorum domini comitis et iuratorum iudicum consiliatorum populi et curie cum sonitu campane scripsi et roboraui.

(Signum notarii.)

Obadva primjerka originala u dubrovačkom arkivu sa prerezanim pismenima, koja se slažu, kada se oba primjerka u jedno slože. Zbirka Saec. XIII.

666.

1260, 14. marta. U Budimu.

Bela kralj ugarski i hrvatski ocima Dominikancima o svetosti njihovoga pokojnoga biskupa Ivana.

Bela dei gracia Hungarie, Dalmacie, Croacie, Rame, Seruie, Gallicie, Lodomerie, Cumanieque rex viris deo amabilibus patribus reverendis magistro ordinis fratrum Predicatorum et definitoribus capituli generalis apud Argentinam salutem et sincere dilectionis affectum. Quam preclara fuit virtus ac virtuosa fuerit vita sancte recordationis Joannis Bosinorum episcopi tunc apud nos degentis, deinde magistri ordinis vestri, adhuc in memoriam a nobis et ab omnibus regni habitatoribus revocatur. Dulcior est in aure et in corde devotionis ardor et contritionis, quoties animadvertitur, quod pater pius super afflictos pia viscera gerens, hoc suum solum estimabat, quod de suo episcopatus peculio Christi pauperibus potuit erogare et ne verbosa fiat circa vos longa oratio, breviter studium ipsius erat miserabilibus misereri et pro infirmantibus infirmari. Predicationis quoque verbum quod mellifluo dabat in auditores eloquio, spiritus sancti illustrabatur dono et tam gratiosum eum reddiderat deus apud omnes, ut vere sibi competeret laus martyris et quem perfuderat deus gratia, ab omnibus amabatur et ne lumen lateret in tenebris, sed merita ipsius per miraculorum ostensionem populo· patefacta, suffragium offerrent petentibus et corde credentibus mansueto, vobis aliisque notum sit, quod mortuum suscitavit, claudis gressum et visum restituit non videntibus. Nobis quoque, qui in ipsius sancta conversatione et orationibus pro nobis pollicitis spem habentes, medelam sperabamus languoribus hominis utriusque in quodam gravi morbo, quo frequenter affici multi soliti sunt, quandoque morbo ipso attentati, signo crucis doloribus obiecto, suffragia eiusdem imploravimus, ad que vehementia doloris et miseria corporee conditionis compulit imploranda, illicoque similiter gratiam sentientes invocati, dolor cessit quieti et morbus sanitati. Invigilate ergo, patres carissimi, quod vita et miracula eiusdem prodere possint in publicum et sancta mater ecclesia tanti filii gloria incrementum recipiat spirituale et populus Christianus patrocinium per eiusdem devotionem augeat et salutem. Datum apud nostram curiam in dominica qua cantatur »Letare«.

Farlati Ill. sacrum. IV. 52.

667.

1260, 25. marta. U Zadru.

Laurencije nadbiskup zadarski izuzima samostan sv. Nikole ispod svake jurisdikcije.

Quia iuxta canonum sanctiones bone rei dare consultum et vite presentis habetur subsidium et eterne remunerationis expectare cernitur premium, ideo nos Laurentius dei gratia Jadrensis archiepiscopus cum nostro capitulo uniuerso, deliberatione diu inter nos habita et communicato cum pluribus sapientibus et religiosis uiris consilio diligenter considerantes et utiliter attendentes, quod per donationem seu oblationem monasterii sancti Nicolay de Jadra, ordinis sancti Benedicti, quod abbatissa curet cum omnibus rebus suis mobilibus et inmobilibus, quam uniuerse moniales eiusdem monasterii pura et pia intentione de consensu patronorum ipsius fecerunt liberaliter et deuote deo et ordini sancti Damiani pauperum dominarum, sua simul eidem ordini corpora offerentes, non solum in Jadrensi prouincia sed in tota Dalmacia procuratur et aquiritur tam salus corporum quam eciam animarum, predictam donationem seu oblationem totis cordis uisceribus ratam et gratam habentes, predictum monasterium cum omnibus rebus suis et moniales omnes que nunc sunt et que de cetero per tempora fuerint, ab omni iurisdictione siue subiectione duximus perpetuo eximendas, nichil omnino iuris nobis in eodem monasterio reseruantes. In cuius donationis, ratificationis et emptionis perpetuam firmitatem presens scriptum nostris sigillis pendentibus fecimus communiri. Actum est hoc in monasterio antedicto presentibus Damiano plebano sancti Petri noui de Jadra, Geminiano Jadrensi primiçerio et nobilibus viris Cerne de Merga, Crisogono de Mauro, Paulo de Lampredio, Johanne Çiualelli et Lampredio Nicole et aliis pluribus, currente anno domini millesimo ducentesimo sexagesimo, mensis marcii, die septimo exeunte, indictione tertia.

Original u gubern. arkivu u Zadru, odio samost. sv. Nikole br. 16. Pečati manjkaju.

Farlati Ill. sacr. V. 79. — Theiner Mon. slav. mer. I. 88. — Wenzel Cod. dipl. Arpad. cont. VII. 533—4. — Potthast reg. pontif. br. 17.890. u listini pape Aleksandra IV. od 11. juna. — Kukuljević Reg. no. 789.

668.

1260, 26. marta. U Anagni.

Aleksandar IV. papa na molbu biskupa trogirskoga rješava ekskomunikacije svećenike šibeničke, koji su se bili pobunili proti svomu biskupu.

Alexander etc. episcopo Traguriensi: Exposuit nobis tua fraternitas, quod clerici castri de Sibenico tue diocesis, lataque in eos a bone memorie episcopo Traguriensi predecessore tuo pro denegata sibi ab ipsis obedientia excomunicationis sentencia sunt ligati; idemque predecessor observari eandem sententiam usque ad satisfactionem condignam obtinuit a sede apostolica demandari; quorum clericorum quidam susceperunt ordines et divina celebrarunt offitia sic ligati. Quare super hiis eorum provideri saluti humiliter postulasti; de tua itaque circumspectione plenam in domino fidutiam obtinentes, presentium tibi auctoritate concedimus, ut eosdem excommunicatos absolvas hac vice ab huiusmodi excommunicationis sententia iuxta formam ecclesie vice nostra, iniungens eis quod de iure fuerit iniungendum. Cum illis autem ex eis, qui iuris ignari vel immemores facti, absolutionis benefitio non obtento susceperant ordines, divina officia celebrarunt, iniuncta eis pro modo culpe penitentia competendi, eaque peracta, liceat tibi de misericordia, que superexaltat iuditio, prout eorum saluti videris expedire, dispensare. Si vero prefati excommunicati scienter, non tamen in contemptum clavium, talia presumpserunt, eis per biennium ab ordinum executione suspensis et imposita ipsis penitentia salutari, eos postmodum, si fuerint bone conversationis et vite, ad gratiam dispensationis admittas. Datum Anagnie VII. kalendas aprilis, pontificatus nostri anno sexto.

Lucius Memor. di Traù 78. — Farlati Illyrium sacrum IV. 346—7. — Fejér VII. 4. 123—4. — Wenzel Cod. dipl. Arp. cont. XI. 485. — Potthast Reg. pontif. br. 17.820. — Kukuljević Reg. no. 790.

669.

1260, 1. aprila. U Zadru.

Veliko vijeće zadarsko daje gradjanstvo Srići sinu Dujma de Lucaris iz Spljeta.

Omnibus et singulis ad quos pervenerint vniuersis nos Matheus de Nassis, Martinus de Grisogonis et Johannes de Calzina rectores ciuitatis Jadre salutem et prosperorum incrementa succesuum. Non destitit esse certum ciuitates ciuibus nominare et quanto maiori ciuium numero pollent vrbes, tanto uberiori letitia gloriantur, quia uti rex eternus de ciuium supernorum pluritate letatur, sic vrbis rectores de ciuium frequentia, prudentia, preditorum presentia presertim leti magis efficiuntur. Nullus etenim quantumcumque potens et magnus per se ipsum ualet, nec sibi satis est, nisi aliis copuletur, sed tanto celebrior est ciuium cetus, quanto maiori preualet potentia, cum sit ciuitatum tuttamen ciuilis resistencia, memorie deffensio, plebis tuttela, honor et gloria presidentur. Hac itaque consideratione permoti, nos rectores prefati, procuratores communis Jadre, consilium rogator(um) et maius generale consilium ciuitatis Jadre considerantes grata et obsequiosa seruitia, quibus vir nobilis ser Scerechia Duimi de Lucaris de Spalato nostro comuni exibuit in preteritum

et presentem intendit et que exibere(!) poterit in futurum atentaquę ipsius
bona uoluntate et animi eius sinceritate, quam semper indefesse protendit
ad subuehendos propagandosque comunitatis nostre profictus(!) totque
fauoris, tanquam status et honoris nostri fragratissimus(!) beneuolus et
zelator, volentes eumdem virum nobilem ser Scerechia cum omni eius
prole legittima masculini sexus nata et nascitura ob pręmissa que continuo insisterat(!) nostro pectore recompensaturi, condigni(!)tituli(!) honorare,
ad cuius petitionis instantiam uigore auctoritatis et talie attribute nobis
per statuta et ordinamenta ciuitatis Jadrę eumdem ser Scerechia et filios
suos masculinos et alios quoscumque ex eo per uirilem sexum legittimum
in perpetuum descendentes pluries prius per nos congregatos in unum
uice qualibęt existentes in numero sufficienti et inter nos rectorem, inter
nos procuratores et omnes iterum de consilio rogatorum facto passato
ad bussis(!) cum ballotas(!) in quibus nulla contraria reperta fuit; et iterum
parte obtenta in maiori consilio animo deliberato et non per errorem
ciuem ciuitatis nostre Jadrę personaliter fecimus et constituimus atque
creamus facimusque atque constituimus et ordinamus tenore presentium
ipsumque et omnem eius prolem legittimam ex eo, ut est dictum, in
perpetuo descendentem per lineam masculinam in ciuem, ciues et con-
fratres nostros, consiliarios a consilii(!) et de consilio dictę ciuitatis nostre
Jadrę assumpsimus et assumimus, errigimus, attolimus et serie presentium
instituimus, ac beneficium ciuitatis et citadinantię nostrę consulatusque ei
et eis gratiosius impartimus cum honoribus et singulis fauoribus, munificen-
t[ibus]que(!) gratiis, libertatibus, imunitatibus, muneribus et oneribus commodis et incommodis, quibus alii ciues nostri, consiliarii et in consilio nostro
aditum ac nomen, auctoritatem omnino potiuntur fruntque(!) et gaudent
ita, ut ad(!) modo in antea ipse ser Scerechia cum eius prole legitima
masculina inter nos alter ego censetur et sit; et quia nobilitas omnis
uenustate pulcrescit, ideo nos unanimes et pacili(!) uoluntate conformes
eidem ser Scerechia ac suis in perpetuum descendentibus, ut supra
dictum est, apud nos ne uideatur migliorari(!) loca ac sexus concedentes
et congruos in palatio ac loco et sala nostra palatii comunitatis, ubi
nostra consilia celebrantur et fiunt in cętu et ordinaria illorum ipsius
consilii concedimus, ac ex nunc locum instituimus, deputamus atque
dedimus eis de gratia concedentes, ut in consiliis nostris et ad consilia
nostra ad modo in antea accedere possint et ualeant in eisque stare,
esse ac arengare, proponere et orare ac opiniones suas in publicum prodere et per alias arengata et dicta resilire et confutare iuxta eius bonam
conscientiam, prout iustum et equum uediderit(!) et concernere poterit
honorem ac rogationem et bonum statum et salutem nostre reipublice
et huius ciuitatis nostre Jadrę ac regiminis eius saluteferius dęcus. Qui

quidem vir nobilis ser Scerechia ipse (pro) se ipso et omnibus descen[den]-
tibus eius in perpetuum masculini sexus legittimi prestitit corporale iuramentum dicto comuni nostro Jadrę ad sancta dei euangelia tactis scripturis,
quod erit perpetuo bonus, fidelis, legalis et obbediens ciuis dicte ciuitatis
Jadrę, ac bonum statum et honorem ciuitatis ipsius procurabit et exercebit
et faciet toto posse. In quorum omnium testimonium ac fidem et certitudinem pleniorem presentes literas priuilegiales nostras fieri et scribi
iussimus manu Albertus Bono de ciuitate Bellunni cancelarii superioris,
comunis nostri iurati in actos registratas cancelarię nostrę superioris
registratas(!) et sigili nostri magni consueti appensione munitas. Datum
Jadrę in dicto nostre comunitatis palatio, anno domini M⁰CC⁰LX,
prima die intrante aprili.

Ego Petrus filius Gregorius de Prata notarius imperiali(!) et cancelarius
magnifice(!) comunitatis Jadrę exemplauit mandato magnificum dominorum
consiliori(!) de uerbo ad uerbum prout stat et iacet et in fidem subscripsit
et signo magnifice comunitatis Jadrę signauit.

Original(?) u arkivu gubern. u Zadru Act. fam. Lantana no. 1. Na
pravoj strani listine desno dolje vidi se odlomak pritisnuta pečata u crven-
kastom vosku.

670.

1260, 20. aprila. U Anagni.

Papa Aleksandar IV. nalaže Tomi spljetskomu arcidjakonu, da u
krjepost stavi osudu nadbiskupa zadarskog proti šibeničkom kleru.

Alexander episcopus seruus seruorum dei dilecto filio (Thome) archidiacono ecclesie Spalatensis salutem et apostolicam benedictionem. Exposuit nobis venerabilis frater noster (Columbanus) episcopus Traguriensis, quod cum inter bone memorie (Treguanum) Traguriensem
episcopum predecessorem suum ex parte una et (Stanimirum) archipres-
biterum et clericos castri de Sybinicensi (!) Traguriensis diocesis ex altera
super eo, quod sibi subiectionem, obedientiam et reuerentiam ei debitas
exhibere contra iustitiam denegabant, decimis et aliis iuribus episcopalibus coram venerabile fratre nostro (Laurentio) archiepiscopo Jadrensi
auctoritate apostolica questio uerteretur, idem archiepiscopus cognitis
cause meritis et iuris ordine obseruato diffinitiuam pro eodem episcopo
sentenciam promulgauit, quam ipse apostolico petiit munimine roborari.
Ideoque discretioni tue per apostolica scripta mandamus, quatinus sen-

tentiam ipsam, sicut est iusta, auctoritate nostra facias appellatione remota firmiter obseruari. Datum Anagnic XII. kalendas maii, pontificatus nostri anno sexto.

Original u arkivu kaptola u Trogiru a. 1260. no. 15. — Na listini visi o končanoj vroci olovni pečat: Alexander papa IIII. — Farlati Ill. sacrum. IV. 347. — Wenzel Cod. dipl. Arpad. cont. XI. 486. — Potthast Reg pontif. no. 17.836. — Kukuljević Reg. no. 792.

671.

1260, 2. maja.

Pred županom križevačkim Junkom prodaje Vlček sin Konuhov od plemena Grobićeva dio zemljišta Dragojli od istoga plemena.

Nos Junk comes Kyrisiensis omnibus presens scriptum habituris significamus presencium per tenorem, quod constitutis in nostra presencia Draguila de genere Grobech ab una parte et Wlchek filio Konuh de eodem genere ab altera, idem Wlchek confessus est uiua uoce, se totam porcionem terre sue in uno loco iuxta terram magistri Laurencii existentem eidem Draguile pro nouem pensis uendidisse iuxta cognicionem Prelse comitis, Iwani filii Chakani, tunc terrestris comitis et Hegueni comitis, qui eam de mandato nostro ad ualorem nouem pensarum estimauerunt. Quas nouem pensas idem Wlchek ab eodem Draguila pro terra supradicta se dixit plenarie recepisse. Astiterunt eciam Mirko, Gurdilo et Ozel, Veryen, Mathias, Brata, Bela, Budilo et omnes alii consanguinei eorum ipsam vendicionem terre consensu unanimi admittentes, tali tamen interposita racione, quod si forte aliquis ipsam terram emptam ab eodem Draguila uellet revocare, dictus Wlchek tenebitur penitus expedire. Vt igitur huius rei series illesa permaneat, litteras nostras nostri sigilli munimine eidem Draguile concessimus roboratas. Datum in dominica post octauas sancti Georgii, anno gracie M⁰ ducentesimo sexagesimo.

Original u arkivu kaptola čazmanskog u Varaždinu a. 1260. — Na listini nalazi se uzica od pergamene; pečat je otpao.

672.

1260, 7. juna. U Spljetu.

Prijepis notarske oporuke Tihe, udove Mihe Stoše (od god. 1260. 10. februara).

In nomine domini nostri Jesu Christi amen. Anno a natiuitate eiusdem millesimo ducentesimo sexagesimo indiccione tercia, die septima intrante iunio, regnante domino nostro Bela serenissimo rege Vngarie, tempore domini Rogerii venerabilis Spalatensis archiepiscopi, Nicole Desse, Nicole Duymi et Cosme Petri Camurcii iudicum.

(Slijedi listina od god. 1260. 10. februara).

Actum infra ambas portas presentibus Stanicha Uenture, Jacobo Petri testibus et aliis.

(Drugi rukopis).

. . Et . ego Martinus Simeonis examinator manum meam misi.

Ego magister Franciscus inperiali auctoritate notarius et nunc comunis Spalati, sicut inueni in auctentico scripto manu Luce comunis iurati nil addens nec minuens, quod iuris ordinem inmutet de uoluntate et mandato iudicum et comunis ita fideliter scripsi et mei signi munimine roboraui.

, *(Monogram not.)*

Original u ark. kaptola u Spljetu a. 1260. (XVI. 1. 41).

Wenzel. Cod. dipl. Arpad. cont. II. 326. donosi ovaj pripis oporuke nepotpuno i pobrkano: »Et ego Lucas Spalatensis canonicus, iuratus communis hiis interfui et audiens a predicta Ticha rogatus hoc breve scripsi. Actum infra ambas portas presentibus Stanicha Venitumre (?), Jacobo Petri testibus et aliis« (štampao po ovjerovljenoj kopiji XVII. vijeka u c. beč. taj. arkivu), jer to spada k samomu testamentu. — Kukuljević Reg. no. 794 i no. 787.

678.

1260, 11. juna. U Anagni.

Aleksandar IV. papa uzima samostan sv. Nikole pod zaštitu sv. Petra i potvrdjuje mu sve posjede.

Alexander episcopus seruus seruorum dei dilectis in Christo filiabus . . . abbatisse monasterii sancti Nicolai Jadrensis eiusque sororibus tam presentibus quam futuris regularem uitam professis, in perpetuum. Religiosam uitam eligentibus apostolicum conuenit adesse presidium, ne forte cuiuslibet temeritatis incursus aut eas a proposito reuocet, aut robur quod absit sacre religionis eneruet. Eapropter dilecte in Christo filie uestris iustis postulationibus clementer annuimus et monasterium sancti Nicolai Jadrensis, in quo diuino estis obsequio mancipate, sub beati Petri et nostra protectione suscipimus et presentis scripti priuilegio communimus. In primis siquidem statuentes, ut ordo monasticus qui secundum deum et beati Benedicti regulam atque institutionem monialium inclusarum sancti Damiani Asisinati' et formulam uite uestre a felicis recordacionis Gregorio papa predecessore nostro ordini uestro traditam, cum adhuc esset in minori officio constitutus in eodem monasterio institutus esse dinoscitur, perpetuis ibidem temporibus inuiolabiliter obseruetur. Preterea quascumque possessiones, quecumque bona idem monasterium impresentiarum iuste ac canonice possidet, aut in futurum concessione pontificum, largitione regum uel principum, oblatione fidelium seu aliis iustis modis prestante domino poterit adipisci, firma uobis et eis, que uobis successerint et illibata permaneant. In quibus hec propriis duximus uocabulis exprimenda: locum ipsum, in quo prefatum monasterium situm est cum omnibus pertinentiis suis; ecclesiam sancti Johannis de Meçano cum terris, uineis et omnibus pertinentiis suis; vineas, quas habetis in loco, qui nominatur Gilanus; villam, que nominatur Racca cum omnibus pertinentiis suis, villam sitam in loco, qui uocatur Baruç cum omnibus pertinentiis suis, domos et reditus, quos habetis in ciuitate Jadrensi, cum pratis et uineis, terris, nemoribus, usuagiis et pascuis in bosco et plano, in aquis et molendinis, in uiis et semitis et omnibus aliis libertatibus et immunitatibus suis, liceat quoque uobis personas liberas et absolutas e seculo fugientes ad conuersionem recipere et eas absque contradictione aliqua retinere. Prohibemus insuper, ut nulli sororum uestrarum post factam in monasterio uestro professionem fas sit de eodem loco discedere, discedentem uero nullus audeat retinere. Pro consecrationibus uero altarium uel ecclesie uestre, siue pro oleo sancto uel quolibet ecclesiastico sacramento, nullus a uobis obtentu consuetudinis uel alio modo quicquam audeat extorquere, sed hec omnia gratis uel episcopus diocesanus impendat. Alioquin liceat uobis hec nostra auctoritate recipere a quocumque malueritis catholico antistite graciam et communionem sedis apostolice obtinente, quod si sedes diocesani episcopi forte uacauerit, interim omnia ecclesiastica sacramenta a uicinis episcopis accipere libere et absque contradictione possitis, sic tamen, ut ex hoc imposterum proprio episcopo nullum preiudicium generetur. Quia uero interdum diocesani episcopi copiam non habetis, si quem episcopum Romane sedis, ut diximus, graciam et communionem habentem et de quo plenam notitiam habeatis, per uos transire contigerit, ab eo benedictiones monialium, uasorum et uestium et consecrationes altarium auctoritate sedis apostolice recipere ualeatis. Cum autem generale interdictum terre fuerit, liceat uobis clausis ianuis, excommunicatis et interdictis exclusis, non pulsatis campanis, suppressa uoce diuina officia celebrare, dummodo causam non dederitis interdicto. Obeunte uero te nunc eiusdem loci abbatissa uel earum aliqua, que tibi successerit, nulla ibi qualibet surreptionis astutia seu uiolentia preponatur, nisi quam sorores communi consensu uel earum maior pars consilii sanioris secundum deum et beati Benedicti regulam prouiderint eligendam. Porro si episcopi uel alii ecclesiarum rectores in monasterium uestrum uel personas regulares inibi domino famulantes suspensionis, excommunicationis uel interdicti sententiam promulgauerint, ipsam tamquam contra sedis apostolice indulta prolatam decernimus non tenere. Paci quoque et tranquillitati uestre paterna imposterum sollicitudine prouidere uolentes auctoritate apostolica prohibemus, ut infra clausuras locorum uestrorum nullus rapinam seu furtum facere, [ignem apponere, sanguinem fundere, h]ominem temere capere uel interficere seu uiolentiam audeat exercere. Preterea omnes libertates et immunitates, quas monasterio uestro venerabilis frater noster Laurentius archiepiscopus Jadrensis de [capituli sui assensu indulsisse dinoscitur], sicut in eius litteris plenius continetur, auctoritate apostolica confirmamus et presentis scripti priuilegio communimus. Tenorem autem litterarum ipsius archiepiscopi ad cautelam duximus presenti [priuilegio inserendum. Qui talis est].

(Slijedi listina nadbiskupa Laurencija od g. 1260. 25. marta u Zadru, priopćena po originalu).

Decernimus ergo, ut nulli omnino hominum liceat prefatum monasterium temere perturbare, aut eius possessiones auferre uel ablatas retinere, minuere seu quibuslibet uexationibus fatigare, sed omnia integra conseruentur earum, pro quarum gubernatione ac sustentatione concessa sunt usibus omnimodi profutura, salua sedis apostolice auctoritate. Ad inditium autem huius percepte a sede apostolica libertatis, unam libram cere nobis nostrisque successoribus annis singulis persoluetis. Si qua igitur in futurum ecclesiastica secularisue persona hanc nostre constitutionis paginam sciens contra eam temere uenire temptauerit, secundo tercioue commonita, nisi reatum suum congrua satisfactione correxerit, potestatis honorisque sui careat dignitate reamque se diuino iudicio existere de perpetua iniquitate cognoscat et a sanctissimo corpore ac sanguine dei et domini redemptoris nostri Jesu Christi aliena fiat atque in extremo examine districte subiaceat ultioni. Cunctis autem eidem loco sua iura seruantibus sit pax domini nostri Jesu Christi, gratum et hic fructum bone actionis percipiant et apud districtum iudicem premia eterne pacis inueniant. Amen. Amen.

Rt. Ego Alexander catholice ecclesie episcopus.

† Ego Odo Tusculanus episcopus.

† Ego Stephanus Prenestinus episcopus.

† Ego frater Johannes tituli sancti Laurentii in Lucina presbiter cardinalis.

† Ego frater Hugo tituli sancte Sabine presbiter cardinalis.

† Ego Riccardus sancti Angeli diaconus cardinalis.

† Ego Octauianus sancte Marie in via lata diaconus cardinalis.

† Ego Ottobonus sancti Adriani diaconus cardinalis.

Datum Anagnie per manum magistri Jordani, sancte Romane ecclesie notarii et vicecancellarii III. idus iunii, indictione secunda, incarnationis dominice anno millesimo [ducentesimo sexagesimo], pontificatus uero domini Alexandri pape IIII. anno sexto.

Original u gubern. arkivu u Zadru, odio samost. sv. Nikole br. 18. — Originalni prijepisi na pergameni u istom odjelu br. 17. i 19. — Prijepis (br. 19.) iz XIV. vijeka započinje se ovako:

»In nomine domini amen. Hoc est transsumptum seu transscriptum quarundam litterarum sanctissimi patris et domini Alexandri pape IV. uera bulla plumbea et filis sericis integris, crocei et rubei coloris, ipsius domini pape bullatarum non uitiatarum, non cancellatarum, nec in aliqua sui parte corruptarum, set (in) omni uitio et suspitione carentium ; quarum tenor talis est.«

Slijedi bula papina od god. 1260.

Originalna je bula nešto u sredini oštećena, a pečata nema. Ima tek ostatak svile žute i crvene.

Farlati Ill. sacrum. V. 79—80. — Theiner Mon. Slav. merid. I. 87. do 88. — Wadding Annal. IV. 500 br. 78. — Wenzel Cod. dipl. Arpad. cont. VII. 525—528. — Sbaraleae Bullar. francisc. II. 398. — Potthast Reg. pontif. br. 17.890. — Kukuljević Reg. no. 795.

674.

1260, 20. juna. U Anagni.

Aleksandar IV. potvrdjuje samostanu sv. Nikole, da je njegov prinos od jedne funte voska na godinu za 40 godina namiren.

Alexander episcopus seruus seruorum dei dilectis in Christo filiabus abbatisse et conuentui monasterii sancti Nicolai Jadrensis et ordinis sancti

Damiani ad Romanam ecclesiam nullo medio pertinentis salutem et apostolicam benedictionem. Ne de solutione census unius libre cere, in quo annis singulis ecclesie Romane tenemini, possit in posteram dubitari, nos censum ipsum usque ad quadraginta annos fatemur nobis esse solutum, in huiusmodi rei testimonium uobis presentes litteras concedentes. Datum Anagnie XII. kalendas iulii pontificatus nostri anno sexto.

Original u gubern. arkivu u Zadru, odio samostana sv. Nikole br. 23. Pečata nema.

675.

1260, 20. juna. U Anagni.

Aleksandar IV. nalaže provincijalu, vikaru i gvardijanu Malobraćana zadarskih, da odrede četiri brata, koji će vršiti duhovničku službu u samostanu duvna sv. Nikole u Zadru.

Alexander episcopus seruus seruorum dei dilectis filiis . . . ministro prouinciali et . . . eius vicario et . . . guardiano Jadrensis ordinis Minorum Slauonie salutem et apostolicam benedictionem. Quia personas religiosas eo maiori prosequi fauore debemus, quo deuotiori placere student domino famulatu, libenter illa paterna sollicitudine procuramus, per que ipsarum religio laudabile suscipere ualeat auctore domino incrementum et eedem animarum salutem, pro qua mundi uanitatem penitus reliquerunt, liberius consequantur. Hinc est, quod cum sicut dilecte in Christo filie . . . abbatissa et conuentus monialium inclusarum monasterii sancti Nicolay Jadrensis, ordinis sancti Damiani ad Romanam ecclesiam nullo medio pertinentis, nobis exponere curauerant aliquibus fratribus uestri ordinis indigeant, qui eis diuina officia celebrent et exhibeant ecclesiastica sacramenta, discretioni uestre per apostolica scripta in uirtute obedienċie districte precipiendo mandamus, quatinus predictis abbatisse et conuentui quatuor de fratribus uestri ordinis prouidos et discretos uestre aministrationis pro celebrandis diuinis officiis et exhibendis ecclesiasticis sacramentis absque difficultate qualibet concedatis in ipsarum monasterio permansuros, non obstantibus constitutione uestri ordinis seu aliqua sedis apostolice indulgentia ordini uestro concessa cuiuscumque tenoris existat, per quam huiusmodi precepti nostri executio impediri ualeat uel differri. Quod si non omnes hiis exequendis potueritis interesse, singuli uestrum ea nichilominus exequantur. Datum Agnanie(!) duodecimo kalendas iulii, pontificatus nostri anno sexto.

Ego Michael sancte Marie maioris clericus et Jadrensis notarius memoratum originale bulla plumbea summi potificis sigillatum, non abolitum, non cancellatum, nec in aliqua parte sui abrasum, set integrum et perfectum, lectum et auscultatum cum exemplo presenti anno ab incarnatione domini nostri Jesu Christi millesimo ducentesimo sexagesimo, mensis augusti die octauo exeunte, indictione tertia, Jadere in ciuitate Jadrensi presentibus Damiano plebano sancti Petri de Platea, Ricerio Triuisano nunc habitatore Jadrensi, Radouano seruiente domini archiepiscopi Jadrensis ex precepto eiusdem venerabilis patris domini L(aurentii) dei gratia Jadrensis archiepiscopi, ut in eodem originali uidi et legi de uerbo ad uerbum fideliter exemplaui, nichil addens uel minuens, quod sententiam uariet seu mutet, scripsi, roboraui et signo consueto signaui et ut predicto exemplo fides in futurum firmior et cercior habeatur, nos prefatus dominus L(aurentius) Jadrensis archiepiscopus ipsum sigillo nostro pendenti iussimus communiri.

(Monogr. notar.)

Originalni savremeni notarov prijepis od 24. augusta 1260. na pergameni u gubernijalnom arkivu u Zadru, odio samostana sv. Nikole br. 22. Pečat izgubljen.

Farlati Ill. sacrum V. 80. donosi sadržaj. — Potthast Reg. pontif. br. 17.892.

676.

1260, 20. juna. U Anagni.

Aleksandar IV. nalaže nadbiskupu zadarskomu, da brani samostan. sv. Nikole od raznih navala.

Alexander episcopus seruus seruorum dei venerabili fratri Laurentio archiepiscopo Jadrensi salutem et apostolicam benedictionem. Volentes personas et bona dilectarum in Christo filiarum . . . abbatisse et conuentus monasterii sancti Nicholai Jadrensis, ordinis sancti Damiani, ad Romanam ecclesiam nullo medio pertinentis, a malignorum incursibus esse tuta, fraternitati tue per apostolica scripta mandamus, quatinus eis fauorabiliter presidio defensionis assistens non permittas ipsas et monasterium carum in personis uel rebus contra indulta priuilegiorum apostolice sedis ab aliquibus indebite molestari, molestatores huiusmodi per censuram ecclesiasticam appellatione postposita compescendo, presentibus post septen-

nium minime ualituris. Datum Anagnie XII. kalendas iulii, pontificatus
nostri anno sexto.

Original u arkivu gubernijalnom u Zadru, odio samostana sv. Nikole
br. 21. Pečat izgubljen.

677.

1260, 20. juna. U Anagni.

Aleksandar IV. preporuča samostan sv. Nikole u zaštitu nadbiskupu
i kaptolu zadarskom.

Alexander episcopus seruus seruorum dei venerabili fratri Laurentio
archiepiscopo et dilectis filiis capitulo Jadrensi salutem et apostolicam
benedictionem. Opus pietatis fore dinoscitur, si personis diuini nominis
a scriptis cultui fauoris auxilium impendatur. Nos igitur de salute uestra
solliciti uolentes uos ad opus huiusmodi inuitare, pro dilectis in Christo
filiabus . . . abbatissa et conuentu monialium inclusarum monasterii sancti
Nicolai Jadrensis, ordinis sancti Damiani ad Romanam ecclesiam nullo
medio pertinentis, vniuersitatem uestram rogandam duximus et hortandam
in remissionem uobis peccaminum iniungentes, quatinus easdem abbatissam et conuentum habentes pro diuina et nostra reuerentia commendatas, ipsas et dictum monasterium uestre protectionis auxiliis foueatis,
ita quod ex hoc diuine retributionis uberius gratiam mereamini et nos
deuotionem uestram condignis prosequamur actionibus gratiarum. Datum
Anagnie XII. kalendas iulii, pontificatus nostri anno sexto.

Original u gubernijalnom arkivu u Zadru, odio samostana sv. Nikole
br. 26. Pečata nema.

678.

1260. 20. juna. U Anagni.

Aleksandar IV. podjeljuje samostanu sv. Nikole u Zadru povlasticu
glede izopćenja suspenzije i interdikta.

Alexander episcopus seruus seruorum dei dilectis in Christo filiabus . . .
abbatisse et conuentui monialium inclusarum monasterii sancti Nicolai
Jadrensis, ordinis sancti Damiani, ad Romanam ecclesiam nullo medio
pertinentis, salutem et apostolicam benedictionem. Celestia querentibus,

terrenis contemptui derelictis libenter illud speciale presidium fauoris impendimus, quod eis pacis et quietis producere gratiam sentiamus. Eapropter, dilecte in Christo filie presentium uobis auctoritate concedimus, ut a quoquam conueniri per litteras apostolice sedis uel legatorum aut delegatorum eius non possitis, nisi eedem littere ipsius sedis de hac indulgentia et ordine uestro specialem et expressam fecerint mentionem; sententias omnes excommunicationis, suspensionis et interdicti, si quas in uos uel aliquam uestrum communiter uel diuisum per quoscumque contra huiusmodi concessionem nostram contigerit promulgari, decernentes irritas et inanes. Nulli ergo omnino hominum liceat hanc paginam nostre concessionis et constitutionis infringere, uel ei ausu temerario contraire. Si quis autem hoc attemptare presumpserit, indignationem omnipotentis dei et beatorum Petri et Pauli apostolorum eius se nouerit incursurum Datum Anagnie XII. kalendas iulii, pontificatus nostri anno sexto.

Original u gubernijalnom arkivu u Zadru, odio samostana sv. Nikole br. 24. Pečat manjka. — Savremeni prijepis na pergameni u gubernijalnom arkivu u Zadru, odio samostana sv. Nikole br. 17., nadalje u istom odjelu br. 25. prijepis iz god. 1328. s ovim dodacima:

Hoc est exemplum quarundam litterarum domini pape, quarum tenor talis est. *(Slijedi listina).*

Et ego Dominicus Rictii, imperiali auctoritate notarius et cancellarius Jadrensis, quia dictum exemplum dictarum litterarum domini pape cum originali cum magistro Alexandro condam Vgolini et Marino de Saracho sub suprascriptis notis per ordinem legi et ascultaui et in omnibus concordare inueni, me in testem subscripsi et signum meum apposui consuetum.

(Sign. notar.)

Ego Marinus Simonis de Saracho, imperiali auctoritate notarius et Jadrensis iuratus, quia dictum exemplum dictarum literarum domini pape cum originali cum supradicto Dominico notario et infrascripto Alexandro notario per ordinem legi, auscultaui et in omnibus concordare inueni, me in testem subscripsi et signum meum apposui consuetum.

(Sign. notar.)

(Sign. notar.) Et ego Alexander condam Vgolini de Stella communis Jadrensis notarius et cancellarius presens exemplum de publicis licteris apostolicis et originalibus supradictis et non vitiatis, non abolitis, non abrasis, nec in aliqua earum parte suspectis, vt in ipsis originalibus veris et integris literis bulla plumbea more curie Romane bullatis ad(!) filis çalla et rubea et in qua sculta(!) erant ab vna parte duo capita et inter ipsa

vna crux et super ipsam lictere S. PA. S. PE. et ab altera lictere
Alexander PP. quartus inueni, vidi et legi et de mandato et auctoritate
reuerendi in Christo patris et domini domini Johannis de Buthouano
Jadrensis archiepiscopi, sumpsi, transcripsi et exemplavi fideliter, nichil
addens uel minuens, quod sententiam mutet uel variet intellectum, nisi
forte in punctis vel sillabis et ad predictas originales licteras illud vna
cum suprascriptis Dominico et Marino notariis coram dicto domino archiepiscopo diligenter ac de uerbo ad uerbum auscultaui et simul ipsis con-
cordaui repertis, vt eidem exemplo uelud(!) dictis originalibus fides adhibeatur, de cetero de mandato dicti domini archiepiscopi, qui suam ad
hec auctoritatem interposuit et decretum, roboraui et me subscripsi et
meum solitum signum apposui, currente anno dominice incarnationis
millesimo trecentesimo vigesimo octauo, indictione duodecima, die secundo
mensis novembris, in archiepiscopatu Jadrensi, tempore Johannis Superancii
incliti ducis Venecie et reuerendi patris domini archiepiscopi sepedicti,
ac domini Andree Basilii, egregii comitis, coram Andrea de ciuitate
Austrie Foriiulii, scribe dicti domini archiepiscopi et Nicolao condam
Cerni de Carbonis, ciuibus Jadrensibus, testibus rogatis et aliis. In cuius
rei testimonium et ad predictorum omnium et singulorum pleniorem fidem
supradictus dominus archiepiscopus iussit ipsum sui sigilli cerei appensione
fauorabiliter communiri.

Na pergameni u arkivu gubernijalnom u Zadru, odio samostana sv.
Nikole br. 25. Pečata nema.
Transumpt od god. 1350. 21. maja u istom arkivu i odjelu br. 209.

679.

1260, 1. jula. U Dubrovniku.

U pravdi izmedju svećenika Ivana i opatice Drage radi crkve Spa-
siteljeve na otoku Dallafodii(?) dobiva pravo Ivan.

Diuine prouidencie iusticia de celo prospexit que iudices constituit
super terras, ut colata sibi statera et arbitrio iudicandi studeant unicuique
reddere iura sua, quod cum inter clericum Johannem filium Andree de
Gausolo super facto cuiusdam patronatus ecclesie sancti Saluatoris de
insula Dalaffodii ex una parte et inter Dragi monialem filiam Maxi de
Mamosto, que dictum clericum Johannem memorate ecclesie ex funda-
toribus dicebat minime esse notum ex altera parte, coram nobis questio
uerteretur. Nos frater Aleardus de ordine fratrum Minorum dei et sedis

apostolice gratia archiepiscopus Ragusinus auditis questionibus, libellis, allegationibus, testibus et attestationibus pluribus pro uelle utriusque partis positis, examinatis et intellectis sedendo in nomine patris et filii et spiritus sancti amen, anno domini millesimo ducentesimo sexagesimo, mensis iulii, primo die intrantis, in archiepiscopali palatio nostro, presentibus presbytero Andrea Zansi subdiacono, Palma Zimoti, Vitali Gaislaui canonicis Ragusii, Marino Pezaia, Dobrana Cerne laicis et aliis, memoratum clericum Johannem ab impetitione dicte Dragi monialis plenarie duximus absoluendum, ac sibi sepedicte Dragi super hoc perpetuum silentium inponentes. Ut autem hec sententia robur obtineat firmitatis, nostris sigilli patrocinio eam duximus muniendam. Et ego diaconus Bubanna canonicus Ragusinus et antedicti domini archiepiscopi iuratus notarius hiis omnibus interfui et de mandato eiusdem scripsi, conpleui, ac manu propria roboraui.

(Monogram not.)

Original u dubrovačkom arkivu; ostatak vrvce od pečata. Zbirka saec. XIII.

680.

1260, 5. oktobra.

Bela kralj ugarski i hrvatski daje knezovima krčkim velike povlastice za zasluge stečene u ratu Tatarskom.

[B]ela dei gratia Hungarie, Dalmacie, Croacie, Rame, Seruie, Gallicie, Lodomerie, Cumanieque rex omnibus Christi fidelibus presens scriptum inspecturis salutem in eo per quem reges regnant et principes dominantur. Regie sublimitati consueuit omnium nacionum pariter et lingua(rum) gentes sibi deuote adherentes taliter prouidere, vt alii superuenientes eorum exempla imitando ad fidelitatis opera exercenda feruencius euocentur. Proinde ad vniuersorum tam presencium quam futurorum noticiam harum serie volumus peruenire, quod cum humani generis sordidis sceleribus preualescentibus multitudo inestimabilis rabide gentis Tartarice ex afluenti indignacione trium machinarum (con)ditoris per climata regni nostri perfusa seuere vlciscendo fuisset et nos vnacum fidis (!) primatibus et egregiis nobilibus extra monarchiam nostram usque ad litora pontus atrocissime persequendo in quandam insulam maritimam repulendo cohercisset, de qua eciam vi nos extrahere satagentes per naufragium (!) in nos coruere conasset, vbi in conflictu certaminis inter nostros et ipsos

Tartaros seruato nostrorum coruencium(!) funera more Rachelis iugule(!)
plangebamus, pater tandem ineffabilium misericordiarum et dominus
pie consolacionis, qui cunctos in se sperantes tempore tribulacionis non
desinit opitulando subleuare, nobis iam helisis et quasi precipitis virtutem
sue dextre porigere dignatus est: quoniam ad repulcendum nos et coro-
borandum Feldricum et Bartholomeum illustros(!) et strenuos uiros
nobiles de Vegla, alta ex prosapia vrbis Romane senatorum ortos, tamquam angelos proteccionis e arce polorum misit, qui nobis cum eorum
parentela et familiarum caterua armigera in opem et nostre persone
saluberimam tutelam adherendo per eorum strenua certamina quosdam
ductores ipsorum Tartarorum sequacesque eorum dire necis exterminio
necari et quosdam captos nobis ofere(!), vbi eciam crebra stigm(at)a et
grauia sustulere et multos ex eorum caris proximos et familiares ami
tere(!); supraque omnibus prenaratis copiosam pecuniarum ipsorum in
auro eciam et argento ac rebus preciosis quantitatem ad viginti milia
marcarum se extendentem nobis pro asumendis stipendiariis et expedicionibus variis ofere maluerunt diligenter. Quorum ob meritum donec
laciori eis prouideamus retribucione ipsos Feldricum et Bartholomeum
eorumve heredes et successores vniuersos de consilio domine Marie
carissime(!) consortis nostre vniuersis iuribus graciis, honoribus et solemp-
nium libertatum illustrium primatum regni nostri Hungarie prerogatiuis
participes et (com)munes instituimus et facimus atque in consorcium,
cateruam et numerum locamus locumque eis ipsorum in medio nostri
misterii(!) in consilio conferimus eisdemque insuper hanc libertatis prerogatiuam et graciam specialem benigne largimus in sempiternum; ut
nullus curie et regni nostri iudicum et iusticiariorum neque ceteri quipiam
laciori saltem honore fulgentes, aut dignitate ipsos in personis, rebus et
possessionibus eorum nunc habitis et in futurum ubicumque in regno
nostro per ipsos quomodocumque aquirendis uel habendis iudicare aut
in conspectu sui iudicii aduersus quoscumque astori(!) et compa(rar)i facere
posset neque debeat, dempta solummodo propria regalis celsitudinis persona, que ipsos ante conspectum tribunalis sui iudicii comparere(!) et
iudicare debeat. Prescripta autem singula per nos ipsis pro tantis ceterisque quam pluribus famulatibus eorumque presentibus inprimi per
omnia ob eorum copiam obstat, clementer indulta vniuersos successores
nostros felices Hungarie reges in Christo rege sempiterno deuotissime
obsecramus, ne comminuant nec transgrediant, quinymo rata tenere et
accepta obseruare dignentur vigore presentis nostre pagine. Vt igitur
prescriptarum liberalitatum et graciarum prerogatiua perpetua firmitate
solidentur, presentes concessimus eisdem duplicis sigilli nostri munimine
roboratas. Datum per manus discreti viri magistri Farcasii Albensis ecclesie

electi aule nostre vicecancellarii dilecti et fidelis nostri, anno gratie M⁰
ducentesimo sexagesimo, tercio nonas octobris, regni autem nostri anno
vicesimo quarto.

*Falsifikat na pergameni, a izdaje se za izvornik u kr. ug. drž. arkivu
u Budimu: DL. 38.473. (bivši arkiv frankap. u Porpettu no. 4.) Listina
pisana je duktusom pisma polovice XV. vijeka, ali je očito vidjeti, da taj
svoj karakter taji, jer u slovima i kraticama imitira pismo XIII. vijeka,
što naravno pisaru ne uspjeva potpuno.*

*Na listini vide se rupe, kuda je bila provučena uzica za dvostruki,
iamačno pravi, viseći pečat. Taj nam spominju oba sačuvana izvorna
prijepisa: »presentauit nobis quasdam literas . . . . . sigillo suo dupplice
maiori consignatas«. — Ta dva prijepisa jesu: 1. kaptola čazmanskog od
1484, 19. augusta. Ib. DL, 38.474 (Porpetto 77.), kako ga moli: »nobilis
Petrus Lodowikowych dictus de Chalopycz familiaris magnifici Nicolai de
Frangapan(ibus) comitis Segnie, Wegle et Modrusse«. 2. Kaptola valjda
ninskoga (nos capitulum e[c]clesie No]nensis?) od 1487. 14. novembra kako
ga moli: »discretus Georgius presbyter glagolita plebanus ecclesie beate
Marie virginis . . . . . prope Behech in persona magnifici Nikolai Segnie
Wegle et Modrusse comitis«. Ib. DL. 38.475. (Porpetto 83.)*

*Ima i u diplom. zborniku Franje Széchénya u 4-om vol. II. 235—240.
no. 51. u narodnom muzeju u Budimpešti. — Prepisivač naznačuje da je
uzeo prijepis »ex apographo recentum camere Posoniensis Frangepan. capsa
131. in charta«. Po svoj prilici isto što naznačuje Wenzel.*

Fejér Cod. dipl. IV. 3. 103 (pod god. 1263).

*Note chronologiche documenti da Giovanni Lucio: Bulletino 4. 1881.
— Jura regni I. 70—1. — Wenzel Cod. dipl. Arpad. cont. XI. 476—8. ima
je iz prijepisa od g. 1280. u odjelu bivšeg ark. u Zagrebu, (sada u Budimpešti) — Kukuljević Reg. no. 840. (pod g. 1263.).*

681.

1260, prije 13. oktobra.

*Bela kralj ugarski i hrvatski dozvoljuje Mojsu hercega Bele taver-
niku, da smije raspolagati sa svojim posjedom.*

Bela dei gracia Ungarie, Dalmacie, Croacie, Rame, Seruie, Gallicie,
Lodomerie, Cumanieque rex universis Christi fidelibus presentes litteras
inspecturis salutem in omnium salvatore. Ad universorum noticiam tenore
presencium volumus pervenire, quod nos dilecti et fideli nostro Moys
magsitro tavarnicorum Bele ducis karissimi filii nostri comiti Symigiensi

et de Vorosdyno, quem propter diversa fidelitatis opera, nobis et regno nostro exhibita et inpensa regiis favoribus amplexamur, ex gracia concessimus speciali, ut de possessionibus suis hereditariis, empticiis et eciam acquisitis, libertinis suis et ancillis ac aliis bonis suis, dandi, conferendi et relinquendi domine uxori sue et filiabus ipsius, preterea legandi seu disponendi salubriter de eisdem possessionibus suis et bonis suis monasterio suo pro remedio anime eius, sicut sibi placuerit, liberam habeat facultatem et ea omnia et singula, que fecerit vel ordinaverit de premissis propter eius instanciam nostro volumus privilegio confirmare. In cuius rei memoriam et perpetuam firmitatem presentes eidem concessimus litteras dupplicis sigilli nostri munimine roboratas. Datum anno domini M⁰CC⁰LX⁰, regni autem nostri anno vicesimo quinto.

Hazai oklevéltár 38. no. 31.

682.

1260, 2. novembra. U Dubrovniku.

O zemljama na otoku Šipnju.

Anno incarnationis domini 1260., mensis novembris 2. die, coram uobis subscriptis testibus nos quidem Slavius episcopus(!) et abbas monasteri Lacromone cum fratribus meis Paulo et Ysaya confitemur, quia predicti monasterii vineae que sunt in insula Jupane etc. De hoc autem facte sunt due carte, hec et alia, de quibus cartis unam tulit dominus episcopus cum fratribus et aliam tulit dominus Tomichna. Hec autem carta nullo testimonio rumpi possit. Hii sunt testes: Johanes Ranane iuratus iudex et ego presbyter Pascalis et comunis notarius iuratus scriptor sum et testis.

Mattei Memorie storiche su Ragusa. Rukopis u knjižnici Male braće dubrovačke br. 410. (St. br. 267). Tom III. 14.

Farlati Illyr. Sacr. VI. 291. (ima samo regest). — Kukuljević Reg. br. 796.

683.

1260, 19. decembra.

Bela kralj ugarski i hrvatski dozvoljuje meštru Tiburciju, da može svojim imetkom po volji raspolagati.

Bela dei gracia Hungarie, Dalmacie, Croacie, Rame, Servie, Gallicie, Lodomerieque rex omnibus tam presentibus quam futuris presentes litteras inspecturis salutem in omnium saluatore. Vt celsitudo regia concessionem suam privilegiorum suorum testimonio fulciat et confirmet, pietas suadet, racio postulat, ius requirit, inconcussum quippe permanet, quod regio fuerit patrocinio communitum. Proinde ad vniuersorum noticiam volumus peruenire, quod fidelis noster magister Tyburcius ad nostram accedendo presenciam postulauit, vt cum liberorum solacio careret, de possessionibus suis hereditariis, empticiis, donaciis seu quocunque alio modo habitis et possessis, ac de omnibus et immobilibus liberam sibi daremus cuicunque vellet ordinandi facultatem. Nos igitur ipsius seruicia que nobis laudabiliter exhibuit ad memoriam reuocantes, ex gracia speciali duximus concedendum, vt idem de omnibus rebus et possessionibus suis liberam habeat cuicunque voluerit, Cruciferis dumtaxat exemptis, disponendi facultatem. In cuius rey memoriam et perpetuam firmitatem presentes dedimus litteras dupplicis sigilli nostri munimine roboratas. Datum per manus dilecti et fidelis nostri magistri Pauli electi Albensis aule nostre vicecancellarii, anno domini M⁰CC⁰LX⁰., XIIII. kalendas ianuarii, regni autem nostri anno XXVI.

Iz prijepisa čazmanskoga kaptola od 1314. 3. januara, u kr. ug. drž. arkivu u Budimu M. O. D. L. 35.147. ponovno prepisao kaptol čazmanski god. 1416. Savremeni prijepis posljednjega na papiru u kr. zem. arkivu u Zagrebu. Doc. medii aevi a. 1260. Stara signatura: Actor. monast Garig. fasc. IV. no. 29.

684.

1260.

Bela kralj ugarski i hrvatski daje Fridriku i Bartolu knezovima krčkim grad Senj.

Bela dei gracia Hungarie, Dalmacie, Croacie, Rame, Seruie, Gallicie, Lodomerie, Cumanieque rex omnibus Christi fidelibus presens scriptum inspecturis salutem in eo per quem reges regnant et principes tenent terram. Regie sublimitati conuenit omnium nacionum pariter et linguarum sibi deuote adherencium taliter prouidere, ut alii superuenientes eorum exempla imitari ad fidelitatis opera ardencius et feruencius euocentur. Proinde ad vniuersorum tam presencium quam futurorum noticiam harum serie uolumus peruenire, quod cum propter scelera omnium hominum in regno nostro degencium, que instigante antiqui hostis humani generis inimico habundauerat et plusquam arena maris multiplicauerat, nolens deus eorum maliciam impune vlterius pertransire, rabiem Tartarice gentis excitauit, per quos potenciam sue deitatis genti perfide ostenderet et eos de terra deleret, propter quorum eciam peccata a nobis suam misericordiam elongauerat, ut per ipsos Tartaros in campestri prelio conuicti fugeque presidio maritimas adimus partes et aquarum latibula con(q)uerentes, vbi cum funera nostrorum fidelium more Rachel plangeremus, quia eorum solacio fuimus destituti, pater misericordiarum et deus tocius consolacionis, qui consolatur suos in omni tribulacione eciam nobis pontem misericordie aperire dignatus est et ad consolandum nos Feldricum(!) et Bartholomeum, illustres et strennuos viros nobiles de Vegla, quasi de celo proiecit, qui nobis cum omni eorum parentela adherentes inter actus promiscuos, fideles exhibuerunt famulatus et non modicam pecuniam eorum que vltra viginti marcarum millia transcendunt in ciphis aureis et argenteis et aliis rebus preciosis nobis de bonis eorum presentarunt et presentando donauerunt. Demum nos cum a nobis deus suam indignacionem amoueret, recompensantes eorum seruicia et dona de consilio domine Marie karissime consortis nostre et baronum nostrorum fidelium, quandam ciuitatem nostram circa littus maris existentem, Scen vocatam cum omnibus suis vtilitatis(!) et pertinenciis vniuersis simul cum tributo seu telonio et aliis circumferenciis et in eadem libertate sicut nobis seruire consueuerant dedimus et donauimus et contulimus ipsis Frederico et Bartholomeo in filios filiorum perpetuo et irreuocabiliter possidendam, hoc eciam specificando, quod si quis herede careret, heres alterius finaliter valeat possidere. Vt igitur nostre collacionis series perpetua firmitate solidetur, presentes concessimus eisdem dupplicis sigilli nostri munimine roboratas. Datum per manus discreti viri magistri Farkasii electi Albensis aule nostre vicecancellarii dilecti et fidelis nostri, anno domini millesimo CC⁰LX⁰, regni autem nostri ano(!) vicesimo(!).

Falzifikat dokazan.
Iz prijepisa kralja Karla od god. 1322., kako je potvrdjeno od istog kralja godine 1333. Original potonje listine u kr. ugar. držav. arkivu u Budimpešti: M. O. D. L. 34.003. (st. sign. N. R. A. fasc. 1646. no. 1.).
Lucius De Regno Dalm. l. IV. c. 8. 175. (pod g. 1255.) — Po njemu: Farlati Ill. sacr. IV. 115. i V. 299. — Katona Histor. critica VI. 223. — Fejér Cod. dipl. Hung. IV. 2. 308—310. — Ib. IV. 3. 13—15. (po našem izvoru pod g. 1260.) — Kukuljević Arkiv III., 169—170. — Kukuljević Reg. no. 798.

685.

Bela kralj ugarski i hrvatski daruje krčkim knezovima Vinodol.

Bela dei gracia Hungarie, Dalmacie, Croacie, Rame, Galicie, Lodo-merie et Cumanorum (!) rex vniuersis Christi fidelibus presentes nostras(!) visuris salutem. Postquam reges regnarent dominique possiderent terras et regna, oportet ex regum guberniis, omnium linguarum vniuerse gentis que se alacriter subderet ita providere, vt illi qui deinceps venerint et succedent, per illorum exemplum et doctrinam multo feruencius et vtilius cogantur obedire et ea facere que sunt fidelitatis regie. Ideo ex hac racione volumus et simul vniuersis et singulis tam presentibus quam successuris fidelibus notum facimus. Siquidem in tantum multitudo et malicia peccatorum vniuerse gentis et hominum sub nostro regimine degencium prevaluit et citra omnem timorem et pauorem diaboli humani generis hostis plus quam arena et abyssus maris excreuit, sed nolens deus ipsorum mala opera et iniquitates absque pena impune permittere et pullulare, excitauit Tartaros in ruinam Christianorum. Per quos Tartaros, vt agnoscerent vindicem deum super hominihus plenis iniquitatibus et dolo, propter que scelera et peccata deus omnipotens in sua miseri-cordia preseruando puniuit nos tali modo, quod cum nos confligendo cum Tartaris in campo Su (!), ut ab iisdem totaliter victi et confusi fuerimus. Vnde nos videntes nullum auxilium adesse, quinimo aufugere nos debere, sicuti etiam aufugimus ad partes maritimas, querentes locum abscondicionis et recepcionis intra mare. Vbi nos deplorantes sicut Rachel, considerando ruinam et necem vel maxime nostrorum. Sed deus misericordie et deus consolacionis, ille qui solatur suos veros et fideles in omni molestia et tristicia ostendit et apperire dignatus est nobis fontem sue misericordie et misit ad nos, tanquam ex celo consolandos, illustres magnificos et eximios viros Fridericum et Bartholomeum Frangepan, qui donarunt nobis in scyphis et poculis aureis et argenteis plus quam viginti millia marcharum in pecunia, vno verbo in scyphis magni valoris. Et postquam deus mitigasset et auertisset iram suam a nobis, considerauimus seruicium et condicionem horum illustrium virorum et donauimus eis vnum nostrum locum, qui est penes mare Vinodol (vocatum) cum omnibus suis appertinenciis et omnibus questibus ad dictum locum spectantibus, predictis scilicet Friderico et Bartholomeo illis et illorum heredibus et posteritatibus iure perenni, ita, vt nunquam ab iisdem recipi possint, taliter tenenda et possidenda, sicut et nos antea possedimus et tenuimus. Notificantes simul et hoc, quod si vnus illorum deficeret sine herede, ex tunc heredes alterius teneant et possideant illum locum. Cuius confinia ad Tramontanam imprimis est fluuius et locus Rika in monte maris incipiendo; et nostra libera aqua Richina, vsque ponticulum penes Grohouo. Trans aquam prima meta est in vno lapide, in quo est littera A. Meta et aqua sequitur libera, que aqua ex monte nostro Grobnicensi et confinio scaturit, murus supra inchoatur in Jilievicheh, qui dicitur Prezum, murus in piscina ad Praputische, ex illa parte Terstenik, locus autem Terstenik manet noster et integer. Ex Praputische ad Kupin kamen, a Kupin kamen ad Lisen kamen, a Lisen kamen ad Bila voda in valle Papruthio. A valle Papruthio ad montem Berinschek, a monte Berinschek ad Gromache, a Gromache ad Brezidin et Babino polie. Hec sunt vero confinia a monte maris vsque Babino polie. In maius robur predicti doni pro eterna memoria dedimus ipsis Friderico et Bartholomeo has nostras litteras appertas cum nostro duplici sigillo. Per manus prudentis hominis magistri Farcasii electi in aula cancelarii. Datum in Dobra, anno domini M. CC sexagesimo, regni nostri anno vigesimo sexto.

Očevidni falzifikat. Donosi ga Kercselich Notitiae praelim. 195 *(valjda iz Ritterove zbirke) i domeće:*

Privilegium hoc, si olim vulgari Croatica lingua expeditum non fuerat, ut successive translatum fuisse dici possit, non solum proprietatis Croaticae plura habet, ut illud: dedimus has nostras litteras apertas sive *daszmo ov nasz otvoreni tiszt,* quod grammaticaliter translatum est, dum rectius dici debuerat, dedimus has nostras litteras patentes. Illud bella vada Italicum spirat. Praputische, Kamen etc. Croatica sunt. Dobra infra Carolostadium modernum fluvius est. Si isthic olim arx fuerat, videretur hodierno Novigrad congruere illud in Dobra.

Kukuljević Jura regni I. 71. — Regesta br. 799. s opaskom:

Documentum hoc publicatum per Krcselich in notitiis Praeliminaribus p. 195. si est ex toto apochriphum, sicut omnia indicia, stylus inusitatus cius temporis et nomen Frangepan comitibus Veglae tunc adhuc incognitum testantur. Videtur esse falsificata copia praccedentis privilegii Belae regis cum donatione urbis Segniae. Existebat in copia in regni archivo Croatia fasc. 370. no. 35. ex fasc. 1858. no. 1. per banum Khuen-Hedervary Budam ablatam. Falzifikator uzeo za predmet falzifikovanja ono, što su do onda Frankopani zakonito posjedovali.

686.

1260. U Čazmi.

Dioba zemalja pred kaptolom čazmanskim.

Capitulum Chasmensis ecclesie omnibus presens scriptum inspecturis salutem in domino. Ad universorum noticiam harum serie volumus pervenire, quod constituti in nostra presencia ab una parte Syrboch et Kunsa et ab altera Thomas filius Radac et Marcus filius Chuetk pro se et pro tota generacione ipsorum dixeru[nt], quod ipsi inter se in terra eorum hereditaria rectam fecissent divisionem, ita scilicet, quod una particula terre sita inter fluvium Ki(n)nic et inter fluvium Dobr[olec] cessit Thome et Marcus antedictis omnique generacioni ipsorum. Cuius particule terre prima meta incipit, sicut partes nobis retulerunt, a parte orientali ubi est [una] piscina de novo clausa ibique est arbor gertan cruce signata, inde vadit per semitam et venit ad arborem cerasi, inde vadit iuxta dumos muner[os] et venit ad caput fluvii nomine Lippenik et transiens viam venit ad arborem gertan, in eodem autem Lippe(n)nik tendens inferius venit ad arborem piri, ipse vero Lippennik cadit in fluvium Dobrolec, ibique est arbor fiz; in eodem autem fluvio Dobrolec vadit inferius et venit ad arborem iegne et ibi cadit in Chasmam, in eodem Chasma procedens inferius, venit ubi Kinnik cadit in Chasmam, inde in eodem Kinnik vadit superius ad partem septemtrionalem et exit de eodem Kinnik ad arborem cerasi, ibique est caput putei et ibi sunt mete terree, inde venit ad arborem clen, inde ad arborem cerasi, deinde ad arborem nucis, inde ad metam primam. Predicto vero Syrboch cessit terra existens inter fluvium Dobrolech et inter fluvium Vrbovna in recta divisione perpetuo et pacifice possidenda; cuius terre prima meta incipit, sicut partes dixerunt, a parte orientali in capite unius piscine ibique est arbor gertan cruce signata, inde in uno rivulo vadit ad partem orientalem et cadit in parvum Vrbounica, ipse vero [parvus] Vrbovnicha(!) cadit in magnum Vrbovna et ipse magnus Vrbovna cadit in Chasmam, in eodem autem fluvio Dobrolech(!) vadit superius et venit ad locum illum, ubi Lippouech(!) cadit in fluvium Dobrolech, inde vadit in Lippouech superius et venit ad arborem gertan et transiens viam vadit iuxta nemus per semitam et venit ad arborem cerasi, inde inferius per semitam vadit et revertitur ad metam primitus nominatam. Item predicti Syrboch et Kunsa, Thomas et Marcus predicti obligaverunt se invicem, quod si aliquis ipsorum de terra predicta Iitem inchoaret, ante congressum litis decem marcas iudicii, quinque adverse parti, quinque vero iudici solvere teneantur. In cuius rei memoriam presentes literas nostras contulimus, ad peticionem parcium sigilli nostri munimine roboratas. Datum anno domini M⁰ CC⁰ LX⁰.

Original u kr. ug. drž. arkivu u Budimu DL. 4703. (Stara signatura fasc. 1597. no. 6.) — Na listini visi o svilenoj vrvci crvene, ljubičaste i žute boje odlomak pečata.

Coa. dipl. patrius VIII. 78—79. no. 63.

687.

1260. U Zagrebu.

Grdunovi sinovi prodavaju biskupu zagrebačkomu Filipu zemlju Gaj kod Varaždina za 50 maraka.

Capitulum Zagrabiensis ecclesie omnibus presens scriptum inspecturis salutem in domino. Ad vniuersorum noticiam harum serie volumus peruenire: quod constitutis in nostra presencia ab una parte magistro Petro, archidiacono Zagrabiensi, vice et nomine venerabilis patris domini nostri Phylippi episcopi et ab altera Wlcuzlov et Gordun, filiis Gordun. Iidem filii Gordun terram eorum hereditariam nomine Gay circa Worosdinum· prope terram memorati domini episcopi existentem, confessi sunt se cum omnibus eiusdem terre vtilitatibus ct pertinenciis vendidisse eidem domino episcopo iure perpetuo possidendam pro quinquaginta marcis, quas se dixerunt ab eodem plenarie recepisse. Et huic quidem facto et protestacioni interfuerunt personaliter: Vytemer et Nicolaus, filii Bere, eidem assensum prebentes et ipsam vendicionem sine contradiccione qualibet approbantes. In cuius rei testimonium presentes (litteras) ad instanciam parcium contulimus sigilli nostri munimine roboratas. Datum per manus magistri Mychaelis lectoris ecclesie nostre, anno ab incarnacione domini MCCLX.

Original u arkivu nadb. Privilegialia. Pečat i vrvce manjkaju.

Tkalčić Mon. episcop. Zagrab. I. 125. — Wenzel. Cod. dipl. Arpad. cont. XI. 497. no. 344. donosi regest. — Kukuljević Reg. no. 802.

688.

1260. U Čazmi.

Vitumer sin Berin prodaje biskupu zagrebačkomu dio svoje baštine, naime zemlju Obrež, na koju prodaju privoljuje i njegov brat Nikola.

Capitulum Chasmensis ecclesie omnibus presens scriptum inspecturis salutem in domino. Ad vniuersorum noticiam harum serie volumus peruenire, quod constituti coram nobis: Vitumer et Nicolaus filii Bere ex vna parte, ex altera uero magister Paulus, archidiaconus de Kamarcha et Hudina comes, vice et nomine domini nostri Phylippi venerabilis episcopi Zagrabiensis; dictus Nicolaus, filius Bere, voluntarium et spontaneum fecit et prebuit consensum et assensum facte vendicioni terre nomine Obrys, ipsum Vitimerium contingentis, quam dixit fratrem suum supradictum pro grauibus et instantibus necessitatibus suis eidem domino nostro episcopo vendidisse, secundum quod in litteris Bele incliti regis Vngarie et aliorum litteris et instrumentis continetur. Promittens idem Nicolaus presencialiter predicte vendicioni, nec per se, nec per suos, nec per alios vllo vnquam tempore contrauenire, ymmo ipsam manutenere, attendere et obseruare. In cuius rei memoriam presentes litteras nostras ad instantiam et peticionem parcium contulimus sigilli nostri munimine roboratas. Datum anno domini MCC sexagesimo.

Liber privileg. cppatus. list. 53.
Tkalčić Monum. episcop. Zagrab. I. 126. — Wenzel Cod. dipl. Arp. cont. 497. no. 345. donosi regest. — Kukuljević Reg. no. 803.

689.

1260. (U Zagrebu).

Pred Tiburcijem županom zagrebačkim Volkota i Vukoslav sinovi Jurkovi i Obrad Jurankov prodaju 14 vretena zemlje za 15 penzi knezu Miroslavu.

Nos Tyburcius comes Zagrabiensis memorie commendantes significamus uniuersis, quod filii Jurgis Volkata et Volkuzlou, ac Obrad filius Jurenk in nostra constituti presencia confessi sunt, se duodecim vretonos de terra sua uendidisse comiti Mirozlao perpetuo possidendos pro quindecim pensis denariorum Zagrabiensium, quas se dixerunt ab eodem plenarie recepisse, ita tamen, quod ipsos duodecim vretenos terre dixerunt esse inter inpignoratores(!) alios duodecim vretenos et inter terram Raduhne ex altera parte et quod una finis incipiens a fluuio Odre tenderet in planiciosa terra ad terram domini bani et inter hec illi duodecim vreteny uenditi dicuntur contineri. Astiterunt eciam fratres uenditorum Sylbunk et Stepan asse(re)ntes eandem uendicionem ex consensu et admissione fuisse ipsorum celebratam. Datum anno domini M⁰ CC⁰ LX⁰.

Iz originalnog prijepisa bana Rolanda od 1265. 25. novembra u Za-grebu, u kr. ug. drž. arkivu u Budimpešti M. O. D. L. 32.986. nekoč sig. N. R. A. fasc. 135. no. 18.

Laszowski Spomenici Turopolja I. 16—17.

690.

1260. U Zagrebu.

Grdun sin Grdunov prodaje biskupu zagrebačkomu zemlju Bezenče za 15 maraka.

Capitulum Zagrabiensis ecclesie omnibus presens scriptum inspecturis salutem in domino. Ad vniuersorum noticiam harum serie uolumus per-uenire, quod constitutis in nostra presencia ab una parte Iwanca, nomine et vice venerabilis patris et domini nostri Phylippi episcopi Zagrabiensis et ab altera Gardun(!) filio Gordun; idem Gardun terram suam nomine Bezenche confessus est se vendidisse domino episcopo prenotato iure perpetuo possidendam pro XV marcis, quas se dixit ab eodem plenarie recepisse. Astitit eciam Wlcuzlo filius Gordun qui vendicionem pre-dictam rite factam esse protestans sine contradiccione qualibet approbauit. In cuius rei testimonium presentes (litteras) ad instanciam parcium contulimus sigilli nostri munimine roboratas. Datum per manus magistri Mychaelis, lectoris ecclesie nostre. Anno ab incarnacione domini mille-simo CC sexagesimo.

Liber privileg. episcopatus Zagrab. list 54.

Tkalčić Monum. episcop. Zagrab. I. 125. — Wenzel. Cod. dipl. Arp. cont. XI. 497. donosi regest. — Kukuljević Reg. no. 805.

691.

1260.

Bela kralj hrvatski i ugarski daruje knezu Perčinu Glavnicu kraj Moravče za zasluge.

Bela dei gracia Hungarie, Dalmacie, Croacie, Rame, Servie, Gallicie, Lodomerie, Cumanieque rex omnibus Christi fidelibus presentem paginam inspecturis salutem in omnium salvatore. Regali dignum est et expediens, eis qui in serviciis dominicis et obsequiosis famulatibus se exercenti (!) munificencia gratulari, ut eo amplius ipsorum exemplo ceteri ad fidelitatis opera vehemencius inuitentur. Proinde ad universorum tam presencium, quam futurorum noticiam harum serie volumus pervenire, quod consideratis fidelitatibus et serviciorum meritis comitis Perchini nobis et regni nostri gubernaculo succedentibus cum omni fervore fidelitatis, cum in deferendis rebus seu mercibus preciosis de Veneciis, non parcendo rebus nec persone, fideliter inpendit et devote, ac pro rebus eiusdem C et XX-ti marcis, quibus nos eidem Perchino tenebamur, quandam terram seu possessionem Glaunicha vocatam, super quam Welezlaus et ceteri cognati sui residebant, que terra ad homines castri de Morocha pertinebat in comitatu eiusdem existens, de munificencia regia et consensu omnium baronum nostrorum nobiscum assedencium, archiepiscopis et episcopis regni nostri consensu, eidem comiti Perchino et per eum suis heredibus, heredumque suorum successoribus iure perpetuo dedimus, contulimus et donavimus possidendam et habendam in filios filiorum suorum nullo contradictore existente; cum omnibus utilitatibus suis, metis, vineis, fenetis, silvis, montibus, aquis, locys molendinorum eidem tradidimus et exceptam in serviciis ipsos iobagiones a castro de Morocha et aliis castris omnino extractam. In cuius rei testimonium litteras nostras privilegiales concessimus, ut robur perpetue firmitatis obtinea(n)t. Datum per manus magistri Smaragdi prepositi Albensis aule nostre vicecancellarii, anno domini $M^0 CC^0 L^0 X^0$, regni autem nostri anno vigesimo octavo(!).

Iz originalnog prijepisa stolnobiogradskog kaptola od god. 1329. 13. januara u kr. ug. drž. arkivu u Budimu M. O. D. L. no. 504. (Stara signatura N. R. A. fasc. 1531. no. 26.).

Wenzel Cod. dipl. Arpad. cont. vol. VII. 520—521. — Kukuljević Reg. no. 801.

692.

1260. U Buzadu.

Meštar tavernik Chak smiruje razmirice svoje braće nastale uslijed diobe.

Nos Ch(ak) magister tauarnicorum regis St(ephani) et comes Zaladiensis per tenorem presencium quibus expedit declaramus, quod cum altercacio que inter fratres nostros Mycaelem scilicet comitem ex una parte et Lanceredum comitem ex altera super divisione possessionum exorta fuerunt(!), ut inter ipsos pacis tranquillitas seu concordia reformaretur, ad nostram accesserunt presenciam; qui licet diucius uoces super facto mutuassent, tamen ad inuicem omnimode secundum pacis instanciam discesserunt, taliter tamen factum possessionum ordinantes, ut deinceps in nullo racione possessionis predictus L(anceredus) comitem Mychael in pretaxacione molestare debeat uel presumat, cum omnino idem comes M(ichael) racionabiliter sit excusatus et separatus in diuisione possessionum. Inter(cede)bat eciam comes L(anceredus), ut quadam terra sita inter Drauuam(!) et Muram, que Osoçtet(!) . . . [appe]latur eodem modo . . . . . ad ipsum posset pertinere, qualiter eciam attinet ad comitem Mycaelem, super quo eciam comes M(ichael) contradixit et iusticiariam suam racionabiliter demonstrauit, ut in nullo ad iurisdiccionem comitis L(anceredi) pertineret, sed ipse omnimode deberet possidere. Et sic in nostri presencia cum bona pacis tranquillitate ab inuicem sunt separati. Nos igitur ad huius testimonium litteras nostras concessimus sigilli nostri munimine roboratas. Datum in uilla Buzad, anno domini M⁰CC⁰LX⁰.

Original u kr. ug. drž. arkivu u Budimu: M. O. D. L. no. 510. (Stara sig. N. R. A. fasc. 572. no. 13.). — Na uzici od pergamene nema pečata. — Listina je na površini na više mjesta izjedena. — Na hrptu biljcška XVII. vijeka 1260.

Wenzel Cod. dipl. Arpad. cont. VII. 532—3. — Kukuljević Reg. no. 806.

693.

1261,[1] 8. januara. U Dubrovniku.

Mihajlo Peženič daruje zemlju svoju crkvi svetoga Mihajla u Kresti za spas svoje duše i svojih pokojnika.

† Anno incarnationis domini millesimo ducentesimo sexagesimo primo, mensis ianuarii, octauo die intrante, coram nobis subscriptis testibus. Ego quidem Michael fiilius Pauergenii de Pezana in infirmitate corporis, tamen sana et bona mente mea, pro anima mea et mortuorum meorum pro helemosina ab hodie in antea terram meam cum suis pertinenciis que est in Cresta et confinit cum terris sancti Michaelis de Cresta, do eam eidem ecclesie sancti Michaelis de Creste in perpetuum. Et ego Miroslaua filia Binzole de Bodatia et uxor dicti Michaelis in hoc consentio. Hec autem carta nullo testimonio rumpi possit. Hii sunt testes: Proculus Michaelis iuratus iudex et Mathias de Balatia et Palma filius Binzole et Marinus filius Lampridii nepotis dicti Michaelis. Et ego Pascalis comunis notarius iuratus scriptor sum et testis.

(Signum notarii).
Original u dubrovačkom arkivu. Zbirka saec. XIII.

694.

1261, 15. januara. U Zadru.

Prodana udova Damjana Figasela poklanja neki posjed svomu sinu Gregoriju.

In Christi nomine. Anno incarnationis eius millesimo ducentesimo sexagesimo, mensis ianuarii, die quintodecimo intrante, indictione quarta, Jadere. Temporibus domini Raynerii Geni incliti ducis Venecie et magistri Laurentii venerabilis Jadrensis archiepiscopi, ac Johannis Badouarii egregii comitis. Manifestum facio ego Prodana relicta Damiani de Figasolo cum meis heredibus et successoribus, quia pro amore et maxima dilectione, quam habeo in te Gregorium dilectum filium et quia michi [n]uper exhibuisti gratiosum et in anima poteris exhibere dante domino in futurum, adtendens etiam tuam deuotam sollicitudinem, quam circa personam meam et res meas geris et gessis (!), visum est michi aliqua

---

[1] Pošto nije označena indikcija, može biti i god. 1262.

de bonis meis tibi in parte tua elargiri, uidelicet omnes terras meas
de Onacoua blata quas . . . . . et recuperasti a Damiano plebano sancti
Petri de platea Jadere cum omnibus suis terminis et pertinentiis, tam
subter terram quam supra terram, ita ut a modo in antea liceat tibi et
tuis heredibus predictas terras intromittendi, habendi, tenendi, uendendi,
dandi, donandi, alienandi, pro anima indicandi et quicquid tibi exinde
placuerit faciendi, ita tamen quod quandocumque fueris ad diuidendum
alia bona mea cum tuis sororibus debeas computare predictis terris in
tua parte libras denariorum venetorum sexaginta septem et easdem
terras habeas cum omnibus iurisdictionibus et cartis nouis et ueteribus
et cum vigore et robore ad easdem pertinentibus sine alicuius contradictione, quas terras predictas debeam et tenear cum meis ceteris heredibus tibi et tuis heredibus discalumpniare et defensare ab omni
homine et persona, te exinde calumpniante super me et omnia bona
mea habita et habenda in hoc seculo. Actum est hoc et firmatum coram
his vocatis et rogatis testibus, scilicet Stephano de Martinuscio et Micha
dicto Trabucho. Ego Michiel(!) Çadulinus examinator manum misi. Ego
Michael sancte Marie maioris clericus et Jadrensis notarius interfui rogatus, ut audiui hanc cartam scripsi, roboraui et signo consueto signaui.

Drugi rukopis).

Ego Vincentius ecclesie sancte Marie maioris clericus et Jadrensis
notarius, ut vidi in matre, ita scripsi in filia.

(Drugi rukopis).

† Ego Grisogonus de Mauro examinator sicut uidi in matre ita
scripsi in filia.

(Rukopis kao od početka isprave).

Ego Michael sancte Marie maioris clericus et Jadrensis notarius hoc
exemplum exemplaui currente anno domini millesimo ducentesimo sexagesimo primo, mensis madii, die vndecimo exeunte, indictione quarta,
Jadere, nichil addens uel minuens quod sententiam mutet, scripsi, roboraui
et signo consueto signaui.

(Monogram. not.).

*Originalni prijepis od 21. maja 1261. na pergameni u gubern. arkivu
u Zadru, odio samostana sv. Nikole br. 14.*

.695.

1261, 9. februara. U Zadru.

Figasolo prodaje Damjanu, župniku sv. Petra u Zadru, svoj posjed Onakovo blato.

In Christi nomine. Anno incarnationis eius millesimo ducentesimo sexagesimo, mensis februarii, die nono intrante, indictione quarta, Jadere. Temporibus domini Raynerii Geni incliti ducis Venecie et magistri [Laur]entii venerabilis Jadrensis archiepiscopi, ac Johannis Badouarii egregii comitis. Manifestum facio [ego quidem] Figasolo cum meis heredibus et successoribus, quia do, dono, atque transacto tibi quidem Dam[iano plebano] sancti Petri de platea et tuis successoribus duas partes de terris omnibus, que fuerunt condam G[regorii de] Puciçella, positas ad Onacouam blatam cum omnibus suis terminis et pertinentiis suis, (pr)atis et aquis atque cum omnibus suis cartis nouis et ueteribus suis sententiis et cum omni . . . [vi]gore et robore suis ubicumque in predictam Blata de terris, que fuerunt prenominati Gregorii de P[uciçella] inuenire poteris, ita ut a modo in antea liceat tibi plebano et tuis heredibus et successoribus [predict]as terras intromitendi, habendi, tenendi, uendendi, dandi, donandi, alienandi, pro a[nima indican]di et totam tuam uoluntatem gratuitam faciendi, nemine tibi contradicente in perpetuum . . . . [do]nationem seu transactionem tu, prenominate Damiane plebane, dedisti et talio[nasti] . . . . exinde bene et perfecte libras denariorum venetorum centum nonaginta ; quas quidem [predictas ter]ras debeam et tenear cum meis heredibus et successoribus tibi prenominato plebano et tuis [heredibus et successoribus] discalumpniare et defensare ab omnibus heredibus prenominati Gregorii de Puciçella [et a]liis hominibus, super me et omnia bona mea habita et habenda in hoc seculo. Actum est [hoc et] firmatum coram his vocatis et rogatis testibus, scilicet Stephano de Martinuscio, Madio . . . . ualdo, Madio filio condam Vitaçe de Petriço et Domaldo de Çadulino.

(Drugi rukopis).

Ego Mi[chae]l Çadulinus examinator manum meam misi.

[Ego Mi]chael sancte Marie maioris clericus et Jadrensis notarius interfui rogatus, ut audiui [hanc c]artam scripsi, roboraui et signo consueto signaui.

(Monogram. not.)

Original u gubern. arkivu u Zadru, odio samostana sv. Nikole br. 15. — Listina je na obim rubovima oštećena, desno više.

696.

1261, 13. februara. U Kotoru.

Kaptol sv. Trifuna moli kotorskog biskupa Marka, da posveti crkvu sv. Kuzme i Damjana i sv. Elizabete.

Anno incarnationis domini millesimo ducentesimo sexagesimo primo, mense februario, tertio decimo die intrante, indictione quarta. Nos quidem vniuersum capitulum ecclesie sancti Triphonis vna cum uoluntate totius populi ciuitatis rogauimus Marcum venerabilem episcopum ecclesie Catarensis, ut ecclesiam sanctorum Christi mar(tyrum) Cosme et Damiani et sancte Helisabet consecrare dignaretur, qui episcopus nostris precibus ac pe[ti]tionibus iustis obaudiens, dictam dedicauit ecclesiam ad honorem dei omnipotentis et ad laudem uirginis gloriose, ac sanctorum Cosme et Damiani et sancte Helisabet, nec non et sanctorum martyrum Abdon et Senes et sancti Laurentii leuite atque sanctorum martyrum in nomine, reliquias deuote collocans in altari, que etiam prephata(!) ecclesia est feudum clericorum ecclesie sancti Triphonis. Residente hoc in tempore in apostolica sede Alexandro uniuersalem ecclesiam feliciter gubernante, domino autem rege Vroscio prospere aput nos regnante, comitatu Cat(ari) Budislauo regente, existente autem ad hanc consecrationem Grobina uenerabili electo ecclesie Dulcinensis. Quod presens scriptum fieri fecimus per manus diaconi Miche Gige communis notarii cum signo assueto proprie manus.

(Signum notarii).

Original u arkivu jugoslavenske akademije u Zagrebu. Diplomata a. 1261.

Kukuljević Reg. no. 810.

697.

1261, 23. februara. Na Rabu.

Dobrica, žena Stepina, sa svojim sinom prodaje svoju imovinu Andriji de Cotopagna.

(Signum not.) Anno domini millesimo ducentesimo sexagesimo primo, indicione quarta, die sexto exeute februarii, Arbi, temporibus domini nostri Raynerii Geni incliti ducis Venecie et venerabilis Gregorii de Costiça Arbensis electi, ac Angeli Mauroceni egregii comitis, presentibus Bartho-

lameo (!) de Dumini et Leonardo Piçato ciuibus Arbensibus. Pateat vnicuique per hoc scriptum, quod nos Dobriça uxor quondam Stepe de Petro Buçola et Petrus filius meus donamus et concedimus vobis Andree de Cotopagna ciui Jadre omnia bona tam mobilia quam immobilia, que dictus Stepe maritus mei(!) Dobriçe et pater mei(!) Petri in Jadra et toto eius districtu nobis in testamento dimisit, confecto per Grimerium Alexii Arbensem notarium et quod de cetero cum uestris heredibus uel successoribus plenam habeatis et liberam potestatem omnia dicta bona habendi, tenendi, possidendi, vendendi, donandi, allienandi, obligandi et totam vestram uoluntatem in perpetuum faciendi sine alicuius persone contradictione, facientes insuper per nos et nostros heredes uel successores super omnia bona nostra presencia et futura vobis domino Andree et uestris heredibus vel successoribus in perpetuum finem et remissionem de bonis supradictis et pactum de cetero non petendo, insuper contenti sumus causa huius remuneracionis suscepisse solidos quadraginta denariorum venetorum paruorum.

(Drugi rukopis).

† Ego Martinuscius de Slouigna examinator manum misi.

Ego Michael Federici Dras(se?) Arbensis notarius hiis interfui rogatus, scripsi et roboraui.

Original u arkivu samostana sv. Marije u Zadru.

698.

1261, 27. marta. U Spljetu.

Rasprava radi zidanja bolte u samostanu svetog Benedikta u Spljetu.

In nomine domini nostri Jesu Christi. Anno a natiuitate eiusdem millesimo ducentesimo sexagesimo primo, indiccione quarta, die quarto exeunte martio, regnante domino nostro Bela serenissimo rege Vngarie, temporibus domini Rogerii venerabilis Spalatensis archiepiscopi, Miche Madii, Gregorii Grube et Petri Cerneche iudicum. In nomine eterni et summi dei amen. Anno incarnationis eiusdem millesimo ducentesimo quinquagesimo octauo, indictione prima, die tertio intrante septembri, temporibus domini Rogerii Spalatensis archiepiscopi, nobilis uiri Guidonis comitis Modrusie et Uinodoli potestatis, Johannis Cigaide, Dragi Stephani, Alberti Jancii iudicum. Cum sepe et sepius domina abbatissa monasterii sancti Benedicti una cum suo conuentu per suum aduocatum coram domino potestate et suis iudicibus querimoniam proposuerit contra magistrum Marcum Loduli murarium super eo, quod dicebat boltam infradicti monasterii per ipsum factam non bene constructam, nec secundum quod tenebatur et obligatus erat munitam, propter quod a dicto murario emendationem et iustitiam sibi fieri postulabat. Tandem uero dominus potestas una cum suis iudicibus et prelibatis aliis nobilibus ad dictum monasterium accedentes et dictam boltam hinc et inde diligenter inspiciens pro ambarum parcium uoluntate et concordia nobilibus et discretis uiris Duimo Cassarii, Alberto Jancii, Dobri Duscize, Nicolao Duimi, Marino Bonauite, Michaeli Leonardi dictum negotium tam per arbitrium, quam per concordiam totaliter inter ipsos terminari ambarum partium uoluntate et per dominum potestatem fuit comissum, dicte partes promitentes ratum et firmum haberi quicquid supradicti nobiles in premissis duxerint faciendum. Prefati uero nobiles auditis parcium proposicionibus et dicta bolta diligenter inspecta et examinata, habito consilio tam per arbitrium eis a partibus et etiam a domino potestate prolatum, quam pro bono pacis et concordie taliter terminandum duxerunt, quod dicta domina abbatissa et eius conuentus quatuor pedes prefate bolte ad expensas monasterii debeant laborare et ita in altum eleuare, ut potestati et curie uidebitur expedire, et supradictam boltam de cindris et lignaminibus bene armare et ut expedierit et necesse fuerit firmare ; prefatus uero murarius de omnibus aliis dicte bolte necessariis ad suas expensas tenebitur prouidere, tam proponendum ipsam inferius, quam in altum elevandum, quam boltam ipse bene munitam et immaculosam et absque fronde aliqua in dicta turri foci et cum omnibus sibi necessariis et in nullo deficiente, ita quod ablatis scindris et aliis lignaminibus per quinque annos proxime uenturos dicta bolta maculosa et emendabilis nequeat asseri. Et si infra dictum terminum aliqua macula, propter quam dicta bolta emendari deberet, in ipsa apparuissit, totum dictus murarius ad suas expensas emendare tenebitur et reparare. Et si completo termino quinque annorum macula aliqua in ipsa bolta non apparuerit, dictus murarius a dicta obligatione et emendatione liber sit et absolutus et numquam de dicta bolta alicui respondere teneatur. Et si instrumentum aliquod super ipsum post quinque annos apparuerit de facto bolte, irritum permaneat et nullam uigoris obtineat firmitatem, quod (h)abiturum utraque pars commendavit et dictus murarius id obscruare se obligauit cum obligatione suorum bonorum et dominus potestas id confirmavit et laudavit. Actum in platea sancti Laurencii. Testes sunt Biualdus Duymi, Stephanus Justi, Desa Sirizzi et plures alii. Et ego Gataldus Duymi hanc cartam examinavi. Et ego Lucas Spalatensis canonicus iuratus comunitatis hiis interfui et audiens a dictis arbitris et de mandato domini potestatis et curie ambarum parcium uoluntate hoc breue scripsi. Actum in plathea sancti Laurencii presen-

tibus Peruoslauo Dabrali et Johanne eius fratre testibus et aliis. Ego
Tomas Dusize examinator manum meam misi.

Ego magister Franciscus imperiali auctoritate notarius comunis Spalati iuratus, sicut inueni in autentico scripto manu Luce comunis iurati,
nil addens nec minuens, quod iuris ordinem inmutet, de uoluntate et
mandato iudicum et comunis ita fideliter scripsi et mei signi munimine
roboravi.

(Monogram notarov.)

Original u arkivu samostana sv. Marije u Zadru.

699.

1261, 27. maja. U Dubrovniku.

Protomagister Paško ima da plati općini 24 perpera.

† Anno incarnationis domini millesimo ducentesimo sexagesimo
primo, mensis madii, quinto die astante, coram vobis subscriptis testibus.
Ego quidem protomagister Pasqua, filius protomagistri Petri confiteor
quoniam super me et super omnia mea debeo dare perperos uiginti
quattuor comuni Ragusii usque ad quattuor annos, ad sex uidelicet
perperos per annum. Hec autem carta nullo testimonio rumpi possit
Hii sunt testes: Dabrana Lampridii et Michael Pezane iurati iudices. Et
ego presbyter Pascalis et comunis notarius iuratus scriptor sum et testis.

(Signum notarii.)

Original u dubrovačkom arkivu. Zbirka saec. XIII.

700.

1261, 31. maja. U Čazmi.

Petar sin Jakše zalaže svoj dio dobra Crkvene Andriji sinu Grgurovu.

Nos capitulum Chasmensis ecclesie memorie comendamus, quod constitutis in nostra presentia ab una parte Petro filio Jaxa cum fratre suo
Paulo scilicet et ab altera comite Andrea filio Gregorii, idem Petrus
confessus est, se recepisse a predicto Andrea comite duodecim marcas
scilicet singulas marcas cum quinque pensis denariorum Zagrabiensium,
pro quibus dictus Petrus partem suam in terra que Cirkuena nominatur,
consentiente Paulo fratre suo, prenotato Andree comiti in pignore obligauit in festo beate Marie Magdalene proximo veniente, pro eadem

sumpma et eodem denariorum numero redimendam; hoc adiecto, quod si diem illum pretermitteret in redimendo, ex tunc porcio ipsius Petri in terra supradicta, prout eum contingit, in medietate ex diuisione facta cum fratre suo antedicto cedet in ius et proprietatem Andree comitis pro sumpma pecunie supradicta, solucio tamen ipsius pecunie debet fieri coram nobis. In cuius rei ccrtitudinem presentes apposicione sigilli nostri dedimus communitas. Anno domini MCCLX. primo, tertia feria proxima ante ascensionem.

Prepisano iz originala od 15. septembra 1376. godine, koji se nalazi u arkivu jugoslavenske akademije. Diplomata a. 1261.

701.

1261, 26. jula. U Dubrovniku.

Općina dubrovačka stupa u posjed vinograda na osnovu osude od 17. juna 1251.

† Anno incarnationis millesimo ducentesimo sexagesimo primo, mensis iulii sexto die astante. Nos quidem Philippus Contarinus comes Ragusii cum iuratis iudicibus Dommana Guererio, Dobroslauo Ranane, Goyslauo Theodori et Velcasso Johannis hoc quod per sententiam legis iudicauimus, testamur. Nostra enim coram presentia comune Ragusii per uos aduocatum Petrum Johannis Bogdani et Palmam Gangulii interpelauit super Nycolizam filium Jacobi de Cerne dicens: Uolumus ut persoluas comuni Ragusii illos uiginti quinque perperos, quos mater tua Tolia tenetur dare comuni Ragusii per cartam notarialem, cuius tenor sic incipit: † Anno incarnationis domini millesimo ducentesimo quinquagesimo primo, mensis iunii, septimo decimo die intrante, in presentia domini Johannis Justiniani comitis Ragusii et coram uobis subscriptis testibus. Ego quidem Tolia, quondam uxor Jacobi de Cerne, confiteor et cetera, prout in ipsa carta continetur. Qui Nycoliza per aduocatum suum Blasium Rosini respondens dixit: Tolia mater mea per longum tempus in Ragusio fuit languida et mo(r)tua est. Et comune Ragusii inde nichil quesiuit super eam, unde de hoc non est mihi ratio respondere. Nos autem prenominati comes et iudices diximus per sententiam legis, quod idem Nycoliza de hoc, respondeat comiti. Et dictus Nycoliza dixit: uolo expectare super hoc Lucarum fratrem meum. Et nos prenominati comes et iudices diximus Nycolize: Si uis expectare Lucarum fratrem tuum, uolumus, ut comune Ragusii pro prenominatis uiginti quinque perperis intret in possessionem in uineam dicte Tolie que est in Jonceto. Et dictus Nycoliza

dixit: quantum est pro me de hoc do me in terram secundum usum Ragusii. Unde nos prenominati comes et iudices iudicauimus per sententiam legis, ut comune Ragusii pro prenominatis perperis uiginti quinque intret in possesionem in prenominatam uineam de Jonceto secundum usum Ragusii; et comune Ragusii, secundum quod nos iudicauimus, intrauit in dictam uineam. Hec autem carta nullo testimonio rumpi possit, quod iudicium prenominatorum domini comitis et iuratorum iudicum ego presbyter Pascalis et comunis notarius iuratus audiens scripsi.

(Signum notarii).

Original u dubrovačkom arkivu. saec. XIII.

702.

1261, 28. jula. U Dubrovniku.

Nadbiskup dubrovački rješava parnicu izmedju obadvojice opata dubrovačkih samostana.

Diuine providentie iustitia de celo prospexit, quando iudices constituit super terras, ut collata igitur starent in priuilegio, iudicia dei studeant unicuique tribuere iura sua, ne igitur officium nostrum negligere uideamur conuocati sumus in partem solicitudinis et laboris. Cum inter presbyterum Pauergenum et abbatem Omnium Sanctorum ex una parte et inter dompnum Johannem priorem ecclesie Rabiati seu clericum Vitalem procuratorem uice et nomine dicti prioris ex altera, super facto cuiusdam possessionis site in Bulento, coram nobis questio uerteretur, quam dictus Paurogenus(!) dicebat sibi uirtute iustitie pertinere, secundum quod in suo libello continebatur, cuius tenor talis erat: Uobis uenerande pater domine Allearde dei gratia arhiepiscope Ragusii. Ego presbyter Paurogenus de Malamuca abbas et patronus ecclesie Omnium Sanctorum uice et nomine eiusdem conqueror de clerico Vitali Bodacie sindico procuratore Johannis prioris sancte Marie de Rabiato uice et nomine eius qui detinet possessiones terre ecclesie antedicte Omnium Sanctorum site in Bulento, cuius termini tales sunt et confines. Primo tota terra que est supra uineam Omnium Sanctorum usque ad montem, secundum amplitudinem uinee dicte et totum illud territorium, quod uadit uersus Bulentum, item tota terra que est extra uineam ex parte occidentis per amplum citra arborem duobus passibus usque ad uineam predictam et in longitudine usque ad montem. Unde peto mihi rationem fieri, ac ipsam terram nomine eiusdem ecclesie per uos restitui, uel etiam adiudicari cum fructibus inde perceptis et qui percipi potuerunt saluo iure; et contra quod prior dicens narrata in libello negans, petita dicebat fieri non debere. Lite igitur super hac questione legitime contestata, nos frater Aleardus de ordine fratrum Minorum dei et sedis apostolice gratia archiepiscopus Ragusinus, auditis questionibus, allegacionibus, testibus et attestationibus, ac instrumentis pro uoluntate utriusque partis hinc inde examinatis, intellectis, deum habentes pre oculis, quantum humana fragilitas permittit, habito super hoc diligenti tractatu et consilio sapientum, presentibus et audientibus ipsis partibus ad hoc citatis certo sibi termino constituto ad hoc anno domini millesimo ducentesimo LX. primo, mensis iulii, quarto die exeunte, in archiepiscopali palacio nostro presentibus Saluio episcopo Tribuniensi, presbytero Matheo Teofili, presbytero Antonio, diacono Stancio de Pauleço, clerico Rufino Ballislaue, clerico Petro Mence et aliis. In nomine patris et filii et spiritus sancti amen. Difinitiue atque sententialiter pronuntiantes in scriptis totam illam possessionem seu territorium, quod est ab arbore seu trunco siue radice nobis presentialiter ostensa et assignata circa duobus passibus usque ad uineam Omnium Sanctorum, sicut protenditur inferius usque ad aquam et superius usque ad cacumen montis, cum tota illa possessione que est supra dictam uineam pro ultra usque ad … ellam ab acqua usque ad summitatem eiusdem montis cum omnibus suis pertinenciis adiudicamus dicto Paurogeno abbati Omnium Sanctorum perpetualiter, sicut in libello petiit et probauit, condemnantes dictum priorem siue Vitalem antedictum procuratorem uice et nomine eius nichilominus plenarie in expensis, ac sibi uel ei perpetuum silentium inponentes, cum ex parte sua nulla fuerit deffensio in hac lite. Ut autem hec sentencia robur obtineat firmitatis nostri sigilli patrocinio eam duximus muniendam. Et ego diaconus Bubanna canonicus Ragusinus et antedicti domini archiepiscopi notarius cui sententie interfui et de mandato eiusdem scripsi, compleui ac manu propria roboraui.

(Monogram notarov.)

Original u dubrovačkom arkivu; vrvce crvene ostale, a pečat otpao. Zbirka saec. XIII.

703.

1261, 3. septembra. U Zvolenu.

Spomen o opustošenju Varaždinske županije.

Bela dei gracia rex Hungarie etc. venerabili patri O[thoni] per eamdem Pataviensis ecclesie episcopo amico in Christo karissimo, sincere dilectionis affectum. *(Ispustivši ostalo.)* Adiicimus eciam, quod post habitam pacem et concordiam inter nos et dictum nepotem nostrum, homines eiusdem de Styria de exercitu suo ad propria redeuntes, magnam partem terre nostre in comitatu Worosdiensi crudeliter vastaverunt, homicidia, spolia, incendia, captivationes pauperum et multa mala alia faciendo, insuper castrum nostrum in Hungaria constitutum, quod eo tempore, quo non exstat memoria, nos et nostri progenitores possedimus, non est nobis restitutum, que omnia vestra debet attendere paternitas et referre nepoti nostro, petens super premissis nobis exhiberi satisfactionem debitam pariter et emendam. Datum in Ƶolum sabbatho post festum sancti Egydii.

Fejér Cod. dipl. Hung. IV. 3. 30—3. — Kukuljević Reg. no. 814.

704.

1261, prije 13. oktobra.

Bela kralj ugarski i hrvatski daje Kureju gradjaninu varaždinskomu za mnoge službe učinjene njemu i sinu njegovu Stjepanu neki posjed.

Bela dei gracia Hungarie, Dalmacie, Croacie, Rame, Seruie, Gallicie, Lodomerie, Cumanieque rex omnibus Christi fidelibus presentes litteras inspecturis salutem in salutis largitore. Grata fidelitatis obsequia que virtutum prerogativam optinet dignis sunt beneficiis prosequenda, que quanto uberius benemeritis impenduntur, tanto propensius et numerus et affectus obsequencium propagatur. Proinde ad universorum noticiam tenore presencium volumus pervenire, quod cum Cvrei civis Worosdiensis inmense fidelitatis studio nobis et carissimo filio nostro regi Stephano obsequiosus multipliciter extitisset, nos ob premissa fidelitatis et probitatis sue merita terram Petri calvi iobagdionis(!) Zaladiensis castri, sine herede decendentis, in comitatu Zaladiensi existentem, ad nostras manus devolutam cum silvis, virgultis, fenilibus et in terra arabili ad usum decem aratrorum competentem, sicut Chak bano Transilvano comite de Zovnuc, dilecto et fideli nostro, cui ut dicte terre qualitatem, quantitatem sciret, dedimus in mandatis, nobis innotuit rescribente, predicto Cvrey et suis heredibus heredumque successoribus de nostre et predicti carissimi filii nostri regis Stephani gracie et benivolencie plenitudine contulimus perpetuo possidendam, hac condicione interiecta, quod idem Cvrei Worosdiensis debeat civis (esse) et ibidem pro donacione huiuscemodi nostra commorari. Ipsum autem Cvrei per dictum dilectum et fidelem nostrum

Chak banum comitem de Zovnuc in corporalem possessionem dicte terre fecimus introduci. Cuius terre mete, prout in litteris predicti Chak bani patuit nobis, taliter distinguntur: Prima meta incipit in littore Drave et tendit ad unam ulmum iuxta terram Cruciferorum, deinde ad ilicem crucesignatam, ab inde transit fluvium Bygne, ad arborem que dicitur egurfa, sub qua est meta terrea, deinde per fluvium Bygnyche vadit versus meridiem ad rivulum qui Chernec appelatur, ubi distancia a metis Cruciferorum coniungitur metis terre de Copy eundo per dictum rivulum Chernec versus meridiem incipit tenere metas cum Romano, iensque longe exit de rivula Chernec ad rivulum qui vocatur Halyna existentem iuxta terram eiusdem Romani, per quam ad aquam Halyna eundo exit ad viam versus meridiem, iuxta quam viam est meta terrea sub arbore egur, inde per eandem viam venit ad pontem, ubi predicta Halyna duplicatur et inter utramque Halynam per veterem viam venit ad metam terream sitam apud fraxinum, deinde venit ad metam sitam sub arbore nucis iuxta villam que est super rivulum Scegune, inde transiens rivulum Scegune ad pirum signatam, inde per eandem viam cadit in stratam exercitualem prope domum Martini filii Ladizlay et iterum reflectitur ad partes orientales ad monticulum Ozloa goriche ubi est meta, inde iuxta terras Georgii vadit ad pirum crucesignatam, deinde ad cerasum parvam, in meta cerasum dico existentem, deinde protenditur ad metam sitam in piro crucesignata et ibi exiens de via in silvam ad ilicem duplici cruce signatam et transit silvam ad ilicem iterum duplici cruce signatam, ab inde it iuxta villam Georgii ad ilicem aduc(!) duplici cruce signatam, inde per silvam et per metas arboreas cruce signatas venit ad arborem iahur, inde per altam pirum cruce signatam, deinde per viam vadit ad fluvium Bygne supradictum, in cuius ripa est meta sub ylice, transiensque aquam ad metam que est sub piro tendit ad arborem egur cruce signatam, deinde rediens iterum ad litus Drave contiguatur priori mete et sic terminantur dicte mete. In cuius rei memoriam firmitatemque perpetuam presentes concessimus litteras duplicis sigilli nostri munimine roboratas. Datum per manus magistri Pauli, electi Albensis, aule nostre vicecancellarii dilecti et fidelis nostri. Anno domini MCCLX primo, regni autem nostri vicesimo sexto.

Iz prijepisa kaptola čazmanskoga od g. 1265. na pergameni. Iz ark. grada Varaždina f. 1. no. 5.

Kukuljević Reg. no. 818.

705.

1261, 24. oktobra. U Spljetu.

Nasljednici Palme Stefaniéa iz Spljeta poklanjaju kaptolu spljet-skomu kuéu kod crkve sv. Marije de Rino.

· In nomine domini nostri Jesu Christi amen. Anno a natiuitate eiusdem millesimo ducentesimo sexagesimo primo, indictione quarta, die octaua exeunte octobri, regnante domino nostro Bela serenissimo rege Vngarie, temporibus domini Rogerii venerabilis Spalatensis archiepiscopi, Johannis Cigaide, Nicolai Duymi et Ko(s)me Camurcii iudicum. Julianus Palme . . . Ste[phanicii], Maria uxor Luce Jancii cum consensu dicti sui uiri, Mari(!) uxor Nicole Petri Marule cum consensu ipsius Nicole et . . . nça uxor Georgii Nouinne, predicti omnes heredes Stephanicii, optulerunt et de-derunt capitulo canonicorum sancti Domnii pro remedio peccatorum Stephanicii supradicti et eius uxoris domum suam que est sub ecclesia sancte Marie de Rino cum toto territorio, pertinenciis et circumstanciis que ipsi ibi habebant, cedentes ipsi capitulo omne ius et accionem, quod et quam ipsi in iam dicta domo et territorio habebant et habere po-terant. Et hanc oblationem et concessionem per se suosque heredes ipsi capitulo pro se suisque successoribus suscipienti firmam et ratam per-petuo habere promiserunt et in nullo modo aliquo uel ingenio contra-uenire cum bonorum suorum obligatione, renunciando omni iuri et auxilio, quibus prelibata ualerent in aliquo reuocare. Ita tamen, quod non liceat ipsi capitulo neque suis successoribus dictam domum, nec territorium uendere, nec alienare, neque alicui obligare, set ipsa solum possidere, tenere debeant et fructuare. Actum in curia domini archiepiscopi eodem domino archiepiscopo presente, presentibus etiam Johanne Cigaide, Co(s)me Camurcii predictis iudicibus, Drago, Mari testibus et aliis.

(Drugi rukopis).

Et ego Petrus Sreçe conscius examinaui.

Ego magister Franciscus imperiali auctoritate notarius et nunc co-munis Spalati iuratus hiis omnibus interfui rogatus et voluntate dictorum heredum Stephanicii et Nicole et Luce scripsi et roboraui.

(Monogram. not.)

Original u arkivu kaptola u Spljetu a. 1261. (XVI. 2. II.)

706.

1261, 15. decembra. U Zagrebu.

Fabijan župan zagrebački daje na znanje, da je pred njim Kuz-
miša sin Kupučev prodao Meneslavu zemlju kraj Save za šest pensi.

Nos Fabianus comes Zagrabiensis memorie commendamus, quod
Cuzmisa filius Cupuch coram nobis personaliter constitutus confessus
est, quod terram suam sitam iuxta ramum Zaue Menezlao vendidisset
sex wretenorum [pro sex pensis denariorum] perpetuo possidendam, quas
sex pensas denariorum plene et integraliter asseruit recepisse. Prima enim
meta terre vendite incipit in quodam loco qui Struga nuncupatur, deinde
vadit super arborem illicis, deinde vadit ad arborem cerasi, deinde vadit
per planiciem et pervenit ad consaminatam(!) [terram] . . . . . [Datum
Zagrabie] feria quinta proxima post octavas sancti Nicolai, anno domini
MCCLX primo, presentibus Stanizlao et Stanech.

Iz prijepisa župana zagrebačkog Detrika od g. 1268. 15. marta. —
Potonja listina u arkivu kaptola u Zagrebu.

707.

1261. U Požegi.

Pred kaptolom požeškim zamjenjuje župan Petar svoje posjede Proču
i Višenovu zemlju sa bratom Ivanom za njegov posjed Zelnateč.

Capitulum ecclesie beati Petri de Posega vniuersis Christi fidelibus
quibus presens scriptum . . . . salutem in domino sempiternam.
Ad vniuersorum noticiam harum serie volumus [peruenire], quod Petrus
comes [filiu]s Stephani ex vna parte, ex altera vero Johannes frater
eiusdem Petri coram nobis constituti, iidem confessi sunt se . . . .
consilio et assensu tale inter se [fecisse concam]bium, videlicet dictus
Petrus comes dedit quoddam predium suum hereditarium Procha nomine,
quod communiter cum suo fratre Johanne possidebat cum suis pertinenciis
[et vtilitatibus] sub certis metis distinctum dicto [Johanni frat]ri suo pleno
iure pacifice possidendum, sic cum terra Vysen Zdench nomine, quam
Nicolaus filius Dezyzlay de ipso Vysen precio comparauit et postmodum
dicto Petro comiti [certo cum] instrumento contulit, Petrus vero Johanni
iam nominato dedit similiter in perpetuum possidendam, item obligauit

se dictus Petrus comes, quod si terra Vysen collata cum terra Procha in concambium per quempiam impediretur . . . . . propriis laboribus et expensis expedire. E contra autem Johannes dedit terram Zelnathech cum suis circumstanciis et vtilitatibus pro concambio terre Procha fratri suo Petro comiti sub certis metis similiter in perpetuum pacifice possidendam et habendam. Cuius terre Zelnatech incipit prima meta a parte orientali de riwlo (!) Goztynch vbi commetanei sunt Georgius et Nicolaus et per eundem Goztynch potok eundo parumper fluuit(!) idem Goztynch ad Dresnuk et Dresnuk fluit vsque ad Zawam, abinde tendit ad occasum solis per aquam Zawam, abinde superius eundo per aquam Zawa peruenit ad Luphynam, abinde per Luphynam tendit ad aquilonem et peruenit vsque Glosnauich pothoka et tendit in eodem potok versus aquilonem, exit autem de ipso potok et tendit ad Obraduch fenere (!), vbi Nicolaus filius Dezyzlay cum suis cognatis est commetaneus, deinde tendit ad arborem nucum sub qua est meta terrea, deinde cadit ad Luphynam et tendit superius vsque terram Stephani de Zadur et ibi exit, ibique est meta terrea antiqua, abhinc progreditur metatim ad orientem et tendit per montem ad quendam locum et ibi est meta terrea, deinde descendit versus orientem et peruenit ad priorem metam et ibi terminantur. Item incipit prima meta terre Prowcha (!) a parte meridionali in quodam riwlo qui transit per fenetum iuxta villam filiorum Zauide, in quo riuulo a parte orientali est pars Johannis, a parte autem occidentis pars est filiorum Zauide et Mathye, item egreditur per fenetum ad aquilonem ad Volunch potoka cadit et in eodem riwlo parum procedendo exit ad partem orientalem vbi est antiqua meta terrea, inde vero egreditur per viam ad partem aquilonis et cadit ad magnam viam cui adiungitur alia via ex transuerso vbi est meta terrea et antiqua, item per eandem viam vadit ad Procha potoka versus occidentem, item per Prowcha potok (!) ascendit superius versus aquilonem et exit de Proucha potok ad orientem vbi est meta terrea in spinis iuxta terram Vysen, item tendit ad orientem per antiquas metas terreas et cadit ad magnam vallem iuxta quam est meta terrea et per eandem vallem descendit versus meridiem, iuxta quam vallem ab occidentali parte pars Johannis continetur, a parte autem orientali pars est Stephani de Zadur, abinde vero Georgius filius Mothm[er]y est commetaneus eundo semper ad meridiem et peruenit ad harazthfa sub qua est meta terrea, item transit per planiciem et cadit ad siccam vallem versus meridiem, item exit de valle et peruenit ad siluam egur [et] transit ipsam siluam peruenit ad dumum rekequetye sub quo est meta terrea, ab inde peruenit ad puteum Vysen versus meridiem, abinde tendit per viam magnam ad siluam Zawa et progreditur vsque Zaw[am per] antiquas metas arboreas vbi Nicolaus cum suis cognatis a parte

orientali est commetaneus, ab occidentali vero parte vsque aquam Zawa
pars est Johannis, item ascendit per Zawam superius versus occidentem
commetatur [ter]re filiorum Zauide et Mathye, item protenditur superius
per antiquas metas arboreas versus aquilonem, cuius silue occidentalis
pars est filiorum Zauide et Mathye, a parte autem orientali pars est
Johannis, abinde per . . . . ad rivulum priorem et ibi terminatur.
Item prima meta terre Vysen quam Petrus comes suo fratri Johanni
dedit pro concambio exit de sicca valle et tendit versus merid[iem et
perueni]t ad pirum [sub qua] est meta terrea, item peruenit ad puteum,
de puteo exit et peruenit ad siluam Zawa et iuxta eandem procedendo
ad occasum solis peruenit ad terram Johannis et ibi terminantur . . . .
. . . . parte meridionali pars est . . . . et
suorum cognatorum, ab occidente vero pars est Johannis antedicti. In
cuius rey memoriam presentes litteras nostri appensione sigilli Petro
comiti et Johanni supradictis contulimus roboratas, anno gracie millesimo
ducentesimo sexagesimo primo.

Iz potvrde kralja Sigismunda od g. 1423. kako ju je prepisao kaptol.
. . . . . ? god. 1425. — Original posljednje na papiru, djelomice oštećen,
u arkivu jugoslavenske akademije u Zagrebu. Diplomata a. 1261.

708.

1261. (U Zagrebu).

Marija kraljica oprašta gradjanima zagrebačkim dvije stotine pensa,
koje su imali svake godine davati banu.

Maria dei gracia regina Hungarie omnibus Christi fidelibus presentes litteras inspecturis salutem in vero salutari. Solent scriptis redigi
facta hominum, ne processu temporis a memoria delabantur. Igitur ad
universorum tam presencium quam posterorum noticiam significamus
quibus expedit per presencium tenorem, quod cum in regnum Sclauonie
ad ordinandum et informandum totum statum ducatus carissimi filii
nostri ducis Bele intrassemus principaliter, fideles nostri cives de monte
Grecz nobis sua plurima gravamina explicaverunt. Nos autem eorum
gravamina volentes misericorditer relevare, presertim cum idem castrum
de novo sit constructum et erectum in principaliori loco ducatus et ad
communem utilitatem tocius regni, necnon ad tutelam confinii esse fun-
datum dinoscatur, causis premissis racionabilibus inducte, ut eo amplius
et melius utilitas castri prenominati in omnibus recipiat incrementum.

debitum ducentarum pensarum, quas bano nomine ducatus cives eiusdem castri annuatim solvere tenebantur, in perpetuo duximus relaxandas, reddentes eosdem de debito (huiusmodi) solucionis pecunie memorate absolutos (nostrarum) patrocinio litterarum. Insuper plebaniam eiusdem castri liberam constituimus et exemptam ab omni iurisdiccione episcopalis dignitatis, alioquin . . . . venerabilis pater Philippus episcopus Zagrabiensis, quam de iure vel de facto habebat, presentibus magistro Thobia preposito; magistro Petro archidiacono, magistro Buza cantore, Prothasio custode et Stephano decano loci prenominati consencientibus, renunciavit viva voce, quatenus de meis(!) iuris beneficio et bona terre consvetudine attribuitur facultas in premissis. Ut igitur hec a nobis circumspecte facta donacio robur perpetuum firmitatis obtineat et i(i)dem cives mee munificencie gracia in posterurṇ gratulentur, presentes litteras contulimus dupplicis sigilli nostri munimine roboratas. Datum anno ab incarnacione domini millesimo ducentessimo sexagesimo primo.

Iz prijepisa na papiru poderanu XVI. vijeka u arkivu jugoslavenske akademije ad a. 1261. Listina sumnjiva u ovom obliku.

Tkalčić Monum. civ. Zagrab. I. 31—32. br. 40. — Kukuljević Reg. br. 817.

709.

1261. U Zagrebu.

Zagrebački kaptol, svjedoči, da je po nalogu bana i kralja uveo Petra prepošta čazmanskoga i brata mu Andriju u posjed Kamenskoga, koji je posjed ujedno omedjašio.

Capitulum Zagrabiensis ecclesie omnibus presens scriptum inspecturis salutem in domino. Ad vniuersorum noticiam harum serie uolumus peruenire, quod cum illustris Bela rex Vngarie terram nomine Kemynuchka in comitatu de Gerce constitutam magistro Petro preposito Chazmensi et fratri eiusdem Andree comiti contulisset et Rolandus tunc banus tocius Sclauonie qui ipsos ex mandato regio in possessionem dicte terre debebat introducere, nostrum pro ipso facto testimonium petiuisset, nos domini regis et bani voluntati satisfacere cupientes, commisimus viro discreto et fidedigno Martino quondam custodi Wacyensi tunc sacerdoti diocesis Zagrabiensis ecclesie sancte Marie de Podgoria vices nostras, qui sicut nobis rescripsit cum fuisset supra ipsam terram constitutus per pristaldum predicti bani Nicolaum nomine prelata terra Kemynuchka fuit magistro Petro preposito Chazmensi et fratri suo prenotato sub metis infrascriptis presentibus et consencientibus commetaneis omnibus sine contradiccione qualibet assignata. Cuius prima meta incipit a fluuio Culpa a parte orientali et vadit per vnam malacam versus occidentem usque ad fluuium Izryn[1] iuxta terram castri Goricensis vbi est meta terrea et inde per fluuium Izryn et in eodem vadit uersus occidentem usque ad duas metas terreas, in quibus sunt due arbores que gertanfa uocantur in silua paludosa, in qua vadit superius ad metam terream et signa in arboribus in conuicinitate terre castri ad exitum eiusdem silue paludose ubi sunt due mete terree et inde uadit per siluam que ligetk uocatur usque ad stratam publicam, que uadit de ecclesia sancti Jacobi uersus locum curie castri Goricensis inter occidentem et meridiem et illa strata publica uadit cum metis terreis et signis in arboribus usque ad quendam monticulum iuxta terram castri memorati et ibi relicta illa via ad dexteram vadit versus meridiem per montes et metas terreas et signa et inde descendit iuxta eandem terram castri in vnam vallem, in qua est via que uadit de loco curie Goriciensis ad domum Vtmyzlaw uersus meridiem ubi sunt mete terree et deinde regreditur uersus orientem in vnam magnam vallem ubi est meta terrea et inde per easdem partes venit ad magnam tyliam et inde per metas transit in fluuium Zalaztnik versus orientem, in quo iterum cadit in fluuium Culpa supradictum et ibi terminatur. In cuius rei testimonium presentes contulimus sigilli nostri munimine roboratas. Datum per manus magistri Michaelis lectoris ecclesie nostre anno ab incarnacione domini $M^o . CC^o . LX^o$. primo.

Original u kr. ugarskom državnom arkivu u Budimpešti M. O. D. L. 35.149. Stara signatura: Actorum monasterii de Kamensko fasc. I. no. 1. — Na listini s dola blizu lijevog ugla visi komadić pergamenske vezice bez pečata. — Kukuljević Reg. no. 819.

710.

1261. U Zagrebu.

Pred kaptolom zagrebačkim prodaje Andrija Markov banu Rolandu svoje zemlje.

Capitulum Zagrabiensis ecclesie omnibus presens scriptum inspecturis salutem in domino. Ad universorum noticiam harum serie volumus pervenire, quod constitutis in nostra presencia ab una parte nobili viro Rolando bano tocius Sclavonie et ab altera Endree filio Marci, idem Endree terram suam nomine Guergeu cum omnibus utilitatibus, pertinenciis et appendiciis suis sub metis in privilegio Dyonisii condam bani

---

[1] Kasniji prijepis ima: Bryn.

felicis recordacionis contentis, confessus est se vendidisse predicto Rolando bano et suis heredibus heredumque successoribus iure perpetuo possidendam pro centum et nonaginta marcis, que memorato Endree coram nobis numerate fuerunt et plenarie persolute, consentientibus commetaneis predicte terre Gergeu(!) vocate vendicioni facte ipsi bano per Endree suprascriptum, nobilibus de Blyna, scilicet Iwan filio Orsun, Gurk Bonyla pro se et pro Leuctyn fratre suo, Martino filio Wlkoy, Jacobo filio Jakow, Gerto filio Mirge, Maryn filio Bogdaan, Bogdozlao filio Wlkyna, Wlcheta filio Bogdasa, Mathey filio Wlk, Gordasa filio Godymer, Junk filio Innsa, Mark filio Martini, Iwanch filio Petrus, Rados de generacione Thurya pro se et pro Gula et Poligrad fratribus suis, Thoma, Zlonnyg, Otroko, Thonasa filio Bolonyg. Ad hec dictus Endree coram nobis se firmiter obligavit, quod de omni questione, quam oriri contingeret super terra vendita contra dictum banum vel heredes suos ex parte Marci fratris memorati Endree vel consanguineorum suorum, idem Endree et successores sui dictum banu n et suos heredes teneantur suis propriis sumptibus et laboribus expedire et indempnes per omnia conservare. In cuius rei testimonium presentes ad instanciam parcium contulimus sigilli nostri munimine roboratas. Datum per manus magistri Michaelis lectoris ecclesie nostre, anno ab incarnacione domini millesimo ducentesimo sexagesimo primo.

Iz prijepisa, koji je izdao kralj Ljudevit I. od god. 1382.: »in festo beatorum Petri et Pauli apostolorum«. Na ledjima vide se tragovi kraljevskoga pečata. Original u arkivu knezova Batthyány u Körmendu. A. 2. L. 9. »Miscellanca Széchiana« no. 1. Cod. dipl. patrius VIII. 87 —88. no. 69.

711.

1261.

Ban Roland dosudjuje zemlju Blagušu nekomu Martinu podaniku grada Zagreba.

Rolandus banus tocius Sclauonie omnibus presens scriptum inspecturis salutem in omnium saluatore. Ad vniuersorum tam presencium quam posterorum noticiam harum serie volumus peruenire, quod quidam nomine Berizlau Vulchk, Stepan Vytku, Vulchyk filius Rese, Vulchey filius Drask et Draguzlau pro se et omnibus eorum proximis reambulantes cum homine nostro quandam terram nomine Blagusa, de Martino ventroso iobagione castri Zagrabiensis et eundem ad nostram citantes presenciam taliter proponebant, quod ipsa esset hereditaria terra ipsorum et idem Martinus eandem occupans deposuisset ipsos uiolenter. Contra quos idem Martinus respondebat, quod ipsa terra sua esset hereditaria et fuisset ab antiquo per patrem et predecessores suos pacifice possessa et sibi relicta. Et iidem Berizlau Vulchk et socii sui primitus nominati, requisiuissent ab ipso et iustificassent ab ipsis iudiciali sentencia mediante exhibens ad hoc protinus litteras Alexandri quondam vicebani et comitis Zagrabiensis et priuilegio felicis memorie Stephani bani, inscriptas de uerbo ad uerbum et confirmatas autenticasque eiusdem Stephani bani priuilegio, talem seriem continentes, quod idem Berizlau Vulchk, Stepan Vytk, Vulchey et Draguzlau cum omnibus suis proximis, cum prenominatam terram requisiuissent, tandem in assignato eis termino ad produccionem testium faciendam nullam produccionem facere potuissent, nec eciam aliquam ostendere caucionem et ideo eidem Martino cum vndecim sibi consimilibus hominibus adiudicatum fuisset sacramentum et iurasset cum eisdem, quorum iuratorum nomina in utroque priuilegio continentur. Nos igitur vnacum magistro Moys, Simigiensi et Worosdiensi comite, magistro Nicolao iudice curie domine regine quondam gracioso et plurimis regni nobilibus publico iudicio assidentibus, Iwano filio Inzlay, Hrencone Farcasio de Zagoria, Pouorseno filio Rata et aliis, considerantes eosdem Beryzlaum et suos cognatos prenominatos litem primitus litigatam et ex nouo terminatam resumpsisse et recidivasse(!), decreuimus eosdem manifeste calumpniatores remansisse. Et quamquam ipsos secundum constitutam uindictam calumpnie exigentibus ipsorum meritis, assatis per medium nasis iudicare debuissemus, tamen ipsis pepercimus ad instanciam petencium misericordia mediante, relinquentes ipsam terram Martino et ipsius successoribus perpetuo possidendam, ipsis Berizlauo et suis sociis prenotatis, ac ipsorum proximis auctoritate presencium in futuros successores silencium perpetuum imponentes. In cuius rei robur et stabilitatem perpetuam presentes contulimus sigilli nostri munimine roboratas. Anno domini MCCLX primo, pristaldo curie nostre Thoma filio Sanctus et terresti pristaldo Boseno filio Inuse existentibus.

Liber privileg. episcopatus Zagrab. list 59.

Tkalčić Monum. episcop. Zagrab. I. 126—137. — Wenzel Cod. dipl. Arpad. cont. XI. 510—511. — Kukuljevic Reg. no. 820.

712.

1261—1262. U Omišu.

Omišani prisižu mir Dubrovčanima, jer da su namireni radi ubitih Omišana.

Nobilibus et prudentibus uiris domino Philippo comiti Ragusii et iudicibus et toti comunitati eiusdem terre, ac uniuersis hominibus, presentes litteras inspecturis Rados comes de Almisio, iudices et comune eiusdem terre salutem et amorem. Notum sit uestre prudentie, quod ad nostram ciuitatem accesserunt nuntii Ragusinorum, scilicet frater Michael de ordine Predicatorum et dominus Petrus de Carnisi cum litteris supradicte ciuitatis Ragusine, qui conposuerunt et firmam pacem nobiscum et cum hominibus terre nostre pro homicidio in Ragusio, pro reticito uidelicet duorum hominum et tertio semiuiuo in hunc modum expresserunt. Dederunt enim Ragusini pro morte filii domini Radini centum et sexaginta libras venetorum paruorum et pro morte filii Barse centum et quinquaginta libras eiusdem monete et pro nepote Dragani, qui ad mortem fuit percussus, siue moriatur siue uiuat, quadraginta quinque. Quod si suprascriptam pecuniam non dederint Ragusini in festo sancti Michaelis, in stancho dabunt duplum. Et ego Rados comes de Almisio iuro ad sancta dei euangelia, quod pro morte istorum hominum nullus aliquis in perpetuum aliquid petet, sed pacem firmam habebimus, ut (h)actenus habuimus et utrique parti ero fideiussor, tam pro pecunia, quam etiam pro homicidio nunquam renouando. Et ego Raden pater defuncti iuro ad sancta dei euangelia, quod pro morte filii mei in Almisio defuncti et nepoti(!) mei in Ragusio mortui, nec per me, nec per meos in perpetuum intererit uerbum, sed erit pax perpetua. Et ego Cerna filius Raden et frater defuncti, iuro sicut pater meus. Et ego Zeheri sicut et socer meus iuro. Et ego Bogdanus filius Bastardi sicut et Raden iuro. Et ego Luca filius Pupilerii sicut Raden iuro. Et ego Desislau filius Predimarieli iuro. Et ego Stojan Dragotini filius iuro. Et ego Diminche filius Bolebrat iuro. Et ego Pelnes filius Mechinach iuro. Et pro omni homicidio uel sanguine effuso, quod nunquam requiratur, comes fideiussor est.

Original u dubrovačkom arkivu. Zbirka saec. XIII.

713.

1261—1264.

Opatica samostana sv. Nikole zadarskoga, reda sv. Damjana, obznanjuje pismo pape Urbana IV. o uredjenju nekih razmirica u redu Malobraćana.

Nos abbatissa et conventus sancti Nicolai de Jadra ordinis sancti Damiani omnibus has litteras inspecturis facimus manifestum, quod cum sanctissimus pater et dominus noster dominus Vrbanus papa quartus quamdam ordinacionem inter ministros et fratres ordinis Minorum et personas nostri ordinis super statu personarum ipsarum duxerit fatiendam(!), prout inferius continetur, ordinationem ipsius gratam habentes, illam, quantum in nobis est, ratificamus, acceptamus et eciam approbamus ipsamque presencium tenore promitimus perpetuis temporibus inuiolabiliter obseruare, nec unquam contrauenire. Tenor autem ordinacionis eius talis est: Vrbanus episcopus seruus seruorum dei dilectis filiis I. sancti Nicolai in carcere Tullensi diacono card[inali] et . . . . ministro generali ordinis fratrum Minorum salutem et apostolicam benedicionem. Inter personas sub sancte religionis obseruancia diuinis mancipatas obsequiis seruari cupimus unitatem et pacem, sollicitum studium et operam, inpendentes, ut unite uinculo solide caritatis liberius virtutum domino famulentur. Cum itaque fratrum Minorum olim tibi fili cardinalis et postmodum sancti Damiani ordines venerabili fratri nostro S(tephano) episcopo Penestrino duxerimus comitendas, ac nonnulli ex eisdem fratribus a monasteriis eiusdem sancti Damiani ordinis, in quibus ecclesiastica sacramenta personis inibi degentibus ministrabant, post huius commissionem factam (a) dicto episcopo, prout accepimus, sint amoti et ipsorum fratrum ministeria, que sine cohabitacione aliquibus exhiberentur monasteriis memorati ordinis, eisdem monasteriis sint subtracta, propterea quod nec non et quarumdam litterarum circa hoc dicto episcopo concessarum occasione, que ut diceba[tu]r in manifestum tui filii cardinalis et ordinis eorumdem fratrum tibi commissi poterant preiudicium redundare, ac eciam quia quedam proponebatur pro sancti Damiani ordine supradicto, que libertati ordinis fratrum, ut ex ipsorum parte fratrum asserint, derogabant, turbationis et questionis materia est exorta. Nos circa salubrem utriusque ordinis statum paterna sollicitudine uigilantes, quamdam ordinacionem, prouisionem, decretum et statutum de fratrum nostrorum consilio et assensu fecimus, prout inferius continetur. Volentes igitur concordie utriusque ordinis diligenter intendere, ac saluti animarum dicti ordinis sancti Damiani misericorditer prouidere, disscrecionem tuam fili generalis minister rogamus et hortamur attente, per apostolica tibi scripta mandantes, quatinus usque ad generale capitulum tui ordinis proximo celebrandum aliquos de fratribus tuis reponi faciens in monasteriis, in quibus tempore supradicte commissionis facte dicto episcopo morabantur, illos qui adhuc morantur in ipsis monasteriis usque tunc libere dimittas ibidem uel alios loco ipsorum substitui facias, prout uideris expedire; aliquos uero facias deputari ad ministrandum prefactis(!) personis huius (monasterii) sacramenta, quibus eiusdem ordinis fratres illa sine cohabitatione memorate commissionis tempore ministrabant, ita tamen, si abbatisse et conuentus monasteriorum eorumdem in quibus iidem fratres iusta (!) huius mandati nostri tenorem ad morandum uel ministrandum reponendi, dimitendi uel deputandi fuerint, prius dederint litteras suas patentes uel publica instrumenta, in quibus gratam et ratam se fateantur habere formam ordinationis, prouisionis, decreti et statuti, que in prese.ntibus continetur et quantum in eis est ipsam ratificent, acceptent et eciam approbent ipsamque suarum litterarum uel publicorum instrumentorum tenore promitant perpetuis temporibus obseruare, nec nunquam contrauenire, presencium serie de uerbo ad uerbum ipsis patentibus litteris uel instrumentis publicis inserentes, ad huius(!) autem monasteria que sic litteras uel instrumenta dederint visitandi, deputes ex fratribus tui ordinis viros ydoneos, qui prefactum(!) ordinem sancti Damiani usque ad dictum proximum capitulum visitent auctoritate episcopi supradicti secundum formam, quam ipsis uisitatoribus contingerit per eiusdem episcopi litteras exhiberi utriusque ordinis decencia et honestate seruata, ita tamen, quod prefactus(!) episcopus nullam ex quauis causa iurisdicionem (!) habeat in uisitatores eosdem, neque in alios fratres qui in ipsis monasteriis morabantur, neque in illos qui eadem sacramenta monasteriis prefactis sancti Damiani ordinis ministrabunt. Nos autem de fratrum nostrorum cosilio(!) et assensu ordinamus, difinimus, ac eciam decernimus statuentes, quod si usque ad dictum capitulum generale uel in ipso capitulo concordia super monasteriis huius(!) inpendendis de communi assensu parcium non prouenerit inter ordines supradictos, ex tunc ordo dictorum fratrum minorum et ipsi fratres si uoluerint, ipsum capitulum generale eo ipso, quod hoc uoluerit seu suam super hoc expresserit uoluntatem, a predictis cohabitatione, visitatione, ministerio omnique onere alio, quoad predicta monasteria et personas degentes in eis sint liberi penitus et immunes et quod per eadem monasteria uel personas ipsorum, uel quoscumque alios eorum nomine siue pro eis pretestu(!) obsequiorum exhibitorum eisdem aut litterarum, indulgenciarum uel priuilegiorum ipsis monasteriis uel aliis quibuscumque personis sub quacunque forma a sede apostolica concessorum, siue ex quocunque alio iure uel causa n'chil a predicto fratrum ordine peti possint. Cum autem idem episcopus quasdam litteras a nobis optinuisse dicatur, in quibus non solum dictus ordo sancti Damiani comititur, verum eciam dicti fratres artari(!) uidentur ad exhibendum monasteriis et personis eiusdem sancti Damiani ordinis ministeria consueta et ipsi episcopo concedit[ur], quod ad hoc possit compellere per censuram ecclesiasticam dictos fratres. Nos eisdem litteris quoad iurisdicionem om[n]e[m] et potestatem sibi concessam in monasteria predicta et personas ipsorum in suo robore duraturis ipsas quoad alia que dictos fratres Minores et eorum ordinem quocumque modo contingunt de uoluntate dicti episcopi reuocamus et carere decreuimus omni robore firmitatis eciam si de litteris ipsis plenam et expressam de uerbo ad uerbum fieri oporteat presentibus mencionem. Nulli ergo omnino hominum liceat hanc paginam nostre ordinationis, prouisionis, difinicionis, decreti et statuti infringere, uel ei ausu temerario contraire. Si quis autem hoc attemptare presumpserit, indignationem omnipotentis dei et beatorum Petri et Pauli apostolorum eius se nouerit incursurum. In testimonium autem huiusmodi ratificationis et aprobationis ac promisionis(!) presentem ordinacionem seu prouissionem(!) sigillo nostro pendenti fecimus comuniri.

Original na pergameni u arkivu jugoslav. akad.: Diplomata a. 1261. — Na bijeloj vrvci visi zeleni voštani pečat prilično sačuvan. Listina je lijepo pisana, ali u prijepisu papinskoga pisma ima dosta pogrešaka.

714.

1261—1282. U Dubrovniku.

Nadbiskup krfski ulovljen od gusara, koje Dubrovčani pohvataše, Dubrovčanima, da ljubav uzvrati, obećaje prijateljstvo despota Mihajla.

Cum ego Theodosius archiepiscopus Curfu meis peccatis a piratis forem captitus, euasi a ipsorum manibus gratia Jesu Christi, ueniens autem ad ciuitatem Ragusinam coram domino comite et populo ciuitatis eiusdem, coram eis de eo quod mihi accidit querelam feci. Quare dominus comes cum universo populo per mare et per terram ad capiendum dictos piratos dedit operam cum effectu, nam ipsos cepit(!) gratia Jesu Christi et in carcerem posuerunt, tantum dictos piratos detinentes, donec omnia que mihi abstulit (!) rediderint. Et hoc fecerunt propter amorem domini cur Michali despoti et mei. Postea uero fecit Gregorium de Mazola de Ragusio ad ciuitatem uenire et omnia que cum reccomendatione possuit(!) mihi dedit integre et benig(n)c. Unde amodo omnes homines de Ragusio pro domino meo suprascripto et pro me per totam Romaniam salui esse debeant et securi, ut nec pro isto tempore aliquo, tam in personis, quam in rebus molestiam aliquam debeant sustinere.

Grčki potpis: ... Ego Theodosios. †

Original u dubrovačkom arkivu: vidi se rupa kroz koju su bile provedene vrvce od pečata. Zbirka saec. XIII.

715.

1261—1282.

Privilegij cara Mihajla Paleologa Dubrovčanima.

Privilegio
dell imperatore Michele Paleologo di data . . . . an. 1261. in 1282. scritto in idioma greco, munito del sigillo di piombo.

Lo stesso annula il diritto d'albinaggio al favore dei Ragusei ed ordina, che accadendo la morte di qualche suddito Raguseo nel suo stato, la sua facoltà passare debba in mani dei suoi parenti ed eredi.

Stara bilješka u dubrovačkom arkivu. Listine neima. Zbirka saec. XIII.

716.

1262, 11. januara. U Viterbi.

Urban IV. papa dozvoljuje Filipu biskupu zagrebačkom predloženom za nadbiskupa ostrogonskoga, da upravlja tom nadbiskupijom.

Urbanus episcopus servus servorum dei venerabili fratri Philippo episcopo Zagrabiensi salutem et apostolicam benedictionem. Presentatam nobis postulationem, de te in Strigoniensi ecclesia, pastoris destituta solacio celebratam per venerabilem fratrem (Stephanum) episcopum Penestrinum et dilectos filios nostros I. Portunensem electum et O. sancte Marie in Via lata diaconum cardinalem, secundum laudabilem ecclesie Romane consuetudinem examinari fecimus diligenter. Et licet compertum fuerit per examinationem huiusmodi, postulationem eandem concordem et canonicam extitisse, nosque noverimus, quod ex tuis magnificis meritis te maiora decerent et amplioribus esses honoribus attollendus, tamen iura et statutum sedis apostolice super hoc edita servari volentes, admittere distulimus postulationem ipsam ad presens, eam relinquentes, donec personaliter ad predictam sedem accesseris, in suspenso. Ceterum cum nolimus, quod eadem ecclesia patiatur ob defectum regiminis aliquod detrimentum, propter urgentem necessitatem ac evidentem utilitatem ipsius, te in procuratorem dicte Strigoniensi ecclesie concedentes, curam et administrationem ipsius in spiritualibus et temporalibus tibi auctoritate presentium duximus committendam, fraternitati tue per apostolica scripta mandantes, quatenus infra festum sancti Jacobi apostoli proximo futurum ad presentiam nostram personaliter accedere non postponas; alioquin procurationem et administrationem huiusmodi finiri volumus eo ipso. Datum Viterbii III. idus ianuarii, pontificatus nostri anno primo.

Theiner Mon. Hung. I. br. 457. ztr. 243. Iz reg. orig. an. I. cp. 38. fol. 9. — Wenzel Cod. Arpad. III. 25. — Knauz Mon. eccl. Strig. I. 470. — Potthast Reg. pontif. II. 18212. -- Kukuljević Reg. no. 821.

717.

1262, 29. januara. U Spljetu.

Martın Pleše poklanja svojoj sestrı Dragı preostalu polovinu kuće.

In nomine domini nostri Jesu Christi amen. Anno a natiuitate eiusdem millesimo ducentesimo sexagesimo primo, indiccione quinta, die tercia exeunte ianuario, regnante domino nostro Bela serenissimo rege Vngarie, temporibus domini Rogerii venerabilis Spalatensis archiepiscopi, Johannis Cigaide, Nicolai Duymi et Ko(s)me Camurcii iudicum. Martinus Plexe pure, simpliciter et inreuocabiliter inter uiuos donauit et tradidit sue sorori Drage suam medietatem cuiusdam domus; de qua medietatem habet et ipsa eadem sua soror, que domus uero est iuxta domum filii Goiecte et prope domum Dese Laurencii U(er)bule, quam medietatem dicte domus donatam cum omnibus suis pertinenciis et circumstanciis ipsi Drage et eius heredibus plenam contulit potestatem post obitum ipsius Martini uendendi, donandi et quicquid ex ea sibi perpetuo placuerit faciendi. Promittens hanc donationem dictus Martinus firmam et ratam perpetuo habere et tenere et eam nullo tempore interrumpere, nec contrauenire ingratitudine aliqua, iure, ingenio, necque dolo cum bonorum suorum omnium obligationes et in signum cambii, secundum consuetudinem ciuitatis, ab ea unam tunicam de sucna recepit. Ad hec etiam ipsam dictam medietatem domus donatam ipse Martinus in uita sua habitare, possidere et fructare debet, non tamen eam uendendo, nec donando, neque alicui alteri modo aliquo obligando, set ita tantum, quod post obitum eius in dictam ditigam(!) liberam et ab omni homine expeditam debeat peruenire. Actum ante domum mei subscripti notarii presentibus Micha Madii, Matheo Dese Rocçi testibus et aliis.

Ego Petrus Sreçe conscius examinaui.

Ego magister Franciscus imperiali auctoritate notarius et nunc comunis Spalati iuratus hiis omnibus interfui rogatus et . . . . a dicto Martino eiusdem uoluntatem scripsi et roboraui.

(Monogram not.)

Original u arkivu samostana sv. Marije u Zadru.

718.

1262, 9. februara. Kod kuće Hudinine.

Bela kralj ugarski i hrvatski nalaže svojim unucima, da ne sude malodobnim sinovima Berivojevima.

B(ela) dei gracia rex Hungarie fidelibus suis omnibus iudicibus in suo regno constitutis quibus presentes ostendentur salutem et graciam. Cum Stephanus, Iwan et Johannes filii Beriwoy dicantur esse aduc(!) in etate tenera constituti, hanc eis de consuetudine regni nostri approbata graciam duximus faciendam, quod super factis possessionum, seruorum et ancillarum tempore patris nostri exortis, non iudicentur usque dum in etate legitima fuerint constituti. Vnde volumus et fidelitate uestre precipimus firmiter et districte, quatenus predictos filios Beriuoy ultra graciam eis factam iudicare non debeat, nec presumat. Datum aput domum Hudina in octauis purificacionis beate virginis anno domini M⁰CC⁰LX⁰II.

U arkivu knezova Bathyány u Körmendu. A. IV. L. VII no. 161.

Wenzel Cod. dipl. Arpad. cont. VIII. 30. Po originalu u arkivu obitelji knezova Bacana. — Kukuljević Reg. no. 822.

719.

1262, 26. februara. U Dubrovniku.

Aleardo nadbiskup dubrovački izopćuje svećenika Ivana od sv. Marije de Rabiato radi velike nemarnosti.

Nos frater Aleardus de ordine fratrum Minorum dei et sedis apostolice gracia archiepiscopus Ragusinus. Notum facimus vniuersis ad quos hec sentencia peruenerit, cum Joannes sacerdos et monachus, prior ecclesie sancte Marie dicte de Rabiato nostre diocesis, domino Joanni (prede)cessori nostro subditus sibique ac monachis suis pro tempore respondens, ut tenebatur in parochialibus funccionibus tanquam prelato competenti diocesano elapsis iam annis duodecim et eo amplius sine interrupcione legitima, utpote per dictum Joannem institutus in dicta ecclesia et intro-ductus in corporalem et spiritualem possessionum, nobis et in nostro archiepiscopali palacio coram pluribus manualem fecit obedienciam, soluit cum aliis collectam, visitacionem nostram recepit, conuictum procuracione dedit pluries, ad festum beati Blasii cum aliis nostris abbatibus, ut moris est et ad sinodum venit, litigauit nichilominus multocies coram nobis, recipiendo pro se et contra se sentenciam, ut iuris ordo ferebat, nos suum prelatum ut ordinarium iudicem in predictis et aliis competentibus recognoscens, nunc autem nescimus quo spiritu ductus obedire contempnit, visitacionem renuit, procuracionem uetat, ad synodum vocatus contempsit et ad festum beati Blasii venire respuit, iniurias pluribus de se conque-rentibus inferens, citatus bis et ter pro terminis competentibus et legitime peroportunis assignatis, dicens se non habere nobiscum facere, contempnit omni modo comparere. Cupientes ergo salubriter eum corrigere sibique et aliis quibusque reddere iura sua, iniuriam iuris parochialis ecclesie nostre dissimulare de cetero nolendo, sicut nec possumus nec debemus, cum dolore animi et compassione cordis nimia auctoritate dei omni-potentis et beatissimorum apostolorum Petri et Pauli, ac beatissimi Blasii martiris et nostra qua fungimur, predictum Joannem priorem Rabiatensem pro his et huiusmodi rebellem incorrigibilem et contumacem excom-municamus in scriptis et excommunicatum denunciamus, supponentes ecclesiam prelibatam interdicto usque ad satisfaccionem condignam. Actum est hoc in pulpito ecclesie archiepiscopalis anno domini MCCLXII., mensis ianuarii(!), prima dominica quadragesime, presentibus domino S(alvio) Tri-buniensi episcopo ac omnibus abbatibus, canonicis nostris, cum clericis vniuersis et populo ciuitatis. In quarum rerum testimonium sigillum nostrum pendens ad peticionem presbiteri Parungerii nostri canonici et abbatis ecclesie Omnium Sanctorum duximus apponendum. Et ego dia-conus Bubana canonicus Ragusinus et antedicti domini archiepiscopi iuratus notarius hys omnibus interfui et de mandato eiusdem scripsi, compleui et manu propria roboraui.

Iz rukopisa »Bullarium Ragusinum« 370—372. u kr. zem. arkivu u Zagrebu. — Notica: »Pendet sigillum cereum. Die 26. februarii, nam anno 1262. Pascha fuit die 9. aprilis, dies cinerum 22. februarii, do-minica 1. quadragesimae 26. februarii, littera dom. A.«

Farlati Ilyr. sacr. VI. 108. — Kukuljević Reg. no. 823.

720.

1262, 25. marta. U Justinopoli (u Istri).

Namiruje se dug Dubrovčanina Vtala de Tefia u Justinopoli.

(Monogram not.) In nomine domini dei eterni anno domini millesimo ducentesimo sexagesimo secundo, indictione quinta, actum Justinopoli, die septima exeunte mense marcio, presentibus Benedicto notario, Ambrosio notario, Blanco de Porta, Brazola Petro, Luppo Gaimo notario et aliis. Marinus nuntius domini Philippi Contareni comitis Ragusie et comunis ciuitatis eiusdem nomine et vice ipsius ex una parte et nomine heredum Vitalis de Tefia et Johannis domini Engelperti, nomine Bonifacii ciuis Justinopolitani ex altera, de eorum propria uoluntate compromiserunt in dominis Carsto de Mirsa et Cidirisino domini Albini et Cinnano domini Ginnani consulibus Justinopolitanis, tam in eorum arbitris de quodam debito, quod memoratus Bonifacius habere debebat a Vitale de Tefia de Ragusio, uidelicet sexaginta libras venetorum et dimidium et de omnibus expensis factis nomine uel occasione debiti supradicti promiserunt predicti Marinus nomine et uice comunis de Ragusio et nomine heredum Vitalis et dictus Johannes nomine et uice ipsius Bonifacii pro debito supradicto sexaginta libras venetorum et dimidium, quas dictus Bonifacius volebat a memorato Vitale manu Vigelmi iudicis ordinarii et notarii confecta sub anno domini millesimo ducentesimo quadragesimo tertio, die quinto exeunte iunio, indictione prima et circa que in ipso instrumento legebatur utraque pars habere ratum et firmum sub pena ducentarum librarum venetarum memo(rati) preceperunt dicto Marino, quod soluet et det dicto Johanni recipienti nomine ipsius Bonifacii quadraginta libras venetorum, de quibus dictus Johannes coram nostra presentia confessus fuit se integre fore solutum, mandantes dicto Johanni, quod reddat dicto Marino instrumentum debiti dictarum sexaginta librarum venetorum et dimidium, quas dictus Bonifacius volebat a dicto Vitale de Tefia et omnia alia instrumenta que dictus Bonifacius habuerat occasione ipsius debiti et quod ammodo in ante sint apsoluti heredes dicti Vitalis et comune Ragusie a debito supradicto, quod dictus Bonifacius volebat a dicto Vitali nomine et uice instrumenti supradicti et de omnibus expensis factis occasione predicta ita, quod nec Bonifacius nec heredes sui, nec aliquis suus ualeat heredes ipsius Vitalis uel comune Ragusie ullo tempore petere uel molestare, nec contrauenire uel facere, imo heredes Vitalis predicti et comune Ragusii sint liberi et absoluti a predicto debito et ab expensis. Quam uero sententiam precipimus Johanni domini

Engelperti ratam et firmam habere et facere dictum Bonifacium et heredes suos conseruare et non contrauenire sub pena ducentarum librarum venetarum componenda et preterea soluta omnia predicta perpetuam optineant firmitatem. Ego Detemaius Justinopolitanus et incliti marchionis Istrie notarius, de mandato dictorum consulum et iudicum arbitrium compleui et roboraui.

Original u dubrovačkom arkivu. Zbirka sacc. XIII.

721.

1262, 7. marta. U Bišću.

Bela kralj ugarski i hrvatski, pošto je knez Hudina umro bez djece, poklanja njegovom rodjaku Grguru, sinu Grubešinu, bivši Hudinin posjed Medjurječje.

Nos Bela dei gracia rex Vngarie etc. significamus tenore presencium vniuersis memorie commendantes, quod cum quandam terram Megeriza dictam, iam dudum comiti Hudine propter prerogatiuam meritorum suorum contulissemus, quamquam eadem pro eo, quod idem comes est solacio uirilis sobolis destitutus, ipso sublato de medio, ad nostras manus reduci iure dominii potuisset. Attendentes tamen ipsius comitis seruicia et delicias, quibus nos et nostros continue honorauit et presertim considerantes precum instanciam venerabilis patris Philippi, episcopi Zagrabiensis, aule nostre cancellarii, in archiepiscopum Strigoniensem postulati, dilecti fidelis nostri, duximus annuendum, vt comes Gregorius, filius Grobesa et fratres et cognati comitis Hudina supradicti, eandem perpetuo possideant, gaudentes nostro aureo priuilegio super ipsa donacione edito, nec ampliora exhibenda seruicia et condiciones teneantur, quam in dicto priuilegio continetur. Volentesque eandem donacionem nostram eis et eorum heredibus perpetuo confirmare, promittimus ipsum antiquum priuilegium, quandocumque copiam integri sigilli nostri habebitur innouare, quod nobis eciam irrequisitis liceat innouari iuxta tenorem priuilegii memorati. Datum in Byhyg, feria tercia post dominicam reminiscere, anno domini MCCLXII.

Liber priuileg. episcop. Zagrab. list 58.
Tkalčić Mon. episcop. Zagrab. I. 127. — Wenze Cod. dipl. Arpaa. cont. XI. 516. donosi regest. — Kukuljević Reg. no. 824.

722.

1262, 27. marta. U Viterbi.

Urban IV. nalaže, da se oštro kazne oni, koji su činili nasilja samostanu sv. Nikole.

Urbanus episcopus seruus seruorum dei venerabilibus fratribus (Laurentio) archiepiscopo Jadrensi et suffraganeis cius, ac dilectis filiis abbatibus, prioribus, decanis, archidiaconis, prepositis, plebanis et aliis ecclesiarum prelatis per Jadrensem prouinciam constitutis salutem et apostolicam benedictionem. Non absque dolore cordis et plurima turbacione didicimus, quod ita in plerisque partibus ecclesiastica censura dissoluitur et canonice sentencie seueritas eneruatur, ut uiri religiosi et hii maxime, qui per sedis apostolice priuilegia maiori donati sunt libertate, passim a malefactoribus suis iniurias sustineant et rapinas, dum uix inuenitur, qui congrua illis protectione subueniat et pro fouendi pauperum innocencia se murum defensionis opponat. Specialiter autem dilecte in Christo filie . . . abbatissa et sorores monialium inclusarum monasterii sancti Nicolai Jadrensis, ordinis sancti Damiani, tam de frequentibus iniuriis quam de ipso cotidiano defectu iustitie conquerentes vniuersitatem uestram litteris petierunt apostolicis excitari, ut ita uidelicet eis in tribulationibus suis contra malefactores earum prompta debeatis magnanimitate consurgere, quod ab angustiis, quas sustinent et pressuris uestro possint presidio respirare. Ideoque vniuersitati uestre per apostolica scripta mandamus atque precipimus, illos qui possessiones uel res seu domos predictarum sororum irreuerenter inuaserint, aut ea iniuste detinuerint, que predictis sororibus ex testamento decedentium relinquuntur, seu in ipsas sorores uel ipsarum aliquam contra apostolice sedis indulta sententiam excommunicationis aut interdicti presumpserint promulgare, uel decimas de nutrimentis animalium suorum spretis eiusdem sedis priuilegiis extorquere, si de hiis manifeste uobis constiterit, canonica monitione premissa, si laici fuerint, publice candelis accensis singuli uestrum in diocesibus et ecclesiis uestris excommunicationis sententia percellatis. Si uero clerici uel canonici regulares seu monachi extiterint, appellatione remota, ab officio et beneficio suspendatis, neutram relaxaturi sententiam, donec predictis sororibus plenarie satisfaciant et tam laici quam clerici seculares qui pro uiolenta manuum iniectione in sorores ipsas uel ipsarum aliquam, anathematis uinculo fuerint innodati cum diocesani episcopi litteris ad sedem apostolicam uenientes ab eodem uinculo mereantur absolui. Datum Viterbii VI. kalendas aprilis, pontificatus nostri anno primo.

Original u gubern. arkivu u Zadru, odio samost. sv. Nikole br. 30. Pečata nema. Ovjerovljeni prijepis ove bule od 13. junija 1338. u istom odjelu br. 29. Klauzule svjedoka i notara u nutra.

(Listina pape Urbana IV. od 27. marta 1262.)

Slijedi za tim :

(Signum notarii.) Et ego Blasius Michaelis Leonardi de Jadra, imperiali auctoritate notarius publicus et scriba nunc reuerendi in Christo patris domini Nicolai, dei gratia Jadrensis archiepiscopi prout supradicta inueni, uidi et legi in supradictis litteris apostolicis non uiciatis, sed uera bulla plumbea cum filis sericis crocei et rubri coloris, ut dictum est bullatis, ita hic de uerbo ad uerbum, nil addens uel minuens preter punctum uel sillabam, quod sensum mutet uel uariet intellectum, fideliter transsumpsi et transcripsi et facta diligenti collatione de presenti transscripto cum predictis literis apostolicis vna cum discretis uiris videlicet magistro Alexandro, Siluano et Jacobo, imperiali auctoritate notariis publicis et Jadrensibus iuratis infrascriptis in publicam formam redegi de mandato reuerendi uiri domini Marini plebani sancti Stephani de Jadra, vicarii predicti domini Nicolai Jadrensis archiepiscopi, qui vicarius suam auctoritatem huic transumpto interposuit et decretum et ipsum fecit sui sigilli appensione muniri, atque signum meum consuetum apposui in testimonium predictorum. Actum Jadre sub anno domini millesimo trecentesimo trigesimo octauo, indictione sexta, die terciodecimo mensis iunii, pontificatus sanctissimi patris Benedicti pape duodecimo.

(Signum notarii.) Ego *(drugi rukopis)* Alexander condam Vgolini de Stella, imperiali et ciuitatis Jadre auctoritate notarius, hoc exemplum sumptum manu supradicti Blasii notarii ad memoratum autenticum vna cum infrascripto magistro Siluano notario et cum prefato Blasio diligenter et fideliter auscultaui et quia vtrumque concordare inueni, me subscripsi et meo signo signaui.

(Signum notarii.) Ego *(drugi rukopis)* Siluanus Francisci de Foroiulii, imperiali ac ciuitatis Jadre auctoritate notarius, hoc exemplum scriptum manu Blasii supradicti notarii, ad memoratum autenticum vna cum suprascriptis Alexandro et Blasio notariis diligenter et fideliter ascultaui et quia vtrumque concordare inueni, me subscripsi et meo signo consueto signaui.

(Signum notarii.) Ego *(drugi rukopis)* Jacobus quondam Bonacursi de Forliuis, imperiali auctoritate notarius et nunc Jadrensis iuratus, hoc exemplum sumptum manu supradicti Blasii notarii ad memoratum auten-

ticum una cum suprascriptis Blasio et Siluano notariis fideliter et diligenter ascultaui et quia utrumque concordare inueni, me subscripsi signoque meo consueto signaui.

Ovjerovljeni prijepis ove bule od 7. aprila 1293. u istom odjelu br. 83. Početak i ovjerovljenje notara u nutra.

Uniuersis presentes litteras inspecturis nos frater Johannes, dei et apostolica gratia Jadrensis archiepiscopus, salutem in domino. Exigentibus frequentibus necessitatum articulis prouida utriusque iuris deliberatione statuitur, ut scriptum ex autentico scripto transumptum et fidedignis assertionibus comprobatum, ac autentico munimine roboratum fidem ubilibet faciat in agendo. Ad uestram uolumus igitur noticiam peruenire, nos uidisse ac diligenter inspexisse quoddam priuilegium felicis recordationis domini Vrbani pape quarti, uera ipsius bulla plumbea et filo serico bullatum, non abolitum, non abrasum, non uiciatum, non cancellatum, non in aliqua sui parte suspectum formam que sequitur contineus seu tenorem.

(Slijedi bula pape Urbana IV. Ispušteno je samo: Datum etc.)
Slijedi zatim:

In cuius rei testimonium presentes litteras fecimus fieri et sigilli nostri ad causas appensione muniri. Datum Jadre in archiepiscopali palatio, die septimo intrante mense aprilis, anno incarnationis domini millesimo ducentesimo nonagesimo tercio, indictione sexta.

Ego Dompnus Marcus, ecclesie sancte Anastasie presbiter et Jadrensis notarius predictum originale priuilegium uidi et diligenter inspexi non abolitum, non abrasum non uiciatum in aliqua sui parte, ut dictum est et de mandato dicti domini archiepiscopi transcripsi et exemplaui et meo solito signo signaui.

(Signum notarii.)

Na pergameni, pečat izgubljen. U gubern. arkivu u Zadru, odio samost. sv. Nikole br. 83.

723.

1262, 28. marta. U Viterbi.

Urban IV. ponavlja nalog Aleksandra IV. glede četvorice Malobraćana za duhovničku službu u samostanu sv. Nikole u Zadru.

Urbanus episcopus seruus seruorum dei dilectis filiis . . . ministro . . . vicario Sclauonie ac . . . gvardiano fratrum Minorum Jadrensium salutem et apostolicam benedictionem. Sua nobis dilecte in Christe filie abbatissa et conuentus monialium inclusarum monasterii sancti Nicolai Jadrensis, ordinis sancti Damiani, petitione monstrarunt, quod cum felicis recordationis Alexander papa predecessor noster uobis in uirtute obedientie suis dederit litteris districtius in preceptis, ut quatuor de fratribus uestri ordinis viros prouidos et discretos uestre amministrationis pro celebrandis diuinis officiis et exhibendis ecclesiasticis sacramentis absque difficultate qualibet concederetis eisdem in ipsarum monasterio moraturos, uos preceptum ipsius predecessoris, quod uos non decuit, surdis auribus traseuntes(!), id efficere hactenus non curastis. Quocirca discretioni uestre ad instar ipsius predecessoris per apostolica scripta in uirtute obedientie districte precipiendo mandamus, quatinus eisdem abbatisse et conuentui. fratres ipsos, sublato cuiuslibet difficultatis dispendio, deputare curetis, iuxta eiusdem predecessoris continentiam litterarum. Nolumus autem per hoc eidem ordini uestro generari preiudicium uel dictis sororibus quo ad ministerii exhibitionem huiusmodi circa possessionem uel proprietatem aliquod ius acquiri. Quod si non omnes hiis exequendis potucritis interesse, duo uel unus uestrum ea nichilominus exequantur. Datum Viterbii V. kalendas aprilis, pontificatus nostri anno primo.

Original u gubern. arkivu u Zadru, odio samost. sv. Nikole br. 27. Pečat manjka.

724.

1262, 28. marta. U Viterbi.

Urban IV. dozvoljava samostanu sv. Nikole dohodak od nadjenih stvari, kojima se vlastnik ne zna.

Urbanus episcopus seruus seruorum dei dilectis in Christo filiabus . . . . abbatisse et conuentui monialium inclusarum monasterii sancti Nicolai Jadrensis, ordinis sancti Damiani, salutem et apostolicam benedictionem. Uestre meritis religionis inducimur, ut uos prosequamur gratia, que uestris necessitatibus esse dinoscitur oportuna. Hinc est, quod nos uestris supplicationibus annuentes, ut de usuris, rapinis et aliis male acquisitis, si hii quibus ipsorum restitutio fieri debeat, omnino inueniri et sciri non possint, necnon de quibuslibet legatis indistincte in pios usus relictis, dummodo executorum testamentorum ad id accedat assensus ac de redemptionibus uotorum, que fuerint auctoritate diocesanorum pontificum commutata Jerosolimitanis, dumtaxat excepto usque ad summam centum librarum imperialium, recipere ualeatis, auctoritate uobis apostolica duximus concedendum, si pro similium receptione alias non sitis a nobis huiusmodi gratiam consecute. Ita quod si aliquid de ipsis centum libris dimiseritis uel restitueritis aut dederitis illis, a quibus eas receperitis, huiusmodi dimissum uel restitutum seu datum nichil ad liberationem eorum prosit, nec quantum ad illud habeantur aliquatenus absoluti, presentibus post vnius anni spatium minime ualituris. Nulli ergo omnino homino (!) liceat hanc paginam nostre concessionis infringere uel ei ausu temerario contraire. Si quis autem hoc attemptare presumpserit, indignationem omnipotentis dei et beatorum Petri et Pauli apostolorum eius se nouerit incursurum. Datum Viterbi, V. kalendas aprilis, pontificatus nostri anno primo.

Original u gubern. arkivu u Zadru, odio samostana sv. Nikole br. 28. — Pečat otpao.

725.

1262, 8. aprila. U Viterbi.

Urban IV. potvrdjuje sva prava i povlastice samostana sv. Nikole.

Urbanus episcopus seuus seruorum dei dilectis in Christo filiabus . . . . abbatisse et conuentui monialium inclusarum monasterii sancti Nicolai Jadrensis, ordinis sancti Damiani, salutem et apostolicam benedictionem. Cum a nobis petitur quod iustum est et honestum, tam uigor equitatis quam ordo exigit rationis, ut id per sollicitudinem officii nostri ad debitum perducatur effectum. Eapropter, dilecte in Christo filie, uestris iustis postulationibus grato concurrentes assensu, omnes libertates et immunitates a predecessoribus nostris romanis pontificibus siue per priuilegia seu alias indulgentias uobis uel monasterio uestro concessas, nec non libertates et exemptiones secularium exactionum a regibus et principibus uel aliis Christi fidelibus rationabiliter uobis seu monasterio predicto indultas, sicut eas iuste ac pacifice obtinetis, uobis et per uos eidem monasterio auctoritate apostolica confirmamus et presentis scripti patrocinio communimus. Nulli ergo omnino hominum liceat hanc paginam nostre confirmationis infringere uel ei ausu temerario contraire. Si quis autem hoc attemptare presumpserit, indignationem omnipotentis dei et beatorum Petri et Pauli apostolorum eius se nouerit incursurum. Datum Viterbii VI. idus aprilis, pontificatus nostri anno primo.

Original u gubern. arkivu u Zadru, odio samostana sv. Nikole br. 33. — Pečat manjka.

726.

1262, 20. aprila. U Viterbi.

Stjepan, nadbiskup Prenestinski, daje dozvolu, da radi savjeta glede gradnje crkve smiju uniti u samostan sv. Nikole nadbiskup zadarski i mnogi drugi.

Stephanus miseratione diuina episcopus Penestrinus dilectis in Christo filiabus . . . . abbatisse et conuentui monialium inclusarum monasterii sancti Nicolai Jadrensis, ordinis sancti Damiani, salutem et benedictionem paternam. Religionis uestre, sub qua uirtutum domino deseruitis et deuotionis uestre merita nos inducunt, ut uos illa prosequamur gratia, que uobis et monasterio uestro esse dinoscitur oportuna. Cum itaque, sicut ex parte uestra fuit propositum coram nobis, ecclesiam uestram que est nimia uetustate consumpta et alias officinas uobis oportunas intendatis edificare de nouo et consilium uenerabilis patris (Laurentii) archiepiscopi Jadrensis, quorundam fratrum Minorum, nobilis uiri (Johannis Badouarii) comitis Jadrensis . . . . . procuratorum dicti monasterii, necnon et quorundam consanguineorum dominarum eiusdem, noscatur esse ad hoc nobis non modicum oportunum, nos uestris precibus annuentes auctoritate qua fungimur in hac parte, uobis et ipsis usque ad predictorum edificiorum consumationem per presentes litteras duximus concedendum, ut ipsi cum honesta et pauca comitiua intra ipsius monasterii claustrum, si tibi filia abbatissa uisum fuerit, libere ualeant introire. Datum Viterbii XII. kalendas may, pontificatus domini Vrbani pape IIII. anno p[rimo].

Original u gubern. arkivu u Zadru, odio samostana sv. Nikole br. 34. — Pečat manjka.

727.

1262, 21, aprila. U Viterbi.

Stjepan biskup Prenestinski dozvoljava, da radi gradnje crkve smiju biti vrata celarija iz vana.

Stephanus miseratione diuina episcopus Penestrinus dilectis in Christo filiabus . . . . abbatisse et conuentui monialium inclusarum monasterii sancti Nicolai Jadrensis ordinis sancti Damiani, salutem et benedictionem paternam. Religionis uestre sub qua uirtutum domino

deseruitis et deuotionis uestre merita nos inducunt, ut uos illa prosequamur gratia, quod nobis et monasterio uestro esse dinoscitur oportunum.
Cum itaque, sicut ex parte uestra fuit propositum coram nobis, ecclesiam
uestram que est nimia uetustate consumpta et alias officinas uobis oportunas intendatis edificare de nouo et nisi cellarium uestrum habeat portam
de foris, per quam res necessarie ad ipsius monasterii edificia deportentur,
predicta efficere minime ualeatis, nos uestris precibus annuentes auctoritate
qua fungimur in hac parte, uobis per presentes litteras duximus concedendum, ut usque ad biennium cel[larium] ipsum de foris portam habeat
memoratam, si infra ipsius monasterii claustrum fieri non potest con-
gruenter. Datum Viterbii XI. kalendas may, pontificatus domini Vrbani
pape IIII. anno primo.

*Original u gubern. arkivu u Zadru, odio samostana sv. Nikole br.
32. — Pečata nema, listina ponešto na desnom rubu okrnjena.*

728.

1262, 21. aprila. U Viterbi.

*Stjepan, biskup Prenestinski, dozvoljava, da smiju ući u samostan
sv. Nikole dva puta na godinu liječnik i brijač.*

Stephanus miseratione diuina episcopus Penestrinus dilectis in Christo
filiabus . . . . . abbatisse et conuentui monialium inclusarum monasterii
sancti Nicolai ordinis sancti Damiani, salutem et benedictionem paternam·
Deuotionis uestre precibus annuentes auctoritate qua fungimur in hac
parte, uobis per presentes litteras duximus concedendum, ut necessitate
cogente pro tempore ad uocationem uestram medicus egritudinum ac
minutor sanguinis bis in anno intra uestri monasterii claustrum libere
ualeant introire, dum modo ibidem predicti medicus et minutor non
contrahant longam moram. Datum Viterbii XI. kalendas may, pontificatus domini Vrbani pape IIII. anno primo.

*Original u gubern. arkivu u Zadru, odio samostana sv. Nikole br.
31. — Pečata nema.*

729.

1262, 13. maja. U Dubrovniku.

Iznajmljuje se voda Rijeke.

† Anno incarnationis domini millesimo ducentesimo sexagesimo secundo, mensis madii, tertio decimo intrante, ordinata curia cum sonitu campane. Nos quidem Philippus Contarinus comes Ragusii cum consiliariis de paruo et magno consilio et nos populus Ragusinus confitemur, quoniam aquam de Ombula, que est comunis Ragusii, (ue)nd(i)dimus pro perperis decem per annum Margarito Petri Theodori et filiis eius et nostre ecclesie, ut habeant et teneant eam per decem annos et non plus. De quibus prenominatis decem perperis in quolibet medio anno dent comuni Ragusii perperos quinque et in fine omnis anni dent comuni Ragusii reliquos quinque perperos. Et sic persoluant comuni Ragusii predicto ordine perperos decem per annos. Et perezium(!) non sit in Malfo, neque in Palize sub pena dupli, nisi in prenominata aqua comunis Ragusii. Et quod Margaritus et filii eius non ualeant accipere nisi pro omni bestia paruula folarum unum, pro boue et uacha folaros sex, de equo et asino folaros sex, de porco folaros tres, de homine folaros tres, de omni salma folaros tres, de omni seruo et femina in septimana folarum unum. Et accusator habeat medietatem dicti dupli et aliam medietatem dicti dupli habeat idem Margaritus et filius eius, salua tamen ratione omnium hominum. Et completis predictis decem annis prenominata aqua de Ombula deueniat ad uoluntatem comunis Ragusii. Et etiam si infra prenominatos decem annos idem Margaritus et filius eius in quolibet termino predictorum annorum non persoluerent comuni Ragusii predicto ordine quinque perperos, prenominata aqua de Ombula deueniat ad uoluntatem comunis Ragusii. De hoc autem facte sunt due carte similes, hec et alia, de quibus cartis unam cartam tulit comune Ragusii et aliam cartam tulit Margaritus et filii eius. Hec autem carta nullo testimonio rumpi possit. Hii sunt testes: Andreas Zreve et Velcassus Johannis iurati iudices et alii plures. Et ego presbyter Pascalis et comunis notarius iuratus scriptor sum et testis.

(Signum notarii).

Originai u dubrovačkom arkivu ispod teksta pismena prerezana. — Zbirka saec. XIII.

730.

1262, 26. maja. U Dubrovniku.

Dubrovčani oružaju svoju ladju za rat na mjesec dana.

† Anno incarnationis domini millesimo ducentesimo sexagesimo secundo, mensis madii sexto die exeunte, indictione quinta, Ragusii, ordinata curia cum sonitu campane. Nos quidem Philippus Contarenus de mandato domini et incliti ducis Venetie comes Ragusinus cum consiliariis de paruo et magno consilio et nos comune Ragusii committentes committimus uobis nobili uiro domino Jacobo Delfino, de mandato eiusdem domini ducis honorato in omnibus capetaneo totius exercitus Venecie in Romania, ut ammodo in antea nomine et uice comunis Ragusii plenissimam uirtutem et potestatem habeatis mutuo accipere super uniuersum comune Ragusii tantam pecunie quantitatem, quantam nostra galea per unum mensem, si necesse fuerit, armari possit. Si ipsam tenueritis, uobiscum ad seruiendum ultra quinque menses, quia ipsam galeam in Ragusio soluimus, tantum per quinque menses promittentes per nostrum comune Ragusii ratum et firmum habituri quicquid inde duxeritis faciendum. De hac autem commissione seu potestate sunt due carte similes, hec et alia. Hec autem carta nullo testimonio rumpi possit. Hii sunt testes Dobroslauus Ranane, Andreas Zreue et Velcassus Johannis iurati iudices et alii plures. Et ego presbyter Pascalis et comunis Ragusii notarius iuratus per laudationem et consensum prenominatorum nobilis uiri domini Philippi comitis Ragusii et consiliatorum et comunis Ragusie et curie cum sonitu campane, scriptor sum et testis solitoque meo signo roboraui.

(Signum notarii.)

Original u dubrovačkom arkivu, iznad teksta prerezana slova. Zbirka saec. XIII.

731.

1262, 29. juna. U Baroliju.

Dubrovnik kupuje veliku zalihu soli u Baroliju.

† Anno ab incarnatione domini nostri Jesu Christi millesimo ducentesimo sexagesimo secundo, regnante domino nostro Manfredo dei gratia excellentissimo rege Sycilie, regni uero eius anno quinto, mense iunii, uicesimo nono die eiusdem, indictionis quinte. Nos Gaudius de Riso

regalis iudex Baroli, Angelus puplicus eiusdem terre notarius et subscripti
testes litterati de eadem terra ad hoc. specialiter conuocati presenti
scripto fatemur, quod Lampridius de Bayslaue ciuis Ragusinus, nuntius et
procurator nobilium virorum domini Philippi Contareni comitis Ragusii,
iudicum, consiliariorum et totius vniuersitatis eiusdem terre Ragusii ad
subscripta statutus per eos, sicut per litteras eorum directas statutus super
sale curie in Syponto supra Cannis et Barolo, nobis constitit manifeste
consentiens, expressim in nos tamquam in suos iudicem, notarium et
testes. Cum sciret, se non esse iurisdictionis nostre, conuenit et promisit
ac per solempnem stipulationem obligauit se nomine et pro parte omnium
predictorum pro prudentibus uiris siro Philippo Maresce et Barnabe sire
Angeli de Bizantio ciuibus Baroli statutis super cabella salis et salinaria
curia in Syponto, Cannis, Salpis et Barolo pro parte sua et sociorum
suorum. Quod predicti dominus comes, iudices, consiliarii et vniuersitas
Ragusii emerent et reciperent ab eisdem siris Philippo et Barnaba uel
eorum nuntio pro parte sua et sociorum suorum apud Ragusium, uidelicet
in molo eiusdem terre de sale ueteri salinarum Syponti modiorum duodecim millia ad modium Ragusinum et soluent eis uel eorum heredibus
pro pretio eiusdem salis ad rationem de solidis decem denariorum
grossorum pro singulis centum modiis, quam pecuniam teneantur eis
soluere statim, quod predictus sal uendi incipiet per eosdem. Et totam
pecuniam quam incipient percipi per eos de uenditione eiusdem salis, eis
integre assignabunt et nichil alias exinde exhibebunt, donec sit eis de
toto pretio predicti salis integre satisfactum. Quem quidem salem debeant
incipere uendere statim, quod sex millia modiorum salis, que dicta vniuersitas habet in Ragusio, uendita fuerint et exem(p)ticata. Unde uoluntarie predictus Lampridius nomine et pro parte predictorum domini comitis. iudicum, consiliariorum et uniuersitatis Ragusii suposuit eisdem siro
Philippo et Barnabe recipientibus . . . . (pro parte sua) et sociorum
suorum omnia bona eorundem domini comitis, iudicum, consiliariorum et
vniuersitatis tam stabilita quam (mobilia), ubicumque habita et habenda.
cum potestate capiendi et uendendi et se inde conseruandi indempnes
ipsis . . . . . defendentibus suppositionem ipsam predictis siro Philippo
et Barnabe pro parte sua et sociorum suorum et quibus eam uel de ea
uendiderint ab omnibus hominibus. Contra que si fecerint pene nomine
componant duplum quantitatis pecunie pretii, totius eiusdem salis medietatem scilicet parti regie curie et alteram medietatem eisdem siro Philippo
et Barnabe pro parte sua et suorum sociorum uel heredum eorundem,
nichil huic scripto oposituri et damna curie et expensas inde futuras, si
idem sirus Philippus et Barnabas clamauerint, eis de suo dare teneantur
Hoc scripto nichilominus in suo robore duraturo liceatque eis sine com-

pellatione pignorare predictum dominum comitem, iudices et consiliarios et vniuersitatem Ragusi in omnibus rebus eorum licitis et illicitis, donec prelecta omnia eis adimpleantur. Insuper etiam predictus Lampridius nomine et pro parte predictorum domini comitis iudicum, consiliariorum et vniuersitatis Ragusii renuntiauit expresse omni iuris auxilio et legum beneficio, ac usui consuetudinario et omni alii exceptioni et oppositioni, per que huius scripti continentia in parte uel in toto posset minui et euacuari. Maioris quoque securitatis causa iurauit super sancta dei euangelia tam pro parte sua quam pro parte omnium predictorum, prelecta omnia, qualiter preleguntur, eis sine diminutione qualibet adimplere. De hoc autem facta sunt duo puplica consimilia instrumenta per manus predicti Angeli publici Baroli notarii, unum habendum penes eundem Lampridium pro parte predictorum et alterum penes eundem sirum Philippum et Barnabam remanendum, sigillo et subscriptione mea qui supra iudicis et nostris infrascriptorum testibus subscriptionibus roborante ac solito signo mei prefati notarii comuniti.

(Signum notarii.)

C. Preterea supradicti sirus Philippus et Barnabas obligauerunt se predicto Lampridio sub pena predicta mittere predictum salem apud Ragusium vsque per totum post uenturum mensem augustum, huius quinte indictionis.

Razne ruke: † Gaudius qui supra regalis iudex.

† Wilhelmus de Agentera testatus(!),

† Ego Johannes de Saluatore testis sum.

† Ego Lucarus comitis Jude de Ragusio testis sum.

† Ego Georgius Gostese in hoc sum testis.

Oba originala u dubrovačkom arkivu trošna i oštećena. — Zbirka sacc. XIII.

732.

1262, 30. juna.

Bela kralj ugarski i hrvatski dariva Ivanu sinu Ivanovom posjed Batinu u Zagorju.

Bela dei gracia Hungarie, Dalmacie, Croacie, Rame, Seruie, Gallicie, Lodomerie, Cumanieque rex omnibus presentes litteras inspecturis salutem in domino. Ut collaciones regum perpetuo perseuerent, litterarum solent testimonio communiri. Proinde ad vniuersorum noticiam harum serie volumus peruenire, quod pugil Johannes filius Johannis ad nostram accedens presenciam, nostre celsitudini instantissime supplicauit, ut terram castri Zaguria Batina vocatam, terre sue hereditarie contiguam, ad tria aratra sufficientem, de plenitudine nostre gracie sibi dare dignaremur. Nos igitur consideratis ipsius seruiciis inpensis et inpendendis, dictam terram Batyna dicto J(ohanni) et per eum suis heredibus duximus conferendam et eundem J(ohannem) in possessionem terre prefate corporalem per magistrum Moys tunc comitem de Symigio dilectum fidelem nostrum fecimus introduci. Cuius quidem mete, prout in litteris Lamberi comitis, officialis magistri Moys, cui perscriptionem metarum dictus magister Moys commiserat vice sua, contineri vidimus, hoc ordine distinguntur. Prima meta incipit ex meridionali parte iuxta magnam viam, vbi est meta terrea, in qua est arbor silicis, cui eciam hereditaria meta dicti Johannis ex parte Bokouch terre sue et meta Nicolai filii Gregorii associatur; deinde in eadem via munimine procedendo versus occidentem ex sinistra parte dicte vie est meta terrea, in qua est arbor que tul nuncupatur; deinde descendit in vallem et ibi in nasu (!) montis qui Graduch nuncupatur est meta lapidea et de nasu montis ascendit minime, vbi est meta terrea, in qua est arbor ylicis iuxta viam, ab altera parte vie secunda arbor est cruce signata, deinde descendit in vallem ad quendam fluuium qui Sarus Bur nominatur, deinde ascendit ad montem paruulum et directum, vbi est meta terrea, in qua est arbor quercus et vadit in dorso cuiusdam montis versus septemtrionem per viam et de eadem declinat ad monticulum et veniet (!) in aliam viam iuxta vineam Johannis, vbi est meta terrea, in qua est pyrus, deinde descendit ad fluuium Bonam et cum transeundo peruenit ad virgultum venit ad metam terream, deinde per viam veniet ad alteram metam terream, vbi meta Nicolai terminatur et ibidem iuxta eandem viam ex dextra parte est meta Martini filii Gurdina et Cuzmicho, deinde veniet per laterem montis minime in virgulto versus meridiem ad hereditariam Johannis que Dulga nuncupatur, peruenit ad primam metam et ibi terminatur. In cuius rei memoriam et perpetuam firmitatem presentes dedimus litteras duplicis sigilli nostri munimine roboratas. Datum per manus magistri Pauli electi Albensis, aule nostre vicecancellarii, dilecti fidelis nostri, anno ab incarnacione domini millesimo ducentesimo sexagesimo secundo, pridie kalendas iulii, regni autem nostri anno vigesimo VII⁰.

Original u arkivu obitelji Janković u Priberdu, upotrijebio Fejér, ali mi ne nadjosmo.

Fejér Cod. dipl. Hung. VII. 3., 42. — Wenzel Cod. dipl. Arpad. cont. III. 16—17. — Kukuljević Reg. no. 823.

733.

1262, 6. jula. U Zagrebu.

Fabijan župan zagrebački sudi u parnici za zemlju kraj Lomnice.

Nos Fabyanus comes Zagrabiensis notum facimus quibus expedit vniuersis, quod Wlxa et Roduk filii Vratyzlay iobagiones castri Zagrabiensis accepto a nobis pristaldo Nepric, scilicet cognato Velizlai, citauerant in nostram presenciam Luchach, Vyd et suos fratres filios Endre, proponentes contra eos, quod cum iidem filii Endre racione composicionis facte inter eos per senteciam proborum uirorum de terra sita inter Lomnicham ex parte terre populorum de Chehi triginta veretenos terre sibi debuissent, sicut in loco sacramenti per sentenciatores extiterat ordinatum, quod sacramentum eisdem filiis Endre adiudicaueramus, non dedissent. Contra quod predicti filii Endre responderunt super hoc facto se expeditos esse referentes dicendo, quod racione concambii iidem filii Vratuzlai illos triginta veretenos terre sibi dimisissent, quod concambium pro eisdem Wlxa et Roduk in terra eorum cum Chehiensibus fecisse retulerunt, cuius concambii series in litteris capituli plenius continetur, super ipso negocio se fideiussores habere asserentes. Nos igitur auditis dictis parcium ipsos triginta veretenos statueramus filiis Vratuzlay, quia caucionem expedicionis sue et fideiussores suos in primo termino statuere non potuerunt filii Endre memorati, ordinantes, quod si eis placeret, ipsam terram requirerent a filiis Vratuzlai. Postmodum sepedicti filii Endre statuerunt coram nobis fideiussores suos, videlicet Martinum Uentrosum, Dazlaum, Borch, Leuchem, Bosenum, Stephanum filium Nicolai, Endrich, Minuzlaum et Oporisium, qui personaliter constituti se fideiussores esse pro filiis Vratuzlai non negauerunt, dicentes, quod cum filii Endre populis de Chehi in terra eorum pro Wlxa et Roduk concambium dedissent pro eo, quia terra eorundem filiorum Endre melior erat quam terra Chehiensium, illos triginta veretenos reliquissent perpetuo possidendos filii Vratuzlai memorati, obligantes se, quod quandocumque litem super illis triginta veretenis mouerent, ex hoc calumpniatores fierent manifesti et facultatem haberent Wlxam captiuandi et tradendi ad manus Wlchile, iterato ad hoc litteras nostras exhibentes. Et quia habundans cautela non nocet, quid super hoc fieri deberet, requisiuimus nobiles regni, videlicet Mirozlaum magnum, Herrik comitem, Michaelem de Vtris, Joan filium Iruzlay, Noretam filium Jaco et Martinum filium Wlcou de Blina, qui dixerunt, quod condempnandi essent sicut calumpniatores manifesti. Ideo ipsos triginta vretenos terre reliquimus filiis

Endre iure perpetuo possidendos, filiis Vratuzlai tamquam calumpniatoribus silencium inponentes super ista lite et licet eosdem filios Vratuzlai sicut calumpniatores assare debuissemus, non fecimus eos assari clemencia mediante. Datum Zagrabie in octauis apostolorum Petri et Pauli, anno domini M⁰C⁰C⁰ sexagesimo secundo. Pristaldus curie nostre est magister Job.

Original u kr. ug. drž. arkivu u Budimu DL. 35.830. (bivša zbirka Kukuljevićeva). — Na listini visi svilena vrvca jasno-crvene boje; pečata više nema. — Listina je pisana taltjanskom minuskulom.

Kukuljević Reg. no. 826.

734.

1262, 20. jula.

Jurša župan rovišćanski daruje knezu Prevši zemlju Klokoćevac.

Nos Jursa comes de Ruicha omnibus presens scriptum habituris significamus presencium per tenorem salutem et omne bonum. Cum quilibet princeps ad incrementum sui iuris debeat esse prouidus et ad utilitatis sue comodum approbatus, hinc est, quod ad universorum noticiam harum serie uolumus peruenire, quod cum quandam terram uocatam Klokocheuch in comitatu de Ruicha in terminis terre dicti castri iuxta terram extraneorum, uidelicet nobilium de Camarcha, existentem desertam ac pauco habitatore incolentem inuenissemus, Preusam comitem ipsam eandem terram a nobis postulantem diligenter tum pro eo, quia ipsum cognouimus esse uirum prouidum et ad seruicia regni apparatum, tum eciam pro eo, quia eundem ad replendum dictam terram iobagionibus promptum intelleximus et sagacem, ipsum eundem Preusam comitem in terram supradictam fecimus introduci, dantes eidem prepetuo possidendam. Ipse enim secundum institucionem terrestrium castri supradicti regno et nobis de eadem tenebitur deseruire fideliter et deuote. Cuius terre incipit prima meta a meridie a fluuio predicto Klokocheuch, per quem fluuium superius ad septemtrionem eundo peruenit et exit ad magnam uiam uenientem de Reucha(!) uersus ecclesiam sancti Benedicti, ubi per assignacionem mete terre Pangaracii comitis commetatur. Inde per eandem uiam ad orientem per metas tenendo et intrando siluam peruenit ad ilicem in medio silue existentem et meta terrea circumfusam; cuius silue dimidia pars pertinet ad Preusam comitem supradictum, alia dimidia parte eiusdem silue ciuibus uille ecclesie sancti Benedicti remanente, de inde uertitur ad meridiem et peruenit ad terram Georgii filii Petrus, de inde ad occidentem eundo peruenit ad terram Purug filii eiusdem comitis Preuse, a Georgio supradicto socero suo optentam, uidelicet ad metam in principio nominatam. Ad cuius rei stabilitatem eidem Preuse comiti presentes nostri sigilli impressione contulimus communitas. Datum in octaua beate Margarete virginis anno ab incarnacione domini M⁰ CC⁰ LX⁰ secundo.

Iz potvrdnice kralja Bele od god. 1263. u kr. zemaljskom arkivu u Zagrebu.

735.

1262, mjeseca jula. U Viterbi.

Urban IV. papa daje oprost.

Urbanus IV. papa concedit omnibus qui ad neoextructam ecclesiam sancti Georgii ordinis fratrum hospitalis Jerosolimitani (in Planina) in festo supradicti sancti et in anniversario die dedicationis eiusdem ecclesiae accesserint, plenam indulgentiam peccatorum.

Kukuljević Reg. no. 812. uz bilješku: »Orig. mem. in Actis collegii soc. Jesu. Zagrab. fasc. 16. et 2. in archivo regni«. (Ne nadjosmo ove listine).

736.

1262, 3. augusta.

Bela kralj ugarski i hrvatski potvrdjuje u županiji garešničkoj zemlju Peklenu grada Garešnice braći Farkašu, Petri i Petru.

Bela dei gracia Hungarie, Dalmacie, Croacie, Rame, Servie, Gallicie, Lodomerie, Cumanieque rex universis presens scriptum inspecturis salutem in salutis largitore. Ad universorum noticiam harum serie volumus pervenire, quod accedentes ad nostram presentiam Farkasius, Petre et Petrus fratres a nobis instantissime pecierunt, ut quandam terram castri de Gersencha Peclenna vocatam eis conferre et nostro privilegio confirmare dignaremur. Nos igitur iustis peticionibus eorundem iuven(um?)

aquiesscentes consideratisque meritis suorum laudabilium serviciorum que nobis et regno unacum Oliverio magistro tavernicorum domine regine karissime consortis nostre dilecto et fideli nostro impenderant et impendere poterant, dictam terram Farcasio, Petre et Petro supradictis ac eorum heredibus more ceterorum predialium contulimus, dedimus et assignavimus perpetuo et irrevocabiliter possidendam. Sed quia de qualitate et circumstanciis metarum eiusdem terre nobis veritas non constabat, dilectis et fidelibus nostris capitulo Chasmensi nostris litteris dedimus in mandatis, ut mittant ex eis fidedignum qui circueat ipsam terram cum homine magistri Oliverii supradicti comitis de Gersenche et distingendo per certas metas fide deo debita qualitatem et circumstancias metarum nobis rescribere teneantur, qui fecerunt prout a nobis mandatum acceperant qualitatem memorate terre et circumstancias metarum rescripserunt. Mete autem prefate terre, sicut in litteris ipsius capituli contineri vidimus, hoc ordine distinguntur. Prima meta incipit ab oriente in ripa Peclenna sub arbore cerasi, ubi sunt conmetanei Jacobus et Iwanka, hinc per vallem siccam ascendit versus occidentem et ita ascendendo per eandem vallem descendit ad arborem populeam sub qua est meta terrea et descendendo per eandem vallem exit ad arborem ilicis meta terrea circumfusam et ibi sunt conmetanei Luca et Benedictus filius prioris (!); inde descendit ad arborem ilicis ad metam terream et deinde cadit in fluvium Glonnycha et per eundem fluvium descendit usque ad aliud flumen, quod similiter Glonnycha appellatur, iuxta quod flumen est meta terrea in arbore ilicis et per idem flumen descendendo versus occidentem, exit per vallem et ascendit per eandem vallem versus aquilonem existentibus conmetaneis filiis Kuchk ad arborem ilicis meta terrea circumfusam inde sub arbore piri descendit per vallem et cadit in fluvium Pomlov, ubi est meta terrea sub arbore piri silvestris et per Pomlov ascendit versus septemtrionem Petro filio Petri de Monozlo conmetaneo existente, abhinc exit versus orientem ad arborem piri meta terrea circumfusam, ubi conmetaneus Nicolaus Hungarus; inde ascendit per montem iuxta vineas ad arborem piri meta terrea circumfusam. Hinc transeundo viam descendit per vallem silvosam, cadit in fluvium Peclenna Symone filio Lecha conmetaneo existente, que transit et ascendit per montem ad arborem ilicis et ad viam que ducit ad aliam arborem ilicis, meta terrea circumfusam, de qua per vallem descendit versus meridiem Stephano Hungaro conmetaneo existente, cadit in predictum fluvium Peclenna per quem repetit metam priorem. In cuius terre collacionis memoriam et robur perpetuum presentes dedimus duplicis sigilli nostri munimine roboratas. Datum per manus magistri Pauli prepositi Albensis, aule nostre vicecancellarii dilecti et fidelis nostri. Anno domini M^u ducentesimo sexagesimo secundo, tercio nonas augusti, regni autem nostri anno vicesimo septimo.

Cod. dipl. patrius I'll. 81—3. no. 61. Po originalu u arkivu obitelji grofova Erdödya u Glogovcu. — Kukuljević Reg. no. 827.

737.

1262, 15. augusta. U Dubrovniku.

Jakob Companoli izdaje listinu, da od nikoga u Dubrovniku nema ništa tražiti.

† Anno incarnationis domini millesimo ducentesimo sexagesimo secundo, mensis augusti, quinto decimo die, in presentia nobilis uiri domini Philippi Contarini comitis Ragusii et coram uobis subscriptis testibus. Ego Jacobus filius Companoli ciuis Anconensis confiteor, quoniam a prenominato domino comite Ragusii uice et nomine comunis Ragusii accepi sex solidos et dimidium solidum denariorum grossorum, unde de omnibus querimoniis, seu causis, uel denariis, quas uel quoscunque modo uel occassione poteram, uel debebam querere, uel habere super aliquos, uel super aliquem hominem Ragusii, singulos uel uniuersos, facio omnibus hominibus perpetuam securitatem et quietacionem pro me. Et nullus homo possit pro me contra hanc securitatem contra uenire. Hec autem carta nullo testimonio rumpi possit. Hii sunt testes: Dabrana Lampridii, Andreas Benesse iurati iudices et ego presbyter Pascalis et comunis notarius scriptor sum et testis.

(Signum notarii.)

Original u dubrovačkom arkivu. Zbirka saec. XIII.

738.

1262, 29. septembra. U Omišu.

Rodbina nekih u Dubrovniku ubijenih Omišana prima od Dubrovčana krvarinu.

Anno domini millesimo ducentesimo sexagesimo secundo, mensis septembris, die secundo exeunte, indictione sexta, tempore comiti(!) Ra-

dosio, in Almisio hoc actum est coram his testibus, corum(!) nomina inferius leguntur. Quod nos comes Rados et comes Jurin cum nostris propinquis et cum totam(!) comunitatem(!) nostre ciuitatis testificantes testi-
ficamus(!) et agnosenciam(!) damus, hominibus his literis inspecturis notum
sit ratione prudencie, quod ad nostram ciuitatem accesserunt nuncii Ragusinorum, silicet frater Mihael de ordine Predicatorum et dominus Petrus
de Kernesi cum literis (scriptis) nobili viro domino Phylippo Contarini
comuni Ragusii et uidelicet et tote(!) comunitati(!) eiusdem terre. Qui
composuerunt firmam pacem nobiscum et cum hominibus terre nostre
pro homicidio in Ragusio perpetrato, videlicet duorum hominum et
tercio semiuiuo in hunc modum: fecerunt, dabunt enim Ragusini pro
morte filii Radini Spertalisi centum sexaginta libras denarorum paruulorum venetorum et pro morte Varse filio Vosoie centum quinquaginta Iibras eiusdem monete et pro filio Slauce, qui est nepos Dragan[ni],
qui ad mortem fuit percussus, siue moriatur, siue uiuat, libras quadraginta quinque eiusdem monete; quod si istam pecuniam non dederint
Ragusini in festo sancti Michaelis, dabunt duplum. Et ego comes Rados
de Almisio iuraui ad sanctam(!) dei euangeliam(!), quod pro morte istorum
hominum nullus aliquis in perpetuum aliquid petet, set pacem firmam
habebimus, ut hactenus habuimus. Et ego Radin pater defuncti iuro ad
sanctam dei euangeliam, quod pro morte filii mei in Almisio defuncti et
nepoti(!) mei in Ragusio mortui, nec per me, nec per meis(!) imperpetuum inde erit uerbum, sed erit pax perpetua. Et ego Ceprena filius
Radin et frater defuncti iuro sicut pater meus; et ego Çekreç iuro sicut
socer meus; et ego Bogdanus Bastardi iuro sicut Radin; et ego Luca
filius Pupek sicut Radin iuro; et ego Desislauus filius Predimiri eodem
modo iuro; et ego Stoian filius Dragotini eodem(!) iuro; et ego Dimince filius Bolebrat eodem iuro; et ego Pelnos filius Mekinac
eodem iuro; et ego iupanus Rasum|an| eodem iuro; et ego Brainih
eodem iuro, qui frater sum defuncti in Ragusio Varse; et ego Jurco
de Corcera iuro; et ego Bogdanus de Doda iuro; et ego Volcoslauus
de Cetuna iuro; et ego Dobrosius de Craina iuro; et ego Bogdatius
Dubocel iuro; et ego Dragona iuro; et ego Tolihna et Predislau de
Corcera iuramus, fratres homines et propinqui allius(!) qui mortus(!) fuit
in Ragusio et Uarsa nomen suus(!). Et ego Draga[n] et Slaueç pro
nepoti(!) et filio nostro, qui uulneratus est iuramus sicuti Radin Spertalis
et Branich(!) frater Varse cum parentibus illorum. Et nos comes Rados
et comes Jurra cum nostris propinquis hac(!) cum tota comunitate Al-
misiensi uidimus ad prefatum terminum sancti Michaelis ueniente(!) in
nostram ciuitatem nobiles viros dominum Petrum Bogdani et Fuscum
Binçole nuncios domino Phylipo Contarino Ragusiensi comiti(!) et eius

iudicibus hac(!) tote comunitati(!) eisdem; et supradictam pecuniam obligatam duxerunt et soluerunt sicut supradictum est: Radino pro morte filii libras centum sexaginta et Brainico pro morte Uarse fratri suo centum quinquaginta et Slauce pro filio uulnerato quadraginta quinque. Vnde ego supradictus Radin cum meis parentibus et ego supradictus Brainig cum meis parentibus et ego supradictus Slaueç cum meis parentibus homnes(!) nos confessi et manifesti sumus hac(!) supradictam pecunia(!) in nos abere(!) et integre soluti sumus ex homnia(!), quod nobis Ragusini debuerunt pro efusione sanguinis et pro morte filiorum et fratrum nostrorum; et nichil inde aput nos remansit pro ac(!) efusione sanguinis et omicidio(!) soluto. Unde redimus nos homines Raguseos insimul uel diuisum homni(!) tempore in perpetuum securos pariter et quietos; et si quocumque tempore aut per nos aud(!) per(!) nostris(!) memoratus(!) fuerit aud(!) quislibet Raguseus mortuus aut uulneratus, nos homnes(!) cum credibus(!) nostris uobis tenemur homnia(!) data cum dublo(!) emendari super nos et homnia nostra bona. Et ut hanc(!) pagina[m] et promisio(!) firma et rata sit toto tempore nostre comunitati(!) pendenti sigillo facimus sigilari; et testes sunt hoc: supanus Sfoimir, Usemir, Prodanus, Mahe[n], Creste, Pupec, Radoslau, Mahnig et plures allii, quos ibi im platea Alm[isiensi] occurerint(!), ubi hoc actum est. Et ego iupanus Petrus ciues(!) Almisiensis, quia carente notario in nostra ciuitate rogatus ab utraque parte scriptor sum et testis.

Original u c. kr. državnom arkivu u Beču: Ragusa no. 973. (Stari br. 964.). Na listini nalazi se svilena nepletena uzica modre boje, pečata nema. Na hrptu bilješka pisara: »Super morte quorumdam hominum de Almisio interfectorum et uulneratorum in Ragusio«.

Kukuljević Reg. no. 828.

739.

1262, poslije 14. oktobra.

Bela kralj ugarski i hrvatski daruje županu Zagudu zemlju nekoga Mikova, koji je umro bez djece.

Nos Bela dei gracia rex Hungarie tenore presencium significamus vniuersis, quod cum considerata fidelitate comitis Sagud militis Henrici palatini et comitis Posoniensis dilecti et fidelis nostri eidem terram cuiusdam nomine Mykou sine herede decedentis in comitatu Symigiensi de Chesmicza iuxta fluuium Gurbonuk existentem contulissemus more predialium habendam et tenendam prout in priuilegio nostro priori plenius continetur; tandem quia postmodum idem Sagud circa ipsum palatinum commorando nobis et regno plurima seruicia curauit exhibere multis se fortune casibus in expedicionibus nostris et conseruacione confiniorum nostrorum committendo, pro quibus quidem maiora merito ex parte regia debuit obtinere terram suam prenotatam ad eiusdem instanciam ex iurisdiccione comitis Symigiensis et de Chesmicza eximendam duximus et omnino liberandam, ita quod nec ipse, nec sui heredes racionem ipsius terre in aliquo ipsis comitibus teneantur, sed solummodo carissimo filio nostro duci Bele racione eiusdem seruicium debeant exhibere. Vt igitur nostre concessionis series robur perpetue firmitatis optineat, presentes dedimus litteras dupplicis sigilli nostri munimine roboratas. Datum per manus magistri Farcasii electi ecclesie Albensis aule nostre vicecancellarii dilecti et fidelis nostri. Anno domini millesimo ducentesimo sexagesimo secundo, regni autem nostri anno vicesimo octauo.

Prijepis iz početka XVI. vijeka na papiru u kr. zem. arkivu u Zagrebu. Doc. medii aevi. a. 1262. nekoć u arkivu porodice Ratkay.

740.

1262, 29. novembra. U Mlecima.

Rajnerij Geno dužd mletački svojim prijateljima Trogiranima, neka podupiru mletačkoga kneza postavljena nad Korčulom i Mljetom.

Rainerius Geno dei gratia Venetie, Dalmatie atque Croatie dux, dominus quarte partis et dimidie totius imperii Romanie nobilibus viris rectoribus Tragurii et eiusdem terre comiti, amicis dilectis salutem et dilectionis affectum. Cum de comitatu Curzule et Mellete olim multe questiones coram nobis et consilio nostro minori et maiori extiterint et statutum et ordinatum sit per nos et nostrum consilium minus et maius, ut nobili viro Marsilio . . . . comiti suo et eius qui ad presens mittitur ad dicti regiminis comitatum, videlicet nobili viro Jacobo Grimani seu alio qui loco eiusdem comes pro tempore fuerit obedire, tamquam comiti suo in omnibus et per omnia debeant, ipsum recipientes honorifice et benigne, banna et precepta et ordinamenta ipsius et sententias per eum latas et ferendas in omnibus et per omnia observando; iura ad ipsum spectantia secundum consuetudinem terre sibi omnia integre tribuendo, prudentiam vestram requirendam duximus et rogandam, quatenus eidem comiti vel Jacobo Grimani seu alio qui pro tempore ibidem fuerit pro eiusdem comite consilium, auxilium et favorcm cum opportuerit ad manutenimentum ipsius regiminis prebeatis, nos quod inde feceritis gratum habentes vestra teneamus precamina libencius exaudire, scientes, quod Sclavis et Latinis dicte insule mandauimus, ut dictum est, quod eidem in omnibus tanquam suo comiti debeant obedire. Datum in nostro ducali palatio, die penultimo exeunte mensis novembris, indictione V.

Lucius De regno Dalmatiae etc. l. IV. c. 8. 174. — Lucius Memorie di Traù 107—8. — Wenzel Cod. dipl. Arpad. VIII. 46. — Kukuljević Reg. no. 829.

<h1 style="text-align:center">741.</h1>

1262, 12. decembra. U Dubrovniku.

Pavao Leonov priznaje se dužnikom dubrovačke općine.

† Anno incarnationis domini millesimo ducentesimo sexagesimo secundo, mensis decembris, duodecimo die intrante, in presentia nobilis uiri domini Philippi Contarini comitis Ragusii et coram uobis subscriptis testibus. Ego quidem Paulus filius Leonis comitis Alexii confiteor, quoniam super me et super omnia mea debeo dare centum quinquaginta quattuor solidos denariorum grossorum comuni Ragusii usque ad primum uenturum festum sancti Michaelis de septembri, si autem ultra dictum terminum tenuero dictos solidos a dicto termino in antea, dicti solidi sint in pena de quinque in sex per annum, secundum quod tenuero illos. Hec autem carta nullo testimonio rumpi possit. Hii sunt testes: Dabrana Lampridii, Michael Pezane et Dimitrius Mentii iurati iudices. Et ego presbyter Pascalis et comunis notarius iuratus scriptor sum et testis.

(Signum notarii.)

Original u dubrovačkom arkivu. Zbirka Saec. XIII.

<h1 style="text-align:center">742.</h1>

1262, 13. decembra. U Cittavechii.

Urban IV. papa nadbiskupu kaločkom neka primi ostavku biskupa srijemskoga i neka dozvoli da stupi u red Male braće.

Urbanus episcopus servus servorum dei venerabili fratri (Smaragdo) archiepiscopo Colocensi salutem et apostolicam benedictionem. Significavit nobis venerabilis frater noster Oliverius Sirmiensis episcopus, suffraganeus tuus, quod gravi corporis languore gravatus, pastorale, ut expedit, officium exercere non potest, quodque apud se mente recogitans invenit, quod commissam cure sue Sirmiensem ecclesiam salva nequit conscientia retinere. Unde volens sue conscientie et saluti consulere ac eidem ecclesie, ne sub umbra sui nominis in spiritualibus et temporalibus irreparabiliter corruat, precavere, a nobis per litteras et dilectos filios magistrum Thomam thesaurarium et Petrum canonicum eiusdem ecclesie, nuntios suos ad hoc specialiter destinatos, humiliter postulavit, ut cessionem ipsius per te metropolitanum suum recipi et transeundi ad fratrum Minorum ordinem sibi dari licentiam mandaremus. Nos itaque de tua circumspectione plenam in domino fiduciam obtinentes, fraternitati tue per apostolica scripta mandamus, quatenus consideratis diligenter circumstantiis universis, que circa hoc fuerint attendende, si expedire videris, recipias a prefato episcopo, cum ab eo requisitus fueris, cessionem huiusmodi vice nostra et eum a vinculo, quo tenetur ecclesie supradicte absolvens, licentiam sibi tribuas ad dictum ordinem transeundi. Datum apud Urbem veterem, idibus decembris, pontificatus nostri anno secundo.

Theiner Mon. Hung. I. br. 458. str. 243—244. Iz reg. orig. an. II. ep. 33. fol. 59. — Wadding Annal. IV. 504. no. 3. — Farlati Illyr. Sacr. VII. 550. — Sbaraleae Bullar. francisc. II. 457. no. 47. — Fejér Cod. dipl. IV. 3, 93. — Potthast Reg. pontif. II. br. 18.435. — Kukuljević Reg. br. 830.

743.

1262, 13. decembra. U Dubrovniku.

Dubrovnik ima da plati u Zadar 140 solida Dimitriji de Canilia i još drugim gradjanima zadarskim.

† Anno incarnationis domini millesimo ducentesimo sexagesimo secundo, mensis decembris tertio decimo die intrante, Ragusii, ordinata curia cum sonitu campane. Nos quidem Philippus Contarinus comes Ragusii cum consiliariis de paruo et magno consilio et nos comune Ragusii confitemur, quoniam comune nostre ciuitatis Ragusii super se et super omnia bona sua remota omni querimonia debet dare et mittere in Jaderam centum quattuordecim solidos denariorum grossorum uobis Dimitrio de Cunilia et Stepco filio naturali quondam Andree de Petrizo et magistro Dobrenno cognato Striase et Petro filio Gurgii Creuie ciuibus Jadere ammodo usque ad festum sancti Michaelis de septembri primum

uenturum, septima indictione. Si autem dictum comune Ragusine ciuitatis ultra dictum terminum tenuerit dictos solidos, a dicto termino in antea dicti solidi sint in pena de quinque in sex per annum, secundum quod predictum comune Ragusii tenuerit illos. Hec autem carta nullo testimonio rumpi possit. Hii sunt testes: Dabrana Lampridii, Michael Pezane Johannes Ranane, Dimitrius de Menze et Andreas de Benessa iurati iudices Ragusini. Et ego presbyter Pascalis et comunis Ragusii notarius iuratus scriptor sum et testis.

(Signum notari.)

Original u dubrovačkom arkivu. Zbirka sacc. XIII.

744.

1262. U Zagrebu.

Pred kaptolom zagrebačkim ustanovljuju se zemlje, koje je kupio ban Roland.

Capitulum Zagrabiensis ecclesie omnibus presens scriptum inspecturis salutem in domino. Ad universorum noticiam harum serie volumus pervenire, quod accedens ad nostram presenciam Ladislaus comes Zagrabiensis vice et nomine domini sui viri nobilis, scilicet Rolandi bani tocius Sclavonie petivit ex parte nostra sibi dari testimonium, coram quo terra Guergeu dicto bano pro Endree filio Marci vendita sicut alie litere nostre testantur, secundum cursum metarum in privilegio Dionisii condam bani contentarum posset, convocatis vicinis et commetaneis, limitari. Nos itaque iustis in hac parte peticionibus concurrentes, unum ex nobis, scilicet magistrum Petrum dictum pulchrum concanonicum nostrum transmisimus, qui una cum Ladislao comite et cometaneis predicte terre, quorum nomina infra continentur, ad nos redeuntes asseruerunt, quod omnes dicte terre commetanei convenientes super ipsam terram in subscripta meta, inter aliquas metas in privilegio memorato Dyonisii bani contentas, interpositis pro maiori cautela novis metis unanimiter concordarunt. Prima meta sicut partes nobis retulerunt incipit a parte orientali a fructice avellane, in qua est meta terrea et ibi est Olprech commetaneus, inde descendit in vallem unam ad arborem gertan sub qua est meta terrea et per eandem vallem descendit ad arborem byk cruce signatam, sub qua est meta terrea et per frontem eundo eiusdem vallis tendit ad ilicem, deinde per unam silvam ad duas ilices sub quibus est meta terrea; deinde tendit directe versus occidentem ad fontem Dobryn, iuxta quem sunt ex

utraque parte mete terree et eundem fontem transeundo a parte meridionali est Mycho filius Bork commetaneus, inde tendit ad ilicem sub
qua est meta terrea, deinde transeundo viam vadit ad metam terream
adhuc versus occidentem et inde tendit ad fontem Holna iuxta quem
sunt ex utraque parte mete terree, deinde tendit ad unum montem ad
arborem tilie cruce signatam sub qua est meta terrea et in vertice
eiusdem montis est alia meta, inde descendit ad unam foveam, deinde
per unam vallem descendit ad fontem Kalychna et per eundem fontem
tendit versus aquilonem ad arborem populeam cruce signatam, sub qua
est meta terrea et ibi sunt Mathee et Isyp commetanei; deinde ad
arborem berekynefa dictam, sub qua est meta terrea, inde vadit super
unum montem, qui Dobronech nominatur, super quem est meta terrea
et inde vadit ad magnam viam et per eandem tendit ad arborem gerthyan
nuncupatam, sub qua est meta terrea, deinde ad montem Gergeu ad
arborem tylye iuxta vineam Churnuk, sub qua est meta terrea et inde
vadit ad arborem gertyan sub qua est meta terrea et ibi cadit in fontem
qui Belapotok nominatur et per eundem fontem descendit in fluvium
Gergeu et ibi sub arbore ilicis est meta terrea et per fluvium Gergeu
descendendo cadit in fluvium Holna et ibi est meta terrea et aquam
Holna directe transeundo tendit ad metam terream, deinde vadit ad
fluvium Vych iuxta quem sub arbore gerthyan est meta terrea, inde
tendit ad arborem ilicis sub qua est meta terrea et inde per unam vallem
tendit super montem ad arborem tylye cruce signatam sub qua est meta
terrea, deinde vadit ad arborem harosth cruce signatam sub qua est
meta terrea et inde vadit ad fontem Turycha et ibi est meta terrea;
deinde ad arborem fagy sub qua est meta terrea et ibi est Zadur commetaneus; inde directe eundo versus orientem tendit ad arborem tylye
iuxta magnam viam, deinde vadit ad metam terream, iuxta quam est
lapis positus pro meta et ibi sunt commetanei nobiles de Turya, inde
vadit versus meridiem ad unam arborem que gertyan dicitur, deinde ad
arborem fagy, sub qua est meta terrea, deinde transeundo fluvium
Turycha vadit ad arborem tylye, sub qua est meta terrea, inde ascendit
ad montem Keresthege ad arborem harasth sub qua est meta terrea et
super eundem montem vadit ad arborem gerthyan, deinde eundo per
metas pervenit ad arborem harasth sub qua est meta terrea, inde vadit
ad arborem nyr et sub ea est meta terrea, deinde tendit ad montem
Keureuztune ad arborem tylye sub qua est meta terrea, deinde ad
montem Vych ad duas arbores populeas sub quibus est meta terrea,
inde vadit ad arborem ilicis inter duas valles sitam et sub ipsa est meta
terrea, deinde tendit ad arborem tylye, sub qua est meta terrea et deinde
revertitur ad priorem metam ibique terminatur. Nomina autem eorum

qui interfuerunt coram nobis ex commetaneis cum predicto socio nostro, sicut prediximus post limitacionem predictam sunt hec: de Blyna Jurk frater Iwan, Chernel filius eiusdem Iwan pro se et pro patre suo Isyp et Mark filius Martini pro se et fratre suo Mycho scilicet filio Bork, de Turya vero Tomsa filius Bolenig, Grobech frater Drugyn, Dragyslo filius Drasila, Raduslo pro se et consangvineis suis, Iwanus filius Budyla, qui personaliter assistentes pro se et eorum consanguineis vendicionem terre predicte factam bano approbantes et metarum posicionem modo prescripto ratificantes et ad easdem se conservandas sine contradiccione qualibet in perpetuum firmum obligantes, dictum banum et suos heredes heredumque successores admiserunt et receperunt super terram antedictam pacifice in commetaneos et vicinos. In cuius rei testimonium presentes contulimus sigilli nostri munimine roboratas. Datum per manus magistri Michaelis lectoris ecclesie nostre, anno ab incarnacione domini millesimo ducentesimo sexagesimo secundo.

Po originalnom prijepisu kralja Ljudevita I. od god. 1382. u arkivu hercega Battyány-ja u Körmendu. — A. 2. L. 9. Miscellanea Széchiana no 1. — Na ledjima vide se tragovi kraljevskoga pečata.
Cod. dipl. patrius VIII. 88—90. no. 70.

745.

1262.

Benko, sudac dvorski kraljice i župan vašvarski dosudjuje posjede Orjavicu i Selce Biloti, Belču i Petroslavu.

Nos magister Benedictus iudex curie domine regine, comes Castri Ferrei vniuersis quibus expedierit significamus presencium per tenorem, quod cum de uoluntate regia et mandato speciali illustris regine Vngarie uenissemus in Posaga ad iudicandum et restituendum terras tam a castro, quam a quolibet hereditarias, ut empticias seu illas quas terras tenentes detinent occupatas indebite et ad inspiciendum, si iidem terras tenentes terras easdem a tempore donacionis uel institucionis clare memorie Wgrini Collocensis archiepiscopi et deinceps possessas certis detineant metis et titulis et inter alia terras Bylote, Belch et Petrozlo Oryauicha et Scelca uocatas certis metis et titulis congruentibus inuenissemus fore detentas iuxta continenciam priuilegii eiusdem illustris regine, commetaneis eciam earundem terrarum non obstantibus, ipsas terras sub eodem iure, metis et titulis, prout in dicto priuilegio comprehenditur, ipsis Bylote,

Belch et Petrozlo iure perpetuo reliquimus possidendas et ad ulteriorem et firmiorem cautelam presentibus confirmauimus. Anno gracie M⁰. CC⁰. sexagesimo secundo.

Original u kr. ug. drž. arkivu u Pešti M. O. D. L. 33.918. Stara signatura N. R. A. fasc. 1531. no. 27. — Na listini visi žuto-crvena svilena vrvca bez pečata. — Na hrptu bilješka XVIII. vijeka: ›adiudicatoriae super terris Oryavicha et Sceltha vocatis pro Bylothe, Belch et Petrizlo‹. Fejér Cod. dipl. Hung. IV. 3., 65. (extractus). — Wenzel Cod. dipl. Arpad. cont. XI. 521.—522. — Kukuljević Reg. no. 834.

746.

1262. U Zagrebu.

Zagrebački kaptol svjedoči, da su Vukoje i njegovi rodjaci od plemena Družen prodali posjed Kamensko Petru prepoštu čazmanskomu i bratu njegovom Andriji.

Capitulum Zagrabiensis ecclesie omnibus presens scriptum inspecturis salutem in domino. Ad vniuersorum noticiam harum serie volumus peruenire, quod accedentes ad nostram presenciam de genere Drusen, Wlkoy, Dragota filius Dezk, Descywoy pro se et fratribus suis Zobech, Wlxa et Dethmaro, Boguzlov pro se et fratre suo Doclesa, Ruzka pro se et fratre suo Mlachk, Dragonyg, Zlawosa, Petrisa, Raducha et Gurduna, astante ab altera parte magistro Petro preposito Chazmensi asseruerunt, quod cum ipsi terram nomine Kame(n)zka dicto magistro Petro et fratri suo comiti Andree vendidissent, sicut in aliis litteris nostris continetur . . . . . sis Dragotha scilicet supradictus insurrexit mouendo questionem super vendicione t[erre] predicte magistro Petro preposito supradicto, qui Dragotha tandem se recognoscens reum, se reddidit tam magistro Petro preposito, quam eciam aliis consanguineis suis pro tranquilitate vendicionis temerata, obtentoque dono venie quod petebat taliter se obligauit, quod si deinceps unquam insurgeret contra magistrum Petrum et fratrem suum aut successores eorum occasione terre memorate, quinquaginta pensas ante omnem litis ingressum soluere teneatur, saluo eo, quod insuper uidetur iudici decernendum, obligauerunt eciam se prenominati de genere Drusen ad deffendendum magistrum Petrum et fratrem eius antedictum ab omni questione, quam orire contingeret contra eos terre vendite racione, obligacionem suam vallantes in hunc modum, quod si quis ex ipsis se retraheret ab huiusmodi obligacione et non astaret magistro Petro et fratri eius, penam quinquaginta pensarum soluere teneatur et ad hoc se in solidum obligarunt. In cuius rei testimonium presentes ad instanciam parcium contulimus sigilli nostri munimine roboratas. Datum per manus magistri Michaelis lectoris ecclesie nostre, anno ab incarnacione domini M⁰. CC⁰. LX⁰. secundo.

Original u kr. ug. drž. arkivu u Budimpešti M. O. D. L. 35.150. Stara signatura: »Actorum monast. Kamenska« fasc. I. no. 2. — Vrvca i pečat odpao.

Kukuljević Reg. no. 833.

747.

1263, 7. januara.

Bela kralj ugarski i hrvatski daruje Tobiji Bogudu prepozitu zagrebačkom gospoštiju Kranj (Carniole), što ju je bio baštinio od svoje maćuhe.

Bela dei gracia Hungarie, Dalmacie, Croacie, Rame, Servie, Gallicie, Lodomerie, Cumanieque rex omnibus tam presentibus quam futuris presentes litteras inspecturis salutem in omnium salvatore. Celsitudo regia provisione celesti consulens in commune, ut bonos faciat, uno tamquam precipuo utitur instrumento, exortatione videlicet premiorum quo torpentes excitans et erudiens inexpertos, iucundiore spiritu posse facit subiectos, quod a principio impossibile videbatur; sicque quum eorum ministeria et presertim ex ministeriis acceperit quod intendit, ita debet ad recompensandum consurgere, ut et premissorum violator non existat prosequendo id, quod fuerat exoratus et unius exemplo ad probitatis studia reddat plurimos promtiores. Proinde quum nobilis vir magister Thobias de Bogud prepositus Zagrabiensis, carissimi filii nostri Bele ducis totius Sclavonie cancellarius, dilectus et fidelis noster, a suis maioribus incoatam, quos pro meritis sancti predecessores nostri, regni sui primatiis sublimantes honorarunt et a patre continuatam, qui in nostro conspectu strenue militans pro regni defensione et nostra Tartarorum manibus occubuit, ut collateralium suorum transeamus obsequia commendatione non indigna fidelitatis prerogativam ex successorio edicto vendicans, converterit in naturam, non degenerans a stipite generoso sicque nobis et regno nostro plurima paraverit suis studiis fructuosa. Hoc unum non possumus inter cetera sub silentio preterire, quod guerrantibus nobis cum rege Boemorum et non sine dampno utriusque partis constitutis in

turbatione maxima et regnis nostris formidantibus utriusque vicissim
citra nostros insultus nihilominus Tartarorum, qui huiusmodi dissensionibus
auditis regni nostri fines attigerant, quum aliter pacari non possemus,
nisi inter nos et predictum regem Boemorum ordinassemus parentelam,
dando sibi in matrimonium neptem nostram eique matrimonio impedi-
menta legitima obviarent; super quibus ipsum magistrum Thobiam cum
iuramenti religione de promotione sua assecurantes ad curiam romanam
destinavimus, ipsius ministerio in impedimentis supradictis apostolicam
dispensationem meruimus et pacem perpetuam regno nostro. Nos itaque
eius merita circumspectione regia attendentes, ut quod sibi promittimus,
exolvamus et in ipso exemplum prebeamus ceteris, quo ad fidelitatis
obsequia (accendantur) ipsum magistrum Thobiam duximus favore et
munificentia regia pro meritis prosequendum, sicut paulo inferius ex-
primetur. Quum igitur domina (Catharina) pie recordationis quondam
ducissa Karinthye, domini (Bertholdi) ducis Meranie filia matertera nostra
nature solvens debitum, liberis non relictis, in nos tanquam in proximum successorem hereditatem suam et omne ius, quod eidem competebat transmiserit iure pleno; nos ipsam hereditatem et omne ius
a predicta matertera nostra nobis convenientem et specialiter dominium Karniole cum omnibus castris et urbibus quoquo nomine censeantur que et si presentibus non specificentur ad plenum tamen
proinde habere volumus, ac si essent singillatim expressa, dedimus,
concessimus, tradidimus cum regia munificentia sepedicto magistro
Thobie sibi et suis successoribus perpetuo possidendum omne id, quod
ex predicta successione nobis competit, vel competere potest in ipsum,
suosque successores plenarie transfundendum. Nec volumus presentem
nostram munificentiam, quam nullatenus revocare iuramenti religione
firmamus a quoquam impugnari vel etiam attemptari pretextu immense
donationis, seu instrumenti minus sollempniter concepti, aut cuiuslibet
alterius obiectionis interventu, quam adinvenire possent aucupatores syl-
labarum seu inventores cuiuscunque subtilitatis; quam omnem in hoc
casu pronunciacione regia reprobamus; quum et nostra presentialis
auctoritas sollempne faciat non sollempne et nihil immensum regalis
sublimitas in dando debeat reputare; quod immensum non reputat
totum eum quem accepit a celesti numine principatum. In cuius rei
testimonium et perpetuam firmitatem presentes litteras dedimus dupplicis
sigilli nostri munimine roboratas. Datum per manus Farcasii, aule nostre
vicecancellarii electi ecclesie Albensis, dilecti et fidelis nostri. Anno
domini MCCLXIII., VII. idus ianuarii, regni autem nostri anno vicesimo
octavo.

Fejér Cod. dipl. Hung. IV. 3. 100—103. koji domeće:

Ex originali Pray Codex I. dipl. Profani p. 49. sigillum dupplex sed cuius circumferentia iam magnam partem avulsa est; in rubro alboque filo sericio pendens. In aversa parte refert iconem regis in throno sedentis, dextra sceptrum, sinistra globum cum cruce tenet, ad medium pectoris adducta, in adversa parte crux geminata sine tricolle. V. etiam Kercselich Notitiae Praelim. p. 508. Katona P. VI. p. 377. Vix unquam legatum hoc Bela apprehendisse, ac prepositus dominium Krainburg obtinuisse videntur. — Kukuljević Reg. no. 835.*

748.

1263, 29. januara.

Bela kralj ugarski i hrvatski daje županu ličkom Petru u zamjenu za njegov grad Počitelj neke druge zemlje.

Bela dei gratia Hungarie, Dalmatie, Croatie, Rame, Seruie, Gallicie, Lodomerie, Cumanieque rex omnibus tam presentibus quam futuris litteras presentés inspecturis salutem in omnium saluatore. Regum est, ut si aliqua a suis fidelibus recipit que sibi utilia conspicit, postmodum eisdem in consimili prouidere debeat aut maiori. Proinde ad uniuersorum noticiam volumus peruenire, quod cum a fideli nostro comite Petro de Lyca(!) terram Pochotil(!) pro municione facienda recepissemus, eidem per dilectum et fidelem nostrum Rolandum banum tocius Sclauonie de terra castri in Lyka terram equiualentem precepimus assignari, qui cum aliis negociis regni nostri impeditus personaliter hoc negocium exequi nequisset, prout in suis inspeximus litteris, mittendo vice sui Stephanum banum maritimum comitem trium Camporum, considerata primo, sicut a nobis mandatum habuerat, quantitate seu utilitate terre Pochotil, quasdam particulas terrarum, que hiis nominibus nuncupantur: Kazeg, scilicet Zcycheu, Grebenar et Bratan que quidem non rei s(et) nominis habent magnitudinem, prout in tenore litterarum predicti bani uidimus contineri, iamdicto comiti Petro assignauit. Vnde idem comes Petrus supplicauit nobis, ut ipsas particulas terrarum predictarum nostro dignaremur priuilegio confirmare. Nos igitur ipsius peticionem iustam attendentes in hac parte easdem auctoritate presencium confirmamus in ipsius comitis Petri heredum et successorum suorum potestate perpetuo duraturas. Quarum etiam mete, prout in scriptis sub sigillis iamdicti Rolandi bani et Stephani bani maritimi nobis exhibite extiterunt, hoc ordine distinguntur. Incipit enim prima meta terre Kazeg ab ecclesia sancti Johannis Baptiste; inde uadit ad aquam satis magnam et inde uadit superius iuxta cursum dicte aque et satis longe, ad ipsam aquam currit quedam aqua Zerchan uocata et ad illam aquam Zerchan cadit quidam paruus riuulus et ibi ad dextram partem in ipso riuulo eundo est terra ipsius Petri comitis et ad sinistram partem est terra populorum castri; et de capite ipsius riuuli tendit per unum campum et uadit ad septemtrionem super quendam riuulum Secet potok uocatum et per ipsum riuulum tendit uersus orientalem(!) et peruenit ad aquam Lyka et per ipsam aquam Lyka venit superius et ibi ad dextram partem remanet terra ipsius Petri comitis et ad sinistram sunt commetanei populi de Busan; et per ipsam aquam Lika(!) ueniens superius peruenit ad terram Petri comitis hereditariam Gachelig uocatam et inde uenit ad unum locum ubi est fossatum et ubi sedebant populi antiquo tempore; et inde uadit superius ad aquam Kazeg et ueniet ad ecclesiam sancti Johannis prenotatam et sic terminatur. Preterea meta terre Scycheu incipit transeundo per aquam Lika super unum riuulum qui dicitur riuulus sancti Petri et inde uadit superius ad septemtrionem supra vnam columnam reclinando ad partem sinistram, que columna discernit uersus orientalem ad sinistram partem Petro comiti terram Scycheu et ad dextram Samsoni episcopo terram ecclesie sancti Petri; et de ipsa columna uadit (ad) riuum qui riuus cadit iterato (!) ad aquam Lika ad priorem locum ibique terminatur. Ad hec meta particule terre Grebenar incipit a parte orientali a uilla Byssa que est villa ipsius Petri comitis et inde tendit ad cliuum cuiusdam montis, qui mons ad partem dextram cedit Petro comiti et ad sinistram iobagionibus castri de Budem(er)ichigi; inde uenit uersus occidentem super unum montem directe super villam Grebynap(!) et ibi directe per dorsum cuiusdam montis eundo peruenit ad pontem Lygongna et inde uenit ad septemtrionem, peruenit super unum partitum Iapidem et inde peruenit ad uillam Byssa prenotatam. Item meta particule terre Bratnan(!) incipit ab occidente super vnum montem altum qui est inter Bratnan et Scerepeg et inde tendit uersus meridiem supra unum montem qui est supra populos Budem(er)ichigi et per ipsum montem veniet iterato ad priorem locum ibique terminatur. In cuius rei testimonium et perpetuam firmitatem presentes litteras dedimus dupplicis sigilli nostri munimine communitas. Datum per manus dilecti et fidelis nostri magistri Farcasii electi Zagrabiensis habentis administracionem in ecclesia Albensi, aule nostre vicecancellarii, anno domini millesimo ducentesimo sexagesimo tercio, quarto kalendas februarii, regni autem nostri anno vicesimo octauo.

Original. pisan vrlo lijepom minuskulom, u kı. . . ,. drž. arkivu u Budimu: DL, 38.476. (bivši frankop. ark. u Porpettu br. 3.) — Vidi se trag, gdje je o vrvci visio pečat. — Na hrptu glagoljska bilješka prebrisana.

Vjestnik arkiva VII. 3. 138 — 139. po prijepisu u arkivu kneza Esterházy-ja u Željeznom. — Kukuljević Reg. no. 836.

749.

1263, 7. februara. U Šibeniku.

Mir izmedju Šibenika i Trogira.

Anno dominice incarnationis 1263., indictione 6., mensis februarii 7. die intrante, regnante domino nostro serenissimo rege Ungarie, ac tempore Stepconis comitis de Breberio egregii potestatis Sibenicensis, nec non et iudicum Petri et Tolen. Quia nil melius, nil honestius, nilque utilius in hoc seculo reperitur, quam quod terrarum rectoribus inter Christianos populos, presertim inter vicinas civitates pacis federa seminentur, ac vere dilectionis regula radicitus observetur, harum nempe effectum considerantes nos supradicti potestas, iudices consiliariique Sibenicensis civitatis nomine et vice nostre communitatis Sibenicensis et pro ipsa comunitate et volentes vobiscum Traguriensibus in vera concordia, societate et amicitia permanere et si qua inter vos et nos vigere dignoscuntur, illesa permaneant et de bono in melius reformentur ad honorem et reverentiam illustrissimi domini nostri regis Ungarie et eius filiorum, nec non ad honorem et protectionem bonorum et fidelium et ad malorum et infidelium confusionem sub tali forma concordiam, societatem et amicitiam inter vos et nos duximus statuendam atque renovandam, de consensu et voluntate nostri publici parlamenti et in ipso et ab ipso parlamento confirmatam et aprobatam concorditer et unanimiter, existentes una cum nobilibus et discretis dominis Valentino de Casariza et Duymo filio archidiaconi ambasatoribus vestris a vobis ad nos super his specialiter deputatis. Inprimis itaque volumus et ordinamus et ita duximus ordinandum, quod illa privilegia, que temporibus dominorum Guidonis comitis potestatis Traguriensis et Danielis comitis Sibenicensis facta extiterunt sint firma et rata ab utraque communitate servanda. Item omnia malefacta que hactenus inter Sibenicenses et Tragurienses facta sunt, sint hinc inde irrita et remissa exceptis dumtaxat illis, de quibus per curiam aliquam sententiatum extiterit; ita quod inde datus fuerit prestaldus, vel publicum instrumentum obtentum, aut solutio aliqua incepta fuerit facere seu maleficia facta et commissa hactenus usque nunc. Item si acciderit, quod Tragurii comunitas, vel e converso Sibenicenses aliquos homines pro aliqua necessitate extramiserint et necessitate manifesta coacti fuerint homines dicti patientes famem, cum de suis bestiis commode habere non possent ad comedendum et aliquas res alias accipere voluerint, sic volumus et ordinamus ad hoc, ut quilibet sit suo contentus, nec manus illicitas extendat ad alienum, quod ille qui erit capitaneus hominum

Sibenicensium possit cum duobus vel tribus sociis ire et accipere tantum
de bestiis Tragurii et e converso Tragurienses faciant de bestiis Sibeni-
censibus et illorum communitas qui acceperunt prefatas bestias, solvet
illis quorum fuerint bestie pro singulis tribus arietibus solidos 40, pro
capra 20 solidos, pro yrco 30 solidos. Et si questio aliqua occasione
dictarum bestiarum mota fuerit, fides detur capitaneo cum sociis dictis.
Si vero aliqua specialis persona acceperit aliquam bestiam, pro ariete vel
ovi solvat 20 solidos, pro capra 30 solidos, pro yrco 40 solidos, pro agno
vel capretto 10 solidos. Et pro uno de ultraneo casei 5 solidos et fides
in hoc adhibeatur pastori, si questio fuerit inde. Item si aliquis de Sclavonia,
scilicet de regno Ungarie, fuerit inimicus Tragurii, per sacramentum quo
tenemur esse et nos Sibenicenses habebimus inimicum et e converso
Tragurium tenebunt. Et si aliquod damnum vobis intulerit et nobis notum
per nuncium vel extiterit ad recuperationem damni dicti, auxilium et
consilium totis viribus velut propriis negotiis nostris tenebimur exhibere
et litteras, vel nuntium ad dominum nostrum regem, vel ad banum
destinare et e converso Tragurienses teneantur facere illud idem. Item
si quis pastor Sibenicensis cum ovibus destrueret bladum seu vineam
Traguriensium, veniat dominus bladi seu vinee Sibenicum et accipiat
homines de curia ipsa et videat, quantum damnum factum est; postea
solvat damnum integre domino et reliqua pro banno solvat 20 solidos
ipsi domino cui fuerit damnum datum et e converso de pastore Traguriensi observetur si damnum fuerit in blado, vel vinea Sibenicensium, prout
dictum est. Preterea si alique pignorationes hinc inde huc usque facte
fuerint et probari poterunt, restituantur, salva tamen ratione illius qui
pignora habebat; que quidem omnia et singula suprascripta, ut superius
continetur, nos potestas, iudices et consiliarii prefati Sibenicensis civitatis
una cum pluribus de dicto parlamento iurantes promittimus pro nostra
communitate et corporali sacramento ad sancta dei evangelia iuravimus
dictis ambasatoribus pro comunitate Tragurii recipere per se et integre
observare atque firma tenere. Et ita etiam iurari fecimus super anima
totius nostre dicte comunitatis preconem nostrum. Actum est hoc et
firmatum ante ecclesiam sancti Jacobi a publico parlamento prefate
civitatis coadunato coram hiis testibus subscribendis: ser Dragoio Sinaita, Nigero Bastine, Dragovano Boborizo, Mirsa de Auzana, Gregorio
de Curtisia et aliis pluribus. Ego Dobren examini mitto manum meam
et ego magister Petrus clericus Sibenicensis comunitatis iuratus notarius
hiis interfui et de voluntate dicti potestatis, iudicis, consilii, nec non et
totius civitatis prefate rogatus scripsi et mei signi muniminis (!) roboravi.

*Lucius Memorie di Traù 78—79. Fragment priopćio Fejér Cod. dipl.
Hung. VII. vol. 4. 127—4. — Wenzel Cod. dipl. Arp. cont. vol. VIII.
82—5. (po Luciju). — Kukuljević Reg. no. 837.*

750.

1263, 27. maja. U Gradu.

Koncil u Gradu poziva na davanje milodara za gradnju crkve i drugih samostana sv. Nikole.

Frater Angelus miseratione diuiua sancte Gradensis ecclesie patriarcha et Dalmatie primas, Laurentius archiepiscopus Jadrensis, Leonardus Equilinus, Nycolaus Absarensis, Marinus Caprolanus, Bonacursius Veglensis, Egidius Torcellanus, Thomas Castellanus, Matheus Clugiensis, Gregorius Arbensis episcopi vniuersis Christi fidelibus per Gradensem patriarchatum constitutis, ad quos littere iste peruenerint, salutem et ueram in domino karitatem. Quum, ut ait apostolus, omnes stabimus ante tribunal Christi recepturi, prout in corpore gessimus, siue bonum fuerit siue malum, oportet nos diem messionis extreme misericordie operibus preuenire, ac eternorum intuitu seminare in terris, quod redente domino cum multiplicato fructu recolligere debeamus in celis, firmam spem fidutiamque tenentes. Quum qui parce seminat, parce et metet, et qui seminat in benedictionibus, de benedictionibus et metet vitam eternam. Cum igitur sicut ex parte dilectarum nobis in Christo filiarum abbatisse et conuentus monasterii sancti Nicolai de Jadra, pauperum dominarum ordinis sancti Damiani, ecclesiam et alia multa opera construere inceperint opere sumptuoso et ad consumationem ipsius, nec non ad uite necessaria conseruanda vestrorum et aliorum Christi fidelium indigeant subsidiis adiuuari, vniuersitatem vestram rogamus, monemus et hortamur in domino, in remissionem uobis peccaminum iniungentes, quatenus de bonis uobis ad hoc collatis pias elemosinas et grata eis uel ipsorum nuntiis, cum ad uos accesserint, karitatis subsidia erogetis, ut per subuentionem vestrarum(!) eorum inopie consulatur et idem opus valeat consumari et nos per hoc et alia bona, que domino inspirante feceritis, ad eterne possitis felicitatis gaudia peruenire. Nos enim de omnipotentis dei misericordia et beatorum martirum Ermarchore(!) et Fortunati eorum auctoritate confisi omnibus vere penitentibus et confessis, qui eis ad hoc manum porexerit adiutricem, decem quarentenas de debita sibi potentia misericorditer in domino relaxamus. Datum Gradensi concilio VI. kalendas iunii, millesimo ducentesimo sexagesimo tercio, indictione sexta.

Original u gubern. arkivu u Zadru, odio samost. sv. Nikole br. 35.

751.

1263, 4. juna. U Trogiru.

Nikola Vučina ostavlja kapelu crkvi sv. Dujma.

Episcopus Columbanus q(uondam) Madii, comes Stephanus, Martinusci potestas, Draga abbatissa sancti Duymi et Nicola Vuchinna quondam comes reliquit cappellam cum toto suo ornatu in ecclesia sancti Duymi iam 50 annis.

Notae Joannis Lucii fol. 39. Starine XIII. 212.

752.

1263, 20. juna. U Cittavechii.

Urban IV. dozvoljava samostanu sv. Nikole dohodak od nadjenih stvari.

De mandato domini Penestrinensis.

Urbanus episcopus seruus seruorum dei dilectis in Christo filiabus . . . . . abbatisse et conuentui monialium inclusarum monasterii sancti Nicolai Jadrensis ordinis sancti Damiani salutem et apostolicam benedictionem. Necessitatibus uestris paterno compatientes affectu, ut de usuris, rapinis et aliis male acquisitis, si hii, quibus ipsorum restitutio fieri debeat, omnino inueniri et sciri non possint usque ad summam ducentarum librarum imperialium recipere ualeatis, uobis auctoritate apostolica duximus concedendum, si pro similium receptione alias non sitis a nobis huiusmodi gratiam consecute, ita tamen, quod si aliquid de ipsis ducentis libris dimiseritis uel restitueritis aut dederitis illis, a quibus eas receperitis, huiusmodi dimissum uel restitutum feudatum nichil ad liberationem eorum prosit, nec quantum ad illud habeantur aliquatenus absoluti, presentibus post unum annum minime ualituris. Nulli ergo omnino hominum liceat hanc paginam nostre concessionis infringere, uel ei ausu temerario contraire. Si quis autem hoc attemptare presumpserit, indignationem omnipotentis dei et beatorum Petri et Pauli apostolorum eius se nouerit incursurum. Datum apud Vrbem ueterem XII. kalendas iulii, pontificatus nostri anno secundo.

Original u gubern. arkivu u Zadru, odio samost. sv. Nikole br. 36. — Pečat izgubljen. — Gl. br. 724 ovoga zbornika, sličnu listinu od 28. marta 1262.

753.

1263, 5. augusta. U Trogiru.

Svjedočanstvo o papinu pismu za crkvu sv. Franje u Trogiru.

Gervasius primicerius vicarius episcopi Columbani protestatur de breve pape obtento a fratribus Predicatoribus de ecclesia sancti Francisci posita in burgo Traguriensi, tacita veritate obtento in absentia episcopi.

Valentinus Petri Lucii procurator fratrum Minorum protestatur idem.

Notae Joannis Lucii fol. 39. Starine XIII. 213.

754.

1263, 20. augusta. U Baroli.

Dubrovčani namiriše cijelu svotu za prodanu im sol.

† Anno ab incarnatione domini nostri Jesu Christi millesimo ducentesimo sexagesimo tertio, regnante domino nostro Manfredo dei gratia gloriosissimo rege Sicilie, anno sexto, et uicesimo die mensis augusti, indictione sexta. Nos Thomasius de siro Bizantio, Guilelmus de Galimberto, Jacobus de Vniuersa, Ambrosius Cortesius et Jacomus Johannes de Raone Barolitani ciues, Cabelloti cabelle salis curator in Syponto, Salpis et Cannis et Baroli olim, in anno quinte et presentis sexte indictionis coram Johanne de Claroangelo regali Baroli iudice, Guidone eiusdem terre puplico notario et testibus subnotatis ad hoc specialiter conuocatis, presentibus etiam et consentientibus, ac ratum et firmum habentibus Philippo Maresca et Barnaba de Risone ciuibus Baroli declaramus, recepisse a te Michaele de Raganga(!) de Ragusio nuntio nobilium uirorum domini Alberti Moligini(!) comitis Ragusii, iudicum, consiliariorum et totius comunis seu vniuersitatis eiusdem terre Ragusii pro parte omnium predictorum totam pecuniam, quam nobis dare debebant de uenditione totius quantitatis salis ueteris ipsarumque salinarum, quam predicti Philippus Maresca et Barnabas de Risone predecessores nostri in predictis cabelis Lampredio de Basilaue(!) ciui Ragusino, nuntio et procuratori nobilium uirorum domini Philippi Contareni, olim comitis Ragusii, iudicum, consiliariorum et totius comunis seu vniuersitatis eiusdem terre Ragusii statuto ad predictam uenditionem pro parte ipsorum recipiendam uendiderant secundum continentiam cuiusdam instrumenti ipsius uenditionis inde confecti predicto Philippo Maresse et Barnabe de Risone a prefato Lampredio pro parte predictorum comitum Ragusii, iudicum, consiliariorum et comunis seu vniuersitatis eiusdem terre, quod uobis predicto Michaeli

pro parte eorum in Barolo assignauimus cum aliis scriptis seu cautelis exinde ordinatis. Unde coram predicto iudice, notario et testibus subnotatis tibi predicto Michaeli recipienti vice et nomine predictorum nobilium virorum domini Philippi Contareni olim comitis Ragusii, iudicum et consiliariorum et totius comunis seu vniuersitatis eiusdem terre Ragusii solitam uadiam per conuenientiam dedimus et per solempnem stipulationem promisimus nobilibus fideiussoribus, ut nullo futuro tempore nos uel nostri heredes, nec aliquis pro parte nostra appellemus, uel inquietemus predictos nobiles uiros dominum Philippum Contarinum, iudices, consiliarios et totum comune seu vniuersitatem eiusdem terre Ragusii de predicta uenditione predicti salis, quam nobis dare tenebantur, sicut continebatur in instrumento superius declarato pro eo, quod nobis uos predictus Michael pro parte predictorum comitis, iudicum, consiliariorum et comunis seu vniuersitatis eiusdem terre Ragusii integrum satisfecistis, et cetera. Vadiam quoque per conuenientiam dedimus et per solempnem stipulationem promisimus tibi prefato Michaeli recipienti pro parte comerchi(!) domini regis Sclauonie in Ragusio nobis fideiussorem, ut nullo futuro tempore nos uel nostri heredes, nec aliquis pro parte nostra appellemus uel inquietemus predictum comerchum domini regis Sclauonie in Ragusio nec aliquem pro parte sua de quadam venditione salis habitam inter nos, quam nobis dare tenebatur, secundum conuenientia et pacta habita inter nos scripto uel sine scripto, quod eo quod nobis uos predictus Michael pro parte predicti comerchi in integrum satis fecistis. Contra quod si fecerimus pene nomine componamus uobis predicto Michaeli seu parti predicti comitis Ragusii, iudicum, consiliariorum et totius comunis seu vniuersitatis eiusdem terre Ragusii et parti ipsius comerchi domini regis Sclauonie in Ragusio, augustales aureos centum et totidem parti curie, hoc scripto in suo durante uigore, liceatque eis sine compellatione pignorare nos et nostros heredes in omnibus rebus nostris licitis et illicitis, donec prelecta omnia eis adimpleantur. Quod scripsi ego predictus Guido publicus Baroli notarius, quia predictis interfui et meo signo consueto signaui.

† Johannes de Carcaniso comes Baroli regalis iudex.

† Signum crucis proprie manus Roberti de Guirisio socii in predictis tabelionis subscripsit.

† Phillipus Maresca testatur.

† Barnabbas de Riso testatur.

† Johannes filius Nicolaie de Maraldyctio testatur.

† Jaccobus filius Bernardi Roselli testatur.

† Ranaldus de Bari testatur.

Original u dubrovačkom arkivu. Zbirka sacc. XIII.

755.

1263, 7. septembra.

Pred kaptolom čazmanskim ustupaju Danič, Jurislav i Braniša zemlju Predimih Salamonu, sinu Galovom uz odštetu od tri marke.

Capitulum Chasmensis ecclesie omnibus ad quos presens scriptum peruenerit salutem in domino. Ad uniuersorum noticiam harum serie uolumus peruenire, quod constituti coram nobis personaliter ab una parte Salamon filius Galus, ab altera vero Danich, Gurislov filii Danich et Bransa filius Jurc, qui et proposuerunt, quod contra ipsum Salamonem pro terra nomine Predimih coram magistro Moys mouissent questionem, ipsam terram requirentes; que c[aus]a ad ultimum ad talem formam pacis deuenisset, quod ipsi reliquissent totam causam motam pro eadem terra et dictus Salomon (!) persoluisset tres marcas. Qui Salomon eciam coram nobis persoluit decem pensas eisdem, ut maiori pace eandem terram Predimih roboraret, predicti vero fili (!) Danic et Bransa renunciantes coram nobis omnibus exaccionibus litis dictam terram Salomoni et filiis suis filiorumque successoribus reliquerunt pacifice et quiete iure perpetuo possidendam. Cuius terre prima meta, sicut uidimus in litteris magistri Moys, in qua eciam tota series esse comp[re]nditur, incipit per unam arborem bicfa cruce signatam, sub qua est meta terrea iuxta uiam magnam, transiens ipsam uiam tendit uersus orientem per unam uallem, deinde procedit ad duas arbores bicfa, inde uadit superius ad unam arborem bicfa, ubi commetatur castrenses (!) de Korbonuk, exinde autem descendit ad aquam Gurbonuc, ubi est una arbor narfa et per eandem aquam parum superius ueniens transit ipsam aquam per duas arbores egurfa et per unum riuulum ascendit superius ad montem uersus meridionalem (!) et ibidem cometatur cuidam iune[1] castrensium, inde descendit ad unam uallem siluosam et per ipsam uallem uenit superius ad magnam uiam et ibi cometatur castrensibus de Musina; inde per quandam uiam, que uenit ex meridionali, descendit iterum ad aquam Gurbonuc et per eandem aquam uadit ad occidentem per longinqua,[2] ubi sunt dicti castrenses commetanei; et exinde procedit ad unam uallem Yvya[3] nomine[3] ad septemtrionalem (!) et ibi cometabitur terre Voycha; exinde superius ueniens ascendit ad magnam uiam, ubi est una arbor bicfa cruce signata, sub qua est meta terrea et ibi commetabitur terre Drasmez et exinde per eandem uiam ueniens cometabitur terre Scebesk[4], procedens enim

---

[1] sic! u listini od 1264. 10. aprila uinee. [2] 1264.: longinca. [3] pisano dva puta uzastopce. [4] može biti i: Stebesk, 1264. : Scebesk.

per ipsam uiam uenit et cometatur terre magistri Tyburci, deinde au[tem] per magnam uiam ex orientali ueniente (!) cometabitur terre Chopov, ubi est prima meta et ibidem terminatur. In cuius rei memoriam et robur ad instancium (!) parcium concedimus nostras litteras nostro sigillo comunitas. Datum anno ab incarnacione domini millesimo sexagesimo tercio, sexta feria proxima ante nat[iuitat]em beate virginis.

Original pisan vrlo lijepo i uredno u budimpešt. nar. muzeju. — Na listini vise ostanci svilene uzice crvene i zelene boje. Pečata nema više. Bilješka XIV. vijeka na hrptu: »super Predumeh«. — Točan sadržaj ove listine, a medje doslovno (naravski s varijacijama) sadržane u listini kralja Bele od g. 1264. 10. aprila (potvrdjene po Stjepanu V. god. 1270. 27. maja i opet po Ladislavu IV. god. 1273. 1. marta), kojom daruje zemlju Predemeh Simonu, sinu Salamonovu od plemena Drugcha, budući je »Salamon Hungarus filius Galli« umro bez potomka. Ova listina izdana sa svojim potvrdama u Gyôri tôrt. és régész. füzetek (Rómer i Ráth) 2 (1863.), 299—302, iz arkiva obitelji Rajki (sada u nar. muzeju).

756.

1263, 15. septembra. U Negropontu.

Nikola Kolim poklanja Dominiku Slagotenovu svoje kuće i posjede u Zadru.

In nomine dei eterni amen. Anno ab incarnacione domini nostri Jesu Christi millesimo ducentesimo sexagesimo tercio, mensis septembris, die quintodecimo intrante, indictione septima, Nigroponte. Cum aliquid alicui donatur, oportet quidem, quod scripture uinculo confirmetur, ne forte igitur post labencia uel decurrencia tempora contencio aliqua uel uerborum rixe repplicatio ualeat inde oriri et uerbum sapientum pro nichilo posset tandem haberi, quod dicitur: semel datum uel donatum nullo modo reuocctur. Quapropter manifestum facio ego Nicolaus Colim, olim filius Sem de Jadra, quomodo cum meis heredibus in re, nomine et amore carnali constrictus non seductus blandiciis neque hominum minis perteritus, sed mea bona et ipsa uoluntate do, dono et transacto tibi Dominico, filio quondam Slagotheni de ipsa quidem Jadra, propinquo meo dilecto et tuis heredibus omnes meas domos siue proprietates terrarum et casarum coopertarum et discoopertarum in dicta Jadra positas. Quarum firmat uersus boream unum suum caput in Sorç de ipsa Jadra, alium suum caput uersus austrum partim firmat in stangone Surdo Ortolano et partim firmat in Dessa filia Gregorii Bane, eidem

Jadre, vnum suum latus uersus grecum firmat in Demetrio filio olim Coressi de predicta Jadra, alium suum latus uersus magistrum firmat in Damiano, quondam filio domini Çerne de Carbonis de predicta Jadra; et omnes alias meas terras uacuas tam in Jadra positas, quam extra, necnon terras uacuas et campos, ut dictum est superius tibi do, dono et transacto amodo cum omni plena uirtute et potestate inquirendi, interpellandi, placitandi, aduocandi, preceptandi et interdicta petendi et tollendi, respondendi, sententiam audiendi, intromittendi, habendi, tenendi, vendendi, dandi, donandi, permittendi et in perpetuum possidendi, uel quicquid tibi de ipsis placebit facere cum omnibus suis cartis nouis et ueteribus et ipsarum pleno uigore et robore ad suprascripta omnia pertinentibus et cum omnibus suis habenciis et pertinenciis que tam subtus terram quam supra terram ibidem esse noscuntur. Et sicut ab auctoribus et procuratoribus meis predicta omnia possessa fuerunt et rettenta et a me etiam donata, ita tibi predicta omnia do, dono et transacto et de ipsis me amodo fore facere in tua relinquens et refuttans plena uirtute et potestate ad facere de ipsis quicquid tibi placuerit et tue fuerit uoluntatis, tibi nemine contradicente. Mihi autem amore propinquitatis in mea maxima necessitate dedisti et donasti saldos denariorum uenetorum grossorum quadraginta. Quapropter plenam et irreuocabilem securitatem facio ego predictus Nicolaus Colim cum meis heredibus tibi suprascripto Dominico et tuis heredibus, quomodo de predictis omnibus semper securus maneas et quietus, quia nichil inde remansit, unde te amplius requirere, aut compellere ualeam per ullum ingenium. Notandum quoque est, quod me dictum Nicolaum Colim cognouerunt Marinus de Posellis. comittus galere Jadre et Vitus de Benaldo eius nauclerus qui fuerunt et sunt testes de omnibus antedictis, quod si unquam contra hanc donacionis et securitatis cartam ire temptauero, tunc emendare debeam cum meis heredibus tibi et tuis heredibus auri libras quinque et hec donacionis et securitatis carta in sua maneat firmitate. Signum suprascripti Nicolai Colim qui hoc rogauit fieri.

(Drugi rukopis.)

† Ego Jaco . . . . testor.

† Ego Cerna de Muruiça testor.

(Sign. not.) Ego Johannes Beltraymi presbyter et notarius compleui et roboraui.

Na ledjima: Carte Bogodana.

Original u gubern. arkivu u Zadru, odio samost. sv. Nikole. br. 38.

757.

1263, 22. septembra. U Cittavechii.

Urban IV. papa potvrdjuje Timoteja biskupom zagrebačkim.

Urbanus episcopus servus servorum dei dilecto filio Timotheo electo Zagrabiensi salutem et apostolicam benedictionem. Rationis oculis intuentes commoda que vacantibus ecclesiis de salubri provisione proveniunt, reddimur corde solliciti, ut circa provisionem huiusmodi faciendam fructuose attentionis studium habeatur. Sane Zagrabiensi ecclesia episcopi solacio destituta, dilectus filius prepositus et capitulum ipsius ecclesie convenientes in unum, spiritus sancti gratia invocata, dilectum filium Stephanum capellanum nostrum, nepotem venerabilis fratris nostri (Stephani) episcopi Penestrini, prepositum ecclesie Pozoniensis, patientem in etate defectum, in Zagrabiensem episcopum unanimiter et concorditer postularunt. Nos autem presentata nobis postulatione huiusmodi, provisionem et ordinationem eiusdem Zagrabiensis ecclesie dicto episcopo Penestrino duximus committendas. Et licet in eodem Stephano imperfectum etatis suppleret generis et morum nobilitas, matura discretio et scientia litteralis, tamen predictus episcopus nolens ad carnem et sanguinem habere respectum, de te, tunc subdiacono et capellano nostro, archidiacono de Zala in ecclesia Vesprimiensi et canonico Zagrabiensi, predicte Zagrabiensi ecclesie auctoritate sibi a nobis in hac parte commissa providit. Nos itaque de tua providentia et circumspectione plenam in domino fiduciam obtinentes, huiusmodi provisionem, quam eidem Zagrabiensi ecclesie cognovimus expedire, ratam et gratam habuimus et eam auctoritate apostolica duximus confirmandam, ac nichilominus te de fratrum nostrorum consilio et apostolice plenitudine potestatis prefate Zagrabiensi ecclesie prefecimus in episcopum et pastorem, firma concepta fiducia, quod eidem Zagrabiensi ecclesie per tuum ministerium prosperitatis et honoris, deo propitio, desiderata proveniant incrementa. Quocirca discretionem tuam rogamus et hortamur attente, mandantes, quatinus humiliter suscipiens impositum a domino tibi onus, predicte Zagrabiensis ecclesie sollicitam curam geras, gregem dominicum in illa tibi commissum, doctrina verbi et operis informando; ita quod predicta ecclesia tue diligentie studio spiritualibus et temporalibus, auctore domino, proficiat incrementis. Datum apud Urbem veterem X. kal. octobris, pontificatus nostri anno tertio.

In eodem modo preposito et capitulo Zagrabiensi. Rationis oculis *etc. ut in alia, verbis competenter mutatis, usque* providit. Nos itaque attendentes, quod eidem magistro Thimoteo, quem nos et fratres nostri propter sue multiplicis evidentiam probitatis carum habemus plurimum et acceptum, clara morum et vite ac scientie merita suffragantur et perhibetur testimonium, quod in spiritualibus et temporalibus sit laudabiliter circumspectus, huiusmodi provisione *etc. usque* incrementa. Rogamus itaque universitatem vestram et hortamur attente, mandantes, quatenus eundem electum admittentes ylariter et honorifice pertractantes, sibi tamquam patri et pastori animarum vestrarum impendatis obedientiam et reverentiam debitam, ac eius salubribus mandatis et monitis efficaciter intendatis; ita quod ipse in vobis devotionis filios, ac vos consequenter in eo patrem invenisse benivolum gaudeatis. Alioquin sententiam etc. Datum apud Urbem veterem X. kal. octobris pontificatus nostri anno tertio.

In eodem modo clero Zagrabiensis civitatis et diocesis. Rationis oculis *etc. ut in secunda usque in finem.* Datum ut supra.

In eodem modo populo Zagrabiensis civitatis et diocesis. Rationis oculis *etc.* usque mandantes, quatenus eundem electum tamquam patrem et pastorem animarum vestraium admittentes ylariter *etc.* usque gaudeatis. Datum ut supra.

In eodem modo vassallis ecclesie Zagrabiensis. Rationis oculis *etc.* usque mandantes, quatenus vos universi et singuli eidem electo, vel procuratoribus suis eius nomine in hiis, in quibus tenemini, intendere, ac de suis iuribus integre respondere curetis; ita quod vos predictum electum vobis proinde constituatis favorabilem et benignum, nosque devotionem vestram possimus merito commendare. Alioquin sententiam etc. Datum apud Urbem veterem VIII. kal. octobris pontificatus nostri anno III.

Theiner Mon. Hung. I. no. 460. str. 245. Iz reg. orig. an. III. ep. 10. — Wenzel. Cod. Arpad. III. 44. — Potthast Reg. pontif. no. 18.653. — Kukuljević Reg. no. 839. — Tkalčić Mon. civ. Zagrab. 33—34.

758.

1263, prije 13. oktobra.

Bela kralj ugarski i hrvatski dariva Karlu i Ladislavu sinovima Reynoldovima zemlju »Zemefelde«.

Bela dei gracia Hungarie, Dalmacie, Croacie, Rame, Seruie, Gallicie, Lodomerie, Cumanieque rex uniuersis presentes litteras inspecturis salutem in omnium saluatore. Ad uniuersorum noticiam tenore presencium uolumus peruenire, quod magister Nycolaus cancellarius dapiferorum nostrorum comes de Kemluc et Iwachinus magister pincernarum Bele ducis tocius Sclauonie, karissimi filii nostri, ad nostram accedentes presenciam sunt confessi. Quod cum Karul et Ladizlaus filii Reynoldi a primeuo sue puericie tempore, patri eorum Stephano videlicet bano quondam tocius Sclauonie existente et eis grata pariter et accepta seruicia fideliter inpedissent, uolentes iidem meritoriis ipsorum seruiciis debito ocurrere cum fauore; in signum cuiusdam retribucionis terram eorum Zemefelde uocatam, quam nos patri eorum et eis nomine seu racione terre sine herede decedentis contuleramus, inter Draum et Plutuycham existentem, dictis Karul et Ladizlao, in recompensacionem fidelium seruiciorum eorundem contulerunt, donauerunt et dederunt iure perpetuo possidendam sub eisdem antiquis metis et terminis, quibus dictus Zeme dinoscitur possedisse. Sed quia ceteri fratres eorum adhuc in etate fuerant tenera constituti et nondum collacioni eorum facte consensum seu assensum debitum poterant adhibere uel prebere, iidem magistri Nycolaus et Iwachinus assumpserunt se firmiter obligantes, quod si prefati Karul et Ladizlaus ullo unquam tempore per fratres dictorum magistri Nycolai et Iwachini racione porcionis, que eos de predicta terra contingere deberet, inpeterentur, extunc iidem Karul et Ladizlaum supradictos expedire modis omnibus tenerentur, salua tamen et illesa collacione eorum penitus remanente. Et pecierunt a nobis instanter, ut collacionem eorum factam seruientibus suis prenotatis nostro dignaremur priuilegio confirmare. Nos igitur peticionibus prefatorum magistri Nycolai et Iwachini fauorabiliter inclinati, maxime ob merita seruiciorum eorundem, collacionem seu donacionem eorum factam, in hac parte ratam habentes et acceptam, prenominatis Karul et Ladizlao, ac per eos heredibus eorum heredumque successoribus auctoritate presencium duximus confirmandam, in eorundem potestate perpetuo duraturam. In cuius rei perpetuam firmitatem presentes dedimus litteras sigilli nostri dupplicis munimine roboratas. Datum per manus magistri Farcasii electi[1] Albensis aule nostre vicecancellarii dilecti et fidelis nostri, anno domini M⁰CC⁰LX⁰ tercio, regni autem nostri anno XX. octauo.

Iz izvorne potvrde kralja Sigismunda od g. 1389. 13. juna u kr. ug. drž. ark. u Budimu: M. O. D. L. no. 549. (Stara sign. N. R. A. fasc. 568. no. 24.) — Wenzel štampa, kako veli, ovu povelju po izvorniku u drž. ark. Nu taj se uz najveću pomnju i nastojanje dotičnog činovnika nije pronašao. Wenzel Cod. dipl. Arp. cont. VIII. 58—9. — Kukuljević Reg. no. 844.

---

[1] Jamačno ima biti: prepositi.

759.

1263, prije 13. oktobra.

Bela kralj ugarski i hrvatski poklanja magistru Mihajlu neko zem-
ljište u Gariću.

Bela dei gracia Vngarie, Dalmacie, Croacie, Rame, Seruie, Gallicie, Lodomerie, Cumanieque rex. Omnibus presentes litteras inspecturis salutem in uero salutari. Solet excellencia regia litibus legitime terminatis finem imponere suarum testimonio litterarum, ne processu temporum ueritati preualeat falsitas et lites ex litibus oriantur. Proinde ad vniuersorum noticiam tenore presencium uolumus peruenirȩ: quod cum Wolkey et Keremer filii Ratk de Garig, Borokun et Forkos, nepotes eiusdem Ratk, magistrum Michaelem filium Symonis, ad nostram presenciam euocassent, proposuerunt contra ipsum, quod terram ipsorum de Garigfeu que Ratkfelde nuncupatur detineret indebite occupatam. Prefatus uero magister Michael ex aduerso respondit, eandem terram se ex nostra donacione possidere, super quo exhibuit nobis priuilegium nostrum, in quo vidimus contineri, quod filiis dicti Ratk homicidium perpetrantibus et se transferentibus de eadem, ipsa terra uacua remanserat, ac nos contuleramus more predialium magistro Michaeli prenotato. Verum quia nil prodesset humilibus humilitas, si contemptus contumacibus non obesset, nos propter culpam predictorum filiorum Ratk, eandem terram comperientes ab eis fuisse alienatam, sicut superius est expressum, ipsis filiis et nepotibus Ratk perpetuum super hoc duximus silencium imponendum secundum formam priuilegii nostri prioris, prenominatam terram magistro Michaeli et suis heredibus relinquentes perpetuo possidendam. In cuius rei memoriam presentes dedimus litteras sigilli nostri duplicis munimine roboratas. Datum per manus magistri Farcasii, prepositi Albensis, aule nostre vicecancellarii, dilecti et fidelis nostri. Anno ab incarnacione domini MCC sexagesimo tercio. Regni autem nostri XXVIII.

Liber privileg. eppatus. Zagrab. list 52. — Tkalčić Monum. episcop.
Zagrab. I. 128. — Wenzel. Cod. dipl. Arp. XI. 525. donosi regest. —
Kukuljević Reg. no. 849.

760.

1263, prije 13. oktobra.

*Bela kralj ugarski i hrvatski potvrdjuje posjed Kamenskoga preposftu
Petru i bratu mu Andriji.*

Bela dei gracia Hungarie, Dalmacie, Croacie, Rame, Seruie, Gallicie,
Lodomerie, Cumanique rex omnibus Christi fidelibus tam presentibus
quam futuris salutem in salutis largitore. Ad vniuersorum noticiam harum
serie volumus peruenire, quod cum terram Hualus de Guerche(!) sine herede
decedentis Kemenchke vocatam sitam in confinio, quam Stephanus banus
bone memorie Chak cognato suo contulerat et ipso eandem terram
relinquente, quidam Myrizlaus nomine absque nostra collacione seu
donacione occupauerat, fidelibus nostris magistro Petro preposito Chasmensi et magistro Andree fratri eiusdem conferendo, per dilectum et
fidelem nostrum Rolandum banum tocius Sclauonie mandassemus assignari. Idem Rolandus banus nobis in suis litteris intimauit, quod ipse
personaliter ad ipsam terram nostris quibus aliis prepeditus negociis
accedere nequisset, mittendo Fabianum comitem Zagrabiensem ad eandem
qui ipsam terram habitatoribus destitutam inveniens, conuocatis omnibus
commetaneis et vicinis, ac nullo contradicente, eandem terram dicto eidem
preposito et magistro Andree fratri suo statuisset. Nos itaque merita
seruiciorum ipsius preposito et magistri Andree fratris sui nobis in ipso
confinio fideliter et incessanter exhibitorum attendentes, dictam terram
eidem preposito et fratri suo auctoritate presencium confirmamus, in
ipsius preposito et magistri Andree fratris sui ac heredum eiusdem potestate perpetuo duraturam. Mete autem ipsius terre, prout in litteris eiusdem Rolandi bani et dicti comitis Fabiani contineri vidimus, hoc ordine
distinguntur. Incipit enim prima meta a Culpa a parte occidentali et
vadit per vnam mlacam latam versus occidentem usque ad fluuium Brin
iuxta terram castri Goricensis ubi est meta terrea et inde per eundem
fluuium Brin et in eodem vadit eciam versus occidentem usque ad duas
metas terreas, in quibus sunt due arbores que gertyanfa uocantur in
silua paludosa in qua vadit superius per metas terreas et signa in arboribus in conuicinitate terre castri usque ad exitum eiusdem silue paludose, vbi sunt due mete terree et inde vadit per siluam que lignet
vocatur vsque ad stratam publicam, que vadit de ecclesia sancti Jacobi
uersus locum curie Goricensis inter occidentem et meridiem et in illa
strata publica vadit cum metis terreis et in signis in arboribus usque ad
quemdam monticulum iuxta terram castri memorati et ibi relicta illa via

ad dextram vadit versus meridiem per montes per metas terreas et signa et inde descendit iuxta eandem terram castri ·in vnam vallem in qua est via que vadit de loco curie Goricensis ad domum Otmyzlau versus meridiem vbi sunt mete terree et deinde regreditur per montes versus orientem in vnam magnam vallem vbi est meta terrea et inde per easdem partes veniet ad magnam tiliam et inde per metas transit in fluuium Zalathnyk versus orientem in quo iterum cadit in Culpam et ibi mete eiusdem terre terminantur. In cuius rei memoriam firmitatemque perpetuam presentes dedimus litteras dupplicis sigilli nostri munimine roboratas. Datum per manus magistri Farcasii Zagrabiensis ecclesie electi, aule nostre vicecancellarii dilecti et fidelis nostri, anno domini millesimo ducentesimo sexagesimo tercio, regni autem nostri anno vicesimo octauo.

Iz izvornog prijepisa zagreb. kaptola od god. 1463. 31. marca, u kr. ·ugar. drž. arkivu: M. O. D. L. 35,151. Stara signatura: Actor. monasterii Kamenska fasc. I. no. 3. — Vidi slijedeći broj 761. Žaliboše da neimamo originala niti za jednu niti za drugu. Svakako ie jedna od njih falzifikat. Obadvije su sumnjive.

Kukuljcvić Reg. no. 847.

761.

1263, prije 13. oktobra.

Bela kralj ugarski i hrvatski potvrdjuje darovanje Kamenskoga, učinjeno Ivanu i Marku sinovima Vukovoja Goričkoga.

Bela dei gracia Hungarie, Dalmacie, Croacie, Rame, Seruie, Gallicie, Lodomerie, Cumanieque rex omnibus Christi fidelibus tam presentibus quam futuris salutem in salutis largitore. Ad vniuersorum noticiam harum serie volumus peruenire, quod cum terram Hualus de Goriche sine herede decedentis Kemenchke vocatam sitam in confinio, quam Stephanus banus bone memorie Chak cognato suo contulerat et ipse eandem terram relinquendo, quidam Mirizlauus nomine absque nostra collacione seu donacione occupauerat, domino Iwano et Marko Ramk filii filiis Wokowy de Goricha propter militaria insignia sibi conferendo per fidelem et dilectum nostrum Rolandum banum tocius Sclauonie eisdem mandassemus assignari. Idem Rolandus banus nobis in suis litteris intimauit, quod ipse personaliter ad ipsam terram nostris quibus aliis prepeditus negociis accedere nequiuisset, mittendo Fabianum comitem Zagrabiensem ad eandem qui ipsam terram habitatoribus destitutam inueniendo, conuocatis omnibus commetaneis et vicinis in nullo contradicentibus eandem terram dictis Iwano et Marko fratribus statuisset. Nos itaque merita seruiciorum dictorum Iwani et Marci nobis in ipso confinio fideliter et incessanter exhibitorum attende(n)tes, dictam terram eisdem Iwano et Marco auctoritate presencium confirmamus in ipsorum Iwani et Marci ac heredum eorundem potestate perpetua duraturam. Mete autem ipsius terre, prout in litteris eiusdem Rolandi bani et dicti comitis Fabiani in dictum (!) hoc ordine distinguntur. Incipit enim prima meta a Cùlpa a parte orientali et vadit per vnam mlacam versus occidentem vsque fluuium Brin iuxta terram castri Gorichensis vbi est meta terrea et inde per eundem fluuium Brin et in eodem vadit eciam uersus occidentem vsque ad duas metas terreas in quibus sunt due arbores gerthanſa vocate in silua paludosa, in qua vadit superius per metas terreas et signa in arboribus in conuicinitate terre castri vsque ad exitum eiusdem silue paludose vbi sunt due mette terree et inde vadit per siluam que lignet uocatur vsque ad stratam publicam que vadit de ecclesia sancti Jacobi versus locum curie Goricensis inter occidentem et meridiem et in illa strata publica vadit cum metis terreis et in signis in arboribus vsque ad quendam monticulum iuxta terram castri memorati et ibi relicta illa via ad dextram vadit versus meridiem per montes et metas terreas et signa et inde descendit iuxta eandem terram castri in vnam uallem, in qua est via que vadit de loco curie Goriçhiensis ad domum Othmizlau versus meridiem vbi sunt mete terree et deinde regreditur per montes versus orientem in vnam magnam vallem vbi est meta terrea et inde per easdem partes veniet ad magnam tiliam et inde per metas transit in fluuium Zlathnik versus orientem, in quo iterum cadit in Culpam et ibi mete eiusdem terre terminantur. In cuius rei memoriam firmitatemque perpetuam presentes dedimus litteras duplicis sigilli nostri munimine roboratas. Datum per manus magistri Farcasii Zagrabiensis ecclesie electi aule nostre vicecancellarii dilecti et fidelis nostri, anno domini millesimo ducentesimo sexagesimo tercio, regni autem nostri anno vicesimo octauo.

Iz prijepisa bana Hermana Celjskoga od g. 1424. 11. marta, kako ga je g. 1455. 22. maja prepisao budimski kaptol. Izvornik posljednjega na pergameni u kr. ugar. drž. arkivu u Budimpešti: M. O. D. L. 35.152. Stara signatura: Act. monasterii Kamenska fasc. I. no. 4. — Vidi opasku pod br. 760.

Kukuljević Reg. no. 848.

762.

1263, prije 13. oktobra.

Bela kralj ugarski i hrvatski potvrdjuje darovnicu župana Jurše
učinjenu za zemlje Klokočevca Prevši knezu.

Bela dei gracia Hungarie, Dalmacie, Crohacie, Rame, Seruie, Gallicie,
Lodomerie, Cumanieque rex uniuersis presentes litteras inspecturis salutem in omnium saluatore. Justis petencium precibus assensum prebere
et eadem effectui mancipare regie celsitudinis officium nos inuitat. Proinde ad uniuersorum noticiam tenore presencium uolumus peruenire,
quod Preusa comes filius Juanch ad nostram accedens presenciam instanter postulauit, ut collacionem terre Klokocheuch uocate existentis in
comitatu de Ruicha factam sibi per fidelem nostrum Jursa comitem de
Ruiche nostro dignaremur priuilegio confirmare et id ipsum pro dicto
Preusa comite idem comes Jursa a nobis per suas litteras postulabat·
Litterarum autem prefati comitis Jurse, que collacionem dicte terre continent, tenor talis est:

(Slijedi isprava Jurše župana rovišćanskoga od god. 1262.)

Nos igitur peticionem dicti Preuse comitis iustam attendentes, presertim quia idem more predialium exhibet seruicium de predicta terra,
collacionem dicti comitis Jurse in hac parte ratam habuimus et ipsum
Preuse comitem seruiciis regni utilem attendentes, ipsi eciam ad quem
collacio dicte terre specialius pertinet, contulimus eidem et suis heredibus
perpetuo possidendam, auctoritate presencium confirmantes. Ut igitur
hec nostra donacio et confirmacio robur optineat perpetue firmitatis,
presentes litteras dari fecimus sigilli nostri dupplicis munimine roboratas.
Datum per manus magistri Farcasii electi Zagrabiensis[1] ecclesie aule
nostre uicecancellarii dilecti et fidelis nostri. Anno domini millesimo
ducentesimo sexagesimo tercio, regni autem nostri anno vicesimo octauo.

*Original. u kr. zemalj. arkivu u Zagrebu. Pečat je odpao, visi samo
komadić crvene i zelene svilene vrvce.*

*Na hrptu je bilješka XV. vijeka: Litera B(ele) regis metalis supei
Klokochoucz.*

---

[1] Gledom na br. 757 imenovanje Timoteja za biskupa zagrebačkoga već 23.
septembra 1263. pokazuje ova i slijedeća br. 763. obadvije originali na smutnje
pri izboru biskupa zagrebačkoga.

763.

1263, prije 13. oktobra.

Bela kralj ugarski i hrvatski daruje Dominiku, peharniku kralja Stjepana mladjega posjede pokojnog Ipolita koji je umro bez djece, a daruje mu i posjed Tulman.

Bela dei gracia Hungarie, Dalmacie, Croacie, Rame, Seruie, Gallicie, Lodomerie, Cumanieque rex vniuersis Christi fidelibus presentes litteras inspecturis salutem in eo qui regibus dat salutem. Ad vniuersorum noticiam tenore presencium uolumus peruenire, quod cum rex Stephanus karissimus filius noster nato sibi primogenito, duce uidelicet Ladizlao, ad annunciandum gaudium destinasset ad nos Dominicum magistrum pincernarum suorum comitem de Zemlen, dilectum et fidelem nostrum. Nos profuso gaudio exultantes huiusmodi ex officio suscepti regiminis tenemur annunciacionem gaudii iamdicti magna et supereminenti remuneracione ex ilaritate et liberalitate regie maiestatis refouere, consideratis fidelitatibus et meritoriis obsequiis eiusdem magistri Dominici que nobis et de nostro beneplacito regi Stephano karissimo filio nostro in regno et in diuersis expedicionibus nostris fideliter et laudabiliter studuit exhibere. Volentes eidem condigna recompensacione, tum propter annunciacionem gaudii pretaxti (!) de qua plurimum fuimus, ut decuit, gratulati, tum eciam propter obsequiosa merita ipsius, ex benigna liberalitate respondere, totam possessionem Ipoliti nepotis Mohor sine herede decedentis ad manus regias deuolutam cum omnibus vtilitatibus et pertinenciis suis sepedicto magistro Dominico et per eum suis heredibus ex muni ficencia regia donauimus, contulimus, dedimus et tradidimus in possessionem perpetuam et proprietatem illibatam, ad eandem quoque totam possessionem Ipoliti memorati que ad manus nostras fuerat deuoluta magistrum Dominicum antedictum per Ehelleum de Gumba hominem nostrum, mediante testimonio capituli Quinqueecclesiensis fecimus introduci. Mete autem, prout in litteris eiusdem capituli uidimus contineri illarum terrarum, hoc ordine distinguntur: Prima meta incipit ab oriente de arbore fraxino que wlgariter keurus nuncupatur cruce signata ubi terminatur terra Ponith; inde egreditur per Wlkou, uadit in longitudinem tenendo metam cum villa Herman, deinde uadit ad Asuantv et ibi incipit tenere metam cum Cruciferis de Dubza et per eundem fluuium Wlkou uadit uersus orientem, postea exiens de Wlkou, uadit ad quandam arborem ilicis cruce signatam ab antiquo, inde uadit ad aliam arborem ilicis cruce signatam, inde egreditur et uadit per parua nemora ad partem meridionalem et ibi incipit tenere metam cum Chyzar, inde egrediendo uadit per planiciem ad quandam magnam quercum cruce signatam ab antiquo, inde uadit ad aliam quercum sub qua est meta terrea, deinde uadit ad quandam pirum sub qua est meta terrea, inde transit per arbores cruce signatas et uadit in virgulto per arbores cruce signatas et in fine illius virgulti est ilex magna ab antiquo cruce signata, inde transit per metam et perueniet ad fluuium Ozuthna que diuidit terram Chizar Muthna uocatam et inde uadit per eundem fluuium Ozuthna et transit per planicies multas ad caput un[ius] putei, ubi incipit tenere metam iterato cum Cruciferis de Dobza, per dictum fluuium Ozuthna et postea per arbores tremulas flectitur ad aquilonem, ubi de nouo super quadam arbore est signum crucis positum pro signo et postea transit per Ozuthnam, uadit ad quandam uiam in qua sunt due mete, inde transit per planiciem et peruenit ad arbores tremulas sub quibus iuxta uiam sunt tres mete, inde uadit per virgultum ad tres metas ubi sunt tres arbores ilicis simul exorte, inde uadit per metas et transit per nemora ad quandam metam antiquam et inde uadit per metas et perueniet ad virgultum quod est ante uillam Isou ubi est meta a parte meridionali, inde progrediens tendit ad villam Burizlo apud quam est meta et inde egreditur ad partem meridionalem et tendit ad pirum sub qua est meta, inde tendit ad sepedictum fluuium Ozuthna iuxta quem est meta sub arbore ilicis et ibi transiendo Ozuthnam incipit tenere metam cum populis de uilla Dobsa, ubi sunt tres mete et incipiunt tenere metas ab aquilone cum Cruciferis de Dobza et a parte meridionali cum villa Borsa a parte uero occidentali remanet terra Ipoliti, inde tendit per metas in virgulto ad primam metam ubi sunt tres arbores ilicis, deinde tendit per metas in planicie et peruenit ad tres arbores tremuli sub quibus est meta, deinde transit per magnam uiam et uadit ad duas pirus sub quibus sunt mete, inde uadit ad metas angulares ubi incipit tenere metam cum Gatk, inde transit per paucas arbores et peruenit ad unam tyleam et incipit tenere metam cum episcopo Boznensi et uadit per metas inferius ad fluuium Ilsua et uadit per terras arabiles ad capud (!) Ilsua ubi sunt due mete et incipit tenere metam cum Thoma comite fratre Fyle prepositi, deinde uadit in arundineto per metas et peruenit ad unam magnam vlmum sub qua sunt tres mete ubi terminatur terra Thome comitis et incipit tenere metam cum populis de Gara et inde uadit uersus aquilonem ad capud(!) unius torrentis et ibi transiens uadit per metas in terra arabili, transit per nemora ad planiciem et uadit per metas et perueniet ad fluuium et inde transit per pratum in cuius medio est meta sub arbore et inde egrediens uadit usque Ponith ubi sunt tres mete, inde uadit in uirgulto per metas, deinde flectitur ad aquilonem et uadit in planicie in cuius fine est meta,

inde transit per magnam siluam et in fine illius silue sunt due ilices
magne sub quibus sunt due mete iuxta uiam et inde tendit ad priorem
metam et sic terminatur. Item meta terre Tulman incipit a portu Lazar
ab occidente et uadit per medium fluuii Lazar ad aquilonem [et] uenit
ad fluuium Koroug ubi est magna meta, inde tendit [a]d o[ri]entem per
magnum pratum et ibi tenet metam cum Zotmar et inde transit de fine
uineti ad uiam et peruenict ad villam ubi tenet meta cum Dyonisio et
transeundo per medium ville tendit uersus meridiem et flectitur in via
ad occidentem, deinde tendit uersus meridiem per metas iuxta siluam
eundo perueniet ad biuium ubi sunt pomi et pirus et inde tendit parum
in uia et flectitur de uia in fine unius agriculture et uadit uersus occidentem et inde tendit per metas arbores uidelicet cruce signatas et
peruenit ad fluuium Lazar ubi est meta inter [s]pinas et ibi terminatur.
Ut igitur huius nostre donacionis seu collacionis series robur obtineat
perpetue firmitatis, nec per aliquem lapsu temporis possit in irritum reuocari, sepedicto magistro Dominico et per eum suis heredibus presentes
concessimus litteras duplicis sigilli nostri munimine roboratas. Datum per
manus magistri Farcasii Zagrabiensis electi aule nostre vicecancellarii
dilecti et fidelis nostri, anno domini millesimo ducentesimo sexagesimo
tercio, regni autem nostri anno vicesimo octauo.

*Original u kr. ug drž. arkivu u Budimpešti M. O. D. L. 33.715.
Stara signatura N. R. A. fasc. 1502. no. 9. Pečat i vrvca izgubljene. —
Na hrptu bilješka: »Bele regis donacio . . . . . nepotis super possessione
Hyppoliti filii Mohor«. — Kukuljević Reg. no. 846.*

764.

1263, prije 14. oktobra.

Roland ban preporuča kralju Beli, da potvrdi slobodu Lapčanima.

Domino suo Bele dei gracia excellentissimo regi Hungarie Rolandus
banus tocius Sclauonie inclinacionem cum perpetua fidelitate. Vestra nouerit celsitudo, quod contra fideles vestros Lapuchienses fuit per quosdam
proclamatum, vt ipsi in sua libertate quosdam castrenses inclusissent et
de officio castri vestri exemptos detinerent. Vnde cum dicti Lapuchienses
in confinio vestro sunt residentes et numero pauci, ac vobis et vestro
bano semper fidelia exhibuerunt seruicia et deuota, nec aliquatenus cessent
exhibere, vestram rogo magnitudinem toto posse et uelle quantum ualeo,
quatenus predictos Lapuchienses in eodem statu et libertate sicut hac-

tenus steterunt relinquatis permanere, vt ipsi racione proclamacionis supradicte per nullum possint ulterius molestari, sed pocius ad vestrum seruicium et honorem ualeant augmentari, maxime quia in confinio sunt residentes, super quo eisdem Lapuchiensibus, vt in pace et quiete permaneant et sine alicuius contradiccione vestrum dignemini conferre priuilegium.

Iz listine kralja Bele od god. 1263. izdane Lapčanima, koju je potvrdio kralj Karlo Robert god. 1322. 13. oktobra. — Original potonje u kr. zem. arkivu u Zagrebu : Doc. medii aevi a. 1263. — Karla Roberta listinu potvrdio opet g. 1355. Ljudevit I., a ta potvrda nalazi se u arkivu jugoslavenske akademije pod Diplomata a. 1263.

765.

1263, poslije 14. oktobra.

Bela kralj ugarski i hrvatski potvrdjuje plemenitim Lapčanima sve slobode.

Bela dei gracia Hungarie, Dalmacie, Croacie, Rame, Seruie, Gallicie, Lodomerie, Cumanieque rex omnibus Christi fidelibus presentes litteras inspecturis salutem in omnium saluatore. Ad vniuersorum noticiam tenore presencium volumus peruenire, quod Stephanus et alii nobiles de Lapuch ad nostram accedentes presenciam obtulerunt nobis litteras dilecti et fidelis nostri Rolandi bani Sclauonie in hec verba:

(Slijedi prediduće pismo bana Rolanda upravljeno na kralja Belu).

Nos igitur consideratis eorum seruiciis que nobis in confinio fideliter exhibent, ordinacionem quam ipse Rolandus banus ordinauit ratam habentes et acceptam, predictos Lapuchienses tum propter seruicium eorum exhibitum et in futurum exhibendum tum eciam pro eo, quod ad seruicium nobis et karissimo filio nostro Bele duci impendendum valeant augmentari, in eodem statu et in eadem libertate, sicut hactenus permanserunt, duximus relinquendos, hoc tamen nolumus aliquatenus pretermitti, quod nobis et Bele duci karissimo filio nostro cum ad illas partes uenerimus, descensus dare tenebuntur. In cuius rei testimonium presentes eisdem dedimus litteras duplicis sigilli nostri munimine roboratas. Datum per manus magistri Farkasii electi Albensis, aule nostre vicecancellarii, dilecti et fidelis nostri, anno domini millesimo ducentesimo sexagesimo tercio, regni autem nostri anno vicesimo nono.

Iz originalne potvrdnice kralja Karla od g. 1322. u kr. zem. arkivu: Doc. medii aevi a. 1263.

766.

1263, 18. oktobra. U Cittavechil.

Urban IV. papa daje pravila samostanima i duvnama reda sv. Klare.

Johannes miseratione diuina sancti Nicolai in carcere Tulliano diaconus cardinalis dilectis in Christo filiabus uniuersis abbatissis et sororibus inclusis ordinis sancte Clare salutem in domino. Attendentes de facili prouenire non posse, quod regula uob(is) nuper a sanctissimo patre ac domino Urbano summo pontifice tradita sub eiusdem domini bulla in singulis prouinciis uel monasteriis uestri ordinis haberetur, eandem regulam que sub papali bulla in filo serico pendenti bullata de mandato nostro diuersis seruatur in locis transcribi, prout inferius continetur, de uerbo ad uerbum nichil mutato, diminuto seu addito, quibusdam rubricis infra notatis dumtaxat exceptis, fecimus diligenter. Et transcriptum ipsum ad originale cum debita sollicitudine ascultatum et plene correctum uobis sub nostri sigilli munimine duximus transmittendum, ut ad instar eius regulam ipsam conscribi pro singulis uestris monasteriis faciatis. Cuius regule tenor hic est. Urbanus episcopus seruus seruorum dei dilectis in Christo filiabus uniuersis abbatissis et sororibus inclusis ordinis sancte Clare salutem et apostolicam benedictionem.

(Slijede općenita pravila, koja su tiskom objelodanjena u narednoj literaturi).

Nulli ergo omnino hominum liceat hanc paginam nostre constitutionis, concessionis, confirmationis et absolutionis infringere, uel ei ausu temerario contraire. Si quis autem hoc attemptare presumpserit, indignationem omnipotentis dei et beatorum Petri et Pauli apostolorum eius se nouerit incursurum. Data apud Vrbem ueterem quintodecimo kalendis nouembris, pontificatus nostri anno tertio.

Savremeni prijepis u gubern. arkivu u Zadru, odio samostana sv. Nikole br. 44.

Cherubini Bullar. I. 123. — Sbaralea Bullar. francisc. III. 709. — Wadding Ann. Minor. IV. 518. — Raynaldi Ann. ad a. 1263. §. 90. — Potthast Reg. pontif. br. 18.680.

767.

1263, 10. novembra. U Zagrebu.

Rolando ban odredjuje medje zemalja darovanih po Stjepanu banu knezu Šemi.

Rolandus banus tocius Sclauonie omnibus presentes litteras inspecturis salutem. Universitati omnium significandum duximus presencium per tenorem, quod cum Ladizlaus filius Renaldi de Bozteh super occupacione et metarum distruccione terre Gurbysa per Stephanum banum pie recordacionis Scema comiti collate et postmodum per magistrum Nicolaum filium eiusdem et fratres suos ipsi Ladizlao tradite, Georgium comitem filium Mauricii ad nostram evocatum presenciam convenisset; idem comes Georgius e converso respondit, quod terra ipsius sub certis metis a terra Gurbysa esset ab antiquo separata et distincta et ipse sub huiusmodi metis terminos et distincciones metarum suarum sine contradiccione aliqua hactenus possedisset, super quarum statu et serie per nos requisitus, nullum potuit munimentum seu privilegium exhibere. Ladizlaus autem prenotatus super certa habitudine et obtencione terre supradicte litteras ordine iudiciario super facto ipsius terre contra prefatum Georgium comitem processas et privilegium dicti Stephani bani nobis presentavit, talem continens tenorem et processum.

(Slijedi listina Stjepana bana od g. 1251. br. 410 koja je štampana po originalu).

Nos igitur intellecta serie ipsius privilegii sepedictum comitem Georgium requisivimus, si contradiceret ipsi privilegio et litteris antedictis nec ne, qui in nullo dicto privilegio extitit contradictor, sed pocius iustificavit et per omnia approbavit, acceptando viva voce. Unde nos mediante sentencia nobilium circumsedencium per Johannem filium Henrici hominem nostrum secundum formam prefati privilegii terram antedicti Gurbysa de metis ad metas reambulari fecimus et ipsas veteres metas eiusdem terre destructas per eundem Georgium comitem et combustas ordinatim renovari, assignantes easdem iuxta donacionem Stephani bani possidere pacifice et quiete Ladizlao sepius annotato. Nec hoc pretermittimus, quod quia predictus comes Georgius falsas metas et occultas in terra Gurbysa tociens repetiti (!) erexerat, intendens per ipsas eandem occupare, contra Ladizlaum supradictum est convictus ordine iudiciario coram nobis. De qua conuincione (!) nobis tamquam iudici et sibi prout adversario satisfecit, sicut requirebat ordo iuris, terram predicti Gurbysa eidem possidere sine contradiccione aliquali permittendo. In cuius rei testimonium, firmam (!) atque stabilitatem ampliorem, presentes contulimus litteras sigili nostri munimine roboratas, anno domini millesimo ducentesimo LX⁰ tercio, datum Zagrabiei (!) in vigilia sancti Martini.

Original u kr. ug. drž. arkivu u Budimpešti: M. O. D. L. no. 537. (Stara sign. N. R. A. fasc. 597. no. 33.) — Na listini visi o svilenoj vrvci crvene boje na površini istrošen okrugli banov pečat. Ipak bi se legenda na nekoliko mjesta mogla čitati. — Na hrptu bilješka XV. vijeka: »adiudicatorie super terra Gurbysa in Zaladiensi.

Wenzel Cod. dipl. Arp. cont. VII. 355—356. (krivo pod god. 1253.) Ispravak donesen u vol. VIII. 73. — Kukuljević Reg. no. 841.

768.

1263, 10. decembra. U Cittavechii.

Kardinal Ivan preporuča provincijalu Malobraćana u Hrvatskoj samostane i sestre reda sv. Klare.

Johannes miseratione diuina sancti Nicolai in Carcere Tulliano diaconus cardinalis religioso et prouido uiro in Christo dilecto . . . . ministro fratrum ordinis Minorum in administratione Sclauonie in salutis auctore salutem. A primitiuis ordinis tui primordiis, quibus in mundum uoluptuose caligine uanitatis opacum ipse uelud aurora luminis iudicatiua diurni coruscus radiis alme religionis erupit, nostri progenitores in eum deuotionis oculum specialiter intenderunt, intime dilectionis affectum ad eius beniuolentiam peculialiter erigendo. Nosque in huiusmodi profectionis itinere eorum uestigiis tenaciter inherentes, quasi annis a teneris ipsum in affectione precipuum meminimus ordinem habuisse uelut illum, quem nobis inter ceteros edidit notiui delectus optio specialem. Ex hiis igitur de tanti benignitate ordinis merito confidentes ad eius presidium in illis potissime, que ad leuamen persone nostre, cuius humeros multimode sollicitudinis onera iugiter opprimunt et fatigant, familiariter duximus recurrendum credulitatis fidutiam obtinentes, quod in porrigendo manum presidii sic fidutialiter inuocati, notis nostris idem ordo qui nos deserere minime consueuit conpassibiliter condescendat. Cum itaque sanctissimus pater dominus Vrbanus, sacrosancte romane ecclesie summus pontifex, nuper nobis ordinem sororum sancte Clare commiserit nostri gubernaculo regiminis gubernandum illumque attendentes, quod tam tuo ordini, quam eidem multipliciter posset esse dispendiosum pariter et dampnosum, si per gubernatores diuersos iidem ordines singulariter regerentur. Quamquam id nobis extiterit multipliciter oncrosum, recipiendum duxerimus de diuina propitiatione consili(!) ac summam spem de subuentionis ordinis tui concipientes auxilio nobis in supportatione tanti ponderis affuturo. Sinceritatem tuam hortamur in domino ac omni, qua possumus, affectione rogamus pro spirituali munere postulantes, quatinus diuine contemplationis obtutibus, ac nostri tam affectuosi rogaminis interuentu ad prestandum nobis promptum cura premissa presidium perquam necessarium et admodum oportunum tuum animum benigne disponens, abbatissas et sorores ordinis supradicti infra limites tue prouintie constitutas, utpote tuas in Christo filias et sorores uelis habere propensius commendatas, presertim in adimplendo liberaliter illa, que tibi per venerabilis uiri fratris D. generalis ordinis tui ministri licteras imponuntur super earum uisitationibus, predicationibus, confessionibus audiendis, exhibitione eucaristie, ac unctionis extreme, nec non et exequiis defunctarum, que omnia fieri uolumus de nostra auctoritate et licentia speciali. Et nichilominus eis importunitatibus illis, que sibi temporaliter imminere noscuntur, per te et amicos ordinis tui consiliis, subsidiis atque fauoribus in quantum cum sua et tui poteris ordinis honestate sic adesse sic assistere studeas, quod apud eterne retributionis auctorem tibi meritorium esse possit. Nosque qui quicquid in premissis consolationis et gratie prefatis abbatissis et sororibus feceris, ad magne gratitudinis domum ac solaminis immensi solatium referre disponimus, tibi et dicto tuo ordini obnoxii, proinde ad gratiarum teneamur uberimas actiones. Satis enim, si p(ro)uidentia tua considerat, afforet ordini tuo pudendum et uobis non mediocriter condolendum si predictus ordo sororum sub nostro regimine constitutus tempore nostro apud ordinem tuum minus fauoris et gratie, commodi et profectus haberet, quam habere consueuerit temporibus aliorum, qui nos in huiusmodi regimine precesserunt, quibus licet simul meritis impares forsitan non minorem quam ipsi ad eundem ordinem intime çelum affectionis habemus. Non itaque, karissime frater et filii, quoad exhibitionem sacramentorum ecclesiasticorum et predicationes per fratres tui ordinis ipsis sororibus faciendas pretaxatis uicibus et temporibus indicti, generalis ministri litteris sis contentus, quin potius quotiescumque oportunum fuerit et secundum deum expedire uideris auctoritate nostra per f(r)atres tuos ipsa facias exhiberi. Vt autem liberum tibi sit piam dare operam hiis, que prefatarum sororum consolationem et profectam respiceres dinoscuntur ne capitulum tue regule, quo ab ingressu monasteriorum monialium fratres arcentur, tibi in hac parte possit obsistere auctoritate apostolica, qua fungimur, tibi tenore presentium licentiam concedimus specialem, ut pro exhibendis ecclesiasticis sacramentis, celebrandis diuinis, predicationibus, faciendis ac consiliis impendendis et aliis que ipsis sororibus extiterint oportuna, quotiescumque secundum deum tibi uidebitur, fratres tui ordinis tam per te quam alios, quibus id duxeris committendum ad monasteria dicti ordinis tue prouintie ad ea scilicet loca, ad que aliis licet accedere, libere ualeas destinare. Tu autem, cum in ipsis monasteriis celebrare uolueris uel proponere sororibus uerbum dei, etiam intra clausuram eorundem monasteriorum intrinsecam cum duobus uel tribus fratribus tui ordinis de nostra tibi liceat speciali licentia introire et intra eandem clausuram tam per te quam alios, quibus id duxeris committendum, pro illis dumtaxat necessitatibus et eo modo, pro quibus et secundum quem per earundem sororum regulam permittitur, quod alios introducant mittere fratres possis. Demum ut in eo, quod cor nostrum specialiter tangit et angit breuiter concludamus. Sinceritatem tuam exoramus in domino obsecrantes per aspersionem sanguinis Jesu Christi, quatinus circa exhibitionem ecclesiasticorum sacramentorum, nec non et aliarum, que spiritualem consolationem dictarum sororum respicere dinoscuntur per te ac fratres tuos, sic promptum te reddere studeas, sic sollicitum et attentum, quia eedem sorores in premissis defectum minime patiantur conscientia tam nostra quam tua, proinde uitato consistat, tibique ac fratribus tuis a deo meritum reddi possit, nosque una cum dictis sororibus tam tibi, quam eisdem fratribus obnoxii teneamur. Data apud Vrbem ueterem, quarto idus decembris, anno domini millesimo ducentesimo sexagesimo tertio, pontificatus domini Vrbani pape quarti anno tertio.

Original u gubernijalnom arkivu u Zadru, odio samostana sv. Nikole b₁. 39.

769.

1263, 13. decembra. U Cittavechii.

Kardinal Ivan daje samostanima reda sv. Klare naputak glede redovnika, koji će obavljati kod koludrica duhovničku službu.

Johannes miseratione diuina sancti Nicolai in carcere Tulliano diaconus cardinalis dilectis in Christo filiabus vniuersis abbatissis et sororibus ordinis sancte Clare infra administrationis Sclauonie limites constitutis in salutis auctore salutem. Ex deuotionis affectu, quo almo Christi confessori sancto Francisco, ordinis uestri patrono, quam possumus sincero corde reuerentiam exhibemus et beatam Claram, eius quondam discipulam et nunc in superno regno collegam, cuius notitiam, dum in carne uiueret, habere meruimus quamque fundamenti ordinis eiusdem lapidem primarium nouimus, toto desiderio ueneramur, vos et ceteras, quas speciales filias et imitatrices ipsius credimus, habuimus hactenus caritate precipua commendatas. Postquam uero ipsius ordinis curam nostris licet debilibus humeris apostolica sedes imposuit, excreuit eadem caritas quantoque nos eidem ordini recognoscimus artius obligatos, tanto solertius atque libentius que uestris honestatibus expedire ac uobis extimamus utilia, procuramus. Sane quia pro spiritualibus exhibendis et recipiendis obsequiis inter uestrum et dilectorum in Christo fratrum Minorum ordines dissensione suborta uarias turbationes et graues uos sustinuissse percepimus, dare studuimus operam efficacem, ut huiusmodi dissensione sopita iidem fratres oportuna ministeria de speciali gratia uobis impenderent, vosque fraudari eorundem fratrum beneficiis non possetis. A uenerabili igitur uiro fratre B. ordinis Predicatorum fratrum generali ministro quasdam recepimus litteras eadem ministeria exprimentes, que ut ab ipsis fratribus liberius et libentius uobis ualeant exhiberi, uolumus, ut eisdem fratribus cautionem prestetis iuxta formam inferius annotatam. Porro attendentes, quod alique uestri ordinis diuersa professionum uota super diuersis regulis siue formis sub diuersitate temporum emiserunt, utpote super regulam beati Benedicti, quam ignorant, nec etiam habent, ut credimus, et uiuendi formula pene importabili olim a felicis recordationis domino Gregorio papa nono, dum esset in minori offitio constitutus, ordini uestro tradita et concessa, nec non et quadam alia regula, quam nonnulle sorores receperunt tempore inclite memorie domini Innocentii pape quarti. Regulam prime forme, ordini uestro concesse, quantum conuenit uniuersis et sensu conformem in nonnullis tamen asperitatibus et rigiditatibus, prout animarum saluti et debilitati corporum congruit temperatam, discretione precipua, discussione prouida, diligentia circumspecta et maturo consilio conditam, per sanctissimum patrem dominum nostrum Vrbanum papam quartum, uestri ordinis çelatorem, procurauimus uobis dari, per quam saluti uestre consulitur, religionis honestas indicitur et docetur et non solum uestra religio censetur uniformiter nominanda, uerum in habitu et ceteris regularibus disciplinis obseruantia traditur uniformis. Et ut futuris perturbationibus obuietur ac predictis fratribus, quorum consilio et auxilio admodum indigetis, approximetis in posterum et ipsi propter diuersitatem capitum non obsequendi uobis materiam non assumant, idem per eandem regulam de sacrosancte romane ecclesie cardinalibus uobis perpetuis temporibus conceditur cardinalis, qui fratrum gubernationi dictorum fuerit pro tempore per sedem apostolicam deputatus, per quem etiam cardinalem tam in romana curia, quam in orbe etiam vniuerso ordo uester protegi

poterit et defendi. In omnibus insuper monasteriis uestri ordinis cuiuscumque conditionis existant visitationis offitium, nec non et abbatissarum
confirmatio, uel infirmatio per eandem regulam fieri adeo prouide de-
mandantur, ac sic familiarum monasteriorum uestri ordinis cura et sol-
licitudo uestro committitur cardinali, quod perspicaciter intuenti potest
liquido apparere per ipsam regulam animarum saluti uestrarum, ordinis
honestati, libertati ac securitati in posterum quam salubriter et utiliter
prouidetur. Monemus uos igitur et rogamus, ac uestre deuotioni qua
possumus affectione suggerimus, quatinus reuerenter suscipientes regulam
prelibatam, quam uobis sub nostri sigilli testimonio mittimus, ac deuote
quantum dominus dederit obseruantes conuersationis uestre holocaustomata
medullata sic patienter, sic modeste sicque prudenter et religiose offerre
omnipotenti domino studeatis, quod ipse illa in odore suauitatis accipiens
aurem sue pietatis uestris orationibus clementer inclinet, quatinus et nos
uestris utilitatibus nostros labores liberaliter exponentes, que fuerint
accepta diuine maiestatis oculis impleamus uosque premium retributionis
eterne possitis prouide promereri. Ceterum uolumus, quod nostras et
predicti generalis ministri litteras prouinciali ministro administrationis
Sclauonie directas, nec non et quas etiam uestro visitatori dirigimus, ut
uobis clareat, quando et pro quibus iidem prouintialis minister, visitator
et fratres a nobis fuerint requirendi et eis uestris commodis intendere
liceat, in singulis uestris transcribi monasteriis faciatis. Ad hec uobis in
uirtute obedientie districte precipiendo presentium tenore mandamus,
quatinus viro prouido, fratri . . . . ordinis Minorum, assumpto de
mandato predicti generalis ministri ad uestra monasteria uisitanda, cui
et nos visitationis offitium circa uestra monasteria sub certa forma
duximus committendum, in omnibus, que ad idem offitium pertinent,
intendatis. Forma uero cautionis predictis fratribus a uobis prestande hec
est: Nos talis abbatissa et sorores talis monasterii pro nobis et monasterio nostro dicimus, confitemur et etiam recognoscimus, quod ordo
fratrum Minorum uel fratres eiusdem ordinis nobis seu monasterio nostro
seu personis in eo degentibus ad obsequia seu ministeria exhibenda
aliquatenus ex debito non tenentur. Et idcirco dictis ordini et fratribus
precauere uolentes, ne per aliqua obsequia uel ministeria, que nobis
dicti fratres de facto seu liberalitate sua uel mera gratia exhibebunt, ex
quantacumque diuturnitate temporis possit eis preiudicium generari, promittimus tibi tali fratri nomine dictorum ordinis et fratrum recipienti et
stipulanti, quod ministeria uel obsequia ab eis taliter exhibenda ullo
unquam tempore, occasione prestationis huiusmodi ex debito non pe-
temus, nec super eis mouebimur contra eundem ordinem uel fratres
ipsius ordinis aliquam questionem. Et in huius rei testimonium uolumus

fieri hoc publicum instrumentum, vel uolumus has litteras sigilli conuentus nostri munimine roborari. Datum apud Vrbem ueterem idibus
decembris, anno domini millesimo ducentesimo sexagesimo tertio, pontificatus domini Vrbani pape quarti, anno tertio.

> *Original u gubern. arkivu u Zadru, odio samostana sv. Nikole br.*
> *40. — Pečata nema.*

770.

1263, 21. decembra. U Cittavechii.

Urban IV. papa potvrdjuje Beli hercegu hrvatskom neke gradove
u Ugarskoj.

Urbanus episcopus servus servorum dei dilecto filio nobili viro
Bela duci Sclavonie salutem et apostolicam benedictionem. Pro fidei
meritis qua per Christi rutilare gratiam comprobaris, te libenter speciali
favore prosequimur et que tibi prosperitatem adiciant liberaliter elargimur, firma credulitate tenentes, quod quando gratiam grandiorem ab
apostolica sede perceperis, tanto ei ferventiori studio te oportuno tempore studebis devotum per effectum operis exhibere. Sane petitio tua
nobis exhibita continebat, quod carissimus in Christo filius noster Bela
rex Ungarie illustris pater tuus, diligenter attendens, quod de Nitria, de
Posonio, de Musum et de Suprunio, castra regni Ungarie in confinio
eius sita, eidem regno, si ea, quod absit, ad hostes pervenirent ipsius,
gravia dispendia imminerent et quod eadem castra per te utilius possent
quam per alium gubernari, ea tibi regia liberalitate donavit, prout in
patentibus litteris dicti regis confectis exinde plenius dicitur contineri.
Nos itaque tuis et prefati regis supplicationibus inclinati, donationem
huiusmodi, sicut provide facta est, ratam et firmam habentes, eam auctoritate apostolica confirmamus et presentis scripti patrocinio communimus.
Nulli ergo etc. nostre confirmationis etc. Datum apud Urben veterem
XII. kal. ianuarii, pontificatus nostri anno tertio.

> *Theiner Mon. Hung. I. no. 471. str. 254—255. Iz reg. orig. an. III.*
> *ep. 1418 tom III. 270. — Fejér Cod. dipl. VII. 5, 339. — Wenzel Cod.*
> *Arpad. III. 63. — Palacky Reise 39. no. 293. — Potthast Reg. pontif. II.*
> *no. 18748.*

771.

1263, 21. decembra. U Cittavechii.

Urban IV. papa potvrdjuje kraljici Mariji grad Požegu.

Urbanus episcopus servus servorum dei carissime in Christo filie Marie illustri regine Ungarie salutem et apostolicam benedictionem. Justa desideria etc. Quod cum idem rex et tu ac multi nobiles regni Ungarie propter timorem de Tartarica feritate conceptum ad loca maritima transitum fecissetis, tu iam dictis nobilibus positis in gravi necessitate compatiens, pro sustentatione ipsorum de tuis parafernalibus bonis non modicam expendisti pecunie quantitatem. Demum vero idem rex huiusmodi pietatis opus clementer attendens castrum de Possega ad eum pertinens in ducatu Sclavonie constitutum, accedente demum ad id consensu carissimi in Christo filii nostri Stephani regis illustris primogeniti ac nobilis viri Bele ducis Sclavonie nati tuorum, necnon prelatorum et baronum supradicti regni, tibi regia liberalitate donavit, prout in patentibus litteris regis eiusdem confectis exinde plenius dicitur contineri. Quare pro ipsius regis et tua parte petebatur a nobis, ut donationem huiusmodi non obstantibus constitutionibus contrariis, que inter virum et uxorem donationes fieri prohibent, apostolico curaremus munimine roborare. Nos itaque considerantes attente ius prohibite donationis huiusmodi non amare, nec tamquam inter infestos fore tractandum, sed tamquam inter maximo coniunctos affectu et solam timentes inopiam, quod profecto ad donatoris et donatarie magnificentiam respectu habito locum sibi non vendicat, in hoc casu donationem ipsam, sicut alias provide facta est, ratam et firmam habentes, eam non obstantibus huiusmodi constitutionibus auctoritate apostolica confirmamus et presentis scripti patrocinio communimus. Nulli ergo etc. nostre confirmationis etc. Datum apud Urbem veterem XII. kal. ianuarii pontificatus nostri anno tertio.

Theiner Mon. Hung. I. no. 470. str. 254. Iz reg. orig. an. III. ep. 1417. Tom III. 269. — Wenzel Cod. Arpad. III. 62. — Potthast Reg. pontif. II. no. 18745. — Kukuljević Reg. no. 842.

772.

1263, 21. decembra. U Cittavechii.

Urban IV. papa prima pod zaštitu svetoga Petra Belu hercega hrvatskoga.

Urbanus episcopus servus servorum dei dilecto filio nobili viro Bela duci Sclavonie salutem et apostolicam benedictionem. Pro fidei meritis ect. Hinc est, quod nos tuis et carissimi in Christo filii nostri Bela Ungarie regis illustris patris tui supplicationibus inclinati, personam tuam cum ducatu Sclavonie ac de Olcha, de Bragna, Symigio, Sala et Ferreo castris, nec non salibus aquaticis ad ducatum ipsum spectantibus, aliisque iuribus et pertinentiis suis, que impresentiarum rationabiliter te obtinere proponis, sub protectione apostolice sedis et nostra suscipimus, districtius inhibentes, ne quis te persistentem in devotione sedis eiusdem super ducatu, castris et aliis supradictis temere impedire seu molestare presumat. Nulli ergo etc. nostre protectionis et inhibitionis etc. Datum apud Urbem veterem XII. kal. ianuarii, pontificatus nostri anno tertio.

Theiner Mon. Hung. 1. no. 472. str. 255. Iz reg. orig. an. III. ep. 1419. tom III. fol. 270. — Fejér Cod. dipl. VII. 5. 339. — Wenzel Cod. Arpad. III. 64. — Potthast Reg. pontif. II. no. 18749. — Kukuljević Reg. no. 843.

773.

1263. Kraj Bosne.

Bela kralj ugarski i hrvatski nagradjuje Filipa i Bartola Skalića iz Like plemičkim grbom i gradom Skradom u Hrvatskoj.

Bela dei gratia Hungarie, Dalmacie, Croatie, Rame, Seruie, Gallicie, Lodomerie, Cumanieque rex omnibus Christi fidelibus presens scriptum inspecturis et lecturis salutem in eo per quem reges regnant et principes dominantur. Regie sublimitati conuenit omnium nationum pariter et linguarum gentes sibi deuote adherentes taliter prouidere, vt alii superuenientes eorum exempla imitantes ad fidelitatis opera exercenda feruentius euocentur. Pro eo ad vniuersorum tam presentium quam futurorum notitiam harum serie volumus peruenire, quod cum humani generis sordidis sceleribus preualescens multitudo inestimabilis rabide gentis Tartarice, nos vna cum fidis et dilectis primatibus nostris extra monarchiam nostram vsque ad littora pontis atrocissime persequentes, in quamdam insulam repellentes coërcuisset, de qua etiam vt nos vna cum gente nostra extrahere satagentes, vbi in conflictu certaminis inter nostros et ipsos Tartaros strenuissimi viri Philippus et Bartholomeus Schalich(!) de Lyka natione per eorum strenua certamina quosdam primates ipsorum Tartarorum sequacesque eorum captos nobis offerre, alios vero dire necis exterminio necare militassent, vbi etiam crebra stigmata et grauia sustulere. Quorum ob meritum donec latiori eisdem prouideamus retributione, ipsos Philippum et Bartholomeum Scalich(!) de dicta Lika eorumque heredes et successores vniuersos de consilio fidelium nostrorum primatum, vniuersis iuribus, gratiis, honoribus et insigniis, quadrature videlicet cornuum ceruinorum et signaculorum solis et lune, cum ornature nostre corone et solennium liberalitatum regni nostri Hungarie prerogatiuis, participes et communes instituimus et facimus, atque in consortium et cateruam et numerum commilitonum nostrorum locamus, locumque eis ipsorumque heredibus et posteritatibus conferimus. Eisdemque insuper castrum Zkrad in regno nostro Croatie habitum per defectum seminis ad maiestatem nostram nunc deuolutum, cum omnibus eiusdem castri pertinentiis, quouis nominis vocabulo vocitatis, iuribus, vsibus, fructuositatibus ad dictum castrum ab antiquo de iure spectantibus et pertinere debentibus, perpetualiter et irreuocabiliter damus et conferimus. Item in alio loco totam terram ex vtraque parte Hun, similiter cum omnibus pertinentiis et fructuositatibus vniuersis, imo dedimus, donauimus et contulimus ipsis, eorumque heredibus vniuersis iure perpetuo et irreuocabiliter tenendas, possidendas, pariter et habendas et quomodocunque voluerit disponendas. Prescripta autem singula per nos prefatis Philippo et Bartholomeo Skalich(!) pro tantis famulatibus eorum clementer indulta et remunerata, vniuersos et singulos successores nostros felices Hungarie reges in Christo rege sempiterno deuotissime obsecramus, ne contemnant, nec transgrediantur, quin imo rata tenere et accepta obseruare dignentur vigore presentis nostre pagine. Vt igitur prescriptarum gratiarum et donationum et liberalitatum prerogatiua perpetua firmitate solidetur, presentes concessimus eisdem dupplicis sigilli nostri munimine roboratas. Datas iuxta Boznam per manus discreti viri magistri Farkasii Albensis ecclesie electi, aule nostre vicecancellarii dilecti et fidelis nostri. Anno gratie millesimo ducentesimo sexagesimo tertio, regni nostri anno vigesimo quarto.

Očevidni falzifikat poznatoga umnoga sljepara Pavla Skalića.
    Fejér IV. 3., 129—131., koji domeće: »*Ex encyclopedia S. orbis disciplinarum tam sacrarum, quam profanarum epistemon opera Pauli Skalich*

de Lika. — SS. Th. doct. Basilie 1559. in 4. p. 751—752. E diplomatario Cornidesiano Tom. VI. 299. Collect. item dipl. N. Jankovich ad h. a. diploma hoc transumsit capitulum Zagrabiense a. 1362(?), confirmauit Paulo Szkalich alias Szkalicher, Ferdinandus a. 1555. Bona hec ad comitem Ungnad deuenerunt.

774.

1263.

Stjepan mladi kralj daruje zemlju Borotku u županiji vukovskoj Mihajlu sinu Mihajlovom.

Stephanus dei gracia iunior rex Hungarie, dux Transsiluanus, dominus Cumanorum omnibus Christi fidelibus presens scriptum inspecturis salutem in salutis auctore. Fidelitates et merita subditorum ad ampliandam regalem graciam in subditis celsitudinem regiam non in merito attrahunt et inuitant, vt hoc exemplo fideles ad acquirende gracie cupiditatem multo forcius accendantur. Proinde ad uniuersorum prescencium posterorumque noticiam harum scrie uolumus peruenire, quod attendentes fidelitates et seruiciorum merita Michaelis filii Michaelis fidelis nostri que nobis exhibuit fideliter et deuote, in recompensacionem seruiciorum eiusdem quandam villam Borotk vocatam, que ut a iobagionibus castri de Wolko et ab aliis ueraciter sciuimus, fuerat patris eiusdem et postmodum quodam modo dicto castro statuta fuerat, eidem Michaeli et suis heredibus heredumue successoribus sub hiisdem metis et terminis, prout eadem terra per primos possessores suos limitata fuerat et possessa cum omnibus utilitatibus suis contulimus iure perpetuo poscidendam in filios filiorum. Ut igitur hec nostra donacio et collacio robur obtineat perpetue firmitatis, nec processu temporum per quempiam possit uel debeat retractari, presentt concessimus litteras dupplicis sigilli nostri munimine roboratas. Datum per manus magistri Benedicti prepositi Orodiensis aule nostre vicecancellarii dilecti et fidelis nostri, anno domini millesimo ducentesimo sexagesimo tercio.

Original u kr. ugar. držav. arkivu u Budimpešti: M. O. D. L. 33.717. Stara signatura N. R. A. fasc. 1502. no. 4. Na listini visi o crvenoj svilenoj vrvci ulomak dvoguba pečata, na kojem se razabire s jedne strane ulomak slike sjedećeg kralja, a s druge kralj na konju u bojnoj opremi s kacigom, štitom i kopljem. Potvrdio kasnije kralj Karlo Roberto 1324. 21. januara. (M. O. D. L. 33.718.)

Kukuljević Reg. no. 852.

775.

1263.

Stjepan mladi kralj potvrdjuje povelju Belinu danu Vukovaru.

Stephanus dei gratia iunior rex Hungarie, dux Transilvanie et dominus Cumanorum universis Christi fidelibus presentes litteras in-specturis salutem in omnium salvatore. Ad universorum notitiam volumus pervenire presentium per tenorem, quod accedentes ad nostram presentiam hospites in suburbio castri Walkow commorantes nobis humiliter supplicarunt, ut privilegium carissimi patris nostri Bele illustris Hungarie regis super confirmatione libertatis ipsorum hospitum concessum nostrarum dignaremur litterarum patrocinio confirmare, cuius quidem privilegii tenor talis est. Bela etc. *(Slijedi listina od 8. maja 1244. Vol. IV., 227—228. ovoga zbornika).*

Nos igitur precibus eorundem hospitum inclinati, prout per eundem carissimum patrem nostrum proinde actum exstitit, ratum habentes, dictum privilegium auctoritate presentium duximus confirmandum dupplicis sigilli nostri munimine roborantes. Datum anno domini MCCLXII.

Fejér Cod. dipl. Hung. IV. 3. 79. pod godinom 1262., a drugi put IV. 3. 153—154. pod godinom 1263. Drugi put je uzimlje »ex Collectione Kaprinai«, koja se nalazi u sveuč. biblioteci u Budimpešti a prvi puta iz Mednyanskijeve zbirke. Ova se kolekcija nije mogla pronaći, premda su pregledani svi spisi istoga u narod. muzeju u Budimpešti. — U diplomataru Mednyanskijevom, što ga na drugim mjestima citiramo, nema ove listine.

Kukuljević Reg. no. 855.

776.

1263. U Zagrebu.

Pred kaptolom zagrebačkim svjedoči se, kako je ban Roland kupio zemlju od župana zagrebačkoga.

Capitulum Zagrabiensis ecclesie omnibus presens scriptum inspecturis salutem in domino. Ad universorum noticiam harum serie volumus pervenire, quod constitutis in nostra presencia ab una parte Isep filio Cherneld et ab alia Ladislao comite Zagrabiensi vice et nomine domini Rolandi bani tocius Sclavonie, idem Isep vineam suam que Chernel dicitur sitam super Belapokfew inter metas terre Gergeu emticie dicti bani habentem a superiori parte metam terream sub arbore haas confessus est, se eidem bano vendidisse iure perpetuo possidendam pro decem marcis, quas se dixit singulas cum quinque pensis denariis Zagrabiensibus ab eodem bano plenarie recepisse. In cuius rei testimonium presentes ad instanciam parcium contulimus sigilli nostri munimine roboratas. Datum per manus magistri Michaelis lectoris ecclesie nostre, anno ab incarnacione domini millesimo ducentesimo sexagesimo tercio.

Po originalnoj potvrdi kralja Ljudevita I. od g. 1382. u arkivu obitelji hercega Battydny-ja u Körmendu. A. 2. L. 9. Miscellanea Széchiana no. 1. — Na ledjima vide se tragovi kraljevskoga pečata.

Cod. dipl. patrius. VIII. 95. no. 75.

777.

1263. U Čazmi.

Kaptol čazmanski ustanovljuje zemlje kupljene po županu Ruhu.

Capitulum Chasmensis ecclesie omnibus ad quos presens scriptum pervenerit salutem in domino. Ad universorum noticiam harum serie volumus pervenire, quod constituti coram nobis personaliter ab una parte Ruh comes, ab altera autem Martinus frater Mathey, Petrus, Georgius filii Dyane de Garyg, qui et confessi sunt, quod terram eorum empticiam a Mykov et Myxe et a filiis Mykula eidem Ruh comiti et per eum suis posteris pro undecim marcis, quas eciam coram nobis acceperunt, vendidissent iure perpetuo possidendam. Cuius terre prima(!) meta(!) coram homine nostro pacifice et quiete erecte, sine contradiccione vicinorum et cognatorum tales sunt. Prima meta incipit ab oriente a fluvio Chasme, ibique est arbor tul crucesignata. Inde vadit per unam mlacam ad rivulum Poloziticha et exit ad planiciem venitque ad arborem cherasy crucesignatam. Inde cadit ad fluvium Zmick et per eundem tendens exit inferius iuxta terram Paulin et cadit ad fluvium Zalatinyk et ibi est arbor gertan crucesignata. Inde tendens ad partem meridionalem in eodem fluvio Zalatinyk exit ad terram castrensium ad partem orientalem ibique est arbor tul crucesignata. Inde ad partem meridionalem tendens cadit ad silvam que Ravna vocatur et venit ad arborem piri crucesignatam. Inde ad arborem ihor. Inde ad partem septemtrionalem tendens cadit ad vallem et per eandem pergens inferius exit ad duas arbores tul crucesignatas. Inde ad partem orientalem tendens per silvam et transiens fluvium Poloziticha cadit ad fluvium Zaua et ibi est arbor pomi crucesignata. Inde inferius tendens per Chasmam revertitur ad

priorem metam et ibidem terminatur. Qui filii Dyane cum eadem terra
eciam vendiderunt unam vineam sitam in terra castrensi, iuxta quam
est ab oriente via, ab occidente vero vinea Hudine. Item unum locum
molendini in fluvio Zalatinyk, quam vineam et locum molendini dixerunt
ad eandem terram pertinere; obligaverunt se eciam dicti filii Dyane,
quod si processu temporis contra ipsum Ruh comitem, aut suos posteros,
sive litteras nostras, sive Herrici comitis volentes requirere, nullas vires
habiture, per presentes morerentur et si quis insurgeret contra eundem
Ruh comitem pro eadem terra aut contra suos posteros, ipsi expedire
tenerentur. Ruh comes autem obligavit se, quod annuatim pro debito
ipsius terre mediam marcam sive tribus ponderibus solvere teneretur. In
cuius rei memoriam et robur nostras litteras dedimus nostro sigillo communitas. Datum anno domini millesimo ducentesimo sexagesimo tercio.

*Iz potvrde kralja Bele IV. od g. 1265. prepisane ponovno po kaptolu
čazmanskom od g. 1373., kako to mole: Stephanus et Johannes filii Ruh
de Detche districtus Garyg — u arkivu grofova Erdödy u Glogovcu
61.117. — Cod. dipl. patrius VII. 89—90. no. 66. — Kukuljević Reg.
no. 853.*

778.

1263. U Požegi.

*Pred kaptolom požeškim prodaje knez Marko svoju zemlju kupljenu
od Draža Čehu za 5 maraka.*

Capitulum ecclesie beati Petri de Posaga omnibus presentem paginam inspecturis salutem in omnium saluatore. Noticie singulorum
volumus declarare, quod constitutis coram nobis Mark comite ex una
parte, ex altera vero Cheh terram tenente domine regine, confessus est
se dictus Mark comes coram nobis, terram suam quam de Dras terram
tenente precio comparauerat. Pro eo, quod ipsa terra erat contigua terre
dicti Cheh et magis ipsi Cheh precio comparari congruebat quam alteri
alicui, supradicto Cheh dicto Dras presente pro quinque marcis argenti
integraliter ad se receptis vendidisse, sub eisdem metis et terminis distinctam et circumcinctam, quibus a supradicto Dras precio comparauerat
in perpetuum pacifice et quiete possidendam. Sed quia Cheh prememoratus
sub tali estimacione qua Mark comes de Dras emerat, uoluit precio com-
parare, pro maioris rei cautela hii nobiles, videlicet Thomas filius Chepani,
Halen terram tenens, Georgius et Helias vicecomites de Posaga ad ipsam
terram estimandam sunt destinati, qui postmodum inde reuertentes dictam

terram pro quinque marcis argenti esse estimatam presente ibidem dicto
Dras nobis retulerunt. Cuius terre prima meta a parte occidentali incipiendo est iuxta quendam potok qui wlgari Scorin potok nominatur
et ibi habetur narfa pro meta, inde uero versus orientem exit eundem
potok et transit quandam viam, vbi prope eandem viam terminatur ad
metam terream, abhinc vero recte procedendo descendit ad bicfa que
arbor in siccam vallem habetur pro meta et per eandem vallem inferius
descendendo cadit in riuum Cohinnich et transiens eundem riuum ascendit
ad arborem que wlgo harastfa uocatur, sub qua est meta terrea; inde
uero superius ascendendo transiens quoddam berch descendit ad gurtanfa
sub qua est meta terrea, inde vero descendens cadit in Sciuinnec.potok,
abhinc per eundem potok superius parum ascendendo exit eundem potok
et dirigitur ad magnam bicfa sub qua est meta terrea; deinde ascendit
ad reketiafa sub qua est meta terrea, inde uero uersus meridiem transit
quandam viam et prope eandem viam sub harastfa habetur meta terrea;
inde uero vadit ad aliam harastfa sub qua est meta terrea, ab hinc uero
descendens cadit in siccam vallem et per eandem vallem descendit ad
siluam Zaua et eandem siluam versus occidentem recte transiens cadit
in riuum Cohinnich et per eundem riuum versus septemtrionem superius
ascendendo cadens in quandam siccam vallem reflectitur versus occidentem
et per eandem vallem dirigitur ad narfa sub qua est meta terrea, inde
uero descendens in Scorin potok antedictum reflectitur versus septemtrionem et tenet eundem potok, donec peruenit ad primam metam, que
sub narfa antedicta habetur. In cuius rei memoriam et certitudinem
pleniorem litteras presentes nostri sigilli munimine ad instanciam dicti
Mark comitis supradicto Cheh contulimus roboratas. Actum anno gracie
M⁰.CC⁰. sexagesimo tercio.

Original u kr. ug. drž. arkivu u Budimpešti M. O. D. L. 33.716.
Stara signatura N. R. A. fasc. 1502. no. 5. — Na listini visi o crveno-
žutoj i zelenoj svilenoj vrvci dobro sačuvani pečat. — Na hrptu bilješka
XIV. vijeka: Super Dras.

Fejér Cod. dipl. Hung. IV. vol. 3. 180—182. — Wenzel Cod. dipl.
Arpad. cont. XI. 528—530. — Kukuljević Reg. no. 854.

779.

1263. U Baču.

Kaptol bački uredjuje neke zemlje kod Iloka.

Capitulum Bachiensis ecclesie omnibus presentes litteras inspecturis
salutem in salutis auctore. Ad universorum noticiam harum serie volumus

pervenire, quod Chepano filio Choba de Vylok ex una parte et comite
Seltha ex altera, in nostra presencia constitutis, idem Chepanus proposuit
coram nobis, quod quandam particulam de terra sua hereditaria nomine
Vylok decisam ipsum pro parte sua pure contingente (!) ad tria aratra
sufficientem, certis metis limitatam, a parte monasterii sancti Spiritus de
Wolko vendidisset eidem comiti Selthe et per eum heredibus suis heredumque successoribus pro decem marcis sibi plenarie persolutis, iure
perpetuo possidendam. Cuius quidem terre prima meta, sicut iidem
Chepanus et comes Seltha retulerunt, incipit a parte occidentali in . . .
. . . . vadit per medium duorum virgultorum versus orientem ad arborem
cerasi, sub qua est meta, deinde vadit directe ad campum, ubi est meta.
Inde vadit ad arborem moghol que est secus quandam vallem que wlgo
Revencha nominatur, deinde transit ipsam vallem et pervenit ad aliam
arborem moghol, ibique continua(n)tur terre monasterii supradicti. Obligans
se ad hoc idem Chepanus firmiter coram nobis, quod quicunque processu
temporis contra ipsum comitem S(eltha) racione eiusdem terre intempta-
verit accionem, ipse eum expedire tenebitur propriis laboribus et expensis
et tam super hoc, quam super premissis litteras nostras privilegiales peciit
sibi dari. Nos igitur ad peticionem eiusdem presentes concessimus litteras
sigilli nostri munimine roboratas. Datum anno domini M⁰CC⁰LX⁰ tercio,
magistro Benedicto preposito Bachiensi, Smaragdo lectore, Redempto
cantore, magistro Jacobo archidiacono Bachiensi, Marcello Syrmiensi,
Nicola custode, Alexio archidiacono Sceguediensi, Andrea decano, ceterisque canonicis existentibus in ecclesia Bachiensi.

*Original nalazi se u arkivu grofova Festetić u Keszthelyu. Ostatak
pečata visi na svilenoj crvenoj vrvci.*

Cod. dipl. patrius VI. 117—118. no. 79. — Kukuljević Reg. no. 855.

780.

1264, 8. januara. U Cittavechii.

*Urban IV. papa biskupu trogirskomu, neka kupi zemljište za Fra-
njevce.*

Urbanus episcopus servus servorum dei venerabili fratri (Columbano)
episcopo Traguriensi salutem et apostolicam benedictionem. Sua nobis dilecti filii ... guardianus et fratres de ordine Minorum petitione monstrarunt,
quod quondam Desa Luce civis Traguriensis terrena pro celestibus cupiens
feliciter commutare, dictis guardiano et fratribus, quos in necessariis
magnum consideravit sustinere defectum, terras, possessiones et omnia

bona sua in ultima voluntate legavit. Et quia fratres ipsius ordinis de possessionibus se nullatenus intromittunt, nec eis licet possessiones habere, quatuor procuratores constituit, qui terras et possessiones huiusmodi procurarent, ac redditus et proventus earum in necessitates guardiani et fratrum converterent eorumdem; ita quod reddituum et proventuum predictorum residuum, si quod esset, iuxta consilium provincialis ministri et aliorum fratrum ipsius ordinis de partibus illis studerent aliis fratribus eiusdem ordinis alibi commorantibus impartiri. Quare pro parte dictorum guardiani et fratrum humiliter petebatur a nobis, ut cum eis premissa terrarum et possessionum, seu reddituum et proventuum predictorum dispositio pro ipsius ordinis honestate non competat et locus, in quo hactenus morati sunt, pro eo precipue habitationi non congruat eorumdem, quia a civitate Traguriensi nimium est remotus, providere super hoc paterna sollicitudine curaremus. Nos itaque huiusmodi necessitati dictorum guardiani et fratrum consulere cupientes, fraternitati tue mandamus, quatenus, si est ita, terras et possessiones predictas de consilio et assensu predictorum procuratorum per te, vel per alium auctoritate nostra vendere studeas et de pretio, quod ex eis provenerit, aliquem locum dictis guardiano et fratribus aptum emas sine iuris preiudicio alieni, ac in ipso ecclesiam, domos et officinas construi ad opus facias eorumdem, talem super hiis diligentiam habiturus, quod exinde digna laudibus apud nos tua sinceritas habeatur. Datum apud Urbem veterem VI. idus ianuarii, pontificatus nostri anno tertio.

Original u arkivu kaptola u Trogiru u listini od 29. oktobra o. g. donosi u cijelosti i ovu papinu listinu.

Theiner Mon. Slav. Mer. I. no. 120. str. 89. Iz reg. an. III. ep. 108. fol. 32. — Lucius Memorie di Traù 81. donosi regest. — Farlati Illyr. Sacr. IV. 347. — Sbaraleae Bullar. francisc. II. 532. no. 117. — Wenzel Cod. Arpad. VIII. 98. — Potthast Reg. pontif. no. 18.770. — Kukuljević Reg. no. 871.

781.

1264, 16. januara. U Cittavechii.

Urban IV. papa potvrdjuje Evencija kanonikom zagrebačkim.

Urbanus episcopus servus servorum dei dilecto filio Eventio presbitero canonico Zagrabiensi salutem et apostolicam benedictionem. Que de sedis apostolice auctoritate procedunt, sue debent firmitatis robore muniri, ut et futuris temporibus valeant illibata consistere et optata de illis possit

utilitas provenire. Sane tua nobis exhibita petitio continebat quod cum
nos venerabili fratri nostro S(tephano) Penestrino episcopo conferendi
per se, vel per alium personis idoneis beneficia ecclesiastica, personatus
et dignitates cum cura et sine cura, que venerabilis frater noster Timotheus Zagrabiensis episcopus promotionis sue tempore in regno Ungarie
obtinebat, ac faciendi personas ipsas ad beneficia huiusmodi, si in ecclesiis
colleg(i)atis existerent, in canonicos recipi et in fratres, nec non contradictores per censuram ecclesiasticam appellatione postposita compescendi,
liberam concessissemus per nostras litteras facultatem; demum idem
episcopus Prenestinus tibi capellano suo auctoritate litterarum ipsarum
canonicatum et prebendam, quos dictus episcopus Zagrabiensis tempore
sue promotionis in Zagrabiensi ecclesia obtinuerat, per huiusmodi promotionem iam dicti episcopi Zagrabiensis vacantes, cum domibus, curia
et omnibus iuribus et pertinentiis suis contulit et de ipsis providit, teque
presentialiter investivit per suum annulum de eisdem; decernens irritum
et inane, si secus de canonicatu et prebenda huiusmodi quavis auctoritate
contingeret per aliquem attemptari, prout in publico instrumento confecto
exinde, ac sigillo ipsius episcopi Penestrini signato plenius continetur.
Nos itaque tuis supplicationibus inclinati, quod ab eodem episcopo
Prenestino super premissis factum est, ratum et firmum habentes, id
auctoritate apostolica confirmamus et presentis scripti nostri patrocinio
communimus. Tenorem autem ipsius instrumenti de verbo ad verbum
presentibus fecimus annotari, qui talis est: Stephanus miseratione divina
Prenestinus episcopus dilecto capellano suo Eventio presbitero salutem
in domino. Noveris nos recepisse litteras apostolicas sub hac forma:
Urbanus episcopus servus servorum dei, venerabili fratri (Stephano)
episcopo Penestrino salutem et apostolicam benedictionem. Tuam no-
lentes etc. Harum igitur auctoritate litterarum canonicatum et prebendam, que venerabilis pater Timotheus Zagrabiensis episcopus promotionis sue tempore in Zagrabiensi ecclesia obtinebat, vacantia per
promotionem ipsius episcopi, tibi cum domibus, curia e omnibus
iuribus et pertinentiis suis conferimus et providemus de ipsis te inve-
stientes presentialiter per nostrum annulum de eisdem. Non obstante
certo ipsius ecclesie canonicorum numero, iuramento, confirmatione sedis
apostolice, sive quacunque firmitate vallato, aut si dominus papa in
ea pro aliis direxerat scripta sua, seu si sedis apostolice vel legatorum
ipsius aut quacunque auctoritate in ea in canonicos aliqui sint recepti,
vel, ut recipiantur, insistant, quibus per hoc quo ad assecutionem aliorum
beneficiorum, personatuum vel dignitatum preiudicium nullum fiat, aut
si est aliquibus ab eadem sede indultum, quod ad receptionem vel
provisionem alicuius minime teneantur et ad id compelli, quodque in-

terdici, suspendi vel excommunicari non possint et quod de beneficiis, personatibus vel dignitatibus ad collationem eorum spectantibus nulli valeat providere per litteras apostolicas, que de indulto huiusmodi plenam et expressam non fecerint mentionem, seu qualibet alia indulgentia dicte sedis, de qua cuiusque toto tenore de verbo ad verbum oporteat in nostris litteris plenam et expressam mentionem fieri et per quam effectus presentium impediri valeat vel differri, aut si alias beneficiatus existis. Decernentes etiam auctoritate predicta irritum et inane, si secus de huiusmodi canonicatu et prebenda quavis auctoritate contigerit per aliquem attemptari. Actum in hospitio nostro apud Urbem veterem, presentibus venerabilibus patribus dei gratia A. Urgellensi et Timotheo Zagrabiensi episcopis, fratre Benteveg(n)a, fratre Gratia de ordine Minorum et magistro Roberto cantore de Posega, domini pape subdiacono, capellanis nostris, Thomasino notario, Jacobino clerico et Guidone Bono familiaribus nostris et pluribus testibus ad hoc specialiter vocatis et rogatis. Anno domini MCCLXIIII. pontificatus domini Urbani pape IIII. anno tertio, indictione VII., die primo ianuarii. In cuius rei testimonium presens publicum instrumentum fieri fecimus et sigilli nostri munimine roborari. Et ego Angelus de Palliano sancte Romane ecclesie scriniarius predictis interfui et ea de mandato eiusdem domini cardinalis subscripsi et rogatus fideliter publicavi. Nulli ergo etc. nostre confirmationis etc. Datum apud Urbem veterem XVII. kal. februarii, pontificatus nostri anno tertio.

Theiner Mon. Hung. I. no. 478. str. 260—261. Iz reg. orig. an. III. ep. 36. Tom. IV. fol. 21. — Wenzel Cod. Arpad. III. 80. — Potthast Reg. pontif. II. no. 18.783. — Kukuljević Reg. no. 858. — Tkalčić Mon. civ. Zagrab. I. 34—35.

782.

1264, 16. januara. U Cittavechii.

Urban IV. papa nadbiskupu kaločkomu i opatu topuskomu, da Evencija uvedu u posjed.

Urbanus episcopus servus servorum dei venerabili fratri (Stephano) archiepiscopo Colocensi et dilecto filio abbati de Taplica (!) Cisterciensis ordinis Zagrabiensis diocesis, salutem et apostolicam benedictionem. Que de sedis *(etc. usque)* provenire. Sane petitio dilecti filii Eventii presbiteri canonici Zagrabiensis, capellani venerabilis fratris nostri S(tephani) episcopi Prenestini, nobis exhibita continebat, quod cum nos eidem episcopo *(etc.*

ut supra verbis competenter mutatis usque) duximus confirmandum. Quocirca mandamus, quatenus dictum Eventium vel procuratorem suum eius nomine in possessionem canonicatus, prebende, domorum, iurium et pertinentiarum ipsorum, amoto exinde quolibet detentore, vos vel alter vestrum per vos, vel per alium aut alios, auctoritate nostra inducatis et defendatis inductum, facientes eum in dicta ecclesia in canonicum recipi et in fratrem, sibi stallo in choro et loco in capitulo cum plenitudine iuris canonici assignatis; non obstante statuto de certo canonicorum numero, iuramento vel confirmatione apostolica seu quacumque firmitate vallato, aut si pro aliis in dicta ecclesia direximus scripta nostra, vel si sedis apostolice vel legatorum eius, aut quacunque auctoritate in ea in canonicos aliqui sint recepti, vel ut recipiantur, insistant, quibus propter hoc quo ad assecutionem aliorum beneficiorum, personatuum vel dignitatum seu prebendarum nolumus preiudicium generari, vel si aliquibus a sede apostolica sit indultum, quod ad receptionem vel provisionem alicuius minime teneantur, quodque ad id compelli vel interdici aut suspendi seu excommunicari non possint et quod de beneficiis, personatibus vel dignitatibus seu prebendis ad collationem ipsorum spectantibus nulli valeat provideri per ipsius sedis litteras, non facientes plenam et expressam de indulto huiusmodi mentionem, seu qualibet alia indulgentia sedis eiusdem, de qua cuiusque toto tenore de verbo ad verbum oporteat in nostris (litteris) fieri mentionem et per quam effectus executionis huiusmodi impediri valeat vel differri, aut si dictus presbiter alias beneficiatus existat. Contradictores *(etc. usque)* compescendo. Datum apud Urbem veterem XVII. kal. februarii, pontificatus nostri anno tertio.

Theiner Mon. Hung. I. no. 479. str. 261—262. Iz reg. orig. an. III. ep. 37. Tom. III. fol. 22. — Wenzel Cod. Arpad. III. 82. — Potthast Reg. pontif. II. no. 18.784. — Kukuljević Reg. no. 859. — Tkalčić Mon. civ. Zagrab. I. 36. no. 45.

783.

1264, 18. januara. U Cittavechii.

Urban IV. papa kaptolu zagrebačkomu neka se pokoravaju novomu biskupu.

Urbanus episcopus servus servorum dei dilectis filiis . . . preposito et capitulo Zagrabiensi salutem et apostolicam benedictionem. Gratie divine premium et preconium humane laudis acquiritur, si reverendis patribus a devotis filiis plenitudo impendatur honoris. Sane Zagrabiensis ecclesia pastoris solatio destituta, nos venerabilem fratrem nostrum Timotheum Zagrabiensem episcopum, tunc archidiaconum de Zala in ecclesia Vesprimiensi, subdiaconum et capellanum nostrum, utique providum et honestum, ac morum nobilitate preclarum, de fratrum nostrorum consilio et apostolice plenitudine potestatis prefecimus ipsi ecclesie in episcopum et pastorem. Et licet predictus episcopus, sicut accepimus quosdam nuntios et procuratores suos ad eandem ecclesiam destinavit, qui usque ad adventum ipsius episcopi ecclesie predicte curam gererent diligentem, tamen ipsi non fuerunt admissi. Quia vero idem episcopus factura nostra existit, in ipso cui consecrationis munus duximus impendendum, nostram cupimus honorari personam et in desideriis nostris geritur facere, ipsum episcopatus Zagrabiensis pacifica possessione gaudere. Quocirca universitatem vestram rogamus et hortamur attente, in virtute obedientie per apostolica scripta vobis districte precipiendo mandantes, quatenus eundem episcopum tamquam patrem et pastorem animarum vestrarum devote suscipientes, ei obedientiam et reverentiam debitam impendatis, ipsius mandatis et monitis salubribus humiliter intendendo, ac nichilominus dilecto filio fratri Gualtero, penitentiario et capellano nostro, cui idem episcopus et nos etiam usque ad ipsius beneplacitum curam predicte ecclesie circa spiritualia et temporalia duximus committendam, exhibeatis consilium, auxilium et favorem in hiis, super quibus vos duxerit requirendos; alioquin sententiam, quam idem episcopus vel prefatus penitentiarius rite tulerit *(etc. usque)* observari. Datum apud Urbem veterem XV. kal. februarii, pontificatus nostri anno tertio.

Theiner Mon. Hung. I. no. 480. str. 262. Iz reg. orig. an. III. ep. 91. — Farlati Illy. sacr. V. 373. — Sbaraleae Bullar. francisc. II. 536. no. 121. — Katona Hist. crit. VI. 405. — Fejér Cod. dipl. IV. 3, 223. — Potthast Reg. pontif. II. no. 18.785. — Kukuljević Reg. no. 859 i 860. — Tkalčić Mon. civ. Zagrab. I. 37—38. no. 46.

784.

1264, 21. januara. U Oittavechii.

Urban IV. papa šalje nadbiskupu zadarskomu ženitbenu dispenzaciju.

Urbanus episcopus servus servorum dei venerabili fratri (Laurentio) archiepiscopo Jadrensi salutem et apostolicam benedictionem. Per tuas nobis litteras supplicasti, ut cum dilectus filius Prestantius de Cotopagna civis Jadrensis cum Stana muliere Jadrensi, que quondam . . . uxori eiusdem civis quarto consanguinitatis gradu attinebat, per verba de presenti, non-

dum carnali copula subsecuta, duxerit matrimonium contrahendum
propter quod civitatis Jadrensis pax et tranquillitas procuratur et ex
cuius separatione posset in eadem civitate, prout eadem littere conti-
nebant, scandalum suboriri, provideri super hoc de benignitate sedis
apostolice curaremus. Nos igitur de circumspectione tua plenam in
domino fiduciam obtinentes, fraternitati tue mandamus, quatenus, si est
ita, et consideratis diligenter circumstantiis universis, videris expedire,
cum Prestantio et Stana predictis auctoritate nostra dispenses, ut impedimento huiusmodi non obstante in 'sic contracto matrimonio possint licite
remanere. Datum apud Urbem veterem XII. kalendas februarii, pontificatus nostri anno III.

*Theiner Mon. Slav. Mer. I. no. 121. str. 89. Iz reg. an. III. ep. 226.
fol. 106. — Wenzel Cod. Arpad. VIII. 100. — Potthast Reg. pontif. II.
no. 18.786.*

785.

1264, 23. januara. U Cittavechii.

*Urban IV. papa predaje Gualteriju malobraćaninu brigu za crkvu
zagrebačku.*

Urbanus episcopus servus servorum dei dilecto filio fratri Gualterio
de ordine fratrum Minorum penitentiario, capellano et nuntio nostro
salutem et apostolicam benedictionem. Inter alias sollicitudines quibus
assidue premimur cogitare nos convenit, ut ecclesie ac ille precipue que
sunt episcopali dignitate predite in statu tranquillo et prospero conserventur. Sane ecclesia Zagrabiensis pastoris solatio destituta, nos venerabilem
fratrem nostrum Timotheum Zagrabiensem episcopum, tunc archidiaconum
de Zala in ecclesia Vesprimiensi, subdiaconum et capellanum nostrum,
ac canonicum Zagrabiensis ecclesie, de fratrum nostrorum consilio et
apostolice plenitudine potestatis prefecimus ipsi Zagrabiensi ecclesie in
episcopum et pastorem, ac ei consecrationis munus duximus impendendum, iniuncto capitulo ipsius ecclesie et clero civitatis et diocesis
Zagrabiensis per litteras nostras, ut ipsi predicto episcopo tunc electo
tamquam patri et pastori animarum suarum devote intendere procurarent.
Et licet predictus episcopus, sicut accepimus, quosdam nuntios et procuratores suos ad eandem ecclesiam destinarit, qui usque ad adventum
ipsius episcopi eiusdem ecclesie curam gererent diligenter, tamen ipsi
non fuerunt admissi. Nos itaque cupientes, ut eadem eclesia salubribus

proficiat incrementis, de tua circumspectione, quam in multis et arduis sumus experti, confisi, te pro eiusdem ecclesie et ipsius episcopi procurandis et expediendis negotiis ad partes Ungarie duximus destinandum et procurationis officium ab eodem episcopo tibi, ut asseritur, circa curam in spiritualibus et temporalibus dicte ecclesie commissum, ipsius inclinati supplicationibus episcopi approbantes, eandem curam circa ipsa spiritualia et temporalia usque ad beneplacitum ipsius episcopi tibi auctoritate presentium duximus committendam. Quocirca discretionem tuam rogamus et hortamur attente, mandantes, quatenus ad predictas partes et ecclesiam personaliter cum gratia nostre benedictionis accedens, eiusdem ecclesie sollicitam curam geras. Contradictores etc. Ceterum castrum, villas, possessiones, redditus et alia bona episcopalia tibi facias exhiberi, detentores eorum et illos, quorum nomine detinentur, cuiuscumque dignitatis, ordinis seu conditionis existant, ad eorum exhibitionem monemus precipiendo per censuram eandem, sublato appellationis obstaculo, compellendo. Non obstante, si est aliquibus ab apostolica sede indultum, quod interdici, suspendi vel excommunicari non possint per litteras apostolicas, que de indulto huius plenam et expressam non fecerint mentionem, sive qualibet alia indulgentia sedis eiusdem, de qua cuiusque toto tenore de verbo ad verbum oporteat in nostris litteris plenam et expressam mentionem fieri et per quam effectus presentium impediri valeat vel differi. Preces autem et mandatum nostrum sic adimpleat tua devotio, quod tibi proinde preter divine retributionis premium a nobis digne proveniat actio gratiarum. Datum apud Urbem veterem X. kal. februarii, pontificatus nostri anno tertio.

Theiner Mon. Hung. I. no. 481. str. 262. Iz reg. orig. an. III. ep. 92. — Farlati Illy. sacr. V. 373. — Sbaraleae Bullarium francisc. II. 536. 122. — Fejér Cod. dipl. IV. 3, 224. — Potthast Reg. pontif. II. no. 18.787. — Kukuljević Reg. no. 861. — Tkalčić Mon. civ. Zagrab. I. 38—39. no. 47.

786.

1264, 5. februara. U Cittavechii.

Urban IV. papa daje svećeniku bez zanimanja crkvu sv. Marije de Melta izvan Zadra.

Primicerio Nonnensis ecclesie. Dilectus filius Michael clericus ecclesie sancte Marie maioris Jadrensis in nostra proposuit presentia constitutus, quod ecclesia sancte Marie de Melta extra muros Jadrenses, cui cura non imminet animarum, tanto tempore iam de iure vacavit, quod ad nos est eius collatio secundum Lateranensis statuta concilii legitime devoluta. Quare dictus clericus nobis humiliter supplicavit, ut provideri sibi de ipsa ecclesia faceremus. Nos itaque volentes ei facere in hac parte gratiam specialem, dilectioni tue mandamus, quatinus, si est ita, eidem clerico dummodo sit ydoneus nec sit aliud ecclesiasticum beneficium assecutus, de quo valeat sustentari, predictam ecclesiam sancte Marie de Melta auctoritate nostra per te vel per alium conferas et assignes, ac eum in ipsius corporalem possessionem inducas et defendas inductum, amoto ab ea quolibet illicito detentore. Non obstante, si est aliquibus ab apostolica sede indultum, quod ad provisionem alicuius minime teneantur, quodque ad id compelli seu interdici, suspendi vel excommunicari non possint et quod de beneficiis ad eorum collationem spectantibus nequeat alicui provideri, per litteras apostolicas que de indulto huiusmodi plenam et expressam non fecerint mentionem, sive qualibet alia indulgentia dicte sedis cuiuscumque tenoris existat, per quam effectus presentium impediri valeat vel differri et de qua de verbo ad verbum in nostris litteris specialis mentio sit habenda. Contra[dictores?] *(et cetera usque)* compescendo. Proviso quod idem clericus, prout requirat, onus ipsius ecclesie sancte Marie in ea residentiam personalem et statutis temporibus se faciat ad ordines promoveri. Alioquin huiusmodi gratia nullius penitus sit momenti. Datum [apud] Urbem veterem, nonis februarii, pontificatus nostri anno tertio.

Urb. IV. an. III. ep. 305. Reg. Vat. no. 29. fasc. 102.

787.

1264, 15. marta. U Otoku.

Mihalj župan sanski predaje sudbenim putem zemlju Kralu opatiji topuskoj.

Universis has litteras inspecturis Mychael comes de Sana subscripte veritati fidem (volens) adhibere. Noverint universi, quod nos de mandato et precepto excellentissimi domini nostri regis Vngarie, medietatem terre de Krala cum suis pertinenciis omnibus, sicut eam Pribislaus comes tenuit in vita sua et possedit, domino abbati de Toplica per fratrem Desiderium monachum suum, qui cum litteris et precepto venit ad nos ex parte domini regis, assignavimus in presencia domini episcopi Ladislai eo iure et ea libertate, qua dictus Pribislaus eam tenuit, perpetuo possidendam et ibidem pro voluntate sua grangiam edificandam. In cuius rei testimonium presentem paginam sigilli nostri munimine roboratam dicto abbati contulimus. Datum anno domini MCC sexagesimo quarto, idus marcii, in Insula, pristaldus noster Jacobus comes noster curialis de Bichich.

Privileg. monaster. B. V. Mariae de Toplıca no. XX.
Tkalčić Mon. episc. Zagrab. I. 128—129. — Wenzel, Cod. dipl. Arp.
XI. 536. — Kukuljević Jura regni I. 77—78. — Kukuljević Reg. no. 863.

788.

1264, 29. marta. U Trogiru.

Miha i Mira dijele svoja imanja u kotaru trogirskom i zadarskom.

In dei nomine amen. Anno eiusdem a natiuitate millesimo ducentesimo sexagesimo quarto, indictione septima, die tercio exeunte, mense marcio, tempore domini Columbani venerabilis episcopi Traguriensis, incliti viri Rolandi comitis et tocius Sclauonie bani, domini comitis Stephani Martinusio . . . . et dominorum Valentino Petri et Desse Amblasii iudicum. Micha et Mira fil[ia] . . . . di coram me notario et testibus infrascriptis fuerunt confessi concordes et in . . . . diuisisse corditer inter se omnia bona eorum paterna et materna que habent [comunia] inter eos in Tragurio et eius districtu et in Jadra et eius districtu ; et de ipsis bonis con[fi]tentur deuenisse et esse in parte dicte Mire de bonis in Tragurio et eius districtu: vnam uineam positam ad Belin prope Micham Godole· et alia sua latera et aliam uineam ad Belin subtus dictam uineam prope Jacobum Niça, quam asserunt fuisse diuisam cum dicto Jacobo auunculo eorum et terram positam ad sanctam Martham prope dictum Jacobum, item quadraginta octo libras uenetorum paruulorum, quas asserunt fuisse de precio domus posite in Tragurio uendite per ipsum Micham Juanni Triente, quam uendiccionem . . . . . . tam per me notarium dicta Mira nunc approbat et confirmat, quia confitetur dictas l[ibras et] dictas res omnes aput se habere et eas dictus Micha ei quietauit, dedit et concessit . . . . Omnia alia bona mobilia et immobilia, paterna et materna tam in Tragurio et districtu eius, quam in Jader(!) et districtu eius sine predictis rebus Mire et omnia credita seu debita . . . . competencia confitentur deuenisse et esse in parte dicti Miche et ea omnia et singula ei dicta Mira quietauit, dedit et concessit et dedit ei licenciam, ut possit sua auctoritate ipse Micha ubicumque ex dictis bonis et debitis scire et inuenire poterit exigere et petere pro se et sibi habere et possidere, ita tamen, quod ipse **Micha** teneatur soluere et satisfacere omnia debita, que ipsi dudum in **aliquo** tenerentur, nec inde teneatur aliquid dicta Mira. Et sic quilibet **eorum** contentus in sua parte dicta et remissis ad inuicem omnibus litibus et controuersiis dudum habitis inter se et que de cetero mouere posset alter alteri occasione dictorum bonorum et debitorum uel alicuius dictorum, fecit alter alteri finem, quietacionem de dictis bonis et de omnibus dictis et promiserunt non facere alter alteri . . . . ulterius uel molestiam de dicta parte. Et hec omnia promiserunt ad inuicem per se suosque heredes, ut dictum est, obseruare . . . . . a hab . . . . . uel uenire sub obligacione suorum bonorum. Ac[tum] Trag[urii] . . . . . . mani Stoche, presente ipso domino Romano, domino Jan . . . atha ca . . . iu . . . Triente testes.

† Ego Nicolaus Casoti examinator manum meam misi.

(Sig. not.) Ego Bonauentura Petri ciuis Ancone auctoritate domini pape notarius et nunc notarius comunis Tragurii, [predictis] interfui et rogatus a partibus scripsi et publicaui.

Original u arkivu samostana sv. Marije u Zadru. — Listina je znatno oštećena.

789.

1264, 10. aprila.

Bela kralj ugarski i hrvatski daje Simonu sinu Salamonovu posjed Prodavić (Virje).

Bela dei gracia Hungarie, Dalmacie, Croacie, Rame, Seruie, Gallicie, Lodomerie, Cumanieque rex omnibus presens scriptum inspecturis salutem in omnium saluatore. Ad vniuersorum noticiam tam presencium quam futurorum harum serie uolumus peruenire, quod Symon filius Salomonis ad nostram accedens presenciam obtulit nobis litteras dilecti et fidelis nostri magistri Moys comitis Symigiensis et de Bichor, ac literas priuilegiales capituli Chazmensis, in quibus uidimus contineri, quod Danych filius Danich, Guruzlou frater eiusdem et Brassan filius Jurk, iobagiones castri Symigiensis de Chezmice quandam terram sitam Predeuych uocatam existentem in Chezmice Salomoni Hungaro filio Galli pro tribus marcis uendiderint, que quidem terra ipso Salomone filio Galli sine herede decedente, cum ad nostras manus fuisset deuoluta, nos eandem tum ad instanciam et peticionem eiusdem magistri Moys dilecti et fidelis nostri, tum pro meritoriis seruiciis ipsius Symonis que nobis impendit

et impendere poterit in futurum, eidem Symoni filio Salomonis sub
eodem seruicio et in eadem libertate in qua Danych, Guruzlou et Brassan
iobagiones castri Symigiensis, qui predictam terram dicto Salomoni
Hungaro uendidisse dinoscuntur, tenuerunt et possederunt et liberalitate
regia duximus conferendam. Cuius mete, sicut in eisdem litteris magistri
Moys et capituli antedicti uidimus contineri, hoc ordine distinguntur:
Prima meta incipit per unam arborem bykfa crucesignatam, sub qua est
meta terrea iuxta uiam magnam, transiens ipsam uiam tendit uersus
orientem per unam uallem, deinde procedit ad duas arbores bykfa, inde
uadit superius ad unam bykfa ubi commetantur castrenses de Korbonuk (!),
exinde autem descendit ad aquam Gurbonuk ubi est una arbor narfa,
ut per eandem aquam parum superius ueniens transit ipsam aquam per
duas arbores egurfa et per unum riuulum ascendit superius ad montem·
uersus meridionalem et ibi commetatur cuidam uinee castrensium, inde
descendit ad unam uallem siluosam et per ipsam uallem uenit superius
ad magnam uiam et ibi commetatur castrensibus de Musina, inde per
quandam uiam que uenit ex meridionali descendit iterum ad aquam
Gorbonuk et per eandem aquam uadit ad occidentem per longinea (!)
ubi sunt dicti castrenses commetanei et exinde procedit ad unam uallem
Ivya nomine ad septemtrionalem et ibi commetatur terre Voycha, exinde
superius ueniens ascendit ad magnam uiam ubi est una arbor bykfa
crucesignata, ubi est meta terrea et ibi cometatur terra Drasmer et exinde
per eandem uiam ueniens commetatur terre Scebesk, procedens enim
per ipsam uiam uenit et commetatur terre magni Tyburcii, deinde autem
per magnam uiam ex orientali ueniente commetatur terre Chopou ubi
est prima meta et ibidem terminatur. In cuius rei memoriam et perpetuam firmitatem dicto Symun(!) presentes concessimus litteras, duplicis
sigilli nostri munimine roboratas. Datum per manus magistri Farkasii
electi Albensis, aule nostre uicecancellarii dilecti et fidelis nostri, anno
domini MCCLX quarto, quarto idus aprilis, regni autem nostri anno
uicesimo nono.

*Iz originalne potvrde Ladislava Kumanca od 1. marta 1273. — Ráth
és Rómer: Györi történelmi és régeszeti füzetek. II. köt. Györ 1863.,
299—301.*

790.

1264, 7. maja. U Kninu.

Stjepan, primorski ban, dosudjuje Ivanu iz Zadra pravo na posjed
zemlje u Grabrovičanima.

Nos Stephanus banus maritimus comes trium camporum et de Clisia significamus tenore presencium quibus expedit uniuersis, quod Ivan Nosdronig de Jadra, cum ageret coram nobis contra Walcomerium filium Slauch de generatione Draginig super facto portionis quinte partis de terra Grabrouichane, quam terram possident dicti Draginichi dicendo, .quod ipsam quintam partem portionis sue ipse Walcomerius indebite occupatam detineret, tandem idem Walcomerius se ipsam quinte partis portionem dixit emisse de Obrado ciue Berberiensi et ad hoc Mi[roz]laum et Wolchetam testes dixit se habere. Quorum testium inquisitioni partibus uolentibus d . . . . . . particulam terre assignassemus, rediens pristaldus Raduslaus Kasig respondit, quod . . . . . . testes nichil de uenditione uel emptione prescripte terre scirent uel audiissent. Vnde quia testes dicti Walcomerii per suam propriam optionem electi assercionem eiusdem Walcomerii non affirmauerunt, ipsam particulam terre dicto Iwan et suis heredibus iure perpetuo duximus una cum nobilibus regni statuendam et pacifice possidendam. Datum in Tynino in quindena sancti Georgii, anno domini millesimo CC°LXIIII°.

Ego Viuerius Allexii Jaderensis notarius, uisa et perlecta matre testis sum in filia.

Originalni notarski prijepis u gubern. arkivu u Zadru, (odio samo-
stana sv. Krševana capsula XXIII. masso F.)

791.

1264, 9. maja. U Cittavechii.

Urban IV. papa nalaže nadbiskupu zadarskom, da primi u svoju
nadbiskupiju Franju Tanaligu.

(Laurentio) archiepiscopo Jadrensi. Volentes dilecto filio Francisco nato nobilis viri Nicolai dicti Tanaligo de Venetiis clerico, nullum ut asserit beneficium ecclesiasticum assecuto obtentu dilecti filii nobilis viri Laurentii Theopoli nati quondam Jacobi Theopoli ducis Venetorum nostri et ecclesie romane devoti nobis super hoc cum instantia supplicantis gratiam facere specialem, fraternitati tue mandamus quatinus eidem Francisco, si est ydoneus, de aliquo ecclesiastico beneficio competenti cum cura vel sine cura, si quod in civitate **L** [L . . . . . ?] diocesis Jadrensis vacat, ad presens vel quam primum ad id obtulerit se facultas, auctoritate nostra per te vel alium providere procures, faciens eum in ecclesia in qua sibi duxeris providendum, si collegiata fuerit, in canonicum seu clericum accipi et in fratrem. Non obstante statuto ipsius ecclesie de certo canonicorum seu clericorum numero, iuramento, confirmatione sedis apostolice aut alia qualibet firmitate vallato, seu si pro aliis in eiusdem(!) civitate vel diocesi generaliter aut in ipsa ecclesia specialiter direximus scripta nostra, quibus auctoritate presentium volumus preiudicium generari, aut si ab aliquibus ab eadem sede indultum existat. Quod ad receptionem vel provisionem alicuius minime teneantur, quodque ad id compelli aut quod suspendi vel interdici aut excommunicari non possint sive, quod de [be]neficiis ad eorum collationem spectantibus nulli valeat provideri per litteras apostolicas non facientes plenam et expressam de indulto huiusmodi mentionem sive qualibet alia prefate sedis indulgentia, per quam effectus presentium impediri valeat vel differi et de qua in nostris litteris plena et expressa et specialis de toto tenore ipsius mentio sit habenda. Contra[dictores?] *(et cetera usque)* compescendo. Ita tamen quod dictus clericus sicut huiusmodi beneficii onus requiret, se faciat statutis temporibus promoveri ad ordines et personaliter resideat in eodem. Alioquin huiusmodi gratia nullius penitus sit momenti. Datum apud Urbem veterem VII. idus maii, pontificatus nostri anno tertio.

Urb. IV. an. III. ep. 1624. Reg. Vat. no. 29. fasc. 311.

792.

1264, 11. maja. U Cittavechii.

Urban IV. papa daje biskupu osorskom ovlast za ženitbenu dispenzu.

Episcopo Abscerensi. Licet matrimonii contractum in quarto consanguineitatis vel affinitatis gradu sacri canones interdicant, consuevit tamen interdum sedes apostolica super hoc devotorum inducta precibus dispensare. Petitio quidem dilecti filii Chodomiri de Abscero laici et Desse mulieris loci eiusdem tue diocesis nobis exhibita continebat, quod ipsi qui quarta sunt consanguinitatis coniuncti linea matrimonium ad invicem contraxerunt et permanserunt iam per longi temporis spatium in eodem. Nos igitur obtentu dilecti filii nobilis viri Laurentii Theopoli nati quondam

Jacobi Theopoli ducis Venetorum nobis super hoc humiliter supplicantis precibus inclinati, fraternitati tue- mandamus, quatinus cum prefatis C(ho-domiro) et Dessa auctoritate nostra dispenses, ut impedimento huiusmodi non obstante in sic contracto matrimonio possint licite remanere, quodque proles eorum legitima censeatur. Datum apud Urbem veterem V. idus maii, pontificatus nostri anno III.

Urb. IV. an. III. ep. 179. Reg. Vat. no. 28. fasc. 54.

793.

1264, 15. maja. U Cittavechii.

Urban IV. papa nadbiskupu zadarskom, da oskrbi knjigama Lo-vrinca Tiepola.

(Laurentio) archiepiscopo Jadrensi et dilecto filio archipresbitero Equilino. Cupientes ut dilectus filius Laurentius natus dilecti filii nobilis viri Jacobi Theopoli nepotis quondam Jacobi Theopuli(!) ducis Venetorum disciplinis scolasticis informetur, dilectioni vestre mandamus, quatinus vos vel alter vestrum eidem L(aurentio) vel procuratori suo eius nomine ab ecclesiis et monasteriis Jadrensis et Feltrensis, ac Belunensis civitatum et diocesuum exemptis et non exemptis faciatis hac vice dumtaxat in centum librarum imperialium pro emendis sibi libris, in quibus studere valeat per vos vel per alium seu alios provideri. Non obstante, si personis vel locis aliquibus a sede apostolica sit indultum, quod ad providendum alicui minime teneantur, quodque ad id compelli et quod interdici, suspendi vel excommunicari non possint per litteras apostolicas plenam et expressam ac de verbo ad verbum, non facientes de indulto huiusmodi mentionem et qualibet alia prefate sedis indulgentia cuiuscumque tenoris existat, per quam h[ec] gratia eiusque effectus impediri valeant vel differi et de qua in nostris litteris mentio fieri debeat specialis. Contra[dictores?] et cetera usque compescendo. Datum apud Urbem veterem idibus maii, pontificatus nostri anno tertio.

Urb. IV. an. III. ep. 682. Reg. Vat. no. 29. fasc. 162.

794.

Bratoslav Ortulan i žena mu Bogdana poklanjaju samostanu sv.
Nikole sav svoj posjed.

In nomine domini amen. Anno incarnationis eius millesimo ducentesimo sexagesimo quarto, mensis iunii, die tertio decimo intrante, indictione septima, Jadere. Temporibus equidem domini Raynerii Geni
incliti ducis Venecie et magistri Laurentii venerabilis Jadrensis archyepiscopi, ac domini Antonii Superantii egregii comitis. Nos namque
Bratoslauus Ortulanus filius quondam Dine et Bogdana filia quondam
Dragosci, coniuges et habitatores Jadrenses cum nostris heredibus et
successoribus per hoc presens scriptum facimus manifestum, quomodo
ob amorem omnipotentis dei et in remissionem omnium peccatorum
nostrorum ab hodie in antea in dei et Christi nomine damus, donamus
tradimus atque transactamus loco siue monasterio beati Nicolay de
Iadera omnia nostra bona mobilia et immobilia, tam magna, quam parua
atque totum nostrum habere mobile et immobile, tam magnum, quam
paruum, que et quod habemus et habere uidemus in hoc mundo et
specialiter totum vnum nostrum locum coopertum ex lignamine, positum
in Cartinico in confinio sancti Siluestri ex borrea, iuxta locum seu domum
Gotte de Sipiça et iuxta locum Bogdane de Polubiça, ex austro iuxta
locum siue domum Radouani et iuxta ortum Dese de Mira et ex quirina
iuxta locum seu (h)ortum Prodane de Spiçola. Et totam vnam nostram
vineam, positam ad sanctam Barbaram in territorio None, ex borrea
iuxta derrum sancte Barbare ex trauersa iuxta vineam Helye, filii
quondam Slauosci, ex austro iuxta vineas Johannis Vermibogat et Petri
aurifici, filii quondam Luce de Presenta et Michaelis filii Tigonge et ex
quirina iuxta vineam quondam Miche de Çigal, cum omnibus longi-
tudinibus et latitudinibus omnium suprascriptorum bonorum atque cum
omnibus eorum certis terminis, habentiis et pertinentiis, tam subter
terram, quam supra terram, ita quod post obitum nostrum licitum sit
predicto loco siue monasterio beati Nicolay eiusque successoribus omnia
et singula nostra bona premissa libere habere, perpetuoque possidere
cum plena uirtute et potestate intromittendi, habendi, tenendi, possidendi,
dandi, donandi, vendendi, omnino alienandi et faciendi atque totam eorum
voluntatem et utilitatem ex eis exercendi, operandi et percomplendi,
nemine eis in perpetuum contradicente. Et ita hec dationis, donationis,
traditionis et transactionis carta roborem perpetue obtineat firmitatis et
nichilominus per nos uel per nostros heredes et successores hec carta

in totum uel in partem rumpi possit, tam cum carta quam sine carta et tam in temporali quam in spirituali cura coram quibuslibet dominis, rectoribus siue iudicibus per aliquem modum uel ingenium siue per aliquam occasionem et rationem huius mundi, saluo quod si aliquam manifestam indigentiam uel necessitatem aut infirmitatem siue infortunium habuerimus, ita quod non possemus nos per nos ipsos sustentare et manutenere et a dicto loco uel monasterio sancti Nicolay iuuamen uel adiutorium non habuerimus in omnibus nobis oportunis, tunc dicta omnia nostra bona uel partem ex eis vendere possimus, quantum pro nostro victu et vestitu et calciamento fuerit oportunum. Et si aliqua bona uel aliquid ex predictis terris nostris remanserint et superfuerint, sint et remaneant in predicto loco siue monasterio sancti Nicolay. Actum est hoc et firmatum presentibus hiis vocatis et rogatis testibus, videlicet Andrea de Cotopagna et Marino de Carbanoso.

(Drugi rukopis).

Ego Micha Boorç examinator manum meam misi.

(Rukopis kao od početka).

Ego Vincentius ecclesie sancte Marie maioris clericus et Jadrensis notarius predictis interfui rogatus, ut audiui hanc cartam scripsi, roboraui et signo solito signaui.

(Sign. notar.)

Original u gubern. arkivu u Zadru, odio samost. sv. Nikole br. 41.

795.

1264, 15. jula. U Cittavechii.

Urban IV. papa biskupu vesprimskomu, da ne da uznemirivati hercega Belu u njegovim posjedima.

Urbanus episcopus servus servorum dei venerabili fratri (Paulo) episcopo Vesprimensi salutem et apostolicam benedictionem. Quia dilectus filius nobilis vir Bela dux Sclavonie deo et ecclesie devotus esse dinoscitur, personam suam libenter prosequi volumus benigni exhibitione favoris. Hinc est etc. sibi auctoritate apostolica duximus confirmanda. Quocirca mandamus, quatenus prefatum ducem non permittas super premissis contra huiusmodi confirmationis nostre tenorem ab aliquibus indebite molestari, molestatores etc. Datum apud Urbem veterem idibus iulii, pontificatus nostri anno tertio.

Theiner Mon. Hung. I. no. 499. str. 273. Iz reg. orig. an. III. ep. 1817. Tom. III. 337. — Fejér IV. 3. 234. — Koller Hist. episc. Quinqueeccl. II. 191. -— Potthast Reg. pontif. II. no. 18.976. — Kukuljević Reg. no. 868.

796.

1264, 15. jula. U Cittavechii.

Urban IV. papa potvrdjuje hercegu hrvatskom Beli neke gradove darovane mu od oca u Ugarskoj.

Urbanus episcopus servus servorum dei dilecto filio nobili viro Bele duci Sclavonie salutem et apostolicam benedictionem. Pro fidei meritis, que per Christi gratiam rutilare comprobaris, te libenter speciali favore prosequimur et que tibi prosperitatem adiciant, liberaliter elargimur, firma credulitate tenentes, quod quanto gratiam grandiorum ab apostolica sede perceperis, tanto ei ferventiori studio te oportuno tempore studebis devotum per effectum operis exhibere. Sane petitio tua nobis exhibita continebat, quod carissimus in Christo filius noster Bela Ungarie rex illustris pater tuus, diligenter attendens, quod de Nitria, de Posonio, de Musum, de Supruno et Ferreum castra regni Ungarie in confinio eius sita, eidem regno, si ea, quod absit ad hostes pervenirent ipsius, gravia dispendia imminerent et quod eadem castra per te utilius possent quam per alium gubernari, ea tibi regia liberalitate donavit, prout in patentibus litteris dicti regis confectis exinde plenius dicitur contineri. Nos itaque tuis et prefati regis supplicationibus inclinati, donationem huiusmodi, sicut provide facta est, ratam et firmam habentes, eam auctoritate apostolica confirmamus etc. usque communimus. Nulli ergo etc. nostre confirmationis etc. Datum apud Urbem veterem idibus iulii, pontificatus nostri anno tertio.

Theiner Mon. Hung I. no. 496. str. 272. Iz reg. pontif. an. III. cp. 1813. Tom. III. 336. ⤴ *Wenzel Cod. Arpad. III. 96. — Potthast Reg. pontif. II. no. 18.972. — Kukuljević Reg. no. 867. Isto što i pod br. 770 samo je dodano: »Ferreum castrum«.*

797.

1264, 15. jula. U Cittavechii.

Urban IV. papa potvrdjuje Beli hercegu gradove i županije u Hrvatskoj, hrvatski dukat i soline morske.

Urbanus episcopus servus servorum dei dilecto filio nobili viro Bele duci Sclavonie salutem et apostolicam benedictionem. Quia deo et ecclesie devotus esse dinosceris, personam tuam libenter prosequi volumus benigni exhibitione favoris. Hinc est, quod nos obtentu carissimorum in

Christo filiorum nostrorum (Bele et Marie) regis et regine Ungarie illustrium, quorum natus existis, tuis iustis suplicationibus annuentes, de Baragna, Wlco, Simigio, Zala et Olcha castra cum iuribus et pertinentiis eorundem, nec non sales aquaticos ad ducatum tuum Sclavonie prout asseris pertinentia, sicut ea iuste possides et quite, tibi auctoritate apostolica confirmamus et presentis scripti patrocinio communimus. Nulli ergo etc. nostre confirmationis etc. Datum apud Urbem veterem idibus iulii, pontificatus nostri anno tertio.

Theiner Mon. Hung. I. no. 498. str. 273. Iz reg. orig. an. III. ep. 1815. Tom. III fol. 337. — Wenzel Cod. Arpad. III. 98. — Potthast Reg. pontif. II. no. 18.974. — Kukuljević Reg. no. 867.

798.

1264, 15. jula. U Cittavechii.

Urban IV. papa prioru Dominikanaca, neka ne dade uznemirivati kraljicu Mariju u posjedu Požege.

Urbanus episcopus servus servorum dei dilecto filio . . . priori provinciali fratrum Predicatorum de Ungaria salutem et apostolicam benedictionem. Justa desideria carissime in Christo filie nostre Marie etc. iuri eius petitio nobis exhibita continebat, quod cum iidem rex et regina, ac multi nobiles regni Ungarie propter timorem de Tartarica feritate conceptum ad loca maritima fecissent transitum, dicta regina iam dictis nobilibus positis in gravi necessitate compatiens, pro sustentatione ipsorum de suis parafernalibus bonis non modicam expendit pecunie quantitatem. Demum vero idem rex huiusmodi pietatis opus clementer attendens, castrum de Possega ad eum pertinens in ducatu Sclavonie constitutum, accedente demum ad id consensu carissimi in Christo filii nostri Stephani regis illustris primogeniti ac nobilis viri Bele ducis Sclavonie nati dictorum regis et regine, nec non prelatorum et baronum supradicti regni et regine prefate regia liberalitate donavit, prout in patentibus litteris regis eiusdem confectis exinde plenius dicitur contineri. Quare pro parte dictorum regis et regine petebatur a nobis, ut donationem huiusmodi, non obstantibus constitutionibus contrariis etc. in hoc casu donationem ipsam, sicut alias provide facta est, ratam et firmam habentes, eam non obstantibus huiusmodi constitutionibus auctoritate apostolica duximus confirmandam. Quocirca discretioni tue mandamus, quatenus dictam reginam non permittas super premissis contra huiusmodi confirmationis nostre tenorem ab aliquibus indebite molestari, mo-

lestatores huiusmodi etc. Datum apud Urbem veterem idibus iulii, pontificatus nostri anno tertio.

*Theiner Mon. Hung. I. no. 495. str. 272. Iz reg. orig. an. III. ep.
1812. Tom. III. fol. 336. — Ripolli Bullar. praedic. I. 144. — Fejér
Cod. dipl. IV. 3, 237. — Potthast Reg. pont. no. 18.979. — Kukuljević
Reg. no. 866.*

799.

1264, 19. jula. U Cittavechii.

*Urban IV. papa o biskupiji bosanskoj, da bi se pokoriti imala ka-
ločkoj nadbiskupiji.*

Urbanus . . . . dilectis filiis . . . . abbati sancti Martini de
sacro monte Pannonie . . . . . decano . . . . et thesaurario ecclesie Ves-
primiensis et Jauriensis dioceses salutem et apostolicam benrdictionem. Ex
parte venerabilis fratris nostri . . . episcopi Bosnensis fuit propositum
coram nobis, quod, quum dudum ecclesia Bosnensi vacante, etiam lapsa
erat, peccatis exigentibus in hereticam pravitatem, Ragusiensis archiepiscopus eo tempore ecclesie metropolitanus ibidem quemdam he-
reticum in episcopum prefecisset, ibidem in eodem crimine ad eodem
pervenerit, quod tam ipse quam eius subditi huiusmodi erant labe
respersi, quodque in ecclesiis civitatis et diocesis Boznensis officia non
celebrabantur divina, scienter tolerasset, eundem bone memorie Jacobus
Prenestinus episcopus tunc in illis partibus apostolice sedis legatus,
cognito legitime de tante ipsius archiepiscopi temeritatis excessu, prefatam Bosnensem ecclesiam Ragusiensi ecclesie, cuius erat suffraganeus,
exigente iustitia, subtrahens, ipsam ab eius subiectione ac iurisdictione
prorsus exemit. Postmodum vero bone memorie predecessor venerabilis
frater noster archiepiscopus Colocensis primo ac demum idem archiepiscopus huiusmodi negocium ex animo assumens, quum Colocensis
ecclesia in civitate et diecesi Bosnensi iurisdictionem habeat temporalem,
ad extirpandam exinde pravitatem predictam, cum mfultis diversis temporibus exercitibus construendo et reficiendo in locis idoneis castra pro
defensione ipsius Bosnensis ecclesie tuitione fidei et hereticorum exstir-
patione, non sine magno expensarum onere et personarum periculo la-
borarunt. Unde quum eadem terra purgari a pravitate predicta nequeat
sine magno auxilio ecclesie Colocensis et Ragusiensis ecclesia in huiusmodi labem lapsa dicatur, prefatus episcopus et etiam carissimus in
Christo filius noster (Bela) rex Hungarie illustris nobis cum instantia

supplicarunt, ut predictam Boznensem ecclesiam eidem Colocensi ecclesie subiicere paterna sollicitudine curaremus. Quia vero in tanto negocio absque magna deliberatione ac maturitate procedere nolumus nec debemus, mandamus, quatenus inquiratis super hiis diligentius veritatem et quod inveneritis nobis fideliter rescribatis, ut exinde per vos instructi, quod expedire viderimus, disponamus. . . . . . Quodsi . . . . . Datum apud urbem Veterem XIV. kalendas augusti, pontificatus nostri anno III.

Pray Hier. P. II. 425. — Katona Hist. cr. VI. 430. — Fejér Cod. dipl. Hung. IV. 3., 217—218. — Potthast Reg. Pontificum II. 1537. no. 18.990. Vidi sv. IV. br. 285 ovoga zbornika, gdje se radi o istom predmetu.

800.

1264, 25. augusta.

Nikola knez kalnički uvadja Leustaka sina Vidova u posjed nekih zemalja zvanih Preznica u kotaru kalničkom.

Bela dei gracia Hungarie, Dalmacie, Croacie, Rame, Seruie, Gallicie, Lodomerie, Cumanieque rex omnibus presencium noticiam habituris salutem in omnium saluatore. Ad vniuersorum tam presencium quam futurorum noticiam harum serie uolumus peruenire, quod comes Leustachius filius comitis Vyd de Copulch ad nostram accedens presenciam exhibuit nobis litteras magistri Nicolai comitis de Kemnuk hunc tenorem continentes: Excellentissimo domino suo Bele dei gracia illustri regi Hungarie magister Nicolaus comes de Kemnuk desiderium cum omni fidelitate seruiendi. Nouerit uestra celsitudo, quod terram castri de Kemnuk, Preznicha uocatam, quam michi precepistis assignare et statuere Leustachio, eandem terram unacum iobagionibus castri, scilicet: Bud(i)uoy, Petrus, Zolat, Woyn et Bark, ac Martino filio Vatasa, Martinoque comite terrestri et populis super ipsa terra residentibus, uidelicet sex mansionibus, reambulauit et assignauit dicto Leustachio, nullis contradicentibus, cum tribus uineis in eadem terra existentibus. Et eadem terra est in comitatu de Kemnuk, cuius prima meta incipit ab ortu solis de terra castri a supercilio montis ubi est arbor sorbelli, inde directe contra occidentem de monte descendendo cadit in uallem et per uallem descendendo uenit ad piscinam filiorum Jone comitis et iuxta ipsam piscinam ex parte septemtrionis descendendo uenit in pirum, inde cadit in fluuium Preznycha uocatum, ubi est pons et portus, ubi declinat contra septemtrionem et per eundem fluuium ascendendo uenit in uallem, que descendit ab occidente, ubi de fluuio exiens et per uallem contra occidentem procedens uenit in cerasum, inde ad supercilium montis ascendens uenit in kercum(!) in qua est crux, inde directe contra occidentem in montem ascendendo uenit in uiam et per illam tendens uenit in aliam uiam ad terram generacionis Hudyzlai, ubi declinat contra septemtrionem et directe per uiam procedens uenit in pirum, inde uenit in aliam pirum, ubi declinat uersus orientem et per ueterem uiam iuxta uallem procedens uenit in cerasu n, inde uenit in unam semitam, inde uenit in magnam uiam et per illam directe contra orientem procedens uenit in unam semitam, inde uenit in arborem iorfa(!) uocatam, inde cadit in fluuium Preznicha uocatum, ubi est portus, de portu autem exiens contra orientem in montem ascendens uenit in pomiferium, inde per antiquam uiam contra orientem procedens ascendit in montem ubi est arbor gurtanſa uocata, ibi declinat contra meridiem et directe per uiam iuxta terram castri procedens uenit in arborem sorbelli ad primam metam et ibi terminatur. Nos itaque seruicia ipsius Leustachii, que nobis unacum Rolando bano tocius Sclauonie, domino suo impendit, ascendentes predictam terram Preznicha eo maxime, quia idem Leustachius ipsi castro utilis habebatur, eidem Leustachio auctoritate presencium confirmauimus . . . . possidendam. In cuius rei memoriam firmitatemque perpetuam presentes concessimus litteras duplicis sigilli nostri munimine roboratas. Datum per manus magistri Farcasii electi in prepositum Albensem, aule nostre vicecancellarii, dilecti et fidelis nostri. Anno dominice incarnacionis millesimo ducentesimo sexagesimo quarto, VIII. kalendas septembris, regni autem nostri anno vicesimo nono.

Original u arkivu nadbisk. zagrebačke. Privilegialia. — Sa crvenih vrvca otpao pečat.

Tkalčić Monum. episcop. Zagrab. I. 129—130. — Wenzel Cod. dipl. Arpad. cont. XI. 537. donosi regest — Kukuljević Reg. no. 869.

801.

1264, 3. septembra. U Cittavechii.

Urban IV. papa izuzima samostan sv. Nikole od plateža neke svote, koju mu je nametnuo nadbiskup zadarski, podjedno ga oprašta za tri godine od raznih prinosa.

Urbanus episcopus seruus seruorum dei dilectis in Christo filiabus . . . . abbatisse et conuentui monialium inclusarum monasterio sancti Nicolai Jadrensis ordinis sancte Clare ad romanam ecclesiam nullo medio pertinentis salutem et apostolicam benedictionem. Ex parte

— 306 —

uestra fuit propositum coram nobis, quod cum nos nuper venerabili fratri nostro (Laurentio archi)episcopo Jadrensi et dilecto filio . . . . . . archi-presbytero Equilino, nostris sub certa forma dederimus litteris in mandatis, ut ipse uel eorum alter Laurentio nato nobilis uiri Jacobi Theupuli ducis Venetorum, uel procuratori suo eius nomine ab ecclesiis et monasteriis Jadrensis et Feldrensis, ac Belunensis ciuitatum et diocesis exemptis et non exemptis faceret ea uice dumtaxat in centum libris imperialium pro emendis sibi libris, in quibus studere ualeat per se uel per alium seu alios prouideri, contradictores per censuram ecclesiasticam appellatione postposita compescendo, dictus archiepiscopus uos monuit auctoritate huiusmodi litterarum, ut quandam huiusmodi pecunie quanti-tatem, quam pretextu prouisionis huiusmodi uobis imposuit, dicto Laurentio solueretis. Vnde nobis humiliter supplicastis, ut cum uix habeatis unde possitis comode sustentari, prouidere in hac parte uobis de benignitate solita curaremus. Nos igitur paternum circa uos, quas reddit muliebris sexus fragilitas inbecilles, gerentes pietatis affectum nosque propter hoc et monasterium uestrum ab huiusmodi predicti Laurentii prouisione auctoritate presentium eximentes eadem uobis auctoritate concedimus, ut ad contribuendum in procurationibus legatorum seu nuntiorum apo-stolice sedis siue in exactionibus uel collectis aut prouisionibus seu subsidiis quibuscumque usque ad triennium minime teneamini, nec ad id compelli possitis per litteras dicte sedis uel legatorum aut nuntiorum ipsorum, nisi ipsius sedis littere plenam et expressam fecerint de pre-sentibus et uestro ordine mentionem. Nos enim ex nunc omnes inter-dicti, suspensionis et excommunicationis sententias, si quas propter hoc in uos uel uestrum aliquam seu aliquas aut in dictum monasterium promulgari contigerit, irritas decernimus et inanes. Nulli ergo omnino hominum liceat hanc paginam nostre exemptionis, concessionis et con-stitutionis infringere uel ei ausu temerario contraire. Si quis autem hoc attemptare presumpserit, indignationem omnipotentis dei et beatorum Petri et Pauli apostolorum eius se nouerit incursurum. Datum apud Vrbem ueterem III. nonas septembris, pontificatus nostri anno tertio.

Original u gubern. arkivu u Zadru, odio samostana sv. Nikole br. 42. — Pečata nema.

802.

1264, 3. septembra. U Cittavechii.

Urban IV. papa moli dužda Rajnera Gena, da zapovijedi knezu zadarskome, neka ne smeta gradnju samostana sv. Nikole.

Urbanus episcopus seruus seruorum dei dilecto filio nobili uiro Raynerio Geno duci Venetorum salutem et apostolicam benedictionem. Ex parte dilectarum in Christo filiarum . . . . . abbatisse et conuentus monialium inclusarum monasterii sancti Nicolai Jadrensis ordinis sancte Clare ad romanam ecclesiam nullo medio pertinentis fuit nobis humiliter supplicatum, ut cum ipse quedam edificia pro clausura ipsius monasterii non modicum oportuna, sine quibus monasterium ipsum iuxta statuta ipsius ordinis compleri non posset, construere ceperint non sine magnis laboribus et expensis et nobilis uir (Antonius Superantius) comes Jadrensis, qui per te hoc tempore presidet Jadrensis gubernaculis ciuitatis, edificia ipsa pro sue uoluntatis libito construi et erigi non permittit, partes nostras apud te. quem sciunt nostrum et ecclesie romane deuotum et in pietatis operibus delectari, super hoc interponere de benignitate solita curaremus. Cum igitur illam geramus de tua sinceritate fiduciam, ut speremus, quod preces nostras et presertim illas, quas pro religiosis personis et locis tibi dirigimus, libenter studeas adimplere, nobilitatem tuam rogandam duximus attentius et hortandam, in remissionem tibi peccaminum iniungentes nichilominus, quatinus predicto comiti ob diuinam et nostram ac apostolice sedis reuerentiam per tuas iniungas litteras, ut nullum eisdem abbatisse et conuentui in premissis edificiis impedimentum uel obstaculum interponat, qui immo prebeat eis oportunum in hac parte consilium et fauorem. Taliter igitur preces nostras super hoc adimpleas, ut deuotionis tue promptitudinem dignis exinde in domino laudibus merito commendantes condignis illam gratiarum actionibus prosequamur. Datum apud Vrbem ueterem III. nonas septembris, pontificatus nostri anno tertio.

Original u gubern. arkivu u Zadru, odio samostana sv. Nikole br. 37. — Pečat manjka.

803.

1264, 7. oktobra.

*Bela kralj ugarski i hrvatski daje sloboštine braći Kresu, Raku i
Kupiši i opisuje njihove zasluge.*

Bela dei gracia Hungarie, Dalmacie, Croacie, Rame, Seruie, Gallicie,
Lodomerie, Comanie, Bulgarieque rex omnibus Christi fidelibus presens
scriptum intuentibus salutem in eo a quo triumphi largiuntur gloriosi,
qui in se credentibus tocius orbis regibus marchionibusque et potestatibus
prebuit feliciter regnare et dominari. Regie excelse sublimitati ex innata
sibi liberalitate conuenit, omnium nacionum pariter et linguarum gentes,
sibi semper subiectiue adherentes, de eorum multitudine gratulari et
eosdem taliter prouidere, vt vniuersi amplius uiuentes et superuenientes,
eorum felici exemplo immitando, ad summe fidelitatis opera exercenda,
arccius frequenciusque immitentur et eosdem audacius animent ad similia exhibenda, illis quoque, quos pro suis honoribus commodisque
et prosperis profectibus fama celebris feruencioribus detestatur studiis
desudasse, digno meritoque dexteram sue munificencie affluencius elargiri
et ea, que ex voto sincere benignitatis fauorabiliter conceduntur et donantur, ius appetit, ordo expostulat, racioque iusta exquirit, vt suarum
lucidarum litterarum serie debeant exordiri, ne lapsu temporis cala-
mitate exurgente, ex hinc incommoda irritentur, oculis graciosis intueri
et ad memoriam posterorum extremitatum perpetuam, litterarum patrocinio debeant commendari. Proinde ad vniuersorum tam presencium
quam futurorum noticiam harum serie uolumus peruenire, quod cum
humani generis sordidis sceleribus preualentibus, multitudo inestimabilis
rabide gentis Thartarice, ex afluenti indignacione trium machinarum
domini plasmatoris nostri, per climata tocius regni nostri perfusa, se-
uerrime vlciscendo fuisset et nos una cum fidis primatibus et egregiis
nobilibus nostris extra monarchiam nostram, vsque ad littora pontus
acrissime persequendo, in quandam maritimam insulam Vegle contiguam,
repellendo coercugisset (!), de qua eciam vi extrahere satagentes, per
uaria naufragia et deriuatiua ingenia beluina, in nos et exercitum nostrum
irruere et caput nostrum regium truncari, aut nos in miserabile iugum
paganissimum traducere conasset, vbi in quodam turbinoso inuasionis
afflictu, nobis hinc inde trepide dilatando, imminente euentu, perpetuo
diuino anathemati dato, circumquaque multitudine pugnatorum gencium
ipsorum Tartarorum obsessi, in vniuersis mdj (!) (huiusmodi?) tam nouis
insultibus, asperrimis iaculis, crudelium verberum ictibus, afficiendis
gladiis feriunt turmas nostras, sagittas lanceasque suas inebriant sanguine

occisorum, vndique vt muro obstructi, aut pisces in gustro comprehensi, incommodissimis verberibus strictissime afflicti, vt nec antea procedere et nec fuge locum habere poteramus, vbi inter nostros et ipsos
Tartaros seruato interuallo, nostrorum funera, plusquam vltimum capitis
nostri exterminium, more Rachelis, iugulo alta ad dominum intensius
suspiria fundebamus, Kyrie eleyson et protector noster aspice deus!
gementes exclamabamus, vitam nostram et nostrorum summo desiderio
a mortis impetu arccius euitare cogebamus, iam elisi et preceps pre-
cipiti, terribilem necem in momento expectabamus. Pater tandem ineffabilium misericordiarum et dominus pie consolacionis, in quo spes est
omnium fidelium, oppitulando sue dextere virtutem porrigere dignatus
est, e(!) excelsi angulo suo iube dicente et quasi de nube Olimphi(!)
a Paraclito missi, tres indoli vires iuuenes, Kres videlicet, Cupissa,
nec non Raak vocati, de Sirimio oriundi, vt fortes atlete, cum triginta
octo fortissimis pugnatoribus fratribus et consaguineis suis, fulcitis
optimo militari apparatu, a nobis non postulati nec stipendiarii salario
appreciati, sed tanquam fidelissimi Christicoli, in nostram regiam fiduciam,
illico nostro lateri adherentes, ad gratissimum votum nostrum regium,
contra asperrima agmina et pugna dictorum Tartarorum, militari brachio
viriliter se contulerunt pugnaturos, caput nostrum regium, prius quam
sua propria, fideliter eliberando. Hinc inde per acies et propagulas,
cum eorum caterua ipsos Tartaros in ore ensium feritando, vbi acies
forciorum pugnatorum persenserunt, illac se feruencius contulerunt pu-
gnaturi, banderium nostrum regium, in giro fidelium nostrorum auli-
corum trepide tenencium, ad honorem et perpetuum incrementum nostrum
regium et tocius regni nostri feliciter reseruando. Interea vnum mi-
rabilem artificem, pre omnibus forciorem et acriorem secacem, diligenti
habito clanculo, predictus Krez, tenso suo arcu, sua accutissima sagitta,
simul ambos suos effixit oculos et coram oculis nostris regiis viuum in
carinam proiecit maris. Rursus in alios secaces et pugnatores audacius insultando et eosdem illac et istac, vt iumenta in ore gladiorum,
subtus pedes eorum in terram calcando et vt ancas in piscinam, per
littora pontus transpassim trucidando, illico volente altissimo, qui solus
cuncta preordinat, resumptis viribus, ad refulciendum et corroborandum
animum nostrum regium cum vniuersis primatibus et aliis gentibus
nostris acrius in opem et nostre persone in salubriorem remedium,
iterum in ipsos Tartaros asperrime vt imbres pluuiarum irruendo et
eosdem translacius, vt flamen exordio voragini, trans litus et vltra,
vsque fluuium Kerka et ad Brescha transparsius sunt transfugati et
nos exinde ad salubriorem processimus remedium, vota nostra altissimo
in eternum aspirando, vbi annotati fideles nostri Krez, Cupissa et Raak,

reuerissime tanta nobis et regno nostro et sacre nostre corone fidelissima
exhibuerunt exequia, quantum caput nostrum regium preualebat. Que
licet pre tedio legencium misimus silencio, sed quantum tocius Christiane
religionis vna valuit zona, pro quibus nedum latam vel largam terram
sed dignum dicere, vnam partem vnius comitatus, vel honoris nostri regii
in regno nostro, a nostra perpetue mererentur obtinere maiestate, nam
et ipsi Krez, Cupissa et Raak in huiusmodi ipsorum agilibus certaminibus
et preliis non parua ad capita et humeros eorum letalia tulerunt wlnera
et viginti quinque fratres et proximos eorum vita miserunt exutos. Nichilominus tamen, vt in aliqua parte suorum fidelissimorum obsequiorum
et sanguinis effusione, ac fratrum et proximorum suorum nece mi-
serrima, nec non expensarum plurima onerositate, a nostra maiestate
benigne se agnoscant remunerati, hanc eisdem Krez, Cupissa et Raak
prebuimus graciam et liberatem, vt a modo in eternum, illibati nobiles
et veri aulices regales censeantur et cuncta militaria preludia ante conspectum nostrum regium et alias vbiuis facere valeant et possint. Quocirca
quasdam spaciosas terras nostras regales, vnam videlicet contiguam terre
monasterii sanctissime et intacte dei genitricis Marie in Topolzka, aliam
in contiguitate terre generacionis Salach, reliquam in contiguitate terre
generacionis de Resnyk vocatas omnes in comitatu Zagrabiensi sitas et
habitas, per venerabilem virum magistrum Farkasium ecclesie Albensis
prepositum, aule nostre cancellarium, fidelem et dilectum nostrum, a
nostra maiestate specialiter ad hoc deputatum, reambulatas et separatim
ab aliis possessionatis hominibus metaliter distinctas et segregatas et
vnam quamquam in suum girum confertas, ac omnibus commetaneis
et conuicinis earundem terrarum, palam et publice, ac lucide et manifeste
denunciatas et designatas, cum omnibus ipsarum terrarum vtilitatibus
et pertinenciis integris, ac fructuositatibus vniuersis, quouis nomine et
vocabulo censitis et designatis, prenominatis fidelibus nostris Krez, Cupissa et Raak de predicto Sirimio et eorum heredibus heredumque
successoribus et posteritatibus vniuersis, de consilio et beneplacita voluntate prelatorum et baronum ac procerum regni nostri vniuersorum
prematuro, dedimus, donauimus et contulimus, imo damus, donamus et
perhenniter conferimus et hiis scriptis nostris eisdem tenendas, gaude-
andas(!) et possidendas perpetue et irrevocabiliter, patrocinio mediante
confirmamus. Exinde quoque vniuersorum successores nostros felices
reges Hungarie, in Christo rege sempiterno deuotissime obsecramus, vt
hec nostra liberalis donacio et perhennalis confirmacio, prenominatis
fidelibus nostris Krez, Cupissa et Raak, ac eorum cunctis posteritatibus,
perpetue indemniter et illesa ac in omnibus suo modo obseruata valeant
perdurare. Ita et enim ac eo modo seruicia eorundem Krez, Cupissa

et Raak, ac eorum cunctorum posteritatum, de predictis terris nobis et nostris successoribus regibus Hungarie perpetue vigeant et per eosdem in eternum administrari debeant et teneantur, vt dum et quando generalis ac communis regni exercitus ad confinia eiusdem regni, aut alias contra partes et emulos proteruos pro defensione proclamatus fuerit et nos aut ceteri successores nostri reges propria accederimus vel accederint persona, extunc prenarrati nobiles nostri Krez, Cupissa et Raak, aut (!) eorum posteritates, dum per banum aut capitaneos vel belliductores regios admoniti fuerint, semper tribus equitibus faretrariis, in eorum propriis sumptibus, ad quindecim dies, sub banderium regium parere parati sint et teneantur, transactis vero ipsis quindecim diebus, semper in nostro aut ceterorum regum vsuali stipendiali salario et sumptibus, quo eisdem nos aut ceteri reges, aut bani vel capitanei aut. regii belliductores, demandauerint, accedere et dummodo talis exercitus ad propria rediuerit, famulari debebunt et tenebuntur. Decimas autem eorum, dum predictas terras ipsorum gentibus apopulauerint, ex tunc ipsi et iobagiones ipsorum decimas in prouincia monasterii sanctissime dei genitricis virginis Marie in Thopolzka vsuales et consuetas tempore suo soluere et administrare teneantur. Iudicia quoque et vniuersas causas eorum iusticiarias, (semper) in sede comitatus Zagrabiensis, ad instar aliorum nobilium eiusdem sedis prosequi, actitare et actitatas obseruare teneantur. Alias enim vniuersas et quaslibet causas iusticiarias iobagionum ipsorum, que in eorum territoriis et inter eosdem iobagiones ipsorum quomodocumque continguntur, homicidia, violencie, furticinia et alia queuis secularia vicia, omnes annotati nobiles Krez, Cupissa et . Raak, ac eorum posteritates in eorum sede quacunque feria ebdomadali per eosdem legitime prefixa iudicare et vniuersos maleficos rusticos, iuxta eorum excessus punire et quecunque birsagia, ad maius tres marcas et penam pacis centum denarios vsuales, medietatem prefati nobiles, aliam medietatem iudices ipsorum, per eosdem legitime pro tempore constituti, tollere et per se rumpere valeant atque possint. In cuius donacionis et perhennalis confirmacionis memoriam firmitatemque perpetuam concessimus has litteras nostras priuilegiales, dupplicis sigilli nostri in appensione munimine roboratas. Datum per manus venerabilis viri magistri Farkasii, Albensis ecclesie prepositi, cancellarii, nostre maiestatis dilecti et fidelis nostri. Anno incarnacionis dominice millesimo ducentesimo sexagesimo quarto, nonas octobris, regni autem nostri vigesimo sexto(!).

Očevidni falzifikat.
Privilegij ovaj potvrdiše tobože kralj Ljudevit I. 1364., onda kraljevi Vladislav II. 1499., Ljudevit II. 1519., Ferdinand I. 1548., Maksimilijan

II. 1571. i Rudolf II. 1583. — Original ove potonje potvrde u kr. ug.
drž. arkivu u Budimu DL. 36.107. u bivšoj zbirci Kukuljevićevoj.

Kercselich Hist. eccl. Zagrab. 329. — Kaprinai Coll. dipl. T. II. 50.
sqq. — Fejér Cod. dipl. Hung. T. VII. v. 3., 49. sqq. »transumpsit ex
archivo comitum Erdödy«. — T. IV. v. 2., 409—412. »e coll. dipl. Kaprinai
T. II. 50«. — T. IV. v. 2., 522—526. »suplementum e copia authentica con-
firmationalium Rudolfi II. Georgii Gyurikovics«. — T. IX. v. 2., 316—317.
Potvrda Ljudevita I. od 1364. — Kukuljević Jura regni I. 74. »ex tran-
sumptis in comitatibus nobilium Krešić seu Krašić et Kupšina seu Kupčina,
descendentium a supranominatis Krcs et Kupiša, asservatis« (od g. 1548.).
— Kukuljević Borba Hrvata s Mongoli i Tatari 107—111. — Kukuljević
Reg. no. 870.

804.

1264, 29. oktobra. U Trogiru.

Kolumban biskup trogirski sa magistratom po zapovijedi pape Urbana
IV. prodaje zemlje dane Malobraćanima, da im uzmogne kupiti
zgodno mjesto, gdje bi se namjestili.

In dei nomine amen. Anno eiusdem a natiuitate millesimo ducentesimo sexagesimo quarto, indictione VII., die mercurii, tertio exeunte
mense octubri. Tempore domini Columbani uenerabilis Traguriensis episcopi, incliti uiri domini Rolandi comitis et totius Sclauonie bani et dominorum Valentini de Kasariz et Luce Petri iudicum Traguriensium.
Premisso primitus et apposito tenore litterarum sanctissimi patris domini
Urbani summi pontificis super hac uenditione facienda secundum tenorem
ipsarum litterarum a nobis fratre Columbano episcopo Traguriensi de
rebus et terris et uineis, ac possessionibus infrascriptis bonorum quondam Dese Luce, quarum litterarum tenor hic est.

(Slijedi listina pape Urbana IV. od 8. januara 1264.)

Et uiso et considerato a nobis tenore dictarum litterarum et uiso
etiam tenore testamenti dicti Dese de consensu et assensu procuratorum,
seu comissariorum bonorum dicti Dese ad hec presentium et etiam de
consensu fratris Rainerii guardiani dicti loci Traguriensis dicti ordinis
Minorum ad hoc presentis. Nos frater Columbanus episcopus dictus,
auctoritate dicta a sede apostolica nobis data, uobis Valentino et
Cebbri filiis quondam Petri Luce pro duabus partibus et Luce Mathei
Luce pro tertia parte ementibus pro uobis uestrisque heredibus infrascriptas res, terras, uineas et possessiones mobiles et immobiles bonorum
quondam dicti Dese cum omnibus earum omnium et singularum im-

mobilium pertinentiis et iuribus et actionibus et introitibus et exitibus
ipsarum rerum immobilium et cum omni iure et actione usu, seu requisitione ex eis, uel pro eis guardiano et fratribus dicti loci Traguriensis
uel nobis pro eis competenti et competituro nomine dictorum guardiani
et fratrum dictorum dicti loci uendimus, largimur, damus atque tradimus
ad habendum, tenendum, utendum, possidendum, uendendum, uel alteri
permutandum, dandum, uel concedendum, aut quidquid uobis, uestrisque
liberis et heredibus placuerit perpetuo faciendum. Sunt enim res et
possessiones, terre et uinee iste. Inprimis terra et uinea Vulcotte, que
est quatuordecim ueretenorum posita supra sanctam Martam prope terram heredum domine Marie de Cegha. Item terra ad Arcam, que est
septem ueretenorum et tertium prope terram domine Stane Munnii ab
occidente et terra de Crisize, que est uiginti duo ueretenorum et tertium
prope terram Marini ab austro. Item terra septem ueretenorum et tertium
ad Crisize prope terram Jvi Valentini et terra ad terminos que est sedecim
ueretenorum prope terram domine Helene. Item terra Deueritticis, que
est uiginti ueretenorum prope terram comitis Marini. Item terra ad
sanctam Mariam de Spiliano, que est decem et octo ueretenorum prope
terram Georgii de Cegha et terra posita ad murum, que est nouem
ueretenorum prope uiam publicam et terra ad Reciza, que est uiginti
ueretenorum prope terram quondam domini Desaccie. Item terra, que
dicitur Stanize in tribus locis, que est decem ueretenorum. Et terra que
est trium ueretenorum posita prope sanctam Martam et terra ad Sabize
et terra ad sanctum Georgium, que sunt sex ueretenorum inter ambas.
Et terra posita prope sanctum Stephanum de campo, que est sex ueretenorum. Et quedam terra, que est prope sanctum Laurentium de campo,
que est duorum ueretenorum et medii. Item terra ad Charbanum, que
est septem ueretenorum prope terram monasterii sancti Johannis. Et
terra ad sanctum Stephanum supra sanctum Stephanum prope terram Bastiani, que est duo ueretenorum. Et terra de ualli sancti Danielis, que
est undecim ueretenorum prope terram sancte Barbare. Et terra ad sanctam
Mariam de Esveraçe prope terram Petri Gracie, que est duo ueretenorum.
Et terra super Halenzana prope terram Sabbazoli, que est quatuor ueretenorum. Et terra ad Kertinum prope terram quondam Nusmari, que
nunc est tui Valentini et est quinque ueretenorum et tercii. Et alia terra
ad Kertine prope terram Dobromiri Sechene, que est quatuor ueretenorum
et terra ad Belançana, que est quatuor ueretenorum et medii prope terram
comitis Marini. Et alia terra ad Belanzana prope ortum tui Luce, que
est trium ueretenorum et tercii. Item due pecie terre, una prope ecclesiam
sancti Danielis et alia prope terram uxoris Roschi, que sunt inter ambas
octo ueretenos et medium pro indiuiso de terra posita ad caput Deumeis(!)

et aliam medietatem habet dominus Romanus. Item medietas pro indiuiso de terra que est cum comite Marino posita ad Diuulle, que medietas est sex ueretenorum. Et terra posita ad Turci,[1] que est duo ueretenorum prope terram domini Marisclaue Thome. Et medietas terre pro indiuiso posite ad Schernipoli, que terra est cum Elia Cebbri de Chasarize, que medietas est trium ueretenorum. Item pastinus ad Reciza, quem tenet filius Stanosii prope uineam Nicole Kalende, qui est uiginti ueretenorum. Et alius pastinus, quem tenet Dragosius cum Qualenne positus ad Reciza prope uineam dicti Nicole et est quadraginta ueretenorum. Et alius pastinus, quem tenet Marintius, positus ad Locchouin prope uineam Cerni Colocte, qui est uiginti ueretenorum. Et alius pastinus, quem tenet Dragossius, positus subtus sanctam Mariam de Spiliano prope uiam publicam et est sedecim ueretenorum. Item uinea ad Loquize prope uineam Elie Cebbri de Kasarize et est nouem ueretenorum. Item uinea de monticulo prope uineam comitis Marini et est uiginti ueretenorum. Item domus in Tragurio prope domum uxoris Georgii de Cegha. Item locus siue paratinea in Tragurio prope domum Crome. Item ducente et octoginta pecudes. Que quidem omnia precio mille et sexcentarum librarum Venetarum paruularum, quod precium totum confitemur et protestamur esse a uobis emptoribus bene et integre solutum et numeratum et receptum atque conversum in utilitatem dictorum guardiani et fratrum et dicti loci, secundum tenorem dictarum litterarum domini pape. Et in his omnibus renunciamus omni exceptioni non numerati et non soluti et non habiti precii dicti, ac non huius conuersi in utilitatem predictam, omnibusque aliis auxiliis et iuribus legum et decretorum et conditioni ex lege et sine causa et in facto et omnibus aliis quibuscunque nobis pro ipsis guardiano et fratribus dicti loci et ipsis guardiano et fratribus et loco dicto competentibus et competituris. Quas res omnes et singulas nomine uirorum emptorum constituimus, uos precario possidere, donec possessionem earum intraueritis corporalem, in quam intrandi licentiam et potestatem uobis omnimodam nostra auctoritate tribuimus, atque damus et etiam damus, concedimus, atque cedimus uobis omne ius, omnemque actionem realem et personalem, utilem uel directam dictis guardiano et fratribus et loco dicto et nobis pro eis in dictis omnibus et singulis competentem, uel competituram, uos omnes procuratores in rem uestram constituendo, ut possitis adversus quemcumque possidentem ex dictis rebus et possessionibus experiri, agere, petere, exigere et omnia et singula queque facere, que necessaria et expedire uidebuntur. Quam quidem venditionem et omnia et singula suprascripta promittimus per

---

[1] Ima biti: Tarci.

nos nostrosque successores nomine dictorum guardiani et fratrum et loci dicti perpetuo rata habere et obseruare, nec uenire contra aliqua ratione uel occasione, nec ipsarum occasione litem aliquam, uel molestiam uobis mouere, nec alteri pro uobis, uel facere de dictis omnibus rebus, neque de aliqua eorum uobis dictis emptoribus pro uobis uestrisque liberis et heredibus recipientibus, promittendo et si quid plus dicto precio res dicte ualent uel ualere possent, uobis inter uiuos et inreuocabiliter concedimus et donamus, facta subastacione per ciuitatem per preconem communis de dictis bonis et possessionibus dicti Dese uendendis. Verumtamen actum est inter dictum dominum episcopum et dictos emptores et adiectum est huic uenditioni de communi omnium emptorum uoluntate coram me notario et testibus, qui quidem dominus episcopus, aut aliquis pro dictis guardiano et fratribus, siue etiam ipsi guardianus et fratres minime te- neantur, nec debeant in aliquo ipsis emptoribus dictas res et possessiones ab aliquo defendere uel discalumpniari, immo dicti emptores remiserunt ipsi domini episcopo omne ius competens eis in dicta et pro dicta evictione, seu defensione. Actum Tragurii in domo dicti episcopi pre- sentibus his testibus ad hec (vocatis), uidelicet domino Jacobo archidiacono, domino Gervasio primicerio Tragurii, domini Jannicha Casiocti, domino Duimo de Cegha, Donato Saladini, Nicola Jacobi et Bertanno Marini.

(*Drugi rukopis*).

Ego Siluester de Urso examinator manum meam mitto.

(*Sig. not.*) Et ego Bonauentura Petri ciuis Ancone auctoritate domini pape notarius et nunc notarius communis Tragurii, his omnibus interfui et rogatus a dicto domino episcopo et a dictis guardiano et procura- toribus scripsi et publicavi.

Original u arkivu kaptola u Trogiru a. 1264. no. 16.
Farlati Illyricum sacrum IV. 347—349. — Wenzel Cod. dipl. Arp. cont. XI. 538—542. — Kukuljević Reg. no. 871.

805.

1264, 6. decembra. U Prelogu.

Rolando ban šalje pristava Gjuru Zinušu, da odredi medje medju Trnavom, zemljom župana Mogotka i braće njegove, te zemljom žu- pana Lancereda u Medjumurju.

R[olandus] banus tocius Sclauonie omnibus quibus presentes patuerint salutem et omne bonum. Vniuersitati vestre tenore presencium duximus significandum, quod cum comes Mogtk iobagio castri Z(a)ladiensis pariter

cum fratribus suis carnalibus Symone videlicet Jacobo et Egydyo Lanceredum comitem filium Buzad coram domino nostro Bela illustri rege
Hungarie super terra Tornaua in Draua Muracuz sita conuenissent et
idem dominus rex ipsam causam ad nostram examinacionem sine debito
decidendam transmisset, ut de more et consuetudine regni Sclauonie
approbata facere debebat, nos hominem nostrum Gregorium de Zynussa
pro pristaldo eidem Mogtk comiti et suis fratribus predictis, scilicet
Symoni, Jacobo et Egydyo ad citandum ipsum Lanceredum comitem ad
nostram presenciam duximus transmittendum. Verum cum partes prefate
coram nobis fuissent constitute, antequam in forma iudicii procederemus,
Lanceredus comes antedictus terram Tornaua antedictam, terram hereditariam Mogtk comitis et suorum fratrum antedictorum confessus est
esse et fuisse. Vnde nos auditis parcium proposicionibus et meritis cause
memorate consideratis ac pensata equitate eundem Gregorium de Zynussa
hominem nostrum cause antedicte pristaldum ad limitandam et secer-
nendam terram Tornaua iam notatam certis metis et terminis a terra
Lanceredi comitis transmisimus; qui ad nos pariter cum partibus sepedictis rediens retulit terram Tornaua tociens repetitam his metis a terra
Lanceredi comitis fuisse distinctam. Prima meta terre Tornaua incipit
a flumine Zaratka et ibi sunt due mete terree, quarum una Laurencii,
altera comitis Mogtk et fratrum suorum, hinc uenit uersus septemtrionem
ad duas metas terreas iuxta magnam uiam positas, quarum una Laurencii
altera Mogtk comitis et fratrum suorum, hinc itur in ipsa magna uia et
transeundo uenit ad alias duas metas terreas, quarum una Laurencii
altera Mogtk comitis et fratrum suorum, hinc per metas itur ad magnam
uiam aliam, iuxta quam sunt due mete terree, hinc uadit ad tertiam
magnam uiam iuxta quam sunt due mete terree et transeundo ipsam
magnam uiam uadit directe uersus septemtrionem ad quamdam arborem
populeam uulgo ieguenefa uocatam, binis crucibus signatam et subtus
terreis metis circumuallatam; ab hinc uenit ad arborem egverfa cruce
signatam et ab eadem arbore protenditur ad duas metas terreas, hinc
ad duas metas terreas antiquas in nemore positas, hinc uenit ad aquam
Ternaua (!) iuxta quam est frutex ilicis circumdata terrea meta, hinc
pertransit ipsun. fluuium Tornaua directe uersus septemtrionem et eundo
in longum uenit ad duas metas terreas antiquas; hinc uenit ad alias
duas metas terreas antiquas angulares, quarum una Laurencii altera
Mogtk comitis et fratrum suorum et ibi separatur a terra Laurencii et
conterminatur terree comitis Lanceredi; hinc uenit uersus orientem ad
duas metas terreas, quarum una Lanceredi comitis altera Mogtk comitis
et fratrum suorum, hinc uenit ad unum stagnum Churna malaca uocatum et in medio eiusdem est salix cruce signata posita pro meta, inde

uenit ad arborem ieguenefa uocatam cruce signatam, inde progreditur uersus meridiem et reflectitur ad aquam Tornaua supradictam, ibi separatur a terra Lanceredi comitis et commetatur terre Lexa, inde procedendo in longum per nemus uenit ad duas metas terreas, ab hinc ad magnam uiam ad duas metas terreas, quarum una Lexa, altera Mogtk comitis et fratrum suorum, hinc tendit per eandem uiam et uenit ad alias duas metas terreas, hinc parum pereundo uenit ad alias duas metas terreas, hinc per binas metas in tribus locis positas uenit ad quoddam stagnum antiquum et ibi separatur a terra Lexa supradicta, hinc per idem stagnum itur uersus meridiem et cadit ad fluuium Zaratka et ibi sunt due mete terree, hinc uenit superius in eodem fluuio Zaratka uersus occidentem et uenit ad duas metas priores et sic mete terre Tornaua antedicte terminantur. In cuius rei perpetuam stabilitatem litteras nostras contulimus Mogtk comiti et suis fratribus sigilli nostri munimine roboratas. Datum in Prilok in festo sancti Nycolay anno domini MCCLX° quarto.

Original u arkivu jugoslavenske akademije u Zagrebu: diplomata a. 1264. — U prorezu vrvca od crvene svile; pečat otpao.

Kukuljević Reg. no. 872.

806.

1264, 21. decembra. U Zadru.

Jurko i Stjepan sinovi Dešenovi, Jurman Prevoščević i Vukoša Slovinić, žitelji Paga, prodaju svoju zemlju samostanu sv. Nikole u Zadru.

In Christi nomine. Anno incarnationis eius millesimo ducentesimo sexagesimo quarto, mense decembri, die vndecimo exeunte, indictione octaua, Jadere. Temporibus domini Raynerii Çeni incliti ducis Venecie et magistri Laurentii venerabilis Jadrensis archiepiscopi, ac Antonii Superancii egregii comitis. Nos quidem Jurco et Stephanus fratres, filii quondam Desseni, Yuannus Preuosceuich et Velcoscius Slouinich, ciues Pagenses, cum nostris heredibus et successoribus per hoc presens scriptum facimus manifestum, quia damus, donamus, uendimus atque transactamus monasterio sancti Nicolay de Jadra ordinis sancte Clare quendam nostrum locum, cui de borrea est locus sancti Nicolay, de austro est uia publica, de corina(!) est domus cuiusdam hominis qui uocatur Lupus, de trauerso firmat in dom[o] Jacobiçi Longobardi et in domo Cerni fratris presbyteri Nicolay et in domo Drugani de Scemaua, tam subtus terram, quam supra terram, cum omnibus uiis et callibus suis, ac omni suo iure et cum plena uirtute et potestate uendendi, dandi, donandi, edificandi et secundum quod prefato monasterio de dicto loco placuerit faciendi, nemine sibi contradicente. Ob quam quidem dationem, donationem, uenditionem siue transactionem a te Bonnesegna, olim de Verona nunc habitatore Jadre ac procuratore monasterii antedicti, nomine ac uice ipsius monasterii recepimus libras denariorum venetorum paruorum viginti. Vnde cum nostris heredibus et successoribus dictum locum cum suis omnibus circumstanciis memorato monasterio sancti Nicolay ab omni homine excalumpniari et defensare debemus et tenemur super nos et omnia nostra bona habita et habenda in hoc seculo. Actum est hoc et firmatum coram his uocatis et rogatis testibus, scilicet Justachino de Palacio Brixiensi, Bogdano filio quondam Clamote et aliis.

(Drugi rukopis).

Ego Candi de Ragno examinator manum misi.

(Rukopis kao od početka listine).·

Ego Vitus sancte Marie maioris clericus et Jadrensis notarius interfui rogatus, ut audiui hanc cartam scripsi, roboraui et signo consueto signaui.

(Signum notarii).

Original u gubern. arkivu u Zadru, odio samost. sv. Nikole br. 45.

807.

1264, 23. decembra.

Bela kralj ugarski i hrvatski daje slobodu Tiburciju, budući bez djece, da može svoj posjed ostaviti komu hoće.

Bela dei gratia Hungarie etc. rex etc. quod fidelis noster magister Tyburcius . . . . . postulavit, ut cum liberorum solacio careat de possessionibus suis hereditariis, empticiis, donaticiis seu quocumque alio modo habitis et possessis, ac de rebus omnibus suis mobilibus et immobilibus liberam sibi daremus, cuicumque vellet ordinandi facultatem. Nos . . . . . ipsius servicia . . . . . ad memoriam revocantes ex gracia speciali duximus concedendum, ut idem de omnibus rebus et possessionibus suis liberam habeat cuicumque voluerit, cruciferis dumtaxat exemptis, disponendi facultatem . . . . . Anno domini 1264, decimo kalendas ianuarii, regni nostri anno XXVI. (!)

Act. mon. Garić fasc. 1. no. 2. — Po prijepisu Ivana Tkalčića, a mi ne nadjosmo originala, koji je bio u Zagrebu, a odnesen je s drugim komorskim spisima u Budimpeštu god. 1885.

808.

1264. U Čazmi.

*Pred kaptolom čazmanskim prodaje Nikola zemlju svoju svaku svo-
jemu Iliji.*

Nos capitulum Chasmensis ecclesie significamus omnibus presencium
per tenorem, quod constituti coram nobis personaliter ab vna parte
Nycolaus gener Bogdan, ab altera vero Elyas filius Bogdan pro se et
pro fratribus suis, videlicet pro Vrbano, pro Isep, Benedicto et pro
Endrey. Qui Nicolaus confessus est, quod terram suam sitam in Garyg,
cum qua idem Bogdan socer suus filiam suam dotauerat, ipsi Elye et
fratribus suis supradictis pro septem marcis, quas dixit, quod accepisset,
iure perpetuo et inreuocabiliter possidendam uendidisset. Cuius terre
mete, sicut nobis homo noster retulit, pacifice et quiete erecte sine
contradiccione omnium uicinorum et proximorum tales sunt. Prima meta
incipit ab orientali parte in uicinacione terre Stephk iuxta riuum Bacchyn,
ubi est meta terrea, inde ad occidentalem partem tendens uenit ad
arborem scilfa cruce signatam, inde in parua ualle ascendit ad magnam
uiam, per quam tendit ad septemtrionalem partem uersus ecclesiam
sancti Jacobi in magno spacio, inde ad unam uineam, ubi sunt due terree
mete, inde descendit in sicca ualle in Lypouch, ubi est meta terrea et
contra eundem Lypouch tendit ad septemtrionalem partem et inde
exiens uenit ad arborem fyzfa cruce signatam, tendens ad orientalem
partem in ualle, in fine cuius est meta terrea, inde transiens magnam
uiam sub uinea et uenit ad arborem tulfa sub qua est meta terrea, inde
descendit ad uallem Iztermechaga, inde ascendit in Beuh et uenit ad
arborem cherasi, sub qua est meta terrea, ubi uicinatur castrensibus,
inde descendit inter uineas ad siccam uallem, inde per eandem uallem
cadit in Bacchyn, ubi est meta terrea, inde uadit superius ad partem
meridionalem, inde tendens uenit ad priorem metam et ibidem terminatur. In cuius rei memoriam et robur nostras litteras contulimus nostro
sigillo communitas. Datum anno domini millesimo CC⁰LX⁰ quarto.

*Original s visećim pečatom o crno-žutoj svilenoj vrvci u arkivu obitelji
knezova Batthyány u Körmendu A. V. LI. no. 40.*

*Wenzel Cod. dipl. Arpad. cont. VIII. 109—110. — Kukuljević Reg.
no. 879.*

809.

1264. U Čazmi.

Pred čazmanskim kaptolom prodaju sinovi Vojinovi podložnici grada
Garića svoju zemlju Vučeti.

Nos capitulum Chasmensis ecclesie significamus omnibus presencium
per tenorem, quod constituti coram nobis personaliter ab una parte
Wlchete filius . . . . . [1] ab altera uero Voynch et Chuerk filii Voyn iobagiones castri de Garyg, qui et confessi sunt, quod unam particulam terre
ipsorum pro quinque marcis iam acceptis eidem Wlchete et suis per
eum successoribus uendidissent iure perpetuo possidendam. Ad quam
terram reambulandam pro signandis metis et erigendis misimus hominem
nostrum, qui ad nos tandem rediens metas ipsius terre pacifice et quiete
erectas, sine contradiccione omnium uicinorum et cognatorum, dixit esse
tales. Prima meta incipit ab oriente iuxta nemus, ubi est arbor egur
cruce signata et meta terrea circumfusa iuxta terram eorundem uenditorum per quod nemus uadit ad arborem tul cruce signatam et meta
terrea circumfusam; inde declinat ad magnam uiam iuxta quam sunt
due terree mete; ibi relinquens ipsam uiam tendit ad partes meridionales
et uenit ad arborem beretne cruce signatam et meta terrea circumfusam,
inde uenit ad fluuium Platerni ubi sunt due arbores, quarum una est
ihor et altera gyurtan cruce signate et meta terrea circumfuse, ibi uicinatur terre Drugan et terre Iwan; inde per eundem fluuium Platerni
iuxta terram dicti Drugan declinat ad partem occidentalem et per eundem
Platerni cadit in Chasmam, ibi reliquens terram Drugan uicinatur terre
magistri Moys; inde contra eundem fluuium Chasma uenit superius in
magno spacio ad arborem keures cruce signatam; inde iterum uenit
ad priorem metam et ibidem terminatur. In cuius rei memoriam et
robur nostras litteras contulimus nostro sigillo communitas. Datum anno
domini millesimo ducentesimo sexagesimo quarto.

Original s kojega visi na crvenoj svilenoj vrvci pečat u arkivu kne-
zova Batthyány u Körmendu A. V. L. I. no. 41.
    Wenzel Cod. dipl. Arpad. cont. VIII. 108. — Kukuljević Reg. no. 878.

---

[1] Potpuno izblijedilo u originalu i nečitljivo.

810.

1264. U Požegi.

Pred požeškim kaptolom zamjenjuje Matija od plemena bana Boriča zemlju svoju Podvršje za zemlju Nikole sina Dezislavova, zvanu Provča.

A B. C D E.

Capitulum ecclesie beati Petri de Posaga uniuersis Christi fidelibus tam presentibus quam futuris salutem et pacem in domino sempiternam. Gesta temporalium litterali memorie solent commendari, ne processu temporum certa possint dubiis commutari. Uniuersitatis vestre deuocioni tenore presencium duximus insinuandum, quod Nycholaus filius Dezyzlay ab una parte et Mathyas frater Zauyde de genere Borych bani a¹⁾ alia constituti coram nobis tale concambium inter se protulerunt ordinasse, quod prefatus Mathyas frater Zauyde quandam terram suam nomine Podwrs vicinam et conterminam terre antedicti Nycholay dederit et statuerit eidem Nycholao tam sibi ipsi quam suis successoribus in perpetuum possidendam. Memorata autem terra Podwrs talibus existit metis circumscripta, cuius prima meta incipit ab oriente a quodam fluuio nomine Hodal iuxta terram Nycholay et uadit per unam magnam viam uersus occidentem et incidit in fluuium nomine Lezkoa et per eundem fluuium ascendit uersus aquilonem et in ascensu per eundem fluuium peruenit ad duas metas ad quoddam berch et ab hiisdem(!) metis prope transit unam viam et deuenit ad unam metam et ab illa meta descendit per directum ad vallem in fluuium nomine Zqworch et per ipsum fluuium reflectitur et tendit uersus orientem et eundo per illum eundem fluuium supra mansionem Wolkar exit ad arbores duorum cerasorum declinans uersus meridiem et exinde uadit ad unum berch in quoddam virgultum, sub quo est una meta et deinde descendit in riuum nomine Doboka et deinceps per eundem riuum ipsa terra Podwrs est contigua et contermina terre sepedicti Nycholay et sic terminatur. E conuerso autem idem Nycholaus quondam terram suam nomine Proucha vicinam et conterminam terre Mathie supradicti eidem Mathie in concambium terre pretaxate dixit se dedisse similiter tam sibi ipsi quam suis successoribus in perpetuum possidendam; cuius terre mete per circuitum sunt tales. Prima meta incipit a terra ipsius Mathie in fluuio Proucha ab uno littore et uadit per unam viam uersus orientalem usque ad aliam viam s(cilic)et veterem que declinat uersus meridiem et ibi in commetaneitate cum terra Mathie tendit ad unum puteum et exinde uadit uersus occidentem ad litus, quod est in predicto fluuio Proucha et ibi est meta et ab eodem littore per ipsum fluuium terra Proucha existens comme- tanea terre Mathie sepedicti redit ad locum littoris in inicio nominati. Insuper autem idem Nicholaus pro equipollencia concambii addidit Ma- thie sepius nominato decem et nouem marcas. Vt autem huius con- cambii series perpetue firmitatis robur obtineat, nec unquam aliquo temporum ualeat in dubium reuocari, presentes litteras ad peticionem parcium concessimus nostri sigilli munimine roboratas, anno gracie M. CC. LX. quarto.

A B. C. D. E.

Original vrlo lijepo pisan, pečat na crveno-zelenoj vrvci je otpao, u kr. ug. držav. arkivu u Budimu M. O. D. L. no. 573. (Stara signatura N. R. A. fasc. 681. no. 3.)

Wenzel Cod. dipl. Arpad. cont. VIII. 113—4. — Desewffy Család 227—228. — Kukuljević Reg. no. 880.

811.

1264. U Čazmi.

Kaptol čazmanski uredjuje zemlje izmedju Nodulka i brata njegova Horvatina i župana dvorskoga Marcela u Garešnici.

Nos capitulum Chasmensis ecclesie significamus omnibus presencium per tenorem, quod Nodulk filius Tholomerii predialis de Guerzence pro se et pro fratre suo Horvatin coram nobis personaliter constitutus cum Marcello curiali comite suo et cum conprediaļibus suis rogavit nos in- stanter et intercesserunt eciam pro eodem idem Marcellus comes ac alii conprediales sui, quod metas terre sue separatas a vicinis certis metis inseri nostro privilegio faceremus, quia dicebant iidem prediales, quod quamvis ipsi filii Tholomerii eodem quo et ipsi gaudeant privilegio liber- tatis, tamen cum aliis privilegium domini regis accipere non potuissent inpediti etate pupillari, pro cuius et pro quorum iustis peticionibus mi- simus magistrum Gregorium concanonicum nostrum, qui ad nos tandem rediens metas ipsorum filiorum Tholomerii pacifice et quiete erectas coram vicinis et signatas tales esse dixit. Prima meta incipit a parte orientali in vicinacione Demetrii filii Deme et a vicinacione Martini in fluvio Preben, in quo tendens versus occidentem intrat in fluvium Katinna et per eundem transiens tendit superius et intrat in minorem Katinnam per quem venit ad metas terreas Johannis et Demetrii comitis. Abhinc

per metas terreas tendit versus occidentem in valle et intrat in minorem
fluvium Katinna in quo tendit superius versus aquilonem et venit ad
metam terream in Horh, in quo tendit ad montem et venit ad metam
terream, de inde ascendit superius et venit ad arborem horosth meta
terrea circumfusam. Inde venit ad caput vallis ubi est meta terrea, in
qua valle intrat in predictum fluvium Preben et venit ad metam priorem
et ita terminatur. In cuius rei memoriam et robur nostras litteras dedimus nostro sigillo communitas. Datum anno domini M⁰CC⁰LX⁰IIII.

*Iz originalne potvrde kralja Bele IV. od 1265. 10. aprila u arkivu
obitelji grofova Erdödya u Glogovcu.*

Cod. dipl. patrius VII. 92. no. 68. — Kukuljević Reg. no. 877.

· 812.

1264.

*Bela kralj ugarski i hrvatski potvrdjuje na molbu Vukine i t. d.
sinova Kurle (Corle) listinu bana Stjepana (od god. 1249.), kojom
im ovaj vraća zemlju Odru.*

Bela dei gracia Hungarie, Dalmacie, Croacie, Rame, Seruie, Gallicie,
Lodomerie, Cumanieque rex omnibus tam presentibus quam futuris
litteras presentes inspecturis salutem in omnium saluatore. Ad vniuersorum noticiam tenore presencium uolumus peruenire, quod Wylkina,
Mark et Miren filii(!) Kurla(!)[1] ad nostram accedentes presenciam obtulerunt nobis litteras Stephani bani tocius Sclauonie bone memorie
supplicantes, ut easdem nostro dignaremur priuilegio confirmare, quorum
quidem litterarum tenor talis est:

(Vidi listinu Stjepana bana od g. 1249. Vol. IV, 402. ovoga zbornika).

Nos igitur ipsorum precibus inclinati, easdem litteras de uerbo ad
uerbum presentibus insertas ipsis in possessione terre memorate, prout
referebant, constitutis auctoritate presencium confirmamus. In cuius rei
memoriam et perpetuam firmitatem presentes dedimus litteras dupplicis
sigilli nostri munimine roboratas. Datum per manus magistri Farcasii
electi Albensis aule nostre vicecancellarii dilecti et fidelis nostri, anno
domini MCC⁰ sexagesimo quarto, regni autem nostri anno vicesimo nono.

*Original u arkivu jugoslavenske akademije u Zagrebu: Diplomata
a. 1249. — Na listini visi nešto svilene vrvce crvene i žute boje; pečat
je otpao.*

Laszowski Spomenici Turopolja I. 17. — Kukuljević Reg. 580.

[1] U listini Stjepanovoj: Corla.

813.

1264. U Čazmi.

Kaptol čazmanski izmiruje braću u Moslavini radi jedne čestice Rastanica zvane.

Nos capitulum ecclesie Chasmensis significamus omnibus presencium per tenorem, quod constituti coram nobis personaliter, ab una parte Petrus filius Petri, ab altera vero Thomas filius Thome de Monozlov pro se et pro fratre suo Stephano, qui Petrus confessus est, quod de terra ipsius Thome Haraztanycha vocata antiquis metis circumdata unam particulam et mortem duorum hominum, videlicet Neschen et mortem filii Dragus, item vulnus unius hominis et destruccionem unius ville super ipso Thoma et fratre suo Stephano requisisset, que omnia . . . . Tandem ad talem conposicionem pacis devenissent, quod ipse Thomas cum fratre suo nominato pro ipsa terra requisita, quod sua sit, iuravisset et sic sibi et fratri suo et heredibus eorum iustificasset iure perpetuo possidendam, sed pro morte duorum hominum et pro vulnere unius hominis et pro destruccione unius ville ipse cum Nycolao filio Andree iuravisset, pro quibus omnibus idem Thomas ipsi Petro persolvit viginti marcas minus una coram nobis, qui Petrus obligavit se firmiter, quod nec ipsam terram, nec mortem illorum duorum hominum, nec vulnus unius hominis, nec destruccionem unius ville super ipso Thoma requireret, vel fratre suo, vel requirendi haberet aliquam facultatem, quam terram ipse Petrus in antiquis metis, quibus Thomas pater ipsius Thome possidebat, reliquit pacifice et quiete. In cuius rei memoriam et robur nostras litteras contulimus nostro sigillo communitas. Datum anno domini millesimo CC⁰ LX⁰ quarto.

Original, na kojem se vidi trag pečata, koji je visio o crvenoj i zelenoj vrvci, u arkivu obitelji grofova Erdödya u Glogovcu.

Cod. dipl. patrius VII. 93. no. 69. — Kukuljević Reg. no. 876.

814.

1264.

Stjepan mladi kralj daruje knezu Hazošu zemlju Nasvod u županiji vukovskoj.

Stephanus dei gratia iunior rex Ungarie, dux Transilvanus, dominus Cumanorum omnibus presentes litteras conspecturis salutem in domino salvatore. Regia pietas singulorum merita tenetur inspicere oculo pietatis et ipsos invitare ad fidelitatis opera muneribus donativis, ut eorum exemplo alii ad obsequia perpetue fidelitatis ardencius incitentur et solercius famulentur. Proinde ad universorum noticiam harum serie volumus pervenire, quod cum Hazos comes nobis et regno nostro a primevis etatis sue temporibus in multis seu diversis articulis fideliter servierit et indefesse, personam suam aut suorum fortune casibus exponere minime formidando. Nos in recompensationem servitiorum eiusdem, quamquam pro modico reputemus, quod ad presens agimus, respectu harum, que facere intendimus, eidem et suis heredibus heredumque successoribus terram Nazvod, que sicut per Both maiorem exercitus castri nostri de Wlko, quem ad reambulandam et inquirendam ipsam terram transmiseramus, intelleximus, fuit terra sine herede decedentium vexillum nostrum deferentium, vacuam tamen et habitatoribus carentem cum omnibus utilitatibus et pertinenciis contulimus perpetuo et irrevocabiliter possidendam. Et ne in posterum processu temporis per quempiam possit vel debeat in irritum revocari, presentes concessimus litteras dupplicis nostri sigilli munimine roboratas. Datum per manus magistri Benedicti prepositi Orodiensis aule nostre vicecancellarii, anno domini millesimo ducentesimo sexagesimo quarto.

Iz novoga dipl. zbornika F. Szechenya u fol. vol. I. 287—9. u narodnom muzeju. — Prepisano ovamo iz izvornika.
Fejér Cod. dipl. Hung. IV. 3., 202—203.

815.

1264.

Bilješka o jednoj listini.

Tenor enim vnius dictorum priuilegiorum ipsorum P. episcopi et Rolandi bani anno domini MCCLX⁰ quarto confecti per eosdem episcopum et banum de regio mandato terram comitis Lanchreti ad villam Zumbathel pertinentem, ne per suos vicinos et commetaneos occasione metarum impeteretur per metas in eodem conscriptas destinctam extitisse.

Originalna potvrda u originalu listine kralja Ljudevita od g. 1376. 28. februara u kr. ugarskom državnom arkivu u Budimpešti M. O. D. L. br. 73. Stara signatura N. R. A. br. 45.
Wenzel Cod. dipl. Hung. cont. XI. 533—5.

816.

1264. U Zagrebu.

Pred kaptolom zagrebačkim svjedoči se o prodaji zemlje Kolovrat.

Capitulum Zagrabiensis ecclesie omnibus presens scriptum inspecturis salutem in domino. Ad universorum notitiam harum serie volumus pervenire, quod constitutis in nostra presentia ab una parte Jacov et Stephk filiis Chualk et ab altera Radiha comite pro se et Stephano fratre suo, iidem Jacov et Stephk terram eorum nomine Colewrat constitutam iuxta terram Radiha comitis, confessi sunt se vendidisse eidem Radiha comiti et fratri suo Stephano prenotato iure perpetuo possidendam pro undecim marcis, quas se dixerunt ab eisdem plenarie recepisse; astiterunt etiam consanguinei venditorum predictorum, scilicet Sebule, Obrad et Ogko, venditionem factam sine contradictione qualibet approbantes. Prima vero meta terre vendite, sicut partes nobis retulerunt, incipit ab occidente in radice rivi Hotina, ubi cadit in Culpam, inde procedit versus meridiem et iuxta silvam venit ad arborem harazt et ibi habet duas metas terreas, inde iuxta eandem silvam procedit et venit ad alteram arborem harazt habens ibi duas metas terreas, inde procedit iuxta eandem silvam et tertio pervenit ad arborem harazt, habentem duas metas terreas, inde venit ad locum, qui Liget dicitur, secus quem vertitur ad orientem et venit ad locum, qui Birch dicitur et ibi habet duas metas terreas iuxta silvam, inde venit ad viam que dicitur Horuas, habens ibi duas metas terreas, inde venit ad vallem que est aput metas Radiha comitis, habens ibi arborem tulfa et duas metas terreas, versus septemtrionem terra emptitia cum silva Radiha comiti et Stephano remanente. In cuius rei testimonium presentes ad instantiam partium contulimus sigilli nostri munimine roboratas. Datum per manus magistri Michaelis lectoris ecclesie nostre, anno ab incarnatione domini M. CC. LX. quarto.

Thallóczy - Barabás Cod. Blag. 15—16. no. 8. — Kukuljević Reg. no. 875.

817.

1264. U Zagrebu.

Pred kaptolom zagrebačkim ustanovljuje se pravo na neku zemlju Tolcniću Valentinu.

[Nos capitu]lum [ecclesie Zagra]biensis omnibus presens scriptum inspecturis s[alutem in omnium saluatore. Ad noticiam] vniuersorum [harum] serie uolumus [peru]enire, [quod] constitutis [in nostra presencia] ab una parte . . . . ab altera [autem] Tolenig de Toplicha . . . . Mark Mor . . . . Mark . . . . omnibus consanguineis . . . . filiis . . . . ac eandem terram suam . . . . et . . . . renunciauit . . . . habebat uel habere . . . . in terra . . . . . . et heredibus suis heredumque successoribus facultatem contra prefatos filios Tolenig Valentinum et fratres eius et consanguineos eorum super pre-dicta terra questionem aliquam excitandi protestacionem faciens publice et solempniter, quod dicti filii Tolenig Valentinus et fratres eius et con-sanguinei eorum prefatam terram sine quorumlibet preiudicio debeant iure perpetuo possidere. In cuius rei testimonium presentes ad instanciam parcium concessimus sigilli nostri munimine roboratas. Datum per manus magistri Michaelis lectoris ecclesie nostre, anno ab incarnacione domini M^0. CC^0. LX^0. quarto.

Original vrlo izjeden od vlage u arkivu jugoslaveuske akademije u Zagrebu: Diplomata a. 1264. — Na listini visi crvena i zelena vlaknasta vrvca bez pečata.

818.

1264.

Pred Mojsem županom šomogjkim i varaždinskim Vojin pripadnik grada Podgorja prodaje zemlju svoju Zastobu Ladislavu.

Nos magister Moys comes Symygiensis et de Worosdino memorie commendantes significamus uniuersis, quod constitutis in nostra pre-sencia ab una parte Woyn filio Cherna de Rahcha iobagione castri de Podgoria pro se et pro fratre suo uterino Crascynch nuncupato, Wlcona filio Halapsa, Petyna filio Belyzlau pro se et Mark filio Jurse, Drucan filio Drasyzlav pro se et pro Misina filio Zlauetygh, Dobrona filio Stanizlau pro se et pro fratribus suis, videlicet Scausa, Dubryzlao et Hodilav, Zlabiuch filio Herenk pro se et Crysan fratre suo, Radus filio Wydona pro se et Wlchank filio suo, Durynk filio Wechedragh pro se et Draguan filio Raduna et pro Ladyzlao filio Prosigoy et ab altera Ladizlao filio Raduzlav pro se et patre et fratribus suis Bogdano scilicet et Dragus, iidem Woyn et ceteri presencialiter ex parte su[a] astantes pro se et pro illis de quibus respondebant, quorum nomina nominibus eorum su-

perius sunt annexa, terram illorum hereditariam, sicut dicebant, nomine
Zaztoba confessi sunt se uendidisse predicto Ladizlao patri et fratribus
suis supradictis et per ipsos heredibus eorum pro quindecim marcis quas
se dixerunt ab ejsdem plenarie recepisse in perpetuum possidendam.
Cuius terre meta, sicut in litteris Herborti comitis nostri de Podgoria,
quem ad inspiciendas metas terre iam dicte destinaueramus, contineri
uidimus, incipit sic. De fluuio Toplica ubi est meta terrea incipit et uadit
ad magnam viam ubi est meta terrea, inde uadit uersus occidentem ad
paruam uiam et exinde ueniendo transit fluuium Syn ad metam terream,
inde uenit ad quatuor metas terreas, que faciunt diuisionem cum vicinis
et vicinantur terre Mycov filio Cherne, exinde tendit uersus aquilonem
in berck et deinde uenit ad magnam viam et per eandem viam eundo
vicinatur terre Voyn ubi est meta terrea, abinde eundo per viam ad
orientem vicinatur terre Pryba filii Priba ubi est meta terrea et exinde
transeundo viam venit ad montem Vydunal ubi est meta terrea, exinde
procedens uenit et vicinatur terre dicti Priba et exinde venit uersus
aquilonem ad arborem gyrfa sub qua est meta terrea, deinde uenit ad
fluuium Rascha, ubi est meta terrea et per eundem fluuium venit in
eandem Toplicha, ubi uicinatur terre comitis Alexandri et per eundem
fluuium eundo iterum venit ad priorem metam, ubi terminatur. Vt autem
huius rei series tuta possit permanere, presentes contulimus litteras sigillo
nostro communitas. Datum anno domini M⁰. CC⁰. sexagesimo quarto.

*Original. u kr. ug. drž. arkivu u Budimpešti M. O. D. L. 33.211.
Stara signatura N. R. A. fasc. 441. br. 12. — Na crvenoj i zelenoj svilenoj vrvci visi dobro sačuvan pečat.*

Kukuljević Reg. no. 881.

819.

Oko 1264.

Bilješka jedne listine u Medjumurju.

. . . Alterius vero (privilegii) series in Prelak tercia feria post festum
sancti Nicolai sine anno emanati eosdem episcopum et banum de regio
mandato comiti Lanchreto in concambium terre sue, quam rex hospitibus
suis de Prelaak fecisset assignari terram Polona quinque aratrorum Elye
filii Laurencii sine herede decessi, item terram duorum aratrorum Laurencii
filii Myrk iobagionis castri Zaladensis, que ville Zumbathel a parte orientis
continguaretur, sub metis in eodem contentis statuisse enodabat.

*Originalna potvrda u originalu listine kralja Ljudevita od g. 1376.
28. februara u kr. ug. drž. arkivu u Budimpešti M. O. D. L. br. 73.
Stara signatura N. R. A. fasc. 516. br. 45.*

820.

1265, 14. januara.

*Bela kralj ugarski i hrvatski uredjuje odnošaje predijališta rovis-
čanskih prema županu.*

Bela dei gracia Hungarie, Dalmacie, Cr[oacie, Rame], Seruie, Gallicie,
Lodomerie, Cumanieque rex omnibus presentem litteram (cernen)tibus
salutem in omnium saluatore. Ad vniuersorum [tam presencium quam
futurorum] noticiam harum serie volumus peruenire, quod cum inter
Mark, Jurusam et Myruzlaum comites de Ryuche ab vna parte et . . .
. . . . . . prediales liberos, Hungaros videlicet et iobagiones castri de
Ryuche ex altera super denariis descensualibus comiti parochiali debitis
et su[per] . . . . . citacionibus ac iudiciis frequens discordia et multiplex
materia iurgiorum fuisset suscitata et assidua super hiis querimonia per
eosdem prediales et iobagiones castri ad nostras aures deuenisset, nos
finem litibus imponere cupientes, vt huiusmodi dissensionis et malignandi
materia vel occasio de ipsorum medio penitus euellatur, mediante venerabili patre Philippo archiepiscopo Strigoniensi, aule nostre cancellario,
dilecto et fideli nostro, cui status ac libertas predicte terre de Ryuche
plenius constabat ab antiquo, taliter super hiis duximus sentencialiter
ordinandum: Vt viginti quinque prediales supradicti tandumde soluere
debeant racione descensus ipsis comitibus de Ryuche pro tempore constitutis, quantum tunc soluebant, cum fuerunt numero sexaginta prediales,
videlicet septem marcas, secundum quod in priori nostro priuilegio eis
concesso continetur, nec aliquatenus ad maiorem solucionem per comites
de Ryuche compellantur, non obstantibus litteris vel priuilegio, si quas
eisdem comitibus de Ryuche medio tempore secundum tenorem libertatum predialium de Garyg [super] huiusmodi concessimus. Ceterum super
indebitis citacionibus et iudiciis, quibus se dicebant agrauari, taliter decreuimus, vt predicti comites [vel sui] officiales memoratos prediales et
iobagiones castri nec non populos eorundem in illis casibus, in quibus
iidem coram comitibus parochialibus astare . . . . non debeant, nec
ualeant iudicare, nisi associato sibi vno de tribus fidelibus nostris nobilibus Sclauonie, Incone videlicet comite filio Isaak, vel Farkasio filio
Tolomerii, aut Stephano filio Belus bani, nec sine testimonio capituli
vel loci conuentualis iidem prediales et eorum populi citari valeant ad
presenciam comitum predictorum. Premissa itaque pro tanto sic ordinari
et presentibus inseri volumus, quia manifestam causam suspicionis habuerunt contra comites antedictos, cum quibus pro reformacione libertatis

sue diucius in lite contenderunt. In cuius rei memoriam firmitatemque
perpetuam presentes memoratis predialibus et iobagionibus castri concessimus litteras duplicis sigilli nostri munimine roboratas. Datum per
manus magistri Farcasii electi in prepositum Albensem, aule nostre vicecancellarii, dilecti et fidelis nostri, anno domini incarnacionis millesimo
ducentesimo sexagesimo quinto, XIX. kalendas februarii, regni autem
nostri anno tricesimo.

*Iz originalne potvrde kralja Ljudevita od g. 1380. 26. juna u kr.
ug. drž. arkivu u Budimu M. O. D L. no. 581. (Stara sign. N. R. A.
fasc. 559. no. 29.)*

*Wenzel Cod. dipl. Arpad. cont. VIII. 124—5. — Kukuljević Reg.
no. 883.*

821.

1265, 27. januara.

*Bela kralj ugarski i hrvatski s privolom svoga sina Bele hercega
hrvatskoga daje Tomi i Ivanu i njihovoj braći zemlju Boliska, podložnika kalničkog, umrloga bez nasljednika.*

[B]ela dei gracia Hungarie, Dalmacie, Crouacie, Rame, Seruie,
Gallicie, Lodomerie, Cumanieque rex omnibus tam presentibus quam
futuris presentes litteras inspecturis salutem in omnium saluatore. [A]d
vniuersorum noticiam harum serie volumus peruenire, quod cum Bolosk[1]
iobagio castri nostri de Kemnuk heredum solacio destitutus de hac uita
non relicto filio decessisset, magister Thomas fidelis et familiaris notarius
noster et Johannes frater eiusdem paruulus noster ad nostram accedentes
presenciam a nobis instantissime postulauerunt, ut de terra eiusdem Bolosk
sine herede, ut premisimus, decedentis, eis de benignitate regia dignaremur prouidere. Nos itaque qui ex officio suscepti regiminis nostri equa
deliberacionis libramine meriri debemus merita singulorum, seruicia ipsius
magistri Thome et Johannis fratris ipsius que nobis a puericie ipsorum
primordiis in domo nostra commorando impenderunt poterantque impendere in futurum, non inmerito compensantes et volentes peticionibus
eorum occurrere regio cum fauore, ut ex hoc nostris seruiciis et beneplacitis ardencius ualeant inherere, terram predicti Bolosk totam cum
omnibus utilitatibus suis et pertinenciis vniuersis ab eodem castro de
Kemnuk seu iurisdictione castri eiusdem exceptam penitus et exemptam
iam dicto magistro Thome et Johanni ac aliis fratribus ipsius Cristophoro,
videlicet Paulo et Stephano ac eorundem heredibus heredumque ipsorum

[1] Pod br. 827 u drugoj originalnoj povelji dolazi: Bolisk.

successoribus de uoluntate et consensu Bele ducis tocius Sclauonie karissimi filii nostri dedimus, donauimus et contulimus inreuocabiliter iure
perpetuo possidendam, sub eisdem antiquis metis et terminis, in quibus
terram eandem prenotatus Bolosk tenuit pariter et possedit et ad
ipsius terre possessionem corporalem prenotatum magistrum Thomam ac
fratres ipsius me[mo]ratos per magistrum Nycolaum comitem de Kemnuk
fecimus introduci, volentes et statuentes, quod memoratam terram sine
inquietacione comitis de Kemnuk pro tempore constituti seu alterius
cuiuslibet tam idem magister Thomas et fratres sui quam successores
eorundem pacifice possidere ualeant in perpetuum et habere et ne
semiplenis nostre donacionis cumulus angustiis cobarcetur, cum beneficia
principum ab ipsorum prodencia maiestate plenissimo fauore debeant
dilatari, annuimus, ut ipsam terram donandi, uendendi, commutandi inter
uiuos et testandi seu legandi de ipsa in extremis cuicumque uoluerint
liberam et securam semper habeant facultatem. [V]t igitur huius nostre
donacionis series robur optineat perpetue firmitatis, nec per quempiam
processu temporum retractari ualeat, aut in irritum reuocari, presentes
eidem magistro Thome et suis fratribus antedictis in priuilegium perpetuum concessimus litteras duplicis sigilli nostri munimine roboratas.
Datum anno dominice incarnacionis millesimo CC⁰. LX. quinto, VI⁰. kalendas februarii, [r]egni autem nostri anno XXX⁰.

*Original u arkivu jugoslavenske akademije u Zagrebu: Diplomata
a. 1265. — Na listini visi svilena vrvca crvene, žute i zelene boje; pečat
je otpao.*

822.

1265, prije 25. februara. U Zagrebu.

*Pred kaptolom zagrebačkim prodaje Mikula svoju zemlju u Hrašću
za 25 penzi Miroslavu Stjepanovu od roda Endrova.*

Capitulum Zagrabiensis ecclesie omnibus presens scriptum inspecturis
salutem in domino. Ad vniuersorum noticiam harum serie uolumus peruenire, quod constitutis in nostra presencia ab una parte Micula filio
Nycolai et ab altera Mirozlao filio Stephani de genere Endre, idem Micula
de parte ipsum in Herchen contingente terram ad viginti quinque ucrete-
n(orum) sitam iuxta Scyna mlacam confessus est, se vendidisse predicto
Mirozlao et per eum suis heredibus heredumque successoribus iure perpetuo possidendam pro viginti quinque pensis, quarum singule quinque
pense marcam tunc temporis faciebant, quas se dixit ab eodem plenarie

recepisse. Astiterunt eciam fratres venditoris, Micus scilicet et Stephanus
et consanguinei eiusdem, Leuche scilicet capitosus et Philip filius Dobsa,
qui vendicionem factam consensu suo ratificantes vnanimiter approbarunt
hoc adiecto, quod predictus Mirozlaus antedictam terram nec per uendicionem nec concambium seu donacionem, aut alio modo quocunque
a se uel suis heredibus possit alienare, nisi si eandem velit red(d)ere Micus
supradicto. In cuius rei testimonium presentes ad instanciam parcium
contulimus sigilli nostri munimine roboratas. Datum per manus magistri
Michaelis lectoris ecclesie nostre anno ab incarnacione domini M⁰. CC⁰. LX⁰
quinto.

*Iz originalnog prijepisa potvrdnice bana Rolanda od g. 1265. 25. fe-
bruara u kr. ug. drž. arkivu u Budimpešti M. O. D. L. 39.985. Stara
signatura N. R. A. fasc. 135. no. 29.*

Laszowski Spomenici Turopolja I. 18.

823.

1265, 25. februara. U Želinu.

*Ban Roland prepisuje i potvrdjuje prodaju neke zemlje u Hrašću
učinjenu pred zagrebačkim kaptolom 1265.*

Rolandus banus tocius Sclauonie omnibus presens scriptum inspecturis salutem in omnium saluatore. Vniuersorum noticie harum serie
declaramus, quod Mirozlaus filius Stephani de genere Endre vna cum
Mycula filio Nycolai Micus et Stephano fratribus eiusdem ad nostram
accedentes presenciam petierunt, vt litteras priuilegiales capituli Zagrabiensis super vendita terra viginti quinque ueretenorum confectas ipsi
Mirozlao pro ampliori cautela nostro faceremus priuilegio confirmari,
quorum supplicacioni seu peticioni Lucach et fratres sui filii Endre,
Goryna, Ladizlaus filius Gemzina, Stepko, Preda, Radus filius Georgii,
Bork, Zlavina ac ceteri iobagiones castri Zagrabiensis cum suis proximis
et generacione, uicini et commetanei terre predicte qui presentes erant
sine aliqua contradiccione plenum consensum prebuerunt, quarum siquidem litterarum tenor talis fuit:

(Slijedi predidúca listina zagreb. kaptola.)

Nos igitur seriem dictarum litterarum iustam et legitimam fore
considerantes, presentibus uicinis et commetaneis ipsius terre et non
contradicentibus, quorum nomina superius sunt expressa in hanc cartam
fecimus transscribi et transscriptas in perpetuum robur predicte ven-

dicionis et empcionis ad peticionem dictorum hominum nostro sigillo communiri. Datum in Selyn in octauis cinerum anno domini M⁰. CC⁰. LX⁰. quinto.

Original u kr. ug. drž. arkivu u Budimpešti M. O. D. L. 32.985. Stara signatura N. R. A. fasc. 135. no. 21. — Na listini visi crvena svilena vrvca bez pečata.

Laszowski Spomenici Turopolja I. 18—19.

824.

1265, 6. marta. U Zadru.

Buna udova Pelegrina Dragonje daruje zemlju Nikoli Matafaru.

In Christi nomine. Anno ab incarnationis eius millesimo ducentesimo sexagesimo quinto, mense marcii, die sexta intrante (in)diccione octaua, Jadere. Temporibus domini Ray(nerii Zeno) (incly)ti ducis Venecie et magistri Laurentii venerabilis Jadrensis (archi)episcopi, ac Antonii Superancii egregii comitis. Manifestum facio ego quidem Bunna relicta quondam Pelegrini de Dragogna cum meis heredibus et successoribus per hoc presens scriptum de voluntate et consensu generi mei Cossce, quia in dei et Christi nomine do, dono, vendo atque transacto tibi namque Nicola de Matafaro, filio quondam Lompre Matafari, quoddam pastinum et terram meam positam in (con)finio Gomellice et maceriis iuxta vineam tuam dicto Nicola ex parte boree et trauerse, ex parte austri est terra quondam Andree de Petriço et ex parte corone est iuxta terram et pastinum meum dicte Bone cum omnibus terminis et pertinen(ti)is suis tam subtus terram quam supra terram, ita ut amodo in antea liceat tibi dicto Nicole dictam terram et pastinum libere habere, perpetuo possidere cum plena virtute et potestate intromittendi, habendi, tenendi, dandi, donandi, vendendi, alienandi pro anima indicandi et totam tuam voluntatem exinde faciendi nemine tibi contradicente imperpetuum. Ob quam dationem, donationem, vendicionem siue transactionem tu predicte Nicola dedisti et talionasti mihi, bene et integre exinde deliberasti duodecim libras denariorum venetorum parvorum. Unde debeo et teneor cum meis heredibus et successoribus tibi et tuis heredibus et successoribus dictam terram et pastinum discalumpniare et defensare ab omni homine te exinde calumpniante super me et omnia bona mea habita et habenda in hoc seculo. Actum est hoc et firmatum coram his uocatis et rogatis testibus, scilicet Bethe de Petrigna et Martino Spaurasanti.

(Drugi rukopis).
Ego Vulcina de Matafaro **examinator manum meam subscripsi.**
(Signum notarii).
Ego Viuerius Alberii Jaderensis notarius interfui rogatus ut audiui scripsi, roboraui et consueto signo signaui.

Original u gubern. arkivu u Zadru, odio sv. Dominika br. 680.
Kukuljević Reg. no. 888.

825.

1265, 10. aprila.

Bela kralj ugarski i hrvatski potvrdjuje listinu kaptola čazmanskoga
o uredjenju zemalja Nodulka i Horvatina.

Bela dei gracia Hungarie, Dalmacie, Crovacie, Rame, Servie, Gallicie, Lodomerie, Cumanieque rex omnibus presentes litteras inspecturis salutem in omnium salvatore. Ad universorum noticiam tenore presencium volumus pervenire, quod venerunt ad presenciam nostram Nodulk et Horvatin filii Tholomerii predialis de Guersenche et exhibuerunt nobis privilegiales litteras Chasmensis capituli confectas super distinccione et separacione terrarum terre sue a vicinis et conmetaneis eorundem, petentes nos cum instancia diligenti, ut easdem nostro dignaremur privilegio confirmare, quarum tenor talis est.

(Slijedi listina kaptola čazmanskoga od g. 1264.)

Nos igitur precibus eorundem Nodulk et Horvatin favorabiliter inclinati, prefatas litteras capituli, quas de verbo ad verbum presentibus inseri fecimus ratas habentes et acceptas ad eorum supplicacionem auctoritate presencium duximus confirmandas, terram eorum sub metis et terminis in litteris dicti capituli conprehensis eisdem possidendam et habendam more et libertate aliorum predialium de Guerzenche dimittendo. In cuius rei memoriam et pariter firmitatem presentes eisdem concessimus litteras dupplicis sigilli nostri munimine roboratas. Datum per manus magistri Farcasii electi Albensis aule nostre vicecancellarii dilecti et fidelis nostri. Anno domini millesimo ducentesimo sexagesimo quinto, IIII⁰. idus aprilis, regni autem nostri anno tricesimo.

Cod. dipl. patrius VII. 93—94. no. 70. — Po originalu sa kojega je visio pečat na plavoj i zelenoj vrvci u arkivu obitelji grofova Erdödya u Glogovcu.

826.

' **1265, 25. aprila. U Zagrebu.**

Pred Martinom zagrebačkim županom Vukota prepušta knezu Miroslavu neku zemlju kod Hrašća, koju je ovaj do tada držao u zalogu.

Nos Martinus comes Zagrabiensis memorie commendamus significantes quibus expedit uniuersis, quod constituti coram nobis ab una parte comite Mirozlao et ab altera Volkota filius Jurgis, idem Mirozlaus comes presentauit litteras Alexandri viceiudicis comitis Ladizlay quondam Zagrabiensis, in quibus litteris uidimus contineri, quod Volkota quandam particulam terre sue iuxta terram Harastya iacentem quatuordecim dimensiones quod uulgary dicitur vreten Mirozlao memorato pro quatuor marcis inpignorasset, quam predictam terram a Mirozlao redimere in festo sancti Martini debuisset. Qui Volkota in festo predicto constitutus coram nobis confessus est, quod terram predictam, uidelicet quatuordecim dimensiones, pro quatuor marcis eidem, Mirozlao prenotato suis heredibus heredumque successoribus iure et quiete pacifice perpetuo reliquit possidendam. Hoc eciam non pretermittimus, quod Georgius, Chenetk et Michael filii Descyn proximi Volkota confessi sunt, quod terram sepedictam in bona pace eidem Mirozlao dimisissent possidendam, contradiccione aliqua non obstante, existentibus nobilibus regni, uidelicet Mortunus filius Mortunus, Kutnyk, Nicholaus filius Ereus et aliis quam pluribus nobiscum assedentibus. Datum Zagrabie in festo sancti Marci, anno domini M⁰. CC⁰. LX⁰. V.

Iz originalnog prijepisa bana Rolanda od g. 1265. 25. novembra u Zagrebu, u kr. ug. drž. arkivu u Budimpešti M. O. D. L. 32.986. Stara sign. N. R. A. fasc. 135. no. 18.
Laszowski Spomenici Turopolja I. 81.

827.

1265, 25. maja.

Bela kralj ugarski i hrvatski potvrdjuje, da je poklonio zemlju nekoga Boliska u Koruškoj kod Križevaca svomu notaru Tomi i njegovom bratu Ivanu.

Bela dei gracia Hungarie, Dalmacie, Crouacie, Rame, Seruie, Gallicie, Lodomerie, Cumanieque rex omnibus tam presentibus quam futuris presentes litteras inspecturis salutem in omnium saluatore. [V]t regalis benignitatis sublimitas causas legitime terminatas et iusto moderamine discussas suorum priuilegiorum testimonio corroboret et confirmet, equitas uadet, racio postulat, ius requirit, cum id inconcussum permaneat, quod regio fuerit patrocinio communitum. Proinde ad uniuersorum noticiam harum serie uolumus peruenire, quod cum Carachinus comes Crisiensis quandam particulam terre vltra Drawam in Coruska existentem super qua Pousa et Wlche (!) residebant, nomine uacue terre castri de Kemnuk a nobis petiuisset sibi dari, magister Thomas notarius noster specialis et Johannes frater eiusdem exhibuerunt nobis priuilegium nostrum concessum super collacione terre Bolysk iobagionis predicti castri de Kemnuk, cuius quidem terram eodem Bolysk sine herede decedente ad manus nostras regias de approbata regni nostri consuetudine deuolutam predictis magistro Thome et Johanni ac fratribus ipsorum de plenitudine nostre gracie dederamus edocendo nos, quod eadem particula terre, quam prefatus comes Carachinus a nobis, ut premisimus, postulauerat sibi dari, non esset terra castri de Kemnuk, sed semper fuerit terra Bolysk antedicti; quo quidem priuilegio inspecto et perlecto, ac tenore eiusdem plenius intellecto conperimus memoratam particulam terre fuisse terram prefati Bolysk et includi ac circumdari metis terre eiusdem Bolysk et semper terram illius extitisse, in nulloque ad prefatum castrum de Kemnuk pertinuisse ullo umquam tempore uel adhuc debere pertinere Nos itaque collacionem nostram de tota terra sepedicti Bolysk antedictis magistro Thome et Johanni ac ipsorum fratribus factam ratam habentes, nolentesque eam in aliquo immutari uel infringi, memoratam particulam terre ab eodem comite Carachino reuocantes et litteras quas eidem super collacione huiusmodi concesseramus auctoritate presencium cassantes, ymo cassas et irritas nunciantes, eam cum omnibus aliis terris prenotati Bolysk eidem magistro Thome et Johanni ac ipsorum fratribus dimisimus et reliquimus sine inquietacione aliqua perpetuo possidendam [V]t igitur huius nostre concessionis series robur obtineat perpetue firmitatis, nec per quempiam processu temporum retractari ualeat, aut malicia hominum quoquo modo in irritum reuocari, presentes concessimus litteras duplicis sigilli nostri munimine roboratas. Datum anno dominice incarnacionis M^o CC^o sexagesimo quinto, VIII° kalendas iunii, regni autem nostri anno tricesimo.

Original u kr. ug. drž. arkivu u Budimu DL. 35.831. (bivša zbirka Kukuljevićeva). — Na listini visi svilena vrvca zelene i crvene boje; pečata više nema. — Postoji potvrda kralja Ladislava od god. 1275. 27. jula. — Potvrda ova nalazi se u arkivu jugoslavenske akademije u Zagrebu: Diplomata a. 1265.

Kukuljević Reg. no. 890.

828.

1265, 5. juna.

Spomen posjeda dana mjestu Prelogu u Medjumurju.

. . . Ipsum autem priuilegium annotatorum Pauli episcopi et Chaak bani anno domini MCCLX-mo quinto, sexta feria proxima post octauas Penthecostes subortum, eosdem episcopum et banum de mandato B(ele) regis particulam terre comitis Lanchreti a villa sua Zumbathel receptam et hospitibus de villa Prelaak assignatam nullo contradicente certis metis ipso priuilegio insertis distingendo restituisse explanabat.

Originalna potvrda kralja Ljudevita od g. 1376. 28. februara u kr. ug. drž. arkivu u Budimpešti M. O. D. L. no. 73 Stara sign. N. R. A. no. 45.

829.

1265, 24. juna.

Roland ban daje po Kračinu županu križevačkom urediti zemlje stanovnika grada Rovišta.

Rolandus banus tocius Sclavonie omnibus presentes litteras inspecturis salutem in omnium salvatore. Universorum noticie harum serie declaramus, quod cum dominus noster rex de liberis hospitibus et de iobagionibus castri de Ryuche viginti quinque liberos prediales exclusis aliis in eodem comitatu constituisset et singulis eorum auctoritate regia porcionem suam in terris cum suis utilitatibus nobis sub certis et antiquis metis per suas litteras assignare iniunxisset, nos regio mandato debito concurrentes honore, ne iidem prediales in posterum racione porcionis sue per comites de Ryuche pro tempore constitutos occasione castri in suis iuribus impetantur, nec aliquatenus aggraventur, vice nostra Krachinum comitem Crisiensem fidelem nostrum cum Paulo canonico Chazmensi pro testimonio deputato ad distingendas metas dictorum predialium singulis singulariter transmisimus. Qui ad nos redeuntes, inter cetera metas porcionis Bense filii Nicholai inter predictos viginti quinque prediales nominati, tam in litteris capituli Chasmensis quam eciam vive vocis protestacione retulerunt, se taliter distinxisse et auctoritate regia ac nostra prefato Bense et suis heredibus in perpetuum statuisse, quorum protestacioni et litteris capituli Jurse et Gregorius pro patre suo Marco comites et iobagiones cas(trenses) . . . . de Ryuche personaliter astantes (in nullo) . . . . . . contradixerunt, ymo approbantes de bona voluntate eorum admiserunt, sub metis infrascriptis ipsi Bense porcionem suam et in perpetuum possidere pacifice et quiete. Quarum metarum prima incipit, sicut nobis (homo predicti) Chasmensis capituli expressius constitit, ab occidente in fluvio Conzka in arbore egur crucesignata et meta terrea circumfusa et procedens ad orientem iuxta terram Vydose venit ad viam iuxta quam est meta terrea et (circumeun)do ipsam viam procedit in planicie in magno spacio et venit ad metam terream. Inde ad arborem harazt crucesignatam et meta terrea circumfusam; deinde intrat in nemus et eundo in ipso nemore venit ad arborem byk crucesignatam sub qua est meta terrea. Inde per semitam exit ad arborem horozth(!) crucesignatam et meta terrea circumfusam ibique conmetatur terre Pangracii comitis. Inde tendens venit ad caput Dobouch sicci ibique incipit tenere metas cum Prelsa comite per quem fluvium vadit inferius ad meridiem et cadit in fluvium Clokochcuch, per quem procedens exit ad magnam viam de domo Prelse comitis, in qua itur ad Ryuche ibique conmetatur terre castrensium, inde in eadem via vadit ad occidentem in magno spacio per metas terreas et arbores crucesignatas et venit ad metam terream iuxta viam et ibi conmetatur terre Laurencii. Inde divertit ad partem septemtrionalem et venit ad arborem tul crucesignatam sub qua est meta terrea. Inde ad occidentem procedens transit per mlakam et cadit in fluvium Konzka ibique est arbor egur crucesignata sub qua est meta et in eodem fluvio procedit ad septemtrionem in magno spacio et rediens cadit in metam primitus nominatam. Nec hoc pretermittimus, quod idem Bense et sui consocii liberi scilicet prediales liberam habent facultatem, quoscumque voluerint ad suam porcionem recipiendi; nec comites de Ryuche ipsos poterunt de huiusmodi recepcione hominum prohibere. Ad hec dicimus, sicut per dominum regem et nos extitit decretum, sepedicti viginti quinque prediales preter constituta domini regis que plenius in litteris eisdem exprimuntur de omni iurisdictione dicti castri et comitatus de Riuche sunt exempti et penitus expediti. In cuius rei testimonium perpetuamque stabilitatem prefato Bense et suis heredibus presentes contulimus sigilli nostri munimine roboratas. (D)atum et actum presente magistro Moys, Jursa et Gregorio comitibus de Ryuche, inculpatu in festo Johannis baptiste. Anno domini M⁰ CC⁰ LX⁰ quinto.

Iz originalne potvrde kralja Bele od godine 1266. u arkivu obitelji Bátorfy.

Cod. dipl. patrius VII. 94—96. — Kukuljević Reg. no. 891.

830.

1265, 6. jula. U Zadru.

Sud zadarski dosudjuje Andriji, sinu Kreste de Cotopagna, kuću kao naknadu za potrošeni novac u zajedničke obiteljske svrhe.

In nomine domini amen. Anno incarnacionis eius millesimo ducentesimo sexagesimo quinto, mensis iulii, die sexto intrante, indicione octaua, Jadre. Temporibus equidem domini Raynerii Geni incliti ducis Venecie et magistri Laurentii venerabilis Jadrensis archyepiscopi, ac domini Antonii Superantii egregii comitis. Cum nos quidem dominus Antonius Superantius comes Jadre cum iudicibus nostris et curia nostra ad placita tenenda, audienda et diffinienda vnanimiter sederemus, venit ante nostram presentiam Lampredius filius quondam Creste de Cotopanga ciuis Jadre petens a nobis diuisorem et partitorem qui diuideret et partiretur omnia bona mobilia et immobilia, que ipse possidebat cum Andrea et Detaydo fratribus suis, tam paterno quam materno iure, sine quocumque alio iure uel quacumque ratione huius mundi. Ad hec autem dictus Andreas frater ipsius Lampredii surexit dicens: »Domine comes, ego habui cum vxore mea ex vna parte nomine dotium libras venetorum paruorum quingentas et ex altera parte habui libras venetorum paruorum triginta nouem que fuerunt Gardianise vxoris mee, de quibus omnibus predictis libris ego expendi in vtilitate comunis domus nostre trecentas et vnam libram et dictas triginta nouem libras et ducentas libras minus vna libra expendi nomine meo in bestiis de Pago. Vnde primo vellem de bonis nostris comunibus istos denarios omnes extrahere et habere et demum omnia nostra bona equaliter inter nos diuidantur«. Et tunc dicti Lampredius et Detaydus dicebant: »Frater, scimus, quod tu expendisti in vtilitate comunis domus nostre centum et septem libras venetorum paruorum et ducentas libras minus vna libra in dictis bestiis et de reliquo usque ad dictas quingentas et triginta nouem libras penitus nichil scimus, set volumus, domine comes, si placet vobis, quod dictus Andreas iuret de reliquo predictarum librarum, quod ipse cum(!) expendit in vtilitate comunis nostre domus et sumus contenti«. — Et tunc nos prefatus dominus comes cum iudicibus et curia nostra omnia et plura alia audientes et intelligentes cuiuslibet partis rationes, allegationes, oppositiones et responsiones, habitoque exinde ad inuicem consilio et deliberatione diligenti, diximus per diffinitiuam sentenciam, quod dictus Andreas iurare debeat, quod ipse habuit nomine dotium ab vxore sua dictas libras quingentas et etiam habuit dictas triginta nouem libras

dicte vxoris sue et ex ipsis quingentis et triginta nouem libris expendit
in vtilitate comunis domus eorum libras trecentas et vnam et dictas
triginta nouem libras dicte vxoris sue, et etiam quod ipse expendit dictas
ducentas libras minus vna libra nomine suo in dictis bestiis de Pago et
ipse Andreas pro dictis trecentis libris habere debeat domum eorum cum
tota sua coquina et curia et cum omnibus suis terminis, habentiis et
pertinenciis et pro dictis ducentis libris minus vna libra habere debeat
libere et pacifice dictas bestias de Pago, que bestie inter oues et capras
sunt sexcente et triginta quatuor et de reliquis triginta nouem libris sit
eidem Andree solutum ad plenum de bonis comunibus domus eorum,
saluo tamen, quod si dicti Lampredius et Detaydus ipsi Andree soluerint de cetero infra duos menses ducentas libras venetorum paruorum,
tunc dicta domus debeat inter eos equaliter in tribus partibus diuidi et
partiri et si dicti Lampredius et Detaydus prefatas ducentas libras, vt
dictum est, suprascripto Andree non soluerint, tunc dicta domus esse
debeat predicti Andree eiusque heredum et successorum in perpetuum.
Et sic super huius nostre sentencie diffinitionem dedimus et constituimus
in pristaldum Bittum de Petringa nostre curie tribunum ad suprascripta
omnia taliter percomplenda. — Et ego dictus Bittus tribunus et pristaldus auctoritate officii mihi commissi dictum sacramentum a suprascripto Andrea, sicut iudicatum fuit, recepi, qui siquidem Andreas intrauit,
prout superius in sentencia est expressum. Et postmodum elapsis dictis
duobus mensibus qui inceperunt a nono die exeunte mense aprilis
nouiter elapsi, ex auctoritate officii mihi commissi et de precepto et
licentia dicti domini comitis eiusque iudicum et curie dictum Andream
posui in perpetualem possessionem in dicta domo ob hoc, quod dicti
Lampredius et Detaydus eidem Andree prefatas ducentas libras infra
dictos duos menses minime soluere curauerunt. Que domus predicta est
in confinio sanctorum Saluatoris et Viti, versus boream iuxta domum
Prodani Valentini, versus quirinam iuxta viam puplicam, versus austrum
iuxta domum bone memorie Pauli de Lampredio, versus trauersam iuxta
domum Belle de Lampredio. Et sic hec omnia et singula premissa ego
dictus Bittus tribunus et pristaldus super animam meam testificor vera
esse, presentibus testibus subscriptis. Et insuper nos prefatus comes cum
iudicibus et curia nostra pro maiori firmitate et claritate dictam domum
cum sua coquina et curia et omnibus suis terminis, habenciis et pertinenciis pluribus diebus per Jadram et plateas Jadre per Luccam Pumellum
nostre curie preconem fecimus preconiçari secundum vsum et consuetudinem ciuitatis Jadre, de qua domo nullus plus aut tantum vt suprascriptus Andreas dare uel soluere voluit, vnde ipsam domum predictam
cum coquina et curia sua et cum omnibus suis certis terminis habentiis

et pertinentiis, tam subtus terram, quam supra terram dicto Andree eiusque heredibus et successoribus per suprascriptum preconem Luccam Pumellum pro dictis suis trecentis libris dari, deliberari et transactari fecimus amodo in antea cum plena virtute et potestate intromittendii habendi, tenendi, possidendi, dandi, donandi, vendendi, pro anima indicandi, omni modo alienandi et totam ac omnimodam suam voluntatem exinde faciendi, nemine ei in perpetuum contradicente. Que autem omnia et singula iam premissa ego dictus Lucca Pumel (!) preco ciuitatis Jadre super animam meam testificor vera esse, presentibus hiis vocatis et rogatis testibus, videlicet: Martino filio quondam Grisogoni Dumini sine dono (!), Demitrio filio Marci de Strikala, Beneuignudo de Alexio et aliis pluribus.

† Ego Antonius Superancius comes Jadre manu (propria) scripsi.

† Ego Pasqua de Uarikase iudex manus (!) misi.

† Ego Simon de Mauro iudex manum misi.

† Ego Uictor Andree Andree de Petriço iudex manum misi.

Ego Vicentius ecclesie sancte Marie clericus et Jadrensis notarius predictis interfui rogatus, vt audiui hanc cartam scripsi, roboraui et signo solito signaui.

(*Monogram. not.*).

Original u arkivu grofova Begna u Posedarju P. no. 4.

831.

1265, 11. jula. U Perugii.

Klement IV. papa Kolumbanu biskupu trogirskomu, neka dozvoli, da Dominikanci spljetski mirno posjeduju kapelu darovanu im u Trogiru.

Clemens episcopus servus servorum dei venerabili fratri Columbano episcopo Traguriensi salutem et apostolicam benedictionem. Ex parte dilectorum filiorum . . . . . . prioris et fratrum ordinis Predicatorum Spalatensium fuit propositum coram nobis, quod Nicolaus Albertini civis Tragurii quemdam fundum suum situm in civitate Tragurii et ius patronatus, quod habebat in capella constituta in eodem fundo, que nulli fuerat in beneficium assignata, queque nullos habebat redditus, eis contulit intuitu pietatis et felicis quoque recordacionis Urbanus papa predecessor noster eidem priori et fratribus capellam ipsam pro habitacione ipsorum et quod iuxta eam in eodem fundo possint construere domos et officinas suis usibus opportunas, de gratia speciali concessit. Verum cum dicti prior et fratres vellent iuxta concessionem huiusmodi predecessoris ipsius domos et officinas construere in eis, super hoc te opponens non permittis ipsos dictam capellam pacifice possidere proponens, quod postquam dictus civis huiusmodi ius patronatus ipsius capelle priori et fratribus donavit, isdem quibusdam aliis capellam donaverat supradictam. Quare prefati prior et fratres nobis humiliter supplicarunt, ut cum huiusmodi donatio facta per se de dicta capella memoratis priori ac fratribus, patronis ipsius inrequisitis, nullum robur obtineat firmitatis, providere sibi super hoc paterna sollicitudine curaremus. Quocirca fraternitati tue per apostolica scripta districte precipiendo mandamus, quatenus, si est ita, predictos priorem et fratres permittas dictam capellam pacifice possidere, ac prope illam iuxta dictam concessionem predecessoris eiusdem construere domos et officinas suis usibus oportunas. Alioquin venerabili fratri nostro . . . . episcopo et dilecto filio archipresbytero Scardonensi damus nostris litteris in mandatis, ut a molestatione predictorum prioris et fratrum super iis omnino te cessare, monitione premissa, auctoritate nostra, appellatione remota, previa ratione compellant, non obstante si tibi a sede apostolica sit indultum, quod interdici, suspendi, vel excommunicari non possis per litteras apostolicas, que de indulto huiusmodi plenam et expressam non fecerint mentionem. Datum Perusii, 5. idus iulii, pontificatus nostri anno primo.

Lucius Memor. di Traù 82. donosi regest. — Farlati Illyr. sacrum IV. 349—350. — Wenzel Cod. dipl. Arpad. cont. XI. 548—549. — Potthast Reg. pontif. no. 19.257. — Kukuljević Reg. no. 892.

832.

1265, 23. jula. U Perugii.

Klement IV. papa nadbiskupu barskomu, neka ispita priliku prognanoga biskupa trebinjskoga koga je pomagao i zaštićivao nadbiskup dubrovački.

Clemens episcopus seruus seruorum dei, venerabili fratri . . . . archiepiscopo Antibarensi salutem et apostolicam benediccionem. Venerabilis frater noster Saluius episcopus Tribuniensis sua nobis peticione monstrauit, quod cum ipse per sismaticos esset episcopatu Tribuniensi ac bonis suis omnibus spoliatus, venerabilis frater noster . . . . . archiepiscopus Ragusinus metropolitanus eius, gerens ad eum compassionis affectum, ei curam et administracionem monasterii Lacromonensis ordinis sancti Benedicti Ragusine diocesis tunc vacantis, de consensu capituli sui ac eiusdem monasterii conuentus duxit in spiritualibus et temporalibus committendum. Verum nobilis vir . . . . . comes et communitas ciuitatis Ragusine dictum monasterium per violenciam occupantes, ac per quosdam laicos, quos posuerunt ibidem, ipsius redditus et prouentus colligi facientes, ipsos et terras, possessiones, cruces et calices argenteos, ac alia ecclesiastica ornamenta et bona predicti monasterii vendere et distrahere presumpserunt pro sue libito voluntatis, in ipsius episcopi et dicti monasterii preiudicium et grauamen. Quocirca fraternitati tue per apostolica scripta mandamus, quatinus vocatis qui fuerint euocandi et auditis hincinde propositis, quod canonicum fuerit, appellacione remota decernas, facias quod decreueris per censuram ecclesiasticam firmiter obseruari, prouisorie in terram dicti nobilis et vniuersitatem Ragusinam excommunicacionis vel interdicti sentenciam proferas, nisi a nobis super hoc mandatum receperis speciale. Testes autem qui fuerint nominati, si se gracia, odio vel timore subtraxerint, censura simili appellacione cessante, compellas veritati testimonium perhibere. Datum Perusii, X. kalendas augusti, pontificatus nostri anno primo.

Original u dubrovačkom arkivu; papin pečat dobro sačuvan. — Ima i rukopis »Bullarium Ragusinum« 372. u kr. zem. arkivu u Zagrebu. — Notica u njemu: »Pendet bulla plumbea Clementis 4.«
Kukuljević Reg. no. 893.

833.

1265, 8. augusta. U Spljetu.

Gervasije Grubeša zamjenjuje uz odštetu od 25 libara svoju ogradu zemlje za tri komada zemlje Tome arcidjakona spljetskoga.

In nomine domini nostri Jesu Christi amen. Anno a natiuitate eiusdem millesimo ducentesimo sexagesimo quinto, indiccione octaua, die octaua, intrante augusto, regnante domino nostro Bela serenissimo rege Vngarie. temporibus domini Rogerii venerabilis Spalate
Rolandi illustris tocius Sclauonie bani et comitis Spalatensis, Duymi Kassarii, Johannis Vitalis et Gregorii Grube iudicum. Geruasius Grubessce uendidit et tradidit iure proprio et in perpetuum domino Thonie archidiacono Spalatensi paratineam suam, quam habebat in Pistorio iuxta paratineam monasterii sancti Benedicti et prope ortum sancti Johannis de Pistorio cum omnibus suis pertinenciis et circumstanciis, bannitam per Balducium nuncium comunis publice in plathea pro precio viginti

quinque librarum denariorum paruorum, quod precium totum ipse Geruasius confessus fuit, se a dicto domino Thoma accepisse (plenarie et) ab eo in integrum datum et numeratum esse. Et in signum pure uendicionis ab eodem habuisse tres barcos de terra sua in Bade pro cambio, secundum consuetudinem ciuitatis. Quare ei plenam, li[beram] et omnimodam potestatem contulit ipsam paratineam iam dictam tenendi, possidendi, uendendi, donandi et quicquid ex ea sibi deinceps in perpetuum placuerit faciendi, promittens ipsam ei ab omni homine legitime defendere et excalumpniare cum bonorum suorum omnium obligatione. Actum in palacio dicti domini archidiaconi, presentibus Cerne Yuani, Desa Jacobei(!) testibus [et] aliis.

Ego Tomas Dusiçe conscius examinaui.

Ego magister Franciscus imperiali auctoritate notarius et nunc comunis Spalati iuratus hiis omnibus rogatus interfui et uoluntatem utriusque partis scripsi et roboraui.

(Signum notar.)

Original u arkivu samostana sv. Marije u Zadru. — Listina je prilično oštećena.

834.

1265, 10. augusta.

Kolumban biskup namješta Franjevce u Trogiru.

Dominus Columbanus venerabilis episcopus Traguriensis, post missarum solemnia ab eo solemniter celebrata in burgo civitatis Tragurii, ad honorem dei omnipotentis et beate Marie virginis causa aedificandi ibi in burgo ecclesiam et locum fratribus Minoribus de Tragurio, ad quem locum dicti fratres se transferre proponunt, in quodam loco burgi, ubi est ecclesia aedificandi, immisit et immitti fecit primos lapides quatuor, rogante me notario Bonaventura, ut inde facerem publicum instrumentum.

Lucius Memor. di Traù 82. (spominje ovaj dogadjaj). — Farlati Illyricum sacrum IV. 349. — Kukuljević Reg. no. 894.

835.

1265, 26. augusta. U Zadru.

Andrija i braća mu, sinovi Kreste de Cotopagna, dijele svoje oćinstvo.

In nomine domini amen. Anno incarnacionis eius millesimo ducentesimo sexagesimo quinto, mensis augusti, die sexto exeunte, indicione octaua, Jadre, temporibus equidem domini Raynerii Geni incliti ducis Venecie et magistri Laurentii venerabilis Jadrensis archyepiscopi, ac domini Jacobi Quirini egregii comitis. Cum litigiosa controuersia diutius verteretur inter Andream Lampredium et Detaydum fratres filios quondam Cresti de Cotopanga ciues Jadre super diuisione totius patrimonii et lucri eorum quod simul fecerant, tandem ipsi de precepto et licencia domini Jacobi Quirini egregii comitis et de eorum bona et gratuita atque spontanea voluntate elegerunt iudices, arbitratores, laudatores, concordatores et diffinitores nobiles et discretos viros eorumdem propinquos et amicos, videlicet Domaldum Çadulinum, Cyprianum Mathei, Johannem Çauati et Micham Çadulinum fratrem dicti Domaldi promittentes, quod quicquid ipsi dicerent, diffinirent et stabilirent tam per diffinitiuam sententiam quam per laudum, concordium siue arbitrium super diuisione facienda omnium bonorum eorum mobilium et immobilium totius patrimonii et lucri eorum et de omnibus rebus, causis, petitionibus, racionibus et questionibus huius mundi ratum et firmum haberent et tenerent in perpetuum. Qui siquidem iudices, arbitratores, laudatores, concordatores et diffinitores memorati ex auctoritate officii eis commissi et de concordia et bona voluntate dictorum Andree, Lampredii et Detaydi fratrum, sic tam per sententiam diffinitiuam, quam per laudum, concordium siue arbitrium omnia bona supradicta sorte proiecta diuiserunt et partiti fuerunt. In primis aduenit in parte et sorte dicti Andree pastinus maior, qui est prope monticulum cum terra que est iuxta sanctum Petrum in insula sancti Petri de Arbo, totum patrimonium eorum de insula Ghilano quod fuit aui eorum et terra que fuit Martini de Spaurasanti et cum vinea quondam Lubci et cum omnibus introitibus, rationibus et redditibus de insula Ghilano et cum terra de Culino . . . . terre monasterii sancti Damiani, quas habuerunt ad fictum et omnes vacce de insula Yçi et omnes bestie parue de insula sancti Michaelis, tunc tertia pars salinarum de Pago que sunt in Vulascigi, videlicet ex trauersa, septem saline cum omnibus ptallis(!) suis quod est uersus illis(!) salinis(!) usque ad fusatum (!) in trauersa et cum medietate illius terre de trauersa caput de austro et cum medietate illius terre de Pane caput de borea; item aduenit in parte et sorte dicti Lampredii vna vinea que est sub ecclesia sancti Benedicti de Arbo et cum vinea de Barbato et cum vna vinea que est in insula magna de Jadra, cum terris de Racca et de sancto Cipriano terre de confinio arci de Jadra et cum vaccis de Pago et tertia pars salinarum predictarum, videlicet octo saline, domus et terra que est incipiendo ex fusato usque ad alium fusatum de trauersa per illum fusatum per quem discurrit aqua de puteo et cum ortis et tota illa terra quomodo continet, item aduenit in parte et sorte suprascripti Detayd. vna vinea, de molendino cum terra sibi adiacente posita in territorio Arbensi in valle sancti Petri, item ibidem alia vinea cum tota sua terra que fuit quondam Vitaçe de Costre in Lutidol, vnus derrus cum suis oliuariis qui fuit aui eorum et cum oliuariis, qui fuerunt Sergii et cum terra que fuit Gre(n)cini et cum oliuariis, qui fuerunt Pribe vxoris Damiani Çipigne, qui oliuarii sunt sub Bocaluno et cum vna vinea et derro cum oliuariis, qui fuerunt dicte Pribe positis in insula Bangi et cum vno derro cum oliuariis ibidem positis et cum derro cum oliuariis Tollanni et cum quatuor bouibus et duobus salmariis de Arbo et cum vna tertia parte predictarum salinarum, videlicet vndecim saline cum medietate illius terre que est dè trauersa super fusatum caput de borra (!) et cum medietate llius terre que est de laborare, caput de austro. Set sciendum est, quod debitum Budislaui de bestiis et omnia alia debita tam paterna quam materna debent esse inter ipsos tres comunia, verum tamen si aliquod debitum factum singulariter tempore quo ipsi tres simul steterunt, insurgeret super aliquem ex eis, ille qui ipsum debitum fecisset, ille ipsum integraliter soluere teneretur. Et insuper dicti iudices, arbitratores, concordatores laudatores et diffinitores voluerunt et dixerunt tam per diffinitiuam sententiam, quam per laudum, concordium siue arbitrium, quod de cetero nullus uel nulli ex ipsis tribus possit uel possint ad inuicem simul uel diuisim, vnus super alterum aliquid querere siue petere cum carta uel sine carta in curia uel extra curiam per aliquem modum uel ingenium siue per aliquam rationem et occasionem huius mundi, nec dictus Andreas de cetero possit modo aliquo suprascriptos frater(!) suos compellere, adgrauare uel molestare de quingentis libris paruorum denariorum venetorum, quas habuit cum vxore sua nomine dotium et de triginta nouem libris que fuerunt eiusdem vxoris sue et de aliqua re de sub celo super terram, quam homo dicere uel cogitare posset, nec ipf Lampredius et Detaydus fratres debeant uel possint suprascriptum Andream fratrem suum uel se ipsos ad inuicem de cetero compellere adgrauare uel molestare de aliqua re de sub celo super terram, quam homo dicere uel cogitare posset. Que omnia et singula premissa dicti Andreas, Lampredius et Detaydus fratres pro se ipsis et eorum heredibus laudauerunt et promiserunt rata et firma habere et tenere in perpetuum Actum est hoc et firmatum presentibus hiis vocatis et rogatis testibus, videlicet Bitto de Petringa (!) et Marino Girardo filio quondam Simonis Girardi.

(Drugi rukopis).

† Ego Jacobus Quirinus comes Jadre manum misi.

(Drugi rukopis).

† Ego Andreas de Cotopagna examinator ex precepto domino (!) comito (!) manum meam misi.

Ego Vincentius ecclesie sancte Marie maioris clericus et Jadrensis notarius predictis interfui rogatus, vt audiui hanc cartam scripsi, roboraui et signo solito signaui.

(Signum notar.)

Original. u arkivu samostana sv. Marije u Zadru. — Na hrptu sa-vremeno: »diuisio bonorum Andree et fratrum de [Cotopagna].«

836.

1265, prije 13. oktobra.

Bela kralj ugarski i hrvatski izdaje povelju, kojom se svjedoči, da je ban Roland svoj posjed Novi dvori zamijenio sa Farkašem županom i sinom mu Grgurom za njihove posjede u Sirnonici i Stopnici.

Bela dei gracia Hungarie, Dalmacie, Croacie, Rame, Seruie, Gallicie, Lodomerie, Cumanieque rex omnibus presens scriptum inspecturis salutem in eo qui est salus omnium. Ad uniuersorum noticiam harum serie volumus peruenire, quod Rolandus banus tocius Sclauonie dilectus et fidelis noster ab una parte, Farcasius comes et Gregorius filius eiusdem de Zagaria ex altera coram nobis personaliter comparendo concambium seu commutacionem huiusmodi inter se fecisse retulerunt, quod idem Rolandus banus totam terram suam existentem in Zagaria Vyvduor uocatam ex nostra collacione et consensu karissimi filii nostri Bele ducis possessam, que quidem primo fuerat Gregorii filii Abramus, cum pertinenciis et vtilitatibus suis omnibus dedit et assignauit predictis comiti Farcasio et Gregorio, ac eorum heredibus perpetuo et irreuocabiliter possidendam; prefati vero comes Farcasius et Gregorius in concambium seu commutacionem dicte terre omnes porciones eorum hereditarias in terris scilicet Sirnonicha et Stopnicha existentes cum omnibus utilitatibus et pertinenciis suis nullo iure sibi in eisdem reseruato dicto Rolando bano et suis heredibus heredumque successoribus dederunt et assignarunt coram nobis in perpetuum possidendas sub eisdem metis et terminis quibus iidem comes Farcasius et Gregorius ipsas porciones dignoscuntur tenuisse; et quia porciones predictorum Farcasii comitis et Gregorii maioris utilitatis seu ualoris fuerant, quam terra eisdem a Rolando bano data in concambium, idem Rolandus banus iamdictis Farcasio comiti et Gregorio superaddidit et soluit ducentas uiginti marcas, pro marca qualibet quinque pensas denariorum Zagrabiensium persoluendo. Vt igitur predicti concambii commutacionis seu contractus series inter eosdem fideles nostros habita robur optineat perpetue firmitatis, ad instanciam et supplicacionem parcium presentes concessimus litteras duplicis sigilli nostri munimine roboratas. Datum per manus magistri Farcasii Albensis ecclesie electi aule nostre vicecancellarii dilecti et fidelis nostri, anno domini millesimo ducentesimo sexagesimo quinto, regni autem nostri anno tricesimo.

Original u kr. ug. drž. arkivu u Budimpešti M. O. D. L. 33.333. Stara signatura N. R. A. fasc. 457. no. 22. — Na listini visi žuta i crvena svilena vrvca bez pečata. — Na hrptu bilješka: »Super concambium terrarum s. Vyuduor, Sirnonicha et Stopnica inter Rolandum banum et Farcasium comitem«. »Ista priuilegia sunt data huc per magistrum Oliuerium«. — Postoji i izvorni prijepis kaptola zagrebačkoga od god. 1372. 16. septembra u kr. ug. drž. arkivu u Budimu DL. 33.919. N. R. A. fasc. 1647. no. 1.

Fejér Cod. dipl. Hung. IV. 3., 260—261. — Wenzel Cod. dipl. Arp. cont. XI. 543—544. — Kukuljević Reg. no. 897.

837.

1265, prije 13. oktobra.

Bela kralj ugarski i hrvatski na molbu župana Ruha daje urediti zemlje njegove u Gariću.

Bela dei gracia Hungarie, Dalmacie, Crovacie, Rame, Servie, Gallicie, Lodomerie, Cumanieque rex omnibus presens scriptum inspecturis salutem in omnium salvatore. Ad universorum noticiam tam presencium quam futurorum tenore presencium volumus pervenire, quod fidelis noster Ruh comes ad nostram accedens presenciam nobis humiliter supplicavit, petens, ut eidem in terra castri nostri de Garyg usui sex aratrorum sufficiente iuxta Zalatinnyk ob merita serviciorum suorum ex benignitate regia providere dignaremur, verum quia de quantitate et cursibus metarum eiusdem terre nobis plena veritas non constabat, dilecto et fideli nostro magistro Moysi comiti Symigiensi et de Worosdino, ut ad illam terram accederet et eam sub certis metis eidem assignaret nostris dedimus litteris in mandatis. Idem itaque regio obtemperans mandato, ut debebat, sicut nobis rescripsit super eam accedendo invenit ipsam terram usui sex aratrorum sufficientem, quam convocatis cometaneis et vicinis nullo contradictore de castrensibus et iobagionibus predicti castri existente de nostro mandato statuit Ruh comiti antedicto. Nos igitur attendentes fidelitates et meritoria obsequia ipsius Ruh comitis, que nobis cum omni diligencia a tempore sue iuventutis in fervore fidelitatis inpendit et inpendere poterat in futurum, volentes sibi regio occurrere cum favore, dictam terram usui sex aratrorum sufficientem eidem comiti, Ruh et per ipsum suis heredibus heredumque suorum successoribus auctoritate presencium duximus confirmandam. Mete autem ipsius terre, prout in litteris capituli Chasmensis, sub cuius testimonio ipsa terra dicto comiti Ruh est statuta, vidimus contineri, hoc ordine distinguntur. Prima meta incipit iuxta terram episcopi a parte occidentali iuxta terram castrensium de Garyg in arbore egur crucesignata et meta terrea circumfusa, ubi eciam est alia meta terrea castrensium de Garyg. Inde versus orientem tendit ad duas arbores tul crucesignatas. Inde ad arborem egur crucesignatam et meta terrea circumfusa. Inde in valle Farcasvelg ad duas arbores tul et egurfa crucesignatas et ad duas metas terreas. Inde exit versus orientem ad arbores tul et bykfa crucesignatas metis terreis circumfusas. Inde ad duas arbores tul et bykfa crucesignatas metis terreis circumfusas. Inde ad duas arbores tul crucesignatas metis terreis circumfusas, ubi intrat silvam. Inde ad duas arbores ihor et has crucesignatas et metis terreis circumfusas. Inde ad arbores byk et ihor crucesignatas et metis terreis circumfusas. Inde ad arborem tul et gyrtean crucesignatas et metis terreis circumfusas. Inde ad arborem tul crucesignatam. Inde ad arbores ihor et has crucesignatas et metis terreis circumfusas versus eandem partem. Inde ad arbores has et byk crucesignatas et metis terreis circumfusas. Inde ad viam ubi sunt due arbores ihor crucesignate et metis terreis circumfuse. Inde ad duas arbores has et ihor crucesignatas et metis terreis circumfusas. Inde ad duas arbores ihor et byk crucesignatas et metis terreis circumfusas. Inde ad duas arbores has et gertean crucesignatas et metis terreis circumfusas versus orientem. Inde ad duas arbores byk et gertean crucesignatas et metis terreis circumfusas. Inde ad duas arbores has et tul crucesignatas et metis terreis circumfusas. Inde ad duas arbores gertean et tul crucesignatas et metis terreis circumfusas. Inde ad duas arbores byk crucesignatas et metis terreis circumfusas. Inde ad duas arbores ihor crucesignatas et metis terreis circumfusas. Inde ad duas arbores ihor crucesignatas et metis terreis circumfusas. Inde ad duas arbores tul et byk crucesignatas et metis terreis circumfusas. Inde ad viam versus eandem partem ad arbores has et byk crucesignatas et metis terreis circumfusas Inde ad duas arbores tul et has crucesignatas et metis terreis circumfusas. Inde ad duas arbores horost crucesignatas et metis terreis circumfusas. Inde iterum ad duas arbores harost crucesignatas et metis terreis circumfusas. Inde ad duas arbores has crucesignatas et metis terreis circumfusas. Inde ad duas arbores byk crucesignatas et metis terreis circumfusas. Inde ad duas arbores has et ihor crucesignatas et metis terreis circumfusas. Inde ad duas arbores has et ihor crucesignatas et metis terreis circumfusas. Inde ad duas arbores byk et tul crucesignatas et metis terreis circumfusas. Inde exit de silva ad arborem has et ad duas metas terreas. Inde per unam vallem descendit inferius usque ad arborem cheresne metis terreis circumfusam. Inde in eadem valle ad duas arbores curtuel et gertean crucesignatas et metis terreis circumfusas, ubi cadit in aquam Pribinisych versus orientem et vicinatur terre Bogdani et Elie filiorum Chakan. Inde descendit inferius in eadem aqua versus septemtrionem ad metam terream ubi est meta Elie in arbore curtuel. Inde descendit parum ad metam terream inferius, ubi vicinatur terra castrensium ex alia parte aque. Inde per eandem partem ad duas metas terreas. Inde reflectitur in eadem aqua Pribinisich inter septemtrionem et occidentem iuxta vicinitatem castri et veniet ad duas arbores egur et gertean crucesignatas. Inde ad duas arbores curtuel et tul crucesignatas. Inde ad duas arbores tul et ryl crucesignatas tendit aliquantulum versus eandem partem. Inde ad mlacam Gceterna(!) ubi vicinatur terre filiorum Bogdan. Inde versus occidentem in eadem mlaca exit ad duas arbores tul et egur crucesignatas. Inde ad duas arbores zyl et keurus crucesignatas. Inde ad duas arbores zyl crucesignatas de una radice procreatas. Inde versus eadem(!) partem ad duas arbores harost et keurus crucesignatas. Inde inter septemtrionem et occidentem ad duas arbores tul et egur crucesignatas. Inde ad duas arbores keurus et egur crucesignatas. Inde ad duas arbores tul et alma crucesignatas, ubi cadit in aquam Chazma et vicinatur terre comitis Ruh empticie, ex alia parte terre regis in eadem aqua descendit versus occidentem per magnum spacium usque ad longum pontem ibique relinquens vicinitatem terre regis et vicinatur terre ecclesie, ubi ascendit in longum pontem, que ducit versus Rachcham(!) in cuius longitudine perveniet in unam viam que ducit versus domum Paulini ad duas arbores tul et egur crucesignatas et metis terreis circumfusas. Inde versus meridiem ad duas arbores ihor et tul crucesignatas et metis terreis circumfusas in eadem via. Inde ad duas metas terreas in arboribus gertean crucesignatis. Inde ad arborem curtuel crucesignatam et metas terreas circumfusas iuxta eandem viam. Inde ad duas arbores tul et ihor crucesignatas et metas terreas circumfusas. Inde exit de nemore in eadem via ad duas metas terreas. Inde iuxta silvam sive nemus versus meridiem ad puteum et ad duas metas terreas. Inde ad alium puteum et ad duas metas terreas iuxta eandem silvam. Inde ad duas metas terreas iuxta tercium puteum versus eandem partem. Inde ad duas metas terreas in fine vallis unde fluit rivulus. Inde superius versus occidentem iuxta puteum in montem sibi sunt due mete terree. Inde inter meridiem et occidentem in via ad duas metas terreas. Inde versus eandem partem tendit ad duas metas terreas. Inde ad duas metas terreas. Inde versus meridiem ad duas metas terreas. Inde ad duas metas terreas iuxta puteum inter meridiem et occidentem. Inde versus meridiem ad duas metas terreas. Inde ad duas metas terreas in dumo munorou. Inde ad quatuor metas terreas. Inde ad duas metas terreas. Inde ad duas metas terreas iuxta viam. Inde reflectitur inter meridiem et occidentem ad duas metas terreas. Inde versus eandem partem ad gertanfa crucesignatam et metas terreas circumfusas, ubi segregatur de vicinitate terre Paulini et cadit in aquam Zalatinnyk, unde ascendit in eadem aqua in vicinitate terre'ecclesie et terre empticie usque ad metam terream iuxta arborem gertean. Inde versus eandem partem superius ascendit in eadem aqua Zalatinnyk et pervenit ad priorem metam et ibidem terminatur. Datum per manus magistri Farcasii electi Albensis aule nostre vicecancellarii dilecti et fidelis nostri. Anno domini millesimo ducentesimo sexagesimo (quinto), regni autem nostri anno tricesimo.

Cod. dipl. patrius VII. 96—99. — Po originalu na kojem visi pečat od koga su ostale svilene crvene i zelene vrvce, u arkivu obitelji grofova Erdödya u Glogovcu.

Kukuljević Reg. no. 901.

838.

1265, prije 13. oktobra.

Bela kralj ugarski i hrvatski potvrdjuje županu Ruhu listinu kaptola čazmanskoga.

Bela dei gracia Hungarie, Dalmacie, Croacie, Rame, Seruie, Gallicie, Lodomerie, Cumanieque rex omnibus presens scriptum inspecturis salutem in omnium salvatore. Ad universorum noticiam tam presencium quam futurorum tenore presencium volumus pervenire, quod fidelis nostei Ruh comes ad nostram accedens presenciam exhibuit nobis litteras ca-

pituli Chasmensis, petens ut easdem nostro regali privilegio dignaremur
confirmarc, quarum siquidem tenor talis est. •

(Slijedi listina čazmanskoga kaptola od g. 1263.)

Nos igitur litteras dicti capituli rattis(!) habentes et acceptas ad peticionem predicti comitis Ruh auctoritate presencium confirmamus. Datum
per manus magistri Farcasii electi Albensis aule nostre vicecancellarii
dilecti et fidelis nostri. Anno domini millesimo ducentesimo sexagesimo
quinto, regni autem nostri anno tricesimo.

*Cod dipl. patrius VII. 100. no. 73. — Po prijepisu kaptola čazman-
skoga od g. 1373., pošto su za to molili »Stephanus et Johannes filii Ruh
de Detche districtus de Garyg«. — Originalna potvrda u arkivu obitelji
grofova Erdödya u Glogovcu.*

Kukuljević Reg. no. 898.

839

1265, 13. oktobra. U Višegradu.

Bela kralj ugarski i hrvatski piše papi u poslu biskupije zagrebačke.

Sanctissimo in Christo patri Clementi divina providentia sacrosanctae
romanae ecelesiae summo pontifici, Bela dei gratia rex Hungariae desiderata pedum oscula beatorum. Cum magistrum Demetrium archidiaconum Borsiensem clarissimae nurus nostrae ducissae cancellarium dilectum et fidelem nostrum et virum religiosum fratrem Paulum ordinis
fratrum Minorum confessorem nostrum reverendum super nostris et
regni nostri negotiis et specialiter pro facto ecclesiae Zagrabiensis, quod
praecipuum reputamus, ad vestram beatitudinem duxerimus dirigendos,
sanctitatem vestram humiliter petimus et rogamus, quatenus eisdem
benignam praebentes audientiam, petitiones nostras admittere dignemini
cum effectu, verbis quae ex parte nostra beatitudini vestrae dicent et
praesertim nostrum negotium contingentibus fidem credulam nostri intuitu adhibentes. Datum in castro Visagrad III. idus octobris anno
domini MCCLXV.

Farlati Illyr. sacrum V. 374. — Kukuljević Reg. no. 95.

840.

1265, 19. oktobra. U Dubrovniku.

Izašilju se poslanici, koji će izmiriti Spljet i Dubrovnik.

Anno incarnationis domini millesimo ducentesimo sexagesimo quinto, mensis octubris, tertio decimo die exeunte, Ragusii, ordinata curia cum sonitu campane. Nos quidem Johannes Quirinus comes Ragusii et populus Ragusinus comittentes comittimus uobis namque conciuibus et iuratis aduocatis nostris Fusco Binzole et Vitanne Zerni, ut pro commune nostre civitatis habeatis plenam virtutem et potestatem inquirendi et interpellandi et aduocandi super commune Spaleti uel super homines Spaleti et etiam pro commune nostre civitatis habeatis plenam uirtutem et potestatem respondendi communi Spaleti, uel hominibus Spaleti, que enim inquisieritis uel aduocaueritis aut interpellaueritis uel responderitis, firma et rata habebimus et insuper id quod pro aliquo homine Ragusino inquisieritis uel interpellaueritis aut aduocaueritis super commune Spaleti uel super aliquem hominem Spaleti uel quod responderitis, sit firmum et stabile in perpetuum. Item comittimus uobis, ut petatis de facto quod postquam Miha Madii et Michael Leonardi nuntii Spaleti constituerunt et ordinaverunt pactum et conventum inter commune Ragusii et commune Spaleti, Siluester de Spaleto cum aliis suis sociis ciuibus Spaleti confessi fuerunt, quod cum barcha eorum Chrancam nostrum fore banditum, in comitatum apud sanctum Martinum de Grauosio deportauerunt, scientes, quod predictus dominus comes et Theodorus Bodatie et Margaritus de Stilu iurati iudices et Andreas Benesse consiliarius testificantur hoc et multi alii de consilio fuerunt ibidem. Hec autem carta commissionis in sua firmitate permaneat et nullo testimonio rumpi possit. Hii sunt testes Dabraslauus Ranane, Andreas Cereue et Margaritus de Stilu iurati iudices. Et ego presbyter Petrus et communis Ragusii notarius iuratus scriptor sum et testis.

(Sign. notar.)

Original u dubrovačkom arkivu. Zbirka saec. XIII.

841.

1265, 20. novembra. U Perugii.

Klement IV. podjeljuje samostanima reda sv. Klare privilegije glede izopćenja, suspenzije i interdikta.

Clemens episcopus seruus seruorum dei universis abbatissis et conventibus sororum inclusarum monasteriorum ordinis sancte Clare salutem et apostolicam benedictionem. Quanto studiosius deuota mente ac humili diuine contemplationis uacatis obsequiis, tanto libentius uestre pacis procuramus commodum et quietls. Atendentes igitur, quod licet quamplura monasteria uestri ordinis uarias possessiones obtineant, idem tamen ordo in paupertate fundatus, uosque uoluntarie pauperes Christo pauperi descruitis, uestris supplicationibus inclinati, ut vos seu uestrum alique ad exhibendum procurationes aliquas legatis vel nuntiis apostolice sedis, siue ad prestandum subuentionem quamcumque, uel ad contribuendum in exactionibus uel collectis seu subsidiis aliquibus per litteras dicte sedis aut legatorum uel nuntiorum ipsorum seu rectorum terrarum uel regionum quarumcunque minime teneamini, nec ad id cogi possitis, etiamsi in huiusmodi sedis eiusdem contineatur litteris, quod ad queuis exempta et non exempta loca et monasteria se extendant et aliqua eis cuiuscumque tenoris existat, ipsius sedis indulgentia non obsistat, nisi forsan littere ipse dicte sedis de indulto huiusmodi et ordine uestro plenam et expressam fecerint mencionem, auctoritate uobis presencium indulgemus. Nos enim decernimus irritas et inanes interdicti, suspensionis et excommunicationis sentencias, si quas in uos uel aliquam uestrum aut aliquod monasteriorum uestrorum seu quoscumque alias occasione uestri premissorum pretextu contra huiusmodi concessionis nostre tenorem, per quemcumque de cetero contigerit, promulgari. Nulli ergo omnino hominum liceat hanc paginam nostre concessionis et constitucionis infringere uel ei ausu temerario contraire. Si quis autem hoc attemptare presumpserit, indignationem omnipotentis dei et beatorum Petri et Pauli apostolorum eius se nouerit incursurum. Datum Perusii XII. kalendas decembris, pontificatus nostri anno primo.

Original u gubernijalnom arkivu u Zadru, odio samostana sv. Nikole br. 49. Pečat izgubljen. — Ima više prijepisa: 1) Prijepis iz XIV. stoljeća na ledjima prijepisa bule pape Aleksandra IV. od 11. juna 1260. U arkivu gubern. u Zadru, odio samostana sv. Nikole br. 17. 2) Na naledju iste bule imade prijepis istoga ovoga privilegija, koji je, sudeći po karakteru pisma stariji, po svoj prilici savremen s originalom, dakle iz XIII. vijeka. Oba se prijepisa ne razlikuju gotovo ni malo, tek na jednom neznatnom mjestu. 3) Treći prijepis od 2. maja 1343. ovjerovljen, na pergameni, u istom arkivu i odjelu br. 46.

Početak mu je ovaj:

Hoc est exemplum quarundam literarum apostolicarum, non viciatarum, non abolitarum, non abrasarum, nec in aliqua sui parte suspectarum, cum bulla plumbea cum filo sericho pendente. Cui bulle ab una parte sunt inprese(!) litere hoc modo videlicet Clemens pp. IV., ab allia(!) parte sunt inpressa capita sanctorum Petri et Pauli mediante quadam cruce inter ipsa capita et ex parte superiori ipsorum capitum sunt impresse litere hoc modo, videlicet S. PA. S. PE. quaram literarum tenor talis est.

(Slijedi bula Klementa IV. od 20. novembra 1265.)

(Sig. not.) Ego Lentius condam domini Pauli doctoris decretorum, ciuis Bononiensis, publicus imperiali auctoritate et curie episcopalis Bononiensis notarius, suprascriptum sumptum et exemplatum per Gregorium notarium infrascriptum a suis ueris originalibus litteris apostolicis auditis, earum uera et nota bulla plumbea cum filo sirico pendente, ut predictum, non abrasis non abolitis nec in aliqua earum parte suspectis, sed omni prorsus vitio et suspictione carentibus, in presentia venerabilis viri domini Pauli de Carapelle, ecclesie sancti Angeli de Vrbe canonici, reuerendi in Christo patris et domini, domini Beltramini dei et apostolice sedis gratia Bononiensis episcopi, in remotis agentis vicarii generalis, una cum Nicolao et Gregorio notariis infranscriptis vidi, legi et fideliter ascultaui. Qui dominus vicarius, cognoscens dictum exemplum, cum suis originalibus auditis de uerbo ad uerbum per ordinem concordare et ut eidem exemplo, tanquam suis originalibus predictis, adhibeatur de cetero plena fides, suam et episcopatus Bononiensis auctoritatem interposuit et decretum. Cuius domini vicarii mandato me in premissorum testimonium subscripsi et signum meum apposui consuetum. In episcopali palatio Bononiensi, presentibus discretis viris Johanne Jacobi, notario episcopatus Bononiensis, Paulino et Andrea Vitalis, notariis episcopatus Bononiensis et aliis testibus ad predicta vocatis et rogatis. Sub anno domini a natiuitate eiusdem millesimo trecentesimo quadragesimo tertio, indictione XI., die secundo mensis maii, pontificatus sanctissimi patris et domini domini Clementis pape VI.

(Sig not.) Ego Nicolaus, condam Juliani Virtutis, civis Bononiensis, publicus imperiali auctoritate notarius et iudex ordinarius, suprascriptum exemplum sumptum et exemplatum per Gregorium notarium infrascriptum, a suis ueris et originalibus literis apostolicis antedictis, earum vera et nota

bulla plumbea cum filo sirico pendente, ut predicitur non abrasis, non abolitis, nec in aliqua earum parte suspectis, ab omni prorsus vitio et suspictione carentibus, in presentia venerabilis viri domini . . vicarii suprascripti una cum suprascripto Lentio et infrascripto Gregorio notariis vidi, legi et fideliter ascultaui. Qui dominus vicarius cognoscens dictum exemplum cum suis originalibus antedictis a verbo ad verbum per ordinem concordare et ut eidem exemplo tamquam suis originalibus predictis adhibeatur de cetero plena fides, suam et episcopalis curie Bononiensis auctoritatem interposuit et decretum. Cuius domini vicarii mandato me ipsum testem subscripsi, suprascriptis millesimo, indictione et die et presentibus dictis testibus,

(Sig. not.) Ego Gregorius Benedicti de Caxi, civis Bononiensis, imperiali auctoritate notarius, suprascriptum exemplum ab originalibus suis predictis literis apostolicis fideliter exemplaui et scripsi, nichil addens uel minuens, quod mutet sensum uel veritatem. Et postmodum in presentia dicti domini vicarii vna cum suprascripiis Lentio et Nicolao notariis vidi, legi et fideliter ascultaui. Qui dominus vicarius cognoscens dictum exemplum cum suis originalibus antedictis de uerbo ad uerbum per ordinem concordare et ut eidem exemplo tamquam suis originalibus predictis adhibeatur de cetero plena fides, suam et episcopalis curie Bononiensis auctoritatem interposuit et decretum. Cuius domini vicarii mandato me in testem subscripsi. Sub anno, indictione, die, mense, loco, testibus et pontificatu predictis, prout superius est expressum.

842.

1265, 25. novembra. U Zagrebu.

Ban Roland prepisuje i potvrdjuje listine zagrebačkoga župana Tiburcija (1260.) i Martina (1265. 25. aprila), koje sadržaju dobitak nekih zemalja po knezu Miroslavu.

Nos Rolandus banus tocius Sclavonie significamus quibus expedit uniuersis, quod filii Jurgys Volkota et Volkuzlou, ac Obrad filius Jurenk ex una parte et comes Mirozlaus ab altera coram nobis personaliter constituti, iidem Volkota et Volkuzlou ac Obrad confessi sunt, quasdam particulas terre eorum impignoratas ipsi Miroslao, quas redimere non potuerunt ab eodem, reliquisse et dedisse dicto Miroslao et suis heredibus in perpetuum possidendam pacifice et quiete, sicut plenius in litteris Tyburcii et Martini comitum Zagrabiensium uidimus contineri, quas quidem litteras super perpetuacione dictarum terrarum petiuerunt, ut nostris litteris stabilibus confirmaremus, quarum tenor talis fuit.

(Vidi listine našega zbornika od g. 1260. br. 683. i 1265. br. 826.)

Nos igitur tenorem litterarum predictarum iustam fore considerantes et legitimam, ad peticionem et instanciam predictarum parcium fecimus de uerbo ad uerbum in presentem cartam transscribi et transscriptas in perpetuum robur facti prenotati nostro sigillo communiri. Datum Zagrabie in quindenis sancti Martini, anno domini $M^0. CC^0. LX^0. V^0$.

Original u kr. ug. drž. arkivu u Budimpešti M. O. D. L. 32.986. Stara signatura N. R. A. fasc. 135. no. 18. — Na listini visi o vezici pečat bana Rolanda; u polju pečata na desno okrenuto savito rame držeći u ruci mač, uz mač gore desno šestotraka zvijezda.

Laszowski Spom. Turopolja I. 20—21. — Kukuljević Reg. br. 797. (datira pogrješno 1260.—1265. 15. novembra.)

843.

1265. U Zadru.

Dobre gradjanin spljetski daje Damjanu župniku sv. Petra potvrdu za isplaćenih 120 libara.

In Christi nomine. Anno incarnacionis eius millesimo ducentesimo sexagesimo quinto, mensis . . . . die . . . . exeunte, indictione octaua. Temporibus equidem domini Raynerii Geni incliti ducis Venecie et magistri Laurentii venerabilis Jadrensis archiepiscopi, ac Antonii Superancii egregii comitis . . . . Irreuocabilem securitatem facio ego quidem Dobrus civis Spalatensis tibi namque Damiano, plebanum(!) ecclesie sancti Petri de plathea Jadere de illas(!) libras centum et viginti denariorum venetorum paruorum, quod debebas et tenebaris mihi dare et soluere usque ad festum sancti Michaelis, mense septembris, primitus uenturum pro quibusdam terris positis ad Ognacoua blatam, sicut legitur et continetur in quedam(!) carta confecta, facta et roborata per manum Michael clericus(!) ecclesie sancte Marie maioris et Jaderensis notarius(!). In Christi nomine. Anno incarnationis eius millesimo ducentesimo sexagesimo quarto, mense februarii, die quartodecimo intrante, indictione octaua, Jadere et cetera, quia michi bene et integre dedisti et deliberasti predictas libras centum et viginti. Vnde amodo in antea securus et quietus permaneas in perpetuum, quia nichil inde remansit, vnde te amplius requirere aut conpellere ualeam per ullum ingenium. Et si contigerit, quod ego predictus Dobrus aut aliquis pro me et meo nomine aliquo tempore contra hanc securitatis cartam ire temptauero, tunc emendare debeam cum meis heredibus tibi suprascripto Damiano plebano et tuis heredibus et successoribus aurum(!) libras quinque et hec securitatis carta in sua firmitate permaneat. Actum est hoc et firmatum coram his uocatis et rogatis testibus, scilicet Filippo de Molçaco et Madio de Cipriano Arbis et aliis.

(Drugi rukopis).

† Ego Vulcina de Matafaro examinator manum meam misi.

Rukopis kao u tekstu listine:

(Monogram not.) Ego Viuerius Alexii Jaderensis notarius interfui rogatus, ut audiui scripsi, roboraui et consueto signo signaui.

Original u gubern. arkivu u Zadru, odio samostana sv. Nikole br. 13. — Desni gornji ugao manjka.

844.

1265.

Kaptol čazmanski uredjuje prodane zemlje u Gariću.

(N)os capitulum Chasmensis ecclesie significamus omnibus presencium per tenorem, quod constituti coram nobis personaliter ab una parte comes Roh(!) ab altera vero Mortun filius Brezhal cum domina uxore sua filia Odolyni de Kamarcha, qui Mortun cum eadem uxore sua confessus est se vendidisse terram suam hereditariam in Garyg Descha vocatam ipsum solum contingentem, cum omnibus utilitatibus et pertinenciis ad ipsam et in ipsa, item cum una vinea sita in terra Nazled eidem Roh(!) comiti pro centum viginti et duabus marcis et per eum suis successoribus iure perpetuo possidendam, quas centum viginti et duas marcas plene accepit coram nobis. Cuius terre mete, sicut nobis magister Petrus concanonicus noster retulit, coram omnibus vicinis et conmetaneis pacifice et quiete erecte, tales sunt: Prima meta incipit in uno rivulo Babych nomine in loco, ubi exit de eo in meta ad unam vallem, per quam vergit superius versus meridiem usque ad berch ad metam terream sub arbore tulfa. Inde de berch iuxta vineam descendit in aliam vallem et per illam eundo inferius exit ad quandam vallem, ubi est meta et per eam ascendit in berch ad magnam viam venientem de Garyg ad metam sub arbore viminis. Inde tenendo metam cum terra castri vadit inferius per viam et exit de ea ad metam sub arbore cheresnfa supra quandam vineam. Inde progrediens cadit in unam vallem siccam, que similiter cadit in rivulum Desche ibique separatur a terra castri et incipit tenere metam cum filiis Berivoy et per rivulum vadit superius parum et exit ad unam siccam vallem, que ducit ad duas metas, quarum una est filiorum Berivoy ab oriente et altera filiorum Beryzwal(!) ab occidente. Inde transiendo viam cadit in vallem nomine Graboa et per eam descendens exit de ea ad siccam vallem in una meta sub arbore bickfa, ibique separatur ad terra filiorum Beryvoy et venit superius intra terram castri per frutices in berch in illam vallem, que ducit in magnam vallem et ibi relicto castro incipit tenere metam cum Mortunus filio Chenk et cognatis suis et per illam magnam vallem vadit superius versus septemtrionem usque ad locum, ubi exit de ea ad unam vallem ad metam ad arborem tulfa. Item venit superius ad duas metas, quarum una est Gordos et altera filiorum Brezval(!) in arboribus tulfa. Inde cadit in vallem Jelsua, que ducit inferius, ubi est sub arbore gertanfa et exit ad unam vallem, que ducit ad metam sub arbore kurtelfa et ibi in una sicca valle exit ad berch usque ad viam ad metam sub arbore almafa et ibidem cadit in vallem, que iuxta domum Wlchete ducit in rivulum Desche, ubi est meta sub arbore kurtuelfa et per illum rivulum progrediens inferius exit ad unam siccam vallem in loco, ubi est meta sub arbore tulfa, unde vadit per ipsam vallem superius usque ad locum, ubi exit in una parva valle ad vineam sacerdotis in montem ibique cadit ad magnam viam in meta terrea et per illam ad viam in berch vadit directe per spacium magnum versus orientem et transit viam in modum crucis et ibidem in una meta sub arbore tulfa cadit in vallem nomine Kremenna et per eam descendens exit ad metam sub arbore gertanfa et veniet ad magnam viam ad arborem tulfa crucesignatam, sub qua est meta terrea. Inde per viam versus meridiem per antiquam viam descendens ducit in rivulum Bobuch in meta sub arbore monoroufa et per eundem vadit iuxta terram castri ad priorem metam, ubi fuerat incoata ibique terminatur. Item Chuntfil serviens eiusdem Mortun coram nobis personaliter constitutus terram suam nomine Dedecha, quam idem Mortun pro serviciis suis sibi nostris litteris contulerat, voluntarie presentibus et consentientibus vicinis comiti Ruh vendit pro tribus marcis coram nobis persolutis. Cuius terre mete sicut inspeximus in hisdem prioribus litteris nostris tales sunt: Incipit autem prima meta a parte occidentali in arbore harast, sub qua est meta terrea. Inde vadit per viam ad orientem et exiens de ipsa via intrat in vallem unam que Lypva vocatur, in eadem autem valle procedit inferius ad partem meridionalem et cadit in vallem unam que Noguelg vocatur et in eadem valle tendit superius et exit ad unam siccam vallem ibique est arbor byk meta terrea circumfusa et in eadem valle procedens revertitur ad metam primitus nominatam et ibi terminatur. Renunciarunt eciam omnibus instrumentis iidem venditores, quorum auctoritate terras iam venditas possidebant obligantes se, quod servarent(!) per presentes nullum robur optineret firmitatis. Et si quis processu temporis eundem Ruh comitem in causam vocaret pro ipsis terris ipsi modis omnibus coram omni iudice propriis sumptibus et expensis tenerentur expedire. Item in eadem ora (!) vendicionis astiterunt coram nobis personaliter Mortun Bartak, Iwan Domoncus filii Berizlay, item Georgius, Iwanus, Thomas, Mortun filii Beryvoy, item Wlchata vicini videlicet et commetanei venditorum, qui in nullo contradicentes vendicionibus et emcionibus consensum voluntarium prebuerunt et assensum. In cuius rei firmitatem ad instanciam parcium nostras litteras contulimus nostro sigillo conmunitas. Datum anno domini millesimo CC⁰ sexagesimo quinto.

Cod. dipl. patrius VII. 100—102. no. 74. — Po originalu od koga je otpao pečat, a ostale svilene zeleno-ljubičaste vrvce u arkivu obitelji grofova Erdödya u Glogovcu.

Kukuljević Reg. no. 902.

845.

1265. U Čazmi.

Pred kaptolom čazmanskim prodaju Gjurko, Nikola itd. od plemena Čanova svoju zemlju Vratna Krišku i Stjepanu sinovima Ivanovim za 20 maraka.

Nos capitulum Chasmensis ecclesie significamus omnibus presencium per tenorem, quod constituti coram nobis personaliter ab vna parte Crysk et Stephan filius Ivan pro patre sua, ab altera vero Gyurk, Nycolaus, Radesa filii Radeh, Abrank . . . p . . filius Dras[k] et Wlchyzlov frater eiusdem, Wlkoy filius Kvman, Georgius filius Gyura, Nadeha filius Stephani, Farcasius et Andreas filii Ladyzlay, Martynus et Gyurk filii Johannis, Cruschen, Zuchibyl et Gvordos filii Drask de genere Chanov, qui et confessi sunt, se uendidisse uoluntarie terram eorum Vratna uocatam pro viginti marcis iam plene acceptis [a] Crysk et Ivano nominatis. [Cuius] vendicionis series et totus processus cause orte post uendicionem inter partes nobis plene patuit in litteris comitis Crisiensis, cuius terre mete . . . . ancie pacifice et quiete erecte, sicut homo noster retulit, quem ad hoc deputauimus et sicut in hiisdem litteris comitis [Crisiensis . . . . t] Incipit prima meta a terra Crysk hereditaria ab arbore ilyce crucesignata meta terrea circumfusa in vna palude mlaka nomine existent[e] . . . . procedit a parte occidentali uersus orientem [per]- ucnit ad terram Farcasii et Mortunus predictorum et eundo peruenit, vbi mlaka nominata diuiditur ing . . . . |et ad arbore]m gertan crucesignatam, cuius mlacc pars vadit ad domum Enok, alia vero pars eiusdem iuxta terram Farcasii et Mortunus iamdictorum et iung[it] . . . . . . vnde procedendo peruenit ad arborem monorov, sub qua est meta terrea, ab inde dictam mlakam et terram Farcasii ac Mortunus relinquendo uadit ad meridiem . . . . . . |Eno]k et Chana et peruenit ad arborem nyr meta terrea circumfusam, demum transeundo unam viam peruenit ad arborem egvr, sub qua est meta terrea iuxta aliam metam . . . . aquam, ab hinc procedendo per arbores crucesignatas et metas terreas peruenit ad arbores piri et fagum, sub quibus est meta terrea, de inde ad arbor[em] tul crucesignatam, inde cadit ad fluuium Vratna et de Vratna exit aput arborem venez pro meta crucesignatam, ibi dimittendo terram Enok et Chana transit Vratnam et peruenit ad arborem piri crucesignatam meta terrea circumfusam, ubi commetatur terre Junk et Wlchete, uidelicet terra Junk a parte orientali remanente et iuxta terram Wlchete, item de meridionali parte procedit ad occidentem, peruenit ad arborem tul crucesignatam, ab hinc per arbores crucesignatas et per metas terreas per silvam paludosam eundo peruenit ad arborem ilicem et meta terrea circumfusam, demum eundo paruam planiciem transeundo peruenit ad metam terream sub arbore tul existentem, demum magnam viam transeundo intrat silvam et peruenit ad arborem tul crucesignatam meta terrea circumfusam, demum parum itur et aput arborem tul cadit in fluuium Vratna supradictum, per quem fluuium paululum superius eundo peruenit ad siluam nomine Dobovch, ubi coniungitur terra emticia terre hereditarie Crisk et Ivani predictorum. In cuius rei memoriam et robur nostras litteras contulimus nostro sigillo comunitas. Datum anno domini MCCLX⁰ quinto.

Original u arkivu jugoslav. akademije u Zagrebu : Diplomata a. 1265. — Na listini visi svilena vrvca zelene i jasno-smedje boje ; pečat je otpao. Listina je u sredini povećom rupom krnja. Na ledjima: »Venditio terrae Vratna vocatae in comitatn Crisiensi 1. 1265. Krvsk et Ivanno«. Kukuljević Reg. no. 903.

846.

1265. U Čazmi.

Kaptol čazmanski prepisuje darovnicu kralja Bele od god. 1261. za posjed zemlje Zarpetri.

Nos capitulum Chasmensis ecclesie significamus omnibus presencium per tenorem, quo(d) Kvrei civis Worosdiensis ad nostram accedens presenciam a nobis humiliter petivit, quod tenorem litterarum Bele illustris regis Vngarie de verbo ad verbum confectas sibi super collacione terre Zarpetri donacio regia transferiri faceremus, ut fructus, quos multiplici labore optinuit multimodo robore fulciatur. Quarum quidem tenor talis est *(vidi ovoga zbornika listinu br. 704. od g. 1261.)*. Cuius peticioni cum iusta fuerit et omni favore condigna admisimus et ipsas litteras regias de verbo ad verbum ad nostras litteras transferri fecimus, ut duplicata munimina diversis locis securius [adhiberi] possint, qua de causa eciam idem Cvrei nobis rogamina porrexit observari, ut si uno privaretur, quod frequenter esse consvevit, remanens iusticie meritum ad noticiam reducat singulorum; maxime quod magister Gregorius concanonicus noster metas ipsius terre per nos ad hoc missus et deputatus secundum tenorem ipsius privilegii domini regis recitavit. In cuius rei memoriam et robur perpetuum nostras litteras contulimus nostro sigillo communitas. Datum anno domini MCCLX. quinto.

Original u arkivu grada Varaždina fasc. I. no. 5. — Na zelenoj svilenoj vrvci visi sačuvan pečat.

Kukuljević Reg. no. 848.

847.

1265.

Stjepan Uroš kralj srpski knezu dubrovačkomu, da preda Nikonovu sol ili novce.

† Любовьномȣ ми приѣтелȣ кралевьства ми кнезȣ дȣбровьчьскомȣ, Жань Вȣринȣ и вьсои опькинѣ градьскои. Єре ми сте писали за соль за калȣгеровȣ за Никоновȣ, како є ȣ Влнме Нѣркѣ вь рȣцѣ, то ви знате добрѣ, мои вȣмѣрькь и Никоновь нѣ сталь ȣ-нои рȣцѣ, лише ȣ ваше ѡпькинѣ, да ȣ томь ми се изложьни не чините, нь ако кога чȣете кривѣ, а ки мȣ взьмьше подаите или соль или злато, и не мозите мȣ ниввакоре сьмести, нь мȣ прѣдаите или соль или злато, дѣ ви знате, єре ѣ не кȣ пореки иномȣ мое рѣчи а не тькмо Никонȣ. Богь ви дан здравие.

Стефань Ȣрошь краль все срьске земле.

Miklosich Mon. serb. 49—50. br. 49. — Kukuljević Reg. br. 700.

848.

1266, 13. januara. U Zagrebu.

Stjepan i Georgije od plemena Drživoja nagodiše se sa Andrijom županom, bratom magistra Petra prepošta čazmanskoga za zemlju Crešnjevica.

Capitulum Zagrabiensis ecclesie omnibus presens scriptum inspecturis salutem in domino. Ad uniuersorum noticiam harum serie uolumus peruenire, quod constitutis in nostra presencia ab una parte Chepano filio Pauli et Georgio filio Luba de genere Dursiuoi et ab altera Andrea comite fratre magistri Petri prepositi Chasmensis, idem Chepan et Georgius asseruerunt, quod cum patres et generatio eorum memoratum dominum prepositum et fratrem eius prenotatum super quandam partem terre eorum hereditarie Cheresneuicha nuncupate recepissent quondam in commetaneos et uicinos et talis consideracione uicinitatis et fauoris quidam frater eorum nomine Simo(n) filius Dirsiuoy eundem Andream comitem carens herede in filium adoptasset, omnem facultatem suam sibi coram domino rege deputando ; hoc scito, quod prefatus Simon possessiones suas comiti Andree statuisset, Chepanus et Georgius antedicti comitem Andream et dictum Simonem ad presenciam domini R(olandi) bani tocius Sclauonie euocarunt, proponentes contra Simonem, quod ipse Andree comiti possessiones suas dare non potuit, eo quod ipsi ante litis ordinem aquisiuissent et obtinuissent possidendas et cum id domino bano constitisset, dictas possessiones reddidit Chepano et Georgio supradictis, Simonem autem pro sumptibus et expensis, quas Andreas comes se fecisse dicebat in negocio supradicto, scilicet pro uiginti marcis statuendum censuit manibus comitis Andree, si cum domino preposito super summa auderet iurare prenotata. Cum igitur instaret dies sacramenti, comes Andreas et frater eius antedicti coram nobis se offerrent sacramento, iidem Chepanus et Georgius, conpacientes necessitati fratris sui, quandam particulam terre sitam inter terram Petri filii Dragan et terram predicti Andree, quam frater eorum nomine Ivan de terra Cheresneuicha predicta empticiam magistri Petri prepositi et fratris sui antedicti ab eisdem euicerat, reddiderunt pro bono pacis per uiam composicionis preter tres uineas in eadem particula existentes comiti Andree perpetuo possidendam, obligantes se ad statuendum generationem eorum in octaua Epiphanie domini proximo ueniente pro dicta particula prefato Andree comiti cum nostris litteris confirmanda. Cum igitur predicta octaua Epiphanie domini aduenisset, constiterunt coram nobis iidem

Chepan et Georgius cum consanguineis eorum, scilicet Paulo filio Sebusk pro se et fratribus suis Endre filio Mychaelis pro Georgio filio Gorona et predicto Iwan filio Drugan(!) pro se et fratre suo Martino, qui, sicut prehabitum est, confessi sunt, quod patres eorum et tota generacio dudum et ipsi ad ultimum super terram Cheresneuicham prenotatam magistrum Andream et dominum prepositum fratrem eius predictum receperunt in perpetuos commetaneos et uicinos; Iwan uero predictus pro se et fratre suo prenotato confessus est, quod ipse particulam, quam de terra Cheresneuicha a predicto magistro Andrea et fratre eius euicerat, dedit Chepano et Georgio in concambio terre eorum Palichna nuncupate. Qui Georgius et Chepanus ipsam particulam euictam, sicut asumpserant, reddiderunt ex consensu omnium predictorum consanguineorum sepedictis magistro Andree et fratri eius sub eisdem metis, sub quibus ante euiccionem habuerant pacifice et iure perpetuo possidendam, obligantes se, quod si quis uel si qui de genere Dirsiuoi de predicta particula Andree comiti reddita mouerent questionem et euincerent euiccignis uexacionem, iidem Georgius et Chepanus cum terra eorum uel pecunia Andree comiti redimere debeant et saluare possessionem particule predicte et in eadem indempnem ipsum Andream comitem modis omnibus conseruare; dictus autem Andreas comes omnes litteras domini regis et capitulorum, quas habebat super possessionibus Simonis reddidit cassandas, renunciando omni iuri et accioni, quod uel quam habebat uel habere poterat super possessionibus Simonis antedicti. In cuius rei testimonium presentes ad instanciam parcium contulimus sigilli nostri munimine roboratas. Datum in octaua Epiphanie domini anno eiusdem MCCLXVI°.

Original u arkivu jugosl. akad. u Zagrebu: Diplomata a. 1266. — U prorezu vrvca od bijele svile. Pečat otpao.

849.

1266, 21. januara. U Perugii.

Klement IV. papa kralju Beli, neka već jednom prizna Timoteja biskupom zagrebačkim, premda je od niska roda.

Clemens episcopus servus servorum dei karissimo in Christo filio Bele regi Ungarie illustri salutem et apostolicam benedictionem. Rerum omnium providus ordinator omnes homines lege propagandos communi ex similibus nasci seminibus, eodem celo contegi similique gaudere spiraculo voluit, nudos in mundum ingredi, nudos egredi pari ratione de-

crevit, non a servo distinguens liberum, non ab egeno divitem, non a
rege plebeium in omnibus supradictis: sed in terra multiplicatis hominibus et eorum nonnullis voluntatis indomite motus agiles et effrenos
libertati proprie relinquentibus, aliis autem saniori consilio rationis im-
perio suas subdentibus voluntates, istos illis merito prefici sola persuasit
honestas, sed necessitas etiam publica compulit anteferri, ut qui suis
perfectius dominabantur animis expugnatoribus urbium meliores, exer-
cerent in alios principatum et repressis improborum excessibus societatis humane federa sub ioconde tranquillitatis presidio salvarentur. Non
abnuimus, fili karissime, quin aliquando, domino permittente, potestatis
usurpata presumptio thronum aliquibus dederit principalem: sed illa,
quam premisimus, recta fuit occasio, immo causa rectissima, quos natura pares produxerit sublimitatis fastidio et subiectionis obsequio discer-
nendi, que diversitas statuum nichil habet adversum, si subiectus se
meritis imparem et prelatus natura se confitetur et agnoscit equalem. Sic
igitur successivis temporibus propagata prelatio, splendore morum a patribus acquisita, populorum populari assensu, quem annosa consuetudo
firmavit, in posteros derivata, nobilitati laudabilem et ab omnibus hono-
randam dedit originem, ex eo predotavit effectum, ut ex nobilibus na-
scantur nobiles et quos natura nescierat usus hominum, humano generi
non mediocriter utilis superaddat, que res divine gratie non prescribit, quin
parvis et magnis, servis et liberis pro suo beneplacito voluntatis illabens,
nunc hos, nunc illos erigat vel deiciat iuxta sui dispositionem arbitrii,
quod non fallitur, licet eius archana ratio nequeat ab hominibus comprehendi. Sane cum venerabilem fratrem nostrum Thimoteum Zagrabiensem
episcopum a felici recordatione Urbano papa, predecessore nostro, pro-
motum et ab ipso, dum viveret et a nobis, qui eidem licet immeriti
successisse dignoscimur, tue benevolentie commendatum, adeo, prout
ipsa severitas exhibet, abhorueris, ut nec precibus aquiescens, nec consiliis te coaptans, nec obtemperans monitis, nec mandatis obediens, eum
duxeris admittendum, vel ab apostolica sede et ab ea nichilominus
missum fratrem Gualterium, capellanum et penitentiarium nostrum episcopatus eiusdem permiseris pacifica possessione gaudere: mirati fuimus
et miramur et incenditur admiratio, dum attendimus, ignorare te non
debere regem regum et dominum dominancium, per quem ceteri reges
regnant, sic regibus secularibus rerum regnum secularium concessisse,
ut ad spiritualia disponenda manus suas, cum eisdem non competat,
non extendant; sed illius hec relinquant iudicio, qui in terris vicem
obtinens domini nostri Ihesu Christi, per se vel alios in sollicitudinis
partem admissos, spiritualibus spiritualia comparans, ea spiritualiter ad-
ministrat. Scimus equidem iam diversis temporibus tuos ad apostolicam

sedem nuntios accessisse et quod primi dixerant, refricabant sequentes, quorum unus immo novissimus, dilectus filius magister Demetrius Strigoniensis archidiaconus subdiaconus noster in nostra nuper et nostrorum fratrum presentia a tua magnitudine sibi, ut asserebat, iniuncta proposuit, que nisi tuo proposuisset nomine, cum sua non interesset in aliquo, vel nullam vel modicam super eis audaciam habuisset; pro tua tamen reverentia patienter auditus et sicut vir eloquens et peritus pulchre proponens turpia et decenter inserens indecentia, personam episcopi multipliciter asserens contemptibilem, tum defectu consilii, tum originis vilitate, quin immo condicione servili, tamen ex causis quibusdam aliis indignum tuo latere multiplici ratione conclusit. Sed et magnatum regni tui litteras nobis reddidit, quas tamen legi publice non permisimus, quia nec tuam nec alterius poterant causam instruere sine iuris suffragio, solam iniuriam continentes. Verum si retines, que premisimus, frustra certas de conditione persone, cui suam dominus infundere potest gratiam et infudit, cum sibi placuit, qui non est personarum acceptor; sed nec ei posset obesse originalis servitus, etiamsi de ipsa constaret, quam dignitas episcopalis absorbuit et elisit, nec iniuriam lateri tuo faciet pauper assidens a dexteris vel synistris, si non assidentis originem, sed sacerdocii dignitatem attenderis, si reminisci volueris summi regis, qui commensales et socios operisque sui vicarios et quod est amplius coheredes in regno habere voluit et pauperes piscatores. Demum si ad tui culminis gloriam tue providentie direxeris aciem, quid quesimus, honor est tibi excellentie tante regem adversus pauperem dimicare, stipulam siccam prosequi et contra virum simplicem potestatem tuam ostendere. Leones scimus contra vermiculos non armari, ad passeres aquilas non volare. Et tu vir atque princeps magnificus tanta sudabis instantia ad unius deiectionem episcopi, cui quid obicis, dato per omnia, quod sit verum, imputare non potes, qui cum se ipsum non fecerit, sed a domino factus fuerit, nec parentes eligere nobiles sibi potuit, nec peccavit, si illos habuit, quos dominus ei dedit. Si qua tandem obicienda contra consecratum episcopum viderentur, prodeunte qui posset obicere, non esset ei deneganda possessio; sed ea sibi concessa primitus, exinde forsan esset de meritis inquirendum, quantum iustitia pateretur. Ceterum si super hoc negocio varie tibi scripsimus, non mireris spiritualem quidem medicum nunc levibus, ut decet, nunc asperis et iuxta parabolam evangelicam, vinum vel oleum, vel simul, vel alternis vicibus infundere sauciatis vulneribus, ut nec aspera minus exasperent, nec levia plus quam oportet, blandiantur. Si igitur, quod vix credimus, nec predicti fratris Gualterii, nec venerabilis fratris nostri . . . Strigoniensis archiepiscopi, cui secundo scripsimus, aquievisti monitis spiritua-

libus, excellentiam tuam per aspersionem sanguinis tui et omnium redemptoris multiplicatis precibus obsecramus, in remissionem tibi peccaminum iniungentes, quatenus tua nunc saltem indignatio conquiescat et
eundem episcopum admittens ad gratiam rerum episcopalium, atque
iurium possessionem eidem liberam cum fructibus facias assignari, ut et
anime tue consulas et provideas et sedem apostolicam, quam in omnibus habuisti propiciam, non offendas. Scire quidem te volumus, quod
illius inherentes vestigiis, quantum scimus et possumus, qui defendens
christos suos, non reliquit eis nocere hominem, immo reges corripuit pro
eisdem; omittere non poterimus, quin causam pauperis, qui relictus est
domino, prosequamur, nec te turbet aliquorum suggestio clericorum, qui,
prout dicitur, episcopatum potius quam episcopum insequentes ad vi-
ventis successionem aspirant, quam profecto nobis viventibus per hanc
viam, vel verius invium non habebunt. Datum Perusii XII. kal. februarii,
pontificatus nostri anno I.

*Theiner Mon. Hung. I. no. 515. str. 281.—282. Iz reg. orig. an. I.
fot. 24. — Martene Thesaur. anecdot. II. no. 223. — Potthast Reg. pont.
no. 19.525. — Kukuljević Reg. no. 904.*

850.

1266, 3. februara. U Spljetu.

*Dminca žena Mihe Proda daje svojoj materi Prvi zemlju u Gra-
diniku.*

In nomine domini Jesu Christi amen. Anno a natiuitate eiusdem
millesimo ducentesimo sexagesimo sexto, indicione nona, die tertia intrante februarii, regnante domino nostro Bela serenissimo rege Ungarie,
temporibus domini Rogerii venerabilis Spalatensis archiepiscopi, domini
Rolandi illustris [tocius] Sclauonie bani et comitis Spalatensis, Miche Madii,
Dobri Dusciçe et Kamurcii Petri iudicum. Diminica filia quondam Boni
scutiferi dicens et confitens coram me notario et etiam testibus infrascriptis ad hec specialiter conuocatis, se dare, teneri atque debere matri
sue Perue libras decem denariorum paruorum, quoniam ipsa Perua con-
senserat diuisioni, quam ipsa Dimincia de bonis ipsius Perue sue matris
et Boni scutiferi quondam sui patris fecerat cum sorore sua Dabra pro
solucione et satisdacione ipsarum decem librarum atque pro sustentamento
uice ipsius Perue. Dicta Dimincia de consensu et uoluntate Miche Proddi
sui viri presentis et consencientis uendicione precisa predictis decem
libris dedit et tradidit iure proprio et in perpetuum iam dicte Perue sue

matri terram suam totam, quam habebat et sibi in parte uenerat in Gradinico iuxta terram sancti Benedicti ad habendum, tenendum, uendendum, donandum pro anima indicandum et quidquid sibi ex ea deinceps placuerit faciendum, promittens ipsam ei ab omni homine legittime defendere et excalumpniare, ac cui dederit auctorare ac disbrigare cum bonorum suorum omnium obligacione. Que terra, si ultra dictas decem libras plus ualeret, id totum ipsa Dimincia de dicti Miche viri sui consensu et uoluntate prenominate Perue sue matri donauit pure, libere et simpliciter inter uiuos, sumens ab ea in premium ibidem ad maiorem noticiam et cautelam, secundum consuetudinem ciuitatis aniclum unum auri. Actum in camera abbatisse sancti Benedicti presentibus: Desa Caualusio, dompno Dimincio presbitero testibus et aliis.

Ego Jacobus Petri conscius examinaui.

Ego magister Franciscus imperiali auctoritate notarius et nunc comunis Spalati iuratus notarius hiis omnibus rogatus interfui et utriusque partis uoluntate atque dicti Miche uiri Dimincie assensu scripsi et roboraui.

(Monogram. not.)

Original u arkivu samostana sv. Marije u Zadru.

851.

1266, 19. februara. U Zadru.

Vita udova Vršine daruje crkvi sv. Nikole u Zadru dva vinograda na Monte Ferreo za spas duše svoga muža.

In nomine domini amen. Anno incarnacionis eius millesimo ducentesimo sexagesimo quinto, mensis februarii, die vndecima exeunte, indictione nona, Jadere, temporibus equidem domini Raynerii Geni incliti ducis Venecie et' magistri Laurentii venerabilis Jadrensis archiepiscopi, ac domini Jacobi Quirini egregii comitis. Ego namque Vitalina vxor quondam Versinge habitans Jadere, per hoc presens scriptum facio manifestum, quomodo pro redemcione anime mee meique mariti et filii do, dono, trado, transacto atque offero monasterio seu ecclesie sancti Nycolai de Jadera duas meas vineas, vna quarum est posita in Monte Ferreo et alia [que est] posita ad riuum super terra archiepiscopatus Jadrensis et omnia reliqua alia bona mea [m]obilia et immobilia, que habeo et habere videor in hoc mundo, cum omnibus suis longitu[di]nibus et latitudinibus, cum omnibus suis certis terminis, habentiis et pertinentiis, tam [s]ubtus terram, quam supra terram ita, quod a die obitus mei in antea licitum sit dicto monasterio seu ecclesie sancti Nycolay eiusque successoribus dictas vineas meas et reliqua alia bona mea mobilia et immobilia libere habere perpetuoque possidere cum plena virtute et potestate intromitendi, habendi, tenendi, possidendi, dandi, donandi, uendendi et omni modo alienandi, absque mea uel alicuius hominis contradictione. Verumtamen non sit mihi suprascripte Vitaline licitum dictas vineas uel aliquam ex eis aut aliquid de predictis bonis meis de cetero aliqua dicta inopia, occasione, necessitate uel utilitate uendere, don[a]re uel aliquo modo alienare tam pro anima quam pro corpore alicui homini ecclesie loco seu religioni. Ob quam dationem, donationem, traditionem, transactationem, offersionem seu oblationem nichil aliud peto a sororibus seu conuersis dicti monasterii, nisi missas et orationes ad deum pro anima mea meique mariti et filii, et sic hec presens carta roborem obtineat perpetue firmitatis. Actum est hoc et firmatum presentibus hiis vocatis et rogatis testibus videlicet Barthe filio quondam Jurislaui de Stepe et Prodde filio Petri dicti Çeçonis.

(Drugi rukopis).

Ego Lampridius de Nicola examinator manum misi.

Rukopis kao u tekstu listine:

Ego Vincentius ecclesie sancte Marie maioris clericus et Jadrensis notarius predictis interfui rogatus, ut audiue hanc cartam scripsi, roboraui et signo solito signaui.

(Signum notarii).

Original u arkivu jugoslavenske akademije u Zagrebu Diplomata a. 1265. — Kukuljević Reg. no. 884.

852.

1266. 3. marta.

Pred Gerardom vicepreceptorom templarskim ostavljaju Leonard i Rorand sinovi Stjepanovi zemlje svoje Horwat i Wsa, nemogući ih iskupiti, meštru Hoholdu.

Nos frater Gerardus vicepreceptor domus hospitalis Noue Curie omnibus presentes litteras inspecturis duximus significandum, quod cum secundum tenorem litterarum Ch(ak) bani comitis Z(a)ladiensis, Dyonisii comitis de Syrmia, qui inter Leonardum et Rorandum filios Stephani filii Zerend, qui presentes aderant ab vna parte, magistrum Hoholdum filium comitis Hoholdi ex altera, super facto terre Horwat, de sancto Martino et Wsa uocatis arbitri deputati per dominum regem; et cum iidem filii Stephani in die cinerum decem marcas argenti in pagamento soluere debuissent magistro Hoholdo coram nobis, et soluere non potuissent et rursum a die cinerum vicesimo die alias decem marcas argenti in pagamento soluere debuissent, antedicti Leonardus et Rorandus filii Stephani pro se et coram nobis uiua uoce retulerunt, quod illas terras superius nominatas, videlicet terram Horwat de sancto Martino, nec non terram Wsa, eo quod illas viginti marcas argenti soluere non possent, reliquerunt eidem magistro Hoholdo personaliter astanti sub eisdem metis, signis et terminis, super quibus pater ipsius comes Hoholdus beate memorie a patre ipsorum Stephano videlicet filio Zerend possedit, perpetuo possidendas. Et si aliquo in tempore prefati filii Stephani filii Zerend cum eodem magistro Hoholdo racione dictarum terrarum litem incoauerint super premissis, omnino habeantur pro conuictis, sicut ad hoc se ultronea se (!) obligarunt uoluntate. Actum in medio XL°, anno dominice incarnacionis millesimo ducentesimo sexagesimo sexto.

Original pod pečatom na uzici od pergamene u kr. ug. drž. arkivu u Budimu. M. O. D. L. no. 1876. Stara sign. N. R. A. fasc. 302. no. 4. — Wenzel Cod. dipl. Arpad. cont. VIII. 160.

853.

1266, 15. marta. U Perugii.

Papa Klement IV. podjeljuje oprost svima, koji bi prisustvovali, ispovjediv se, posvećenju crkve Dominikanaca u Zadru.

Clemens episcopus seruus seruorum dei uniuersis Christi fidelibus presentes litteras inspecturis salutem et apostolicam benedictionem. Splendor paterne glorie qui sua mundum illuminat ineffabili claritate pia uota fidelium de clementissima ipsius maiestate sperantium, tunc precipue benigno fauore prosequitur, cum deuota ipsorum humilitas sanctorum precibus et meritis adiuuatur. Rogamus itaque uniuersitatem uestram et hortamur in domino in remissionem uobis peccaminum iniungentes, quatinus ad ecclesiam dilectorum filiorum fratrum ordinis Predicatorum Jadrensium, quam fratres ipsi, prout accepimus, in proximo proponunt facere dedicari, imploraturi a domino uestrorum ueniam delictorum, in humilitate spiritus accedatis. Nos enim, ut Christi fideles quasi per premia salubriter ad merita inuitemus, de omnipotentis dei misericordia et beatorum Petri et Pauli apostolorum eius auctoritate confisi, omnibus uero penitentibus et confessis, qui ad ecclesiam ipsam in die dedicationis huiusmodi causa deuotionis accesserint, hac uice vnum annum et quadraginta dies de iniuncta sibi penitentia misericorditer relaxamus. Datum Perusii idus martii, pontificatus nostri anno secundo.

Original u gubern. arkivu u Zadru, odio samostana sv. Dominika no. 2173. — Na listini visi o svilenoj vrvci crvene i žute boje olorni pečat s natpisom: Clemens papa IIII.

854.

1266, 15. marta. U Perugii.

Papa Klement IV. daje oprost svima, koji bi doprinijeli za gradnju crkve Dominikanaca u Zadru (sv. Platona).

Clemens episcopus seruus seruorum dei vniuersis Christi fidelibus presentes litteras inspecturis salutem et apostolicam benedictionem. Quoniam, ut ait apostolus, omnes stabimus ante tribunal Christi, recepturi, prout in corpore gessimus siue bonum fuerit siue malum, oportet nos diem messionis extreme nostris operibus preuenire ac eternorum intuitu seminare in terris, quod reddente domino cum multiplicato fructu recolligere debeamus in celis, firmam spem fiduciamque tenentes, quoniam qui parte seminat parte et metet et qui seminat in benedictionibus de benedictionibus et metet uitam eternam. Sane dilecti filii . . . . . prior et fratres ordinis Predicatorum Jadrensium ibidem, sicut accepimus, ecclesiam ceperunt construere, in qua diuinis possint laudibus deseruire. Cum itaque ipsis per Christum extreme ferentibus sarcinam paupertatis, ad hoc fidelium subsidium sit plurimum oportunum, vniuersitatem vestram rogamus et hortamur in domino, in remissionem vobis peccaminum iniungentes, quatinus de bonis vobis a deo collatis pias elemosinas et grata eis caritatis subsidia erogetis, ut per subvencionem memorata ecclesia valeat consumari et uos per hec et alia bona que domino inspirante feceritis ad eterne possitis felicitatis gaudia peruenire. Nos enim de omnipotentis dei misericordia et beatorum Petri et Pauli apostolorum eius auctoritate confisi, omnibus vere penitentibus et confessis, qui dictis fratribus pro prefata ecclesia consumanda manum porrexerint adiutricem centum dies de iniuncta sibi penitencia misericorditer relaxamus, presentibus post

quinquenium minime valituris. Datum Perusii idus marcii, pontificatus
nostri anno secundo.

Iz prijepisa Laurencija nadbiskupa zadarskoga od g. 1267. 5. oktobra.
— Izvornik potonjeg prijepisa u gubern. ark. u Zadru (odio samostana
sv. Dominika br. 2152.)

Farlati Ill. sacr. V. 78. — Wenzel Cod. dipl. Arp. cont. VIII. 148—9.
(po Farlatu). — Potthast Reg. pontif. no. 19.578. — Kukuljević Reg.
no. 905.

855.

1266, 20. marta.

Magister Mihalj sin Šimunov prodaje Pankraciju i Pavlu sinovima
Paskovim zemlje kod Garića, koje mu je bio kralj Bela poklonio,
a prodaju potvrdjuje isti kralj.

Bela dei gracia Hungarie, Dalmacie, Croacie, Rame; Seruie, Gallicie,
Lodomerie, Cumanieque rex omnibus presentes litteras inspecturis salutem
in uero salutari. Vt contractus qui de consensu fuerint regio stabiles
perseverent, litterarum solent testimonio roborari, inconcussum quippe
permanet atque firmum, quod regio fuerit patrocinio communitum. Proinde ad vniuersorum noticiam tenore presencium uolumus peruenire,
quod magistro Michaele filio Symonis ex vna parte, comite Pancracio
et Paulo filiis Pasca ex altera in nostra presencia constitutis, idem
magister Michael est confessus, quod terram, quam in Garig Garigfeu
vocatam ex nostra donacione possidebat contiguam in quadam parte
terre dictorum comitis Pangracii (!) et Pauli eisdem comiti Pangracio et
Paulo pro centum marcis argenti vendidisset perpetuo possidendam, sub
cisdem metis et terminis, que in priuilegio donacionis nostre eidem
magistro Michaeli prius concesso continentur et quod ipsam pecuniam
ab eisdem plenarie recepisset, quod quidem priuilegium in maius argumentum facti contractus idem magister Michael dedit prefatis comiti
Pangracio et pauĵo coram nobis. Et ut iidem comes Pangracius et
Paulus, ac heredes ipsorum dictam terram possint quietius possidere,
fidelitatem eorum attendentes, quam corone et regno multipliciter impenderunt et impendere poterunt in futurum, ad peticionem eorumdem
concessimus, ut non obstante contradiccione Gregorii filii quondam
Thome bani, qui de comparanda dicta terra se intromittere dicebatur,
non obstante eciam contradiccione commetaneorum quorumcumque,
iidem ipsam terram emere possint et perpetuo ac pacifice possidere,

idem racione illius terre impensuri seruicium, quod prefatus magister Michael impendebat. In cuius contractus perpetuam firmitatem dictis comiti Pangracio et Paulo ipsorumque heredibus presentes litteras dari fecimus sigilli nostri duplicis munimine roboratas. Datum per manus magistri Farcasii electi Albensis aule nostre vicecancellarii dilecti et fidelis nostri. Anno domini MCCLXVI, XIII. kalendas aprilis, regni autem nostri anno XXXI.

Liber privileg. eppatus. Zagrab. list 52. — Tkalčić Monum. episcop. Zagr. I. 130. — Wenzel Cod. dipl. Arp. XI. 556. donosi regest. — Kukuljević Reg. no. 906.

856.

1266, 23. marta.

Bela kralj ugarski i hrvatski vrača magistru Mihajlu, usljed učinjene pogodbe za zemlju kod Gariča sa Pankracijem i Pavlom sinovima Paskinima, pogodjenu svotu, te tako poklanja istu zemlju sinovima Paskinim.

Bela dei gracia Hungarie, Dalmacie, Croacie, Rame, Seruie, Gallicie Lodomerie, Cumanieque rex omnibus presentes litteras inspecturis salutem in uero salutari. Ad vniuersorum noticiam tenore presencium uolumus peruenire, quod cum terram Garigfeu nominatam, quam magistro Michaeli filio Symonis in Garig, pro fidelitate sua et serviciis dederamus, idem magister Michael, existens in possessione pacifica dicte terre, elapsis quibusdam annis, nostro requisito consensu et assensu uendicione exponere uoluisset. Nos eandem terram, utpote nostram donacionem, ad manus nostras duximus reuocandam. Postmodum accedentes ad nos fideles nostri comes Pancracius et Paulus filii Pasce, humiliter postularunt, quod eandem terram ipsis conferre ex liberalitate regia dignaremur. Nos igitur attendentes seruicia dictorum comitis Pancracii et Pauli, que corone et regno in feruore fidelitatis multipliciter impenderunt et impendere poterunt in futurum, dictam terram Garigfeu, eisdem comiti Pangracio (!) et Paulo et heredibus eorum, sub forma eiusdem servicii, quod dictus magister Michael impendebat, cum cursu et termino priorum metarum contulimus ex plenitudine nostre gracie perpetuo possidendam. Ceterum cum vnicuique simus in sua iusticia debitores, prefato magistro Michaeli ex habundanti pro precio eiusdem terre ex parte dictorum comitis Pancracii et Pauli satisfactionem fecimus plenariam exhiberi. Vt igitur hec nostra donacio et eciam contractus ex nostra uoluntate factus, robur perpetue optineat firmitatis, nec possit per aliquem reuocari, presentes litteras in testimonium dari fecimus sigilli nostri duplicis munimine roboratas. Datum per manus magistri Farcasii electi Albensis aule nostre vicecancellarii dilecti et fidelis nostri. Anno domini MCCLXVI, X. kalendas aprilis, regni autem nostri anno tricesimo primo.

Liber privileg. eppatus. Zagrab. list 52. — Tkalčić Monum. episc. I. 131. — Wenzel Cod. dipl. Arp. XI. 556. donosi regest.

857.

1266, 1. aprila. U Zadru.

Jurislav Prvonošev prima od samostana sv. Krševana vinograd u Ceredolu na obradjivanje.

In Christi nomine. Anno ab incarnatione eius millesimo ducentesimo sexagesimo sexto, mense aprilis, die primo intrante, indictione nona, Jadere, temporibus domini Raynerii Geni incliti ducis Venecie et magistri Laurencii uenerabilis Jaderensis archicpiscopi, ac domini Jacobi Quirini egregii comitis. Manifestum facio ego quidem Jurisclauus filius condam Paruonossi per hoc presens scriptum, quia suscepi a uobis religioso et honesto viro domino Nicolao Simiteculo abbate monasterii sancti Grisogoni Jaderensis et ab fratribus uestris, videlicet: Stephano priore, Profeta Boco sacrista, Matheus condam abbate de Sansico et Theodoro ceco et aliis quadam(!) vinea uestra et predicti monasterii que fuit condam Rada(!) posita ad Ceredolo ad laborandum et tenendum fideliter bona fide sine fraude secundum consuetudinem Jadere, donec vixero in hoc seculo. Et de omni fructu quod dictus(!) dederit mihi exinde debeb et teneor cum meis heredibus dare uobis et uestris successoribus annuatim terciam partem hic in Jadera. Preterea si ullo tempore inuentus fuero in fraude contra uestram iusticiam, tunc tenear cum meis heredibus dare et soluere uobis et uestris successoribus sex perperos super me et omnia mea bona habita et habenda, que vinea est ex parte borea iuxta vineam Dimina Slogodinich et ex austro iuxta vineam Radogne. Verum tamen ego dictus Juresclauus non debeo extraere vinum de tina sine uestra licencia aut uestro nuncio uel misso sub pena centum solidos denariorum paruorum, set tamen cum de hoc seculo transiero, predicta vinea in uobis et successoribus uestris debeat reuerti libera et absoluta sine aliquo interesse siue aliqua contradiccione. Actum est hoc et firmatum coram his uocatis et rogatis testibus, scilicet Matheo pelipario et Barbarano et aliis.

(*Drugi rukopis*).

Ego Candi de Ragno examinator manum misi.

Ego Viuerius Allexii Jaderensis notarius interfui rogatus, ut audiui scripsi, roboraui et consueto signo signaui.

(*Monogram. not.*)

Original *u gubern. arkivu u Zadru, odio samostana sv. Krševana* *(capsul. XVII. M. S. no. 17.)*

858.

1266, 7. aprila. U Veneciji.

Dubrovnik šalje sjajno poslanstvo u Rim i uzajmljuje za to novaca *u Veneciji.*

In nomine dei eterni amen. Ab incarnatione domini nostri Jesu Christi millesimo ducentesimo sexagesimo sexto, mensis aprilis, die septima intrante, indictione nona, Riuoalti. Per uirtutem et potestatem unius instrumenti carte manu presbyteri Petri et comunis Ragusii notarii iurati confecte, tenor cuius talis est: Anno incarnationis domini millesimo ducentesimo sexagesimo quinto, mensis decembris, quarto die astante. Nos quidem consules Ragusine ciuitatis Goyslauus Chrosii, Petrana Bonde, Marinus Johannis Dragimiri, Proculus Michaelis, Fuscus Binzole, Johannes Balislaue et Dimitrius de Saraca et iurati iudices Dobroslauus Ranane, Theodorus Bodatie, Margaritus de Stilu et Sersius Clementis et consiliarii de paruo consilio etiam cum rogatis Michael Pezane, Dimitrius Menzii, Andreas Benesse, Lucarus Fusci, Benedictus Gondule et Pasca de Volcassio, Mathias Balacie, Michael Binzole, Volcassus Johannis, Vitana Cerni, Martolus Bubanie et Michael Ranane et consiliarii de magno conscilio, ac uniuersus populus Ragusinus ad campane sonitum congregatus, damus et concedimus reuerendo domino Aleardo, dei et sedis apostolice gratia archiepiscopo Ragusino, Theodoro Bodatie, Volcassio de Johanne nobilibus uiris, ac domino Rosino Balislaue et domino Vitali Bodacie clericis et canonicis dilectis conciuibus et nostris solempnibus nunciis, quos mittimus pro honore et statu ac necessitate cogente ciuitatis Ragusii ad dominum ducem Venecie, plenam potestatem, ut accipiant mutuo summam pecunie quantitatem pro suis expensis ac necessariis aliisque existentibus ad eorum arbitrium uoluntatis, promitentes omnibus creditoribus seu mutuatoribus, sub pena qua ipsi obligari uoluerint satisfacere et persoluere super comunitatem Ragusii infra certum tempus ab eis prefixum. Hec autem carta nullo testimonio rumpi possit et cetera uti in ea legitur. Manifestum facimus nos suprascriptus frater Aleardus dei et sedis apostolice gratia archiepiscopus Ragusinus et dompnus Rosinus Balislaue, ac dompnus Vitalis Bodatie clerici et cano-nici Ragusini et nobiles uiri Theodorus Bodatie atque Volcassius Johannis ciues et simul omnes speciales seu sollempnes nuncii dicti comunis Ragusii uirtute huius subscripte instrumenti carte quomodo recepimus uice et nomine eiusdem comunis cum nostris successoribus a te Johanne Minio de confinio sancti Samuelis de Venecia et tuis heredibus libras denariorum venetorum trecentas et uiginti quinque ad denarios grossos, quas pro ipso nostro comuni nobis dedisti et prestitisti causa amoris et dilectionis in maximis utilitatibus et necessariis ipsius nostri comunis expendendis et exercendis, apud nos retinendi ammodo usque ad festum sanctorum apostolorum Petri et Pauli primo uenturum, ad ipsum autem terminum uel antea predictum comune debeat per se uel per suum missum dare et deliberare tibi uel tuo misso hic in Riuoalto totam tuam suprascriptam pecunie quantitatem saluam in terra sine aliquo periculo uel occasione aut ullis interpositis capitulis. Hec autem que suprascripta sunt, si idem nostrum comune non obseruauerit, tunc emen-dare debeat cum suis successoribus tibi et tuis heredibus omnes tuos suprascriptos denarios in duplum de terris et casis suis et de omnibus que habere uisum fuerit de hoc seculo, et inde in antea ipsum capitale duplum prode laboris de quinque sex per annum.

(Razne ruke).

† Ego frater Aleardus dei et sedis apostolice gratia Ragusinus archiepiscopus et comunis eiusdem nuntius manu mea scripsi.

† Ego clericus Rosinus Balislaue canonicus Ragusinus et comunis Ragusini nuntius manu mea scripsi.

† Ego Vitalis Budatie clericus et canonicus Ragusinus et comunis Ragusii nuntius manu mea scripsi.

† Ego Theodorus Budatie et comunis Ragusii nuncius manu mea scripsi.

† Ego Volcassio Johannis et comunis Ragusii nuncius manu mea scripsit (!).

† Ego Johannes Benessa diaconus . . . . testis scripsi.

† Ego Aliprandus de Bruno clericus testis subscripsi.

† Ego Stefanus Manolesso vice domino testis subscripsi.

(Monogram. not.) Ego Bartolomeus sancti Simeonis profete presbyter et notarius compleui et roboraui.

Original u dubrovačkom arkivu. Zbirka saec. XIII.

859.

1266, 8. aprila. U Kotoru.

Biskup kotorski potvrdjuje Dominikancima crkvu sv. Pavla.

Anno incarnationis domini MCCLXVI., mensis aprilis, VIII. die intrante, indictione IX., Marcus miseratione divina episcopus Catharensis universis Christi fidelibus presentes litteras inspecturis salutem in domino sempiternam. Universitati vestre duximus significandum, quod Paulus filius Bosce cognatus noster nobilis civis Catharensis cum coniuge sua Dobre sorore nostra coram nobis constituti presentaverunt tamquam eius patroni legitimi ecclesiam sancti Pauli, que est iuxta ecclesiam sancti Tryphonis cathedralem, quam propriis expensis edificaverunt, tamen cum sine herede essent carnali, spiritu sancto inspirante, sibi pro filiis adoptaverunt fratrem Michaelem priorem fratrum ordinis Predicatorum de Ragusio et Catharo et fratres Florianum, Tryphonem et Marcum fratres conventus Ragusini, vice fratris Michaelis generalis magistri eiusdem ordinis, ut ipse ordo et fratres eiusdem ordinis haberent et possiderent ipsam ecclesiam sancti Pauli cum domo et aliis pertinentiis suis circa ecclesiam constitutis in perpetuum. Et a nobis diligenter postulaverunt, ut presentationem ipsorum rectam habentes, ecclesiam sepe dictam cum suis pertinentiis eidem ordini et fratribus supradictis confirmare in perpetuum possidendam dignaremur, tali conditione interposita, quod si ipsi fratres aliquo casu de Ragusio recederent, nec in Catharum essent vel venirent, ecclesia supradicta cum integro iure patronatus redeat ad Paulum supradictum cum uxore sua et si eos dominus ad se vocasset, iure patronatus predicte ecclesie pertineat ad consanguineos proximiores dicti Pauli et uxoris sue domine Dobre. Nos igitur petitionem iam dictam acceptantes ipsam ecclesiam sancti Pauli cum suis pertinentiis, ut dictum est, ipsi magistro et ordini predictis ac fratribus Ragusinis coram testibus Basilio Dragonis iurato iudice, Marco Laurentii Basilii, Bartholomeo filio Bosce vocatis et rogatis auctoritate dei omnipotentis in perpetuum possidendam confirmamus. In cuius confirmationis testimonium presentes litteras supradicto ordini et fratribus concessimus sigillo nostro roboratas. Et ut ipsa confirmatio ratione sigilli nullam possit calumniam sustinere, ipsam per communem notarium civitatis diaconum Micham conscribi fecimus. Actum est hoc in curia nostra Cathari. Et ego diaconus Micha supradictus notarius ad hec interfui cum testibus iam prefatis, rogatus, ut ab ipso Paulo et eius Dobra uxore audivi, in duabus cartulis veram sententiam continentibus scripsi et signo consueto roboravi.

Farlati Ill. sacrum. VI. 441—442. — Kukuljević Reg. no. 908.

860.

1266, 11. aprila. U Zagrebu.

Pred kaptolom zagrebačkim Ivan knez modruški svjedoči, da je primio miraz svoje žene od roda prvoga njezinog muža.

Capitulum Zagrabiensis ecclesie omnibus presens scriptum inspecturis salutem in domino. Ad vniuersorum noticiam harum serie uolumus peruenire, quod constitutis in nostra presencia ab una parte Gyan comite, filio comitis Vid de Modros et ab altera Perincholo potestate de [mon]te Grech uice et nomine domini Rolandi bani tocius Sclauonie, idem Gyan comes confessus est, se uice et nomine uxoris sue, filie scilicet Alexandri comitis, dotem eiusdem et res parafarnales, ipsi ex parte prioris mariti sui Ratoldi, videlicet filii predicti domini bani debitam et debitas, plenarie recepisse, eodem bano persoluente, prestandoque eiusdem dotis et rerum parafarnalium solucionem sibi factam idem Gyan comes se obligauit ad expediendum dominum banum ab omni, quam contingeret, questione. In cuius rei testimonium presentes ad instanciam parcium contulimus sigilli nostri munimine roboratas. Datum in quindena resurreccionis domini, anno eiusdem M⁰CC⁰LX⁰ sexto.

Original u kr. ug. drž. arkivu u Budimu M. O. D. L. no. 33.166. (Stara sig. N. R. A. fasc. 315. no. 6.) — Na listini visi o svilenoj vrvci zelene i crvene boje dobro sačuvan ovalan pečat kaptola. — Na hrptu bilješka XIV. vijeka: »littera expeditoria pro rebus parafernalibus a comite Gyan de Modrussa Ronaldo bano«, a XVII. stoljeća: Frangepan.

Wenzel Cod. dipl. Arp. cont. XI. 562—563. — Kukuljević Reg. no. 907.

861.

1266, 14. aprila. U Spljetu.

Dragan Radomirov uzima na obradjivanje od Dujma Kassara vinograd u Vlačinama.

In nomine domini nostri Jesu Christi amen. Anno a natiuitate eiusdem millesimo ducentesimo sexagesimo sexto, indiccione nona, die quarta decima intrante aprili, regnante domino Bela serenissimo rege Vngarie, temporibus domini Rogerii venerabilis Spalatensis archiepiscopi, domini Rolandi illustris tocius Sclauonie bani et comitis Spalatensis, Miche Madii, Dobri Dusciçe et Kamurcii Petri iudicum. Dragan Radomiri conduxit et accepit ad pastinandum a Duymo Kassarii terram suam quam habebat in Dilato, promittens ipse Dragan bene et fideliter pastinare totum illud ex ipsa terra, quod est a terra Duymi Derse usque ad uites Stanchi Drage in eadem terra plantatas, videlicet anno quolibet sine diuino uel iusto impedimento uretenum unum atque dimidium, et quod ex ipsa terra pastinauerit, id totum quod ex ea fuerit pastinatum, anno quolibet et decenti tempore sine diuino uel iusto inpedimento bene et fideliter secundum bonam consuetudinem Sp[alatensis] ciuitatis laborare, scilicet semel in anno potare et uicibus duabus çappare et de omnibus fructibus, quos in ipsis uitibus quas plantauerit et etiam in terra deus ei dederit, integre terciam partem ipsi Duymo dare et assignare conuenit et sibi duas partes tantummodo detinere, non habendo potestatem ipse Dragan dictam terram, donec tota a terra Duymi Derse usque ad uites dicti Stanchi pastinata non fuerit, dimittendi, neque eam ei dictus Duymus, dum uites durauerint, subtrahendi. Promittens et dictus Duymus dare et soluere ipsi Draganno in adiutorium pastinandi pro quolibet ureteno uituum que pastinauerit, antequam ipsum incipiat pastinare, solidos quadraginta denariorum paruorum. Et hec omnia supradicta predicti Duymus et Dragan ad inuicem attendere et obseruare compromiserunt et in nullo contrafacere uel uenire sub pena decem librarum denariorum paruorum, quas pars contraueniens parti alteri obseruanti dare et soluere teneatur cum bonorum suorum, scilicet Duymi et bonorum atque persone dicti Draganni obligatione. Actum in domo mei notarii presentibus Leonardo Draclani, Stephano Justi, Stanco Drage testibus et aliis.

(Drugi rukopis).

Ego Jacobus Petri conscius examinaui.

Ego magister Franciscus imperiali auctoritate et nunc comunis Spalati iuratus hiis omnibus interfui et uoluntate utriusque partis dicto Draganno simile faciens instrumentum scripsi et roboraui.

(Monogram. not.)

Original u arkivu kaptola u Spljetu a. 1266. (XVI. 1, 68.)
Wenzel Cod. dipl. Arp. cont. III. 153. — Kukuljević Reg. no. 909.

862.

1266, 13. juna.

Klement IV. papa prima pod zaštitu biskupa trogirskoga i sva nje-
gova prava i posjede.

Clemens episcopus servus servorum dei venerabili fratri (Columbano) episcopo Traguriensi eiusque successoribus canonice substituendis in perpetuum. In eminenti apostolice sedis specula licet immeriti disponente domino constituti, fratres nostros episcopos tam propinquos quam longe positos fraterna debemus charitate diligere et ecclesiis sibi a deo commissis pastorali sollicitudine providere. Quocirca venerabilis in Christo frater episcope, iustis postulationibus tuis clementer annuentes et ecclesiam sancti Laurentii Traguriensis, cui auctore deo preesse dinosceris, sub beati Petri et nostra protectione suscipimus et presentis scripti privilegio communimus, statuentes, ut quascumque possessiones, quecumque bona eadem ecclesia in presentiarum iuste et canonice possidet, aut in futurum concessione pontificum, largitione regum, vel principum, oblatione fidelium, seu aliis iustis modis prestante domino poterit adipisci, firma vobis vestrisque successoribus et illibata permaneant. In quibus hec propriis duximus exprimenda vocabulis. Locum ipsum, in quo prefata ecclesia sita est cum omnibus pertinentiis suis, monasterium sancti Nicolai, sancti Michaelis, ac sancti Jacobi, ecclesias in castro de Sibenico cum omnibus pertinentiis eorundem, decimas et quidquid iuris habet ibidem ecclesia Traguriensis, ecclesias cum decimis, parochiis et pertinentiis suis sitas in locis que Drid, Gusterna et Dubrovaz vulgariter nuncupantur, ac iurisdictionem temporalem, quam ecclesia prefata in locis prefatis noscitur obtinere. Ecclesias cum pertinentiis suis, terras, possessiones et decimas in villis de Neveste, Radosich, Gradaz, Ostroc, Spellan et sancti Petri vulgariter appellatis, decimas et quidquid iuris ecclesia Traguriensis obtinet in comitatu Zagorie cum terris, pratis, vineis, nemoribus, usvagiis et pascuis in bosco et plano, in aquis et molendinis, in viis et semitis et omnibus aliis libertatibus et immunitatibus suis. Ad hec cimiteria ecclesiarum et ecclesiastica beneficia nullus hereditario iure possideat, quod si quis facere presumpserit, censura canonica compescatur. Preterea quod communi assensu capituli tui, vel partis consilii sanioris in tua diocesi per te vel successores tuos fuerit canonice institutum, ratum et firmum volumus permanere. Prohibemus insuper ne excommunicatos, vel interdictos tuos ad officium, vel communionem ecclesiasticam sine conscientia et assensu tuo quisquam admittat, aut contra sententiam tuam canonice promulgatam aliquis venire presumat, nisi forte periculum mortis immineat, aut dum presentiam tuam habere nequiverit, per alium secundum formam ecclesie, satisfactione premissa, oporteat ligatum absolvi. Sacrorum quoque canonum auctoritatem sequentes statuimus, ut nullus episcopus vel archiepiscopus absque tuo assensu conventus celebrare, causas etiam et ecclesiastica negotia in Traguriensi dioecesi, nisi per Romanum pontificem vel eius legatum fuerit eidem iniunctum, tractare presumat, nisi forsan metropolitanus eius aliquod premissorum fecerit in casibus sibi a iure concessis. In ecclesiis quoque Traguriensis diocesis, que ad alios pleno iure non pertinent, nullus clericum instituere vel destituere, aut sacerdotem prefice.e sine consensu diocesani presumat. Decernimus ergo, ut nulli omnino hominum, liceat prefatam ecclesiam tenere, perturbare, aut eius possessiones auferre, vel ablatas retinere, minuere, seu quibuslibet vexationibus fatigare, sed omnia integre conserventur eorum, pro quorum 'gubernatione ac sustentatione concessa sunt, usibus omnimodis profutura, salva sedis apostolice auctoritate et in predictis decimis moderatione concilii generalis. Si qua igitur in futurum ecclesiastica secularisve persona hanc nostre constitutionis paginam sciens contra eam temere venire tentaverit, secundo tertiove commonita, nisi reatum suum congrua satisfactione correxerit, potestatis honorisque sui careat dignitate, reamque· se divino iudicio existere de perpetuata iniquitate cognoscat et a sacratissimo corpore ac sanguine dei et domini redemptoris nostri Jesu Christi aliena fiat, atque in extremo examine districte subiaceat ultioni. Cunctis autem eidem loco sua iura servantibus sit pax domini nostri Jesu Christi, quatenus et hic fructum bone actionis percipiant et apud districtum iudicem premia eterne pacis inveniant. Amen, amen, amen. Rt.

Ego Clemens catholice ecclesie episcopus subscripsi.

Ego Odo Tusculanus episcopus subscripsi.

Ego Stephanus Prene(stinus) episcopus subscripsi.

Ego fr(ater) Joannes Port(ulanus) et sancte Rufine episcopus subscripsi.

Ego Henricus Ostiensis et Velletrensis epicopus subscripsi.

Ego Ancherus tituli sancte Praxedis presbyter cardinalis subscripsi.

Ego Guillelmus tituli sancti Marci presbyter cardinalis subscripsi.

Ego Ricardus sancti Angeli diaconus cardinalis subscripsi.

Ego Jacobus sancte Marie in Cosmedin diaconus cardinalis subscripsi.

Ego Gottifredus sancti Georgii ad velum aureum diaconus cardinalis subscripsi.

Ego Ubertus sancti Eustachii diaconus cardinalis subscripsi.

Datum Viterbii per manum magistri Michaelis sancte romane ecclesie vicecancellarii, idibus iunii, indictione IX., incarnationis dominice anno MCCLXVI., pontificatus domini Clementi IIII. anno secundo.

Ova je bula potvrdjena po papi Grguru X. god. 1274. 11. septembra (vidi Farlati IV. 356.)

Farlati Illyricum sacrum IV. 350—351. — Wenzel Cod. dipl. Arp. cont. XI. 557—559. — Potthast Reg. pontif. no. 19.694. — Kukuljević Reg. no. 910.

863.

1266, 21. juna. U Trogiru.

Trogirski biskup Ḳolumban i njegov kaptol mire se s općinom trogirskom radi desetine.

In dei nomine amen. Anno eiusdem a natiuitate millesimo ducentesimo sexagesimo sexto, indicione nona, die lune, decimo exeunte mense iunio, tempore domini Columbani venerabilis Traguriensis episcopi, incliti viri domini Rolandi comitis et tocius Sclauonie bani et dominorum Duimi de Cegha et Valentini Petri iudicum Tragurii. Cum inter venerabilem patrem dictum dominum Columbanum Traguriensem episcopum cum suo capitulo ex una parte et nobiles viros ciues Tragurienses cum sua comunitate ex altera, super quibusdam decimarum prouentibus coram domino Thoma archidiacono Spalatensi ex delegacione apostolica controuersia uerteretur, post multas allegaciones et altercaciones hinc inde habitas, tandem eodem archidiacono cum religioso viro Georgio abbate sancti Stephani Spalatensis, quem dictus archidiaconus in dicta causa socium et assessorem assiuerat(!), mediantibus et ad pacis concordiam utramque partem exortantibus, diuina fauente gracia eorum animi ad talem concordium sunt reducti, uidelicet dictus dominus episcopus et capitulum pro se et pro suis successoribus et nobiles viri dicti domini Duimus de Cegha et Valentinus Petri iudices cum consilio et aliis pluribus bonis viris dicte ciuitatis pro se et pro tota uniuersitate dicte ciuitatis et nomine ipsius uniuersitatis. Predictus ergo dominus episcopus cum suo capitulo pro se et pro suis successoribus renunciantes presenti questioni remiserunt et quietauerunt omnes alias decimas, quascumque a ciuibus dicte ciuitatis exigere possent, et recipient decimas dumtaxat consuetas, videlicet de blado, leguminibus et de angnis(!). Predicti uero nobiles pro se et nomine suo et dicte sue ciuitatis racione huiusmodi conmutacionis concesserunt et tradiderunt dicto domino episcopo et ca-

pitulo et eorum successoribus quoddam territorium quod dicitur sancti
Vitalis habendum et possidendum in perpetuum et pro sua uoluntate
libere et absolute laborandum, plantandum per se uel per alios absque
contradiccione uel banno ex parte comunitatis emisso; ceterum si aliquo
tempore super eodem territorio dicto domino episcopo et capitulo uel
eorum successoribus aliqua questio uel calumpnia moueretur, predicta
comunitas teneatur defensare et expedire illud ab omni controuersia
que contingere posset. Preterea predicti nobiles pro se et nomine dicte
comunitatis ligauerunt se sub uinculo iuramenti, quod totis uiribus ob-
ponent se et resistent, si aliquis non per racionem sed per uiolenciam
illud territorium conaretur a dictis domino episcopo et capitulo uel
eorum successoribus auferre. Territorium autem ipsum ita suis terminis
limitatur, uidelicet incipiendo ab aqua que dicitur Resinicha, sicut uadit
uia publica uersus Tragurium usque ad riuulum qui dicitur Salsus et
sicut uadit sepes cum ripa usque ad mare iuxta predictam ecclesiam
sancti Vitalis, quantum uidelicet infra dictos fines pertinebat ad ius et
proprietatem dicte comunitatis. Quod territorium dictus dominus episcopus
cum suo capitulo concordi animo acceptantes, fuerunt contenti eo pro
decimis supradictis. Facta sunt hec omnia coram dicto domino archidiacono ipso ex officio suo aprobante et suam auctoritatem qua funge-
batur hiis interponente et presente dicto domino abbate et dictum
iuramentum prestantibus dictis dominis Duimo et Valentino iudicibus
pro se et pro tota comunitate de uoluntate conscilii et aliorum dictorum
uirorum dicte ciuitatis ibidem presencium, in ecclesia sancti Laurencii
episcopatus Tragurii in presencia fratrum Jesse et Simonis de ordine
Predicatorum, fratrum Theodori et Gregorii guardiani loci Tragurii de
ordine Minorum, fratris Oliuerii monaci et domini Blasii sacerdotis capellani dicti domini archidiaconi et aliorum plurium bonorum uirorum
testium ibidem presencium.

(Signum not.) Ego Bonauentura Petri ciuis Ancone auctoritate domini pape notarius et nunc notarius comunis Traguriensis, hiis interfui et
rogatus a partibus scripsi et publicaui.

Original u arkivu kaptola u Trogiru a. 1266. no. 17.

864.

1266, 22. juna. U Spljetu.

Pogodba glede posudjenih novaca.

In nomine domini nostri Jesu Christi amen. Anno a natiuitate eiusdem millesimo ducentessimo sexagesimo sexto, indictione nona, die nona exeunte iunio, regnante domino nostro Bela serenissimo rege Vngarie, ecclesia Spalatensi uacante pastore, temporibus domini Rolandi illustris totius Sclauonie bani et comitis Spalatensis, Duymi Cassarii, Gregorii Grube et Petri Cerneche iudicum. Grupsca Miluss(ov) dicens se fideiussisse Gregorio Johannis Uitalis pro Nicolao quondam f(ratre) in libris quadraginta et septem denariorum paruorum super bonis dicti fratris sui, (si) aliquid deficeret (eiusdem) bonis, confessus fuit ipse Grupsca per hoc presens instrumentum, se adhuc de dictis quadraginta et septem libris dare tenere ipsi Gregorio libras decem et septem denariorum paruorum, quas ei integre dare et soluere promisit hinc ad festum sancti Martini proximo uenturum sub pena dupli dictarum librarum cum bonorum suorum omnium obligatione in quibus bonis quibuscumque ipsi Gregorio placuerit . . . . propria . . . . aliqua liceat curie uel mandato intrare liceat et de eis uendere usque ad suam plenam dictarum librarum et dupli solucionem, si de eis sibi termino antedicto non fuerit integre satisfactum, uendicionem, quam tunc ipse Gregorius de eius bonis faceret, promisit dictus Grupsca firmam et ratam perpetuum habere et tenere, renuncians omni auxilio iuris consuetudinis et statutorum ciuitatis ac cuiuslibet alterius causa ei aliquo modo competenti et competitum. Actum ante stacionem Madii Miche, presentibus Semiricio Muracii Juanne Madii testibus et aliis.

Ego Madius filius Miche examinaui.

Ego magister Franciscus imperiali auctoritate notarius et nunc comunis Spalati (iuratus notarius) rogatus interfui et uoluntate utriusque partis scripsi et roboraui.

(Signum notarii).

Original u arkivu samostana sv. Marije u Zadru. Listina oštećena.

865.

1266, 22. juna. U Viterbi.

Klement IV. papa nalaže nadbiskupu kaločkomu, da uznastoji vratiti biskupu zagrebačkomu sve one posjede, koje su prešasnici biskupa Timoteja bezpravno udijelili pojedinim ljudima.

Clemens episcopus seruus seruorum dei venerabili fratri archiepiscopo Colocensi salutem et apostolicam benedictionem. Ad nostram noueris audientiam uenisse, quod episcopi Zagrabienses qui fuerunt pro tempore predecessores venerabilis fratris nostri Tymothei Zagrabiensis episcopi, decimas, terras, possessiones, redditus, vineas, nemora, domos, iura, iurisdicciones et quedam alia bona ad episcopalem sedem Zagrabiensem spectancia nonnullis clericis et laicis, aliquibus eorum ad uitam, quibusdam uero ad non modicum tempus et aliis perpetuo ad firmam uel sub censu annuo, datis super hoc literis perennis, adiectis renunciacionibus et iuramentis interpositis, concesserunt in eiusdem sedis lesionem enormem, quorum aliqui super hiis literas confirmacionis in forma communi dicuntur, a sede apostolica impetrasse. Quia uero nostra interest oportunum super hoc remedium adhibere, fraternitati tue per apostolica scripta mandamus, quatenus ea, que de bonis ipsius sedis per concessiones huiusmodi alienata inueneris illicite uel distracta, non obstantibus literis perennis, renunciacionibus, iuramentis et confirmacionibus supradictis, ad ius et proprietatem eiusdem sedis legittime studeas reuocare. Contradictores per censuram ecclesiasticam appellacione postposita compescendo. Testes autem qui fuerint nominati, si se gracia, odio uel timore subtraxerint, censura simili, appellacione cessante, compellas ueritati testimonium perhibere. Darum Viterbii decimo kalendas iulii, pontificatus nostri anno secundo.

Liber privileg. eppatus. zagrab. list. 82. — Tkalčić Monum. episcop. zagr. I. 131—132. — Wenzel. Cod. dipl. Arpad. XI. 556. donosi regest. — Potthast Reg. pontif. br. 19.710. -- Kukuljević Reg. no. 912.

866.

1266, 6. jula. U Zadru.

Ladislav Habrin de Učura svjedoči, da je primio polog novaca, koji je bio, za njega položen kod Dominikanaca zadarskih.

In nomine domini amen. Anno incarnationis eius millesimo ducentesimo (sexagesimo)[t] sexto, mense iulio, die sexto intrante, indictione

---
[t] Na omotu stoji g. 1266.

(nona, temporibus) equidem domini Raynerii Geni incliti ducis Venecie et Laurentii venerabilis Jadrensis archiepiscopi, ac domini Jacobi (Quirini egregii comitis). Ego namque Ladislauus filius Habrae de Uçura per (hoc) presens scriptum facio manifestum, quomodo plene et integre ac perfecte manualiter suscepi a vobis quidem priore et toto conuentu fratrum Predicatorum Jadre civitatis totum illud depositum census siue pecunie, quod siquidem magister Laurentius hospitalariorum S(tephani) regis de Strigonia patruus meus nomine meo aput uos in custodia sub sigillo proprio collocauit. Quare ego predictus Ladislauus plenam et irrevocabilem securitatem facio vobis priori totique conuentui ordinis fratrum Predicatorum Jadrensium de toto illo facto depositionis, quoniam ipsum mihi bene sanum et illesum conseruastis atque plenarie dedistis, deliberastis, persoluistis et assignastis; amodo igitur in antea vos predicti prior et conuentus ordinis predicti a me meisque heredibus et successoribus et ab omni homine et persona huius mundi exinde liberi, securi pariter et quieti in perpetuum maneatis, quoniam nichil exinde remansit, unde vos vel vestrum ordinem per me vel per aliquam submissam personam a me submittendam possem compellere, adgrauare, vel molestare, tam per cartam siue sine carta, in curia et extra curiam, set semper exinde de cetero liberi, securi et quieti existatis. Actum est hoc et firmatum presentibus hiis vocatis et rogatis testibus, videlicet Martino filio quondam Grisogoni Sinedeo et Berco murario et lapicida.

(Drugi rukopis).

Ego Preste de Cotopagna examinator manum meam misi.

Opet rukopis teksta:

Ego Vicentius ecclesie sancte Marie maioris clericus et Jadrensis notarius predictis interfui rogatus, ut audiui hanc cartam scripsi (et consueto) signo signaui.

✝ *lijepo izradjen i urešen kao signum notarii.*

Original u gubernijalnom arkivu odio sv. Dominika u Zadru br. 681.

867.

1266, 6. jula. U Grabrovici.

Pred biskupom kninskim ustanovljuje se prodaja zemalja, što ih je kupio Roland ban od Babonića.

Nos Ladislaus divina miseracione episcopus Tyniniensis, frater M. dictus abbas de Toplica et commendator de Gara videlicet frater Jakminus, memorie commendantes significamus quibus expedit universis, quod constituti in nostra presencia dominus Rolandus banus tocius Sclavonie ab una parte et Petrus, Mathias et Cristan filii Bobonyg(!) ex altera, de communi voluntate in terris tale concambium inter se fecisse sunt confessi, quod predicti tres filii Bobonyg totam possessionem ipsos in terra Vadychan(!) contingentem, consentiente et permittente Jakow fratre eorum, exclusa porcione eiusdem et excepta ecclesia sancti Petri cum terra sua que metis intrascriptis distingitur, cum omnibus utilitatibus appendiciis et pertinenciis suis dederunt, contulerunt et assignaverunt dicto domino R(olando) bano et per eum heredibus heredumque succes- soribus suis irrevocabiliter perpetuo iure et pacifico possidendam. Quibus tribus filiis Bobonyg prefatus dominus R(olandus) banus totam terram suam Gergyen sicut tenuit et terram Boyna cum suis utilitatibus et per- tinenciis cum additamento nonaginta marcarum, quas idem dominus banus in instanti coram nobis sepedictis filiis Boboneg(!) persolvit, contulit, tradidit et assignari fecit in concambio terre supradicte possidendas in perpetuum pacifice et quiete, tali tamen interiecta condicione, quod si quis vel si qui in posterum racione possessionum vicissim in concam- bium deductorum hinc vel inde partes predictas impetere vel molestare intemptaret, quilibet eorum ex parte sui datam possessionem suis pro- priis laboribus et expensis tenebitur defendere et tueri; nec hoc preter- mittimus, quod dicte partes talem inter se fecerunt obligacionem, quod si que de earum de prefata permutacione seu concambio resiliret, alteri parti pro pena sine strepitu iudicii quinquaginta marcas solvere teneatur. Dicimus eciam, quod ecclesia sancte crucis, licet sit fundata in porcione Jako(w) supradicti, cessit in ius et proprietatem domini R(olandi) bani, nullo iure ipsi Jakow in eadem reservato. Prima vero meta porcionis Jakow filii Bobonyg et terre ecclesie sancti Petri, que non devenit in concambium, exit de flumine Wn a parte aquilonis et venit in arborem sorbelli prope ad locum fori, inde per medium fori Vadychan tendit ad album collem, deinde per viam dicti fori descendit ad partem meridio- nalem et cadit in quendam rivulum, qui descendit in aquam Stresina, per quam ascendit directe, de qua retro montem sancte crucis meta arborem pomi prosiliit ad plagam occidentalem, deinde in quendam fontem, de quo ascendendo venit ad arborem nucis, ad arborem piri et ad arborem zyl, que ordinatim persistunt, dehinc ascendit in berch ad viam sancte crucis, per quam in eodem berch directe procedit versus meridiem in arborem ilicis, abhinc in ipso berch venit in viam de valle Preproyth venientem, per quam viam regreditur versus occidentem et cadit in rivum Nezula, ubi sunt multe arbores cerasi et due vinee, in quo rivo superius ascendendo in magna quantitate exit in caput fontis, de quo in quadam valle ascendit in montem ad partem occidentis, de quo monte per viam descendit in fine ville Treseygh a parte aquillonis et parumper inferius eundo in capite insule Wlkoy iobagionis abbatis de Toplica cadit in fluvium Wn, per medium cuius descendit directe et venit ad priorem metam; item secunda terra predicti Jakow comitis que iacet inter terras fratrum suorum, quas bano dederunt, hys metis includitur. Prima incipit in capite silve Bychyn vocate in quadam valle iuxta viam a parte aquillonis ab arbore byk, in qua valle ascendit in montem versus orientem, in quo directe vadit per viam unam, de qua reflectitur ad meridiem et iuxta vineam Mathie descendendo in salicem cadit in rivum Tuynicha, de quo in magna quantitate descendendo exit in siccam vallem, per quam ascendit ad collem, in quo est tylia, dehinc venit in caput Stoyanicha et in aqua eiusdem capitis descendit directe in Zauam et per Zauam cadit in fluvium Wn in quo descendit in bona quantitate et exit ad partem orientalem in Goztomer potoka, per quem ascendit et cadit in siccam vallem Zuhodol, per quam ascendit et venit in magnam viam, in qua procedendo versus orientem in capite predicte silve Bychyn cadit in priorem metam. Obligarunt eciam se predicti filii Bobonig cum Jakow fratre eorum coram nobis, ut presens concambium stabilibus literis capituli Zagrabiensis, domini regis senioris et illustris ducis Bele prefato bano et suis heredibus confirmarent. In cuius rei certitudinem perpetuamque firmitatem presentes ad instanciam parcium contulimus sigillorum nostrorum munimine roboratas. Datum et actum in Grabrauicha, in octavis apostolorum Petri et Pauli, anno domini millesimo ducentesimo sexagesimo sexto.

Iz prijepisa Ljudevita I. od god. 1382., kojeg se original nalazi u arkivu knezova Batthyány-a u Körmendu. — Na ledjima vide se tragovi kraljevskoga pečata. A. 2. L. 9. Miscellanea Széchiana no 1.

Cod. dipl. patrius VIII. 104—106. no. 84.

868.

1266, 17. jula. U Zadru.

Laurencije i Stjepan, suci zadarski, sude o sporu izmedju Zoila s otoka Iža i Saloče i žene Draguše mu zbog zagradjenja puta.

In nomine domini amen. Anno incarnacionis eius millesimo ducentesimo sexagesimo sexto, mensis iulii, die quintodecimo exeunte, indicione nona, Jadre, temporibus equidem domini Raynerii Geni incliti ducis Venecie et magistri Laurentii venerabilis Jadrensis archyepiscopi, ac domini

Jacobi Quirini egregii comitis. Cum litigiosa controuersia diutius uerteretur inter Çoillum filium quondam Ciuitanni qui moratur in insula Yçi ex vna parte et Salogham(!) atque Dragusam eius vxorem similiter in eadem insula commorantes ex parte altera, super quadam via comune posita in dicta insula, ex borea iuxta vineam Carbonosi et ex austro iuxta terram que fuit quondam Sopeç. Dictus autem Çoillus aduersus suprascriptos Salogham et Dragusam coniuges dicebat: vos non bene egistis, quod fecistis hostium camerade seu domus vestre super dictam viam comunem uersus boream, quomodo transeundo per viam video facta vestra et vos uidetis facta mea, vellem ergo, quod hostium camerade seu domus vestre uolueritis uersus aliam partem quam uultis. Cui dicti Salocha et Dragusa coniuges e contrario respondebant: frater, si nos fecimus hostium camerade seu domus nostre uersus boream supra viam publicam, nos fecimus bene et utilitatem nostram et tibi nichil exinde nocet, nec nobis de iure contradicere debes. Tandem dicti Çoillus et Salocha cum suprascripta vxore sua de eorum bona et gratuita voluntate elegerunt nos quidem Laurentium Maldenarium et Stephanum dictum Rasol ciues Jadrenses sibi in iudices arbitros, concordatores, laudatores et diffinitores promittentes, quod quicquid exinde de premissa questione inter eos diceremus, ratum illud et firmum in perpetuum habere et tenere volebant. Et tunc nos dicti Laurentius et Stephanus de consensu et voluntate vtriusque partis predicte diximus tam per laudum quam per concordium siue arbitrium, quod domus seu camerada predictorum Saloche et Draguse coniugum, sicut nunc stat, stare debeat cum suo hostio uersus boream in perpetuum omni questione remota et dictus Çoillus cum suis heredibus et successoribus perpetualiter per suprascriptam viam transire et uenire possit usque ad domum suprascriptorum Saloche et Draguse iugalium, et cum ad eandem domum peruenerit uoluat se uersus austrum et sic uadat post ipsam domum seu cameradam et descendat in viam comunem libere et expedite. Et insuper nos dicti Laurentius et Stephanus, existentes iudices vna cum Nycolao de Paulo de viis seu maceriis, cum dictus Çoillus non haberet viam eundi ad suum laborerium seu opus, dedimus ei ac eius heredibus viam per terram dictorum Saloche et Draguse coniugum videlicet, incipiendo uersus trauersam ab angulo macerie vinee quondam Nemagne filii quondam Sopeç et ueniendo ad cameradam Mathey generis quondam Sopeç suprascripti et vsque ad Bersangam. Sicque hec omnia et singula que suprascripta et ut suprascripta sunt nos dicti Laurencius et Stephanus fecimus, tractauimus et legaliter compleuimus et ita ea in salutem animarum nostrarum testificamur vera esse, presentibus hiis vocatis et rogatis testibus, videlicet magistro Bonohomine caligario et Pribe Arbensi habitatore Jadre.

(Drugi rukopis).

Ego Nicolaus de Paulo iudex super premissis manum misi.

Ego Vincentius ecclesie sancte Marie maioris clericus et Jadrensis notarius a Laurentio et Stephano iudicibus suprascriptis scribere nescientibus, pro eis scripsi manum propriam inponendo.

Ego Vincentius ecclesie sancte Marie maioris clericus et Jadrensis notarius predictis interfui rogatus, vt audiui hanc cartam scripsi, roboraui et signo consueto signaui.

(Signum not.)

Original u arkivu samostana sv. Marije u Zadru.

869.

1266, 16. augusta. U Zagrebu.

Ban Roland prihvatio listinu Stjepana bana, po kojoj pripada biskupiji ninskoj zemlja Četiglavac.

Rolandus banus totius Sclauonie vniuersis presentem paginam inspecturis salutem in uero saluatori (!). Ad uniuersorum noticiam harum serie cupimus deuenire, quod cum per dominum nostrum Bellam dei gratia illustrem regem Vngarie nobis in partem extitisset, ut ubicumque in comitatu de Luca terram paucis iobagionibus et habitatoribus existentem castri inuenire possemus, absque nullius iuris preiudicio venerando patri Sansonis(!) episcopo Nonę assignaremur, uel per hominem nostrum assignari faceremus, ubi suas decimas de eodem comitatu annualiter possit facere congregari. Et nos preceptis seu mandatis eiusdem domini nostri illustris regis Vngarie satisfacere desiderantes, ut tenemur et Stephano bano fideli nostro dedissemus in pręceptis, ut ubicumque in ipso comitatu de Luca paucis habitatoribus uel uacuam posset inuenire, circuendo undique et certis metis distinguendo statueret seu assignaret venerando patri Sansoni episcopo antedicto nobisque per tenorem litarum suarum rescriberet seriatim. Qui Stephanus banus marittimus, prout in ipsis literis uidimus contineri, quandam terram castri cum paucis habitatoribus superius nominati Chetiglauaz nuncupatam coram comentaneis(!) et uicihis ac prestaldo Ampleo(!) comiti certis metis undique distinctam statuit et assignauit uice nostra iam dicto episcopo Sansoni iure perpetuo irreuocabiliter possidenda. Cuius siquidem metę sepedicti Stephani bani, sicut in suis continetur literis, hoc ordine distinguntur. Prima meta incipit ab ostio ecclesię sancti Georgii, inde tendit ad partem meridionalem ad

Camen brod, ubi transit potoch et iusta(!) idem(!) partem uergit in alium potoch qui separat . . . . inde ueniet ad unam arborem illicis que est ante ecclesiam aliam sancti Georgii, ubi est una magna arbor illicis, deinde uadit ad unum campum qui dicitur Vallecheperla, ubique in fine campi est una gomilica et inde uadit ad unam arborem per silicam(!) giustam(!) que est unus lapis et fluentem, postea uadit ad vilam.(!) Mich et inde uergit uersus briuiam(!)[1] uiam Possedarie et inde ueniet ad unum fontem putei Radich nominatum ad partes horientales prope villam, postea ueniet per villam ad domum episcopi Sansonis et inde reuertit ad hostium predictum ecclesię sancti Georgii in priorem metam ibique terminatur. Nos igitur ad instanciam et petitionem episcopi superius nominati et prout etiam cum(!) litteris Stephani bani fidelis nostri pendenti sigillo roboratis uidimus contineri, litteras nostras (dedimus) presentes sigilli nostri munimine roborando. Datum Zagrabie in crastinum assuntionis(!) virginis gloriose, anno domini millesimo ducentesimo sexagesimo sexto.

Iz potvrde kralja Stjepana od god. 1272. 25. juna, koja se nalazi u knjizi: Priuileggi di Nona, iz XVII. vijeka fol. 9—11. u gubern. arkivu u Zadru. — Ruich Riflessioni sul Pago P. I. tom. II. 63—64. Rukopis u zadarskom gubern. arkivu pod sign. I. G. 8.

Farlati Illyr. sacrum. IV. 218. priopćuje sadržaj ove listine: »cuius integrum exemplum nancisci non potuimus«.

870.

1266, 20. augusta. U Zagrebu.

Roland ban dosudjuje zemlju Jalec koju zahtjevaju nekoji kmetovi zagrebački, Ambrosiju i Benku sinovima Vitala.

Rolandus banus tocius Sclauonie omnibus presens scriptum inspecturis salutem in uero salutari. Vniuersorum noticie harum serie declaramus, quod cum Hocmisa, Oscul, Zyrnik, Dracula, Ozel, Nork, Woyn castrenses de Zagrabia cum aliis castrensibus consociis eorum de villa Cranisapula Ambrosium et Benk filios Wytalis in forma iudicii conuenissent, coram nobis proponebant contra eos, quod iidem intra metas terre eorum occupassent terram eorum in bona quantitate et uiolenter detinerent, contra quos ex aduerso predicti filii Wytalus(!) se esse inmuncs inpeticionis

---

[1] Valjda mjesto borcam.

supradicte, nec terram alicuius occupasse asserebant, set terram Jalez
vocatam, quam dominus rex eis in concambium terre eorum hereditarie
dedit et contulit, vicinam dictis castrensibus sub antiquis metis distinctam
tenerent et possiderent sine alicuius preiudicio. Quorum nos auditis proposicionibus dicte contencioni inter partes finem facere cupientes, pro
maioris euidencie iusticia ad predictam terram [inuian]dam et sub certis
metis distingendam, sub testimonio capituli Zagrabiensis dilectum et fidelem nostrum Inus comitem Zagrabiensem [et cu]m Endrich comite
terrestri, Martino, Ventroso, Borch, Dazlou, Zlayno, Rodus, Bosyno, Stephano [de] Wlkutha iobagionibus castri Zagrabiensis duximus transmittendum, qui ad nos in propria persona vna cum predictis castrensibus
redeuntes prefatam terram filiorum Wytalus distinctam a terris castri et
uicinorum sub metis infrascriptis et iuxta antiquas nouis eleuatis nobis
reportarunt. Quam quidem terram sub eisdem [metis] iam infradicendis
sepedicti castrenses coram nobis sine aliqua contradiccione pari uoto et
animo permittentes reliquerunt predictis Ambrosio et Benk et ipsorum
heredibus in perpetuum possidendam pacifice et quiete, obligantes [se],
vt quecumque in posterum litem vel questionem aliquam racione dicte
terre contra filios Wytalus memoratos et ipsorum heredes mouere in-
temptarent, sine strepitu iudiciali tanquam calumpniatores conuincantur.
Cuius terre prima meta incipit a parte occidentali iuxta fluuium Blyzna
in ueteri meta terrea et secus magnam viam que vadit uersus ecclesiam
beate Marie virginis de Caranısapula, per quam procedendo uersus
orientem per virgultum venit ad veterem metam, inde prosiliens ad
uiam cruce signatam, vbi est meta et uenit per eandem ad plagam meridionalem in antiquam metam, de qua per ipsam viam cadit in puplicam
stratam, vbi est terrea meta antiqua, per quam stratam eundo uersus
orientem venit ad ueterem metam, deinde ulterius procedens in ueteri
meta reliquit metas castrensium et incipit tenere metas in terra capituli
Zagrabiensis. Deinde eundo per siccam vallem uersus meridiem cadit in
paludem, per quam venit ad uillam Chyhna vocatam, retro quam prosiliens de palude cadit in fluuium Thornua, in quo parum descendendo
exit ad ueterem metam, vbi tenet metas cum terris ad episcopatum
pertinentibus; ab inde procedendo per uepres uersus occidentem venit
ad uias crucesignatas in antiquam metam [infra] duos colles, de hinc
per unam viam eundo venit ad densas vepres, vbi est antiqua meta, de
quibus vepribus exit in vias crucesignatas, vbi est antiqua meta, ab inde.
per fluuium Blizna cadit eundo per unam viam, vbi [est p]ons, in quo
fluuio ascendit versus septemtrionem et peruenit ad metam priorem
ibique terminatur. In cuius testimonium perpetuamque firmitatem ad
instanciam parcium presentes contulimus sigilli nostri munimine robo-

ratas. Datum Zagrabie in festo sancti regis Stephani anno domini
MCCLX°. sexto.

*Iz potvrde kralja Stjepana od god. 1272. 29. maja. Potonja potvrda
nalazi se u arkivu jugoslavenske akademije u Zagrebu Diplomata a. 1266.
Marcellovich Extractus ex diplom. cap. zagrab. ms. — Kukuljević
Reg. no. 914.*

871.

1266, 25. augusta. U Zagrebu.

*Pred zagrebačkim kaptolom zamjenjuje ban Roland svoje posjede
Deronicu, Bojnu i Stojmeriče davši još na to 120 maraka sa sinovima Baboničevima za njihov posjed Vodičevo.*

Capitulum Zagrabiensis ecclesie omnibus presens scriptum inspecturis
salutem in domino. Ad vniuersorum noticiam harum serie uolumus peruenire, quod constitutis in nostra presencia ab una parte domino Rolando bano tocius Sclauonie et ab altera Petro, Mathya et Cristun filiis
comitis Boboneg, iidem Petrus et fratres sui predicti confessi sunt, se
terram eorum hereditariam pro porcione sua ipsos in Vodichan contingentem, excepta porcione Jacou fratris eorum, cum omnibus utilitatibus
suis dedisse domino bano et per eum suis heredibus heredumque successoribus iure perpetuo possidendam pro terris seu possessionibus scilicet
Deronicha, Boyna et Stoymerichi, quas idem dominus banus in concambio dedit eisdem cum omnibus utilitatibus suis similiter perpetuo
possidendas et insuper centum uiginti marcas, quas se dixerunt ab ipso
domino bano plenarie recepisse, mittentes se alterutrum ex nunc in possessionem terrarum in concambium deductarum sub tali condicione, quod
prefatus dominus banus et filii Boboneg supradicti se uicissim expedire
debeant ab omni, quam super ipsis terris alterutrum datis in concambio
oriri contingeret questione et si qua parcium de predicto concambio
resiliret parti aduerse, centum marcas pro pena soluere teneatur. Et hoc
quidem concambium processit ex permissione magistri Chak comitis de
Vrbaz et magistri Nycolai comitis de Kemluk, qui magister Nycolaus
assistens personaliter renunciauit parti sue, quam habebat in terris, quas
dominus banus dedit in concambio supradictis. Hoc eciam in presenti
contractu subiunxerunt, quod si quando gracia regalis ad pietatem in-
clinata indignacionem suam a filiis Stephani reuocaret et possessiones
eorum redderet ipsis, predictum concambium eo facto esse debeat re-
uocatum, ita scilicet, quod filii Boboneg predicti redditis domino bano

centum uiginti marcis terram eorum hereditariam iure pristino rehabebunt
et ad dominum banum terrarum datarum per eum in concambio possessio reuertetur. In cuius rei testimonium presentes ad instanciam parcium
contulimus sigilli nostri munimine roboratas. Datum quarta feria post
festum sancti Stephani regis, anno ab incarnacione domini M⁰. CC⁰. LXVI⁰.

*Original u kr. ug. drž. arkivu u Budimpešti M. O. D. L. 33.334.
Stara signatura N. R. A. fasc. 457. no. 23. — Na crvenoj svilenoj vrvci
dobro sačuvani pečat. — Postoji i originalni prijepis ove listine od kaptola
zagrebačkoga od god. 1393. 13. maja u kr. ug. drž. arkivu u Budimu DL.
33.920. N. R. A. fasc. 1647. br. 2.*

*Fejér Cod. dipl. IV. 3., 377. — Cod. patrius VIII. 106—107. —
Thallóczy-Barabás Cod. Blagaj 17—18. — Kukuljević Reg. no. 915.*

872.

1266, 14. septembra.

*Pred Junom županom zagrebačkim ustupaju Bogdan i Martin sinovi
Wlkyne tri vinograda sinovima Gjurka.*

Nos Junus comes Zagrabiensis significamus omnibus presencium per
tenorem, quod cum in festo exaltacionis sancte crucis in terra Zodyzlo
Suynycha essemus, Bogdanus et Martinus filii Wlkyna in nostram accedentes presenciam confessi sunt, tres vineas filiorum Gurk, quas habent
sitas in predicta terra Zodyzlo Suynicha eisdem reliquisse pacifice et
quiete ex uoluntate et permissione proximorum suorum possidendas, que
quidem vinee iacent iuxta vineas filiorum Wlkyna eis terram Wonychazora
nuncupatam. Vt igitur huius rei series inreuocabili iure duret, apud posteros, presentes concessimus sigilli nostri munimine roboratas. Datum
in Zodyzlo Suynicha in festo exaltacionis sancte crucis anno domini
M⁰. CC⁰. LXVI⁰.

*Original u kr. ugar. drž. arkivu u Budimpešti M. O. D. L. 33.278.
Stara signatura N. R. A. fasc. 386. no. 8. — Na hrptu listine vidi se
trag pritisnuta nekoč pečata.*
Kukuljević Reg. no. 916.

873.

1266, 6. oktobra. U Križevcima.

*Roland ban uredjuje sporove glede medjâ izmedju Petra sina Za-
kejeva i podložnika grada Kalnika.*

Rolandus banus tocius Sclauonie omnibus tam presentibus quam
futuris presens scriptum inspecturis salutem in uero salutari. Ad uniuersorum noticiam harum serie uolumus peruenire, quod cum Petrus filius
Zachei super destruccione et fraccione metarum terre sue hereditarie
Durizlaum, Pousam et omnes cognatos eorum iobagiones castri de
Kemnuk, Razminum, Zuetoh et cognatos eorundem castrenses eiusdem
castri in nostram presenciam euocasset et super ipsa causa diucius extitisset concertatum coram nobis, tandem partes ex nostra permissione et
bona uoluntate per arbitrium arbitrorum per nos deputatorum, videlicet
Juan filii Irizlai, Dedus, Tyburcii, Carachini et Ink comitum super ipso
facto terre inter predictum Petrum ab una parte et iobagiones castri ac
castrenses et eisdem astantes Martinum terrestrem comitem, Theodorum
et Joanam(!) fratres eiusdem, Zoladum, Budiuoy, Petus, Ratk, Drasizlaum,
Otmizlaum, Tolk, Mychaelem centurionem et Kunk, ac fratres eius filios
Radizlai, ac alios iobagiones castri et castrenses de Kemnuk, pro quibus
magister Nicolaus comes de Kemnuk stetit in lite et altercacione. Supradictis ex altera taliter exstitit ordinatum partibus arbitrio predictorum
arbitrorum, aquiescentibus bona et liberali uoluntate, quod mete terre
predicti Petri a terra iobagionum castri et castrensium predictorum, prout
iidem arbitry(!) coram nobis personaliter comparendo uiua uoce recitarunt,
hoc ordine distinguntur. Prima meta terre ipsius Petri incipit in fluuio
Benna, ubi Radila et Nicolaus sunt commetaney a parte dextra et exiens,
de fluuio memorato peruenit per metas eundo ad caput putey sub uno
lapide existentis, ab hinc procedens uenit ad monticulum versus meridiem,
de quo descendit in vallem ibidem, prope ab inde per metas montem
ascendens, peruenit apud arborem tul ad uiam, que arbor est cruce
signata et meta terrea circumfusa. Inde per uiam eandem versus meridiem per metas continuas et arbores crucesignatas peruenit ad arborem
magnam bykfa crucesignatam et meta terrea circumfusam, a dextra
parte castro, que dicitur Alexandro bano data fuisse, a sinistra uero parte
Petro remanente; de inde per ipsam viam eundo per metas peruenit ad
arborem crucesignatam que est byk in capite profunde vallis, deinde[1]

---

[1] Iza deinde dolazi: »fluuium transiens memoratum« sa točkama odozdola.

adhuc in eadem via in exitu silue peruenit ad arbores tulſa et narſa uocatas et metis terreis circumfusas, a quibus procedens descendit in fluuium Paka apud arbores tul et byk crucesignatas et metis septas; deinde fluuium transiens memoratum incipit per alium riuum contra Ceipsum ascendere per Horh ad montem excelsum et peruenit ad salicem et bikſa crucesignatas circa ipsum fluuium existentes; deinde in eodem fluuio superius peruenit ad siccam vallem per metas et arbores crucesignatas, per terram inhabitabilem ascendit verticem montis celsi apud arbores tul et byk, ubi commetatur terre comitis Abrae, vbi modico spacio intercluso pa(u)lulum transiens peruenit iterato ad terram Petri apud arborem bik crucesignatam, vbi est meta terrea; abhinc uenit ad duas arbores crucesignatas, vbi sunt due mete; deinde descendens per continuas metas et arbores crucesignatas, vbi sunt mete terre; deinde ad occidentem vertitur et descendens per signa metarum in vallem iuxta vineam prosilit ad vallem profundam, diuertens ad meridiem et peruenit ad duas arbores tul crucesignatas metis terreis circumfusas iuxta uiam; deinde adhuc inferius descendens per terram Izdenchina uocatam per metas continuas et arbores crucesignatas peruenit ad arborem gertan iuxta quendam riuulum, vbi commetatur terre Dursizlai a meridie remanenti, ab hinc ad septemtrionem uertitur remeatum faciens et peruenit ad arbores keurus et tul crucesignatas et metis circumfusas; inde flectitur ad montem et peruenit ad pomiferum et cerasum crucesignatas, vbi commetatur terre comitis Abrae Zupoth vocate, ab hinc iuxta terram comitis Abrae descendit ad metam terream ad pirum iuxta magnam uiam; deinde ad occidentem per eandem viam iuxta terram Drusizlay uertitur a dextra parte remanentem peruenit ad salicem et kukin, ubi sunt mete; deinde reuertitur ad meridiem perueniens ad puteum sub magna arbore zyl, fluentem inde per riuulum a puteo eodem procedentem inferius ad meridiem, peruenit ad locum, vbi riuulus currens cadit in fluuium alterum, ubi sunt mete, per quem fluuium superius ad septemtrionem peruenit ad salicem, vbi sunt mete terree; ab hinc precedendo per metas incipit ascendere montem et peruenit ad pirum et gertanſa rediens ad occidentem et peruenit ad tulſa crucesignatam, vbi sunt mete, inde per metas procedens ad vallem ad meridiem exit ad cerasum prope viam, vbi est meta; deinde per metas continuas eundo peruenit ad duas metas, ab hinc per biuium uertitur ad occidentem per uiam procedendo inferius, diuertit de uia ad vallem, ubi sunt mete, ab hinc cadit in fluuium per quem itur et cadit in fluuium Prezechna, per quem superius ad septemtrionem peruenit ad salicem; deinde ad occidentem reuertitur per frutices in ualle et uenit ad cerasum, inde ad arborem castanee iuxta uiam, ab inde aliquantulum declinans ad meridiem reflectitur ad occidentem et cadit in fluuium Chanou, per quem inferius ad meridiem remeans uenit ad salicem, sub qua est meta; deinde per vallem et frutices ad orientem reflectens ad montem peruenit ad arborem nar iuxta terram filiorum Radizlay; deinde ad arborem castanee, ab hinc ad arborem tul, inde ad sorbellum; deinde per metas vertitur ad orientem per viam, inde de uia ad uallem, deinde descendens apud arborem cerasi cadit in fluuium Perezechina, per quem ad meridiem parum tendens exit ad pirum et procedens per uallem ad orientem et in uertice montis perueniens ad uiam ad duas metas uertitur ad septemtrionem iuxta terram Otmizlay et iuxta eandem directe procedens peruenit ad arborem gertan, ubi sunt due mete terre indeque reflectitur ad arbores piri et pomiferi in capite uallis Telisna uocate existentes, per quam uallem iuxta terram Tolk et fratrum suorum uenit ad montem ad duas metas iuxta uiam, inde eundo cadit in fluuium Vogrincha, per quem superius ad septemtrionem tendens exit ad metas versus orientem ad montem procedens per medium uinearum et peruenit ad arborem castanee; deinde ad vytronem ad pomiferum, deinde ad arborem castanee, inde ad metam iuxta uiam, vbi diuisionem idem Petrus habet cum Abram comite prenotato ibique terminatur. Vt igitur hec ordinacio inconcussa in perpetuum perseueret, nec per quempiam lapsu temporum perturbetur in posterum, ad peticionem parcium in testimonium rei geste presens scriptum contulimus nostro sigillo communitum. Datum Crisii in octauis sancti Michaelis archangeli anno domini MCCLX⁰ sexto.

Original u ark. jugoslavenske akademije u Zagrebu: Diplomata an. 1266. Vrvce i pečat su otpali, no nalazi se trag, da su bili na listini. Kukuljević Reg. no. 917.

874.

1266, 6. oktobra. U Zadru.

Marija Belašec odredjuje, da ima sav njezin posjed iza smrti muža joj Stjepana pripasti samostanu sv. Nikole, u koji će ona sama stupiti.

In Christi nomine. Anno ab incarnatione eius millesimo ducentesimo sexagesimo sexto, mense octubris, die sexto intrante, indictione decima, Jadere. Temporibus domini Raynerii Geni incliti ducis Venecie et magistri Laurencii venerabilis Jaderensis archiepiscopi, ac domini Jacobi Quirini egregii comitis. Soror Maria de Bellaseç mater fratris Cipriani ordinis fratrum Minorum, existens in sua plena et libera potestate plenumque habens sensum integrum et perfectum, ante quam alicui se per professionem aliquam alligaret, uolens terena in celestia conmutare, sua spontanea uoluntate omnia bona sua ubicumque erant, tam in ciuitate Jadere, quam eius districtu mobilia et immobilia que habebat uel possidebat siue quelibet alia persona suo nomine, videlicet vineam unam positam ad Bibanum cum terra ad eadem vineam pertinente et cum omnibus terminis et pertinenciis suis, tam subter terram, quam supra terram. Q(uam) vineam donauit sibi dicto filio suo fratri Cipriano ordinis fratrum Minorum per publicum instrumentum, et insuper quandam aliam mediam vineam positam ad Peschimanum, quam ipsa habet in diuiso cum condam marito suo Stephano de Bellaseç iuxta vineam fratris sui Simeonis ex borrea, ex austro iuxta vineam Dragosclaui de Vrana, ex trauersa iuxta terra(m) Scognigne de Peschimano et ex corina mons Corone, dedit, optulit et donauit deo et monasterio sancti Nicolay de Jadera, ordinis sancte Clare abbatisse et sororibus in eodem monasterio permanentibus ob suorum et progenitorum suorum remedia peccatorum, donationem facientes inter uiuos in perpetuum de predictis rebus siue viniis cedens eciam omne ius ipsi monasterio, quod in predictis vineis habebat uel habere uidebatur, ut a modo in antea predicta abbatissa et sorores de dictis vineis tamquam suis propriis quicquid eis placuerit suam exinde facere debeant plenarie uoluntatem, nemine sibi contradicente, tali uero tenore, quod ipsa uolebat, quod predicto (!) marito (!) suo (!) Stephano(!) debet laborare medietatem dictarum vinearum bene et fideliter secundum consuetudinem Jadere et habere medietatem omnium fructuum annuatim exinde habito(!) ad sustentandum se, donec ipse uixerit in hoc seculo, stando ipsi Stephano in domo sua pure et caste et in bono statu conueniens. Et postquam ipse de hoc seculo transierit, predictas vineas reuerti debeat dicto monasterio abbatisse et sororibus suis liberas et absolutas sine aliquo interesse. Postquam donationem libere factam tradidit et deuouit semetipsam in perpetuam ancillam deo et ordinis sancte Clare predictis abbatisse et sororibus monasterii antedicti. Actum est hoc et firmatum coram hiis uocatis et rogatis testibus, scilicet dominis Cossa Saladino, Andrea de Cotopagna et Boninsegna Boçum et aliis.

(Drugi rukopis).

Et ego Uitus de Cerna de Merga examinator manum meam misi.
(Monogr. notar.)

Ego Viuerius Allexii Jaderensis notarius interfui rogatus, ut audiui scripsi, roboraui et consueto signo signaui.

Original u gubern. arkivu u Zadru, odio samostana sv. Nikole br. 48.

875.

1266, 12. novembra. U Spljetu.

Samostan sv. Benedikta mijenja neke zemlje.

Anno domini millesimo ducentesimo sexagesimo sexto, indictione nona, die XII. intrante novembri, regnante domino nostro Bela serenissimo rege Hungarie, temporibus domini Johannis venerabilis archiepiscopi Spalatensis, domini Rolandi illustris tocius Sclauonie bani et comitis Spalatensis, Johannis Vitalis, Dragi Sabaci et Pruoslai Dabrali iudicum. Domina Chatena abbatissa monasterii sancti Benedicti una cum toto suo conuentu ibi congregato, pro utilitate et comodo ipsius monasterii fecit comutacionem cum clerico Dyccoy. Dedit namque ipsi terram quandam ipsius monasterii positam ad Logarone suptus uiam comunem et suptus terram Stefani Duimi et iuxta terram Dragi Comesole et recepit ipsa domina abbatissa cum conuentu ab eodem Diccoy terram positam ad crucem iuxta terram eiusdem monasterii et prope terram Alberti Jancii et super uiam publicam et insuper quindecim libras et quinque solidos denariorum paruorum de quibus uocauit se bene contentam et paccatam. Obligauerunt autem se alter pro altero defendere et discalumpniare predictas terras ab omni homine sub obligatione suorum bonorum. Actum est hoc apud monasterium sancti Benedicti sub testimonio iudicis Priwslai, Dobrii, Justoli et Leonardi Crisogoni.

Ego Petrus iuratus notarius Spalatensis his interfui et ut audiui scripsi et publicaui de uoluntate partium utriusque.

Original u arkivu samostana sv. Marije u Zadru.

876.

1266, 20. novembra. U Veneciji.

Rajnerij Geno dužd Venecije prijeti Dubrovčanima radi nasilja, kojim su odpremili svoga kneza.

Rainerius Geno dei gratia Venecie, Dalmacie atque Croacie dux, dominus quarte partis et dimidie totius imperii romani vniuersitati comunitatis Ragusine fidelibus suis salutem. Sicut per alias nostras litteras uobis dicendo mitimus, redeunte Venecias uiro nobili Johanne Quirino comite uestro, per dictum ipsius et aliorum qui cum eo fuerunt habuimus,

quod ipso ad uestrum regimen existente, contra eum enormiter ac grauiter est processum. Nam dum ad prosecutionem forbanitorum uestrorum
pro bono statu terre intenderet, ut debebat, ipsi forbaniti habito fauore
ab aliis terre, similiter cum eis armata manu in ipsum comitem et eos
qui cum eo erant fecerunt insultum, in quo insultu uulneratis ex hiis
qui cum eo erant quidam eius socius fuit necquiter interfectus et ipse
comes, quem et non socium percutere uoluerint, in periculo mortis fuit.
Qui quidem excessus, quantam requirebat penam, uobis reliquimus discer-
nendum. Nec contenti de tamquam enormi offensa, dum ipse comes,
sicut per uos laudatum fuerat et sentenciatum, de uno ex malefactoribus
iusticiam faceret, sicut fuerat iudicatum, ipsi et eis qui cum eo erant terre
introitum denegastis cum armis, spreta fidelitate uestra contra eum qui
pro nobis erat grauiter insurgentes, propter quod uelut qui aliud facere
non potuit, quamquam per dies quinque ad habendum introitum ex-
pectaret, relictis que habebat omnibus, uenire Venetiam est coactus, quod
quidem tam enorme negotium tantum nos et consilium nostrum agrauat
et offendit, quantum iniuriam et offensionem ipsam in ipsum comitem
qui pro nobis erat factam, in nos reputamus proprie factam esse et
uelud tante iniurie tanteque offensionis obliti et litteras nobis tam
enormes ac tam falaces nobis mittendas super tanto excessu procedere
uoluistis, intendentes culpam uestram tam grauem per tales litteras
palliare, quod esse non potest, cum ipsius nobilis comitis uestri opera in
uestro regimine et alibi laudabilia dignoscantur, quod non culpam uestram
minuit, sed acreuit, et si recte conspicitis in hoc facto, offensio per uos
facta et excessus uester tunc in hac parte non potuit reperiri, quoad
tales mittendas litteras procedere deberetis. Uerum tamem audiuimus que
dixistis et cum ad instantiam uestrorum ciuium mercatorum ad nostram
presentiam uenientium ambaxatoribus, quos pro parendis mandatis nostris
omnibus mittere uolueritis, securitatem per alias nostras litteras impen-
damus in eorum aduentu, si uenerint, que pro tanta offensione facienda
fuerint, faciant. Si autem non uenerint, habito in conspectu ad ea, que
per uos in tantam nostram iniuriam facta sunt in facto isto, sicut tantum
requirit excessus et nobis ac consilio nostro, debite procedemus. Datum
in nostro ducali palatio, die undecimo exeunte nouembri, indictione nona.

Original u dubrovačkom arkivu. Zbirka saec. XIII.

877.

1266, 23. novembra.

Bela kralj ugarski i hrvatski daje zagrebačkim gradjanima na Griču preko zlatne bule još posebne povlastice.

Bela dei gracia Hungarie, Dalmacie, Crovacie, Rame, Seruie, Gallicie, Lodomerie, Cumanieque rex omnibus Christi fidelibus tam presentibus quam futuris salutem in salutis largitore. Regie speculationis et sollicitudinis esse debet invigilare subditorum remediis et quieti et eos prosequi ampliori munificencia gracie specialis, ut tanto illi ex fidelibus fideliores et devociores se exhibeant ex devotis, quanto pociori libertatis beneficio ex regalis provisionis dono eos contigerit gratulari. Proinde ad universorum noticiam harum serie volumus pervenire, quod cum olym fines et termini regni seu ducatus Sclauonie continuis latrunculorum et frequentibus insultibus pulsarentur, nos tam quieti nostre proprie quam subditorum nostrorum in illis partibus degencium securitati prospicere salubriter cupientes, castrum in monte Grech iuxta Zagrabiam ob tuicionem eorumdem confiniorum decrevimus construendum; in cuius castri construccione fideles nostri cives eiusdem castri in edificando sibi domos ibidem et alias edes illuc transferendo, sumptus non modicos, labores continuos et dampna plurima usque ad exinanicionem extreme virtutis fideliter subierunt, exponentes se et sua illis temporibus pro regio sive ducatus honore crebris periculis et fortune. Nos igitur huiusmodi obsequiosis et sumptuosis laboribus ipsorum grata volentes vicissitudine respondere, hanc eis prerogativam concedimus libertatis, ut nec per se nec per suos ad exercitum, quem nos vel karissimum filium nostrum dominum Belam inclitum ducem tocius Sclauonie et Crovacie diversis temporibus et quandocumque facere contigerit, ire nullatenus, nec aliquid propter hoc vel eius occasione, nobis vel sibi inpendere teneantur. Eosdem quoque nullius exaccionis tallie seu collecte vel cuiuslibet publice funccionis, aut aliorum serviciorum honus(!) subire volumus, sed sint a prestacione earum in perpetuum liberi et inmunes. Ita tamen, quod predicto duci Bele karissimo filio nostro quadraginta marcas solummodo in usuali moneta, cuius quidem monete ducente pense predictarum quadraginta marcarum valorem contingunt, in die strennarum et non ante neque post, ipsi iidem cives per nuncios suos precise et absque interpellatione qualibet mittere et solvere pro censu annuo teneantur. Condiciones itaque et libertates hospitum seu civium in predicto castro habitancium et conveniencium, quas ipsi inter se fecerunt et nos approbavimus, tales habentur: Quod si iidem hospites vel cives in districtu Hungarie, Dalmacie, Crowacie, Sclauonie spoliati vel occisi per latrones vel alios malefactores fuerint, dominus terre in

26

qua spoliati aut occisi fuerint, estimata quantitate pecunie, iuxta arbitrium bonorum virorum et sacramentum concivium ad hoc electorum vel ablata refundat, vel malefactorem ostendere teneatur, aut homicidii penam solvat iuxta ducatus Sclauonie consvetudinem approbatam. Item tributa infra regales terminos in nullo loco solvere teneantur. Item quicumque civis alium civem vituperiis, oprobriis aut contumeliis affecerit, si inde convictus fuerit, leso decem pensas, in communes expensas centum denarios solvat; qui si post trinam correccionem se non emendaverit, rebus omnibus in commune applicatis tanquam infamis de civitate turpiter expellatur. Si quis etiam alapam alteri dederit vel per crines maliciose traxerit, eandem penam paciatur, si vero hec, iudice sedente pro tribunali vel alias ubicumque in eius conspectu id perpetrare presumpserit, pena dupli plectatur, quod si hoc in persona iudicis vel cuiuscunque sui assessoris id attemtaverit, decem marcas usualis monete pro pena exsolvat, quod si solvendo non fuerit, manum amittat. Si quis vero cutello, gladio, lancea aut sagitta aut aliquo tali modo alium vulneraverit et vulneratus sine defectu membrorum resanatus fuerit, medico lesi satisfaciat et leso viginti quinque pensas, quinque vero ad usus civitatis persolvat; si vero in aliquo membrorum debilitatus fuerit, medico lesi satisfaciat et leso decem marcas et ad usus civitatis duas marcas persolvat. Si quis vero hominem interfecerit et auffugerit, due partes rerum suarum cedant parentibus occisi, pars tercia civitati. Si autem captus fuerit, secundum consvetudinem de ipso vindicta summatur, nisi quis in ludo sine premeditata malicia aliquem interfecerit, in hoc enim casu centum pensas cognatis interfecti, viginti vero pensas ad communes usus refundat interfector, cui si facultas non suffecerit, civium arbitrio relinquatur. Item si quis de extraneis intrans civitatem, sive in vico, sive in domo, sive in foro similia, ut supra notatum est, perpetraverit, per iudicem civitatis iudicetur et eisdem penis subiaceat condempnatus. Si vero ex incolis civitatis aliquis sive extraneus infra terminos civitatis in furto vel latrocinio deprehensus fuerit, per iudicem civitatis puniatur. Item si quis extraneus aliquem de civitate in causa pecuniaria vel illata iniuria volverit convenire, coram iudice civitatis conveniat et nulla causa ad duellum iudicetur, sed per testes et iuramenta terminetur, sive sit cum extraneis, sive cum indigenis et quod ipsi testes iurati in deponendo testimonio sigillatim ac singulariter examinentur. Testes autem eiusdem libertatis et condicionis, cuius sunt isti, assummantur. Eodem modo, sive extraneus inveniat apud incolas, sive incola apud extraneos equum, bovem aut aliquas res furtivas, semper testes, ut supra diximus, producantur. Item, cives de predicta civitate vel iobagiones de villis ad ipsam pertinentibus, que prope territorium ipsius civitatis fuerint site, nullius iudicio nisi

iudicis civitatis astare teneantur, quod si iudex suspectus habebitur et
actor legitimam causam recusacionis allegaverit, convocatis omnibus maioribus civitatis, ipso iudice presente, negocium decidatur, de quorum
sentencia, si adhuc contingeret dubitari et actor importunus eos ad regis
citaverit presenciam, solus iudex pro aliis omnibus ad regem ire teneatur.
Eodem modo pro quacumque causa iudicem civitatis et cives, vel cives
solos ad regis presenciam quis citaret, non tenetur ire, nisi solus iudex
civitatis. Et si aliquis aliquem civem vel cives non requirens antea a
iudice civitatis iusticiam sibi fieri, ad regem citaverit, pro illo vel illis
iudex ire tenebitur et ei citator refundet expensas, eo quod contempta
auctoritate regalis privilegii sibi cogniti, irrequisito iudice civitatis fatigavit
eum frustra laboribus et expensis. Cives autem liberam habent undecumque voluerint eligendi facultatem iudicem civitatis nobis presen-
tandum et mutandi eundem annuatim pro sue arbitrio voluntatis. Sane,
si quis in calumnia vel falso testimonio manifeste convictus fuerit vel
eciam deprehensus, nec in iudicem vel eius assossorem seu consiliarium
deinceps admittatur. Item, si quis de civitate sine herede decesserit, de
rebus suis mobilibus liberam habeat disponendi cuicumque voluerit facultatem, res vero immobiles, domos, curiam, vineas, terras et edificia
suorum concivium habito consilio uxori sue vel alicui cognatorum suorum
relinquat, ita tamen, quod nec per ipsum, nec per uxorem, nec per
cognatos a iurisdiccione civitatis possit alienari seu eximi vel avelli. Item,
si quis intestatus decesserit et nec uxorem, nec filios, nec cognatos
habuerit, due partes rerum suarum per viros fidedignos ad hoc consilio
civium deputatos pauperibus et ecclesie eiusdem civitatis distribuantur,
tercia vero pars ad utilitatem civitatis reservetur. Item statuimus, quod
in eadem civitate forum sollempne duobus diebus in ebdomada, videlicet
die lune et die iouis celebretur et preterea forum quottidianum cottidie
habeatur. Ad sustentacionem autem hospitum in predicto castro habitancium dedimus terram circa montem Grech, quam olim per dilectum
et fidelem nostrum quondam Dionisium banum tocius Sclauonie eisdem
civibus dinoscimur statuisse, sub certis metis et distinctis perpetuo possidendam. Cuius terre mete hoc ordine distinguntur: Prima meta est in
portu Zawe, qui kyralrewy dicitur iuxta magnam viam et per eandem
tendit usque rivum Zawycha dictum, quem rivum transit per pontem,
deinde per eandem viam tendit versus aquilonem transiens aquam, que
mlaka dicitur et perveniet ad monticulum iuxta quem est meta terrea,
que dividit terram populorum regis a parte orientali, deinde transiens
minorem mlakam perveniet ad magnam viam, que wlgo ettewen dicitur,
per quam veniens peruenit ad rivum Cyrkenich, ibi est pons, hinc superius per eundem rivulum iuxta montem Grech vadit directe versus

aquilonem metatim, tendens ad fontem, qui dicitur kubulkut, iuxta
quem est meta terrea, a quo superius per rivulum Cyrkenich versus
aquilonem pervenit ad rivulum, qui vocatur Zapotnika, hinc transiens
monticulum cadit in quandam vallem, per quam transit in rivulum, qui
dicitur Lomzky potok, deinde ascendit ad metam capituli Zagrabiensis
et ibi sunt mete tres, una capituli Zagrabiensis, altera hospitum de
Grech, tercia filiorum Dobcha de genere Aga, deinde procedit per cacumen eiusdem montis vocabulo Medue(d)nicha versus occidentem et
pervenit ad metam filiorum Micola, que Plesywicha dicitur, iuxta quam
est meta terrea, deinde a cacumine eiusdem montis descendit versus
partem meridionalem metatim ad arborem castaneam, super qua est
crux et iuxta eam est meta terrea, deinde descendit ad caput fontis,
qui Chicheria dicitur, qui fons dividit terram Endre de terra predicta
et sic descendendo per eundem divertit aliquantulum versus occidentem
ad montem et ibi est arbor castanea cruce signata, iuxta quam est meta
terrea, deinde ad cacumen montis eiusdem procedit versus meridiem
dividendo terram ecclesie Zagrabiensis, deinde per gyrum ad occidentem
aliquantulum divertitur et ibi transit rivulum, qui vocatur Neznich potoka
et inde ascendendo superius de terra Endre per vallem ad verticem
unius montis, ibi est meta, hinc separando per veteres metas terram
Gremle, descendit ad arborem, que vocatur ihor et ibi est meta et cadit
in viam, que exit de villa Gremle, deinde per eandem versus meridiem
procedit ad campum ad metam terream, deinde aliquantulum divertit
ad sinistram per viam et pervenit ad paludes, que mlaka dicuntur, ibi
est meta iuxta eandem mlakam, a sinistra parte vadit ad arborem nucis,
ibi est meta, deinde ad sambucum, sub qua est meta terrea, de hinc
metatim procedit et cadit in fluvium Zawc, deinde ad metam priorem
descendit et sic terminatur. Ceterum, quia iidem cives super terris et
possessionibus suis alia etiam privilegia a nobis eis concessa habere
noscuntur, illa eis inconcussa servare volumus et a nostris successoribus
et subiectis inviolabiliter observari. In cuius rei memoriam et perpetuam
firmitatem presentes dedimus litteras duplicis sigilli nostri munimine
roboratas. Datum per manus magistri Farkasii prepositi Albensis aule
nostre vicecancellarii dilecti et fidelis nostri. Anno domini MCCLX.
sexto, IX. kalendas decembris, regni autem nostri anno tricesimo primo.

*Tkalčić Mon. civ. Zagrab. I. 40—44. no. 49. — Priopćuje po ori-
ginalu i popunjuje oštećeni original po kasnijoj potvrdi. — Potvrdiše ovu
povelju: Karlo Roberto 14. oktobra 1322. i 8. marta 1324., Ljudevit I. 27.
juna 1345. i 27. septembra 1359., pod novim pečatom g. 1364. 25. februara.
Ova potvrda u arkivu jugosl. akademije.*

Fejér VII. 5., 586—587. — Kukuljević Reg. no. 918.

878.

1266, 29. novembra. U Zagrebu.

*Roland ban u raspri topuske opatije s Blinjanima glede Vinodola
na Kupi, dosudjuje i vrata rečeni posjed istoj opatiji.*

Capitulum ecclesie Zagrabiensis omnibus presens scriptum inspecturis
salutem in domino. Ad universorum noticiam harum serie volumus pervenire, quod nos litteras domini Rolandi bani tocius Sclauonie recepimus
in hec verba: Viris discretis amicis suis reverendis capitulo Zagrabiensi
R(olandus) banus tocius Sclauonie paratam amiciciam cum honore. Vestram requirimus amiciciam, quatenus tenorem nostri privilegii super facto
terre Winodol ecclesie Toplicensi concessi causa iusticie et nostre peti-
cionis intuitu vestro confirmetis privilegio. Datum in Zagrabia, in prima
dominica adventus domini. Privilegium autem ipsius domini bani, iuxta
quod nostre littere petebantur, tenorem huiusmodi continebat: Rolandus
banus tocius Sclauonie omnibus tam presentibus quam futuris presens
scriptum inspecturis salutem in vero salutari. Ad universorum noticiam
harum serie volumus pervenire quod cum inter Gurk, Jacobum, Mathay,
Georgium, Isip et Iwnk ac alios universos Blynenses ab una parte, cel-
lerarium Toplicensem et Huet comitem eiusdem ecclesie super facto terre
Vinodol et vineis in eadem terra existentibus materia questionis et
disceptacio diucius fuissent ventilate, coram nobis et parcium contencioni
finem debitum et silencium imponere voluissemus perpetuum iudicando
et discernendo parcium voluntate in hunc modum: quod si cellerarius
et comes Huet prescripti in Gora coram preceptore eiusdem loci prestarent sacramentum super eo, quidquid incipiendo a Damasingeren usque
ad terminos filii Stepkonis metas et terminos ipsius terre Vynodol iusto
modo reambularent et ostenderent, nec aliquid extra rectas metas procedere presumerent et secundum quod prestito sacramento ostenderent
seu assignarent, iidem Blynenses deberent tolerare et relinquerent ipsam
terram ecclesie predicte, sicut iidem cellerarius et Huet comes prestito
sacramento assignarent coram pristaldo nostro et testimonio eorundem.
Adveniente itaque ipso termino iidem cellerarius et comes Huet presti-
terunt sacramentum, ut debebant, iuxta formam prenotatam. Iidem itaque
Blynenses ipsam terram Vynodol predicte ecclesie reliquerunt pacifice et
irrevocabiliter sine alicuius contradiccione perpetuo possidendam Wlkoay,
Stephco et Iwan, filiis Wlk consensum prebentibus liberalem, prout in
litteris eiusdem commendatoris nobis innotuit evidenter; similiter vineas
super eadem terra existentes, sicut comes Herenk quem ad hoc parcium

voluntate direxeramus deputandum recitavit et in textu privilegii Iwnus comitis Zagrabiensis vidimus contineri. Cuius quidem terre mete sicut in litteris ipsius commendatoris, qui eandem terram una cum testimonio capituli Zagrabiensis et homine nostro circuivit, vidimus contineri, hoc ordine distinguntur: Prima meta est Damasingeren, inde vadit ad pirum unum, de piro vadit per viam usque ad duas metas terreas, inde descendendo ducit ad fontem, qui vocatur Prelizin, inde ascendit superius et dimittit montem ad sinistram et venit ad duas metas, ubi est magna via que venit de foro episcopi, inde descendit ad duas metas ad pedem montis, qui vocatur Plerumuyza, inde ascendit ad duas metas, in una continetur castanea et in reliqua quercus, inde per montem vadit ad alias duas metas ubi sunt due castanee, inde de quibus descendit ad unam magnam viam Vratza wlgariter nominatam. Inde descendit per montem ad duas metas in una earumdem est quercus, in altera arbor iesscen sclauonice nominatam, inde descendit ad rivulum, qui vocatur Smerdz, inde descendendo idem rivulus transit rivulum venientem de villa convicina ad caput piscine ubi est nuclearius et mete terree. Inde ascendit in montem ad duas metas, in una est arbor que vocatur graber, in alia oscurusa siccata, inde ascendit in montem versus meridiem per antiquam viam ad duas metas terreas et descendit inter duas vineas et ascendit ad caput rivuli, qui vocatur Mozlauiniza, inde descendit per eundem rivulum et vadit ad locum ubi fuit pons Wlche et ibi sunt due mete terree, inde ascendit ad duas metas ubi sunt due castanee, inde ascendit cacumen montis ad duas metas terreas, inde vadit aliquantulum per montem et descendit ad duas metas, in una est quercus, inde descendit ad fontem Prozchak, inde descendit per cursum eiusdem fontis et ducit ad rivulum, qui dicitur Sukhodol, inde ascendit ad montem ad duas metas, in una est arbor iescen in altera quercus, inde ducit per montem descendendo ad fontem Descilo, inde per Globoky potok usque ad alium rivulum ubi sunt due mete, inde ascendit per eundem rivulum usque ad salicem ubi sunt due mete terree, inde exit rivulum et ascendit ad duas metas, inde vadit ascendendo ad montem ubi sunt due mete in una quercus in alia bres, inde vadit per montem ad magnam viam, inde per montem, qui vocatur Ispraze, ubi sunt due mete, inde per viam ad locum ubi sunt fagus et quercus coniuncti, ibi dimittendo viam inferiorem vadit per viam superiorem ad duas quercus ubi sunt due mete terree, inde exit et vadit aliquantulum ad sinistram ad unum monticulum ad duas quercus ubi sunt due mete terree, inde vadit ad arborem que vocatur sclavonice oscoruze, inde descendit ad duas quercus ubi sunt due mete, inde descendit ad rivulum Leskouez ubi sunt due mete terree, inde per eundem rivulum vadit ad unam quercum ubi est meta terrea, inde ad aliam quercum ubi est meta terrea, inde ducit per eundem rivulum ubi via transit medium rivuli, inde modicum descendendo est meta ubi est una quercus. Ut igitur series prehabite rei robur perpetue firmitatis obtineat, nec per quempiam possit in irritum revocari vel eciam perturbari lapsu temporum, hoc scriptum contulimus nostri sigilli munimine roboratum. Datum in Petrina, in crastino sancti Galli. Anno domini MCCLXVI. Nos itaque predicti domini bani iuste peticioni annuentes, presentes inserto ipsius domini bani privilegio de verbo ad verbum pro cautela dedimus ampliori sigilli nostri munimine roboratas. Datum in vigilia sancti Andree apostoli. Anno domini MCC sexagesimo sexto.

Privileg. monaster. B. v. Mariae de Toplica no. LVII.
Tkalčić Monum. episcop. Zagrab. I. 132—134. — Wenzel Cod. dipl. Arpad. cont. XI. 560—562. — Cod. dipl. patrius VIII. 137—140. — Kukuljević Reg. no. 919.

879.

1266, 19. decembra. U Zadru.

Vetko, Salbe, Mihalj itd. primaju od samostana sv. Krševana zemlju, da nasade vinograd.

In Christi nomine. Anno incarnacionis eius millesimo ducentesimo sexagesimo sexto, mense decembri, die tercio decimo exeunte, indicione decima, Jadre, temporibus domini Raynerii Çeni incliti ducis Venecie et magistri Laurencii venerabilis Jadrensis archiepiscopi, ac Iacobi Quirini egregii comitis. Nos namque Vechecha filius quondam Justi, Salbe filius quondam Martini, Desco filius quondam Çefetco, Radoy filius quondam Slauco, Michal dictus Vgrin, Ratco filius quondam Slauco, Brayco filius quondam Obradi, Grisogonus filius quondam Gregorii, Radouanus filius quondam Slauco, Petrus filius quondam Pelnoscii et Priuoslauus filius quondam Desislaui et Radda coniuges cum nostris heredibus et successoribus per hoc presens scriptum facimus manifestum, quia suscepimus a uobis venerabili viro dompno Nicolao abbate monasterii sancti Grisogoni de Jadra uestrisque fratribus et successoribus de terra dicti monasterii posita ad Lucoran(e) ad vineam plantandam, secundum quod quilibet nostrum presaliam factam habet taliter, quod dum ex ipsa fructum extrahere poterimus, annuatim per nos nostrosque heredes ac successores uobis uestrisque successoribus dare teneamur quartam partem tam vini quam omnium fructuum exinde habitorum uestro nuncio ad barcam uel hic in ciuitate Jadra de tina. Ficus autem recentes domum si ad comedendum portauerimus, eas libere habemus et si de aliquo fructu recenti uel sicco inde habito uendiderimus, quartum denarium uobis uestroque monasterio dabimus. Si autem in fraude contra uestram reperti fuerimus racionem, sex yperpera nomine pene uestro monasterio soluere teneamur. Ceterum si paupertate uel aliqua alia necessitate nos cum nostris heredibus et successoribus vites ipsas uendere uoluerimus, primo uobis uestroque monasterio uenditionem declarabimus et si eas emere uolueritis pro tanto, quod ab uno et alio habere poterimus, uobis et non aliis ipsas dabimus. Quod si nolueritis, postea licitum sit nobis nostrisque heredibus et successoribus illas uendere uel donare, seu quocumque modo alienare cui uoluerimus, salua semper racione predicta ipsius monasterii, hoc addito, quod nemini nostrum liceat dictas vites alicui ecclesie uel persone religiose seu hospitali uel domui templariorum pro anima indicare, nisi in monasterio suprascripto. Quam quidem terram uos cum uestris fratribus et successoribus nobis nostrisque heredibus et successoribus ab omni homine excalumpniare et defensare teneamini super omnia bona sepedicti monasterii habita et habenda in hoc seculo. Actum est hoc et firmatum coram his vocatis et rogatis testibus, scilicet Laurentio Maldenar(io) et Leonardo filio Petri nobilis.

† Ego Vitus de Cerna de Merga examinator manum meam misi.

Ego Vitus sancte Marie maioris clericus et Jadrensis notarius interfui rogatus, ut audiui hanc cartam scripsi, roboraui et signo consueto signaui.

(Monogr. not.)

Original u gubern. ark. u Zadru (odio samostana sv. Krševana Kapsula XIII. masso C. no. 16.)

880.

1266, 23. decembra. U Zagrebu.

Marko Gurdin podanik grada Zagreba prodaje svoju zemlju kraj potoka Kostnice.

Capitulum Zagrabiensis ecclesie omnibus presens scriptum inspecturis salutem in domino. Ad vnuersorum noticiam harum serie uolumus peruenire, quod constitutis in nostra presencia ab una parte 'Luchach et Petro filiis Endri et ab altera Marco filio Gurda iobagione castri Zagrabiensis, idem Marco terram iuxta aquam Coztnicha porcionem suam contingentem necessitate grauaminis, quod ex censura iudiciaria inciderat conpescente, sicut dicebat, confessus est, se uendidisse scilicet quadraginta uereten et dimidium predicto Luchach et Petro equaliter in communi iure perpetuo possidendam pro quadraginta pensis et dimidia denariorum Zagrabiensium, quorum singule quinque pense marcam tunc temporis faciebant, quas se dixit ab eisdem plenarie recepisse. Astiterunt et fratres uendicionis Petk et Zlopk et consanguinei eiusdem, scilicet Dahota, Wlkodrug, Gorena, Wlkoy et Philippus filius Dopcha commetaneus, Endrich comes terrestris, qui predictam uendicionem consensu suo ratificantes unanimiter approbarunt, dicto Endrich terestri comite protestante, ipsam ex consensu et licencia Inus tunc comitis Zagrabiensis et iobagionum castri omnium factam esse. Habet autem, sicut partes nobis retulerunt, terra antedicta commetaneos ex parte orientis Wlkodrug antedictum, ex parte occidentis terra predicti Luchach, quam habet in pignore, ex parte capitosi Leuche et Endri, ex parte septentrionis terram Philippi filii Dopcha, a qua separatur in piro et ibi intrans Coztnicham terminatur. In cuius rei testimonium presentes ad instanciam parcium contulimus sigilli nostri munimine roboratas. Datum quinta feria post festum Thome apostoli anno MCCLXVI⁰.

Original u arkivu kaptola zagrebačkog: Acta cap. antiqua (neuredjeno).
— Na listini visi vrvca svilena crvene boje, pečat je otpao.
Tkalčić M. eccl. Z. I. 134. — Wenzel Cod. dipl. Arp. cont. XI. 563.
donosi regest. — Kukuljević Reg. no. 920. •

881.

1266.

Bela kralj ugarski i hrvatski potvrdjuje povelju izdanu od Rolanda bana glede zemlje u Konjske.

Bela dei gracia Hungarie, Dalmacie, Crowacie, Rame, Servie, Gallicie, Lodomerie, Cumanieque rex omnibus presentes litteras inspecturis salutem in omnium salvatore. Ad universorum noticiam tenore presencium volumus pervenire, quod Bense filius Nicolai predialis de Ryuche ad nostram veniens presenciam optulit nobis privilegium Rolandi bani dilecti et fidelis nostri confectum per ipsum banum de nostro mandato super distinccione metarum terre dicti Benze Konyzka vocate, petendo a nobis diligenter, ut ipsum privilegium ratum et acceptum habere et nostro dignaremur privilegio confirmare. Cuius tenor talis est.

(Slijedi listina bana Rolanda od g. 1265. 24. juna.)

Nos itaque dictum privilegium bani super premissis sub testimonio Chasmensis capituli confectum ratum habentes et acceptum, ad instanciam eiusdem Bense auctoritate presencium duximus confirmandum duplicis sigilli nostri munimine roborando, volentes eundem Bensem dictam terram possidere in eadem libertate, qua alii prediales per nos ordinati ibidem terras tenent. Datum per manus magistri Farcasii electi in prepositum Albensem aule nostre vicecancellarii dilecti et fidelis nostri. Anno domini millesimo ducentesimo sexagesimo sexto, regni autem nostri anno tricesimo primo.

Cod dipl. patrius. VII. 103. Po originalu. — Kukuljević Reg. no. 922.

882.

1266.

Bela kralj ugarski i hrvatski obnavlja zagrebačkim gradjanima slobodu, da si biraju sudca.

Bela dei gracia Hungarie, Dalmacie, Croacie, Rame, Seruie, Gallicie, Lodomerie, Cumanieque rex omnibus presentes litteras inspecturis salutem in omnium salvatore. Ad universorum notitiam tenore presencium volumus pervenire, quod cum fideles nostri cives de monte Grecensi de Zagrabia pluries nobis querimonias porrexissent, dicentes in eo, quod nos eis Archynum comitem in potestatem seu iudicem prefeceramus, suam infringi libertatem. Nos lecto aureo privilegio per nos eisdem concesso, quia vidimus inter cetera in ipso privilegio huiusmodi articulum contineri, ut iidem cives potestatem seu iudicem sibi quem volunt secure eligere et preficere possint de eisdem et singulorum annorum in revolucione deponere et alium seu eundem preficere iuxta sue arbitrium voluntatis, eandem libertatem de speciali gracia et favore confirmavimus eisdem et auctoritate presencium duximus plenius confirmandum, volentes, ut nullo processu temporum libertas ipsorum civium in predicto aureo privilegio contenta et presertim articulus, de quo premisimus, infringi debeat seu cassari, non obstante privilegio, quod super illa potestaria dicto Archyno comiti dederamus, quod presentibus cassamus penitus et eciam irritamus. In cuius rei memoriam et robur presentes dedimus litteras duplicis sigilli nostri munimine roboratas. Datum per manus magistri Farcasii electi Albensis aule nostre vicecancellarii dilecti et fidelis nostri. Anno domini millesimo ducentesimo sexagesimo sexto, regni autem nostri anno tricesimo primo.

Tkalčić Mon. civ. Zagrab. I. 39—40. no. 48. — Fejer Cod. dipl. IV. 3. 337. — Kukuljević Reg. no. 921.

883.

1266.

Svjedoči se o daru kralja Bele sinovima Takača.

Coram Jacobo comite Crisiensi pro tribunali sedente magister Johannes filius Johannis quoddam privilegium domini Bele dei gracia quondam illustris regis Hungarie optime recordacionis, anno domini MCC. sexagesimo sexto emanatum demonstravit, in quo continebatur, quod idem dominus Bela rex quandam terram filiorum Takach castri sui Crisiensis ad quatuor aratra sufficientem cum omnibus suis utilitatibus et pertinenciis universis sub metis in eodem privilegio habitis comiti Junk, filio Isaak et Petro filio Jaxa, filio fratris eiusdem comitis Junk, avis ipsorum pro eorum fidelibus serviciis et specialiter pro effusione sanguinis eiusdem comitis Junk et captivitate sua in Styria habita, ac morte ipsius Jaxa patris eiusdem Petri, quam in conflictu suo cum duce Austrie habito sustinuit, in filios filiorum suorum perpetuo dedisset et donasset optinendam, tenendam, pariter et habendam . . .

Iz listine od g. 1348. u arkivu jugosl. akademije Dipl. 1348.

884.

1266.

Kraljica Marija dariva županu Miki od plemena Huntpazman posjede Crkvenik i Radovanić u županiji požeškoj.

Maria dei gracia regina Hungarie omnibus Christi fidelibus tam presentibus quam futuris presencium noticiam habituris salutem in omnium saluatore. Regalis prouidencie interest, ut singulorum merita prospiciat et prospecta, dum emerita reppererit regie munificencie fauoribus prosequatur, ut dum opera fidelitatis attenduntur et condignis munificenciis efferuntur, alii huiusmodi exemplo accensi ad fidelitatis obsequia facilius inclinentur. Ad vniuersorum noticiam harum serie uolumus peruenire, quod cum Michael comes filius Alberti de genere Huntpaznan in magnis arduis et grauibus expedicionibus regno nostro inminentibus diuersis fortune casibus intrepide se committens ad omnia regni nostri negocia prospera et aduersa se exposuerit inreprehensibiliter et sine nota alicuius redargucionis semper se gesserit in eisdem et fidelitatem fidelitatibus continuans, uirtutem uirtutibus inferens, pro fidelitate domino nostro regi, nobis et corone debita, ut de aliis eius fidelitatibus et factis prospere gestis taceatur, idem pluribus plagis exceptis, pluribus annis in terra Rutenorum, quod notorium est, nec al[iquali satis]faccione celari potest, captus extitit et detentus cum graui iactura rerum et periculis personarum in expedicione regni, que tunc temporis emergabat, cui nec tunc per dominum nostrum regem et per nos suis meritis condigne responsum fuerit uel occursum, nec in toto nec in tanto. Ceterum filius eiusdem Myke uocatus paterne fidelitatis uestigia secutus, ab euo sue puericie inreprehensibiliter et cum sincera fidelitate domino nostro regi, nobis et regno in omnibus expedicionibus grauibus et arduis fidelitatem seruauit indefesse et quamquam in huiusmodi regni turbacionibus uaria et plurima dampna exceperit, fidelitatis tamen priuilegium non uiolans eam tenuit efficaci studio et seruauit. Premissis itaque eiusdem seruiciis ponderatis in reconpensacionem pretactorum tam seruiciorum quam dampnorum terras nostras Cherkvenig uidelicet et Rodouanch in comitatu Posoga existentes cum terminis et limitibus antiquis dedimus, donauimus et contulimus de consensu et beneplacito domini nostri regis ac Bele ducis tocius Slauonie et Croacie karissimi fili nostri, fideli nostro Myke sepedicto filio comitis (Michaelis) de genere Huntpaznan et heredibus suis heredumque successoribus iure perpetuo et pacifico possidendas. Quarum mete taliter distinguntur: prima meta terre Cherkenyg incipit a parte meridionali de aq . . . . iwa ubi est meta terrea et tendit uersus aquilonem ad puteum Halapna qui est pro meta; inde vadit ad arborem gartan, que signata est signo crucis que habetur pro meta; inde ascendit ad unum berch (et tend)it ad arborem piri crucesignatam et per eundem berch eundo usque orientem uenit ad arborem corni crucesignatam; inde reflectitur et uadit uersus aquilonem per eundem berch ad arborem t(ylie, in) qua sunt duo signa crucis; et usque huc cursus metarum fuit undiquaque et continue a prima meta incipiendo iuxta terminos et metas terre Elie, ab hinc incipiunt mete currere iuxta terminos terre filiorum Jouanca Be[nedict]i uidelicet et Aladary et itur ad truncum bykfa ubi est meta terrea; inde descendit a parte occidentis ad truncum ihorfa ubi est meta terrea, ab hinc transit per siccam uallem ad arborem corni subqua est meta terrea; inde uadit ad duas metas terreas et abhinc ad cerasum sub qua est meta terrea et per eandem siccam uallem eundo uenit ad riuulum Che(r)kuenyg et uadit in eodem Cherkuenyg uersus aquilonem superius, ubi quidam riuulus uocatur Truglou potoc (qui) cadit in aquam Cherguenyg(!) et per aquam que dicitur Truglou potoc tendit cursus metarum usque ad caput Truglou potoc ubi est piscina, deinde ascendit ad aquam que uocatur Strzeuch potoc et pertransit ipsum et uadit ad alium qui uocatur Zuha potoc qui cadit in aquam Cherkwenig ubi est meta terrea; inde in ipsa aqua

Cherquenig eundo uersus aquilonem cadit aqua Grabrouch potoca in aquam Chyrkenig(!) et ibi hac vice mete terree filiorum Jouanca terminantur. Postea autem incipit meta currere iuxta terminos terre Elie filii Dragun predicti et uadit in eodem Cherquenig in quendam locum, ubi quidam fluuius cadit in ipsam aquam Cherquenig et ibi currit meta iuxta terras Philippi comitis filii Chundur et uenit in quendam locum, ubi quidam fluuius qui uocatur Cherechny potoc cadit in aquam Cherkvenyg, ubi terra comitis Philippi terminatur et incipiunt mete currere iuxta terram filiorum Jouanca predictorum et ascendit cursus ad unum montem a parte occidentis, in cuius montis summitate est meta terrea; ab hinc descendit de eodem monte et uadit ad aquam que uocatur Pales potoca, iuxta quem est meta terrea et transeundo ipsum Pales potoca ascendit ad montem qui dicitur Cherguenyg, in cuius cacumine est meta terrea et ab hinc uadit continue per loca que Zelemen uocantur per metas terreas et arbores notatas et ibi terre filiorum Jouanca terminantur et incipiunt currere mete iuxta terram Narad et in ipso loco, ubi terra Narad separatur a terra filiorum Jouanca, sunt mete super quibusdam signis u[bi] notata sunt signa clipei et crucis, et ab ipso loco incipiendo a parte aquilonis tendit uersus plagam meridionalem per arbores signatas signo crucis et peruenit ad caput cuiusdam aque, que Cumblac potoca uocatur et [it]erum per ipsum Cublac(!) tendendo terra dicti Narad terminatur, ubi iuxta Cublac super quadam arbore est signum crucis et incipiunt mete currere per ipsum Cublac iuxta terras comitis Gylety uersus plagam meridionalem et cadit in aquam Oriua et transeundo Oriuam uadit uersus meridiem et arborem piri crucesignatam, sub qua est meta terrea et ab hinc eundo per arbores notatas uenit et ascendit in montem Puzun et inde uenit ad unum lapidem album, ubi terra comitis Gileti terminatur et incipit terra comitis Vincency, iuxta quam mete incipiunt currere uersus orientem et uadunt per quendam berch ad arborem tylye, in qua est signum crucis nouum et antiquum et per signatas arbores in magno spacio uadit ad quandam arborem corni et ab hinc in Oriuam in priorem metam ubi mete ipsius terre Cherkonyg terminantur, prout nobis per litteras capituli de Posoga, cruciferorum de Pucruch et comitis Ph(ilippi) de Posoga constitit, qui de nostro mandato nobis rescripserunt. Mete autem terre Rodoanch hoc ordine distinguntur: prima meta incipit a parte aquilonis in cacumine montis qui Zelemen uocatur iuxta terram Nouac et cursus metarum uadit uersus meridiem in caput cuiusdam riuuli qui uocatur [Radou]ancicha; et ibi terra Nouac terminatur et incipit terra filiorum magistri Marc et currit meta per ipsum Radouancicha et descendens uenit ad arborem piri siluestri crucesignatam, sub qua est meta terrea et ibi terminatur terra filiorum Marc et incipiunt mete currere iuxta terram comitis Zyrgerardi per eundem riuulum Radouanchycha, de quo exit ad metam terream uersus occidentem, dehinc ascendit et peruenit ad metam terream et ab hinc uenit per nemora uersus meridiem et uenit ad ilicem meta terrea circumdatam, deinde descendit per quandam planiciem et uenit ad arbores pirorum siluestrium sub quarum una est meta terrea, inde uenit ad quandam metam terream que est secus magnam uiam, ab hinc protenditur ad aliam metam terream et ibi angulatur ipsa terra et tendit uersus orientem iuxta terram comitis Zyrgerardi et peruenit ad aliam metam terream, ubi terra comitis Zyrgerardi terminatur et incipiunt mete currere iuxta terras iobagionum castri de Posoga de genere Volica et protenduntur uersus aquilonem ad pirum siluestrem; inde uenit ad metam saxeam ab hinc ad tyleam et ab hinc ad metam terream, ubi ipsa terra angulata et transit riuulum Radouanciche et uenit ad arborem nucis que habetur pro meta communi; ab hinc peruenit ad quandam siluam, ubi est meta terrea que est iuxta magnam viam et ibi terra iobagionum castri predictorum terminatur et incipiunt mete currere iuxta terram filiorum Jouanca comitis Benedicti uidelicet et Aladary et meta incipit sub quibusdam arboribus cuiusdam silue et ascendit uersus aquilonem ad ueteren. uiam, iuxta quam est meta terrea; inde protenditur ad summitatem montis ad metam terream positam sub quadam arbore querci, ab inde descendit per metas terreas ad quendam riuulum et transeundo riuulum tendit per latus montis usque dum peruenit ad aquam Welika, ubi est meta terrea et per Welicam ascendit usque locum ubi riuulus Zagrabuch cadit in Welicam et inter duos riuulos est meta terrea, deinde tendit superius inter eosdem riuulos usque ad montem qui dicitur Graduch et ascendit ad montem qui dicitur Zelemen et ibi mete ipsius terre Rodouanch terminantur, prout per litteras suas nobis capitulum, cruciferi et comes prenotati rescripserunt. Vt igitur huius nostre donacionis collacionis series salua semper et illesa in perpetuum permaneat nec per aliquem processu temporis possit retractari dicto Myke presentes dedimus litteras dupplicis sigilli nostri munimine roboratas. Datum per manus magistri Stephani vicecancellarii aule nostre anno domini millesimo ducentesimo sexagesimo sexto.

Original u arkivu grofova Csáky u Levoči fasc. 2. no. 1. Na hrptu vidi se trag pritisnuta pečata, ali i trag visećeg pečata može se također vidjeti.

Cod. patrius VI. 138—142. — Kukuljević Reg. no. 923.

885.

1266. U Bišću.

*Dionizije župan poljanski i psetski dosudjuje samostanu topuskom
neke vode, koje su žitelji poljanski nepravedno posjedovali.*

Nos Dyonisius comes de Polhana et de Peset notum facimus universis presens scriptum inspecturis, quod reverendus pater et dominus
M(atheus) dictus abbas de Toplica coram nobis calumpniavit quasdam
aquas, quas illi de Polhana sibi violenter usurpabant, quas illustrissimus
dominus noster B(ela) dei gracia Hungarie rex in perpetuam elemosinam
contulerat monasterio Toplicensi. Pro qua re cum utrique parti diem in
Bichig prefixissemus et ambe partes coram nobis astitissent, Slauec iudex
de Polhana et iobagiones eiusdem terre confessi sunt, totum verum esse
quitquid abbas affirmabat et quod supradictas aquas quas tenuit Lude-
garius et Pribisla, videlicet Cesta, Tregla et Chrenicha, per aliquod
tempus iniuste tenuissent, quas dicto abbati pacifice reddiderunt et quiete,
nisi quod Desinec Polprudi calumpniavit esse suam, abbas autem e
contrario respondit esse suam. Nos autem de consilio communitatis
terre dicto Desinec iudicium sacramenti taliter obtulimus et iudicavimus,
quod ipse cum duodecim hominibus iurare deberet, quod calumpnia sua
de supradicta aqua veritatis tramitem non transit. Qui ad hoc cum
peleretur, iurare non potuit, quum omnes illi qui cum eo iurare debuissent
asseruerunt viva voce, sepedictam aquam non esse suam immo pocius
abbatis, sicut superius est premissum et de his omnibus dedimus pristaldum nostrum nomine Jaxa et alium pristaldum de Polhana nomine
Nadevm. Et ut hoc robur et firmitas muniatur, his sigillum nostrum
apposuimus cum sigillo venerabilis patris domini L(adislai) Tyniensis
episcopi et fratrum Predicatorum de Bihig. Datum anno domini MCCLX
sexto.

Privileg. monaster. B. V. Mariae de Toplica no. XIX.
*Tkalčić Monum. episcop. Zagrab. I. 135. — Wenzel Cod. dipl. Arp.
cont. XI. 563—4. — Kukuljević Reg. no. 926.*

886.

1266.

Petar župan kalnički daje na znanje, da su pred njim založili Budivoj, Mini itd. zemlju svoju na šest godina Detriku, rodjaku župana Junka.

Nos Petrus comes de Kemluk damus pro memoria, quod constitutis in nostri presencia Budiuoy et Miny, atque matre Bricci pro filio suo, nec non Wlcoy filio Descichi et Zcorona filia Dersiuoy ab una parte, Detrico autem cognato Junk comitis ab altera, ipsi iidem viri supradicti confessi sunt: se viva voce duas particulas terre ipsorum impignorasse iam dicto Detrico pro quatuor pensis tunc temporis facientibus tres fertones et tria pondera boni argenti, quas dixerunt plenarie ab eodem recepisse, usque revolucionem sexti anni, hoc interposito, quod si in revolucione sexti anni ipsam terram non redimerent, extunc sicut estimata fuerit per iobagiones utraque parte ducente, ipsi Detrico cum litteris capituli perpetuare tenebuntur. Cuius terre prima meta incipit ab ortu solis, ubi quidam fluvius qui descendit a septemtrione cadit in fluvium Dobouch vocatum, ibique declinat contra occidentem et per ipsum fluvium ascendendo venit in unam vallem, ibique de fluvio exiens et per vallem contra septemtrionem ascendendo venit in cerasum, inde venit . . . . . . vocata, inde directe procedens venit in arborem nucis, inde venit in viam ubi declinat . . . . . . et per viam tendens venit ad caput unius vallis ubi declinat contra meridiem et per ipsam vallem descendendo cadit in fluvium Dobouch vocatum. Et in alio loco alterius particule prima meta incipit a septemtrione, ubi in supercilio montis iuxta viam est meta terrea, inde directe contra meridiem descendendo venit in metam terream ubi est poplus, jnde directe descendendo cadit in fluvium Dobouch vocatum, ibique declinat contra occidentem per ipsum Dobouch, ascendendo venit ad caput ipsius vallis ad terram Voyni et cognatorum eius, ubi est meta terrea et arbor vlme, inde contra occidentem iuxta terram Voyni et cognatorum eius procedens venit in metam terream iuxta viam sitam, ubi declinat contra orientem et per viam procedens venit in primam metam et ibi terminatur. Astiterunt eciam ipsorum cognati Petrus scilicet et Voyn et omnis generacio ipsorum, qui huic pignori unanimiter consenserunt. In cuius rei certitudinem presentes litteras contullimus nostri sigillique Martini comitis terrestris munimine roboratas, ita tamen, quod nemo de cognacione ipsorum

dictam terram redimere poterit nisi viri supradicti. Datum anno domini
MCCLX. sexto.

*Original iz zbirke Rad. Lopašića. Pečati manjkaju, samo su preostali
odresci kože na kojima su visjeli. — Po prijepisu Ivana Tkalčića.*

887.

1266. U Čazmi.

*Pred kaptolom čazmanskim prodaje župan Pankracije svoju zemlju
Klokočec županu Leustahiju sinu Vidovu za 30 maraka.*

Nos capitulum Chasmensis ecclesie significamus omnibus presencium
per tenorem, quod constitutis coram nobis personaliter ab vna parte
Pangracio comite, ab altera autem comite Leustachio filio Wyd, idem
Pangracius comes predium šuum Kolkocech uocatum in Ryvche in metis
infrascriptis pro triginta marcis plene acceptis, coram nobis cum suis
utilitatibus et pertinenciis uendidit eidem Leustachio comiti et suis per
eum successoribus iure perpetuo possidendum. Cuius mete, sicut nobis
retulit homo noster, pacifice et quiete erecte coram vicinis et cometaneis
tales sunt: prima meta incipit a parte orientali iuxta terram eiusdem
emptoris, vbi est arbor tul cruce signata et meta circumfusa in riuulo
vno; inde procedit ad arborem fyz cruce signatam et meta terrea
circumfusam et cadit in ipsum ryuulum in vicinitate terre castrensium;
inde tendens ad partes meridionales uenit ad pontem, iuxta quem prope
sunt due terree mete, ibi relinquens terram castrensium vicinatur terre
Prevse et eundo per magnam viam in magno spacio ad partes occidentales uenit ad metam terream, inde iterum ad metam terream et per
eandem uiam uenit ad dumum auellani meta terrea circumfusi, ibi
relinquens viam magnam tendit per semitam ad arborem harast cruce
signatam et meta circumfusam, ibi relinquens terram Prevse vicinatur
terre Bense et tendens ad partes septemtrionàles venit ad arborem harast
cruce signatam et meta terrea circumfusam, ibi relinquens terram Bense
vicinatur terre Moycen (!), vbi sunt due mete terree in terra arabili, inde
uenit ad dumum ihor meta terrea circumfusum et ibi vicinatur terre
castrensium, inde intrat in paruam siluam et uenit ad arborem gertean
cruce signatam et meta terrea circumfusam, inde exit ad metam terream,
inde ad vnum ryuulum, per quem ad arborem harast cruce signatam et
meta terrea circumfusam, ibi cadit in aquam Kolkochech, in quo tendens
uenit ad arborem pomi cruce signatam et meta terrea circumfusam, ibi
relinquens ipsum Kolkochech vicinatur terre Matey et Thome filiorum

Krosel, inde uenit ad arborem piri cruce signatam et meta terrea circumfusam, inde ad metam terream, inde ad arborem gertean cruce signatam
et meta terrea circumfusam, ibi relinquens terram filiorum Krosel vicinatur terre eiusdem emptoris ueniendo ad priorem metam et ibidem
terminatur. Nec pretermittamus, quod Gregorius filius Mark comitis de
Ryuche Wzmech, Myle, Moycen, Zlobelch, Tybold filius Zupk iobagiones
eiusdem castri de Ryveche (!) et Jurse comes tam per notatam personam,
quam per litteras suas huic uendicioni et empcioni fauorabilem consensum
prebuerunt et assensum. In cuius rey memoriam et robur ad instanciam
parcium nostras litteras contulimus nostro sigillo communitas, anno ab
incarnacione domini millesimo CCLX⁰. sexto.

*Iz originalnog prijepisa istoga kaptola od god. 1358. 8. januara. —
Potonji prijepis u arkivu jugoslavenske akademije u Zagrebu Diplomata
a. 1266.*

Kukuljević Reg. no. 924.

<h1 style="text-align:center">888.</h1>

1266. U Čazmi.

Kaptol čazmanski uredjuje zemlje prodane u Gariću.

Nos capitulum Chasmensis ecclesie significamus omnibus presencium
per tenorem, quod constituti coram nobis personaliter ab una parte
Petrus gener Drask pro se et pro fratre suo Paulo, ab altera autem Job
filius eiusdem Drask, qui et confessus est se voluntarie vendidisse totam
terram suam iuxta locum fori Garyg sitam, cum omnibus utilitatibus suis
in ipsa existentibus et ad eam pertinentibus eisdem Petro et Paulo ac
eorum successoribus pro undecim marcis iure perpetuo possidendam, de
quibus sex marcas accepit coram nobis, quinque autem se confessus est
primo accepisse. Cuius terre mete, sicut nobis homo noster retulit, coram
vicinis et conmetaneis pacifice et quiete erecte et signate tales sunt.
Prima meta incipit a parte orientali in Resnik, ubi est meta iuxta magnam
viam, per quam cadit in aquam Garig, ubi est arbor cerasi crucesignata
et meta terrea circumfusa et in aqua Garyg vadit superius, de qua exit
in Ramurna potak (!), ubi est meta terrea sub arbore harast crucesignata et meta terrea circumfusa et in eodem Ramurna potak vadit
superius et exit, ubi est arbor pomi cruce signata et meta terrea circumfusa iuxta viam, de qua via exiens in vallem contra meridiem venit ad
fontem Vydomia, inde ascendit in montem ad arborem harast cruce-

signatam et meta terrea circumfusam iuxta viam, per quam venit ad metam terream, que est sub arbore gertan crucesignata, ubi vicinatur terre loci fori de Garig. Inde descendit de monte ad metam terream, que est iuxta viam, per quam venit ad metam terream, que est sub arbore pomi crucesignata. Inde contra septemtrionem in eadem via per arbores crucesignatas venit ad metam terream, que est iuxta aquam Garig in qua vadit superius et exit aquam Dobovch, per quam aduc(!) superius tendens exit in valle, ubi est meta terrea sub piro crucesignata et in eadem valle vadit superius et transit viam ad metam terream, deinde declinat contra orientem in valle sicca, de qua venit ad metam terream, que est iuxta arborem piri et ipsa pirus est meta terre fori. Inde vadit in via et venit ad priorem metam et ibidem terminatur. In cuius rei memoriam et robur ad instanciam parcium nostras litteras contulimus nostro sigillo communitas. Datum anno domini millesimo CC⁰LX⁰. sexto.

Cod. dipl. patrius VII. 103—4. no. 76. — Po originalu, na kojem visi pečat o svilenoj zelenoj i smedjoj vrvci u arkivu obitelji grofova Erdödya u Glogovcu.

Kukuljević Reg. no. 925.

889.

Oko godine 1266.

Medje posjeda Vinodola na Kupi, što je pripadao opatiji topuskoj.

Terra nostra empticia de Vinodol procedit a flumine Cvlpa versus meridiem inter Moschenizam fluentem et Moschenizam siccam usque ad caput ipsius Moschenize sicce, inde per parvum spacium coniungitur dicte Moschenize sicce iuxta arbores piri et graber coniunctas et cruce signatas, inde ascendit per ipsam Moschenizam habens a dextris terram episcopi semper et tendit prope usque ad terram sacerdotis, que est sub silva et sic flectitur ad occasum per rivulum Velseuniza vocatum et ascendit in montem ad viam, que dicitur Petrine, per medium convallis circa quercum iuxta viam cruce signatam, inde per viam Petrine versus meridiem tendit directe supra domum Nicolai de Vinodol in Calische, quod est iuxta viam, de Calische descendit versus orientem prope ad domum dicti Nicolai et tunc flectitur ad meridiem in rivulum qui est in proxima valle, per rivulum ascendit ad fontem qui dicitur Clenouez, de fonte inter vineas et agros ascendit directe versus meridiem ad castaneam circa semitam, per quam vadit superius in prefatam viam

Petrine et sic per ipsam tendit ad austrum dimittens montem a dextris et pervenit ad duas metas terreas, que sunt ultra montem Chudin in via, in summitate montis alterius, inde reflectitur ad aquilonem directe in vallem ad montem Chudin et per eandem vallem descendendo iuxta montem sepedictum pervenit et coniungitur terre episcopi.

Privileg. monaster. B. V. Mariae de Toplica no. LVIII.
Tkalčić Monum. episcop. Zagrab. I. 135—136. — Kukuljević Reg. no. 927.

890.

1267, 5. januara. U Veneciji.

Rajnerij Zeno dužd mletački opominje Spljećane radi gusara omiških, da ih ne primaju.

Rainerius Geno dei gratia Venetorum etc. dux nobilibus viris rectoribus Spalati et eiusdem terre communi salutem et omne bonum. Cum Draganus de Almisio cum uno ligno armato providum virum Nicolaum Blondum fidelem nostrum in aquis Sclauonie cum bonis et rebus suis ceperit his diebus, prudentiam vestram per presentes requirimus et rogamus, quatenus si contigerit viros de Almisio ad partes vestras accedere, deliberationem domini Nicolai et restitutionem bonorum sibi ablatorum opem et operam nostris precibus taliter exhibere velitis, quod idem Nicolaus preces nostras sibi fructuosas sentiret, ac per executionem vestri operis se libertati pristine gaudere restitutum, nosque perinde vestram poscimus prudentiam de laudabili opere, sicut cupimus, commendare. Datum in nostro ducali palatio 5. intrante ianuarii, indictione X.

Lucius De regno Dalm. et Croat. l. IV. c. 9., 179.
Kukuljević Reg. no. 946. (Meće u god. 1268.)

891.

1267, 5. januara. U Spljetu.

Kataldo Čikole zalaže za dug samostanu sv. Benedikta svoju kuću.

Anno domini millesimo ducentesimo sexagesimo septimo, indicione decima, die V. intrante ianuarii, regnante domino nostro Bela serenissimo rege Hungarie, temporibus enim Johannis venerabilis archiepiscopi Spalatensis, domini Rolandi illustris tocius Sclauonie bani et comitis Spaleti, Johannis Vitalis, Drago Sabaci et Peruoslai Dabrali iudicum. Cataldus Cicole fuit confessus et manifestus, se habuisse a domina Chatena abbatissa monasterii sancti Benedicti vnam castellatam ad conturam et illam sibi non restituisse nec conturam soluisse. Quam ob rem dictus Cataldus confitetur, se dare debere ipsi abbatisse unum centenarium musti in proximis vindemiis pro satisfactione dicte castellate et conture, quod si non fecerit, teneatur ei dare viginti quatuor libras denariorum paruorum super domum suam positam iuxta domum Dese Germani Mactoni quondam, quam loco pignoris obligauit ei, vt transactis die (!) vindemiis ipsa abbatissa possit sua auctoritate accipere et tenere et fructare, donec sibi satisfactum fuerit de predictis uiginti quatuor libris sine requisitione curie et contradictione cuiusquam. Actum est hoc in plathea Spalati sub . . . . domini Miche Madii et Dobri Madii Grecini.

Ego Petrus iuratus notarius Spalatensis rogatus a dicto Cataldo scripsi et publicaui.

Original u arkivu samostana sv. Marije u Zadru.

892.

1267, 4. februara.

Bilješka jedne isprave.

A(sta)nte Joanne archiepiscopo Spalatensi, Dabragna episcopo Pharensi, syndici Tragurienses prohibent Thome archidiacono Spalatensi iudici delegato super decimis, quod non procedat in causa.

Notae Joannis Lucii Starine XIII. 213.

893.

1267, 6. februara. U Viterbi.

Klement IV. papa izdaje bulu u korist koludrica sv. Augustina.

Clemens episcopus servus servorum dei dilectis filiis magistro et prioribus prouincialibus ordinis Predicatorum salutem et apostolicam benedictionem. Affectu sincero sic uestri ordinis decus et decorem dilligimus, quod super omnibus spectantibus ad ipsius honestatem et nostrarum pacem mencium nos benignos et beniuolos exhibemus. Sane

quamuis nonulli pie memorie romani pontifices predecessores nostri per
suas litteras et mandata uobis seu quibusdam uestrum diuersa monialium
seu sororum monasteria ordinis sancti Augustini perpetuo regenda co-
misisse dictantur, nos tamen ita illorum vtilitatibus uolentes per nostrum
ministerium prouideri, quod cursus predicacionis, quam ex iniuncto vobis
oficio diligencius exercetis, animarum curandis langoribus fructuosus
concursu occupacionum multiplicium nequeat retardari. Presencium
auctoritate statuimus, ut moniales seu sorores huiusmodi vobis aut illis
vestrum quibus sunt per eosdem predecessores, ut predictum, est commise,
uel que per te fili magister seu predecessores tuos, qui fuerant pro tempore aut per capitula generalia predicti ordinis sub vestra seu aliquorum
ex vobis cura, sine c(uius)quam preiudicio sunt recepte, hoc a nobis ex
huiusmodi comissionis uel recepcionis beneficio consequantur, vjdelicet
quod ipse sub vestro magisterio et doctrina vestrorumque successorum,
qui pro tempore fuerint in perpetuum debeant permanere. Ipsas quoque
ac earum monasteria vobis et eidem ordini ac successoribus auctoritate
apostolica de nouo comittimus ad cautelam, ut animarum ipsarum sollicitudinem gerentes et curam eisque de constitucionibus, eiusdem ordinis
que ipsis competunt exhibentes, eadem monasteria scu moniales et sorores predictas per uos uel alios ipsius ordinis uestri fratres quos ad hoc
idoneos esse noveritis, quociens expedierit visitetis, corrigendo et refor-
mando ibidem tam in capite quam in membris, que correccionis et refor-
macionis officio uideritis indigere. Instituatis autem nichilominus et de-
stituatis monasteriorum huiusmodi priorissas ac circa easdem priorissas et
moniales seu sorores ad monasteria predicta conuersos et familiares in
ipsis monasteriis continue degentes mutetis et ordinetis, prout secundum
deum uideritis expedire. Eleccio tamen priorissarum dictarum libere ad
conuentus monasteriorum pertineat predictorum. Quarum confirmacio ad
te fili magister ubique et ad singulos vestrum filii priores in sua prouincia uel ad eos, quibus id comisistis, precipue pertinebit. Confessiones
uero per vos uel fratres eosdem audiatis illarum et ministretis eis ecclesiastica sacramenta. Verum ne pro eo, quod in aliquibus et eisdem monasteriis fratres vestri ordinis residere continuo non tenentur, pro defectu
sacerdotis possit eisdem monialibus seu sororibus detrimentum in spiritualibus imminere, ad confessiones earum in necessitatis articulo audiendas
et sacramenta huiusmodi ministranda deputetis aliquos discretos et prouidos capellanos, quos vobis deputare ac mutare liceat, prout vobis videbitur expedire, non obstante aliqua contraria constitucione predicti ordinis
vestri et quacunque apostolice sedis indulgencia concessa uel in posterum concedenda, de qua in nostris litteris fieri debeat mencio specialis,
uel quibusdam litteris felicis recordacionis Innocencii pape predecessoris

nostri per quas vos ab illarum cura dicitur absolvisse, seu quibuscunque privilegiis, indulgentiis siue litteris apostolicis vobis aut ordini uestro seu monialibus et sororibus supradictis sub quacunque verborum forma in contrarium forte optentis, de quibus oporteat in presentibus plenam et expressam seu de uerbo ad uerbum fieri mencionem. Nos enim nichilominus vniuersas interdicti, suspensionis et excomunicationis sentencias, quas in vos uel uestrum aliquem seu ipsius ordinis vestri fratres et loca uel moniales aut sorores easdem seu ipsarum monasteria suas conversas prefatas occasione premissorum uel alicuius eorum per quemcunque aut quoscumque apostolica uel quauis auctoritate alia promulgari contigerit, irritas decernimus et innanes, ac in aliquo penitus non tenere. Nulli ergo omnino hominum liceat hanc paginam nostre constitucionis et concessionis infringere uel ei ausu temerario contraire. Si quis autem hoc atemptare presumpserit, indignationem omnipotentis dei et beatorum Petri et Pauli apostolorum eius se nouerit incursurum. Datum Uiterbii octauo idus februarii, pontificatus nostri anno secundo.

Iz originalne potvrde vesprimske biskupije od g. 1330. 29. septembra u gubern. arkivu u Zadru, odio sv. Dominika.

894.

1267, 23. februara.

Bela kralj ugarski i hrvatski daje gradjanima zagrebačkim slobodu od poreza i tridesetnice.

Bela dei gracia Hungarie, Dalmacie, Croacie, Rame, Seruie, Gallicie, Lodomerie, Cumanieque rex omnibus presentes litteras inspecturis salutem in omnium salvatore. Officii nostri debitum remediis invigilat subiectorum, nam dum eorum utilitati prospicimus, dum concedimus profutura, plebum numerus crescit iugiter et augetur, in quo regis gloria specialiter denotatur. Proinde ad universorum noticiam harum serie volumus pervenire, quod dilecti et fideles nostri cives seu hospites in novo castro nostro, per eos in monte Grech constructo existentes, ad nostre maiestatis accedentes presenciam, nobis revelare procurarunt, quod cum ipsi in confinio regni in partibus Sclauonie sint constituti et propter diversa tributa et tricesimas cum suis mercimoniis processum non possent habere aliqualem et in hoc ipsa civitas nostra inopiam pateretur non modicam, a nobis humiliter postularunt, ut nos ipsos a solucione dictorum tributorum et tricesimarum redderemus exemptos seu absolutos. Nos igitur iustis et dignis peticionibus eorum inclinati et maxime quia iidem cives nostri in diversis negociis regni nostri et nostris debitam fidelitatem sancte corone et nobis semper exhibuerunt, non parcendo rebus et personis, inponendo se et suos diversis casibus et fortune, de consensu et bona voluntate domine regine, karissime consortis nostre, nec non omnium baronum regni nostri nobis (cum) assidencium, hanc specialem graciam eis duximus faciendam, quod ipsi cives nostri infra terminos regni nostri aliquod tributum, tam in aquis, quam in terris, nec aliquam tricesimam in nullo loco solvere teneantur, sed sint a solucione eorum exempti penitus et inmunes et hoc cum omnibus aliis libertatibus ipsorum similiter per nos eis concessis inviolabiliter conservamus et per nostros successores volumus conservari. In cuius rei memoriam et perpetuam firmitatem presentes concessimus litteras dupplicis sigilli nostri muniminc roboratas. Datum per manus magistri Farkasii prepositi Albensis ecclesie aule nostre vicecancellarii dilecti et fidelis nostri. Anno domini millesimo ducentesimo LX. septimo, septimo kalendas marcii, regni autem nostri anno tricesimo secundo.

Tkalčić Mon. civ. Zagrab. 44—45. br. 50. — Po prijepisu kaptola zagrebačkoga od god. 1329.

Fejér Cod. dipl. IV. 3., 390. — Kukuljević Jura Regni I. 78—79. po potvrdi kralja Rudolfa II. od god. 1595. u zem. arkivu u Zagrebu fasc. 984. no. 22. — Kukuljević Reg. no. 928.

895.

1267, 23. februara. U Zagrebu.

Pred Inusom zagrebačkim županom rješava se spor radi zemlje Končan, medju Turopoljcima.

Nos Inus comes Zagrabiensis memorie commendantes significamus quibus expedit vniuersis, quod cum Lucach, Wyd, Matheus et Petrvs filii Endri euocassent in nostram presenciam Minizlaum, Martinum ventrosum, Wyduch filium eiusdem, Dazlaum et Obulganum iobagiones castri Zagrabiensis, in forma iudicii proponebant contra eos, quod cum comes Endri pater ipsorum diuino iudicio de medio fuit sublatus, ipsi nondum habebant annos discrecionis, quo tempore predicti iobagiones castri quandam terram eorum hereditariam nomine Conchan in suum vsum atraxissent et usque modo sine racione detinuissent violenter et detinerent, contra quos ex aduerso prefati iobagiones castri respondebant, quod dicta terra eorum fuerit hereditaria ab antiquo et esset in presenti; super quo quamquam dicte partes tum produccionem testium ydoneorum, tum eciam examen duelli a nobis inter se fieri petiuissent, demum tamen per nostram et regni nobilium sentenciam utrasque partes de altercacione reuocando, pro bono pacis et commodo vicinitatis arbitrio comitis Hrynkonis, Porseni filii Rata, Nicolai filii Dapsa et Mortunus fratris Atha duximus committendas, qui in die arbitrii preuia racione, sicut nobis viua voce recitarunt, inter partes talem fecerunt composicionem, quod sepedicti iobagiones castri predictam terram Conchan, pro qua eis vertebatur, inter eos reliquerunt, reddiderunt et nostro homine mediante restituerunt prenominatis filiis Endri comitis et eorum heredibus nulla sibi in eadem porcione reseruata pacifice et quiete perpetualiter possidendam, qui filii Endri dictis iobagionibus castri pro vtilitatibus, quas in facie ipsius terre fecerant, viginti septem marcas in denariis persoluerunt coram nobis, astitit eciam Endrich tunc temporis comes terrestris commetaneus eiusdem terre qui dictam composicionem parcium consensu suo ratificans approbauit, recipiendo in vicinos et commetaneos in prefatam terram sibi et suis filios Endri memoratos. Cuius terre prima meta incipit ab occidente a fluuio Odra in meta terrea et procedit versus orientem perueniendo ad quoddam fundamentum uocatum Circuische, inde eundo uenit ad paludem quandam Calischa nuncupatam, ab inde pergendo uenit ad viam per quam itur et cadit in piscinam quandam, iuxta quam est meta terrea aqua procedendo, per pratum venit ad duas arbores videlicet tulfa e(t) monorofa, sub quibus est meta terrea, ab hinc ad aliam arborem haraz(t)fa ubi est meta terrea, deinde tendendo peruenit ad paludem que Mlaca dicitur, ubi sub arbore Gumulchyn est meta terrea, exinde per ipsam Mlacam inferius vertitur ad septemtrionem et peruenit ad arborem haraz(t)fa, sub qua est meta terrea, inde per eandem Mlacam eundo cadit in fluuium Oudina, ubi sub arbore piri est meta terrea, deinde per Oudinam inferius eundo cadit in fluuium Odra, per quem fluuium eundo reflectitur superius ad meridiem et peruenit ad metam in principio nominatam. Ut igitur huius rei series irreuocabiliter perseueret inposterum, presentes ad instanciam parcium contulimus sigilli nostri munimine roboratas. Datum Zagrabie feria quarta ante carnispriuium, anno domini M⁰. CC⁰. LX⁰. septimo.

Iz izvornog prijepisa i potvrde bana Rolanda od g. 1267. 11. aprila u kr. ug. drž. arkivu u Budimpešti M. O. D. L. 32.836. Stara signatura N. R. A. fasc. 25. no. 59.

Laszowski Spomenici Turopolja I. 21—23.

896.

1267, 24. marta. U Ninu.

Dražina Stanošević i žena mu Kumica odredjuju, da imadu iza smrti jednoga od njih pripasti sva njihova dobra drugome, koji preživi, kao potpuno vlasništvo.

In Christi nomine. Anno incarnationis eius millesimo ducentesimo sexagesimo sexto, mensis marcii, die octauo exeunte, indictione decima, None, temporibus domini Bele magnifici regis Hungarie et Samsonis venerabilis Nonensis episcopi, ac Jacobi egregii comitis. Ego quidem Drasina Stanoseuig ab hodie in antea in Christi nomine sic uolo et ordino ac fieri iubeo cum mea uxore nomine Kumiça, ut post obitum cuiuscumque nostrum cuncta bona nostra mobilia et immobilia uiuenti remaneat ad omnem suam uoluntatem deo seruiturus uel seruitura pro anima decidentis, contra hoc nullo tempore michi liceat contraire et ego Kumiça memorata prefata uolo obseruare fideliter et deuote, nec aliquo tempore contradicam huius ordinacioni. Actum est hoc et firmatum coram his uocatis et rogatis testibus, scilicet Marino Kalanig, nunc iudice et Georgio Miculig. Et ego Stephanus, primicerius et Nonensis notarius interfui rogatus, ut audiui scripsi, roboraui et solito signo signaui.

(Monogram not.)

Original u gubern. arkivu u Zadru, odio samost. sv. Nikole br. 47.

897.

1267, 27. marta. U Spljetu.

Pred sudom odlučuje se glede puta kraj mora izmedju sv. Benedikta i sv. Sidera.

Anno domini millesimo ducentesimo sexagesimo septimo, indictione decima, die quarto exeunte martio, regnante domino nostro Bela serenissimo rege Hungarie, temporibus domini Johannis uenerabilis archiepiscopi Spalatensis, domini Rolandi illustris totius Sclavonie bani et comitis Spalatensis, Johannis Vitalis, Dragi Sabaci et Peruoslai Dabrali iudicum. Nos dicti iudices audita testificatione nobilium virorum Duimi Cazarii et Gregorii Grube quondam iudicum Spalati et dicti iudicis Peruoslai et Martini Simeone, qui dixerunt se fuisse aput Salonam . . . . . pro factis comunis et tunc ad petitionem parcium redierunt visuri litem et questionem, que vertebatur inter homines terre sancti S(c)ideri et terre sancti Benedicti, occasione autem vie antique, que via ibat supra ipsa in terra sancti Scideri et qua via (itur) ad Vragna et eciam ibi ipsi idem audiuerunt testificaciones quorumdam senium, qui dixerunt similiter, dictam viam fuisse super ripam in dicta terra sancti Scideri. Idcirco nos dicti iudices pronunciamus sentenciando dictam viam deberi aperiri et dimmiti scapolis et apsoluta ap . . il . . . . . eam detinere ocupatam et esse debere, sicut antiquitus fuit super dictam ripam in dicta terra sancti Scideri. Actum est hoc in lozia(!) Spalatensi sub testimonio Jurie Madii et Biualdi Gumay.

Ego Tomas Dusize conscius examinaui.

Ego Petrus iuratus notarius Spalatensis prolacioni huius sententie interfui et mandato dictorum iudicum scripsi et publicaui.

(Signum notar.)

Original u arkivu samostana sv. Marije u Zadru. Listina trošna i oštećena.

898.

1267, 6. aprila. U Viterbi.

Klement IV. papa dozvoljuje Dominikancima u Dubrovniku, da prodadu jednu kuću, koja im je darovana, dokle ostanu u Dubrovniku.

Clemens episcopus servus servorum dei dilectis filiis priori et fratribus ordinis Predicatorum Ragusinensium salutem et apostolicam benedictionem. Ex parte vestra fuit nobis expositum, quod quondam Jacobiza, filia viri Capitefeldi de Ragusio, tunc vidua, quandam domum suam in Ragusio sub domo Johannis Corriazii ad se spectantem, cum omnibus pertinentiis et utensilibus suis vobis habendam, possidendam perpetuo et tenendam ea conditione adiecta in ultima voluntate legavit, ut si casu aliquo vos contingeret de civitate discedere Ragusina, domus ipsa deberet ad ecclesie sancte Marie maioris Ragusinos canonicos, nullis ab ipsis alienanda temporibus, devenire. Cum igitur, ut asseritis, deliberatione habita firmaveritis, nunquam dictam deserere civitatem, ac domum ipsam quam habetis tenere, statutis vestri ordinis obviantibus non possitis, supplicastis humiliter, ut vendendi eam et pretium percipiendum ex ipsa in utilitatem loci vestri totaliter convertendi, conditione non obstante predicta, licentiam vobis concedere curaremus. Nos itaque vestris precibus inclinati, devotioni vestre auctoritate presencium licentiam concedimus postulatam, ita tamen, quod de exhibendo sibi pretio huiusmodi, si de civitate ipsa recedere vos contingat, ad cautelam prestetis sufficientem prefatis canonicis cautionem. Datum Viterbii VIII. idus aprilis, pontificatus nostri anno tertio.

Farlati Illyr. sacrum VI. 110. — Wenzel Cod. dipl. Arpad. cont. XI. 570. — Kukuljević Reg. no. 930.

899.

1267, 11. aprila. U Zagrebu.

Roland ban potvrdjuje rješenje spora glede zemlje Končan učinjeno po zagrebačkom županu Inusu g. 1267. 23. februara.

Rolandus banus tocius Sclauonie omnibus presentes litteras inspecturis salutem in vero salutari. Universitati tam presencium quam futurorum presentibus declaramus, quod accedentes ad nostram presenciam filii Endri, scilicet Luchach, Wyd, Matheus et Petrus petiuerunt a nobis, ut litteras comitis Inus Zagrabiensis quas obtinuerunt super terra Conchan contra iobagiones castri Zagrabiensis confirmaremus nostri priuilegii munimento, quas litteras Inus comitis nobis exhibuerunt tenorem huiusmodi continentes.

(Slijedi listina župana zagrebačkoga Inusa).

Nos itaque, licet predicte littere Inus comitis de certitudine facti sufficere potuissent, tam pro maiori cautela et euidencia iusticie pleniori predictos iobagiones castri scilicet Minizlaum, Martinum ventrosum, Widuch, filium eiusdem Dazlaum, Obulganum, Borch, Zlauynam, Bosynum, Latk, Radus fratrem Leuche et Endrich comitem terrestrem et commetaneum terre in questionem deducte ac arbitros antedictos scilicet comitem Hrynk, Porsenum filium Rata, Nicolaum filium Dapsa et Mortunus fratrem Atha ad nostram fecimus presenciam euocari, qui coram nobis personaliter constituti predictarum litterarum Inus comitis seriem concorditer approbantes easdem rite manasse sunt confessi; ex quorum assercione et permissione de consilio assessorum nostrorum nobilium regni, scilicet comitis Farcasii de Zagoria et aliorum quam plurium qui intererant, processum antedictum habitum coram Inus comite tamquam in nostra presencia fuisse duximus confirmandum et confirmatum roborauimus, per presentes inponendo racione eiusdem terre silencium perpetuum iobagionibus castri antedictis et commetaneo et aliis quibuslibet ac dictis filiis Endri et eorum successoribus super memorata terra manere. Datum Zagrabie in crastino pallmarum, anno domini millesimo CC⁰ LX⁰ septimo.

Original u kr. ugar. držav. arkivu u Budimpešti M. O. D. L. 32.836. Stara signatura N. R. A. fasc. 25. no. 59. — Pečata i vrvce nestalo je. Na hrptu bilješka: »Ad Kochan seu Otok littera metalis contra nobiles castrenses«.
Laszowski Spomenici Turopolja I. 23—29.

900.

1267, 12. aprila. U Zagrebu.

Pred Rolandom banom obriču Želinčani, da će plaćati desetinu kaptolu zagrebačkomu u naravi, a ne u novcu.

Rolandus banus tocius Sclauonie omnibus presens scriptum inspecturis salutem in uero salutari. Vniuersitati tam presencium quam posterorum harum serie declaramus, quod cum magister Petrus, dictus Pulcher, decanus ecclesie Zagrabiensis vniuersos populos seu hospites in Selen ad banatum pertinentes super facto decimarum ad nostram presenciam euocasset, proponebat contra eos, quod decimas suas cum capeciis in frugibus et alia minuta earumdem in suis speciebus soluere tenerentur. Contra quem iidem populi seu hospites respondebant tali modo: quod nunquam decimas suas soluissent cum capeciis, nec alia minuta ipsarum in suis speciebus, sed in denariis soluere tenerentur et soluissent usque modo. Nos autem auditis parcium proposicionibus, unacum nobilibus regni Sclauonie adiudicauimus tali modo, quod idem magister Petrus decanus uidelicet cum magistro Petro archidiacono Zagrabiensi, magistro Petro preposito Chasmensi et magistro Benedicto archidiacono de Gerche in monasterio sancti regis Stephani prestaret sacramentum super eo, quod predicti populi seu hospites decimas suas semper in capeciis et alia minuta in suis speciebus persoluissent. Adueniente itaque ipso die sacramenti, cum magistri prenotati sacramentum prestare voluissent, iidem populi seu hospites de Selen sacramentum eorumdem recipere noluerunt, assumentes in ipso loco iuramenti, presentibus Inus, Zagrabiensi et Michaele de Ve(re)uca tunc temporis comitibus; sicut per ipsos nobis, constitit decimas suas de cetero in capeciis et omnia minuta earumdem in suis speciebus soluturos capitulo Zagrabiensi. In cuius rei testimonium perpetuamque stabilitatem presentes concessimus sigilli nostri munimine roboratas. Datum Zagrabie feria tercia post dominicam ramispalmarum proxima. Anno ab incarnacione domini millesimo ducentesimo sexagesimo septimo.

Original u arkivu kaptola zagreb. fasc. 13. br. 37. Pečat manjka. Tkalčić Monum. episcop. Zagrab. I. 136. — Wenzel Cod. dipl. Arp. cont. XI. 571—2. — Kukuljević Reg. no. 929.

901.

1267, 21. maja. U Spljetu.

Sud spljetski daje osudu o putu uz more.

Anno domini millesimo ducentesimo sexagesimo septimo, indictione decima, die undecimo exeunte madio, regnante domino nostro Bela serenissimo rege Hungarie, temporibus domini Johannis uenerabilis archiepiscopi Spalatensis, domini Rolandi illustris tocius Sclauonie bani et comitis Spalati, Johannis Cegaide, Miche Madii et Camurcii Petri iudicum. Nos iudices nominati audita querimonia quam faciebat Duym(us) canonicus et clericus prebendatus ecclesie sancti Syderi contra Dobrum Madi(um) aduocatum monasterii sancti Benedicti, super facto cuiusdam sentencie late per nostros predecessores Johannem Uitalis, Dragum Sabaci et Peruoslaum Dabralis iudices ciuitatis, occasione cuiusdam uie, quam iudicaverant debere aperiri et fieri super ripam, id est super terram sancti Syderi, quam dicebat sentenciam fuisse latam iniuste et contra prioris sentencie tenorem, s(icuti) per alios suos antecessores, silicet (!) dominos Micha Madii, (Grube D)usize et Camurcium Petri et ipsi iudices Johannes, Drago et Per(uosl)aus tulerant sentenciam per atestaciones factas per illos homines, qui continentur in sentencia eorum scripta manu Petri notarii Spalatensis, qui missi non fuerant a curia ad uidendum dictam litem et eciam quidam ex eis discrepabat in testimonio ab aliis, sicut nobis referebat, licet scripte non fuerint testificationes eorum, nec placitum scriptum in actis. Quare petebat dictus Duymus predictam sentenciam eorum scriptam manu Petri notarii euacuari et irritari. Unde cum nos dicti iudices miserimus ad uidendum dictam uiam alios homines, quam priores de prima curia, quam secundos de secunda curia, silicet Petracham et Duymum de Reze nouos electos de parcium uoluntate et eciam nostrum consocium dominum Micham, qui uiderunt et inuenerunt; dictam viam fuisse antiquitus de suptus et non de super ripam et oculata fide nunc apparet multis attestantibus ita esse, licet Dobro advocatus pro dicto monasterio contrarium dicat dicens.

quod non possimus nec debemus infringere sentenciam et cartam tabelli
et contra capitulare esset et quod non debemus hoc cognoscere, quia
pertinet ad pastorem questio ecclesiastica; tamen habito consilio et plena
deliberacione cum consiliariis ciuitatis, quia friuolas cognouimus dicti
Dobri allegaciones, pronunciamus sentenciando dictam sentenciam latam
per Johannem Uitalis et socios fore irritam, uacuam anullantes. Lata
fuit hec sentencia in plathea Spalati presente ipso Duimo et absente
dicto Dobro sub testimonio dominorum Dusize Petri Cerneche, Johannis
Cindri. Ego Nicolaus Petri conscius examinaui.

Ego Petrus iuratus notarius Spalatensis huius sentencie prolacioni
interfui et mandato iudicum pronunciancium scripsi et publicaui.

Original u arkivu samostana sv. Marije u Zadru.

902.

1267, 2. juna. U Zagrebu.

Primirje izmedju Ernerija bana hrvatskoga i biskupa Krškoga.

Nos Thomas comes de Morocha, Iuan comes filius Irizlay, Inus
comes Zagrabiensis et Barleus comes de Vrbouch memorie commendantes
significamus universis, quod inter episcopum der Kyrky, Ottonem de
Kunsperg et Kench socium eorundem ex una parte et ab altera
Ernerium banum super facto treuge, quae inter ipsos usque festum
pentecostes nunc venturum inviolabiliter debebat observari, talem composicionem ordinasse, quod ipsum terminum treuge, scilicet festum pente-
costen distulimus statu priori permanente usque octavas sancti Michaelis
nunc venturas coram pleno capitulo Zagrabiensi ita, ut nichil dampni
seu lesionis vel molestie alter alteri usque predictum festum presumat
irrogare. Et hoc totum processit de communi parcium voluntate. Et ne
alter alteri de predictis partibus aliquod dampnum presumat irrogare,
sicut premisimus, nos quatuor unanimiter et uno consensu super textum
evangelii prestitimus sacramentum coram capitulo m(emora)to. Praeterea
dicimus, quod adveniente ipso termino, scilicet octava sancti Mychaelis
in omnibus et per omnia aquiescemus arbitrio arbitrorum in priori
treuga deputatorum et eciam aliorum. Item petebant de nobis, quod
campum et erbas campestres ipsis Teotonicis in confinio in illa terra,
quam usque ad hec tempora pactualiter pro pascendis pecoribus optinu-
erunt eisdem concederemus de nostra bona voluntate, quod concessimus
salvis tamen frugibus fenetivis et silvis remanentibus; sed si aliunde
sive pro precio sive pro favore optinere poterunt, bene quidem.

Datum Zagrabiae feria quinta ante festum pentecostes, anno domini MCCLX. VII.

Original u zem. muzeju u Celovcu. Četiri pečata vise na pergamenskim vrvcama.

Jaksch Mon. hist. ducatus Carinthiae 126—7. — Kukuljević Reg. no. 932.

903.

1267, 9. juna. U Viterbi.

Klement IV. papa nalaže nadbiskupu zadarskom, da uzme u zaštitu samostan sv. Dominika.

Clemens episcopus seruus seruorum dei venerabili fratri (Laurentio) archiepiscopo Jadrensi salutem et apostolicam benedictionem. Sub religionis habitu uacantibus studio pie uite ita debemus esse propitii, ut in diuinis beneplacitis exequendis malignorum non possint obstaculis impediri. Cum itaque dilecti filii . . . prior et fratres ordinis Predicatorum Jadrensium, a nonnullis qui nomen domini in uacuum recipere non formidant, graues sicut accepimus patiantur molestias et pressuras, nos eorum prouidere quieti et malignantium malitiis obuiare uolentes, fraternitati tue per apostolica scripta mandamus, quatinus eosdem priorem et fratres pro diuina et nostra reuerentia fauoris oportuni presidio prosequendo non permittas ipsos contra indulta priuilegiorum sedis apostolice ab aliquo indebite molestari, molestatores huiusmodi per censuram ecclesiasticam appellatione postposita compescendo attentius prouisurus, ne de hiis que cause cognitionem exigunt, uel que indulta huiusmodi non contingunt te ullatenus intromittas. Nos enim si secus presumpseris tam presentes litteras, quam etiam processum, quem per te illarum auctoritate haberi contigerit, omnino carere uiribus ac nullius fore decernimus firmitatis, huiusmodi ergo mandatum nostrum sic sapienter et fideliter exequaris, ut eius fines quomodolibet non excedas, presentibus post triennium minime ualituris. Datum Viterbii V. idus iunii, pontificatus nostri anno tertio.

Original u gubern. ark. u Zadru (odio samostana sv. Dominika no. 2153.) Na listini nalazi se končana vrvca; pečat je otpao.

904.

1267, 8. jula. U Viterbi.

Klement IV. papa nadbiskupu ravenatskomu, da iskorjenjuje herezu u sjevernoj Italiji i u dubrovačkoj nadbiskupiji.

Clemens episcopus seruus seruorum dei venerabili fratri archiepiscopo Rauennati salutem et apostolicam benediccionem. Ab olim sparso pestiferi semine generis in agro parcium Lombardie¹ subcreuit, ex illo messis odibilis fructus amaritudinis cum doloris immensitate producens, de flatu namque sathane turbacionis, quietis emulique pacis progredientes, dudum in illa regione viri sanguinum pestilentes totam terram innumeris reple-verunt angustiis et variis discriminibus subiecerunt, tam indigenis, quam ceteris earundem parcium incolis longo tempore positis in excidium et ruinam, multis a dei et ecclesie deuocione subtractis, quam pluribus sub hostili clade peremptis, aliis in exilium traditis, nonnullis, qui solebant florere diuiciis, opertis pallio paupertatis. Bellicus ibidem furor inualuit, armauit impietas patrem in filium, filium in patrem et frater proximo nòn pepercit, veluti singulis in cedem propriam concitatis. Hoc siquidem ipse Belial peccatis populorum exigentibus procurasse committitur, ut prefata regio, que multe nobilitatis et decoris gracia prepollebat, def-formacionis dispendia sub miserabili ducta uehiculo pressa peste tyrannica sustineret. Sed ut talium persecucionum olla flammis durioribus ebulliret, quondam Fridericus deploracionis eterne filius et successiue Conradus ac demum Manfredus generacio praua et exasperans, perhennis male-diccionis alumpni succensum ignem, qui sic vniuersaliter ipsam pro-uinciam exurebat, ne forte lentesceret, sed si quid nondum in cibum eius aduenerat, celeriori ustione vastaret, sua fouere nequicia studuerunt. Misericors autem dominus, sicut interdum irascitur, ut benignius man-suescat, sic affligit, ut bonum consolacionis adiciat, sic prosternit, ut altius elisos extollat, super lapsos et afflictos pia benignitate respiciens, sublatis de medio, qui facere dissensionem principaliter succedebant, sa-lutifero dignatur illis inspirare consilio, quod ad deuocionem pristinam et viam pacis et concordie reuertantur, sicut eos iam pro maiori parte conspicimus deuote conuersionis spiritum assumpsisse. Verum quia propter multa que restant de finibus illarum parcium extirpanda et pro eis in statum plene pacificum dante domino reducendis multipliciter expedit, ut tam clerus quam populus ex parte sedis apostolice uisitetur nostramque presenciam illuc ob multa et ardua negocia, quibus distrahimur, assidue dirigere nequeamus, ad te propriam mentem conuertimus et nostros direximus fiducialiter oculos, ut tibi quasi alias ibidem similes subiisti labores, cuiusque virtutes tam in hys, quam in aliis memorata sedes diuersis vicibus est experta et de cuius operibus semper fructus utiles prouenisse percipimus, super hoc onus nostre sollicitudinis imponamus, sperantes, quod tanquam vir magnanimis, cuius fortitudo sub grauiori labore grandescit, quique difficilia viriliter aggredi consueuit, in exercendum opus dominicum te prudenter accingas et illud sub nomine domini ad eius laudem et gloriam virtuosius assumas. Ideoque de fratrum nostrorum conscilio in Aquilegensi et Gradensi patriarchatibus et in Ragusinensi, Rauehnatensi et Mediolanensi et Januensi ciuitatibus et diocesibus, prouinciis, nec non generaliter in Lombardia, Romaniola et Marchia Teruisana plene legacionis officium tibi duximus committendum, ut euellas et destruas, disperdas et dissipes, edifices et plantes, ac facias auctoritate nostra quecunque ad honorem dei et eiusdem ecclesie ac prosperum statum parcium earundem videris expedire, fraternitati tue per apostolica scripta mandantes, quatinus officium ipsum absque difficultate suscipias et illud iuxta datam tibi a deo prudenciam solite diligencie studio prosequaris. Nos enim sentencias quas tuleris in rebelles ratas habebimus et faciemus auctore domino vsque ad satisfaccionem condignam inuiolabiliter obseruari, non obstantibus aliquibus priuilegiis vel indulgentiis quibuscunque personis vel dignitatibus, locis, communitatibus, Cisterciensibus, Premonstratensibus et quorumcunque aliorum ordinum generaliter vel specialiter ab eadem sede concessis, per que ipsius officii prosecucio possit quomodolibet impediri et de quibus nostris litteris de verbo ad verbum fieri debeat mencio specialis. Datum Viterbii, VIII. idus iulii, pontificatus nostri anno III.

Ego Joannes filius quondam Gentilis, imperiali auctoritate notarius, dicti domini legati cancellarius, autenticum rescriptum dicte legacionis munitum vera bulla plumbea domini pape pendenti cum filis canapis vidi et legi et ut in ipso autentico vidi et inueni, ita hic de verbo ad verbum fideliter transcripsi et exemplaui ad perpetuam rei memoriam, signum manus proprie apponendo de auctoritate concessa et mandato mihi facto a domino legato Brixie apud domum palacii episcopalis, presentibus venerabili fratre domino Gracia dei gracia episcopo Saxenatensi et domino Francisco filio domini Trinciavegle de Bugiano Lucane diocesis testibus vocatis, sub anno domini MCCLXVII. indiccione XI., V. kalendas octobris.

Ovjerovljeni prijepis u dubrovačkom arkivu. Ima i »Bullarium Ragusinum« 406—408. u kr. zem. arkivu u Zagrebu.

Raynaldi Annal. ad a. 1267. §. 21. — Theiner Mon. Slav. Mer. I. 91. — Potthast Reg. pont. no. 20.072. — Kukuljević Reg. no. 933.

905.

1267, 20. jula. U Zvolenu.

Bela kralj ugarski i hrvatski dariva Tomi sinu župana Joakima imanje Prodavić (Virje).

Bela dei gracia Hungarie, Dalmacie, Croacie, Rame, Seruie, Gallicie, Lodomerie, Cumanieque rex omnibus presentes litteras inspecturis salutem in omnium saluatore. Regie serenitatis proprium esse debet, ut fideles suos erga se bene meritos et obsequiosos prosequatur munificencia gracie specialis, per quod nedum illorum utilitati prospicitur, verum eciam regali honori consulitur et accescit, dum alii exemplo prestiti beneficii ad exhibenda eidem fidelitatis obsequia facilius attrahuntur. Proinde ad universitatis vestre noticiam harum serie volumus peruenire, quod cum nobilis vir comes Thomas, filius comitis Joachim de genere Churla, inclyte recordacionis domino regi Colomano magnifico duci tocius Sclauonie, karissimo fratri nostro, a primis puericie sue annis, donec idem dominus Colomanus rex vitales carpsit auras, diversis temporibus diversa obsequiorum genera curasset laudabiliter et fideliter exhibere. Tandem eodem karissimo fratre nostro uiam uniuerse carnis ingresso, nobis adherens corone regie cum summo deuocionis ardore eximie fidelitatis a multis retro annis exhibuit famulatum. Dictus eciam comes Joachym, pater eius, exponendo se in diuersis regni nostri expedicionibus pro nostra et regni nostri defensione periculis et fortuna, grata similiter nobis impendit seruicia, quoad vixit; frater quoque dicti Thome comitis, videlicet venerabilis pater noster dominus Philippus sancte Strigoniensis ecclesie archiepiscopus, cum Zagrabiensi ecclesie digne et laudabiliter presideret, missus per nos pro nostris necessitatibus ad romanam curiam et in vlteriores partes Italie, ac alias regiones, ibidem multis vicibus in propriis stipendiis militando et se aeris intemperie, maris et viarum periculis et aliis innumerabilibus incommodis exponendo, uniuersa nostra negocia sibi commissa peregit ad cumulum honoris corone nostre fideliter et prudenter. Procedente eciam tempore, idem dominus archiepiscopus ad regimen sancte Strigoniensis ecclesie propter suorum prerogativam meritorum diuina clemencia sublimatus, dum inimico hominum superseminante zizania inter nos ex una parte et dominum regem Stephanum karissimum filium nostrum ex altera, essent hinc inde diuersis temporibus guerre, discordie, ac intestina prelia suscitata, pro corone nostre statu sereno et regni nostri integritate et felicitate seruandis, se mediatorem, ymo qua scutum et murum interposuit et sic post multos labores et angustias inter nos et predictum karissimum filium nostrum pacis ordonans federa, nos et regnum nostrum ad statum quietis et tranquillitatis, amputato mutue cedis exicio, reducere studuit frequencius pro viribus et pro posse, exponens se propter hoc grauibus sumptibus, periculis et pressuris. Et vt cuncta breuiter perstringamus, ipsi et tota eorum generacio adeo omnibus retroactis temporibus usque ad presens fideles et deuoti corone ᵓegie exstiterunt, quo eis circa nos quasi naturaliter inserta ipsa fidelitas presumatur. Hac ex consideracione permoti, licet pro huiusmodi grauissimis laboribus, eximie fidelitatis seruiciis et ingentibus meritis ipsius Thome comitis et suorum parentum, de quibus premisimus, debuissemus eidem Thome comiti in maioribus et alcioribus remuneracionum stipendiis respondere, ad presens tamen cupientes sibi, etsi non ex condigno, taliter aliqualiter tamen prouidere, eidem quandam terram nomine Praudauiz in ducatu Sclauonie iuxta Drawam existentem et a comitatu Symigiensi a tempore, cuius non exstat memoria, exceptam penitus et exemptam, de beneplacito et expresso consensu domine Marie karissime consortis nostre et domini Bele incliti ducis Sclauonie karissimi filii nostri, concessimus et concedimus, donauimus et donamus, dedimus et tradidimus cum omnibus suis pertinenciis, utilitatibus et attinenciis, ab eo et suis heredibus heredumque successoribus, iure perpetuo irreuocabiliter possidendam ita, vt ex huiusmodi concessione et donacione et tradicione nostra verus dicte terre dominus effectus, eam sub eisdem metis et terminis possideat, sub quibus Corrardus de Treun et tandem Corrardus eius filius, qui de ipsa terra propter sue infidelitatis versuciam et prodicionis perfidiam per nos, exigente iusticia, est amotus, possedisse noscuntur. Hoc eciam predicte concessioni et donacioni nostre duximus annectendum, vt a solucione marturinarum et descensus banalis, quod zulusma dicitur et generaliter ab omni onere exaccionis, collecte, seu cuiuslibet alterius publice funccionis ipsa terra et eius incole sint in perpetuum liberi penitus et immunes, nec super hiis a quocunque vllo unquam tempore debeant molestari, cum et hii, qui prius dictam terram possederant, eadem eciam gauisi fuerint libertate. Vt autem huiusmodi concessionis et donacionis nostre series robur, perpetue obtineat firmitatis, nec a quocunque valeat in posterum retractari, presentes litteras duplicis sigilli nostri munimine fecimus roborari. Datum in Zolum, in octavis beate Margarethe, XIII. kalendas augusti, per manus magistri Farcasii prepositi Albensis aule nostre vicecancellarii dilecti et fidelis nostri, anno domini $M^0.CC^0.LX^0.VII^0$.

Knauz Mon. eccl. Strig. I. 541. — Wenzel Cod. dipl. Arpad. cont. VIII. 162—164. — Kukuljević Reg. no. 934.

906.

1267, 22. augusta. U Zadru.

Gjuro, Ivan, Stojan itd. obvezuju se samostanu sv. Krševana zbog
primljene zemlje na otoku Pašmanu.

In nomine domini amen. Anno incarnacionis eius millesimo ducentesimo sexagesimo septimo, mensis augusti, die decimo exeunte, indicione
decima, temporibus equidem domini Raynerii Geni incliti ducis Venecie
et magistri Laurentii venerabilis Jadrensis archyepiscopi, ac domini Phylippi Mauroceni egregii comitis. Manifestum facimus nos quidem Georgius presbiter filius Milci, Johannes diuornicus filius quondam Çanni,
Stoyannus filius quondam Dyminotte, Stephanus Ruga filius quondam
Çughinge, Stepco et Raddinus fratres filii Dyminçi, Clopot Dyminçe
filius quondam Bogdani, Drocinga filius quondam Milosci et Jacobus
eius frater, Gregorius filius quondam Desi Dompco et [B]ogdasa fratres
filii quondam Nycole, Stoyco filius Bratci, Çoillus filius quondam Dra-
gouanni, Martinus filius quondam Bobrati, Dyminçius Boscouig, Dimince
filius quondam Preuoslaui, Radoslauus filius quondam Radoy, Dyminoi
filius Bratoslaui et Graniçius filius quondam Nycole, quomodo vos
quidem Nycolaus Çimiteculo abbas monasterii sancti Grisogoni de Jadra
vna cum uestris fratribus monachis de consensu nobilis viri Lampredii
de Nycola eiusdem vestri monasterii aduocati dedistis atque concessistis
nobis nostrisque heredibus et successoribus vineam plantare, secundum
quod presalias fecimus in quadam terra suprascripti vestri monasterii
posita in Pisgimano super ecclesiam sancti Martini, in loco qui dicitur
Bidnak, taliter, quod dum ipsas nostras presalias terre dicti monasterii
habuerimus et ex eis fructum extrahere poterimus, dare teneamur per
nos nostrosque heredes et successores annuatim vobis uestrisque successoribus quartam partem totius vini conducendo eam nostris expensis
cum nuntio monasterii vsque in vestrum monasterium, si nostras partes
Jadre conduxerimus. Si uero nostras partes in insula gubernauerimus,
tunc partem vestram debemus nostris expensis conducere in barcam
vestram, uel si vobis melius placuerit conducere debemus partem vestram
nostris expensis in villam uestri monasterii in eadem insula et eam
ibidem locabimus. De oleo quidem et de omni alio fructu, recenti uel
sicco, ex eisdem presaliis habito, similiter quartam partem vobis dabimus.
Si uero de aliquo fructu ex eis habito, tam de recenti, quam de sicco
vendiderimus, quartum denarium vobis soluemus. Et si ficus recentes inde
habitas domum portauerimus ad commedendum, ipsas libere habebimus

Et si in fraude contra uestram racionem reperti fuerimus, coram vestri monasterii aduocato nostram rationem monstrabimus. Et si tunc conuicti fuerimus, vobis sex yperperos pro pena soluemus. Ceterum si ullo tempore nos cum heredibus et successoribus nostris vites nostras uendere uoluerimus, primo uobis uestrisque successoribus venditionem illam declarabimus et si eas emere uolueritis pro illo precio, quod ab uno et ab alio homine habere poterimus, vobis et non alii homini eas dabimus, quod si eas emere nolueritis, tunc licitum sit nobis eas uendere cuicumque voluerimus, saluo tamen semper omni iure vestro, silicet quarta parte omnium fructuum inde habenda, ut premissum est. Verum tamen dictas vites nostras nulli monasterio ecclesie uel religioni vendemus, donabimus, pro animabus indicabimus, uel aliquo modo alienabimus, nisi dicto vestro monasterio sancti Grisogoni. Et etiam si absque heredibus obieri mus dictas vites nec donare nec pro animabus indicare poterimus, set absolute libere et precise ad uestrum monasterium deuenirent et debeat ac teneatur quilibet omnem suam presaliam proplantare hinc per octo annos completos. Vnde sic hec omnia et singula premissa sint rata et firma inter vos uestrosque successores in dicto monasterio et nos nostrosque heredes et successores in perpetuum. Actum est hoc et firmatum presentibus hiis vocatis et rogatis testibus, videlicet Marino dyacono ecclesie sancte Marie maioris, magistro Gregorio Lapicida et aliis.

(Drugi rukopis).

† Ego Petrona de Papo examinator manum meam misi.

Ego Vincentius ecclesie sancte Marie maioris clericus et Jadrensis notarius predictis interfui rogatus, vt audiui hanc cartam scripsi, roboraui et signo solito signaui.

(Signum notar.)

Original u gubern. arkivu u Zadru, odio samostana sv. Krševana caps. XVIII. br. 437.

907.

1267, mjeseca augusta. U Pečuhu.

Pred pečujskim kaptolom Stjepan i Prijezda sinovi Prijezde bana, otstupaju zemlju Sv. Križ medju Vaškom i Novakom, Drašku, Lodomeru i Arpi sinovima Zonuslava sina Prijezde bana.

Paulus prepositus Quinqueecclesiensis et capitulum eiusdem loci omnibus presens scriptum cernentibus salutem in domino sempiternam.

Ad vniuersorum noticiam tenore presencium uolumus peruenire, quod
Prezdha et Stephanus filii Prezdha bani ab una parte, Stephanus filius
Draask, Lodomeryus et Apa filii Zonuzlov filii eiusdem Draask ex altera,
in nostri personaliter presencia constituti, iidem Prezdha et Stephanus
filii Prezdha bani in terram Sancte Crucis hereditariam ipsorum Stephani
Lodomerii et Apa adiacentem inter Waska et Nowathk, super qua terra
mota questio fuerat inter ipsos in presencia regie maiestatis, tandem de
conniuencia et permissione ipsius domini regis iuxta arbitrium et sentenciam Suph comitis agasonum domini regis reliquerunt et permiserunt
pacifice et quiete ipsis Stephano Lodomeryo et Apa, ac suis heredibus
heredumque successoribus irreuocabiliter iure perpetuo possidendam.
Cuius terre metee (!), prout in litteris ipsius comitis Swph nobis transmissis uidimus contineri, hoc ordine distinguntur. Prima meta incipit a
parte orientali de fluuio Losuncha ab arbore horozth uocata, deinde
uadit ad partem meridionalem superius ad unum pirum, ubi est sepulcrum
matris Ponyth, deinde descendit ad unam uallem et exinde in fluuium,
qui fluuius descendit in fluuium Wdruha uocatum, deinde per fluuium
Vdruha uadit superius ad occidentem et exyt ad unum riuum qui
Kozpothok nuncupatur, deinde per riuum uadit superius ad sinistram
partem ad unam arborem cherasys(!), deinde uadit superius per montem
et peruenit ad sex arbores horozth uocatas, deinde uadit et descendit
per uiam Nadyzlov inter duos fluuios et descendit in aquam Loswncha,
deinde uadit per Loswncha et exyt ad primam metam et ibi terminatur.
Hoc non pretermittimus, quod predicti Prezdha et Stephanus personaliter
astantes coram nobis sunt confessi uiua uoce, quod prenominata terra
sancte crucis ad terram Nowathk in nullo penitus spectaret sev pertineret. In cuius rei memoriam litteras presentes nostri apposicione sigilli
roboratas ad peticionem eorundem filiorum Prezdha bani Stephano Lodomeryo et Apa contulimus supradictis. Anno gracie M⁰. CC⁰. LX⁰. VII.
mense augusto, Rodolpho cantore, Andrea custode, Wenchczlao decano
ceterisque quam pluribus ibidem existentibus.

*Original u kr. ug. drž. arkivu u Budimpešti M. O. D. L. no. 33.719.
Stara signatura N. R. A. fasc. 1502. no. 14. — Na listini visi o žutoj
i crvenoj svilenoj vrvci dobro sačuvan pečat. — Iznad listine prerezana
pismena A B C.*

Fejér Cod. dipl. Hung. IV. vol. 3., 424. — Kukuljević Reg. no. 935.

908.

1267, 27. septembra. U Trogiru.

Općina trogirska izabire svoje zastupnike u pravdi s biskupom i kaptolom pred delegatima papinim.

In nomine domini nostri Jesu Christi amen. Anno a natiuitate eiusdem millesimo ducentesimo sexagesimo septimo, indictione decima, Tragurii, die martis, quarta exeunte septembri, regnante domino nostro Bela serenissimo rego Vngarie, temporibus domini Columbani venerabilis Traguriensis episcopi, domini Rolandi egregii comitis, dominorum Valentini Kasariçce, Dese Amblasii et Luce Petri iudicum. Judices supradicti Desa, Amblasii et Lucas Petri in conscilio ciuitatis apud ecclesiam sancte Marine more solito congregato, de omnium consciliariorum suorum consensu et uoluntate uice et nomine ciuium et suimet iudicum et consciliariorum atque tocius comunitatis et uniuersitatis ciuitatis Tragurii et pro eis constituerunt et ordinauerunt, nobiles viros dominos Çanicham Kasocti, comitem Marinum Amblasii, Valentinum Kasariçce consocium suum et Duymum de Cega presentes suos et dicte comunitatis et uniuersitatis ac ciuium sindicos, procuratores, actores et nuncios speciales in causa et causis, quam et quas habebant et habere sperabant coram dominis archiepiscopo Jadrensi, episcopo Tyniensi et abbate sancti Michaelis de [Monte, Ja]drensis diocesis, omnibus tribus uel aliquibus eorum domini pape iudicibus delegatis, cum domino episcopo Traguriensi predicto et capitulo ecclesie Traguriensis super causa seu questione, quam aduersus conciues seu iudices et consiliarios et comune Traguriense ipsi episcopus et capitulum memorati, nec non et [super sententia contra ipsos concives, iudices, consiliarios et commune Traguriense] omnes uel singulos pro [dictis episcopo et capitulo] a domino Thoma Spalatensi archidiacono data. Dantes prenominatis sindicis et procuratoribus suis nomine et uice ciuium, iudicum, consciliariorum et [communis] ciuitatis predicte et cuiuslibet eorum omnibus comuniter et cuilibet eorum [in solidum] ita, quod occupantis negocium non sit melior condiccio, plenam uirtutem et omnimodam potestatem agendi, conueniendi, reconueniendi, proponendi, respondendi, recipiendi, opponendi, contradicendi, allegandi, aduocatum uel aduocatos tollendi, defendendi, litem contestandi, sentenciam uel sentencias [interloquutorias et diffinitiuam] audiendi et appellandi, appellacionem prosequendi, terminum uel terminos petendi et suscipiendi, super eorum animabus de calumpnia iurandi et subeundi alias cuiuscumque alterius generis iuramentum, quandocumque et quocienscumque fuerit oportunum, transigendi, compromittendi, concordandi, [componendi] et paciscendi de rebus et bonis comunis uendendi, donandi, obligandi, permutandi, districtam tenutam et possessionem petendi et intrandi atque dandi, litteram uel litteras compromissionis concordii, composicionis, pacificacionis, uendicionis, donacionis, obligacionis et permutacionis faciendi et suscipiendi et generaliter omnia et singula tam in iudicio quam extra faciendi et exercendi, que quilibet uerus et legitimus sindicus et procurator unus uel plures facere possunt, in generali et speciali et que ipsi iidem ciues, iudices, consciliarii et comune, si omnes personaliter presentes essent, facere possent et deberent aliquo iure uel aliqua racione, ratum et firmum perpetuo habere et tenere. Promittentes, quicquid per dictos sindicos et procuratores omnes, uel pro maiori parte eorum, seu per aliquem eorum factum fuerit, uel aliquatenus procuratum et in nullo aliquando contra facere uel uenire cum bonorum omnium sepedicte comunitatis Tragurii mobilium et immobilium obligatione. Actum in ecclesia sancte Marine in conscilio congregato presentibus Martino Kasariçce, Jacobo Totille, Luca Mathei testibus et aliis.

Ego Desa Duymi examinator manum meam misi.

Ego magister Franciscus Anconitanus imperiali auctoritate notarius et nunc autem ciuitatis Tragurii hiis omnibus rogatus interfui et mandato iudicum predictorum et consiliariorum omnium ciuitatis Tragurii scripsi et roboraui.

Iz izvorne listine biskupa trogirskoga Kolumbana od god. 1267. 10. oktobra u arkivu kaptola u Trogiru br. 18.

Farlati Illyr. sacr. IV. 351—352. — Wenzel Cod. dipl. Arp. cont. VIII. 184—186. — Kukuljević Reg. no. 936.

909.

1267, 5. oktobra. U Trogiru.

Kaptol trogirski izabire svoje zastupnike u pravdi s općinom spljetskom pred delegatima papinim.

In nomine domini nostri Jesu Christi amen. Anno a natiuitate eiusdem millesimo ducentesimo sexagesimo septimo, indictione decima, Tragurii, die mercurii, quinta intrante octobri, regnante domino nostro Bela serenissimo rege Vngarie, temporibus domini Columbani venerabilis Traguriensis episcopi, domini Rolandi egregii comitis, dominorum Valentini Kasariçce, Dese Amblasii et Luce Petri iudicum. Dominus Jacobus archidiaconus, Geruasius primicerius et vniuersum capitulum Traguriensis ecclesie constituerunt et ordinauerunt dompnos Kasioctum, Çaniche et Bodinum canonicos suos presentes suos procuratores, sindicos et nuncios speciales ad tractandum et ordinandum una cum domino episcopo supradicto, uel per se diuisim et separatim pacem et concordium in ciuitate Jadre, .coram domino archiepiscopo Jadriensi et alio quocumque, cum sindicis et procuratoribus ciuium, iudicum, consciliatorum et comunis seu comunitatis ciuitatis Tragurii super facto seu questione decimarum, ortorum, molendinorum et vini, quam aduersus dictos ciues, iudicos, consciliarios et comune Traguriense dicti episcopus, archidiaconus, primicerius et capitulum Traguriense similiter promouerant. Dantes ipsi archidiaconus, primicerius et capitulum iamdictis prenominatis sindicis suis et procuratoribus generale mandatum, plenam licenciam et omnimodam potestatem concordandi, quietandi, paciscendi, compromittendi, transaccionem et permutacionem faciendi, liti et questioni predicte . . . . . cedendi, renunciandi, refutandi, donacionem faciendi, litteram uel litteras per se uel cum dicto episcopo simul concordii, quietacionis, pacis compromissionis, transaccionis, permutacionis, cessionis, renunciacionis, refutacionis, donacionis faciendi et suscipiendi et generaliter omnia et singula faciendi et exercendi, que ad pacem, concordium faciendum et percomplendum fuerint modo aliquo oportuna et que circa ea ipsi iidem archidiaconus, primicerius et capitulum, si omnes personaliter presentes essent, facere possent et deberent aliquo iure uel aliqua ratione, ratum et firmum perpetuo habere atque tenere. Promittentes, quicquid in predictis et quolibet predictorum per prenominatos sindicos suos et procuratores factum fuerit uel aliquatenus procuratum et in nullo contrafacere uel uenire neque obicere siue attemptare de iure uel de facto cum bonorum omnium dicti capituli mobilium et immobilium habitorum et habendorum obligacione. Actum in ecclesia beati Laurencii presentibus Jacobo Totille, Nicolao Kasocti testibus et aliis. Et ego Bertane Marini examinator manum meam misi. Ego magister Franciscus Anconitanus imperiali auctoritate notarius et nunc autem ciuitatis Tragurii hiis omnibus interfui et a predictis archidiacono, primicerio et capitulo rogatus, eorum uoluntate scripsi et roboraui.

Iz izvorne listine biskupa trogirskoga Kolumbana od g. 1267. 10. oktobra u arkivu kaptola u Trogiru br. 18.

Farlati Ill. sacr. IV. 351. — Wenzel Cod. dipl. Arp. VIII. 183—4. — Kukuljević Reg. no. 936.

910.

1267, 5. oktobra. U Zadru.

Laurencije nadbiskup zadarski prepisuje bulu pape Klementa IV. (od 15. marta 1266.), kojom on potiče kršćane, da doprinesu za gradnju crkve Dominikanaca u Zadru (sv. Platona).

Hoc exemplum sumptum est ex quodam originali sanctissimi in Christo patris domini Clementis, dei gracia summi pontificis, eiusdem bulle cum filio serico dependentis integre ac illese munimine roborato. Cuius tenor per omnia dignoscitur esse talis.

(Slijedi bula pape Klementa IV. od g. 1266. 15. marta).

Nos autem Laurencius dei gracia Jadrensis archiepiscopus memoratum originale non cancellatum, non abolitum, nec abrasum, set in omni parte sua integrum et perfectum, lectum et ascultatum cum exemplo presenti anno incarnacionis dominice MCCLXVII°., indicione nona, die mercurii, intrante otubrio(!), Jadrie(!), in palacio archiepiscopi, vt in eodem uidimus originali et de uerbo ad uerbum legimus, precepimus fideliter exemplari ad perpetue rei memoriam faciendam et ne de presenti exemplo autenticato in posterum ab aliquibus dubitetur, sigillum cum filo pendenti eidem facientes apponi.

Original u gubern. ark. u Zadru (odio samostana sv. Dominika br. 2152.) Na listini nalazi se trag, gdje je o vrvci visio pečat.
Farlati Ill. sacr. V. 78. — Kukuljević Reg. no. 905.

911.

1267, 10. oktobra. U Trogiru.

Biskup trogirski Kolumban sa svojim kaptolom očituju, da nemaju prava dizati desetine u Trogiru.

In nomine domini nostri Jesu Christi amen. Anno a natiuitate eiusdem millesimo ducentesimo sexagesimo septimo, indictione decima, Tragurii, die lune, decima intrante octobri, regnante domino nostro Bela serenissimo rege Vngarie, temporibus domini Columbani venerabilis Traguriensis episcopi, domini Rolandi egregii comitis, dominorum Valentini Kasariçce, Dese Amblasii et Luce Petri iudicum. Cum procuratores seu sindici uel actores Traguriensis capituli et comunitatis Tragurii forent coram venerabili patre domino Columbano dei et apostolica gracia

Traguriensi episcopo apud Jadriam constituti, cuius procurationis seu sindicarie ipsius capituli tenor per omnia dignoscitur esse talis.

(Slijedi listina od g. 1267. 5. oktobra).

Forma autem sindicarie comunis Tragurii talis esse dignoscitur.

(Slijedi listina trogirska od g. 1267. 27. septembra).

Predictus dominus episcopus Columbanus pronunciauit in scriptis sic dicens. Nos frater Columbanus dei et apostolica gracia Traguriensis episcopus una cum nostris archidiacono, primicerio et Traguriensi capitulo uniuersa iura ecclesie nostre, prout cura pastoralis officii nobis iniuncta exigit et requirit, a quibuscumque personis cum deo et iusticia requirentes, decimas de vino, sicut soluunt et exibent(!) ecclesiis suis alie ciuitates Dalmacie adiacentes et ortorum(!) fructibus atque molendinis a parochianis nostris omnibus cepimus cum diligencia et instancia postulare. Quas ipsi denegauerunt dicentes, quod nullo umquam tempore decimas huiusmodi exibuerant uel a suis maioribus audierant, quod episcopo et capitulo Traguriensibus, qui fuerunt per tempora, tales decime in ciuitate Tragurii fuerint persolute et a tempore cui non extat memoria inter episcopos et capitulum atque ciues Tragurii pacifice ac quiete sic extitit obseruatum. Nobis autem credentibus, quod in huiusmodi negocio erga nos nimis inhumaniter se haberent, ad sedem apostolicam accessimus ad virum uenerabilem archidiaconum Spalatensem super huiusmodi questione litteras apostolicas obtinentes. Qui cum super hoc contra ciues aliquos et comune quandam sentenciam protulisset, iudices et consciliarii totaque comunitas ciuitatis eiusdem sencientes indebite se grauari, suo suique comunis nomine sedem apostolicam appellarunt et super appellacione sua ad uenerabilem patrem archiepiscopum Jadrensem et eius collegas litteras apostolicas impetrarunt. Cumque super eadem questione coram iudicibus antedictis longo tempore hinc et inde forent obiecta et allegata uaria et diuersa, nec posset eadem questio fine laudabili terminari, placuit tandem altissimo creatori, quod prefati iudices et consiliarii suo suique comunis nomine super huiusmodi questione amicabiliter et uoluntarie tamquam obediencie filii se in nostris manibus commiserunt, renunciantes super hoc litteris omnibus impetratis et impetrandis. Nos autem episcopus et capitulum uidentes tante humilitatis indicia in eisdem virtutem meram et exquisitam, iterato super hoc adhibita omni diligencia et cautela, propter periculum animarum cepimus inquirere diligenter testes parochie nostre antiquos tam clericos quam laycos omni excepcione maiores, aliasque personas multas laudabiles et honestas ad nostram presenciam conuocantes et eis iurisiurandi religione, sicut fieri consueuit acriter adstringentes, sub debito prestiti iuramenti quesiuimus ab eisdem, quid scirent, uel crederent, seu audissent, aut percepissent a suis maioribus de huiusmodi questione. Qui iurati sub animarum suarum periculo sic dixerunt, quod nunquam uiderunt, uel sciuerunt, aut a suis maioribus audierunt, quod in ciuitate Tragurii uel eius districtu episcopis et capitulo Traguriensibus, qui fuerunt per tempora, decime de fructibus antedictis ullo unquam tempore fuerint persolute et sic semper ibidem extitit obseruatum. Quare nos sepedicti episcopus et capitulum visis et auditis et cum diligencia inquisitis racionibus et attestacionibus nostrorum ciuium predictorum, deliberacione inter nòs habita diligenti comunicatoque multorum tam religiosorum quam aliorum conscilio sapientum, prefatis iudicibus et consciliariis suo suorumque ciuium omnium et comunis nomine ac ciuibus uniuersis de Tragurio et eius districtu, ac eorum heredibus et successoribus, exceptis decimis de Scibenico ad nos episcopum inde spectantibus, aliisque etiam uillis seu terris ad ciuitatem Tragurii non spectantibus, prefatas decimas cum nostris successoribus uniuersis, cum nullum ius habeamus penitus in eisdem, remittimus et in perpetuum refutamus et quietamus eos et eorum heredes et successores ab impeticione prefatarum decimarum et aliarum rerum omnium exceptis decimis illarum rerum, que in ciuitate Tragurii exhibentur, scilicet de blauis, leguminibus et agnis, in perpetuum per diffinitiuam sentenciam absoluentes. Ipsi autem iudices et consciliarii totaque Traguriensis comunitas tenuitatem et summam pauperiem Traguriensis ecclesie miseracionis oculo intuentes et ob suorum remedia peccatorum gratis et amicabiliter terram sancti Uitalis Traguriensis dyocesis sic positam, videlicet incipiendo ab aqua que dicitur Relinich, sicut uadit uia publica uersus Tragurium, usque ad riuum qui dicitur Salsus et sicut uadit sepis cum ripa usque ad mare iuxta predictam ecclesiam sancti Uitalis quacum uidelicet infra ipsos dictos confines spectat et pertinet ad ius et proprietatem comunitatis predicte ciuitatis Tragurii, cum omni iure suo atque pertinenciis nobis episcopo Traguriensi et successoribus uniuersis atque Traguriensi capitulo in perpetuam helemosinam donacionis titulo libere contulerunt. Promittentes [etiam dis]calumpniare atque defensare a quacumque persona suis cunctis laboribus et expensis, nobis super eadem terra molestiam aliquam inferente, nisi ab illustri domino rege Vngarie per violentum dominium violentia fuerit irrogata; ut eandem terram pastinare possimus ac dare aliis ad pastinandum et de ipsa quicquid nobis placuerit faciendum, ciuitatis Tragurii statuto quolibet contrario non obstante; [set] predicta omnia et singula nobis attendere et obseruare promiserunt sacramento corporaliter adiurantes. De qua quidem terra seu ipsius fructibus nos episcopus cum nostris successoribus uniuersis habere debemus tres partes et quartam uero partem tantum et non amplius percipere debet capitulum memoratum, sicut inter nos extitit ordinatum. Quam uero sentenciam iuste et canonice promulgatam prefati sindici et procuratores omnes ibidem presentes et consencientes pro se suoque capitulo et uice ac nomine tocius comuninatis Tragurii presentes et consencientes acceptauerunt, ratificauerunt et ratam in omnibus et per omnia habuerunt. In cuius etiam sentencie perpetuam firmitatem nos predictus Columbanus Traguriensis episcopus presentem sentenciam sigillis nostro nostrique capituli iamdicti atque comunitatis Tragurii, nec non et domini archiepiscopi Jadrensis, abbatis sancti Crisogoni, custodis fratrum Minorum et conuentus fratrum Predicatorum de Jadria fieri fecimus communiri. Actum Jadrie in palacio domini archiepiscopi Jadrensis, presentibus ipso domino archiepiscopo, domino Nicolao abbate sancti Grisogoni de Jadria, fratre Johanne custode fratrum Minorum, fratre Rombaldo eius socio, fratre Andrea subpriore fratrum Predicatorum de Jadria, fratre Vicencio eius socio, Preste Cotopanie, Gregorio comitis Elie, Vulcina Ginnane, Sabbo Nusmaro, Vita Cerne de Mergna, Petrogna Pape, Mauro Marini, Calcine Yuanne, Slouinne, Josepho Stephaui Maureche, Andrea Marini Grubogne ciuibus nobilibus Jadrensibus testibus et aliis.

Ego magister Franciscus Anconitanus imperiali auctoritate notarius et nunc autem ciuitatis Tragurii, quomodo super hoc de uoluntate et mandato predictorum domini episcopi, capituli et iudicum atque comunitatis ciuitatis Tragurii proprie et principaliter Jadriam accesseram et ab eisdem rogatus eorum omnium mandato et uoluntate cuilibet predictorum, uidelicet comunitati Tragurii et capitulo simile fauens instrumentum scripsi et roboraui, hiis omnibus interfui.

(Monogram. not.)

Original u arkivu kaptola u Trogiru br. 18. Na listini vidjaju se tragovi za 6 pečata.

Lucius Memor. di Traù 81—2. — donosi regest. — Farlati Ill. sacr. VI. 351—3. — Wenzel Cod. dipl. Arp. VIII. 183—189. — Kukuljević Reg. no. 936.

912.

1267, prije 13. oktobra.

Bela kralj ugarski i hrvatski potvrdjuje odredbe Mojsije župana šomogjskoga i varaždinskoga glede podjele njegova imetka.

Bela dei gracia Hungarie, Dalmacie, Croacie, Rame, Seruie, Gallicie, Lodomerie, Cumanieque rex omnibus presentes litteras inspecturis salutem in omnium salvatore. Ad vniuersorum noticiam volumus peruenire, quod magister Moys comes Symigiensis et de Worosdino dilectus et fidelis noster in nostra presencia personaliter constitutus, Alexandro filio comitis Alexandri fratre suo presente et permittentc, talcm ordinacionem et disposicionem de possessionibus suis de nostra permissione et beneplacito asseruit se fecisse, quod in comitatu Symigiensi domine uxori sue et suis filiabus dedit et reliquit possessiones suas Igol et duas uillas Posony, item Burhud et Vzlar vocatas, item in Derekche porcionem ipsum ma-gistrum Moys contingentem, item de vltra Drawam possessionem suam Raccha nuncupatam cum omnibus pertinenciis suis et empticiis et cum Sudyn et Musyna et Bokoa; item possessionem suam Izdench vocatam, similiter cum omnibus pertinentiis et empticiis suis perpetuo et pacificc possidendas, ita tamen, si idem magister Moys decederet, herede masculo non relicto; sicut idem magister Alexander coram nobis comparens petens a nobis, vt huiusmodi ordinacioni et disposicioni ipsius assensum regium preberemus. Nos itaque prefatam ordinacionem eiusdem magistri Moys ratam habentcs et acceptam, ad ipsius instanciam auctoritate presencium duximus confirmandam dupplicis sigilli nostri munimine roborando. Datum per manus magistri Farcasii preposti Albensis aule nostre vicecancellarii dilecti et fidelis nostri, anno domini M⁰CC⁰ sexagesimo septimo, regni autem nostri tricesimo secundo.

Iz izvorne povrde kralja Ladislava IV. od g. 1273. 12. maja u kr. ug. drž. ark. u Budimu M. O. D. L. br. 629. (Stara sig. mon. Poson. fasc. 43. no. 1.)

Wenzel. Cod. dipl. arpad. cont. XI. 566. — Kukuljević Reg. no. 953.

913.

1267, 14. oktobra.

Općina spljetska predaje kaptolu patronat crkve sv. Laurencija de Platea.

In nomine dei eterni amen. Anno incarnationis eiusdem MCCLXVII., indictione X., die quarto decimo mensis octobris, regnante domino nostro Bela serenissimo rege Ungarie, temporibus domini Joannis venerabilis Spalatensis archiepiscopi, Rolandi inclyti comitis, domini Cassarii, Gregorii Grube, Dobri Madii iudicum. Nos predicti iudices una cum nostro consilio de universa civitate Spalatensi per presens instrumentum volumus ad cunctorum notitiam pervenire, quod vacante ecclesia sancti Laurentii de Platea nos qui veri patroni seu fundatores ipsius ecclesie sumus, utpote in quorum fundo eadem ecclesia fundata est et constructa, cum constet, nullos alios habere patronos, eligimus nos Thomam archidiaconum cum universo capitulo ecclesie beati Domnii, transferentes in vestram universitatem totam nostram iurisdictionem, quam in eligendo habemus, ut quesita et obtenta investitione seu confirmatione, que ad ius domini archiepiscopi spectare dinoscitur. ipsam ecclesiam habeatis et possideatis in perpetuum, ordinantes et disponentes de ipsius possessione seu restauratione, sicut vobis melius videbitur ad honorem dicte ipsius ecclesie statum vel commodum, absque alicuius retractione vel contradictione. Actum in ecclesia beati Domnii, die dominico ante missam, coram omni populi multitudine, omnibus consentientibus et sibi placet proclamantibus, ibidem astantibus cum predictis iudicibus nobilibus viris Micha Madii, Johanne Cigade, Johanne Vitale, Drago Stephani, Alberto Iancii, Petro Cerneche, Camurico Petri, Marino Gaudii, Grubco Gacelle et pluribus aliis.

(Drugi rukopis).

Ego Josev Petri conscius examinaui.

Ego uero dominus Lucas canonicus et iuratus notarius Spaleti hiis omnibus interfui rogatus ab utraque parte, ut audiui scripsi et consueto signo roboraui.

(Signum notarii).

Original u arkivu kaptola u Spljetu a. 1267.

Farlati Ill. sacr. III. 282. — Wenzel Cod. dipl. Arp. III. 177. —
Kukuljević Reg. no. 937.

914.

1267, mjeseca oktobra. U Pečuhu.

Kaptol pečujski po odluci kralja Bele ustanovljuje medje zemalja, koje su pripadale ubojici Stjepanu.

Paulus prepositus et capitulum Quinqueecclesiense omnibus presens scriptum cernentibus salutem in domino sempiternam. Ad universorum noticiam volumus pervenire, quod Stephanus, Nycolaus et Johannes filii comitis Isip filii Stephani pro se et pro Adryano et Isyp fratribus suis uterinis personaliter in nostram presenciam accedendo, litteras domini Bele dei gracia illustris regis Hungarie nobis exhibuerunt in hec verba:

(Slijedi listina kralja Bele od 8. maja 1267.)

Nos itaque mandato regio et precepto, prout debemus et tenemur, in hiis et in aliis satisfacere cupientes, omnimodas litteras ipsius domini regis et iudicis curie sue inspeximus inter cetera continentes, quod cum iidem Stephanus et Nycolaus, ac sui fratres Chepanum filium Chaba et duos servientes suos, Walentinum videlicet et Boson nuncupatos, super morte patris eorum dicti comitis Isip et super morte cuiusdam servi eiusdem nomine Petri, quos iidem Chepanus et sui servientes iamdicti de medio sustulerunt et super tribus marcis et duplo earundem in presenciam et conspectum regie maiestatis, dominique Lawrenchy, nunc palatini comitis Symygiensis, tunc iudicis aule regie et comitis Symonis viceiudicis eiusdem, iuxta regni consuetudinem conservatam et approbatam ab antiquo et iuxta ordinem ad septem terminos avocassent. Iidemque Chepanus et duo servientes sui prenominati in nullo terminorum nec comparaverint nec miserint predictorum, propter que iudicia predictus magister Laurencius, tunc aule iudex regie, in possessione eiusdem Chepany, Cheypan vocabulo, predictum Stephanum filium comitis Isyp fecerat introduci, ad hoc scilicet, ut iidem Chepanus et servientes sui in quindena beati Georgii comparentes personaliter se a predictis septem iudiciis expedirent et super causa principali finaliter referent. Qui spiritum contumacie assumpmentes, nec sic curaverint comparere, propter quod dominus rex, pius inter suos, ad convincendam eorum maliciam, ipsos Chepanum et duos servientes suos per Philippum comitem de Wolkov fecerat proclamari ad octavas nativitatis virginis gloriose, qui nec sic comparere nec se curaverint presentare tanquam viri mortis parvi pendentes preceptum regium et mandatum. Post hec dominus rex presentibus et mediantibus baronibus sui regni, videlicet Mawrycio magistro thawarnicorum suorum comite de Barana, magistro Moys comite Symygiensi et Worosdyensi, Herney bano comite Nytryensi, Herrando magistro agasonum suorum comite Therenchyniensi, decrevit tali modo, quod omnimode possessiones sepedicti Chepani, ubicunque sunt locorum, in ius et proprietatem Stephani filii comitis Isip et fratrum suorum supradictorum, contradiccione aliqua non obstante, pacifice et quiete irrevocabiliter iure in perpetuum hereditario devolvantur. Preterea iamdicte terre eiusdem Chepani similiter Chepan vocate, in quam, ut premisimus, sepedictus Stephanus fuerat introductus, metee(!) hoc ordine distinguntur, sicuti in nostris litteris predicto magistro Lawrencio ad ipsius peticionem per nos transmissis vidimus contineri. Incipiendo a parte orientali in duabus metis angularibus ubi sunt commetanei Thomas et Nycholaus fratres Phyle preposti, iuxta quas sunt nove mete elevate. Ab hinc transeundo ad partem meridionalem venit ad quandam magnam viam iuxta quam sunt nove due metee(!) elevate, ubi sunt commetanei ipsi filii comitis Isyp. Deinde transeundo ipsam viam venit ad metas angulares, ubi sunt elevate due mete, quarum una separat ipsis filiis comitis Isyp. Deinde transeundo ipsam viam venit ad metas angulares, ubi sunt elevate due mete, quarum una separat ipsis filiis comitis Isyp, ad terram scilicet predicti Chepani, altera vero separat Ruthenis existentibus iuxta aquam Ozna. Ab hinc venit ad partem occidentalem, ubi sunt commetanei populi castri de Wolkov et pervenit ad duas metas in quarum una est arbor pomi prope iuxta viam magnam, ubi sunt due mete nove elevate, quarum due separant terram ipsam Chepani, alie autem due separant abbati seu monasterio sancti spiritus de Wlkov. Postmodum sic quidem venit ad magnam vallem Rewcsa vocatam, que vallis dicitur pro meta declinari, in qua valle transeundo per magnum spacium exiens ab eadem pervenit ad magnam arborem ilicis, iuxta quam est meta in qua est arbor horozth, ubi sunt elevate due metee(!). Deinde venit ad clausuram wlgariter Chabaguatha vocatam, ubi sunt elevate due mete terre. Ex inde venit ad quatuor metas veteres angulares, ubi est elevata una meta ex parte predicte terre Chepan vocate, quarum due separant Thome et Nycolao supradictis, alia vero separat monasterio antedicto; residue autem separant terram Chepan. Deinde tendit declinando ad partem orientalem et venit ad duas metas veteres, ubi sunt due mete novo elevate, ubi sunt commetanei predicti fratres Phyle prepositi. Ab hinc venit ad duas metas veteres, existentes iuxta antiquam viam inter horozth ubi sunt due mete et sic peragratis omnibus metis concluditur mete priori. Hoc non pretermisso, quod Stephanus et Nycolaus filii comitis Isip sunt confessi viva voce, stando super facie eiusdem terre, coram vicinis et commetaneis, quod illa terra, quam ipsi a Syltha filio Kwsydh obtinuerunt ordine iudiciario, sicut in nostro privilegio super hoc confecto plenius continetur, esset inter metas supradictas, sicut eciam hoc idem vicini eorum et commetanei sunt confessi. Nos igitur mandato regio satisfacere volentes et eciam precibus eorundem fratrum inclinati, iusticia mediante, litteras presentes nostri apposicione sigilli roboratas fratribus contulimus supradictis rei geste memoriam perpetuam continentes. Actum et datum anno gracie M⁰CC⁰LX⁰ septimo, mense octobris, Rodolpho cantore, Andrea custode, Wenchezlao decano, ceterisque quam pluribus ibidem existentibus.

Po originalu u arkivu grofova Festetića u Keszthelyu sa pečatom, koji visi na crvenoj svilenoj vrvci. Litterae pariclae sa A, B, C.
Cod. dipl. patrius VI. 148—51.

915.

1267, 25. novembra. U Sv. Geroldu.

B[ela] dei gracia rex Hungarie fideli suo comiti Crisiensi pro tempore constituto salutem et graciam. Cum magister Thomas familiaris notarius noster archidiaconus Wesprimiensis et Johannes frater eiusdem continue sint in curia nostra et nobis fideliter famulentur, eisdem hanc graciam duximus faciendam, quod nullus comes Crisiensis pro tempore constitutus magistrum Thomam et Johannem predictos ac alios fratres ipsorum uel populos (ipsorum) in iam dicto comitatu existentes super quibuslibet articulis uel causis iudicare audeat aut presummat. Sed si qui accionem aut litem mouere uoluerint contra ipsos, coram bano pro tempore constituto eosdem debeant conuenire, quare tibi mandamus firmiter et districte precipiendo, quatenus gracie per nos facte magistro Thome et suis fratribus memoratis nullatenus presummatis obuiare, alioquin si secus feceris, nostram indignacionem te sencies merito incurrisse. Datum in uilla Scenthgerolth in quindenis sancti Martini.

Iz originalne potvrde kralja Andrije od g. 1292. 18. jula. — Original nalazi se kod imovinske općine Sv. Jelene-Koruške kraj Križevaca.

916.

1267, 29. decembra. U Trogiru.

Gervazije župnik crkve sv. Martina sklapa ugovor s Lucijem baštinikom crkve, po kojem se Lucije obvezuje na više podići kuću crkvenu.

1267. die tertio exeunte decembris. Actum in palatio domini episcopi, presente Duymo Domiche et Bertane Marini Ruze, examinator Lampredius Jacobi. Dominus Gervasius primicerius rector, seu plebanus ecclesie sancti Martini de consensu et voluntate domini episcopi, comitis et dominorum comitis Marini Amblasii, Duymi de Cega et Valentini Petri, Bastiani Luce Teodosii, Desse Amblasii et Jacobi Peczy, qui se hereditarios dicunt esse et dicebant per parentellam illorum de machenaturis pactum contraxit cum Lucio Matthei, qui se per eamdem dictam parentellam ipsius ecclesie hereditarium fore dicebat, in quo quidem dictus Lucius promisit atque convenit elevare altius domum dicte ecclesie,

— 452 —

que est supra viam publicam versus domum suam et ante dictam ecclesiam etc.

Lucius Memorie di Traù 113. — *Wenzel Cod. Arpad. cont. VIII.*
182. (po Luciću). — *Kukuljević Reg. no. 940.*

917.

1267.

Bela kralj ugarski i hrvatski daruje magistru Tomi ličnom svom
notaru posjed zvan Bugna u zaladskoj županiji.

Bela dei gracia Hungarie, Dalmacie, Croacie, Rame, Seruie, Gallicie,
Lodomerie, Cumanieque rex omnibus tam presentibus quam futuris
presens scriptum inspecturis salutem in omnium saluatore. Solet regie
benignitatis clemencia illos dono munificencie prosequi specialius, qui se
circa eam per continue fidelitatis obsequia se exhibent bene meritos et
acceptos. Proinde ad vniuersorum noticiam harum serie volumus peruе-
nire, quod cum magister Thomas dilectus et fidelis notarius noster specialis a primeuis etatis sue temporibus multiplicia et laudabilia inpen-
derit cum summa fidelitate seruicia, que propter sui multiplicitatem
longum esset per singula enarrare, nos eiusdem magistri Thome fidelitatis et seruiciorum meritis digna volentes remuneracione occurrere,
sicut decet, terram quamdam Bugna uocatam, que fuerat castri Zaladiensis sitam in eodem comitatu, ab eodem castro Zaladiensi exceptam
penitus et exemptam cum omnibus utilitatibus et pertinenciis suis sub
eisdem antiquis metis et terminis, quibus predictum castrum possedisse
dinoscitur, contulimus, dedimus et donauimus eidem magistro Thome
notario nostro speciali et Johanni, ac aliis fratribus eiusdem de plenitudine perpetue donacionis titulo perpetuo et inreuocabiliter possidendam; in cuius eciam terre corporalem possessionem eundem magistrum Thomam notarium nostrum specialem et fratres eiusdem per
Chak banum comitem Zaladiensem dilectum et fidelem nostrum fecimus
introduci. Ut igitur [hec] nostra donacio robur optineat perpetue firmitatis, nec per quempiam valeat in posterum retractari, presentes eidem
magistro Thome et fratribus suis dedimus litteras duplicis sigilli nostri
munimine roboratas. Datum per manus magistri Farcasii prepositi Albensis aule nostre vicecancellarii dilecti et fidelis nostri, anno ab incarnacione domini MCCLX⁰ septimo, regni autem nostri anno XXX(!).

Iz originalne potvrde kralja Stjepana od 30. augusta 1270. Original
te potvrde nalazi se u arkivu jugosl. akad. u Zagrebu: Documenta a. 1270.

918.

Bela kralj ugarski i hrvatski dariva meštru Tomi i bratu mu Ivanu zemlju Komor u Zagorju.

Demum prefatus Benedictus filius Pauli litteras olim domini Bele regis quarti priuilegiales dupplici sigillo suo vallatas, anno domini millesimo ducentesimo sexagesimo septimo, regni autem sui tricesimo primo emanatas, coram eisdem octo probis et nobilibus viris exhibuisset, declarantes, quod prefatus dominus Bela rex, considerans dilectum et fidelem suum magistrum Thomam aule sue notarium specialem et Johannem fratrem eiusdem in domo sua educatos et a iuuentutis ipsorum primordiis locupletatos, virtutibus et fidelibus meritis, non inmerito ipsorum iustis desideriis et peticionibus volens fauorem beniuolum impertiri. Cum itaque iidem magister Thomas et Johannes frater eiusdem quandam terram castri sui Warosdiensis Komor vocatam in Zagoria existentem, certis metis ab omnibus aliis terris eiusdem castri separatam et distinctam, ab ipso domino Bela rege sibi dari petiuissent, ipseque dominus Bela rex attendens eosdem in eorum iustis desideriis fauore regis prosequendos, dilecto et fideli suo magistro Johanni comiti Warosdiensi dedisset in preceptis, vt ipse dictam terram inspiceret et ipsius qualitatem et quantitatem sibi fideli insinuacione declararet. Tandem ipse Bela rex per ipsum magistrum Johannem super quantitate et qualitate dicte terre fuisset informatus, quod ipsa terra sit sufficiens quindecim aratris et quod vinee, silue et pratum sint in eadem; quibus sic habitis peticionem ipsius magistri Thome et Johannis fratris eiusdem iustam fore agnoscens, dictam terram quam pecierant, ex certa sua sciencia ab omni onere et iurisdiccione comitis pro tempore constituti exemptam, sibi et fratribus suis, Johanni scilicet, Cristoforo, Paulo et Stephano, ac ipsorum heredibus, sub eisdem metis antiquis et terminis, quibus dictum castrum tenuisset et possedisset, dedisset, contulisset perpetuo et irreuocabiliter possidendam, ad ipsiusque terre possessionem corporalem prefatos magistrum Thomam et fratres suos per Johannem magistrum thauernicorum Bele ducis tocius Sclauonie carissimi filii nostri et comitem Warosdiensem fecisset introduci.

(Dalje slijedi listina Kwchingera od god. 1431.)

Iz sudbene listine Stjepana Kwchingera de Bathyne od god. 1431., sadržane u listini Matije Palocha od iste godine, u listini kralja Sigismunda od god. 1435. 24. juna. — Kopija ove potonje od god. 1802. ovjerovljena po direktoru arkiva namjestničkog u Budimu Martinu Lendvayu u kr. ug. držav. arkivu u Budimu M. O. D. L. no. 36.941. (Stara signatura Bedekovich fasc. I. no. 6.)

Fejér IV. 3., 395. ima samo izvadak. — Wenzel Cod. dipl. Arpad. cont. VIII. 170—3. — Kukuljević Reg. no. 941.

919.

1267. U Šibeniku.

Ivan nadbiskup spljetski istražuje i kazni velike zloporabe popova šibeničkih.

Frater Johannes divina providentia archiepiscopus Spalatensis universis Christi fidelibus presentes litteras inspecturis salutem in eo qui est vera salus. Cum naturalis industria feram pro suis fetibus reddit sollicitam, multo magis prelatus, qui previa ratione et novi et veteris testamenti, ac canonum sanctione premunitur, suis in Christo filiis debet providere et ipsos ab errore ad viam salutis revocare. Hinc est, quod nos ad instantiam et petitionem venerabilis fratris nostri Columbani Traguriensis episcopi et ex officio nostro Sibenicum accedentes, quia clamore et fama de excessibus clericorum ibidem residentium ad aures nostras pervenerat, diligenter coram ecclesie senioribus, videlicet venerabilibus fratribus episcopo Traguriensi eiusdem loci diocesano et episcopo Pharensi, nec non fratre Bartholomeo quondam episcopo Scardonensi et aliis fratribus, dei gratia abbate sancti Stefani de Spalato et Predicatoribus et Minoribus ac aliis, quia clamor innuebat et diffamatio manifestabat, veritatem diligenter fecimus perscrutari et quia rei poscebat qualitas, canonica distinctione culpas misericorditer punivimus delinquentium. In primis archipresbiter eiusdem loci pro eo, quod longo tempore tenuit concubinam et quia non evitavit excomunicatos per dominum episcopum suum et quia sustinuit clericos in sacris ordinibus constitutos contrahere matrimonium et quia contulit quamdam ecclesiam, non requisito episcopo suo, cum comite cuidam monacho vago et quia antiquam et laudabilem consuetudinem de nuptiis non servavit et quia illos, qui incidunt in canonem, pro absolutione ad episcopum ire non compulit, sicut retulerunt nobis iurati quamplures testes idonei coram tribus episcopis et coram fratribus Predicatoribus et Minoribus, ieiunabit per tres annos omnes sextas ferias in pane et aqua et suspendimus ipsum ab omnibus beneficiis suis per annum ab officio et suspendimus eundem usque ad pascha inclusive et precipimus sibi, quod sit obediens domino episcopo Traguriensi. Ad hec abbas sancti Nicolai et abbas sancte Marie de insula, quia carnes comederunt contra regulam sancti Benedicti et quia sine monachis steterunt, volumus, quod ieiunent decem sextas ferias in pane et aqua et legant decem missas pro peccatis et precipimus eis, quod corrigant se de istis. Preterea sacerdos Tolco, sacerdos Johannes, sacerdos Michael pro eo, quod in sacerdotio duxerunt uxores et genuerunt pueros, ieiunabunt sextas ferias in pane et aqua omnibus diebus vite sue et suspendimus ipsos ab officio et beneficio per tres annos et precipimus eisdem in virtute obedientie et sub pena excomunicationis districte, quod ab hoc die dimittant suas uxores et quod deinceps non accedant ad eas. Et si contrarium fecerint, perpetuo sint privati ab officio et beneficio. Item eandem penam per omnia iniungimus Michaeli diacono, Bogdano subdiacono, Dobro subdiacono, qui in sacris ordinibus constituti uxores duxerunt et pueros genuerunt, hoc superadentes, videlicet Dobro subdiaconus, qui se absentavit a nostra visitatione sine nostra licentia, precipimus eidem sub pena excommunicationis et privationis officii et beneficii sui districte, quod ante carnisprivium compareat coram nobis. Insuper Primus et Straco diaconus, quia ante sacros ordines duxerunt uxores, ipsos cum suis uxoribus stare permittimus, quia legitimum matrimonium iudicamus, sed eosdem officiis et beneficiis perpetuo spoliamus. Et quia solita memorie esse consuevit oblivio ad correctionem presentium et terrorem futurorum, sententiam nostram sigilli nostri munimine roboramus. Actum in Sibenico, anno domini 1267, in presentia venerabilium virorum domini Columbani dei gratia episcopi Traguriensis et domini Dobronia episcopi Farensis et dei gratia abbatis sancti Stephani et aliorum plurimorum religiosorum de ordine Predicatorum, Minorum, nec non et canonicorum Spalatensium et Traguriensium.

Lucius Memor. di Traù no. 80—81. — Farlati Illyricum sacrum III. 281—282.; Ibid. IV. 14., 248. i 454. donosi izvadak. — (Fragmentarno izdao) Fejér Cod. dipl. Hung. VII. vol. 4. 426—427. samo odlomak. — Wenzel Cod. dipl. Arpad. cont. VIII. 177—8. (po Luciću). — Kukuljević Reg. no. 945.

920.

1267.

Bilješka o jednoj listini.

Fassio perennalis Talika et Godeslai filiorum Macrani, Vulkmos iobagionum castri Crisiensis pro Matheo filio Pezt, super portione in Polana et sylva Dobovch eoque spectantibus appertinentiis, celebrata coram capitulo Chazmensi 1267.

Iz rukopisa u jugoslavenskoj akademiji sig. I. d. 32. — Act. et dipl. fam. et com. Oršić 916.

921.

1268, 3. januara. U Rabu.

Rabljani dozvoljuju svomu knezu Badoeru, da izbiva izvan grada godinu dana.

Anno domini millesimo ducentesimo sexagesimo octavo, indictione undecima, die tertio intrante ianuario, Arbi, temporibus equidem domini nostri Rainerii Geni incliti ducis Venetiarum, venerabilis Gregorii de Costiça Arbensis episcopi, ac Marci Badoarii egregii comitis, presentibus dominis Greco de Grecis de Lendinara, Milece et Chorado Vidotto Venetis. Nos quidem Edovialdus de Martinuccio, Mattheus de Galçigna et Creste de Picega Arbenses iudices, ac consilium civitatis ipsius . . . . . concedimus etc. etc.

Ego Martinusius de Slovigna examinator manum misi.

Ego Marinus Menci de Mari, Arbensis notarius scripsi etc. etc.

Bullettino XXII. 175.

922.

1268, 5. januara. U Veneciji.

Dužd Rajnerij Zeno Spljećanima neka rade oteti od Omišana zapljenjenu robu.

Rainerius Geno dei gratia Venetorum etc. dux, nobilibus viris et rectoribus Spalati et eiusdem terre communi salutem et omne bonum. Cum Draganus de Almisio cum uno ligno armato providum virum Nicolaum Blondum fidelem nostrum in aquis Sclauonie cum bonis et rebus suis ceperit his diebus, prudentiam vestram per presentes requirimus et rogamus, quatenus si contigerit viros de Almisio ad partes vestras accedere, deliberationem domini Nicolai et restitutionem bonorum sibi ablatorum opem et operam nostris precibus taliter exhibere velitis, quod idem Nicolaus preces nostras sibi fructuosas sentiret, ac per executionem vestri operis se libertati pristine gaudere restitutum nosque perinde vestram possimus prudentiam de laudabili opere, sicut cupimus, commendare. Datum in nostro ducali palatio, 5. intrante ianuario, indictione X (I).

Lucius Mem. di Traù I. 84. (spominje). — Lucius De regno IV. i IX. — Kukuljević Reg. no. 946.

923.

1268, 5. februara. U Zadru.

Pastiri u Brdima obvezuju se samostanu sv. Krševana u ime dane
im zemlje davati četvrtinu.

In Christi nomine. Anno incarnationis eiusdem millesimo ducentesimo sexagesimo septimo, mensis februarii, die quinta intrante, indictione
undecima, Jadre. Temporibus domini Raynerii Geni incliti ducis Venetie
et magistri Laurentii venerabilis Jadrensis archiepiscopi, ac Phylipi Mauroceni egregii comitis. Nos Radoslauus filius quondam Berco deuornicus,
Millenus filius quondam Bratoscii, Obradus filius quondam Petri, Ra-
doscius Sfenda filius quondam Dollibrati, Millenus filius quondam Vlcte,
Dobroslauus filius quondam Desco, Dimince filius Bratosii, Dragobratus
filius quondam Vyemiri, Dominicus filius quondam Minisce, Radouanus
dictus Vrag, Diminech filius quondam Basilii, Prescius filius Dragoy,
Vulcoslauus Nepocor, Osrislauus Mocibob, Dragoslauus filius quondam
Berislaui iobagiones monasterii sancti Grisogoni de Jadra cum nostris
heredibus et successoribus per hoc presens scriptum facimus manifestum,
quod suscepimus a vobis venerabili viro dompno Nicolao Semitecolo
abbate eiusdem monasterii sancti Grisogoni vestrisque fratribus et successoribus duos gognay pro quolibet de terra uestra posita ad Berdam
ad vineam plantandam, secundum quod quilibet nostrum presaliam
factam habet taliter, quod dum ex ipsa fructum extrahere poterimus,
annuatim per nos nostrosque heredes quartam partem tam vini quam
omnium fructuum exinde habitorum nuncio uestro assignare in vinea
teneamur, ipsam nostris expensis propriis usque ad uestrum monasterium
apportando. Si autem ex aliquo fructu recenti uel sicco inde habito
uendiderimus, uobis uestrisque fratribus et monasterio dare quartum
denarii teneamur. Et si ficus recentes domum ad comedendum portauerimus, ipsas libere habeamus. Si uero in fraude contra uestram rationem
inuenti fuerimus, sex yperpera (!) nomine pene uestro monasterio soluere
teneamur. Ceterum si paupertate uel aliqua necessitate nos cum nostris
heredibus uites ipsas uendere uoluerimus, primo uobis uestrisque successoribus uenditionem declarabimus. Et si eas emere uolueritis pro
tanto, quod ab uno et alio habere poterimus, uobis et non aliis ipsas
dabimus, quod si nolueritis, postea licitum sit nobis nostrisque heredibus
illas uendere uel donare seu alienare cui uoluerimus, salua semper ratione
uestri monasterii suprascripti, scilicet quarta parte; tamen non sit licitum
alicui ex nobis uel suis heredibus dictas uites alicui ecclesie, persone

uel loco religioso donare, pro anima indicare seu quomodocunque alienare nisi in uestro monasterio supradicto. Si autem aliquis nostrum absque heredibus obierit, uites quas in dicta presalia plantauerit ad uestrum monasterium deuoluantur, quam quidem presaliam unicuique nostrum uos cum uestris successoribus et uestris heredibus ab omni homine excalumpniari et defensare teneamini super omnia bona uestri monasterii habita et habenda in hoc seculo. Actum est hoc et firmatum coram his uocatis et rogatis testibus, scilicet Cranislauo filio quondam Dessici, Bratco filio quondam Dimince et aliis.

(Drugi rukopis).

† Ego Vitus de Cerna Galellus examinator manum meam misi.

Ego Vitus sancte Marie maioris clericus et Jadrensis notarius interfui rogatus, ut audiui hanc cartam scripsi roboraui et signo consueto signaui.

(Signum not.)

Original u gubern. arkivu u Zadru, odiv samostana sv. Krševana Capsula I. Masso K. no. 6.

924.

1268, 25. februara. U Viterbi.

Klement IV. papa potvrdjuje izmirenje izmedju biskupa trogirskoga i svećenstva šibeničkoga.

Clemens episcopus seruus seruorum dei venerabili fratri (Columbano) episcopo Traguriensi salutem et apostolicam benedictionem. Ea que iudicio vel concordia terminantur, firma debent et illibata persistere et ne in recidiue contentionis scrupulum relabantur, apostolico convenit presidio communiri. Sane petitio tua nobis exhibita continebat, quod cum olim inter te ex parte una et (Stanimirum) archipresbyterum et clericos ecclesiarum de Sibinico tue diocesis super eo, quod ipsi tibi canonicam obedientiam, reverentiam debitam prestare, ac de aliis iuribus episcopalibus respondere contra iustitiam denegabant, ex altera questio verteretur; . . . . . demum mediantibus archidiacono et capitulo Spalatensi amicabilis super his compositio inter partes intervenit, quam apostolico petisti munimine roborari. Nos itaque tuis supplicationibus inclinati, compositionem ipsam, sicut rite sine pravitate provide facta est et ab utraque parte sponte recepta et hactenus pacifice observata et in alicuius preiudicium non redundat, ratam et gratam habentes, eam auctoritate apostolica confirmamus et presentis scripti patrocinio communimus. Nulli ergo omnino hominum liceat hanc paginam nostre confirmationis infringere, vel ei ausu temerario contraire. Si quis autem hoc attemptare presumpserit, indignationem omnipotentis dei et beatorum Petri et Pauli apostolorum eius se noverit incursurum. Datum Viterbii VI. kalendas martii, pontificatus nostri anno quarto.

Original u arkivu kaptola u Trogiru od god. 1268. br. 20.

Farlati Illyr. sacrum IV. 353. — Wenzel, Cod. dipl. Arpad. cont. VIII. 205. — Potthast Reg. pontif. no. 20.275. — Kukuljević Reg. no. 947.

925.

1268, 5. marta. U Dubrovniku.

Kanonik Rusin imenuje svoje odvjetnike kod općine.

Anno incarnationis domini millesimo ducentesimo sexagesimo octavo mense martii, quinto die intrante, coram nobis subscriptis testibus. Ego quidem diaconus Rusinus filius quondam Valii Balislaue et canonicus ecclesie Ragusine confiteor, quod uoluntate propria mea constituo Gregorium Marini Petrane et Clementem filium quondam Johannis Derze cognatum meum sufficientes meos procuratores loco et uice proprie persone mee hoc pacto et ratione, ut omnia, que predicti mei procuratores pro meis questionibus et oppositionibus uniuersis cum domino Johanne comite Ragusii, iudicibus et consiliariis, ac uniuersitate eiusdem ordinauerint et fecerint in dictis meis factis et determinationibus omnibus, pro firmo semper et rato habebo. Hii sunt testes: Nicolaus Dabraze iuratus iudex, Basilius Dragonis et Lucarus de Fosco Ragusani, cum quibus et ego diaconus Micha Gige comunis iuratus notarius scriptor sum et testis partibus utrisque presentibus.

(Signum not.)

Original u dubrovačkom arkivu. Zbirka saec. XIII.

926.

1268, 15. marta. U Zagrebu.

Detrik župan zagrebački prepisuje na molbu župana Meneslava listinu župana Fabijana (od 15. decembra 1261), gdje ovaj svjedoči, da je pred njim Kuzmiša sin Kupučev prodao neku zemlju Meneslavu.

Nos Detricus comes Zagrabiensis memorie commendantes significamus quibus expedit universis, quod accedens ad nos Menezlaus comes, humiliter a nobis postulavit, ut tenorem litterarum [Fabiani comitis] propter vetustatem [attritarum] nostris litteris dignaremur confirmare. Cuius tenor talis est *(vidi listinu od g. 1261. 15. decembra)*. Nos itaque predicti Menezlai comitis iuste peticioni annuentes, presentes insertos tenores litterarum Fabiani comitis de verbo ad verbum dedimus pro cautella ampliori sigilli nostri munimine (roboratas. Datum) Zagrabie feria quinta proxima ante dominicam Letare, anno domini MCCLX. octavo.

U arkivu kaptola u Zagrebu.

927.

1268, 17. marta.

Kraljica Marija vraća imanje Berin županu Grguru, plemiću šomogjkome.

Maria dei gracia regina Hungarie omnibus presens scriptum inspecturis salutem in domino. Ad vniuersorum noticiam harum serie volumus peruenire, quod cum suscitata questione inter comitem Gregorium filium Juharus, nobilem de Simigio ab vna parte, populos vero nostros de villa Berin ex altera, super quadam terra ad vsum septem aratrorum sufficiente, quam idem comes Gregorius ab eisdem populis nostris nomine sue terre hereditarie de Juharus occupate ordine iudiciario requirebat, duellum adiudicatum inter partes extitisset, tandem constitutis in area duelli et certantibus seu dimicantibus pugilibus vtriusque partis, mediantibus proborum virorum studiis, inter eos composicio huiusmodi interuenit: quod idem comes Gregorius ipsam terram, super qua contencio vertebatur, eisdem populis nostris dimisit et reliquit pacifice possidendam, recipiendo viginti marcas argenti in forma composicionis ab eisdem. Postea vero processu temporis, cum idem comes Gregorius do-

mino nostro regi, nobis et Bele duci tocius Sclauonie et Croacie, karissimo
filio nostro, fideliter et inreprehensibiliter seruiuisset, nosque singulorum
merita ponderare et dignis extollere munificenciis volumus, ut debemus,
tam ob meritorias et multiplices fidelitates ipsius comitis Gregorii domino
nostro regi, duci Bele karissimo filio nostro ac nobis . . . . im-
pensas et exhibitas per eundem, tum quia volentes vniuersos regni nostri
nobiles ad inpendenda fidelitatis opera nobis reddere prompciores, terras
et possessiones ipsorum, que ab ipsis indebite aut iniuste extiterant occupate, eisdem reddi et restitui fecimus de gracia pleniori, sepedictam
. . . . vt premissimus, litis materia fuerat suscitata, que eciam per
formam composicionis predicte nostro iuri cesserat, ex beneplacito, con-
niuiencia, voluntate et consensu domini nostri regis, ac ducis Bele predictorum, memorato comiti Gregorio et per eum suis heredibus heredumque
successoribus nomine sue terre hereditarie, reddidimus, restituimus et
resignari fecimus per Ipoth comitem Seguestiensem fidelem nostrum
pleno iure, pacifice et perpetuo possidendam, predictas viginti marcas,
quas ipse comes Gregorius a prefatis populis nostris in forma premisse
composicionis receperat, eidem pro seruiciis suis remittentes et relaxantes
de gracia speciali, eo insuper adiecto, quod nec predicti populi de villa
Berin contra sepefactum comitem Gregorium aut successores suos, nec
aliquis alteracione terre vel pecunie prenotate, vnquam aliquam mouere
possint vel debeant questionem. Cuius terre prima meta, sicut eodem
Ipoth comite nobis nunciante constitit, incipit a meta terre hereditarie
ipsius comitis Gregorii Juharus vocate a parte meridionali sub arbore
tul, vbi due mete terree sunt erecte, que mete procedendo versus aquilonem separant ipsam terram a terra Zyman et Osscenag, deinde procedit versus orientem per vnum monticulum et peruenit ad unam vallem,
que vocatur Fertes ad metas terreas sitas, sub eadem arbore tul, inde
discurrit uersus orientem et peruenit ad unam arborem piri, transeundo
unam uiam, per quam itur ad Zyman ad metas terreas sub eadem,
deinde parum flectitur uersus meridiem ad metas terreas in quadam
valle, inde tendit uersus orientem in uno uirgulto quod dicitur mega, in
cuius fine iuxta unam uiam peruenit ad metas terreas, que dicuntur
sceghatar et deinde parumper procedendo iuxta eandem uiam uersus
orientem peruenit ad metas terreas, abinde autem transeundo ipsam
uiam uersus meridiem peruenit ad metas sub dumo gumulchyn erectas,
deinde autem procedendo ad unum monticulum peruenit ad metas terreas,
deinde descendit ad unam uallem et uenit ad metas terreas uersus meridiem, abhinc procedendo ad metas terreas, ubi distinguntur mete hereditarie terre comitis Gregorii memorati Juharus nuncupate et ibi terminantur. Vt igitur, hec restitucio terre sepedicte robur optineat perpetue

firmitatis, nec processu temporis possit per quempiam reuocari, presentes litteras contulimus dupplicis sigilli nostri munimine roboratas. Datum per manus Laurencii prepositi sancti Yrenei Syrimiensis aule nostre vice-cancellarii dilecti et fidelis nostri, anno ab incarnacione domini M⁰ CC⁰ LX⁰ octauo, XVI. kalendas aprilis.

Iz originalne potvrde kralja Sigismunda od god. 1396. 10. juna u prilog: »domini Johannis archiepiscopi Strigoniensis nec non . . . . Nicolai tavernicorum et Stephani ianitorum nostrorum magistrorum . . . . filiorum scilicet condam magistri Johannis de Kanysa« u kr. ug. drž. arkivu u Budimu M. O. D. L. no. 644 (Stara signatura N. R. A. fasc. 645. no. 55. — Potvrda se ne će priopćiti, jer ne spada na nas. — Indirektno sadržana ova listina u pismu suca kraljeva Jakova de Scepus kaptolu vesprimskom od god. 1374. 24. januara (sr. M. O. D. L. no. 6166. Stara signatura N. R. A. fasc. 645. no. 52.)

Nepotpuno, s više pogrješaka. Fejer Cod. Hung. IV. 3., 462. — Wenzel Cod. dipl. Arpad. cont. VIII. 193—195. (po našem izvoru). — Kukuljević Reg. no. 949.

928.

1268, 31. marta. U Viterbi.

Klement IV. papa uredjuje pravne prilike reda sv. Franje Male braće.

Clemens episcopus servus servorum dei dilectis filiis Cose Saladini Jadrensi . . . . Azonis Justinapolitano et Thome Basilii Catarensi civibus salutem et apostolicam benedictionem. Cum dilecti filii fratres Minores ex professionis sue voto adeo se voluntarie submiserint pau-pertati, ut nec divisim nec communiter aliquid proprii valeant obtinere, sed omnia que ipsis in elemosinam erogantur, seu alias eorum con-templatione proveniunt iuri et proprietati ecclesie romane accrescere dinoscantur, ac propter hoc ad nos pertineat, ut procuratorem in bonis huiusmodi statuamus. Nos de fida uestre circumspectionis solicitudine plenam fiduciam obtinentes, vos et quemlibet in solidum, ita quod non sit melior occupantis condicio in omnibus bonis mobilibus et immobilibus ac sese moventibus eidem ecclesie romane dilectorum filiorum . . . . . ministri et fratrum administrationis provincie Sclavonie contemplationi collatis et in posterum conferendis et omnibus, que in ipsis romane ec--clesie ipsorum intuitu provenerunt et provenient in futurum, procuratores negotiorum, gestores, syndicos constituimus et actores, dantes vobis et cuilibet vestrum in solidum administrandi, dispensandi, vendendi et emendi, permutandi, dandi, donandi, agendi, defendendi in iudicio ecclesiastico et seculari coram ordinariis et delegatis iudicibus, arbitres arbitratoribus et feudorum dominis transigendi, in causis omnibus paciscendi, iurandi de calumpnia, in litem et de veritate dicenda et iusiurandum insuper deferendi, ac etiam petendi et recipiendi quecumque bona ipsorum contemplatione provenientia que applicata vel deputata eorum usibus quocumque modo illicito detenta vel occupata sunt, hactenus aut in posterum detineri vel occupari contigerit, ac omnia faciendi que in iudicio requiruntur. Procuratores preterea unum vel plures ad supradicta omnia constituendi ad requisitionem dictorum ministri et fratrum administrationis predicte, plenam auctoritate presentium facultatem. Ita tamen quod de predictis aut circa predicta in iudicio vel extra vos vel vestrum aliquis seu a vobis procuratores dati nichil penitus peragatis, nisi eorundem ministri et fratrum requisito consilio et obtento. Decernimus ergo, ut ea, que per vos vel vestrum aliquem nec non constitutos a uobis proinde facta fuerint in predictis, plenam obtineant firmitatem. Datum Viterbii II. kalendas aprilis, pontificatus nostri anno quarto.

Fabijanić Storia dei franc. minori I. 415—416. — Kukuljević Reg. no. 951.

929

1268, 15. aprila. U Zagrebu.

Timotej biskup zagrebački kupuje za dvadeset i pet pensi četiri »serva«.

Capitulum Zagrabiensis ecclesie omnibus presens scriptum inspecturis salutem in domino. Ad uniuersorum noticiam harum serie (uolumus) peruenire, quod constitutis in nostra presencia ab una parte magistro Drisa, lectore ecclesie nostre et ab altera Georgio iobagione Cruciferorum de sancto Martino, idem Georgius quatuor homines, scilicet Pezk et Paulam uxorem eius et filios eorumdem scilicet, Wlkek etate maiorem et Martinum minorem, statutos in nostra presencia confessus est, se uendidisse venerabili patri domino Tymoteo episcopo nostro iure perpetuo possidendos pro viginti quinque pensis denariorum Zagrabiensium, que quinque marcas tunc temporis faciebant, quas dictus magister Drisa nomine ipsius domini episcopi, cuius vicem in hac parte gerebat, dedit et persoluit coram nobis Georgio supradicto. Super quo cum predictus Pezk, uxor et filii eius antedicti fuissent per nos requisiti, responderunt:

quod memoratus Georgius usus fuit debita facultate et potuit eos vendere, quia serui eius hereditarii extiterunt. Assignansque predictus Georgius
iurisdiccionem et proprietatem dictorum hominum et ipsos homines,
cum nascituris ex eis domino episcopo. Obligauit se et heredes suos ad
expediendam omnem, quam super uendicione factam oriri contingeret,
questionem et saluandam in propriis laboribus et expensis contra omnes
qui ipsam in litem deducerent et teneri ad omne dampnum et interesse,
quod domino nostro episcopo et successoribus suis immineret occasione
hominum predictorum. In cuius rei testimonium presentes contulimus
sigilli nostri munimine roboratas. Datum in octaua Pasce, anno ab
incarnacione domini MCCLX octavo.

*Liber privileg. eppatus. Zagrab. list 61. — Tkalčić Monum. episcop.
Zagrab. I. 137. — Wenzel Cod. dipl. Arp. XI. 579. donosi regest. —
Kukuljević Reg. no. 948.*

930.

1268, 29. aprila. U Zadru.

*Lovro nadbiskup zadarski sudi o medjama na Pašmanu u korist
samostana sv. Krševana.*

In Christi nomine amen. Anno incarnationis eius millesimo ducentesimo sexagesimo octauo, mensis aprilis, die penultima, indictione vndecima, Jadre. Temporibus domini Rayneri Çeni incliti ducis Venetie et
magistri Laurencii venerabilis Jadrensis archiepiscopi, ac Phylipi Mauroceni
egregii comitis. Cum inter Petrum Machulellum pro parte patris sui Dese
conquerentem ex una parte et honestum ac religiosum virum dompnum
Nicolaum abbatem monasterii sancti Grisogoni de Jadra et suos fratres
ex altera, respondentes super quibusdam terris et metis coram nobis
Laurencio dei gratia suprascripto archiepiscopo Jadratino lis et contencio
uerteretur. dicebat namque dictus Petrus, quod rustici dicti monasterii
acceperant metas positas inter terram suam, que est in insula Pistumani
et terram eiusdem monasterii et intrauerant intra confinia terre sue. Ad
hec autem dictus abbas respondendo dicebat, quod mete predicte sicut
actenus(!) site fuerant per eos, qui terras ipsas prefato monasterio donauerunt erant adhuc, nec ullo unquam tempore per ipsum uel fratres seu
iobagiones suos remote fuerant et tunc ipse Petrus dixit: immo dicte
mete que erant inter terram suam et terras monasterii sepefati de nouo
remote fuerant et erant posite in terram suam uersus boream, introducens

super hoc testes qui super petitione sua fidem plenam facerent in iudicio coram nobis. Nos uero memoratus archiepiscopus hinc inde proposita audientes et iuribus parcium diligencius indagatis, ac testibus intellectis, quia inuenimus, quod testes ipsius Petri assertionem eiusdem non affirmauerunt, ut ipse dicebat et proposuerat iudicio coram nobis, sed potius que per dictum abbatem fuere proposita confirmarunt, diximus et diffinitiue sententiauimus, quod abbas ipse et fratres sui eiusdem monasterii nomine dictas terras teneant et possideant pacifice et quiete, prout antiquitus possederunt et in suis priuilegiis plenius continetur, super petitione seu in petitione dicti Petri silencium perpetuum imponentes et sic super huius nostre sententie diffinitione dedimus et constituimus in pristaldum Brathoslauum sancte Marie maioris clericum ad hec omnia percomplenda. Et ego dictus Brathoslauus auctoritate pristaldie michi commisse, predicta omnia et singula ita esse testificor coram his vocatis et rogatis testibus, scilicet Martinuscio de Çancauata, Marco Lambardo et aliis.

Ego Laurencius dei gratia Jadrensis archiepiscopus me subscripsi.

Ego Vitus sancte Marie maioris clericus et Jadrensis notarius interfui rogatus, ut audiui hanc cartam scripsi, roboraui et signo consueto signaui.

(Signum notarii).

Original u gubernijalnom arkivu u Zadru medju spisima sv. Krševana Cassetta II. no. 13.

931.

1268, 25. maja.

Pred kaptolom stolno-biogradskim prodaje Andronik sin Petrov županu Abri od Moravča svoju zemlju od četiri jutra u Čegvama za pet maraka.

[C]apitulum ecclesie Albensis omnibus Christi fidelibus presentes litteras inspecturis salutem in domino sempiternam. Ad uniuersorum noticiam tenore presencium uolumus peruenire, quod Andronico filio Petri de Chegue ab una parte et Clemente officiali Abrae comitis de Moroucha pro eodem domino suo ex altera coram nobis constitutis, idem Andronicus quandam terram suam sessionalem quatuor iugerum in Chegue, iuxta fundum curie eiusdem comitis Abrae a plaga meridionali existentem, pro quinque marcis denariorum stateralium eidem comiti Abrae est confessus in perpetuum uendidisse et ipsam recepisse pecuniam ab eodem. Eo assumpto, quod quicumque dictam terram ab ipso comite Abrae et ab eius heredibus repeteret, idem Andronicus et sui heredes expedire tenerentur propriis laboribus et expensis. In cuius rei testimonium ad peticionem parcium presentes dedimus litteras nostro sigillo communitas. Anno domini MCCLX⁰ octauo, octauo kalendas iunii, magistro Demetrio ecclesie nostre electo, aule regis uicecancellario, Myke cantore, Feliciano custode, Michaele decano existentibus.

Original u arkivu jugoslavenske akademije: Diplomata a. 1268. — *Na listini visi o zelenoj i žutoj svilenoj vrvci okrugli izlizani pečat od bijeloga voska.*

932.

1268, 26. maja. U Požegi.

Pred kaptolom požeškim prodaje udova Poše sa sinovima svoju zemlju medju potocima Knežim i Dubovcem, Gregoru Knezu za pedeset maraka.

Capitulum ecclesie beati Petri de Pasaga omnibus Christi fidelibus presentem paginam inspecturis salutem in domino. Vniuersitati vestre notum facimus per presentes, quod domina relicta Posa vna cum filiis suis, videlicet Gregorio et Paulo, ac Nicolao ex altero marito suo procreato ex vna parte, Gregorius Kenezyus ex altera, ad nostram accesserunt presenciam et predicta domina cum prefatis filiis suis duobus Gregorio et Paulo confessa est, se quandam terram suam inter riuulos Kenez et Duboch pataka sitam cum omnibus vtilitatibus suis et pertinenciis ad eandem, metis et terminis infrascriptis circumdatam, de consensu prememorati filii sui Nicolai et de voluntate commetaneorum suorum, videlicet Cheh Tarda generis sui et Draas coram nobis personaliter tunc astancium, nec contradicencium pro quinquaginta marcis argenti Gregorio Kenezyo vendidisse, sibi et heredibus suis perpetuo quiete et pacifice possidendam et ipsam pecuniam ab eodem Gregorio plenarie recepisse, exclusa tantummodo porcione predicto Tarda genero suo assignata, insuper eciam quandam vineam suam in territorio Cheh sitam eidem Gregorio Kenezyo ad racionem predicte pecunie sibi persolute prefata domina vendidit coram nobis perpetuo possidendam. Cuius terre prima meta incipit iuxta Dobouch pataka, vbi est arbor pirus inferius domum Daras, inde uadit versus orientem ad Laazkerek uocatos, inde a capite vnius riuli(!) qui uadit versus meridiem et cadit in fluuium Jazuinak et per eundem Jazuynak eundo venit ad locum qui dicitur Kenesemisyche, vbi cadit in Kenezpataka, ab hinc exit de ipso pothok et declinat versus meridiem et venit ad siluam que dicitur Bok, inde similiter ad meridiem eundo vadit et venit ad quoddam Kalyzta quem transit et vadit semper versus meridiem et peruenit ad aquam Cernek, vbi venit ad arborem twl vyrk nuncupatam, inde currit versus occidentem ad clausuram ipsius aque vbi pisces capiuntur, inde per eandem aquam similiter ad occidentem eundo venit vbi fluuius Luqui dictus cadit in aquam Chernech, inde vadit per ipsum Luky(!) fluuium versus aquilonem et venit ad locum, vbi fluuius Wrboycha dictus iungitur antedicto Luky fluuio, inde per eundem Wrboycha fluuium declinat et venit ad campum qui dicitur Treztena pole et eundem campum transeundo uadit semper versus aquilonem, donec venit ad Dubeuch pataka, inde per eundem Duboch potok declinat adhuc versus aquilonem, donec venit ad locum vbi cadit Zcopchenik potok in eundem Duboch fluuium, inde per ipsum Duboch fluuium versus aquilonem eundo uadit, donec venit ad superius dictam arborem piri, videlicet ad priorem metam et ibi terminatur. In cuius rei memoriam firmitatemque perpetuam ad instanciam et peticionem predicte domine relicte Posa et filiorum suorum in huius rei testimonium presentes litteras nostras eidem Gregorio Kenezyo concessimus sigilli nostri munimine roboratas. Datum in vigilia festi Penthecostes, anno domini M⁰. CC⁰. sexagesimo octauo.

Iz prijepisa istog kaptola od g. 1317. 20. septembra, kako ga potvrdio kralj Karlo g. 1317. 22. decembra, a prepisao bosanski kaptol god. 1400. 12. februara. Izvornik poslijednje na pergameni u kr. ugarskom državnom arkivu u Budimpešti M. O. D. L. 33.721. Stara signatura N. R. A. fasc. 1502. no. 16.

Wenzel Cod. dipl. Arp. cont. XI. 577—8. — Kukuljević no. 952.

933.

1268, 5. juna. U Viterbi.

Klement IV. papa zabranjuje graditi samostan prosjačećih redova u malim razmacima.

Clemens episcopus seruus scruuorum dei dilectis filiis . . . generali et aliis ministris ac fratribus ordinis Minorum salutem et apostolicam benedictionem. Quia plerumque in futurorum euentibus sic humani fallitur incertitudo iudicii, ut, quod utile, coniectura uerisimilis, immo eciam attenta interdum consideracio pollicetur non solum inutile, set dampnosum reperiri contingat nonumquam, quod consulte statuitur, postmodum consultius inmutatur. Hoc quippe necessitas presentis prouisionis euidenter ostendit. Dudum siquidem, ut inter religiosos potissime per nostre diligencie studium emulacionis et dissensionis tolleretur occasio et caritatis integritas seruaretur, per nostras sub˙ certa forma litteras ordinandum duximus et districcius inhibendum, quod nulli liceret ex tunc de fratrum Predicatorum penite[n]cie Jesu Christi beate Marie de Monte Carmeli heremitarum sancti Augustini, sancte Clare aliisque ordinibus in paupertate fundatis nullique mulierum de predictis seu quibuslibet aliis ordinibus aliquod monasterium, ecclesiam uel oratorium edificare seu construere, nulli quoque seculari seu religioso cuiuscumque professionis ecclesiam uel monasterium seu oratorium iam edificatum in aliquem transferre de ordinibus memoratis intra spacium trecentarum cannarum a uestris ecclesiis mensurandarum, per aera eciam ubi alias recte non permitteret loci disposicio me[n]surari. Statuentes, ut quicquid contra huiusmodi ordinationis et inhibicionis nostre tenorem ex tunc edificatum existeret, dirueretur omnino. Verum quia quod ad pacem vestram et predictorum fratrum et ordinum prouisum fuerat non solum uobis, set eciam multis aliis qui propter predictum diffusum cannas spacium in huiusmodi ordinacione ac inhibicione contentum, quasi ab omnibus eciam sollempnibus ciuitatibus inueniebantur excludi, ad scandalum cesisse comperimus, diuersis propterea litigiorum materiis suscitatis. Nos super hiis cum fratribus nostris deliberacione prehabita huiusmodi spacium de ipsorum fratrum consilio restringentes, ipsum ad centum et quadraginta cannas duximus reducendum; omnibus aliis que in premissis nostris litteris continentur in suo nichilominus robore duraturis. Nulli ergo omnino hominum liceat hanc paginam nostre restriccionis et reduccionis infringere uel ei ausu temerario contraire. Si quis autem hoc attemptare presumpserit, indignacionem omnipotentis dei et beatorum Petri et Pauli apostolorum eius se nouerit incursurum. Datum Viterbii nonas iunii, pontificatus nostri anno quarto.

Iz prijepisa kardinala Komesa od g. 1287. 25. oktobra. Izvornik potonjeg prijepisa u gubernijalnom arkivu u Zadru (odio sv. Dominika br. 2160).

Wadding Ann. Minor. IV. 537. — Sbaralea Bullar. Francisc. III. 158. — Potthast Reg. pontif. no. 20.372.

934.

1268, 13. juna. U Viterbi.

Klement IV. papa nadbiskupu zadarskomu neka reformira samostan benediktinski sv. Kuzme i Damjana i poda pod topusku opatiju.

Clemens episcopus servus servorum dei venerabili fratri (Laurentio) archiepiscopo Jadrensi salutem et apostolicam benedictionem. Ex tenore litterarum, quas dilecti filii . . . . abbas et monachi monasterii sanctorum Cosme et Damiani de Monte Jadrensi, ordinis sancti Benedicti, nobis destinare curarunt, accepimus, quod monasterium ipsum per incuriam et malitiam degentium in eodem adeo in spiritualibus et temporalibus est collapsum, ut nulla spes penitus habeatur, quod de suo possit ordine reformari. Quare humiliter per easdem litteras postulabant a nobis, ut monasterium ipsum cum suis membris de Cisterciensi reformari ordine feceremus. Nos itaque de tua circumspectione confisi, fraternitati tue per apostolica scripta mandamus, quatenus si est ita, cum ab eisdem abbate et monachis super hoc fueris requisitus, dictum monasterium cum membris eisdem, si capituli tui ad hoc accedat assensus, de predicto Cisterciensi ordine auctoritate nostra reformans, illud monasterio de Topliza eiusdem Cisterciensis ordinis Zagrabiensis diocesis, si videris expedire, submittas. Contradictores etc. Non obstante, si aliquibus a sede apostolica sit indultum, quod suspendi vel interdici aut excommunicari non possint per litteras dicte sedis, non facientes plenam et expressam de indulto huiusmodi mentionem. Datum Viterbii idibus iunii, pontificatus nostri anno III.

Theiner Mon. Hung. I. no. 527. str. 293. — Iz reg. orig. an. IV. episc. 33. — Wenzel. Cod. Arpad. III. 183. — Potthast Reg. pont. no. 20.395.

935.

1268, 16. juna. U Spljetu.

Prodaja i izmjena zemlje.

In nomine dei eterni amen. Anno incarnacionis millesimo ducentesimo sexagesimo octavo, indictione undecima, die quintodecimo exeunte iunio, regnante domino nostro Bela serenissimo rege Vngarie, temporibus domini Johannis uenerabilis Spalatensis archiepiscopi, domini Rolandi incliti comitis, Dobri Duscice, Petri Cerneche, Josep Petri iudicum. Ego

Vulcana relicta Desco Osinacii, Matheus nepos ipsius Desconi per hoc presens instrumentum sunt confessi et manifesti, suscepisse et in se habuisse a Peruoslauo Dabralis uiginti libras denariorum paruorum, pro quibus libris dederunt, contulerunt ac precise uendiderunt (ei)dem terram suam, que fuit ipsius . . . . . benitem per preconem publica in platea, que terra est in Boda apud . . . . potoc, ubi dicitur ac Gomillizze iuxta terram Michaelis Leonardi . . . . quam incultam uel . . . . (l)aboratam terram dono sibi, plenam potestatem ipsam possidendi, uendendi, donandi . . . . ex ea placuerit faciendi promitentes atque se obligantes ipsam terram eidem Peruoslauo ab omni persona defensare excalumpniare cum suorum bonorum obligatione. In signum uero stabilis et precise . . . . cionis unum passum de terra per longum et amplum ibidem in Bade (!) ab ipso pro gambio(!) acceperunt. Actum in placato in presencia et testimonio Dobri (Dusci)sci, Juanici Dragali et plurium aliorum.

Ego Petrus Slouinne examinator manum meam misi.

Ego uero Domnus Lucas canonicus et iuratus notarius his interfui . . . . . . scripsi et roboraui.

(Signum not.)

Original u arkivu opatica sv. Marije u Zadru. — Listina trošna i oštećena.

936.

1268, 30. juna. U Spljetu.

Ivan nadbiskup spljetski zapovijeda, da se vrata tornja samostana sv. Benedikta drže zatvorena, dok traje pravda izmedju samostana i Prve, udove Leonardove.

In nomine dei eterni amen. Anno incarnacionis eiusdem millesimo ducentesimo sexagesimo octauo, indicione vndecima, vltimo die mensis iunii, regnante domino nostro Bela serenissimo rege Vngarie, temporibus domini [Johannis] venerabilis Spalatensis archiepiscopi, domini Rolandi incliti comitis, Dobri Duscicçe, [Petri Cerneche] et Josep Petri iudicum. Dominus Johannes predictus venerabilis archiepiscopus presentem fecit [securi]tatem domine Chatene abbatisse et conuentui monasterii sancti Benedic[ti] . . . . pro honestate et vtilitate ipsius monasterii murari et claudi fecerat uo[ltam turri]s ipsius monasterii et eciam bugne(!) ibidem, uolens et consulte decernens, quod clausura illa nullum preiudicium faciat monasterio supradicto, usque dum inter ipsam abbatissam et. suum conuentum ex una parte et dominam Peruam relictam Leonardi Caualcasoli, inter quas questio oriebatur de haditu ipsius turris, fuisset plene et finaliter iudicatum ac determinatum et nullum inpedimentum faciat clausura illa, nec preiudicet monasterio supradicto ad prosequendum et manutenendum suum ius in omnibus ad ipsum monasterium spectantibus uel pertinentibus. Actum in curia domini archiepiscopi in presencia et testimonio domini Duimi archidiaconi, Miche sacriste, Vulcine Cernçe et aliorum.

Ego Madius filius Miche examinaui.

Ego uero dominus Lucas canonicus et iuratus notarius Spalatensis hiis interfui et de mandato domini archiepiscopi, vt audiui scripsi et rogatus roboraui.

(Signum not.)

Original. u arkivu samostana sv. Marije u Zadru.

937.

1268, 23. augusta. U Rabu.

Rabljani mole patriarhu od Grada, da skine s njih nepravedno im nametnuti interdikt.

Anno domini millesimo ducentesimo sexagesimo octavo, indictione undecima, die nono exeunte augusti, Arbi. Temporibus equidem domini nostri Laurentii Teupolo inclyti ducis Venetiarum etc., venerabilis Gregorii de Costizza Arbensis episcopi et Marci Badoarii egregii comitis, presentibus Georgio quondam Simonis et Joanne Nicole. Cum vos pater venerabilis Gregorius dei gratia episcopus supradictus tam per vos quam vestri capituli universitatem decimas non consuetas territoriorum communis Arbensis requisieritis, dudum tandemque rectores civitatis et eiusdem consilium sub interdicto ponentes, hoc est privantes audientia celebracionis divine, unde nos Creste de . . . . . ac iudices, Hermolaus Matthei. Martinusius de Slovig(n)a et Stephanus de . . . . . seu Arbense consilium et communitas universa, sentientes nos exinde indebite aggravatos, tamen veluti devoti filii sancte matris ecclesie, qui patris indebite indignantis . . . . sustinent, ob divinam reverentiam patienter sustinuimus, pro firmo credentes, quod nostra mansuetudine filiali, in dicta petitione et gravaminibus . . . . , satis indebite contra nos factis desistere deberetis, cum satis congruis et honestis defensionibus usi fuerimus in hac parte, dicentes: eligantur presbyteri et fideles viri tam clerici, quam laici omni fide dignissimi, qui hanc questionem debito fine definiant et ut circumstantium finitimorum Dalmatinorum tam communitatum, quam nobilium aliorum super hoc determinatio requiratur. Unde cum nostras defensiones supradictas et alias plures satis idoneas admittere non curavistis in hac parte pro satisfacto, nihilominus . . . . . nosque ob hoc tanquam innoxii incommode aggravati, ab omni gravamine per vos facto et faciendo, a vobis . . . . suspecto iudice remoti, audientiam venerabilis patris Gradensis patriarche, Dalmatieque primatis . . . . in scriptis petimus.

Ego Martinusius de Slovig(n)a iudex ac examinator manu mea.

Ego Marinus . . . . Arbensis notarius scripsi, complevi et roboravi et consueto signo signavi.

Farlati Illyricum sacrum V. 243. — Wenzel Cod. dipl. Arp. cont. VIII. 224. — Kukuljević Reg. no. 954.

938.

1268, 23. septembra. U Zagrebu.

Pred kaptolom zagrebačkim prodaje Junislav neku zemlju pod Dolcem Petru sinu Rodovu za petnaest pensi.

[C]apitulum Zagrabiensis ecclesie omnibus presens scriptum inspecturis salutem in domino. Ad vniuersorum noticiam harum serie uolumus peruenire, quod constitutis in nostra presencia ab una parte Junizlao filio Diminuk, Wratk filio Lubizlay, Jacou filio Lubech, Lubizlao filio Gurdesa de Brachina et ab altera Petro filio Rodofi de Kenesepola, idem Junizlaus et ceteri de parte sua prenotati quandam particulam terre eorum site subtus Doluch, contiguam terre predicti Petri, confessi sunt se uendidisse predicto Petro et per eum suis heredibus heredumque successoribus iure perpetuo possidendam pro quindecim pensis denariorum Zagrabiensium, quorum singule quinque pense marcam tunc temporis faciebant, quas se dixerunt ab eodem plenarie recepisse. Prima uero meta terre uendite, sicut partes nobis retulerunt, incipit ab oriente a metis terre Petri supradicti, que Kenesepolia(!) nuncupatur, inde procedit versus occidentem iuxta terram Rodoan et ascendit paruum montem ad arborem hrazt, inde uenit ad arborem nucis, inde descendit per paruam uallem siccam et uenit ad arborem brezt, inde procedit et uenit ad arborem cheresna, inde transit riuulum unum et ascendit paruum montem, ubi habet arborem pomi siluestris sub qua est meta terrea, inde uertitur ad septemtrionem et iuxta metas predictorum uenditorum procedit et uenit ad fontem quendam qui Grabrouch nuncupatur, inde in eodem fonte procedens per paruum spacium uenit ad arborem piri, inde procedit ad locum qui dicitur Zlatina, inde iuxta metas Coztizlau filii Pribizlay et per latus montis uenit ad uirgultum quod hrazt dicitur, inde procedit supra arborem nucis et uenit ad metas terre Petri supradicti. Astiterunt eciam commetanei terre uendite, scilicet Mark filius Marci comitis et Rodoan supradictus qui pro se et omni generacione sua uendicionem factam consensu suo ratificantes unanimiter approbarunt. In cuius rei testimonium presentes ad instanciam parcium contulimus sigilli nostri munimine roboratas. Datum die dominica ante festum beati Michaelis, anno ab incarnacione domini $M^0.CC^0.LX^0$. octauo.

Original u kr.· ug. drž. arkivu u Budimpešti M. O. D. L. no. 647. Stara signatura N. R. A. fasc. 1532. no. 4. — Na listini visi o crvenoj svilenoj vrvci pečat. — Istu listinu prepisao je kaptol zagrebački g. 1357. 13. juna.

Wenzel Cod. dipl. Arp. cont. VIII. 222. (po izvorniku u komor. arkivu). — Wenzel Cod. dipl. Arp. cont. XI. 579. (po izvorniku u Zagrebu, odio budim. komor. arkiva). — Kukuljević Reg. no. 955.

939.

1268, 24. septembra. U Viterbi.

Klement IV. papa rimski, odsudjuje odluku ugarskoga sabora, da se desetine nema plaćati crkvama i nalaže ugarskomu episkopatu, da crkovnim kaznama pritjera nepokorne na plaćanje.

Clemens episcopus seruus seruorum dei venerabilibus fratribus archiepiscopis et episcopis et dilectis filiis ceteris prelatis regni Vngarie salutem et apostolicam benediccionem. Inter ceteras dotes graciarum ubertate plenas et fecundas, in quibus superna disposicio voluit ecclesias honorari, dotauit eas beneficio libertatis, cuius priuilegium eo potius affectamus in suo uigore persistere, quo in eius lesione, si qua referri sibi contingeret, durius grauaremur. Ad hec igitur sicut expedit animum conuertentes id, quod sicut ad nostrum peruenit auditum, barones et alii nobiles dicti regni, diuine legis institucionem peruertere non uerentes in preiudicium libertatis ecclesiastice duxerant statuendum, videlicet: vt decime non soluerentur ecclesiis iuxta morem et ipsius regni consuetudinem pacifice diutius obseruatam. Et carissimi in Christo filii nostri Bela et Stephanus, Vngarie reges illustres, auctoritate regia confirmarunt corporali prestito iuramento, quod illud obseruarent et facerent a suis subditis obseruari, omnino irritum et innanc decernimus, dictum iura-

mentum temerarium reputantes et ipsos reges decernentes ad obser-
uacionem ipsius aliquatenus non teneri. Quocirca prout nostrum nos
hortatur officium, uobis per apostolica scripta firmiter precipiendo mandamus, quatenus uos uniuersi et singuli circa tuicionem libertatis ecclesiastice ac defensionem iurium ecclesiasticorum sollicite uigilantes, latas seu
ferendas propter hoc a nobis communiter uel diuisim excommunicacionis
uel interdicti seu quascunque sententias inuiolabiliter obseruetis et faciatis
alteruterius sententias, quantum in uobis fuerit, obseruari et ecclesias uobis
subiectas et clericos earumdem, prout ad uestrum spectat officium, in
suis iuribus et libertatibus defendatis. Decimas nichilominus eisdem
ecclesiis iuxta morem et consuetudinem patrie debitas ab ipsarum
ecclesiarum parochianis exigere nullatenus obmittentes, non obstante
aliquo statuto contrario a laicis super hec edito, litteris regum regni
Vngarie ac regum eorumdem iuratorum prestacione uallato. Preces igitur
et mandatum apostolicum super hiis taliter adimplere curetis, quod uos
de negligencia redargui, sed de sollicitudine commendari potius ualeatis.
Pro certo scituri, quod si secus per uos fieri contingeret, defectus uester
posset in penam et dispendium redundare. Datum Viterbii, VIII kalendas
octobris, pontificatus nostri anno quarto.

Liber privileg. eppatus. Zagrab. list 14. — Tkalčic Monum. episc.
Zagrab. I. 143—144. krivo 1269. jer je papa Klement IV. umro već 29.
novembra 1268. — Wenzel Cod. dipl. Arp. XI. 590—1. — Kukuljević
Reg. no. 984.

940.

1268, mjeseca septembra. U Senju.

Utanačenja mira izmedju Senja i Raba.

Nos Cernosclauus çupanus filius de çupan Cernochi pro se et nepotibus suis, videlicet Miterino comiti(!), Georgio filio Lampre et Gregorio
fratre dicti comitis Miterini, vice et nomine pro se et nepotum(!) suorum(!),
cum tota nostra parentella et cum omni nostra generatione presente et
futura, hiis litteris damus in futurum(!) memoriam vniuersis quibus scire
expedierit, quod nos ad talem(!) pactum et pacem cum communitate
Arbensi devenimus super facto sanguinis, que facta fuit per quendam hominem de Arbo in Radin, qui dicitur Murco de nostra parentella et idem
Radin presente(!) vna cum fratribus suis Radac et Bratoe talem pacem
et pactum affirmantes: quod per illa(!) effusione(!) sanguinis factam per
dictum ciuem Arbensem dicto(!) Radin, promiserunt dictus Cernosclauus

pro se et nepotum(!) suorum(!), ac cum tota sua parentella et cum omni generatione ipsorum; quod per illa(!) effusione(!) sanguinis umcquam non offendent nec offendi faciet(!) alicui de ciuitate Arbensi aliquo modo uel ingenio, nec Arbenses non offendent nec facient offendi alicui(!) de progenie seu parentella dicti domini Cernosclaui natis et nascituris. Et si dictus dominus Cernosclauus cum omni sua parentella et gene- ratione contra hec ire temptauerit seu contrafacient(!), cadat in pena alteri parti ducentarum marcarum argenti, de quibus centum marcas habeat et cadat in iudicio, scilicet ille qui dominator erit in Sclauonia, reliquis uero iniuriam pacienti(!). Et si dictam communitatem Arbensem(!) contra ea que dicta sunt superius dicto domino Cernosclauo(!) seu eius parentelle et progenie contra faciet, cadat in pena secundum consuetu- dines et statuta dicte ciuitatis Arbensis. Iterum super hec firmiter per ambe(!) partes dictam pacem stabilientes, ut quicquid dampni uel offen- sionis inter dictam communitatem Arbensem et Cernosclauum et eius parentellam taliter, quod dampnum uel offensio fuisset euidens et ma- nifestum, si qua pars contra faciet, cadat, prout dictum est superius, et quelibet pars vnus alteri libere vadant, emant et vendant. Hec sunt no- mina qui ad dictam pacem interfuerunt: Segniensis J. archidiaconus, Crassicius archipresbiter, iudices Tholomerus, Cricicus, Presatus, Drago- sclauus, Dominicus, Radouanus et Johannes de Raduc, Vbicinus vice- comes, Tomasius, tragovocius(!), domini P. Çagrabiensis, qui pro eo coli- gitur(!) tragouinam(!). Et ad maiorem firmitatem et euidenciam perpetuam pleniorem, presentes litteras sigillis pendentibus, videlicet communitatis Arbensis, communitatis Seniensis, Cernosclaui çupani, comitis Miterini et Gregorii fratris comitis Miterini munimine fecimus roborari. Sub anno domini millesimo ducentesimo sexagesimo octauo, indictione vndecima, mense septembris; regnante inclito et illustri domino B[ela] dei gratia rege Hungarie et existente duci(!) Bele [iuni]ori tocius Sclauonie.

Izvornik na poduljoj pergameni u kr. zem. arkivu u Zagrebu: Doc: medii aevi. — Na ispravi vise o zelenoj svilenoj pletenoj vivci redom ovi pečati utisnuti u žuti vosak: I. Trouglasti pečat: u sredini nekakav znak sličan znakovima u grbovima poljskoga plemstva. Okolo napis: † SIGILLVM GREGORI. — II. Okrugao: u njem lik sv. Kristofora, desno polu- mjesec, lijevo osmotraka zvijezda. Okolo napis: (gotski) † S. COMVNIS ARBENSIS. — III. Okrugao sa sličnim znakom kao I. Okolo napis: † S. COMITIS RINOSA. — IV. Okrugao: u njem sv. Juraj na konju u borbi sa zmajem. Okolo napis: † S. COMVNIS CIVITATIS. D SCENIA (gotski). — V. Okrugao u njem sličan znak kao u I. i III. Okolo napis: † S. COMITIS MITERN.

941.

1268, prije 13. oktobra.

Bela kralj ugarski i hrvatski dosudjuje zemlju Gostovič Abrahamu itd. sinovima župana Bartola.

[B]ela dei gracia Hungarie, Dalmacie, Croacie, Rame, Servie, Gallicie, Lodomerie, Cumanieque rex omnibus presens scriptum inspecturis salutem in omnium saluatore. [A]d vniuersorum tam presencium quam futurorum noticiam harum serie uolumus peruenire, quod cum Demetrius, Marcus, Pribk, Chornouch et Pribenuk, ac alii cognati eorum de Goztoyg, populi castri Crisiensis, Abraam, Bartholomeum et Dominicum filios comitis Bartholomei, ipso comite Bartholomeo rebus humanis exempto super tercia parte terre Guztowyg(!), quam idem comes Bartholomeus usque dum uixit ex nostra donacione et nostro priuilegio pacifice possederat, coram nobis traxissent in causam et super ea aliquamdiu disceptassent, tandem quia ex tenore litterarum Stephani quondam bani tocius Sclauonie, qui ipsam terciam partem comiti Bartholomeo in predicta terra Guztowyg de nostro mandato statuerat pro certo didicimus et comperimus eandem terram Guztoyg(!) fuisse castri Crisiensis et eosdem eciam homines esse populos castri predicti. Censentesque propter hoc nos eandem terram sine alieni iuris iniuria eidem comiti Bartholomeo conferre potuisse, dictam terciam partem ipsius terre Gustowyg cum omnibus utilitatibus suis, prout in priori priuilegio nostro continetur, memoratis Abraam, Bartholomeo et Dominico filiis eiusdem comitis Bartholomei per diffinitiue sentencie calculum adiudicando dimisimus seu reliquimus perpetuo et irreuocabiliter possidendam; prefatis Demetrio, Marco, Pribk, Chornoch et Pribenuk, ac omnibus aliis cognatis eorundem super predicta terra Goztoyg ulterius requirenda silencium perpetuum imponentes, ita quod quandocunque iidem castrenses, uel aliquis ex eisdem super predicta terra questionem suscitare attemptauerint, tamquam calumpniatores puniantur. Decernentes nichilominus, ut iidem castrenses de predicta terra Goztoyg ad alias terras dicti castri Crisiensis debeant se transferre, nec ibi presumant ulterius commorari. Vt igitur huius rei series firma semper et inconcussa permaneat, nec processu temporis ualeat per quempiam retractari, aut in recidiue questionis scrupulum reuocari, presentes eidem Abraam et fratribus suis concessimus litteras dupplicis sigilli nostri munimine roboratas. Datum per manus magistri Farcasii prepositi Albensis, aule nostre uicecancellarii dilecti et fidelis nostri, anno domini $M^0 CC^0 LX^0$ octauo, regni autem nostri anno tricesimo tercio.

Original s odlomkom visećega pečata na crveno-zelenoj svilenoj vrvci u komornom arkivu u Budimu. — Ima i izvorni prijepis ove listine od god. 1268. po hercegu Beli u DL. 652. (N. R. A. fasc. 503. no. 14.) — Wenzel bilježi još jedan primjerak, ali taj se nije našao.

Wenzel. Cod. dipl. Arp. cont. VIII. 190 -1. — Kukuljević Reg. no. 965.

942.

1268.

Bela herceg hrvatski dosudjuje zemlju Gostović Abrahamu itd. sino-vima župana Bartola, na temelju darovnice kralja Bele (od g. 1268.)

[B]ela dei gracia dux tocius Sclauonie, Dalmacie et Croacie omnibus presens scriptum inspecturis salutem in omnium saluatore. Ad uniuer-sorum tam presencium quam futurorum noticiam harum serie uolumus peruenire, quod cum Demetrius, Marcus, Prybk, Chornovch et Prybineg, ac alii cognati eorum de Goztovych, populi castri Crisiensis, (contra) Abraam, Bartholomeum et Domynicum filios comitis Bartholomey coram nobis conuenissent conquerendo, proposuerunt contra ipsos, quod iidem terciam partem terre ipsorum de Goztovych detinerent indebite occupatam in ipsorum preiudicium et grauamen, predicti autem Abraam, Bartholomeus et Dominicus responderunt, quod ipsi terciam partem prefate terre Goztovych ex gracia et donacione karissimi patris nostri B(ele) illustris regis Hungarie iusto titulo donacionis possiderent et tenerent. Cumque nos auditis parcium assercionibus sepedictos Abraam et fratres suos requisissemus, si haberent instrumenta uel priuilegia, quorum auctoritate uel pretextu tenerent ipsam terram, idem Abraam et fratres sui exhi-buerunt nobis priuilegium domini regis karissimi patris nostri, cuius tenor talis fuit.

(Slijedi listina kralja Bele od g. 1268. za zemlju Gostović).

Nos itaque inspecto tenore eiusdem priuilegii et diligenter examinata continencia ipsius cum baronibus regni nostri, H(enrico) scilicet bano Sclauonie, Dyonisio comite Zaladiensi iudice curie nostre, magistro Baas comite de Dobycha et aliis baronibus et nobilibus regni nostri, qui nobis assidebant, decreuimus et decernendo censuimus ipsam terciam partem prefate terre Goztovych iuxta tenorem et continenciam eiusdem priui-legii memoratis Abraam, Bartholomeo et Dominico perpetuo relin-quendam et dimisimus eisdem et per eos ipsorum heredibus iure perpetuo pacifice possidendam; sepedictis Demetrio, Marco ac aliis suprascriptis cognatis eorum super requisicione ipsius tercie partis perpetuum silencium inponentes, ut conuictis in calumpnia manifesta et Demetrio uni ex eisdem qui assari debebat pro huiusmodi litis refricacione, ad peticionem aliquorum baronum nostrorum parcentes partem capitis sui abradi fecimus in signum opprobii et memoriam ulcionis. Vt igitur huius facti series perpetuo permaneat inconcussa, nec possit per quempiam in posterum irritari, presentes litteras ipsi Abraam et fratribus suis predictis dedimus sigilli nostri munimine roboratas. Datum per manus venerabilis patris Ladyzlay episcopi Tyniensis aule nostre cancellarii dilecti et fidelis nostri, anno ab incarnacione domini M⁰CC⁰LX⁰ octauo.

Original u kr. ug. drž. arkivu u Budimu: DL, 652. (Stara sign. N. R. A. fasc. 503. no. 14.) Stoji u izlogu toga arkiva pod br. 11. — Na listini visi o svilenoj vrvci crvene i zelene boje okrugli oštećeni pečat. Legenda nečitljiva. Vidjeti je konture konja; po tom je taj pečat predstavljao hercega na konju. — Na hrptu rukom XV. vijeka: silencium positum in petitionibus filiorum Bartholomei.

Fejér IV, 3, 474—475. (fragmentarno). — Wenzel Cod. dipl. Arp. cont. VIII. 203—204. — Kukuljević Reg. no. 961. i 962.

943.

1268.

Bela herceg hrvatski potvrdjuje darovanje svoga oca kralja Bele, učinjeno meštru Tomi i brać njegovoj u opsegu grada Kalnika.

Bela dei gracia dux tocius Sclauonie, Dalmacie et Croacie omnibus quibus presentes ostenduntur salutem in domino sempiternam. Ad vniuersorum noticiam tenore presencium uolumus peruenire, quod cum post diuine pietatis clemenciam et nostram emancipacionem per dominum Belam regem Hungarie patrem nostrum karissimum regimen ducatus nostri adepti fuissemus, magister Thomas familiaris et specialis notarius domini regis karissimi patris nostri nostram adiens presenciam nobis explanauit, quod idem dominus rex pater noster karissimus terram cuiusdam iobagionis castri de Kemluk Bolesk nomine decedentis sine herede, ob recompensacionem seruiciorum eiusdem obsequiosorum, que ab indole sue puericie diligenti studio et prudenti circumspeccione eidem domino regi karissimo patri nostro fideliter exhibuit indeffesse, sibi et fratribus suis, videlicet Crystophoro, Johanni, Paulo et Stephano, ac successoribus eorundem de plenitudine gracie sue contulisset auctoritate sui priuilegii muniendo, petens a nobis humili suplicacione, ut collacioni eiusdem domini regis karissimi patris nostri, nostrum consensum et assensum adhibentes, eandem ratificare et ex nunc nostra collacione renouare, nec non nostri priuilegii munimine confirmare dignaremur, verum quia uoluntati et facto domini regis karissimi patris nostri, ut solet filius obediens occurrere, liberaliter debuimus et debemus, presertim cum idem magister Thomas et Johannes frater eiusdem iuuenis noster cum ceteris fratribus eorum supradictis sollercia eciam nobis obsequia et uirtutum fidelitatibus circumspecta impendere studuissent, consideratis eciam seruiciis eorundem, que nobis impendere poterant in futurum, prefatam collacionem domini regis karissimi patris nostri factam, eisdem magistro Thome et fratribus suis de terra Bolesk antedicti ratam et firmam habuimus, prout in priuilegio eiusdem domini regis patris nostri karissimi continetur plenius et habetur et perpetuo obseruamus illibate et ex nunc eisdem reliquimus et ex nouo contulimus, dedimus et donauimus iure perpetuo possidendam. In testimonium itaque priuilegii domini regis karissimi patris nostri et premisse collacionis stabilitatem, quia eciam dominus rex pater noster karissimus a nobis petiuit oraculo uiue vocis, eisdem magistro Thome et fratribus suis ac successoribus eorundem nostrum consensum duximus concedendum. Datum per manus venerabilis patris Ladyzlay episcopi Thynnyensis aule nostre cancellarii dilecti et fidelis nostri, anno domini M^0. CC^0. [sexages]imo octauo, ducatus autem nostri anno primo.

Original u posjedu g. Dr. F. X. Gundruma grad. fizika u Križevcu (1900.) — Na listini visi nešto crvene, modre i žute svilene vrvce.

944.

1268.

Bela herceg hrvatski dosudjuje nekomu Martinu zemlju Blagušu kod Vugrovca.

Bela dei gracia dux tocius Sclauonie, Dalmacie et Croacie omnibus Christi fidelibus tam presentibus quam futuris presens scriptum inspecturis salutem in uero salutari. Ad vniuersorum noticiam tenore presencium volumus peruenire, quod cum quidam Boryzlau, Vlchk, Stepan, Vytku, Vulchyk filius Rese, Vulchey filius Drask (et) Dragislau asserendo se esse castrenses castri Zagrabiensis, Martinum uentrosum iobagionem castri predicti super terra Blagusa nuncupata, dicendo eandem esse terram castri supradicti, in nostram presenciam citauissent, proposuerunt, quod

Martinus predictus iniuste occupans eorum ipsam terram ipsos deposuisset de eadem uiolenter; contra quos Martinus respondit memoratus, quod ipsa terra esset sua terra hereditaria et fuisset ab antiquo a suis progenitoribus possessa pacifice et quiete et iidem Beryzlau(!), Vulchk, Stepan, Vytku, Vulchyk filius Rese, Vulchey filius Drask et Dragizlau requisiuissent ab ipso ordine iudicario ipsam terram, quam contra eos iustificasset coram Alexio bano, prout in litteris Alexandri bani et bani Stephani bone memorie confirmatoriis earumdem vidimus contineri exhibitis per Martinum memoratum. Demum cum iidem Borizlau, Vulchk et alii supradicti coram Rolando bano questionem super ipsa terra Blagusa suscitassent, iterato per sentenciam ipsius bani et aliorum baronum calumpniatores remansissent, super hoc ipsius Rolandi bani litteras priuilegiatas nobis exhibuit tenorem huiusmodi continentes: Rolandus banus tocius Sclavonie *(Gl. listinu od g. 1261. br. 711.)*. Vnde nos considerantes, quod Martinus supradictam terram Blagusa(m) iustificarat semel et secundo contra Beryzlaum et alios predictos iuris ordine nomine hereditarie terre sue et nunc dinoscebatur eandem iusto titulo possidere, vnacum dilectis et fidelibus baronibus nostris, videlicet: Henrico bano, Dyonisio comite Zaladiensi iudice curie nostre, magistro Baas comite Dobicensi et aliis nobilibus regni nostri decrevimus, ipsos Borizlaum (!), Vulchk, Stepan Vytku, Wlchyk filium Rese, Wlchey filium Drask et Dragizlau deprehensos primitus et dampnatos in vicio calumpnie manifeste tamquam importunos calumpniatores pena debita puniendos. Et licet secundum regni consuetudinem eorumdem calumpniatorum nasi ferro candenti signari debuissent, tamen ad instanciam et peticionem predictorum baronum nostrorum eis misericordiam facientes, duobus ex ipsis Borizlau et Vulchk abscindi fecimus crines suos, memoratam terram Blagusa ab iniusta eorum inpeticione finaliter absoluendo, Martino et suis heredibus reliquimus et confirmauimus iure perpetuo pacifice possidendam. Vt igitur huius rei series robur perpetue obtineat firmitatis, nec ullo umquam processu temporis ualeat per quempiam in irritum reuocari, presentes concessimus litteras sigilli nostri munimine roboratas. Datum per manus venerabilis patris Ladizlai dei gracia episcopi Tynniensis aule nostre cancellarii dilecti et fidelis nostri, anno domini MCC. sexagesimo octavo ducatus autem nostri anno primo.

Liber privileg. episc. Zagrab. list 59.

Tkalčić Monum. episcop. Zagrab. I. 137. — Wenzel Cod. dipl. Arp. cont. XI. 576. donosi regest. — Kukuljević Reg. no. 964.

945.

1268.

Čak ban po zapovijedi kralja Bele i hercega hrvatskoga Bele vraća plemićima bučkim njihove zemlje.

Nos Chak banus, comes Zaladiensis, Pausa comes, Henricus, Goganus, Vyd, Valentynus et Buchk iudices a domino rege deputati, · ad universorum notitiam tenore presentium quibus expedit volumus devenire, quod cum Bela illustris rex Ungarie et Bela dux totius Sclavonie nobis missis terram nobilium per totum duxerint revocandum et restituendum, terram nobilium de Zala existentem de castrensibus, de uduornicis, de populis regine, de populis Bele ducis et de populis ecclesiarum occupatas inveniemus, nobis manumiserint restituendas et revocandas. Nos igitur tactis sacris reliquiis, adiuravimus fide deo et corone debita, ne per aliquam negligentiam nostram terra cuiuslibet celari debeat, omni inquisita veritate diligentius, qua potuimus, didicimus, quod terram Ladislavi et Stephani filiorum Petri et Pauli et aliorum fratrum suorum nobilium de Bocha, octoginta iugera terrarum eorumdem cum omnibus utilitatibus suis per castrenses de Bocha et sagittarios de Hazugd indebite occupata, ad sacramentum Ladislai, Stephani et Symonis predictorum tribus terram consimilibus nobilibus restituimus eisdem iure perpetuo irrevocabiliter possidendam. Cuius terre prima meta incipit ab oriente iuxta fluvium Buchca, ubi sunt due mete terree et deinde tendit ad occidentem iuxta eundem fluvium ubi sunt due metee, deinde vadit ad nemorem, ubi sunt due mete, deinde vadit per nemores ad aquam Plyzg, ubi sunt due mete terree et ibi determinantur et per eandem aquam Plyzg separatur a sagittariis de Hazugd. In cuius rei testimonium, ne in posterum aliqua calumpnia possit perturbari, sigilli nostri litteras nostras concessimus munimine roboratas. Datum anno domini MCCLX. octavo.

Fejér Cod. dipl. Hung. IV. 3., 485—486. — Kukuljević Reg. no. 967.

946.

1268. U Križevcima.

Župan križevački Martın daje na znanje, da su Blagonja i t. d. ustupili za uvijek zemlju Crnoglavić, posjed njihovog rodjaka, koji je umro bez nasljednika, Lampertu i t. d. sinovima Zadura.

Nos comes Mortunus Crisiensis significamus omnibus presencium per tenorem, quod Blagona, Mortun, Egidius filius Woyzkan, Jacob, Pouk filii Paulis(!), Mark filius eiusdem P[ouk] . . . . filii Iwachini, Totar filius Mortunus, Peter filius Jacobus ab una parte, ab altera autem Lampert Oliuierus et Anthalus filii Zadur coram nobis personaliter constituti, iidem filii Paulis et filii Wo[yzkan] . . . . nominati totam porcionem terre Chornoglau proximi eorum decedentis sine herede in Chamarcha eisdem filiis Zadur et eorum heredibus heredumque successoribus reliquerunt irreuocabiliter iure perpetuo possi[dendam] . . . . Chornoglau in Plaunyza(!) de valle Hualisa intrando ad aquam Plaunicha vadit superius ad septemtrionem vsque ad metas terre Riuchensis, inde tendit ad occidentales partes, vbi vicinatur t[erre] . . . . . . ad meridiem ubi vicinatur terre Dionisii, inde procedit iuxta terram Dionisii in magno spacio ad meridiem et ibi exit de aqua Plaunycha et tendit ad occidentem iuxta terram dicti Dionisii vsque ad do . . . . . fluuium Ribni potok, inde per eundem fluuium procedit in aquam Plaunycha, vbi vicinatur domibus Totar, inde exit de aqua Plaunicha ad orientem iuxta terram Totar in magno spacio vsque fo . . . . fyz crucesignata, inde ad fluuium Padesna et cadit in magnam viam et tendit ad septemtrionem et cadit ad domos Lamperti et Oliueri filiorum Zadur, inde ad priorem metam ad vallem Hualise et . . . . crucesignata filiis Zadur videlicet cum omnibus molendinis, siluis, vineis, fenetis et aliis omnibus vtilitatibus perpetuo possidendam et habendam. In cuius rei testimonium et robur presentes contulimus sigilli nostri m[unimine roboratas]. Datum in Crisio anno domini millesimo ducentesimo LX⁰. octauo.

Iz originalnog prijepisa kaptola čazmanskog od god. 1433. 4. juna. — Potonji prijepis u arkivu jugoslavenske akademiie u Zagrebu: Diplomata a. 1268. Listina trošna i poderana.

947.

1268. U Čazmi.

Pred kaptolom čazmanskim prodaje Ilija iz Komarnice dva mlina Lampertu i Oliveru sinovima Zadura.

Nos capitulum Chasmensis ecclesie significamus vniuersis quibus expedit presencium [per tenorem, quod constituti] coram nobis personaliter ab vna parte comite E[lia] de Kamarcha, ex altera Lampert et Olyuerius filii Zadur, idem Elia confessus est viua voce, se vendidisse duo molendina in eadem Kamarcha circa molendinum con[ventus] . . . eisdem dictis Lamperto et Oliuerio pro s . . . . rcis perpetuo

suisque heredum successoribus possidendi, ita quod Darislau cum fratre
suo Mark comite, Dasclau cum suis proximis coram [nobis] confirmans
se huic v[endicioni] . . . . ac ipsi iidem fauorabilem consensum
dicto . . . . . [Lamperto] et Oliuerio omnino prebuerunt. In cuius rei
testimonium presentes contulimus sigilli nostri munimine roboratas. Datum
anno domini millesimo ducentesimo LX⁰. octauo.

*Iz originalnog prijepisa čazmanskoga kaptola na papiru, vrlo oštećena,
iz početka XV. vijeka (1433.) u arkivu jugoslavenske akademije u Zagrebu: Diplomata a. 1268.*

948.

1268.

Bilješka o jednoj listini.

Bela rex significat, quod cum considerata fidelitate comitis Sagud,
militis Henrici palatini et comitis Posoniensis, eidem terram cuiusdam
Mikonis sine herede decedentis in comitatu Simigiensi de Chesmicza
iuxta fluvium Gorbonok existentem contulisset more predialium habendam. Sed quia postmodum ipse Sagud circa ipsum palatinum commorando regi plurima servitia exhibuit, multis se fortune casibus in ex-
peditionibus regiis et conservatione confiniorum committendo, terram
predictam a iurisdictione comitis Simigiensis et Chesmicza eximendam
duxit ei libertandam ita, quod nec ipse, nec eius heredes ratione ipsius
terre in aliquo ipsis comitibus teneantur, sed solummodo filio regis Bele
duci (Slavonie) servitium debeant exhibere. Datum per manus magistri
Farcasii electi ecclesie Albensis aule vicecancellarii.

»*Copia recens in mea collectione* veli:
Kukuljević Reg, CMLVIII. 285—286.

949.

1268.

Bilješka o jednoj listini.

Bela dux totius Sclavonie, Dalmatie et Croatie cum post suam
emancipationem per patrem suum regem Belam regimen ducatus adeptus
fuisset, confirmavit ad petitionem magistri Thome familiaris et specialis

notarii regis collationem terre Kumur in Zagoria factam a patre suo eidem et Thome et fratribus eius Joanni iuveni ducis, Christophoro Paulo et Stephano. Datum per manus Ladislai episcopi Tiniensis aule ducis cancellarii, ducatus anno primo.

> *Ex mea antiqua collectione* veli :
> Kukuljević Reg. CMLXIII. 287.

950.

1268.

Bilješka o jednoj listini.

. . . . Pretactum denique priuilegium ipsius archiepiscopi Spalatensis anno domini MCCLX-mo octauo confectum continebat, quod ipse archiepiscopus id voluisset et concessisset, vt si moreretur, tunc terra octo aratrorum Polona vocata comitis Lanchreti fratris sui, sita inter Drauam et Muram sibi quoad vitam possidere donata cum vniuersis edificiis et augmentis in eadem per ipsum factis, ad manus dicti Lanchreti non obstante cuiuslibet contradiccione deuolueretur.

> *Originalna potvrda kralja Ljudevita od g. 1376. 28. februara u kr. ug. drž. arkivu u Budimpešti M. O. D. L. no. 73. Stara signatura N. R. A. fasc. 516. no. 45.*

951.

1268. (ili 1269.), 8. aprila.

Bela kralj ugarski i hrvatski pripovjeda pobjedu svoju nad Urošem kraljem srpskim.

Bela . . . . Quod cum Uros rex Servie in superbiam elevatus, se non solummodo a iurisdiccione retraxisset, imo ausu ductus temerario, confinia regni nostri per suas depredaciones devastasset, damna quamplurima committendo et nos ad sedandam sue superbie contumaciam eundem Stephanum comitem Posoniensem in capitaneum nostri exercitus preficientes super ipsum misissemus et medio tempore nuncios diversorum regnorum recepissemus, Grecorum scilicet, Bulgarorum, Boemorum et specialiter Vybar filium Beubarth, Abachy et Thamasy nuncios Thartarorum, nec non et nuncios regni Francie sollennes et honestos, eadem eciam hora domina Constantia ducissa Gallicie et Lodomerie, domina Kyngue ducissa Cracovie et Sandomerie, nec non et domina Jolen ducissa de Calis, karissime filie nostre, cum principibus earumdem ad visitandum nos convenissent et eisdem apud nos hospitantibus de processu exercitus nostri sciscitacio facta fuisset et nihil certi scire potuissemus de eodem, idem magister Nicolaus supervenit, immensi gaudii annunciacionem nobis retulit, dicens, quod non solummodo exercitus ipsius Uros regis noster exercitus convicisset et predam innumerabilem accepisset, imo eciam ipsum Uros regem cum suis principibus captivasset et nostro conspectui ducerent captivatos et in signum triumphi vexillum eiusdem Uros regis ante aulam nostre maiestatis erectum exhibuit et ostendit, quo viso, accrevit nobis nova materia gaudiorum, quia famam nostre victorie sine aliquo intervallo ortus et occasus, aquilo percepit et auster . . . .

Cod. dipl. patrius VIII. 96—97. no. 76. (pod god. 1264.) — Po originalu na kojem vise ostanci pečata na zelenoj i crvenoj vrvci u arkivu knezova Batthyányi u Körmendu. (Sada se ne može naći).
Monumenta Hungariae historica vol. XXXIII. 4—5.

952.

1269, 17. januara. U Zagrebu.

Pribislavova udova i njezini zetovi ustupljuju kaptolu zagrebačkomu Kašinu gornju, Blagušu, Novi predij i Otok na Savi.

Bela dei gracia dux tocius Sclauonie, Dalmacie et Croacie omnibus presens scriptum inspecturis salutem in uero salutari. Ad vniuersorum noticiam harum serie volumus peruenire, quod cum relicta Pribizlai comitis, nomine Lilium, assistentibus sibi generis suis, Egidio videlicet filio Berizlai, Alexandro filio Cozme de genere Tyboldi et Iwan filio Salamonis, traxisset coram nobis fideles nostros capitulum videlicet Zagrabiensis ecclesie in causam, impetendo eosdem super quatuor villis: Casna superiori, Blagusa, Nouo Predio vocatis et Insula cum portu in Zaua, quas dictum capitulum sicut iidem affirmabant, habuit a quinquaginta annis, tenuit pacifice et possedit. Tandem dicta relicta Pribizlai et generi sui, qui racione quarte quam debitam suis vxoribus in dictis villis coram nobis vendicabant, propter bonum pacis huiusmodi forma composicionis inter eos et memoratum capitulum ex nostra permissione interuenit, quod capitulum Zagrabiensis ecclesie pro eo, quod progenitores relicte Pribizlai ecclesie fideliter seruiuerint et deuote et ab eadem ecclesia enutriti fuerint et eciam educati, nulla iuris necessitate coacti, sed dumtaxat sola pietate ducti et vt uexacionem redimere valeant, soluerunt, numerauerunt et tradiderunt eidem relicte Pribizlai triginta quinque marcas et suis generis prescriptis Egidio decem et octo marcas, Alexandro decem et octo marcas et Iwan totidem marcas, quas iidem confessi sunt se recepisse et eciam plenarie habuisse. Renunciantes coram nobis pure et spontanee omni iuri, questioni seu accioni, quod uel que eisdem in dictis villis competebat vel competere videbatur contra ecclesiam prenotatam. Obligauerunt insuper se Egidius et socii eiusdem nomine suo et nomine vxorum suarum ac heredum, pro qua quarta dictum capitulum impetebant, quod tam ipsi, quam heredes eorum heredumque successores contra omnes tam propinquos quam extraneos, si qui super quarta quam eorum vxoribus in memoratis villis seu terris deberi dicebant, uel occasione earumdem mouerent deinceps quocumque modo vel ingenio contra capitulum antedictum questionem, iidem suis laboribus et expensis ecclesiam Zagrabiensem indempnem reddere, ab omnibus impetitoribus defendere et expedire tencantur. Affuit eciam Mathei filius Borch, nepos Kinciani filius filie sue nomine Anna, qui similiter habitis et numeratis viginti marcis ex parte capituli supradicti racione quarte contingentis matrem suam, filiam scilicet Kinciani, quod nomine quarte in memoratis villis requirebat, cessit et renunciauit omni iuri et accioni, quod vel que occasione quarte huiusmodi contra ecclesiam Zagrabiensem eidem competere videbatur. Obligans se et heredes suos heredumque successores nomine suo et nomine matris sue, quod ecclesiam Zagrabiensem super iure premisse quarte ab omnibus impetitoribus tam propinquis quam extraneis illesam et indempnem reddere suisque laboribus et expensis expedire teneatur. Vt autem premissa composicio seu ordinacio robur perpetue firmitatis optineat, ad peticionem et instanciam partium presentes contulimus sigilli nostri munimine roboratas. Datum et actum Zagrabie, quinta feria proxima post octauas Epiphanie domini, anno gracie millesimo ducentesimo sexagesimo nono.

Original, u arkivu kaptola zagrebačkoga fasc. 18. br. 53. — Zelena svilena vrvca visi bez pečata. — Ima i prijepis kaptola zagrebačkoga oa god. 1355.

Tkalčić Monum. episcop. Zagrab. I. 138—139. — Wenzel Cod. dipl. Arpad. cont. XI. 588—590. — Kukuljević Reg. no. 971.

953.

1269, 17. januara. U Zagrebu.

Pred kaptolom zagrebačkim izmiruju se neki plemići varaždinski.

Capitulum Zagrabiensis ecclesie omnibus presens scriptum inspecturis salutem in domino. Ad universorum noticiam harum serie volumus pervenire, quod constitutis in nostra presencia ab una parte Cheh comite filio Pochuna comitis et ab altera Stephano et Puchin filius Mortun, iobagionibus castri de Worosd, idem Cheh comes asseruit, quod cum ipse materiam habuisset questionis contra predictos filios Martini super terra ipsorum aput(!) sanctum Georgium constituta, tandem recognoscens se revocavit propositum renunciando omni liti et accioni et iuri, quas vel quod habere videbatur in terra supradicta, reliquit ipsam terram filiis Martini supradicti et eorum heredibus heredumque successoribus iure perpetuo et sine contradiccione qualibet possidendam et reddidit predictis filiis Martini omnia munimenta litterarum que obtinuerat contra ipsos et si qua per iniuriam amissa reddere non potuisset, vel studiose occultata detinuisset, auctoritate presencium reddidit inania, ubicunque in medium prolata fuerint vel ostensa. In cuius rei testimonium presentes ad instanciam parcium contulimus sigilli nostri munimine roboratas. Datum quinta feria post octavas Epiphanie domini, anno eiusdem $M^0.CC^0.LX^0.$ nono.

Po originalu, koji se nalazi u arkivu obitelji grofova Draškovića u Bisagu. — Na povelji visi na zelenoj i žutoj vrvci pečat.
Cod. dipl. patrius VI. 155. no. 107. — Kukuljević Reg. no. 970.

954.

1269, 14. februara. U Zagrebu.

Timotej biskup zagrebački diže izopćenje sa stanovnika u Komarnici, koji su se nećkali plaćati mu desetinu, pošto su obećali, da toga više učiniti ne će.

Nos capitulum Zagrabiensis ecclesie significamus vniuersis quibus expedit per presentes, quod cum venerabilis pater dominus noster Timotheus episcopus Zagrabiensis nobiles viros: Farcasium filium Tholomerii, Stephanum filium Belus et Cozmam filium Pribizlai de Kamarcha, iusticia exigente, excommunicasset pro eo, quod decimas suas in specie, sicut debebant soluere, recusabant et idem nobiles Farcasius, Stephanus et

Cozmas postmodum Zagrabiam accedentes circa octauas Epiphanie domini nobis presentibus in loco capituli nostri ab eodem domino episcopo munus absolucionis humiliter peterent. Tandem idem dominus noster episcopus eorumdem nobilium et nostris precibus inclinatus, iuxta formam ecclesie ab excommunicacione qua fuerant innodati, absoluit eosdem et dicti nobiles in presencia domini nostri et nostra assumpserunt sacris tactis: quod si uir discretus magister Petrus, prepositus Chasmensis, concanonicus noster, super hoc, quod decimas eorum in specie soluere tenerentur in octauis cinerum prestaret sacramentum, extunc decimas eidem domino nostro debitas in specie soluerent. Termino uero huiusmodi sacramenti adueniente, nos ad requisicionem domini nostri episcopi vnum ex nobis videlicet virum discretum magistrum Petrum, dictum Pulchrum, archidiaconum de Vrbouch, ad videndum huiusmodi sacramentum pro testimonio transmisimus ad curiam dicti domini nostri episcopi, qui ad nos rediens requisitus dixit: quod dicti nobiles Farcasius videlicet, Stephanus et Chosmas preposito Chasmensi in loco sacramenti, videlicet in ecclesia beate Margarete in Dumbrou, astanti et uolenti iurare relaxauerunt et remiserunt dictum sacramentum, recognoscentes huiusmodi decimas in specie soluere se debere. Assumpserunt insuper et promiserunt, quod deinceps decimas ad clitum (!) dicti domini nostri de Kamarcha spectantes dabunt et soluent in specie. In cuius rei testimonium litteras nostras concessimus sigilli nostri munimine roboratas. Datum in festo Valentini martiris, anno domini MCCLXIX.

Liber privileg. episcop. Zagrab. list 15.
Tkalčić Monum. episcop. Zagrab. I. 139—140. — Wenzel Cod. dipl.
Arpad. cont. XI. 597. no. 441. donosi regest. — Kukuljević Reg. no. 972.

955.

1269, 7. marta. U Zagrebu.

Sinovi Zokovi prodavaju komadić zemlje u Sepnici županu Andriji
za 15 pensa dinara zagrebačkih.

Nos Detricus comes Zagrabiensis notum facimus quibus expedit vniuersis, quod constitutis in nostra presencia ab una parte Endrech, terrestre comite et ab altera Zork, Descen, Crican et Zoderin filiis Zock, iidem filii Zock quandam particulam terre sub metis infrascriptis, de terra eorum hereditaria in Zepniche confessi sunt, se uendidisse Endrech comiti supradicto et per eum suis heredibus heredumque successoribus iure perpetuo possidendam, pro quindecim pensis denariorum Zagrabiensium, quorum singule quinque pense marcam tunc temporis faciebant, quas se dixerunt ab eodem plenarie recepisse. Astiterunt eciam commetanei terre uendite, scilicet Micula, Micus et Stephanus filii Nicolai et consanguinei uenditorum, scilicet Cherne, nepos Bulezod, Iwris, Georgius, Gozcina, Iwanech et Drugoyk, qui uendicionem factam consensu suo unanimiter ratificantes approbarunt. Cuius terre prima meta, sicut partes nobis retulerunt, incipit in arbore narfa iuxta ripam fluuii Zepniche et in eodem fluuio Zepniche uadit superius et perueniet in locum, ubi duo fluuii Zepniche cadunt in vnum et ibi exit uersus orientem ad metam terream, que est sub monte, ab inde ascendit directe ad montem et perueniet ad finem uinee Branizlai, iobagionis Petri cantoris, inde ad metam terream, illinc declinat ad partem meridionalem et per promontorium procedendo descendit ad metam terream et ibi transit uiam, que ducit ad ecclesiam sancti Petri per modicum spacium ad metam terream, hinc reducitur ad priorem metam et ibi terminatur. Datum Zagrabie feria quinta proxima post dominicam Letare, anno domini MCCLXIX.

Liber privileg. episcop. Zagrab. list 41.
Tkalčić Monum. episcop. Zagrab. I. 140—141. — Wenzel Cod. dipl. Arpad. cont. XI. 593—594. — Kukuljević Reg. no. 973.

956.

1269, 13. marta.

Bela herceg hrvatski daruje svomu ocu kralju Beli zemlju Vruz.

Bela dei gracia dux tocius Sclavonie, Dalmacie et Croacie universis Christi fidelibus presens scriptum inspecturis salutem in vero salutari. Ad universorum noticiam tenore presencium volumus pervenire, quod nos, volentes occurrere voluntati domini Bele regis patris nostri karissimi, sincero cum affectu quandam villam nostram sitam iuxta Goron, Wruz nuncupatam nostro ducatui pertinentem ad peticionem dicti domini regis patris nostri karissimi eidem dedimus et contulimus cum terris et omnibus utilitatibus suis, sicut nos possedimus, ut idem dominus rex karissimus, pater noster de eadem villa facere et ordinare possit iuxta sue libitum voluntatis. In cuius rei stabilitatem presentes contulimus duplicis sigilli nostri munimine roboratas. Datum per manus venerabilis patris Ladislai episcopi Tyniniensis aule nostre cancellarii dilecti et fidelis nostri, anno dominice incarnacionis millesimo CC. LX. nono, tercio idus martii, ducatus autem nostri anno primo.

F. Knauz Monumenta ecclesie Strigoniensis I. 562. no. 724.

957.

1269, 30. aprila. U Raveni.

Pismo nadbiskupa ravenskoga novoizabranomu nadbiskupu dubro-
vačkomu.

Philippus dei et apostolica gracia sancte ecclesie Rauennatensis
archiepiscopus, apostolice sedis legatus, uiro discreto Andree Gausoni
canonico Padouano salutem in domino. Admonet nos cura sollicitudinis
commissi nobis officii, ut circa cunctas ecclesias infra legacionis nostre
terminos positas consideracionis intuitum dirigamus. Sed eo amplius circa
magis nobilia membra romane .ecclesie uigilare nos conuenit, quo ab
ipsis plus exigitur, cum eis noscatur probabiliter plus commissum. Cum
igitur ecclesia Ragusina vaccante ad ipsius regimen sis adsumptus, nos
uolentes, ut ipsa ecclesia, cum metropoliticana existit, tam in sequenti in
subiectis sibi ecclesiis patiatur defectum, curam et administrationem ipsius
ecclesie Ragusine, tam in spiritualibus, quam in temporalibus auctoritate
qua fungimur tenore presentium intuitu et contemplacione illustris et
magnifici viri domini Laurentii Teupuli incliti ducis Venetiarum tibi
fiducialiter duximus commitendi, sperantes, ut cum ad eandem ecclesiam
sis electus, eam maiori affectione dilligas et circa ipsius commoda fer-
uenciori affectu te debeas exercere, ad predictam enim curam et administrationem tibi commitendam illa racio nos inducit, quia ipsius ecclesie
capitulum te duxit in suum archiepiscopum concorditer elligendum. Tu
ergo tamquam uir prudens ex nunc eandem curam et administrationem
suscipias et omnia et singula in spiritualibus et temporalibus facias, que
utilia credideris et uideris expedire, ut preter retribucionis divine premium
consequaris ab hominibus nomen bonum, contradictores monitione premissa per cessuram (!) ecclesiasticam conpescendo. In cuius rei testimonium presentes litteras fecimus sigilli nostri munimine roborari. Datum
Rauenne, secundo kalendas maii, duodecima indictione.

Ovjerovljeni prijepis u dubrovačkom arkivu. Zbirka saec. XIII.
Bullarium Ragusinum 408—409. — Farlati Illyr. Sacr. VI. 111. —
Kukuljević Reg. no. 971.

958.

1269, mjeseca aprila.

Bela herceg hrvatski daruje Gorjane Ivanu i Stjepanu od plemena Družma.

Bela dei gratia dux totius Sclavonie, Dalmatie atque Croatie universis Christi fidelibus presentem paginam inspecturis salutem in omnium salvatore. Provida principum circumspectio condignis premiis sibi obsequentibus sic debet occurrere, ut alii eorum exemplo provocati ad fidelitatis studia fortius accendantur. Hac itaque consideratione inducti, ad universorum notitiam harum serie volumus pervenire, quod nos attendentes merita et servicia fidelium nostrorum Johannis comitis de genere Drusma et magistri Stephani filii eiusdem ensiferi nostri, que iidem nobis in regno ac alias fideliter et laudabiliter impenderunt, se et suos dubiis fortune casibus exponendo. In recompensationem multiplicium et fidelissimorum servitiorum suorum, non tamen in plenam satisfactionem, cum pro modico reputemus id, quod eis in presenti dedimus respectu eorum, que facere intendimus in futurum, quandam villam Gara nuncupatam in comitatu de Wlco existentem, ad nostram donationem pertinentem, cum omnibus utilitatibus et pertinentiis suis prefatis comiti Johanni et magistro Stephano ensifero nostro ac eorundem heredibus heredumque successoribus dedimus, tradidimus et contulimus iure perpetuo possidendam. In cuius terre corporalem possessionem ipsos per dilectum et fidelem nostrum Dominicum comitem de Barana auctoritate nostra fecimus introduci. Ut igitur hec a nobis facta donatio robur perpetue firmitatis obtineat, nec per quempiam possit lapsu temporis in irritum revocari, presentem paginam concessimus dupplicis sigilli nostri munimine roboratam. Datum per manus venerabilis patris Ladislai episcopi Tiniensis aule nostre cancellarii dilecti et fidelis nostri, anno domini millesimo ducentesimo sexagesimo nono, mense aprili.

Fejér Cod. dipl. Hung. VI. 3. 64. 5. — Kukuljević Reg. no. 975.

959.

1269, 22. maja.

Vratislav Jakobov prodaje dio svoje baštine u Zagorju županu Ivanku za dvadeset i dvije marke.

Capitulum Zagrabiensis ecclesie omnibus presens scriptum inspecturis salutem in domino. Ad universorum noticiam harum serie volumus

pervenire, quod constitutis in nostra presencia ab una parte Wratizlao
filio Jacou et ab altera Iwanca comite, genero eiusdem pro se et Jacobo
fratre suo, idem Wratizlaus filiis suis Benedicto et Dominico et Noreta,
fratre ipsius Wratizlai, astantibus et consencientibus porcionem ipsum
Wratizlaum contingentem racione divisionis facte inter ipsum et Noretam
in terra quam rivus Batina interfluit, confessus est, se vendidisse cum
omnibus utilitatibus ipsius porcionis predicto Iwanca comiti et Jacobo
fratri eius supradicto et per eos ipsorum heredibus heredumque successoribus iure perpetuo possidendam pro viginti duabus marcis, quas se
dixit ab eisdem Iwanca comite et Jacobo plenarie recepisse. Prima meta
terre vendite, sicut partes nobis retulerunt, incipit ubi rivus Climen coniungitur aque Batina et in eodem rivo Climen procedit versus septemtrionem per aliquantum spacium et exiliens de rivo Climen versus
orientem habet metam terream sub arbore tul, inde procedit versus
orientem et venit ad metam terream, que est sub arbore tul iuxta
magnam viam, que via exercitus nominatur, inde transiens viam magnam
vertitur ad meridiem et descendit in vallem unam, in qua habet metam
terream sub arbore cher, in eadem valle procedit et intrat rivum
Scinna(!) et in eodem rivo Zuinna(!) procedit per competenter magnum
spacium et exiens de Zuinna versus occidentem, habet metam terream
sub arbore pomi, inde transiens montem unum venit ad aquam Batina
et ea transita versus occidentem habet metam terream sub arbore tul;
inde procedit versus occidentem et venit in rivum, qui dicitur Megepotok,
in cuius margine habet metam terream sub arbore tul et in eodem rivo
Megepotok ascendit versus septemtrionem et in capite ipsius rivi habet
metam terream, inde procedit adhuc versus septemtrionem in latere
montis, quod dicitur Birch et venit ad metam terream sub arbore cher,
inde vertitur ad orientem et venit ad aquam Batina, iuxta quam habet
metam terream sub arbore cher et in eadem aqua Batina descendens
revertitur ad primam metam. Astiterunt eciam de genere Johannis pugilis
de Zagoria cometanei terre vendite, scilicet: Paul et Iwanus, filii
Mortunus, Dursan, filius Ratk et Ozul filius Stephani, qui vendicionem
factam consensu suo ratificantes, Iwancam comitem et Jacobum fratrem
eius et heredes eorum heredumque successores super terram antedictam
concordi voluntate receperunt et perpetuaverunt sibi in praescriptis metis
commetaneos et vicinos. In cuius rei testimonium presentes ad instanciam
parcium contulimus sigilli nostri munimine roboratas. Datum quarta
feria ante festum Vrbani pape, anno domini MCCLXIX.

Original u jugoslavenskoj akademiji. Dipl. ad a. 1269.

Liber privileg. eppatus. Zagrab. list 61. -- Tkalčić Monum. episc.
Zagrab. I. 141—142. — Wenzel Cod. dipl. Arp. XI. 596. no. 440. donosi
regest. — Kukuljević Reg. no. 977.

960.

1269, 4. juna.

Dubrovčani primaju pismo Filipa ravenatskoga nadbiskupa.

In nomine dei eterni amen. Anno ab incarnacione domini nostr Jesu Christi millesimo ducentesimo sexagesimo nono, mensis iunii, die quarto intrante, indiccione XII., presentibus Andrea de Zereua, Marino filio Viti Sorgo, Prepredan Mathei omnes de Ragusio et aliis. Presbiter Donatus sancti Hieronimi de Veneciis presentauit et dedit quasdam litteras domini Philippi dei et apostolica gracia archiepiscopi Rauenatensis sigillo cereo sigillatas capitulo Ragusino, tenor quarum talis est.

(Slijedi listina od god. 1269.).

Ego Nicolaus sanctorum apostolorum presbiter et notarius, hys predictis interfui et rogatus scripsi, compleui et roboraui.

Iz rukopisa »Bullarium Ragusinum« 409—419. u kr. zem. arkivu u Zagrebu.

961.

1269. 20. juna. U Spljetu.

Ivan nadbiskup spljetski povećava zemljište Dominikanaca u Spljetu.

In·nomine domini eterni amen. Incarnationis eiusdem millesimo ducentesimo sexagesimo nono, indictione duodecima, die duodecimo kalendas iulii, temporibus domini Bele incliti Sclavonie ducis et nostri domini naturalis, venerabilis patris domini Johannis Spalatensis archiepiscopi, comitis Nicolai egregii potestatis. Predictus dominus Johannes archiepiscopus locum fratrum ordinis Predicatorum in horto archiepiscopali positum . . . predecessorum suorum ipsis fratribus Predicatoribus collatum arctum esse prospiciens et cupiens ampliare, habito consilio et assensu fratrum suorum, scilicet capituli Spalatensis ecclesie, nec non et aliorum civium, scilicet domini Nicolai predicte potestatis et ceterorum nobilium virorum civitatis, ac totius communitatis precibus inclinatus, de horto suo archiepiscopali iuxta locum ipsorum Predicatorum versus mare situm prope viam publicam usque ad cot . . scuarum sancti Elie, tam ex parte civitatis, quam ex parte maris secundum latitudinem horti ipsorum prius eis collati in presentia capituli sui et predicte potestatis, nec non et aliorum nobilium virorum et Predicatoribus ibidem assistentibus, eisdem donavit in perpetuum. Et ipse dominus Johannes predictus archiepiscopus personaliter cum archidiacono suo domino Duymo et capitulo suo fratres Predicatores introduxit in possessionem corporalem et metam, ex parte orientis hortum suum et hortum predictorum fratrum Predicatorum distinguentem eisdem assignavit et primam donationem a tempore predecessorum suorum collatam approbavit et confirmavit, pro devotione beati Dominici confessoris et beati Petri martyris et pro remedio anime sue et perpetuo memoriali, adiciens duas conditiones scilicet, ut in sua donatione, que est ex parte maris privatas pro conventu facere non debeant, nec eandem donationem vendere possint, vel modo aliquo commutare, sed fratres ipsi(!) loci libere et pacifice illam ad suum commodum habeant et perpetuis temporibus possideant cum omni autoritate et potestate, quam archiepiscopatus in ipso horto habuit, absque alicuius contradictione. Et ut predicta donatio robur perpetue obtineat firmitatis, prefatus dominus archiepiscopus per suum privilegium sigillo suo et sigillo sui capituli communitum et ad maiorem et cautelam et securitatem per manum publicam, videlicet domini Luce canonici et iurati civitatis publici notarii ipsam donationem publicari fecit et communiri mandavit. Actum est hoc in aringa generali in curia domini archiepiscopi in presentia et testimonio predicti archidiaconi et totius capituli, ac domini potestatis Johannis Vitalis, Petri Cerneche, Alberti Jancii, Dobri Dusizze Gaus . . . eius fratris, Kamurtii Petri, Marini Gaudii, Dobri Madii, Luce Iancii, Josev Petri Vulcinine et plurium aliorum.

Ego Symon Martini precepto dicti domini archiepiscopi examinator communis confeci. *(Locus signi.)*

Ego vero dominus Lucas canonicus et iuratus notarius Spalatensis his interfui et de mandato domini archiepiscopi, archidiaconi et capituli, rogatus a predicta potestate et supradictis nobilibus et pluribus aliis, ut audivi et vidi, de omnibus predictis conscius scripsi et roboravi.

(Signum notarii.)

Farlati Illyr. sacr. III. 284. --- Kukuljević Jura regni I. 79. (donosi uvod). — Kukuljević Reg. no. 979.

962.

1269. 22. juna.

Bela kralj ugarski i hrvatski potvrdjuje razdiobu zemlje u Moslavini.

Bela dei gracia Hungarie, Dalmacie, Croacie, Rame, Servie, Gallicie, Lodomerie, Cumanieque rex universis Christi fidelibus presentibus pariter et futuris presentes inspecturis salutem in salutis largitore. Deperire solet vel potest solempnis accio cum motu temporum, nisy(!) eam corroboret vivacitas litterarum. Ad universorum igitur noticiam tenore presencium volumus pervenire, quod Nicolaus filius Andree et Petrus filius Petri ab una parte, comes Gregorius iudex Cumanorum, Thomas et Stephanus filii Thome fratris eiusdem comitis Gregorii ab altera, nobiles de Monuzlo coram nobis personaliter constituti, iidem Nicolaus et Petrus proponentes dixerunt, quod inter se nundum(!) a primi eius(!) parentibus atavis et progenitoribus suis in universis possessionibus suis, tum de partibus Hungarie, tum eciam de partibus Sclavonie (nec) habuissent iustam vel equam divisionem nec habere potuissent, licet in una et in eadem proximitatis et consanguinitatis lynea(!) sunt annexi, sed idem comes Gregorius cum fratribus suis prenominatis totas possessiones eorundem iniusta divisione et inequali haberent et detinerent indebite occupatas. Quorum quidem proposicionibus auditis, dictus comes Stephanus et fratres sui memorati e converso respondentes dixerunt, quod ab atavis, primis parentibus et progenitoribus suis in omnibus possessionibus suis essent divisi, habendo divisionem iustam, veram et equalem et licet talis contencio scisma litis, iurgii et materia dissensionis in factis et divisionibus possessionum inter predictos nobiles diu fuisset mota et ventillata, nichilominus se recognoscentes proximitatis lineam cognacionis et fraterne dileccionis ob amorem immo maxime tum bone pacis et ne ulterius super factis divisionum suarum possessionum possent altercari, moveri et turbari, prefatus comes Gregorius cum fratribus suis supradictis quasdam possessiones de partibus Sclavonie hereditarias, scilicet inter aquas Zava et Lona ac Chernehc et inter predictam aquam Zava et aquam Hodra existentes totum et omnino cum utilitatibus suis et pertinenciis, ac omnibus adiacentiis et Kapolcham que Gaep dicitur in medio terre et silve prefati Petri iuxta primam divisionem adiacentem remittentes, dederunt, tradiderunt, assignarunt, statuerunt et commiserunt Nicolao et Petro sepedictis et per eosdem suis heredibus heredumque suorum successoribus habendas, tenendas et iure hereditario perpetuo possidendas, omni questione, contencione et dissensione in iteranda divisione omnium possessionum suarum reiecta, quitta, mortua et sopita, tali firmacione et obligacione stabilita et inserta, quod si qua parcium processu et curriculo temporis et divisionibus possessionum predictarum formam pacis violaret, in scisma litis et contencionis seu iurgii provocando, ante omnia parti sustinenti absque omni strepitu iudicii et iudicis porcione pene trecentarum marcarum subiaceret, renunciantes omni liti et accioni in vera fraterne dilecionis proximitatis et consanguinitatis karitate. In cuius facti robur firmam et inconcussam perpetuamque stabilitatem ad pe(ti)cionem parcium nostro conspectui personaliter astancium presentes concessimus duplicis sigilli nostri munimine roboratas. Datum per manus magistri Demetrii Albensis ecclesie prepositi aule nostre vicecancellarii dilecti et fidelis nostri, anno domini M⁰ CC⁰ sexagesimo nono, decimo kalendas iulii, regni autem nostri anno tricesimo quarto.

Cod. dipl. patrius. VII. 114—6. no. 85. Iz izvornog prijepisa bana slav. Henrika od g. 1269. 1. augusta u arkivu grof. Erdődy u Glogovcu 61. 1. 18.

Kukuljević Reg. 980.

963.

1269, mjeseca juna.

Timotej biskup zagrebački kupuje od Urbana sina Pobradova neko zemljište kod Vaške blizu Drave.

Paulus prepositus et capitulum Quinqueecclesiense omnibus presens scriptum cernentibus salutem in domino. Ad vniuersorum noticiam uolumus peruenire, quod Vrbanus filius Pobrad personaliter in nostri presencia constitutus, terram suam hereditariam iuxta Wascam existentem, in terris arabilibus et siluis ad usum quinque aratrorum sufficientem, de uoluntate, consensu et permissione Powsa filii Gwrh, Martini filii Kohon, presencium coram nobis et Demetri cognatorum suorum, pro quo tamen Demetrio idem Marthinus uterinus frater suus astitit, confessus est uiua uoce, se dedisse, tradidisse et uendidisse domino in Christo venerabili patri Tymotheo, dei gracia episcopo Zagrabiensi, ex eo magis, quod heredum caruit solacio, receptis eciam triginta marcis argenti ab eodem domino episcopo, sibi et suis successoribus irreuocabiliter iure perpetuo possidendam, ita uidelicet, quod nec ipse Vrbanus, nec aliquis alius terram prefatam ab eodem domino episcopo uel suis successoribus poterit reuocare, seu in posterum uendicare. Pro ipso autem domino episcopo

Thomas filius Thampa, astitit coram nobis. Cuius terre mete hoc ordine distinguuntur, sicut nobis idem Vrbanus cum predictis Pousa, (Demetrio et) Martino retulit uiua uoce. Quod incipiendo de Drawa in duabus metis terreis, in quarum una est arbor vlmi, per commetaneitatem Cruciferorum de Nowak tendit directe ad partem meridionalem ad duas metas terreas, in quarum una est arbor ilicis, exinde uadit ad duas metas terreas, ab hinc procedit ad duas metas terreas, deinde procedit ad duas metas terreas, deinde vadit ad duas metas terreas, in quarum una est arbor vlmi, deinde procedit ad duas metas terreas, in quarum una est arbor nyr uocata, dehinc uadit ad duas metas terreas, postea procedit ad duas metas terreas, in quarum una est arbor ilicis, ab hinc procedendo cadit in quandam uallem paruam, in qua sunt due mete terre, in quarum una est arbor piri, ab hinc peruenit ad duas metas terreas, in quarum una est arbor ilicis, dehinc per modicum spacium perprope cadit in magnam uiam exercitualem, ubi sunt due mete terre, per quam procedendo exit ab eadem uia ad partem occidentalem, ubi sunt due mete terre, deinde procedendo peruenit ad duas metas terreas, exinde uenit in foueam wlpinam, ab hinc uadit ad duas metas terreas, deinde peruenit ad camposam terram ad duas metas terreas, abhinc procedit ad duas metas terreas, in quarum una est arbor nyr uocata, exinde currit ad duas metas terreas, in quarum una est arbor ilicis, deinde peruenit ad duas metas terreas, dehinc uenit ad quatuor metas terreas, ex hinc uenit ad angulum cuiusdam silue, ubi sunt tres mete terre angulares, ubi commetaneitas predictorum Cruciferorum terminatur et incipiunt esse commetanei supradicti Pousa, Demetrius et Martinus; abhinc transeundo quamdam uiam tendit ad partem orientalem et ascendit monticulum quoddam, procedendoque per arbores crucesignatas pro metis, peruenit et concluditur terre domini episcopi Zagrabiensis. In cuius rei memoriam et perpetuam stabilitatem litteras presentes communitas nostro sigillo ad peticionem ipsius Vrbani conscribi dignum duximus in premisse firmum uendicionis et empcionis testimonium et munimen. Actum anno gracie MCCLX nono, mense iunio. Rodolpho cantore, Andrea custode, Wenchezlao decano, ceterisque quam pluribus ibidem existentibus. Datum per manus magistri Johannis lectoris Quinqueecclesiensis.

Liber privileg. episcop. Zagrab. list 47. — Ima oa nje i kasniji prijepis na papiru u arkivu nadbiskupskom »Privilegialia«.
Tkalčić Monum. episcop. Zagrab. I. 142—143. — Wenzel Cod. dipl. Arp. cont. XI. 595. donosi regest. — Kukuljević Reg. no. 981.

964.

1269, 1. augusta. U Starom Budimu.

Henrık ban proglasuje povelju Bele kralja o razdiobi posjeda u Moslavini.

Nos Henricus banus tocius Sclavonie significamus universis quibus expedit presencium per tenorem, quod comes Gregorius iudex Cumanorum, Thomas et Stephanus filii Thome ab una parte, Nycolaus filius Andree, Petrus filius Petri ab altera nobiles de Monuzlo, coram nobis personaliter constituti exhibuerunt nobis privilegium serenissimi domini nostri Bele illustris regis Hungarie, cum instancia nos petentes, ut iuxta ipsum privilegium nostras litteras testimoniales dari faceremus. Quorum iustis peticionibus annuentes, fecimus, pro(ut) nos postulabant. Cuius privilegii tenor talis est.

(Slijedi listina kralja Bele od g. 1269. 22. juna).

Nos igitur, ut prediximus, litteras nostras testimoniales prefatis nobilibus contulimus, anno domini M⁰. CC⁰. sexagesimo nono, datum in veteri Buda, in octavis beati Jacobi apostoli.

Cod. dipl. patrius VII. 106. no. 86. — Po originalu u arkivu obitelji grofa Erdödya u Glogovcu. — Ostanci pečata vise na ljubičastoj i smedjoj vrvci.

Kukuljević Reg. no. 982.

965.

1269, 31. augusta.

Moth daje svojoj kćeri neke zemlje, na što pristaje njezin brat Andrija.

Capitulum ecclesie Albensis omnibus Christi fidelibus presentes litteras inspecturis salutem in domino sempiternam. Ad vniuersorum noticiam tenore presencium uolumus peruenire, quod Andrea filio Moth de uilla Chega ab una parte et Michaele genero eiusdem Moth de eadem uilla ex altera coram nobis personaliter constitutis, idem Andreas proposuit, quod predictus Moth pater suus, cum aduc uiueret, fundum vnius curie vnum iuger continentem situm iuxta curiam Andronici et quandam vineam in Hydegkuth existentem, ac fenetum duorum falcastorum commetaneum terre sessionalis Belya Janini et vnam porcionem in silua Styr, in diuisione uille continentem unum iuger, ac alia viginti sex iugera terre filie sue vxori dicti Michaelis dedisset et contulisset perpetuo possidendam, de quibus quidem viginti sex iugeribus terre sex iugera in Hydegkuth sub predicta vinea, item quatuor iugera in Ozovtu, item octo iugera terre simul uersus superiorem partem uille Chega commetanea terre comitis Abrahe que uersus predictam uillam longitudine protenditur, item quatuor iugera terre commetanea terre Widus in Thelukfel, item tria iugera terre iuxta Rezut commetanea terre Heydrici, item unum iuger terre in predicto loco Thelukfel iuxta terram potoz partes fore situata retulerunt. Vnde idem Andreas collacionem patris sui in premissis factam predicte domine sorori sue nostri patrocinio priuilegii peciit a nobis roborari, quod et fecimus, ipsius peticionem legittimam admittendo. Datum anno domini MCCLX⁰. nono, II. kalendas septembris, magistro Demetrio ecclesie nostre preposito aule regie vicecancellario, Myke cantore, Feliciano custode, Ernerio decano existentibus.

Original u arkivu jugoslavenske akademije u Zagrebu: Documenta a. 1269. — Pečat se otkinuo; visio je na vrvci od crvene i zelene svile.

966.

1269, 4. septembra. U Trogiru.

Staniša i Stana, brat i sestra, izmiruju se zavadjeni zbog skalina kuće Stanišine.

In nomine domini nostri Jesu Christi amen. Anno a natiuitate eiusdem millesimo ducentesimo sexagesimo nono, indictione duodecima, Tragurii, die mercurii, quarta intrante septembri, regnante domino nostro Bela serenissimo rege Vngarie, temporibus domini Columbani venerabilis Traguriensis episcopi et dominorum Zaniche Kasocti, Duymi de Cega, Nicolai Jacobi consulum. Cum Stanicha, qui dicitur bolliarinus, faciendo domum suam positam iuxta domum Stane sororis sue, que est apud ecclesiam beati Laurencii, aditum ipsius sue domus facere uellet et habere per scalas et placcam, que erant ante domum dicte Stane sororis sue, dicens: scalas ipsas et placcam sibi et sue domui tamquam dicte Stane sorori sue et eius domui pertinere, nam erant comunes, dicta Stana dictum aditum ei penitus contradicebat et uetabat, in totum dicens ipsum Stanicham nullatenus aditum inde debere habere, quin scale ipse et placca totaliter erant sue et nichil ipsi Staniche pertinebant. Cumque autem super huiusmodi maximum inter eos litigium fuisset exortum, tandem de eorum comuni animo et uoluntate tale inter ipsos concordium interuenit. Promisit ei et conuenit dictus Stanicha: prefatas scalas et placcam de nouo seu nouas totaliter facere uoltatas suis cunctis laboribus, stipendiis et expensis et postquam facte fuerint, tam ipse scale et placca quamque eciam uolta, que sub eis fuerint comunes, sint ipsorum Staniche et Stane, uidelicet cuiuslibet eorum medietas, per quas uero scalas et placcam ambe ipse domus Staniche et Stane libere et quiete in perpetuum una sicut altera aditum habere debeat sine aliqua alterius molestia uel contradiccione. Actum ante domum dicte Stane, presentibus dompno Leonardo, Jancii canonico Spalatensi, Petrosio de Cega, Damiano de Kasariççe, Lampredio, testibus et alliis.

(Drugi rukopis).

† Ego Nicolaus Jacobi conscius examinaui.

Ego magister Franciscus Anconitanus imperiali auctoritate notarius et nunc autem ciuitatis Tragurii, hiis omnibus interfui et a sepedictis Stanicha et Stana rogatus, eorum uoluntate scripsi et roboraui.

(Monogr. notar.)

Original u arkivu kaptola u Trogiru a. 1269. no. 21.

967.

1269, 20. septembra.

Pred kaptolom zagrebačkim biva prodaja zemlje pod Kalnikom.

Capitulum Zagrabiensis ecclesie omnibus presens scriptum inspecturis salutem in domino. Ad vniuersorum noticiam harum serie uolumus peruenire, quod constituti sunt (ad) nostram presenciam ab una parte filio Beruwey, Jacus scilicet et consanguineo (!) suo Draxa filio Woik iobagionibus castri Crisiensis et ab altera Bothou seruiente Andree comitis de Noak, filii Nicolai bani iure et nomine domini sui, idem Jacus, consenciente predicto consangineo suo, uineam suam constitutam in terra Kemluk, habentem in circuitu uineas Andree comitis, confessus est, se uendidisse eidem Andree comiti et per eum suis heredibus heredumque successoribus iure perpetuo possidendam pro uiginti septem pensis denariorum Zagrabiensium, quorum singule quinque pense marcam tunc temporis faciebant, quas se idem Jacus dixit plenarie recepisse. Qui eciam Jacus, pro fratre suo uterino Jacou nomine, qui nondum legitimam habebat etatem, de uendicionis eiusdem consensu respondens, obligauit se ad expediendum Andream comitem ab omni, quam super ipsa uinea per memoratum Jacou uel alios quoscunque oriri contingeret questionem. In cuius rei testimonium

presentes ad instanciam parcium contulimus sigilli nostri munimine roboratas. Datum in uigilia Mathey apostoli, anno ab incarnacione domini
M⁰.CC⁰.LX⁰. nono.

Original na kojem o žutoj svilenoj vrvci visi pečat u kr. ug. drž.
arkivu u Budimpešti M. O. D. L. no. 33.319. Stara sign. N. R. A. fasc.
465. no. 20.

Kukuljević Reg. no. 815. (pod g. 1261.) i 983. (pod g. 1269.)

968.

1269, 21. septembra. U Spljetu.

Kaptol spljetski uvodi statut, da ostavštini svakoga kanonika, koji
umre 1. marta, pripada sav onogodišnji prihod.

In nomine dei eterni amen. Anno incarnacionis eiusdem millesimo
ducentesimo sexagesimo nono, indicione duodecima, decimo die exeunte
septembri, regnante domino nostro Bela serenissimo rege Vngarie, temporibus domini Johannis venerabilis Spalatensis archiepiscopi, Miche Madii,
Petri Cerneche, Dobri Madii iudicum. Quoniam vniuersa mortalium facta
nimia temporis prolixitate et annorum discursione e memoria dilabuntur
et penitus obliuioni traduntur, nisi nimia cum diligencia et curiositate
illa per scripta autentica depromantur, uel in scriptis manu publica
redigantur. Ideo nos domnus Duimus archidiaconus et vniuersum capitulum ecclesie sancti Domnii qui sumus dei officio mancipati et cotidie
die noctuque in diuinis persistimus laudibus, oris debitis et statutis attendentes bonas et legitimas nostrorum antiquorum consuetudines, maxime
et specialiter de eo, quod si quilibet clericus in calendis marcii ab hoc
seculo decessisset, totum suarum ecclesiarum prouentum ipsius anni haberet et de ipso disponeret, prout uellet. Considerantes id sanum et
iustum fore, de nostri capituli prouentibus simili modo unanimiter et
concorditer, spiritus sancti gracia inuocata, statuimus et ordinamus, in
scriptis per manum publicam redigentes, quod si quilibet canonicus in
calendis marcii decederet, totam suam partem ipsius anni totaliter deberet habere et de ipsa disponere et ordinare et etiam in testamento
legare, prout uoluerit et sibi melius uidebitur expedire, ut de sua propria
re possit absque alicuius persone contradiccione. Promittentes et sub
iuramento firmantes, tam nos archidiaconus quam vniuersi fratres de
capitulo hoc statutum obseruare et manutenere et nulli ius suum de-
negare, nec aliquid de ipso infringere uel uiolare. Et ad maiorem cautelam
et securitatem, ut ad posterorum perueniat noticiam et nullus super hoc

dubitare possit, presentem (!) publicum instrumentum nostri sigillo capituli fecimus communiri. Actum ante ecclesiam beati Domnii, in presencia domini Dominici et domini Stephani presbiterorum, Petri Çanini et Andree laicorum.

(Drugi rukopis).

Et ego Franciscus Steppe Madii filius examinaui.

Ego uero dominus Lucas canonicus et iuratus notarius Spalatensis hiis interfui et de mandato predicti domini archidiaconi et vniuersi capituli et mea, vt audiui, rogatus scripsi et roboraui.

(Signum not)

Original u arkivu kaptola u Spljetu a. 1269. (XVI. 2., 24.) — Na listini vidi se trag, gdje je o vrvci visio pečat.

Farlati Illyr. sacrum. III. 243. (pogrješno pod g. 1270.) — Wenzel Cod. dipl. Arpad. cont. VIII. 320. (po Farlatiju). — Kukuljević Reg. no. 1015.

969.

1269, 6. oktobra. U Spljetu.

Vučina Črne prodaje Matiji i Dragoju Kulašiću kuću svoju kod crkve sv. Anastasije.

In nomine dei eterni amen. Anno incarnacionis eiusdem millesimo ducentesimo sexagesimo nono, indicione duodecima, die sexta intrante octobrii, regnante domino nostro Bela serenissimo rege Vngarie, temporibus domini Johannis venerabilis Spalatensis archiepiscopi, Miche Madii, Petri Cerneche, Dobri Madii iudicum. Vulcina Çernce, una cum Dem(en)cia sua uxore presente et consentiente, per hoc presens instrumentum est confessus et manifestus, se suscepisse et in se habuisse a Matheo et Dragoi suo fratre Culasiçi sexaginta libras denariorum paruorum, pro quibus libris dictus Vulcina cum prefata sua vxore dedit, contulit ac precise uendidit eisdem domum suam bannitam per preconem publice in platea cum omnibus suis pertinentiis et circumstantiis ac rationibus, excepta statione inferius ad mare, que uendita est Gaudio Kalende. Que domus est in fenestris iuxta ecclesiam sancte Anastasie et prope balconem, qui fuit Nicolai Duimi. Dans dictus Vulcina cum prefata sua vxore predictis fratribus plenam potestatem ipsam domum habendi, possedendi, uendendi et quicquid sibi ex ea placuerit faciendi. Promittens et obligans se ipse Vulcina cum sua vxore predicta domum ipsam ab omni persona eis defensare et excalumpniare cum suorum, bonorum obligatione. In signum uero stabilis et precise uenditionis vnum passum de terra in Bade pro gambio ab ipso recepit. Actum in camera mei notarii in presentia et testimonio domini Jacobi Kalende et Leonardi Jantii canonicorum, Luce Jantii et plurium alliorum.

(Drugi rukopis).

Ego Joseb Petri conscius examinaui.

Ego uero dominus Lucas canonicus et iuratus notarius Spalatensis hiis interfui et vtriusque partis uoluntate rogatus, vt audiui, scripsi et roboraui.

(Signum not.)

Original u arkivu kaptola u Spljetu a. 1269. (XVI. 1., 84.) .

970.

1269, prije 13. oktobra.

Bela kralj ugarski i hrvatski na molbu biskupa zagrebačkoga Timo-teja oslobadja njegove podanike u Vrbasu od uzdržavanja dotičnih župana.

Bela dei gracia Hungarie, Dalmacie, Crouacie, Rame, Seruie, Gallicie, Lodomerie, Cumanieque rex omnibus Christi fidelibus (tam presentibus quam) futuris salutem in omnium saluatore. Regalis misericordie im-mensitas quamuis ex sui prouidencia sublimia prospiciat, alto consilio prouidendo, tamen humilia respicit (a suis oneribus suble)uando. Proinde ad vniuersorum noticiam tam presencium quam futurorum harum serie volumus peruenire: quod cum populi venerabilis patris Thymotei episcopi Zagrabiensis in comitatu (de Vrbaz existentes) per continuos descensus baronum nostrorum et per comitem de Vrbaz, ac per curiales comites eiusdem, qui fuere pro tempore, se conquererentur, fuisse plurimum aggra-uatos. (Nos qui ecclesias dei) et ad easdem spectantes protegere con-sueuimus et fouere, ne in eisdem diuine laudis organa suspendantur, sed diuini cultus nominis amplietur, ad instanciam venerabilis pat(ris Tymotei, miser)acione diuina episcopi Zagrabiensis dilecti et fidelis nostri iam dictis populis et iobagionibus suis talem graciam et misericordiam duximus faciendam: quod nullus baronum nostrorum de(scensum super eosdem presu)mant facere uiolentum et ut seruicia sua iam dicto venerabili patri debita iidem populi et iobagiones facilius impendere ualeant, de aliis grauaminibus expediti, de gracia con(cessimus speciali: quod comi)tes de Vrbaz, uel curiales comites eiusdem, pro tempore constituti, in ullo casu eosdem ualeant iudicare, prout libertas aliorum populorum eiusdem venerabilis patris id r(equirit, cum ipsos, a iud)icio parochialis comitis omnino eximentes nostro, et eiusdem episcopi iudicio duxerimus per omnia reseruandos, ita videlicet, quod si dictus episcopus in reddenda iusticia (querelantibus contra ipsos) negligens fuerit ac remissus, extunc idem episcopus et non populi nec iobagiones sui supradicti ad nostram citabitur presenciam ad terminum competentem. Vt igitur hec nostre (concessionis ser)ies robur obtineat perpetue firmitatis, nec per quempiam processu temporum retractari ualeat aut in irritum quomodo reuocari, presentes concessimus litteras duplicis sigilli (nostri) munimine roboratas. Datum per manus magistri Demetrii, prepositi Albensis, aule nostre vice-cancellarii dilecti et fidelis nostri, anno domini MCCLXIX, regni autem nostri anno XXX. quarto.

Original u arkivu nadbiskupije zagrebačke Privilegialia. — Listina ie u sredini izderana u novije vrijeme.

Tkalčić Monum. episcop. Zagrab. I. 146—147. — Wenzel Cod. dipl. Arpad. cont. XI. 582—583. — Kukuljević Reg. no. 990.

971.

1269, 15. decembra.

Pred županom križevačkim biva prodaja i zamjena zemlje.

Nos Martinus comes Crisiensis significamus omnibus presencium per tenorem presens scriptum inspecturis, quod constitutis in nostra presencia comite Jwnk a parte vna et Farcasio filio Isou ab altera, idem Farcasius viua voce fuit protestatus, quod cum ipse in terra Dyuindedra(!) Vamieraticz(!) a comite Isano auo suo terciam partem racione porcionis sue deuolutam debuisset habere et Georgius comes, ac alii cognati sui predictam porcionem suam in terra memorata denegassent et ipse eandem porcionem suam in lite auxilio Jwnk comitis predicti obtinuisset, eandem terram obtentam eidem Jwnk comiti pro quadam terra eiusdem Jwnk comitis priuilegiata in Dobouch existente pro concambio dedisset et contulisset. Tandem predictam terram pro concambio receptam, videlicet in Dobouch existentem, confessus fuit, se eidem Jwnk comiti uendidisse et redidisse pro decem marcis, quas se dixit ab eodem plenarie recepisse. Reddidit eciam idem Farcasius cum terra predicta priuilegium Stephani bani bone recordacionis et priuilegium capituli Zagrabiensis Jwnk comiti memorato, cum quibus ipsam terram dicebat se possedisse. In cuius rei seriem presentes nostri sigilli apposicione eidem Jwnk co-

miti dedimus insignitas. Datum in dominica ante festum beati Thome
apostoli, anno domini millesimo ducentesimo sexagesimo nono.

Iz izvornog prijepisa palatina Mihajla Mereja od g. 1568. na papiru
u kr. ug. drž. arkivu u Budimpešti M. O. D. L. 230. — Stara signa-
tura N. R. A. fasc. 20. no. 96.

972.

1269, 21. decembra.

Bela kralj ugarski i hrvatski vraća zemlju Lepled u šomogjkoj žu-
paniji do sada u posjedu ninskoga biskupa Samsona, županu Andriji
bratu čazmanskoga prepošta Petra.

Bela dei gracia Hungarie, Dalmacie, Croacie, Rame, Seruie, Gallicie,
Lodomerie, Cumanieque rex omnibus tam presentibus quam futuris
presentes litteras inspecturis salutem in omnium saluatore. Ad vniuersorum noticiam harum serie uolumus peruenire, quod, cum olim ad con-
questionem comitis Andree fratris magistri Petri prepositi Chazmensis
fidelis nostri, conquerentis nobis, quod terram suam hereditariam Lepled
uocatam in comitatu Simigiensi existentem, ipso comite Andrea in etate
tenera constituto ab ipso auferendo, venerabili patri Samsoni episcopo
Nonensi ignoranter dedissemus, factum eiusdem terre Lepled, utrum
uidelicet predicti comitis Andree hereditaria fuisset nec ne, Johanni filio
Isep, Gregorio filio Iharus, Stephano filio Ders et Dedus comitibus fidelibus nostris commisissemus inquirendum, ut iidem in fide deo et corone nostre debita inquirerent et nobis in suis litteris remandarent, si
ipsa terra Lepled fuisset eiusdem comitis Andree hereditaria, sicut idem
asserebat; iidem nobiles rescripserunt nobis, predictam terram prefati
comitis Andree hereditariam extitisse. Nos itaque per iam dictos et per
quam plures alios nobiles super hoc certificati decreueramus, quod post
mortem predicti Sampsonis episcopi ipsa terra deuolueretur in ius dicti
comitis Andree iure hereditario possidenda et quod idem episcopus dictam
terram ex munificencia et gracia nostra speciali, quoad uiueret, pacifice
possideret. Verum postmodum aliquanto temporis spacio elapso, sepedictus comes Andreas denuo ad nostram accedens presenciam retulit
nobis, quod cum Bela dux tocius Sclauonie, Dalmacie et Crouacie felicis
recordacionis, karissimus filius noster de beneplacito suo, conniuencia et
consensu, sicut in eiusdem ducis karissimi filii nostri litteris per ipsum
comitem Andream nobis exhibitis contineri uidimus, eundem episcopum

et comitem Andream permisisset, inter se ad pacem reformandam super facto terre Lepled antedicte, prefatus Samson episcopus adhuc uiuens, sciens ueraciter, ipsam terram Lepled fuisse et esse memorati comitis Andree hereditariam, coram fidelibus nostris capitulo Zagrabiensi, prout tam in eiusdem capituli, quam dicti episcopi Samsonis patentibus litteris contineri uidimus, prenotatam terram Lepled ipsi comiti Andree pure et simpliciter resignauit, quam quoad ipse uiueret, poterat de nostra gracia possidere, renunciando omni iuri, si quod eidem competere poterat in terra supradicta. Nos igitur premissa omnia, videlicet tam factum predicti Bele ducis karissimi filii nostri, quam resignacionem et restitucionem dicte terre per ipsum Samsonem episcopum iuste et legitime factam, rata habere volentes, predictam terram Lepled dicto comiti Andree dimisimus et confirmauimus iure hereditario in perpetuum possidendam, omnibus super ipsa terra Lepled processu temporum contra prefatum comitem Andream questionem aliquam suscitare uolentibus silencium perpetuum imponentes. Cuius quidem terre mete, prout in prioribus litteris nostris patentibus contineri uidimus, hoc ordine distinguntur: Prima meta a domo ipsius episcopi in terra sua empticia edificata in oriente incipit et incidit in vnam fossam et per fossam uadit ad magnam viam in occidentem et illic in fine fosse metatur in fruticibus arboris egur et inde uadit in eadem lata uia in occidentem et ibi diuiditur alia via, que ducit Scothmar et per ipsam uiam transit siluam Ronna et postea in terra wlgariter humuk dicta due consistunt ilices in vna radice, tenditur autem inde in aquilonem et peruenit ad unam magnam arborem tilie et hinc uenit in uiam Inke, vbi sunt iuxta viam illam due mete terree et cruces super arbores, scilicet kerc(us) et ilicis, deinde uadit super uiam Weysa versus orientem et ibi due mete terree continent in se duas arbores ilices et illic ex parte alia terra Albensis ecclesie est eius commetanea et inde tendit ad vnam ilicem iuxta Ronnam et illic caput Ronne fluuii pertransit ad siluam Małk et iuxta vnam arborem tremuli habetur meta terrea secus uiam, nichilominus super quam uadit in arborem ilicis et ibi habetur una meta principalis, transitque in terram stercoream Malk, in qua est vna pirus et inde peruenit in egur et de egur in cartilaginem et ibi sunt due mete terree et inde peruenit ad salicem, ubi sunt due mete terree, noua uidelicet et antiqua et inde in uia iuxta terram Butka comitis uadit in meridiem et ibi uadit super caput fluuii Naar, itaque terminatur iterum in orientem aput domum predictam episcopi memorati in eiusdem terra empticia, quam precio a Peturke comite compaŗauit. [V]t igitur huius rei series robur optineat perpetue firmitatis, nec processu temporum retractari ualeat, aut per quempiam in irritum reuocari, presentes concessimus litteras dupplicis sigilli nostri munimine roboratas. Datum per manus magistri Demetrii Albensis prepositi, aule nostre vicecancellarii dilecti et fidelis nostri, anno domini M⁰ CC⁰ LX⁰ IX⁰, XII⁰ kalendas ianuarii, regni autem nostri anno XXX⁰ quarto.

Original u kr. ug. drž. arkivu u Budimu DI. 676. (Stara signatura N. R. A. fasc. 402. no. 12) — Na listini visi o svilenoj vrvci ljubičaste i žute boje odlomak pečata dvostrukog. — Na hrptu bilješka iz početka XIV. vijeka: »super facto possessionis Leepleed confectum«.

Wenzel Cod. dipl. Arpad. cont. VIII. 228—230. — Kukuljević Reg. no. 986.

973.

1269, 22. decembra.

Bela kralj ugarski i hrvatski potvrdjuje zlatnu bulu svoga pretsasnika Andrije danu biskupiji zagrebačkoj.

Bela dei gracia Hungarie, Dalmacie, Crovacie, Rame, Seruie, Gallicie, Lodomerie, Cumanieque rex. Omnibus Christi fidelibus tam presentibus quam futuris presentes litteras inspecturis salutem in omnium saluatore. Ad vniuersorum noticiam tenore presencium uolumus peruenire, quod venerabilis pater Tymotheus episcopus Zagrabiensis, dilectus et fidelis noster, ad nostram accedens presenciam obtulit et exhibuit nobis priuilegium felicis recordacionis domini regis Andree, carissimı patris nostri, sub bulla aurea, super prediis, possessionibus, terris et libertatibus, que uel quas ecclesia sua Zagrabiensis ex antiqua et deuota collacione predecessorum nostrorum possidere dinoscitur, confectum, petendo cum instancia, ut ipsum priuilegium ratificare, approbare et nostro priuilegio confirmare de benĭgnitate regia dignaremur. Cuius tenor talis est: *(Gl. listinu od god. 1217. Vol. III. br. 130. ovoga zbornika)* Nos igitur priuilegium ipsius carissimi patris nostri sub bulla aurea super huiusmodi salubribus donacionibus, possessionibus et libertatibus confectum, non abrasum non cancellatum, nec in aliqua sui parte uiciatum, ratum habentes et acceptum, de uerbo ad uerbum presentibus insertum auctoritate presencium ex certa nostra sciencia duximus confirmandum. Concedimus eciam ad instar predecessorum nostrorum, quod banus pro tempore constitutus, in nullo casu populos ecclesie in banatu constitutos racione descensus uel alicuius iurisdiccionis occasione presumat molestare, cum nostris et carissimi patris nostri ac predecessorum nostrorum temporibus, bani pro tempore constituti nullam habuerint iurisdiccionem in populis ecclesie supradicte, pro eo maxime, quod episcopi, qui pro tempore ecclesiam Zagrabiensem gubernauerunt, semper fideles regie corone exstiterunt. Unde nos de speciali gracia omnes populos ipsius ecclesie Zagrabiensis tam in banatu, quam in aliis comitatibus constitutos, ab ipsius bani et comitum iurisdiccione omnino exemimus, ut iidem populi de aliis grauaminibus expediti, debita seruicia et consueta facilius possint et ualeant ipsi episcopo exhibere et in omnibus tam in iudiciis, maleficiis, excessibus, quam in aliis seruiciis et redditibus quibuscunque nomine nuncupatis suo tantum episcopo Zagrabiensi et ipsius iudicibus seu officialibus populi ecclesie respondere teneantur. Adicientes, quod si episcopus uel eius iudex aut officialis in reddenda iusticia querulantibus contra ipsos populos negligens fuerit uel remissus, non is, contra quem agitur, sed episcopus uel eius iudex ad nostram citabitur presenciam ad terminum competentem. Volumus eciam, quod nullus baronum nostrorum in populis ecclesie audeat descensum uiolentum recipere, qui uero contra presumpserit, indignacionem regiam exinde incurrat et ipse episcopus contra huiusmodi presumptorem per censuram ecclesiasticam procedat, prout meruerit proteruitas presumptoris, nisi se super iniuria illata recognoscat. Ceterum cum in populis ecclesie temporibus retroactis nulla collecta fuerit et nos tempore nupciarum carissimi filii nostri, felicis recordacionis, Bele ducis, collectam septem denariorum exigi fecissemus et postmodum aliquot annos recepissemus, tandem recurrentes ad conscienciam, ob reuerenciam sancti Ladizlai regis, qui est fundator ipsius ecclesie et pro remedio anime carissimi filii nostri Bele ducis ipsam collectam septem denariorum dicto episcopo in populis ecclesie relaxamus. Vt igitur hec omnia, que a nobis et carissimo patre nostro, ac a predecessoribus nostris sunt concessa, nostris nostrorumque successorum temporibus irrefragabiliter salva semper et inconcussa in perpetuum ualeant permanere, duplicis sigilli nostri munimine ex certa nostra sciencia fecimus roborari. Datum per manus magistri Demetrii, Albensis ecclesie prepositi, aule nostre vicecancellarii, dilecti et fidelis nostri. Anno dominice incarnacionis millesimo ducentesimo sexagesimo nono, XI. kalendas ianuarii, regni autem nostri anno tricesimo quarto.

Original u arkivu kaptola zagrebačkoga fasc. 1. br. 2., crveno-ljubičasta svilena vrvca visi bez pečata.

Farlati Illyr. sacrum V. 375. — Tkalčić Monum. episcop. Zagrab. I. 145—146. — Wenzel Cod. dipl. Arpad. cont. XI. 581. donosi regest. — Kukuljević Reg. no. 988.

974.

1269, 22. decembra.

Bela kralj ugarski i hrvatski oslobadja podanike biskupa zagrebač-
koga u šomogjkoj županiji od uzdržavanja župana.

Bela dei gracia Vngarie, Dalmacie, Croacie, Rame, Seruie, Gallicie,
Lodomerie, Cumanieque rex, omnibus tam presentibus quam futuris
presentes litteras inspecturis salutem in omnium saluatore. Regalis misericordie immensitas, quamuis ex sui prouidencia sublimia prospiciat,
alto consilio prouidendo, tamen humilia respicit a suis honeribus sub-
leuando. Proinde ad vniuersorum tam presencium quam futurorum noticiam harum serie uolumus peruenire; quod cum sanctiferi populi et
iobagiones episcopi Zagrabiensis in quatuor uillis in Wertus, scilicet
Elias, Budun et Tikud in comitatu Simigiensi existentes, per continuos
descensus baronum nostrorum et per comitem Simigiensem ac per
curiales comites eiusdem qui fuere pro tempore, se conquererentur fuisse
plurimum agrauatos. Nos qui ecclesias dei et ad easdem spectantes protegere consueuimus et fouere, ne in eisdem diuine laudis organa suspendantur, sed diuini cultus nominis amplietur, ad instanciam venerabilis
patris Thymotei, miseracione diuina episcopi Zagrabiensis, dilecti et fidelis nostri, iam dictis populis et iobagionibus suis talem graciam et
misericordiam duximus faciendam: quod nullus baronum nostrorum
descensum super eosdem presumat facere uiolentum et ut seruicia sua
iam dicto venerabili patri debita iidem populi et iobagiones facilius impendere ualeant de aliis grauaminibus expediti. De gracia concessimus
speciali: quod comes Simigiensis et curiales comites eiusdem pro tempore
constituti, in nullo casu eosdem ualeant iudicare, cum ipsos, a iudicio
parochialis comitis omnino eximentes, nostro et eiusdem episcopi iudicio
duxerimus per omnia reseruandos, ita uidelicet, quod si dictus episcopus
in reddenda iusticia querulantibus contra ipsos negligens fuerit aut remissus, extunc idem episcopus et non populi nec iobagiones sui supradicti,
ad nostram citabitur (!) presenciam ad terminum competentem. Vt igitur
hec nostre concessiones series robur optineat perpetue firmitatis, nec per
quempiam processu temporum retractari ualeat, aut in irritum quoquomodo
reuocari, presentes memoratis populis et iobagionibus concessimus litteras
duplicis sigilli nostri munimine roboratas. Datum per manus magistri
Demetrii, Albensis ecclesie prepositi, aule nostre vicecancellarii, dilecti

et fidelis nostri. Anno dominice incarnacionis MCCLX. nono, XI. kalendas ianuarii. Regni autem nostri anno XXXIII. (!)

Liber privileg. episcop. Zagrab. list 40.
'Tkalčić Monum. eptscop. Zagrab. I. 144—145. — Wenzel Cod. dipl.
Arpad. cont. XI. 484. donosi regest. — Kukuljević Reg. no. 987.

975.

1269.

Izvod iz listine Bele kralja ugarskoga i hrvatskoga o posjedu i me-
djama dubičkim.

Ordo litterarum privilegialium domini Bele regis quarti, genitoris
regis Stephani, anno gracie millesimo ducentesimo sexagesimo nono sub-
ortarum (continebat), quomodo civitas Zennye et comitatus de Gwthke
domui milicie templi Jehrosolimitani paruissent, quas ipsi reges in forma
compositionis modo, litteris in eisdem seriatim explicato, pro se recepissent, dando vice versa eidem domui templi comitatum de Dwbicha
cum omni districtu, iurisdictione honore ac suis pertinentiis, pleno iure
et nominatim cum mardurinis et descensu bani vulgariter Zulusina vocata,
ac omnibus reddilibus prout percepissent, reservata collecta que per
totam Sclavoniam ratione lucri camere exigi consueuissent, promississent-
que magistro et fratribus militum templi, ipsos et domum templi conservare
in pacifica possessione dicti comitatus de Dubycha per hunc modum,
ut hec nec ipsi reges nec eorum heredes valerent retractare, quod si
facerent, penam viginti marcarum millia fini argenti incurrerent, quas
milicie templi solvere tenerentur, comitatu de Dubycha nychilominus
apud domum manente. Mete autem terrarum ad ipsum comitatum de
Dwbycha pertinentium tales haberentur: Prima meta inciperet ex parte
Gwersenycha exeundo de Zaua, ubi aqua Pwkur caderet in Zauam,
inde per ipsum Pwkur iret supra versus orientem et veniret in locum,
ubi Ozywpwker(!) caderet in magnum Pwkur, ubi essent due mete, inde
in eodem Ozywpwkur transiret superius et caderet in eundem Pukur
magnum et ibi essent due mete et per eundem Pukur iret superius
versus montem, dividens terram cum filiis Petres, item in magno spacio
exiret Kossachyna vocatum fluvium, ubi essent due mete et per eundem
fluvium tenderet versus meridiem contra cursum aque et perveniret ad
arborem ihor, ubi aquam illam exiret, ubi essent due mete, inde eundo
per quemdam fluvium iret superius versus meridiem ad arborem harazth,
ubi essent due mete et inde descenderet ad caput eiusdem rivuli, ubi

essent due mete et inde transeundo unum fluvium ascenderet per quemdam locum Kalysta vocatum et ibi iuxta dumum vimineum essent due mete et inde descenderet ad fluvium Reueneche vocatum, ubi essent due mete et ibi transiret fluvium unum et iret per medium ville Vrachiche et inde transeundo transiret iuxta silvam a parte meridionali et ascenderet ad montem ad veteres metas, ubi essent due nove mete et ibi caderet ad fluvium Velyke vocatum et per eundem fluvium Velyke iret inferius vsque ad locum, vbi idem fluuius caderet ad alium fluuium Klokonech vocatum, vbi essent commetanei filii Razlay et per eundem fluvium Klokonech iret in inferius versus meridiem et caderet in fluvium Granych vocatum et per eundem Granycha iret inferius et caderet in fluvium Nagachen vocatum et per eundem eundo caderet in Zauam et inde per Zauam per longum spatium inferius perueniret ad locum, vbi fluviu Ispyas vocatus caderet in Zauam, vbi essent due mete, que inciperent stringere terram de Dwbycha a terris de Wrbaz et per eundem fluvium Ispias(!) iret superius contra cursum aque versus meridiem, vbi alter fluvius Lykonch nomine caderet in ipsum Ispyas et ibi essent due mete et inde exeundo fluvium progederetur iuxta sylvas et perueniret ad locum Prisega vocatum et inde in montibus iret directe per berch et perveniret ad montem Rabfew vocatum et inde tenderet et perveniret ad locum Plazy vocatum, vbi essent due mete et inde progrederetur directe versus meridiem et perveniret ad montem Komafew vocatum, vbi essent due mete et inde per berch transiret inferius ad arborem thul, vbi essent due mete et per eundem berch iret in locum Kalysta vocatum, vbi essent due mete et inde iret ad verticem montis ad magnam viam, que duceret in Vrbaz, iuxta quam due mete essent iuxta metas veteres et per eandem viam tenderet usque occidentem ad duas arbores thul, iuxta quas essent due mete et inde diverteretur de via versus meridiem eundo per valles, ascenderet ad montem alium, qui essent inter Rakouech et Istrobycha, vbi essent due mete et inde directe ascendendo per montes perveniret ad montem alciorem, in cuius vertice essent due mete et inde per montes et valles eundo perveniret ad villam Symiga, que remaneret a sinistris et inde incedendo per montes et valles directe perueniret ad montem Thodinafew vocatum, vbi essent due mete et inde directe iret in Gosd et eundo per ipsum Gosd transiret in fluvium Mesenycha et ita terminarentur mete de Wrbaz de Mesenyche; tunc caderet in aquam Thempnifew, que esset prima meta inter Dubycham et Zauam, inde Thempnifew ascenderet ad quendam monticulum versus occidentem et procedendo per ipsum monticulum aliquantulum descenderet in rivulum nomine Mesenycha et per eundem rivulum descenderet per magnum spacium, vbi Jelawech pathak caderet in Mesenycham et

per Jelawech ascendendo duceret usque ad quendam locum qui vulgo
Pridol diceretur et de Pridol ascenderet supra montem, ibi essent due
mete terree, inde descenderet per modicum spacium in duas metas
terreas existentes circa arborem bykfa cruce consignatam, que esset
supra caput Kokonychfew, inde recte descenderet in quandam magnam
vallem in rivulum Koyuanycha vocatum et sic eundo per ipsum rivulum
et per ipsam vallem per magnum spacium ascenderet ad montem versus
orientem ad quendam locum nomine Wratha, vbi secus viam essent due
mete terree, inde iret versus occidentem per montem et tenderet per
iuga montis, idem (!) per Brizch et veniret ad duas metas tereas, inde
ascenderet ad montem alciorem, in cuius supremitate due mete terree,
inde descenderet per medium eiusdem montis et veniret ad finem ipsius
montis, ubi essent due mete terree, inde transiret ad quoddam flumen
Strygomnya vocatum et ascenderet ad montem versus occidentem et
duceret usque ad duas metas terreas, que essent in latere montis, inde
transiret in modico spacio versus meridiem ad duas arbores fagi crucesignatas, inde ascenderet per nemus montem et frutices, in vertice ipsius
montis essent due mete terree et inde iret ad magnam viam vbi essent(!)
quadrivium, inde iret per quandam semitam versus occidentem, inde
transiret directe ad quemdam fluvium Jalsaycha vocatum, inde transiret
ipsum fluvium ascendendo per quandam semitam et tenderet per eandem
semitam in cacumine montis usque ad Vysenych, vbi essent mete terree
sub arbore zylfa et per verticem ipsius montis veniendo caderet in viam
et veniret ad locum Patuch vocatum, vbi essent due mete et per eandem
viam veniret ad fossatum Jamynych vocatum, vbi essent due mete et per
eandem(!) veniendo versus occidentem perveniret ad magnam viam Wratha
vocatam, vbi essent due mete et transeundo ipsam viam Vratha directe iret ad fluvium Jelsouycha vocatum et per eundem caderet in
fluvium Strygomnia, vbi mete essent et transeundo ipsum fluvium
Strigomnya ascenderet ad montem directe, vbi sub arboribus nyarfa due
mete essent in vertice montis, incedendo directe descenderet ad magnam
viam, iuxta quam essent due mete et inde directe progrederetur et caderet in fluvium Zohodol vocatum, quem transeundo ascenderet ad
montem in cuius vertice sub arboribus kolsa(!) essent due mete et inde
per berch ascenderet ad vnam viam et eundo parum per viam exiret,
vbi essent due mete et inde eundo per berch versus occidentem descenderet in fluvium Jelsouych vocatum, quem transeundo sub arbore castane
essent due mete et inde ascenderet superius et caderet in viam et in
berch iret in via, que separaret terras de Dwbycha a terris de Wandycha, iuxta eandem viam essent due mete, vbi inciperentur termini terrarum de Wandycha et inde eundo per eandem viam per berch directe

versus aquilonem ad quendam montem, vbi essent due mete et per eandem viam et per eundem berch ad quendam locum Lonffeu vocatum, vbi sub arboribus fagis essent due mete et inde per viam sepedictam descendendo perveniret ad duas metas in fine eiusdem berch et deinde descendendo caderet in rivulum Strigomnya, vbi essent due mete et per eundem fluvium Strigomnya iret inferius in fluvium Vn, vbi fluvius Chazthanycha vocaretur, caderet et in ipsum Vn esset una meta, deinde ascendendo per Chazthanycha sub foro duceret usque ad quendam fonticulum, vbi transeundo fonticulum ascenderet per magnam viam et iret ad fontem, qui esset sub ecclesia sancti Michaelis, de quo fonte ascenderet aliquantulum et iret usque ad duas vias, quarum vna que iaceret a dextris, inde iret in longitudinem montis, sub quo essent vinee et per eundem montem iret in Wratha et de Wratha ascendendo duceret per montem et per magnum spacium et preterea descendendo veniret ad rivulum Thurycha vocatum, per ipsum Thurycha aliquantulum procedendo caderet in rivulum Thurya vocatum et per Thuriam procedendo veniret ad aquam nomine Pulschka et per Pulschka duceret in Zauam, vbi inciperet prima meta et sic mete predictarum possessionum circumquaque finaliter terminarentur.

Original na papiru u kr. ug. drž. arkivu M. O. D. L. no. 34,004 Stara sign. N. R. A. fasc. 1551 no. 22. — Ovaj izvadak iz listine palatina Nikole Gorjanskog od g. 1429. 13. marta nalazi se i u dipl. zborniku. Fr. Szćhényia u 4⁰ vol. VI. 454—465. u narodnom muzeju u Budimpešti.
Fejér Cod. dipl. Hung. IV. 3., 506—508. (priopćio jedva polovicu).
— Kukuljević Reg. no. 489.

976.

1269. (Iz prve pole godine).

Bela herceg hrvatski potvrdjuje povlastice križevačke.

Bela dei gracia dux tocius Sclauonie, Dalmacie et Croacie, vniuersis Christi fidelibus presens scriptum inspecturis salutem in vero salutari. Ad vniuersorum noticiam harum serie volumus peruenire, quod hospites nostri de libera villa Crisiensi exhibuerunt nobis priuilegium domini Bele incliti regis Vngarie karissimi patris nostri confectum super confirmacione libertatis ipsorum ordinate per Stephanum banum Sclauonie bone memorie secundum tenorem priuilegii eiusdem, cuius tenor talis est:

(Slijedi privilegij kralja Bele od god. 1253. 16. augusta podijeljen Križevcima).

Nos igitur tam ordinacionem per ipsum Stephanum banum iuste et racionabiliter factam quam et confirmacionem domini regis patris nostri karissimi ratam et firmam habentes, presentibus de verbo ad verbum inseri faciendo, ad instanciam hospitum nostrorum predictorum, presentes munimine sigilli nostri pendentis perpetuo confirmamus. Datum per manus venerabilis patris Ladizlai episcopi Tyniensis aule nostre cancellarii dilecti et fidelis nostri, anno domini millesimo ducentesimo LX⁰ nono, ducatus autem nostri anno primo.

Original. u arkivu grada Križevca pod br. 3. — Na listini visi tek nekoliko niti crvene svile. Pečat je otpao.

977.

1269. (Iz prve pole godine).

Bela herceg hrvatski potvrdjuje Babonićima Vodićevo, a odbija nji-hova protivnika.

(B)ela dei gratia dux totius (S)clavonie, (D)almatie et Croatie omnibus Christi fidelibus tam presentibus quam futuris salutem in salutis largitore. (I)nsurgente fluctivaga procella emulorum, contentiose litis materia nequit enervari, nisi ea, que rite geruntur, fidò literarum patrocinio fulciantur. (P)roinde ad universorum notitiam tam presentium quam posterorum harum serie volumus pervenire, quod cum Bora filius Hlapuna cum proximis suis de Kenesepula, Voyhna filius Vytalus, Zoryzlo filius Ozor cum proximis eorum de Bovycha, Ruzete filius Bratk, Poznan filius Voyhna, Grubuch filius Braseyk cum cognatione eorum de Povnyna, Raduna filius Chornoy, Gyrd filius Vozlo, Zyuenk filius Zorian cum cognatis suis de Scytar, Goriwlk filius Dragubert, Jacus filius Branyzlo, Obrad filius Stepk cum proximis suis, Elia filius Stavlen, Petyna filius Vratyn cum proximis suis de Polchan, Vulchislo et Poznan filii Nagul cum proximis suis de Rychycha, As, Baas et Heynih filii Petrych coram nobis in forma iudicii Jacov et Crystanum filios Bobonig conveniss[ent et] contra eosdem proposuerunt in hunc modum, quod ipsi fuissent iobagiones castri in terra Vodichan constituti et filii Bobonig ipsam terram Vodichan a castro usurpatam detinerent violenter indebite occupantes. (A)d que prefati Jacov et Cristan filii Bobonyg taliter responderunt, quod predicta terra Vodichan Stephano de Goricha avo ipsorum propter servitia sua per magnum Belam regem felicis , recordationis, proavum nostrum collata extitisset et . per Hemiricum regem clare memorie, ac dominum Belam regem Ungarie, karissimum patrem nostrum ipsa collatio fuisset confirmata, et super collatione et confirmatione ipsius terre eidem Stephano avo ipsorum et Bobonig patri eorum consequenter factis tria haberent privilegia, unum videlicet regis Hemirici sub bulla aurea, et aliud illustris Bele regis, karissimi patris nostri similiter sub bulla aurea, et tertium privilegium eiusdem domini Bele regis, karissimi patris nostri bulla cerea consignatum. (C)umque nos auditis partium assertionibus, antedictis Jacov et Crystano filiis Bobonig terminum assignassemus ad statuenda ipsa privilegia coram nobis, iidem filii Bobonyg in ipso termino unum predictorum privilegiorum sub cera nobis exhibuerunt dicentes, prenotata duo privilegia bulla aurea consignata eis per depositarios ad exhibendum nobis data non fuisse, transcriptum eorundem duorum privilegiorum sub sigillo abbatis de Lonscruht, ubi ipsa privilegia dicebant fuisse deposita nobis presentarunt. Sed quia nobis huiusmodi exhibitio ipsorum privilegiorum sufficere non videbatur, Juan comiti de Prodavyz, magistro Buze cantori ecclesie Zagrabiensis et magistro Petro archidiacono ecclesie eiusdem dedimus in mandatis, quod inspicientes ipsa originalia et perlegi, ac de verbo ad verbum in fide deo et nobis debita transscribi facientes transcriptum eorundem nobis sub sigillis suis transmitterent per filios Bobonig antedictos. (A)dveniente itaque termino per nos partibus assignato, sepedicti filii Bobonig transcriptum predictorum duorum privilegiorum bulla aurea communitorum sub sigillis virorum prefatorum et tertium privilegium domini Bele regis, patris nostri karissimi sub cera, quod etiam antea exhibuerant, nobis presentarunt, ut debebant, quorum duorum privilegiorum transscriptum et tertium ipsum originale cum presentibus baronibus et nobilibus regni nostri, qui nobis tunc temporis assidebant, diligenter perlegi et exponi fecissemus. In unius privilegii transcripto vidimus, quod superius nominatus magnus Bela rex proavus noster, annuente Hemirico rege filio suo, prescriptam terram Vodichan prefato Stephano et suis heredibus heredumque successoribus propter sua multiplicia et fidelissima servitia ac sui et suorum sanguinis effusione(m), que in exhibenda regie corone fidelitate fuerat perpessus, contulit et donavit pleno iure perpetuo possidendam, quam quidem collationem seu donationem quia pretaxatus magnus Bela rex morte preventus suis literis non potuit roborare, rex Hemiricus cum suo privilegio bulla aurea consignato communivit, prout eidem dictus magnus Bela rex pater eius sub paterna benedictione dederat in mandatis. Item in transcripto secundi privilegii sub bulla aurea et tertio sub cera in originali videlicet inspeximus, quod dominus Bela rex pater noster karissimus collationem antecessorum suorum ratam habens et approbatam confirmavit, licet etiam tempore Stephani bani quidam castrenses super facto supradicte Vodichan contra

Bobonig patrem ipsorum questionem suscitassent. (N)os itaque collationem et confirmationem predictas diligenter investigando, invenientes rite et legitime fuisse factas, de consilio et assensu baronum et nobilium regni nostri, qui presentes erant, de prefata terra Vodichan portionem ipsos filios Bobonig contingentem eisdem filiis Bobonig et ipsorum heredibus heredumque successoribus reliquimus et dimisimus irrevocabiliter perpetuo possidendam, prenominatis Bora, Voyhna, Ruzete, Roduna et Gyrd ac aliis prenotatis de ulteriori requisitione vel motione questionis super facto terre premisse perpetuum silentium imponentes, ita videlicet, quod si iamdicti Bora, Voychna, Ruzete, Roduna et ceteri superius nominati super ipsa terra Vodichan contra filios Bobonig vel suos heredes aliquo tempore moverent questionem, pro calumpniatoribus ipso facto et litis refricatoribus habeantur. (E)t quod huius rei series semper salva et inconcussa perseveret, nec possit per quempiam retractari in futurum, presentes duplicis sigilli nostri munimine concessimus roboratas. Datum per manus venerabilis patris Ladizlai episcopi Tynniniensis, aule nostre cancellarii, dilecti et fidelis nostri, anno ab incarnatione domini M. CC. LX. nono, ducatus a(u)tem nostri anno primo.

Thallóczy-Barabaš Cod. Blag. 18—21. no. 10. — *Kukuljević Reg. no. 991.*

978.

1269. (Iz prve pole godine).

Bela herceg hrvatski daje gradjanima sv. Ambrozije prava dana Virovitici.

Bela dei gratia dux totius Sclavonie, Dalmatie et Croatie universis Christi fidelibus presens scriptum inspecturis salutem in omnium salvatore. Ad universorum notitiam harum serie volumus pervenire, quod hospites nostri de sancto Ambrosio ad nostram accedentes presentiam a nobis humiliter postularunt, ut eos sub libertate habere et conservare dignaremur, qua gaudent hospites nostri de Verőcze. Nos itaque supplicationibus eorum annuentes de benignitate nostra talem eisdem hospitibus nostris gratiam duximus faciendam: quod a iurisdictione comitis de Verőcze pro tempore constituti sint liberi et exemti et quemcumque de eadem villa communiter in villicum eligere voluerint, preficiendi et recipiendi liberam habeant facultatem ita tamen, quod sepedicti hospites singulis annis in festo beati regis Stephani ratione marturinarum, pro quibus antea decem marcas se solvisse asserebant, triginta et quatuor marcas solvent nobis in denariis banalibus, dando pro qualibet marca quinque pensas, tali adiecta conditione: quod si prefatum terminum omitterent in solvendo, in octava diei solutionis [cum dupplo solvere tenebuntur. In cuius rei memoriam et perpetuam firmitatem presentes contulimus dupplicis sigilli nostri munimine roboratas. Datum per manus venerabilis patris Ladislai episcopi Tyniensis dilecti et fidelis nostri aule nostre cancellarii. Anno ab incarnatione domini millesimo ducentesimo sexagesimo nono, ducatus autem nostri anno primo.

Iz kolekcije dipl. Daniela Cornides-a u narodnom muzeju u Budimpešti (2220. fol. lat.). Kolekcija nije kronološki poredana, pak je traženje u tih sedam ogromnih svezaka vrlo mučno, buduć i da Fejér nije naznačio mjesta. Fejér Cod. dipl. Hung. IV. 3. 530—531. — Kukuljević Reg. no. 996.

979.

1269. (Iz prve pole godine). U Zagrebu.

Bela herceg hrvatski dosudjuje kaptolu zagrebačkomu posjed triju sela kraj potoka Jalševca, koja htjedoše posvojiti sinovi i unuci Bratonini.

Bela dei gracia dux tocius Sclauonie, Dalmachie, Croachie, vniuersis presens scriptum inspecturis salutem in domino. Ad vniuersorum noticiam harum serie uolumus peruenire, quod cum ducatum tocius Sclauonie, Dalmachie et Croachie ex uoluntate serenissimi patris nostri Bele quarti, regis Hungarie primitus intrassemus, nobis in Zagrabia existentibus, quidam filii et nepotes Bratona, iuxta fluuium Jalseueth existentes, videlicet Otrochk cum filiis suis, Torcha cum filiis suis, Mirozlaus, Ratk, Velizlou, Gerdos cum filiis suis, Martino et aliis, Dragizlao, Ozul, Wlk et ibidem iuxta dictum fluuium Jalseueth, Zlobk cum filio suo, Brathk et aliis cognatis suis, item Donk, Neudasa, item filii et nepotes Chutk, Stephanus, Benk, Wlchina, Otho et filii Wlcodrug, item filii et nepotes Godigoy, Wlksa, Pubisa, Gurdaueth ac tota generacio predictorum in tribus villis contra capitulum et canonicos zagrabienses nobis acclamarunt: quod ipsos, cum fuissent iobagiones castri zagrabiensis, dictum capitulum et canonici de nouo uiolenter occupatos detinerent. Quorum assercionibus auditis, dictum capitulum et canonicos ad nostram presenciam fecimus euocari et terminis quibusdam interlapsis, in termino tandem perhemptorio, supradictis hominibus eadem allegantibus, dicti canonici proposuerunt, prescripcionem legitimam allegantes, quod terram trium villarum supradictarum et ipsos a quinquaginta annis minus uno ipsi et ecclesia Zagrabiensis pacifice possedissent; et hoc per litteras patris nostri et per litteras serenissime matris nostre regine Vngarie ipsis presentibus proba-uerunt. Nos autem habito consilio cum baronibus nostris, nobis tunc considentibus, quia dicti filii Bratona et alii ex parte eorum prenotati nec interrupcionis litteras presentare poterant, nec aliquas raciones, que pro ipsis facerent allegare, sed tantummodo uerba proferebant, licet propter litteras domini regis et regine dictos homines et terram dicto capitulo relinquere debuissemus possidendos, sicut et in possessione fuerant, tamen ut clamoribus eorum satisfiat, ad maiorum cautelam et rei euidenciam sex homines maiores de capitulo, ex quibus tres supra-dicti homines eligerent et alii tres ex capitulo assignati, prestarent sacra-mentum super eo, quod dicta ecclesia terras dictarum trium uillarum a quinquaginta annis minus uno pacifice possedisset. Et in loco sacramenti magister Petrus Zagrabiensis, magister Nicodemus de Kemnuk, archi-diaconi et magister Drisa, lector ecclesie Zagrabiensis, per dictos homines nominati et assumpti, magister Buza cantor, magister Mych(a)el custos ecclesie Zagrabiensis et magister Benedictus archidiaconus de Guerche, licet prefati homines se culpabiles proclamassent, coram capellano nostro Saulo sacerdote ad hoc deputato et sacramentum eis remittere uoluissent, nichilominus dicti magister Petrus et alii supranominati de iuris sui beneficio confidentes, coram dicto capellano nostro Saulo sacerdote iurauerunt in maiori ecclesia in altari sancti regis super eo, quod terram dictarum trium uillarum ecclesia supradicta a quinquaginta annis minus uno quiete et pacifice possedisset. Nos autem meritis cause et allegacio-nibus parcium plenius intellectis, habito consilio baronum nostrorum supradictas uillas cum pertinenciis suis adiudicauimus capitulo memorato, parti aduerse perpetuum silencium imponendo. Et si umquam aliquis ex ipsis uel heredibus ipsorum questionem aliquam mouere acceptauerint super possessionibus supradictis, tamquam calumpniatores sine aliqua excusacione modis omnibus puniantur. Ne igitur huius rei series processu temporis per quospiam ualeat in dubium reuocari, in perpetuam huius rei memoriam presentes litteras supradicto capitulo concessimus sigilli nostri munimine roboratas. Datum Zagrabie anno domini MCCLX. nono.

U prijepisu kralja Stjepana V. od g. 1270. U arkivu kaptola zagreb. fasc. 22. br. 53. Na crvenoj vroci rasut pečat.

Tkalčić Monum. episcop. Zagrab. I. 147—148. — Wenzel Cod. dipl. Arp. cont. XI. 586—8. — Kukuljević Reg. no. 993.

980.

1269. (Iz prve pole godine).

Bela herceg hrvatski potvrdjuje povelju oca svoga dan Berinu.

Bela dei gratia totius Sclavonie, Dalmatie et Croatie dux omnibus presens scriptum intuentibus salutem in omnium salvatore. Ad universorum notitiam harum serie volumus pervenire, quod hospites nostri de Beryn et ad eam pertinentes ad nostram accedentes presentiam a nobis humiliter supplicando petierunt, ut privilegium domini regis patris nostri karissimi super libertate ipsis concessa nostro dignaremur privilegio confirmare. Petierunt etiam, ut pro tribus ponderibus, que debent solvere per singulas mansiones, annuatim quindecim denarios banales dare tenerentur. Cuius privilegii tenor talis est.

(Slijedi listina kralja Bele od g. 1264. 9. septembra, koje ne priopćujemo, jer ne spada na nas.)

Nos siquidem perlectis tenoribus privilegii domini regis patris nostri karissimi ipssum privilegium de verbo ad verbum presentibus fecimus inseri, eo solo tantum mutato, quod pro tribus ponderibus, que prius cum statera(!) persolvebant, quindecim denarios banales solvere teneantur. Preterea concessimus eisdem, vt iidem qui sunt sub comite de Segustino constituti allatori nil dare teneantur. Ut igitur huius rei series salva et inconcussa perpetuo perseveret, ad supplicationem eorundem hospitum in testimonium et ratificationem privilegii predicti patris nostri karissimi presentes concessimus litteras sigilli nostri munimine roboratas. Datum per manus venerabilis patris Ladislai episcopi Tyniensis aule nostre cancellarii, dilecti et fidelis nostri. Anno domini millesimo ducentesimo LX⁰ nono ducatus autem nostri anno primo.

Iz izvorne potvrde kralja Stjepana od g. 1270. u kr. ug. drž. arkivu u Budimu M. O. D. L. no. 561. (Stara sig. N. R. A. fasc. 612. no. 2.) Prijepis po istom izvoru u rukopisnoj zbirci Hevenesijevoj vol. 29. 208 do 211. u sveučilištnoj biblioteci u Budimpešti.

Fejér Cod. dipl. Hung. IV. 3. 529—530. — Kukuljević Reg. no. 995.

981.

1269. (Iz prve pole godine).

Farkaš sin Damjanov prodaje opatiji topuskoj dvanaest duša za
sedamnaest dinara zagrebačkih, a dvanaest duša opet poklanja opatiji
za spas svoje duše.

Bela dei gracia dux tocius Sclauonie, Dalmacie et Crowacie omnibus
Christi fidelibus presens scriptum inspecturis salutem in omnium salvatore. Ut ea que in tempore geruntur, ne a memoria posterorum processu
temporis elabantur, literarum testimonio stabilire consvevit. Proinde ad
universorum noticiam tenore presencium volumus pervenire: quod accedentes ad nostram presenciam Farcasius filius Damyani de genere
Colchoch ab una parte, Matheus venerabilis abbas monasterii beate
virginis de Toplica ex altera; idem Farcasius confessus est viva voce:
duodecim servos et ancillas hereditarios suos pro decem et septem
marcis denariorum Zagrabiensium ipsi domino abbati vendidisse, quas
integraliter et plenarie ab eodem abbate recepisse se asseruit et habere.
Quorum quidem servorum et ancillarum nomina sunt: Lyben et uxor
eiusdem Jurica nomine, Radomer filius eorundem, Martysselay, Obrade,
Mara, Martha, Lybysna, Calcava, Voke, Vochiche et Davola. Confessus
est eciam dictus Farcasius, alia duodecim capita servorum et ancillarum,
quorum nomina sunt: Thomas, uxor eiusdem Canissevela et Radosela,
Radisca, Lucia, Lupeko et uxor eiusdem Dragua, Tecana, Myluuana,
Elena, Zernyche et Dobrina, ipsi monasterio beate virginis pro remedio
anime sue dedisse, contulisse et donasse iure perpetuo et inrevocabiliter
possidenda. Ut ergo ipsa vendicio et donacio firma et stabilis permaneat,
ne per quempiam processu temporum valeat retractari, presentes ad
instanciam parcium contulimus duplicis sigilli nostri munimine roboratas.
Datum per manus venerabilis patris Ladislai episcopi Tynniensis, aule
nostre cancellarii, dilecti et fidelis nostri, anno gracie millesimo ducentesimo sexagesimo nono, ducatus autem nostri anno primo.

Privileg. monaster. B. V. Mariae de Toplica no. LXXIV.
Tkalčić Monum. episc. Zagr. I. 148—149. — Wenzel Cod. dipl. Arp.
XI. 590. donosi regest. — Kukuljević Reg. no. 994.

982.

1269. U Zagrebu.

Pred kaptolom zagrebačkim odriče se župan Čeh zemlje kod sv. Jurja u korist nekolikih plemića varaždinskih.

Capitulum Zagrabiensis ecclesie omnibus presens scriptum inspecturis salutem in domino. Ad vniuersorum noticiam harum serie uolumus peruenire, quod constitutis in nostra presencia ab una parte Cheh comite filio Pochuna comitis et ab altera Stephano et Puclin filiis Mortun iobagionibus castri de Worosd, idem Cheh comes asseruit, quod cum ipse materiam habuisset questionis contra predictos filios Martini super terra ipsorum aput sanctum Georgium constituta, tandem recognoscens se reuocauit propositum, renunciando omni liti et accioni et iuri, quas uel quod habere uidebatur in terra supradicta. Reliquit ipsam terram filiis Martini supradicti et eorum heredibus heredumque successoribus iure perpetuo et sine contradiccione qualibet possidendam et reddidit sepedictis filiis Martini omnia munimenta litterarum que obtinuerat contra ipsos, et si qua per incuriam amissa reddere non potuisset uel studiose ocultata detinuisset, auctoritate presencium reddidit inania, ubicumque in medium prolata fuerint uel ostensa. In cuius testimonium presentes ad instanciam parcium contulimus sigilli nostri munimine roboratas. Datum quinta feria post octauas epiphanie domini anno eiusdem MCCLX⁰. nono.

Original u arkivu narod. muzeja u Budimpešti. — Na listini visi o svilenoj vrvci žute i zelene boje prilično dobro sačuvani ovalni pečat kaptola zagrebačkog u običnom vosku sa stojećim kipom sv. Stjepana.

983.

1269. U Čazmi.

Pred čazmanskim kaptolom predaju sinovi Pavla i Zadura i t. d. neku Černoglavovu zemlju Blagonji i Egidiju sinovima Vojslavovim.

Nos cap[itulum Cha]smensis ecclesie significamus omnibus presencium per tenorem, quod constitutis coram nobis personaliter ab vna parte Jacob et Pouk filiis Pauli et Mark filio eiusdem Pouk . . . . Woyzkan, Lompertus, Oliuerio et Anthalus fili[is Z]adur, Petro filio Jacobus, Venceczlao et Georgio filii Joachyni, Totar filio Marton, ab

altera autem Blagonya et Egidio filiis Woyzlai, iidem filii Paulus et filii
Zadur et . . . . eorundem superius nominati de terra Chernoglau
secundum . . . . in valle cadit Hualysa in aquam Plaunycha et in
eadem tendit ad partem septemtrionalem, de qua sicut exit in Globauchench et iuxta siluam tendit ad partem orientalem in viam, per [quam
r]euertitur in vallem predictam Blagonya et Egidio sup[radic]tis et eorum
heredibus heredumque successoribus pacifice et quiete relinquerunt iure
perpetuo possidendum, quia dicebant, quod iidem Egidius et Blagonya
ab eodem Chernoglau volentibus et permittentibus emticio comparassent.
In cuius rei testimonium et robur presentes contulimus ad instanciam
parcium sigilli nostri (munimine) communitas. Datum anno domini millesimo ducentesimo LX⁰. nono.

*Iz izvornog prijepisa čazmanskoga kaptola na papiru, vrlo oštećena,
iz početka XV. vijeka (14 . .) u arkivu jugoslavenske akademije u Zagrebu : Diplomata a. 1269.*

984.

1269. U Čazmi.

*Pred kaptolom čazmanskim prodaju Jakob i Pauk sinovi Pavla i
Marko sin Paukov svoj posjed »Hotva« sinovima Vojslava i Zadura
za trinaest maraka.*

Nos [capitul]um Chasmensis ecclesie significamus omnibus p[resen-
ci]um per tenorem, quod constitutis coram nobis personaliter ab una
parte Jacobo et Pouk filiis Paulis et Mark filio eiusdem Pouk, ab altera
autem Blagonya et Mortun, Egidio filiis [Woyzla]u, Lamperto, Oliuẹrio
et Anthalus filiis Z[adu]r, Peter filio Jacobus, iidem filii Paulis confessi
sunt, se vendidisse totam porcionem terre eorum existentem in Hotoa
cum omnibus vtilitatibus suis . predictis filiis [Woyzl]au et filiis Zadur,
item Peter filio Jacobus [pro t]redecim marcis plene acceptis, sicut
dixerunt, iure perpetuo possidendam, ita tamen, quod Peter filius Jacobus
partem de tota illa terra vendita possidebit, item quartam . . . .
dimidie partis ipsius terre filii Zadur possidebunt. In cuius rei testimonium
et robur presentes contulimus sigilli nostri munimine roboratas. Datum
anno domini millesimo ducentesimo LX⁰. nono.

*Iz izvornog prijepisa čazmanskoga kaptola na papiru, vrlo oštećena,
iz početka XV. vijeka (14 . .) u arkivu jugoslavenske akademije u Zagrebu: Diplomata a. 1269.*

985.

1270, 5. januara. U Dubrovniku.

Klerik Barbij daje jedan vinograd i zemlju crkve svete Fuske na polovicu.

† Anno incarnationis domini millesimo ducentesimo septuagesimo, mensis ianuarii, quinto die intrante, coram nobis subscriptis testibus. Ego quidem clericus Barbius filius Theodori Dabranize abbas et hereditarius ecclesie sancte Fusce de Grauosio confiteor, quoniam uineam et terras cum omnibus earum pertinenciis dicte ecclesie sancte Fusce, que sunt in Jupana et ex parte pelagi confinant cum uinea et terra sancti Elie Dalafodii et ex parte occidentis confinant cum terra sancti Viti de insula Calamotti et ex parte aquilonis terminant cum vinea et terra vxoris quondam Martoli de Gulerico et ex parte austri confinant cum terra Johannis de Mariga, dedi ad laborandum ad medietatem, Radochne filio Crisici et heredi eius masculo in uita eorum tali uidelicet ordine, quod dicti Radochna et heres eius laborent dictam uineam secundum usum Ragusii. Et de toto fructu dicte uinee dabunt mihi predicto clerico Barbio medietatem et aliam medietatem habebunt sibi, excepto fructu malorum granatorum, quod fructum totum dabunt mihi. Et de dictis terris, ut pastinent hinc usque ad tres annos, unum solidum de uinea et idem in antea pastinent, secundum quod poterint, et totum quod (pastinau)erint, sit ad medietatem in uita eorum. Et dicti Radochna et heres eius teneantur dare omni anno pro censu duas libras de cera colata ecclesie supradicte in festo eiusdem, post mortem uero predictorum Radochne et heredis eius, dicta uinea cum pastino quod pascinauerint et cum terra, que adhuc non erit pastinata et cum omnibus earum pertinentiis deueniant absolute ad me prenominatum clericum Barbium uel ad illos, qui pro dicta ecclesia fuerint. Ego prenominatus Radochna, in omnibus hiis consentio. Nos autem prenominati clericus Barbius et Radochna omnia hec predicta affirmamus per fidei iuramentum, ut predicto ordine sint firma. Ego clericus Prasnicus filius Michaelis Proculi hereditarius dicte ecclesie in omnibus hiis consentio. Ego clericus Vitalis filius Vrsatii Bodacie hereditarius dicte ecclesie ex parte Theodori Tacrie in omnibus hiis consentio. Ego clericus Pascalis filius Lampridii Mauresse hereditarius dicte ecclesie ex parte illorum de Dabraniza in omnibus hiis consentio. Ego Stancius filius Petri de . . . . Deso hereditarius dicte ecclesie in omnibus hiis consentio. De hoc autem facto sunt due carte similes, una et alia. Hec autem carta nullo testimonio rumpi possit. Hii sunt testes:

Matheus Veresti iuratus iudex. Et ego presbyter Petrus et communis notarius iuratus scriptor sum et testis.

(Signum notar.)

Original u dubrovačkom arkivu; iznad teksta pismena prerezana. — Zbirka Saec. XIII.

986.

1270, 11. januara. U Zadru.

Ilija Rubeus sin Stankov izdaje namiru Grubi od Ritese za deset dukata, što ih je ovaj platio u ime duga od četrdeset dukata.

In nomine domini amen. Anno incarnationis eius millesimo ducentesimo sexagesimo nono, mensis ianuarii, die vndecima exeunte, indictione tertia decima, Jadere, temporibus equidem domini Laurentii Theupoli incliti ducis Venetie et magistri Laurentii venerabilis Jadrensis archiepiscopi, ac domini Thomasini Justin(iani) egregii comitis plenam et irr(euocabilem) securitatem facio ego namque Helyas Rubeus filius quondam Stançi habitator Jadere cum heredibus et successoribus meis tibi quidem Grube de Ritesa habitatori Jaderensi tuisque heredibus et successoribus de soldis Venetie grossis decem, quos mihi bene et plenarie dedisti et persoluisti pro anno presenti in rationem cuiusdam debiti soldorum Venetie grossorum quadraginta; nunc autem, quando tu dictus Grube dictos soldos grossos mihi persoluisti et dedisti absque aliquo defectu ita, quod nichil ex eis remansit, amodo igitur in antea tu cum heredibus et successoribus tuis a me meisque heredibus et successoribus libere securus pariter et quietus exinde in perpetuum maneas et existas, sub bonorum meorum omnium obligatione. Actum est hoc et firmatum presentibus hiis rogatis testibus, videlicet Marco plebano sancte Marie maioris, Grisogono Scestogisdi et aliis.

(Drugi rukopis).

† Ego Ziprianus de Çançauata examinator manum misi.

Ego Vincentius ecclesie sancte Marie maioris clericus et Jadrensis notarius predictis interfui rogatus, vt audiui hanc cartam scripsi, roboraui et signo solito signaui.

(Signum notar.)

Original u arkivu jugoslavenske akademije u Zagrebu: Diplomata a. 1269.

Kukuljević Reg. no. 969.

987.

1270, 6. marta. U Želinu.

Petar načelnik i cijela općina petrinjska obriču pred Henrikom banom, da će isplatiti biskupu zagrebačkomu Timoteju dužnu desetinu i plaćati ju u buduće.

Nos Henricus banus tocius Sclauonie significamus vniuersis quibus expedit memorie commendantes presencium per tenorem, quod cum Petrus filius Rodolphi maior ville de Petrina et ciues de eadem villa, ac alii homines ad ipsam spectantes qui terrestres dicuntur, denegassent dare decimas suas in specie venerabili patri domino Thimotheo episcopo Zagrabiensi, frugum scilicet, vini, millii, apum et minuta earumdem, kytas videlicet, gallinas et decimam de custodia porcorum, que wlgo polyche dicuntur, ac decimam tributi fori, nec non mediam decimam precessorie, que uicesima dicitur, prout alias dare et soluere consueuerant et decimam agnorum. Et propter hoc idem dominus episcopus premissis legitimis ammonicionibus et induccionibus salutaribus, sicut moris est, cum proficere non potuisset, cum eisdem et sentenciam excommunicacionis tulisset in scriptis in certas personas de eadem villa Petrina et interdicti contra totam villam et homines terrestres ad ipsam villam spectantes. Tandem procuratore seu nuncio venerabilis patris domini Thimothei episcopi memorati ex parte vna et Petro maiore ville de Petrina, ac quibusdam aliis ciuibus de eadem villa, dicto villico nomine ville assistentibus, scilicet Woyn, Pousa, filio Sydonin, coram nobis constitutis ex altera; idem P(etrus) de uoluntate hospitum de Petrina ac socii eiusdem predicti, qui secum in presenciarum aderant, prestito sacramento tactis sacris codicibus ewangeliorum, sicut iidem coram nobis sunt confessi, ad cor redeuntes, assumpserunt de uoluntate, ut premisimus, consensu, beneplacito ac expresso mandato hospitum eorumdem: quod deinceps in antea omnium rerum suarum iustas decimas frugum scilicet, uini, agnorum apum, ac de custodia porcorum que polyche dicuntur, dabunt in specie tam ipsi hospites quam ad eosdem spectantes qui terrestres dicuntur. Item pro minutis decimis, millii scilicet, kytarum et gallinarum, tam ipsi hospites, quam alii homines terrestres ad ipsam uillam spectantes, ac eciam sellarii eorumdem hospitum de singulis fumis, singulos duos denarios dare et soluere tenebuntur. Alias uero decimas premissas dare in specie debebunt secundum modum superius annotatum. Ad hec assumpsit idem Petrus maior ville et predicti socii eiusdem nomine predicte ville et mandato, quod racione decime tributi fori ville sepedicte, tam ipse maior ville, quam alii qui fuerint pro tempore constituti dicto domino Thimotheo episcopo uel eiusdem successori aut certo homini eiusdem domini episcopi singulis annis singulas tres pensas denariorum Zagrabiensium circa festum sancti Martini dare et soluere debebunt. In quibus omnibus premissis et singulis premissorum se debitores coram nobis recognouerunt, se debere premissa omnia et singula premissorum sunt confessi. Obligantes se iidem nomine et mandato dictorum hospitum de Petrina, quod omnia premissa tam ipsi quam eorum heredes inuiolabiliter obseruabunt. Et ut presens ordinacio robur obtineat firmitatis, ipsam pro maiori rei certitudine ad instanciam parcium nostri sigilli munimine duximus roborandam. Datum et actum in Selen, quinta feria proxima post dominicam Inuocauit, anno domini MCCLXX.

Liber privileg. episcop. Zagrab. list 14.

Tkalčić Monum. episcop. Zagrab. I. 149—150. — Wenzel. Cod. dipl. Arp. cont. XI. 598—600. — Kukuljević Reg. no. 998.

988.

1270, prije 20. marta. U Čazmi.

Kaptol čazmanski prikazuje razdiobu posjeda u Moslavini.

Nos capitulum Chasmensis ecclesie significamus omnibus presencium per tenorem, quod Petrus filius Petri et Nicolaus filius Andree nobiles de Munuzlo coram nobis personaliter constituti concorditer asseruerunt, quod in antiqua divisione possessionum relictarum a Nicolao comite filio Makarie bani, Munuzlo et predium de Cheressnew. Item villa Mark iuxta Kopus, cum terra unius ville iuxta aquam Hodus, que pertinet ad eandem villam Mark, cessit Petro. Item in eadem antiqua divisione interior villa Zund iuxta Danubium et predium Cherezt pertinens ad eandem villam Zund. Item Rupul cum capite Priska et medietas possessionis Bugud. Item Apaty et Chenew in porcionem cessit Nicolao supradicto. Item de nova divisione in possessione relicta a Makaria filio Ştephani Pressnam et Kemennychem iuxta Zavvam, quas terras Kenez frater ipsius Nicolay vendiderat, idem Nicolaus eidem Petro reliquit iure perpetuo possidendas. Item in aqua Ebsu secundum antiquam et novam divisionem undecim molendina de parte terre Petri Nicolao eidem et quinque molendina de parte terre Nicolay, Petrus eidem reliquit iure perpetuo possidenda, hoc adiecto quod deinceps neque Petrus neque Nicolaus plura molendina edificare possint in aqua Hebsu (!) supradicta. Item predium Rupul cum capite Priske, quod Andreas pater ipsius

Nycolay vendiderat Gregorio comiti et Petrus propria pecunia sua redemit, eidem Petro Nicolaus reliquit iure perpetuo possidendum de antiqua divisione memorata. Item terram Rupulfev, quam nunc populi domine regine et abbas · sancti Martini possident, requirendam contulit eidem Petro Nicolaus et relaxavit precium quarte partis eiusdem terre, ad quod persolvendum se Petrus obligaverat. Item medietatem possessionis Bugud cum omnibus libertinis, preter Hogov et filios suos reliquit eidem Petro Nicolaus, cuius possessionis precium persolvit Nicolaus Thome et Stephano filiis Thome. Item Petrus filius Petri e converso eidem Nicolao et suis heredibus pacifice et quiete reliquit predium Godan vocatum, iure perpetuo possidendum. Item Petrus porcionem suam de villa Poucha et aliam porcionem, quam iustificavit de Gregorio comite cum mancipiis videlicet cum Bartholomeo et filiis suis. Item cum filiis Nemhev cum vineis et aliis utilitatibus in ipsis duabus porcionibus existentibus contulit eidem Nicolao iure perpetuo possidendas. Obligaverunt eciam se partes, quod super possessione dividenda, seu dividendis possessionibus et pecunia accepta racione mutui, tam de preteritis usque ad datam presencium, quam de futuris, neque ipsi neque eorum heredes in invicem aliquam possint movere quescionem et nullas litteras super largicione pecunie, racione mutui accepte debeant vel possint presentare, obligaverunt eciam se partes, quod hanc conposicionem seu ordinacionem inviolabiliter conservent, ita· quod si qua parcium resilierit a conposicione seu ordinacione, ac sustinere uoluerit, sustinenti sexcentas marcas solvere teneantur. In cuius rei testimonium et robur presentes contulimus ad instanciam parcium sigilli nostri munimine communitas. Datum anno domini M⁰CC⁰ septuagesimo.

Iz izvornog prijepisa kaptola stolnobiogradskoga od g. 1270. 20. marta u arkivu obitelji grofova Erdődya u Glogovcu 61. 1., 19.

Cod. dipl. patrius VII. 120—121. no. 90.

989.

1270, 20. marta.

Potvrda kaptola stolnobiogradskoga o diobi zemalja u Moslavini, koja je učinjena pred kaptolom čazmanskim.

Capitulum ecclesie Albensis omnibus Christi fidelibus presentes litteras inspecturis salutem in domino sempiternam. Ad universorum noticiam tenore presencium volumus pervenire, quod nobiles de Munuzlo,

Petrus videlicet filius Petri ab una parte et Nicolaus filius Andree ex altera coram nobis personaliter constituti, exhibuerunt privilegium capituli Chasmensis ecclesie, in hec verba.

(Slijedi listina prediduća kaptola čazmanskoga od g. 1270.)

Ipso itaque priuilegio ad uberiorem testimonii cautelam presentibus seriatim redacto, adiecerunt partes pariter proponendo, quod sicut in premissis divisionem habent inter se, ita et in omnibus eorum servis, libertinis, mancipiis et ancillis factam haberent omnimodo divisionem inter ipsos et idem Nicolaus porcionem, quam idem Petrus habet in Kerushig in terris, vineis, silvis et fenilibus et in libertinis eidem Petro pacifice reliquit perpetuo possidendam, preterea prefatus Petrus per eum superius nominatum Hogov et filios eius dicto Nicolao asseruit esse statutos, ipso Nicolao illud idem affirmante et hec ultimo per partes coram nobis viva voce recitata et premissis addita et inserta sub eadem pena sexcentarum marcarum predictarum pari consensu stabiliri partes inter se voluerunt. Ut igitur premissa omnia et singula premissorum inter eos et eorum inter heredes robur optineant perpetue firmitatis, presentes in testimonium ipsius rei ad peticionem paicium dedimus litteras nostro sigillo roboratas. Anno domini M⁰ CC⁰ septuagesimo XIII. kalendas aprilis, magistro Demetrio ecclesie nostre preposito, aule regis vicecancellario, Myke cantore, Feliciano custode, Erney decano existentibus.

Cod. dipl. patrius VII. 120—122. — Po originalu u arkivu obitelji grofova Erdödya u Glogovcu.
Kukuljević Reg. no. 999.

990.

1270, 3. aprila. U Trogiru.

Šibenčani biraju Trogiranina Valentina Petrova za svoga načelnika.

Anno domini 1270. die iovis, tertio intrante aprilis. Apud monasterium sancti Johannis de Tragurio presentibus Georgio de Cega, Marino Stoche, Duimo Vrsi et Marino Mathei Traguriensibus atque Vulcossa Rubeo de Scibenico, examinatore Stefano Marini Ruze. Nobiles viri Georgius Vidox de Sibenico et Duymus . . . . rya de eadem terra sindici et procuratores curie et communitatis de Sibenico super elegendo et suscipiendo potestatem ad regimen dicte terre, velut constabat publico instrumento per me magistrum Franciscum notarium viso et lecto, scripto manu

Perini notarii Scibenici iurati, venientes Tragurium procuratorio nomine dicti communis de Scibenico et pro ipso communi elegerunt solemniter et devote in potestatem et ad regimen dicte terre de Scibenico per unum annum completum proxime venturum, nobilem et discretum virum dominum Valentinum Petri civem Traguriensem, promittentes, obligantes se nomine dicti communis et pro ipso communi dicto domino Valentino dare ei pro salario sui regiminis ipso anno libras C. C. denariorum venetorum parvorum et hospitium ad manendum atque partem piscium, quam potestates vel iudices habere consueverant, hiis et infrascriptis pactis et conventionibus habitis inter eos et dominum Valentinum potestatem videlicet, ut questiones cunctas et lites, que coram ipso fuerint inter aliquos ventilate, ipse potestas sententiare debeat et finire secundum formam statuti et consuetudines Scibenici, consulendo cum suis consiliariis, prout maior pars consilii dictorum fuerit. In maleficiis autem cunctis et superbiis habeat ipse potestas liberum arbitrium. Et si quando vero occasione communis vel alicuius specialis persone ipse potestas preceperit, ut commune eum exequi(!) in aliquo teneatur, commune ipsum exequi sub pena C. C. librarum uel infra, vel ut ipse potestas ipsum commune, si ipsi potestati placuerit, condemnare, Quod si vero non communi, sed alicui speciali homini mandaverit, seu preceperit, ut eum sequeretur et ipse exequi contemneret, tunc habeat ipse potestas auctoritatem et arbitrium eum sibi condemnandi ad suum libitum ad libras (quinquaginta) infra. Item vero si quando ipse potestas iuerit aliquo in servitium communis, tunc ipsum commune teneatur dare ei cunctas expensas in eundo, stando et redeundo, nec non ipse potestas et res eius vadant, tunc stent et revertantur ad omne ipsius communis periculum. Teneatur preterea idem commune ipsum potestatem et eius res in fine sui regiminis Tragurium reducere et procurare suis cunctis stipendiis et ad omne suum periculum et fortunam. Qui vero potestas licentiam habeat veniendi Tragurium ter in anno et stare vice qualibet dies octo sibi in salario vel termino non computandos, veniendo tamen et revertendo ad omnem suam fortunam. Quod si vero vice aliqua plus octo diebus staret, vel si pluries eum venire Tragurium opporteret convenire . . . . dies ipsos in fine sui regiminis ipsos dies Prestaco(!) communi restaurare tunc, ac totidem stando diebus. Exenia vero aliqua dictus potestas nullatenus promisit suscipere et hoc ad invicem attendere promiserunt et in nullo contrafacere vel venire.

Cancellaria communitatis Tragurii. Lucius Memorie di Traù 84—85.
Fragmentarno izdao Fejér Cod. dipl. Hung. VII. 141. — Wenzel Cod. dipl. Arpad. cont. VIII. 329—330. (po Luciu). — Kukuljević Reg. no. 1000.

992.

1270, 11. aprila. U Zadru.

*Bernardo, opat Montekasinski i poslanik sicilskoga kralja Karla,
javlja, da je sretno prispio u Zadar.*

Bernardus dei gratia Casinensis abbas humilis carissimo in Christo
fratri rectori. Fauente Christo dominica in palmis Jadaram (!) introiuimus
sani cum omnibus sociis et familiaribus, quos ad Hungariam duximus
. . . . nauigium domini nostri prestolando ibidem . . . .
tantumque fuit desiderium veniendi, quod mons . . . . Sclauoniam
diuidens, qui nobis dificillimus fuit in eundo, redeuntibus in quadam
planicie sunt conuersi; et sic praua facta sunt in directa et aspera, re-
putauimus vias planas. Curetis id ad gaudium nostris nunciare, decanis
specialiter, sacroque conuentui. Casinensi, archipresbitero, archidiacono
sancti Germani, ac protonotario nostro domino T. d. p. l. et magistro
N. d. . . . . nec non et aliis, quos nouistis de nostris successibus
prosperis exultare. Datum Jadere XI. aprilis, XIII. indictione.

*Tosti Storia della Badia di Monte Cassino Neapoli 1843. III. 68. —
Wenzel. Cod. dipl. Arpad. cont. VIII. 312. — Wenzel. Acta extera I. 67.*

993.

1270, 26. aprila. U Zadru.

*Ivan sin Petra Salinarija izjavljuje, da će potvrditi darovanje
učinjeno Damjanu župniku sv. Petra novog u Zadru.*

[In Christi nomine. A]nno ab incarnatione eius millesimo ducentesimo [septua]gesimo, mense aprilis, die quinto exeunte, indictione
[terti]adecima, Jadere. Temporibus domini Laur[entii Teu]puli, incliti
ducis Venecie et magistri Lauren[tii] venerabilis Jaderensis archiepiscopi,
ac domini Thomasini Justiniani, egregii comitis. Ego quidem Johannes,
filius condam Petri Salinarii cum meis heredibus et successoribus fateor
per hoc presens scriptum, quia promitto atque obligo me facere tibi
namque Damiano plebano sancti Petri noui de foro, adfirmare tibi
tuisque heredibus et successoribus, Cosma de Radosclauo illam donationem, quam fecerunt tibi dicto.Damiano plebano filii sui nomine Nadale
et Bona de illam(!) terram(!) suam(!) positam(!) ad Ognacouam Blatham,
sub pena librarum quadraginta denariorum venetorum paruorum super

me et omnia mea bona habita et habenda statim, quod predictus Cosma deuenerit Jaderam. Actum est hoc et firmatum coram hiis uocatis et rogatis testibus, scilicet Marino presbytero sancti Petri noui, Prisce de Miliana presbytero et Dimigna presbytero sancti Michaelis, dictus Anima.

(Drugi rukopis).

† Ego Johannes Contareni, iudex examinator manum meam misi.

(Drugi rukopis).

† Ego Barte de Jurislauo examinator manum meam misi.

(Rukopis kao od početka listine).

(Monogram notar.) Ego Viuerius Allexii, Jaderensis notarius interfui rogatus, ut audiui scripsci, roboraui et consueto signo signaui.

Original u gubern. arkivu u Zadru, odio samostana sv. Nikole br. 52. — Desni ugao odozgora oštećen.

994.

1270, 30. aprila. U Dubrovniku.

Pravda izmedju samostana lokrumskoga i samostana koludrica sv. Andrije radi posjeda zemlje, koju drži samostan lokrumski, a nije njegova.

In nomine dei eterni amen. Anno ab incarnatione domini MCCLXX. decima tertia indictione, die ultimo exeunte mensis aprilis, presentibus Michaele de Boxgnegna, Marino de Magdalena et aliis. Cum inter domnam Dopnizam abbatissam sancti Andree monialium et eius conventum ex una parte et inter dominum fratrem Angelum administratorem legitimum monasterii Lacromonensis et eius conventum ex alia super quodam loco seu territorio sito in Jonceto coram presbytero Antonio de Paioppa, Gervasio Petragna, Petro de Menze, Borino de Bayslava, Vitale de Bodatia, clericis et vicariis domini A. Gausoni legittimi administratoris et reverendi ecclesie Ragusine questio verteretur. Petebat namque pars domine abbatisse et eius conventus territorium quod est supra Patecum versus montem, sibi per predictos vicarios adiudicari, cum non pertineat ad monasterium Lacromonense, set ad monasterium sancti Andree. Contra que pars administratoris et eius conventus allegabat prescriptionem con- suetudinariam civitatis Ragusine, per quam nullus qui plantat vineam vel arborem et plantatum possideat pacifice sine contradictione aliquorum, usque ad festum sancti Michaelis de septembri tenetur alicui facere rationem post predictum festum de plantato et sic possesso; unde dicebat, se non teneri respondere abbatisse et eius conventui sancti Andree. Replicabat quidem ·domina abbatissa et eius conventus sancti Andree, quod prescriptionem allegatam, quod nulla prescriptio preiudicat de iure alicui sit, nisi quadragenaria. Unde cum monasterium Lacromonense non possit se tueri quadragenaria prescriptione, tenetur respondere. Super quo utraque pars petebat, ut predicti vicarii interloquerentur. Qui habito consilio in scriptis interlocuti sunt, quod pars Lacromonensis debeat respondere libello abbatisse. Et ut hec sententia interlocutoria robur obtineat firmitatis, sigillum nostri capituli fecimus coniungere. Actum est hoc iuxta ecclesiam sancte Marie majoris. Ego Donatus de Antonio presbyter et notarius hoc exemplum exemplavi, nil addens vel minuens, quod sententiam mutet, set secundum quod in originali confecto per manum meam inveni, ita transcripsi et signo consueto signavi, de mandato predictorum vicariorum complevi et roboravi.

Mattei Memorie storiche su Ragusa. — Rukopis u knjižnici Male braće dubrovačke br. 416. (St. br. 266.) II. 253—254.

995.

1270, 1. maja.

Kaptol stolnobiogradski svjedoči, da je Kurej sa sinovima svojima prodao palaču u Varaždinu Dionizu dvorjaniku kraljice.

[C]apitulum ecclesie Albensis omnibus Christi fidelibus presentes litteras inspecturis salutem in domino sempiternam. Ad uniuersorum noticiam tenore presencium volumus peruenire, quod Cure ciue Worosdiensi eiusque filiis scilicet Compolto et Leone ex una parte, Dionisio officiali Dionisii seruientis domine regine filii quondam Thome comitis fratris venerabilis patris domini Philippi archiepiscopi Strigoniensis aule regis cancellarii ex altera in nostri presencia constitutis, idem Curey et filii sui coram nobis proponere curarunt, quod cum dominus noster Bela illustris rex Hungarie olim terram Petri calui iobagionis castri Zaladiensis absque herede decedentis in comitatu Zaladiensi existentem et ad sue potestatis et ordinacionis manus deuolutam cum siluis, uirgultis, fenetis, aquis et terra arabili ad vsum decem aratrorum sufficientem eidem Cure eiusque heredibus heredumque successoribus ob ipsius fidelitatis obsequia et merita, que eidem domino nostro regi et karissimo filio suo inclito regi Stephano deuote inpenderat, concessisset et donasset, de gracie sue plenitudine perpetuo possidendam et eum in corporalem possessionem eiusdem terre et pertinenciarum suarum fecisset pacifice introduci, tandem dicti Cure et filii sui, petita a predicto domino rege ad hoc licencia et obtenta, dictam terram cum pertinenciis suis et utilitatibus supradictis prefato Dionisio suo et fratrum suorum nomine ementi vendidissent pro quodam palacio in Worosd existente cum quinque curiis sibi adiacentibus et pro quadraginta tribus marcis argenti ab eodem Dionisio et fratribus suis et eorum heredibus perhempniter possidendam, plenum dominium ipsius terre et pertinenciarum suarum in dictos Dionisium et fratres suos transmittendo et transfundendo, ac inducendo ipsos in corporalem possessionem dicte terre et pertinenciarum suarum pacifice, et resignando ac tradendo eis omnia instrumenta et munimenta ac litteras, quibus super collacione ipsius terre per prefatum dominum regem, ut premissum est dicto Cure facta fuerant premuniti. Obligantes se nichilominus ex superhabundanti ad onus euiccionis dictis Dionisio et fratribus suis ac eorum heredibus et promittentes ipsam terram a se venditam euiccionis nomine defendere. Quandocunque dicti autem Cure et filii sui confessi sunt et recognouerunt coram nobis, prefatum palacium cum predictis quinque curiis sibi libere datum et traditum et predictam summam pecunie quadraginta marcarum a predicto Dionisio suo et fratrum suorum nomine soluente plene numeratam seu ponderatam, renunciantes coram nobis circa hoc excepcioni rei non date uel tradite et non numerate pecunie uel non solute et cuiusuis alterius iuris uel consuetudinis auxilio, quod eis super hoc posset conpetere in hac parte, ita quod omnia priuilegia et instrumenta seu munimenta super predicta donacione per predictum Cure et filios suos obtenta uel obtinenda, que contra huiusmodi vendicionis contractum predicto Dionisio et fratribus suis resignata non essent et possent fore inposterum nocumento, sint vacua, cassa et prorsus carencia omni robore firmitatis. Mete autem ipsius terre, sicut partes nobis retulerunt, tali ordine distinguntur: prima igitur meta incipit in littore Drawe et tendit ad unam vlmum iuxta terram cruciferorum, deinde ad ilicem cruce signatam ab inde transit fluuium Budnè ad arborem qui dicitur egurfa, sub qua est meta terrea, inde per fluuium Rednicha vadit uersus meridiem ad riuulum qui Churnich appellatur, ubi distincta a metis cruciferorum coniungitur metis terre de Copy, eundo per dictum riuulum Churnich uersus meridiem, incipit tenere metas cum Romano iensque longe exit de riuulo Churnich ad riuulum, qui vocatur Halina, existentem iuxta terram eiusdem Romani, per quam aquam Halina eundo exit uersus meridiem ad uiam, iuxta quam uiam est meta terrea sub arbore egur, inde per eandem viam venit ad pontem, vbi predicta Halina duplicatur et inter utramque Halinam per ueterem uiam uenit ad metam terream sitam apud fraxinum, deinde venit ad metam sitam sub arbore nucis iuxta villam que est super riuulum Scegune, inde transiens riuulum Scegene(!) ad pirum cruce signatam, inde per eandem viam cadit ad stratam exercitualem prope domum Martini filii Ladizlay et iterum reflectitur ad partes orientales ad monticulum Ozlagurice, ubi est meta, inde iuxta terras Georgii vadit ad pirum cruce signatam, deinde ad cerasum per uiam in meta cerasum dico existentem, deinde protenditur ad metam sitam in piro crucesignata et ibi exiens de uia in siluam ad ilicem duplici cruce signatam et transit siluam ad ilicem iterum duplici cruce signatam, abinde it iuxta villam Georgii ad ilicem adhuc duplici cruce signatam, inde per siluam et per metas arboreas cruce signatas venit ad arborem iawar, inde per altam pirum cruce signatam, deinde per uiam vadit ad fluuium Budne supradictum in cuius ripa est meta sub ilice, transiensque aquam ad metam, que est sub piro, transit ad arborem egur cruce signatam, deinde rediens iterum ad litus Drawe contiguatur prime mete et ibi terminatur. Nos igitur in testimonium huiusmodi uendicionis et empcionis, tradicionis seu assignacionis ad peticionem et instanciam partis utriusque presentes dedimus litteras nostro sigillo communitas. Anno domini M⁰.CC⁰. septuagesimo, kalendas maii, magistro Demetrio ecclesie nostre preposito aule regie vicecancellario, Myke cantore, Feliciano custode, Erney decano existentibus.

Original u arkivu grada Varaždina br. 7. — Na crvenoj i zelenoj svilenoj vrvci visi pečat okrugli.

996.

1270, prije 3. maja.

Bela kralj ugarski i hrvatski potvrdjuje biskupu zagrebačkomu Timoteju posjed kod Vaške, što ga kupio od Vrbana sina Pobradova.

Bela dei gracia Vngarie, Dalmacie, Croacie, Rame, Seruie, Gallicie, Lodomerie, Cumanieque rex. Omnibus presens scriptum inspecturis salutem in omnium saluatore. Ad vniuersorum noticiam harum serie uolumus peruenire, quod venerabilis in Christo pater Thymotheus episcopus Zagrabiensis, dilectus et fidelis noster, ad nostram accedens presenciam, exhibuit nobis quoddam priuilegium capituli quinqueecclesiensis super empcione terre Vrbani, filii Pobrad, confectum; petens instanter, ut ipsum priuilegium nostro priuilegio dignaremur confirmare. Cuius siquidem tenor talis est: *(Listina mjeseca juna godine 1269.)* Nos itaque predictum priuilegium capituli memorati uidentes non esse cancellatum, non uiciatum, non abrasum, nec interiectum, sed in carta et in filo et in cera omnino non suspectum, ipsum priuilegium de uerbo ad uerbum presentibus nostris litteris inseri facientes, ad peticionem et instanciam dicti venerabilis patris auctoritate regia duximus confirmandum, duplicis sigilli nostri munimine roborando. Datum per manus magistri Demetrii, prepositi Albensis, aule nostre vicecancellarii, dilecti et fidelis nostri. Anno domini MCC septuagesimo. Regni autem nostri anno tricesimo quinto

Liber privileg. episcop. Zagrab. list 47.

Tkalčić Monum. episcop. Zagrab. 1. 151—152. — Wenzel Cod. dipl. Arpad. cont. XI. 597. no. 443. donosi kratki regest. — Kukuljević Reg. no. 1005.

997.

1270, prije 3. maja.

Bela kralj ugarski i hrvatski daruje županu Perčinu zemlje i izuzimlje ga ispod vlasti županijske.

Bela dei gracia Hungarie, Dalmacie, Croacie, Rame, Servie, Gallicie, Lodomerie, Cumanieque rex, omnibus presens scriptum inspecturis salutem in omnium salvatore. Ad universorum noticiam tenore presencium volumus pervenire, quod cum comes Perchinus civis Grecensis fidelis noster diversa nobis servicia impenderit, nos qui ex officio suscepti regiminis servicia cunctorum nobis fideliter famulancium metiri debemus, volentes eidem comiti Perchino pro serviciis suis meritoriis nobis diligenter impensis regio occurrere cum favore, quandam terram castri de Riuche, que villicatus Machich nuncupatur, sitam iuxta aquam Welike, cum omnibus utilitatibus et pertinenciis suis ab ipso castro exceptam penitus et exemtam dedimus, donavimus et tradidimus ac contulimus ipsi comiti Perchino et per eum heredibus suis heredumque successoribus iure perpetuo et irrevocabiliter possidendam; volentes, quod iobagiones eiusdem comitis Perchini, qui super terram predictam congregati fuerint, nullius penitus iudicis iudicio comitis de Riuche, nisi nostro vel bani in persona propria pro tempore constituti subiacere teneantur. Mete autem terre predicte, prout in litteris capituli Zagrabiensis vidimus contineri, hoc ordine distinguntur: Prima meta incipit a parte septemtrionali in monte iuxta magnam viam, ubi est meta terrea in vicinitate terre Tiburcii comitis, inde procedens ad partem orient[al]em (!) descendendo parum venit ad arborem iwa dictam, inde per vallem venit ad rivum Moroucha, ubi est arbor bik crucesignata et meta terrea circumfusa, in eodem descendit ad partem meridionalem et cadit in aquam Welika, per quam tendit ad partem occidentalem et exit de eadem ad arborem gertean crucesignatam (et) meta terrea circumfusam, inde ad partem meridionalem venit ad arborem piri crucesignatam et meta terrea circumfusam, inde ad arborem egur crucesignatam et meta terrea circumfusam, que sita est in monte, inde ad magnam viam iuxta quam est meta terrea, per quam vadit ad arborem gertan crucesignatam et meta terrea circumfusam, que sita est prope ecclesiam sancte crucis, inde per terras arabiles ad partem occidentalem tendens venit ad magnam viam iuxta quam est meta terrea, et per eandem arborem byk crucesignatam et meta terrea circumfusam ubi vicinatur terre filiorum Keliani, per eandem viam ad partem septemtrionalem tendens venit ad arborem piri crucesignatam et meta terrea circumfusam, inde ad arborem gertian crucesignatam, inde ad unum potok, ubi est arbor piri crucesignata et meta terrea circumfusa, inde relinquens viam venit ad aquam Welika, iuxta quam est arbor pomi crucesignata et meta terrea circumfusa, inde ad partem occidentalem tendens venit ad rivum Bokocha, ubi vicinatur terre magistri Ernei, inde procedens in eodem venit ad domum Liha, ubi Bokocha dividitur ad duas partes et in rivo, qui est a parte occidentali, venit ad vineam magistri Ernei, inde per vallem ad arbores bik crucesignatas et meta terrea circumfusas, inde procedens per semitam intrat silvam, venit ad Kalistam, ubi est arbor bik crucesignata et meta terrea circumfusa, que Kalista est iuxta viam que vocatur via Colomani, ubi vicinatur terre Bank, inde per beerch ad arborem bik crucesignatam et meta terrea circumfusam, ibi vicinatur terre predicti comitis Tiburcii, inde de via, que dicitur via Colomani, venit ad aliam viam et per montem ad partem meridionalem, ubi est arbor bik crucesignata, in eadem via ad arborem harazt crucesi(gna)tam meta terrea circumfusam, inde iterum ad arborem harazt crucesignatam et meta terrea circumfusam, inde ad arborem bik crucesignatam et meta terrea circumfusam, inde declinans ad partem orientalem ad arborem niar crucesignatam et meta terrea circumfusam, inde ad partem meridionalem per montem in eadem via venit ad metam terream et per eandem viam vadit ad priorem metam et ibi terminatur. Ut autem hec nostra donacio robur perpetue firmitatis obtineat, nec processu temporum per quempiam in irritum valeat revocari, dicto comiti Perchino presentes concessimus litteras duplicis sigilli nostri munimine roboratas. Datum per manus magistri Demetrii prepositi Albensis, aule nostre vicecancellarii, dilecti et fidelis nostri, anno domini M⁰. CC⁰. septuagesimo, regni autem nostri anno tricesimo quinto.

Iz potvrde kralja Stjepana od iste godine, ponovno potvrdjene po kraljici Elizabeti god. 1272. 29. septembra. — Original potonje u kr. ug. drž. arkivu u Budimu DI. 4705. (N. R. A. fasc. 1532. no. 15.)
Cod. dipl. patrius VIII. 123—125. no. 98.

998.

1270, prije 3. maja.

Bela kralj ugarski i hrvatski daruje Henriku i Nikoli sinovima Nikole posjede u Dabri, u županiji vukovskoj.

Bela dei gracia Hungarie, Dalmacie, Crowacie, Rame, Seruie, Gallicie, Lodomerie, Cumanie, Bulgarieque rex, omnibus Christi fidelibus presentes litteras inspecturis salutem in omnium saluatore. Ad vniuersorum noticiam tenore presencium volumus peruenire, quod accedentes ad nostram presenciam Herricus et Nicolaus comites filii Nicolai dilecti et fideles nostri exhibuerunt nobis uarias litteras iudicis curie nostre et comitis parochionalis de Wlko, in quibus uidimus contineri, quod Dominicus filius Dominici, Michael filius Wros et Gregorius filius Povs de Dabra de comitatu de Wolko pro malefactis eorum videlicet pro furto, quod in fossacione domus comitis Henrici et ablacione rerum suarum, quam iidem Dominicus, Michael et Gregorius predicti fecerunt, porciones eorum quas habent intra Dabra ordine iudiciario amisissent et mori deberent pro omnibus malefactis eorum contra Herricum et Nicolaum iam dictos. Nos itaque omnibus instrumentis ipsorum uisis, habito consilio baronum nostrorum, terram eorundem Dabra uocatam cum omnibus utilitatibus et pertinenciis ipsis Henrico et Nicolao comitibus predictis statuimus et dedimus sibi et eorum heredibus heredumque successoribus in perpetuum possidendas, ita tamen quod nec Dominicus Michael et Gregorius filii, aut ab eisdem condescendentes, propinqui uel cognati ipsos Henricum et Nicolaum racione terre predicte possint molestare. Cuius quidem terre mete tali modo distinguntur, quod a parte orientali tenet metam cum terra castri nostri de Wolko Dabra uocata, item a parte meridionali tenet metam cum terra Petri comitis filii Dionisi, a parte occidentali cum terra dictorum Henrici et Nicolay, a parte uero septemtrionali cum terra Jako comitis de Pochinta. In cuius rei memoriam perpetuamque firmitatem presentes concessimus litteras dupplicis sigilli nostri munimine roboratas. Datum per manus discreti uiri magistri Demetrii prepositi Albensis aule nostre vicecancellarii dilecti et fidelis nostri, anno domini millesimo ducentesimo septuagesimo primo(!), regni autem nostri anno XXX. septimo(!).

Original u kr. ug. drž. arkivu u Budimpešti M. O. D. L. no. 33.722. Stara signatura N. R. A. fasc. 1503. no. 1. — Na listini visi o crvenoj i žutoj svilenoj vrvci ulomak dvostrukog pečata.

Fejér Cod. dipl. Hung. IV. 3., 544 –546. — Kukuljević Reg. no. 1003. — Pogledom na pogrešnu opću godinu i godinu vladanja listina je sumnjiva.

999.

Bela kralj ugarski i hrvatski dozvoljuje na molbu Kureja gradjanina varaždinskoga prodaju zemlje i zamjenu za palaču u Varaždinu.

Bela dei gracia Hungarie, Dalmacie, Crowacie, Rame, Seruie, Gallicie, Lodomerie, Cumanieque rex omnibus presentes litteras inspecturis salutem in eo, qui regibus dat salutem. Quoniam facti ignorancia interdum eciam prudentissimos fallere consvevit, idcirco res gesta quo facilius, cum oportunum fuerit, probari valeat, litterarum seu instrumentorum solet testimonio commendari. Proinde ad universorum noticiam tenore presencium volumus pervenire, quod cum nos olim terram Petri calvi iobagionis castri Zaladiensis, absque herede decedentis in comitatu Zaladiensi existentem et ad nostre ordinacionis manus devolutam cum silvis, virgultis, fenetis, aquis et terra arabili ad usum decem aratrorum competentem Curey civi Worosdiensi eiusque heredibus heredumque successoribus ob sue fidelitatis et probitatis merita et obsequia, que nobis et karissimo filio nostro regi Stephano devote impendit, de nostre gracie plenitudine concessimus perpetuo possidendam et ipsum in corporalem possessionem dicte terre fecissemus pacifice introduci, prout in privilegio a nobis sibi super hoc concesso plenius continetur. Tandem tempore procedente idem Curey et filii sui Compolt et Leo, petita a nobis ad hoc licencia et obtenta, terram ipsam cum pertinenciis et utilitatibus suis predictis. Dyonisio servienti domine regine karissime consortis nostre› familiari nostro, filio quondam comitis Thome, fratris venerabilis patris domini Phylippi, sancte Strigoniensis ecclesie archiepiscopi, aule nostre cancellarii, dilecti et fidelis nostri, suo et fratrum suorum nomine ementi vendiderunt et tradiderunt pro quodam palacio in Worosd existente cum quinque curiis sibi adiacentibus et quadraginta tribus marcis argenti, ab eodem Dyonisio et fratribus suis ac eorum posteritatibus perempniter possidendam, plenum terre ipsius et pertinenciarum suarum dominium in dictos Dyonisium et fratres suos transmittendo et transfundendo, ac inducendo ipsos in corporalem possessionem dicte terre et pertinenciarum suarum pacifice et quiete, et resignando ac tradendo eisdem omnia instrumenta et documenta ac litteras, quibus super donacione ipsius terre per nos, ut premisimus, sibi facta fuerat, premunitus; promittentes et obligantes se, iidem Curey et filii sui ex superhabundanti dictis Dyonisio et fratribus suis et heredibus eorum heredumque successoribus, eviccionis nomine quandocunque defendere ipsam terram, idem autem Curey et filii sui predicti confessi sunt coram nobis et recognoverunt dictum palacium cum predictis quinque curiis sibi libere traditum et predictam summam pecunie a predicto Dyonisio suo et fratrum suorum nomine sibi plene numeratam et eciam ponderatam. Renunciantes circa hoc excepcioni non numerate non ponderate vel non solute pecunie et cuivis alteri auxilio, quod sibi posset ullo unquam tempore suffragari. Nos igitur huiusmodi empcionem et vendicionem ratam et gratam habentes, ipsam harum serie auctoritate regia ex certa sciencia confirmamus et presentis scripti patrocinio communimus, supplentes ex speciali gracia omnem defectum, si quem in huiusmodi contractu intervenire contigisset et specialiter in eo . . . . . consvetudinem approbatam consensus vicinorum et commetaneorum ante omnia in huiusmodi vendicionibus requirendus licet enim laudabiles regni nostri consvetudines servari velimus, non tamen est nobis adempta possibilitas, quin possimus ipsas consvetudines plerumque intermittere et supra eas familiaribus nostris ex speciali gracia aliqua indulgere ex plenitudine regie potestatis, litteris omnibus, privilegiis, instrumentis et munimentis contra hanc nostram donacionem habitis et optentis, habendis et optinendis, cassis, irritis et vacuis reputatis et reputandis, et omni robore carituris. Mete autem terre ipsius, prout ex relacione dicti Curey et alias per legittima et iusta documenta nobis extitit facta fides, hoc ordine distinguntur: Prima meta incipit in littore Drawee et tendit ad unam ulmum iuxta terram cruciferorum, deinde ad ilicem cruce signatam, ab inde transit fluvium Budne, ad arborem que dicitur egurfa, sub qua est meta terrea, deinde per fluvium Rednycha vadit versus meridiem ad rivulum qui Churnuch appellatur, ubi distincta a metis cruciferorum coniungitur metis terre de Copy, eundo per dictum rivulum Churnuch versus meridiem incipit metas tenere cum Romano, iensque longe exit de rivulo Churnych(!) ad rivulum qui vocatur Halina, existentem iuxta terram eiusdem Romani, per quam aquam Halina eundo exit ad viam versus meridiem, iuxta quam viam est meta terrea sub arbore egur, inde per eandem viam vadit ad pontem, ubi predicta Halina dupplicatur et inter utramque Halinam per veterem viam venit ad metam terream sitam apud fraxinum, deinde venit ad metam sitam sub arbore nucis, iuxta villam que est super rivulum Scegune, inde transiens rivulum Scegena ad pirum cruce signatam, inde per eandem viam cadit ad stratam exercitualem prope domum Martini filii Ladizlay et iterum reflectitur ad partes orientales ad monticulum Ozlaguriche, ubi est meta, inde iuxta terras Georgii vadit ad pirum crucesignatam, deinde ad cerasum per viam in meta cerasum dico existentem, deinde protenditur ad metam sitam in piro cruce signatam et ibi exiens de via in silvam ad ilicem duplici cruce signatam et transit silvam ad ilicem iterum duplici cruce signatam, ab inde it iuxta villam Georgii ad ilicem adhuc duplici cruce signatam, inde per silvam et per metas arbores cruce signatas venit ad arborem iaur, inde per altam pirum cruce signatam, deinde per viam vadit ad fluvium Budune(!) supradictum, in cuius ripa est meta sub ilice, transiensque aquam ad metam que est sub piro tendit ad arborem egur cruce signatam, deinde rediens iterum ad litus Drawe contiguatur priori mete et ibi terminatur. In cuius vendicionis, tradicionis sive assignacionis facte memoriam et robur perpetuum ad peticionem et instanciam tam prefati Dyonisii emptoris, quam Curey venditoris et filiorum suorum Cumpolt scilicet et Leonis in presenciarum constitutorum presentes nostras litteras in privilegium perpetuo valiturum dari fecimus dupplicis sigilli nostri munimine roboratas. Datum per manus magistri Demetrii prepositi Albensis, aule nostre vicecancellarii, dilecti et fidelis nostri. Anno domini millesimo ducentesimo septuagesimo. Renni(!) autem nostri anno tricesimo quinto.

Original na crveno-žuto-modroj vrvci visi slomljeni pečat. Iz arkiva grada Varaždina I. br. 6.

Kukuljević Reg. 1004.

LISTINE KRALJA STJEPANA.
(1270.-1272.).

1.

1270, 11. maja i 5. jula.

Spominje se put Isabele, kraljice ugarske, iz Dalmacije u Napulj i natrag.

Reg. Ang.
Makušev Zapiski XIX. 2., prilog 3., 48.

2.

1270, 14. maja.

Izaslanici opata topuskoga i knez Marin Hrinkov mire se pred Ivanom okičkim Jaroslavovim, poradi medjaša posjeda Jarovela i Pounja.

Capitulum Zagrabiensis ecclesie. Omnibus presens scriptum inspecturis salutem in domino. Ad universorum noticiam harum serie volumus pervenire: quod constituti in nostra presencia ab una parte frater Matheus abbas ecclesie Toplicensis et frater Guillermus, cellerarius eiusdem loci, pro se et fratribus dicte ecclesie universis et ab altera Marinus, filius comitis Hirink pro se et fratribus suis, Petro scilicet et Johanne, asseruerunt: quod ipsi de controversia et mota questione inter ipsos et dampnis ac lesionibus que inciderunt in eadem super limitibus terrarum Jarowel, que est Marini et fratrum suorum et Powonia, que est abbatis, vocatarum et de aliis universis contencionibus, que inter easdem partes adusque precesserunt, mediantibus arbitris, scilicet Johanne comite filio Irizlaii ex parte ecclesie et Egidio filio Berizlaii ex parte Marini et fratrum suorum electis, Torda eciam et Poorseno officialibus abbatis in collegas arbitrii assumptis, ad concordiam perpetuam sunt perducti, ad quam observandam inviolabiliter se obligarunt, sublata et remota cuiusvis questionis materia, tante pacis firmitate, quod neutra parcium super premissis ex nunc agendi habeat facultatem mediantibus metis terrarum predictarum subscriptis, in quas finaliter consenserunt. Quarum prima, sicut partes nobis retulerunt, incipit apud rivum nomine Pulchina, ubi habet duas arbores tul, sub quibus sunt due mete terree, inde procedit versus orientem et venit ad lacum, qui Lokeu nuncupatur, inde ascendit monticulum, super quem sunt due mete terree, inde procedens ascendit iuxta fontem et venit ad rivulum unum, in quo sunt due mete terree, in eodem rivulo ascendit ad duas metas terreas, inde ascendit magnum montem ubi est magna via, iuxta quam sunt due mete terree, in eadem magna via et eodem monte procedit per frequentes metas terreas, quibus decursis exit de via et descendit in vallem unam ad duas metas terreas et quatuor fossas, inde ascendit ad cacumen montis et in eodem cacumine per frequentes metas terreas procedit et venit ad duas arbores tul, sub quibus sunt due mete terree, inde procedit in eodem cacumine per frequentes binarios metarum terrearum, in quorum ultimo unam superiorem et descendit parumper ad inferiorem viam in latere montis et exit de eadem via ad dexteram partem et descendit ad caput fontis, ubi est arbor graber vocata, sub qua sunt due mete terree, inde procedit ad alias duas metas terreas, inde directe transit montem et descendit ad caput rivi, qui Marcusden vocatur, ubi habet duas metas terreas et per eundem rivulum Marcusden descendit in rivum, qui Jorawel nuncupatur et ibi commetacio finem habet; remanente secundum processum antedictum terra Marini a dextera parte et terra ecclesie a sinistris. In cuius rei testimonium presentes ad instanciam parcium contulimus sigilli nostri munimine roboratas. Datum feria quarta ante Rogaciones. Anno ab incarnacione domini MCC septuagesimo.

Privileg. monaster. R. V. Mariae de Toplica no. XXXII.

Tkalčić Monum. episcop. Zagrab. I. 150—151. — Wenzel Cod. dipl. Arpad. cont. XI. 603—605. — Kukuljević Reg. no. 1001.

3.

1270, 26. maja.

Stjepan kralj ugarski i hrvatski potvrdjuje povelju Belinu, da gradjani zagrebački banu plate samo dvie stotine penzi, a potvrdjuje im i zemlju Sviblan.

Stephanus dei gracia Hungarie, Dalmacie, Crohacie, Rame, Seruie, Gallicie, Lodomerie, Cumanieque rex. Omnibus tam presentibus quam futuris salutem in omnium salvatore. Ad universorum noticiam harum serie volumus pervenire, quod hospites nostri de monte Grech ad nostram accedentes presenciam, exhibuerunt nobis privilegium domini B[ele] illustris regis Hungarie, karissimi patris nostri, felicis recordacionis, petentes a nobis cum instancia, ut tenorem eiusdem nostro privilegio inseri faceremus. Cuius quidem tenor talis est: *(vidi no. 616 godine 1258. 5. jula)*. Nos itaque precibus eorundem civium nostrorum favorabiliter annuentes, cum ipsos in omnibus eorum iuribus manutenere et conservare intendimus, ipsum privilegium de verbo ad verbum presentibus insertum ratum habentes et acceptum perpetuo confirmamus, volentes et statuentes, quod nullus eosdem cives nostros contra tenorem eiusdem privilegii presumat aliquatenus molestare. In cuius rei memoriam perpetuamque firmitatem presentes litteras concessimus dupplicis sigilli nostri munimine roboratas. Datum per manus magistri Benedicti prepositi orodiensis, aule nostre vicecancellarii, dilecti et fidelis nostri. Anno domini millesimo ducentesimo septuagesimo, VII. kalendas iunii. Regni autem nostri anno primo.

Tkalčić Monum. civ. Zagrab. I. 45—46. no. 52. — Kukuljević Reg. no. 1002.

4.

1270, 27. maja.

Stjepan kralj ugarski i hrvatski potvrdjuje Simonu sinu Salamonovu darovnicu oca svoga Bele na posjed Prodavić (Virje).

Stephanus dei gracia Hungarie, Dalmacie, Croacie, Rame, Seruie. Gallicie, Lodomerie, Cumanieque rex, omnibus Christi fidelibus presentes litteras inspecturis salutem in omnium saluatore. Ad vniuersorum noticiam harum serie uolumus peruenire, quod Symun filius Salomonis de genere Durugcha ad nostram accedens presenciam exhibuit nobis priuilegium domini Bele felicis recordationis illustris regis Hungarie karissimi patris nostri concessum, super donacione cuiusdam terre Prodeuech uocata in comitatu Symigiensi in Chezmica existentis, petens a nobis cum instancia, ut idem ratum habere et nostro dignaremur priuilegio corfirmare. Cuius quidem priuilegii tenor talis est:

(Gl. listinu kralja Bele od 10. aprila g. 1264. Vol. V. 294. br. 789. ovoga zbornika).

Nos igitur seruicia eiusdem Symonis que nobis in Bulgaria et regno tempore eiusdem karissimi patris nostri inpendit fideliter poteritque in-

pendere in futurum, attendentes collacionem eiusdem karissimi patris
nostri . . . . terra Prodeuech eidem factam, ratam habentes et pariter innouantes, auctoritate presencium confirmamus, et ut idem Symun
eo fidelius et asfriccius nobis et regno seruire teneatur, quo sibi gracia
prestancior inpendatur, de benignitate regia concessimus statuentes, ut
ipse et eiusdem terre incole more populorum nobilium aliorum in causis
consuetis non nisi iudicio ducis aut bani tocius Sclavonie quique fuerit
pro tempore astare teneantur, cum eundem et ipsius populum in terra
eadem commorantem a iudicio seu iurisdictione comitis parochialis duxerimus, sicut premissimus(!), eximendos. Vt igitur huius nostre confirmacionis et concessionis series robur optineat perpetue firmitatis, presentes concessimus litteras duplicis sigilli nostri munimine roboratas.
Datum per manus magistri Benedicti Orodiensis ecclesie prepositi aule
nostre uicecancellarii dilecti et fidelis nostri. Anno domini MCC septuagesimo, sexto kalendas iunii, regni autem nostri anno primo.

Iz originalne potvrde Ladislava Kumanca od 1. marta 1273.

*Ráth és Rómer Györi történelmi és régászeti füzetek. II. köt. Győr
1863., 299, 301.*

5.

1270, 13. juna.

*Stjepan kralj ugarski i hrvatski daruje banu Rolandu za zasluge
grad Kalnik.*

Stephanus dei gratia rex Hungarię, Dalmatię, Croatię, Ramę, Servię,
Gallicię, Lodomerię, Cumanię, Bulgarięque rex universis Christi fidelibus
pręsentium notitiam habituris in salutis largitore salutem. Illam regalium
occulorum intuitus circa conservationem regni debet solerciam adhibere,
ut columpnas regni sui, per quas longo tempore feliciter subnixum extitit
et servatum, curet provide roborare, ut per hoc eorum fidelis potentia
pariterque potens fidelitas ad regis et regni servicia nobilius accingatur.
Proinde ad universorum tam pręsentium quam posterorum notitiam
harum serie volumus pervenire, quod dilectus et fidelis noster Rolandus
banus de genere Ratolth a primis pueritię sue temporibus felicis recordationis patri nostro prius et postmodum nobis fidelium serviciorum et
indesinentis fidelitatis munera curavit multiformiter exhibere, que quia
longum foret narrare circulariter universa, quędam de multis tangere, ex
quorum violentia tanquam inevitabiliter conclusio subsequatur et pre-

scripta donatio irretractabili merito iudicetur, in partem sollicitudinis
traximus edicenda. Is etenim eo tempore, quando insultus pestifer Tartarorum regnum nostrum peccatis exigentibus viribus tenuarat et propter
hoc contra illustrem patrem et dominum nostrum regem Hungarię dux
Austrię Fridericus qui aliis temporibus regno Hungarię non potuerat
restitisse, contra eundem illustrissimum patrem nostrum insultum faciens,
calcaneum erigere non expavit, levando contra eum fortissimum exercitum
velut hostis, duo castra nostra in confinio Theutonię constructa, scilicet
Posonium et Supronium contra eundem Fridericum ducem cura diligen-
tissima forti brachio confirmavit. Ipse vero ex ardentissima fidelitate sua
sustinere non valens, quin personam suam in ipso congressu regio lateri
sociaret, dimissis tota familia domi(!) sue et armatis quam pluribus in
castris eisdem personaliter ad dominum suum illustrem patrem nostrum
et ipsum exercitum se transtulit. Cuius loco et vice maior et ductor
totius exercitus regii constitutus, tam strenuus, tam diligens, tamque
circumspectus ductor extitit et pariter dimicator, quod licet quam plures
de parte illustris patris nostri in eadem area ob magnam fortitudinem
pręlii divino iudicio cecidissent, tamen dux ipse per arma regię potentię
in ipsa area pręlii divino iudicio dies suos clausit extremos. Item missus
idem Rolandus banus cum aliis baronibus per parentes nostros in subsidium nostrorum, ut Cumanos, qui se a regno Hungarię extrahere
volebant, per eorum auxilium a limitibus regni Hungarię expelleremus.
Ut nos inveniremur ipsos contempnere non nos, ipsi iidem parentes
nostri tamquam promissę nobis dilectionis inmnemores, pro eo quod
Rolandus banus, quamquam iuxta mandatum eorum, grata nobis obsequia faciebat, per ęmulorum obloquia prędictum banum tam gravite-
destruxerunt, quod banatu suo ipsum indebite spoliarunt et diversas
possessiones suas crudeliter destrui pręceperunt. Quid plura? Baro iste
cum regni nostri propter bone mentis sue optimam dispositionem
emper status altissimos tenuisset, aliquando palatinatum, quandoquei
banatum, diversos plures comitatus, nec non aule ɟegie magistratus,
in iudicio iustus, fidelitate purus, conversatione dulcis, omnibus eɟ
amandus; cum divina manus tandem regnum patris nostri ad manus
nostras iure successorio universaliter convertisset, universi fideles nostr,
tam ecclesiastice persone, quam servientes regales, qui tempore corot
nationis nostre in integrum immensam congregationem apud Albam
fecerant, tam pauperes quam divites coronationem nostram videre cum
gaudio exspectantes, voce in altum communiter elevata huiusmodi com-
mendationem de persona sua ad nostras aures regias extulerunt: Noveritis
in regnum integrum rex consurgens inter omnes barones illustris memorie
patris vestri et vestros hunc Rolandum banum in omni bonitate et odore

bone fame illibatum cunctis temporibus secundum deum et homines commendabiliter deguisse; et debere adhuc in posterum exaltari gratia vestra regia mediante. His siquidem et aliis quam pluribus obsequiis et universali laude merito refulgenti, et specialiter quia propter nos, emissa in suam personam parentum nostrorum illustrium ira gravi, et banatu suo privatus extitit et destructionem omnium possessionum suarum passus fuit graviter et indigne, fecimus eidem Rolando bano quamdam donationem, licet inferiorem suis meritis laude dignis. Dedimus enim et donavimus, contulimus et tradidimus eidem Rolando bano et per eum suis heredibus, heredumque successoribus in perpetuam possessionem castrum Kemluk cum omni statu suo, cum omnibus terris et cum omnibus iuribus et pertinentiis suis et precise cum illis etiam, que per illustrem patrem et dominum nostrum, seu etiam per alium vel per alios ab eodem castro Kemluk quandocunque alienata fuerant et distracta, et perpetue collationis et donationis munere possidendum iure perpetuo tenendum et habendum. Ut hec nostra donatio illi naturali regni nostri columpne facta, cuius progenitores et fratres carnales corone regie semper fidelitatem clarissimam prebuerunt et qui in diversis confiniis regni nostri in captionibus castrorum, in preliis durissimis et in captivitatum perpessione frequenter personam suam pro illustri patre et domino nostro, pro nobis et pro corona regni Hungarie exponere nullatenus dubitavit, nunquam per quempiam regum illustrium, qui per successiva temporum curicula sunt feliciter regnaturi, qui ex recitacione tam fulgide fidelitatis poterunt merito iocundari et cuius bani fidelitas tradi potest posteris in exemplum retractationem, ut speramus et credimus, accipiet nullam, petimusque ac ponimus, ut non accipiat, sed munimen. Ut igitur hec nostra donatio tam rationabiliter facta perpetue firmitatis robur optineat, nec unquam valeat per quempiam retractari, presens tradi iussimus privilegium dupplicis sigilli nostri munimine perpetualiter roboratum. Datum per manus magistri Benedicti prepositi Orodiensis aule nostre vicecancellarii dilecti et fidelis nostri. Venerabilibus patribus Philippo Strigoniensi perpetuum ecclesie sue comitatum Strigoniensem tenente, Stephano Colocensi aule regie cancellario, archiepiscopis. Lamperto Agriensi, Briccio Chanadiensi, Job Quinqueecclesiensi, Philippo Vaciensi, Paulo Vesprimiensi, Lodomerio Waradiensi, Timotheo Zagrabiensi, Dyonisio Jauriensi, Petro Transilvano episcopis, ecclesias dei feliciter gubernantibus; Joachimo bano, Moys palatino et comite Supruniensi, Nicolao iudice curie nostre et comite Symigiensi, Egidio magistro tavarnicorum et comite Posoniensi, Matheo vajvoda Transilvano, Petro magistro dapiferorum, Philippo pincernarum, Alberto agazonum et comite Scybiniensi, magistris et aliis quam pluribus magistratus et comitatus tenentibus. Anno dominice incarnationis millesimo ducentesimo septuagesimo. Idibus iunii regni autem nostri anno primo.

In Codex rerum Hung. N. Istvanffy u fol. (mss. XVI. stoljeća) u narodnom muzeju u Budimpešti (sig. 2275. fol. lat.) 416—421. — O Matiji vojvodi erdeljskom sa strane bilješka Istvanfiyeva: »Iste credo est Matheus de Trenchinio, Claudus postea palatinus, qui cum Carolo rege bellum gessit herus Feliciani Ib. 420.«

Fajér Cod. dipl. Hung. VII. 2. 12—6. — Kukuljević Reg. no. 1006.

6.

1270, 18. jula. U Piranu.

Mir i prijateljstvo izmedju Spljeta i Pirana se obnovljuje (na temelju listine od g. 1192. 27. aprila.)

In nomine dei eterni amen. Anno incarnationis eiusdem millesimo ducentesimo septuagesimo, indictione tercia decima, quarto decimo die exeunte iulio, regnante domino nostro Stephano serenissimo rege Ungarie, temporibus domini Johannis venerabilis Spalatensis archiepiscopi, incliti viri bani Herrici comitis, Julane Srege, Petri Leonardi, Privoslai Dabral iudicum. Nos predicti iudices una cum nostris consiliariis et universa comunitate in aringa generali approbavimus et confirmavimus compositionem et renovationem pacis per prenobilem nostrum concivem et nuncium Marinum Sacidii inter nos et cives Pirani ordinate atque composite, iurantes nos iudices omnia observare que in eorum continetur instrumento manu Johannis sui notarii confecto et id observare iuraverunt nobiles viri pro se et universa comunitate: Judex Micha Madii, Duimus Sirgrot, Jacobus Sare, Johannes Cindri, Lucas Dese, Julianus Stephani, Joseb Petri, Maranus Simeonis, Desa Andree, Joannes Dusize, Vulcane Jancii, Johannes Dabral. Omnes isti iuraverunt pro universa comunitate: observare perpetuis temporibus firmam pacem (cum) hominibus de Pirano secundum antiquam paccionem in predicto instrumento contentam et quod taliter continet: In nomine domini. Anno eiusdem millesimo ducentesimo septuagesimo, indictione tertia decima. Actum Pirani in porta de campo, in concione Pirani congregata die secunda mensis aprilis, presentibus dominis Almerigo Veneri, Johanne Mazarolo, Henrico Taglacozo, Adalgerio Odorlici, Nicolai notarii et aliis pluribus testibus rogatis. Veniens nobilis vir dominus Marinus Sacidii civis Spalatensis, ambaxator et nuncius comunis Spalacii coram domino Eppone Azonis de Bonsante capitaneo Pirani cum literis sigillatis sigillo comunis Spalacii suplicans atque rogans idem dictus Marinus nomine et vice comunis Spalacii predietum dominum Epponem capitaneum Pirani, ut nomine et vice comunis Pirani predictum antiquum pactum nomine pacis, concordie et amoris inter comune Pirani et comune Spalacii scriptum manu Arnusti notarii de castro et manu domini Luce concivis et notarii Spalacii exemplatum renovare dignaretur ac et confirmare, cuius pacti tenor talis est.

(Slijedi listina od g. 1192. 27. aprila ovoga zbornika II. 955. br. 239.)

Nos Eppo capitaneus Pirani cum consulibus nostris et voluntate consilli et comunis Pirani ad instantiam et petitionem memorati domini Marini Sacidii nuncii et ambaxatoris comunis Spalacii predictam pacem secundum concordium, superius scriptum et antiquitus habitum, cum ipsis de Spalacio firmum validum et varentatum, tam propinquis quam longiquis personis omnibus de Pirano in anima ipsorum statuendo proferimus sub . . . . . condictione et tempore omnibus et per omnia duximus confirmandum, presentibus duodecim sapientibus, iurantes in anima eorum pro se et pro comuni: pacem in perpetuum' servare in omnibus et per omnia, nec distrahere de predictis ab aliquo. Henricus Taglacozo W . . . . . p de Wetr . . . . . Adalperus alb . . . . . Johannes Albina . . . . . Marc de Tac, Nicola notarii Humag, Vitalis Facina . . . . . Henricus Picha. Ut autem prescripta pagina firmior habeatur, sigillo cereo nostri et comunis predicte potestatis et consulum adposuimus.

Et ego Joannes Ade de Alb . . . . . de Pirano notarius incliti domini Gregorii marchionis, hiis omnibus interfui et de mandato predicti domini Epponis capitanei Pirani ad voluntatem comunis predicti propria manu subscripsi et roboravi.

Et ego dominus Lucas civis et notarius de Spalato hiis interfui et de mandato predicte civitatis Spalati presentem pacis conpositionem et renovationem descripsi, autenticavi et roboravi et ad maiorem securitatem et firmitatem predicti iudices sigillum sue comunitatis predicte apponi fecerunt.

Kandler Cod. dipl. Istriano po originalu u gradskom arkivu u Piranu. Njezin primjerak koji se nalazi u knjižnici jugoslavenske akademije, ne ima naznake strana.

7.

1270, 29. jula.

Stjepan kralj ugarski i hrvatski potvrdjuje privolu svoga oca Bele biskupu zagrebačkomu Timoteju glede kupljene zemlje sv. Martina kod Vaške.

Stephanus dei gracia Hungarie, Dalmacie, Croacie, Rame, Seruie, Gallicie, Lodomerie, Cumanie, Bulgarieque rex. Omnibus Christi fidelibus presentes litteras inspecturis salutem in omnium saluatore. Ad vniuersorum noticiam tenore presencium uolumus peruenire quod cum deo própicio adepti tocius regni gubernaculum et regimen fuissemus, venerabilis pater Thymoteus episcopus Zagrabiensis, dilectus et fidelis noster, per ydoneum procuratorem suum ad nostram destinauit presenciam patentes litteras domini regis karissimi patris nostri, super empcione terre sancti Martini iuxta Waskam habitas et confectas, supplicans nobis humiliter et attente, ut easdem ratificare et nostro dignaremur priuilegio confirmare. Quarum tenor talis est.

(Slijedi listina od god. 1254. ovoga zbornika IV. 570—571. br. 497.)

Nos itaque attendentes ecclesiam Zagrabiensem in possessione iam dicte terre iuxta empcionis titulo ab antiquo pacifice permansisse, easdem litteras karissimi patris nostri ratas habentes et acceptas, precibus eiusdem venerabilis patris liberaliter inclinati, de uerbo ad uerbum presentibus insertas duximus confirmandas, duplicis sigilli nostri munimine roboratas. Datum per manus magistri Benedicti, Orodiensis prepositi, aule nostre vicecancellarii, dilecti et fidelis nostri. Anno ab incarnacione domini MCCLXX, quarto kalendas augusti. Regni autem nostri anno primo.

Liber privileg. eppatus. Zagrab. list 49. — Schmitth Agriens. epis. I. 184. — Katona Historia critica. VII. 521. — Fejér Cod. dipl. Hung. V. 1. 32. — Tkalčić Monum. episc. Zagr. I. 152. — Wenzel Cod. dipl. Arp. XII. 20. no. 12. donosi regest. — Kukuljević Reg. no. 1010.

8.

1270, 29. jula.

*Stjepan kralj ugarski i hrvatski potvrdjuje nagodbu učinjenu pred
hercegom Belom medju kaptolom zagrebačkim, udovom Pribislavovom
i njezinim zetovima.*

Stephanus dei gracia Hungarie, Dalmathie, Croathie, Rame, Seruie,
Gallithie, Lodomerie, Cumanie, Bulgarieque rex. Omnibus Christi fidelibus
presentes litteras inspecturis salutem in eo qui regibus dat salutem. Ad
vniuersorum noticiam tenore presencium uolumus peruenire, quod cum
deo propicio adepti tocius regni gubernaculum et regnum fuissemus, fideles
nostri capitulum Zagrabiensis ecclesie per unum socium et concanonicum
eorumdem destinarunt ad nostram presenciam priuilegium Bele ducis,
inclite recordacionis, karissimi fratris nostri, super composicione inter
eosdem ab una parte et relictam comitis Pribyzlai et eius generis, quorum
nomina inferius exprimentur, ex altera, confectum, attencius nos rogantes, ut idem priuilegium ratificare et nostro dignaremur priuilegio
confirmare. Cuius tenor talis est.

(Slijedi listina Belina od god. 1269. 17. januara).

Nos igitur id, quod per ipsum karissimum fratrem nostrum Belam
ducem rite et legitime actum exstitit in premissis, ratum habentes et
acceptum, precibus eorumdem liberaliter inclinati, dictum priuilegium de
uerbo ad uerbum presentibus insertum duximus confirmandum, dupplicis
sigilli nostri munimine roborando. Datum per manus magistri Benedicti,
Orodiensis prepositi, aule nostre vicecancellarii, dilecti et fidelis nostri.
Anno ab incarnacione domini millesimo ducentesimo septuagesimo,
quarto, kalendas augusti. Regni autem nostri anno primo.

*Original u arkivu kaptola zagrebačkog fasc. 17. br. 104. Na svilenoj
crvenoj vrvci visi pečat.*
*Tkalčić Monum. episcop. Zagr. I. 153. — Wenzel Cod. dipl. Arp. XII
21. donosi regest. — Kukuljević Reg. no. 1009.*

9.

1270, 29. jula.

Stjepan kralj ugarski i hrvatski potvrdjuje darovnicu hercega Bele za posjed kraj Jalševca.

Stephanus dei gracia Hungarie, Dalmathie, Croathie, Rame, Seruie, Gallithie, Lodomerie, Cumanie, Bulgarieque rex. Omnibus Christi fidelibus presentes litteras inspecturis salutem in eo qui regibus dat salutem. Ad vniuersorum noticiam tenore presencium uolumus peruenire: quod cum deo propicio adepti tocius regni gubernaculum et regimen fuissemus, fideles nostri, capitulum Zagrabiensis ecclesie, per unum socium et concanonicum eorumdem destinarunt ad nostram presenciam priuilegium Bele ducis inclite recordacionis karissimi fratris nostri super facto terre Jalseuech, nepotum videlicet Bratuoy, quorum nomina in eodem priuilegio sunt inserta confectum, attencius nos rogantes, ut idem priuilegium ratificare et nostro dignaremur priuilegio confirmare. Cuius tenor talis est.

(Slijedi listina Belina od god. 1269).

Nos igitur id, quod per ipsum karissimum fratrem nostrum, Belam ducem rite et legitime actum exstitit in premissis, ratum habentes et acceptum, precibus eorumdem liberaliter inclinati, dictum priulegium de uerbo ad uerbum presentibus insertum duximus confirmandum, duplicis sigilli nostri munimine roborando. Datum per manus magistri Benedicti Orodiensis prepositi, aule nostre vicecancellarii dilecti et fidelis nostri. Anno ab incarnacione domini millesimo ducentesimo septuagesimo, quarto kalendas augusti. Regni autem nostri anno primo.

Original u arkivu kaptola zagrebačkog fasc. 23. br. 53.
Tkalčić Monum. episcop. Zagr. I. 152—153. — Wenzel Cod. dipl. Arp. XII. 20. donosi regest. — Kukuljević Reg. no. 1008.

10.

1270, 29. jula.

Stjepan kralj ugarski i hrvatski potvrdjuje povelju kralja Bele (od god. 1251. 24. novembra) učinjenu gradu Šibeniku.

Stephanus dei gracia Hungarie, Dalmacie, Croacie, Rame, Seruie, Gallicie, Lodomerie, Cumanie, Bulgarieque rex, omnibus Christi fidelibus presentes litteras inspecturis salutem in eo qui regibus dat salutem. Ad

vniuersorum noticiam tenore presencium volumus peruenire, quod fideles
nostri ciues de Sibenico ad nostram presenciam accedentes, obtulerunt
nobis priuilegium domini B[ele] regis Hungarie inclite recordacionis
patris nostri karissimi super statu libertatis eorum confectum, humiliter
nos rogantes, vt idem priuilegium ratificare et nostro dignaremur priuilegio confirmare. Cuius tenor talis est:

. *(Slijedi listina kralja Bele od god. 1251. 24. novembra).*

Nos itaque volentes eosdem ciues de Sibenico libertate ipsorum
hactenus obseruata et presentibus inserta perpetuo gratulari, idem priuilegium carissimi patris nostri ratum habentes et acceptum, de verbo
ad verbum presentibus insertum duximus confirmandum. Datum per
manus magistri Benedicti Orodiensis prepositi, aule nostre vicecancellarii
dilecti et fidelis nostri anno ab incarnacione domini $M^0 CC^0$ septuagesimo,
quarto kalendas augusti, regni autem nostri anno primo.

*Iz originalne potvrde kralja Karla od g. 1322. »octauo nonas octobris«
u knjižnici narod. muzeja u Budimpešti s. a. 1322. (bivša zbirka Jan-
kovićeva).*

*Fejer Cod. dipl. VIII. 2., 349—350. — Wenzel Cod. dipl. Arpad.
cont. XII. 693—694.*

11.

1270, 18. augusta.

Ulomak jedne listine kneza Vojslava.

Ego dei gratia et domini regis Orosii comes Voislavus mandato et
scripto domini regis super placito, quod moverunt presbyter Micha
Pasqualis et Tripe adversus Basilium Dragonis de ecclesia sancte Lucie
et fuit sententia regis. Et ego pulso campanam et congrego nobiles communis civitatis, ut coniurent eos duo episcopi: de Zenta Neophiton et
Catharensis episcopus Marius, ut dicant, si etc. Ego Voislaus vocavi
ambos episcopos Neophitum et Marium et totum capitulum ecclesiasticum et nobiles et probos civitatis et adduxerunt lignum dominicum,
icones et reliquias sancti Tryphonis et ex precepto regis maledixerunt
episcopi etc. Anno incarnationis domini 1270. mensis augusti 18. die.

*Farlati Illyr sacrum. VI. 442. — Kukuljević Reg. no. 1011. (pod
god. 1270. 8. augusta. Regest u Kukuljevića potpuniji je nego li listina u
Farlata, te je tako Kukuljević imao po svoj prilici pred sobom bul. rag.,
premda bilježi samo Farlata).*

12.

1270, 26. augusta.

Stjepan kralj ugarski i hrvatski potvrdjuje listinu kralja Bele (od god. 1265. 27. januara), kojom ovaj predaje zemlju podložnika kalničkog Boloska Tomi i Ivanu i njihovoj braći.

Stephanus dei gracia Hungarie, Dalmacie, Croacie, Rame, Seruie, Gallicie, Lodomerie, Cumanie, Bulgarieque rex, omnibus Christi fidelibus presentes litteras inspecturis salutem in omnium saluatore. Ad vniuersorum noticiam harum serie volumus peruenire, quod magister Thomas prepositus Hantensis dilectus et fidelis clericus noster ad nostram accedens presenciam exhibuit nobis priuilegium domini regis karissimi patris nostri super collacione terre Bolosk sibi et suis fratribus facte confectum; petens a nobis cum instancia, vt ipsam collacionem ratam habere et nostro dignaremur priuilegio confirmare. Cuius quidem priuilegii tenor talis est:

(Vidi original Belin od god. 1265. 27. januara).

Nos igitur fidelia seruicia ipsius magistri Thome et fratrum suorum, qui prius predicto domino regi fideliter inpenderunt poteruntque nobis inpendere in futurum, attendentes, collacionem eandem ratam habentes et acceptam, ex certa sciencia et mera liberalitate innouamus, duplicis sigilli nostri munimine roborando, volentes, vt terram eandem totam ab ipso comitatu de Kemnuk exceptam, penitus exemptam, tam dictus magister Thomas et fratres sui quam heredes ipsorum perpetuo pacifice possideant et quiete. Datum per manus magistri Benedicti Orodiensis ecclesie prepositi aule nostre vicecancellarii dilecti et fidelis nostri, anno domini millesimo CC⁰ septuagesimo, septimo kalendas septembris, regni autem nostri anno primo.

Original u arkivu jugoslavenske akademije u Zagrebu Diplomata a. 1265. — Na listini visi svilena vrvca svijetlo i tamno-crvene boje; pečat je otpao.

13.

*Stjepan kralj ugarski i hrvatski potvrdjuje darovnicu kralja Bele
na dobro »castri Zaladiensis Bogna«.*

Stephanus dei gracia Hungarie, Dalmacie, Croacie, Rame, Seruie,
Gallicie, Lodomerie, Cumanie, Bulgarieque rex, omnibus Christi fidelibus
presentes litteras inspecturis salutem in omnium saluatore. Ad vniuersorum noticiam harum serie volumus peruenire, quod magister Thomas
Hantensis prepositus fidelis et familiaris clericus noster ad nostram accedens presenciam exhibuit nobis priuilegium domini regis karissimi patris
nostri super collacione terre castri Zaladiensis Bogna uocate confectum
petens a nobis cum instancia, vt collacionem eandem ratam habere et
nostro dignaremur priuilegio confirmare, cuius quidem priuilegii tenor
talis est:

(Vidi diplomu Bele kralja g. 1267.)

Nos igitur seruicia eiusdem magistri Thome attendentes dictam
collacionem ipsius karissimi patris nostri factam eidem ratam habentes
et ex certa sciencia innouantes ipsum priuilegium de uerbo ad uerbum
inseri facientes presentibus confirmamus duplicis sigilli nostri munimine
roborando, volentes, vt terram eandem idem magister Thomas et fratres
sui uel alii, quibus eam donauerit aut uendiderit, perpetuo pacifice possideant et quiete. Datum per manus magistri Benedicti Orodiensis ecclesie
prepositi aule nostre vicecancellarii dilecti et fidelis nostri anno domini
MCC⁰ septuagesimo, tercio kalendas septembris, regni autem nostri anno
primo.

*Original ponešto oštecen u arkivu jugoslavenske akademije u Zagrebu
Documenta a. 1270. — Obstoje na listini rupe za pečat, ali pečata nema.*

14.

*Hoduš župan zagrebački dosudjuje biskupu zagrebačkomu Timoteju
zemlju Pserić, koju mu je nastojao oteti Abraham moravečki župan.*

Nos Hodus comes Zagrabiensis. Significamus quibus expedit memorie commendantes presencium per tenorem, quod cum questio esset

suborta inter venerabilem patrem dominum Thimotheum episcopum Zagrabiensem ex parte una et Abram comitem de Moroucha, iobagiones castri et castrenses de Glaunicha, videlicet Berwey, Nerad, Myko, Scelk, Wlkozlou, Zlobysa, Paulus, Joseph, Drugan, Wlchyna, Vechezlou, Gurga, Prouoneg, Paulum, Hrenco, Stephanum, Borych, Matheico, Pauco, Zouidrug, Coporto, Petrum, Vulchylo, Zlobyna, Petrus, Martin, filium Dragchyn et Zlobizlaum ex altera, super terra Pzerych vocata, quam idem dominus episcopus dicebat esse occupatam per dictum Abram comitem, iobagiones castri et castrenses de Glaunycha et huiusmodi questio coram nobis fuisset inter partes diucius uentilata. Nos, uolentes parcium laboribus consulere et expensis, decreuimus, ut prefate questionis contencio amicabiliter ordinacione proborum nostrorum decidatur. Tandem partes ex nostra permissione et inductu in arbitrium proborum uirorum hinc inde communiter electorum, scilicet Gabriani comitis et Petri capitosi ex parte dicti domini episcopi nominatorum, et Iwan comitis filii Irizlaii ex parte Abram comitis de Moroucha iobagionumque castri et castrensium nominati et assumpti ex altera, compromiserunt pari uoluntate et consensu. Per quos arbitros, arbitratores seu amicabiles compositores taliter exstitit diffinitum: quod ex parte dicti domini episcopi debeant statui octo persone de capitulo Zagrabiensi, de quibus quatuor persone assummi debeant ad prestandum huiusmodi iuramentum, per dictum Abram comitem de Moroucha, iobagiones castri et castrenses, quod sepedicta terra fuerit domini episcopi Zagrabiensis et quod semper spectauerit ad eundem. Que quidem quatuor persone nominate per eosdem, scilicet magister Petrus archidiaconus Zagrabiensis, magister Mychael prepositus Chasmensis, Stephanus, archidiaconus de Guerthe (!) et Crachynus cantor ecclesie Zagrabiensis, iurare debeant super eo uidelicet: quod prenotata terra, vt premisimus, semper fuerit domini episcopi et spectauerit ad eundem. Qui tercio die post festum sancti regis Stephani coram hominibus nostris Petro filio Bogdazlou et Laztych filio Drugan, ad recipiendum iuramentum eorumdem per nos deputati iurauerunt. Nos itaque tali iuramento recepto et rei ueritate deducta in lucem, ut finis ipsi questioni imponatur, ad reambulandam et restituendam terram superius nominatam dicto domino episcopo dedimus et assignauimus homines nostros fidedignos: Petrum scilicet filium Bogdozlo, Laztych filium Drugan pristaldum terrestrem, cum Petrus comite filio Petrilo, perpreceptorem de Chychan et Gyurg filium Drask, perpreceptorem de sancto Martino pro testimonio destinatis. Qui ad nos redeuntes retulerunt, quod sepedictam terram conuocatis uicinis et commetaneis reambulantes et certis metis distinguentes, contradictoribus aliquibus non extantibus, dicto domino episcopo restituerunt. Cuius terre prima meta incipit a meridie, ubi fluuius Pzerych defluit in fontem Zelne uocatum et in eodem fluuio Pzerych ascendens uersus septemtrionem peruenit ad vnum pontem, qui est super eundem fluuium Pzerich ibique est meta terrea, deinde procedens superius in eodem fluuio uenit ad vnam uiam, que pertransit eundem fluuium et tendit versus orientem, inde procedens ad vnum lapidem per uiam memoratam venit ad duas arbores nucum et pertransiens easdem arbores ascendit ad montem ubique iungitur terre dicti domini episcopi Zagrabiensis, de qua iidem iobagiones castri et castrenses occupauerant. Nos itaque inducti premissis racionibus pretactam terram dicto domino episcopo et per eum suis successoribus sentencialiter duximus restituendam et reddendam, parti aduerse super ipsa terra perpetuum silencium imponentes. Datum Zagrabie, in festo sancti Egidii confessoris. Anno ab incarnacione domini MCCLXX.

Liber privileg. episcop. Zagrab. list 40.

Tkalčić Monum. episcop. Zagrab. I. 154—155. — Wenzel Cod. dipl. Arpad. cont. XII. 36—38. — Kukuljević Reg. no. 1012

15.

1270, 4. septembra. U Zagrebu.

Joakim ban potvrdjuje osudu zagrebačkoga župana Hoduša glede zemlje Pserić.

Nos Joach(i)mus banus tocius Sclauonie. Significamus quibus expedit vniuersis presencium per tenorem, quod cum venerabilis pater dominus Thimotheus episcopus Zagrabiensis fecerit nobis offerri processum seu sentenciam Hodus comitis nostri Zagrabiensis dilecti et fidelis nobis, in eiusdem litteris comprehensum et inclusum, habitum inter ipsum ex parte una, Abram (!) comitem de Moroucha, iobagiones castri et castrenses de Glaunycha ex altera, super terra Pzerych uocata, super qua lis inter ipsos uertebatur, petens, vt sentenciam et iudicium dicti iudicis nostri nostris litteris stabilibus muniremus. Cuius litterarum tenor est: *(vidi: prediduću listinu od g. 1270.)*. Nos itaque attendentes iuris ordinem in ipso facto esse seruatum, processimus, seu sentenciam iudicis nostri prenominati litteris eiusdem non cancellatis, non uiciatis nec in aliqua sui parte diminutis de uerbo ad uerbum litteris nostris insertis ratificantes, ymmo ratum et firmum habentes duximus confirmandum. Datum et actum Zagrabie, quinta feria, proxima post festum sancti Egidii confessoris. Anno domini MCC septuagesimo.

Liber privileg. episcop. Zagrab. list 40.

Tkalčić Monum. episcop. Zagrab. I. 155. — Wenzel Cod. dipl. Arp. cont. XII. 35. — Kukuljević Reg. no. 1013.

16.

1270, 8. septembra. U Pešti.

Stjepan kralj ugarski i hrvatski potvrdjuje darovnicu kralja Bele (od g. 1267. 20. jula) o imanju Prodavić (Virje) Filipu nadbiskupu ostrogonskomu i bratu mu Tomi.

· Stephanus dei gracia Hungarie, Dalmacie, Croacie, Rame, Seruie, Gallicie, Lodomerie, Cumanie, Bulgarieque rex vniuersis noticiam presencium habituris salutem in omnium saluatore. Ad decorem pertinet regie dignitatis, subditorum merita prouide circumspeccionis libramine ponderare, vt illos presertim prosequatur favore gracie gracioris, quos natiue fidelitatis deuocio ab auiti propagata nobilitate sanguinis redimiuit et virtutis adieccio multiplicis regio fecit culmini per successiui continuacionem temporis complacere; et licet utilitati omnium, quos probitatis adiuvant merita, prospicere non immerito regalis satagat celsitudo, munificencie sue manus illis debitis temporibus aperiendo, in quorum quiete quiescit, locupletacione ditatur et sublimacione magnifice sublimatur maiestas; tamen pium et utile considerat, ac consentaneum attendit regie maiestati, ut illustrium progenitorum suorum donaciones ex regali liberalitate prouide celebratas ratificet et confirmet. Proinde ad vniuersorum harum serie volumus peruenire, quod cum olim multiplicata et in eximium reducta cumulum grata obsequia et meritoria seruicia venerabilis patris Philippi, sancte Strigoniensis ecclesie archiepiscopi et Thome comitis fratris eiusdem, ac dignis laudum preconiis attolenda, parentibus nostris domino regi et regine nobisque et regno nostro impensa, ipsorum et nostrum animos inclinarint ad eosdem beneuolencia multiplici prosequendos; licet ipsi parentes nostri habuissent in animo grato liberalitatis regie antidoto in amplioribus eosdem refouere, quia tamen votiue prouisionis facultas se illa vice non obtulit aliunde, terram seu possessionem quondam Corrardi de Treun, Praudauiz vocatam, ultra Drauam existentem, a multis retroactis temporibus, quorum non exstat memoria, a comitatu Simigiensi exceptam penitus et exemptam, que per infidelitatis notam a Corrardo filio prodicti Corrardi de Treun, imo verius ob manifestum˙ crimen lese maiestatis ab eodem commissum ad manus regias exstiterat devoluta, in supradictum Thomam comitem et filios seu heredes eiusdem heredumque successores perpetuo valiture donacionis titulo transtulerunt, sicut in ipsorum litteris confectis exinde, que inferius presentibus annectentur, plenius continetur. Licet autem postmodum ducatu Sclauonie in Belam ducem felicis recordacionis, karissimum fratrem nostrum translato, ipsius possessionis detencio aliquantisper mota fuerit seu turbata, postmodum tamen, eodem karissimo fratre nostro rebus humanis exempto, parentes nostri, ad quos idem ducatus exstiterat deuolutus, in prioris sui propositi salubritate persistentes, sicut et idem frater noster, dum adhuc viueret, ordinarat, predictam possessionem prout continuate fidelitatis predictorum archiepiscopi et Thome comitis deposcebat deuocio, reliquerunt, reddiderunt, restituerunt et redinte-grauerunt magistro Dyonisio cancellario pincernarum nostrorum et fra-tribus suis, filiis Thome comitis et suis heredibus heredumque succes-soribus quiete et pacifice cum omnibus iuribus, utilitatibus et pertinenciis suis tenendam perpetualiter et habendam; prout eam Corrardus de Treun, donec vixit et postmodum Corrardus filius suus, quoad ultimum pro premisso crimine recepit supplicium, tenuerunt, habuerunt et possederunt, apud ipsos magistrum Dyonisium et fratres suos semper, inconcusso ipsius possessionis iure dominii persistente. Demum cum dominus rex karissimus pater noster, accersione diuina ab huius vite ergastulis migra-uisset, ac nos, sicut ordo natiue successionis exigebat, regni gubernacula adepti, in vniuersum successissemus eidem, donacionem, colllacionem translacionem, restitucionem et redintegracionem possessionis predicte in Thomam comitem primitus et postmodum ipso sublato de medio, in filios suos, considerantes iuste et racionabiliter esse factas, easdem cura-uimus ratihabicionis regie munimine roborare, predictam possessionem Praudauiz vocatam, tam ab exaccione marturinarum et descensu banatus vulgaliter zulusina vocato, quam a iurisdiccione et iudicio baronum et officialium eorundem pro tempore constitutorum exceptam penitus et exemptam, sicut predictus Corrardus de Treun, donec vixit et postmodum Corrardus filius suus, quoad usque, ut predictum est, ultimum excepit suplicium, habuerunt, tenuerunt et possederunt, eisdem filiis Thome comitis et per eos eorum heredibus, heredumque successoribus habendam, tenendam et possidendam libere relinquentes. Priuilegium itaque karissimi patris nostri, gloriose memorie super possessione eadem confectum, quod nulli reprehensioni inuenimus obnoxium, utpote non cancellatum, non abrasum, non abolitum, nec in aliqua sui parte viciatum, imo pocius donacionem predictam contentam in ipso priuilegio, premissa maturitate regia, ex certa sciencia confirmauimus et confirmamus, ac perhempnis stabiltatis robore, presencium patrocinio communimus, ipsos tam ex predicta donacione ipsius karissimi patris nostri quam ex nostra presenti confirmacione pro veris possessoribus et dominis dicte possessionis relinquentes, supplentes, si aliquis in premissis esset defectus, ad maioris robur muniminis, de plenitudine regie potestatis, litteris, priuilegiis et quibuslibet munimentis super ipsa terra et possessione a patre nostro, vel a fratre nostro Bela duce, felicis recordacionis, dum viuerent, cuilibet vel quibuslibet, sub quacunque forma, siue proprio motu concessis, siue ad supplicacionem et suggestionem cuiuscunque vel quorumcunque quolibet studio vel ingenio habitis, elicitis et obtentis ab eisdem, cassis, irritis et omni robore vacuatis. Adiicimus insuper premissis, ut quicunque instrumentis, priuilegiis, litteris seu munimentis, prefato modo per nos cassatis, vacuatis et irritatis, quandocunque imposterum, in iudicio vel extra iudicium usus fuerit, vel uti attemptauerint, crimen falsi incurrat et tamquam falsarius puniatur. Quam quidem terram seu possessionem Praudauiz, in cuius possessionem prefatus magister Dyonisius et fratres sui pridem, adhuc predicto karissimo patre nostro, felicis recordacionis, viuente introducti fuerant, conuocatis omnibus vicinis et commetaneis, sub testimonio Zagrabiensis capituli, per Egydium magistrum tauernicorum nostrorum comitem Posoniensem, dilectum et fidelem nostrum certis metis limitari fecimus et distingui, presente nichilominus de mandato nostro Butka comite, cui limitacionem et distinccionem metarum dicte terre et possessionis karissimus pater noster, dum adhuc viueret, per litteras suas, quas eciam nos vidimus, perspeximus et legi fecimus, duntaxat comittendam; quam eciam limitacionem, seu distinccionem metarum, prout nobis per litteras dicti capituli innotuit, inferius presentibus inseri fecimus seriatim. Vt autem pro cautela successiuorum temporum euidens et notorium posteris habeatur, confirmacionem presentem ex regalis gracie certa sciencia processisse, predictum priuilegium karissimi patris nostri, per nos, ut decuit, approbatum, presentibus de verbo ad verbum inseri iussimus et anneeti, dantes hiis presentibus nostris litteris robur, tam super donacione predicta, quam super confirmacione presenti, ut nulla alia probacionis requirant extrinseca amminicula seu adiumenta, sed sint in se completa ad dominium supradicte possessionis inconcussa stabilitate perpetuo detinendum, cuius quidem priuilegii tenor talis est.

(Slijedi listina kralja Bele od god. 1267. 20. jula).

Circumstancie vero metarum, ut in supradicti capituli litteris, alicui reprehensioni non subiectis, vidimus contineri, hoc ordine distinguntur. Prima meta incipit iuxta Drawam, que separat et diuidit terram subulcorum a terra Praudauiz continens viginti septem molendina, que cedunt in ius et proprietatem magistri Dyonisii et fratrum suorum filiorum Thome comitis, inde procedit per pratum modicum ad quercum cruce signatam, sub qua est meta terrea; inde vergit in syluam per semitam ad ilicem cruce signatam versus orientem, deinde procedit ad arborem fagi et ulmi cruce signatas et ad alias arbores quam plures in eodem ordine cruce signatas versus occidentem, deinde prope semitam ex parte orientali procedit ad altam ilicem et inde ad aliam altam ilicem cruce signatam in eadem semita, deinde procedit ad viam occidentalem, vbi est meta terrea apud dumum auellanorum; deinde vadit ad quercum ultra viam per competens spacium et venit ad tiliam; deinde venit ad duas arbores, scilicet quercum et abietem cruce signatas; inde tendit ad paludem et venit ad quercum et ilicem cruce signatas; deinde ad ilicem, qui est penes viam, per quam itur ad ecclesiam beati Petri, quam transiens venit ad duas quercus metis terreis circumfusas; inde tendit et venit ad duas arbores, scilicet fagum et quercum cruce signatas; inde procedit ad paludem ad ilicem et abietem cruce signatas; inde transiens eandem paludem versus partem meridionalem venit ad ilicem et fagum cruce signatas; deinde ad quercum, ilicem et abietem cruce signatas; deinde venit ad riuum qui Biztra dicitur versus partem meridionalem, in fine cuius venit ad quercum cruce signatam indeque riuus Biztra cadit in riuum Copnicha, diuidens ex occidentali metas filiorum Bogdani, ex altera parte metas filiorum Thome comitis et ex parte orientis metas filiorum Thome comitis ibique terminatur meta subulcorum et filiorum Bogdani. Item venit ad quercum, que stat in publica via et diuidit metas comitis Micule versus septemtrionem et Petke usque occidentem magistri Dyonisii et fratrum suorum ad meridianum et inde venit ad tiliam cruce signatam; deinde venit ad alias arbores, scilicet ad quercum et ilicem cruce signatam et ad ilicem secundam cruce signatam; inde venit ad tiliam per viam cruce signatum; deinde venit ad riuum, qui dicitur Zemdech usque orientem et ex altera parte riui est meta Petke ad occidentem, terra vero domini episcopi Zagrabiensis venerabilis patris relinquitur ad partem meridionalem; deinde procedit ab ista parte riui ad magnam ilicem cruce signatam et meta terrea circumfusam; deinde vadit ad ilicem cruce signatam; inde venit ad viam ad quercum cruce signatam iuxta campum; deinde vadit ad campum, ubi sunt mete terree, quarum una remanet filiis Thome, altera domino episcopo Zagrabiensi; deinde tendit per modicum campum in siluam ad quercum cruce signatam; inde per viam versus orientem tendit ad quercum cruce signatam; deinde ad siccam arborem cruce signatam, que fagus dicitur, sub qua est meta terrea; deinde exeundo siluam venit ad campum alium penes viam, vbi est meta terrea; deinde per modicum spacium eundo in campum venit ad metas terreas domini episcopi Zagrabiensis et ex altera parte filiorum comitis Thome; deinde pergit per viam publicam inter duas valles ad unam cerasum cruce signatam; deinde ad montem prope viam versus occidentem tendit ad metam terream, deinde ad pirum cruce signatam; inde venit ad riuum versus partem meridionalem; deinde venit iterum ad cerasum cruce signatam; deinde iuxta riuum venit ad nucem et quercum cruce signatam; item eundo de predicto riuo versus orientem inter duos colles venit ad duas arbores piri cruce signatas; deinde veniendo ad montem versus meridianum ad unam cerasum cruce signatam; deinde veniendo ad cacumen montis, vergit ad quercum cruce signatam, deinde ad fagum cruce signatam; inde veniendo de cacumine montis predicti per modicum spacium campi tendit ad quercum et ad tiliam et ad pirum cruce signatas; deinde vadit ad arborem, que fagus dicitur iuxta viam, ubi separatur meta domini episcopi Zagrabiensis versus occidentem et Kamarcensium versus meridianum et meta filiorum comitis Thome remanet ad orientem; deinde vadit per eandem viam ad fagum, sub qua est meta terrea; inde venit ad antiquum castellum, ubi est quercus cruce signata; deinde descendit ad magnam vallem et venit ad cerasum versus septemtrionem cruce signatam; deinde venit ad unam cerasum cruce signatam; inde exeundo de eadem valle ascendit collem versus orientem et venit ad duas quercus cruce signatas; deinde venit ad aliam vallem ultra viam publicam Kamarcensium venit ad tiliam et duas arbores piri cruce signatas; deinde venit ad cerasum cruce signatam; deinde ad collem, ubi sunt mete terree, quarum una est Kamarcensium et altera filiorum Thome comitis; inde venit versus orientem ad viam publicam ad quercum, sub qua est meta terrea et ex superiori parte eiusdem vie versus meridiem remanet Kamarcensibus et ex altera parte vie versus orientem cedit in ius filiorum Thome comitis; deinde per eandem viam veniendo venit ad quercum cruce signatam, deinde ad pirum cruce signatam; deinde venit ad communem quercum iuxta publicam viam, que diuidit metas Kamarcensium versus meridiem et terram comitis Micule ad occidentem et relinquitur terra filiorum comitis Thome ad orientem; deinde venit ad medium campum, ubi sunt mete terree; deinde eundo per campum apud rubum est meta terrea; inde veniendo ad siluam tendit ad ilicem cruce signatam, sub qua est meta terrea; deinde per eandem siluam venit ad aliam ilicem cruce signatam; inde exeundo siluam venit ad metam terream; deinde ad viam per spacium campi, ubi est meta terrea ex superiori parte versus septemtrionem et venit ad metas filiorum Thome comitis et versus orientem remanet comiti Micule; deinde venit ad quercum cruce signatam iuxta viam; inde per viam eundo venit ad metas terreas et in ultima meta cedit silua totaliter in partem dicti Micule, alia eciam particula eiusdem silue usque ad veterem metam cedit similiter Micule predicto, reliqua vero pars eiusdem silue cedit in dominium filiorum Thome comitis usque ad angulum; deinde de eodem angulo silue venit ad quercum cruce signatam, deinde ad pirum, deinde ad viam, que ducit ad quercum cruce signatam et ibi meta Petke terminatur; deinde veniendo ad salicem, sub qua fluit paruus riuus, qui exit de Kamarcha, reuertitur in Kamarcha et ascendit in campum iuxta riuum, qui Kamarcha dicitur, ad domum Gurg, ubi est meta terrea, habens ex vna parte eiusdem riui arborem egurfa cruce signatam, ex altera parte venit ad salicem cruce signatam et ibi meta Kamarcensium remanet ad meridiem, Micule vero ad occidentem; item per eandem viam venit ad quercum cruce signatam, sub qua est meta terrea; deinde venit directe per viam ad metam terream; item exeundo de via venit ad collem versus orientem ad metam terream; deinde veniendo per frutices in virgultis venit ad metam terream; deinde ad viam magnam, ubi est meta terrea, que ex parte filiorum Thome venit ad orientem, ex altera parte vie versus meridiem venit ad Cruciferos de Zdela; deinde venit ad arborem iuxta viam cruce signatam; inde ad ilicem cruce signatam; deinde venit ad vallem per frutices, ubi est meta terrea; inde ad quercum iuxta viam et ibi est meta Cruciferorum; item venit ad riuum, qui Zdela dicitur et transit riuum et venit usque collem et ibi est meta terrea sub piro versus orientem, meta vero Cruciferorum remanet ad meridiem; deinde venit ad metas terreas et quandam publicam stratam et ex superiori parte vie meta castrensium venit ad meridiem et meta filiorum Thome comitis remanet ad septemtrionem; item venit ad viam ad duas quercus cruce signatas, sub quibus est meta terrea; deinde venit ad pirum cruce signatam; deinde venit ad collem et ad aliam pirum cruce signatam; deinde venit versus septemtrionem in publica via, vbi est meta terrea; inde venit per eandem viam ad riuum, qui dicitur Hotoa et transit riuum per modicum et ibi est meta terrea; deinde per eandem viam venit ad metas terreas, quarum una est ex parte filiorum Thome comitis, alia ex parte castrensium; item per eandem viam venit ad orientem et ibi est meta terrea; deinde venit ad quercum cruce signatam, sub qua est meta terrea; deinde ad arborem, que egurfa dicitur, vbi est meta terrea iuxta viam, ex superiori vero parte vie est meta Petkonis et Petrich versus meridiem, ad orientem vero filiorum comitis Thome; deinde venit ad collem in spinis, vbi est meta terrea et ibi terra Petrich terminatur et venit ad viam et pirum cruce signatam; deinde venit ad aliam pirum sub qua est meta terrea; inde veniendo per viam ad villam sancti Georgii, vbi prope viam est meta terrea versus meridiem et mete castrensium remanent ad occidentem, filiorum vero Thome ad septemtrionem; deinde per eandem viam communem venit ad partem meridionalem, relinquendo terram comitis Tyburcii ad partem meridionalem; deinde terra Chopoy ex ista parte vie remanet ad meridiem; deinde venit usque ad metam Belus directe per viam, ubi est meta terrea inde ad quercum cruce signatam; inde terra filiorum Bogdani venit usque ad terram . Petke et de terra Petke venit ad metas comitis Mikule ex altera parte riui Copniche versus partem meridionalem, ex ista parte eiusdem riui venit versus orientem, que cedit in ius et dominium filiorum Thome comitis; deinde ad riuos, scilicet Copnich et Zimdech, qui recedit in Copnicha, ascendendo versus occidentem venit ad modicum campum, infra quem venit ad molendinum et infra molendinum ascendit ad quercum cruce signatam et ibi separatur a riuo Zimdech et itur ad paludem in silua ad veteres cruces super arbores ad partem meridionalem; deinde ad quercum cruce signatam; deinde venit ad campum modicum, qui Huetimzala dicitur, versus occidentem cedit in ius et proprietatem Micule comitis; deinde venit ad orientem filiis Thome comitis; deinde tendit ad campum versus arbores cruce signatas, que narfa dicuntur et ibi cedit in dominium comitis Micule memorati; deinde venit ad quercum cruce signatam ad meridiem; inde exeundo Kamarcham sub fago est meta terrea; deinde venit ad quercum cruce signatam, item ad pirum et quercum cruce signatas; item exeundo siluam venit ad collem et ibi est meta terrea; deinde ad medium campum venit versus orientem et ibi est meta filiorum comitis Thome, alia vero meta remanet ad occidentem Micule comiti et inde venit ad metam terream prope siluam et intrando siluam vergit ad pomum cruce signatam; et inde venit per siluam ad plures arbores cruce signatas versus orientem; deinde ad riuum Bıztra et per consequens transit riuum Bucoa, ubi subsunt arbores cruce signate; deinde vadit ad finem Bobouche ex parte meridionali et eadem Boboucha remanet ad ius et proprietatem Daciano et filio suo Farkasio; deinde itur ad antiquas metas cruce signatas eiusdem Daciani et filii sui prenotati, quarum metarum prima remanet Daciano et filio suo Farkasio, ex parte vero septemtrionali remanet Micule corniti, ex parte vero meridionali remanet ad ius et proprietatem filiorum Thome comitis; deinde venit ad Arney campum in parte superiori, qui relinquitur Micule comiti; deinde vergit ad riuum qui Borlosnik dicitur; deinde vadit ad paludem latam versus orientem que cedit similiter Mikule comiti, ab occidente vero relinquitur filiis Thome comitis; deinde post arbores cruce signatas fluit in Kamarcham et inferius descendendo tendit ad arborem cruce signatam, videlicet ad ilicem, ubi est meta terrea; inde tendit ad alium riuum, qui Bizkornicha dicitur, in fine riui Tripche ex parte occidentali; deinde venit ad eundem riuum ad arborem, que egurfa dicitur; inde venit ad priorem viam, ubi sunt arbores cruce signate, scilicet ilex et vibex; deinde per eandem viam vergit in riuum, qui Telnicha dicitur, ubi sunt arbores cruce signate, videlicet quercus et ilex; deinde venit in riuum, qui Bucoa dicitur, ubi sunt arbores cruce signate, videlicet fagus et quercus; deinde venit ad riuum ex parte occidentali, qui dicitur Biztra, penes quem riuum itur ad semitam; deinde ad litus eiusdem riui, ubi sunt arbores cruce signate, scilicet pinus et quercus; deinde transit ultra riuum et ibi est meta terrea ex parte Kamarcensium ad orientem, ex parte filiorum Thome comitis relinquitur ad occidentem et ibi meta Daciani terminatur. Et deinde peruenitur ad metam Belos filii Belos ex parte orientali et filiorum Thome comitis remanet ad occidentem; deinde venit ad terram, que dicitur Mekihov, ubi est pirus cruce signata et alie arbores quamplures cum veteribus metis, eciam cruce signate; deinde itur ad riuum, qui vocatur Kolinoa, vbi est meta terrea; deinde venit per eundem riuum ad arborem egurfa, sub qua est meta terrea; item de riuo veniendo in siluam venit ad arborem, que koarus dicitur, sub qua est meta terrea; inde itur per longum spacium in silua et venit ad aliam siluam, que Sciboeth dicitur; deinde venit ad riuum, qui Kamarcha dicitur, ubi sunt arbores cruce signate; deinde venit per eundem riuum ad metam terream ex parte occidentali, ubi est meta Belus, ex parte orientis remanet filiis Thome comitis; deinde venit in riuum, qui dicitur Kalinoa, penes quem sunt arbores cruce signate, videlicet ilex et quercus; deinde vergit ad pontem in cuius fine est meta terrea; deinde venit ad quercum cruce signatam; deinde venit ad campum, ubi est meta terrea et inde ad quercum cruce signatam, ex parte orientali est meta Belus, ex parte vero occidentali remanet filiis Thome comitis supradictis et ibi meta Belus terminatur. Vt igitur predicte donacionis et confirmacionis nostre series inconcusse firmitatis robore fulciatur, nec possit successiuorum mutabilitate temporum obscurari; presentes litteras regii maturitate consilii approbatas super donacione et confirmacione premissis, de speciali mandato nostro confectas, supradictis magistro Dyonisio et fratribus eiusdem dari fecimus duplicis sigilli nostri munimine roboratas. Datum in Veteri Pest per manus magistri Benedicti prepositi Orodiensis, aule nostre vicecancellarii, dilecti et fidelis nostri, anno domini M° CC° LXX°, octauo die intrante mense septembri, indiccione XII., regni autem nostri anno primo. Venerabilibus patribus Philippo Strigoniensi, Stephano aule nostre cancellario Colocensi archiepiscopis, Lamperto Agriensi, Job Quinque-Ecclesiensi, Philipo Waciensi, Paulo Wesprimiensi, fratre Dyonisio Jauriensi, Briccio Chanadiensi, Thimoteo Zagrabiensi, Lodomerio Waradiensi, Petro Transiluano, Posa Bosnensi episcopis ecclesias dei feliciter gubernantibus, Iwachino bano tocius Sclauonie, Mois palatino et comite Supruniensi, Egidio magistro tawarnicorum nostrorum et comite Posoniensi, Nicolao iudice curie nostre et comite Simighiensi, Matheo waiuoda Transiluano et comite de Zounuk; Ponith bano de Zeurino, Petro magistro dapiferorum nostrorum et comite de Guechke, Alberto magistro agasonum nostrorum et comite Scibiniensi, Philippo magistro pincernarum, Michaele comite Zaladiensi, Gregorio comite Castri Ferrei, Farkasio comite de Musunio et iudice curie domine regine karissime consortis nostre, Nicolao comite Warasdiensi existentibus et aliis pluribus alias prelaturas, baronatus et comitatus diuersos tenentibus et habentibus regni nostri.

Original s odlomkom visećega pečata na zeleno crvenoj svilenoj vrvci u arkivu županije u Boršodu. Mi ga ne vidjesmo.
Wenzel. Cod. dipl. Arp. cont. VIII. 277.—287. — Kukuljević Reg. no. 1014.

17.

1270, 9., 13., 20. septembra i 22. oktobra.

Karlo I., kralj sicilski, nalaže sekretarima Apulije, da priprave ladju za prevoz tridesetero poslaničkih konja u Zadar (apud Jadram).

Registri Angioini.
Makušev Zapiski XIX. 2. pril. 3., 49.

18.

1270, 14. novembra. U Zadru.

Dobrosti daje punomoć svomu sinu.

In Christi nomine amen. Anno incarnationis eius millesimo ducentesimo septuagesimo, mensis nouembris, die quartodecimo, indictione quartadecima Jadre. Temporibus domini Laurenci Theupoli incliti ducis Venecie et [magistri] Laurencii venerabilis Jadrensis archiepiscopi, ac Andree de Molino egregii comitis. Dobrosti . . . . condam Prodani fecit, constituit et ordinauit Jursam filium suum presentem et suscipientem suum procuratorem, actorem et nuncium specialem, ad agendum, petendum, defendendum, inquirendum . . . . respondendum, aduocatum tollendum seu exigendum et excuciendum, suam medietatem unius [loci] positi ad pusterulam iuxta domum Viti Drasimiri de borea et de austro supra uiam, que (ducit) ad ripam; ex trauersa est uia publica et de quirina est domus Bratiçe et suam medietatem vinee posite

supra riuum iuxta vineam sancte Marie de Mellita ex parte quirine . .
. . . . . trauersa iuxta vineam Frede de Çudogna, ex austro est vinea
Desco et de borea . . . . fraternitatis sancte Marie de Mellita, penes
quoscunque inuenta fuerint dicta bona . . . . necesse fuerit in
anima domine Dobrosti iurandum semel, uel pluries et secundum . . .
. . . . ciendum et generaliter et specialiter ad omnia et singula faciendum
et libere exercendum, que in premissis et circa premissa fuerint oportuna
et uerus et legitimus procurator seu actor facere potest et debet, dans
dicto filio et procuratori suo plenissimam auctoritatem et potestatem,
predictas loci et vinee medietates uendendi, alienandi et exinde eorum
suam uoluntatem tamquam de re propria faciendi et promisit ratum et
firmum habere et tenere quicquid procurator predictus super hoc duxerit
faciendum et non contrauenire . . . . cum bonorum suorum
omnium obligatione presencium et futurorum. Actum est hoc et firmatum
coram his vocatis et rogatis testibus, scilicet Gyminiano primicerio Jadrensi, Nasde clerico sancti Stephani et aliis.

(Drugi rukopis).

† Ego Simon de Mauro examinator manum misi.

Ego Vitus sancte Marie maioris clericus et Jadrensis notarius interfui
rogatus, ut audiui hanc cartam scripsi, roboraui et signo consueto signaui.

(Signum not.)

*Original u gubern. arkivu u Zadru, odio samostana sv. Krševana
Cassetta V. no. 82. — S. kraja listina odrta, a odatle i naše praznine.*

19.

1270, 10. decembra.

*Stjepan kralj ugarski i hrvatski daje Poniću banu za velike zasluge
učinjene ocu njegovu i njemu znatne posjede u zaladskoj županiji.*

Stephanus dei gracia Hungarie, Dalmacie, Crovacie, Rame, Seruie,
Gallicie, Lodomerie, Cumanie, Bulgarieque rex omnibus presentes litteras
inspecturis salutem in omnium saluatore. Ad hoc regibus mundi ex superna prouidencia gladius potestatis datus est, ut male meritos vlciscantur,
illis vero, quos iusti vigor examinis dignos fauore regio demonstrauit, ac
fidelitatis seruicia acceptum reddiderunt, debeant iuxta merita respondere.
Proinde ad vniuersorum noticiam harum serie volumus peruenire, quod
cum dictus et fidelis noster Ponych banus de genere Myskouch comes

Zaladiensis a tenere iuuentutis sue indole primitiua, primo domino regi karissimo patri nostro, ac demum nobis et regno nostro grata et continuata fidelitate seruiuit indefesse et fidelitatis sue laudabiles titulos operis exhibicione semper adeo solempniter demonstrauit, vt omnia opera eius ad instructionem reformacionemque ceterorum deberent specialiter annotari. Quia tamen omnia longum esset per singula recitare, quedam de gestis eius et fidelitatis seruiciis, ut memorie posterorum commendentur, eorumque exemplo discant ceteri fidelitatis operibus feruencius inherere, presentibus duximus annotanda. Primo enim, cum inopinata Tartarorum calamitas, proh dolor, pristine deuastacionis non inmemor, reliquias populi nostri in ore gladii consumere cupientes, regnum nostrum adire hostiliter voluissent, nos molem tanti negocii humeris ipsius Ponych bani imponentes, misimus eum in legacione nostra ad regem seu imperatorem Tartarorum, vnde idem loco formidinis leticiam, meroris gaudium et desperacionis spem incolis regni nostri de sua uita conseruanda laudabiliter reportauit. Et cum quibusdam annis in prosperitate peractis homines regni nostri metus quasi preteriti inmemores fruerentur tranquillitate peroptata, ecce per incitacionem vicinorum nostrorum iidem Tartari actus et animos habentes ad bellum preparatos, de eorum ad regnum nostrum introitu nobis quasdam legaciones premiserunt, quibus auditis, eundem Ponych banum ad eosdem Tartaros transmisimus iterato, vbi virtutem virtutibus cumulando, manus illorum contra nos iam ad arma incitatas fidelitatis sue studio et innate probitatis ingenio compescuit, reuocando, reddendo in hoc tam nobis quam nostris hominibus quietis optate nutrimentum. Preterea cum dominus rex, karissimus pater noster, illustris rex Hungarie clare memorie, relegata pietate paterna, qua filii non repellendi, sed sunt pocius confouendi, quorundam baronum infidelium incitacione ad fines regni Hungarie vsque ad locum, qui Feketeuhalm dicitur, nos transferre cohegisset, nobis in castro predicti montis inclusis et per armatorum multitudinem coharctatis et vallatis, idem Ponych banus cum quibusdam suis sociis, licet paucis, fortune casibus se committere non formidans, tam per potenciam quam per astuciam suam deuicit exercitum baronum infidelium, quo ibidem vallati fueramus et obsessi, restaurando nobis fiduciam de regni gubernaculo et uita conseruanda et insuper exercitum Ernerii bani ex missione predicti patris nostri contra nos venientem debellauit, adducendo nobis ipsum Ernerium banum dicti exercitus capitaneum captiuatum. Item cum iidem barones infideles iniuriam iniurie cumulando induxissent, ymo pocius cohegissent dictum karissimum patrem nostrum contra nos exercitum conuocare, idem Ponych banus in conflictu, quem in Ilsuazeg cum exercitu habuimus supradicto, virtutem exercuit laudabilem coram nostre maiestatis oculis; ita vt per eius et aliorum fidelium nostrorum probitatem victor extitimus, recuperantes nobis clausis per hoc apercionem domine regine consortis nostre karissime, tunc vna cum filio nostro duce Ladizlao in captiuitate permanenti absolucionem et aliis nobis adherentibus fiduciam apud nos permanendi. Porro cum Zuetislaus Bulgarorum imperator, karissimus gener noster, tunc nostre maiestati oppositus, terram nostram de Zeuerino miserabiliter deuastasset, nos iniuriam nostram huiusmodi propulsantes, cum ad Bulgariam congregato exercitu venissemus, dictus Ponych banus ibidem incepte fidelitatis ardore flagrans castrum Pleun Bulgarorum optinuit expugnando. Licet itaque pro tot et tantis seruiciorum meritis apud nos merito fuisset remuneracionum premiis attolendus, ad regie tamen dignitatis gubernacula post sanctos progenitores nostros illustres reges Hungarie ex diuina gracia sublimati, eidem Ponych bano contulimus omnes possessiones et castra Nicolai filii comitis Arnoldi senioris inferius expressim annotatas, que propter eiusdem Nicolay infidelitatem et actus infideles ad manus nostras fuerant deuolute, cum eciam iure sit proditum, quod male meriti egestate laborent et labores inpiorum iusti edant. Nam cum post obitum predicti domini regis karissimi patris nostri Albam venissemus regali dyademate insigniri, dictus Nicolaus ad solempnitatem coronacionis nostre non accessit, ymo pocius ad castrum suum Pliske Teutonicos nobis et regno Hungarie ab antiquo capitales inimicos introduxit, detinendo contra nos ipsum castrum et faciendo per eos de castro eodem occisiones pauperum, spoliaciones quoque plurimas et deuastaciones non modicas exerceri. Nos vero, qui ex suscepti regiminis officio indempnitati seu conseruacioni incolarum regni nostri tenemur inuigilare, cum huiusmodi maliciam dicti Nicolay voluissemus comprimere, Michaelem filium Aladar tunc comitem Zaladiensem propter eiusdem provincie tuicionem ad comitatum Zaladiensem dirigendo, idem Nicolaus filius Arnoldi et eius complices de castro eodem super eum irruentes, ipsum et Mykem fratrem suum, non sine nostre maiestatis iniuria miserabiliter occiderunt. Et licet idem Nicolaus propter tam manifestam infidelitatem suam et notorium nocumentum non tam possessionibus quam uita privari debuisset, ad instanciam tamen venerabilis patris Ph(ilipi) miseracione divina sancte Strigoniensis ecclesie archiepiscopi, in cuius defensionis vmbraculum se postmodum transtulerat, vitam sibi ex misericordia reseruantes, omnes possessiones et castra sua ab ipso auferentes, ipsi Ponych bano et per eum suis heredibus heredumque suorum imposterum successoribus contulimus, quemadmodum est premissum, iure perpetuo et irreuocabiliter possidendas. Videlicet castrum Plyske, simul cum villa subiecta ipsi castro, item tres villas Burnuk vocatas, item villam Terpen, villam Forcosyulese, villam

Scent Laduzlo, villam Clynk, villam Hetes cum libertinis existentibus in eadem, villam Bok simul cum terra Migfelde uocata, item villam Gunturfelde simul cum septem villis spectantibus ad easdem, nec non porcionem et ius, quam et quod idem Nicolaus habuit apud monasterium de Hoholt, tam in terris videlicet, quam in aliis, item villam Ilmarfelde, villam Zobozlou cum vinea et aliis utilitatibus ad illam spectantibus existentes in Zaladiensi comitatu. Item castrum Purpach simul cum villa Knesd ac portione quam habuit in Nykch cum omnibus illarum utili-tatibus, seruis videlicet et ancillis, mancipiis, libertinis, vineis, siluis, pratis, piscaturis et aliis utilitatibus vniuersis, salua tamen porcione Arnoldi filii Arnoldi iunioris, castro videlicet de Zturgo et eius pertinenciis et ap-pendiciis omnibus, que ipsi Arnoldo, cum de huiusmodi infidelitatis nota excusavit eum etatis inperfecio, pacifice remanserunt. Vt igitur hec nostra donatio pro tam multiplicibus et laudabilibus seruiciis facta robur optineat perpetue firmitatis et nec nostris, nec successorum nostrorum temporibus retractari valeat, aut in irritum reuocari, presentes dicto Ponych bano et per eum suis heredibus heredumque suorum inposterum successoribus concessimus litteras duplicis sigilli nostri munimine robo-ratas. Datum per manus magistri Benedicti Orodiensis ecclesie prepositi, aule nostre vicecancellarii dilecti et fidelis nostri, anno domini M⁰ CC⁰ septuagesimo, quarto idus decembris, regni autem nostri anno primo.

Original u arkivu knezova Bathyány-ja u Körmendu. — Na zelenoj svilenoj vrvci visi dobro sačuvan kraljevski pečat. A. II. L. IV. no. 70. Wenzel. Cod. dipl. Arp. cont. XII. 6—10. — Kukuljević no. 1016.

20.

1270, 19. decembra. U Zagrebu.

Stjepan i Mikuš sinovi Nikolini zalažu svoj posjed u Sepnici žu-panu Pernikolu za dvadeset i devet maraka.

Nos capitulum ecclesie Zagrabiensis memorie commendamus, quod constitutis in nostri presencia ab una parte magistro Philippo notario Pernycholi comitis, nomine et uice ipsius domini sui et ab altera Stephano et Mykus filiis Nicolai iobagionibus castri Zagrabiensis; iidem Stephanus et Mykus confessi sunt, se recepisse triginta marcas minus vna in de-nariis Zagrabiensibus a predicto Pernicholo comite, pro quibus eidem terram eorum in Sepnicha existentem, ipsos contingentem, cum vineis ac aliis utilitatibus suis, preter porcionem Mykola fratris eorum pignori obligarunt, in festo Pasce nunc venturo coram nobis pro eadem summa pecunie redimenda. Hoc adiecto, quod si in predicto termino ipsam terram redimere non possent, extunc accedunt estimatores super eam et si pluris estimata fuerit, Pernicholus comes superaddet et dicta terra [remanebit] sibi perpetuabitur possidenda, si uero contradiccione aliqua inpediente extimari non posset, in crastino eiusdem termini dictam [pecuniam] cum duplo refundere tenebuntur. Astitit eciam Mirizlaus qui huic impignoracioni consensum prebuit et assensum et dixit se super terra nunc impignorata Pernicholo comiti litteras stabiles non habere, et si quis haberet super hoc et fraudulenter occultaret, casse habeantur penitus et innanes, ubicumque fuerint presentate. Datum feria VI ante festum Thome apostoli, anno domini MCCLXX.

Liber privileg. episcop. Zagrab. list 42.

Tkalčić Monum. episcop. Zagrab. I. 155—156. — Wenzel Cod. dipl. Arpad. cont. XII. 40. donosi regest. — Kukuljević Reg. no. 1018.

21.

1270.

Stjepan kralj ugarski i hrvatski potvrdjuje Belinu listinu Perčinu Zagrebčaninu.

Stephanus dei gracia Hungarie, Dalmacie, Croacie, Rame, Servie Gallicie, Lodomerie, Cumanie, Bulgarieque rex omnibus tam presentibus quam futuris, presentes litteras inspecturis salutem in omnium salvatore. Ad regiam pertinet maiestatem precibus condescendere subditorum, ut sic numerus fidelium augeatur et regalis potencia lacius extendatur. Hinc est, quod ad universorum noticiam tenore presencium volumus pervenire, quod accedens ad nostram presenciam comes Perchinus civis Grecensis, dilectus et fidelis noster a nobis humiliter postulavit, ut donacionem seu privilegium karissimi patris nostri felicis recordacionis eidem factam super terra castri de Riuche, que villicatus Machich nuncupatur, nostro dignaremur privilegio confirmare et eundem(!) privilegium innovare. Cuius quidem tenor talis est:

(Slijedi listina kralja Bele od god. 1270.)

Nos igitur iustis peticionibus eiusdem Perchini comitis regio ex favore inclinati, predictam donacionem karissimi patris nostri in omnibus ratam, gratam et firmam habentes, eandem donacionem regia auctoritate confirmamus et ipsum privilegium tenore presencium innovamus et innovatum roboramus. Ut autem hec nostra confirmacio et innovacio robur optineat perpetue firmitatis, nec processu temporum per quempiam in irritum valeat revocari, dicto comiti Perchino presentes concessimus litteras duplicis sigilli nostri munimine roboratas. Datum per manus magistri Benedicti Orodiensis ecclesie prepositi dilecti et fidelis nostri, aule nostre vicecancellarii, anno domini M⁰CC⁰ septuagesimo, regni autem nostri anno primo.

Iz originalne potvrde kraljice Elizabete od g. 1272. 29. septembra u kr. ug. drž. arkivu u Budimu DI. 4705. (N. R. A. fasc. 1532. no. 15.) — Cod. dipl. patrius VIII. 132—133. no. 103.

22.

1270.

Stjepan kralj ugarski i hrvatski potvrdjuje gradjanima zagrebačkim Belinu listinu od god. 1258.

Stephanus dei gracia rex Hungarie omnibus quibus presentes hostendentur salutem et graciam. Universitati vestre harum serie declaramus, quod hospites nostri de novo monte Grecensi iuxta Zagrabiam ad nostram accedentes presenciam exibuerunt nobis patentes litteras domini Bele, illustris regis Hungarie, karissimi patris nostri felicis recordacionis, petentes a nobis cum instancia, ut tenorem earundem nostris inseri litteris faceremus. Quarum quidem litterarum tenor talis est: *(vidi list. od g. 1258. 5. jula).* Nos itaque precibus eorundem hospitum nostrorum annuentes, tenorem earundem litterarum inseri facientes, presentibus confirmamus, volentes et precipientes firmiter, ut ad easdem nundinas venientes aut recedentes de eisdem nullus audeat spoliare, agravare, impedire aut aliquatenus molestare. Datum anno dotmini MCC septuagesimo.

Original. — Pečat na hrptu manjka. — Iz akademičke zbirke. Tkalčić Mon. civ. Zagrab. I. no. 51. — Kukuljević Reg. no. 1019.

23.

1270.

Stjepan kralj ugarski i hrvatski potvrdjuje listinu Bele oca svoga danu braći Lukaču, Vidu, Matiji, Petru sinovima župana Andrije.

Stephanus dei gracia Hungarie, Dalmacie, Croacie, Rame, Servie, Gallicie, Lodomerie, Cumanie, Bulgarieque rex omnibus presentes litteras inspecturis salutem in salutis auctore. Ad universorum noticiam tam presencium quam futurorum harum serie volumus pervenire, quod accedentes ad nostram presenciam Lukach, Wyd, Matheus et Petrus filii comitis Endree de partibus Sclavonie, exhibuerunt nobis privilegium domini Bele illustris regis Hungarie karissimi patris nostri felicis recordacionis, petentes humiliter, ut ipsum privilegium nostro dignaremur privilegio confirmare. Cuius quidem privilegii tenor talis est:

(Slijedi listina kralja Bele od god. 1244. 5. oktobra).

Nos igitur precibus predictorum filiorum comitis Endree inclinati, ipsumque privilegium karissimi patris nostri ratum habentes et acceptum, presentibus perpetualiter confirmamus duplicis sigilli nostri munimine roborando. Datum per manus Benedicti Orodiensis ecclesie preposita, aule nostre vicecancellarii dilecti et fidelis nostri. Anno domini millesimo ducentesimo septuagesimo, regni autem nostri anno primo.

Original u arkivu obitelji grofova Erdödya u Glogovcu. — Pečat otpao, crvene vrvce ostale.
Cod. dipl. patrius VII. 127—128. no. 97. — Kukuljević Reg. no. 1021.

24.

1270.

Lovro župan rovišćanski odredjuje medje zemlje Maček kraj Velike za župana Prenchola.

Nos magister Laurencyus comes de Ryuche significamus vniuersis quibus expedit presencium per tenorem, quod cum dominus rex nobis in suis litteris precepisset, ut terram villicatam Macek iuxta Velykam in comitatu Ryuice existentem Prencholo comiti camere Zagrabiensis coram testimonio capituli Chasmensis assignaremus, nos attendentes precepto domini regis ipsam terram pro beneplacito et voluntate omnium iobagionum castri, uidelicet Sau[er]ly, Myle, Zlobyuechi, Vuzmek, Vurbanus, Tybolt, ac aliorum omnium et vniuersorum predialium, uidelicet Junus comitis, magistri Tyburcii, Erney prepositi, Stephani, Jak, fratrum Junus comitis; Leustacii comitis, Mycule filii Dragani et aliorum omnium vicinorum et cometaneorum omnium per hominem nostrum Cemynum, Saulum et Mylem iobagiones castri per predictos iobagiones castri deputatos, dictum Prencholum comitem in ipsam terram fecimus introduci sub metis infrascriptis. Cuius terre mete hoc ordine distinguntur: Prima meta incipit terrea a parte septemtrionali in monte iuxta magnam viam, ubi est meta Tyburcii comitis et inde procedens ad orientem descendit ad pratum, uenit ad arborem iua dictam; inde per uallem uenit ad riuum Moroucha, iuxta quem est arbor byc cruce signata meta terrea circumfusa et in eodem descendit ad partem merydionalem et cadit ad riuum Velyka et in eodem tendit ad partem occidentalem et peruenit de eodem ad arborem gertan cruce sygnatam(!) meta terrea circumfusam et inde declinat ad partem meridionalem, uenit ad arborem piri cruce signatam meta terrea circumfusam, inde ascendit ad montem, uenit ad arborem egur cruce signatam, ubi est meta terrea circumfusa; deinde uenit ad magnam uiam, iuxta quam est meta terrea et per eandem uadit per magnum spacium ad arborem gertan cruce signatam et meta terrea circumfusam, que est iuxta ecclesiam sancte crucis; deinde procedens iuxta vallem per terras arrabiles uenit ad partem occidentalem ad magnam viam, iuxta quam est meta terrea et per eandem uenit ad arborem byk cruce signatam, meta terrea circumfusam, ibique uicinatur terre filiorum Celyani et inde per eandem uenit ad partem septemtrionalem ad arborem piri cruce signatam et meta terrea circumfusam; deinde per eandem uenit ad arborem gertyan cruce signatam, inde procedens per eandem descendit ad unum potock, ubi est arbor piri cruce signata meta terrea circumfusa; deinde in eodem declinat ad parum et uenit ad riuum Velyka, iuxta quem est arbor pomi cruce signata et meta terrea circumfusa et descendit in eodem ad partem occidentalem, parum eundo exit ad riuum Bocouca ad partem septemtrionalem, uicinaturque ibi terre magistri Erney; deinde procedens in eodem riuulo ad magnam terram uenit ad domum Locha, ubi idem riuulus diuiditur in duas partes et uadit in eodem riuulo ad partem occidentalem ad vineam magistri Erney; deinde per vallem uenit ad·arborem byk cruce signatam, metis terreis circumfusam, ibique intrat siluam, uenit per unam semitam ad unam calistam, ubi est arbor byk cruce signata, meta terrea circumfusa; que calista est iuxta viam Colomani uicinaturque ibi terre Bank; inde procedens per eandem uenit ad arborem byk cruce signatam et meta terrea circumfusam ad partem orientalem, ibique uicinatur terre Tyburcyi comitis et declinatur de via Colomany(!) ad aliam viam per montem ad partem meridionalem ad arborem cruce signatam byk et meta terrea circumfusam; deinde procedens per eandem uenit ad arborem harast cruce signatam meta terrea circumfusam, et procedens in eadem uenit ad arborem harast cruce signatam, meta terrea circumfusam; deinde uenit ad arborem byk cruce signatam meta terrea circumfusam; ibique declinat ad partem orientalem, uenit ad arborem nar cruce signatam, meta terrea circumfusam; deinde tendit ad partem meridionalem, uenit per montem in eadem via ad metam terream; deinde per eandem uenit ad priorem metam, ibique terminatur. In cuius rei testimonium concessimus litteras nostri sigilli munimine roboratas. Datum anno domini $M^0 CC^0$ septuagesimo.

Original u kr. ug. držav. arkivu u Budimu M. O. D. L, no. 745. (Stara signatura N. R. A. fasc. 1532. no. 7.) — Vidi se trag, gdje je visio pečat. — Na hrptu savremena bilješka: »priuilegium comitis Laurencii de Riuche super possessione de Ryuche«.

Wenzel. Cod. dipl. Arpad. cont. VIII. 327—329. — Kukuljević Reg. no. 1027.

25.

1270. U Baču.

Pred kaptolom bačkim prodaju braća Sakmar i Merk iz županije vukovske dio posjeda Tolman Martinu sinu Petrovom.

A. B. C.

Capitulum Bachiense omnibus presentes litteras inspecturis salutem in omnium saluatore. Ad vniuersorum noticiam harum serie volumus pernenire, quod constituti in nostra presencia comes Sacmar et Merk frater eiusdem de comitatu Wolko, idem Sacmar quamdam particulam terre de terra sua hereditaria nomine Tolman decisam, sufficientem ad unum aratrum et dimidium, ut dicebat, uolente et consenciente eodem fratre suo, ac aliis commetaneis suis, Helleus videlicet, Laurencio, Feldrico et Philippo filius Ehne consencientibus, dixit et confessus fuit, se uendidisse Martino filio Petri de eadem generacione, qui presens aderat, pro tribus marcis et dimidia sibi coram nobis plenarie persolutis iure perpetuo possidendam. Cuius quidem terre(!) mete distinguntur per hec signa, prout homo noster et iidem nobis retulerunt: Prima incipiens a quodam populo a parte occidentis uadit ad partem orientalem et inde uadit ad quemdam riuulum et transiens illum descendit ad partem orientalem ad quemdam dumum uiminis; dehinc iterum uadit ad quemdam fontem, qui exit de Wolko et exinde incipiens uadit in medietate ipsius Wolko ad plagam orientalem et de ipso exiens descendit ad quemdam fonticulum ad partem septemtrionalem; inde autem descendit ad finalem partem cuiusdam silue, que uocatur Vasahalma, ad eandem plagam et inde iterum uadit ad dumum cuiusdam uiminis, qui est in triplici ramositate circumdatus ad plagam prenotatam; deinde exiens uadit ad dumum quercus quemdam, de quo tendit ad quamdam arborem desycatam(!), que uocatur borscuatu, sub qua est meta terree (!) nominate et inde iterum incipiens descendit ad Scelusfok ad plagam occidentalem usque metam Martini supradicti et parum procedendo in eodem peruenit iterum ad metam Martini Sciloyusfokca(!) uocatam; in quo iam dicto fok uertitur ad partem meridionalem et ibi procedendo uadit ad quamdam siluam ex nouo crescere permissam; circa finem cuius uadit ad dumum uiminis et ibi incipiens transit iterum inter duos dumos uiminum ad plagam meridionalem et ab illis descendens ad dumum transit supradictam (metam) ad plagam meridionalem sepissime nominatam. Obligauit eciam se ad hoc dictus Sacmar firmiter coram nobis, quod quicumque processu temporis contra prefatum Martinum racione iam dicte terree(!) accionem intentauerit, ipse expedire tenebitur propriis laboribus et expensis. In cuius rei testimonium litteras nostras priuilegiales concessimus sigilli nostri munimine roboratas. Datum anno domini M⁰CC⁰LXX⁰. Benedicto preposito, Smaragdo lectore, Redemperto cantore, Nicolao archidiacono Bachiensi, Marcello Sirmiensi, Johanne Scegudiensi archidiaconis, Andrea custode, Petro decano, cetarisque canonicis deo famulantibus in ecclesie Bachiensi.

Po originalu u arkivu grofova Zay. — Na listini visi pečat na crveno-žutoj vrpci.

Fejér Cod. dipl. Hung. VII, 8, 67. — Wenzel Cod. dipl. Arpad. cont. VIII. 318—319. (priopćio po originalu). — Kukuljević Reg. no. 1026.

26.

1270.

Stjepan kralj ugarski i hrvatski potvrdjuje knezu Andriji posjed zemlje Dulipške.

Confirmationales regie Stephani regis Hungarie donationis regie Bele regis Hungarie et patris antelati regis super quadam terra Dulypchka vocata inter metas introsertas existente ex defectu Petkonis de Sclavonia elargite comiti Endre filio Petri eiusque heredibus. Transumpte per capitulum Zagrabiense pro parte Joannis filii Gregorii de Gypevo a. 1449.

Reg. arch. com. Oršić. Sub fasc. 22. no. 3.

27.

1270.

Stjepan kralj ugarski i hrvatski potvrdjuje listinu kralja Bele (od god. 1248. 25. oktobra), kojom ovaj dariva zemlju Pokoj i Pruzlo Androniku od plemena Kadarkaluz.

[S]tephanus dei gracia Hungarie, Dalmacie, Croacie, Rame, Seruie, Gallicie, Lodomerie, Cumanie, Bulgarieque rex omnibus Christi fidelibus presens scriptum inspecturis salutem in domino sempiternam. Ad vniuersorum tam presencium quam posterorum noticiam tenore presencium volumus peruenire, quod Alexander Laurencius, Nicolaus et Lukach filii magistri Andronici de genere Kadarkaluz ad nostram accedentes presenciam exhibuerunt nobis priuilegium domini B[ele] illustris regis Hungarie karissimi patris nostri pie recordacionis petentes cum instacia, ut idem ratum habere et nostro dignaremur priuilegio confirmare, cuius quidem tenor talis est:

(Vidi original listine Beline od god. 1248. 25. oktobra).

Nos igitur Alexandri et fratrum suorum predictorum peticionem iustam esse attendentes in hac parte et dictum priuilegium ratum habentes atque firmum, idem de verbo ad verbum presentibus inseri facientes auctoritate presencium duximus confirmandum. Datum per manus magistri Benedicti Orodiensis ecclesie preposito dilecti et fidelis aule nostre vicecancellarii, anno domini M⁰CC⁰LXX", regni autem nostri anno primo.

Original u arkivu jugoslavenske akademije u Zagrebu Diplomata a. 1248. — Na listini visi jaka vrvca od crvene svile; pečat je otpao.

Fejér Cod. dipl. Hung. VII. v. 5., 365. — Kukuljević Reg. no. 1020.

28.

1270(?).

Bilješka o jednoj listini.

Selk familie tanquam castri de Zagoria et terrarum in comitatu Varasdiensi habitarum proprietatricis pro parte littere metales fatum castrum et terras a castro et terris Andree comitis Varasdiensis distinguentes — per Stephanum Slavonie banum et Styrie capitaneum ad id a Bela rege activisatum expedite.

Rukopis u arkivu jugoslavenske akademije sign. I. d. 29. — Elenchus instr. in archivio comitissae Eleonore Patachich repertorum fasc. 161. no. 2.

29.

1270.

Stjepan kralj ugarski i hrvatski potvrdjuje darovnicu oca svoga kralja Bele, učinjenu godine 1258. 6. augusta za zemlje Koške, Dubrave i Čepina Ladislavu, Filipu i Grguru sinovima župana Kleta.

Stephanus dei gracia Hungarie, Dalmacie, Croacie, Rame, Seruie, Gallicie, Lodomerie, Cumanie, Bulgarieque rex vniuersis Christi fidelibus presentes litteras inspecturis salutem in vero salutis largitore. Regalis sublimitatis immensitas ad omnes fideles prospicua eo in se pocius recipit incrementum, quo iustis petencium desideriis regio occurrit cum fauore. Proinde ad vniuersorum noticiam harum serie volumus peruenire, quod comes Ladislaus, Philipus et Gregorius magistri filii comitis Cleti fideles nostri ad nostram accedentes presenciam exhibuerunt nobis priuilegium Bele regis Hungarie inclite recordacionis patris nostri karissimi super collacione terrarum castri nostri de Walko, Koos, Dombro et Kendchapa vocatis confectum, petentes nos cum instancia, ut idem priuilegium patris nostri non rasum, non cancellatum, nec in aliqua sui parte viciatum dignaremur nostrorum priuilegiorum patrocinio confirmare, cuius quidem priuilegii tenor talis est:

(Slijedi listina kralja Bele od god. 1258. 6. augusta, kojom se ovima daruju spomenute zemlje).

Nos itaque iustis et legitimis peticionibus ipsorum comitis Ladislai, Philipi et Gregorii inclinati regio cum fauore dictum priuilegium eiusdem karissimi patris nostri in nulla sui parte viciatum nostrorum priuilegiorum patrocinio duximus confirmandum. Datum per manus magistri Benedicti Orodyensis ecclesie preposti aule nostre vicecancellarii dilecti et fidelis nostri, anno domini millesimo ducentesimo septuagesimo, regni autem nostri anno primo.

Iz izvornog prijepisa palatina Nikole Gorjanskoga od god. 1417. 25. februara na papiru u kr. ug. drž. arkivu u Budimpešti M. O. D. L. no. 33.212. Stara signatura N. R. A. fasc. 442. no. 31.

30.

Stjepan kralj ugarski i hrvatski potvrdjuje Frankapanima privilegija
dana im od Bele oca njegova.

Stephanus dei gracia Hungarie, Dalmacie, Croacie, Rame, Seruie,
Gallicie, Lodomerie, Cumanie, Bulgarieque rex omnibus Christi fidelibus
presentes litteras inspecturis salutem in eo qui regibus dat salutem. Ad
vniuersorum noticiam tenore presencium volumus peruenire, quod dilecti
et fideles nostri Fridericus, Bartholomeus et Guido comites de Modros,
de Wegla et de Wynodol ad nostram presenciam venientes nos humiliter rogauerunt, ut nos confirmaremus eisdem nostro priuilegio omnia
ea que dominus rex karissimus pater noster eisdem suo priuilegio con-
firmarat, quod quidem priuilegium domini regis karissimi patris nostri,
exhibuerunt iidem comites in hec verba:

(Slijedi listina kralja Bele od god. 1251. 5. aprila).

Nos autem attendentes fidelitates et seruicia eorundem comituum(!)
que nobis et progenitoribus nostris ob reuerenciam regie mayestatis
inpenderunt et inpendere poterunt in futurum, propter que sicut progenitores nostri sic et nos volentes eisdem occurrere regio cum fauore,
tenorem priuilegii supradicti, consideratis ipsorum et heredum suorum
seruiciis ratum habentes et acceptum, de verbo ad verbum presentibus
inseri faciendo duximus confirmandam, volentes premissa omnia in ipsorum Fredrici(!), Bartholomei et Guidonis comituum et Johannis filii ipsius
Guidonis et heredum suorum potestate perpetua duratura. In cuius rei
memoriam et perpetuam firmitatem presentes eisdem et per eos suis
heredibus heredumque successoribus concessimus litteras duplicis sigilli
nostri munimine roboratas. Datum per manus magistri Benedicti Orodiensis prepositi aule nostre vicecancellarii dilecti et fidelis nostri, anno
ab incarnacione domini M⁰CC⁰LXX⁰., regni nostri anno primo.

Iz potvrdnice kralja Ladislava od g. 1279. potvrdjene po Karlu g.
1322. i 1323. — Original potonje listine (od god. 1323. 7. novembra, u
kr. ug. drž. arkivu u Budimpešti M. O. D. L. no. 33.509. Stara signatura
N. R. A. fasc. 370. no. 34.

Fejér Cod. dipl. Hung. V. vol. 1., 52. — Kukuljević Reg. no. 1025.

31.

1270.

Stjepan kralj ugarski i hrvatski potvrdjuje povelju dubičkoga suca Erneja o darovanju zemlje redu Pavlina g. 1244.

Stephanus dei gracia Hungarie, Dalmacie, Croacie, Rame, Seruie, Gallicie, Lodomerie, Cumanie, Bulgarieque rex omnibus Christi fidelibus presentes litteras inspecturis salutem in omnium saluatore. Ad uniuersorum noticiam tenore presencium uolumus peruenire, quod uiri religiosi heremite commorantes circa liberam uillam Dobycensem ad nostram accedentes presenciam exhibuerunt nobis litteras hospitum libere ville Dobycensis sub pendenti sigillo confectas super quadam particula terre sibi collate per hospites supradictos, petentes instanter, ut easdem nostro priuilegio confirmare dignaremur, quarum tenor talis est:

(Slijedi listina Erneja od god. 1244.)

Vnde nos ad peticionem eorundem heremitarum deo famulancium fauorabiliter inclinati easdem litteras hospitum ratas habentes et acceptas, de uerbo ad uerbum presentibus inseri faciendo auctoritate presencium confirmamus dupplicis sigilli nostri munimine roborando. Datum per manus magistri Benedicti Orodiensis ecclesie preposici aule nostre vicecancellarii, dilecti et fidelis nostri, anno domini millesimo ducentesimo septuagesimo, regni autem nostri anno primo.

Original u kr. ug. drž. arkivu u Budimpešti M. O. D. L. 35.139.
Stara signatura »Acta monasterii Dubica« no. 1. — Pečat i vrvca manjka.
Fejér V. 1., 59—60. — Kukuljević Reg. no. 1623.

32.

Poslije 1270. U Kotoru.

Domnij biskup kotorski piše Dubrovniku, da će pravo i vjerno ovršiti sud kao papinski delegat.

Viris nobilibus et discretis iudicibus et consiliariis Ragusi (!) Domnius dei gratia episcopus et T. archidiaconus ecclesie Katharensis salutem in domino sempiternam. Uestrarum litterarum tenore lecto et intelecto, uestre discretioni gratias referimus copiosas de eo uidelicet, quod nos rogando premonere uoluistis, ne in causa de qua scripsistis, in qua cognoscenda et fine debito terminanda sumus ex iniunctione summi pontificis iudicis delegati, contra deum et contra iustitiam procedere deberemus et specialiter contra dominum archiepiscopum patrem uestrum, imo et nostrum, quem et nos ipsi honorare et reuereri intendimus, ut uos ipsi. Uerum cum simus, ut prediximus, patris uniuersalis ecclesie delegati iudices in hac parte, et iudicum proprium esse debeat, ut equitati instanter non declinantes ad dextram uel sinistram, hoc quod nos rogastis et ipsi proponimus, facere modis omnibus deo dante, ut uidelicet audita causa utriusque partis et examinata diligenter ueritate in nullo a iustitia deuiemus, sed quicquid cum deo rectum esse diiudicare potuerimus, secundum iniunctum nobis officium fine debito terminemus.

Original u dubrovačkom arkivu. Zbirka saec. XIII.

33.

1271, 10. januara. U Spljetu.

Leo Kačić odriče se u korist kaptola spljetskoga prava na zemljište, ostavljeno kaptolu od njegove punice Slave.

In nomine dei eterni amen. Anno incarnacionis eiusdem millesimo ducentesimo septuagesimo primo, indicione quarta decima, die decimo intrante ianuario, regnante domino nostro Stephano serenissimo rege Vngarie, temporibus domini Johannis venerabilis Spalatensis archiepiscopi, incliti viri bani Herrici comitis, Dragi Stephani, Dobri Dusciççe, Duimi Michaci iudicum. Cum inter Leonem Kaçeta ex una parte et capitulum sancti Domnii ex altera esset quedam altercacio super facto cuiusdam terre, quam domina Stana eius socera dimiserat capitulo predicto pro sua anima, que terra est post Lauretum, dicens, ipsam suam soceram non posse illam nec aliquid de bonis suis alicui dare racione cuiusdam instrumenti, de omnibus suis bonis habendi sibi a multo tempore facti et in racione capitularii ciuitatis; et capitulum sibi responderet, quod ipse cum vxore illud instrumentum firmare suo sacramento, quod cauilos . . . . fuit factum et terram haberet. Et de facto capitularii dicebat, quod pecuniam, quantum a bonis viris extimabitur ipsa terra, eis dar . . . . . . , in se haberet, ita uero nec unum nec al . . . . terram illam capitulo in pace dimisit, renuncians suo iuri canonico et ciuili, petens, illam per manum capituli ad laborandum promittens, ut quilibet laborator dare territorium plenarie, usque dum capitulo placuerit. Actum in placato in presentia Guielmi nepotis archiepiscopi Rogerii, Francisci Andree et aliorum.

(Drugi rukopis).

Ego Lucarus Andree filius rogatus examinaui.

Ego uero dominus Lucas canonicus et iuratus notarius Spalatensis hiis interfui et audiens a predicto Leone uoluntate vtriusque partis, scripsi et roboraui.

(Signum notarii).

Original u arkivu kaptola u Spljetu a. 1271. Listina trošna i oštećena.

34.

1271, 20. januara. U Spljetu.

Samostan sv. Benedikta daje neke svoje zemlje na tretinu.

In nomine domini nostri Jesu Christi amen. Anno a natiuitate eiusdem millesimo ducentesimo septuagesimo primo, indictione quarta decima, Spaleti, die martis, duodecima exeunte ianuarii, regnante domino nostro Stephano serenissimo rege Hungarie, temporibus domini Johannis venerabilis archiepiscopi Spalatensis, dominorum Dragi Stephani, Dobri Duscize et Duymi Michacii iudicum. Chranece Muxine conduxit et accepit ad laborandum et pestinandum ab Yuanne sindico et nuntio spirituali mo[naste]rii sancti Benedicti, dante atque locante cum asensu et uoluntate domine Chatene abbatisse monasterii supradicti, quamdam terram ipsius monasterii positam ad salinas iuxta terram Gausinne Duscize et alia eius latera, quam terram ipse Ch[r]aneze (!) totam apsque diuino uel iusto impedimento infirmitatis, uidelicet guerre uel famis fideliter pastinare conuenit hinc ad septem annos proximo uenturos; et si non pastinaret, quod totum illud quod pastinasset pridem, deberet, et deberet libere et quiete in dicto monasterio remanere. Sed si non totum pastinasset, ut dictum est et postquam ceperit pastinare, totum id quod pastinatum fuerit et donec vites fuerint laborande, eas anno quolibet et decenti tempore absque diuino uel iusto impedimento infirmitatis, scilicet guerre uel famis bene et fideliter colere promisit et laborare ad usum et bonam consuetudinem ciuitatis Spaleti, uidelicet semel in anno potare et uicibus duabus çapare et de omnibus fructibus, quos in dicta terra et in uitibus atque arboribus quas in eo pastinauerit tam uini et ficuum quam cuiuslibet alterius generis fructuum, quos dominus ei dederit, integre quartam partem domine Chatene supradicte abbatisse eiusque successoribus bene paratam apud dictam uineam dare promisit et assingnare (!) et sibi tres partes tantummodo de utere. Et hec omnia et singula supradicta ipse

Chraneze per se suosque heredes dicto Yuanni predicto monasterio et dicte abbatisse atque eius successoribus stipulanti accedere promisit et observare sub pena que in capitulari comunis continetur . . . . suorum . . . . . . obligacione in hospitio mei notarii presentibus Guccanno Lepli zuppanne(!) dicti monasterii, Vulcina Srece, Michaco Duymi, Vulcina Michacii testibus et aliis.

Ego Symon Martini filius examinaui conscius.

Ego magister Franciscus Anconitanus imperiali auctoritate notarius et nunc auctoritate notariali ciuitatis Spaleti hiis interfui et a sepedicto Chranizo Muzine rogatus, eorum uoluntate sepedicteque abbatisse assensu atque mandato scripsi et roboraui dictoque Chranizo feci simile instrumentum.

(Signum not.)

Original u arkivu samostana sv. Marije u Zadru. Listina trošna i nešto oštećena.

35.

1271, 25. januara.

Omiški gusari (pirate Almesii) *porobili su god. 1271. ladju, na kojoj je putovao u Ugarsku* N. Tranensis archiepiscopus; *na to je maršal Drugo de Bellemonte naložio Apulijskim činovnicima* personas et bona Raguseorum, Jadratinorum et aliorum Dalmatinorum, fidelium nobilis viri domini ducis Venetiarum detinere et arrestare; *ali* Thomas Quirinus consul Venetorum in Apulia *javio je kralju, da* homines ipsius castri Almesii non esse de districtu seu iurisdictione Venetiarum, set imediate ad illustrem dominum regem Ungarie pertinere, *i zapljena je sa robe Dalmatinaca skinuta* (25. ianuarii, XIV. indictione, 1271.).

Reg. Ang.
Makušev Zapiski XIX. 2., pril. 3., 59. — Rački Rad XVIII. 217.

36.

1271, 3. februara. U Budimu.

Stjepan kralj ugarski i hrvatski zabranjuje banu i plemićima uznemirivati podložnike crkve zagrebačke.

Stephanus dei gracia rex Vngarie dilectis et fidelibus suis bano tocius Sclauonie pro tempore constituto, ac aliis baronibus regni sui salutem et graciam plenam. Cum ecclesiam Zagrabiensem et populos suos tam ad episcopum quam ad capitulum eiusdem spectantes in omnibus libertatibus, iuribus ac bonis condicionibus suis a sanctis progenitoribus nostris eidem ecclesie indultis, datis et concessis velimus et intendamus illesam et inconcussam cum plena integritate conseruare et nos eciam ex nunc eandem in nostram proteccionem recepimus specialem, fidelitati uestre mandamus requirentes et firmiter precipiendo mandamus, quatenus nullus uestrum de cetero super populos ipsius ecclesie descensus presumat facere uiolentos, nec aliquas molestias aut grauamina eidem ecclesie et populis pertinentibus ad eandem aliquo ingenio uel studio uel propria presumpcione, per quam effectus nostre gracie posset impediri uel dissolui, debeat aliquatenus irrogare. Sed sicut nostram graciam caram habere desideratis, sic de omnibus molestiis et grauaminibus prefate ecclesie uel suis populis amplius inferendis manus vestras penitus retrahatis. Datum Bude, in festo beati Blasii martiris. Anno domini MCCLXX primo.

Liber privileg. episcop. Zagrab. list 10.

Tkalčić Monum. episcop. Zagrab. I. 156. — Wenzel Cod. dipl. Arp. cont. XII. 44. donosi regest. — Kukuljević Reg. no. 1029.

37.

1271, mjeseca februara. U Kotoru.

Vijeće grada Kotora moli u biskupa i kaptola neku novčanu pripomoć.

Anno incarnacionis domini millesimo ducentesimo septuagesimo primo, mensis februarii. Nos quidem vniuersitas . . . . nis Pauli filii Bare et Bartholomei Pascalis iudicum more solita congregata in presentia . . . . episcopum ecclesie Catarensis et capltulum ecclesie sancti Triphonis ac alios cu[nct]os clericos rogauimus ca . . . . domini regis Urosii dande de facto ecclesiarum nobis in aliquo subuenirent et adiuuarent . . . . quod ecclesie plena fide datione semper habuerit libertatem, prenominatus tamen episcopus et dictum . . . . . . iterum de facto ecclesie aliquam pecunie quantitatem nobis tribueretur communitati . . . . . . Lucarie unam pecunie quantitatem nobis de facto dederunt ecclesiarum de cetero autem te . . . . quam et aliarum p . . . cularum . . . arum sit semper sicut in antiquo tempore fuit ex nullo at . . . . communitas ciuium . . . . us aliquid eisdem querere vel postulare de facto . . . . hoc agere presumpserint . . . . . is . . . . . excommunic ttionis semper simus uinculo irr . . . . moniale fiet . . . . mis diaconi Miche Gige communis notarii.

(Signum not.)

Original na desnoj strani obrezan u arkivu jugoslavenske akademije u Zagrebu. Dipl. a. 1271.

38.

1271, 4. marta. U Zadru.

Radovan i Dakoj Dragniti potvrdjuju Tolıši Katiću, da ih je za dug sasvim namirio.

In Christi nomine. Anno incarnationis eius millesimo ducentesimo sept[uagesimo], indictione quarta [decima], die quarto marcii, Jadere. Temporibus domini Jacobi Con[tareni] incliti ducis Venecie et magistri Laurentii venerabilis Jadrensis archiep[iscopi et domini Albertini Maur[oceni] egregii comitis. Nos Radouanus Dragnich et nepos eius Dacoy filius quondam Juanni Dragnich confessi et contenti sumus, nos recepisse a te quidem Jurgo [fi]lio Tollissi Cacich viginti romanatos pro complemento solutionis [quad]raginta romanatorum quos nobis dare tenebaris pro satisf[ac]tione sanguinis Juanno Dragnich quondam patris nostri predicti Dacoy et Jurgi filii mei antedicti . . . . ese sententia lata inter te et nos pro nobis [. . . . .] P[ribi]gna de Birbirio. Thom[am] Çauate Grisouanum [. . . . .] atque Tolissam Bassitich. Unde facimus tibi finem et remissionem et quietacionem et plenam securitatem de dictis quadraginta romanatis, comparatis de hac summa viginti romanatis, quos alia vice a te recepimus de quibus tibi actum quietationis facimus. Quam (!) quidem finem et quietationem sepedicta omnia promittimus cum heredibus nostris tibi et tuis heredibus ratam habere in perpetuum sub pena auri librarum quinque super nos et omnia bona nostra habita et habenda, etiam post penam solutam. Completum est [hoc] coram hiis rogatis testibus Diatrico et M[. . . . . . .] o de Ossessigo.

† Ego Dataidus de Cotopagna examinator manum misi.

(Signum not.)

Original u gubern. arkivu u Zadru, odio samostana sv. Dominika br. 682. — Listina oštećena.

39.

1271, 15. marta. U Spljetu.

Radi se o zamjeni zemalja.

In nomine domini nostri Jesu Christi amen. Anno natiuitatis eiusdem millesimo ducentesimo septuagesimo primo, indictione quarta decima, Spaleti, die dominica, quinta decima intrante marcio, regnante domino nostro Stephano serenissimo rege Hungarie temporibus domini Johannis venerabilis archiepiscopi Spalatensis et dominorum Dragi Stephani, Dobri Duscize et Duimi Michaci iudicum, domina Chatena abbatissa monasterii sancti Benedicti de consensu et uoluntate domine Desse et aliarum monacharum sui conuentus ibidem presencium permutauit et dedit atque cambita fuit Duimo Michaci predicto· iudici quandam terram ipsius monasterii, illam uidelicet, que fuerat Scumose Cangnecci positam apud Bade iuxta terram ipsius Duimi cum introhitu(!) suo et exitu, suis racionibus, pertinenciis et circumstanciis cunctis omnibus, quam et singulis supra se intra se et infra se habitis in integrum. Et dictus uero Duimus eodem titulo permutacionis et cambii dedit dicte abbatisse nomine dicti monasterii suscipienti quandam suam terram positam ad Copelliste sub terra que fuerat Cuteii prope terram Pinose et prope aliam terram eiusdem Duymi, cum introhitu suo et exitu suis racionibus pertinenciis et circumstanciis cunctis omnibus. Quod et singulis s(uper) se, inter se et intra se habitis in integrum dantes ad invicem alter alteri plenam uirtutem et potestatem habendi, tenendi, possidendi, uendendi, donandi et omnem suam bene placitam uoluntatem faciendi, promitentes et ad-mitentes dictas terras alter alteri ab omni homine et uniuersitate tam ab Hungaris, quam aliis de iure et uiolencia defendere et excalumpniare cum bonorum omnium dicti monasterii pro dicta abbatissa atque bo-norum dicti Duimi pro eo mobilium et immobilium habitorum et habendorum obligacione. Actum apud dictum monasterium presentibus Dompno Marco, Thodosii canonico, Dessa Penimuci, Juanne Murzo ipsius monasterii testibus aliis.

Ego Symon Martini filius examinaui conscius.

Ego magister Franciscus Anconitanus imperiali auctoritate notarius et nunc auctoritate notarius ciuitatis Spaleti his omnibus interfui et ab utraque parte rogatus, eorum uoluntate et dictarum monacharum assensu scripsi et roboraui. Dictoque Duimo feci simile instrumentum.

(Signum notarii.)

Original u arkivu samostana sv. Marije u Zadru.

40.

1271, 23. marta.

Stjepan kralj ugarski i hrvatski daruje za velike zasluge Lovri banu severinskomu, prije županu šomogjkomu i kalničkomu neke posjede.

Stephanus dei gratia Hungarie, Dalmatie, Croatie, Rame, Servie; Gallicie, Lodomerie, Cumanie, Bulgarieque rex omnibus Christi fidelibus presens scriptum inspecturis salutem in omnium salvatore. Provida regum dispensatio a celesti numine descendens novit singulorum merita circumspeccionis oculis intueri et intuendo prospicere et prospiciendo consulere, quod fidelium suorum utilitati consulit et honori. Huiusmodi consideracionis tenore perpenso, fidem ac fidei constanciam dilecti ac fidelis nostri Laurencii bani de Zeurino et comitis de Duboka tranquillitatis nostre oculis intuentes, attendentes etiam, quod cum post obitum patris nostri domini Bele serenissimi regis Hungarie clare memorie nobis e vicino deberetur regni gubernaculum et corona, quibusdam ex baronibus patris nostri telo perfidie sauciatis statim post eiusdem serenissimi regis decessum ad confinia commento malicie divertentibus et sua versucia et fraude tesaurum regni nostri perducentibus in potestatem regis Boemie ac districtum; ipse tamen Laurencius, tunc palatinus regni et comes Simigiensis ac de Kemluk, utpote qui in diversis fidelitatum meritis ab annis adolescentie penes dominum regem patrem nostrum pro regni utilitate et obsequio fidelibus semper coaluit sudoribus et viguit coalescens, quem ambit et commendat perstans et inmobilis fidei fortitudo, ante alios barones et proceres regni nostri celsitudini nostre se obsequiosum exhibuit ac devotum ita, ut viam aperiret et pararet suo exemplo reliquis omnibus ad nostram maiestatem fiducialiter accedendi. Post coronationem etiam nostram, cum peregrinationis gratia haberemus votum et desiderium paucis comitantibus in Poloniam divertendi, personam nostram et tanti regis fortunam devotionis intuitu externe regionis eventibus et casibus committendo, prefatus Laurencius banus nostro semper adherens lateri, solatio et consilio inter viarum discrimina gratiosum nobis exhibuit famulatum. Ad hec cum ad habendum tractatum et colloquium cum rege Bohemie apud Posonium convenissemus communiter et vicissim ac ex condicto, malo tamen et excogitato ingenio capitalis hostis nostri regis Bohemie in quadam insula cum certo et paucissimo numero personarum debuissemus cum ipso rege Bohemie invicem nos videre, quamvis austitia (!) virus(!) portaret in animo suo more precogitata, tamen fraude et insidiis ac versuciis dicti regis, licet personam regiam, in qua salus pendet et integritas subiectorum, non expediret ancipiti fortune casui inmiscere, fortitudine tamen animi galeat: dictam adivimus insulam cum rege Bohemie prenotato, ipso Laurentio bano nobis inter reliquos asseclas et fideles constanter et fideliter assistente; ubi eum laudabilem agnovimus rerum experientia comprobante et in expeditione etiam nostra, quam contra Austrenses movimus propter versutiam et iniustitiam regis Bohemie comprimendam, qui nobis multipliciter fidem fregit, infideles nostros in suum dominium admittendo et tesaurum regni nostri ausu temerario contractando, dictum banum sollertem, providum et bellicis sudoribus expositum invenimus et circa omnia nostra exequenda mandata promptissimum et attentum pro fidelitate corone debita et conservacione patrie sue, post tergum omnia relinquendo et continue in nostro exercitu contra potenciam regis Bohemie laudabiliter concertando sibi non parcens, nec vite, gloriosam vitam reputans pro patria dimicare, quin ymo cum proclamato et vocato nostro exercitu contra insultum prefati regis Bohemie paulisper nostra se milicia prepararet, dictum Laurencium banum de sua fide et industria per multa auspicia confidentes, quamvis continuis belli sudoribus fatigatum necessario premisimus ante exercitum ad regni confinia descendenda. Pro huiusmodi igitur eiusdem Laurentii bani, dilecti et fidelis nostri et multis aliis meritis et obsequiis graciosis, que non possunt per singula recenseri, ex mansuetudine regia precordialiter inclinati, ut eius exemplo reliquos regni nostri fideles ad nostra beneplacita et regni servicia efficasius(!) accendamus, licet modicum videtur, inspectis suorum qualitatibus meritorum quandam possessionem Vykel vocatam cum omnibus suis pertinenciis, Debrete scilicet, Lybo, Potworich et Zerdahel vocatis ipsi Laurentio bano et per eum suis heredibus heredumque successoribus dedimus, donavimus, contulimus et tradidimus iure perpetuo et irrevocabiliter possidendam et eum per hominem nostrum in corporalem apprehensionem dicte possessionis auctoritate fecimus regia introduci. Ut igitur huiusmodi nostra donacio pro tam perspicuis serviciorum premiis illibata permaneat et robur optineat perpetue firmitatis, nec in posterum ullo unquam ingenio vel fraude hominum excrescente maliciose valeat retractari, in perpetuam rei memoriam presentes litteras concessimus duplicis sigilli nostri munimine roboratas. Datum per manus magistri Benedicti Orodiensis ecclesie preposini aule nostre vicecancellarii dilecti et fidelis nostri, anno domini millesimo ducentesimo saptuagesimo primo, decimo kalendas aprilis, regni autem nostri anno primo.

Iz izvornog prijepisa kaptola banoštorskoga od g. 1365. 1. maja u kr. ug. drž. arkivu u Budimu: M. O. D. L. no. 752. (Stara sign. N. R. A. fasc. 472. no. 21.) — Po originalu (ex orig. eruit G. Pray coll. 88—91.), ali s mnogo pogrješaka izdao Fejér Cod. dipl. Hung. V. vol. 1. 98—101.

Wenzel. Cod. Dipl. arpad. XII. 40—43. — Kukuljević Reg. no. 1031.

41.

1271, 11. maja.

Stjepan kralj ugarski i hrvatski poklanja dvorskomu sucu Nikoli neka imanja, da ga odšteti za propale posjede s ove i one strane Drave.

Stephanus dei gracia Hungarie, Dalmacie, Croacie, Rame, Seruie, Lodomerie, Cumanie, Bulgarieque rex omnibus Christi fidelibus presentes litteras inspecturis salutem in salutis largitore. Ad vniuersorum noticiam harum serie volumus peruenire, quod cum nos superstite adhuc karissimo patre nostro Bela rege inclite recordacionis ducatum Transiluanum teneremus et graues persecuciones eiusdem karissimi patris nostri, licet inmerito, perpessi fuissemus, Nycolaus iudex curie nostre, comes Symigiensis, dilectus et fidelis noster, qui tunc temporis aput eundem karissimum patrem nostrum comes Syrmiensis fuerat, se ad nos de ipso comitatu suo cum honestissima familia transtulit, in ipso nostre persecucionis tempore pro fidelitatibus et seruiciis nobis exhibendis et pariter obseruandis, amissionem seu destruccionem possessionum vltra Drawam et ex ista parte Drawe existencium, ac vniuersorum bonorum suorum distraccionem minime expauescens, quibus omnibus demum per eundem karissimum patrem nostrum fuerat spoliatus. Qui quidem Nycolaus comes tunc eciam nobis multa et diuersa fidelitatis opera et postmodum in aliis pluribus expedicionibus nostris multis et laudabilibus seruiciorum meritis coram nostre maiestatis occulis tanquam miles strenuus claruit et refulsit, qui licet post tot fidelitates et seruiciorum merita maiora et ampliora de magnificencia regia in perpetuitatibus seu donacionibus perpetuis promereri debuisset, in reconpensacionem tamen seruiciorum suorum aliqualem, quasdam possessiones, videlicet Furro iuxta aquam Herrad, Inanch, cum villis ad easdem spectantibus, Hewes similiter cum uillis ad ipsam pertinentibus ac possessionem Elsua, simul cum castro Muran, quaslibet ipsarum cum omnibus pertinenciis, appendiciis, circumstanciis et utilitatibus suis vniuersis, contulimus, dedimus et donauimus eidem comiti Nycolao et suis heredibus heredumque suorum succesoribus perpetuo et irreuocabiliter possidendas. Vt igitur huius nostre donacionis seu collacionis series robur obtineat perpetue firmitatis, presentes eidem comiti Nycolao dedimus litteras duplicis sigilli nostri munimine roboratas. Datum per manus magistri Benedicti prepositi Orodiensis, aule nostre

vicecancellarii, dilecti et fidelis nostri, anno domini M⁰ CC⁰ septuagesimo
primo, quinto ydus maii, regni autem nostri anno primo.

*Original u kr. ug. drž. arkivu u Budimu: M. O. D. L. no. 754. (Stara
sig. N. R. A. fasc. 1532. no. 12.) Na listini nalazi se svilena vrvca zelene i žute boje; pečata više nema. — Na hrptu suvremena bilješka: priuilegium super terram Harnad.*

Wenzel Cod. dipl. Arp. cont. VIII. 334—5. — Kukuljević Reg. no. 1033.

42.

1271, 13. maja. U Trogiru.

*Vijeće grada Trogira sabrano u crkvi sv. Lovrinca odlučuje da se
prodade vas imetak Grubi udovi Tolimirovoj. Prodaja se odgadja
ali kupiti mogu samo Trogirani.*

Generale consilium factum fuit in civitate Traguriensi ecclesie sancti
Laurentii, in quo propositum, recordatum et dictum fuit. Cum domine
Grube uxori quondam Tolimeri pro se et filiis pluries sint termini
adsignati, ut vendere deberent omnia eorum bona que habent in civitate
Tragurii et toto eius territorio et districtu, et postea pro parte communis
Tragurii fuit iterum ei terminum assignatum per Millocinum nuncium
communis, quod deberent vendere omnia eorum bona que habent in
civitate Tragurii et eius territorio et districtu hinc ad pascam rosatam;
alioquin dicta bona remanerent in communi et venderentur pro communi,
ut instrumento publico scripto per magistrum Franciscum notarium
continetur et nunc venerabiles viri Johannes Vital, Joseph Petri et
Marinus Simonis cives et ambassatores communis Spalati pro parte
ipsius communis Spalati petant et rogent consilium et commune civitatis
Tragurii, quod amore communis Spalati dictis filiis Tolimeri et eorum
matri debeat adlongari terminum ei datum ad vendendum sua bona,
et eis talem terminum statui, in quem ipsi comode vendere valeant sua
bona. Unde omnes de consilio volentes precibus communis Spalati et
suorum ambassatorum adsentire, dictum terminum predictis filiis Tolimeri et eorum matri amore communis Spalati adlongaverunt et dictis
filiis Tolemeri et dicte eorum matri ad vendendum omnia eorum bona
ubicumque sunt in civitate Tragurii et eius territorio et districtu talem
terminum statuerunt, quod hinc ad festum sancti Viti proxime venturi
vendere debeant bona eorum omnia, ubicunque sunt in districtu Tragurii,
tam in civitate, quam extra, tali conditione, quod dicta domina Gruba,
vel eius procurator et procurator suorum filiorum venire debeant Tra-

gurium et ipsa eorum bona omnia vendere in Tragurio tantum hominibus de Tragurio et quod de ipsis bonis nullo modo vendi debeant
alteri forensi, nisi tantumodo hominibus de Tragurio. Item in dicto
consilio statutum et ordinatum est, quod nullo modo veniant in Tragurium dicti filii Tolimeri. Item statutum fuit, (si filii) Tolimeri, vel
eorum procurator, vel cognati venderent dicta bona alicui forensi et
non hominibus de Tragurio, quod dicta bona omnia deveniant in communi et sint communis et vendentur pro communi. Item statutum (fuit),
quod si ipsi, vel eorum mater, vel procurator non vendiderint dicta bona
hominibus de Tragurio usque ad dictum terminum, vel non permutaverint
dicta bona cum aliquo de Tragurio, qui suas possessiones haberet extra
territorium Tragurii, quod ipsa bona omnia deveniant in communi. Item
statutum fuit, quod si aliquis homo de Tragurio ipsa bona, vel aliquod
ex ipsis emeret, vel nomine permutationis reciperet pro bonis, que ipse
haberet extra districtum Tragurii propter aliquam copertam vel esuarium,
quandocumque inuentus fuerit id fecisse in emptione vel permutatione,
solvet nomine banni communi Tragurii mille libras venetorum parvorum,
in quo consilio fuerunt infrascripti omnes, in primis dominus Zanicha
Casotti, dominus Duymus de Cega, dominus Nicola Jacobi consules communis Tragurii. Item dominus comes Marinus, dominus Dessa Amblasii,
dominus Valentinus Petri Luce, Luca Matthei, Valentinus de Casarizza,
Bertanus Marini, Stefanus Marini eius frater, Cebri Petri Luce, Jacobus
Totille, Georgius de Cega, Lomprus Jacobi, Marinus Stoshe Gude, Dessa
Petri Vengiguerra, Thomas domini Zaniche, Silvester Mengazze.

*Lucius Memorie di Traù 90—91. — Fragmentarno izdao Fejér Cod.
dipl. Hung. VII. 4. 141.*

*Wenzel Cod. dipl. Arp. cont. VIII. 376—7. (po Luciu). — Kukuljević
Reg. no. 1034.*

43.

1271, 16. maja. U Zagrebu.

*Križan i njegova braća prodavaju zemljište Sekirje za devet maraka,
dinara zagrebačkih, knezu Ivanku i njegovomu bratu Jakobu.*

Capitulum ecclesie Zagrabiensis omnibus presens scriptum inspecturis salutem in domino. Ad vniuersorum noticiam harum serie uolumus
peruenire, quod constitutis coram nobis ab una parte Crisano, Gregorio,
Mortunus et Thoma, filiis Thome de genere Agha et ab altera Iwanka
comite et Jacobo fratre eius, idem Crisan et fratres sui predicti quandam

particulam terre eorum Scekerie nuncupate a parte terre dictorum Iwanka comitis et Jacobi, quam ab eisdem antea cum nostris litteris compararant, metis infrascriptis distinctam, confessi sunt se uendidisse pro nouem marcis denariorum Zagrabiensium iure perpetuo Iwanka comiti et Jacobo memoratis et ipsam pecuniam recepisse ab eisdem, Cuius terre prima meta, sicut partes nobis retulerunt, incipit ab arbore piri, sub qua est meta terrea sub monte, que separat terram dictorum Iwanka et Jacobi a terra Crisani et Thome prescriptorum, inde directe uadit ad aquilonem et transiens per quandam aquam Toplica potok uocatam sub monte, peruenit ad metam terream et hinc procedens sub eodem monte per parum ad occidentem per quandam uallem, ascendit iterum uersus septemtrionem ad montem, in qua ualle est arbor pomi meta terrea circumdata et ibi cadens in semitam quandam, uadit quasi ad orientem et ascendit in montem berch uocatum et in eodem berch et in eadem semita declinat iterum uersus septemtrionem et peruenit supra uallem Mortun welge uocatam ad arborem castanee meta terrea circumfusam, inde procedens in eodem berch et in eadem uia peruenit ad arborem tul, sub qua est meta terrea, ab inde adhuc uergens ad aquilonem peruenit ad magnam metam, que separat ab inuicem terras dictorum filiorum Thome, filiorum Arlandi et populorum castri. Postea descendens per idem berch ad occidentem peruenit ad foueam, que uocatur Cupest, de qua fouea descendit ad aquam Toplica, in qua aqua ascendit ad meridiem et exit de ipsa Toplica ad orientem ad metam terream, inde pergens in longitudine vnius iugeris cadit ad uiam, ubi est meta terrea; deinde gradiens in uia eadem ad meridiem peruenit ad metam terream dictorum Iwanka et Jacobi, ubi aqua Scekerie cadit, in aquam Toplica, ibique terminatur. Astitit eciam Johannes filius Arlandi commetaneus terre uendite, qui vendicioni facte consensum prebuit et permisit. Ad hec Crisan, Gregorius et Mortunus ac Thomas superius nominati obligauerunt se, quod quicumque dictos Iwankam et Jacobum ac eorum heredes racione predicte terre inpeterent, ipsi expedire tenebuntur labore proprio et expensa. In cuius rei testimonium presentes ad instanciam parcium contulimus nostro sigillo communitas. Datum tercio die post festum ascensionis domini, anno ab incarnacione domini MCC septuagesimo primo.

Liber privileg. eppatus. Zagrab. list 44.

Tkalčić Monum. episc. Zagr. I. 157. — Wenzel Cod. dipl. Arp. XII.
45. *donosi regest. — Kukuljević Reg. no. 1035.*

44.

1271, 23. maja. U Zagrebu.

*Stjepan sin Nikolin zalaže knezu Pernikolu za šestnaest pensi i
deset dinara neko svoje zemljište u Sepnici.*

Nos capitulum ecclesie Zagrabiensis memorie commendamus, quod
constitutis coram nobis ab una parte Andrea clerico Pernicholi comitis
pro ipso domino suo et ab altera Stephano filio Nicolai, idem Stephanus
quandam particulam terre sue existentem in Sepnicha per Cherna(!) filium
Hode, antea sibi cum litteris Hodos comitis Zagrabiensis pro XVI pensis
et decem denariis inpignoratam sub metis et terminis, qui in litteris
dicti comitis continentur, Pernicholo comiti pro dicta summa pecunie
pignori obligauit, recepta, ut dixit, ab eodem a data presencium, completis
quatuor annis, iterum in tali die, pro ipsis XVI. pensis et decem denariis
redimendam. Astitit eciam prefatus Cherne, qui ipsam impignoracionem
permisit bona voluntate, hoc adiecto, quod si memoratus Stephanus in
predicto termino ipsam terram non redemerit, extunc perpetuare tenebitur,
cum nostris litteris stabilibus Pernicholo comiti memorato. Datum in
uigilia penthecostes. Anno domini MCCLXXI.

Liber privileg. eppatus. Zagrab. list 42.

*Tkalčić Monum. episc. Zagr. I. 158. — Wenzel. Cod. dipl. Arp. XII.
45. donosi regest. — Kukuljević Reg. no. 1036.*

45.

1271. Poslije maja.

*Stjepan kralj ugarski i hrvatski oslobadja Aleksandra ι Demetrija
i njihove podanike od svih daća.*

Stephanus dei gracia Hungarie, Dalmacie, Croacie, Rame, Servie,
Gallicie, Lodomerie, Cumanie, Bulgarieque rex omnibus tam presentibus
quam futuris presentem paginam inspecturis salutem in eo qui regibus
dat salutem. Si regalis sublimitatis immensitas debet suorum merita
oculo pietatis prospicere subditorum, eis affluendo donativis; multo
fortius eorum tenetur iura debite conservare aliorum temporibus aqui-
sita et conservando suorum privilegiorum testimonio roborare, cum
id inconcussum permaneat, quod regio fuerit patrocinio communitum.
Proinde ad universorum tam presencium quam futurorum notitiam

harum serie volumus pervenire, quod cum post decessum domini Bele illustris regis Hungarie recordacionis felicissime karissimi patris nostri regni gubernaculum ad nos devolutum fuisset iure successorio seu ordine geniture, Alexander et Demetrius filii Demetrii comitis dilecti et fidelis nostri constare nobis fecerunt per valida instrumenta et per testes evidentes, mendaciaque respicentes, ac eciam nobis per eiusdem negocii recenciam claruit manifeste, quod homines in eorum possessionibus ultra Drawam existentes collectam septem denariorum a tempore ipsius patris nostri editam et indictam ratione lucri camere et nullam aliam exactionem, licet minimam, que cum facta fuerit et indicta per totam terram illam, ex indulto eiusdem patris nostri nunquam solvissent, nec etiam primitus solvere debuissent et petiverunt a nobis cum instantia, quatenus illis eandem graciam, sibi et eorum populis factam ratificare et nostro dignaremur privilegio confirmare. Nos itaque laudabilia servitia et meritoria obsequia, que iidem nobis et regno cum summa fidelitate impenderunt . . . . aquisitum conservare, verum et maiora poterunt non immerito promereri, recensentes volentesque in hoc eis cum favore gracioso memoratam graciam seu ordinacionem ipsius patris nostri circa . . . . , favorabiliter factam ratificantes, presentibus confirmamus; statuendo, quod populi ipsorum nec prenominatam septem denariorum collectam solvendam, nec eciam ad alias exactiones dandas . . . . indici contigerit aliqualiter compellantur, sed ab hiis sint perpetuo liberi penitus et exempti; hoc salvo, quod possessio eorum . . . . hactenus persolverunt. Ut igitur eadem gracia successivis temporibus perseveret, presentes concessimus litteras dupplicis sigilli nostri munimine roboratas. Datum per manus venerabilis viri magistri Benedicti Orodiensis ecclesie prepositi aule nostre vice-cancellarii dilecti et fidelis nostri. Anno ab incarnatione domini MCCLXX. primo, septimo kalendas . . . . regni autem nostri anno secundo. Venerabilibus patribus Phillippo Strigoniensi, Stephano Colocensi et Johanne Spalatensi archiepiscopis, Lamperto Agriensi, Job Quinqueecclesiensi, Philippo Vaciensi, Paulo [Vesprimiensi, Briccio Chanadiensi], Lodomerio Varadiensi, Dionysio Jauriensi et Petro Transilvano episcopis, ecclesias dei feliciter gubernantibus, Moys palatino comite Supruniensi et iudice Cumanorum; Nicolao iudice curie nostre comite Symigiensi; Egidio magistro tavarnicorum comite Posoniensi, Joachimo bano tocius Sclavonie, Matheo woyawoda Transilvano et comite de Zonuk, Laurencio bano de Zeurino, comite de Doboka, Petro magistro dapiferorum comite de Geuchke, Alberto magistro agasonum comite Scibeniensi, Philippo magistro pincernarum, Paullo comite Bachiensi, Gregorio magistro tavarnicorum, domine regine comite Castri ferrei, Ponich bano, comite Zaladiensi, Michaele comite Nitriensi et aliis quam pluribus comitatus et honores regni tenentibus.

Iz potvrde kralja Ladislava od g. 1274. u novom diplom. zborniku Ț Széchényia in fol. vol. I. 390—396. u narod. muzeju u Budimpešti. Fejér Cod. dipl. Hung. V. I. 150. — Kukuljević Reg. no. 1047.

46.

1271. Poslije maja.

Stjepan kralj ugarski i hrvatski potvrdjuje crkvi zagrebačkoj povelju hercega Andrije (od g. 1201).

Stephanus dei gracia Hungarie, Dalmacie, Croacie, Rame, Seruie, Gallicie, Lodomerie, Cumanie, Bulgarieque rex omnibus Christi fidelibus tam presentibus quam futuris salutem in salutis largitore. Ad vniuersorum noticiam harum serie uolumus peruenire, quod venerabilis pater Tymotheus episcopus Zagrabiensis dilectus et fidelis noster ad nostram accedens presenciam, obtulit et exhibuit nobis priuilegium Andree ducis Dalmacie et Croacie felicis recordacionis aui nostri, super facto cuiusdam insule collate per eundem ecclesie Zagrabiensi confectum petendo cum instancia, vt ipsum priuilegium ratificare et nostro regali priuilegio confirmare de benignitate regia dignaremur. Cuius tenor talis est.

(Slijedi listina hercega Andrije od g. 1201.).

Nos igitur priuilegium ipsius Andree ducis aui nostri super tam salubri donacione habitum et confectum, non abrasum, non cancellatum, non interiectum nec in aliqua sui parte uiciatum nilque reprehensibile preter antiquitatem seu uetustatem, quod magis approbabile esse uidebatur in eodem inuenientes ratum habentes et acceptum et de uerbo ad uerbum presentibus insertum auctoritate presencium ex certa sciencia duximus confirmandum. In cuius rei memoriam firmitatemque perpetuam presentes dedimus litteras duplicis sigilli nostri munimine roboratas. Datum per manus magistri Benedicti prepositi Orodiensis aule nostre vicecancellarii dilecti et fidelis nostri. Anno domini MCCLXX⁰ primo regni autem nostri anno secundo.

Original u nadbiskupskom arkivu u Zagrebu. Privilegialia a. 1201. Na hrptu nalazi se trag okrugla pritisnuta pečata. Suvremena bilješka: »Super terra Cognis uocata Kagenik«. — Tkalčić Monum. episcop. Zagr. I. 158—9 donosi po Lib. privil.

47.

1271, 16. juna. Kraj rijeke Dudwag.

Joakim ban obavješćuje Jurišu Bužana, da je Mihajlo sin Ubulov zamijenio posjed svoj Tutulić za imanje župana Petra zvano Selce.

J(oachimus) banus tocius Sclauonie fideli suo Juris de Busan salutem et graciam. Significamus tibi, quod comes Michael filius Vbul fecit concambium super predio suo Tutulyg uocato cum comite Petro fratre Sarachen episcopo Corbauiensi, pro quo Petrus sacerdos exhibens litteras domini sui episcopi et comitis Petri predictorum coram nobis, quod predium ipsorum Scelch nomine contulerint in concambium predii comitis Michaelis, ita uidelicet, quod in quindena sancti Michaelis partes coram capitulo Zagrabiensi comparendo litteras suas et instrumenta, quorum auctoritate ipsa predia possidebantur per eosdem, reddent omnia in inuicem, prout extitit ordinatum; tamen hoc adiecto, quod si medio tempore predium cuiuscunque partis fuerit attemptatum, seu eciam impeditum, die in quindena memorata coram eodem capitulo assignato tenentur in alterutrum expedire propriis laboribus et expensis. Igitur fidelitati tue precipiendo mandamus, quatenus vadas personaliter et dicas comiti Egidio fratri comitis Michaelis, ut usque prefatam quindenam sancti Michaelis in iam dicto predio, quicquid habet suum tollat sibi ex integro, ut ipsum predium ipsi Petro comiti assignetur et statuatur contradiccione qualibet non obstante; dummodo predium ipsius comitis Petri comiti Michaeli prius fuerit assignatum. Datum iuxta fluuium Dudwag in crastino die sancti Viti.

Na hrptu: »Fideli suo Juris de Busan«.

Original, pečat otpao, u arkivn obitelji Kállay (čuvan u narodnom muzeju u Budimpešti). Na listini vidi se trag, da je bila zatvorena pečatom.

Fejér Cod. dipl. Hung. VI. 2. 392. — Wenzel Cod. dipl. Arp. cont. VIII. 378. — Kukuljević Reg. no. 1037.

48.

1271, 20. juna. U Senju.

Senjani biraju za svoga kneza Gvidu krčkoga i modruškoga kneza.

Anno domini M.CC°.LXX° primo, indiccione quarta decima, die dominico(!) vndecimo exeunte, mense iunii, temporibus equidem domini nostri Stephani dei gracia serenissimi regis Hungarie et domini Joachini tocius Sclauonie, Segne, ante ecclesiam beate virginis Marie. Nos iudices, consiliarii et uniuersus populus Seniensis ad honorem domini nostri regis Stephani et regie corone pro bono statu terre Seniensis Widonem comitem de Wegla de Modaras(!) et de Wynodol, ac suos heredes Senie ciuitati eligimus in potestatem perpetu[o et rectorem], cum fideliorem et meliorem pro honore maiestatis inuenire non possimus nec habere. In cuius rey testimonium ad maiorem firmitatem et euidenciam pleniorem sigillo pendenti nostre communitatis et cum signo et nomine nostre(!) tabellionis munimine fecimus roborari. Ego Vincencius quondam Gerardi Aylyno notarius sacre (corone) Romanorum imperatoris et nunc uero Seniensis tabellio et rogatus a communitate Seniensi, scripsi, compleui et roboraui.

Iz potvrde kralja Stjepana od god. 1271. što opet potvrdi kralj Ladislav g. 1275. i 1279. Oboje potonje potvrde u kr. ugar. državnom arkivu u Budimpešti M. O. D. L. 34.005. i 34.006, nekoč N. R. A. fasc. 1646. no. 2.

Fejér Cod. dipl. Hung. V. 1. 166—167. — Kukuljević Reg. no. 1038.

49.

1271, 26. juna.

Stjepan kralj ugarski i hrvatski potvrdjuje crkvi zagrebačkoj povelje kraljeva Marka i Andrije (od god. 1199. i 1217.).

[S]tephanus dei gracia Vngarie, Dalmacie, Croacie, Rame, Seruie, Gallicie, Lodomerie, Cumanie, Bulgarieque rex omnibus Christi fidelibus tam presentibus quam futuris salutem in salutis largitore. [A]d vniuersorum noticiam harum serie volumus peruenire, quod venerabilis pater Tymotheus episcopus Zagrabiensis dilectus et fidelis noster ad nostram accedens presenciam obtulit et exhibuit nobis duo priuilegia; unum uidelicet Emirici regis Vngarie et aliud priuilegium Andree regis sub bulla aurea auorum nostrorum felicium recordacionum super prediis, possessionibus et libertatibus ecclesie Zagrabiensis confecta, petendo cum instancia, ut eadem priuilegia ratificare, approbare et nostro priuilegio confirmare de benignitate regia dignaremur. Tenor siquidem priuilegii Emirici regis talis est:

(Slijedi listina kralja Mirka od god. 1199.).

Tenor uero privilegii Andree regis sub bulla aurea talis est:

(Slijedi listina kralja Andrije od god. 1217.).

Nos igitur privilegia eorundem regum auorum nostrorum super huiusmodi donacionibus salubribus prediorum seu possessionum et libertatum
predicte ecclesie Zagrabiensis confecta, non abrasa, non cancellata, nec interiecta, nec in aliqua sui parte uiciata nilque reprehensibile in eisdem
privilegiis preter antiquitatem seu uetustatem, quod maxime approbabile
esse uidebatur inuenientes, rata habentes et accepta et de uerbo ad
uerbum presentibus inserta, auctoritate presencium ex certa nostra sciencia
duximus confirmanda. In cuius rei memoriam firmitatemque perpetuam
presentes dedimus litteras dupplicis sigilli nostri munimine roboratas.
Datum per manus magistri Benedicti prepositi Orodiensis, aule nostre
vicecancellarii dilecti et fidelis nostri, anno domini MCCLXX⁰ primo
VI⁰ kalendas iulii, regni autem nostri anno secundo.

*Original u arkivu nadbiskupije ·u Zagrebu: Privilegialia a. 1199. —
Na listini nalazi se trag, gdje je o vrvci visio pečat. — Na hrptu rukom
XIV. vijeka: »Confirmacio beate memorie Stephani regis super exempcione
marturinarum prouinciarum Chasmensis et Dombro concessionis Emerici
ducis«.*

*Tkalčić Monum. episcop. Zagrab. I. 158. (iz liber. privil. ep. Zag.) —
Wenzel Cod. dipl. Arpad. cont. XII. 43, donosi regest. — Kukuljević
Reg. no. 1039.*

50.

1271, 9. jula. U Zagrebu.

*Pred zagrebačkim kaptolom prodaju plemići iz Bročine od plemena
Jamanići i Gredeč zemlju u Bročini županu Perinkolu.*

Capitulum Zagrabiensis ecclesie omnibus presens scriptum inspecturis
salutem in domino. Ad vniuersorum noticiam harum serie uolumus peruenire, quod constitutis coram nobis ab una parte Perincholo comite,
ciue de Monte Grech et ab altera nobilibus de Brochyna, Obrad scilicet
filio Zlobyna, Maradek et Gordino filiis Wratyzlay et idem Obrad pro
Goriwlk fratre suo, Dvy[en] et Wlk filiis Jacou, Nicolao filio Drugan
pro se, pro Stanch et Dragyna fratribus suis, Woyhna filio Woyn pro
se et pro Drusyna filio Mychaelis fratre suo, Brezhal filio Woydrug,
Zlaugost filio Tolen, Wlk filio Priban pro se et pro Marcyzlao fratre
suo, Descen filio Descis pro se et pro Malsa fratre suo, Wlkowoy filio
Wlchyna pro se et pro Belota fratre suo, Pribyzlao filio Hynk, Dragoan
filio Hrela de Gredech, item Dedusa filio Deduan pro se et pro Descyn
et Gregorio fratribus suis, Thoma filio Widozlay pro se et pro Dob[us]lou

ac Wogrinich fratribus suis, Wolk filio Wolcomer, Wratko et Kuhan
filiis Petk, Iwan filio Premag pro se et pro Wydomer filio Tezlou, Go-
domerio filio Drugoan pro se et pro Dymink fratre suo filio Medilou,
Wezelco filio Herman pro se et pro Dyminsa fratre suo, [Gor]dyma filio
Radyzlay, Dragyma filio Jala, Marcizlao filio Volcona pro se et pro
Chernech fratre suo de Jarmanighy, idem Ob[rad] et ceteri de parte sua
predicti de Gredech terram ipsorum sitam in Brochyna iuxta riuum
Peten pro centum pensis denariorum Zagrabiensium, singulis quinque
pensis marcam tum temporis facientibus, [item Dedusa et alii su]perius
nominati de Jarmanighy, terram ipsorum sitam ibidem in Brochyna iuxta
terram per predictos de Gredech nunc venditam confessi sunt, se similiter pro centum pensis monete Zagrabiensis vendidisse predicto [Pe-
rin]cholo comiti et per eum suis heredibus heredumque successoribus
iure perpetuo possidendas et ipsas ducentas pensas recepisse ab eodem
ex integro. Que quidem terre per utramque partem vendite sub metis
infrascriptis [simul continentur]. Quarum prima meta, sicut partes nobis
retulerunt, incipit ab aquilone a duabus metis terreis, que sunt in monte
iuxta viam, inde per eandem viam procedendo uenitur super vineam
Dragdani(!) ad quendam truncum, [vbi est meta terrea, inde per] quandam
semitam adhuc versus meridiem venit ad arborem ilicis meta terrea
circumfusam; inde descendit per Obres et uenit super vineas Suriani,
ubi est meta terrea, inde inter vineas [Suriani et Bogdani per] Obres
sub tribus arboribus nucum uadit et uenit super vineas Obrad et Morodig,
ubi iuxta duas arbores nucum est meta terrea; inde parum ascendendo
uenit super vineas Drugan, [ubi est meta terrea; deinde per]uenit ad
metas abbatis de Toplyca, inde procedit uersus occidentem per Obres
ad duas metas terreas, que sunt iuxta uiam, inde per Obres uenit [ad
dumum castanee, que est iuxta uiam, ubi est meta terrea; inde per
viam,] que est admodum curtis, ubi sunt due mete terree; inde vertitur
versus septemtrionem et per magnam viam procedendo peruenit ad duas
metas terreas; inde egreditur uersus orientem et descendit [in unum
pecia(!) et transiens eundem] ascendit per latus montis ad duas metas
terreas, [inde per Obres ad alias] duas metas terreas; inde ad fontem,
vbi sub arbore nucis est meta terrea, vbi transiens fontem ascendit
[contra meridiem, vbi in latere] montis sunt due mete; inde declinat
iterum ad orientem ad duas metas terreas, inde reuertitur ad metam
prius nominatam. Astiterunt eciam commetanei terrarum uenditarum et
consanguinei [uenditorum, Martinus scilicet filius] Martini, Mark filius
Mark, comites Gordosa filius Zauid, Magdanus filius Petri, Rodoan filius
Raduzta, Mladowoy filius Bitk, Dragyna filius [Stu]dilou, Odola filius
Zork, Wlk filius Drask, Pazman filius Mark, Polak filius Thorcha, pro

se et suis proximis, item Petrus filius Rodolfi, Koyan filius Zabyslay, Jacou filius Gordozlai, Obabuch filius Prodanch de Bornouch, Jacobus filius Berizlay, Martin filius Wlksa iobagio abbatis Toplicensis pro ipso domino suo, qui uendicionem factam pari consensu admittentes unanimiter approbarunt. In cuius rei testimonium presentes ad instanciam parcium contulimus nostro sigillo communitas. Datum feria quinta ante festum beate Ma[rgarethe virginis], anno domini M⁰CC⁰ septuagesimo primo.

Original vrlo oštećen vlagom u kr. ug. drž. arkivu u Budimu M. O. D. L. no. 759. (Stara signatura N. R. A. fasc. 1532. no. 13) — Na listini visi svilena vrvca zelene boje, pečat otpao. — Budući je listina trošna, popunjena su dotična mjesta u zaporci iz izvornog prijepisa leleskog konventa od g. 1403. 15. januara u istom arkivu M. O. D. L. no. 25.762. (Stara signatura N. R. A. fasc. 1532. no. 13.)
Wenzel Cod. dipl. Arpad. cont. VIII. 369—371. — Kukuljević Reg. no. 1041.

51.

1271, 13. augusta. U Zadru.

Andrija Velješan i žena mu Vlačena, obvezuju se platiti deset libara Covi, kćeri pokojnoga Bratidruga i rečene Vlačene, kad navrši 12 godina, za posjed, koji drže iza smrti Bratidrugove.

In Christi nomine amen. Anno ab incarnatione eiusdem millesimo ducentesimo septuagesimo primo, die tertia decima intrante augusti, indictione quartadecima, Jadere. Temporibus equidem domini Laurencii Teupuli incliti ducis Venecie et magistri Laurencii venerabilis Jadere archiepiscopi, ac Andree de Molino egregii comitis. Nos namque Andreas Veglesanus et Vlachena coniuges, abitatores Jadere, sumus confessi et manifesti, nos habuisse tantum de bonis olim Brattidrugi, condam viri mei Vlachene, pro quibus promittimus per nos et nostros heredes dare et soluere, ac integre numerare cum effectu Coue, filie dicti Brattidrugi et mei Vlachene, cum fuerit in etate duodecim annorum uel cui commiserit libras denariorum venetorum paruorum decem hic in Jadera, saluas interea omni occasione et excepta remota uel ullo interposito capitulo sub pena dupli super nos et omnia nostra bona, habita in hoc seculo et habenda. Actum in Jadera presentibus Georgio filio condam Dragouan Barcini et Matheo Dragi de Mattafaro, testibus vocatis et rogatis.

(Drugi rukopis).

Ego Thomasius Çauate examinator manum meam misi.

Ego Lodeuisius sacri palatii notarius et nunc Jaderensis iuratus hiis omnibus interfui, rogatus scripsi et publicaui.

(Signum notarii.)

Original u gubernijalnom arkivu u Zadru, odio samostana sv. Nikole br. 54.

52.

1271, 24. augusta. U Bihaću.

Ban Joakim prima medju pripadnike zagrebačkoga grada Stanka sina Varačikova i njegovo pleme.

Joachinus banus tocius Sclauonie omnibus tam presentibus quam futuris presentes litteras inspecturis salutem in omnium saluatore. Ad vniuersorum noticiam tenore presencium volumus peruenire, quod accedentes ad nostram presenciam Stanysk filius Waracysk et tota generacio eiusdem, nobis miserante querimonia sua demonstrarunt, quod cum casualiter in presencia domini Bele ducis felicis memorie astarent, super quodam suo negocio tractaturi, per offendiosam et ineptam responsionem vnius ex ipsis, in delaturam lignorum, sew ligniferos condicionarios incidissent et exinde in castrenses, idem dominus dux Bela eosdem redegisset et postmodum cum scita veritate expertus certissime voluisset ipsos in iobagionatum castri Zagrabiensis transferre, prout primum fuisse dicebantur. Ecce idem dominus dux, deo vocante de medio est sublatus, qui ad vltimum nostrum sibi auxilium lacrimabili instancia humiliter rogitarunt, ac nos super premisso facto ipsorum dignaremur pro dei nomine experiri, eorundem iusticia mediante. Verum cum nos miseris querelantibus deesse suis iuribus non debeamus nec velimus, partes nostras sollicite apposuimus in hoc facto et sicut primum per prelatos ecclesiarum, videlicet venerabilem patrem Thomam episcopum Zagrabiensem, capitulum loci eiusdem, M. abbatem Toplicensem, magistros preceptores Templariorum et Hospitaliorum, per nobiles autem regni Iwan comitem filium Ireylay, Lucas, Vyd, Matheum, Petrum filios Endre, Martinum, Petrum filios Herenk, Mortunum, Cuchnik, Damianum et Cybrianum de genere Atha comitis, per iobagiones vero castri Zagrabiensis, Nengrag, Vydorlium, Jaram, Iwan, Welizlaum, Eados, Mykus, Endre, Moloynam, Weyhnam, Ladislaum, Endrech, Obulganum, Ladislaum, Waratin, Mark, Prodan, Myren, Wyduch, Paulum filium Oporych, Wlkotam, Desce,

Mosen, Paulum comitem terrestrem, Lark, Petres, Petrisaum et alios iobagiones castri Zagrabiensis quam plures, Petres comitem filium Petryla, Moysan, Chornog et Radoy, Joakim comites, vtrosque Yelk, Danus, Mark et Radouanum, item Petres, Mark et Radouanum, item Petres, Mark et Mork iobagiones castri Ocluch, item Eliam, Zloynam, Zaladinum iobagiones castri de Podgoria, Jurk et generacionem suam de Blyna, Poursen et generacionem suam, Bobones comitem, Farcasium filium Jelenk, Huec comitem, Tordam comitem, Bodeney, Stanizlaum et Jaan villicum de Gora ac vniuersos nobiles regni prout sciuimus et constitit Stanysk, Wolthuk, Bosk filios Waratysk, Benk filium Prek, Draguzlaum filium Gudyzlay, Moak filium Draguani, Gordinam filium Drasylo, Poruos filium Stank, Zlobb, Vobkosa ac totam generacionem eorundem: semper fuerunt iobagiones castri Zagrabiensis a suis progenitoribus et sinistrari eiusdem contingant per offensam vnius ex ipsis in tempore Bele ducis, qui eosdem in iobagiones castri reformasset, nisi morte interim fuisset occupatus, quibus et nos nunc concessimus, vt ipsi et ipsorum successores ac omnium generacionum suarum heredes titulo iobagionatus castri Zagrabiensis pacifice et perpetuo sicut antea perfruantur. Anno domini M⁰.CC⁰.LXX⁰ primo, datum Byheg quarto die post festum Stephani regis.

Originalna potvrda kralja Vladislava od g. 1514. u arkivu općine turopoljske, donosi ovu potvrdu Stjepanovu. Fejér priopćio je ovu listinu po novijem prijepisu.

Laszowski Spomenici Turopolja I. 24—25.

Fejér Cod. dipl. Hung. V. 1., 196. — Kukuljević Reg. no. 1043.

53.

1271, 3. septembra. U Zagrebu.

Joakim ban sudi u parnici za zemlju Stepčina luka.

Nos Jwachinus banus tocius Sclauonie notum facimus quibus expedit uniuersis, quod Hernog, Obrad, Jacus, Scetpchech filii Stepk, Gordona et Chepk filius eiusdem, J[ac]obus, Irozlaus, Chornoglau, Jaxa filii Jacou de Blyna agebant litis ordine contra Endre et Jwanus filios magistri Stepkonis dicentes, quod iidem filii magistri S[tepkoni]s quandam particulam terre ipsorum hereditariam nomine Scepchine lonca, que est sita inter aquam Zawa et fluuium Scepchina, uiolenter occupatam detinerent, ex aduerso iidem [filii] magistri Stephonis respondentes dixerunt, quod [ipsa] particula terre eorum esset empticia et titulo empcionis priuilegio regis Bele felicis recordacionis possiderant, qui in termino ad hoc assignato ipsum priuilegium statuerunt. Et cum eundem(!) priuilegium de uerbo ad uerbum et per [metas] ac distincciones perlegi fecissent, ipsam particulam terre incl[u]sam inuenimus intra metas terre filiorum magistri Stepkonis predictorum et eciam patuit nobis in priuilegio Ladizlay quondam bani, quod iidem Blynen[ses] tenorem ipsius priuilegii domini regis non contradicentes in aliquo unanimiter ratificantes approbarunt. Vnde nos una cum nobilibus regni quorum multitudo aderat copiosa decernendo, ipsam particulam terre reliquimus Endre et Jwanus supradictis iure perpetuo possidendam, predictis autem Blynensibus super ipsa particula terre silencium imponentes. In cuius rei testim[onium] presentes contulimus sigilli nostri munimine [roboratas]. Datum Zag[ra]bie in quindenis sancti regis Stephani, anno domini M⁰ CC⁰ LXX⁰ primo.

Original dosta trošan u kr. ug. drž. arkivu u Budimu DL. 35.832. (bivša zbirka Kukuljevićeva). — Na listini visi svilena vrvca jasno crvene boje; pečata više nema. — Na hrptu bilješka XIV. vijeka: »priuilegium Stepkoni concessum super quadam particula vltra Zauam inferius expressa«. Kukuljević Reg. no. 1042.

54.

1271, 12. septembra. U Krku.

Spreza de Dominico potvrdjuje svoj testamenat učinjen god. 1271. 16. februara po Martinu de Brixia, a dodaje još neke nove odredbe.

Anno domini millesimo ducentesimo septuagesimo primo, indictione quarta decima, mense septembri, die duodecima intrante, Spreçça de D(omi)n[ico] . . . xus corporis infirmitate detentus, sana tamen mente et in bona memoria recte ac memorialiter loquens, per hoc presens scriptum lau[dau]it, confirmauit, gratificauit et acceptauit testamentum suum factum per magistrum Martinum notarium de Brixia currente anno domini millesimo ducentesimo septuagesimo primo indictione quarta decima, mense februarii, die tertio decimo exeunte, dicens et uollens illud et quicquid inferius continetur esse suum ultimum testamentum et suam ultimam uoluntatem et quod ualeant et ualere possint iure ultimi testamenti et ultime uoluntatis. Insuper adiecit et adiunxit iuxta illud et precepit dari capitulo Vegliensi medium rom[anatum], deinde presbitero Manfredo solidos decem, deinde monasterio sancti Michaelis, monasterio ancte Marie de Castellione, monasterio sancti Laurentii et monasterio, sancti Johannis solidos quinque paruulorum pro unoquoque, deinde primicerio patrino suo medium romanatum, deinde fratribus minoribus medium romanatum, deinde dimisit monasterio sancti Michaelis partem suam terrarum de Domdrugo et totum lectum suum, item precepit et ordinauit, ut terciam partem tocius vini et blaue de anno presenti et omnes uestes suas siue indumenta Dominica filia sua distribuat et erroget pro anima sua ubicumque sibi melius et fructuosius apparebit, deinde Bone seruitrici sue coçcium unum et feltrum unum et galiciam unam et uegeticulam unam. Deinde confessus fuit se debere dare octo romanatos, quos de bonis suis dare precepit eidem [filie] Dominice ubi ipsa scit, item Bratte filio suo romanatos decem quos tenetur sibi, deinde dimisit eidem Dominice filie sue omnes uestes et lectos suos et etiam omnes colores et operationes suas, quas suis manibus operata est, ut ipsa omnia habeat cum dei benedictione et sua absque alicuius contradictione. Ad hec autem et ad omnia alia et singula que in hoc scripto et in memorato testamento testata sunt, prefatam suam filiam Dominicam suam procuratricem et fidecomissariam instituit et ordinauit, ut omnia danda, persoluenda et pro anima sua distribuenda ipsa Dominica dare et persoluere de bonis suis et distribuere libere debeat, uelut in hoc et in alio continetur testamento. Preterea ne post mortem eius inter suos residentes questio seu scandalum oriantur, uel in dubium deducatur de bonis siue rebus datis Dabbre condam filie sue, quando ipsam tradidit viro, ipsa omnia quecumque [tradi]ta fuerunt tempore nuptiarum presenti scripto uoluit declarare, vnde primo et principaliter dixit se dedisse ei mantellum unum de scarleto precio romanatorum decem, item par unum de grisonis uiride inuestitum in pellibus cuniculorum precio romanatorum septem, item man[tellum] . . . . anguineum precio romanatorum trium, item quattuor façalos quorum tres constiterunt romanatos decem, item coçcios tres precio romanatorum decem, item quinque linquas(!) et vacanciam unam de ippra blaua et duo paria pellium de agninis albis, que constiterunt romanatos decem, item tantum inter aurum et argentum quantum ualuit romanatos decem, item casellam unam cum quibusdam rebus siue supelectilibus precio romanatorum duorum, item bouem unum et vaccas duas precio romanatorum octo, item dixit, quod in eius nuptiis expendidit romanatos quinque, deinde tenetur dare sibi Dessa ex una parte libras quinque et alia parte romanatum unum et dimidium inter res et mercimonias, quas tam ipse quam eius vxor Dabbra accepit ab eo et inter denarios quos concessit eis. Et hec omnia et singula suprascripta uelut superius expressum in salute anime sue et in ea ueritate que Christus est uera esse affirmauit. Actum est hoc Vegle in domo prefati Spreçce, in presencia Andree primicerii Veglensis et Omnebonum prioris monasterii sancti Johannis de Vegla et coram hiis ydoneis testibus: magistro Luciano, Georgio de Ingiso, Johanne filio Stasie de Tukero et aliis ad hec conuocatis et rogatis testibus.

Ego Petrus diaconus atque Veglensis notarius hiis interfui rogatus, ut audiui scripsi, compleui et roboraui.

(Monogr. notar.)

Original u arkivu jugoslavenske akademije u Zagrebu: Documenta a. 1271.

Kukuljević Reg. no. 1044.

55.

1271, 24. septembra.

Stjepan kralj ugarski i hrvatski uzima podložnike crkve zagrebačke u svoju osobitu zaštitu.

Stephanus dei gracia Vngarie, Dalmacie, Croacie, Rame, Seruie, Gallicie, Lodomerie, Comanie, Bulgarieque rex omnibus tam presentibus quam futuris presentem paginam inspecturis salutem in omnium saluatore. Satis sublimitatis nostre fastigia curamus prudenter attollere, si vnicuique quod suum est tribuentes, oppressos releuamus et releuatos in eorum iuribus seu libertatibus consuetis et antiquis indempniter conseruamus. Proinde ad vniuersorum noticiam tenore presencium volumus peruenire quod cum populos Zagrabiensis ecclesie tam episcopi uidelicet quam capituli per uexaciones continuas et descensus multiplices sensissemus frequencius fuisse atrociter aggrauatos, nos predecessorum nostrorum salutaribus exemplariis, eos in omnibus libertatibus, iuribus ac bonis condicionibus eorum a sanctis progenitoribus nostris eidem ecclesie datis, indultis et concessis intendentes illesos et inconcussos cum plena integritate conseruare. Recipientes nichilominus ecclesiam eandem ac iura ipsius vniuersa in nostram, ut tenemur, proteccionem et graciam specialem, concessimus statuentes et nichilominus iniungendo, quod nullus de cetero neque magnus, neque paruus, neque baro, nec inferior super populos ipsius ecclesie cuiuscunque condicionis descensus presumat facere uiolentos, nec aliquas molestias aut grauamina eidem ecclesie aut populis pertinentibus ad eam aliquo ingenio uel studio aut propria presumpcione, per quam effectus nostre gracie posset impediri seu dissolui, audeat uel presumat aliquatenus irrogare, sicut hec in aliis ecclesie munimentis, que illibata seruari volumus, plenius continentur. Vt igitur gracia huiusmodi immutabiliter perpetuo perseueret, presentes ipsi ecclesie et eius populis concessimus litteras duplicis sigilli nostri munimine roboratas. Datum per manus magistri Benedicti Orodiensis ecclesie preposti, aule nostre vicecancellarii, dilecti et fidelis nostri. Anno domini MCCLXX primo; VIII. kalendas octobris, indiccione XIV, regni autem nostri anno secundo. Venerabilibus patribus Philippo Strigoniensi, Stephano Colocensi, aule regie cancellario et Johanne Spalatensi archiepiscopis. Lamperto Agriensi, Job Quinqueecclesiensi, Philippo Waciensi, Paulo Vesprimiensi, Thymotheo Zagrabiensi, Lodomerio Waradiensi, Dyonisio Jauriensi et Petro Transilvano episcopis ecclesias dei feliciter gubernantibus. Moys palatino Supruniensi comite iudice Cumanorum, Nycolao iudice curie regie comite Simigiensi, Egidio magistro tavarnicorum comite Posoniensi, Joachino bano tocius Sclauonie, Matheo voyvoda Transilvano et comite de Zonnuk, Laurencio bano de Sceurino et comite de Doboka, Petro magistro dapiferorum comite de Guechke, Alberto magistro agasonum comite de Scibinio, Philippo magistro pincernarum, Paulo comite Bachiensi, Gregorio magistro tavarnicorum domine regine comite Castri Ferrei, Ponych bano comite Zaladiensi, Mychaele comite Nitriensi et aliis quampluribus comitatus et honores regni tenentibus.

Liber privileg. episcop. Zagrab. list 6.

Tkalčić Monum. episcop. Zagrab. I. 159—160. — Farlati Illyr. sacr. V. 375. donosi regest. — Wenzel Cod. dipl. Arpad. cont. XII. 43. donosi regest. — Kukuljević Reg. no. 1045.

56.

1271, 27. septembra.

Stjepan kralj ugarski i hrvatski potvrdjuje Petrinji privilegij Belin od g. 1242.

[S]tephanus dei gracia Hungarie, Dalmacie, Croacie, Rame, Seruie, Gallicie, Lodomerie, Cumanie, Bulgarieque rex omnibus presentem paginam inspecturis salutem in omnium saluatore. Ad vniuersorum noticiam harum serie volumus peruenire, quod hospites nostri de Petrina ad nostram accedentes presenciam exhibuerint nobis priuilegium domini Bele illustris regis Hungarie felicis recordacionis karissimi patris nostri super libertate ipsorum olim datum petentes cum instancia, vt idem ratum habere et nostro dignaremur priuilegio confirmare. Cuius quidem priuilegii tenor talis est:

(Slijedi listina kralja Bele od god. 1242. 14. augusta).

Nos itaque iustis eorundem hospitum nostrorum precibus inclinati ipsum priuilegium invocantes de uerbo ad uerbum insertum presentibus confirmamus duplicis sigilli nostri munimine roborando. Et nichilominus concedimus de nouo iuxta libertatem et consuetudinem hospitum aliorum, quod in nullo casu testes extranei producantur contra ipsos, set negocia iuxta aliorum regalium hospitum morem hactenus obseruatum per iuramentum debeant legitime terminari, quod in omni casu volumus inmutabiliter obseruari. Datum per manus magistri Benedicti Orodiensis ecclesie preposti aule nostre vicecancellarii dilecti et fidelis nostri anno domini MCCLXX⁰ primo, indiccione XIIII-a, V⁰ kalendas octobris, regno autem nostri anno secundo, venerabilibus patribus Phylippo Strigoniensi, Stephano Colochensi aule regie cancellario et Johanne Spalatensi archiepiscopis, Lamperto Agriensi, Benedicto Chanadiensi, Job Quinqueecclesiensı, Phylippo Vaciensi, Paulo Vesprimiensi, Thymotheo Zagrabiensi, Lodomerio Waradiensi, Dionisio Jauriensi et Petro Transsiluano Supruniensi comite iudice Cumanorum, Nicolao iudice curie regie comite Symigiensi, Egidio magistro tauarnicorum comite Posoniensi, Joachino bano tocius Sclauonie, Matheo woywoda Transsiluano et comite de Zonuk, Laurencio bano de Sceurinio et comite de Dobuka, Petro magistro dapiferorum comite de Guetke, Alberto magistro agasonum comite Zybiniensi, Phylippo magistro pincerinarum, Paulo comite Bachyensi, Gregorio magistro thauarnicorum domine regine comite Castri ferrei, Ponit bano comite Zaladiensi, Michaele comite Nitriensi et aliis quampluribus comitatus et honores regni tenentibus.

Iz potvrde kralja Ladislava od g. 1274., koja je prepisana od kaptola zagrebačkoga g. 1341. 1. jula. — Original potonje listine (od god. 1341.) nalazi se u kr. ug. drž. arkivu u Budimu M. O. D. L. no. 33.914. Stara signatura N. R. A. fasc. 1531. no. 3.

Fejér Cod. dipl. Hung. V. vol. 1., 172. no. 9. donosi kratkı regest iz analekata Fejérváry t. III. no. 154. — Wenzel Cod. dipl. Arpad. cont. XII. 694—695. po istom izvoru. — Kukuljević Reg. no. 1048.

57.

1271, 5. oktobra. Kraj rijeke Dudvaga.

Stjepan kralj ugarski i hrvatski potvrdjuje zamjenu posjeda Tubulić i Zelče.

Nos St[ephanus] dei gracia rex Vngarie significamus tenore presencium vniuersis, quod comite Michaele filio Vbul de genere Boloksymian

tam pro se, quam pro filiis suis ab vna parte et Petro presbitero nuncio et procuratore venerabilis patris Saraceni episcopi Corbauiensis pro comite Petro fratre eiusdem episcopi, cum litteris tam dicti episcopi quam eiusdem Petri sigillis ipsorum autenticis roboratis ex altera coram nobis constitutis, propositum extitit per eosdem, quod memoratus, comes Michael quandam villam suam in Busan existentem Tutulygh vocatam, quam per donacionem domini regis karissimi patris nostri recordacionis felicissime asserit sibi fuisse donatam, cum omnibus vtilitatibus suis assignauerit comiti Petro supradicto perpetuo pacifice possidendam. In cuius concambium idem comes Petrus statuerit eidem comiti Michaeli quoddam predium suum prope Tata existens Zelch nuncupatum, similiter cum ipsius pertinenciis vniuersis, tali modo, quod in quindenis sancti Michaelis partes coram capitulo Zagrabiensi comparendo assignabunt sibi inuicem et restituent mutuo instrumenta, quorum auctoritate predia eadem ab ipsis sunt possessa. Et vt huiusmodi concambium inter ipsos incommutabiliter perseueret [ad in]sta[nciam parcium prenominatarum litteras] presentes eisdem duximus concedend[as. Datum] iuxta Dudw[ag] . . . .
. . . . Barnabe apostoli.

*Original u arkivu obitelji Kállay (u narod. muzeju u Budimpešti).
— Na hrptu vidi se trag, da je bila pečatom zatvorena. — Na donjem kraju vlaga je sasvim uništila pismo. — Godina se odredila sporediv ovu listinu s listinom bana Joakima od g. 1271. 16. juna.
Fejér Cod. dipl. Hung. VI. 2., 392. — Kukuljević Reg. no. —.*

58.

1271, 5. novembra. U Zagrebu.

Pred kaptolom zagrebačkim prodaju Vukovoj, Stjepan i Ivan plemići iz Bline imanje svoje Vinodol Andriji sinu Stepkovu.

Capitulum Zagrabiensis ecclesie omnibus presens scriptum inspecturis salutem in domino. Ad vniuersorum noticiam harum serie uolumus peruenire, quod constitutis in nostra presencia ab una parte filiis Wlk de Blina, scilicet Wlkovoy, Stephano et Iwan et ab altera Endre filio Stepconis, idem Wlkovoy Stephanus et Iwan terram seu possessionem ipsorum in Vinodol hereditarie contingentem cum omnibus suis pertinenciis, uineis, molendinis et aliis quibuslibet utilitatibus in ea constitutis confessi sunt se uendidisse prefato Endre et per eum suis heredibus heredumque successoribus, iure perpetuo irreuocabiliter et sine contradiccione qualibet possidendam pro centum et uiginti marcis, quas se dixerunt ab eodem plenarie recepisse. Astitit eciam generacio uenditorum nobiles de Blina, scilicet Jurk filius Ortun, Chernel filius Iwan pro se et fratribus suis Berizlau filius Mylona pro se et fratribus suis, Isip filius Chernel, Jacobus et Jerozlaus filii Jacov pro se et fratribus suis, Obrad filius Stepk pro se et fratribus suis, Chepk filius Gordona pro se et fratribus suis, Georgius filius Grobech pro se et fratribus suis, Jacou filius Zoriani, Wlk filius Voclesici pro se et fratre suo Priezda, Georgius filius Gurdimerii pro se et fratre suo Girdosa, Wlk et Georgius filii Gurk, Bogdan et Martinus filii Wlkina, Junas filius Junk pro se et fratribus suis, Witemer filius Wlchk, Mark filius Mortun, Isan filius Matias, Cherne filius Junk de Mozchenichenicha(!) pro se et fratribus suis et Bogdozlaus filius Gura qui pro se et omni generacione ipsorum uendicionem factam non solum consensu suo ratificantes approbarunt, sed eciam ad expediendam ipsam uendicionem in propriis laboribus et expensis obligarunt per uniuersam successionem ipsorum de omni, quam super ipsa oriri contingeret questionem. Prima uero meta terre Vinodol uendite, sicut partes nobis retulerunt, incipit ab arboribus nucum in loco Piscine, qui est in eadem terra ibique commetatur terre abbatis de Toplica que est a sinistra; inde procedit uersus meridiem in semita sub monte qui est uersus orientem ad metam terream, inde ad fruticem nucum sub quo est meta terrea, inde ascendit montem ad duas metas terreas, in quarum una que fuit uenditorum est arbor gertan cruce signata, alia autem est meta abbatis de Toplica, inde procedit in latere eiusdem montis supra uineas in semita et uenit ad fruticem castanee, sub quo est meta terrea que fuit uenditorum habentem iuxta se uersus orientem etiam fruticem castanee, sub quo est meta terrea que est abbatis de Toplica, inde in uertice eiusdem montis procedit in semita ad duas metas terreas sitas supra uineas Zvepich, quorum metarum una fuit uenditorum et alia abbatis de Toplica; inde procedit in eodem monte per magnam uiam et uenit ad foueam, iuxta quam sunt due mete terre, quarum una que est a sinistris nobilium de Blina, altera emptoris, inde exit de magna uia ad sinistram et uadit in semita et uenit ad montem ad magnam uiam et ascendit per eandem uiam supra montem ad duas metas terreas, sub quarum una que est in terra emptoris est frutex castanee ad dextram et frutex harozt ad sinistram que est nobilium de Blina, inde procedit in eadem magna uia et uenit ad duas metas terreas, quarum una est in terra emptoris et altera nobilium de Blina, in qua est frutex castanee; inde exit de uia magna et flectitur ad occidentem et descendens habet in latere montis pro meta arborem tulfa crucesignatam habentem subtus metam terream, inde flectitur parumper ad meridiem ad duas arbores, quarum una est castanea et altera scilfa, habentes subtus metas terreas et a sinistris est

terra Mozchenicha, a dextra uero emptoris, inde transiens riuulum uenit
ad truncum unum cruce signatum, iuxta quem est meta terrea, inde uertitur ad occidentem et uenit ad arborem pomi siluestris, sub qua est
meta terrea, inde descendit ad arborem castanee, sub qua est meta terrea,
habens a sinistris terram Mozchenicha et a dextra terram emptoris; inde
descendit in ualle ad arborem nucum, sub qua est meta terrea et in
eadem ualle procedit et transiens eandem uenit ad arborem castanee,
que est in latere montis cruce signatam h[abentem subt]us metam terream
. . . . [uer]sus [oc]cidentem in margine montis qui birch dicitur
iuxta arbores castanearum, que remanent in terra emptoris . . . .
ad arborem castanee, iuxta quam est meta terrea, inde uenit ad pute[um]
. . . . [marg]ine montis uenit ad cumulum lapidum . . . .
deinde descendit ad arborem castanee . . . . t . . in uallem ad
riuum Mozchenicha, inde ascendit in eodem . . . . [vbi] habet
duas metas terreas, quarum una est in terra Mozchenicha et altera in
terra emptoris, inde as[cendit] . . . . ad metam terream, inde
ascendit uersus occidentem ad magnam uiam, iuxta quam est meta
terrea, i[nde] transiens ipsam procedit adhuc uersus occidentem et uenit
ad fruticem harozt sub quo est meta terrea, inde uenit ad fruticem ...
. . . . iam uiam que ducit in Petrinam ibique uicinatur terre abbatis
de Toplica, inde transit per locum qui dicitur birch ad arborem pomi,
sub qua est meta terrea iuxta uiam, per eandem uiam uenit ad duas
metas terreas, quarum sinistra est abbatis de Toplica dextra emptoris;
deinde descendit per magnum spacium uersus meridiem ad puteum
Chudin ad duas metas terreas unam abbatis alteram emptoris, inde
ascendit uersus orientem ad metam terream, inde ad aliam metam terream,
inde ascendit montem ad duas metas terreas que sunt iuxta uiam, inde
descendit de monte uersus orientem et transiens per uallem uenit ad
duas metas terreas que sunt in latere oppositi montis, inde ascendit
eundem montem et uenit ad duas metas terreas, inde descendit in
uertice eiusdem montis et uenit ad duas metas terreas uersus orientem,
in eodem uertice montis descendit et uenit ad duas metas terreas in
eodem uertice montis, descendit ad uiam, per quam uenit ad duas metas
terreas sitas hinc et inde iuxta uiam, in eadem uia descendendo uenit
ad duas metas terreas hinc et inde iuxta uiam in eadem uiam circuendo
uineas descendit ad duas metas terreas, inde descendit per uiam ad duas
metas terreas que sunt iuxta uiam, per eandem uiam descendit ad arborem piri cruce signatam, a qua reuertitur ad metam primitus nominatam. Astitit etiam Stanse officialis abbatis de Thoplica uice et nomine
ipsius domini sui qui uendicionem factam sub metis prescriptis admisit,
contradiccione aliqua non obstante. In cuius rei testimonium presentes

ad instanciam parcium contulimus sigilli nostri munimine roboratas. Datum quinta feria post festum omnium sanctorum, anno ab incarnacione domini MCC⁰ septuagesimo primo.

Original u arkivu nadbiskupije u Zagrebu Juridica a. 1271. — Na listini nalazi se trag, gdje je o vruci visio pečat. — Listina je na tri mjesta krnja. — Na hrptu rukom XIV. vijeka: »super possessione Vinodol prope Hrazteniczam.

59.

1271.

Stjepan kralj ugarski i hrvatski potvrdjuje Guidona, kneza modruškog i krčkog za načelnika senjskog.

Stephanus dei gracia Hungarie, Dalmacie, Croacie, Rame, Seruie, Gallicie, Lodomerie, Cumanie, Bulgarieque rex omnibus Christi fidelibus presentes litteras inspecturis salutem in omnium saluatore. Ad vniuersorum noticiam harum serie uolumus peruenire, quod comes Gahan filius Vydonis comitis[1] de Wegla, de Wynodol et de Modrus pro se et pro predicto patre suo ad nostram veniens presenciam optulit nobis litteras communitatis Sceniensis[2] super concordi eleccione potestarie predicte ciuitatis de persona patris sui celebrata confectas, suplicans nobis attencius, vt ipsam eleccionem potestarie ipsius ciuitatis de persona dicti Wydonis comitis celebratam acceptare et ratificare ac nostro dignaremur priuilegio confirmare.[3] Quarum quidem litterarum tenor talis est:

(Slijedi listina od g. 1271. 20. juna u Senju).

Nos itaque attendentes fidelitates et meritoria obsequia ipsius comitis Wydonis et Gahan ac filiorum suorum, que nobis et corone regie laudabiliter impendere studuerunt, propter que volentes eis occurrere regio cum fauore et utilitati eiusdem ciuitatis consulere, memoratam eleccionem potestarie de ipso comite Wydone et filiis suis concorditer celebratam, auctoritate presencium confirmamus in ipsius et filiorum suorum potestate perempniter duraturam. In cuius rei memoriam firmitatemque perpetuam presentes dedimus litteras duplicis sigilli nostri munimine roboratas. Datum per manus magistri Benedicti prepositi ecclesie

---

[1] Druga potvrda ima: filius comitis Widonis. — [2] Comunitatis de ciuitate Seniensi. — [3] De persona dicti comitis Wydonis c e l e b r a t a (m) acceptare et ratificare ac nostro dignaremur priuilegio confirmare.

Orodiensis aule nostre vicecancellarii dilecti et fidelis nostri, anno domini M⁰CC⁰LXX⁰ primo, regni autem nostri anno primo.[1]

Iz izvorne potvrde kralja Ladislava od g. 1279. u kr. ug. drž. arkivu u Budimu DL. 34.006. (Stara signatura N. R. A. fasc. 1646. no. 2.) — Postoji ovdje i potvrda izvorna od g. 1275. DI. 34.005. (Stara signatura N. R. A. isto).

Fejér Cod. dipl. Hung. V. 1., 107—108. — Kukuljević Reg. no. 1046.

60.

1271. U Bihaću.

Općina bihaćka i opat topuskoga manastira uglavljuju, da neće jedan nastaniti kmetove drugoga na svojem zemljištu.

Nos Jacobus maior ville et tota comunitas civitatis de Bihig. Ad universorum noticiam volumus pervenire, quod nos cum venerabili patre domino M[atheo], venerabili abbate de Toplica, de beneplacito suo et nostro communi consilio et assensu talem inter nos et ipsum ordinavimus composicionem, ut ipse nullum de nostris iobagionibus de Veliho ad suum districtum in Crala recipiat et nos e converso nullum equidem de suis iobagionibus de Crala ad nostrum districtum de Veliho auctoritate presentis ordinacionis recipere presumimus. Quod si pars alterutra ordinacionem istam aliquatenus in recipiendo alterius partis iobagionem infringere presumpserit, ex vi presentis statuti ipsum iobagionem cum rebus ablatis cum iudicio duplici adverse parti restituere teneatur. Datum in Bihig, anno domini MCCLXXI.

Privileg. monaster. b. v. Mariae de Toplica no. XXI.

Tkalčić Monum. episcop. Zagr. I. 160—161. — Wenzel Cod. dipl. Arp. XII. 47. — Kukuljević Jura regni I. 78—80. — Kukuljević Reg. no. 1052.

61.

1271. U Čazmi.

Pred kaptolom čazmanskim prodaje bratstvo Bučka zemlju svoju Mirši sinu Destynovu.

Nos capitulum Chasmensis ecclesie significamus omnibus presencium per tenorem, quod constitutis coram nobis personaliter ab una parte

---

[1] Druga potvrda: Septuagesimo primo regni autem nostro anno secundo. (Kako i treba, jer Stjepan vlada već od 3. maja 1270.).

Petrin filio Petri, Cherna filio Ztoyk, Mathey, Sank, Ginse, Gardoba
filiis Ginka, Wizlou, Moy..cho filiis Moychyn, Chernoglau filio Nekmer
Mark filio Bouer de genere Buchka; ab altera autem Mirse filio Descyn;
iidem Petri, Cherne, Mathey et alii socii eorum supradicti hereditariam
terram eorum et communem vicinam et fere circumdatam cum terra
eiusdem Mirse, pro decem marcis et tribus pensis, sicut dixerunt, plene
acceptis, eidem et suis per eum heredibus heredumque successoribus
voluntarie confessi sunt se vendidisse communiter iure perpetuo possidendam, obligantes se, quod si quis eundem Mirsam vel suos heredes
pro ipsa terra attemptauerit seu aliquam questionem suscitauerit, ipsi
propriis sumptibus et expensis defendere indempnes conseruare teneantur.
Cuius terre mete, sicut dixit nobis homo noster, pacifice et quiete erecte
et sine contradicione omnium vicinorum tales sunt: Prima (meta) incipit a
parte occidentali in arbore piri cruce signata meta terrea circumfusa in vicinacione terre eiusdem Mirse; inde in sicca valle cadit in Zuhodol; deinde
ad partem orientalem tendens venit ad metam terream, vbi declinat
versus meridiem et in paruo spacio tendens intrat in aquam Rogozna,
vbi est meta terrea et per eandem versus meridiem tendens vicinatur
terre eiusdem Mirse et Descyn fratris sui; inde venit ad arborem piri
cruce signatam et meta terrea circumfusam, que est iuxta aquam Rogozna;
inde ad molendinum, quod est venditum in eadem terra; inde in magno
spacio exit de Rogozna, vbi est arbor piri et vicinatur a parte orientali
terre Markus filii Cuol a parte vero meridionali terre Wizlou et Chernoglau venditorum; inde ad metam terream; inde ad arborem horazt cruce
signatam et meta terrea circumfusam; inde ad metam terream; inde ad
aliam et transiens viam ad partem occidentalem venit ad arborem nyar,
iuxta quam est arbor zyl cruce signata et meta terrea circumfusa; deinde
transit aquosum chereth, venit ad arborem zil cruce signatam et meta
terrea circumfusam; inde transiens per vnum fenilem venit ad arborem
gerthaan, que est sita in margine ripe Vrbona et vicinatur iterum terre
emptoris in eodem Vrbona versus septemtrionem, in magno spacio
tendens iuxta terram eiusdem Mirse, exit ad arborem pomi cruce
signatam tendens versus partem orientalem; inde ad arborem gertaan
cruce signatam et meta terrea circumfusam; inde venit ad primam
metam et ibidem terminatur. Dixit eciam homo noster, quod Descyn,
Donk, Peter filii Endry; item Mychael, Gregorius, Petera filii Wlchek
personaliter in erigendis metis fauorabilem consensum prebuerint; item
Marcus, Murga, Syrbuk (filius) Stephani, Cyba, Wt, Mark filius Rouer,
Kunsa pro se et pro omnibus cognatis eorum et proximis coram nobis
personaliter comparentes, empcioni et vendicioni ipsius terre fauorabilem consensum prebuerunt. In cuius rei testimonium et robur presentes

contulimus nostro sigillo communitas. Datum anno domini M⁰ CC⁰ LXX. primo.

Iz izvornog prijepisa kaptola čazmanskog od g. 1399. 7. juna u kr. ug. drž. arkivu u Budimu: M. O. D. L. no. 771. (Stara sign. N. R. A. fasc. 647. no. 38.)

Wenzel. Cod. dipl. Arp. cont. VIII. 357—9. — Kukuljević Reg. no. 1050.

62.

1271.

Puž župan križevački ustanovljuje medje nekih prodanih zemalja.

Nos Pous comes Crisiensis memorie commendamus significantes quibus expedit universis, quod constituti coram nobis Andreas filius Borila ab una parte et Juano filius Tretina ab altera, idem Andreas confessus est viva voce se vendidisse quandam terram suam sitam iuxta terram suam (h)ereditariam, que sibi pro debito Neudalk emcionis titulo devenerat pro duabus marcis iam plene acceptis, eidem Juano et suis (h)eredibus (h)eredumque successoribus iure perpetuo possidendam cum omnibus vtilitatibus et pertinenciis sub metis infrascriptis. Cuius terre prima meta incipit ab oriente in fluvio Chugauaznos vocato in arbore ina et inde vadit directe versus occidentem et pervenit ad arborem gertian, deinde vadit et pervenit ad metam terream prope arborem piri, deinde vadit per viam versus aquilonem et pervenit ad arborem tul cruce signatam, ubi vicinatur terre Andree filii Borila, deinde procedendo vadit et pervenit ad arborem cerasii cruce signatam et inde transeundo unum fluvium vadit et pervenit ad arborem piri cruce signatam et inde vadit et pervenit ad fluvium Chugouaznos vocatum et per eundem fluvium vadit et pervenit ad metam terream eundo versus meridiem; deinde pervenit ad metam in principio nominatam. Addicimus eciam, quod in eodem statu partem unius vinee successam eidem Andree cum terra supradicta vendidisset pro sex pensis eidem Ivano sub metis terreis infrascriptis: videlicet in prima meta terrea incipit a capite ipsius vinee a septemtrione et vadit directe versus meridiem et pervenit ad metam terream, ubi est finis ipsius vinee; deinde tendit versus occidentem et pervenit ad metam terream, ubi vicinatur (h)ereditarie vinee Andree supradicti; deinde tendit directe versus aquilonem et pervenit ad metam terream; deinde tendit directe versus orientem in capite ipsius vinee et pervenit ad metam in principio nominatam. In cuius rei testimonium et ut robur perpetue firmitatis optineat, ne processu temporis in irritum revocetur, dedimus nostras litteras munimine nostri sigilli roboratas. Datum anno domini millesimo CC⁰ septuagesimo primo.

Original u arkivu knezova Baćana u Körmendu. Na žutoj kožnatoj vroci nekoć visio pečat. Pečat otpao. A. V. L. VII. no. 188.

Cod. dipl. patrius. VIII. 143. no. 111.

63.

1271.

Kaptol čazmanski uredjuje zemlje u Garešnici.

Nos capitulum Chasmensis ecclesie significamus omnibus presencium per tenorem, quod constitutis coram nobis personaliter ab una parte Voysa et Marislou filiis Beryvoy, ab altera autem Endrey parvuo (!) predialibus de Gresenche. Iidem filii Beryvoy unam particulam de terra eorum in metis infrascriptis pro quinque marcis coram nobis plene acceptis eidem Endrey et suis per eum heredibus heredumque successoribus vendiderunt iure perpetuo possidendam. Cuius terre mete sicut nobis dixit homo noster, quem miseramus super faciem eius coram vicinis et commetaneis pacifice et quiete erecte tales sunt. Prima meta incipit de terra filiorum Kuchk in rivo ubi est arbor byk cruce signata. Inde per vallem exit ad viam ubi est meta terrea. Inde per viam tendens ad partem meridyonalem venit ad metam terream. Inde ad magnam viam, ubi est meta terrea. Inde transiens ipsam viam venit ad arborem piri cruce signatam; deinde ad silvam, ubi est meta terrea et in silva tendens ad partem merydyonalem venit ad harazt cruce signatam. Inde ad arborem scyl cruce signatam. Deinde declinat ad partem occidentalem et venit ad arborem iohor cruce signatam, ubi relinquens terram venditorum vicinatur terre filiorum Kuchk predictorum. Inde superius eundo venit ad arborem gerteani cruce signatam. Inde superius eundo ad partem septemtrionalem venit ad arborem scyl cruce signatam. Inde ad rivulum ubi est arbor keurus cruce signata et meta terrea circumfusa; inde per eundem rivulum superius eundo venit ad arborem harazt meta terrea circumfusam, que est sita iuxta eundem rivulum. Inde ad primam metam et ibidem terminatur. In cuius rei testimonium et robur presentes contulimus nostri sigilli munimine roboratas. Datum anno domini millesimo CC⁰ septuagesimo primo.

Po originalu u arkivu obitelji grofova Erdödya u Glogovcu. — Pečat otpao, a svilene bijele i zelene vrvce ostale. — Cod. dipl. patrius VII. 133, no. 101.

Kukuljević Reg. no. 1049.

64.

1271. U Senju.

Belzanin Senjanin predaje manastiru topuskomu one kuće u Senju,
koje su spadale u vlastništvo Petra arcidjakona zagrebačkoga.

Nos Jacobus vicepotestas, iudicesque, consiliarii, totaque communitas
Scenniensis. Significamus quibus expedit universis, quod cum frater
Henricus monachus Toplicensis, electus eiusdem civitatis, in ipsam veniens
civitatem, vice et nomine domini abbatis de Toplica literas magistri
Petri archidyaconi Zagrabiensis presentasset continentes: quod domus
suas quas dominus Belzaninus in supradicta civitate ab eodem magistro
Petro tenebat et possidebat cum omnibus utilitatibus suis et pertinenciis
ad manus predicti domini abbatis, vel ipsius hominis ad hoc per eundem
deputati deberet assignare. Qui quidem Belzaninus ad nostram veniens
presenciam claves predictarum domorum ad manus ipsius fratris Henrici
porrigendo, ipsas domos sine aliqua contradiccione assignavit et ipsum
fratrem Henricum coram archidyacono et toto capitulo, ac nobis in corporalem possessionem ipsarum domorum introduxit, statuens coram
nobis debitores pro precio ipsarum domorum et cum tempus solucionis
adveniret, eidem domino abbati vel fratri Henrico solvere tenerentur
pro domibus supradictis sive alicui alteri, cui dominus abbas deputaverit
vel decreverit. In cuius rei testimonium et evidenciam ampliorem literas
nostras concessimus sigilli nostri munimine roboratas. Nam(!) virorum sapientum decrevit industria, ut quitquid in presenti geritur, vivacibus ele-
mentorum indiciis in posterum transferatur. Datum et actum in Scennia,
ante ecclesiam sancti Johannis baptiste. Anno domini MCC septuagesimo
primo.

Privileg. monaster. B. V. Mariae de Toplica no. LXXI.
Tkalčić Monum. episc. Zagr. I. 160. — Wenzel Cod. dipl. Arp. cont.
XII. 45—6. — Kukuljević Reg. no. 1051.

65.

1272, 7. januara.

Ugovor izmedju Stjepka kneza cetinjskoga i gradova Šibenika i
Trogira.

Comes Stepicius de Cettina et sui consanguinei Vulcetta filius
Predislavi et Predislavus filius Qualimeri de Cettina ex una parte et

domini Elias filius Radovani Volcheuza de Sibenico nomine communitatis Scibenici et domini Dessa Amblasii, Luca Petri et Lomprus Jacobi iudices civitatis Tragurii nomine communitatis Tragurii ex altera ad tale pactum et concordiam insimul pervenerunt, videlicet, quod si aliquis de Cettina damnum dederit alicui de Tragurio, vel de Sibenico et eum percusserit et si in eum sanguinem fecerit et ille qui percussus fuerit notificaverit hominibus, quos invenerit veniendo per viam et notificaverit sue curie, detur ei credentia et sibi credatur, et ille qui eum percusserit et sibi damnum dederit, teneatur et debeat dictum damnum emendare. Et si emendare non poterit, tradatur et detur personaliter illi cui damnum datum fuerit et percussus fuerit. Et e converso, si aliquis de Tragurio vel de Sibenico damnum dederit alicui de Cettina et eum percusserit et in eum sanguinem fecerit et ille qui percussus fuerit notificaverit hominibus, quos invenerit eundo per viam et notificaverit sue curie, detur ei credentiam et sibi credatur et ille qui eum percusserit, teneatur et debeat dictum damnum emendare. Et si emendare non poterit, tradatur et detur personaliter illi cui damnum datum fuerit et percussus fuerit. Et si aliquis de Cettina, vel de Scibenico, vel de Tragurio qui dixerit se percussum esse et in eum sanguinem factum fuisse et sibi damnum datum esse, postea aliquo tempore iuventus fuerit et scire poterit, quod maliciose dixerit et petiit, quod petiit teneatur solvere duplum de eo, quod accepit pro damno illi, a quo accepit emendam damni. Que quidem omnia et singula suprascripta predicti comes Stepcus Vulcetta filius Predislavi et Predislavus filius Qualimeri pro se et omnibus hominibus de Cettina ex una parte et predicti Elias et Volcheuza nomine dicte communitatis Sibe[nice]nsis et pro ipsa communitate et predicti iudices civitatis Tragurii pro dicta communi Tragurii ex altera ad invicem alter alteri promiserunt et corporaliter ad sancta dei evangelia iurarunt firma et rata habere . . . . .

Die dicta.

Domini Stepcus filius Stancii, Joannes filius Boghidani iudices de Clissa ex una parte nomine communitatis Clisse et Elias filius Radovani et Volchesza de Scibinico nomine civitatis Sibenici et domini iudices civitatis Tragurii nomine communitatis Tragurii ex altera ad tale pactum et *ut in superiori*. Actum in civitate Tragurii in ecclesia sancte Marine presentibus dominis Zancia Casotti, Marino de Casariza, Georgio de Cega et Mauro Stoche et Duymo Domiche et aliis pluribus testibus et Stefano Marini Ruge examinatore.

Lucius Memorie di Traù 86. — *Wenzel Cod. dipl. Arp. cont. XII. 66—68.* — *Kukuljević Reg. no. 1053.* — *Ispravismo očevidne tiskarske pogreške, akoprem ih Lucius kao takove nije naznačio.*

66.

1272, 9. februara. U Bročini.

Pred Hodusom županom zagrebačkim prodaju Gero itd. iz Bročine
dio zemlje u Pribiragu županu Perinkolu.

Nos Hodus comes Zagrabiensis notum facimus quibus expedit universis, quod constitutis in nostra presencia ab una parte comite Perincholo de monte Grech et ab altera Guerd filio Priba, Vezelk et Dyminsa filiis Hernan de Brochina, idem Guerd et ceteri de parte sua prenotata confessi sunt, se unam particulam terre eorum, que est sita in Pribirag iuxta terram Perincholi comitis ex una parte et iuxta terram Martini filii Martini ab altera, sub metis infrascriptis uendidisse Perincholo comiti prenotato et per eum suis heredibus heredumque successoribus iure perpetuo possidendam pro septem marcis denariorum Zagrabiensium, quorum singule quinque pense marcam tunc temporis faciebant, quas se dixerunt ab eodem plenarie recepisse. Astiterunt eciam commetanei terre uendite et proximi uenditorum, scilicet Martinus filius Martini, Mark filius Marci, Bogdan, Guidosa cum suis proximis, Dedosa, Godemer, Petk cum suis proximis de Jarmanichi, Obrad, Maradek, Nycolaus filius Dragan cum suis proximis, ac Grach, Odola, Wlkoy, Radauan, Mladoy, Nadeek cum suis proximis, Dragchin, Varatk cum suis proximis, Achibil, Wlchihna cum suis proximis, Hemelk, Wlkina cum suis proximis de Louotichi, Gurg, Stoyslau, Benedictus cum suis proximis de Melinche, qui uendicionem factam sine contradiccione qua· libet unanimiter admiserunt. Cuius terre prima meta, sicut partes nobis retulerunt, incipit in fluuio Pribirag de terra comitis Perincholi ab occidente et inde superius de eodem fluuio ad orientem et uenit in locum ubi duo fluuii iunguntur, inde iuxta domum Martini filii Martini, per quendam paruum fluuium, qui est ad dexteram partem, per quem superius diucius procedendo uenit ad fontem, qui est iuxta viam, ubi sub arbores(!) salicis est meta terrea, abinde uersus occidentem per viam, que uadit per montem et uenit iterum ad terram Perincholi comitis et ibi terminatur. In cuius rei memoriam presentes contulimus sigilli nostri munimine roboratas. Datum in Brochyna apud ecclesiam beati Martini in octaua purificacionis beate, virginis anno domini M⁰CC⁰LXX⁰ secundo.

Original vrlo lijepo pisan u kr. ug. drž. arkivu u Budimu: M. O.
D. L. no. 791. (Stara sig. N. R. A. fasc. 1532. no. 14.) Na listini visi
ob uzici od perg. prilično dobro sačuvan ovalni pečat u običnom vosku. —

Na hrptu suvremena bilješka: priuilegium comitis Hodus super possessione Pribirag.

Fejér Cod. dipl. Hung. V. 1. 278. — Wenzel Cod. dipl. Arp. cont. VIII. 412—3. — Kukuljević Reg. no. 1054 po Wenzelu, no. 1090. po Fejéru.

67.

1272, 20. februara. Kod Cittavechia.

Gregorije X. potvrdjuje samostanu sv. Nikole sve povlastice, dane mu od prešasnika papâ ili od kraljeva i drugih osoba.

Gregorius episcopus seruus seruorum dei dilectis in Christo filiabus . . . . . abbatisse et conuentui monasterii sancti Nicolai Jadrensis ordinis sancte Clare salutem et apostolicam benedictionem. Solet annuere sedes apostolica piis uotis et honestis petentium precibus fauorem beniuolum impertiri. Eapropter dilecte in Christo filie uestris iustis postulationibus grato concurrentes assensu omnes libertates et immunitates a predecessoribus nostris romanis pontificibus siue per priuilegia siue alias indulgentias monasterio uestro seu uobis concessas, nec non libertates et excepciones secularium exactionum a regibus et principibus ac aliis Christi fidelibus racionabiliter uobis indultas, sicut eas iuste ac pacifice obtineatis, uobis et per uos eidem monasterio auctoritate apostolica confirmamus et presentis scripti patrocinio conmunimus. Nulli ergo omnino hominum liceat hanc paginam nostre confirmacionis infringere uel ei ausu temerario contraire. Si quis autem hoc attemptare presumpserit, indignationem omnipotentis dei et beatorum Petri et Pauli apostolorum eius se nouerit incursurum. Datum apud Vrbem veterem X. kalendas martii, pontificatus nostri anno primo.

Original u gubernijalnom arkivu u Zadru, odio samostana sv. Nikole br. 55. Pečat izgubljen. Imade i dva prijepisa:

1. Prijepis iz XIV. stoljeća na naledju listine pape Aleksandra IV. od g. 1260. U gubernijalnom arkivu u Zadru, odio samostana sv. Nikole br. 17.

2. Prijepis iz istoga vremena (XIV. stoljeća) na pergameni u istom arkivu i odjelu br. 53. Imade na početku ovo: In nomine domini amen. Hoc est transsumptum seu transscriptum quarundam litterarum sanctissimi patris et domini domini Gregorii diuina prouidencia pape X. (decimi) vera bulla plumbea et filis sericis integris crocei rubeique coloris ipsius domini pape bullatarum, non uiciatarum, non cancellatarum, nec in aliqua sui parte corruptarum, set omni uicio et suspitione carentium. Quarum tenor talis est. (Slijedi bula od 20. februara 1272.) Roboracije notara nema.

68.

1272, 21. februara. U Veneciji.

Laurencije Tiepolo dužd mletački šalje plemića mletačkoga za kneza Korčuli i Mljetu, te ga preporuča Trogiranima.

Laurentius Teupulo dei gratia Venetie etc. Nobilibus viris rectoribus Tragurinis et eiusdem terre universitati dilectis sibi salutem et dilectionis affectum. Cum nobilem nostrum dilectum in comitem Curzule et Melete presentialiter dirigamus, prudentiam vestram requirendam duximus et rogandam per nos et nostrum consilium, quatenus eundem nobilem et homines dicti comitatus recomendatos habentes in hiis, que pro ipsius regimine faciendum habuerit, favorem vestrum et auxilium taliter impendatis, quod preces nostras penes uos sibi sentiant fructuosas et nos reputemus ad gratiam. Datum in nostro ducali palatio die nona exeunte mense februarii, indictione XV.

Lucius De regno Dalmatiae l. IV. c. 8., 174. — Lucius Memorie di Trait 108. — Wenzel Cod. dipl. Arpad. cont. XII. 56. — Kukuljević Reg. no. 1056.

69.

1272, 27. februara. U Zagrebu.

David sin Pučev prodaje arcidjakonu Petru svoj mlin u Zagrebu.

Capitulum Zagrabiensis ecclesie omnibus presentem paginam inspecturis salutem in domino. Ad universorum noticiam harum serie volumus pervenire, quod constitutis coram nobis ab una parte magistro Petro archidiacono kathedrali et ab altera Dauid filio Powsa de vice nostro, idem Dauid quoddam molendinum suum situm in fluvio supra civitatem, inter molendinum nostrum a parte superiori et molendinum filiorum Isaak a parte inferiori, quod sibi in concambium dimidii molendini sui existentis sub ecclesia beate virginis sub monte Grech, a predicto magistro Petro provenerat, confessus est: se vendidisse eidem magistro Petro perpetuo possidendum pro quinquaginta pensis denariorum banalium, receptis ab eodem, ut dixit, quorum singule quinque pense marcam tunc temporis faciebant. In cuius rei testimonium presentes ad instanciam parcium contulimus nostro sigillo communitas. Datum sabbato post festum beati Mathie apostoli. Anno domini MCC. septuagesimo secundo.

U prijepisu kaptola zagrebačkoga od g. 1557. — Iz arkiva kapt.
Tkalčić Monum. episcop. Zagrab. I. 161. i Monum. civit. Zagrab. I.
46. — Kukuljević Reg. no. 1058.

70.

1272, 13. marta. Na Rabu.

Jakov sin Ivankov ostavlja oporukom dva vrta samostanu malo-
bratana u Senju.

Anno domini millesimo ducentesimo septuagesimo secundo, indictione quinta decima, die tercio decimo intrante marcio, Arbi. Temporibus equidem domini nostri Laurentii Theopulo incliti ducis Venetie et venerabilis Gregorii de Costiça Arbensis episcopi, ac Johannis Badoarii egregii comitis, presentibus Philippo de Giuanno et Domino de Abundino. Ego quidem Jacobus de presbitero Juanco de Segnia per hoc presens scriptum et meum irreuocabile testamentum dimitto, do et concedo pro anima mea meorumque defunctorum fratribus minoribus de Segnia duos ortos meos positos Segnie apud ecclesiam et ortum ipsorum fratrum minorum et apud puteum et viam puplicam, ut amodo habeant, teneant et possideant cum suis omnibus proprietatibus cum omnimoda potestate. Ut hec concessio siue dimissoria firma et rata penitus perpetuo habeatur per modum testamenti scribi, iussi et coroboravi volui.

Ego Cresce de Fusco examinator manum misi.

Ego Lucas canonicus Arbensis notarius hiis interfui rogatus, ut audiui et uidi, scripsi, compleui et roborari.

(Monogram. not.).

Original u arkivu samostana na Trsatu.

71.

1272, 14. aprila. U Stolnom Biogradu.

Kaptol stolnobiogradski na zahtjev ugarskoga i hrvatskoga kralja
Stjepana čini autentičan prijepis darovnica učinjenih crkvi zagre-
bačkoj.

Capitulum ecclesie Albensis omnibus Christi fidelibus presentes litteras inspecturis salutem in domino sempiternam. Ad vniuersorum no-

ticiam tenore presencium uolumus peruenire, quod discretus vir magister
Johannes thesaurarius Zagrabiensis ecclesie socius noster karissimus litteras domini regis nobis exhibuit in hec verba: Stephanus dei gracia
rex Hungarie. Fidelibus suis capitulo Albensi salutem et graciam. Mandamus fidelitati vestre precipiendo, quatenus rescripta seu transumpta
priuilegiorum venerabilis patris Thymothei episcopi Zagrabiensis dilecti
et fidelis nostri, quandocunque eidem placuerit, siue pro se, siue pro
ecclesia sua Zagrabiensi, uestro sigillo autentico dare seu assignare debeatis, aliud non facturi. Datum Bude, feria secunda proxima post dominicam Reminiscere. Nos igitur regie celsitudinis mandato satisfacere
cupientes ut tenemur, priuilegium Andree regis pie recordacionis sub
aurea bulla, per ipsum magistrum Johannem nobis exhibitum, de verbo
ad verbum presentibus inseri fecimus, cuius tenor talis est: *(Gl. list.
od god. 1217.).* Verum quia ipsum priuilegium aurea bulla roboratum et
munitum nullum in se cancellacionis seu littere vitium continebat, nos
mandato regie celsitudinis debito cum honore recepto eiusdem transcripto, ut superius est tactum, seriatim nostre universitatis sigillum duximus apponendum. Anno domini MCC septuagesimo secundo, XVIII
kalendas maii. Magistro Demetrio ecclesie nostre preposito, Myke cantore,
Feliciano custode, Sebastiano decano existentibus.

*Original u arkivu kaptola zagrebačkoga fasc. 1. br. 1. — Na crveno-
zelenoj svilenoj vrvci bio pečat, sada manjka. — Isti dan učinio je isti
kaptol i još jedan prijepis listine od god. 1217.*

*Tkalčić Monum. episcop. Zagrab. I. 161—162. — Wenzel Cod. dipl.
Arpad. cont. XII. 63. donosi regest. — Kukuljević Reg. no. 1061.*

72.

1272, 26. aprila.

*Stjepan kralj ugarski i hrvatski dosudjuje sinovima Stjepanovim
zemlju u srijemskoj županiji.*

Stephanus dei gratia Hungarie, Dalmatie, Croatie, Rame, Servie,
Gallicie, Lodomerie, Comanie, Bulgarieque rex omnibus Christi fidelibus
presentem paginam inspecturis salutem in omnium salvatore. Quamvis
unicuique subditorum nostrorum manum debemus munificam aperire,
ipsorum fidelibus obsequiis occurrendo; non minus tenemur eorum iura
illibata conservare, cum bone rei dare consultum et presentis vite subsidium et eternorum reponet meritum premiorum. Proinde ad universorum tam presentium quam futurorum notitiam harum serie volumus

pervenire, quod Laurentius et Michael filii Chepani de genere Guthkeled de comitatu Syrmiensi, ad nostram accedentes presentiam, nobis conquerendo significare curaverunt, quod cum olim tempore domini Bele, serenissimi regis Hungarie recordationis felicissime karissimi patris nostri, Rolandus banus tunc palatinus et comes Posoniensis, ab ipso patre nostro pro revocandis iuribus castrorum iudex deputatus, quamdam terram eorum hereditariam Feketewnep vocatam, nomine iuris castri Syrmiensis, ad suggestionem quorumdam emulorum suorum fecisset impediri et annotari in registro, nunc magister Paulus prepositus Quinqueecclesiensis, quem post coronationem nostram ad revocandum iura Syrmiensis castri indebite occupata cum certo mandato miseramus, terram eamdem ipsius registri pretextu dicto castro fecerit assignari, licet tamen a tempore ipsius Rolandi bani dictam terram prenotatus Chepanus pater eorum et filii sui per consequens usque ad hec tempora pacifice tenuissent, petiverunt a nobis, ut ipsorum iustitiam investigare et dictam terram tanquam ius eorum ipsis restituere dignaremur. Nos itaque, qui ex officio suscepti regiminis et nostra elargiri et aliorum iura, ut premisimus, debemus conservare, predecessorum nostrorum vestigiis inherendo, tum eorumdem filiorum Chepani precibus inclinati, in facto presenti descendissemus ad indagandum omnimodam veritatem, quia Paulus banus comes Bachiensis et Syrmiensis et iobagiones ipsius castri, Benke videlicet maior exercitus, Andreas filius Augustini, Emericus maior castri, ac quidam alii eorum socii coram nobis presentialiter constituti, per nos requisiti, in fide deo et corone regie debita, constare nobis fecerunt, in hoc testimonium viva voce perhibendo veritati, ut memorata terra Feketewnep sit et semper fuerit hereditaria terra ipsius Chepani et predecessorum suorum, nec unquam pertinuerit vel pertinere debuerit ad castrum predictum. Nos terram eamdem cum suis utilitatibus omnibus et pertinentiis universis memoratis filiis Chepani et eorum successoribus tamquam ius eorum hereditarium restituimus et reliquimus perpetuo pacifice possidendam, comiti et iobagionibus castri Sirmiensis, quicunque fuerit pro tempore, silentium perpetuum imponentes. In cuius rei memoriam, firmitatemque perpetuam presentes concessimus litteras dupplicis sigilli nostri munimine roboratas. Datum per manus magistri Benedicti ecclesie Orodiensis prepositi, aule nostre vicecancellarii, dilecti et fidelis nostri. Anno domini millesimo, CC. septuagesimo secundo, sexto kalendas may, indictione quinta decima, regni autem nostri anno secundo. Venerabilibus patribus Philippo Strigoniensi, Stephano Colocensi aule nostre cancellario et Johanne Spalatensi archiepiscopis, Lamperto Agriensi, Briccio Chenadiensi, Job Quinqueecclesiensi, Philippo Vaciensi aule domine regine cancellario, Paulo Vesprimiensi, Thymotheo Zagrabiensi, Lodomerio Varasdiensi,

Dyonisio Jauriensi et Petro Transilvano, episcopis ecclesias dei feliciter gubernantibus. Moys palatino comite Supruniensi et iudice Comanorum, Nicolao iudice curie nostre comite Symigiensi, Egidio magistro tavernicorum comite Posoniensi, Joachino bano totius Sclavonie, Matheo woywoda Transilvano comite de Zounuk, Laurentio bano de Scevrino comite de Dobuka, Petro magistro dapiferorum comite Gueske, Alberto magistro agazonum comite de Scibinio, Philippo magistro princernarum, Paulo comite Bachiensi, Gregorio magistro tavernicorum domine regine comite Castriferrei, Ponyth bano comite Zaladiensi, Petro comite Albensi, Mychaele comite Nitriensi et aliis quam pluribus comitatus regni tenentibus et honores.

Fejer Cod. dipl. Hung. VI. 2., 393—396. veli: »Ex originali pergamena oblonga, optime conservata; sigillum de zona rubro albo cerulea pendens avulsum«. — (U drž. arkivu budim. mi ne nadjosmo.).

73.

1272, prije 20. maja.

Stjepan kralj ugarski i hrvatski potvrdjuje listinu bana Joakima od 24. augusta 1275. za Turopoljce.

Stephanus dei gracia Vngarie, Dalmacie. Croacie, Rame, Seruie, Gallicie, Lodomerie, Cumanie, Bulgarieque rex omnibus Christi fidelibus presentes litteras inspecturis salutem in omnium saluatore. Ad vniuersorum noticiam tenore presencium volumus peruenire, quod Stanysk filius Waracysk iobagio castri Zagrabiensis cum generacione sua ad nostram accedens presenciam exhibuit nobis litteras priuilegiales Joachini bani tocius Sclauonie dilecti et fidelis nostri sub pendenti sigillo super libertate sua et suorum cognatorum supplicando humiliter, ut confectas easdem nostro priuilegio confirmare dignaremur, quarum tenor talis est: *(Gl. listinu od 24. augusta 1271.).* Nos igitur ad peticionem predicti Stanysk et suorum cognatorum, fauorabiliter inclinati, id quod per predictum Joachinum banum fidelem nostrum super libertate eorum actum est, ratum habentes et acceptum, litteras eiusdem bani de verbo ad verbum presentibus inseri facientes auctoritate presencium litterarum nostrarum confirmamus dupplicis sigilli nostri munimine roborando. Datum per manus magistri Benedicti preposti Orodiensis, aule nostre vicecancellarii dilecti et fidelis nostri, anno domini millesimo CC° septuagesimo secundo, regni autem nostri anno secundo. Venerabilibus

patribus Philipo Strigoniensi, Stephano Colocensi aule nostre cancellario
et Johanne Spalatensi archiepiscopis, Lamperto Agriensi, Briccio Chanadiensi, Job Quinqueecclesiensi, Philipo Waciensi, Paulo Wesprimiensi,
Tymotheo Zagrabiensi, Lodomiro Waradiensi, Dionisio Jauriensi, Petro
Transsiluano episcopis ecclesias dei feliciter gubernantibus; Moys palatino comite Soproniensi iudice Cumanorum, Nicolao iudice curie nostre
comite Simigiensi, Egidio magistro tauernicorum comite Posoniensi,
Joachino bano tocius Sclauonie, Matheo wayuoda Transsiluano comite de
Zonuk, Laurencio bano de Zeurino, comite de Doboka, Petro magistro
dapiferorum comite de Gecke, Alberto magistro agazonum comite de
Zybinio, Philipo magistro pincernarum, Paulo bano comite Bachiensi,
Gregorio magistro tauernicorum domine regine comite Castriferrei, Ponich
bano comite Zaladiensi Michaele comite Nittriensi· aliisque quam pluribus comitatus regni nostri tenentibus et honores.

*Iz originalne potvrde kralja Vladislava od g. 1514. u arkivu općine
turopoljske.*

Fejér Cod. dipl. Hung. V. 1., 196.

Laszowski Spomenici Turopolja I. 26—27.

74.

1272, 9. maja.

*Stjepan kralj ugarski i hrvatski potvrdjuje povelju kralja Bele od
21. novembra 1251. glede Jalšovca.*

Stephanus dei gracia Hungarie, Dalmacie, Croacie, Rame, Seruie,
Gallicie, Lodomerie, Comanie, Bulgarieque rex omnibus Christi fidelibus
presentem paginam inspecturis salutem in salutis largitore. Ad vniuersorum noticiam harum serie volumus peruenire, quod Laurencius filius
Chund de genere Raad ad nostram accedens presenciam exhibuit nobis
priuilegium Bele regis pie recordacionis patris nostri karissimi super
quibusdam terris Cursowch videlicet, Pazada Blathka et terra matris
Fulkonis vocatis ex donacione regia eidem collatis confectum, petens
humiliter, vt ipsum priuilegium ratum habere et nostro dignaremur priuilegio confirmare. Cuius quidem priuilegii tenor talis est:

. · *(Slijedi listina kralja Bele od 21. novembra 1251.)*

.. · Nos igitur ad iustas peticiones eiusdem comitis Laurencii fauorabiliter inclinati dictum priuilegium karissimi patris nostri ratum habentes
et acceptum de uerbo ad uerbum presentibus inseri fecimus et nostro
duximus priuilegio confirmandum dupplicis sigilli nostri munimine robo-

rando. Datum per manus magistri Benedicti Orodiensis ecclesie prepositi dilecti et fidelis aule nostre vicecancellarii, anno domini M⁰ CC⁰ septuagesimo secundo, septimo idus maii, indiccione quinta decima, regni autem nostri anno secundo. Venerabilibus patribus Philippo Strigoniensi, Stephano Colocensi aule nostre cancellario et Johanne Spalatensi archyepiscopis, Lamperto Agriensi, Job Quinqueecclesiensi, Briccio Chanadensi, Philippo Wacyensi aule domine regine cancellario, Paulo Wesprimensi, Timoteo Zagrabiensi, Lodomerio Waradiensi, Dyonisio Jauriensi et Petro Transiluano episcopis ecclesias dei feliciter gubernantibus. Moys palatino comite Supruniensi et iudice Comanorum, Nicolao iudice curie nostre comite Simigiensi, Egidio magistro tauarnicorum nostrorum comite Posoniensi, Johachino bano tocius Sclauonie, Matheo wayuoda Transiluano comite de Zonuk, Laurencio bano de Zeurino comite de Dobuka Petro magistro dapiferorum comite de Guechke, Alberto magistro agazonum, comite de Zybinio Philippo magistro pincernarum, Paulo bano comite Bachiensi, Gregorio magistro tauarnicorum domine regine comite Castri Ferri, Ponit bano comite Zaladiensi, Mychaele comite Nitriensi aliisque quam pluribus comitatus regni nostri tenentibus et honores.

Iz prijepisa Sigismundova od 8. decembra 1392. — Prijepis nalazi se u kr. ug. drž. arkivu u Budimpešti M. O. D. L. no. 33.707. Stara signatura N. R. A. fasc. 1501. no. 16.

75.

1272, 27. maja.

Stjepan kralj ugarski i hrvatski potvrdjuje zakladu, koju je učinio Bužan kanonik-pojac crkve zagrebačke glede jutarnje mise, koja bi se imala pjevati svaki dan u slavu bl. djev. Marije.

Stephanus dei gracia Hungarie, Dalmacie, Chroacie, Rame, Seruie, Gallicie, Lodomerie, Cumanie, Bulgarieque rex. Omnibus Christi fidelibus presentes litteras inspecturis salutem in omnium salvatore. Ad universorum noticiam harum serie volumus pervenire, qualiter quod discretus vir magister Buza condam cantor Zagrabiensis ecclesie bone memorie, dum adhuc viveret et bona valetudine constitutus, compos sui, zelum devocionis divine et beate Marie virginis titulum et honorem pre oculis retinendo, considerans quid gracius quid accepcius intra humane servitutis obsequia domino posset offerri, hanc porcionem salutis medicinam elegit, per quam salus omnium aquiritur animarum: ut singulis diebus in honorem beate virginis circa crepusculum diei in cathedrali ecclesia Zagrabiensi pro communi utilitate omnium fidelium commeancium et laborancium missa indesinenter debeat decantari, sicut eciam eiusdem misse beate virginis in eadem ecclesia ante celebris habebatur, ad hoc ministerium exercendum duobus   ~rdotibus institutis. Et quoniam qui altari servit debet vivere de altari, ın sustentacionem eorumdem sacerdotum idem magister Buza inter vivos ordinavit, dedit et contulit in perpetuum beneficium eiusdem misse quod¹am predium ad Othok vicinum cum omnibus pertinenciis et utilitatibus eiusdem prope fluvium Sawa. Contulit eciam duos servos Budulo scilicet et Ochuz cum matre eorumdem. Item unam vineam sitam in Jelseuch inter territorium capituli Zagrabiensis. Ne vero procedente tempore a memoria decidat et labatur, quod pia ordinacione eiusdem magistri Busan(!) cantoris fuerat institutum, ad peticionem fidelium nostrorum capituli Zagrabiensis collacionem, donacionem et ordinacionem huiusmodi ex certa sciencia authoritate duximus regia confirmandum. In cuius rei memoriam presentes concessimus litteras duplicis sigilli nostri munimine roboratas. Datum per manus magistri Benedicti prepositi Orodiensis aule nostre vicecancellarii dilecti et fidelis nostri. Anno domini MCCLXX secundo. Venerabilibus patribus Philippo Strigoniensi, Stephano Colocensi aule nostre cancellario et Joanne Spalatensi archiepiscopis; Lamperto Agriensi, Job Quinqueecclesiensi, Briccio Chenadiensi, Philippo Waciensi aule domine regine cancellario, Petro Vesprimiensi, Thymotheo Zagrabiensi, Lodomerio Varadiensi, Dionisio Jauriensi et Petro Transilvano episcopis ecclesias dei feliciter gubernantibus, Moys palatino comite Supruniensi iudice Cumanorum, Nicolao iudice curie comite Symegiensi, Egidio magistro tavarnicorum comite Posoniensi, Joachimo bano tocius Sclauonie, Matheo voyvoda Transilvano comite de Zonuk, Laurencio bano de Zewrino comite de Doboca, Petro magistro dapiferorum comite de Guesche, Alberto magistro agazonum comite de Sybino, Philippo magistro pincernarum, Paulo bano comite Baachyensi, Gregorio magistro tavarnicorum domine regine comite Castri ferrei, Ponych bano comite Zaladiensi, Michael comite Nitriensi et aliis quam pluribus comitatus regni nostri tenentibus et honores.

Original u arkivu jugoslavenske akademije. — Prijepisi kralja Lju-
devita I. i Sigismunda nalaze se u nadbiskupskom arkivu zagrebačkomu
u potonjem zapisniku.

Tkalčić Monum. episcop. Zagrab. I. 164. i Monum. civit. Zagrab. I.
47—48. — Wenzel Cod. dipl. Arpad. cont. XII. 56. donosi regest. —
Kukuljević Reg. no. 1071.

76.

1272, 29. maja.

Stjepan kralj ugarski i hrvatski potvrdjuje listinu bana Rolanda (od god. 1266. 20. augusta), kojom ovaj dosudjuje zemlju Jalez Ambrosiju i Benku.

Stephanus dei gracia Hungarie, Dalmacie, Croacie, Rame, Seruie, Gallicie, Lodomerie, Cumanie, Bulgarieque rex omnibus presens scriptum inspecturis salutem in omnium saluatore. Ad uniuersorum noticiam harum serie volumus peruenire, quod Ambrosius et Benk filii Wytalus de Cranisa pula iobagiones castri Zagrabiensis ad nostram accedentes presenciam exhibuerunt nobis priuilegiales litteras Rolandi quondam bani tocius Sclauonie dilecti et fidelis nostri, petentes cum instancia, vt ipsas ratas habere et nostro dignaremur priuilegio confirmare, quarum quidem tenor talis est:

(Gledaj listinu Rolanda bana od 20. augusta 1266.)

Nos itaque iustis precibus eorundem Ambrosii videlicet et Benk inclinati ipsas priuilegiales litteras de uerbo ad uerbum presentibus insertas auctoritate presencium duximus confirmandas. Datum per manus magistri Benedicti prepositi Orodiensis aule nostre vicecancellarii dilecti et fidelis, anno domini M⁰CC⁰ septuagesimo secundo, quarto kalendas iunii, indiccione XV. regni autem nostri anno secundo, venerabilibus patribus Phylippo Strigoniensi, Stephano Colocensi aule nostre vicecancellario et Johanne Spalatensi archiepiscopis, Lampertho Agriensi, Job Quinqueecclesiensi, Briccio Chenadiensi, Phylyppo Wachiensi aule domine regine cancellario, Paulo Wesprimiensi, Tymotheo Zagrabiensi, Lodomerio Waradiensi, Dyonissio Jauriensi et Petro Transsiluano episcopis ecclesias dei feliciter gubernantibus. Moys palatino comite Suproniensi et iudice Cumanorum, Nicholao iudice [curie nostre] comite Symigiensi, Egidio magistro tauarnicorum comite Posoniensi, Joachyno bano tocius Sclauonie, Matheo waywada Transsiluano comite de Zonuk, Laurencio bano de Zeurino comite de Doboka, Petro magistro [dapiferorum] nostrorum comite de Guecke, Alberto magistro agasonum nostrorum comite de Scibinio, Phylyppo magistro pincernarum nostrorum, Paulo bano comite Bachyensi, Gregorio magistro tauarnicorum domine regine comite Castri ferrei, Ponich bano comite Zaladiensi, Michaele comite Nitriensi et aliis quam pluribus comitatus regni tenentibus et honores.

Original u arkivu jugoslavenske akademije u Zagrebu Diplomata a. 1266. — Listina je vrlo oštećena: no vide se tragovi, gdje je visjela vrvca za pečat.

77.

1272, 1. juna.

Stjepan kralj ugarski i hrvatski potvrdjuje privilegija grada Varaždina navedena u listini kralja Bele od g. 1242.

Stephanus dei gracia Hungarie, Dalmacie, Croacie, Rame, Seruie, Gallicie, Lodomerie, Comanie, Bulgarieque rex omnibus ad quos presens scriptum pervenerit salutem in omnium salvatore. Ad universorum noticiam harum serie volumus pervenire, quod accedentes ad nostram presenciam hospites de Worosdino nobis humiliter supplicarunt, ut privilegium libertatis ipsorum karissimi patris nostri domini Bele illustris regis clare memorie nostro dignaremur privilegio confirmare Cuius quidem privilegii tenor talis est: Bela dei gracia . . . . *(Vidi listinu kralja Bele od god. 1242.)* . . . . . . bono statui consulere cupientes regio cum favore ipsum priuilegium . . . . . . de verbo ad verbum presentibus insertum auctoritate presencium confirmamus . . . . eisdem concessimus litteras dupplicis sigilli nostri munimine roboratas. Datum per manus magistri Benedicti Orodiensis ecclesie preposti aule nostre vicecancellarii dilecti et fidelis nostri. (Anno ab incarnacione domini millesimo ducentesimo) septuagesimo secundo, indiccione quinta decima, kalendas iunii, regni autem nostri anno secundo. Venerabilibus patribus Philippo Strigoniensi, Stephano Colocensi, aule nostre cancellario . . . . . [Lamperto] Agriensi, Job Quinqueecclesiensi, Briccio Chanadiensi, Philippo Waciensi, aule domine regine cancellario, Paulo Vesprimiensi, Tymotheo Zagrabiensi, Lodomerio Waradiensi, . . . [Petro] Transilvano episcopis ecclesias dei feliciter gubernantibus. Moys palatino comite Supruniensi iudice Cumanorum, Nicholao iudice curie nostre comite Simigiensi, Egidio magistro tawarnicorum . . . . . . [Joa]chino bano tocius Sclauonie, Matheo woyvoda Transilvano comite de Zonuk, Laurencio bano de Zeurino comite de Doboka, Petro magistro dapiferorum comite de Guecke . . . . . agazonum comite de Zybinio, Philippo magistro pincernarum, Paulo bano comite Bachiensi, Gregorio magistro tavarnicorum domine regine comite Castri ferrei, Ponich bano comite Zaladiensi, Michaele comite Nitriensi et aliis quam pluribus comitatus regni nostri tenentibus et honores.

Original u sredini oštećen, na crvenoj svilenoj vroci visi slomljeni pečat; u arkivu grada Varaždina fasc. I. no. 8.
Kukuljević Reg. no. 428.

78.

1272, 8. juna. U Topuskom.

Stjepan kralj ugarski i hrvatski potvrdjuje plemićima Marinu itd.
darovnicu kralja Bele (od 1258. 12. jula) za imanje Kostajnice.

Stephanus dei gracia Hvngarie, Dalmacie, Croacie, Rame, Seruie, Gallicie, Lodomerie, Cvmanie, Bulgarieque rex omnibus ad quos presens scriptum peruenerit salutem in omnium saluatore. Regali solet munificencia et presidio roborari, quod a partibus bene gestum fuerat et auctoritate iudiciaria terminatum, presertim quod principalis auctoritas dudum noscitur confirmasse. Vniuersorum igitur noticie volumus fieri manifestum, quod nobis in Toplica in baronum nostrorum presencia iudicantibus, edicto premisso publice, ut omnes causatores nobis pro tribunali sedentibus adesse deberent peremptorie, nobiles Maryn scilicet, Petrus et Johannes filii Hetynk ad nostram accedentes presenciam, foro instante iudiciali proposuerunt, se super terra Kaztanicha per fratrem G. magistrum domus milicie Templi per Vngariam et Sclauoniam in iudicium euocatos, exhibentes priuilegium patris nostri clare memorie super ista terra confectum, idque cum instancia postulantes, cum ex parte eiusdem magistri domus milicie Templi non appareret aliquis responsalis, nostro dignaremur priuilegio confirmare. Cuius quidem priuilegii nobis exhibiti tenor talis est:

(Slijedi listina kralja Bele od 4. jula 1258.)

Nos itaque preces eorundem fidelium nostrorum, Maryn scilicet et fratrum suorum, regali beneuolencia attendentes, prefatum priuilegium nobis, sicut prediximus, in baronum nostrorum presencia pro tribunali sedentibus presentatum, in eternam rei memoriam et perpetuam firmitatem auctoritate presencium confirmamus. In cuius rei testimonium presentes concessimus litteras dupplicis sigilli nostri munimine roboratas. Datum per manus magistri Benedicti Orodiensis ecclesie preposti aule nostre vicecancellarii dilecti et fidelis nostri, anno domini millesimo ducentesimo septuagesimo secundo, indiccione quintadecima, sexto idus iunii, regni autem nostri anno secundo. Venerabilibus patribus Philippo Strigoniensi, Stephano Colocensi aule nostre cancellario et Johanne Spalatensi archiepiscopis; Lamperto Agriensi, Job Quinqueecclesiensi, Briccio Chanadiensi, Philippo Waciensi aule domine regine cancellario, Paulo Wesprimiensi, Tymotheo Zagrabiensi, Lodomerio Waradiensi, Dionisio Jauriensi et Petro Transiluano episcopis ecclesias dei feliciter gubernantibus. Moys palatino comite Supruniensi, iudice Cvmanorum, Nicholao iudice curie comite Simigiensi, Egidio magistro tauarnicorum comite Posoniensi, Joachino bano tocius Sclauonie, Matheo woyuoda Transiluano comite de Zonuk, Laurencio bano de Zeurino comite de Doboka, Petro magistro dapiferorum comite de Guechke, Alberto magistro agazonum comite de Zibinio, Philippo magistro pincernarum, Paulo bano comite Bachiensi, Gregorio magistro tauarnicorum domine regine comite Castri ferrey, Ponich bano comite Zaladiensi, Michaele comite Nitriensi et aliis quam pluribus comitatus regni nostri tenentibus et honores.

Original, pečat otpao sa svilene vrvce žuto-zelene boje; u kr. ug. drž arkivu u Budimu M. O. D. L. no. 783. (Stara signatura N. R. A. fasc. 457. no. 24.) — Na hrptu nešto poznija bilješka: »super confirmacione Coztonnicha Mareno Petri et Johanni.

Wenzel. Cod. dipl. Arpad. cont. VIII. 384—386. — Kukuljević Reg. no. 1064.

79.

1272, 14. juna. U Spljetu.

Nadbiskup spljetski Ivan, uspostavlja vlast ninskoga biskupa u žu-paniji Ličkoj.

In nomine dei eterni amen. Anno incarnationis eiusdem 1272, inditione 15., die 14. intrante iunii, regnante domino nostro Stephano serenissimo rege Vngarie, temporibus domini Joannis venerabilis Spalatensis archiepiscopi, domini Joachini Pectari bani (tocius) Sclauonie comitis, domini Vulchet egregii potestatis, Dobri Dusizze, Vulcine . . . . iudicum. Nos Joannes dei gratia Spalatensis archiepiscopus ad uniuersorum presentium et futurorum harum serie plenam notitiam uolumus deuenire, quod suscepta regiminis cura venerande sedis ecclesie Spalatensis, dolentes et gementes reperimus et inuenimus ipsam de sua antiqua dignitate, sufraganeorum videlicet pluralitate, possessionum prouenientium multitudine et prouinciarum (parochiarum) numero, predecessorum nostrorum indulgentia, multifarie multisque modis spoliatam, quinimo pene totaliter suffocatam et suis iuribus destitutam. Cuius desolationis tacti dolore cordis intrinsecus, totis precordiis compatientes et ipsius reparationi studium pro posse adhibentes, ab ipso primordio nostri aduentus fama celebri multorumque nobilium relatione precepimus, prouinciam Licha ad prefatam sedem Spalatensem pertinuisse et ideo cum consilio et cum consensu nostri capituli predictam prouinciam Lica ad ius et proprietatem beati Domnii resumere uolebamus, domino regi

contra venerabilem fratrem nostrum dominum Stephanum episcopum Nonensem graues querimonias faciendo et ipsum in causam coram ipso
attrahendo. Cumque tale negotium diu coram domino rege inter nos
verteretur, predictus dominus Nonensis episcopus supplicauit nobis sepe
sepius humiliter, priuilegiorum suorum munimenta allegando et suam
iusticiam declarando, sibi misericorditer in hac parte assentire. Quapropter
nos et capitulum Spalatense deum habentes pre oculis, ius et honorem
Nonensis ecclesie cupientes et uolentes, sic[ut] debemus et tenemur ex
officio nobis iniuncto integraliter confirmare et conseruare, ueritati et non
fame innitentes, super eadem questione cum nostro capitulo aliisque sapientibus et religiosis viris deliberatione habita et consilio diligenti predictam prouinciam Lica cum omnibus suis iuribus et pertinenciis per nos
et capitulum nostrum ac successores nostros, precipue cum in eadem
questione nichil iuris penitus habeamus, saluo secundum morem patrie
visitationis officio venerabili fratri nostro Stephano Nonensi episcopo et
eius successoribus nostre Nonensi ecclesie realiter et personaliter pacifice
ac quiete relinquimus perpetuo possidendam: renuntiantes et cedentes
totaliter questioni. In cuius rei memoriam perpetuam et noticiam pleniorem,
presentem cessionem atque reformationem nostro nostrique capituli sigillis
pendentibus iussimus comuniri. Actum in Spalato in presentia et testimonio nobilium virorum Martini Grisogoni, Josephi Petri et Martini Simeonis in palatio . . . . . Ego . . . . . dominus Lucas canonicus et
iuratus notarius Spalatensis his interfui et mandato ac precepto domini
archiepiscopi nec non et capituli, ut audivi scripsi, complevi et roboravi.

Iz listine kralja Stjepana od god. 1272. 8. jula; ova iz notarskoga prijepisa od god. 1342. 12. oktobra, koji se nalazi u knjizi XVII. vijeka: »Privileggi di Nona« fol. 14—18. u gubern. arkivu u Zadru s mnogo pogrješaka.

Farlati Illyr. sacrum. III. 285--286. donosi potpuno po originalu arkiva crkve ninske, koji prijepis i mi donosimo. — Ib. IV. 218—219. sadržaj. — Kukuljević Jura regni I. 81—82. po Farlatu. — Kukuljević Reg. no. 1066.

80.

1272, 17. juna.

Stjepan kralj ugarski i hrvatski na prošnju Timoteja biskupa za- grebačkoga potvrdjuje povlastice svojih prešastnika Andrije i Bele dane crkvi zagrebačkoj.

In nomine sancte trinitatis et individue unitatis. Amen. Stephanus
dei gracia Hungarie, Dalmacie, Croacie, Rame, Seruie, Gallicie, Lodo-

merie, Cumanie, Bulgarieque rex in perpetuum. Omnibus presentem paginam inspecturis in eo qui regibus dat salutem. Summa est deuocio regie maiestatis, que pro religione facit ecclesiastice libertatis, hanc enim saluator noster sibi sponsam elegit, que ex uiuis constructa lapidibus foret habitaculum fidelium animarum, per hanc reges regnant et principes dominantur, que sola eum fiducia sub integritate fidei et innocencia vite deo creatori nostro animas representat, quitquid huic impertitum fuerit vel largitum, in eternitatis speculo gloriose retribucionis premio compensatur. Proinde deuotas preces et instanciam venerabilis patris Thymothei episcopi Zagrabiensis ecclesie dilecti et fidelis nostri ac capituli eiusdem recepimus continentem, ut priuilegium Andree regis illustris, aui nostri, sub bulla aurea habitum et obtentum accedente ad idem priuilegio confirmacionis domini Bele regis serenissimi patris nostri clare memorie, super emunitate libertatis Zagrabiensis ecclesie et populorum spectantium ad eandem in nostra et baronum nostrorum presencia seriatim exhibita et perlecta in signum gracie specialis dignaremur auree bulle nostre caractere communire. Quorum quidem priuilegiorum tenor insertus talis est:

(Slijedi listina kralja Bele od god. 1269.)

Nos itaque illustrium progenitorum nostrorum regum Hungarie vestigiis inherendo, ipsam Zagrabiensem ecclesiam ex benignitate celsitudinis regie prosequi cupientes, presertim ob deuocionem sancti regis Ladizlai, qui eliminatis gentilitatis erroribus in ducatu Sclauonie Zagrabiensis ecclesie instructor sanctissimus exstitit et fundator. Attendentes nichilominus piis consideracionis oculis deuocionem venerabilis patris Thymothei episcopi Zagrabiensis, opere mirifico et plurimum sumptuoso quasi dissolutam in sui corpore a primo fundamento ipsam Zagrabiensem ecclesiam reparamento, ut in eo innocenciam vite, amorem domus dei et dispensacionem in rebos ecclesiasticis prouidam ipsius ecclesie sibi tradite restauracio fateretur, prefata priuilegia aui scilicet nostri sub aurea bulla et patris nostri subsequentis, de verbo ad verbum inserta, presentibus in singulis articulis concesse et tradite libertatis, ex certa sciencia rata et grata habentes, ex regali munificencia confirmamus, auree bulle nostre caracterem presentibus in eternam rei memoriam propriis manibus inserentes, sub interminacione maiestatis regie interdicentes omnino, ne cuiquam bano pro tempore constituto, eciam de styrpe regia descendenti, vel cuilibet comiti, seu iudici, cuiuscumque status vel dignitatis existat, liceat populos ipsius episcopi et capituli Zagrabiensis in aliqua causa vel maleficio seu excessu quolibet iudicare, vel iurisdiccionem in eis aliquam vendicare, sed solius episcopi et officialium suorum in premissis omnibus subiaceant potestati. Nec collectam marturinarum vel quamlibet aliam, aut descensum violentum exigere ab eisdem populis banus vel officiales eius presumant contra indultam et traditam tociens libertatem, penas diuini iudicii et acrimonie debite subiturus, superius annotatas, si quis presumpcione temeraria contrauenire prosumpserit in aliquo premissorum. Datum per manus venerabilis patris Stephani archiepiscopi Colocensi aule nostre sumpmi cancellarii, dilecti et fidelis nostri. Anno dominice incarnacionis MCCLXX secundo, XV. kalendas iulii, indiccione quintadecima, regni autem nostri anno tercio. Venerabilibus patribus Philippo Strigoniensi et perpetuo comite loci eiusdem, fratre Johanne de generacione Buzad Spalatensi archiepiscopis; Lamperto Agriensi, Briccio Chanadiensi, Job Quinqueecclesiensi et comite Musuniensi, Philippo Waciensi aule domine regine cancellario, Paulo Wesprimiensi, Thymotheo Zagrabiensi, Lodomerio Waradiensi, Dyonisio Jauriensi et Petro Transilvaniensi episcopis, ecclesias dei feliciter gubernantibus. Magistro Benedicto preposito Orodiensi, aule nostre vicecancellario, magistro Andrea comite capelle nostre, preposito Jauriensi, Moys palatino comite Supruniensi iudice Cumanorum, Nycolao iudice curie nostre comite Symigiensi, Egidio magistro tawarnicorum nostrorum et comite Posoniensi Joachino bano tocius Sclauonie, Matheo woyauoda Transilvano et comite de Zonuc, Laurencio bano de Sceurino et comite de Doboca, domino Anselmo comite de Kewe et de Crasu, Rolando bano perpetuo comite de Kemluc, Petro magistro dapiferorum nostrorum et comite de Guechca, Alberto magistro agasonum nostrorum et comite de Scybino, Philippo magistro pincernarum nostrarum, Paulo bano comite Bachiensi, Ernerio bano comite Varosdiensi, Gregorio magistro tavarnicorum domine regine et comite Castri ferrei, Ponich bano comite Zaladiensi, Petro comite Albensi, Selka comite Jauriensi, Baas comite Zulgageuriensi, Mychaele comite Nytriensi, Mychaele de genere Chak comite Wesprimiensi, Erdeu comite de Tholna, Alexandro comite de Barana et armigerorum nostrorum, Stephano magistro agazonum domine regine et comite Tychiniensi, Demetrio comite de Zotmar et de Carasna et aliis quampluribus comitatus regni tenentibus et honores.

Iz prijepisa kaptola čazmanskoga od god. 1444. u arkivu kaptola zagrebačkoga fasc. 13. br. 91.

Tkalčić Monum. episc. Zagrab. I. 162—163. i Monum. civit. Zagrab. I. 48—49. — Farlati Illyr. sacrum. V. 376. — Wenzel Cod. dipl. Arpad. cont. XII. 55. donosi regest. — Kukuljević Reg. no. 1068.

81.

1272, 24. juna.

Stjepan kralj ugarski i hrvatski potvrdjuje biskupiji ninskoj posjed županije Luke prema listini nadbiskupa spljetskoga (od 14. juna 1272.)

Stephanus dei gratia Vngarie, Dalmatie, Crouatie, Rame, Seruie, Gallitie, Lodomerie, Cumanie, Bulgarieque rex omnibus Christi fidelibus presens scriptum inspecturis salutem in uero salutari. Vt questiones legitime discussas et per figuram iudicii uel litis renuntiationem vite terminatas regalis pietatis sublimitas suorum priuileggiorum testimonio muniat et confirmet, equitas suadet, ratio postulat, ius requirit, cum inconcussum permaneat, quod regio patrocinio comunitur. Proinde ad uniuersorum noticiam tenore presentium uolumus peruenire, quod cum statim post coronationem nostram inter venerandum patrem fratrem Joannem de genere Bucat archiepiscopum Spalatensem ab una parte et inter Stephanum episcopum Nonensem super prouintia de Luca et eius decimatione seu iuribus ex altera fuisset coram nobis grauis materia questionis suscitata et partes hinc inde aliquamdiu fuissent laboribus et expensis fatigate, tandem idem venerandus pater Nonensis episcopus ad nostram accedens presentiam exhibuit nobis priuilegiales litteras predicti archiepiscopi Spalatensis et capituli sui pendentibus sigillis suis comunitas super. decisione questionis huiusmodi datas pariter et concessas, petens cum instantia, ut cum ecclesia Nonensis in suorum(!) conseruatur id, quod per prefatum archiepiscopum circa decisionem huiusmodi questionis factum est ratum habere et nostro dignaremur priuilegio confirmare. Quarum quidem litterarum tenor talis est:

(Slijedi listina Ivana spljetskoga nadbiskupa od 14. juna 1272.)

Nos itaque cum ex forma litterarum eorundum edocti, cum etiam per testimonium Rolandi bani aliorumque nobilium informati, nec non ex serie instrumenti Nonensis ecclesie edocti, quod prouintia Lica et eius decimatio nunquam ad Spalatensem ecclesiam, sed semper et pacifice ad prefatum Nonensem episcopum et ecclesiam suam pertinere debet, de iure pertinendo suadente, iuris equitate litteras easdem ratas habentes et acceptas et inseri de uerbo ad uerbum facientes presentibus confirmamus duplicis sigilli nostri munimine roborando, uolentes, ut de cetero Nonensis episcopus et eius ecclesia iurisdictionem diocesalem in ipsa exercendo prouintiam, decimationibus suis et aliis iuribus perpetuo perfruantur. Datum per manus magistri Benedicti prepositi Orodiensis

ecclesie aule nostre vicecancellarii dilecti fidelis nostri anno domini millesimo ducentesimo septuagesimo secundo indictione, quinta [decima 8.
kalendas iulii], anno regni nostri tertio venerabilibus . . . . aule
nostre cancellario et Johanne Spalatensi archiepiscopo . . . . Briccio
Chanadiensi, Job Quinqueecclesiensi, Petro Transiluano episcopis ecclesias
domini feliciter gubernantibus, Moys palatino comite Supruniensi iudice
Cumanorum, Nicolao iudice curie comite Simigiensi, Egidio magistro
tauarnicorum comite Posoniensi, Joachino bano tocius Sclauonie, Matheo
voyuoda Transiluano, Laurencio bano de Ceurino(!) comite de Doboca,
Petro magistro dapiferorum comite Buca(!) Albanto(!) magistro pincernarum, Paulo bano comite Bachiensi, Gregorio magistro tauarnicorum
domine regine comite Castriferrei, Ponith bano comite Caladiensi(!),
Michaele comite Nitriensi et aliis quam pluribus comitatus regni tenentibus et honores.

*Iz not. prijepisa od g. 1342. 12. oktobra, koji se nalazi u kopijal. knjizi
XVII. vijeka »Privileggi di Nona« fol. 14—18. u gubern. arkivu u Zadru.
Farlati Illyr. sacrum. III. 286. donosi potpuno po izvorniku iz arkiva
ninskoga, samo nedonosi imenik biskupa i dostojanstvenika. Ib. IV. 219.
spominje. — Fejér V. 1., 246—249. — Kukuljević Reg. no. 1069.*

82.

1272, 25. juna.

*Stjepan kralj ugarski i hrvatski potvrdjuje darovnicu bana Rolanda
(od 16. augusta 1266.) vrhu zemlje Četiglavac biskupiji ninskoj.*

Stephanus dei gratia Vngarie, Dalmatie, Crouatie, Rame, Seruie, Gallitie, Boemie(!), Carintie(!), Bulgarieque rex omnibus presentem paginam
inspecturis salutem in omnium saluatore. Summa est deuotio regie maiestatis, que pro religione facit ecclesiastice utilitati, hanc enim saluator
noster sibi sponsam elegit, que ex uiuis constructa lapidibus foret habitaculum fidelium animarum, per hanc reges regnant et principes dominantur, que sola cum fiducia sub integritate- fidei et in uocantia uite
deo creatori nostro animos representat, quitquid hinc impartitum fuerit
uel largitum, in eternitatis speculo gloriose retributionis premio conpen-
satur. Proinde ad uniuersorum presencium quam posterorum noticiam
harum serie uolumus peruenire, quod venerandus pater Stephanus miseratione diuina None episcopus dilectus et fidelis noster, ad nostram
accedens presentiam exibuit nobis priuilegiales litteras Rolandi olim bani
Sclauonie super collatione territorii Chetiglauaz uocata confectas petens

cum instantia, ut collationem dictoıum terrenorum ecclesie sue factam
ratam habere et ipsas litteras nostro dignaremur priuilegio confirmare,
quarum quidem tenor talis est:

(Slijedi listina bana Rolanda od 16. augusta 1266.)

Nos itaque tum propter diuini nominis cultum tum etiam pertextu
persone eiusdem venerandi patris ecclesiamque, tandem cupientes prosequi
gratiose cum fauore prenominatam collationem ipsius ecclesie de iam
dicta terra, prefatam ratam, gratam habentes pariter et acceptam, litteras
easdem de uerbo ad uerbum insertas presentibus confirmamus duplicis
sigilli nostri munimine roborando. Data per manus magistri Benedicti Orodiensis ecclesie prepositi aule nostre vicecancellarii dilecti et fidelis nostri,
anno domini millesimo ducentesimo septuagesimo secundo, septimo kalendas iulii, indicione XV., regni autem nostri anno tertio. Venerabilibus
patribus Filippo Strigoniensi, Stephano Colocensi aule nostre cancellarii
et Joanne Spalatensi archiepiscopis, Lambert Agriensi, Bricogia(!) Chanadiensi, Job Quinqueecclesiarum, Filippo aule domine regine cancellario,
Paulo Vesprimiensi . . . . Zagrabiensi . . . . Dionisio et Petro
Transiluano episcopi ecclesias dei feliciter gubernantibus . . . .
comite Supra . . . . iudice Comanorum, Nicolao iudice curie nostre
comite . . . . Egidio magistro tauarnicorum . . . . nostrorum,
comite Posoniensi, Gioachimo bano totius Sclauonie, Matheo vayuoda
Transiluano comite de Zonuk, Lauretio bano de Ceurino, comite de(!)
Petro magistro dapiferorum comite de(!) Alberto magistro agasonum comite de Zibinio, Filippo magistro pincernarum, Paulo comite Bachiensi,
Lauretio comite Bichoniensi(!), Gregorio magistro tauarnicorum domine
regine comite de Castroferreo, Ponich bano comite de Gilidiem(!), Petro
comite Albensi, Mirach comite Intiren(!) et aliis quam pluribus comitatum
[regni nostri tenentibus] et honores.

*Iz kopijal. knjige XVII. vijeka »Privileggi di Nona« fol. 9—11. u
gubern. arkivu u Zadru.*

Farlati Illyr. sacrum. IV. 219. spominje ovu potvıdu.

83.

1272, 19. jula. U Cittavechii.

*Grgur X. papa potvrdjuje darovnicu nadbiskupa spljetskoga učinjenu
Dominikancima.*

Gregorius episcopus servus scrvorum dei dilectis filiis priori et fratribus ordinis predicatorum Spalatensium salutem et apostolicam bene-

dictionem. Cum a nobis petitur quod iustum est et honestum, tam vigor equitatis quam ordo exigit rationis, ut id per sollicitudinem officii nostri ad debitum perducatur effectum. Sane petitio vestra nobis exhibita continebat, quod venerabilis frater noster Spalatensis archiepiscopus ad ordinem vestrum, cuius professioni pium habens respectum concessionem de loco, quem inhabitans a predecessoribus suis Spalatensibus archiepiscopis qui fuerint pro tempore, prout ad eos spectabat . . . . . . ratificans et approbans et considerans, quod locus predictus nimium arctus erat pro ecclesia vestra et domibus ampliandis, quandam partem horti sui archiepiscopalis iuxta locum predictum positam, capituli sui ad id accedente consensu, pia et provida liberalitate concessit, prout in patentibus litteris inde confectis ipsorum archiepiscopi et capituli sigillis munitis plenius dicitur contineri. Nos itaque vestris supplicationibus inclinati, quod super hoc provide factum est, ratum habentes et firmum, id auctoritate apostolica confirmamus et presentis scripti patrocinio communimus. Nulli ergo hominum liceat, hanc paginam nostre confirmationis infringere vel ei ausu temerario contraire. Si quis autem hoc attentare presumpserit indignationem omnipotentis dei et beatorum Petri et Pauli apostolorum eius se noverit incursurum. Datum apud Urbem Veterem XIV. kalendas augusti, pontificatus nostri anno primo.

Farlati Illyr. sacrum. III. 281. — Wenzel Cod. dipl. Arpad. cont. VIII. 396—397. — Potthast Reg. pontif. no. 20.571.

84.

1272, prije 6. augusta.

Stjepan kralj ugarski i hrvatski daje Babonićima grad Samobor za zasluge i otštetu dobara, koja im ote u Štajerskoj kralj češki Otokar.

Stephanus dei gratia Hungarie, Dalmatie, Croatie, Rame, Servie, Gallicie, Lodomerie, Cumanie, Bulgarieque rex omnibus Christi fidelibus presentes litteras inspecturis salutem in omnium salvatore. Erga celsitudinem regiam insudantes dignis congruit premiis refoveri, qui undecunque venerint divina gratia vocati, aulam poliunt maiestatis, ut funiculum distributionis recipiant inter eos, quos conversatio laudabilis, fidei unitas nostris aulicis corpore et animo sociavit. Ad universorum igitur notitiam harum serie volumus pervenire, quod comes Nicolaus de Leueberk multa servitia et diversa karissimo patri nostro clare recordationis et nobis impendit, cum in Styria fuissemus in fervore fidelitatis approbate et cum translato ipso karissimo patre nostro iure successorio regni gubernaculum adepti fuissemus deo dante, idem comes Nicolaus in guerra, quam cum rege habuimus Boemorum, fidelitates et servitia fidelitatibus cumulavit, hominibus de Styria, qui confinia regni nostri invadebant, strenue resistendo et quosdam ex eisdem crudeliter interemit; demum cum postmodum inter nos et regem Boemorum treuge et concordie fuissent ordinate, idem rex Boemorum predictum comitem Nicolaum pro eo, quia nobis servitium impendit incessanter et fidelitatem tenuit et servavit, suis castris et bonis ac possessionibus spoliavit universis, que et quas iure hereditario in Styria possidebat, eundem de Styria penitus excludendo. Nos igitur attendentes fidelitates et servitia, que idem comes Nicolaus maiestati nostre diversis temporibus exhibuit indefesse, adeo nostre celsitudini adherendo, ut proscriptionem bonorum, ablationem possessionum omnium pateretur, in recompensationem sui fidelissimi famulatus, licet propter amissionem bonorum suorum maiori foret recompensationis amplitudine refovendus, in signum tamen gratie specialis, qua eum munificentius prosequi volumus in futurum, de benignitate regia villam Zamobur vocatam, in Sclavonia existentem, cum tributo, utilitatibus et pertinentiis suis universis eidem comiti Nicolao et per eum suis heredibus heredumque suorum successoribus dedimus, contulimus et donavimus iure perperuo et inrevocabiliter possidendam et eandem sibi per Iwachinum banum totius Sclavonie, dilectum et fidelem nostrum fecimus assignari sub metis veteribus et antiquis. Ut igitur hec nostra donatio seu collatio robur perpetue firmitatis' obtineat, presentes concessimus litteras sigilli nostri duplicis munimine roborando. Datum per manus magistri Benedicti Orodiensis ecclesie preposti, aule nostre vicecancellarii, dilecti et fidelis nostri, anno domini millesimo ducentesimo septuagesimo secundo, regni autem nostri anno tertio, venerabilibus patribus Philippo Strigoniensi eiusdemque loci comite perpetuo, Stephano Colochensi aule nostre cancellario et Johanne Spalatensi archiepiscopis, Lamperto Agriensi, Job Quinqueecclesiensi comite Musuniensi, Briccio Chenadiensi, Philippo Waciensi domine regine cancellario, Paulo Wesprimiensi, Thimotheo Zagrabiensi, Lodomerio Waradiensi, Dionysio Jauriensi et Petro Transsilvano episcopis ecclesias dei feliciter gubernantibus, Moys palatino comite Supruniensi iudice Cumanorum, Nicolao iudice curie nostre comite Symigiensi, Egidio magistro tavarnicorum comite Posoniensi, Iwachino bano totius Sclavonie, Matheo voyavoda Transilvano comite de Zonuk, Laurentio bano de Zeurino comite de Dobuka, Petro magistro dapiferorum comite de Guechke, Alberto magistro agazonum comite de Zybynio, Philippo magistro pincernarum, Paulo bano comite Bachiensi, Gregorio magistro tavarnicorum domine regine comite Castri

Ferrei, Ponyth bano comite Zaladiensi, Michaele comite Nitriensi et aliis quampluribus comitatus regni nostri tenentibus et honores.

Thallóczy-Barabaš Cod. Blag. 21—23. no. 11. — Kukuljević Reg. no. 1070.

85.

1272. Prije 6. augusta.

Stjepan kralj ugarski i hrvatski dosudjuje nadbiskupu ostrogonskom dohodak desetine komorske i preko Drave.

Nos Stephanus dei gratia Hungarie, Dalmatie, Croatie, Rame, Servie, Gallicie, Lodomerie, Cumanie, Bulgarieque rex pro memoria significamus universis presentium per tenorem, quod inter veneiabilem patrem Philippum archiepiscopum Strigoniensem et perpetuum comitem loci eiusdem dilectum et fidelem nostrum ex una parte et inter Lorandum banum, cui collectam nostram septem denariorum ultra Dravam pro lucro camere dedimus et donavimus, super decima ipsius collecte. orta coram nobis materia questionis; ipso venerabili patre archiepiscopo Strigoniensi petente et vendicante decimas ex ipsa sibi et ecclesie sue debitas: tum ex privilegio, tum ex antiqua consuetudine, cuius non exstat memoria; in contrarium autem Lorando negante et asseverante: de collecta lucri camere ultra Dravam nusquam archiepiscopum Strigoniensem percepisse, quamvis iure communi intentio venerabilis patris archiepiscopi Strigoniensis iuvaretur pro eo, quod ei, cui decima camere, per totum regnum debebatur, per consequens et decima lucri camere quod tantumdem significat, deberi intelligeretur. Ad abundantiorem tamen cautelam et evidentiam manifestiorem, eidem venerabili patri Strigoniensi archiepiscopo, super iure percipiendi et super possessione vel quasi iuris percipiendi de lucro camere ultra Dravam probationem duximus indicendam. Qui venerabilis pater et per litteras papales et per litteras felicis recordationis genitoris nostri luce clarius probavit et ostendit sibi et archiepiscopatui Strigoniensi deberi decimam lucri camere ultra Dravam. Et archiepiscopum et archiepiscopatum Strigoniensem in possessione, vel quasi iuris percipiende decimas de lucri camere collecte ultra Dravam fuisse et exstitisse, contradictione qualibet non obstante. Quibus litteris facta nobis plena fide, quod decima lucri camere ultra Drawam Strigoniensi archiepiscopo et archiepiscopatui deberetur et Strigoniensis archiepiscopus et archiepiscopatus in possessione vel quasi percipiendi decimas lucri camere ultra Drawam semper fuisset et ex-

stitisset, sicut et esse debet: ipsi Lorando bano et per consequens omnibus quibus quovis tempore ipsa collecta lucri camere ex liberalitate
regia donaretur, vocem contradictionis quoad solutionem decime collecte
þrenotate abstulimus et silentium perpetuum imposuimus, adiudicantes
sententialiter ipsas decimas lucri camere ultra Drawam archiepiscopo et
archiepiscopatui Strigoniensi ex debito persolvendas. Ne igitur in posterum super iure percipiendi decimas lucri camere ultra Drawam
questio similis oriri valeat, vel renasci, archiepiscopo et archiepiscopatui
Strigoniensi ad rei memoriam sempiternam et in robur et privilegium
perpetuum ex certa scientia; presentes nostras concessimus litteras, dupplicis sigilli nostri munimine roboratas. Datum per manus magistri Benedicti prepositi Orodiensis aule nostre vicecancellarii. Anno domini
millesimo ducentesimo septuagesimo secundo.

Fejér navadja slijedeću signaturu: E. MSS. Hevenesi Tom. B. no.
52. alias R. no. 61. pag. 3—4. Existit originale in archivo primatiali
FF. 1. A. 8. — Ipak se listina nije mogla pronaći ni pod ovom, ni pod
kojom drugom paginacijom.

Fejér Cod. dipl. Hung. V. 1. 251—253. — Teleki Hunyadiak kora
XI. 111—113 (iz potvrde Matije Korvina nadbiskupiji ostrogonskoj g. 1462.).

SUMMARIUM.

535. 1256. 15. februarii. Dyrrachii. Petrus Vrana civis Dyrrachii, qui mercatores Ragusinos adoriri conabatur, se eorum amicum esse profitetur . .   1

536. 1256. 21 februarii. Bela rex Hungariae et Croatiae Jacobum filium bani Jacobi in bello cum Tartaris optime meritum remuneratur   2

537. 1256. 25. februarii. Spalati. Rogerius archiepiscopus Spalatensis se a monasterio fratrum Praedicatorum et a Thoma archidiacono quandam pecuniae summam accepisse profitetur   3

538. 1256. 3. martii. Jaderae Stana hortum fratribus Praedicatorum donat . . .   4

539. 1256. 21. martii. Apud Albam curiam. Bela rex Hungariae et Croatiae concedit civibus de monte Gradec nundinas die festo St. Marci evangelistae   5

540. 1256. 24. martii. Bela rex Hungariae et Croatiae sex generationibus de comitatu Gorjan patrimonium confirmat   5

541. 1256. 24. martii. Spalati. Judices Spalatenses iudicant iudicem Dujmum Kasarum non esse obligatum, ut fideiussionem solvat pro Lampridio Dešica, sed debitorem creditori teneri debere . . . .   υ

542. 1256. 29. martii. Ragusae. Senatus Ragusinus Johanni Ranjina et Michaeli Binzola mandat, ut cum civitate Firmo pactionem faciant . . . .   ι

543. 1256. 29. martii. Bela rex Hungariae et Croatiae post recessum Tartarorum inquirens omnia iura et privilegia, generationi Babonić instrumenta regis Emerici et sua confirmat . . . .   σ

544. 1256. 9. aprilis. Abraam comes de Moravče litem inter comites Emericum et Jacobum de quadam terra dirimit   9

545. 1256. 19. aprilis. Firmi. Inter Firmanos et Ragusinos pax initur   10

546 1256. 30. aprilis. Zagrabiae. Coram capitulo Zagrabiensi iussu regis capitaneo Gradeciensi Perklino possessio Glavnica assignatur et limitatur   12

547. 1256. 2. maii. Jaderae. Petrus Dronković testamentum facit   14

548. 1256. ante diem 15. maii. Zagrabiae. Comes Haholdus restituit capitulo Zagrabiensi denegatas decimas quinque annorum, facta de modo eas in futurum persolvendi conventione   14

549. 1256. 15. maii. Bela rex Hungariae et Croatiae instrumentum vicebani Alexandri confirmat, quo comes Haholdus capitulo Zagrabiensi decimas restituit   16

550. 1256. 18. maii. Bela rex Hungariae et Croatiae civibus de Varaždin insulam Tursoj adiudicat, quam comes Georgius filius Lucae repetebat .   16

*

551. 1256. 4. Iulii. Ragusae. Clemens Tritonis ius vendendi salis a civitate Ragusina emptum, vendit comiti Ragusino Andreae de Auro 17

552. 1256. 5. Iulii. Ragusae. Johannes archiepiscopus Ragusinus consilium Ragusa abeundi capit, quem Ragusini suplicant ut maneat 18

553. 1256. 17. Iulii. Anagniae. Alexander IV. papa magistratibus spiritualibus et profanis ordinem fratrum Minorum commendat 19

554. 1256. 30 Iulii. Anagniae. Alexander IV. papa ordini fratrum Minorum quaedam privilegia dat 20

555. 1256. mense septembris. Andreas comes Varaždinensis de concambio inter Michaelem fratrem Buzad et Lancretum filium eiusdem Buzad peracto testatur 22

556. 1256. 11. octobris. Arbe. Dumica filia Damiani Surdi monasterio St. Mariae Jaderae sito terram suam in Gilano donat 23

557. 1256. ante diem 13. octobris. Bela rex Hungariae et Croatiae iterum comiti Hudinae donatam possessionem Medjurječje inter Muram et Dravam situm confirmat 24

558. 1256. 18. octobris. Crisii. Stephanus banus totius Slavoniae ac capitaneus Styriae controversiam ratione terrarum haereditariarum inter Vukotam et eius generationem ab una, ac Miroslavum ab altera partibus vertentem, divisione dictarum terrarum peracta, dirimit 25

559. 1256. 10. novembris. Limitatio inter Henricum comitem de Somogy et filios Berislavi iobagiones castri Garić, iussu Belae regis Hungariae et Croatiae 26

560. 1256. 10. novembris. Bela rex Hungariae et Croatiae litem de metis inter Henricum comitem de Somogy et Kokot filium Zelk dirimit 31

561. 1256. 10. novembris. Limitatio inter Henricum comitem de Somogy et iobagiones castri Garić 32

562. 1256. 10. novembris. Bela rex Hungariae et Croatiae limitat inter castrenses et iobagiones castri Garić 34

563. 1256. 11. novembris. Limitatio inter Henricum comitem de Somogy et iobagiones castri Garić 35

564. 1256. 11. novembris. Limitatio terrae Lukavec inter Johannem filium Vukan et Henricum comitem de Somogy 37

565. 1256. 11. novembris. Limitatio inter Henricum comitem de Somogy et iobagiones castri Garić 40

566. 1256. 16. decembris. Bela rex Hungariae et Croatiae archiepiscopo Strigoniensi ius decimationis etiam ultra Dravam ubi pecuniae cuduntur asserit et confirmat 42

567. 1256. 28. decembris. Electio abbatis monasterii Lacromonensis 43

568. 1256. Privilegiales readiudicatoriae regis Belae pro sex generationibus de comitatu de Gora 43

569. 1256. Coram capitulo de Požega venditio terrae ad Orljavam sitae testimonio confirmatur 44

570. 1256. Stephanus banus totius Slavoniae et capitaneus Styriae litem de terra Grabrovo selo dirimit 45

571. 1256. In Požega. Coram capitulo de Požega Zagrab suam terram Huršova dictam cum quadam terra Lamperti filii Razboyd commutat 46

572. 1256. Zagrabiae. Coram capitulo Zagrabiensi terrae inter Jurcum filium bani Ohuz et Michaelem filium Buzad commutantur 47

573. 1256. Inter Michaelem et Lanceretum quaedam terrae commutantur . . 48

574. 1256. Zagrabiae. Martinus filius Bogdani vendit Joanni filio Ivankae tres vineas pro quatuordecim pensis 49

575. 1256. Spalati. Rogerius archiepiscopus Spalatensis quatuor vasa argentea Thomae archidiacono pignori dat 49

576. 1257. 8. Ianuarii. In Rožat. Electio abbatis monasterii Lacromonensis, die 4. dec. 1256. facta, confirmatur 50

577. 1257. 12. Ianuarii. Bela rex Hungariae et Croatiae libertates hospitibus de Jastrebarska donat 51

578. 1257. 4. martii. Bela rex Hungariae et Croatiae magistro Tiburtio pro meritis eius et fratrum terras in comitatu de Garešnica sitas confirmat 53

579. 1257. 23. martii. Ragusae. Pactum pacis inter Ragusam et Spalatum factum 56

580. 1257. 26. martii. Spalati. Rogerius archiepiscopus Spalatensis decernit, ut archipresbyter Prodanus quemdam hortum suum ecclesiae St. Domnii in recompensationem det lapidis Gaman dicti, a se episcopo Zagrabiensi donati 58

581. 1257. 28. martii. Bela rex Hungariae et Croatiae post recessum Tartarorum inquirens iura et privilegia quae ad singulas terras spectant, possessiones magistri Tiburtio ciusque fratris Gabrielis in comitatu de Garešnica sitas, confirmat 59

582. 1257. 28. martii. Bela rex Hungariae et Croatiae post recessum Tartarorum inquirens iura et privilegia quae ad singulas terras spectant, possessiones filiis Draže confirmat 61

583. 1257. 30. martii. Bela rex Hungariae et Croatiae post recessum Tartarorum mandat, ut terrae in comitatu de Garešnica sitae inquirantur . 62

584. 1257. 30. martii. Petrus archidiaconus cathedralis permittente Bela rege Hungariae et Croatiae introducit Zagrabiam monachos ordinis Cisterciensis, ubi pro iis aedificaverat ecclesiam B. V. Mariae, dotatam possessionibus et molendinis 64

585. 1257. 21. aprilis. Tragurii. Duimus de Cega Kytoso terram in Podmorje sitam dat ad plantandam vincam 65

586. 1257. 13. maii. Seniae. Ragusini recusant solvere arboraticum Seniae, quod eis conceditur 66

587. 1257. 30. maii. Bela rex Hungariae et Croatiae quemdam Halam et filios Bodić iobagiones castri Zagrabiensis, qui mole paupertatis pressi, domui St. Sepulchri de Glogovnica cum suis terris adhaerebant praefato castro restituit 67

588. 1257. 7. Iulii. Viterbii. Alexander IV. papa Benedicto archiepiscopo Strigoniensi, ne invitus coram episcopo Zagrabiensi respondere teneatur . 68

589. 1257. 17. Iulii. Jaderae. Dimince Prvoš et uxor eius Draga quandam terram monasterio St. Nicolai donant 69

590. 1257. 26. lulii. Ragusae. Gojslava vidua Petri Tunii terram suam cum
civitate Ragusina commutat   70

591. 1257. 11. ootobris. Bela rex Hungariae et Croatiae post recessum Tartarorum possessiones in comitatu de Garešnica sitas inquirit   71

592. 1257. ante diem 13. ootobris. Bela rex Hungariae et Croatiae iura et
limitationes comitatus de Garešnica confirmat   73

593. 1257. ante diem 13. ootobris. Bela rex Hungariae et Croatiae Uzmae terras
in comitatu de Garešnica sitas confirmat   75

594. 1257. 26. decembris. Catari. Amicitia inter Ragusam et Catarum reconci-
liatur   77

595. 1257. (Zagrabiae). Coram capitulo ecclesiae Zagrabiensis venditio cujus-
dam terrae in Moslavina ad Savam sitae confirmatur   78

596. 1257. (Zagrabiae). Coram Tiburtio comite Zagrabiensi Jandrag, Martinus
et Karačon terram Luka vocatam filiis Endrey remittunt   79

597. 1257. Stephanus banus concordiam ratione terrae Luka dictae, inter Jandrag, Martinum et Karačon cum filiis Endrey initam confirmat   80

598. 1257. in aurea curia. In nomine reginae in favorem Mauricii iudicis curiae
dominae reginae quaedam terra iuxta Viroviticam sita adiudicatur . .   80

599. 1257. Zagrabiae. Capitulum ecclesiae Zagrabiensis notum facit, Vratislaum
Noretam filios Jacobi uxori comitis Acha vendidisse suam terram Pišenica dictam, quam eidem comiti Acha pignori dederant, nec redeme-
rant   82

600. 1258. 5. lanuarii. Spalati. Scumuza vidua se suaque omnia bona monasterio St. Benedicti donat   83

601. 1258. 20. lanuarii. Budae. Regina Maria possessionem Orljavica dictam,
quae in comitatu de Požega sita est, limitat   84

602. 1258. 9. februarii. Viterbii. Aleardus, Johanne archiepiscopo Ragusino libere
resignante, ecclesiae Ragusinae in archiepiscopum praeficitur   85

603. 1258. 17. februarii. Spalati. Coram iudicio Spalatensi Jeronimus Petri Pinose conqueritur, se Stitico Ragusino unum milliarium et tertiam
partem casei vendidisse, nec pecuniam accepisse   86

604. 1258. 18. februarii. Anconae. Papaçonus potestas Anconae Symoni Boni-
valdi legato Anconae mandat, ut cum Pasco Varikašić legato Jadrensi
lites inter utramque civitatem derimat   87

605. 1258. 4. martii. Anconae. Pactum inter Jaderam et Anconam   88

606. 1258. 14. martii. Jaderae. Dragoš eiusque uxor Stana vineam in Bibano
sitam consentiente abbatissa monasterii St. Mariae Damiano Grisovano
vendunt   90

607. 1258. 7. aprilis. Jaderae. Mateša possessionem suam genero Damiano et
uxori eius Pribae donat   91

608. 1258. 18. aprilis. Monopoli. Pactum Martoli Ragusini Monopoli factum . .   92

609. 1258. 29. maii. Viterbii. Alexander IV. papa episcopo Zagrabiensi ecclesiam cathedralem in loco aptiori construendi conceditur facultatem .   93

610. 1258. i. lunii. Jaderae. Transumptum notariale instrumenti regis Stephani
facti Agriae an. 1166   93

611. 1258. 2. iunii. Albae. Coram capitulo ecclesiae Albensis Rosa vidua comitis Detmari de genere Borić bani possessionem suam Zapolje dictam filiabus Marianae et Martinae donat 94

612. 1258. 26. iunii. Ragusae. Questio de terra versus montem sita ad viam communem necessaria dirimitur 95

613. 1258. 5. iunii. Spalati. Strija vidua Stoji Mageri omnes suas possessiones vendit fratri Blasio 160 libris, quas filiabus suis donat 97

614. 1258. mense Iunio. Panormi. Manfredus, princeps Tarenti, Conradi regis in Sicilia balius generalis, monasterium St. Silvestri in insula Biševo situm in fidem ac tutelam recipit 98

615. 1258. 4. iulii. Bela rex Hungariae et Croatiae litem de terra Kostajnica dicta dirimit 98

616. 1258. 5. iulii. Bela rex Hungariae et Croatiae constituit, ut cives de monte Gradec ducentas tantummodo pensas pro annuo censu bano solvant. Assignat quoque eisdem in usum terram regalem quam Sviblan vocant 100

617. 1258. 6. augusti. Bela rex Hungariae et Croatiae Ladislavo, Philippo et Gregorio filiis comitis Kleti terras Krška, Dubrava et Čepin dictas, quae in comitatu de Walko sitae sunt, donat 101

618. 1258. 3. septembris. None. Coram capitulo Nonensis ecclesiae comes Ladislaus Gušić possessionem suam Gomiljane dictam nobilibus de Lapat donat 102

619. 1258. 5. octobris. Spalati. A capitulo Spalatensi Dražena filia Dobrae Ladobeli quandam bugnam perpetuo utendam accipit 103

620. 1258. ante diem 13. octobris. Bela rex Hungariae et Croatiae donationem bani Stephani factam Šemo eiusque heredibus confirmat 104

621. 1258. ante diem 13. octobris. Bela rex Hungariae et Croatiae nobilibus de Almisio suam protectionem insignibus cum libertatibus obligat 105

622. 1258. 18. novembris. Spalati. Communitas Spalatensis Savko Travaiae reditus molendinorum tredecim mensium sescentis libris vendit 107

623. 1258. Zagrabiae. Stephanus banus totius Slavoniae terram Novak et alias Templaribus addicit, litterasque super eo privilegiales largitur 108

624. 1258. Jobagiones castri St. Georgii de Zagoria coram Stephano bano restituunt Vratizlao et Noretae filiis Jako duo jugera terrae haereditariae que post recessum Tartarorum occupaverant 109

625. 1258. Stephanus banus petentibus Andrea comite de Varaždin et iobagionibus castri de Varaždin et Zagorje limitat haec castra et possessiones filiorum Selk 112

626. 1258. Stephanus banus ex instrumento capituli ecelesiae Zagrabiensis a. 1236. filiis Selk possessiones eoram confirmat 117

627. 1258. Capitulum ecclesiae Zagrabiensis transcribit privilegium bani Stephani, quo terra Ebrys vocata inter filios comitis Selk et jobagiones castri Varaždin dividitur 119

628. 1258. Zagrabiae. Alexander comes de Podgorja terram Doblačevo polje Stanisko cum sua generatione adiudicat 119

629. 1259. 11. ianuarii. Spalati. Monasterium St. Domnii Dešae Traguriensi, monasteriove St. Stephani Spalatensi, quo Desa vitam suam finire disposuit, pretium eius terrae in Pantano sitae restituit 121

630. 1259. 22. Ianuarii et 3. augusti. Arbe. Quaedam decreta eligendi comitis
et litis habendae cui Veneti intersunt 122

681. 1259. 9. februarii. Ragusae. Egidius Quirinus comes Ragusinus et cives
se obligant Alexio de Pascali civi Dyrachii centum decem perperos
solvere 122

682. 1259. mense februario. Jaderae. Stana vidua Nicolai Camasso Jadrensis De-
sačae filiae adoptivae defuncti sui viri sexaginta libras donat 123

633. 1259. 19. martii. Spalati. Spalatenses, Tragurienses, Butko banus maritimus
et aliae communitates decernunt comune bellum cum Poljičanis . . 124

634. 1259, mense martio. Ortae. Manfredus rex Siciliae Spalatensibus privilegium mercandi in suo regno dat 125

635. 1259. 3. aprilis. Bela rex Hungariae et Croatiae in lite quam habebat civitas Zagrabiensis cum archidiacono Petro de duobus molendinis ab
eodem archidiacono monachis ordinis Cysterciensis donatis, eadam
praedicto monasterio adiudicat 126

636. 1259. 4. aprilis. Ragusae. Archiepiscopus monasterio monialium quandam
domum Ragusae adiudicat 127

687. 1259. 4. aprilis. Ragusae. Domus quaedam monasterio monialium traditur 128

688. 1259. 19. aprilis. Zagrabiae. Capitulum ecclesiae Zagrabiensis Vukmano et
filiis Petri possessionem quondam Martini filii Nork pro Kašina inferiori confert 128

639. 1259. 10. Iunii. Jaderae. Dobre fillius Gauzigne monasterio St. Chrysogoni
vineam suam in Petričane sitam donat 129

640. 1259. 25. Iunii. Anagniae. Alexander IV. papa ministro et vicario Slavoniae et guardiano ordinis Minorum Jadrensi, ut monialibus St. Nicolai
quatuor fratres ad diviña officia celebranda concedant 131

641. 1259. I. Iulii. In Severin. Bela rex Hungariae et Croatiae possessionem
Sczolovna inter Muram et Dravam sitam, episcopo Zagrabiensi et comiti Thomae donat 132

642. 1259. 21. Iulii. Jaderae. Prvoneg et Diminoj consentiente monasterio St.
Chrysogoni vineam suam coniugibus Ivanko et Grube vendunt . . . 133

643. 1259. 2. ootobris. Albae. Bela rex Hungariae et Croatiae tulit sententiam pro Philippo episcopo Zagrabiensi contra Paulum Borić filium
bani, de terra St. Martini prope Vaška 135

644. 1259. 22. ootobris. Jaderae. Preste de Cotopagna Prvoslavo Mladača suam
terram ad vineam plantandam dat 136

645. 1259. 6. novembris. Jaderae. Petrizzo filio Zanzii et Bona vidua Soppe
concordiam faciunt de quodam loco iuxta ecclesiam St. Anastasii cum
Jacobo Zloradi 137

646. 1259. 3. deoembris. Anagniae. Alexander IV. papa confirmat donationem
duorum molendinorum Zagrabiae a Bela rege Hungariae et Croatiae
factam ecclesiae B. V. Mariae ordinis Cisterciensis 139

647. 1259. 10. deoembris. Tragurii. Filii Berišae Soldani cum capitulo ecclesiae
Traguriensis quasdam terras commutant 139

648. 1259. Bela rex Hungariae et Croatiae civibus civitatis Gradec terram Ambrosini adiudicat 140

649. 1259. Stephanus rex iunior comiti Ponić duas terras inter Muram et Dravam sitas, dat 141

650. 1259. Notitia cuiusdam instrumenti 142

651. 1259. Notitia cuiusdam instrumenti 142

652. 1259. Gorae. Guillermus preceptor domus militiae de Gora instrumentum de quadam terra Grabre selo dicta edit 143

653. 1259. Zagrablae. Alexander banus maritimus et comes Zagrabiensis adiudicat monasterio de Topusko quasdam possessiones in Glina sitas contra earundem inpetitores Ratae filios 144

654. 1259. Zagrablae. Alexander vicebanus terram Šepnica vocatam Thomae eiusque filiis assignat 145

655. 1259. Stephanus banus instrumentum vicebani Alexandri (a. 1259) de terra Šepnica dicta confirmat 146

656. 1259. Fragmentum de metis cuiusdam possessionis abbatiae de Topusko 147

657. 1259. Stephanus banus inter comites de Gorica discordiam de metis conponit 147

658. 1259. Maria regina Čeho filio Pučine donat possessionem Dubovac in comitatu de Požega sitam, pro possessione Lobor, quam Pučine rex Bela abstulerat 148

659. 1259. Stephanus banus totius Slavoniae repellit Črnkum Črnavić qui quosdam homines sibi servire cogebat, cum hi se liberos esse demonstraverint 151

660. 1259. Stephanus rex iunior donationes regum Andreae et Belae comiti Haholdo datas confirmat 151

661. 1259. Notitia cuiusdam instrumenti 153

662. 1260. 2. februarii. Jaderae. Petronja filius Lampridii testificatur, terram quae vocatur Ceprljani monasterii St. Chrysogoni esse 153

663. 1260. 10. februarii. Spalati. Tiha vidua Mihae Stoše testamentum facit . 154

664. 1260. 26. februarii. Bela rex Hungariae et Croatiae confert abbatiae de Topusko pro conservatione turris in insula St Ladislai constructae quae prius Vihudj nuncupabatur, possessionem Pridislai et Ludugari Krala vocatam 156

665. 1260. 8. martii. Ragusae. Statuitur, ut quisque civis Ragusinus cui communitas quid debet, cum carta debiti ad novum comitem primo mense post eius adventum veniat 157

666. 1260. 14. martii. Budae. Bela rex Hungariae et Croatiae ordini fratrum Praedicatorum scribit de vita sancta eorum defuncti episcopi Johannis 157

667. 1260. 25. martii. Jaderae. Laurentius archiepiscopus Jadrensis monasterium St. Nicolai ab omni iurisdictione eximit 158

668. 1260. 26. martii. Anagniae. Alexander IV. papa petente episcopo Traguriensi excommunicationem absolvit clericos castri de Šibenik, qui obedientiam episcopo suo denegaverant 159

669. 1260. I. aprilis. Jaderae. Magnum consilium Jadrense Srićae filio Dujmi de Luccaris Spalatensis civitatem dat 160

670. 1260. 20. aprilis. Anagniae. Alexander IV. papa Thomae archidiacono ecclesiae Spalatensis mandat, ut faciat observari sententiam archiepiscopi Jadrensis contra clerum castri de Šibenik 162

671. 1260. 2. maii. Coram Junk comite Crisiensi Vlček filius Konuh de genere Grobić partem terrae Dragoilae eiusdem generis vendit 163

672. 1260. 7. iunii. Spalati. Transumptum notarialis testamenti Tihae viduae Mihae Stoše (a. 1260 febr. 10.). 164

673. 1260. 11. iunii. Anagniae. Alexander IV. papa moniales monasterii St. Nicolai Jadrensis sub protectione sedis apostolicae cum omnibus bonis suis suscipit et quaedam privilegia iisdem confirmat 164

674. 1260. 20. iunii. Anagniae. Alexander IV. papa fatetur monasterium St. Nicolai solvisse censum unius librae cerae usque ad quadraginta annos 167

675. 1260. 20. iunii. Anagniae. Alexander IV. papa provinciali, vicario et guardiano Jadrensis ordinis Minorum, ut quatuor fratres mandent qui divina officia in monasterio monialium monasterii St. Nicolai Jadrensis celebrent 168

676. 1260. 20. iunii. Anagniae. Alexander IV. papa archiepiscopo Jadrensi, ut monasterium St. Nicolai defendat 169

677. 1260. 20. iunii. Anagniae. Alexander IV. papa monasterium St. Nicolai Jaderae situm commendat archiepiscopo et capitulo Jadrensi 170

678. 1260. 20. iunii. Anagniae. Alexander IV. papa monasterio St. Nicolai Jadrensi privilegium dat, quod ad excommunicationem, suspensionem et interdictum attinet 170

679. 1260. 1. iulii. Ragusae. In lite inter presbyterum Johannem et monialem Dragam de ecclesia St. Salvatoris, quae sita est in insula Dalafodii, Johannes ius obtinet 172

680. 1260. 5. octobris. Bela rex Hungariae et Croatiae comitibus de Veglia optime meritis in bello cum Tartaris magna privilegia dat 173

681. 1260. ante diem 13. octobris. Bela rex Hungariae et Croatiae Moys magistro tavernicorum Belae ducis concedit liberam facultatem disponendi suas possessiones 175

682. 1260. 2. novembris. Ragusae. De vineis in insula Šipanj sitis 176

683. 1260. 19. decembris. Bela rex Hungariae et Croatiae magistro Tiburtio liberam possessiones suas ordinandi facultatem dat 177

684. 1260. Bela rex Hungariae et Croatiae Friderico et Bartholomeo comitibus de Veglia civitatem Senj donat 177

685. 1260. Dobrae. Bela rex Hungariae et Croatiae comitibus de Veglia Vinodol donat 179

686. 1260. Chasmae. Divisio terrarum coram capitulo Chasmensi 181

687. 1260. Zagrabiae. Philippus episcopus Zagrabiensis emit a filiis Grdun 50 marcis terram Gaj circa Varaždin prope terras episcopales existentem 182

688. 1260. Chasmae. Vitumer filius Bere, vendit episcopo Zagrabiensi terram Obrež quam venditionem frater eius Nicolaus ratam habet 183

689. 1260. (Zagrabiae). Coram Tiburtio comite Zagrabiensi Vukota, Vukoslav et Obrad quandam terram duodecim vretenos in se continentem, quindecim pensis comiti Miroslavo vendunt 183

690. 1260. Zagrabiae. Grdun filius Grdun vendit episcopo Zagrabiensi terram Bezenče quindecim marcis 184

691. 1260. Bela rex Hungariae et Croatiae comiti Perčin terram Glavnica vocatam, quae prope Moravče est, pro meritis eius donat 185

692. 1260. In Buzad. Chak magister tavernicorum discordiam fratrum suorum e divisione possessionum exortam, componit 186

693. 1261. 8. ianuarii. Ragusae. Michael Peženić pro salute animae suae et suorum defunctorum terram suam ecclesiae St. Michaelis de Creste donat 187

694. 1261. 15. ianuarii. Jaderae. Prodana vidua Damiani Figasoli quandam possessionem filio Gregorio donat 187

695. 1261. 9. februarii. Jaderae. Figasolus Damiano parocho St. Petri Jadrensi terram, quae Onakovo selo vocatur, vendit 189

696. 1261. 13. februarii. Cattari. Capitulum ecclesiae St. Triphonis rogat episcopum Marcum, ut ecclesiam St. Cosmae et Damiani et St. Elisabet consecret 190

697. 1261. 23. februarii. Arbe. Dobrica uxor Stepae una cum filio sua bona Andreae de Cotopagna vendit 190

698. 1261. 27. martii. Spalati. Quaestio de construendo arcu (bolta) in Spalatensi monasterio St. Benedicti 191

699. 1261. 27. maii. Ragusae. Protomagister Paško confitetur se communitate Ragusii 24 perperos debere 193

700. 1261. 31. maii. Chasmae. Petrus filius Jakšae partem possessionis quae Cirkvena vocatur, Andreae filio Gregorii pignori dat 193

701. 1261. 26. iulii. Ragusae. Communitas Ragusii sententia 17. iunii 1251. pronuntiata in possessionem vineae intrat 194

702. 1261. 26. iulii. Ragusae. Archiepiscopus Ragusinus litem inter duos abbates monasteriorum Ragusinorum dirimit 195

703. 1261. 3. septembris. In Zvolen. Notitia vastationis comitatus de Varaždin 196

704. 1261. ante diem 13. octobris. Bela rex Hungariae et Croatiae Cureo civi Varaždiensi pro multis officiis sibi filioque suo Stephano factis quandam possessionem donat 197

705. 1261. 24. octobris. Spalati. Heredes Palmae Stefanić Spalatensis capitulo ecclesiae Spalatensis domum apud ecclesiam St. Mariae de Rino sitam donant 199

706. 1261. 15. decembris. Zagrabiae. Fabianus comes Zagrabiensis memoriae commendat Kuzmišam filium Kupuč coram se Meneslao sex pensis denariorum vendidisse terram iuxta Savum sitam 200

707. 1261. In Požega. Coram capitulo de Požega comes Petrus suas possessiones Proča et Višinova zemlja vocatas cum possessione Zelnateč vocata fratris sui Johannis commutat 200

708. 1261. (Zagrabiae). Maria regina Hungariae et Croatiae civibus de Gradec debitum ducentarum pensarum quas bano annuatim solvere tenebantur, relaxat, unaque concedit ipsis ius conferendi beneficium parochiale . 202

709. 1261. Zagrabiae. Capitulum ecclesiae Zagrabiensis testatur se iussu bani et regis Petrum praepositum Chasmensem eiusque fratrem Andream in possessionem Kamensko vocatam introduxisse eamque simul limitavisse 203

710. 1261. Zagrabiae. Coram capitulo ecclesiae Zagrabiensis Andreas filius Marci Rolando bano suas terras vendit 204

711. 1261. Rolandus banus adiudicat terram Blagušam cuidam Martino iobagioni castri Zagrabiensis quam indebite occupatam tenebant Berislav eiusque cognati 205

712. 1261.—1262. Almisae. Almissiani iurant pacem cum Ragusinis, cum pecuniam pro occisis Almisiis accepiunt 207

713. 1261—1264. Abbatissa monasterii St. Nicolai Jadrensis, ordinis St. Damiani, manifestas facit litteras papae Urbani IV. de componendis discordiis ordinis fratrum Minorum 208

714! 1261.—1282. Ragusae. Archiepiscopus Curfi captus a piratis, quos Ragusini ceperant, ut se iis gratum praeberet, iis amicitiam Michaelis despoti promittit 210

715. 1261.—1282. Privilegium imperatoris Michaelis Paleologi Ragusinis datum 211

716. 1262. II. Januarii. Viterbi. Urbanus IV. papa Philippo episcopo Zagrabiensi in archiepiscopum Strigoniensem postulato, eiusdem ecclesiae administrationem concedit 211

717. 1262. 29. Ianuarii. Spalati. Martinus Pleše sorori Dragae reliquam medietatem domus donat 212

718. 1262. 9. februarii. Apud domum Hudina. Bela rex Hungariae et Croatiae iudicibus suis, ne iudicent filios Berivoji qui nondum adulta aetate sunt 213

719. 1262. 26. februarii. Ragusae. Aleardus archiepiscopus Ragusinos sacerdotem Johannem priorem ecclesiae St. Mariae de Rabiato dictae propter eximiam negligentiam excommunicat 213

720. 1262. 25. martii. Justinopoli (in Istria). Debitum Ragusini Vitalis de Tefia Justinopoli persolvitur 215

721. 1262. 7. martii. In Blšće. Bela rex Hungariae et Croatiae comite Hudina virili sobole destituto, possessionem eius Medjurječje Gregorio filio Grubešae, Hudinae cognato, confert 216

722. 1262. 27. martii. Viterbi. Urbanus IV. papa iubet graviter animadverti in eos, qui monasterio St. Nicolai iniurias fecerunt 217

723. 1262. 28. martii. Viterbi. Urbanus IV. papa renovat mandatum Alexandri IV., quo quattuor fratres ordinis fratrum Minorum divina officia in Jadrensi monasterio St. Nicolai iussi erant 219

724. 1262. 28. martii. Viterbi. Urbanus IV. papa monasterio St. Nicolai concedit reditus inventarum rerum, quarum dominus notus non est . . 220

725. 1262. 8. aprilis. Viterbi. Urbanus IV. papa omnia iura et privilegia monasterii St. Nicolai confirmat 221

726. 1262. 20. aprilis. Viterbi. Stephanus archiepiscopus Praenestinus concedit, ut archiepiscopus Jadrensis et multi alii intrent in monasterium St. Nicolai, ut consilium restaurandae ecclesiae dent 222

727. 1262. 20. aprilis. Viterbi. Stephanus episcopus Praenestinus concedit, ut restaurandae ecclesiae causa porta cellarii extrinsecus sit 222

728. 1262. 20. aprilis. Viterbi. Stephanus episcopus Praenestinus concedit, ut in monasterium St. Nicolai bis anno medicus et minutor sanguinis intrare possint 223

729. 1262. I3. maii. Ragusae. Aqua fluminis quod Rijeka vocatur, locatur . . 224

730. 1262. 26. maii. Ragusae. Ragusei galeam ad bellum in unum mensem armant 225

781. 1262. 29. iunii. Buroil. Commune Ragusii magnam copiam salis Baroli emit 225

782. 1262. 30. iunii. Bela rex Hungariae et Croatiae Johanni filio Johannis possessionem in Zagorje sitam, quae Batina vocatur, donat 227

783. 1262. 6. iulii. Zagrabiae. Fabianus comes Zagrabiensis in lite de terra prope Lomnicam sitam iudicat 229

784. 1262. 20. iulii. Jurša comes de Rovišće (Ruicha) comiti Preusae terram Klokočevac vocatam donat 230

735. 1262. mense iulio. Viterbi. Urbanus IV. papa indulgentiam concedit . . 231

736. 1262. 3. augusti. Bela rex Hungariae et Croatiae fratribus Farkasio, Petrae et Petro terram castri de Grdjevac, in comitatu de Grdjevac sitam, quae Paklena vocatur, confirmat 231

787. 1262. 15. augusti. Ragusae. Jacobus Companoli instrumentum edit, quo confitetur se a nullo cive Ragusii aliquid postulare posse 233

738. 1262. 29. septembris. Almisii. Propinqui quorumdam Almissiorum, qui Ragusii interfecti erant, a Ragusinis pro iis pecuniam accipiunt . . . 233

739. 1262. post diem I4. octobris. Bela rex Hungariae et Croatiae comiti Zagud terram cuiusdam Mikovi, qui sine liberis mortuus est, donat 235

740. 1262. 29. novembris. Venetiae. Rainerius Geno dux Venetiae amicis Traguriensibus, ut comitem Venetum, qui Korčulae et Mljet praeerat, adiuvent 236

741. 1262. 12. decembris. Ragusii. Paulus filius Leonis confitetur se communi Ragusii debitorem esse 237

742. 1262. 13. decembris. In Urbe vetere. Urbanus IV. papa archiepiscopo Colocensi, ut liberam episcopi Sirmiensis resignationem recipiat et ordinem fratrum Minorum intrandi licentiam tribuat 237

743. 1262. 13. decembris. Ragusii. Commune Ragusii confitetur se 140 solidos Dimitrio de Canilia et aliis civibus Jadrensibus solvere obligatum esse 238

744. 1262. Zagrabiae. Coram capitulo ecclesiae Zagrabiensis terrae quas banus Rolandus emit, limitantur 239

745 1262. Benko iudex curiae dominae reginae et comes Castri Ferrei terras quae Orjavica et Selce vocantur, Bilotae, Belch et Petroslavo adiudicat 241

746. 1262. Zagrabiae. Capitulum ecclesiae Zagrabiensis Vukoie et eius propinquos de genere Družen possessionem Kamensko vocatam Petro praeposito Chasmensi eiusque fratri Andreae vendidisse testatur 242

747. 1263. 7. Ianuarii. Bela rex Hungariae et Croatiae Tobiae Bogud praeposito ecclesiae Zagrabiensis dominium Kranj (Carniole) vocatum, quod a matertera sua hereditate acceparat, donat 243

748. 1263. 29. ianuarii. Bela rex Hungariae et Croatiae cum Petro comiti de Lika urbe eius Počitelj vocata quasdam alias terras commutat . . . 245

749. 1263. 7. februarii. Šibenik. De pace inter Šibenicenses et Tragurienses facta 247

750. 1263. 27. mall. la Grado. Concilium Gradense monet, ut eleemosynae et caritatis subsidia ad exstruendam ecclesiam monasterii St. Nicolai dentur 249

751. 1263. 4. lunii. Tragurii. Nicola Vučina cappellam ecclesiae St. Domni reliquit 250

752. 1263. 20. lunii. la Urbe vetere. Urbanus IV. papa monasterio St. Nicolai reditus rerum inventarum concedit 250

753. 1263. 5. augusti. Tragurii. Litteras pontificis Romani missae ecclesiae St. Francisci quae Tragurii est, acceptas esse confirmatur 251

754. 1263. 20. augusti. Baroli. Ragusini totam pecuniam pro empto sale solverunt 251

755. 1263. 7. septembris. Coram capitulo ecclesiae Chasmensis Danić, Jurislav et Braniša terram, quae Predimih vocatur, pretio trium marcarum concedunt 253

756. 1263. 7. septembris. Nigroponte. Nicolaus Kolim Dominico filio Slagoteni domos et possessiones suos Jaderae sitas donat 254

757. 1263. 22. septembris. la Urbe vetere. Timotheus electus Zagrabiensis ab Urbano IV. papa praeficitur in episcopum 256

758. 1263. ante diem 13. octobris. Bela rex Hungariae et Croatiae Carolo et Ladislao filiis Raynaldi terram, quae Zemefelde vocatur, donat . . . 257

759. 1263. ante diem 13. octobris. Bela rex Hungariae et Croatiae quaedam terram in Garić sitam magistro Michaeli confert 259

760. 1263. ante diem 13. octobris. Bela rex Hungariae et Croatiae possessionem quae Kamensko vocatur, praeposito Petro eiusque fratri Andreae confirmat 260

761. 1263. ante diem 13. octobris. Bela rex Hungariae et Croatiae donationem possessionis, quae Kamensko vocatur, factam Johanni et Marco filiis Vukoji de Gorica confirmat 261

762. 1263. ante diem 13. octobris. Bela rex Hungariae et Croatiae collationem terrae Klokočevac vocatae factam a comite Jurša comiti Prevša confirmat 263

763. 1263. ante diem 13. octobris. Bela rex Hungariae et Croatiae Dominico, magistro pincernarum regis Stephani minoris, possessiones defuncti Ipoliti, qui sine liberis vita decessit, simulque possessionem quae Tulman vocatur, donat 264

764. 1263. ante diem 14. octobris. Banus Rolandus rogat regem Belam, ut Lapčiensibus libertatem confirmat 266

765. 1263. ante diem 14. octobris. Bela rex Hungariae et Croatiae nobilibus de Lapac omnes libertates confirmat 267

766. 1263. 18. octobris. la Urbe vetere. Papa Urbanus IV. monasteriis et monialibus ordinis St. Clarae regulas dat 268

767. 1263. 10. novembris. Zagrabiae. Banus Rolandus terras a bano Stephano comiti Šem donatas limitat 269

768. 1263. 10. decembris. la Urbe vetere. Johannes cardinalis provinciali fratrum Minorum, qui in Croatia sunt, monasteria et sorores ordinis St. Clarae commendat 270

769. 1263. 13. decembris. la Urbe vetere. Johannes cardinalis monasteriis ordinis St. Clarae praecepta dat, quae spectant ad fratres, qui apud moniales spiritualia officia exhibebunt 272

770. 1263. 21. decembris. In Urbe vetere. Urbanus IV. papa Belae duci totius Slavonie donationem quorumdam castrorum confirmat 275

771. 1263. 21. decembris. In Urbe vetere. Urbanus IV. papa Mariae reginae Hungariae et Croatiae donationem castri Požega confirmat 276

772. 1263. 21. decembris. In Urbe vetere. Urbanus IV. papa Belam ducem totius Slavonie cum omnibus suis bonis et iuribus sub apostolicae sedis protectionem suscipit 277

773. 1263. Juxta Bosnam. Bela rex Hungariae et Croatiae Philippo et Bartholomaeo Skalić de Lika armorum insignia concedit et castrum Skrad in Croatia confert 277

774. 1263. Stephanus rex iunior terram in comitatu de Valko sitam, quae Borotka vocatur, Michaeli filio Michaelis donat 279

775. 1263. Stephanus rex iunior Hungariae privilegium patris sui Belae hospitibus de Vukovar super confirmatione libertatum ipsorum concessum corroborat 279

776. 1263. Zagrabiae. Coram capitulo ecclesiae Zagrabiensis banum Rolandum a comite Zagrabiensi quandam terram emisse testimonio confirmatur . 280

777. 1263. Chasmae. Capitulum Chasmense terras a comite Ruh emptas limitat 281

778. 1263. In Požega. Coram capitulo ecclesiae de Požega comes Marcus suam terram a Draso emptam Čeho quinque marcis vendit 282

779. 1263. In Bač. Capitulum ecclesiae Bachiensis quasdam terras prope Ilok sitas limitat 583

780. 1264. 8. ianuarii. In Urbe vetere. Urbanus IV. papa episcopo Traguriensi, ut ordini fratrum Minorum aptum locum emat 284

781. 1264. 16. ianuarii. In Urbe vetere. Eventio canonicatus et praebenda ab Urbano IV. papa confirmatur 285

782. 1264. 16. ianuarii. In Urbe vetere. Urbanus IV. papa archiepiscopo Colocensi et abbati de Topusko, ut Eventium canonicum Zagrabiensem in possessionem beneficiorum inducant 287

783. 1264. 16. ianuarii. In Urbe vetere. Urbanus IV. papa praeposito et capitulo ecclesiae Zagrabiensis mittit litteras, ut neocreato episcopo Timotheo pareant 288

784. 1264. 21. ianuarii. In Urbe vetere. Urbanus IV. papa archiepiscopo Jadrensi, ut cum Prestantio de Cotopagna et Stana de matrimonio contracto dispenset 289

785. 1264. 23. ianuarii. In Urbe vetere. Gualterio ordinis fratrum Minorum ab Urbano IV. papa cura ecclesiae Zagrabiensis committitur 290

786. 1264. 5. februarii. In Urbe vetere. Papa Urbanus IV. clerico, qui curam animarum non habet, ecclesiam St. Mariae de Melta extra muros Jadrenses sitam assignat 291

787. 1264. 15. martii. In Otok. Michael comes de Sana assignat praecipiente rege medietatem terrae de Krala abbatiae de Topusko 292

788. 1264. 29. martii. Tragurii. Miha et Mira sua bona in districtu Traguriensi et Jadrensi sita inter se dividunt 293

789. 1264. 10. aprilis. Bela rex Hungariae et Croatiae Simoni filio Salomonis possessionem Prodavić dictam donat 294

790. 1264. 7. Ianuarii. Tinini. Stephanus banus maritimus Johanni Jadrensi possessionem terrarum in Grabrovičani sitarum adiudicat 296

791. 1264. 7. maii. In Urbe vetere. Urbanus IV. papa archiepiscopo Jadrensi mandat, ut Franciscum Tanaligum in archiepiscopatum suum recipiat 296

792. 1264. II. maii. In Urbe vetere. Urbanus IV. papa episcopo abserensi potestatem matrimonialis dispensae dat 297

793. 1264. 15. maii. In Urbe vetere. Papa Urbanus IV. archiepiscopo Jadrensi, ut Laurentio Tiepolo libros provideat 298

794. 1264. 13. iunii. Jaderae. Bratoslav Ortulanus eiusque uxor Bogdana monasterio Nicolae omnes suas possessiones donat 299

795. 1264. 15. Iulii. In Urbe vetere. Urbanus IV. papa episcopo Vesprimiensi, ne Belam ducem totius Slavoniae molestari permittat 300

796. 1264. 15. Iulii. In Urbe vetere. Urbanus IV. papa Belae duci totius Slavoniae quorumdam castrorum donationem per regem Belam patrem suum factam confirmat 301

797. 1264. 15. Iulii. In Urbe vetere. Urbanus IV. papa Belae duci totius Slavoniae castra et alias possessiones confirmat 301

798. 1264. 15. Iulii. In Urbe vetere. Urbanus IV. papa priori ordinis Praedicatorum, ne Mariam reginam Hungariae et Croatiae in castro Požega possidendo molestari permittat 302

799. 1264. 19. iulii. In Urbe vetere. Urbanus IV. papa, ut episcopatus Bosnensis archiepiscopatui Colocensi subiciatur 303

800. 1264. 25. augusti. Nicolaus comes de Kalnik introducit nomine regio Leustachium filium Vid in possess'onem terrae Preznica vocatae . . . 304

801. 1264. 3. septembris. In Urbe vetere. Urbanus IV. papa monasterium St. Nicolai quadam summa solvenda, quam eis archiepiscopus Jadrensis imposuerat eximit simulque illum a collectis et provisionibus trium annorum liberat 305

802. 1264. 3. septembris. In Urbe vetere. Urbanus IV. papa ducem Venetiarum Rainerium Genum rogat, ut comiti Jadrensi iniungat, ne constructionem monasterii St. Nicolai impediat 307

803. 1264. 7. octobris. Bela rex Hungariae et Croatiae fratribus Kres, Rak ·et Kupiša privilegia dat et eorum merita enumerat 308

804. 1264. 29. octobris. Tragurii. Columbanus episcopus Traguriensis cum potestate iussu papae Urbani IV. terras datas ordini fratrum Minorum vendit, ut iis locum aptum ad habitandum emere possit 312

805. 1264. 6. decembris. In Prelog. Rolandus banus pristaldum Georgium Zinuša emittit, ut Trnavam terram comitis Mogotk et eius fratrum et terram comitis Lancredi inter Muram et Dravam sitas, limitet 315

806. 1294. 21. decembris. Jaderae. Jurko et Stephanus filii Dešen, Jurman Prvoščević et Vukoša Slovinić cives Pagenses suam terram Jadrensi monasterio St. Nicolai vendunt 317

807. 1264. 23. decembris. Bela rex Hungariae et Croatiae Tiburtio liberis carenti liberam facultatem suas possessiones cuicumque velit relinquendi concedit 318

808. 1264. Čazmae. Coram capitulo ecclesiae Čazmensis Nicolaus socero suo Iliae terram suam vendit 319

809. 1264. Čazmae. Coram capitulo ecclesiae Čazmensis, filii Vojini, iobagiones castri Garić suam terram Vučetae vendunt 320

810. 1264. Požegae. Coram capitulo ecclesiae de Požega Mathias de genere
Borić bani suam terram Podvršje dictam cum terra Nicolai filii Desislavi dicta Provča commutat 321

811. 1264. Čazmae. Capitulum ecclesiae Čazmensis terras in Garešnica sitas
inter Nodulcum et fratrem eius Horvatinum et comitem curialem Mar-
cellum limitat 322

812. 1264. Bela rex Hungariae et Croatiae restitutionem terrae Odrae per
banum Stephanum filiis Kurla (a. 1249.) factam confirmat 323

813. 1264. Čazmae. Capitulum ecclesiae Čazmensis fratres de Moslavina propter
particulam terrae Rastanica vocatae litigantes reconciliat 324

814. 1264. Stephanus rex iunior Hungariae comiti de Hazoš bene de se merito, terram Nasvod in comitatu de Valko sitam, confert 324

815. 1264. Notitia de quodam instrumento 325

816. 1264. Zagrabiae. Coram capitulo ecclesiae Zagrabiensis venditio terrae
Kolovrat vocatae testimonio confirmatur 326

817. 1264. Zagrabiae. Coram capitulo ecclesiae Zagrabicnsis Valentino Tolenić
ius possidendae cuiusdam terrae conceditur 326

818. 1264. Coram Moys comite de Somogy et Varaždin Vojin iobagio castri
de Podgorje suam terram Ladislao Zastob vendit 327

819. Circa a. 1264. Notitia de quodam instrumento ad terram inter Dravum
et Muram sitam pertinente 328

820. 1265. 14. Ianuarii. Bela rex Hungariae et Croatiae res inter prediales castri
de Roviśće et comitem ordinat 329

821. 1265. 27. Ianuarii. Bela rex Hungariae et Croatiae, concedente filio suo
Bela duce totius Slavoniae, Thomae et Johanni et eorum fratribus
terram Bolisci iobagionis castri Kalnik sine heredibus defuncti donat . 330

822. 1265. ante diem 25. februarii. Zagrabiae. Coram capitulo ecclesiae Zagrabiensis Mikula filius Nicolai quandam terram in Hrašće sitam, Miroslao filio Stephani de genere Endre, vigintiquinque pensis vendit . . 331

823. 1265. 25. februarii. in Želin. Rolandus banus totius Slavoniae venditionem terrae Hrašćc per Mikulam Miroslao filio Stephani de genere
Endre coram capitulo ecclesiae Zagrabiensis factam, confirmat 332

824. 1265. 6. martii. Jaderae. Buna vidua Pelegrini Dragonje terram Nicolao
Matafaro donat 333

825. 1265. 10. aprilis. Bela rex Hungariae et Croatiae litteras privilegiales capituli Čazmensis de terris Nodulci et Horvatini confirmat 334

826. 1265. 25. aprilis. Zagrabiae. Coram Martino comite Zagrabiensi, Vukota
quandam terram pignori obligatam iuxta Hrašće comiti Miroslavo perpetuo possidendam relinquit 335

827. 1265. 25. maii. Bela rex Hungariae et Croatiae confirmat, se terram cuiusdam Bolisci in Koruška apud Crisium suo notario Thomae eiusque
fratri Johanni donavisse 335

828. 1265. 5. iunii. Quandam possessionem datam esse villae Prelog inter
Muram et Dravum sitae, memoriae traditur 337

— 658 —

829. 1265. 24. Iunii. Rolandus banus per Kračinum comitem Crisiensem terras iobagionum castri Rovišće limitat 337

830. 1265. 6. Iulii. Jaderae. Iudicium Jaderense Andreae filio Creste de Cotopagna domum, ut compensationem impensae pecuniae in communem utilitatem familiae adiudicat 339

831. 1265. 11. Iulii. Perusii. Clemens IV. papa Columbano episcopo Traguriensi, ut concedat, ut fratres ordinis Praedicatorum pacifice possideant capellam iis Tragurii donatam 341

832. 1265. 23. Iulii. Perusii. Clemens IV. papa archiepiscopo Antibarensi, ut inquirat res expulsi episcopi de Trebinje, quem archiepiscopus Ragusinus adiuvit et protexit 342

833. 1265. 8. augusti. Spalati. Gervasius Grubeša pretio viginti quinque librarum paratineam suam cum tribus particulis terrae Thomae archidiaconi Spalatensis commutat 343

834. 1265. 10. augusti. Columbanus episcopus Traguriensis fratres Minores Tragurii collocat 344

835. 1265. 26. augusti. Jaderae. Andreas eiusque fratres filii Creste de Cotopagna patrimonium dividunt 345

836. 1265. ante diem 13. octobris. Bela rex Hungariae et Croatiae instrumentum emittit quo testatur, banum Rolandum suam possessionem Novi Dvori vocatam cum possessionibus comitis eiusque filii Gregorii quae in Sirnonica et Stopnica sitae sunt, commutavisse 347

837. 1265. ante diem 13. octobris. Bela rex Hungariae et Croatiae petente comite Ruh terras eius in castro Garić sitas limitat 348

838. 1265. ante diem 13. octobris. Bela rex Hungariae et Croatiae comiti Ruh litteras privilegiales capituli Čazmensis confirmat 351

839. 1265. 13. octobris. In Višegrad. Bela rex Hungariae et Croatiae papae de rebus episcopatus Zagrabiensis scribit 352

840. 1265. 15. octobris. Ragusae. Legati qui inter Spalatum et Ragusam pacem reconcilient mittuntur 353

841. 1265. 20. novembris. Perusii. Clemens IV. monasteriis St. Clarae privilegia excommunicationis, suspensionis et interdicti concedit 354

842. 1265. 25. novembris. Zagrabiae. Rolandus banus venditionem cuiusdam terrae coram Tiburtio comite Zagrabiensi per Vukotam, Vukoslavum et Obrad comiti Miroslavo (a. 1260.) ac resignationem coram Martino comite Zagrabiensi per Vukotam super terra iuxta Hrašće eidem comiti Miroslav (a. 1265. apr. 25.) factas, transumit 356

843. 1265. Jaderae. Dobre civis Spalatensis Damiano plebano St. Petri confirmat se ab illo centum viginti libras accepisse 357

844. 1265. Capitulum ecclesiae Čazmensis terras in castro Garić venditas limitat 358

845. 1265. Čazmae. Coram capitulo ecclesiae Čazmensis Gjurko, Nicolaus et alii de genere Čanov suam terram quae Vratna dicitur Kriško et Stephano filiis Johannis viginti marcis vendunt 360

846. 1265. Čazmae. Capitulum ecclesiae Čazmensis donationem Belae regis a. 1261. Kureo civi Varasdiniensi factam transumit 361

847. 1265. Stephanus Uroš rex Serbiae Johanni Quirino comiti Ragusae, ut Niconi vel salem vel pecuniam tradat 362

848. 1266. 13. Ianuarii. Zagrabiae. Stephanus et Georgius de genere Držívoj pactum de terra Črešnjevica vocata cum comite Andrea fratre magistri Petri prepositi Čazmensis fecerunt 363

849. 1266. 21. Ianuarii. Perusii. Clemens IV. papa regi Belae, ut Timotheum, licet ignobili loco natus sit, in episcopum Zagrabiensem tandem acceptare velit 364

850. 1266. 3. februarii. Spalati. Diminca uxor Michae Prodi matri suae Prvae terram in Gradinik sitam vendit 367

851. 1266. 15. februarii. Jaderae. Vita vidua vineas in Monte Ferreo sitas ad redemptionem animae mariti sui donat 368

852. 1266. 3. martii. Coram Gerardo vicepreceptore domus militiae Templi Leonardus et Rolandus filii Stephani suas terras Horvat et Usa vocatas cum eas redimere non potuerint, magistro Haholdo tradunt . . 369

853. 1266. 15. martii. Perusii. Clemens IV. papa remissionem peccatorum dat omnibus qui confessi dedicationi ecclesiae ordinis Praedicatorum Jadrensium intersint 370

854. 1266. 15. martii. Perusii. Clemens IV. papa remissionem peccatorum dat omnibus qui ad ecclesiam ordinis Praedicatorum Jadrensis construendam aliquid contribuerint 371

855. 1266. 20. martii. Magister Michael filius Simeonis vendit Pancratio et Paulo filiis Pascae centum marcis terram in Garić donatam quondam a rege Bela 372

856. 1266. 23. martii. Bela rex Hungariae et Croatiae restituens magistro Michaeli pretium quod acceperat a Pancratio et Paulo filiis Pasce pro vendita quadam terra confert eam praedictis filiis Pasce 373

857. 1266. 1. aprilis. Jaderae. Jurislav Prvonošev a monasterio St. Chrysogoni vineam in Ceredol sitam excollendam accipit 374

858. 1266. 7. aprilis. Venetiis. Commune Ragusae Romam sollemnes nuntios mittit et hanc ob rem Venetiis pecuniam sumit 375

859. 1266. 8. aprilis. Catari. Episcopus Catarensis ordini Praedicatorum ecclesiam St. Pauli confirmat 377

860. 1266. 11. aprilis. Zagrabiae. Coram capitulo ecclesiae Zagrabiensis Johannes comes de Modruš testatur, se dotem uxoris suae a propinquis primi eius mariti accepisse 378

861. 1266. 14. aprilis. Spalati. Dragan Radomiri a Dujmo Cassaro vineam in Vlačine sitam, excolendam accipit 378

862. 1266. 13. Iunii. Clemens IV. papa sub protectionem suscipit episcopum Traguriensem et omnia sua iura et possessiones 380

863. 1266. 21. Iunii. Tragurii. Columbanus episcopus Traguriensis et eius capitulum litem cum communi Traguriensi de decima conponunt . . . 382

864. 1266. 22. Iunii. Spalati. Pactum de pecunia mutuo sumpta 384

865. 1266. 22. Iunii. Viterbii. Clemens IV. papa mandat archiepiscopo Strigoniensi, ut ad ius et proprietatem episcopatus Zagrabiensis revocet omnes possessiones et iura quae et quas praedecessores episcopi Timothei contulerunt nonnullis clericis et laicis 385

866. 1266. 6. iulii. Jaderae. Ladislaus Habrae de Učura testatur, se accepisse
pecuniam quae sibi apud fratres Praedicatores Jadrenses deposita erat   385

867. 1266. 6. iulii. In Grabrovica. Coram episcopo Tininicnsi venditio fit terrarum, quas Rolandus banus a genere Babonić emit   386

868. 1266. 17. iulii. Jaderae. Laurentius et Stephanus iudices Jadrenses in lite
inter Zoilum incolam insulae Iž et Saločam et uxorem eius Dragušam
propter septam viam iudicant   388

869. 1266. 16. augusti. Zagrabiae. Rolandus banus instrumentum Stephani bani,
quo terra Četiglavac dicta episcopatui Nonensi pertinet, confirmat . .   390

870. 1266. 20. augusti. Zagrabiae. Rolandus banus terram Jalec dictam quam
quidam servi Zagrabienses vindicant, Ambrosio et Benco filiis Vitalis
adiudicat   391

871. 1266. 25. augusti. Zagrabiae. Coram capitulo ecclesiae Zagrabiensis Rolandus banus suas possessiones Daronica, Bojna et Stojmerići vocatas
cum possessione filiorum Babonić Vodičevo vocata, superadens centum
viginti marcas commutat   393

872. 1266. 14. septembris. Coram Juno comite Zagrabiensi Bogdanus et Martinus filii Vlčine tres vineas filiis Gjurki cedunt   394

873. 1266. 6. octobris. Crisii. Rolandus banus controversias, finium inter Petrum filium Zakey et jobagiones castri Kalnik componit   395

874. 1266. 6. octobris. Jaderae. Maria Belašec decernit, ut post mortem mariti
Stephani omnia sua bona perveniant ad monasterium St. Nicolai, in
quod et ipsa intrabit   397

875. 1266. 12. novembris. Spalati. Monasterium St. Benedicti commutat quasdam terras   399

876. 1266. 20. novembris. Venetiis. Rainerius Genus dux Venetiarum minatur
Ragusinis propter vim qua comitem suum expulerunt   399

877. 1266. 23. novembris. Bela rex Hungariae et Croatiae civibus Zagrabiensibus, qui montem Grič incolunt, praeter auream bullam nova privilegia dat   401

878. 1266. 29. novembris. Zagrabiae. Rolandus banus in lite quam habebat ab-
batia de Topusko cum Blinensibus de possessione Vinodol ad Colapim
sita, adiudicat eandem praedictae abbatiae   405

879. 1266. 19. decembris. Jaderae. Većko, Salbe, Michael et alii a monasterio
St. Chrysogoni terram ad plantandam vineam accipiunt   407

880. 1266. 23. decembris. Zagrabiae. Marcus filius Gurdae iobagio castri Zagrabiensis vendit terram suam sitam iuxta fluvium Kostnica   408

881. 1266. Bela rex Hungariae et Croatiae instrumentum a Rolando bano de
terra Konjska dicta editum confirmat   409

882. 1266. Bela rex Hungariae et Croatiae ius eligendi iudices civibus Zagrabiensibus concessum, quod Archino comite ipsis dato infregerat, redin-
tegrat   410

883. 1266. Donum regis Bele filiis Takač testimonio confirmatur   411

884. 1266. Regina Maria comiti Michaeli de genere Huntpazman possessiones
Crkvenik et Radovanić vocatas, quae in comitatu de Požega sitae sunt,
donat   412

885. 1266. In Biéóe. Dionisius comes de Poljana et Pset adiudicat abbatiae de Topusko quasdam aquas Poljanenses sibi violenter usurpabant ... 415

886. 1266. Petrus comes de Kalnik edicit coram se Budivojum Minyum et alios terram in sex annos Detriko cognato comitis Junk pignori dedisse 416

887. 1266. Čazmae. Coram capitulo Chasmensi comes Pancratius terram suam· Klokočec dictam comiti Leustachio filio Vidi triginta marcis vendit . 417

888. 1266. Čazmae. Capitulum Chasmense terras in castro Garić venditas limitat 418

889. Ciroa a. 1266. Metae possessionis Vinodol ad Colapim sitae 419

890. 1267. 5. Ianuarii. Venetiis. Rainerius Zeno dux Venetiarum admonet Spalatenses, ne praedones Almisienses ad se accedere sinant 420

891. 1267. 5. Ianuarii. Spalati. Cataldus Čikole pro debito domum suam monasterio St. Benedicti pignori dat 420

892. 1267. 4. Ianuarii. Notitia de quodam instrumento 421

893. 1267. 6. februarii. Viterbi. Clemens IV. bullam in favorem monialium St. Augustini edit 421

894. 1267. 23. februarii. Bela rex Hungariae et Croatiae civibus de Gradec immunitatem a tributis et tricesima confert 423

895. 1267. 23. februarii. Zagrabiae. Coram Inus comite Zagrabiensi controversia ratione terrae Končan inter iobagiones castri Zagrabiensis per iudices arbitros finitur 424

896. 1267. 24. martii. Nonae. Dražina Stanosević et uxor eius Kumica constituunt, ut post mortem alterius omnia bona propria alterius supervi-ventis sint 426

897. 1267. 27. martii. Spalati. Apud iudices sententia pronuntiatur de via iuxta mare sita inter St. Benedictum et St. Siderum 426

898. 1267. 6. aprilis. Viterbi. Papa Clemens IV. concedit fratribus ordinis Praedicatorum Ragusinensium, ut vendant domum, quae iis donata erat, donec Ragusae manerent 427

899. 1267. II. aprilis. Zagrabiae. Rolandus banus confirmat sententiam Inus comitis Zagrabiensis factam de terra Končan (23. febr. 1267.) 428

900. 1267. 12. aprilis. Zagrabiae. Coram Rolando bano promiserunt populi de Želin, se decimas in specie capitulo Zagrabiensi esse soluturos . . . 429

901. 1267. 21. maii. Spalati. Iudicium Spalatense sententiam pronuntiat de via iuxta mare posita 430

902. 1267. 2. Iunii. Zagrabiae. Inter Ernerium banum Croatiae et episcopum de Kyrky indutiae fiunt 431

903. 1267. 9. Iunii. Viterbi. Papa Clemens IV. archiepiscopo Jadrensi mandat, ut monasterium St. Dominici protegat 432

904. 1267. 8. Iulii. Viterbi. Clemens IV. papa archiepiscopo Ravennati in Aquileiensi ac Gradensi patriarchatibus et in Ragusina, Ravennate, Mediolanensi et Januensi civitatibus et dioecesibus etc. committit legationis officium 433

905. 1267. 20. Iulii. In Zvolen. Bela rex Hungariae et Croatiae Thomae filio comitis Joachimi possessionem Prodavić dictam donat 435

906. 1267. 22. augusti. Jaderae. Georgius, Johannes, Stojan et alii se obligant monasterio St. Chrysogoni, quod ab illo terram in insula Pašman sitam acceperunt   437

907. 1267. mense augusto. Quinqueecclesiis. Coram capitulo Quinqueecclesiensi Stephanus et Prijezda filii bani Prijezdae terram inter Vaška et Novak sitam, quae Sv. Križ vocatur, Draško, Lodomero et Arpae filiis Zonuslavi filii bani Prijezdae cedunt   438

908. 1267. 27. septembris. Tragurii. Commune Traguriense eligit procuratores suos in causa, quam coram papae iudicibus delegatis habent cum episcopo et capitulo   440

909. 1267. 5. octobris. Tragurii. Capitulum Traguriense eligit procuratores suos in causa, quam coram papae iudicibus delegatis habet cum communi Spalatensi   441

910. 1267. 5. octobris. Jaderae. Laurentius archiepiscopus Jadrensis assumit bullam papae Clementis IV. (f. die 15. martii 1266), qua invitat Christianos, ut ad exstruendam ecclesiam fratrum Praedicatorum Jadrensium conferant   443

911. 1267. 10. octobris. Tragurii. Episcopus Traguriensis Columbanus cum suo capitulo profitentur, se ius requirendae decimae Tragurii non habere   443

912. 1267. ante diem 13. octobris. Bela rex Hungariae et Croatiae instituta comitis Symigiensis et Varaždiniensis Moys quae ad divisionem eius bonorum pertinent, confirmat   446

913. 1267. 14. octobris. Commune Spalatense capitulo patronatum ecclesiae St. Laurentii de Platea tradit   447

914. 1267. mense octobri. Quinqueecclesiis. Capitulum Quinqueecclesiense iussu regis Belae limitat terras, quae homicidae Stephani erant   448

915. 1267. 25. novembris. In St. Geroldo. Bela rex Hungariae et Croatiae eximit fratres Thomam et Johannem ab iurisdictione comitis Crisiensis . . .   451

916. 1267. 29. decembris. Tragurii. Gervasius plebanus ecclesiae St. Martini pactum contrahit cum Lucio herede ecclesiae, quo Lucius se obligat altius tollere domum ecclesiae   451

917. 1267. Bela rex Hungariae et Croatiae magistro Thomae speciali notario suo possessionem Bugna vocatam, quae in comitatu Zaladiensi sita est, donat   452

918. 1267. Bela rex Hungariae et Croatiae magistri Thomae et fratri eius Johanni terram Komor dictam, quae in Zagorje sita est, donat   453

919. 1267. In Šibenik. Johannes archiepiscopus Spalatensis inquirit et propter pravos mores poena afficit clericos Sibenicenses   454

920. 1267. Notitia cuiusdam instrumenti   455

921. 1268. 3. lanuarii. Arbe. Arbenses comiti suo Badoero potestatem per unum annum extra urhem commorandi dant   456

922. 1268. 5. lanuarii. Venetii. Rainerius Zeno Spalatensibus, ut operam dent, ut ab Almisiensibus ablatas res eriperent   456

923. 1268. 5. februarii. Jaderae. Pastores Brda incolentes se obligant pro terra data se monasterio St. Chrysogoni quartam daturos   457

924. 1268. 25. februarii. Viterbi. Papa Clemens IV. compositionem inter episcopum Traguriensem et clericos Sibenicenses factam confirmat . . .   458

925. 1268. 5. martii. Ragusae. Canonicus Rusinus procuratores suos apud commune Ragusii nominat 459

926. 1268. 15. martii. Zagrabiae. Detricus comes Zagrabiensis petente comite Meneslav transsumit instrumentum comitis Fabiani (d. 15. dec. 1261.) quo hic confirmat coram se Kuzmišam filium Kupuč quandam terram Meneslao vendidisse 460

927. 1268, 17. martii. Maria regina possessionem Berin vocatam comiti Gregorio nobili de Somogy restituit 460

928. 1268. 31. martii. Viterbii. Clemens IV. papa iura ordinis fratrum Minorum ordinat 462

929. 1268. 15. aprilis. Zagrabiae. Timotheus episcopus Zagrabiensis 25 pensis emit quatuor mancipia 463

930. 1268. 29. aprilis. Jaderae. Laurentius archiepiscopus Jadrensis de metis in insula Pašman in favorem monasterii St. Chrysogoni sententiam dicit 464

931. 1268. 25. maii. Coram capitulo ecclesiae Albensis, Andronicus Petri comiti Abrae de Moravče terram suam quatuor iugerum in Čegva sitam, quinque marcis vendit 465

932. 1268. 26. maii. Požegae. Coram capitulo ecclesiae de Požega vidua Poše cum filiis suis suam terram quae sita est inter rivos Knežin et Dubovac, Gregorio Knez quinquaginta marcis vendit 466

933. 1268. 5. iunii. Viterbii. Clemens IV. papa monasteria ordinis fratrum Minorum exiguo intervallo aedificari vetat 467

934. 1268. 13. iunii. Viterbii. Clemens IV. papa archiepiscopo Jadrensi, ut abbatem et monachos SS. Cosmae et Damiani in monte Jadrensi, ordinis St. Benedicti, monasterio de Topusko ordinis Cisterciensis submittat . 469

935. 1268. 16. iunii. Spalati. Venditio et commutatio cuiusdam terrae 469

936. 1268. 30. iunii. Spalati. Johannes archiepiscopus Spalatensis, ut porta turris monasterii St. Benedicti clausa teneatur, iubet usque dum inter monasterium et Prvam viduam Leonardi causa agatur 470

937. 1268. 23. augusti. Arbe. Arbenses patriarcham de Grado rogant, ut iniuste iis impositum interdictum tollat 471

938. 268. 23. septembris. Zagrabiae. Coram capitulo Zagrabiensi, Junislav quandam terram sub Dolac sitam Petro Rodofi quindecim pensis vendit 472

939. 1268. 24. septembris. Viterbii. Clemens IV. papa irritum declarat articulum quemdam congregationis generalis nobilium Hungariae, ne decimae solvantur ecclesiis unaque mandat episcopis Hungariae, ut eos censuris ecclesiasticis ad eas dandis compellant 473

940. 1268. mense septembri. Segniae. Pax inter Segnienses et Arbenses fit . 474

941. 1268. ante diem 13. octobris. Bela rex Hungariae et Croatiae terram Gostović dictam Abraami et aliis filiis comitis Bartoli adiudicat 476

942. 1268. Bela dux totius Slavoniae, Dalmatiae et Croatiae terram Gostović dictam donatione regis Belae (a. 1268.) Abrahamo et aliis, filiis comitis Bartolis adiudicat 477

943. 1268. Bela dux totius Slavoniae donationem patris sui regis Belae factam magistro Thomae et eius fratribus in districtu castri Kalnik confirmat 478

— 664 —

944. 1268. Bela dux totius Slavoniae cuidam Martino terram Blaguša dictam quae prope Vugrovec sita est, adiudicat 479

945. 1268. Čak banus iussu regis Belae et Belae ducis totius Slavoniae possessiones nobilium de Buča per castrenses occupatas, revindicat, metisque circumscribit 481

946. 1268. Crisii. Martinus comes Crisiensis significat Blagonjam et alios terram Crnoglavić vocatam possessionem eorum cognati qui sine heredibus defunctus est, Lamperto et aliis filiis Zaduri in perpetuum cessisse . 481

947. 1268. Čazmae. Coram capitulo ecclesiae Čazmensis Elias de Komarnica duo molendina Lamperto et Olivero filiis Zaduri vendit . . . . . . : 482

948. 1268. Notitia de quodam instrumento 483

949. 1268. Notitia de quodam instrumento 483

950. 1268. Notitia de quodam instrumento 484

951. 1268. (vel 1269.). 8. aprilis. Bela rex Hungariae et Croatiae victoriam suam de Uroš rege Serviae reportatam narrat 484

952. 1269. 17. ianuarii. Zagrabiae. Rašina superior, Blaguša, Novum Praedium et Insula cum portu in Sava a vidua comitis Pribislavi eiusque generis, perceptis pro iure suo pecuniis, coram Bela duce totius Slavoniae capitulo Zagrabiensi ultra relinquuntur 485

953. 1269. 17. ianuarii. Zagrabiae. Coram capitulo Zagrabiensi quidam nobiles de Varaždin pacem reconciliant 487

954. 1269. 14. februarii. Zagrabiae. Timotheus episcopus Zagrabiensis absolvit ab excommunicatione aliquos in Komarnica propter denegatas decimas, postquam promiserunt se tales in specie esse soluturos 487

955. 1269. 7. martii. Zagrabiae. Filii Zorki vendunt partem terrae suae haereditariae in Sepnica sitae comiti Andreae quindecim pensis denariorum Zagrabiensium 488

956. 1269. 13. martii. Bela dux totius Slavoniae patri suo regi Belae terram Vruz dictam donat 489

957. 1269. 30. aprilis. Ravenae. Litterae archiepiscopi Ravenatensis electo archiepiscopo Ragusino 490

958. 1269. mensa aprili. Bela dux totius Slavoniae villam Gorjani dictam Johanni et Stephano de genere Družma donat 491

959. 1269. 22. maii. Vratislav filius Jacobi vendit partem terrae suae haereditariae in Zagoria sitae comiti Iwancae 22 marcis 491

960. 1269. 4. iunii. Ragusini litteras Philippi archiepiscopi Ravenatensis accipiunt 493

961. 1269. 20. iunii. Spalati. Johannes archiepiscopus Spalatensis possessiones fratrum Praedicatorum Spalatensium amplificat 493

962. 1269. 22. iunii. Bela rex Hungariae et Croatiae divisionem terrarum quae in Moslavina sitae sunt, confirmat 495

963. 1269. mense iunio. Timotheus episcopus Zagrabiensis emit ab Urbano filio Pobrad triginta marcis terram quandam prope Vaškam sitam . . 496

964. 1269. 1. augusti. In Veteri Buda. Henricus banus instrumentum Belae regis de divisione possessionis in Moslavina sitae manifestum facit 498

965. 1269. 31. augusti. Moth filiae suae, consentiente fratre eius Andrea, quasdam terras dat 498

966. 1269. 4. septembris. Tragurii. Staniša et Stana fratres litigantes de scalis domus Staniše concordiam reconciliant 499

967. 1269. 20. septembris. Coram capitulo Zagrabiensı terrae sub Kalnik sitae venduntur 500

968. 1269. 21. septembris. Spalati. Capitulum ecclesiae Spalatensis statuit, ut hereditati uniuscuiusque canonici qui kal. marciis e vita decedit, omnes redditus illius anni accedant 501

969. 1269. 6. octobris. Spalati. Vučina Črne vendit Mathiae et Dragoj Kulašić domum suam prope ecclesiam St. Anastasiae sitam 502

970. 1269. ante diem 13. octobris. Bela rex Hungariae et Croatiae ad preces episcopi Zagrabiensis Timothei liberat populos comitatus Vrbas a sustentandis comitibus 503

971. 1269. 15. decembris. Coram comite Crisiensi terra venditur et commutatur 504

972. 1269. 21. decembris. Bela rex Hungariae et Croatiae terram sitam in comitatu de Somogy quae Lepled vocatur et hucusque episcopi Nonensis Samsonis erat, comiti Andreae fratri praepositi Čazmensis Petri restituit 505

973. 1269. 22. decembris. Bela rex Hungariae et Croatiae confirmat auream bullam predecessoris et patris sui regis Andreae de libertatibus episcopatui Zagrabiensis concessis 507

974. 1269. 22. decembris. Bela rex Hungariae et Croatiae liberat populos episcopi Zagrabiensis in comitatu de Somogy a descensu baronum et comitum 509

975. 1269. Extractus e instrumento Belae regis Hungariae et Croatiae de possessione et metis comitatus de Dub ca 510

976. 1269. (priore medio anno). Bela dux totius Slavoniae privilegia liberae villae de Križevci confirmat 513

977. 1269. (priore medio anno). Bela dux totius Slavoniae generi Babonić possessionem Vodičevo dictam confirmat, eorum adversarios repellit . . 514

978. 1269. (priore medio anno). Bela dux totius Slavoniae civibus St. Ambrosii eadem iura quae cives de Virovitica habent concedit 516

979. 1269. (priore medio anno). Zagrabiae. Bela dux totius Slavoniae adiudicat capitulo Zagrabiensi possessionem trium villarum in Jalševec sitarum contra usurpatores earundem, filios nempe et nepotes Bratonjae . . . 517

980. 1269. (priore medio anno). Bela dux totius Slavoniae privilegium patris sui Berino concessum confirmat 519

981. 1269. (priore medio anno). Farcasius, filius Damiani, vendit abbatiae de Topusko duodecim mancipia sedecim denariis, alia vero duodecim dat eidem abbatiae pro remedio animae suae 520

982. 1269. Zagrabiae. Coram capitulo ecclesiae Zagrabiensis comes Čeh terrae quae ad St. Georgium sita est, in favorem quorundam nobilium de Varaždin renunciat 521

983. 1269. Čazmae. Coram capitulo Čazmensi filii Pauli, Zaduri et aliorum quandam Črnoglavi terram Blagonje et Aegydio filios Vojslavi tradunt 521

984. 1269. Čazmae. Coram capitulo ecclesiae Čazmensis, Jacobus et Pouk filii Pauli et Marcus filius Pouk possessionem suam Hotva vocatam filiis Vojslavi et Zadori tredecim marcis vendunt 522

985. 1270. 5. Ianuaril. Ragusae. Clericus Barbius vineam et terras ecclesiae St. Fuscae excolendas ad medietatem dat 523

986. 1270. 11. Ianuaril. Jaderae. Elias Rubeus filius Stanci Grubae de Ritesa apocham conscribit eum decem soldos grossos nomine debiti quadraginta soldorum grossorum solvisse 524

987. 1270. 6. martii. In Želin. Petrus maior ville de Petrinja totaque loci eiusdem communitas promittunt coram Henrico totius Slavoniae bano, se iustas decimas episcopo Zagrabiensi daturos 525

988. 1270. ante diem 20. martii. Čazmae. Capitulum ecclesiae Čazmensis divisionem possessionum in Moslavina sitarum enumerat 526

989. 1270. 20. martii. Confirmatio capituli ecclesiae Albensis de divisione terrarum in Moslavina sitarum, coram capitulo ecclesiae Čazmensis facta 527

990. 1270. 3. aprilis. Tragurii. Sibenicenses Traguriensem Valentinum Petri potestatem eligunt 528

992. 1270. 11. aprilis. Jaderae. Bernardus abbas Casinensis et legatus Caroli regis Siciliae nuntiat, se feliciter Jaderam pervenisse 530

993. 1270. 26. aprilis. Jaderae. Johannes filius Petri Salinarii confitetur se donationem factam Damiano plebano St. Petri Novi Jadrensis confirmaturum esse 530

994. 1270. 30. aprilis. Ragusae. De lite inter monasterium Lacromonense et monasterium monialium St. Andreae propter possessionem terrae quam monasterium Lacromonense tenet, cum eius non sit 531

995. 1270. I. maii. Capitulum ecclesiae Albensis testificatur Cureum cum filiis suis palatium in Varaždin situm Dionisio officiali reginae vendidisse . 532

996. 1270. ante diem 3. maii. Bela rex Hungariae et Croatiae confirmat episcopo Zagrabiensi Timotheo possessionem prope Vaškam ab Urbano filio Pobrad emptam 534

997. 1270. ante diem 3. maii. Bela rex Hungariae et Croatiae comiti Perčin terras donat eumque a potestate comitis eximit 535

998. 1270. ante diem 3. maii. Bela rex Hungariae et Croatiae Henrico et Nicolao filiis Nicolai possessiones in Dabra sitas, quae est in comitatu de Valko, donat 537

999. 1270. ante diem 3. maii. Bela rex Hungariae et Croatiae petente Cureo cive de Varaždin venditionem terrae et commutationem palatii in Varaždin siti, concedit 538

Acta quae ad regimen regis Stephani pertinent (1270—1272.)

1. 1270. 11. maii et 5. iulii. Iter Isabellae reginae Hungariae e Dalmatia Neapolim et retro commemoratur 543

2. 1270. 14. maii. Exmissi abbatis de Topusko et comes Marinus filius Hrink, ineunt conventionem coram Johanne filio Jaroslavi de Okić de turbatis possessionum Jarovel et Pounje metis 543

3. 1270. 26. maii. Stephanus rex Hungariae et Croatiae praedecessoris sui et patris Belae regis constitutionem, ut cives de Gradec ducentas tantummodo pensas pro annuo censu bano solvant, simul terram regalem Svibljan ipsis donatam, confirmat 544

4. 1270. 27. maii. Stephanus rex Hungariae et Croatiae Simoni Salamonis donationem patris sui Belae possessionis Prodavić dictae confirmat . 545.

5. 1270. 13. iunii. Stephanus rex Hungariae et Croatiae bano Rolando pro eius meritis castrum Kalnik donat 546

6. 1270. 18. iulii. Pirani. Pax et amicitia inter Spalatenses et Piranos redintegratur . . . . 549.

7. 1270. 29. iulii. Stephanus rex Hungariae et Croatiae confirmat episcopo Zagrabiensi Timotheo emptam possessionem St. Martini prope Vaškam 551

8. 1270. 29. iulii. Stephanus rex Hungariae et Croatiae confirmat conventionem coram Bela duce fratre suo inter capitulum Zagrabiense et viduam Pribislavi ac generiš eius initam 552

9. 1270. 29. iulii. Stephanus rex Hungariae et Croatiae confirmat sententiam fratris sui Belae ducis de possessione Jalševec 553

10. 1270. 29. iulii. Stephanus rex Hungariae et Croatiae instrumentum regis Belae (a. 1251. nov. 24.) emissum civitati Šibenik confirmat . . . . . 553.

11. 1270. 18. augusti. Fragmentum cuiusdam instrumenti comitis Vojslavi . . 554

12. 1270. 26. augusti. Stephanus rex Hungariae et Croatiae confirmat instrumentum regis Belae (a. 1265. ian. 27.), quo hic terram Bolosci iobagionis castri de Kalnik Thomae et Johanni et eorum fratribus tradit . 555.

13. 1270. 30. augusti. Stephanus rex Hungariae et Croatiae donationem regis Belae possessionis castri Zaladiensis Bogna confirmat . . . . 556.

14. 1270. 1. septembris. Zagrabiae. Hoduš comes Zagrabiensis adiudicat episcopo Zagrabiensi Timotheo terram Pserić in lite cum Abraham comite de Moravče . . . . 556.

15. 1270. 4. septembris. Zagrabiae. Joachimus banus totius Slavoniae confirmat sententiam Hoduš comitis intuitu terrae Pserić 558

16. 1270. 8. septembris. In Pest. Stephanus rex Hungariae et Croatiae donationem possessionis Prodavić dictae Philippo archiepiscopo Strigoniensi ei usque fratri Thomae a rege Bela (a. 1267. iulii 20.) factam confirmat 559.

17. 1270. 9., 13. et 20. septembris et 22. octobris. Carolus I. rex Siciliae secretariis Apuliae imperat, ut ornent navem ad traiectum triginta equorum legatorum Jaderam 567

18. 1270. 14. novembris. Jaderae. Dobrosti filio suo auctoritatem et potestatem vendendi et alienandi medietatem vineae dat 567

19. 1270. 10. decembris. Stephanus rex Hungariae et Croatiae bano Ponić optime merito de se et patre suo magnas possessiones in comitatu Zaladiensi sitas donat 568

20. 1270. 19. decembris. Zagrabiae. Stephanus et Mikuš filii Nicolai, pignori dant comiti Pernicholo 29 marcis possessionem suam in Sepnica sitam 571

21. 1270. Stephanus rex Hungariae et Croatiae Perčino civi Zagrabiensi instrumentum regis Belae confirmat 572

22. 1270. Stephanus rex Hungariae et Croatiae nundinas die festo St. Marci agendas civibus de Gradec concessas confirmat 573

23. 1270. Stephanus rex Hungariae et Croatiae instrumentum a Bela patre suo fratribus Lukać, Vid, Matheo et Petro filiis comitis Andreae datum confirmat 574

24. 1270. Laurentius comes de Rovišće comiti Prenčola terras Maček dictas quae prope Velikam sunt limitat 574

25. 1270. In Bač. Coram capitulo ecclesiae Bačiensis fratres Sakmar et Merk e comitatu de Valko partem possessionis Tollman dictae Martino Petri vendunt 576

26. 1270. Stephanus rex Hungariae et Croatiae comiti Andreae possessionem terrae Dulipška vocatae confirmat 577

27. 1270. Stephanus rex Hungariae et Croatiae confirmat instrumentum regis Belae (a. 1248. oct. 25.) quo terrae Pokoj et Pruzlo vocatae Andronico de genere Kadarcaluz donantur 578

28. 1270. (?) Notitia cuiusdam instrumenti 578

29. 1270. Stephanus rex Hungariae et Croatiae donationem terrarum Koška, Dubrava et Čepin dictarum, factam a patre suo rege Bela (a. 1258. aug. 6.) Phillippo et Gregorio filiis comitis Cleti confirmat 579

30. 1270. Stephanus rex Hungariae et Croatiae comitibus de Vegla privilegia a Bela patre suo concessa, confirmat 580

31. 1270. Stephanus rex Hungariae et Croatiae instrumentum Erney iudicis Dubicensis quo terrae ordinis b. Pauli a. 1244. donatae sunt, confirmat 580

32. Post annum 1270. Catarl. Domnius episcopus Catarensis communi Ragusae scribit se ut pontificis iudicem delegatum aeque et integre iudicaturum 581

33. 1271. 10. ianuarll. Spalatl. Leo Kačić in favorem capituli Spalatensis terrae a socera sua Stana capitulo relictae renunciat 582

34. 1271. 20. ianuarll. Spalatl. Monasterium St. Benedicti quasdam terras suas quarta parte locat 583

35. 1271. 25. ianuarll. De piratis Almisanis 584

36. 1271. 3. februarll. Budae. Stephanus rex Hungariae et Croatiae praecipit omnibus banis et comitibus ne apud populos ecclesiae Zagrabiensis descendant aut illos quomodocumque molestent 584

37. 1271. mense februarlo. Catari. Consilium civitatis Catari episcopum et capitulum petit, ut se quadam summa pecuniae adiuvent 585

38. 1271. 4. martll. Jaderae. Radovan et Dakoj Dragnić confirmant Tolišae Kačić eum sibi totum debitum solvisse 586

39. 1271. 15. martll. Spalatl. Agitur de commutatione terrarum 587

40. 1271. 23. martll. Stephanus rex Hungariae et Croatiae Laurentio bano Zeuriensi, antea comiti de Somogy et Kalnik, pro magnis eius meritis quasdam possessiones donat 588

41. 1271. 11. mall. Stephanus rex Hungariae et Croatiae Nicolao iudici curiae regis quasdam possessiones donat, ut amissas possessiones eius cis et ultra Dravam sitas resarciat 590

42. 1271. 13. mall. Tragurll. Consilium civitatis Traguriensis congretatum in ecclesia St. Laurentii decernit, ut omnia bona Grubae viduae Tolimiri vendantur. Venditio difertur, sed emere solis Traguriensibus licet . . 591

43. 1271. 16. maii. Zagrabiae. Križan et frates sui vendunt comiti Ivanka fratrique eius Jacobo possessionem Sekirie decem marcis denariorum Zagrabiensium 592

44. 1271. 13. maii. Zagrabiae. Stephanus filius Nicolai impignorat comiti Pernicholo quandam possessionem in Sepnica sitam 16 pensis et 10 denariis 594

45. 1271. post mensem maium. Stephanus rex Hungariae et Croatiae Alexandrum et Demetrium eiusque subditos omnibus exactionibus liberat . 594

46. 1271. post mensem maium. Stephanus rex Hungariae et Croatiae ecclesiae Zagrabiensi privilegium avi sui Andreae ducis (a. 1201) confirmat . . 596

47. 1271. 16. iunii. juxta fluvium Dudvag. Banus Joachimus Jurišam de Bužan certiorem facit, Michaelem filium Ubuli possessionem suam Tutulić dictam cum possessione comitis Petri Selce vocata commutavisse . . 597

48. 1271. 20. iunii. Segniae. Segnenses Guidonem comitem de Wegla et Modruš comitem suum eligunt 597

49. 1271. 26. iunii. Stephanus rex Hungariae et Croatiae ecclesiae Zagrabiensi privilegia predecessorum suorum regum Emerici et Andreae (a. 1199. et 1217.) confirmat 598

50. 1271. 9. iulii. Zagrabiae. Coram capitulo Zagrabiensi nobiles de Bročina de genere Jamanić et Gredeč terram in Bročina sitam comiti Perinkolo vendunt 599

51. 1271. 13. augusti. jaderae. Andreas Velješan et uxor eius Vlačena se obligant solvere decem libras Corae filae defuncti Bratidrugi et Vlačenae, cum fuerit aetatis duodecim annorum, pro possessione quam post mortem Bratidrugi tenent 601

52. 1271. 24. augusti. In Bihać. Joachimus banus totius Slavoniae Stanysk filium Waracysk et totam generationem eius in iobagiones castri Zagrabiensis accipit 602

53. 1271. 3. septembris. Zagrabiae. Banus Joachimus in lite de terra Stepčina Luka dicta iudicat 603

54. 1271. 12. septembris. Vegiae. Spreza de Dominico suum testamentum anno 1271. febr. 16. a Martino de Brixia conscriptum confirmat et aliquot codicillos addit 604

55. 1271. 24. septembris. Stephanus rex Hungariae et Croatiae populos ecclesiae Zagrabiensis recipit in suam specialem protectionem 606

56. 1271. 27. septembris. Stephanus rex Hungariae et Croatiae privilegium hospitibus de Petrinja a Bela a. 1242. datum confirmat 607

57. 1271. 5. octobris. juxta fluvium Dudvag. Stephanus rex Hungariae et Croatiae commutationem possessionum Tutulić et Zelče dictarum confirmat 608

58. 1271. 5. novembris. Zagrabiae. Coram capitulo ecclesiae Zagrabiensis Vukovoj, Stephanus et Johannes nobiles de Blina possessionem suam in Vinodol sitam Andreae filio Stepci vendunt 609

59. 1271. Stephanus rex Hungariae et Croatiae Guidonem comitem de Vegla et Modruš potestatem Segniae confirmat 612

60. 1271. In Bihać. Communitas civitatis de Bihać et abbas de Topusko conveniunt, ne in futurum alter alterius iobagiones ad suas possessiones recipiant 613

61. 1271. Čazmae. Coram capitulo ecclesiae Čazmensis generatio Bučka terram suam Mirše filio Destin vendit 613

62. 1271. Pous comes Crisiensis venditas terras limitat 615

63. 1271. Capitulum ecclesiae Čazmensis terras in Garešnica sitas limitat . . 616

64. 1271. Segniae. Belsaninus Segniensis assignat abbatiae de Topusko illas domus Segniae quas tenebat et possidebat a Petro archidiacono Zagrabiensi 617

65. 1272. 7. Ianuarii. De pacto inter Stjepkum comitem de Cetina et civitates Šibenik et Tragurium 617

66. 1272. 9. februarii. In Bročina. Coram Hodus comite Zagrabiensi Gero et alii e Bročina partem terrae in Pribirag sitae comiti Perincolo vendunt 619

67. 1272. 20. februarii. Apud Urbem Veterem. Gregorius X. papa monasterio St. Nicolai omnia privilegia data a praedecessoribus suis vel a regibus et aliis personis confirmat 620

68. 1272. 21. februarii. Venetiis. Laurentius Tiepolo dux Venetiarum nobilem Venetum mittit comitem Korčulae et Mljet eumque Traguriensibus commendat 621

69. 1272. 27. februarii. Zagrabiae. David filius Pausa, archidiacono Zagrabiensi Petro molendinum Zagrabiae situm quinquaginta pensis vendit . . . 621

70. 1272. 13. martii. Arbe. Jacobus filius Ivanci duos hortos monasterio fratrum Minorum Segniensium legat 622

71. 1272. 14. aprilis. Albae. Capitulum ecclesiae Albensis iussu regis Stephani transumit privilegia ecclesiae Zagrabiensis 622

72. 1272. 26. aprilis. Stephanus rex Hungariae et Croatiae filiis Stephani terram in comitatu Syrmiensi sitam adiudicat 623

73. 1272. ante diem 20. maii. Stephanus rex Hungariae et Croatiae instrumentum Joachimi bani (d. d. 24. aug. 1271.) pro Turopolje datum confirmat 625

74. 1272. 9. maii. Stephanus rex Hungariae et Croatiae instrumentum regis Belae datum die 21. nov. 1251. ad possessionem Jalšovec pertinens confirmat 626

75. 1272. 27. maii. Stephanus rex Hungariae et Croatiae fundationem Buzae canonici cantoris ecclesiae Zagrabiensis de missa quotidie summo mane in honorem B. V. Mariae celebranda confirmat 627

76. 1272. 29. maii. Stephanus rex Hungariae et Croatiae confirmat instrumentum bani Rolandi (20. aug. 1266.) quo terra Jalez dicta Ambrosio et Banko adiudicatur 629

77. 1272. 1. Iunii. Stephanus rex Hungariae et Croatiae privilegia civitatis de Varaždin commemorata in instrumento regis Belae a. 1242. confirmat 630

78. 1272. 8. Iunii. In Topusko. Stephanus rex Hungariae et Croatiae nobilibus Marino et aliis donationem possessionis Kostajnica dictae a rege Bela (12. iulii 1258.) factam, confirmat 631

79. 1272. 14. Iunii. Spalati. Johannes archiepiscopus Spalatensis iurisdictionem episcopi Nonensis in comitatu de Lika restituit 632

80. 1272. 17. Iunii. Stephanus rex Hungariae et Croatiae ad instantiam Timothei episcopi Zagrabiensis confirmat ecclesiae Zagrabiensis privilegia suorum antecessorum regum Andreae et Belae 633

81. **1272. 24. Iunii.** Stephanus rex Hungariae et Croatiae secundum instrumentum archiepiscopi Spalatensis (14. iunii 1272.) episcopatui Nonensi possessionem comitatus de Lika confirmat 636

82. **1272. 25. Iunii.** Stephanus rex Hungariae et Croatiae donationem terrae Četiglavac vocatae a bano Rolando (16. aug. 1296.) episcopatui Nonensi factam, confirmat 637

83. **1272. 19. Iulii. Apud Urbem Veterem.** Gregorius X. papa donationem archiepiscopi Spalatensis fratribus Praedicatoribus factam confirmat 638

84. **1272. ante diem 5. augusti.** Stephanus rex Hungariae et Croatiae donat generationi Babonić castrum Samobor pro meritis et damni restitutione possessionum, quas iis in Styria Otokar rex Bohemorum eripuit . . . 639

85. **1272. ante diem 5. augusti.** Stephanus rex Hungariae et Croatiae e collectis lucri camerae etiam ultra Dravam decimas archiepiscopatui Strigoniensi deberi decernit 641

INDEX ALPHABETICUS.*

A.

Aba genus 1240, 102, 103 ; 1246, 306 ; 1248, 367.

Abel posses. terrae 1244, 245.

Ablana v. Jablanac.

Abra comes 1266, 396.

Abraam filius Jura iobagio testis 1254, 548, 549.

Abraam fil. Marcelli comes 1237, 40 ; 1239, 74.

Abraam filius Nicolai comes testis 1245, 284.

Abraam posses. terrae 1251, 447.

Abram comes 1248, 343, 344, 345.

Abraham comes de gen. Sudan 1248, 377.

Abraham (Abram, Abraam) comes de Moravče 1242, 170, 171 ; 1247, 324 ; 1252, 516 ; 1256, 9 ; 1268, 465 ; 1269, 499 ; 1270, 557, 558.

Abramus fil. Gregorii posses. terrae 1258, 113 ; 1265, 347.

Aburd'no Dominus de, nob. arben. 1272, 622.

Abundius Dabranze testis 1243, 207.

Abundius Duimus de Kaçça nob. arb. 1237, 26.

Acha comes 1257, 82.

Acha comites testes 1242, 170. V. etiam Aga (Agha).

Acha filius Petri possessor terrae testis 1251, 479.

Achad (= Acsád) villa 1237, 28.

Achatius praep. bud. 1258, 85.

Achilles episc. quinqueeccl. 1251, 466, 467, 469, 471.

Acus (= Akos, Achatius) cancel. reginae 1248, 376.

Acus' (= Akos, Achatius) pleban. de Pest capel. regius 1244, 224.

Adalenus (= Odolen) nob. tragur. 1237, 23 (mem. eius).

Adam episc. nitrien. 1244, 233.

Adam Grosso de Venetia testis 1244, 229.

Adamović Odumisl testis 1249, 415.

Adamović Strjezimir testis Chlmiensis 1249, 415.

Adrianus posses. terrae 1244, 265 ; 1246, 307 ; 1248, 343, 344, 345.

Adrianus custos bach. 1244, 266.

Aga (Agha) genus (comites) 1242, 175 ; 1244, 256 ; 1266, 404. 1271, 592, 602 ; v. etiam A c h a.

Agnida consors Thomae 1253, 544.

Agusize locus 1255, 611.

Aimericus v. Emericus rex Hung. et Croat.

Alba civit. hung. 1245, 279 ; 1256, 5; 1259, 136 ; 1270, 547, 570.

Alberii Viverius notarius iadrensis testis 1265, 334.

Albertini Nicolaus civis Traguriensis testis 1265, 341.

Albertus archidiac. zgrab. 1248, 364.

Albertus cleric. iadr. 1254, 556 ; 1256, 4, 14.

Albertus de villa St. Georgii pristaldus ducalis 1239, 96.

Albertus exam. spal. 1249, 395.

Albertus fil. Janitii Theodosii posses. terrae 1243, 196.

Albertus Jancii exam. spalat. 1254, 571 ; 1255, 588.

Albertus Johannes Theodosii nob. spalat. 1250, 429.

* Složio Dr. F e r d o Š i š i ć. Od godine 1236—1255. traži u knj. IV., a od 1256—1272 u knj. V. Cod. dipl.

Albertus Madius testis 1253, 545.
Albertus mag. agaz. 1270. 548, 566 ; 1271, 595, 607, 608 ; 1272, 625, 626, 627, 628, 629, 632, 635, 637, 638, 640.
Albertus nob. arb. 1237, 26.
Albertus posses. terrae 1237; 43.
Albertus posses. vineae 1240, 120.
Albertus subdiac. iadr. 1254, 550.
Albona (= Labin) civit. 1237, 36.
Albrihus de Myho comes 1241, 136.
Aleardus archiep. ragus. 1258; 85 ; 1259, 127, 128 ; 1260, 172 ; 1261, 195, 196 ; 1262, 213.
Alemania, terra 1243, 194.
Almericus presbiter iadr. 1237, 21.
Alexander IV. papa 1254—1261, 581 ; 1255, 589, 592, 601, 602, 605 ; 1256, 19, 20 ; 1257, 68 ; 1258, 85, 93 ; 1259, 131, 139 ; 1260, 159, 162, 164, 167, 168, 169, 170.
Alexander banus (memoria eius) 1268, 480.
Alexander banus maritimus et comes zgrb. 1259, 144.
Alexander collateralis archiepisc. spalat. 1245, 279.
Alexander comes 1252, 485.
Alexander comes de Podgorje testis 1249, 403.
Alexander filius Alexandri comes testis 1267, 447.
Alexander fil. Bors posses. terrae 1250, 425.
Alexander fil. Demetrii de gen. Aba comes 1246, 306, 307.
Alexander fil. Demetrii comes testis 1271, 595.
Alexander fil. Gundak posses. terrae 1240, 121.
Alexander filius Moys comitis testis 1255, 609.
Alexander iupanus de Klis 1243, 184, 185.
Alexander posses. terrae 1251, 477.
Alexander vicebanus et comes de Podgorje 1256, 45; 1258, 119.; 1259, 145, 146 ; 1261, 206 ; 1264, 328 ; 1266, 395.
Alexander vicebanus et comes zgrb. 1252, 519, 520, 521; 1256, 14, 16.

Alexander viceiudex 1265, 335.
Alexii Viverius not. iadr. 1265, 358 ; 1266, 375, 398 ; 1270, 531.
Âlexius banus (mem. eius) 1268, 480.
Alexius civis ragus. 1252, 499.
Alexius comes 1252, 483.
Alexius comes de Zala 1258, 106.
Alexis de Pascali Zarip civis dyrrach. 1259, 122.
Alexius fil. Moys posses. terrae 1245, 275.
Alexius fil. Petri de gen. Vya posses. terrae 1244, 214.
Alexius frat. min. 1249, 378.
Alexius frater Muhor posses. terrae 1244, 245.
Alexius homo banalis 1258, 113.
Alexius nob. vir. 1245, 269.
Alexius posses. terrae 1251, 447.
Almaš (Holmos) terra 1251, 447.
Almisium v. Omiš.
Alpetri filii, posses. terrae 1240, 124.
Alsewnicha aqua 1249, 411.
Aluynus murarius 1248, 364.
Amblasii Desa nob. tragur. 1263, 293 ; 1267, 440, 441, 443, 451 ; 1271, 592, 618.
Amblasii Marinus comes testis 1267, 440, 451.
Ambrosianus Littofredo de Musella civis 1244, 228.
Ambrosinus possessor terrae testis 1259, 140, 141.
Ambrosius filius Toliae, testis Ragusinus 1251, 448.
Ambrosius decan. alb. 1258, 95.
Amendulae locus 1251, 449
Americus notar. de Vincentia testis 1244, 229.
Amicus capel. et notar. spalat. 1252, 510 ; 1254, 571 ; 1255, 588 ; 1256, 4, 7 ; 1257, 57, 59.
Ampleus(?) pristaldus 1266, 390.
Anagnia civit. ital. 1243, 193, 194 ; 1254, 563, 564, 567 ; 1255, 602, 603, 605 ; 1256, 20, 21 ; 1259, 131, 139 ; 1260, 160, 163, 167, 168, 170, 171.
Anasthasius fil. quond. Bontii Dragomiri 1239, 87, 88.
Ancherus card. 1266, 381.

Ancilla relicta Stephani bani bosnen. 1236, 17.

Ancona civit. ital. 1236, 11, 12, 13 ; 1244, 227 ; 1254, 569 ; 1258, 87, 88, 89.

Andreae Desa nob. spal. 1270, 549.

Andreae Franciscus testis 1271, 582.

Andreae Lucarus examinator Spalatensis 1271, 583.

Andreas archidiac. Sirmiensis 1244, 259, 266.

Andreas Bratosin civis Seniensis testis 1248, 355.

Andreas Ballislave (croat. Boljeslavić) nob. ragus. 1237, 33, 34, 37, 38 ; 1238, 52, 61 ; 1240, 104, 109, 119 ; 1241, 133.

Andreas Benesse (croat. Benešić) nob. rag. 1257, 70 ; 1260, 157 ; 1262, 233, 239, 1265, 353.

Andreas cantor zgrb. 1249, 414.

Andreas Certelli possessor terrae testis 1254, 554.

Andreas comes 1261, 203.

Andreas comes 1269, 505.

Andreas comes de Gora (mem. eius) 1244, 263.

Andreas comes de Hum (Chelmo) 1241, 134 ; 1242—1244, 179 ; 1244, 236 ; 1249, 414, 415 ; 1254, 559.

Andreas comes de Novak 1269, 500.

Andreas comes de Varaždin 1256, 22, 48 ; 1258, 106, 109, 113, 117 ; 1270, 578.

Andreas comes poson. 1238, 50.

Andreas custos bach. 1270, 577.

Andreas de Auro (croat. Zlat) comes ragus. 1254, 561, 567, 572, 1254—1256, 579, 580 ; 1255, 599, 606, 611 ; 1256, 7, 18.

Andreas de Balba civis iadrensis testis 1244, 219.

Andreas de Branix civis albon. 1237, 36.

Andreas de Cotopagna nob. iadr. 1236, 5 ; 1251, 447, 472 ; 1252, 509 ; 1254, 558, 573 ; 1256, 4 ; 1264, 300 ; 1266, 398.

Andreas de Maria diac. 1242, 149, 150, 156.

Andreas de Micacio nob. spalat. 1239, 86.

Andreas de Pabora civis ragus. 1252, 499.

Andreas de Salmaza civis venet. 1241, 131, 132.

Andreas de Stregogne nob. vegl. 1248, 357, 358.

Andreas de Vlci (Volgio) nob. rag. 1251, 453, 458 ; 1252, 499.

Andreas de Petriço nob. iadr. 1236, 5; 1239, 75, 76; 1240, 106, 115, 116, 117 ; 1251, 439.

Andreas de Zreua (croat. Črijević) nob. ragus. 1247, 330 ; 1248, 339 ; 1249, 400 ; 1251, 460 ; 1254, 559, 569, 573 ; 1255, 599, 600 ; 1257, 57 ; 1258, 95 ; 1259, 123 ; 1262, 224, 225 ; 1265, 353 ; 1269, 493.

Andreas Dolfino nobilis venetus testis 1248, 350.

Andreas Domane Ranane consil. ragus. 1236, 1.

Andreas fil. Bivaldi de Jadera testis 1251, 447.

Andreas fil. Gregorii comes 1261, 193.

Andreas fil. Moth de villa Chega posses. terrae 1269, 498.

Andreas fil. Mychaelis posses. terrae 1237, 29.

Andreas fil. quond. Buttico (= Butko ?) 1237, 24.

Andreas filius Petri de Pezhet testis 1243, 182.

Andreas filius Sergii de Cantono testis 1242, 140.

Andreas fil. Sirii Madii de Odronto testis 1237, 36.

Andreas fil. Thomae magister (mem. eius) 1255, 608, 609.

Andreas fil. Viti posses. terrae 1250, 426.

Andreas frat. praed. 1249, 378.

Andreas frat. praed. 1252, 508.

Andreas frater praepositi Petri posses. terrae 1263, 260.

Andreas homo ducalis 1240, 124.

Andreas Maynardi miles comitis iadrensis 1248, 336.

Andreas Michace testis 1255, 588.

Andreas Michaelis testis 1248, 347.

Andreas monachus testis 1243, 197, 198, 199.

Andreas monach. iadr. 1249, 401 ; 1250, 416.

Andreas Paganezi (croat. Pečenežić) nob. ragus. 1237, 27 ; 1243, 212.

Andreas Pauli Raborre posses. domus 1257, 70.

Andreas Petriçe posses. vineae 1249, 392, 394.

Andreas posses. terrae 1242, 177.

Andreas presb. 1239, 89.

Andreas primic. vegl. 1271, 606.

Andreas Ranane (croat. Ranjina) nob. ragus. 1242, 140, 149, 160 ; 1243, 199, 203 ; 1249, 386.

Andreas rex Hung. (mem. eius) 1236, 2 ; 1238, 48, 71, 72 ; 1239, 91, 92 ; 1240, 102 ; 1242, 144 ; 1244, 240 ; 1245, 272, 278 ; 1246, 304, 306 ; 1248, 368 ; 1250, 421 ; 1251, 443, 468 ; 1252, 515 ; 1253, 541 ; 1255, 602 ; 1269, 507.

Andreas subprior 1267, 446.

Andreas Ugolini notarius 1247, 314.

Andreas Veglesanus civis iadrensis 1271, 601.

Andrej testis 1253, 534.

Andronici filii possessores terrae testes 1270, 578.

Andronicus fil. Andreae de genere Kadarkaluz posses. terrae testes 1248, 371.

Andronicus fil. Petri de Chegue posses. terrae 1268, 465.

Androrius Gregorii Damasce posses. terrae 1251, 454.

Angelus Corrario nob. venet. 1251, 458, 459 ; 1252, 496, 497.

Angelus frat. administrator Lacromonensis 1270, 531.

Angelus Maurocenus comes arb. 1256, 23 ; 1261, 190.

Angelus Maurocenus comes iadr. 1248, 336.

Angelus Maurocenus nob. venet. 1247, 328 ; 1248, 372.

Angelus not. 1262, 226.

Angelus patriar. grad. 1263, 249.

Anselmus Januensis civis Brundusii 1243, 186.

Antibaris (= Bar) civit. 1247, 314, 317 ; 1248, 361 ; 1249, 378 ; 1252, 501, 504, 506.

Antibarense capitulum 1247, 314.

Antonius archidiaconus Szegedinensis 1244, 266.

Antonius diac. Clugiensis et notar. iadr. 1254, 5.

Antonio Donatus de, presb. 1270, 532.

Antonius Naunensis diac. et iadr. notar. 1252, 509, 511.

Antonius presb. 1252, 500.

Antonius presb. rag. 1261, 196.

Antonius Superantius comes Iadrensis 1264, 307.

Apa fil. Laurentii comitis, vicebanus 1251, 472.

Apa fil. Prijezde bani 1267, 439,

Appollinarius Borgani testis Spalatensis 1240, 113.

Apsarensis insula (croat. Osor) 1243 207.

Apulia regio 1237, 37 ; 1243, 189, 198 ; 1244, 217 ; 1252, 499 ; 1254, 561 ; 1271, 584.

Aquapendens locus 1244, 217.

Arasia (= Raša) locus 1250, 424,

Arbe comitatus et insula 1236, 12 ; 1237, 25, 36 ; 1238, 55 ; 1239, 91, 92 ; 1243, 206, 207 ; 1248, 351 ; 1251, 447, 448, 450, 451, 472, 473, 478 ; 1253, 545 ; 1254, 552, 1256, 23 ; 1259, 122 ; 1261, 190 ; 1265, 345 ; 1268, 456, 471, 474 ; 1272, 622.

Arbense capitulum 1237, 25 ; 1253, 545.

Archilocus cler. 1252, 495.

Archynus comes zgrb. 1266, 410.

Arcus terra 1250, 428.

Aridalo potest. ancon. 1252, 514.

Arlandi fil. Johannes test. 1271, 593.

Arlandi filii posses. terrae 1271, 593.

Armina uxor Balduyni Quirino 1238, 61 ; 1241, 132, 133.

Arnaldinus fil. quond. Alberti sartoris notar. 1254, 553.

Arnestus Charei civis Albonensis testis 1237, 36.

Arney posses. terrae 1270, 565.

Arnoldi fil. Nicolaus comes 1270, 570.

Arnoldus comes nitriens. 1244, 233; 1245, 276.
Arnoldus comes zalad. 1239, 96.
Arnoldus decanus Quinqueecclesiensi 1248, 377.
Arnoldus fil. Arnoldi posses. terrae 1270, 571.
Arnoldus mag. Crucifer. 1245, 278.
Arnoldus palatinus et comes de Somogy 1240, 125; 1242, 148, 152, 158, 163, 176.
Arnoldus praeceptor hospitalis domorum 1259, 135.
Arnoldus pristaldus banalis testis 1249, 412.
Arogaç terra 1250, 428.
Artolphus (= Adolphus) episc. iaur. 1245, 286; 1247, 322; 1251, 466, 467, 470, 471.
Artolphus episc. ultrasilv. 1244, 233, 255; 1245, 276.
As filius Petrych possessor terrae testis 1269, 514.
Asculanus fil. Filippi Jussi civis de Termulo 1244, 226.

Assen Burul imperator Bulgarorum 1259, 132.
Assissi civit. Italiae 1253, 527, 533, 539.
Asuanti locus 1264, 264.
Atha comes 1258, 111.
Atoslav(!) posses. terrae 1258, 116.
Aureas de Petriço advoc. iadr. 1254, 557.
Aurio Johannes nobilis venetus testis 1254, 573.
Auro Andreas de (croat. Zlat Andrej) comes ragus. 1254, 561, 567, 572, 1254—1256, 579, 580; 1255, 599, 606, 611; 1256, 7, 18.
Austria archiducatus 1242, 174; 1243, 191; 1248, 353; 1249, 383, 384; 1251, 463.
Auzana Mirsa de, testis 1263, 248.
Azarenius Petrus possessor terrae testis 1258, 83.
Azo marchio Estensis et Anconitanus 1252, 488.

B.

Baas comes de Dubica 1268, 477, 480.
Baas fil. Petrych posses. terrae 1269, 514.
Babić rivul. 1256, 40; 1265, 358.
Babiloniae sultanatus 1246, 306.
Babino polje locus 1260, 180.
Baboch (= Baboča ?) castrum 1253, 538.
Babonić (Babonich, Baboneg) comes 1241, 135, 136; 1249, 411; 1256, 9.
Babonić comitis generatio 1243, 181, 182; 1266, 387.
Babonić filii nob. croat. 1269, 514.
Bacchyn rivus 1264, 319.
Bach castrum 1237, 29.
Bachiense capitulum 1244, 266; 1270, 576.
Bachiensis comitatus 1237, 29.
Badan locus 1243, 203.
Badan fovea 1249, 392.

Bade terra 1250, 428; 1258, 83; 1265, 344; 1268, 470; 1269, 503.
Badoarius Joannes nob. venet. 1247, 328; 1248, 373.
Badoarius Johannes comes iadr. 1259, 134, 136, 137; 1260, 153; 1261, 187, 189; 1262, 222.
Badoarius Johannes comes Arbensis 1272, 622.
Badoarius Marcus comes arb. 1259, 122; 1268, 456, 471.
Badoarius Marinus comes iadr. 1257, 69; 1258, 91.
Badoarius Marinus comes ragus. 1244, 241; 1245, 273.
Badoarius Stephanus nob. venet. 1243, 201.
Bagon magis. pincern. 1251, 466, 467, 470, 471.
Bagon posses. terrae 1242, 160.

Balad fil. Martini comitis homo regius 1248, 367.

Balanzana locus 1237, 23.

Balatie (croat. Boljačić) Mathias nob. ragus. 1251, 458, 460 ; 1254, 547, 572 ; 1255, 599, 600 ; 1259, 127, 128 ; 1261, 187,

Balduinus comes Castri Ferrei 1244, 233 ; 1245, 276.

Balduinus comes nitrien. 1244, 255.

Balduinus heres imperii Romanorum 1238, 63.

Balduinus nuncius spalat. 1265, 343.

Balduinus Quirinus comes iadr. 1250, 426 ; 1251, 439, 440, 455.

Balius fil. Martoli posses. vineae 1248, 366.

Ballislave nob. rag. 1262, 226.

Ballislave (croat. Boljeslavić) Andreas nob. ragus. 1237, 33, 34, 37, 38 ; 1238, 52, 61 ; 1240, 104, 109, 119 ; 1241, 133.

Ballislave (croat. Boljeslavić) Grubeša nob. ragus. 1238—1240, 70 ; 1241, 131 ; 1242, 140, 160 ; 1243, 200 ; 1247, 238, 330. 1248, 339 ; 1249, 381, 386, 396.

Ballislave (croat. Boljeslavić) Petrus nob. ragus. 1236, 1 ; 1237, 33 ; 1238, 53 ; 1242, 149, 151, 172, 1243, 196, 212 ; 1244, 227 ; 1245, 284 ; 1246, 290 ; 1251, 452, 457, 460,

Ballislave Rufinus cler. rag. rag. 1261, 196.

Balynou posses. terrae 1255, 597.

Bangi insula 1265, 346.

Banić Berislav testis 1249, 387.

Bank posses. terrae 1251, 475, 476; 1270, 575.

Baranus lector zgrb. 1242, 178 ; 1243, 210 ; 1244, 262.

Baranyensis comitatus 1239, 81.

Barbarano testis 1266, 375.

Barbare Marinus nobilis Ragusinus 1243, 212.

Barbaria terra 1236, 11.

Barbato Martinus de, nobilis Arbensis 1237, 25.

Barbius cleric. rag. 1270, 523.

Barbius fil. Theodori Dabranize cler. postea abbas 1252, 514 ; 1270, 523.

Barborić Vita nob. rag. 1253, 532.

Barcini Dragovan testis 1271, 601.

Bare fil. Paulus nob. de Kotor 1271, 585.

Bari civit. ital. 1252, 499.

Barilla fil. Vlkoj posses. terrae 1256, 32.

Barleus comes de Vrbovec 1267, 431.

Baroli civit. ital. 1251, 447.

Bars (Bors) castrum 1244, 258.

Bartholomaei comitis filii 1268, 476, 477.

Bartholomaeus sen. comes de Vegla 1242, 144 ; 1251, 443.

Bartholomaeus iun. comes de Vegla 1260, 174, 176, 179; 1270, 580.

Bartholomaeus Contareni testis 1241, 132.

Bartholomaeus de Dumino examin. 1251, 456.

Bartholomaeus de Luca civis Dirrach. 1243, 186, 187.

Bartholomaeus episcopus Nitriensis 1242, 175.

Bartholomaeus episc. Quinqueeccl. 1236, 13, 16 ; 1238, 49, 50 ; 1239, 80 ; 1241, 136 ; 1242, 148, 152, 158, 163, 175 ; 1244, 225, 233, 235, 247, 255 ; 1245, 276, 286 ; 1246, 308.

Bartholomaeus episc. de Skradin 1248, 338.

Bartholomaeus episc. vespr. 1238, 50, 1241, 136 ; 1242, 158, 163 ; 1243, 192.

Bartholomaeus fil. comitis Thomae 1245, 284.

Bartholomaeus fil. Dimine Çançadei testis 1239, 91, 93.

Bartholomaeus monachus Iadrensis 1248, 363.

Bartholomaeus notarius Venetus 1243, 201.

Bartholomaeus Simonis civis ancon. 1254, 569.

Bartholomaeus Tonistus nob. venet. 1240, 99, 109.

Bartolocti Marcelinus sindicus ancon. 1258, 88, 89.

Baruç locus 1260, 165.
Baška (Beska) locus 1248, 351.
Baschizza flumen 1249, 391.
Basilia uxor Petri de Marichni testis 1237, 27.
Basilii Thoma nob. de Kotor testis 1268, 462.
Basilius (alias Blasius et Bulchu) episc. csanad. 1242, 158, 175 ; 1244, 225, 255 ; 1245, 276, 286 ; 1251, 466, 467, 469, 471 ; 1247, 326 ; 1248, 364.
Basilius Pasqua de Grade nob. ragus. 1243, 212.
Bassitich Tolissa posses. terrae testis 1271, 586.
Bastardi Bogdanus testis 1262, 234.
Bastine Niger testis 1263, 248.
Bata villa 1237, 29.
Batal Petar nob. rag. 1254, 559.
Batina rivus 1269, 492.
Batina terra 1262, 228.
Bavaria regio 1259, 132.
Bayslava Borinus de, presbiter testis 1270, 531.
Bebrevnicha villa 1242, 168.
Beche comes 1259, 132.
Bedinica aqua 1242, 171.
Bednja (Bygna, Budna) flum. 1236, 20 ; 1244, 251 ; 1259, 133 ; 1261, 198 ; 1270, 539.
Bednjica (Bygnycha) fluv. 1261, 198.
Bedrius Jurise civis iadr. 1243, 219.
Bela aqua 1254, 549.
Bela dux croat. (filius regis Belae IV.) 1260, 175 ; 1261, 202 ; 1262, 236 ; 1263, 243, 258, 267, 275, 276, 277 ; 1264, 300, 301, 302 ; 1265, 331, 347 ; 1266, 388, 401, 412 ; 1267, 436, 453 ; 1268, 461, 475, 477, 478, 479, 481, 483 ; 1269, 489, 491, 493, 505, 506, 508, 513, 514, 516, 517, 519, 520 ; (mem. eius) 1270, 552, 561, 577; 1271, 602;
Bela locus 1253, 531.
Bela nomen viri 1245, 269.
Bela III. rex Hung. et Croat. (mem. eius) 1242, 144, 163 ; 1251, 443.
Bela IV. rex Hung. et Croat. 1236, 1, 14, 15, 16, 17, 18 ; 1237, 28, 40 ; 1238, 48, 71 ; 1239, 78, 89,

96 ; 1240, 103, 120 ; 1241, 128, 129, 135 ; 1242, 138, 144, 146, 151, 153, 157, 160, 162, 163, 164, 165, 166, 167, 172, 176, 177, 178 ; 1243, 184, 185, 189, 190, 193, 198, 202, 205, 208 ; 1244, 216, 218, 220, 223, 227, 229, 235, 236, 240, 241, 243, 244, 245, 247, 248, 249, 252, 255, 256, 258 ; 1245, 272, 274, 277, 278, 279, 280, 284 ; 1246, 288, 291, 297, 305, 308 ; 1247, 310, 316, 322, 323, 325 ; 1248, 337, 349; 352, 367, 368, 369, 370 ; 1249, 381, 382, 402, 403 ; 1250, 421, 422, 433 ; 1251, 441, 442, 463, 465, 466, 468, 470, 471 ; 1252, 485, 510, 515, 517 ; 1253, 522, 525, 535, 536, 538, 539, 540, 546, 548 ; 1254, 570, 571 ; 1255, 585, 588, 593, 594, 596, 602, 603, 608, 612, 613, 616, 617 ; 1256, 2, 3, 5, 6, 8, 12, 16, 22, 24, 26, 31, 32, 34, 35, 36, 40, 42, 43, 48 ; 1257, 51, 53, 56, 58, 59, 61, 62, 64, 66, 71, 73, 75 ; 1258, 100, 101, 102, 104, 105, 109, 113, 117 ; 1259, 124 : 126, 132, 135, 140, 141, 148, 152 ; 1260, 156, 157, 164, 173, 175, 177, 183, 185 ; 1261, 196, 197, 203 ; 1262, 212, 213, 216, 227, 231, 235 ; 1263, 243, 245, 257, 259, 260, 261, 263, 264, 266, 267, 275 ; 1264, 294, 302, 303, 304, 308, 316, 318, 323 ; 1265, 329, 330, 334, 335, 343, 347, 348, 351, 352, 362, 364, 1266, 367, 372, 373, 378, 384, 390, 399, 401, 409, 410, 411, 415 ; 1267, 421, 423, 426, 430, 435, 440, 441, 443, 446, 447, 448, 451, 452 ; 1268, 469, 470, 473, 475, 476, 478, 481, 483, 484 ; 1269, 485, 489, 495, 498, 499, 501, 502, 503, 505, 509, 510, 514 ; 1270, 532, 534, 535, 537, 538 ; (mem. eius) 545, 554, 573, 574, 578, 579 ; 1271, 588, 590, 608 ; 1272, 634.
Bela terra 1254, 548, 549 ; 1256, 22.

Belapokfew locus 1263, 280.
Belch terra 1262, 241.
Belchan frater Zarabatani nob. Almis.
 1239, 78.
Belcher locus 1248, 375.
Belčić Rusin nob. rag. 1253, 532.
Belefons = Bélakút) monast. 1237,
 28, 29, 30.
Belen nomen viri 1245, 269.
Beletinnus de Omiš testis 1238, 62.
Beletyncy (= Beletinec) castrum
 1236, 20.
Belgrad civitas 1253, 523.
Beli potok rivul. 1240, 124.
Beli potok 1259, 147.
Belin locus 1264, 293.
Bella filia quond. Vocinne 1237, 21.
Bella posses. terrae 1255, 600, 601.
Bellaseç Maria de, posses. terrae
 1266, 397.
Belmapola posses. bosn. 1244, 240.
Beluch posses. terrae 1258, 84.
Belus posses. terrae 1270, 564.
Belygi (= Billige) villa 1244, 249.
Belzaninus posses. domus 1271, 617.
Bemboli Marcus consil. iadr.
 1259, 130.
Bena cler. 1237, 44.
Bencentius comes strigon. 1244, 218.
Bencentius fil. Vrbaz comitis 1243,
 203, 204.
Bene presbyt. iadr. testis 1248, 360.
Benedicti filii posses. terrae 1251,
 477, 1256, 46.
Benedictus archiepisc.coloc.et cancel.
 reg. 1244, 225, 233, 255 ; 1245,
 272, 276, 282, 286 ; 1246, 289,
 298, 299, 307 ; 1247, 322, 326 ;
 1248, 341, 365 ; 1251, 466,
 467, 469, 471 ; 1253, 540.
Benedictus archiepisc. strigon. 1256,
 42, 43 ; 1257, 68.
Benedictus cancel. ducal. 1244, 236.
Benedictus canon. zgrb. 1256, 42.
Benedictus comes de Moson 1248,
 338 ; 1251, 466, 467, 470, 471.
Benedictus decan. zgrb. 1252, 521.
Benedictus dictus Borić posses. terrae 1248, 369.
Benedictus episc. csan~d. 1244, 233.
Benedictus episc. iaur. 1244, 225,
 233 ; 1245, 276.

Benedictus episc. quinqueeccl. 1256,
 27, 31, 35, 37, 40.
Benedictus episc. varad. 1238, 50 .
 1241, 136 ; 1242, 152, 158,
 175 ; 1243, 192.
Benedictus Gralioni testis 1249, 397.
Benedictus iudex curiae reginalis
 1262, 241.
Benedictus magister 1259, 152.
Benedictus magister quinqueeccles.
 1255, 594.
Benedictus mag. praep. orod. 1263,
 279 ; 1264, 325 ; 1270, 545,
 546, 548, 551, 552, 553, 554.
 555, 556, 566, 571, 573, 574.
 578, 579, 580, 581 ; 1271, 589.
 590, 595, 596, 599, 607, 608,
 612, 624, 625, 627, 628, 629,
 630, 631, 636, 638, 640, 642.
Benedictus notar. ducis et bani
 Dionisii 1244, 266.
Benedictus posses. terrae 1262, 232.
Benedictus praep. albensis et cancel.
 regis 1238, 50 ; 1241, 136 .
 1242, 148, 152, 158, 161, 163.
 167, 175 ; 1243, 192.
Benedictus subprior ragus. 1252,
 500, 506.
Benese (croat. Benešić) Andreas
 nob. rag. 1253, 532 ; 1257,
 70 ; 1260, 157 ; 1262, 233, 239 ;
 1265, 353.
Benesse (croat. Benešić) Symon nob.
 ragus. 1243, 212.
Benna fluv. 1266, 395.
Bense fil. Nicolai posses. terrae
 1265, 337.
Bervenuta posses. terrae 1249, 377.
Bervenutus Bonacena canon. et no-
 tar. 1247, 330.
Berardus Vulpo testis 1237, 37.
Berk filii posses. terrae 1251, 464.
Berco testis 1241, 135.
Berco murarius 1266, 386.
Bere filii possessores terrae 1260,
 182, 183.
Berez comitatus 1244, 240.
Berin villa 1268, 460.
Beryn (= Berény) locus Hungariae
 1269, 519.
Berinna iudex de Omiš 1238, 62.

Berinnici de Dubrava posses. terrae
1251, 461.
Berinoy Georgius posses. terrae
1256, 38.
Berinšćek mons 1260, 180.
Berislai fil. Egidius posses. terrae
1270, 581.
Berislai filii posses. terrae 1265, 360.
Berislaus de Dubovik posses. terrae
1250, 425.
Berislav posses. terrae 1268, 479, 480.
Berissa fil. comitis Valentini nob.
dulcin. 1242, 149, 151.
Beryuoy fil. Vidus posses. terrae
1248, 353.
Berivoj filii, posses. terrae 1256,
40 ; 1262, 213 ; 1265, 359 ;
1271, 616.
Berivojević Desen testis 1249, 415.
Berislay filii posses. terrae 1256,
27, 28, 29, 30, 32, 37, 38, 39.
Bernaldus phisicus regis Belae testis
1256, 12.
Bernardus abbas casin. 1270, 530.
Bernardus archiep. spalat. (mem.
eius) 1238, 51.
Bernardus potest. Spalatensis 1243,
196, 205.
Bernardus praeceptor milit. templi
de Gacka 1245, 277.
Bersanga locus 1266, 389.
Bertaldus Marinus de, posses. terrae
1259, 137.
Bertholdus dux Meraniae 1263, 244.
Bertholdus patriarcha Aquileiensis
1243, 193.
Bertranus frat. Simonis de Bayoch
1244, 253, 254.
Berzethe (= Brezovica ?) possessio
1243, 191.
Berzeuch (= Brezovica ?) villa
1244, 251.
Besina nomen viri 1245, 268.
Bessenev (= Bessenyö hodie Be-
šenovo) villa 1253, 539.
Bettce Surina nob. arb. 1237, 26.
Bezdig castrum 1256, 9.
Bhot posses. terrae 1254, 577.
Biać (Biachy) villa prope a Tragur.
1242, 147 ; 1243, 198.
Bibano (= Bubano ?) terra 1250,
417 ; 1258, 90 ; 1266, 398.

Bić (Byg) aqua 1244, 238, 239.
Bychcha pons 1244, 264.
Bycida vidua Faze Scorobogat
1254, 571.
Bychyn silva 1266, 388.
Bidnak locus 1267, 437.
Bidricicle Dobro examinator Spa-
latensis 1258, 104.
Bygna v. Bednja.
Bihać (Byhyg) locus Croatiae 1262,
216 ; 1263, 415, 1271, 603, 613.
Byhyg v. Bihać.
Bykenc terra 1256, 48.
Bila voda locus 1260, 180.
Bilce de Criua possessor domus
1255, 598.
Bylota (Bilotha) posses. terrae 1256,
44 ; 1258, 84 ; 1262, 241.
Bilota Oroycha terra 1259, 149.
Bynna (= Bednja ?) locus 1239, 98.
Binzole (croat. Binčulić) Bodatie
nob. Ragusinus 1237, 33, 34 ;
1238, 62.
Binzole (croat. Binčulić) Fuscus
nob. rag. 1256, 1 ; 1262, 234 ;
1265, 353.
Binzole (croat. Binčulić) Marinus
nob. ragus. 1251, 458, 460 ;
1253, 532.
Binzole (Pinçola, croat. Binčulić)
Michael nob. ragus. 1251, 453,
1253, 532 ; 1256, 7.
Binzole (croat. Binčulić) Palma nob.
rag. 1261, 187.
Birch fluv. 1258, 110.
Birgnik potok 1258, 85.
Byssa villa 1263, 246.
Bisseni (= Bessenyök, Pečenegi)
natio 1259, 132.
Biševo (Busi) insula 1258, 98.
Bistra rivus 1270, 562.
Bitonić Črne nob. rag. 1253, 532.
Bitos nomen viri 1245, 269.
Bitte de Messe posses. terrae 1238,
46 (mem. eius).
Bivaldus Duymi testis 1251, 454.
Bivaldus Gumay testis 1255, 588.
Bivaldus Gumay testis 1255, 588.
Bywolou villa 1237, 29.
Bizantius notar. baren. 1252, 500.
Bizkornicha rivus 1270, 565.
Byztrech (= Bistrec) fons 1242, 165.

Bjelban kaznac 1249, 387.
Bjelko (Belco) nomen viri 1245, 269.
Bjeloš nomen viri 1243, 269.
Bladimiri Vlcius Johannis nob. rag.
    1237, 27, 33 ; 1240, 119, 1242,
    141, 149, 150 ; 1243, 212 ;
    1247, 332 ; 1251, 457.
Blagonja testis 1242, 170.
Baguša fluv. 1256, 13.
Blaguša terra 1261, 205; 1268, 479.
Blaguša villa 1269, 485.
Blancus archidiac. ragusinus 1252,
    506, 1253, 524, 1255, 590.
Blancus presb. 1252, 482, 500.
Blanica fluv. 1256, 28.
Blasey vallis 1256, 39.
Blasii Marinus nobilis Tragurinus
    1257, 65.
Blasii Silverius nob. rag. 1251, 457.
Blasius Cerna nob. vir. 1254, 561.
Blasius comes cur. 1259, 147.
Blasius Cerna nauclerius ragusinus
    1244, 226.
Blasius de Micio de Durachio testis
    1237, 27.
Blasius de Soppe nob. iadr. 1236, 18.
Blasius episc. de Kotor 1239, 84.
Blasius fil. Johannis presb. 1240, 99.
Blasius fil. quond. Miche de Pecenego
    nob. iadr. 1238, 47.
Blasius Johannis presb. 1242, 149,
    150, 157.
Blasius notarius Jadrensis (mem.
    eius) 1238, 46.
Blasius presb. ragus. 1247, 314.
Blasius Rosini nobilis Ragusinus
    1248, 366.
Blasius Tossini Dabrisii nob. rag.
    1239, 89.
Blatce fenile 1249, 391.
Blathka (= Blacko?) terra 1250, 436.
Blatna rivul. 1258, 110.
Blatta de Pantano locus 1259, 140.
Blezna (= Blizna) locus 1244,
    237, 238.
Blinja fluv. 1240, 124.
Blina (= Blinja ?) terra 1244, 257 ;
    1256, 49 ; 1259, 144, 147 ; 1271,
    603, 604, 610.
Blinenses nobiles 1261, 205 ; 1266,
    405, 1271, 603, 609.
Blyza locus 1251, 465.

Blyzna fluv. 1266, 392.
Blizna potok 1251, 464.
Blizna possessio 1242—1250, 180.
Bliznica locus 1251, 465.
Blondus Nicolaus civis venet. 1267,
    420 ; 1268, 456.
Boaraida fossa 1244, 237.
Boblachmezew terra 1258, 119.
Bobocha terra 1248, 375.
Boboycha locus 1242, 165 ; 1259, 149.
Bobonich v. Babonić.
Boborizo Dragovan testis 1263, 248.
Bobouche locus 1270, 565.
Bobouch rivul. 1256, 41.
Bocha nobiles 1268, 481.
Boccannus posses. vineae 1237, 24.
Bocassus nuntius spalat. 1238, 53.
Bocdanus (!) testis 1240, 102.
Bocinoli (croat. Bočinčić) Damjan
    nob. rag. 1253, 532.
Bocinoli (croat. Bočinčić) Gervasius
    Damiani nob. rags. 1252, 498 ;
    1253, 532.
Bocinoli Paulus nob. ragus. 1236,
    1 ; 1239, 78 ; 1242, 141, 150.
Bocinus (= Bočinčić ?) Bubalii nob.
    ragus. 1237, 37 ; 1238, 53, 60 ;
    1243, 212.
Bocola rivul. 1250, 436.
Bocouca rivus. 1270, 575.
Bocum Boninsegna testis 1266, 398.
Boda nomen viri 1245, 269.
Bodan nomen viri 1245, 269.
Bodatie (croat. Budačić) Binzolius
    nob. ragus. 1237, 33, 34; 1238, 62.
Bodatie (croat. Budačić) Matheus
    nobil. ragus. 1236, 1, 8, 9.
Bodatie (croat. Budačić) Priasni
    Mathei nob. ragus. 1249, 399.
Bodatie (croat. Budačić) Theodorus
    nob. ragus. 1242, 172 ; 1243,
    183, 199, 212 ; 1244, 223, 227 ;
    1248, 366 ; 1250, 438 ; 1251,
    452, 457, 460 ; 1252, 481, 495,
    498, 502, 503, 508 ; 1253, 532,
    534, 542 ; 1254, 548, 554, 555,
    562, 567 ; 1255, 598 ; 1256, 1 ;
    1257, 57 ; 1265, 35.
Bodatie (croat. Budačić) Ursatius
    cler. ragus. 1259, 127.
Bodacia Vitale canonicus Ragusinus
    1259, 127.

Bodacie Vitalis cler. rag. 1261, 195.

Bodatia Vitalis de, presb. 1270, 531.

Bodić filii posses. terrae 1257, 67.

Bodin nepos Adaleni 1237, 23.

Bodrog castrum 1237, 29.

Bodur comes 1237, 40.

Boemorum rex 1262, 243.

Bogochaiach (= Bogačevac ?) fluv. 1238, 71.

Bogdan consanguinaeus com. Hudinae 1244, 275 ; 1246, 291.

Bogdan de Dođa testis 1262, 234.

Bogdan fil. Braye de Šipanj posses. terrae 1255, 600.

Bogdan Gojslav iudex ragus. 1236, 1.

Bogdan Petegal posses. terrae 1249, 393.

Bogdan Pigini nob. ragus. 1243, 212 ; 1251, 458.

Bogdan posses. vineae 1237, 24.

Bogdan Pozobuch posses. terrae 1258, 99.

Bogdan Sluraddo (= Zloradić?) nobilis Jadrensis 1237, 24 ; 1239, 82, 83.

Bogdan Wites generationis Koraničanić (Babonić) 1243, 182.

Bogdan župan 1249, 400.

Bogdani filii posses. terrae 1265, 565.

Bogdani filii possessores terrae 1270, 565.

Bogdani Petri Johannes nob. ragus. 1237, 27, 32, 33 ; 1238, 53 ; 1239, 78 ; 1248, 366 ; 1252, 483, 508 ; 1253, 532, 534 ; 1261, 194, 1262, 234.

Bogdanicus nob. almis. 1240, 112.

Boghidani (= Bogdani) fil. Johannes iudex de Klis 1271, 618.

Bogdaseteluke locus 1259, 149.

Bogdaša castrensis požeganus 1250, 435.

Bogdazlov fil. Petrus posses. terrae 1270, 557.

Bogna terra 1270, 556.

Bogoda cleric. tragur. 1254, 553.

Bogodan Virević nobilis Croata 1238, 47.

Bogomerius comes de Zala 1245, 286.

Bojna terra 1266, 387.

Boyg (= Bić) fluv. 1244, 237.

Boyzen frater Domaldi comitis 1248, 383; 1251, 467.

Bok villa 1270, 571.

Bokány (Bocan) locus 1244, 244.

Bokoa locus 1267, 447.

Bokocha rivus 1270, 536.

Bokouch posses. terrae 1262, 228.

Bolačić Matej nob. rag. 1253, 532.

Bolčević Andrija nobilis ragusinus 1253, 532.

Bolčević Žun nob. rag. 1253, 532.

Bolebrat Dimince testis 1262, 234.

Boleslavić Žun nob. rag. 1253, 532.

Boleslavić Pavl nob. rag. 1253, 533.

Bolimer posses. vineae 1249, 405.

Bolk posses. vineae 1249, 405.

Bolk posses. terrae 1256, 44.

Boloksymian genus 1271, 609.

Bollondus mag. dapifer. v. Rolandus.

Bolosk iobag. 1265, 330, 336 ; 1268, 478 ; 1270, 555.

Bolosod posses. terrae 1252, 518 ; 1259, 145.

Bolotyn castrum 1236, 19.

Bona abbat. mon. St. Platonis iadr. 1248, 355.

Bona fluv. 1262, 228.

Bonacursus episc. vegl. 1263, 249.

Bonacursus mag. 1252, 483.

Bonacursus not. dulc. 1251, 445.

Bonado Mano testis 1237, 37.

Bonagunte Gaudius nob. tragur. 1259, 121.

Bonagutta Marinus testis 1258, 87.

Bonarditus Cavalcabon testis 1242, 150, 151.

Bonazunta Antonius civis ancon. 1254, 569.

Bonazunta Marinus nobilis Spalatinus 1258, 83.

Boncius de Tragomiro (= Dragomir ?) nob. vegl. 1248, 358.

Bonda Petrane de, nobilis ragusinus 1249, 399.

Bonifacius Paduanus de Stenis testis 1254, 557.

Bonjani geneartio comitum de Babonić 1243, 182.

Bono Guido familiaris papalis 1264, 287.

Bonohomine mag. 1266, 389.

Bora fil. Hlapuna posses. terrae 1269, 514.

Boorç Micha exam. iadr. 1264, 300.

Borcius comes 1257, 79.

Borko generatio 1249, 408.

Bored župa 1244, 240.

Borić bani generatio 1244, 237 ; 1248, 369, 370 ; 1250, 424 ; 1258, 94; 1259, 135, 1264, 321.

Borić dictus Benedictus 1248, 369.

Borić (Borich) fil. Borić posses. terrae 1248, 369, 370.

Borica villa 1237, 30.

Borila fil. Andreas posses. terrae 1271, 615.

Boryn posses. terrae 1255, 595.

Borlosnik rivus 1270, 565.

Boris filii posses. terrae 1249, 414.

Borisa fil. Wlcoy posses. terrae 1256, 36.

Borisk filii possessores terrae 1249, 398, 399.

Borisco terra 1238, 72.

Borislav Lapčanin possessor terrae 1238, 59.

Borislav testis 1245, 270.

Borislav Vojsilić nobilis bosnensis 1240, 108.

Borotk villa 1263, 279.

Bors fil. Dominici bani, comes (mem. eius) 1243, 191.

Borsa villa 1263, 265.

Borsinok flum. 1257, 76.

Borsonouch terra 1256, 35; 1257, 76.

Borth villa 1242, 168.

Bosa posses. domus 1240, 100.

Bosce fil. Paulus civis de Kotor 1266, 377.

Boscilina terra 1251 465.

Bosen filius Inuse pristaldus testis 1261, 206.

Bosna fluv. 1263, 278.

Bosna terra 1236, 15, 16, 17; 123 27; 1238, 57, 64, 65; 1239, 94, 95; 1243, 210; 1244, 237, 253; 1246, 298; 1247, 311, 322.

Bosnensis ecclesia 1244, 237, 238; 1246, 297; 1247, 232.

Bosnensis episcopus 1263, 265 ; 1264, 303.

Bosnense capitulum St. Petri 1239, 94.

Bosnia comes terres. 1258, 120.

Bosinus pristaldus 1259, 145.

Bosouth (= Bosut ?) fluv. 1255, 597.

Bot posses. terrae 1251, 476.

Both maior exercitus castri de Valko 1264, 325.

Bothochin v. Potochin.

Botina aqua 1258, 111.

Botyz (= Botić ?) comes 1237, 42; 1244, 253, 254.

Bovycha (= Bović locus 1269. 514.

Boxguegna Michael de, posses. terrae 1270, 531.

Brač insula 1240, 112 ; 1253, 524 ; 1260, 155.

Bracha de gen. Grobic posses. terra 1244, 265.

Bracon generatio 1256, 6.

Bragadinus Marcus consil. iadr. 1245, 267.

Braya testis 1251, 453.

Braida villa 1244, 237.

Brainic testis 1262, 234, 235.

Brana heres Johannis Ragni testis 1240, 116.

Branislai Cuege nobilis ragusinus testis 1239, 78.

Brasan fil. Jurk iobag. 1264, 294.

Brašić (Brasich) Dobre nob. spal. 1248, 373.

Bratach villa 1237, 28.

Bratan terra 1263, 245.

Braten posses. terrae 1251, 461.

Bratica posses. domus 1270, 567.

Braticha villa 1237, 28.

Bratila generatio 1242, 170.

Brativoj nob. croat. 1244, 236.

Bratke filii posses. terrae 1244, 250.

Brathkovychy (= Bratkovići) villa 1242, 168.

Bratona filii possessores terrae 1269, 517.

Bratoš fil. Crice possessores terrae 1245, 277.

Bratoslav knez Usore testis 1240 — 1272, 127.

Brathoslavus fil. Drasinni posses. terrae 1237, 22.

Brattidrugi filia Coue 1271, 601.

Bratuan terra 1263, 246.

Bratuani fil. Thoma posses. terrae 1259, 145, 146.

Brauico, Braucii v. Obrovac.

Brawocha rivul. 1252, 486.

Brdo (Burdo) possessio bosnensis 1244, 239.

Brdo (Berda) terra 1242, 164; 1249, 401 ; 1259, 416.

Brebrouch terra 1249, 407.

Bregana fluv. 1251, 442.

Bregana castrum 1250, 442.

Bregorinik fluv. 1259, 149.

Brenilaz locus 1242, 165.

Breno v. Župa.

Brescha locus 1264, 309.

Bresciana possessio 1243, 202.

Brest terra 1236, 6, 7, 8; 1242, 142.

Brewenni rivulus 1249, 404.

Brezhal filii posses. terrae 1256, 30.

Breznica aqua 1244, 238.

Breznica fons 1249, 403.

Breznica terra 1249, 403.

Brezthoycha (= Brestovica) locus 1242, 165.

Breztoch aqua 1244, 231.

Brezidin locus 1266, 180.

Brezovac (Berzouch) mons 1249, 406.

Breztous (= Brestovac ?) fluv. 1255, 597.

Brezival filii, posses. terrae 1256, 39, 40.

Brgat (Vrgat) locus 1255, 611.

Bribir, nobiles de gen. Šubić, 1251, 467.

Bribiriensis comitatus et castrum 1245, 272 ; 1251, 467.

Brictius episc. chanad. 1270, 548, 566 ; 1271, 595 ; 1272, 624, 626, 627, 628, 629, 630, 631, 635, 637, 638, 640.

Brin fluv. 1263, 260, 262.

Brisogonus (= Grisogonus ?) nob. arb. 1237, 26.

Brizch mons 1269, 512.

Brochina locus 1244, 263 ; 1272, 619.

Brochyna nobiles 1271, 599.

Brosina rivus 1252, 519.

Brundusium civit. 1236, 90; 1252, 500

Brussane (= Brušane) villa 1253, 522.

Bubagna nuncius ragus. 1250, 438.

Bubalii Bocinus nob. ragus. 1237, 37 ; 1238, 53, 60 ; 1243, 212.

Bubanna can. et notar. rag. 1259, 127, 128 ; 1260, 173 ; 1261, 196 ; 1262, 214.

Bubana clericus ragus. 1249, 400.

Bubana Migoča nobilis ragusinus 1254, 559.

Bubanna Petri nob. ragus. 1242, 141, 150, 172 ; 1243, 212 ; 1244, 227 ; 1245, 269, 283 ; 1247, 330, 332 ; 1248, 339, 365 ; 1251, 457 ; 1252, 508 ; 1254, 554, 572 ; 1255, 600 ; 1258, 95.

Bubana procur. 1253, 522.

Bubana Rosini canon. rag. 1257, 50.

Bubouch fluv. 1256, 41.

Bubzelle Dobro testis 1258, 87.

Buchk iudex 1268, 481.

Buchca fluv. 1268, 481.

Buccasio nob. spal. 1239, 86.

Buchke genus 1271, 614.

Bucelone testis 1249, 385.

Buken comes 1240, 120.

Buçi v. Biševo.

Bukova rijeka fluv. 1250, 425.

Bukovac (Bukouz) fluv. 1249, 406.

Bukovica fons 1249, 408.

Bucoa rivus 1270, 565.

Bucsane (= Bužani ?) locus croat. 1251, 473.

Bukvica terra 1249, 408.

Buda civit. Hungariae 1243, 185, 186, 191 ; 1244, 241 ; 1258, 85 ; 1269, 498 ; 1271, 585 ; 1272, 623.

Budawelge terra 1248, 367.

Budemerichigi castrum 1263, 246.

Buden nomen viri 1245, 269.

Budimirus Vitorikius nob. iadr. 1239, 82 ; 1240, 106.

Bud n (= Vidin) civit. Bulgariae 1259, 132.

Budina nomen viri 1245, 269.

Budina posses. terrae 1249, 410.

Budislav calegarius 1249, 390.

Budislav (Budislavus) comes de Ši- benik 1243, 208.

Budislav nob. de Bribir (mem. eius) 1251, 467.

Budislav regens de Kotor 1261, 190.

Budyzlay vallis 1243, 203.

Budivoj fil. Benedictus posses. terrae 1256, 38.

Budivoj posses. terrae 1246, 309.
Budologh Csatan terra 1246, 307.
Budun villa 1269, 509.
Budur comes 1246, 304.
Budur filii posses. terrae 1250, 418.
Bufalni Saladinus testis 1239, 80.
Bugna (= Bednja ?) terra 1244,
   250, 251 ; 1267, 452.
Bugud posses. 1270, 526.
Buisse posses. molendin 1257, 71.
Bulcsu (Wulshw) episc. csanad.
   1238, 50 ; 1241, 136.
Bulgari natio 1259, 132.
Bulgaria regnum 1270, 545, 570.
Bulgaria Semjon testis 1254, 560.
Bulentum locus 1261, 195.
Bulino posses. bosn. 1244, 239.
Bulpicele (= Vulpicele) Dobro exam.
   spal. 1259, 121.
Buna abbatissa 1236, 5, 6, 7, 18 ;
   1237, 24 ; 1242, 142.
Buna aqua 1249, 412 ; 1255, 617.
Buna uxor Vitomiri 1237, 24.
Bunna relic. Pelegrini de Dragonja
   1265, 333.
Bundić Petrona nob. rag. 1253,
   532 ; 1254, 559.
Burellus com. spalat. (mem. eius)
   1238, 51.

Burezeuch (= Brezovica ?) tera
   1244, 251, 252.
Burhud villa 1267, 447.
Burizlo villa 1267, 447.
Burnuk villa 1270, 570.
Bursonoch terra 1257, 74.
Burzoch fluv. 1248, 375.
Busan villa 1271, 609.
Butka comes 1270, 561.
Butko banus marit. 1259, 124.
Butco comes et potest. spalat. 1245,
   279 ; 1247, 321, 327.
Butko fil. Juliani comes 1248, 349.
Buua v. Čiovo.
Buza magister 1242, 170.
Buza posses. terrae 1237, 43.
Buza cantor zgrb. 1261, 203 ; 1269,
   515 ; 1272, 627.
Buzad banus (mem. eius) 1239, 96 ;
   1256, 22.
Buzad comes 1244, 245 ; 1247, 332 ;
   1248, 367.
Buzad generatio 1272, 635, 636.
Buzad villa 1260, 186.
Buzola Petrus testis 1253, 545.
Bužane locus 1258, 102.
Bužani (Busan) populi (= generatio)
   1263, 246.
Bwnna palus 1258, 120.
Bwnych palus 1258, 120.

C, K, Ch.

Kabonak silva 1248, 375.
Caçona terra 1260, 155.
Čalkavić Petar nob. rag. 1253, 532.
Cachelin filii possessores terrae
   1244, 262.
Kaçceta Leo possessor terrae testis
   1271, 582.
Caçete Sreça nob. spal. 1258, 103,
   107 ; 1259, 121.
Kačić Jurko Toliše nob. croat.
   1271, 586.
Kačić Nicolaus fil. Beli Petri
   1251, 453.
Kačić (Kasig) Radoslav pristaldus
   1264, 296.
Kačić Tolen (mem. eius) 1239,
   91, 92.

Kačić Tolislav testis 1239, 82.
Kačići (Cacichi, Kazaeti) gener. croat.
   1236, 10 ; 1238, 46 ; 1240, 106,
   116, 117 ; 1243, 207 ; 1245,
   268 ; 1262, 234 ; 1271, 586.
Kadarkaluz genus 1248, 371,
   1270, 578.
Cadenche rivus 1242, 170.
Cadmia posses. terrae 1245, 286.
Çadulinus Domaldus de, nob. iadr.
   1261, 189 ; 1265, 345.
Çadulinus Micha nob. iadr. 1265,
   345.
Çadulinus Michael exam. iadr. 1259,
   137, 138 ; 1261, 188, 189.
Kaymoz terra 1244, 238.
Calamot insula 1270, 523.

Kalanić Marin testis 1267, 426.

Calcina Marinus de, nob. iadr. 1248, 356.

Calchina Petrus nob. iadr. 1245, 267 ; (mem. eius) 1249, 377.

Calch locus 1258, 111.

Calenda Cerneha nob. ragus. 1237, 27 ; 1243, 205 ; 1245, 284, 1246, 290 ; 1252, 508.

Calenda Lucaro de, nob. ragus. 1242, 159, 161, 162, 169.

Calenda Marinus nob. ragus. 1242, 150 ; 1247, 314, 318.

Calenda fil. Pancratii Gervasii nob. rag. 1255, 600.

Calenda Trifonis Lampino nob. rag. 1243, 212 ; 1248, 339; 1251, 457.

Kalysche (= Kališće) locus 1253, 537.

Kalyssche (= Kališće) locus 1249, 411 ; 1266, 149.

Calischa palcus 1267, 425.

Kalysta locus 1269, 511; 1270, 536.

Calis strictus locus 1252, 510.

Kalnik (Kemluk) comitatus ,castrum et mons 1243, 191 ; 1244, 232, 242 ; 1245, 285 ; 1252, 491 , 516 ; 1253, 543 ; 1263, 258 ; 1264, 304 ; 1265, 330, 336, 1266, 395, 416 ; 1268, 478 ; 1269, 500 ; 1270, 548, 555 ; 1271, 588.

Kalnik Mali (Minor Kemluk) terra 1248, 343, 344, 345.

Kalsa pataka aqua 1250, 434.

Calzina Johannes de, nob. iadr. 1260, 160.

Camaria terra 1256, 31.

Kamarcha genus 1244, 231.

Kamarcha (= Komarnica) locus 1262, 230 ; 1268, 482 ; 1269, 487, 1270, 563.

Kamarun (= Komárom) civit. Hungariae 1253, 541.

Camasius archipresbiter iadrensis testis 1240, 100.

Camasius Capillitus diac. 1238, 46 (mem. eius).

Camasius notar. spalat. 1242, 155.

Kamen brod locus 1266, 391.

Kamenjani (Camechani) terra et possessio 1242, 164.

Kamešnica (Camesnicha) aqua 1238, 72, 73 ; 1244, 225.

Camorca fluv. 1255, 597.

Campania regio ital. 1248, 350.

Kamurcii (Camurcii) Cosma Petrus nob. spalat. 1256, 7 ; 1260, 164 ; 1261, 199 ; 1262, 212 ; 1266, 367, 378 ; 1267, 448 ; 1269, 494.

Canale Jacobus de, nob. venet. testis 1248, 357.

Canale Johannes de, comes iadr. 1252, 505, 508 ; 1254, 556.

Canale Johannes de, nob. venet. 1247, 328 ; 1248, 372.

Čankinić Vlasi nob. rag. 1253, 532.

Çançauata Ciprianus de, exam. iadr. 1270, 524.

Cançii (= Johannis) de Pane Mi io heredes 1252, 509.

Cançii filius Petriç posses. terrae 1259, 137.

Çancius (= Johannes) Petriçi nobil. iadr. 1236, 4.

Candi fil. Ranei nobilis iadrensis testis 1254, 573.

Cangnecci Scumosa poss. terrae testis 1271, 587.

Kapolcha terra 1269, 495.

Captat locus 1253, 546.

Caput Ageris (Capo d'Argine) civit. 1236, 9.

Caput Welicha (= Velika glava ?) terra 1239, 97.

Carachin (= Karácsony) comes 1266, 395.

Carachinus comes de Križevci 1265, 336.

Karachun fil. Wlk posses. terrae 1257, 79.

Karaz nomen viri 1259, 132.

Carbanoso (= Grbonos ?) Marinus de, nobil s iadrensis 1259, 136 ; 1264, 300.

Carbonis Cerne nob. iadr. 1237, 35 ; 1239, 75, 76 ; 1263, 255.

Karin (Corinum) locus 1240, 106, 116.

Carinthia terra 1242, 174.

Karniola dominium 1263, 244.

Karnizić Petar nob. rag. 1253, 532.

Carnus, civis ancon. 1236, 12.

Karolus de Corbavia testis 1243, 182.

Carolus I. rex Siciliae 1270, 567.

Cartinicus locus 1261, 299.

Casari (Kassari) Duimus nob. spalat. 1256, 3, 6 ; 1258, 83, 86, 107 ; 1265, 343 ; 1266, 379, 384 ; 1267, 426, 447.

Casariza Marinus de, nob. Tragurinus 1271, 618.

Kasarizza Martinus nob. Tragurinus 1267, 441.

Casariza Valentinus de, nob. Tragurinus 1257, 65 ; 1263, 247 ; 1264, 312 ; 1267, 440, 441 ; 1271, 592.

Casarizo de Kalenda nob. Tragurinus 1239, 86.

Kasiçpe villa 1260, 155.

Casinense monaster'um 1239, 77

Kašina (Casina) locus 1237, 43.

Casiocti Jannicha nob. Tragurinus 1264, 315.

Casna (= Kašina) locus et possessio 1259, 129, 1269, 485.

Kasocti (= Casotti) Çanicha (= Johannes) nob. tragur. 1267, 440 ; 1269, 499; 1271, 592, 618.

Casotti rector ragus. 1242, 143.

Casotti Nicolaus nob. trag. 1264, 294 ; 1267, 442.

Cassulo Philippus testis 1245, 273.

Catarum v. Kotor.

Catena abbatissa ragus. 1259, 128.

Catharina ducissa Carinthiae 1263, 244.

Catharine Johannes nob. ragus. 1243, 212.

Catichi (= Katići ?) nobiles croat. 1249, 391.

Cauate Thomasius examinator iadr. 1271, 602.

Çauati Johannes nobilis iadrensis testis 1265, 345.

Cavalusio Desa testis 1266, 368.

Cazarizza Petrus testis 1239, 80.

Kazeg aqua 1263, 246.

Kazeg terra 1263, 245.

Cazimla aqua 1244, 238.

Kazina gorica 1243, 203.

Čazma fluv. 1244, 249 ; 1245, 275 ; 1246, 304; 1247, 312; 1250, 438, 439; 1255, 609; 1256, 39; 1260, 181; 1263, 281;1264, 320; 1265, 350.

Čazma locus 1241, 129.

Čazmense capitulum 1244, 248 ; 1245, 287 ; 1246, 303 ; 1247, 311, 315 ; 1250, 438 ; 1251, 474 ; 1255, 609 ; 1257, 53, 60, 63, 74, 76, 1260, 181, 183 ; 1261, 193 ; 1262, 232 ; 1263, 253, 281 ; 1264, 294, 319, 320, 322, 324 ; 1265, 334, 237, 349, 352, 358, 360, 361 ; 1266, 410, 417 ; 1268, 482, 1269, 521, 522 ; 1270; 526, 574 ; 1271, 613, 616.

Čazmenses canonici 1237, 44.

Cazmer us comes alben. 1245, 276.

Caznuta posses. terrae 1239, 79.

Cega testis 1249, 38.'.

Cega (Cegha) Duymus de, nob. tragur. 1257, 65 ; 1259, 140, 1264, 315 ; 1266, 382, 1267, 440, 451 ; 1269, 499, 1271, 592.

Cega Georgius, nob. trag. 1271, 592, 618.

Cega de Petrosio nob. Tragurinus testis 1269, 500.

Çekre: nomen viri 262, 234.

Celapec locus 1251, 452.

Keliani filii posses. terrae 1270, 536, 575.

Čelpa Marin nob. trag. 1253, 532.

Kemechnicha (= Kamešnica?) aqua 1244, 232 ; 1249, 398.

Kemen terra 1254, 149.

Kemenic rivul. 1237, 40, 41.

Kemenchke terra 1263, 260, 261.

Čemernica (Chemernicha) fluvius 1246, 309.

Cemyn iobag. 1270, 175.

Keminchicah (= Kamešnica?) aqua 1249, 413.

Kemynuchka terra 1261, 203.

Kemluk v. Kalnik.

Kendchapa (= Čepin?) terra 12.8, 101, 1270, 179.

Kenecha potok 12:8, 114.

Kenesemisyche locus 1268, 466.

Kenese polia (= Kneževopolje) terra 1240, 124 ; 1268, 472.

Kenez potok 1268, 466.

Kenez fil. Andreae 1257, 78.

Kenezyus Gregorius possessor terrae testis 1268, 466.

Kenezkut (= Knežev izvor) aqua 1250, 434.

Cepel mons 1244, 231.

Ceperlani locus 1260, 153.

Ceperlani (Cepersani) terra 1242, 164.

Ceprena fil. Radin nomen viri 1262, 234.

Ceprena frater Çeuetanne testis 1236, 8 ; 1242, 142.

Cerea burda (= Cerovo brdo) mons 1248, 354.

Keresthege (= Kereszthegy) mons 1262, 240.

Čerešnjevica fluv. 1249, 408 ; 1251 475, 476.

Čerešnjevec fons 1252, 519.

Čerešnjevica terra 1266, 363.

Kereta kuta aqua 1250, 436.

Cereva Junius de, nob. ragusinus testis 1252, 482.

Cerević (= Črević) Nikula nob. rag. 1253, 133.

Kerka (= Krka) fluv. 1251, 465; 1256, 47; 1264, 309.

Cerlemkart locus 1249, 411.

Cerna terra 1244, 239.

Cerne Carbonis nob. iadr. 1237, 35 ; 1239, 75, 76 ; 1263, 255.

Cerne Carbonis rector tragurin. 1242, 146, 154, 178,

Cerne de, Jacobi filius Nicolaus nob. rag. 1261, 194.

Cerne de Dine missus tragurinus testis 1238, 84.

Cerne de Mergani iudex iadrensis 1254, 558.

Cerne Dobrana nob. ragusinus 1260, 173.

Cerne fil. Coue posses. terrae 1242, 178.

Cerne fil. Viti Moruiçe testis 1249, 393, 394.

Cerne Negamiri Jacobus nob. rag. 1243, 212.

Cerne Vittane nob. ragus. 1236, 1, 8, 9, 11 ; 1237, 33 ; 1238, 52 ; 1242, 150, 151 ; 1244, 227, 1246, 290 ; 1251, 450 ; 1252, 481, 495, 498 ; 1258, 95; 1265, 353.

Çernce Vulcina possessor domus testis 1269, 502.

Cernehe Calenda nob. ragus. 1237, 27 ; 1243, 205 ; 1245, 284 ; 1246, 290 ; 1252, 508. .

Cernehe Clemens nob. ragus. 1243, 212.

Cerneche Petrus nob. spalat. 1256, 7 ; 1257, 56, 58 ; 1261, 191 ; 1266, 384 ; 1267, 448 ; 1268, 469, 470 ; 1269, 494, 501, 502.

Cernek (= Črnec ?) aqua 1268, 467.

Kernesi (= Cernehe ?) Petrus de, nuntius rag. 1262, 234.

Cernota fil. Dese Cucuce nob. spalat. 1243, 196.

Cernug Çambara testis 1240, 106.

Cerodol locus 1257, 69, 1266, 374.

Cerovo brdo mons 1253, 537.

Keskehat locus 1255, 597.

Kesse (= Ćeska) castrum 1236, 12.

Cetina comit. 1271, 618 ; 1272, 618.

Ceueticus (= Cvjetko) fil. Borislavi de Crino nob. iadr. 1240, 106.

Keureuztune mons 1262, 240.

Chabaguatha locus 1267, 450.

Chabatta Radoje testis 1258, 87.

Caduna fil. Raduani posses. terrae 1256, 25.

Chak banus transsilv. 1261, 197 ; 1266, 369 ; 1267, 452 ; 1268, 481.

Chak comes de Gara 1256, 5, 6.

Chak comes sopron. 1238, 50.

Chak magister 1257, 59, 60.

Chak magist. agaz. 1245, 286.

Chak magister ensifer 1257, 61, 62, 63, 71, 73, 74, 76.

Chak magister pincer. 1259, 142.

Chak magister posses. terrae 1254, 549.

Chak mag. tavarnic. 1251, 466, 467, 470, 471 ; 1260, 186.

Chakan pater Ivani posses. terrae 1248, 343.

Chakani filii posses. terrae 1256, 31 ; 1265, 350.

Chakani fil. Ivan posses. terrae 1249, 398 ; 1260, 163.

Chanou fluv. 1266, 397.

Chanov genus 1265, 360.

Chapla mons 1255, 609.

Chatena (= Katarina) abbat. monast. St. Benedicti spalat. 1249, 395 ; 1258, 83 ; 1266, 399 ; 1267, 421 ; 1268, 470 ; 1271, 583, 587.

Khatena (= Catharina) filia quond. Michae Vučine 1255, 587, 588.

Chazlo fluv. 1255, 597.

Chazma feu (= Vrličazma) terra 1255, 609, 610.

Chazthanycha (= Kostajnica ?) locus 1269, 513.

Chazza (= Katarina) uxor Michaelis Michatii 1240, 105.

Chebden (Chebdyn) terra et rivul. 1249, 403, 1257, 52.

Chech fil. Pucynae posses. terrae 1259, 148 ; 1269, 487, 521.

Chechan filii posses. terrae 1259, 147.

Cheh posses. terrae 1256, 30, 32, 33, 38 ; 1263, 282.

Chehy (= Čehi) terra 1257, 79 ; 1262, 229.

Chegue locus 1268, 465.

Chelk fil. Borić posses. terrae 1248, 369, 370.

Chelmo v. Hum.

Chemey terra 1237, 29.

Chemernicha (= Čemernica) aqua 1257, 81.

Chenka fil. Mortunus posses. terrae 1256, 41.

Chepan fil. Choba de Vylok (= Ilok ?) posses. terrae 1263, 284.

Chepani filii posses. terrae 1272, 624.

Chepani fil. Thoma posses. terrae 1258, 94.

Chercoa (Ceroa) burda (= Čvorkovo (ili Cerovo) brdo ?) possessio 1244, 230, 232.

Cherechny potok 1266, 413.

Cheressnew praedium 1270, 526.

Chereth nemus 1244, 264.

Chereth silva 1244, 225.

Cherezt praedium 1270, 526.

Cherich (= Cerić ?) locus 1255, 595.

Cherit locus 1256, 31.

Cherkvenig (= Crkvenik) terra 1266, 412.

Chermosni rivulus 1249, 408.

Cherna terra 1256, 41.

Chernalika (= Črna rika ?) fluv. 1256, 27.

Chernech v. Črnec.

Cherney (= Črne) generationis Hutinjani (Babonić) 1243, 182.

Chernehina fluv. 1245, 270.

Chernehtu possessio 1245, 270 ; 1253, 546.

Chernel vinea 1265, 280.

Chernych (= Črnec) flum. 1236, 20.

Chernych (= Črnec ?) rivus 1242, 165.

Chernyz (= Črnec ?) palus 1247, 333.

Chernoch aqua 1259, 150.

Chernoglau terra 1269, 522.

Chernusnyk (= Črnušnik) rivus 1244, 231.

Cherwet villa 1237, 28.

Chesma (= Česma) fluv. 1244, 231.

Chesmiche castrum 1244, 231, 232 ; 1245, 275, 1251, 474; 1264, 294.

Chesmicza terra et locus 1262, 235 ; 1268, 483 ; 1270, 545.

Chetiglavac terra 1266, 390 ; 1272, 637.

Chychan locus 1270, 557.

Chicheria fons 1242, 175.

Chygorge aqua 1242, 168.

Chyhna villa 1266, 392.

Chirlouanus iudex senien. 1248, 355.

Chirt fluv. 1245, 271.

Chitinia uxor Obradi Ramljanin 1236, 18.

Chyzar posses. terrae 1263, 265.

Chocholt (= Hahold) comes 1243, 209.

Chodoycha fluv. 1248, 375.

Chodomir civis apsar. 1264, 297.

Cholim v. Hum.

Chopo comes 1253, 544.

Chopoy posses. terrae 1270, 564.

Chopou posses. terrae 1264, 295.

Chorese filii posses. terrae 1256, 4.

Choressa testis 1236, 6, 7.

Chornavech fil. Chornug iobag. 1259, 151.

Choromisnik fluv. 1256, 31.

Chotenu fil. Vyconis posses. terrae 1245, 277.

Chotula posses. terrae 1243, 184.

Chrela de Derza posses. salis 1246, 290.

Chrelat filii nob. croat. 1258, 102.
Chresnieucz terra 1259, 133.
Chret fluv. 1249, 398, 399.
Christina monialis 1241, 137.
Christiani filii posses. terrae 1244, 250, 1259, 133.
Christophorus castrensis požeganu, 1250, 434.
Christophorus iudex arb. 1237, 26.
Christophorus Maldenaro nob. arb. 1237, 26.
Christophorus nob. croat. 1244, 236.
Christophorus posses. terrae 1250, 425.
Chrusech (= Krušec) rivulus 1239, 90.
Chualk filii posses. terrae 1264, 326.
Chualotte Cerne testis 1259, 140.
Chuda villa 1237, 28.
Chodin mons 1266, 420.
Chuduzlai filii posses. terrae 1258,108.
Chugauaznos fluv. 1271, 615.
Chulennus (= Hvalen ?) comes 1238, 62.
Chundur comitis filii 1266, 413.
Churla nob. genus hung. 1267, 435.
Churnuc v. Črnec.
Cyblan (= Sviblan) terra 1258, 100.
Cibre Casarize testis tragur. 1246, 288.
Cicador monasterium 1236, 13.
Cycemir generatio 1242, 170.
Cicole Cataldus posses. domus 1267, 421.
Cigaida Johannes nob. spalat. 1247, 327 ; 1257, 56 ; 1258, 97, 107 ; 1261, 199 ; 1262, 212 ; 1267, 430, 448.
Ciglana locus 1256, 28.
Kylian comes tavarn. reginae 1250, 433.
Kyliani terra 1237, 42 ; 1244, 253.
Čimić Marin nob. rag. 1253, 532.
Cindre Antas nob. arb. 1237, 26.
Cindri Johannes nob. spal. 1267, 431 ; 1270, 549.
Kinnic fluv. 1260, 181.
Čiovo (Buua) insu a 1243, 197.
Čiponić Paska nob. rag. 1253, 532.
Cipranus capel. iadr. 1256, 23.
Ciprianus fil. Georgii posses. terrae 1243, 209.
Ciprianus iadr. not. 1259, 138.

Ciprianus iudex arb. 1237, 26.
Cipriano Madio de, testis 1265, 358
Kyralrewy (= Király rév, i. e. Kraljev brod) 1242, 174 ; 1266, 403. —
Cirinik fluv. 1236, 20.
Kyriztut (= Kereszt-ut) via 1248, 375.
Cirkonit (= Cirkvenik) fluv. 1250,434.
Cirkvišće locus 1267, 425.
Cirkvena terra 1261, 193.
Cirkvenik rivus 1266, 403.
Cyrkuenich (= Cirkvenik) rivus 1242, 175.
Kirtinum locus 1242, 178.
Kisonić Marin nob. rag. 1253, 533.
Cittavecchia (Urbs vetus) civit. 1262, 238, 1263, 250, 257, 272, 275, 276, 277 ; 1264, 284, 287, 288, 289, 291, 292, 297, 298, 300, 301, 302, 303, 304, 306, 307 ; 1272, 620, 639.
Kytosa posses. terrae 1257, 65.
Çiualelli Johannes nob. iadr. 1260, 159.
Cyvockoig (= Cvetković ?) generatio 1249, 404.
Cizzono de Scardarlo testis 1240, 117.
Cladamch fluv. 1244, 239.
Clarita Simeon de, testis 1257, 69.
Clesa testis 1241, 134.
Clemens Cernehe nob. ragus. 1243, 212.
Clemens fil. Johannis Derze civis rag. 1268, 459.
Clemens iudex arb. 1238, 56 ; 1248, 355.
Clemens Madii de Rusaldo iudex arb. 1251, 456.
Clemens nob. arb. 1237, 26.
Clemens IV. papa 1265, 341, 342, 352, 354 ; 1266, 364, 370, 371, 380, 383 ; 1267, 421, 427, 432, 434, 443 ; 1268, 458, 462, 467, 469, 473.
Clemens Sersii nob. rag. 1236, 1 ; 1237, 37 ; 1238, 52, 53, 60 ; 1239, 78 ; 1240, 104, 111, 119 ; 1242, 140, 149, 160, 169 ; 1243, 205, 212 ; 1244, 227, 241 ; 1245, 284, 1251, 458.

Clemens Trifonis Symeonis nob. rag. 1256, 17, 18.
Clementis Petrus 1251, 450.
Klenovac fons 1266, 419.
Klenovnik (Clenovnik) possessio 1244, 246.
Cleti comitis filii 1258, 101 ; 1270, 579.
Cletus comes 1243, 203, 204.
Cletus comes (mem. eius) 1244, 218.
Cletus episc. agrien. 1238, 50 ; 1241, 136 ; 1242, 158, 175 ; 1244, 233, 255 ; 1245, 276, 286.
Climen rivus 1269, 492.
Climin fluv. 1258, 112.
Clyz v. Klis.
Clych v. Klis.
Klis (Clitia, Clych, Clyz) castrum 1242, 163 ; 1243, 184, 185 ; 1245, 277 ; 1248: 349, 353 ; 1249, 383, 392; 1251, 461; 1255, 602, 603; 1264, 296; 1271, 618.
Clyuk villa 1270, 571.
Klokoč (Colchoch) genus 1269, 520.
Klokočevac fluv. 1262, 230 ; 1265, 338 ; 1269, 511.
Klokočec praed. 1266, 417.
Klokočevac (Klokocheuch) terra 1262, 230 ; 1263, 263.
Cnege Branislavi nob. ragus. 1239, 78.
Cnege Goyislaus Crozii nob. ragus. 1243, 212.
Kneya aqua 1249, 411.
Knesd villa 1270, 571.
Knese pole (= Kneževo polje) posses. bosn. 1244, 239.
Knesnicha aqua 1259, 150.
Kneževo polje (Kenese pula) campus 1269, 514.
Knin (Thinin) castrum 1251, 469 ; 1264, 296.
Cnurtecha archidiac. alban. 1237, 36.
Cobulaznus mons 1254, 577.
Kokićani terra 1238, 46, 56, 59 ; 1239, 75, 82 ; 1240, 106 ; 1242, 164.
Cochina aqua 1258, 111.
Cochina locus 1240, 124 ; 1259, 147.
Kokonychfew fluv. 1269, 512.
Kokotnik rivul. 1257, 72.
Cocorinus Petrus de Perinan testis 1253, 545.

Codimir (= Godimir ?) fil. Bogodani testis 1247, 322.
Cohinnich rivul. 1263, 283.
Koyan posses. terrae 1256, 32, 36, 39.
Çoilo Gauçigna de, testis 1259, 137.
Çoillus fil. Civitanni posses. terrae 1266, 389.
Coysin Zdenech (= Kozin Zdenec) terra 1249, 411.
Coletk posses. terrae 1256, 28.
Kolewrath locus 1251, 465 ; 1264, 326.
Colim Nicolaus posses. terrae 1263, 254, 255.
Kolin posses. terrae 1259, 150.
Kolinoa rivus 1270, 566.
Colomani regis via 1255, 610 ; 1270, 536, 575, 576.
Colomanus rex Ruthenorum et dux totius Slavoniae 1236, 3, 13, 14 ; 1237, 40, 41, 42, 1238, 48, 49, 57, 63, 65, 66, 67, 71, 72 ; 1239, 74, 81, 84, 89, 93, 94, 95 ; 1240, 102, 113, 114, 123 ; 1241, 138 ; 1242, 153, 158, 160, 162, 164, 166 ; 1243, 190 ; 1244, 224, 227, 237, 248, 249, 252, 264, 1245, 285 ; 1249, 381, 382, 402, 403 ; 1252, 485, 517 ; 1255, 594, 597, 613, 614 ; 1256, 26 ; 1258, 99, 109, 113, 117 ; 1267, 435.
Columbanus fil. Madii episc. tragur. 1255, 602, 607 ; 1257, 65 ; 1259, 140 ; 1260, 162 ; 1263, 250, 251 ; 1264, 284, 293, 312 ; 1265, 341, 344 ; 1266, 380, 382 ; 1267, 440, 443, 444, 454 ; 1268, 458 ; 1269, 499.
Komafeu mons 1269, 511.
Comolons villa 1237, 28.
Comonch villa 1237, 28.
Compolt fil. Curey civis de Varaždin 1270, 538.
Companoli fil. Johannes civis ancon. 1262, 233.
Komor terra 1256, 22, 47, 48 ; 1267, 453 ; 1268, 484.
Conchan terra 1267, 424.
Konjska terra 1266, 409.
Konjski strug fluv. 1249, 411.

Conradus IV. imper. roman. 1251, 447 ; 1252, 499.

Conradus II. rex Siciline 1257, 53 ; 1258, 92, 98.

Conradus de Vrbe testis 1252, 478.

Constantinus fil. Daui 1237, 36.

Contareni Jacobus dux venet. 1271, 586.

Contareni Jacobus nob. ragus. 1257, 56, 57, 70 ; 1258, 95.

Contareni Johannes iudex otam. 1270, 531.

Contarenus Marcus comes vegl. 1248, 356, 357.

Contarinus Leonardi consil. iadr. 1259, 130.

Contarinus Philippus comes rag. 1261, 194 ; 1262, 215, 224, 225, 226, 233, 234, 237, 238.

Conzka (= Konjska) fluv. 1265, 338.

Coochke locus 1237, 29.

Copelliste locus 1271, 587.

Copy posses. terrae 1261, 198 ; 1270, 539.

Kopynana flum. 1248, 376.

Copnicha rivus 1270, 562.

Koponicha locus 1259, 150.

Copriua aqua 1250, 435.

Copriua terra 1250, 435.

Koprivni rivus 1244, 232.

Corani (= Lukoran ?) campus 1249, 377.

Coranychanych (= Koraničanić) generatio comitum de Babonić 1243, 182.

Corbavia Karolus de, testis 1243, 182.

Korčula (Corcira) insula 1240, 111 ; 1242—1244, 180 ; 1262, 236 ; 1272, 621.

Cordua comitatus v. Grdjevac.

Korila locus 1253, 531.

Corinum v. Karin.

Corita fluv. 1245, 271.

Corla filii posses. terrae 1249, 402.

Cornelius archidiac. de Dubica 1249, 414.

Cornelius decanus zgrb. 1242, 178 ; 1243, 210.

Cornomer (= Črnomir ?) posses. terrae 1248, 353.

Korana fluv. 1259, 148.

Corona mons 1266, 398.

Koroug (= Korogj ?) fluv. 1263, 266.

Koos (= Koška ?) terra 1258, 101 ; 1270, 579.

Corrardus de Treun posses. terrae 1267, 436 ; 1270, 559.

Korriazii Johannes posses. domus 1266, 427.

Corsianensis populus 1238—1240, 70.

Koruganiza vallis 1243, 203.

Koruška fluv. 1252, 491.

Koruška terra 1265, 336.

Cosa de Strea posses. terrae 1242, 142.

Cosa Petrigne (Petrogne) exam. iadr. 1248, 360 ; 1249, 378 ; 1254, 573.

Cosa (= Cosmas) Saladini nob. iadr. 1254, 557, 573 ; 1256, 4 ; 1266, 398 ; 1268, 462.

Coscha (= Koška ?) aqua 1244, 214.

Cosma capel. ancon. 1252, 502, 503, 506.

Cosma de Pande Melio posses. terrae 1249, 392, 394.

Cosma Mramatha civis dyrrach. 1256, 1.

Cosma presb. iadr. 1243, 189.

Cosma subdelegatus 1252, 500.

Cosma Ugrinciho (= Ugrinić ?) testis 1251, 451.

Cosmachio (= Kuzma ?) posses. terrae 1251, 476.

Cosmas notar. 1252, 488.

Kossachyna fluv. 1269, 510.

Kostajnica (Coztanicha) terra 1240, 121 ; 1258, 99 ; 1272, 631.

Kostanehuc mons 1249, 408.

Coste Paotipiedi testis 1243, 188.

Cotelna rivul. 1250, 435.

Cotynna v. Kutina.

Kotho v. Kutjevo.

Cotopagna Andreas de, nob. iadr. 1236 5 ; 1251, 447, 472 ; 1252, 509 ; 1254, 558, 573 ; 1256, 4 ; 1258, 91 ; 1261, 191 ; 1264, 300 ; 1266 398.

Cotopania Creste de, de Arbo, testis 1237, 24.

Cotopagne Cresti filii, nob. iadr. 1265, 345.

Cotopagna Dataidus de, exam. iadr. 1271, 586.
Cotopagna Lampredius nob. iadr. 1265 339.
Cotopagna Preste de nob. iadr. 1259, 136 ; 1264, 289 ; 1266, 386 ; 1267, 446.
Cotopagna Vite nob. arb. 1237, 26.
Kotor (Catharo) civit. 1239, 84 ; 1247, 326 ; 1250, 423, 424 ; 1255, 599 ; 1257, 77 ; 1261, 190 ; 1266, 377 ; 1270, 581 ; 1271, 585.
Kousouch flum. 1257, 63.
Koz potok 1267, 439.
Cozma fil.Pribizlai nob. vir 1269, 487.
Coztnicha aqua 1266, 408.
Coztizlav fil. Pribislai posses. terrae 1268, 473.
Crabocha relicta Pauli clavigeri reginae 1255, 618. ·
Crachemer mons 1239, 90.
Craygyna aqua 1244, 232.
Krajina regio 1247, 313, 314.
Craynic nob. croat. 1244, 236.
Craysig v. Krašić.
Krala (Crala) terra 1260, 156 ; 1264, 292 ; 1271, 613.
Craniçius frater Brathossi posses. terrae 1236, 7.
Krapina fluv. 1258, 111.
Krašići (Craysig) generatio 1249, 408.
Crasnic riv. 1237, 40.
Crassicius archipresb.senien. 1268, 475
Crathka (= Kratka) ultra Savam possessio 1242, 168.
Kratki dol (Crathki) terra 1242— 1250, 180.
Cremena gorica locus 1258, 110.
Cremena vallis 1256, 41.
Kremena gorica mons 1244, 232.
Crena notar. de Omiš 1245, 269.
Kres de Sirimio, heros 1264, 309.
Cresce de Jghenano tribunus 1251, 455
Cresta locus 1261, 187.
Creste de Cotopania de Arbo testis 1237, 24.
Creste fil. quond. Mikae de Stereka 1237, 39.
Creste Gambigrosse nob. arb. 1237, 26.

Creste de Micus posses. terrae 1249, 392, 394.
Creste de Piçiga nob. arb. 1251, 451 ; 1254, 552.
Creste de Scolatura nob. iadr. 1239, 75, 76.
Creste Miliana testis 1237, 40.
Creste testis 1262, 35.
Crević Andrija nob. rag. 1253 532 ; 1254, 559, 569.
Crević Žun nob. rag. 1253, 532.
Krichko civis senjen. 1243, 181.
Crisan (= Križan) filii posses. terrae 1253, 543.
Crisanic (= Križanić) posses. terrae 1248, 371.
Crisici Radochna posses. terrae 1270, 523.
Crysk terra 1265, 360.
Kryslag castrum 1255, 609.
Crisogonus cler. 1240, 101.
Crisogonus fil. Bellosii posses. terrae 1238, 46.
Crisogonus subdiacon. adr. 1239, 73.
Kristan (Cristan) fil. Zeuchey testis 1236, 19.
Criste Gambegrosse de Signa testis 1253, 545.
Križevci (Cris, Kyris) castrum et comitatus 1238, 71, 72 ; 1244, 224, 230 ; 1248, 354 ; 1249, 397, 398 ; 1252, 490, 491 ; 1253 537, 538 ; 1256, 26 ; 1266, 397, 411 ; 1267 455 ; 1268, 476, 477, 482 ; 1269, 500, 513.
Križice terra 1264, 313.
Črna mlaka (Chorna malaka) aqua 1254, 549.
Črna rika fluv. 1252, 485.
Črnec (Chernech) aqua fluv. et rivul. 1244, 225, 231, 257 ; 1245, 270, 275 ; 1249, 402 ; 1251, 476 ; 1257, 72 ; 1259, 133 ; 1261, 198 ; 1269, 495.
Črnec campus 1255, 619.
Črnilović Aleksi nob. rag. 1253, 532.
Črnenović Desimir testis 1254, 560.
Črnešić Kolenda nob. rag. 1253, 532.
Črnoglav terra 1271, 614.
Črnomir knez 1253, 545.
Crnos'av župan de Senj 1268, 474.

Craarzka (= Kravarska) terra 1256, 25.

Crachon (= Kračun) posses. terrae 1242, 178.

Kračun (Crachun) pater Kračuni et Floriani 1236, 19.

Kračun (Crachun) testis 1236, 19.

Kračun (Crachyn) cantor zgrb. 1270, 557.

Cranisa pula villa 1266, 391.

Croac (= Hrvat) castrum 1238, 49.

Croatia regnum 1242, 172 ; 1243, 182, 192 ; 1245, 280 ; 1251, 469, 472 ; 1253, 523 ; 1263, 278.

Croaticus exercitus 1251, 444.

Krosel filii posses. terrae 1266, 418.

Crosii Cnege Goyislavus nob. ragus. 1243, 212.

Crosii Goislavus Theodori nob. ragus. 1239, 89 ; 1242, 140, 149, 151, 160 ; 1245, 269, 283 ; 1246, 305 ; 1247, 328, 331 ; 1248, 339 ; 1249, 381, 399 ; 1251, 448, 452 ; 1252, 481, 495, 498, 502, 503, 508 ; 1254, 572 ; 1255, 600 ; 1258, 95 ; 1261, 194.

Crosii Pascalis Theodori nob. ragus. 1247, 332 ; 1248, 339, 366 ; 1255, 600.

Krupa locus 1239, 91, 92.

Krusić Barbi nob. rag. 1253, 532.

Krusić Goislav nob. rag. 1253, 532.

Krusić Petar nob. rag. 1253 532.

Krusić Poskali nob. rag. 1253, 532.

Ktunčić Mihovilo nob. rag. 1253, 532.

Ku (= Banoštor) locus 1247, 326.

Cuach (?) nob. croat. (de parantella Nelipić) 1253, 540.

Cubul castrum 1248, 371.

Cubul kut (= Prsni izvor) fons 1242, 175.

Čučerje (Chicheria) fons 1266, 404.

Cuchemir rivul. 1237, 41.

Kuchula terra 1254, 549.

Kuchk filii posses. terrae 1262, 232 ; 1271, 616.

Cucmanus posses. terrae 1259, 128.

Čudogna Frede de, posses. vineae 1270, 568.

Cudmend terra 1239, 74.

Čudnicus nob. arb. 1237, 26.

Kuhnek potok 1259, 149.

Culbazunk rivul. 1248, 353.

Culfum Coranti (= Korintski zaljev) 1236, 11.

Culpa v. Kulpa.

Culpatew (= Kupsko jezero, Kupš-ćina ?) posses. 1253, 546.

Culpatn (= Kupa-tó ?) locus 1265, 338.

Cumblac potok 1266, 413.

Cumania regio 1259, 132.

Cumani natio 1270, 547.

Cumanus cler. et notar. spalat, 1237, 22, 31 ; 1238, 51, 52 ; 1240, 120 ; 1243, 196, 206 ; 1245, 271.

Cumanus de Sucotrimo civis dirrach. 1243, 188.

Cumanus Scudrin testis 1248, 335.

Kumyk Mojdrug posses. terrae 1249, 411.

Cun villa 1259, 152.

Çunanum locus 1250, 428.

Kundis filii terra 1257, 51.

Cunilia Dimitrius de, civis iadr. 1262, 238.

Kupa (Culpa) 1249, 408 ; 1251, 469 ; 1258, 108 ; 1266, 419 ; 1261, 204 ; 1263, 260, 261, 262 ; 1264, 326.

Cupan laz locus 1243, 210.

Kupčina limfa 1249, 408.

Cupest fovea 1271, 593.

Čupetić Toma testis 1249, 415.

Kupin kamen locus 1260, 180.

Cupissa de Sirimio, heros 1264, 309.

Cupizlaus (= Kupislav ?) iobag. 1243, 210.

Cuplen fil. Stephani iobag. 1254, 549.

Cupuz dol terra 1249, 405.

Curey (Cvrei) civis de Varaždin 1261, 197 ; 1265, 361 ; 1270, 532, 533, 538, 539, 540.

Curym locus 1256, 26.

Kurla (!) filii posses. terrae 1264, 323.

Cursowch terra 1272, 626.

Curtisia Gregorius de, testis 1263, 248.

Kuszugh (= Köszög, Kiseg) castrum 1248, 353.

Cuteis posses. terrae 1271, 587.

Kutina (Cotynna) fluv. 1256, 37, 71 ; 1257, 75, 76 ; 1264, 322,

Kutinie locus 1242, 143.
Kutjevo (Kotho) monast. 1250, 433, 435, 436.
Cuzmich (= Kuzmić) posses. terrae 1262, 228.

Kuzmiša fil. Kupuč posses. terrae 1261, 200.
Cvetk filii (= Cvetkovići) terra 1257, 51.
Czegul posses. terrae 1258, 119.

D.

Dabra locus 1270, 537.
Dabrača abbat. St. Mariae iadr. 1250, 417; 1252, 509; 1258, 90.
Dabrace Basilius nob. de Kotor 1257, 77.
Dabraze Nicolaus nobilis ragusinus 1268, 459.
Dabragna episcopus de Hvar 1267, 421, 455.
Dabral Johannes nob. spalatensis 1270, 545.
Dabrali Prvoslav nob. iadr. 1266, 399 ; 1267, 421, 426, 430; 1270, 549.
Dabranna de Lampridio nob. ragus. 1244, 226 ; 1245, 283 ; 1252, 495, 498, 506, 508, 515 ; 1255, 599, 606, 612; 1256, 8, 18; 1258, 95 ; 1260, 157 ; 1261, 193 ; 1262, 233, 237, 239.
Dabrana fil. Mateche nob. tragur. 1242—1244, 179, 180.
Dabrana Proculi nob. ragus. 1237, 33.
Dabrana subdiaconus trag. 1242, 144, 179.
Dabrane de Zelengo nob. ragus. 1252, 481.
Dabrane Petrus Mathei nob. ragus. 1247, 332 ; 1248, 339 ; 1249, 399 ; 1252, 483 ; 1254, 555.
Dabranis Petrana nob. ragus. 1249, 399 ; 1254, 555.
Dabranus Desoza (= Desača) nob. spal. 1242, 155.
Dabro de Luca possessor terrae testis 1254, 555.
Dacian posses. terrae 1270, 565.
Dalafodium insula 1260, 172.
Dalych rivulus 1257, 52.
Dalmatia terra 1241, 137 ; 1242, 152, 154, 172 ; 1243, 192 ; 1244, 216, 221 ; 1245, 280 ;

1246, 296 ; 1247, 320 ; 1252, 482 ; 1254, 556, 562 ; 1256, 19 20 ; 1257, 66 ; 1259, 125 ; 1260 159 ; 1267, 444.
Dalmesani (= Omišani) gener. croat. 1236, 10.
Damald v. Domald.
Damasa villicus de . Sisak 1244. 257, 262.
Damasc fil. Thomas 1236, 19.
Damasingereu locus 1266, 405.
Damasingrau locus 1240, 124.
Damasingus locus 1259, 147.
Damianus cler. 1252, 500.
Damianus Corismiça (= Korizmica) posses. vineae 1252, 509.
Damianus de Cigaco nob. iadr. 1244, 219.
Damianus de Figaçolo posses. domus 1250, 426.
Damianus de Micha de Starecha testis 1240, 106.
Damianus fil. Mikae de Stareka testis 1237, 39.
Damianus fil. Zoane (= Johannes) Crabune nob. iadr. 1248, 355.
Damianus Gricauee posses. terrae 1236, 7.
Damianus Martini testis 1238, 58.
Damianus medicus 1252, 505.
Damianus naucler. ragus. 1244, 226.
Damianus nob. arb. 1236, 26.
Damianus Papamulle nob. arb. 1237, 26.
Damianus pleb. iadr. 1260, 159, 169; 1261, 188, 189; 1265, 357.
Damianus presb. 1259, 121.
Damianus Somari clericus ragusinus 1251, 452.
Damianus testis 1238, 47.
Damianus Varicaxa nobilis iadrensis 1240, 106.

Damiani Pauli Bocinoli nobilis ragusinus 1236, 1.

Dandolo Johannes comes ragus. 1238, 61 ; (mem. eius) 1241, 132, 133.

Danich filii posses. terrae 1263, 253.

Danych filius Danich iobagio 1264, 294.

Danil comes, nob. de Bribir 1251, 467.

Daniel comes de Šibenik 1250, 430, 432 ; 1251, 465 ; 1263, 247.

Daniel nob. croat. 1244, 236.

Danislav dux Lodomeriae 1256, 2.

Danubius fluv. 1237, 28, 29, 30 ; 1242, 138 ; 1249, 383 ; 1255, 613 ; 1270, 526.

Dazlaw posses. terrae 1258, 120.

Debaro de Scala testis 1242, 141.

Debisci Marinus Sergii nob. ragus. 1252, 499.

Dedech terra 1256, 39.

Dedech villa 1242, 168.

Dedomer fil. Volxa posses. terrae 1256, 25.

Dedus comes 1266, 395 ; 1269, 505.

Delfini Jacobus comes ragus. 1247, 328, 330, 332 ; 1248, 339, 362, 365 ; 1249, 380, 385, 386, 388, 399, 414 ; 1251, 452 ; 1252, 495.

Delphinus Johannes comes iadr. 1254, 573.

Demetrius archidiac. borsiensis testis 1265, 352.

Demetrius archidiac. strigoniensis testis 366, 1266.

Demetrius comes bodrog. 1238, 50.

Demetrius comes csanad. 1238, 50 ; 1241, 136.

Demetrius comes moson. 1242, 148.

Demetrius de gen. Aba 1271, 595.

Demetrius de gen. Aba mag. dapifer. ducal. 1240, 102, 103, 104, 125.

Demetrius de gen. Aba comes (mem. eius) 1246, 306 ; 1248, 367.

Demetrius fil. Laurentii de Bešenovo 1253, 539.

Demetrius fil. Predrag posses. terrae 1256, 44.

Demetrius iudex aulae regiae 1243, 192 ; 1244, 225, 233, 255 ; 1245, 276 ; 1246, 308.

Demetrius posses. terrae 1250, 418.

Demetrius praep. alb. et vicecancel. rag. 1269, 496, 504, 507, 508, 509 ; 1270, 535, 536, 538, 540.

Deminch terra 1255, 618.

Denisztur (= Dnjestar) fluvius 1248, 352.

Deodatus abbas (mem. eius) 1238, 51.

Deodatus diac. vegl. 1239, 87, 88.

Deodatus episc. de Kotor 1247, 326.

Deodatus vicarius ragus. 1243, 212.

Derekche locus 1267, 447.

Derinemty (= Nijemci ?) posses. 1248, 381.

Ders posses. terrae 1257, 72.

Derse fil. Iuani de Vale posses. terrae 1250, 426.

Desa abbas 1242, 155.

Desa canon. spalat. 1249, 389.

Desa cleric. spalat. 1237, 22.

Desa clericus tragur. 1254, 553.

Desa Kasarizze procur. tragur. 1248, 337.

Desa Corbi canon. spal. 1248, 373.

Desa Cuteo posses. terrae 1255, 587, 588.

Desa de Mira testis 1240, 100.

Desa de Piciga rector tragur. 1239, 80 ; 1241, 127.

Desa de Roçe testis 1247, 322.

Desa Ivani procurator spalatensis 1248, 373.

Desa Luce nob. tragur. 1236, 12.

Desa Michaelis nob. spal. 1242, 155 ; 1245, 271 ; 1248, 373 ; 1254, 571 ; 1255, 587, 588 ; 1257, 56.

Desa Michaelis testis 1251, 453 ; 1252, 510.

Desa mulier Chodomiri 1264, 297.

Desa Pizike posses. domus 1249, 377.

Desa presb. spalat. 1238, 51.

Desa Syriçi testis 1255, 588.

Desača filia Dabrane Vodevari relicta Michaelis 1241, 127.

Desača fil. Gregorii abbatissa tragur. 1246, 288.

Desača posses. terrae 1259, 123.

Desavčić Hrela 1249, 415.

Desco filii posses. terrae 1259, 134.

Desco nob. de Omiš 1245, 268.

Descha terra 1256, 40, 41 ; 1265, 358.

Deschen fluv. 1256, 38.
Descyla posses. terrae 1248, 344.
Descyn posses. terrae (mem. eius) 1244, 230, 231.
Descin filii posses. terrae 1265, 335.
Dese Duimus exam. spalat. 1258, 97.
Dese Lucas nob. spal. 1270, 549.
Dese Matheus testis 1262, 213.
Dese Nicolaus nob. spalat. 1256, 3, 6 ; 1260, 164.
Desen comes de Kotor 1257, 77.
Dešice fil. Vukoje posses. terrae 1246, 309.
Dešice Lampredius nob. spalat 1256, 6.
Desiderius archidiac. de Baranya 1239, 81.
Desiderius monachus 1264, 292.
Desidrug posses. salin. 1237, 35.
Designa fil. Dane testis 1237 26.
Desinja prebst. 1251, 445.
Desivoj fil. Vite Monachari posses. vineae 1240, 120.
Desivoj posses. vineae 1240 105.
Desnicha fluv. 1256, 36.
Desnicha rivul. 1256, 32.
Desnicha terra 1257, 74.
Desnicha vallis 1256, 38.
Dessegna de Birfi testis 1249, 393, 394.
Dessegna (= Dešen, Desinja ?) fil. Basseli posses. terrae 1252, 511.
Desseni filii posses. terrae 1264, 317.
Dessici Hranislav testis 1268, 458.
Dessimir Usoreç posses. terrae 1236, 5.
Destywoy Kuta aqua 1250, 436.
Detcha rivul. 1256, 29.
Detricus comes 1248, 344.
Detricus comes de Györ 1251, 466, 467, 470, 471.
Detricus comes zgrb. 1268, 460 ; 1269, 488.
Detricus fil. Mathaei comes 1243, 190, 191.
Detricus posses. terrae 1246, 309.
Detricus posses. terrae 1266, 416.
Devecher filii posses. terrae 1246, 303, 304, 1255, 610.
Dyacou v. Djakovo.
Dyana de Garić filii posses. terrae 1263, 281.

Dyana de Garig (= Garić) posses. terrae 1250, 438.
Diatricus testis 1271, 586.
Dyccoy cler. 1266, 399.
Diklo (Diculi) terra 1242, 164 ; 1243, 202.
Dilato v. Vlačine.
Dimigna Gambetta iudex arb. 1251, 456, 472.
Dimigna Marandul nob. arben. 1237, 26.
Dimigna nob. arb. 1237, 26.
Dimince Bratco testis 1268, 458.
Dimince Clopoto testis 1240, 117.
Dimince frater Predo testis 1240, 117.
Diminçe Selan posses. terrae 1236, 5.
Dimlnice Valage nob. arb. 1237, 26 ; 1238, 56.
Dimincia filia Boni scutiferi 1266, 367.
Dimino de Riga'e testis 1249, 402; 1250, 416.
Diminus Sançadeo posses. terrae 1239, 75.
Dimintius clericus 1240, 101.
Dimitrius de Mence nob. ragus. 1246, 290, 1251, 458 ; 1254, 573 ; 1255, 599, 600 ; 1257, 57 ; 1262, 237, 239.
Dimitrius monach. 1239, 89.
Dimnoslav fil. Hranci pristaldus 1245, 277.
Dionisius banus et dux tot. Slav. 1241, 136 ; 1242, 148, 152, 163, 167, 170, 172, 176, 178, 185, 186, 1243, 192 ; 1244, 225, 230, 231, 233, 235, 241, 242, 247, 250, 255, 256, 258, 265 ; 1245, 272, 275, 276 ; 1246, 303 ; men. eius : 1248, 353 ; 1257, 53 ; 1259, 132 ; 1266, 403.
Dionisius cancel. pincer. reg. 1270, 560.
Dionisius comes 1266, 415.
Dyonisius comes de Sirmia 1266, 369.
Dionisius comes de Szolnok 1251, 466, 467, 470, 471 ; 1258, 106.
Dionisius comes de Zala 1268, 477, 480.

Dionisius epis. iaur. 1270, 548, 566 ; 1271, 595, 607, 608 ; 1272, 625, 626, 627, 628, 629, 631, 635, 638, 640.

Dionisius mag. agaz. 1238, 50.

Dyonisius palat. regis Andreae secundi 1237, 30.

Dionisius palat. regis Belae IV. 1238, 49, 50 ; 1245, 286 ; 1248, 353.

Dionisius posses. terrae 1263, 266.

Dionisius serviens reginae 1270, 538.

Dyrrachium civit. 1242, 186, 187, 188 ; 1248, 334 ; 1249, 396 ; 1256, 1, 2.

Dirsemirus (= Držimir) de Orsaro potestas Tragur. 1247-1244, 179.

Disislav de genere Mogorović 1253, 522.

Disnicha rivul. 1256, 29.

Disnicha terra 1256, 29.

Ditigus diacon. tragur. 1255, 288.

Dyuindedra (?) terra 1269, 504.

Divuli pascua 1242, 148.

Djakovo (Dyacou) locus 1244, 237, 238; 1252, 494.

Djedomir knez 1247, 314.

Dmitr Menčetić nob. ragus. testis 1254, 559.

Dobcha filii de genere Aga 1242, 175 ; 1266 404.

Dobycha v. Dubica.

Doboka fluv. 1264, 321.

Dobony terra 1259, 151.

Dobouch fluv. 1265, 338.

Dobouch (= Dobovac ?) fluv. 1246, 310.

Dobouch locus 1269 504.

Dobouch (= Dubovac ?) potok 1259, 150.

Dobouch (= Dubovac ?) terra 1238 71.

Dobouch (= Dubovac ?) terra 1259, 149.

Dobow gurni meta 1242, 177.

Dobra locus 1260, 180.

Dobrača mulier testis 1239, 76.

Dobraslaus Hranane (= Ranane) nob. ragus. 1244, 223.

Dobrasolis Marinus nob. ragus. 1254, 555.

Dobre de Benie testis 1240, 100.

Dobre de Menze nob. trag. 1239, 86.

Dobre Dušice testis 1251, 454.

Dobre Dušice examinator spalat. 1252, 510.

Dobre Micacius posses. terrae 1237, 23.

Dobre magister 1237, 8, 26.

Dobre magister testis 1243, 207.

Dobren frat. Prioslavi posses. terrae 1252, 505.

Dobren magister iadr. 1243, 189.

Dobren notar. šiben. 1263, 248.

Dobrete locus 1271, 589.

Dobryn fons 1262, 239.

Dobroy de Carlia testis 1238, 59.

Dobrochna testis 1241, 134.

Dobrolec flor. 1260, 181.

Dobromir posses. terrae 1249, 411.

Dobromirić Bogdan testis 1249, 415.

Dobronech mons 1262, 240.

Dobrosig terra 1237, 40.

Dobroslav posses. terrae 1259, 148.

Dobroslavus Ranane nob. ragus. 1249, 381 ; 1253, 542 ; 1254, 548, 554, 555, 559, 562, 567 ; 1255, 606, 611, 612 ; 1256, 8 ; 1261, 194 ; 1262, 225 ; 1265, 353.

Dobroslav Rastii nobilis ragusinus 1243, 212.

Dobrosti posses. domus 1270, 567.

Dobroš de Krajina testis 1262, 234.

Dobrović Petrona nob. rag. 1253, 532.

Dobroxa de Lamozanino (= Dlamočanin ?) testis 1240, 117.

Dobrus civis spalat. 1265, 357.

Dognanis (= Doganić) nob. gener. vegl. 1248, 357.

Dolboka (= Duboka) aqua 1249, 411.

Dolec terra 1240, 121.

Dolych fons 1249, 403.

Doluch locus 1268, 472.

Doluk locus 1240, 124.

Domachi rivul. 1257, 73.

Domagna presb. 1252, 522.

Domaldus comes 1238, 51 ; 1239, 80, 85 ; 1242, 155, 1243, 205 ; 1249, 383 ; 1251, 467.

Domaldus de Martinusso iudex arb. 1251, 456.

Domald (Damald) fil. Wogsa posses. terrae 1236, 19, 20.

Domana Andreas Ranane nob. ragus.
1236, 1.
Dommana Gnereri nob. ragus. 1245,
284 ; 1246, 290 ; 1257, 57,
1261, 194.
Domana presb. 1257, 50.
Domancha de Quirierio civis ragus.
1252, 499.
Dombo (= Dumbovo?) locus 123 29.
Dombro (= Dubrava) terra 125 111.
Dombro (= Dubrava) terra 1270, 579.
Domdrug posses. terrae 1271, 605.
Domiche Duymus presb. trag. 1267,
451 ; 1271, 618.
Domigne Gambeta testis 1251, 451.
Domincia uxor Petri Dronković
1256, 14.
Dominicus abbas lacrom. 1252, 522.
Dominicus Busso cler. 1241, 132.
Dominicus capel. spal. 1258, 83.
Dominicus comes de Križevci et
vicebanus 1249, 397.
Dominicus comes de Zemplin 1263,
264.
Dominicus episc. de Kotor 1270, 581.
Dominicus fil. Abraam iobagio
1254, 548.
Dominicus fil. Slagotheni civis iadr.
1263, 254, 255.
Dominicus Francus archiep. iadr.
1238, 59 ; 1239, 82 ; 1240, 99,
105, 113, 115, 455 ; 1242, 142 ;
1243, 189 ; 1244, 260, 261 ;
mem. eius: 1245, 267 ; 1248,
347.
Dominicus magist. tavarnic. 1238, 50.
Dominicus Nasinvera civis albon.
1237, 36.
Dominicus presb. spal. 1237, 22.
Dominicus Sedrica civis albonensis
1237, 36.
Dominicus vicecomes albon. 1237, 36.
Dompnus Marcus testis 1271, 587.
Donat terra 1239, 74.
Donatus cler. spal. 1251, 446.
Donatus exam. tragur. 1238, 58 ;
1239, 80 ; 1241, 127.
Donatus Grecci civis venet. 1240, 108.
Donatus monach. iadrensis 1248,
359, 363.
Donatus Philippus consil. iadr. 1245,
267 ; 1254, 573.

Donatus presb. 1238, 62.
Donatus presb. et notar. venet.
1241, 133 ; 1242, 162, 169.
Donatević Matija nobilis ragusinus
1253, 532.
Donatević Prugl nob. rag. 1253, 532.
Donoch fluv. 1248, 375.
Dopniza abbatissa 1270, 531.
Draas posses. terrae 1258, 85 ;
1268, 466.
Draga abbatissa 1263, 250.
Draga coniux Domince Prvoš 1257, 69
Draga filia Dracxin posses. terrae
1254, 571.
Draga filia Maxi de Mamosto mo-
nialis 1260, 172.
Draga Horoguenizza vallis 1249, 392.
Draga St. Grisogoni locus 1248,
363 ; 1251, 440 ; 1252, 505.
Dragan de Omiš testis 1267, 420 ;
1268, 456.
Dragan posses. terrae 1252, 485.
Dragan posses. vineae 1249, 405.
Dragani fil. Myculae' posses. terrae
1270, 575.
Draganić Pribislav posses. terrae
1259, 134.
Draganić (Draguan) vallis 1249, 407.
Dragehna filia Dobre Ladobeli posses.
terrae 1258, 103.
Dragnić Ivan posses. terrae testis
1271, 586.
Dragnić Radovan posses. terrae
1271, 586.
Drago civis spalat. 1249, 389.
Drago episc. arben. (mem. eius)
1251, 478.
Dragočina Primogović nob. Croata
1238, 47.
Dragoy fil. Drasegne posses. terrae
1236, 5.
Dragoych fluv. 1256, 33.
Dragyna posses. domus 1244, 232.
Dragomir posses. terrae 1236, 5.
Dragomir missus Uroši regis Serviae
1239, 77.
Dragona Marcus iudex albanensis
1237, 36.
Dragona testis 1262, 234.
Dragones mons 1249, 406.
Dragonigus de Vinogrado satnik
1248, 355.

Dragonis Basilius nob. de Kotor 1270, 554.

Dragonis Basilius nob. rag. 1268, 459.

Dragoš filii posses. terrae 1245, 270.

Dragoš fi¹. Zdezlay posses. terrae 1256, 25.

Dragoš filius Putisse posses. terrae 1236, 5.

Dragoš Primogović nob. Croata 1238, 47.

Dragosius Ragusinus testis 1236, 8.

Dragoslav de Vrana posses. vineae 1266, 398.

Dragoslav fil. Oltre Kačić posses. terrae 1238, 46 ; 1240, 106, 116, 117.

Dragoslav Pastorak testis 1242, 142.

Dragoslav posses. terrae 1250, 417.

Dragota fil. Dezk posses. terrae 1262, 242.

Dragota fil. Dragan posses. terrae 1256, 44.

Dragotin de Damiano nob. almis. 1239, 78.

Dragotini Stojan testis 1262, 234.

Dragovan fil. Cernoti posses. terrae 1243, 209.

Dragovan Preuidik testis 1240, 117.

Dragouan testis 1240, 102.

Dragovina fil. quond. Dobreni Moysce posses. terrae 1249, 385.

Dragsan (= Dražani ?) posses. terrae 1256, 45 ; 1259, 143.

Draguch posses. terrae 1256, 41.

Dragus Arcerus testis 1252, 510.

Dragus canon. tragur. 1246, 300 ; 1248, 337 ; 1254, 553.

Dragus Çapaçapa posses. vineae 1243, 184.

Dragus Laurentii examinator spalatensis 1251, 454.

Dragus Stephani testis 1250, 428.

Dragus Turerii exam. spal. 1251, 446, 449.

Draguila (= Dragojlo) de genere Grobić, posses. terrae 1260, 163.

Draguzlay generatio 1257, 51.

Dragvila posses. terrae 1244, 265.

Dragvin fluv. 1240, 124.

Drayn hospes 1255, 597.

Drayn terra 1255, 597.

Dras possessor terrae 1259, 149 ; 1263, 282.

Drasch villa 1250, 432 , 592 ; 1256, 28.

Drask filii posses. terrae 1267, 439.

Drask fi¹. Gyurk posses. terrae 1270, 557.

Draseç frater Diminçe posses. terrae 1236, 5.

Drasiena locus 1238, 58.

Drasigna Mathesse nob. arb. 1237, 26.

Drasillus Bolienesik uxor Bellae 1237, 21.

Drasimer filii possessores terrae 1252, 516.

Drasimiri Vitus possessor domus 1270, 567.

Drasina Gribaueç posses. terrae 1236, 5.

Drasmer posses. terrae 1264, 295.

Drasnik (= Drežnik) comitatus 1253, 540.

Draso filii posses. terrae 1257, 61.

Drauch terra 1239, 74.

Drava fluv. 1237, 40 ; 1238, 49 ; 1239, 78, 79, 96 ; 1240, 123 ; 1242, 166 ; 1244, 250, 251, 261 ; 1245, 274, 280 ; 1248: 353, 375 ; 1251, 474 ; 1252, 490 ; 1254, 548 ; 1255, 593, 594, 596, 609 ; 1256, 8, 22, 24, 42, 48 ; 1258, 104, 116 ; 1259. 142 ; 1260, 186 ; 1261, 198 ; 1263, 258 ; 1264, 316 ; 1265, 336 ; 1267, 436, 447 ; 1269, 497 ; 1270, 533, 539, 559, 561 ; 1271, 590 595 ; 1272, 641.

Draže (Drassen) praepos. 1238, 47.

Drazimier generationis Ladihorić (Babonić) 1243, 182.

Dražina Stanošević posses. terrae 1267, 426.

Dražinja Falicaticius nobilis iadrensis 1239, 91.

Drenčina terra 1244, 263.

Drenova draga 1253, 535.

Dresnuk fluv. 1261, 201.

Drid praedium 1246, 288; 1266, 380.

Drina fluv. 1253, 531.

Drinus rivulus 1257, 63.

Drisa lector zgrb. 1268, 463.

Drochos civis iadr. 1258, 90.

Drokaleuz terra 1249, 405.

Dronković Petrus civis iadr. 1256, 14.

Drugan fil. Baylatha posses. terrae 1239, 89.

Drugan fil. Laztych posses. terrae 1270, 557.

Drugan posses. terrae 1264, 320.

Drugosay locus 1243, 202.

Drugović Radoje testis 1249, 387.

Drusk posses. terrąe 1257, 63.

Drusco posses. terrae 1257, 55.

Drusen genus 1262, 242.

Družak iobagio 1251, 475.

Držimir knez 1247, 314.

Držimir potest. tragur. 1243, 205.

Drživoj (Dersiuoy) genus 1244, 231 ; 1266, 363.

Drživoji fil. Skorona posses. terrae 1246, 309.

Dubica (Dobicha) castrum, forum et comitatus 1239, 81 ; 1240, 121, 122 ; 1244, 264 ; 1249, 411 ; 1255, 612, 613 ; 1256, 9 ; 1258, 99 ; 1269, 510 ; 1270, 581.

Dublanin nomen viri 1253, 546.

Dubluzca (= Duplichka ?) terra 1245, 285.

Duboch potok 1268, 466.

Dubocel Bogdacius testis 1262, 234.

Dubovik locus 1250, 425.

Dubravski fons 1253, 537.

Dubrovac locus 1266, 380.

Dubza locus 1263, 264.

Dudvag fluv. 1271, 597, 609.

Duymi Desa exam. trag. 1267, 441.

Duymi Michacus testis 1271, 584.

Duymi Nicolaus nob. spal. 1256, 4 ; 1258, 86 ; 1260, 164 ; 1261, 199 ; 1262, 212.

Duimus Diacobo testis 1243, 207.

Duymus fil. Mariae posses. terrąe 1250, 428.

Duimus fil. Vučine testis. 1243, 209.

Duimus Formini nob. spalat. 1239, 86 ; 1240, 113 ; 1243, 196 : 1245, 271 ; 1247, 327 ; 1248, 347, 374.

Duimus nob. arb. 1237, 26.

Duimus de Costre nob. arb. 1237, 26.

Duymus Muriga nobilis spalatensis 1251, 449.

Duimus archidiac. spal. 1268, 471 ; 1269, 494.

Duimus Kassari nob. spalat. 1243, 196 ; 1251, 446, 449, 453, 454 ; 1256, 3, 6.

Duymus canon. spal. 1267, 430.

Dulcinium (= Ulcinj) civit. 1242, 149, 150, 155, 156, 157 ; 1251, 445.

Dulebzka fluv. 1244, 224.

Dulga terra 1262, 228.

Dulipčka (Dulypchka) terra 1244, 242, 243 ; 1270, 577.

Dumbrau (= Dubrava ?) locus 1238, 72.

Dumbro locus 1248, 375.

Dumbrou locus 1269, 488.

Dumincia heremita 1256, 23.

Dumini Bartholomaeus civis arb. 1261, 191.

Dursan fil. Rack posses. terrae 1258, 112.

Dursizlaus posses. terrae 1266, 396.

Durugcha genus 1270, 545.

Dušice Dobre exam. spalat. 1256, 4 ; 1257, 56, 58 ; 1258, 103, 107 ; 1259, 121 ; 1266, 367, 378; 1268, 469, 470; 1269, 494; 1271, 582, 583, 587 ; 1272, 632.

Dušice Gauzina posses. terrae 1271, 583.

Dušice Johannes nob. spal. 1270, 549.

Dušice Petri testis 1258, 87.

Dušice Thomas exam. splt. 1265, 344 ; 1267, 427.

Dus villa 1248, 375.

Dvorchenicha terra 1249, 405.

E.

Ebres silva 1248, 376.
Ebris posses. terrae 1258, 118.
Ebrys via 1254, 549.
Ebrisk posses. terrae 1256, 28.
Ebsev fluv. 1247, 312.
Ebus terra 1236, 19.
Ekch fil. Ekch comes 1248, 371.
Ecoy comes de Varaždin 1248, 367.
Ega de Griax civis alban. 1237, 36.
Egidii filii posses. terrae 1252, 521.
Egidii insula 1257, 64; 1259, 126, 139.
Egidius comes 1271, 597.
Egidius fil. Berizlai posses. terrae 1270, 543.
Egydius magist. tavern. 1270, 548, 561, 566 ; 1271, 595, 607.
Egidius fil. Egidii posses. terrae 1251, 525.
Egidius officialis 1256, 47.
Egidius presb. 1252, 484.
Egidius Quiriuus comes rag. 1259, 122 ; 1260, 157.
Egyptum terra 1236, 11.
Egiuthko posses. terrae 1239, 79.
Egizia fil. Simeonis bani monialis 1241, 137.
Egyvtkv Welchyk praed. 1239, 96.
Egukj iobagio 1240, 122.
Egun puteus 1257, 73.
Ehelleum de Gumba homo regius 1263, 264.
Ehnech fluv. 1259, 133.
Eynardus mag. agaz. 1257, 80.
Elek nob. vir 1259, 141.
Elenoa Greda (= Babina greda ?) locus 1244, 237.
Elex pristaldus 1258, 112.
Elia de Kamarcha comes 1268, 482.
Elia fil. Stavlen posses. terrae 1269, 514
Elia posses. terrae 1266, 412.
Elyas castrensis požeganus 1250, 434.
Elyas fil. Bogdan posses. terrae 1264, 319.
Elias fil. Laurentii posses. terrae 1244, 250.
Elias villa 1269, 509.
Elias Viviani canon. rag. 1257, 50.
Elie comitis Gregorius nob. iadr. 1267, 446.
Elisabetha filia regis Belae 1259, 132.

Elisabet relicta Demetrii posses. terrae 1259, 149.
Elsua posses. 1271, 590.
Emericus comes vegl. (mem. eius) 1248, 358.
Emericus (Aimericus, Henricus) rex Hung. et Croat. (memoria eius) 1236, 2 ; 1238, 48 ; 1241, 136 ; 1252, 515 ; 1256, 9 ; 1269, 514.
Emericus sacerdos 1255, 595.
Emsa knez 1246, 289.
Enardus comes de Vukovar 1246, 289.
Endere villa 1256, 47.
Endre comitis filii posses. terrae 1257, 80 ; 1270, 574.
Endre filii posses. terrae 1256, 25 ; 1259, 151 ; 1262, 229 ; 1266, 408 ; 1267, 424.
Endrey posses. terrae 1236, 19.
Endre fil. Marci posses. terrae 1262, 239.
Endre fil. Petri comes 1244, 242.
Endre fil. Petri fideiucsor 1242, 170.
Endre fil. Petri possessor terrae 1245, 285.
Endre genus 1265, 331.
Endre posses. terrae 1242, 175, 1257, 71 ; 1266, 404.
Endrich comes terres. 1266, 392, 409.
Enganator portus 1253, 542.
Enud fil. Theodori posses. terrae 1250, 418.
Epitavr civit. 1253, 531.
Eppo Azonis de Bonsante capit. de Pirano 1270, 549.
Equilinus archipresb. 1264, 306.
Equus locus 1243, 203.
Erachous flum. 1245, 285.
Erdeol villa 1237, 28.
Erne comes de Varaždin 1251, 463, 464.
Ernei mag. posses. terrae 1270, 536.
Erney prepos. 1270, 575.
Erney villicus 1244, 264.
Ernerius (vice)banus 1267, 431 ; 1270, 569.
Eventius canon. zgrb. 1264, 285, 287, 288.
Ezen comes curialis 1244, 261.
Ezdench v. Zdenci.

F.

Fabianus canon. nonen. 1253, 535.

Fabianus comes 7grb. 1261, 200 ;
    1262, 229 ; 1263, 260, 261 ;
    1268, 460.

Fabianus homo regius 1237 40.

Falco testis 1241, 134.

Fano civit. ital. 1249, 395, 396.

Farcas filii posses. terrae 1251, 464.

Farcasius comes 1258, 114; 1265, 347.

Farcasius comes de Moson 12 0, 567.

Farcasius de Zagoria testis 1242,
    170 ; 1254, 549.

Farcasius fil. Beca posses. terrae
    1237, 44.

Farcasius fil. Cebze posses. vineae
    1237, 42 ; 1244, 253.

Farcasius fil. Daciani posses. terrae
    1270, 565.

Farcasius fil. Isov posses. terrae
    1249, 397, 413 ; 1254, 578 ;
    1269, 504.

Farcasius fil. Thomae de Zagoria
    1247, 316.

Farcasius fil. Tolomerii nob. vir. 1265,
    1265, 329 ; 1269, 487.

Farcasius fil. W kyna posses. terrae
    1258, 99.

Farcasius praepos. quinqueecclesiensis
    1239, 74, 81 ; 1240, 120 ; 1243,
    203 ; 1244, 214 ; 1248, 376 ;
    1250, 418 ; 1251, 446.

Farcasius vicecancel. reg. 1260, 174,
    178, 180 ; 1262, 236, 1263, 246,
    258, 259, 261, 262, 263,, 266,
    267, 278 ; 1264, 295, 310, 323 ;
    1265, 330, 334, 348, 351, 352 ;
    1266, 374, 404, 410 ; 1267, 424,
    436, 447, 452, 453 ; 1268, 476,
    483.

Faria insula v. Hvar.

Federicus comes de Vegla 1257, 66.
    v. Feldericus, Fridericus.

Fekete pristaldus 1258, 120.

Feketew mons 1256, 13.

Feketewnep terra 1272, 624.

Feketeuhalm (= Fekete halom, Crni
    hum) locus 1270, 569.

Feldricus (= Fridericus) comes de
    Vegla 1260, 174, 178, 179.

Feldrycus v. Fridericus.

Felicianus praep. coloc. 1259, 133.

Fermo (Firmo) civitas 1237, 37 ;
    1246, 300, 301, 302, 303 ; 1247,
    320, 321 ; 1256, 7, 11.

Ferrara civit. 1252, 488.

Ferro Marcus testis 1253, 545.

Ferro Petriço de, examinator iadren-
    sis 1258, 92.

Fertes vallis 1268, 461.

Fertesew locus 1250, 434.

Figasolo posses. terrae 1261, 189.

Figliolo Kalenda testis 1253, 545.

Fila (Phyla) prepositus zagrb. 1236,
    20 ; 1237, 41, 42 ; 1239, 74 ;
    1240, 104, 125 ; 1242, 160, 161,
    178 ; 1243, 210 ; 1244, 235,
    244, 247, 253, 254, 262 ; 1245,
    285 ; 1247 323, 325 ; 1249,
    381, 382, 414 ; 1251, 447.

Filaria filia Lampridii de Stemlozo
    1259, 127.

Filippa uxor Filippi Delfini nob.
    venet. 1241, 132, 133.

Filippus Donatus nobilis venetus
    1254, 573.

Filolus nob. arb. 1237, 26.

Florianus frat. praed. ragus. 1252,
    500, 506.

Florianus posses. terrae 1243, 209.

Florianus testis 1236, 19.

Fonch iobag. 1251, 447.

Forcosyulese villa 1270, 570.

Formini Duimus nob. spalat. 1245,
    271 ; 1247, 327 ; 1248, 347, 374.

Formini Nicolaus Duimus nob. spal.
    1258, 83.

Formino di Feste nob. spal. 1238,
    48 ; 1239, 86 ; 1242, 155 ; 1248,
    347 ; 1250, 428.

Forte Petriço de, nob. iadr. 1239,
    82, 83 ; 1258, 94.

Fosco Lucarus de, nobilis ragusinus
    1268, 459.

Franç Simon nepos Cocorini nob.
    arb. 1237, 26.

Franciscus notarius spalatensis 1271,
    584, 591.

Franciscus fil. Nicolai Tanaligo cler.
    1264, 296.

Franciscus subdiac. iadr. 1242, 143.

Franco Dominicus archiep. iadr. (mem. eius) 1240, 455 ; 1245, 267 ; 1248, 347.

Frangepan nob. fam. 1260, 179.

Fridericus comes de Vegla 1242, 144 ; 1248, 355 ; 1251, 443.

Fridericus dux austr. 1270, 547.

Fridericus imp. roman. 1236, 13; 1241, 137; 1244, 217 ; 1246, 292, 300.

Fridericus dux Austriae et Styriae (mem eius) 1255, 608.

Fridericus hospes 1244, 264.

Fridricus comes de Vegla 1270, 580.

Fructuosus episcopus de Vegla 1252, 479.

Fuk rivul. 1257, 72.

Fulcus comes iadr. 1244, 219.

Fulcumarus comes de Kalnik 1253, 543.

Furro possessio 1271, 590.

Fuscarenus Johannes nob. venet. 1248, 357.

Fuscus Binzole nob. rag. 1256, 1 ; 1262, 234 ; 1265, 353.

Fuscus de Grube testis 1251, 451.

Fuscus Fuscana nob. arb. 1237, 26.

Fuscus posses. spalat. 1251, 449.

Furny villa 1237, 28.

G.

G . . . . episc. arb. 1239, 91, 92, 1240, 101.

Gaban de Vegla v. Johannes fil. Guidonis 1271, 612.

Gabrianus posses. terrae 1257, 73.

Gabrianus comes 1270, 557.

Gabriel posses. terare 1257, 54.

Gabriel scriba ducis Venet. 1236, 11.

Gabriel Paulinus cancel. venet. 1247, 328 ; 1248, 352, 1252, 496, 498.

Gacelle Grubco nobilis spalatensis 1267, 448.

Gachelig terra 1263, 246.

Gacka (Gwthka) comitatus 1245, 276, 277 ; 1269, 510.

Gačić Palma nob. rag. 1253, 532.

Gay rivul. 1257, 63.

Gay terra 1260, 182.

Gaislavi Vitale cler. ragus. 1259, 127, 1260, 173.

Galaas v. Glaž.

Galellus Vitus de Cerna examinator 1268, 458.

Galiani Vitale cler. rag. 1259, 128.

Galich castrum 1249, 383.

Gallus episc. ultrasilv. 1247, 326 ; 1251, 466, 467, 469, 471.

Gaman (= Kamen?) lapis 1257, 58.

Gamić Marin nob. rag. 1253, 533.

Gamić Valica nob. rag. 1253, 533.

Gangule Palma nob. rag. 1256, 1 ; 1261, 194.

Gangulić Petar nob. rag. 1253, 532.

Gara (= Gorjan) locus 1256, 5 ; 1263, 265 ; 1269, 491.

Garab posses. terrae 1250, 418.

Garcutto terra 1260, 155.

Gardas comes 1257, 62.

Gardun filii Gardun posses. terrae 1260, 184.

Garešnica (Guersenicha) comitatus 1257, 53, 59, 61, 62 ; 71, 73, 74, 76, 1262, 231, 1264, 322 ; 1265, 334, 1269, 510, 1271, 616.

Garešnica (Guersenicha) rivulus 1257, 53.

Garganus de Arscidis potestas spalat. 1239, 84 ; 1240, 105, 112, 119.

Garić (Garyg) castrum, comitatus et locus 1237, 40, 41 ; 1239, 90 ; 1245, 275, 280 ; 1256, 26, 27, 35, 40 ; 1257, 74, 76 ; 1263, 259, 1264, 319, 320 ; 1265, 329, 348, 349, 358 ; 1266, 372, 418.

Garić fluv. 1256, 28, 29, 30, 33, 37, 39.

Garić mons. 1257, 54, 60, 74.

Garyg v. Garić.

Garigfeu terra 1263, 259 ; 1266, 372, 373.

Garmyth (= Grmić ?) magnus mons 1253, 537.

Gataldi Bistio nob. ragus. 1247, 318.

Gatk posses. terrae 1263, 265.

Gaucinna Sestre nob. arb. 1237, 26.

Gaudii Marinus nob. spal. 1267, 448, 1269, 494.

Gaudius Jone possessor terrae 1250, 428.

Gaudius Sandalehi testis 1251, 454,

Gaufridus elect. antibar. 1253, 524.

Gausinna notar. et primic. ragus. 1237, 24 ; 1238, 47 ; 1242, 154 ; 1243, 197, 199, 1245, '278' 1246, 287, 288, 300, 1248, 337, 1249, 385, 1254, 553.

Gausinia Andreas fil. Petri de Saronia testis 1253, 545.

Gausoni A. admin. archiep. rag. 1270, 531.

Gausoni Andreas canon. padov. 1269, 490.

Goeterna mlaka 1265, 350.

Geminianus plebanus St. Guidonis 1248, 364.

Geminianus primic. iadr. 1260, 159.

Gemizina generationis Babonić 1242, 182.

Gemizina filius Ratha pristaldus 1252, 519.

Gencus sacer. titul. 1237, 44.

Geno Raynerius nob. venet. 1247, 328, 1248, 372, 373.

Geno Rainerius dux Venet. 1256, 23 ; 1257, 69 ; 1258, 91, 1259, 130, 134, 136, 137, 1260, 153, 1261, 187, 189, 190 ; 1262, 236, 1264, 299, 307, 317 ; 1265, 333, 339 ; 1265, 345, 357 ; 1266, 368, 374, 386, 388, 397, 399, 407. 407 ; 1267, 420, 437, 1268, 456, 457, 464.

Georgii Desa nob. tragur. 1259, 121.

Georgii Marsilius comes ragus. 1252, 501, 508, 1253, 528, 532, 534, 542, 545 ; 1254, 547, 554, 555.

Georgio Matheus de, nob. iadr. 1256, 23.

Georgius abbas St. Georgii de Kotor 1247, 326.

Georgius archipresb'ter dulcinensis 1242, 156.

Georgius Brauarius possess. terrae 1236, 7.

Georgius canon. tragur. 1246, 300 ; 1248, 337.

Georgius comes de Križevci 1252, 491 ; 1253, 537.

Georgius comes zalad. 1244, 261.

Georgius de Lapčan de Crino iupanus 1238, 59.

Georgius de Vallaga testis 1251, 456.

Georgius de Vegla testis 1254, 573.

Georgius fil. Chonk posses. terrae 1258, 111.

Georgius fil. Devecher posses. terrae 1244, 248.

Georgius fil. Lucae comes 1244, 251 ; 1248, 354 ; 1256, 17.

Georgius fil. Maladyn posses. terrae 1258, 99.

Georgius fil. Mathae posses. terrae 1249, 390.

Georgius fil. Mauricii comes 1263, 269.

Georgius fil. Stançe posses. terrae 1238, 46.

Georgius fil. Zeztup posses. terrae 1258, 99.

Georgius frater vicebani Jakša 1238, 71.

Georgius posses. domus 1251, 451.

Georgius posses. terrae 1261, 198,

Georgius princeps Diocliae 1242. 149, 150.

Georgius rex Serviae (mem. eius) 1250, 423, 424.

Georgius Sazine posses. vineae 1240, 105.

Georgius vicecomes de Požega 1263, 282.

Gerak pataka aqua 1250, 435.

Gerardus vicepraeceptor 1266, 369.

Gerce comitatus 1261, 203.

Gerdislav posses. terrae 1259, 143.

Gergeu terra 1263, 280.

Gergyen terra 1266, 387.

Germanus Purnos fil. Sabacii Male 1237, 31.

Gertaue; Radoslav posses. terrae 1257, 69.

Gervasii comitis Martinusius nob. ragus. 1236, 1 ; 1237, 32, 33, 1242, 141, 172 ; 1243, 196.

Gervasius cler. ragus. 1247, 314.

Gervasius comes ragus. (memoria eius) 1237, 27.

Gervasius Damiani Bocinoli nob. ragus. 1249, 380 ; 1252, 498.

Gervasius diacon. tragur. 1255, 601.
Gervasius de Rille posses. terrae 1254, 554.
Gervasius Marini iudex. ragus. 1236, 1.
Gervasius Naymerii nob. ragus. 1238, 52, 62, 1239, 78 ; 1240, 99 ; 1241, 131 ; 1242, 141, 1251, 452, (defun tus).
Gervasius Petri subdiac. 1240, 99.
Gervasius notar. trag. 1257, 66.
Gervasius Petrana canon. ragus. 1257, 50.
Gervasius Petri subdiac. 1242, 149, 151, 157.
Gervasius Petri Teodori civis de Rijeka 1248, 366.
Gervasius primicer. tragur. 1263, 251; 1264, 315; 1267, 442, 451.
Gervasius subdiac. trag. 1248, 337.
Gesahni (?) villa 1256, 14.
Gessa frat. praed. 1259, 124.
Ghilano insula 1265 345.
Giez praedium 1238, 49.
Gige Johannes nobi is de Kotor 1257, 77.
Gyon (= Johannes) comes de Vegla 1266, 378.
Gyous villa 1256, 10.
Györ civit. Javrinum.
Gilanus locus 1256, 23 ; 1260, 165.
Gige Micha diac. et not. 1257, 78 ; 1268, 459.
Gyleth comes tavern. 1258, 84.
Gylety comes 1266, 413.
Gyliani terra 1249, 401 ; 1250, 416.
Gillelmus magis. roman. 1238, 55.
Gyminianus primicer. iadr. 1270, 568.
Ginnane Vulcina testis 1267, 446.
Ginnanus Dragobratte Vranis, nob. arb. 1237, 26.
Ginanus gener Johann's Kiçii 1237, 22.
Girardus frater Mutinensis 1243, 197, 198, 199.
Gyrd fil. Vozb possessor terrae 1269, 514.
Gisle Teodorus nobi'is ragusinus 1243, 212.
Gyulae bani uxor (mem. eius) 1238, 49.
Gjurgje knez 1254, 568.

Gjuro comes 1240—1272, 126.
Giv ch (= Givić) nob. generatio hvarensis 1242, 151, 152.
Glauch fil. Cozma iobag. 1254, 549.
Glavice Drenovečke (Glawycze Drenouchke) monticuli 1253, 537.
Glauniza (= Glavnica) castrum 1259, 151, 1270, 557, 558.
Glavnica fluv. 1256, 13.
Glavnica possessio 1256, 12; 1260, 185.
Glaž (Galaas) castrum 1244, 233.
Gledić Žun nob. rag. 1253, 532.
Gledk posses. vineae 1244, 231.
Glina locus 1242, 167, 168.
Glyna fluvius 1259, 144.
Globauchench locus 1269, 522.
Globlacamaca terra 1256, 26.
Globog (= Glibok?) rivul. 1257, 63.
Globucus (= Gliboki) rivus 1236, 20.
Globusci aqua 1236, 20.
Glogoncha (= Glogovnica) aqua 1244, 225.
Glogonchiz fluv. 1249, 403.
Glogovee fluv. 1257, 72.
Glogovnica fluv. 1244, 232; 1253, 537.
Glogovnica locus 1240, 109 ; 1245, 278 ; 1252, 491.
Glonnycha (= Glogovnica ?) fluv. 1262, 232.
Glosnauich potok 1261, 201.
Godole Micha possessor vineae testis 1264, 293.
Goganus iudex 1268, 481.
Goiden comes 1236, 20.
Goislav Vrusić nob. rag. 1254, 559.
Gojslava uxor Petri Tunii 1257, 70.
Gojslavi Bogdanus nob. ragus. 1236, 1.
Gojslavi Jacobus Andreas nob. rag. 1240, 104, 109, 111, 119 ; 1242, 150, 151, 1245, 284, 1246, 290.
Gojslavi Rosinus nob. ragus. 1243, 205, 1244, 241 (falso Bosinus) 1247, 330, 332, 1248, 365, 1249, 399 ; 1251, 452, 458 ; 1255, 606, 612 ; 1256, 8.
Gojslavić Andrija nob. rag. 1253, 532.
Goyslavo Petrus Bogdani de, nob. ragus. 1246, 290.
Goislavus Theodori Crosii nob. rag. 1238, 89 ; 1242, 140, 149, 151, 160 ; 1245, 269, 283 ; 1246, 305 ; 1247, 328, 331, 1248,

339 ; 1249, 381, 399 ; 1251,
448, 452 ; 1252, 481, 495, 498,
502, 503, 508 ; 1254, 572, 1255,
600 ; 1258, 95 ; 1261, 194.
Golgoha praedium 1258, 94.
Golgoa posses. 1248, 369. ‹
Golgouch (= G'ogovac ?) rivul.
Go'ob.ć (Go'obich) rivul. 1251, 464.
1257, 61.
Golobug rivulus 1257, 54.
Gomellica terra 1265, 333.
Gomilane possessio 1258, 102.
Gomilice terra 1268, 470.
Gondola (croat. Gundulić) Grubeša
nob. ragus. 1236, 1; 1237, 32,
33 ; 1238, 62, 64, 1242, 141,
150, 172 ; 1243, 212, 1244, 223,
227, 1246, 305, 1247, 328, 332 ;
1251, 460, 1252, 484, 498, 499,
502, 1253, 522, 532, 542; 1254.
548, 554, 555, 561, 562, 567;
1255, 606, 612; 12:6, 8.
Gondola Vali de, nob. ragus. 1240,
99 ; 1243, 200, 201.
Gora (Guora) castrum et comitatus
1242, 167, 168 ; 1244, 263 ;
1256, 43 ; 1266, 405.
Gora locus 1255, 608, 1259, 143.
Gora (= Gorjani ?) terra 1244, 238.
Gorbonosse (= Grbonos ?) Marinus
testis 1260, 154.
Gord posses. terrae 1256, 35.
Gordislav posses. terrae 1256, 45.
Gordos Curui posses. terrae 1256, 30.
Gordun filii posses. terrae 1260, 182.
Gordus poss. terrae 1256, 32, 34,
36, 38 ; 1257, 74.
Gordoa v. Grdjevac.
Gordwa v. Grdjevac.
Goricha castrum et comit. 1259,
147 ; 1261, 204 ; 1263, 260,
261, 262.
Gorica locus 1245, 276, 277.
Goriwlk fil. Dragubert posses. terrae
1269, 514.
Gorsqui magna via (= Gorski put)
242, 178.
Gorskoyg terra 1244, 225.
Gottifredus card. 1266, 381.
Gozd (= Gvozd) locus (?) 1269, 11.
Gozd (= Gvozd) mons 1243, 182 ;
1251, 444; 1252, 490; 1258, 106.

Goztynch fluv. 1261, 201.
Goztoyg populi castri de Križevci
1268, 476, 477.
Goztomer potok 1266, 388.
Grabravica locus 1266, 388.
Grabre selo locus 1259, 143.
Grabroa vallis 12:6, 40.
Grabro(vo) selo terra 12:6, 45.
Grabroch (= Grabrovik ?) silva
1248, 376.
Grabronicha locus 1242, 165.
Grabrouch potok 1266, 413.
Grabrovnica terra 1249, 408.
Grabrovičane terra 1264, 296.
Gradac villa 1266, 380.
Grade Basilius Pasqua de, nob.
ragus. 1243, 212.
Grade Pasque Johannis nob. rag.
1251, 448, 457, 460, 1252, 498,
499, 502, 1253, 522, 532 ; 1260,
157.
Gradec (Gradyz, mons Grecensis)
iuxta Zagrabiam 1247; 323 ;
1252, 490 ; 1256, 5 ; 1257, 64 ;
1257, 64 ; 1258, 100, 1259, 126,
140 ; 1261, 202 ; 1266, 401,
410 ; 1267, 423 ; 1270, 545.
Gradensis patriarcha 1236, 9.
Gradich mons 1259, 133.
Gradina locus 1253, 535.
Gradinovech locus 1240, 122.
Gradislav Turbić nob. bosn. 1240,
107.
Gradista terra 1257, 61.
Gradiza rivul. 1242, 168.
Gradna flu '. 1242, 16 ; 1251, 442.
Grado civit. 1236, 9.
Graduch mons 1244, 233 ; 1268,
228 ; 1266, 414.
Graho a locus 1251, 469.
Gran (Goron) fluv. 1269, 489.
Granschech terra 1256, 45.
Grassancha terra 1256, 35, 36.
Grassenicha terra 1257, 74.
Gravosa (= Gruž) locus 1255, 610 ;
1265, 353 ; 1270, 523.
Grbalj (Garbagl) locus 1250, 423.
Grbonok (Garbonuk) castrum 1263,
253 ; 1264, 294.
Grbonog fluv. 1268, 483.
Grdoman Sumetic nuntius regis
Serviae 1252, 508.

Grdonich kaznac 1249, 387.

Grdjevac (Gordoa) castrum et comit. 1244, 231 ; 1245, 280 ; 1248, 338, 350.

Grebech terra 1251, 465.

Grebenar terra 1263, 245.

Grebynap villa 1263, 246.

Grech mons libera civit. v. Gradec.

Grecia terra 1250, 433.

Gregen villa 1242, 168.

Gregorius abbas St. Mariae de Mljet 1247, 314 ; 1248, 337.

Gregorius canon. čazm. 1264, 322 ; 1265, 362.

Gregorius clericus. spal. 1251, 449.

Gregorius comes Castri Ferrei 1270, 567.

Gregorius comes, nobil. de Bribir 1251, 467.

Gregorius comes de Rovišće 1265, 338

Gregorius custoš zgrb. 1230, 21 ; 1242, 178 ; 1243, 210 ; 1244, 256, 262 ; 1249, 414.

Gregorius de Costica episc. arb. 1261, 190 ; 1263, 249 ; 1268, 471, 456 ; 1272, 622.

Gregorius de Luca nob. spal. 1239, 86.

Gregorius de Piperna nomen viri 1255, 590.

Gregorius de Zynussa pristaldus 1264, 316.

Gregorius episc. geuriensis 1236, 3 ; 1238, 50 ; 1246, 308.

Gregorius exam iadr. 1256, 14.

Gregorius fil. Abrami posses. terrae 1243, 209.

Gregorius fil. Cleti comitis 1243, 203 ; 1244, 218.

Gregorius fil. Elye comitis nob. šibenic. 1243, 209.

Gregorius fil. Farcasii comitis 1265, 347.

Gregorius fil. Gyrchin iobagio 1240, 122.

Gregorius fil. Grobesa (= Grubeša) comes 1262, 216.

Gregorius fil. Heliae comitis 1249, 385.

Gregorius fil. Iharus posses. terrae 1269, 505.

Gregorius fil. Martin posses. terrae 1244, 251.

Gregorius fil. quond. Steppe 1236, 6, 7, 8 ; 1239, 82.

Gregorius fil. Thomae posses. terrae 1247, 311.

Gregorius fil. Vechezlov (= Večeslav ?) de genere Marc posses. terrae 1244, 263.

Gregorius fil. viduae Stanae 1245, 277.

Gregorius fil. Vulcine testis 1240, 102.

Gregorius frater Jurislavi advocator 1236, 6, 7, 18.

Gregorius Grube nob. spalat. 1243, 196 ; 1245, 271 ; 1248, 347 ; 1249, 394 ; 1255, 588 ; 1256, 7 ; 1257, 56 ; 1258, 103, 107, 1259, 121 ; 1261, 191 ; 1265, 343; 1266, 384; 1267, 426, 447.

Gregorius iudex Cum. et comes 1269, 495, 498.

Gregorius Lamboni testis 1237, 31.

Gregorius magis. diacon. tragur. 1255, 288.

Gregorius mag. tavern. 1271, 595, 607.

Gregorius Nichola Lapčanin posses. terrae 1238, 59.

Gregorius notar. iadr. 1237, 21, 35, 40 ; 1238, 59 ; 1239, 76, 83 ; 1240, 100, 106, 117, 455 ; 1242, 142 ; 1243, 189, 190.

Gregorius notar. spalat. 1247, 322, 327.

Gregorius IX. papa 1236, 1, 3, 13, 15, 17 ; 1238, 54, 55, 56, 63, 64, 65 ; 1239, 77, 84, 93, 94, 95 ; 1240, 99, 113, 114 ; 1241, 128, 129, 135.

Gregorius X. papa 1272, 620, 638.

Gregorius posses. terrae 1243, 209.

Gregorius Sirizi possessor terrae 1240, 120.

Gregorius suᵇdiaconus Albonensis 1237, 36.

Gregorius testis 1257, 23.

Gregorius Viti de Ç... testis 1251, 456.

Greiacov terra 1259, 133.

Gremla (= Grmlje, hodie Kustošija) locus 1242, 175 ; 1266, 404.

Gressevicha (?) castrum 1257, 74.

Gresenicha (= Garešnica ?) terra 1237, 41.

Grimerius Alexii notarius arbensis 1251, 451.

Grisogonus abbas 1238, 56; 1239, 92.
Grisogonus canon. iadr. 1240, 113, 114.
Grisogonus conversus iadr. 1254, 556.
Grisogonus de Mauro nob. iadr.
1247, 328, 348, 373 ; 1251, 440 ;
1252, 511 ; 1254, 557, 573,
1256, 4.
Grisogonus de Vegla posses. terrae
1237, 39.
Grisogonus Dimitri civis iadr.
1243, 206.
Grisogonus fil. Dimine Senzadeu
posses. domus 1245, 267.
Grisogonis Martinus de, nob. iadr.
1260, 160.
Grisogonus Victoris de Petriço exam.
iadr. 1242, 143.
Grobe diac. 1251, 445.
Grobe fil. comitis Miroslavi diac.
1242, 156, 157.
Grobe fil. comitis Petri subdiac.
1242, 149, 150, 156, 157.
Grobe subdiac. 1251, 445.
Grobic generatio 1244, 265.
Grobina epis. dulcin. 1261, 190.
Grobnik campus 1260, 180.
Groho:o locus 1260, 180.
Gromača locus 1260, 180.
Gruba vidua Germani de Stocha
posses. terrae 1252, 509.
Gruba uxor Tolimeri 1271, 591.
Grube de Belloxio testis 1240, 106
Grube Gregorius nob. spal. 1243,
196 ; 1245, 271 ; 1248, 347 ;
1249, 394 ; 1255, 588 ; 1256,
7 ; 1257, 56, 1258, 103, 107 ;
1259, 121 ; 1261, 191 ; 1265,
343; 1266, 384; 1267, 426, 447.
Grube Marinus de, posses. domus
1245, 267.
Grube posses. terre 1259, 134.
Gruboch fil. Braseyk posses. terrae
1269, 514.
Grubonje Andreas Marini testis 1267,
446.
Grubessa v. Grubeša.
Grubeša Balislave nob. ragus.
1238—1240, 70 ; 1241, 131,
1242, 140, 160 ; 1243, 200 ;
1247, 328, 330 ; 1248, 339 ;
1249, 381, 386, 396.

Grubeša Gundule nob. ragus. 1236,
1 ; 1237, 27, 32, 33 ; 1238, 62,
64 ; 1242, 141, 150, 172 ; 1243,
212 ; 1244, 223, 227 ; 1246,
305 ; 1247, 328, 332 ; 1251,
460; 1252, 484, 498, 499, 502 ;
1253, 522, 542; 1254, 548, 554,
555, 561, 562, 567; 1255, 606,
612; 1256, 8.
Grubeša Valii Grubeše nob. ragus.
1239, 78.
Grubeša peharnik 1249, 387.
Grubeše Gervasius exam. spalat.
1256, 7.
Grubeše Gervasius posses. terrae
1265, 343.
Grubša nob. ragus. 1240, 111.
Gruptius Gatule posses. terrae 1250,
428.
Gruseuch fluv. 1256, 36.
Gualterius capel. papal. 1264, 289,
290 ; 1266, 365, 366.
Guardanceli Petrus testis, 1240, 105.
Gude Marinus Stosbe testis 1271, 592.
Guergeu terra 1261, 204; 1262, 239.
Guereri (Quereri) Domana nob.
rag. 1245, 284 ; 1246, 290 ;
1257, 57, 1261, 194.
Guersenicha v. Garešnica.
Guestene possessio 1244, 249.
Gufferoctus Guisingneli potes. an-
conit. 1254, 569.
Guido abbas de Topusko 1258, 108.
Guido III. com. Veglien. 1251, 443.
Guido IV. comes de Vegla 1257,
56, 58, 86 ; 1258, 97, 103, 107 ;
1259, 121, 124 ; 1261, 191 ;
1263, 247 ; 1270, 580, 1271,
598, 612.
Guielmus nepos archiep. spalat. Ro-
gerii 1271, 582.
Guillelmus card. 1266, 381.
Guillermus cellarius de Topusko
1270, 543.
Guilielmus de Sonai mag. templ.
1248, 350.
Guilelmus frater templ. 1257, 66.
Guillelmus Pauper notar. iadr. 1250,
418, 426, 1251, 440, 441, 456.
Guillelmus Parmensis capel. pap.
1250, 419.
Guillelmus praecept. templ. 1259, 143.

Guiloatech locus 1244, 237.
Gulerico Marinus de, nob. ragus. 1242, 159, 161, 162, 169.
Gulerivić Martol nob. rag. 1253, 533.
Gumay Bivaldi testis 1267, 427.
Guna posses. terrae 1240, 121.
Guncell archiep. spalat. 1237, 22 ; 31 ; 1238, 52 ; 1240, 105, 115, 119, mem. eius. 1243, 198.
Gunetić Domaslav testis 1249, 387.
Gunturfelde villa 1270, 571.
Gura fil. Ochuz possessor terrae 1248, 372.
Gurbysa terra 1263, 269.
Gurbisa (= Grubiša) iobagio. zalad. 1251, 473, 474.
Gurbonuk (= Grbonog ?) fluvius 1262, 235.
Gurk comes zgrb. 1259, 151.

Gurk filii posses. vineae 1266, 394.
Gurk fil. Merge pristaldus 1259, 147.
Gurk fil. Ochuz bani 1256, 47.
Gurka cogn. Hudine 1246, 291.
Gurke consanguineus com. Hudinae 1244, 275.
Gurg posses. terrae 1270, 564.
Gurgo cantor quinqueeccl. 1240, 121 ; 1243, 204.
Gurgys terra 1256, 45.
Gurgus terra 1240, 124.
Guri generatio 1256, 15.
Guruzlou fil. Danich iobag. 1264,294.
Gusić de Corbavia nob. gen. croat. 1258, 102.
Gusić (Gusik) Raca testis 1252, 505.
Gusterna locus 1266, 380.
Gustowig aqua 1245, 286.
Guthkeled genus 1272, 624.

H.

Haaco terra 1240, 124.
Hab fil. Petrus possessor terrae 1253, 544.
Hahold comes 1255, 597 ; 1256, 15, 16 ; 1259, 152 ; 1266, 370.
Habrae fil. Ladislaus de Uçura posses. terrae 1266, 386.
Hala fil. Cosmae posses. terrae 1257, 67.
Halapna puteus 1266, 412.
Halapo posses. terrae 1256, 45 ; 1259, 143.
Halen terra 1263, 282.
Haleta posses. terrae (mem. eius) 1246, 303 ; 1255, 609.
Halina rivulus 1261, 198; 1270, 539.
Haranch villa 1237, 28.
Haranichn k fluv. 1249, 402.
Harastya (= Hrašće) terra 1265,335.
Haraztanycha (= Rastanica ?) terra 1264, 324.
Harmannus (= Herman) de Burgo praecep. templ. 1248, 350.
Harsan terra 1244, 227.
Hatena (= Catarina) soror Slavae 1245, 271.
Hazos comes 1264, 325.
Heberkov villa 1242, 168.
Heguen comes 1260, 163.

Heymo episc. vacien. 1245, 276, 286 ; 1251, 466, 467, 469, 471.
Heynil fil Petrych posses. terrae 1269, 514.
Heyrech terra 1237, 42 ; 1240, 120 ; 1244, 253, 254.
Helena monialis 1241, 137.
Helia fil. Laurentii posses. terrae 1239, 79.
Helias Gauzola subdiac. 1240, 9 9
Helia quondam comes spalatensis 1241, 135.
Helia praepos. quinqueeccl. 1239, 81.
Helias Viviani testis 1242, 149, 151.
Helia Viviani presb. ragus. 1247, 317.
Hel as vicecomes de Požega 1263, 282.
Helye comitis fil. Gregorius testis 1259, 137.
Hemelinna (Hemelinna) vallis 1256, 31, 32, 38.
Hemerici terra 1249, 413.
Henre de genere Nempty comes de Valko 1240, 120.
Henricus banus slav. 1268, 477, 480 ; 1269, 498 ; 1270, 525, 549 ; 1271, 582.
Henricus comes 1255, 597 ; 1262, 229 ; 1263, 282.
Henricus comes Castri Ferrei 1244, 255 ; 1245, 286.

Henricus comes de Somogy 1250, 438 ; 1251, 466, 467, 470, 471 ; 1256, 26, 27.
Henricus elec. senien. 1271, 617.
Henricus episc. ostiensis 1266, 381.
Henricus fil. Nicolai comes 1270, 537.
Henricus Fusculo miles comit. iadr. 1248, 336.
Henricus iudex 1268, 481.
Henricus palatinus 1262, 235.
Henricus pilat. et comes poson. 1268, 483.
Henricus Pasqualigo nob. venet. 1243, 206.
Henricus praeceptor templ. senien. 1248, 355.
Herbort comes de Podgorje 1264, 328.
Herbort fil. Os comes 1248, 352, 353.
Herchen terra 1265, 331.
Herenk comes 1266, 405.
Herman villa 1263, 264.
Hermolaus Slovinja nob. arb. 1237, 26.
Herrad (= Hernad) fluv. 1271, 590.
Herricus v. Henricus.
Heten villa 1237, 44.
Hetes villa 1270, 571.
Hewes posses. 1271, 590.
Hidegkut locus 1269, 498.
Hirink comitis filii posses. terrae 1270, 543.
Hytynk posses. terrae 1258, 99.
Hobužić Marin nob. rag. 1253, 532.
Hodal fluv. 1264, 321.
Hodimir (Chodimir) Radogostić nob. Croata 1237, 47.
Hodina comes v. Hudina.
Hodus comes zgrb. 1270, 556, 558 ; 1271, 594 ; 1272, 619.
Hogye sepul·rum 1256, 25.
Holyn (= Hum) mons 1244, 233.
Holm (= Hum) mons 1250, 434.
·Holmos v. Almaš.
Holmos (= Hum?) terra 1244, 214.
Holna fluv. 1262, 240.
Honoratus canon. vegl. 1239, 89.
Horasnik terra 1259, 133.
Horh locus 1264, 323.
Horyg castrum 1259, 142.
Horom (= Hram) locus 1239, 79.
Horost (= Hrast) terra 1244, 230, 232.
Horoustouch vallis 1256, 36.
Horsowch terra 1250, 434.

Hotina rivus 1264, 326.
Hotoa rivus 1270, 564.
Hrane (Chrane) abbas 1242, 154.
Hranane (= Ranane) Dobraslaus nob. ragus. 1244, 223.
Hranidružić Hrela testis 1249, 415.
Hrelić Miltjen testis 1254, 560.
Hrenco Farcasius testis 1261, 206,
Hrosna comitatus 1258, 112.
Hruševo (Horsoua) locus 1250, 425 ; 1251, 477 ; 1256, 46.
Hrvatin (Horvatin) posses. terrae 1264. 322; 1265, 334.
Hudina (Hodina, Huduna) comes 1244, 231 ; 1245, 274, 275 ; 1246, 291 ; 1248, 338 ; 1249, 398 ; 1251, 475 ; 1256, 24 ; 1260, 183 ; 1262, 213, 216.
Hudyzali generatio 1264, 305.
Hudislai fil. Nicolaus posses. terrae 1252, 517, 518.
Huet comes 1266, 405.
Huet locus 1259, 144.
Huentimzala campus 1270, 565.
Hugo card. 1260, 167.
Huguria fluv. 1258, 113
Hum (Chelmo, Cholin) ducatus 1238, 57 ; 1241, 134 ; 1254, 558.
Humljani 1249, 415.
Hungaria (Ungaria) regnum 1236. 2, 3, 13 ; 1237, 30 ; 1238, 51 ; 1240, 103, 109, 121 ; 1241, 128, 130, 137 ; 1242, 138, 146, 151, 152, 163, 173 ; 1243, 193, 194, 206, 222 ; 1244, 239 ; 1245, 276, 280 ; 1247, 312 ; 1248, 352 ; 1252, 479, 515 ; 1253, 527, 541 ; 1256, 2 ; 1258, 108, 117 ; 1259, 135 ; 1260, 174 ; 1261, 197 ; 1263, 278 ; 1269, 495 ; 1270, 547.
Huntpazman nob. genus 1266, 411.
Hurseuch flum. 1257, 76.
Hursoua v. Hruševo.
Hutinjanini generatio comitum de Babonić 1243, 182.
Hvališa fluv. 1269, 522.
Hvališa vallis 1268, 482.
Hualus de Gorica posses. terrae 1263, 260.
Hvar (Pharia) insula 1240. 113; 1242, 15·, 180.

I. J. Y.

Jablan nemus 1243, 202.
Jablanac (Ablana), locus 1251, 450, 451, 472, 473.
Jak hospes 1255, 597.
Jakminus commendator de Gara (= Gorjan ?) 1266, 386.
Jaco comes 1256, 10.
Jaco filii posses. terrae 1258, 109.
Jaco generatio 1242, 170, 171.
Jaco posses. terrae 1252, 519, 520.
Jacobi Dessa testis 1265, 344.
Jacobi Lampredius exam. tragur. 1267, 451.
Jacobi Lomprus testis 1271, 592.
Jacob Nicolaus nob. trag. 1264, 315 ; 1269, 499, 500 ; 1271, 592.
Jacobinus cler. 1264, 287.
Jacobiza filia Capitefeldi de Ragusio 1267, 427.
Jacobus Albertus nob. venet. 1237, 84.
Jacobus Andreae Cicuti not. anc. 1252, 502.
Jacobus Andreae Gojslavi nob. ragus. 1240, 104, 109, 111, 119 ; 1242, 150, 151 ; 1245, 284, 1246, 290.
Jacobus archidiac. tragur. 1246, 288 ; 1248, 337 ; 1264, 315 ; 1267, 441.
Jacobus Basilio nob. venet. 1241, 133.
Jacobus Beligno pleban. 1243, 201.
Jacobus canon. zgrb. 1253, 525.
Jacobus cantor čazm. 1247, 312.
Jacobus card. 1266, 381.
Jacobus castrensis požeganus testis 1250, 434.
Jacobus cler. 1257, 70.
Jacobus comes cur. 1264, 293.
Jacobus comes de Križevci 1266, 411.
Jacobus (Jacou) comes, nob. de Bribir 1251, 467.
Jacobus Contarini comes ragus. 1257, 56, 57, 70 ; 1258, 95.
Jacobus Contarini dux Venetiae 1271, 586.
Jacobus Dabrane testis 1245, 278 ; 1246, 288 ; 1249, 385.
Jacobus de Canale nob. venet. 1248, 357.
Jacobus de Lapčan iupanus (mem. eius) 1238, 59.

Jacobus de Lemexio posses. terrae 1238, 46 (mem. eius).
Jacobus de Lika testis 1243, 182.
Jacobus de Monte Regali magister Templar. 1240, 121.
Jacobus de Slafce posses. navis 1242, 140, 141.
Jacobus de Turriselis monachus 1248, 350.
Jacobus Delfini comes ragus. 1247, 328, 330, 332 ; 1248, 339, 362, 365 ; 1249, 380, 385, 386, 388, 399, 414 ; 1251, 452 ; 1252, 495.
Jacobus Demusto testis 1241, 132.
Jacobus Dente civis venet. 1256, 19.
Jacobus episc. prenestinus 1236, 2.
Jacobus fil. Jacobi bani 1256, 2.
Jacobus Filipi Petri examin. iadr. 1249, 390, 393, 394.
Jacobus fil. quond. Mathaei de Budde nob. vegl. 1248, 355.
Jacobus fil. Stephani comitis de Bribir 1249, 391.
Jacobus iudex de Senj 1257, 66
Jacobus Lapčan 1239, 83.
Jacobus maior villae de Bihać 1271, 613.
Jacobus Malimizoco notar. 1252, 507.
Jacobus Mathei de Prato notar. 1256, 12.
Jacobus Maurocenus testis 1237, 34.
Jacobus nepos Muhor 1244, 244, 245.
Jacobus notar. durrach. 1243, 187, 188.
Jacobus Negamiri Cerne nob. ragus. 1243, 212.
Jacobus Nicolaii de Scomb civis iadr. 1244, 219.
Jacobus Pecinagi nobi is ragusinus 1249, 400.
Jacobus pleb. 1238, 62.
Jacobus posses. terrae 1262, 232.
Jacobus prior 1238, 61.
Jacobus prior venet. 1241, 132, 133.
Jacobus Quirinus nob. venet. 1242, 161, 169.
Jacobus Sergii nob. arb. 1237, 26.
Jacobus Spina de Scala testis 1242, 141.

Jacobus Teupolus (Theupolo =
Tiepolo) dux venet. 1236, 1,
4, 5, 6, 7, 8, 11, 18; 1237,
21, '22' 24, 25, 32, 35, 36, 37,
39, 46; 1238, 52, 53, 56, 59,
60, 61; 1239, 73, 75, 82, 91;
92; 1240, 99, 105, 115, 455;
1241, 133; 1242, 142, 159; 1243,
201, 206; 1244, 241; 1245, 267,
283, 1247, 328; 1248, 348, 350,
361 362, 363, 372; 1250, 427.
Jacobus Theupolo nob. venet.
1264, 298.
Jacobus vicepotestas seniensis 1271,
617.
Jacobus Vulpicelle nob. ragus.
1243, 212.
Jacou filii posses. terrae 1257, 82.
Jacov fil. Gordizlov posses. terrae
1256, 45.
Jakow comes 1266, 387, 388.
Jacus fil. Branyzlo posses. terrae
1269 514.
Jadera (croat. Zadar) civit. 1236,
4, 5, 6, 7, 18; 1237, 21, 22,
24, 35, 39, 46; 1238, 56, 59;
1239, 73, 75, 82, 85, 91; 1240,
99, 105, 106, 113, 115; 1242,
138, 142, 162, 163; 1243, 189,
196, 207; 1244, 260, 261;
1245, 267, 268; 1247, 328.
329; 1248, 336, 337, 347, 355,
359, 363, 372; 1249, 377, 390,
392, 393, 401, 415; 1250, 417,
425, 1251, 439, 440, 455; 1252,
504, 508; 1254, 556, 573;
1256, 4, 14, 23; 1257, 69;
1258, 88, 89, 90, 91, 93; 1259,
123, 130, 134, 136, 137, 153,
160, 165, 169; 1261, 187, 189;
1262, 238; 1264, 290, 299,
317; 1265, 333, 339, 345, 357;
1266, 368, 374, 386, 388, 397,
407, 442, 444; 1268, 457, 464;
1270, 524, 530, 567; 1271,
586, 601.
Jalšavica fluv. 1269, 512.
Jalševec fluv. 1269, 517.
Jalševec terra 1270, 553.
Jamnicha via 1242, 178.
Jamometići nob. gener. 1240, 117.
Janicha exam. trag. 1242, 144.

Janicha fil. Casotti testis 1242, 179.
Janicha nob. tragur. 1249, 384, 385.
Jancii Alberti nob. spal. 1258, 97;
1260, 154; 1267, 448; 1269, 494.
Jancii Leonardus canonicus spala-
tens's 1269, 500.
Jancii Lucae nob. iadr. 1258, 87;
1269, 494.
Jancii Sabbe testis 1240, 113;
1251, 446.
Jancii Vulcane nob. spal. 1270, 549.
Jancus civis albon. 1237, 36.
Yandrag posses. terrae 1257, 79.
Yarne fluv. 1246, 304.
Jaronz rivul. 1258, 112.
Jarowel terra 1270, 543.
Jarozlaus testis 1243, 182.
Jastrebarsko oppidum 1249, 403;
1257, 51.
Jaurinum (hung. Györ) locus 1244,
218; 1250, 421; 1253, 540;
1254, 571.
Jaurowa rivul. 1256, 28.
Jaza filii posses. terrae 1261, 193.
Jaxa fil. Isaak vicebanus 1244, 232.
Jaxa (Joxa) fil. Jacobi posses. terrae
1248, 343, 344, 345.
Jaxa (= Jakša, Jacobus) vicebanus
1238, 71, 72; 1242, 170; 1244,
243; 1249, 397, 413.
Jazdrebia fluv. 1252, 486.
Jazenouicha (= Jasenovica) aqua
1244, 225.
Jazuina (= Jazbina?) aqua 1244, 225.
Jazuinak fluv. 1268, 466.
Icilinus Tallineusis testis 1248, 355.
Jelavec potok 1269, 511.
Jelscich praedium 1254, 577.
Yelseunicha (= Jalševica) villa
1242, 168.
Jelševec terra 1272, 628.
Jelsowa riv. 1256, 29.
Jelsoa vallis 1256, 41.
Jerozlai fil. Ivan posses. terrae
1259, 144.
Jesse frat. praed. 1256, 3.
Jezenoua fluv. 1249, 411.
Jezychouch aqua 1250, 436.
Jeztrebnichicha fluv. 1258, 99.
Ihonnes comes de Veglia v. Johannes.
Jhoannes fil. Rodus posses. terrae
1248, 367,

Jilievicheh locus 1260, 180.
Ylaria episcop. 1239, 77.
Illuyn (= Ilija ?) magister 1255, 609.
Ilmarfelde villa 1270, 571.
Ilšena fluv. 1244, 238.
Ilsench rivulus 1248, 353.
Ilsewch rivul. 1250, 435.
Ilsuazeg locus 1270, 569.
Ilsva fluv. 1256, 32, 38 ; 1263, 265.
Imperg castrum 1251, 464.
Inanch posses. 1271, 590.
Ink comes 1266, 395.
Inke via 1269, 506.
Inend villa 1237, 28.
Inco fil. Isaak comitis 1265, 329.
Inganatorum portus 1254, 569.
Innocentius IV. papa 1243, 192, 193, 212 ; 1244, 216, 219, 259, 260 ; 1245, 273, 280 ; 1246, 290, 293, 294, 295, 296, 297, 298, 299 ; 1247, 310, 315, 326 ; 1248, 338, 341, 342, 343, 361, 364 ; 1249, 389 ; 1250, 419, 420, 429, 462 ; 1252, 479, 480, 481, 488, 489, 492, 493, 514, 515 ; 1253, 524, 526, 539, 541 ; 1254, 550, 551, 562, 564, 566, 569.
Innocentius episc. sirmien. 1248, 364.
Innocentius presb. tragur. 1246, 288.
Insula locus 1264, 293.
Insula (= Otok) villa 1269, 485.
Insula Leporum (= Nyulak-sziget) locus 1248, 376.
Inus comes zgrb. 1266, 392, 394, 406, 409 ; 1267, 424, 431.
Joachim comes 1243, 204.
Joachimus comes (mem. eius) 1248, 368.
Joachimus comes pater Philippi episc. zgrb. 1250, 421, 422.
Joachym de gen. Churla comes 1267, 435.
Joachim fil. Cupan iobag. 1254, 549,
Joachimus Pectari banus 1270, 548. 558, 566 ; 1271, 584, 595, 597, 598, 602, 603, 607 ; 1272, 625, 632, 640.
Joachimus, rectius Dionisius banus 1243, 202.
Joan fil. Petri iobag. 1254, 548, 549.
Joan fil. Farcasii testis 1244, 266.

Joan fil. Chakan posses. terrae 1248, 343, 344, 345.
Joance olim comes zgrb. 1252, 517.
Job episc. quinqueeccl. 1270, 548, 566 ; 1271, 595, 607.
Job praepos. alben. 1251, 467, 470, 471.
Job praep. bachien. 1247, 323, 325.
Job pristaldus 1262, 230.
Johancha fil. Balhar posses. terrae 1244, 239.
Johance fil. Georgii posses. terrae 1242, 160.
Johannes abbas de Topusko 1242, 167.
Johannes Angelus dominus Sirmiae cognatus regis 1242, 158, 175.
Johannes archidiac. sce̤ud. 1270, 577.
Johannes archiepisc. Antibar. 1252, 489.
Johannes archiep. iadr. 1236, 4, 5, 6, 7, ·18 ; 1237, 21, 22, 24, 25, 35, 39, 46.
Johannes archiep. ragus. 1238, 54 ; 1240, 98 ; 1242, 149, 150 155, 156, 157 ; 1243, 200 ; 1247, 314, 315, 317: 319 ; 1249, 379 ; 1250, 419, 1251, 445, 446, 452, 458, 459, 460 ; 1252, 478, 481, 487, 492, 493, 496, 501, 502, 503, 506 ; 1253, 524 ; 1255, 590 ; 1256, 18.
Johannes archielectus spalat. 1248, 373 ; 1249, 389, 394.
Johannes archiep. spal. 1266, 399 ; 1267, 420, 421, 426, 430, 447, 454 ; 1268, 469, 470 ; 1269, 493, 501, 502, 530 ; 1270, 594.
Johannes Aurio nob. venet. 1254, 557, 573.
Johannes Badovarius nob. venet 1247, 328 ; 1248, 373 ; 1262, 222
Johannes Barbarigo nob. venet 1243, 201.
Johannes Bello de Treviso 1254, 553.
Johannes Bogdani nob. ragus. 1237, 27.
Johannes Bono episc. ancon. 1252, 492, 493.
Johannes Bono nobilis venetus testis 1248, 360.

Joannes Buccasius testis 1248, 374.

Johannes Kaligarius posses. vineae 1237, 23.

Johannes canon. et notar. tragur. 1238, 48.

Johannes card. 1249, 389 ; 1260, 167 ; 1263, 268, 270, 272.

Johannes Casotti exam. trag. 1243, 197, 199 ; 1246, 288, 300 ; 1248, 337.

Johannes Catharine nob. ragus. 1243, 212.

Johannes Cigaide (Cegaide) nob. spal. 1247, 327 ; 1250, 428 ; 1251, 453 ; 1252, 510.

Johannes Cindri testis 1240, 105 ; 1248, 374.

Johannes cler. notar. spalat. 1240, 105 ; 1243, 184.

Johannes comes de Vegla, Modruš et Vinodol, potestas spalat. 1242, 144, 155, 1243, 184 ; 1248, 358 ; 1251, 443.

Johannes comes de gen. Družma 1269, 491.

Johannes comes de Varaždin 1267, 453.

Johannes Contarini testis 1240, 106.

Johannes Dandolo comes ragus. (mem. eius) 1238, 61 ; 1241, 132, 133.

Johannes de gen. Buzad-Hahold archiep. spalat. 1271, 582, 583, 587, 595, 607 ; 1272, 632, 636.

Jobannes de Adelenda testis 1242, 169.

Johannes de Butivan nob. iadr. 1240, 116 ; 1249, 393, 394.

Johannes de Canale nob. venet. 1243, 261 ; 1247, 328 ; 1248, 372 ; (comes iadr.) 1252, 505, 508 ; 1254, 556.

Johannes de Dabrana testis 1247, 317.

Johannes de Drusatio civis venet. 1248, 359, 360, 364.

Johannes de Lampri nob. ragus. 1239, 78 ; 1242, 159, 172 ; 1246, 305.

Johannes de Metis magister mil. templ. 1245, 276.

Johannes de Lipa posses. domus (mem. eius) 1249, 401 ; 1250, 416.

Johannes de Plano Carpini archiep. antibar. 1249, 378, 379, 380, 1252, 487, 492, 493, 500, 502.

Johannes de Srekia advocatus iadr. 1239, 75, 82.

Johannes de Stergia testis 1237, 21.

Johannes de Vegla frat. min. 1249, 378.

Johannes de Vita Choressa testis 1236, 6, 7.

Johannes de Vita testis 1236, 19.

Johannes Delphinus comes iadr. 1254, 573.

Johannes diacon. et notar. tragur. 1238, 58.

Johannes Dobroslavi cler. ragus. 1247, 317.

Johannes dominus Sirmiae 1241, 1, 6.

Johannes Duymi testis 1249, 395 : 1252, 510.

Johannes episc. ancon. 1252, 487, 502, 503.

Johannes epis. portul. 1266, 381.

Johannes Ferreti consil. iadr. 1248, 336.

Johannes fil. Andreae de Gausulo cler. ragus. 1260, 172.

Johannes fil. Bosce vicar. spalat. 1240, 119.

Johannes fil. quond. Bontii Drago-miri notar. vegl. 1239, 87, 88.

Johannes fil. Donusdei de Sculano civis de Termulo 1244, 226, 227.

Johannes fil. Duimi Formini nob. spal. 1247, 327 ; 1248, 373, 374.

Johannes fil. Filippi Iusti civis de Termulo 1244, 226.

Johannes (Gaban) fil. Guidonis comes de Vegla 1270, 580 ; 1271, 612.

Johannes fil. Isep posses. terrae 1269, 505.

Johannes fil. Iwanech de Sernov posses. terrae 1256, 49.

Johannes fil. Johannis magister 1266, 411.

Johannes fil. Johannis pugi! 1262, 227.

Johannes fil. Henrici homo banalis 1263, 269.

Johannes fil. Pancratii Sarace civis ragus. 1254, 555.
Johannes fil. Rodus testis 1239, 98.
Johannes fil. Stephani Herbortya posses. terrae 1253, 537.
Johannes fil. Zetk homo banalis 1244, 250.
Johannes frat. magistri Thomae 1265, 330.
Johannes frat. praed. 1249, 378.
Johannes Fuscarenus nobil. venet. 1248, 357.
Johannes gener Mencaneri nob. arb. 1237, 26.
Johannes gener Gregorii de Bešenovo 1253, 539.
Johannes Gradenico nob. venet. 1248, 348, 350.
Johannes Grego testis 1241, 133.
Johannes iudex tragur. 1248, 337.
Johannes iupanus albon. 1237, 36.
Johannes Justiniani comes ragus. 1250, 427 ; 1251, 448, 449.
Johannes Justiniani testis 1241, 133.
Johannes Lampridius Zreue (= Crnjević) 1243, 196.
Johannes Lauzolo testis 1248, 336.
Johannes lector zgrb. 1236, 21.
Johannes Lerracoruo capel. card. 1255, 590.
Johannes Marcellus nob. venet. 1237, 34.
Johannes Marculi nob. rag. 1256, 1.
Johannes Michael comes iadr. 1236, 4, 5, 6, 7, 18 ; 1237, 21, 22, 24, 35, 39, 46 ; 1238, 59 ; 1239, 73, 75, 76, 82, 83 ; 1240, 100, 105, 115 ; 1242, 142 ; 1251, 439.
Johannes Michaelis (croat. Žan Mihoil) comes ragus. 1242, 159, 169, 171, 172 ; 1242—1244, 179 ; 1243, 183, 195, 196, 199, 200, 204, 210, 211, 212.
Johannes Negamire cleric. 1240, 99.
Johannes nepos Grobinne de Scaplutto cler. ragus. 1255, 611.
Johannes nob. 1240, 103.
Johannes notar. spalat. 1270, 549.
Johannes notar. et canon. tragur. 1239, 80 ; 1241, 128 ; 1242, 144, 154.

Johannes notar. spalat. 1249, 395 ; 1250, 429, 1251, 446 , 449, 454.
Johannes olim episc. bosn. 1246, 295.
Johannes Peccurari nob. ragus. 1243, 205 ; 1244, 223, 227, 241 ; 1253, 542 ; 1254, 548, 554, 555, 562, 567.
Johannes Petri Bogdani nob. ragus. 1237, 32, 33 ; 1238, 53 ; 1239, 78 ; 1248, 366 ; 1252, 483, 508 ; 1253, 534; 1261, 194; 1262, 234.
Johannes Petri Malussi nob. ragus. 1240, 99.
Johannes posses. terrae 1256, 30.
Johannes praeceptor Požegae 1250, 433.
Johannes praeceptor segn. 1245, 277.
Johannes presb. 1240, 101.
Johannes presb. 1257, 50.
Johannes presb. ancon. 1254, 569.
Johannes presb. spalat. 1238, 50.
Johannes prior 1261, 195.
Johannes Quirinus nob. venet. et comes ragus. 1240, 99, 109 ; 1243, 133 ; 1245, 283 ; 1246, 290, 292, 305 ; 1265, 353, 362.
Johannes Ranane nob. ragus. 1251, 458; 1256, 7; 1260, 176, 1262, 239.
Johannes sacerdos 1262, 214.
Johannes Sersii nob. ragus. 1240, 99 ; 1243, 212.
Johannes subdiac. iadr. 1254, 556.
Johannes Sudie nob. arb. 1237, 26.
Johannes Teupulo (= Tiepolo) comes absar. 1248, 357.
Johannes Teupulus comes. ragus. 1237, 32, 34, 36, 37 ; 1238, 52, 53, 61 ; 1241, 133.
Johannes Teupolo nob. venet. 1248, 350.
Johannes Valii Doimii nauclerius 1239, 78.
Johannis Velcassus nob. ragus. 1247, 330, 332 ; 1248, 339, 366 ; 1251, 450 ; 453 ; 1257, 57 ; 1258, 95 ; 1261, 194 ; 1262, 225.
Johannes Vitalis nob. spalat. 1248, 373 ; 1251, 453 ; 1254, 571 ; 1255, 587, 588 ; 1257, 56.
Johannis filii posses. terrae 1265, 360.
Jonceto v. Šumet.
Jonius Murigi testis 1251, 449.

Jorawel rivus 1270, 544.

Jordanus episc. arten. 1237, 25, 26; 1238, 56.

Jordani filius (= Jordanić ?) posses. terrae 1248, 371.

Jordanus mag'ster notar. papalis 1260, 167.

Jordanus preceptor templ. Oranie et Sennie 1248, 350.

Jordanus frat. mil. templ. 1258, 108.

Jorra (= Georgius) fil. Madii Jorre testis 1247, 327.

Josephus fil. Laurechine testis 1236, 5 ; 1239, 82, 83.

Joseph Grubeša de, nob. iadr. 1260, 153.

Josef Petri exam. spal. 1267, 448.

Joseph Stephanus de, nob. iadr. 1260, 153.

Jouanca filii posses. terrae 1266, 412.

Jovan Asjen imper. bulg. 1253, 528.

Joxa v. Jaxa.

Ipolitus nepos Mohor posses. terrae 1263, 264.

Ipoth comes de Segesd 1268, 461.

Yryzlou (= Jaroslav) castrum galic. 1256, 2.

Ysaak filii posses. terrae 1249, 413.

Isaac filii testes 1249, 399.

Isaia monach. 1239, 89.

Ysaia presb. 1252, 522.

Ysaya monachus acrom. 1260, 176.

Isan comes 1269, 504.

Isan nob. croat. (de parantella Nelipić) 1253, 540.

Isaui fil. Wlchonc posses. terrae 1258, 117.

Isep fil. Cherneld posses. terrae 1263, 280.

Isip comitis filii posses. terrae 1267, 448.

Isou villa 1263, 265.

Ispyas fluv. 1269, 511.

Ispraze mons 1266, 406.

Istria terra 1244, 216 ; 1245, 280 ; 1246, 296, 1247, 320 ; 1256, 20.

Istrobycha locus 1269, 511.

Juan Frenta missus trag. 1239, 84.

Juaneo de Brodaro posses. terrae 1259, 134.

Juba Gorica mons 1250, 435.

Juba vodice puteus 1248, 344.

Jubi terra 1242, 162.

Juda fil. Othonis, nob. 1240, 103.

Jude kneza Trifun nob. ragus. 1253, 533.

Juhari fil. Gregorius com. 1268, 460.

Jula banus (mem. eius) 1238, 66 ; 1240, 103.

Jula iudex curiae regiae et comes de Kewe 1238, 50.

Jula magister 1255, 594.

Jula cantor quinqueeccl. 1244, 215.

Junk comes 1246, 309.

Junk comes de Križevce 1260, 163.

Junk (= Janko ?) fil. Isaak comes 1244, 224 ; 1266, 411.

Juncet v. Šumet.

Junius testis 1243, 201.

Junius de Cereua nob. ragus. 1252, 482.

Junoša posses. terrae 1242, 177. 178 ; 1251, 476.

Junus comes 1270, 575.

Jupan v. Šipanj.

Jura fil. Abraam iobag. 1254, 548, 549.

Jurra Madii testis 1249, 395.

Jurra Pribos de Stepco comes 1239, 78.

Jura nob. de Omiš 1258, 106.

Jurre fil. Madii posses. domus 1241, 127.

Jurco (Jurko) cantor quinqueeccl. 1239, 74, 81; 1248, 577; 1250, 418; 1251, 447.

Jurco de Korčula testis 1262, 234.

Jurko fil. Ochuz bani 1256, 22, 48.

Jurco fil. Orcun de Blena pristaldus banalis 1249, 412.

Jurko missus regis Serviae 1243, 210.

Jurgis filii possess. terrae 1260, 183.

Jurgius fil. quond. Stancii Lapčanin 1238, 56.

Jurgius fil. Stance Lapčanin 1239, 82, 83.

Jurricha (= Jurica) fil. Casotti testis 1242, 144.

Jurin comes 1262, 234.

Jur's de Busan nob. Croata 1271, 597.

Juris Gerardini Mauroceni testis 1251, 451.

Juriša vojvoda bosnen. 1240, 107.

Jurislav Barte de, exam. iadr. 1270, 531.

Jurislav fil. quond. Steppe (Lapčanin) 1239, 75, 82 ; 1240, 106, 115.

Jurislav fil. Prvonoši posses. terrae 1266, 374.

Jurislav fil. Stephani Borislavi Lapčan posses. terrae 1238, 46.

Jurize Dese filii posses. terrae 1258, 83.

Jurša comes de Rovišće 1262, 230 ; 1263, 263 ; 1265, 329, 338 ; 1266, 418.

Jurša posses. terrae 1270, 567.

Justi Stephanus nob. spal. 1258, 83.

Justiniana civit. 1244, 228, 229, 334.

Justiniani Johannes comes ragus. 1250, 427 ; 1251, 448, 449.

Justiniani Stephanus com. ragus. 1240, 119 ; 1240—1243, 125 ; 1242, 139, 140, 141, 149, 150 ; 1243, 199.

Justiniani Stephanus nob. venet. 1247, 328 ; 1248, 372.

Justiniani Stephanus comes iadr. 1248, 348 ; 1250, 417.

Justiniani Thomasinus comes iadr. 1270, 524, 530.

Justinopolis civit. 1262, 215.

Iwachin comes Scibinicensis 1259, 132.

Iwahen fil. Moncha 1236, 19.

Ivachinus banus v. Joachimus banus.

Ivačni (Iwachinus) mag. pircer. 1263, 258.

Iwan comes 1244, 261.

Ivan comes de Prodavić 1269, 515.

Ivan fil. Binch testis 1236, 19.

Ivan fil. Čakan posses. terrae 1249, 398.

Ivan (Joan, Johannes) fil. Irozlai (= Jaroslavi) de Okić, comes 1249, 402, 412 ; 1250, 442 ; 1257, 64 ; 1261, 206 ; 1262, 229 ; 1266, 395 ; 1267, 431 ; 1270, 543 ; 1271, 602.

Iwan fil. Lyter magister 1246, 289.

Ivan fil. quond. Madii de Muruica civis iadr. 1243, 189.

Ivan fil. Wogsa posses. terrae 1236, 19, 20.

Ivan Nosdronig de Jadra 1264, 296.

Ivan mag. taver. archiepisc. coloc. 1253, 540.

Ivan Prutičević de Staro·šan homo regius 1253, 523.

Ivan Vranjanin (Vragnanin) testis 1242, 142.

Iwana fluv. 1237, 40.

Iwanca comes 1269, 492 ; 1271, 592.

Iwanka comes f.l. Abraham de genere Sudan 1248, 377 ; 1250, 434.

Ivanka (Iuuancha) comes zagrab. 1242, 178.

Ivanca fil. Drusk posses. terrae 1259, 150.

Iwanka posses. terrae 1257, 63 ; 1260, 184 ; 1262, 232.

Ivane Calcina test·s 1267, 446.

Ivanec (St. Johannes) terra 1238, 49.

Yvani Cerne test s 1265, 344.

Ivanić (Iwanch) villa 1246, 308, 309.

Ivanić Volkas nob. rag. 1253, 532.

Ivaniš notarius 1251, 451.

Ivanović Obrad test·s 1254, 560.

Ivanus Dragnić posses. terrae 1271, 586.

Ivanus notar. arben. 1256, 23.

Yvanus presb. 1239, 89.

Jwnk comes 1269, 504.

Jwnk f.l. Isaak posses. terrae 1254, 578.

Ivos fil. Vite posses. terrae 1240, 105.

Izdench, Yzdench v. Zdenci.

Izdenchina (= Zdenčina ?) terra 1266, 396.

Izryn fluv. 1261, 204.

Iž (Yç) insula 1265, 345 ; 1266, 389.

L.

Labatinnich riv. 1256, 37.

Labbe posses. terrae 1240, 100.

Lacaro Stresi nob. spalat. 1241, 135.

Lacoychy (= Lakuč ?) terra 1252, 519.

Lacroma 1270, 532.

Lacromonense monasterium 1237, 37, 38 ; 1238, 64.

Ladislai filii possesores terrae 1265, 360.

Ladislai sancti regis insula 1260, 156.

Ladislaus banus et dux 1245, 277, 286
Ladislaus comes de Somogy 1237, 41.
Ladislaus comes zgrb. 1262, 239 ;
  1263, 280.
Ladislaus de gen. Aba 1240, 103.
Ladislaus decan Zgrb. 1247, 323, 325.
Ladislaus dux (postea rex Ladislaus
  IV. Cuman.) 1263, 264 (natales) ;
  1270, 570.
Ladislaus episc. de Knin 1264, 292 ;
  1266, 386, 415 ; 1268, 478,
  479, 480, 484 ; 1269, 489, 491,
  514, 516, 517, 519, 520.
Ladislaus fil. Cleti comitis 1243,
  203 ; 1244, 218.
Ladislaus fil. Renaldi de Bozteh
  posses. terrae 1263, 269.
Ladislaus fil. Vorank iobag. 1254,
  549.
Ladislaus palatinus 1242, 175 ; 1243,
  192 ; 1244, 225, 233, 255 ;
  1245, 272, 275, 276 ; 1246, 308.
Ladislaus posses. terrae 1239, 79.
Ladislaus Sanctus rex Hung. (mem.
  eius) 1244, 262 ; 1269, 508.
Ladislaus viceiudex regal. 1242, 158.
Ladyhovych (= Ladihovići) generatio
  comitum de Babonić 1242, 182.
Laga (hodie Tkalec) terra 1245,
  278, 279.
Lamber comes 1262, 228.
Lambertus (Lampertus) episc. agrien.
  1244, 225 ; 1251, 466, 467,
  469, 471 (falso Justus) ; 1270,
  548, 566 ; 1271, 575, 607.
Lampert de Gereka (= Gacka ?)
  testis 1243, 182.
Lampertus de Horsoua posses. terrae
  1250, 425.
Lampertus fil. comitis Razboyd
  posses. terrae 1251, 476; 477 ;
  1256, 46.
Lampino Trifonis Calenda nob. ragus.
  1243, 212 ; 1248, 339 ; 1251,
  457.
Lampredino Paulus de, nob. iadr.
  1260, 159.
Lampredius Arbor nob. iadr. 1238,
  47.
Lampredius Ballislave nob. rag.
  1262, 226.

Lampredius Dabrane nob. ragus.
  1244, 226 ; 1245, 283 ; 1252,
  495, 498, 506, 508, 515 ; 1255,
  599, 606, 612, 1256, 8, 18,
  1258, 95 ; 1260, 157, 1261, 193,
  1262, 233, 237, 239.
Lampredius Desiçe testis 1250, 428.
Lampredius Desciçe posses. terrae
  1252, 510.
Lampredius Desciçe posses. terrae
  1255, 587, 588.
Lampredius de Vico exam iadr.
  1251, 441.
Lampredius Grecina nob. spalat.
  1241, 135.
Lampredius Nasse de Bivaldo testis
  1240, 117.
Lampredius de Zagarella nob. spal.
  1239, 86 ; 1240, 113 ; 1241,
  135 ; 1252, 510.
Lamprezi Doimus testis 1253, 545.
Lampri Johannes de, nob. ragus.
  1239, 78 ; 1242, 159, 172 ; 1246,
  305.
Lampri Mengatia nob. ragus. 1251,
  452, 457, 460 ; 1254, 555.
Lampridii Marinus nob. rag. 1261,
  187.
Lampridii fil. Petrogna posses. terrae
  1260, 153.
Lana fluv. 1245, 285.
Lanceretus fil. Buzad bani comes
  1254, 548, 549 ; 1256, 22, 48:;
  1259, 142 ; 1260, 186; 1264,
  316, 325, 328 ; 1268, 484.
Landigh (= Langek) castrum 1249,
  383.
Lanfranchus arben. notar. 1238, 56 ;
  1239, 92, 93 ; 1243, 207.
Lanfrancus Muarolli de Vincentia
  tabelio de Senj 1257, 67.
Lapčani nob. generatio 1238, 46,
  59 ; 1239, 82, 83 ; 1258, 102 ;
  1263, 266, 267.
Laste rivulus 1243, 210.
Lastovo (Lasta) insula 1240, 111.
Lateranum palatium papale 1238,
  55, 57, 63, 64, 65, 66, 67, 68 ;
  1239, 77, 93, 94, 95, 114, 115 ;
  1241, 129, 131 ; 1244, 215,
  217, 219, 220 ; 1254, 551.

Latini natio 1239, 91, 93 ; 1252, 507 ; 1262, 237.

Latinorum vicus (= hodie Vlaška ulica) pars Zagrabiae 1244, 262.

Laurentius archiepisc. iadr. 1246, 290 ; 1247, 315 ; 1248, 336, 356, 359, 360 ; 1250, 417, 425 ; 1251, 439, 440, 445 ; 1252, 504, 508 ; 1253, 533, 539 ; 1254, 550, 556, 557, 573 ; 1257, 69 ; 1258, 91, 94 ; 1259, 130, 134, 136, 137 ; 1260, 153, 158, 162, 169, 170 ; 1261, 187, 189 ; 1262, 217, 222 ; 1263, 249 ; 1264, 289, 296, 298, 299, 306 ; 1265, 333, 339, 345, 357 ; 1266, 368, 386, 388, 397, 407, 437 ; 1267, 432, 443 ; 1268, 457, 464, 465, 469 ; 1270, 524, 530, 567 ; 1271, 586, 601.

Laurencius banus Zeur. 1271, 588, 595, 607.

Laurentius cantor čazm. 1246, 304.

Laurentius comes bihar. 1238, 50.

Laurentius comes de Rovišće 1270, 574.

Laurentius de gen. Raad posses. terrae 1250, 433, 436.

Laurentius fil. Alexii comitis posses. terrae 1251, 477.

Laurentius fil. Chund posses. terrae 1272, 626.

Laurentius fil. Myrk posses. terrae 1264, 328.

Laurentius mag. 1260, 163.

Laurentius mag. agaz. 1258, 106.

Laurentius mag. hosp. hung. 1266, 386.

Laurentius miles 1257, 59.

Laurentius praep. sirm. 1250, 432 ; 1252, 479 ; 1255, 592 ; 1268, 462.

Laurentius Teupulo (= Tiepolo) nob. venet. 1243, 201 ; 1264, 296, 297, 298, 306.

Laurentius Theupoli (= Tiepolo) dux venet. 1268, 471 ; 1269, 490 ; 1270, 524, 567 ; 1271, 601 ; 1272, 621, 622.

Laurentius vicar. spalat. 1258, 107.

Laurentius villicus de Bešenovo 1253, 539, 540.

Laurentius vojvoda (transilv.) 1242, 163 ; 1243, 192 ; 1244, 255 ; 1251, 466, 467, 470, 471.

Laureto locus 1271, 582.

Lauricha nuntius arben. 1237, 36.

Laazkerek locus 1268, 466.

Lazar fluv. et portus 1263, 266.

Lazar villa 1237, 28.

Lazarus frat. Corpolati testis 1242, 150.

Lazazapi Drago possessor vineae 1258, 83.

Laztych fil. Drugan posses. terrae 1270, 557.

Laztisa hospes 1244, 264.

Lechae filius Symon posses. terrae 1262, 232.

Lekenik fluv. 1249, 412 ; 1255, 617.

Ledech locus 1250. 434.

Ledenice (Lideniza) locus 1248, 355.

Lednuche terra 1244, 251.

Lemes locus 1248, 363.

Lemesce locus 1259, 136.

Lemesco Micha de, posses. vineae 1259, 130.

Lemese de Jacobo testis 1249, 393, 394 ; 1252, 511.

Leo Ciaula iudex baren. 1252, 500.

Leo fil. Curey civis de Varaždin 1270, 538.

Leo notar. barul. 1251, 447, 448.

Leonardi Michaelis nob. spal. 1260, 154.

Leonardi de Pessine Marinus Simeonis nob. spalat. 1256, 4.

Leonardi Michael nob. spal. 1265, 353.

Leonardi Petrus nob. spal. 1270, 549.

Leonardus abbas 1247, 347.

Leonardus clericus 1251, 446.

Leonardus cleric. iadr. 1254, 556.

Leonardus cler. venet. testis 1242, 169.

Leonardus de Oçecico comissarius (mem. eius) 1250, 426.

Leonardus de Tervisio procurator 1250, 419.

Leonardus Donatus testis 1243, 201.

Leonardus magister 1252, 484.

Leonardus Maurocenus comes arb. 1236, 12.

Leonardus notar. Šibenic. 1243, 209.
Leonardus pleb. ragus. 1252, 492, 493.
Leonardus presb. 1237, 34.
Leonardus Quirinus comes iadr. 1245, 267 ; 1247, 328 ; (mem. eius) 1248, 372.
Leonardus Quirinus patriarcha gradensis 1240, 113, 114 ; 1248, 348.
Leonardus Scumuse 1237, 26.
Leonardus subdiac. spal. 1251, 446.
Leonardus de Tieboli notar. roman. 1252, 478.
Lepekie terra 1237, 39.
Lepenica župa 1244, 239.
Lepinum locus 1237, 23.
Lepled terra 1269, 505.
Lepli Guccaunus župan 1271, 584.
Leppoldus (= Leopoldus) camerarius regis 1253, 540.
Lesemer (= Ležimir?) villa 1237, 28.
Leskovac fons 1249, 398.
Leskovec rivul. 1266, 406.
Lescouch (= Leskovac) fluv. 1256, 33.
Lesna fluv. 1256, 37.
Lesnek via 1255, 617.
Lesnou terra 1257, 76.
Lessuhel locus 1251, 442.
Leucha frater Budyna posses. terrae 1256, 25.
Leuinusa Gregorius de, posses. terrae 1258, 117.
Leustachius fil. Vyd de Copulch comes 1264, 304 ; 1266, 417.
Leustacius homo regius 1238, 71, 72.
Leustacius comes 1270, 575.
Levka serviens 1239, 96.
Lewcha pristaldus 1258, 120.
Lexa posses. terrae 1264, 317.
Lezcbuch posses. terrae 1256, 28.
Lezkoa fluv. 1264, 321.
Lybo terra 1271, 589.
Lika regio croat. 1253, 522, 523 ; 1263, 245, 278 ; 1272, 632, 636.
Lika fluv. 1263, 246.
Lika Jacob de, testis 1243, 182.
Liba posses. domus 1270, 536.
Licenissa terra 1239, 81.
Lici zarius civis bononiensis et comes castri St. Elpidii 1249, 358.
Lykonch fluv. 1269, 511.

Licorianiche fluv. 1252, 485.
Lilium relicta comitis Pribislavi 1269, 485.
Lyna flum. 1257, 76.
Lipnicza fluv. 1256, 25.
Lipig terra 1257, 62.
Lypocha (= Lipovica ?) fluv. 1248, 375.
Lypoycha (= Lipovac) locus 1242, 165.
Lypongna fons 1263, 246.
Lypouch vallis 1264, 319.
Lypouch fluv. 1259, 149.
Lipow naguel locus 1242, 177.
Lipova gora (Lypoa gora) mons 1244, 232.
Lipovac (Lipouch) mons, postea castrum 1250, 442.
Lipovica (Lypovycha) vallis 1256, 27.
Lippenik fluv. 1260, 181.
Liscouech (= Liskovec) locus 1238, 72.
Liscovch fluv. 1244, 265.
Lyscovech rivul. 1237, 41.
Lisen Kamen locus 1260, 180.
Lisiça Georgius testis 1259, 138.
Lysna rivul. 1257, 75.
Lyter fil. Lyter magist. 1246, 289.
Litiwech meta 1242, 177.
Lizcouch riv. 1256, 29.
Lizkochpotoka fluv. 1259, 133.
Lyztouc (= Leskovac ?) rivul. 1244, 257 ; 1245, 270.
Ljuštica locus 1250, 423, 424.
Ljutidol locus 1261, 346.
Lobor (Lobur) possessio 1244, 246 ; 1259, 148.
Locha posses. domus 1270, 575.
Loken (= Lokva) locus 1270, 544.
Loky fluv. 1244, 225.
Locholnycha fluv. 1256, 25.
Lokouch terra 1256, 33, 37, 38.
Lodev;zius not. iadr. 1271, 602.
Lodomer posses. terrae 1239, 79.
Lodomerius episc. varad. 1270, 548, 566 ; 1271, 595, 607.
Lodomerii filii possessores terrae 1258, 115.
Lodomerius fil. Prijezde bani 1267, 439.
Lodomerius nob. varasd. 1239, 98.
Lodomerius posses. terrae 1247, 333.
Loduh Marcus magist. 1261 191.

Logarone locus 1266, 399.
Loguauech (= Lokavec ?) fluv. 1242, 177.
Lomna silva 1256, 49.
Lomnica fluv. 1249, 402.
Lomnica locus 1262, 229.
Lomnica terra 1256, 25.
Lompre de Nichola nob. iadr. 1240, 117 ; 1254, 573.
Lompridii Dobrona nob. rag. 1253, 532.
Lomprinović Kolenda nob. rag. 1253, 532.
Lompriżić nob. rag. 1253, 533.
Lomzky potok rivus 1242, 175 ; 1266, 404.
Lonarve terra 1257, 71.
Lonatu (= Lonja-tó) terra 1257, 74.
Lonca terra 1242—1250, 180 ; 1257, 79, 80.
Lonja (Logna) fl. 1242, 168, 170, 171 ; 1244, 225 ; 1247, 312 ; 1257, 55 72 ; 1269, 495.
Lonjsko polje (Louna campus) 1257, 55.
Lopatk posses. terrae 1256, 28.
Lopud villa 1244, 249.
Loquize locus 1237, 23.
Lorandus palat. v. Rolandus.
Losan terra 1256, 25.
Losiza villa 1240, 116.
Losoua župa 1244, 239.
Losuncha fluv. 1267, 439.
Lourechna Josephus de, nob. iadr. 1239, 82, 83.
Luaz (= Lovas ?) villa 1237, 28.
Lubey (= Ljuboi ? castrum 1243, 203.
Lubinchi posses. bosn. 1244, 239.
Lubobil mons 1251, 461.
Lubugn villa 1242, 168.
Lubus posses. terrae 1244, 238.
Luka comitatus 1266, 390.

Luca custos čazm. 1246, 304 ; 1247, 312.
Luca monach. iadr. 1248, 359.
Luca posses. terrae 1262, 232.
Luca subdiacon. iadr. 1254, 556.
Luchach fil. Endrey comitis 1257, 79.
Lukan nomen viri 1253, 545.
Lucaro de Calenda nob. ragus. 1242, 159, 161, 162, 169.
Lucris Scerechia Doimi nob. spalat. 1260, 160.
Lucarus sacerd. (mem. eius) 1238, 51.
Lucarus Stresii testis 1245, 271.
Lucas can. spal. et notar. 1258, 87, 97, 104, 107, 1259, 121 ; 1260, 156, 164, 1261, 192, 199 ; 1267, 448; 1268, 470, 471; 1269, 494. 502 ; 1270, 550 ; 1271, 583.
Lucas comes moson. 1238, 50.
Lukauz (= Lukavec) fluv. 1256, 25.
Luchuna fluv. 1257, 82.
Luce Cebri Petri testis 1271, 592.
Luce Dessa nob. tragur. 1236, 12 ; 1264, 284.
Luki aqua 1259, 150.
Lucianus magister 1248, 358.
Lucii Valentinus Petri procur. tragur. 1263, 251.
Lucorane locus 1266, 407.
Luder terra 1237, 42 ; 1240, 120 ; 1244, 253, 254.
Ludugar posses. terrae 1260, 156.
Lugdunum (= Lyon) civit. 1244, 259, 260, 261 ; 1245, 274, 282, 283 ; 1246, 291, 293, 295, 296, 298, 299 ; 1247, 311, 315, 316, 320, 323, 326 ; 1248, 339, 342, 343, 361, 365 ; 1249, 389 ; 1250, 419, 420, 430.
Lunheta terra 1257, 74.
Luphyna locus 1261, 201.
Luqui fluv. 1268, 467.
Lusa terra 1244, 250.
Luan terra 1256, 44.

M.

Maç nob. arb. 1237, 26.
Macek, (Machich = Maček?) villicatus 1270, 535, 572, 574.
Mačinević Petar nobilis ragus.nus 1253, 532.
Macha locus 1252, 519.

Macha magister 1257, 68.
Macha uxor quond. Cleti comitis 1243, 203.
Macharia posses. terrae 1247, 311.
Machulellus Petrus posses. terrae 1268, 464.

Macolsyn castrum 1236, 19.

Macrani filii possessores terrae 1267, 455.

Maksić Palma nob. rag. 1253, 532.

Mactoni Dese Germani posses. domus
· 1267, 421.

Macuze locus 1249, 377.

Madeus Zane (= Johannes) consil.
iadr. 1254, 557.

Madii Micha nob. spal. 1256, 3, 6;
1257, 56 ; 1258, 86, 107 ; 1260,
154 ; 1261, 191 ; 1262, 212 ;
1266, 367, 378, 384 ; 1267, 421,
448 ; 1269, 501, 502 ; 1270,
549.

Madius abbas St. Petri arbensis
1251, 456.

Madius Bertaldi Kalenda nob. arb.
1237, 26 ; 1243, 207.

Madius de Muto posses. terrae
1251, 455.

Madius Dobre de Mexe nob. spal.
1240, 117 ; 1267, 430, 447 ;
1269, 494, 501, 502.

Madius Gaucine (Gauçigne) nob. arb.
1237, 26, 1251, 450.

Madius Ginanni nob. arb. 1237, 26.

Madius Grecina nob. spal. 1241, 135.

Madius iud. arbens. 1248, 355.

Madius Jurre testis 1238, 48 ; 1241,
135 ; 1267, 427.

Madius Michae nuntius spalat. 1238,
53 ; 1266, 384 ; 1268, 471.

Madius Tolcus (Tolchus) 1237, 26 ;
1243, 207.

Madius Zoleo testis 1251, 456.

Magdalena Marino de, testis 1270, 531.

Magna Villa terra 1238, 49.

Magorovichy v. Mogorovići.

Mahareus filii posses. terrae 1255, 617.

Maheu testis 1262, 235.

Mahnig testis 1262, 235.

Mainerević Mihoilo nobilis ragusinus
1253, 532.

Maiorius Scarelus de Trano testis
1242, 141.

Maladin terra 1239, 81.

Malamuca Paurogenus de, abbas
1261, 195.

Maldenarius nob. iadr. 1239, 91, 92.

Maldenario Laurentius testis 1286,
408.

Malfo (= Zaton) locus 1255, 606.

Malfredii loculum 1245, 267.

Malicia Petrus nob. arben. 1254, 552.

Malk silva 1269, 506.

Malussi Johannes Petri nob. ragus.
1240, 99.

Malussi Micha Petri nob. ragus.
1236, 1.

Manfredus princeps Tarenti 1258, 98.

Manfredus rex Siciliae 1259, 125 ;
1262, 225 ; 1263, 251.

Mangerović Petar nob. rag. 1253, 532.

Manis de Arbosa civis iadrensis
1244, 219.

Manžaleka Kneza Pavlo nob. rag.
1253, 532.

Maon insula 1248, 336.

Mara nob. domina 1251, 439.

Mara uxor Androsii 1251, 454.

Maranth fluv. 1255, 597.

Mark comes 1263, 282.

Mark comes de Rovišće 1265, 329.

Marc fil. Brokun testis 1243, 182.

Mark posses. terrae 1250, 434.

Mark villa 1270, 526.

Marcan (= Mrkan) locus et monast.
1254, 561.

Marcardinus testis 1256, 14.

Marcellinus episc. aretinus 1244,
216 ; 1246, 296 ; 1247, 320.

Marcellus archidiac. sirm. 1270, 577.

Marcellus comes 1264, 322.

Marcellus fil. Benedicti dicti Borić
posses. terrae 1248, 369.

Marcellus hospes 1244, 264.

Marchisinus domini Aimerigi potest.
fanen. 1249, 395.

Marco Casuo civis venet. 1256, 19.

Marculi Johannis nob. rag. 1256, 1.

Marcus Bonus testis 1238, 53.

Marcus Bragadinus consiliarius iadr.
1245, 267.

Marcus cancel. venet. 1251, 459.

Marcus comes iadr. 1243, 189.

Marcus comes spalat. 1237, 22, 31 ;
1238, 52, 53.

Marcus Contarenus comes vegl. 1248,
356, 357.

Marcus Cornarius nob. ven. 1248, 350.

Marcus de Romasulo testis 1251, 456.

Marcus de Sanso testis 1248, 336.

Marcus diac. et notar. iadr. 1239, 73.

Marcus episc. de Kotor 1261, 190 ; 1266, 377.

Marcus episc. dulcin. 1240—1243, 125 ; 1242, 149, 150, 155, 157.

Marcus Faletro nob. venet. 1243, 201.

Marcus Fallicancius civis iadrensis 1243, 206.

Marcus fil. Borochuni (Brochun) , comes 1242, 167 ; 1244, 263.

Marcus Fusculus testis 1237, 37 ; 1238, 53.

Marcus generatio 1249, 410.

Marcus Mauro notar. iadr. 1248 360.

Marcus nepos archiep. iadr. 1260, 154.

Marcus Pitulo presb. et notar. venet. 1237, 34.

Marcus pleb. iadr. 1250, 417 ; 1259, 134 ; 1270, 524.

Marcus posses. terrae 1239, 79.

Marcus presbyter tragur. 1255, 601.

Marcusden rivus 1270, 544.

Marcussi Michael nobilis ragusinus 1251, 458.

Markušić Mihoilo nob. rag. 1253, 533.

Maretha posses. terrae 1248, 345.

Marge filii posses. terrae 1259, 171.

Margaretha consors Alexandri fil. Bors 1250, 425.

Margareta consors comitis Chopo 1253, 544.

Margarita filia Johannis Zancanarii 1242, 139.

Margarita monialis 1241, 137.

Margaritus de Stilu nob. rag. 1265, 353.

Margaritus Petri Theodori posses. 1255, 606.

Maria filia quond. Michae Vučine 1255, 587, 588.

Maria regina Hung. et Croat. 1244, 221 ; 1248, 374 ; 1258, 84 ; 1259, 148 ; 1260, 178 ; 1261, 202 ; 1263, 276 ; 1264, 302 ; 1266, 411 ; 1267, 436 ; 1268, 460.

Maria soror Slave 1245, 271.

Maria (= Marinci) terra 1242, 160.

Maria Ursi posses. v'neae 1250, 417.

Maria uxor Gaudii Jane posses. terrae 1250, 428.

Maria uxor mag. Jordanis Peliparii 1242 139.

Maria Vince Grecii posses. terrae 1251, 454.

Marichna terra 1257, 78.

Marichna testis 1240, 102.

Mariga Johannis de, posses. terrae 1270, 523.

Marini Bertane nob. trag. 1264, 315; 1267, 442 ; 1271, 592.

Marini Desa nob. trag. 1259, 121.

Marini Gervasius iudex ragus. 1236,1.

Marini Palma nob. ragus. 1251, 458.

Marini Petrus nob. rag. 1251, 450.

Marini Stephanus testis 1271, 592.

Marino de. Amblasio nob. trag. 1239, 84.

Marinus Arbensis fil. Laurentii 1237, 31.

Marinus Baduarius comes ragus. 1242, 161, 169 ; 1244, 241 ; 1245, 273.

Marinus Barbare nobi'is ragusinus 1243, 202.

Marinus Bertaldi pristaldus 1237, 21 ; 1239, 83.

Marinus Binzole nob. ragus. 1251, 458, 460.

Marinus Blasius nob. trag. 1243, 197, 198.

Marinus Bonazunta testis 1251, 453; 1254, 571 ; 1255, 588.

Marinus Bonus miles com. iadr. 1248, 348.

Marinus Calende nob. ragus. 1242, 150 ; 1247, 314, 318.

Marinus canon. tragur. 1259, 121.

Marinus cler. 1257, 70.

Marinus clericus spalat. 1237, 22.

Marinus clericus trag. 1237, 23, 24 ; 1242, 144, 179.

Marinus comes trag. 1271, 592.

Marinus de Arbo scriberius 1251, 447.

Marinus de Biasio Cernota nob. trag. 1242, 177.

Marinus de Calcina testis 1248, 356.

Marinus de Grube posses. domus 1245, 267.

Marinus de Gulerico nob. ragus. 1242, 159, 161, 162, 169.

Marinus de Marteris posses. domus 1250 426.

Marinus de Papanugla testis 1253, 545.

Marinus de Serdan testis 1240, 117.
Marinus de Tecla testis 1247, 314.
Marinus Dobrasolis nob. ragus. 1254, 555.
Marinus Donatus testis 1237, 34.
Marinus fil. Bogdan de Blyna posses. terrae 1256, 49.
Marinus fil. Cindri Antas nob. arb. 1237, 26.
Marinus fil. comitis Hirink posses. terrae 1270, 543.
Marinus fil. Petri Kalçine testis 1239, 91, 93.
Marinus Johannis Dergimiri presb. 1255, 611.
Marinus Julianus testis 1248, 336.
Marinus Lampridii nob. rag. 1261, 187.
Marinus Lauretanus de Venetia testis 1254, 557.
Marinus Maurocenus nob. venet. 1247, 328 ; 1248, 372.
Marinus Maurocenus dux venet. 1250, 417, 425, 427 ; 1251, 439, 440 ; 1251, 450, 456 ; 1252, 497, 504, 508.
Marinus monach. 1239, 89.
Marinus nepos Madii nob. arb. 1237, 26.
Marinus nob. tragur. 1243, 185.
Marinus Petri Clementis testis 1243, 196.
Marinus Petri Stefani posses. terrae 1249, 399.
Marinus Pezaia nob. ragus. 1242, 169 ; 1260, 173.
Marinus Pradoni testis 1242, 179.
Marinus presb. 1239, 89.
Marinus presb. dulcin. 1242, 156.
Marinus presb. tragur. 1246, 288.
Marinus Prodani testis 1242, 144.
Marinus Rugae civis iadr. 1243, 206.
Marinus Rugae Ivanae testis 1242, 154.
Marinus Sergius Debisci nob. rag. 1252, 498.
Marinus Superantius nob. venet. 1243, 206.
Marinus Triurli subdiac. 1240, 99.
Marinus Viule nob. arb. 1237, 26.
Marinus Viti Sorgo nob. rag. 1269, 493.
Mar nus Zerie posses. vineae 1239, 89.

Marinus Zuynice nob. ragus. 1243' 212 ; 1247, 331.
Maristella 1241, 137.
Marita fil. Desceni posses. terrae 1236, 5.
Marius episc. de Kotor 1270, 554.
Marsilius Georgii comes rag. 1252, 495, 501, 508, 1253, 528, 532, 534, 542, 545, 1254, 547, 554, 555.
Martinda locus 1242, 162.
Martini filii posses. terrae 1254, 577.
Martini Symon exam. spal. 1269, 494 ; 1271, 584.
Martinus banus fil. Waie (mem. eius) 1245, 285.
Martinus Basababa testis 1249, 397.
Martinus comes 1246, 310 ; 1256, 32, 36.
Martinus comes de Križevci 1269, 504.
Martinus comes de Zala 1240, 125.
Martinus comes terr. 1266, 395.
Martinus comes zalad. 1241, 136.
Martinus comes zgrb. 1265, 335.
Martinus de Barbato nob. arb. 1237, 25.
Martinus de Crino iupanus 1239, 82, 83 ; 1240, 106.
Martinus Duimi nob. arb. 1237, 26.
Martinus fi'. Bauçanelli posses. terrae 1251, 439.
Martinus fil. Botyz comes 1240, 120.
Martinus fil. Chenke posses. terrae 1256, 32.
Martinus fil. Gordos pristaldus banalis 1249, 402.
Martinus fil. Grisogoni Petri posses. terrae 1243, 196.
Martinus fil. Gurdina posses. terrae 1262, 228.
Martinus fil. Ladislai posses. domus 1270, 540.
Martinus fil. Ladiz'ay posses. terrae 1261, 198.
Martinus fil. Martini de Lypoy posses. terrae 1237, 42.
Martinus fil. Nana posses. terrae 1252, 521; 1253, 525.
Martinus fil. Nezdeše posses. terrae 1236, 19 : 1247, 332.

Martinus fil. Nork posses. terrae 1259, 129.
Martinus fil. Prodani posses. terrae 1249, 392.
Martinus fil. Tusk comes 1256, 32, 34, 35 ; 1257, 74.
Martinus fil. Wlcou de Blina nob. croat. 1262, 229.
Martinus Grisogoni (Crisogani) nob. iadr. 1247, 322, 327.
Martinus iobag zgrb. 1268, 479.
Martinus Johannis de Auclino civis bar. 1252, 500.
Martinus Lapčan iupanus 1238, 59.
Martinus Mansulae presbyt. testis 1245, 271.
Martinus Molçaci advocator 1238, 46; 1239, 91, 92 (mem. eius)
Martinus Sclavus testis 1251 439.
Martinusci potest. tragur. 1263, 250.
Martinuscio Stephanus de, testis 1261, 188, 189.
Martinusius comes spalat. 1251, 461.
Martinusius comitis Gervasii nob. ragus. 1237, 1, 27, 32, 33 ; 1242, 141, 172 ; 1243, 196.
Martinusius diac. vegl. 1239 87, 88.
Martinusius Dimitro nob. spalat. 1243, 196.
Martinuxius fil. quondam comitis Vocin 1240 115, 116, 117.
Martinužić Nikulica nob. rag. 1253, 532.
Martolo ban Vrsaiković nob. rag. 1254, 559.
Martolus de Ursatio vicar. ragus. 1251, 452, 458.
Martolus fil. Johannis de Martoli testis 1248, 336.
Martolus Gullerici posses. terrae 1255, 600.
Martolus presb. 1257, 50.
Marule (= Marulić) Petrus nob. spa at. 1250, 428.
Marulo (= Marulić) Nicolaus Petri nob. splat. 1245, 271.
Maslina portus 1249, 391.
Matafaro Duymus de, nob. iadr. 1256, 23.
Matafaro Matheus Dragi de, testis 1271, 601.

Matafaro Nicola de nob. iadr. 1265, 333.
Matafaro Vulcinna de, exam. iadr. 1265, 334, 358.
Matej (Stjepan) Ninoslav ban bos. 1240, 107, 126 ; 1249, 386.
Mateić Petar, nob. ragus. 1254, 569.
Mateković Petar nob. rag. 1253, 532.
Mateša (Mathesa) de Va entino posses. terrae 1236, 5.
Mateša posses. terrae 1258, 91.
Mathe Bricci posses. terrae 1246, 309.
Mathei Cyprianus nob. iadr. 1265, 345.
Mathei Lucas nob. tragur. 1257, 66 ; 1267, 441, 451 ; 1271, 592,
Mattaeus abbas de Topusko 1266, 415 ; 1269, 520 ; 1270, 543 ; 1271, 613.
Mathaeus archipresb. 1248, 355.
Mathaeus archipresb. šiben. 1238, 47, 51.
Mathias Balatie nob. ragus. 1251, 458, 460 ; 1254, 547, 572 ; 1255 599, 600 ; 1259, 127, 128 ; 1261, 187.
Mathaeus Bodatie nob. ragus. 1236, 1, 8, 9.
Mathaeus canon. spalat. 1254, 571.
Matheus Cornarius consil. iadr. 1248, 348.
Matheus de Stepio posses. navis 1242, 140.
Matheus diac. ragus. 1247, 314.
Mathias episc. vacien. 1238, 50.
Matheus fil. Nicoiai Deluacia testis 1248, 336.
Mathia fil. Vid nob. 1240, 103.
Mathaeus iadr. notar. (1182), 1239, 75.
Matheus Lig testis 1239, 80.
Mathaeus Luce presb. 1242, 149, 151, 157.
Mathaeus mag. dapifer. 1238, 50 ; 1241, 136 ; 1242, 148.
Mathaeus mag. tavar. 1242, 102, 158, 163, 175 ; 1243, 192, 1244, 225, 233, 255 ; 1245, 276, 286 ; 1246, 308.
Mathaeus notar. baren. 1252, 500.
Mathaeus Paulus miles com. ragus. 1243, 183, 199.

Mathaeus peliparius testis 1266, 375.

Mathaeus Theophili diacon. 1242, 149, 151, 157 ; 1247, 317, 319 ; 1251, 446.

Matheus vojvoda transil. 1270, 548, 566 ; 1271, 595, 607.

Maticha iudex trag. 1238, 47, 58.

Maureche Stephanus testis 1267, 446.

Mauressa de Prode presbyt. 1238, 63.

Mauresse Michal nob. rag. 1259, 127.

Mauresse Nicolaus iudex ragus. 1236, 1.

Mauresse Nicolaus posses. domus 1259, 128.

Mauricius iudex curiae 1257, 80.

Mauricius mag. pincer. 1242, 148, 158, 175 ; 1243, 192 ; 1244, 225, 233, 255 1245, 276, 286.

Mauricius posses. terrae 1244, 251.

Maurocenus A'bertinus comes iadr. 1271, 586.

Maurocenus Angelus nob. venet. 1248, 336 ; 1247, 328 ; 1248, 372 ; 1254, 552 ; 1256, 23 ; 1261, 190.

Maurocenus Jacobus testis 1237, 34.

Maurocenus Leonardus comes arb. 1236, 12.

Maurocenus Marinus dux venet. 1247, 328 ; 1248 372 ; 1250, 417, 425, 427 1251, 439, 440 ; 1251, 450 456 ; 1252 497, 504, 508 ; 1254, 552.

Maurocenus Petrus comes arb. 1236, 12 (mem. eius).

Maurocenus Phylippus comes iadr. 1267, 437 ; 1268, 457, 464.

Maurocenus Rogerius com. arb. 1236, 12 ; 1237, 25, 36 ; 1238, 56 ; 1239, 91, 92 ; 1243, 206.

Mauricii fil. Georgius posses. terrae 1251, 474.

Mauricii pons locus 1242, 161.

Mauro Grisogonus nob. iadr. 1259; 123 ; 1260. 159 ; 1261, 188.

Mauro Simeon de, advoc. iadr. 1258, 90 ; 1265, 341.

Maurus archidiac.: veglen. 1248, 360.

Maurus de Predi presb 1242, 149, 157.

Maurus Marini testis 1267, 446.

Maurus nob. de Kotor 1250, 424.

Mazarolo Johannes nob. de Pirano 1270, 549.

Mechynica fluv. 1237, 40, 41 ; 1239, 90.

Mekihov terra 1270, 566.

Mekinac Pelnos testis 1262, 234.

Mekuyn castrum 1256, 9.

Medjurječje (Wiscuz) possessio 1245, 275 ; 1246, 291 ; 1248, 338 ; 1254, 559 1256, 24 ; 1262, 216.

Mednicha palus 1244, 225.

Medoso nob. de Kotor 1250, 424.

Meduagak locus 1249 411.

Medvedgrad (Medve) castrum 1242 —1250, 180 ; 1252, 481.

Medvednica mons 1242, 175 ; 1266, 404.

Mege terra 1259, 133.

Megepotok 1269, 492.

Megjurić possessio comitis Hudinae 1251, 475.

Megnacnea silva 1245, 270.

Meymo (rectius Heymo) episc. vac. 1244, 225 233.

Mel posses. bosn. 1244, 239.

Melea cogn. Radošević (mem. eius) posses. vineae 1249, 395.

Melichnek fluv. 1244, 249.

Melychnyk fluv. 1252, 486.

Mence Calane posses. terrae 1243, 184.

Mence Dimitrius de, nob. ragus. 1246, 290 ; 1251, 458 ; 1254, 573 ; 1255, 599, 600,; 1257, 57 ; 1262, 237, 239.

Mence Petrus cler. rag. 1261, 196 ; 1270, 531.

Menčetić Dimitri nob. rag. 1253, 532 ; 1254, 559.

Meneslav comes 1268, 460.

Meneslav posses. terrae 1261, 200.

Meneslav pristaldus 1257, 79.

Mengaça Petrus de, testis 1259, 134.

Mengaçac nob. arb. 1237, 26.

Mengacia cler. rag. 1259, 127.

Mengatia Lampri nob. ragus. 1251, 452, 457, 460 ; 1255, 555.

Mengazze Silvester testis 1271, 592.

Mequin rivul. 1256, 9.

Merga Vitus de Cerna, nob. iadr. 1260, 159 ; 1266, 398, 408 ; 1267, 446.

Merge filii posses. terrae 1252, 518.

Merge fil. Stephani posses. terrae
1253, 536, 537.
Mergen Radogostić nobilis Croata
1238, 47.
Mergia fil. Blasii testis 1239, 91, 93.
Meriad posses. domus 1252, 518.
Merk (= Mark? comes 1270, 576.
Mernuh Klimento nob. rag. 1253,
532.
Mesenycha fluv. 1269, 511.
Mich (= Mué?) villa 1266. 391.
Micha Çadale pater Leonardi clerici
(mem. eius) 1251, 446.
Micha cleric. spalat. 1243, 184.
Micha de Conciça testis 1240, 100
Micha de Gigna notar. de Kotor
1247, 327.
Micha de Janchino civis ragus.
1252, 499.
Micha de Lemeso nob. iadr. 1242,
142 ; 1245, 330 ; 1248, 360,
364 ; 1250, 418.
Micha de Possallo testis 1243, 189.
Micha de Varicasso nob. iadr. 1251,
440.
Micha fil. Dimince testis 1240, 120.
Micha fil. quond. Mathei de Dušica
posses. terrae 1249, 392, 393.
Micha fil. Sabbe Guseli testis 1237, 31.
Micha Gige diacon. 1271, 586.
Micha Hachiae posses. terrae 1249,
377, 378, 401 ; 1250, 416.
Micha iudex de Šibenik 1243, 208.
Micha Jurec testis 1241, 135.
Micha Madii nob. spalat. 1239, 86 ;
1249, 394 ; 1250, 428 ; 1251,
453 ; 1252, 510 ; 1255, 588 ;
1256, 3, 6 ; 1257, 56 ; 1258, 86 ,
107 ; 1259, 154 ; 1261, 191 ;
1262, 213 ; 1265, 353 ; 1266,
367, 378, 384 ; 1267, 421, 448 ;
1269, 501, 502 ; 1270, 549.
Micha Madii Jorre nob. spalat.
1247, 327.
Micha Madii Soppe nob. spalat.
1248, 374.
Micha nepos Budici vicar. spalat.
1237, 22.
Micha notar. de Kotor 1255 599.
Micha Pasqualis presb. 1270, 554.
Micha Petri Malussi consil. ragus.
1236, I.

Micha Piçi canon. spal. (mem. eius)
1238, 51.
Micha Sapalino testis 1249, 393,
394, 402; 1250, 416.
Micha Trabucho 1261, 188.
Micha Vulcinae posses. terrae 1150,
428.
Michaci Andreas nob. spal. 1257, 56.
Michaci Duimus nob. spalat. 1271,
582, 583, 587.
Michacii Vulcina testis 1271, 584.
Michal iobagio 1240, 122.
Michael banus (mem. eius) 1239, 90.
Michael Binzole nob. ragus. 1251,
452; 1256, 7.
Michael cler. iadr. 1264, 291.
Michael comes 1243, 209 ; 1247,
332, 333; 1251, 476; 1256, 22, 47.
Michael comes nitrien. 1271, 596,
607.
Mychael comes de Sana 1264, 292.
Michael comes de Varaždin 1244,
235, 245, 246, 247 ; 1248, 367.
Michael comes de Virovitica 1267; 429.
Michael comes de Zala 1270, 567.
Michael comes spalat., castel. de Klis
et comes de Poljica 1251, 461.
Michael Dabraslai Ranana nob. rag.
1255, 610.
Michael de Milegosto tribunus 1251,
439.
Michael de Mira abbas 1254, 561.
Michael de Vtris nob. vir 1262, 229.
Mikael decan. titul. 1237, 45.
Michael Dukas despotes 1237, 39.
Michael fil. Aladar comes de Zala
1270, 570.
Michael fil. Alberti comes 1266, 411.
Michael fil. Benedicti dicti Borić
posses. terrae 1248, 369.
Michael fil. Bratoši posses. terrae
1245, 277.
Michael fil. Buzad bani comes 1256,
48 ; 1259, 148 ; 1260, 186.
Michael fil. Michaelis posses. terrae
1263, 279.
Mychael fil. Opudini posses. terrae
1237, 29.
Michael fil. Sabatii Sulizae posses.
terrae 1251, 461.
Michael fil. Symonis magister 1266,
372.

Michael fil. Simonis de Garić posses. terrae 1266, 373.

Michael fil. Simonis posses. terrae 1263, 259.

Michael pl. Ubul de gen. Boloksymian 1271, 608.

Michael fil. Ubul comes 1271, 597.

Michael frat. praed. 1262, 234.

Michael Johannes comes iadr. 1236, 4, 5, 6, 7, 18 ; 1237, 21, 22, 24, 35, 39, 46 ; 1238, 59 ; 1239, 73, 75, 76, 82, 83 ; 1240, 100, 105, 115 ; 1242, 142 ; (mem. eius) 1251, 439.

Michael iudex tragur. 1239, 80.

Michael lector zgrb. 1247, 323, 325; 1249, 414; 1256, 49; 1257, 78, 83 ; 1259, 147 ; 1260, 172, 184 ; 1261, 205 ; 1262, 243 ; 1263, 281 ; 1264, 326, 327 ; 1265, 332.

Michael Longo testis 1250, 426.

Mychael magister 1244, 251.

Michael magister (frater Buzad bani) 1239, 96, 97.

Michael mag. dapifer. reginae 1239, 79 ; 1240, 122.

Michael magnus despotes 1256, 1.

Michael Marcius testis 1248, 347.

Michael Marcusii nob. ragus. 1249, 380, 381 ; 1251, 458.

Michael notar. arb. 1251, 478.

Michael not. iadr. 1257, 69 ; 1258, 92, 93 ; 1259, 131, 134, 137 ; 1260, 169 ; 1261, 188, 189.

Michael Pezane nob. ragus. 1240, 99 ; 1242, 141 ; 1243, 183 ; 1244, 223 ; 1245, 273, 283 ; 1246, 305 ; 1247, 328 ; 1248, 339 ; 1249, 381, 399 ; 1251, 446, 448, 450, 452, 457, 460 ; 1252, 484, 498, 499, 502 ; 1254, 548, 554, 562, 567 ; 1255, 606. 612 ; 1256, 8 ; 1258, 95 ; 1260, 157 ; 1261, 187, 193 ; 1262, 237, 239.

Michael Paleologus imper. rom. 1261—1282, 211.

Michael posses. terrae 1257, 74.

Michael praep. alben. 1238, 50.

Michael praep. čazm. 1270, 557.

Michael presb. 1238, 62.

Michael presb. et notar. venet. 1241, 133.

Michael Proculi nob. ragus. 1237, 37.

Michael Truno pleban. 1243, 201.

Michaelis Desa nobil. spalat. 1245, 271 ; 1248, 373 ; 1257, 58.

Michaelis fil. Dresini posses. terrae 1243, 209.

Michaelis Johannes comes ragus. 1242, 159, 160, 169, 171, 172 ; 1242—1244, 179 ; 1243, 183, 195, 196, 199, 200, 204, 210, 211, 212.

Michaelis Proculus nob. rag. 1257, 70 ; 1261, 187.

Myka posses. terrae 1266, 412.

Micas fil. Adami testis 1243, 209.

Myke comes 1270, 570.

Myko posses. terrae 1257, 73 ; 1262, 235 ; 1268, 483.

Mycho fil. Bork posses. terrae 1262, 240.

Mycola (= Mikluševci) terra 1242, 160 ; 1249, 382.

Miconis fil. Gurbusa posses. terrae 1258, 104.

Micula comes 1270, 562.

Micula de gen. Aba (mem. eius) 1240, 103.

Micula filii v. Mikulići.

Micula filii posses. terrae 1250, 438.

Mikulica Pečenežić nob. rag. 1254, 559.

Mikulići Georgius testis 1267, 426.

Mikulić (filii Micula) locus 1242, 175 ; 1266, 404.

Migača Bubana nob. rag. 1254, 559.

Migíe d terra 1270 571.

Mihail Asjen imp. bulg. 1253, 528 ; 1254, 559, 560.

Miha i terra 1246, 289.

Mihoil Peženić nob. rag. 1254, 559, 569.

Mihoilić Prugl nob. rag. 1253, 532.

Mihovil fil. Radonje civis senien. 1243, 181.

Milco de gen. Grobic posses. terrae 1244, 265.

Milniza rivul. 1258, 112.

Millocinus nuncius tragur. 1271, 591.

Millogna (= Milonja) fil. Gostigne (= Gostinje) civis iadr. 1248, 363.

Milozca filii posses. terrae 1251, 475.

Milus abbas 1238, 47.
Milussor Grupša civis spalat. 1266, 384.
Miraz Studenac fons 1249, 391.
Miren Kačić testis 1240, 117.
Mirk officialis persona 1252, 516.
Mirko comes 1270, 9.
Myrce villa 1251, 461.
Miriesce iudex senien. 1248, 355.
Myrizlaus posses. terrae 1263, 260, 261.
Mir:zlaus testis 1270, 572.
Mirohna peharnik bosn. 1240, 107.
Miroj posses. terrae 1246, 309.
Mirozlaus fil. Stephani de gen. Endre posses. terrae 1265, 332.
Miroslav comes 1260, 183 ; 1265, 335.
Miroslav comes dulcin. 1242, 149, 150, 156.
Miroslav de Petro Cipriano testis 1240, 117.
Miroslav magnus nob. croat. 1262, 229
Miros av posses. terrae 1256, 25 ; 1257, 79.
Miroslava filia Binzole de Bodatia 1261, 187.
Miroš Hrističić nob. Croata 1238, 47.
Myruzlav (= Miroslav) comes de Rovišće 1264, 329.
Miscina (= Mišina?) Gorica locus 1245, 277.
Myzluna centurio subulcorum regis 1244, 243.
Mladače fil. Prvoslav posses. vineae 1259, 136.
Mladocint Buntich de gen. Stupich homo regius 1253, 523, 535.
Mljet (Meleta) insula 1240, 109, 111 ; 1253, 542 ; 1262, 236; 1272, 621.
Mochimer posses. terrae 1248, 354·
Mochko fil. Wlkosa posses. terrae 1253, 536, 537.
Mocro terra 1251, 465.
Modricha fons 1244, 239.
Modoros v. Modruš.
Modruš comitatus 1251, 443, 444·
Mogorovići (Magorouichy) nobiles 1249, 391.
Mogorovc rivul. 1237, 41.
Mogtk comes 1264, 315.
Mohor terra 1244, 238.

Moy comes de Somogy et de Bihar 1264, 294.
Moyk iobag. 1257, 80.
Moyg comes curial. de Topusko 1254, 577.
Mois archidiac. senien 1248, 355.
Moys comes de Gara 1256, 5.
Moys comes de Somogy et Varaždin 1261, 206 ; 1264, 327 ; 1265, 349 ; 1267, 447.
Moys fil. palatini Moys posses. terrae 1245, 280.
Moys fil. Pexe nob. 1240, 103.
Moys iudex curiae regiae (mem. eius) 1244, 248, 249.
Moys magister 1252, 485 ; 1256, 27 ; 1262, 228 ; 1263, 253.
Moyses magister dapifer. et comes de Vrbas 1258, 106.
Moys mag. tavarn. 1260, 175.
Moys marescalcus 1251, 466, 467, 470, 471.
Mois palat. 1270, 548, 566 ; 1271, 595, 607.
Molçaco Philippus de, testis 1265, 358.
Molino Andreas de, comes iadr. 1270, 567 ; 1271, 601.
Molona terra 1249, 404.
Molunt locus 1253, 546.
Moniorous (= Monyoros) villa 1237, 28
Monopoli civit. ital. 1258, 92.
Monte Grasso (= Mutogras) mons 1251, 453.
Moravče (Moroucha) comitatus 1242, 170 ; 1245, 286 ; 1252, 516 ; 1258, 112; 1260, 185; 1270, 557.
Moravče rivus 1242, 170, 171 ; 1256, 10 ; 1270, 536, 575.
Morigne terra 1251, 465.
Mortel pristaldus 1251, 474.
Mortini fil. Wolcoyn posses. terrae 1256, 10.
Mortoyz aqua 1249, 412.
Mortun comes de Križevci 1268, 481.
Mortun filii iobag. 1269, 521.
Mortunwelge (= völgy, dolina) vallis 1271, 593.
Mortunus fil. Chenke posses. terrae 1256, 32.
Mortunus genus 1244, 251.
Mortunus iobagio 1259, 150.

Mortunus (= Martin?) posses. terrae 1256, 29, 36.

Mortunpotoka rivul. 1248, 353.

Moruhchel possessio 1259, 141.

Morvech aqua 1255, 617.

Movrješić Filipo nob. rag. 1253, 532.

Movrješić nob. rag. 1253, 533.

, Moscardellus testis 1249, 378.

Mošćenica fluv. 1266, 419.

Mošćenica terra 1271, 611.

Moslavina (Munuzlov) regio 1247, 312 ; 1249, 412 ; 1255, 617 ; 1257, 60, 78 ; 1262, 232 ; 1264, 324 ; 1269, 495, 498 ; 1270, 526.

Moslavinica rivul. 1266, 406.

Mosina aqua 1251, 475, 476.

Mosocha terra 1242, 177.

Moson castrum hung. 1263, 275.

Motmer posses. terrae 1252, 521.

Motmerius fil. Martini 1253, 525.

Motoy locus 1259, 144.

Mozechina fluv. 1249, 402.

Moznav villa 1242, 168.

Mrkotić Vojslav testis 1254, 560.

Mrascyn (= Mraclin?) terra 1249,412.

Mraclin terra 1255, 617.

Mrljan (Murnan) locus 1243, 184 ; 1258, 83.

Mrvčić Bigren testis 1249, 415.

Muhor posses. terrae (mem. eius) 1244, 244, 245.

Muncadburne locus 1237, 41.

Mura fluv. 1244, 251, 261, 262 ; 1249, 383 ; 1254, 548 ; 1259, 142 ; 1260, 186 ; 1264, 316 ; 1268, 484.

Muran castrum 1271, 590.

Murgie magister nob. spalat.1243, 196.

Muruilla locus 1237, 35.

Murva aqua 1251, 453.

Murzo Ivanus testus 1271, 587.

Musd terra 1237, 42 ; 1244, 253.

Musina aqua 1245, 275.

Musina castrum 1263, 253; 1264, 295.

Musyna locus 1267, 447.

Muthua terra 1263, 265.

N.

Naçarius civis iustinopolit. 1243, 197.

Nadiha filii posses. terrae 1244, 231.

Nadiha posses. terrae 1237, 40, 41

Nadin castrum 1240, 106.

Nadoslaz locus 1259, 149.

Nagpatak few (= Nagy patak fö) fons 1250, 434.

Naydaycha villa 1259, 153.

Naymerii Gervasius nob. ragus. 1238, 52, 62 ; 1239, 78 ; 1240, 99 ; 1241, 131 ; 1242, 141, (defunctus) 1251, 542.

Narad posses. terrae 1266, 413.

Narad (= Neradin ?) terra 1237, 29, 30.

Nariklić Vlasi nob. rag. 1253, 532.

Nasde clericus 1270, 568.

Našice (Neccha) locus 1240, 103 ; 1250, 435.

Nassis Mathaeus de, nob. iadr. 1260, 160.

Natalis Jantii Marci posses. terrae 1250, 428.

Nautuuina locus 1243, 209.

Nazled terra 1265, 358.

Nazler posses. terrae 1256, 29.

Nazvod terra 1264, 325.

Neapolis civit. 1255, 589, 590, 593.

Neccha v. Našice.

Nedeliche (= Nedelišće ?) terra 1256, 47.

Nediir locus 1242, 162.

Nedelk terra 1259, 142.

Nedelko testis 1243, 182.

Negomirić Jakov nob. rag. 1253, 532.

Nekche v. Našice.

Nelipcius v. Nelipić.

Nelipić (Nelipcius) nob. Croata 1244, 236.

Nemanja de Busah (= Bužim ?) testis 1243, 182.

Nemanja (Nemagna) župan de Jablanac 1251, 450, 451.

Nemanja Stephanus megaiupanus Serviae (mem. eius) 1250, 423

Nemer comes 1258, 108.

Nemti (= Nijemci?) villa 1240, 120.

Nenina mlaka palus 1256, 44.

Neophiton episc. de Zeta 1270, 554.

Nepric pristaldus 1262, 229.

Neretva župa 1244, 239.

Neretva fluv. 1253, 531.

Nesco posses. vineae 1237, 24.
Nessicha (= Našice ?) terra 1239, 81.
Neudal generatio 1259, 147.
Neveste villa 1266, 380.
Neznich potoka rivus 1242, 175 .
  1266, 404.
Nezula rivus 1266, 387.
Nheuna (= hodie Levanjska varoš)
  locus 1244, 237, 238.
Niça Jacobus posses. vineae 1264, 293,
Nykch villa 1270, 571.
Nyciforus Bontii civ. rag. 1249,
  380, 381.
Nycifori de Marzo nob. ragus.
  1247, 331 ; 1257, 70.
Nyciforus Srecce Peregrinus nob.
  ragus. 1243, 212.
Nicola Dese nob. spalat. 1256, 3, 6.
Nicola fi¹. Milogne posses. terrae
  1255, 588.
Nicola Lampridii de, advoc. 1267, 437.
Nicola monach. iadr. 1248, 359, 363.
Nicola Rubei civis iadr. 1243, 189.
Nicola Stoch testis 1240, 113.
Nicola Lampredius (Petrus) exam.
  iadr. · 1250, 426 ; 1251, 440 ,
  1252, 505 ; 1254, 556, 557 :
  1260, 159 ; 1266, 369.
Nicolai filii posses. terrae 1251,
  447 ; 1259, 145 ; 1269, 489.
Nicolai fil. Bonsa posses. terrac
  1266, 409.
Nicolai filii iobag. Zagrab. 1270, 571.
Nicolarus cleric. iadr. 1254, 556.
Nicolaus Albertini nob. trag. 1242,
  154 ; 1243, 206 ; 1245, 278 ;
  1246, 299, 300 ; 1248, 337.
Nicolaus archidiac. bach. 1270, 577.
Nicolaus banus tot. Slav. 1240,
  122, 125.
Nicolaus camer. pap. 1257. 68.
Nycolaus canon. buden. 1256, 12.
Nicolaus Casimera testis 1248, 336.
Nicolaus comes 1248, 343, 344. 345
Nicolaus comes 1259, 147.
Nicolaus comes Castri Ferrei 1251,
  466, 467, 470, 471 ; 1258, 106.
Nicolaus comes de Kalnik 1263,
  258 ; 1264, 304.
Nicolaus comes de Kamarun (= Ko
  moran) 1243, 206.
Nicolaus comes de Omiš 1238, 62.

Nicolaus comes varasdien. 1270, 567.
Nicolaus Contareno nob. venet.
  1242, 162.
Nicolaus custos Zgrb. 1252, 521.
Nicolaus Dabraze nob. rag. 1268, 459.
Nicolaus Damiani nob. iadr. 1237, 26.
Nicolaus diac. et notar. Dyrrach.
  1249, 396, 397.
Nicolaus de Curoso civis ragus.
  1252, 499
Nicolaus de Hodimiro comes de
  Omiš 1239, 77.
Nicolaus de Leueberk comes 1272, 639.
N colaus decanus bach. 1244, 266.
Nicolaus Donato nob. venet. 1248, 350
Nicolaus Duimi nob. spal. 1249,
  395 ; 1251, 454 ; 1256, 4.
Nicolaus episc. apsar. 1263, 249.
Nicolaus episc. hvaren. 1242, 151 ;
  1256, 4.
Nicolaus fil. Arnoldi comes 1270,
  570.
Nicolaus fil. Belciz pristaldus
  1251, 461.
Nicolaus fil. Beli Petri de gen.
  Kačić 1251, 453.
Nicolaus fil. Chodimiri comes de
  Omiš 1245, 268.
Nicolaus fi'. Desislavi posses. terrae
  1261, 200 ; 1264, 321.
Nicolaus fil. Gregorius posses. terrae
  1262, 228.
Nicolaus fil. Ivani pristaldus ban.
  1238, 71, 72.
Nycolaus fil. Jacobi de Cerna nob.
  rag. 1261, 194.
Nicolaus fil Macarii bani 1270, 526.
Nicolaus fil. Nico'ai comitis 1245, 284.
Nicolaus fil. Nicolai comes 1270, 537.
Nicolaus fil. Petri Marule testis
  1245, 271.
Nicolaus fil. Senarisci posses. terrae
  1255, 616.
Nycolaus fil. Theocori posses. terrae
  1237, 29.
Nicolaus fr. Abraami comitis de
  Moravče 1242, 170.
Nicolaus frater praep. File 1267, 449.
Nicolaus Fuscarinus nob. venet.
  1254, 573.
Nicolaus Gadlithleto testis 1248, 335.
Nicolaus Gencu (!) testis 1237 23.

Nicholaus Greco calegarius 1250, 418.
Nicolaus Hungarus posses. terrae 1262, 232.
Nicolaus iud. arb. 1237, 26.
Nicolaus iudex barul. 1251, 447, 448.
Nicolaus iudex curiae 1270 548, 566 ; 1271, 590, 595, 607.
Nicolaus iudex curiae reginae 1261, 206.
Nicolaus magist. dapiferor. 1251, 466, 467, 470, 471.
Nicolaus mag. fil. Scemae comitis 1263, 269.
Nicolaus mag. tavern. 1237, 41.
Nicolaus Mauresse iudex ragus. 1236, 1.
Nicolaus Mauro testis 1249, 397.
Nicolaus notar. Dyrrach. 1248, 335, 336 ; 1256, 2.
Nicolaus notar. de Pirano 1270, 549.
Nico'aus Pecinagi nob. ragus. 1243, 212, 1249, 400 ; 1251, 458, 461 ; 1255, 601.
Nicolaus potest. spal. 1269, 493.
Nicolaus praep. agrien. 1244, 256.
Nicholaus presb. canonic. iadr. 1245, 267.
Nicolaus Pribi nob. iadr. 1237, 26.
Nicolaus sacrista spal. 1243, 184 ; 1250, 428 ; 1251, 449.
Nicolaus Savini nob. iadr. 1237, 26.
Nicolaus Simiteculo abbas St. Grisogoni iadr. 1248, 336, 356, 359, 363 ; 1250, 426 ; 1251, 440 ; 1252, 505 ; 1254, 556, 557 ; 1259, 134 ; 1266, 374, 407 ; 1267, 437, 446, 464 ; 1268, 457.
Nicolaus Stocca Matica testis tragur. 1246, 288.
Nicolaus Storea testis 1239, 80.
Nicolaus subdiac iadr. 1254, 556.
Nicolaus Tonisco comes ragus. 1238, 60, 62, 69, 70, 77, 1240, 98, 104, 107, 108, 111.

Nicolaus vicecomes de Moravče 1256, 12.
Nicoletto de Toma nob. tragur. 1239, 86.
Nycoliza de Martinusio nob. ragus. 1243, 199.
Nicoliça Piccirineti testis 1243, 195.
Nicolinus magis. cler. 1242, 167.
Nicoloso Baccetta nomen viri 1255, 590.
Nigroponte locus 1263, 254.
Ningatia (= Mengatia) canon. rag. 1259, 128.
Ninoslav banus bosn. 1244, 236, 239 ; 1248, 341, 342 349.
Nitria castrum hung. 1263, 275.
Noac v. Novak.
Nodulk posses. terrae 1265, 334.
Nogfolu (= Nagyfalu, hodie Viškovci) villa 1244, 238.
Nogurbona aqua 1244, 231.
Nodulk fil. Tolomerii posses. terrae 1264, 322.
Nona (croat. Nin) civitas et comitatus 1241, 138; 1242, 162; 1243, 202, 203 ; 1244, 240, 241 ; 1248, 349 ; 1249, 390, 391 ; 1251, 451 ; 1253, 535, 536 ; 1258, 103 ; 1264, 299.
Nonense capitulum 1253, 522 ; 1258, 102.
Noreta fi'. Jaco nob. croat. 1262, 229.
Novalia (= Nevalja) insula 1236, 12.
Nova Civitas (= Wiener Neustadt) 1255, 608.
Nova ves (Nova villa), pars Zagrabiae 1252, 490.
Novak (Noac) županatus, terra et villa 1255, 594, 595 ; 1258, 108 ; 1266, 413 ; 1267, 439 ; 1269, 497, 500.
Novum castrum (?) 1251, 469.
Novum Praedium (= Nova ves ?) villa 1269, 485.
Nusmaro Sabbo testis 1267, 446.

O.

Občenovičenović Jež testis 1249, 387.
Oblascina petra 1249, 391.
Oblazni rivul. 1249, 408.
Oboryn fluv. 1249, 412 ; 1255, 617
Obozt fluv. 1259, 132.
Obrad civis · de Br:bir 1264, 296.
Obrad comes nob. de Bribir 1251, 467.
Obrad fil. Stepk posses. terrae 1269, 514.
Obrad (Obraddus) filius Ugrini possessor terrae 1236, 5.
Obrad Ramljanin posses. terrae 1236, 18.
Obraduch fenere locus 1261, 201.
Obreš terra 1271, 600.
Obris (= Obrež ?) terra 1247, 332.
Obrys (= Obrež ?) terra 1260, 183.
Obrys rivus 1236, 20.
Obrovac (Braucii) terra 1242, 164.
Oburh puteus 1259, 148 .
Oka ocus 1253, 531.
Ochmych posses. terrae 1256, 32.
Ochuz banus (mem. eius) 1245, 285.
Ochuz fil. Ochuz bani magister 1244, 246 ; 1248, 343, 344.
Okić (Oclych, Oclinch) castrum 1242, 164 ; 1250, 442 ; 1271, 603.
Oclych v. Okić.
Oclinch v. Okić.
Ocrenaso terra 1260, 155.
Ocrog (= Okrug ?) terra 1243, 209.
Octavianus card. 1247, 316; 1260, 167.
Octobone diac. card. 1255, 590.
Odo episc. tuscul. 1260, 167 ; 1266, 381.
Odola fil. Borić posses. terrae 1248, 369, 370.
Odola Predenić 1247, 313.
Odole filii (= Odolenići) posses terrae 1249, 385.
Odolen poss. terrae 1256, 38.
Odolyn kuta aqua 1250, 436.
Odorlici Adalgerio nob. de Pirano 1270, 549.
Odra fluv. 1249, 402, 412 ; 1255, 617 ; 1256, 26 ; 1257, 79 ; 1260, 184 ; 1267, 425; 1269, 495.
Odra terra 1249, 402.
Odramčić Kakmuž testis 1249, 387.
Ogarus presb. 1240, 101.

Ognakovo blato 1243, 202 ; 1260, 153 ; 1261, 188, 189 ; 1265, 357 ; 1270, 530.
Ogulin Kalligarius testis 1237, 24.
Ograicnizza lokva lacus 1249, 391.
Oyfoln villa 1237, 28.
Olachi (= Romani) natio 1259, 132.
Olfeld (= Alföld, Donji kraji) praed. bosn. 1244, 239.
Oliverius episc. sirm. 1250, 432 ; 592 ; 1262, 238.
Oliverius mag. tavern. 1262, 232.
Olochol testis 1243, 182.
Olprech posses. terrae 1262, 239.
Olup posses. terrae 1257, 72.
Ombula v. Rijeka.
Omiš (Dalmisium) civit. 1238, 62 ; 1239, 78 ; 1240, 112, 113 ; 1244, 217 ; 1245, 268, 269 : 1247, 313 ; 1251, 453 ; 1258, 165 ; 1261—1262, 207 ; 1262, 234 ; 1267, 420 ; 1268, 456 ; 1271, 584.
Omišalj (Castromusclo) locus 1248, 357 ; 1252, 479.
Omišani 1239, 77.
Opoy banus 1237, 41 ; 1238, 71, 72 ; 1239, 96, 97.
Opoy comes 1258, 105.
Opoy posses. terrae 1248, 353 ; 1251, 474.
Oprahk quondam prior, 1240, 110.
Oprissa Dabralis exam. spalat. 1257, 56, 59.
Opud banus (mem. eius) 1252, 517
Orašac locus 1253, 531.
Orbolčň fluv. 1255, 609.
Oriava (= Orljava ?) fluv. 1256, 44.
Oriawcha (= Orljava ?) flum. 1258, 85.
Oriawicha (= Orljavica) rivul. 1258, 84.
Oryauicha (= Oriovac ?) terra 1258, 84 ; 1262, 241.
Orisco posses. terrae 1236, 19, 20.
Oriua (= Orljava ?) aqua 1266, 413.
Orywa (= Orljava ?) praedium 1243, 203 ; 1244, 218.
Oroycha fluv. 1259, 149.
Oronati locus 1237, 29.

Ortulanus Bratoslav posses. terrae 1264, 299.

Ortun fil. Ivan posses. terrae 1259, 144.

Osscenag terra 1268, 461.

Ossew patak rivus 1244, 231.

Osilić Čepona testis 1249, 415.

Osl comes 1248, 352.

Osoçtet (!) terra 1260, 186.

Osor comes almis. 1240, 112.

Osrubce presb. 1255, 616.

Oštra Gorica terra 1249, 406.

Ostrog locus 1238, 58 ; 1242, 147, 154 ; 1243, 198 ; 1244, 235 ; 1249, 385 ; 1266, 380.

Ostrovica castrum 1239, 91, 92.

Ostruz (= Oštrc) mons 1251, 442.

Otak iobagio 1240, 122.

Othmich posses. terrae 1256 38,

Otmich posses. vineae 1256, 35.

Otho episc. patav. 1261, 196.

Othok praed. 1239, 96.

Otmyzlau poss. domus 1263, 261, 262.

Otmizlaus posses. terrae 1266, 397.

Otok fil. Nanadei posses. terrae 1239, 79.

Ottobonus diac. card. 1253, 524 ; 1260, 167.

Otrochk posses. terrae 1256, 27, 41 ; 1258, 84.

Otubellus testis 1239, 89.

Oudina aqua 1249, 412 ; 1255, 617 ; 1258, 120 ; 1267, 425.

Oziun villa 1237, 28.

Ozywpuker fluv. 1269, 510.

Ozlaguriche mons 1270, 540.

Ozloa goricha monticulum 1261, 198.

Ozor comes 1239, 77.

Ozur (= Osor ?) comes de Omiš 1258, 105.

Ozuthna fluv. 1263, 265.

P.

Paka fluv. 1266, 396.

Pakra (Pukor) fluv. 1237, 40, 41.

Pakrac (Pukur) locus 1237, 40 ; 1239, 74.

Paganes Andreas nob. ragus. 1243, 212.

Paganezi (= Pečenežić) Andreas nob. ragus. 1237, 27.

Pagus insula et civitas 1237, 35 ; 1244, 221, 222 ; 1265, 339, 345.

Paioppa Antonius presb. 1270, 531.

Palana (= Poljana) terra 1254, 549.

Pales potok 1266, 413.

Palichna (= Paležnik ?) locus 1256, 27.

Palize (= Poljice ?) locus 1255, 606; 1262, 224.

Palliano Angelus de, notar. pap. 1264, 287.

Palma Binzole nob. rag. 1261, 187.

Palma de Colane nob. vir 1254, 561.

Palma Gangulii nob. rag. 1256, 1 ; 1261, 194.

Palma Marini nob. rag. 1251, 458.

Pangracius cantor zgrb. 1236, 21.

Pangracius comes 1265, 338 ; 1266, 373, 417.

Pangracius officialis 1256, 27, 31, 35, 37, 40.

Paniolo locus. 1258, 83.

Pantaleon fil. Sergii de Cantono 1242, 140.

Pantan locus 1259, 121.

Pantanum locus 1239, 80; 1243, 205.

Papaçonus potestas ancon. 1258, 87.

Paparellus posses. vineae 1257, 65.

Pape de Petronia nob. iadr. 1247, 329, 330; 1248, 373; 1251, 455; 1267, 438, 446.

Papruthius vallis 1260, 180.

Pariglava locus 1250, 423, 424.

Paris posses. terrae 1251, 477.

Paruiça (= Prvica) filia Sladin posses. vineae 1250, 417.

Pasca de Chuno procur. bar. 1252, 500.

Pasca de Verissina civis ragus. 1243, 187.

Pascalis Bartholomaeus nob. de Kotor 1271, 585.

Pascalis de Capula notar. et canon. ragus. 1236, 1 ; 1237, 27, 32, 33, 37, 38,; 1238, 52, 53, 60, 61, 62, 64 ; 1239, 78, 89; 1240,

99, 104, 109, III, II9 ; I24I,
133 ; 1242, 140, 141, 150, 157,
160, 172; 1243, 183, 196, 199,
205 ; 1244, 223, 227, 241 ;
1245, 269, 273, 283, 284 ; 1246,
290, 305, 1247, 317, 319, 328,
330, 331, 332 ; 1248, 340, 366,
1249, 378, 381, 386, 400 ; 1251,
448, 450, 453, 458, 460 ; 1252,
484, 495, 499, 501 502, 503,
504, 508, 515, 1253, 522, 542 ;
1254, 548, 554, 555, 561, 562,
567, 573 ; 1255, 599, 600, 601,
606, 611, 612 ; 1256, 8, 18 ;
1257, 50 57, 70 ; 1258, 96 ;
1259, 123, 127; 1260, 157,
176 ; 1261, 187, 193, 195 ;
1262, 224, 225, 233, 237, 239.
Pascalis Sarippi civis dyrrach. 1248,
334 ; 1249, 396.
Pascalis Theodori Crosii nob. ragus.
1247, 332 ; 1248, 339, 366 ;
1255, 600.
Pascalis Zaripur testis 1243, 188.
Pasce comitis filii 1266, 372, 373.
Pašman (Piscimanus) locus et monaster. 1244, 219 ; 1266, 398 ;
1267, 437.
Pasovan Srinošić nob. Croat. 1238, 47.
Pasque Johannis Grade nob. ragus.
1251, 448, 457, 460 ; 1252,
498, 499 ; 1253, 522 ; 1260, 157.
Pasqua Johannis de Prede nob. rag.
1251, 452.
Pasqua protomag. 1255, 611, 612 ;
1261, 193.
Pasqua Varicasce civis iadr. 1244,
219.
Patka terra 1247, 312.
Paterini (= Bogomili) haeretici 1244,
253.
Paugo'n(!) monach. 1239, 89.
Paule Fuscane nob. arb. 1237, 26.
Paulin posses. terrae 1250, 438 ;
1263, 281.
Paulo Nicolaus de, nob. iadr. 1266, 390
Paulus Andreae de Catena testis
1242, 139.
Paulus archidiaconus de Gverče
1249, 414.
Paulus archidiaconus de Kamarcha
1260, 183.

Paulus archipresb. trag. (mem. eius)
1237, 23.
Pau us Blasii nob. trag. 1239, 84 ;
1243, 197, 198.
Paulus Bocinoli (Bulzegno'a) nob.
ragus. 1236, I. 1238—1240, 70;
1239, 78; 1242, 141, 150; 1243,
186, 188.
Paulus canon. 1256, 12.
Paulus canon. agrien. 1243, 206.
Paulus comes (mem. eius) 1239, 91, 92.
Paulus comes 1266, 373.
Paulus comes alb. 1242, 152, 176.
Paulus comes bach. 1271, 595, 607.
Paulus comes de Szolnok 1245, 286.
Paulus Damiani Bocinoli consil.
Paulus de Dessa Pizica testis 1240,
117.
Paulus de Mileta civis ragus. 1248,
334.
Paulus de Velcinna civis ragus.
1247, 332 ; 1248, 334 ; 1249,
396.
Paulus diac. ragus. 1247, 314 ;
1249, 400.
Paulus Dragi Leonardi civis tragur.
1243, 206.
Paulus episc. arb. 1243, 206.
Paulus episc. vespr. 1264, 300 ;
1270, 548, 566 ; 1271, 595, 607.
Paulus fil. Dragi Leonardi posses.
terrae 1242, 178.
Paulus fil. Dragimiri testis tragur.
1246, 288.
Paulus fil. Draxi posses. terrae
1242, 143.
Paulus fil. Leonis comitis Alexii
nob. rag. 1243, 189 ; 1262, 237.
Paulus fil. quond. Lampredii iudex
iadr. 1240, 115, 116, 117.
Paulus iudex curiae regiae 1241,
136 ; 1249, 382, 383 ; 1251,
466, 467, 470, 471 ; 1254, 548,
549 ; 1259, 132.
Paulus iudex trag. 1238, 47, 58 ;
1248, 337.
Paulus Lampredius nob. iadr. 1249,
401 ; 1250, 416 ; 1254, 573.
Paulus lector čazm. 1246, 303,
304 ; 1247, 312.

Paulus monach. 1239, 89 ; 1243, 197, 198, 199 ; 1260, 176.
Paulus ord. frat. minor. 1265, 352.
Paulus praep. quinqueeccl. 1267, 448 ; 1269, 496.
Paulus presb. 1252, 522 ; 1257, 50.
Paulus Querestis diac. 1240, 99.
Paulus Ranane nob. rag. 1237, 37 ; 1238, 52, 53.
Paulus spiritualis pater Petri de Marichni 1237, 27.
Paulus testis 1239, 80.
Paulus Trepetini testis 1240, 120 ; 1241, 135.
Paulus vicecancel. regis 1260, 177; 1261, 198 ; 1262, 228, 232.
Pausa comes 1268, 481.
Pautyn posses. terrae 1256, 44.
Paverzenus nuntius 1252, 494.
Pazada Blathka terra 1272, 626.
Pecce Theodosii testis 1239, 80.
Pecinagi Jacobus nob. rag. 1249, 400.
Pečenežić (Pecinagi) Mikulica nob. ragus. 1243, 212 ; 1249, 400 ; 1251, 458, 461 ; 1254, 559 ; 1255, 601.
Peccinagii Sergius nob. ragus. 1253, 542.
Peclenuna terra 1262, 231.
Pecurna fil. Cupan, posses. terrae 1258, 111.
Peccurarii Johannes nob. ragus. 1243, 205 ; 1244, 223, 227, 241 ; 1253, 542 ; 1254, 548, 554, 555, 562, 567.
Peczy Jacobus nob. trag. 1267, 451.
Pelgrina rivus 1244, 231.
Pellegrinus de Valle testis 1237, 24.
Pellegrinus fil. Leonis de Oronto 1237, 36.
Penimuci Dessa testis 1271, 587.
Perben villa 1237, 28.
Perco comes de Križevci (mem. eius) 1249, 398.
Perculbo pelliparius 1242, 154.
Pertin civis zgrb. 1270, 535.
Perchinus comes 1256, 12 ; 1260, 185 ; 1270, 572.
Peregrino de Ginnanno testis 1252, 511.
Perezechina fluv. 1266, 397.

Perincholus (Pernicholus) comes 1270, 571 ; 1271, 594, 599 ; 1272, 619.
Perincholus potest. zgrb. 1266, 378.
Perynus mercator 1259, 140.
Peristhan (= Bernstein) castrum 1249, 383.
Perna locus 1242, 168.
Perna filius Bufali testis 1242, 154.
Perusium (= Peruggia) civit. 1251, 462 ; 1252, 479, 480, 481, 482, 483, 487, 489, 493, 494, 516 ; 1253, 524, 526 ; 1265, 342, 343, 354 ; 1266, 367, 371, 372.
Pervanega ancilla 1255, 600.
Peschena (= Peščena) villa 1242, 168.
Peset (= Pset) comitatus 1266, 415.
Pesne rivul. 1257, 76.
Pest civit. 1255, 613.
Pesth plebania 1237, 30.
Pest vetus civit. 1270, 566.
Pestechnuk castrum 1251, 472.
Pestuani filii posses. terrae 1256, 36.
Peta filii posses. terrae 1251, 474.
Peta fil. Temeney posses. terrae 1240, 120.
Petar Batal nob. rag. 1254, 559.
Petar Mateić nob. ragus. 1254, 569.
Petar sevastokrator 1253, 530.
Petk de Camarcha testis 1242, 170.
Petk posses. terrae (mem. eius) 1244, 230.
Petka (Petthcha) mons 1253, 537.
Petka posses. terrae 1270, 562
Petko filius Kucin posses. terrae 1240, 121.
Petko fil. Wlchk (= Vučko) de gen. Kamarcha homo regius 1244, 231.
Petko posses. terrae (mem. eius) 1244, 242.
Peter cogn. Hudine 1246, 291.
Petend locus 1237, 29.
Petizlo fil. Gurg iobag. 1254, 549.
Pethna posses. 1248, 369.
Petyla fil. Vratyn posses. terrae 1269, 514.
Petovia (= Ptuj) civit. 1244, 246.
Petrana de Bondi nob. ragus. 1243, 196 ; 1249, 399.
Petrana Dabronis nob. ragus. 1249, 399 ; 1254, 555.
Petrana de Dabro advoc. 1258, 95.

Petrana de Marca presb. ragus. 1251, 458, 459, 460 ; 1252, 496.

Petragna Gervasius presb. 1270, 531.

Petrane Marini Gregorius civis rag. 1268, 459.

Petres filii posses. terrae 1269, 510.

Petri Bubanna nob. ragus. 1242, 141, 150, 172 ; 1243, 212 ; 1244, 227 ; 1245, 269, 283 ; 1247, 330, 332 ; 1248, 339, 365 ; 1251, 457; 1252, 508 ; 1254, 554, 572 ; 1255, 600 ; 1258, 95.

Petri Jacobus testis 1260, 164 ; 1266, 368.

Petri Josep nob. spal. 1268, 469, 470, 494 ; 1270, 549.

Petri Joseph nob. tragur. 1271, 591.

Petri Leonardus testis 1266, 408.

Petri Luca testis 1257, 65.

Petri Luce nob. tragur. 1264, 312 ; 1267, 440, 441.

Petri Micha Malussi consil. ragus. 1236, 1.

Petri Pinosa testis 1258, 104.

Petri Valentinus nob. tragur. 1257, 65 ; 1264, 293 ; 1266, 382 ; 1267, 457 ; 1270, 529.

Petri filius posses. terrae 1247, 312; 1259, 128.

Petriç Andreas de, posses. domus 1259, 137.

Petrich posses. terrae 1270, 564.

Petriz terra 1238, 49.

Petričane locus 1237, 24 ; 1240, 100; 1242, 142 ; 1259, 130, 134.

Petriço Andreas de, nob. iadr. 1236, 5 ; 1239, 75, 76 ; 1240, 106, 115, 116, 117 ; 1251, 439.

Petriço de Forto (Sorte) nob. iadr. 1239, 82, 83 ; 1240, 115, 116, 117 ; 1243, 190.

Petrico Madius Vitače de, testis 1257, 69.

Petrizo testis 1240, 117.

Petrigna de Bethe testis 1265, 333.

Petrigna de Bitche testis 1250, 426.

Petrigna Gattulinus testis 1238, 59.

Petrina iobagio 1244, 261.

Petrinna filius Bitte de Peçe, nobil. iadr. 1236, 4.

Petrinja fluv. 1240, 124 ; 1259, 147.

Petrinja locus 1240, 123 ; 124 ; 1242, 158, 164, 168 ; 1255, 607 ; 1257, 51 ; 1266, 407, 419 ; 1270, 525 ; 1271, 607.

Petro de Ottra Kačić testis 1240, 117.

Petrogna comitis fil. Duymus nob. iadr. 1260, 153.

Petrona Bundić nob. rag. 1254, 559.

Petrona nob. iadr. 1237, 35, 40.

Petronilla filia Striae 1238, 58.

Petrović Bubana, nob. rag. 1253, 532.

Petrović Grgur nob. rag. 1253, 532.

Pettović Rusin nob. rag. 1253, 532.

Petrozlo terra 1262, 241.

Petrucha filia quond. Michae Vučine 1255, 587, 588.

Petrus archidiac. de Kalnik 1246, 309 ; 1247, 323, 325 ; 1249, 414.

Petrus archidiac. de Komarnica 1247, 323, 325 ; 1256, 15.

Petrus archid. ragus. 1247, 317.

Petrus archidiac. de Vrbovec 1269, 488.

Petrus archid. zgrb. 1256, 15 ; 1257, 64 ; 1259, 126; 1260, 182 ; 1261, 203 ; 1267, 429, 515 ; 1270, 557.

Petrus Ballislave nob. ragus. 1236, 1; 1237, 33 ; 1238, 53 ; 1242, 149, 151, 172 ; 1243, 196 ; 212 ; 1244, 227 ; 1245, 284 ; 1246, 290 ; 1251, 452, 457, 460.

Petrus Bogdani de Goyslavo nob. ragus. 1246, 290.

Petrus Brunus not. pap. 1253, 524.

Petrus Calende Stepacie nob. ragus. 1243, 196.

Petrus Calchina nob. iadr. 1245, 267 ; mem. eius 1249, 377.

Petrus Calvus iobagio 1261, 197 ; 1270, 538.

Petrus Calza doctor legum 1254, 553.

Petrus canon. et notar. iadr. 1236, 5.

Petrus can. sirm. 1262, 238.

Petrus cantor zgrb. 1242, 178 ; 1243, 210 ; 1244, 262 ; 1247, 323, 325.

Petrus Cicla iudex spalat. 1242, 155.

Petrus Cipriani Çurina nob. arb. 1237, 26.

Petrus civis de Omiš 1262, 235.

Petrus Clementis nob. rag. 1251, 450.

Petrus cler. š.ben. 1263, 248.
Petrus comes 1271, 597, 609.
Petrus comes (frat. praep. Filae zgrb.) 1242, 160 ; 1244, 214 ; 1244, 244 ; 1248, 381, 382 ; 1251, 447.
Petrus comes cognatus archiepisc. coloc. 1253, 540.
Petrus comes de Kalnik 1246, 309 ; 1266, 416.
Petrus comes Tymisiensis 1249 411.
Petrus consanguineus com. Hudinae 1245, 275.
Petrus Črnehe nob. spalat. 1254, 571 ; 1255, 587, 588.
Petrus curialis comes 1255, 597 ; 1259, 145.
Petrus de Andruzo (= Andrić) testis 1252, 484.
Petrus de Assissis clericus 1250, 419.
Petrus de Barro episc. sabin. 1252, 478.
Petrus de Bufalo nob. trag. 1239, 86 ; 1242, 154.
Petrus de Carnisi civis ragus. 1243, 186, 188.
Petrus de Goyslavo nob. dulcin. 1242, 149, 151.
Petrus de Lika comes 1263, 245.
Petrus de Luca nob. trag. 1239, 80, 84 ; 1243, 197, 198 ; 1243, 206 ; 1246, 288, 299, 300.
Petrus de Marichni nob. ragus. 1237, 27.
Petrus de Mico civis arb. 1237, 36.
Petrus de Moslavina posses. terrae 1262, 232.
Petrus de Nicola Lampredii nob. iadr. 1240, 106.
Petrus de Romasulo archidiac. arb. 1251, 456.
Petrus de Rura posses. navis 1253, 542
Petrus de Scarcella testis 1243, 187, 188.
Petrus de Srecca (Sretta) nob. ragus. 1237, 27 ; 1239, 78 ; 1243, 212 ; 1251, 457, 460.
Petrus de Streha testis 1243, 195.
Petrus de Tanusio subdiac. antibar. 1247, 318.
Petrus de Transmundo civis anconit. notar. spalat. 1239, 86.

Petrus de Velika posses. terrae 1237, 41.
Petrus decanus bach. 1270, 577.
Petrus decanus zgrb. 1236, 21 ; 1244, 262.
Petrus Dente notar. 1249, 380.
Petrus diac. et canon. iadr. 1236, 6, 7, 8 ; 1237, 24.
Petrus episc. transilv. 1270, 548, 566 ; 1271, 595, 607.
Petrus Faber civis venet. 1240, 108.
Petrus fil. Chetleni archiep. spalat. 1238, 51 (mem. eius).
Petrus fil. Dese testis 1249, 385.
Petrus fil. Gurwey (mem. eius) 1237, 28.
Petrus fil. Jacobi Sabatii 1237, 31.
Petrus fil. Jaxa posses. terrae 1266, 411.
Petrus fil. Jakše vicebani posses. terrae 1249, 397, 413.
Petrus fil. Mathei decanus ragus. 1246, 290.
Petrus fil. Oltre Kačić 1238, 46.
Petrus fil. Oltre posses. terrae 1240, 106.
Petrus fl. Prehodo posses. terrae 1240, 121.
Petrus fil. quond. Nichola: testis 1237, 35.
Petrus fil. Rodolphi maior villae de Petrinja 1270, 525.
Petrus fil. Tholimiri comes 1253, 522.
Petrus fil. Zachei posses. terrae 1266, 395.
Petrus fiscu zgrb. 1253, 525.
Petrus frat. Bene presbyt. 1248, 356.
Petrus Jacobus Lausii testis 1243, 196.
Petrus Johannis Scanaberg posses. vineae 1239, 89.
Petrus iudex šiben. 1263, 247.
Petrus lector quinqueeccl. 1248, 397; 1250, 418.
Petrus lector titul. 1237, 45.
Petrus Leonardi testis 1255, 588.
Petrus mag. dapifer. 1270, 548, 566 ; 1271, 595, 607.
Petrus Marcellus nob. venet. 1237, 33, 34.

Petrus Marini nob. rag. 1251, 450.
Petrus Marule (= Marulić) posses. terrae 1250, 428.
Petrus Mathei Dabrane nob. ragus. 1247, 332 ; 1248, 339 ; 1249, 399 ; 1252, 483 ; 1254, 555.
Petrus Maurocenus comes arb., 1236, 12 (memoria eius).
Petrus Meruitius nob. arb. 1237, 26.
Petrus Michaelis de Tunio posses. terrae 1247, 330.
Petrus miles de Borgona 1245, 277.
Petrus notar. apost. 1253, 524.
Petrus notar. rag. 1265, 353 ; 1270, 524.
Petrus not. spal. 1266, 399 ; 1267, 421, 427, 430, 431.
Petrus nunc. ducis Colomani 1240, 114
Petrus Pausa capel. 1252, 495.
Petrus Pino episc. castellanen. 1243, 201 ; 1251, 459.
Petrus Pinose nob. spalat. 1237, 31 ; 1238, 52 ; 1242, 155.
Petrus posses. terrae 1246, 310 ; 1256, 30.
Petrus presb. 1240, 101 ; 1252, 522.
Petrus presbit. St. Angeli et notar. venet. 1237, 34.
Petrus presb. tragur. 1246, 288.
Petrus primicerius spalat. 1257, 59.
Petrus prior (mem. eius) 1239, 87, 88.
Petrus „Pulcher" magis. 1267, 429.
Petrus praep. čazmen. 1261, 203 ; 1262, 242 ; 1263, 260 ; 1266, 363 ; 1269, 488 ; 1269, 505.
Petrus Rincouik testis 1240, 117.
Petrus Rossini nob. ragus. 1243, 212.
Petrus Sabaci posses. terrae 1250, 428.
Petrus Sabini Tillerii nob. ragus. 1237, 27.
Petrus satnicus albon. 1237, 36.
Petrus Scandolarius presb. et notar. iadr. 1248, 336, 348, 360, 363 ; 1249, 378, 390, 393, 394, 401 ; 1250, 415, 416.
Petrus Scaritii nob. ragus. 1243, 212.
Petrus Stefani nob. ragus. 1251, 458.
Petrus testis 1248, 355.
Petrus Tolienus testis 1239, 82.
Petrus Transmundus ancon. civis et notar. spalat. 1240, 113.

Petrus Vicli nob. arb. 1237, 26.
Petrus Vrana testis 1249, 397 ; 1256, 1.
Petruslov posses. terrae 1239, 96 ; 1240, 322 ; 1244, 251.
Peturwarad (= Petrovaradin?) locus 1237, 29.
Pezaia Marinus nob. ragus. 1242, 169 ; 1260, 173.
Peženić (Pezane) Michael nob. ragus. 1240, 99; 1242, 141; 1243, 183; 1244, 223 ; 1245, 273, 283 ; 1246, 305 ; 1247, 328 ; 1248, 339, 1249, 381, 399 ; 1251, 446, 448, 450, 452, 457 , 460 ; 1252, 484, 498, 499, 502 ; 1253, 532; 1254, 548, 554, 562, 567; 1254, 559, 569; 1255, 606, 612 ; 1256, 8 ; 1258, 95 ; 1260, 157 ; 1261, 187, 193, 1262, 237, 239.
Pežinović Bogdan nob. rag. 1253, 532.
Peztowan vallis 1256, 29.
Philetus praep. zgrb. 1244, 214.
Philippa uxor Phylippi Delfino 1238, 61.
Philipus alb. electus 1258, 95.
Philippus archiepisc. ravent. 1269, 490, 493.
Philippus archiepisc. strigon. 1265, ·329; 1267, 435; 1270, 538, 548, 559, 566, 571 ; 1271, 595, 607.
Philippus civis iadren. 1243, 197.
Philippus comes 1243, 203; 1248, 344.
Philippus comes de Požega 1259, 149.
Philipus comes ragus. 1261—1262, 207.
Philippus comes de Valko 1267, 449.
Philippus Contareno nob. venet. 1248, 350.
Philippus Contarinus comes rag. 1261, 194 ; 1262, 224, 225, 233, 234, 237, 238.
Philippus de gen. Raad posses. terrae 1250, 433, 436.
Philippus de Giuano (= Ginano?) testis 1272, 622.
Philippus de Lemeso nob. adr. 1251, 440.
Philippus de Pantaleone testis 1237, 36.

Philippus Donatus consil. iadr. 1245, 267.

Philippus episc. senien. 1248, 342, 343, 355 ; 1257, 66.

Philipus episc. vac. 1270, 548, 566 ; 1271, 595, 607.

Ph'l'ppus ep'sc. zgrb. 1247, 312 ; 1248, 364, 365, 368, 371 ; 1249, 414 ; 1250, 422 ; 1251, 466, 467, 469, 471 ; 1252, 480, 481, 521 ; 1253, 525 ; 1254, 564, 570 ; 1255, 593, 607 ; 1257, 53, 68 ; 1258, 93 ; 1259, 128, 132, 135 ; 1260, 182, 183, 184 ; 1261, 203 ; 1262, 211, 216.

Phi ippus fil. Cleti comitis 1243, 203 ; 1244, 218.

Philippus fil. Mathae comes 1243, 190, 191.

Philippus Gervasii Naymerii nob. rag. 1251, 452.

Philippus mag. pincer. 1270, 566 ; 1271, 595, 607.

Philippus Nicolai Mauresse vicar. ragus. 1254, 572.

Philippus notarius 1270, 571.

Philippus pincer. mag. 1270, 548.

Philippus presb. 1251, 445.

Phinche aqua 1244, 251.

Pyancove terra 1256, 48.

Piauihcna(?) lacus 1245, 271.

Piçato Leonardus civis arb. 1261, 191.

Pičinežić Nikulica nob. rag. 1253, 532.

Pičinežić Filipo nob. rag. 1253, 532.

Piççullelus nob. arb. 1237, 26.

Pikurarević Marin nob. rag. 1253, 532.

Pikurarević Palma nob. rag. 1253, 532.

Pikurarević Žun nob. rag. 1253, 532.

Pyechna fluv. 1248, 375.

Pigini Bogadanus nob. ragus. 1243, 212 ; 1251, 458.

Pile 'ocu s 1255, 601.

Pillat locus 1260, 155.

Pincola v. Binzola.

Pinosa Jeronimus Petri nob. spal. 1258, 87.

Pinose Petrus vicar. spalat. 1237, 31 ; 1238, 52.

Pirano locus 1270, 549.

Pyros locus 1237, 29.

Pyschan (= Pišćan) villa 1242, 168.

Pissenicha (= Piščenica?) terra 1257, 82.

Pischeniça lokua locus 1253, 535.

Pyschina fluvim. 1257, 76.

Piscina locus 1271, 610.

Pisci magnus v. Pašman.

Pistorium locus 1265, 343.

Pithuiche (= Plitvice) fluv. 1251, 464.

Pyzni (= Giznik) locus 1242, 165.

Planina locus 1262, 231.

Platerni fluv. 1264, 320.

Plato Jadrensis testis 1248, 355.

Platonus de Mattafarro nob. iadr. 1238, 47.

Plauna fluv. 1255, 597.

Plaunicha aqua 1268, 482; 1269, 522.

Plazy locus 1269, 511.

Plerumnyza mons 1266, 406.

Plešivica meta 1242, 175.

Plešivica possessio 1266, 404.

Pleterna fluv. 1256, 39.

Pletna fluv. 1252, 485.

Pleun (= Plevna?) castrum bulgar. 1270, 570.

Plexe (= Pleše?) Martinus posses. domus 1262, 212.

Pliske castrum 1270, 570.

Plišivica mons 1253, 535.

Plytica v. Plitvica.

Plitvica (Plytice) fluv. 1247, 333 ; 1251, 474 ; 1258, 105, 117 ; 1263, 258.

Plyzg aqua 1268, 481.

Poborić Andrija nob. rag. 1253, 532.

Pobrat posses. vineae 1259, 136.

Pobratović Dobromisl testis 1249, 415.

Pobrenović Prodan testis 1254, 560.

Počitelj castrum 1253, 523.

Počitelj (Pochotil) terra 1263, 245.

Pochinta (= Pačetin ?) locus 1270, 357.

Pokoy terra 1237, 28 ; 1248, 371.

Pokolasnik potok 1259, 150.

Podgorje comit. et castrum 1244, 258 ; 1249, 403 ; 1257, 51 ; 1264, 327 ; 1271, 603.

Podgorje fluv. 1257, 52.

Podgorje possessiones 1253, 522, 523, 535.
Podgorje (Podgoria) praedium 1237, 43.
Podholyn (= Podhum) monus 1244, 233.
Podhumac villa 1253, 522.
Podmorje locus 1249, 385 ; 1257, 65.
Podvrš terra 1264, 321.
Pogava Gostun. locus 1258, 111.
Poyatiskar vallis 1256, 32.
Polana terra 1249, 411.
Polanca terra 1257, 83.
Polchan locus 1269, 514.
Polercovic iudex alban. 1237, 36.
Police locus 1253, 531.
Polislov fil. Hrank posses. terrae 1255, 618.
Polmentaria civit. 1236, 11.
Polona castrum 1236, 20.
Polona (Poljana) terra 1259, 142 ; 1264, 328.
Polonia terra 1271, 588.
Poloinyi puteus 1246, 304.
Polozka fluv. 1258, 99.
Poloziticha (= Položitica) terra 1250, 438.
Poloziticha rivul. 1263, 281.
Polubiça Bogdan de, posses. domus 1264, 299.
Poljana (Polhana) comitatus 1266, 415.
Poljana terra 1288, 484.
Poljica comitatus 1251, 461.
Poljičani (Polizani) nob. croat. 1244, 236 ; 1259, 124.
Pomgno via 1256, 25.
Pomlov fluv. 1262, 232.
Pongracius de Stepi nob. ragus. 1248, 388.
Ponych de genere Miskolc banus 1270, 568.
Ponith banus et comes de Zala 1270, 566 ; 1271, 596, 607.
Ponith comes 1259, 141
Ponith posses. terrae 1263, 264.
Ponsa episc. bosnen 1238, 57, 64, 66, 67, 1239, 94 ; 1246, 297 ; 1247, 322; 1252, 494; 1270, 566.
Popowa locus 1244, 261.
Porugga Lunne nob. arb. 1237, 26.

Posa banus (mem. eius) 1245, 28.
Posa posses. terrae 1259, 150.
Posedarje locus 1249, 391, 392 ; 1251, 470 ; 1266, 391.
Posona rivul. 1250, 434, 435.
Posony villa 1267, 447.
Posonium castrum hung. 1263, 275 ; 1270, 547 ; 1271, 588.
Potey posses. terrae 1259, 133.
Poson terra 1240, 124.
Potochin consanguineus com. Hudinae 1245, 275, 1246, 291.
Potworich locus 1271, 589.
Pouche fil. Seme posses. terrae 1258, 104, 105.
Pous comes crisien. 1271, 615.
Pous magist. tavar. 1238, 49.
Pousa iobag. 1255, 594.
Pousa posses. terrae 1253, 537.
Pousa vojvoda transsilvan. 1238, 50.
Pounyna locus 1269, 514.
Povorsen fil. Rata testis 1261, 206.
Povorsenus officialis 1270, 543.
Powk iobagio 1246, 309.
Powonia terra 1270, 543.
Pozdemer generatio 1242, 170.
Požega (Posoga) comitatus et castrum 1238, 49 ; 1239, 81 ; 1243, 203 ; 1244, 218 ; 1248, 369 ; 1250, 425, 433, 434 ; 1250, 435 ; 1258, 84 ; 1259, 149 ; 1262, 241 ; 1263, 276, 282 ; 1264, 287, 302 ; 1266, 412, 414.
Požegense capit. 1248, 370 ; 1250, 424, 432 ; 1251, 476 ; 1255, 618 ; 1256, 44, 46 ; 1261, 200, 1263, 282 ; 1264, 321 ; 1266, 413 ; 1268, 466.
Poznan fil. Nagul posses. terrae 1269, 514.
Poznan fil. Voyhna posses. terrae 1269, 514.
Pozorin mons 1242, 165.
Pracha Byscupina posses. bosn. 1244, 240.
Prapratnica terra regalis 1242, 177.
Praputišće locus 1260, 180.
Prasetić Bočin nob. rag. 1253, 533.
Praudauiz (= Prodavić, Virje) locus 1267, 436.

Preben fluv. 1264, 322.
Prebeslay via 1255, 609.
Prekopa fluv. 1259, 147.
Precopa locus 1240, 124.
Precowa falus 1258, 120.
Predanus de Dragano nob. Almis.
  1239, 77.
Prede Pasque Johannis de, nob.
  ragus. 1251, 452.
Predelech vallis 1256, 36.
Predenić Odola testis 1247, 313.
Predeuych terra 1264, 294, 295.
Prediha testis 1239, 76.
Predimih terra 1263, 253.
Predimiri Desislav testis 1262, 234.
Predislai filii posess. terrae 1245,
  270.
Predislav de Korčula testis 1262,
  234.
Predislav fil. Hvalimiri de Cetina
  nob. Croata 1272, 617.
Preglaca locus 1250, 423.
Prelog locus 1264, 328.
Prelsa comes 1249, 397, 398, 399;
  1252, 491 ; 1253, 537 ; 1260,
  163 ; 1265, 338.
Prencel capitaneus 1251, 464.
Prencholus comes camere zagrab.
  1270, 574.
Prepsedan Matheus civis. ragus.
  1269, 493.
Preproyth vallis 1266, 387.
Prerowa rivul. 1257, 72.
Presceka (= Preseka) locus 1242,
  165.
Prestantius Madii Cotopagne advoc
  iadr. 1249, 401 ; 1250, 416.
Preste de Matafarro nob. iadr.
  1254, 573.
Preste fil. Mathei Sermize nob.
  iadr. 1243, 189.
Preste Gregurini nob. arb. 1237, 26.
Preste presb. iadr. testis 1248, 360.
Pretoka rivulus 1244, 225.
Pretoca vallis 1240, 123.
Preuonig testis 1240, 117.
Preuox Patrinik testis 1240, 117.
Preusa comes 1262, 230.
Preusa fil. Ivanch comes 1263, 263.
Preusa posses. terrae 1248, 343,
  344, 345.
Preval monticulus 1252, 518.

Prevlaka fossatum 1244, 257.
Prevoslavus fil. Dessimiri posses.
  terrae 1236, 5.
Prezdha (= Prijezda) banus 1267,
  439.
Prezechna fluv. 1266, 396.
Preznycha fluv. 1264, 304.
Prezum locus 1260, 180.
Priasni Mathei Bodatie nob. ragus.
  1249, 399.
Priba civis iadr. 1266, 389.
Priba filii (= Pribići) terra 1257, 52.
Priba filii (= Pribići) nob. genus
  1244, 258.
Priba Maldenarii testis 1249, 401
  1250, 446.
Priba posses. terrae 1264, 328.
Priban Ramljanin testis 1240, 117
Pribavić Vasili nob. rag. 1253, 532.
Pribco pristaldus 1256, 10.
Pribchwal de Kerselci habitator
  Skrisge 1253, 523.
Pribići (Priba filii) nob. genus
  1244, 258.
Pribići (generatio de Priba) 1249,
  403, 404.
Pribigna de Bribir nob. croata 1271,
  586.
Pribignya (= Pribinja) aqua 1250, 434
Pribyn rivul 1257, 61 74.
Pribina comes nob. de Bribir (mem.
  eius) 1251, 467.
Pribina fil. Guriçe pristaldus ducis
  Andreae (mem. eius) 1239, 91, 93.
Pribinisych aqua 1265, 350.
Pribis frater Dessimiri posses. ter-
  rae 1236, 5.
Pribislai filii posses. terrae 1255, 597.
Pribisius fil. Cotegne testis 1243, 209.
Pribislaus comes 1245, 268 ; 1264,
  292 ; 1270, 552.
Pribislaus de Mandusio comes de
  Omiš 1239, 77.
Pribizlow filii posses. terrae 1244, 231
Pribnoy posses. vineae 1248, 375.
Prichawini terra 1249, 408.
Prida mulier iadr. 1253, 533.
Pridislaus posses. terrae 1260, 156.
Pridol locus 1269, 512.
Prijezda banus (mem. eius) 1255, 594.
Prijezda Svinjar nob. bosn. 1240, 107.
Prilok (= Prelog ?) locus 1264, 317.

Pripicus Jamometić testis 1240, 117.

Priska fluv. 1270, 526.

Priscisna flum. 1245, 285.

Prisda (= Prijezda) banus (bosn. ?) 1240, 120.

Prisege locus 1269, 511.

Prividružić Radovan testis 1249, 415.

Privina vallis 1256, 32.

Probezlaus (?) comes 1255, 609.

Procha posses. terrae 1261, 201.

Proklečić Vali nob. rag. 1253, 532.

Proculi Dabrana nob. ragus. 1237 33.

Proculi Mihael nob. ragus. 1237, 37.

Proculus Michaelis nob. rag. 1257, 70 ; 1261, 187.

Prodan testis 1262, 235.

Prodana rel. Damian de Figasolo 1261, 187.

Prodančić Prvoslav testis 1249, 415.

Prodavčić Vrsaiko nob. rag. 1253, 532.

Prodanne testis 1250, 428.

Prodanus abbas St. Stephani spalat. 1255, 616.

Prodanus archiprsb. spalat. 1257, 58.

Prodanus canon spalat. 1248, 347.

Prodanus presb. tragur. 1248, 337.

Prodanus presb. spal. 1251, 453.

Prodanus primicerius et notar. iadr. 1236, 5 ; 1251, 441 ; 1252, 505 ; 1254, 558.

Prodavić (= Virje) 1270, 555.

Prode Mauressa de, presbit. 1238, 63.

Prode presb. 1242, 154.

Prodeuech (= Virje?) terra 1270, 545.

Prodde fil. de Stregia testis 1237, 35.

Prodde presb. tragur. 1246, 288.

Produs diac. veglen. et notar senien. 1248, 355.

Propheta monach. iadr. 1248, 359, 363.

Propheta subdiac. iadr. 1254, 556.

Prothasius custos 1261, 203.

Prothoh aqua 1255, 595.

Prouch posses. terrae 1258, 116.

Proucha fluv. 1264, 321.

Pruneg meze (= polje, campus) terra 1248, 350.

Pruzlou (= Prišlin?) terra 1248, 371.

Prva rel c. Leonardi Cavalcasoli 1268, 471.

Prvoneg (Peruonegus) filius Draže (Drasey) posses. terrae 1236, 5.

Prvoš Dimince posses. terrae 1257, 69.

Prvoš (Pervosius) presbiter iadr. 1236, 19.

Prvošević Ivan civis pagen. 1264, 317.

Prvoslavić Bogdan testis 1254, 560.

Prvoslavić Hranislav testis 1249, 415.

Pserić terra et fluv. 1270, 557, 558.

Ptolonig posses. terrae 1257, 54.

Puchechych rivulus 1249, 407.

Puchuna comes 1239, 97, 98.

Puchuna posses. terrae 1244, 246.

Puciçella Gregorius če, posses. terrae 1261, 189.

Pucyna fil. Vrban posses. terrae 1259, 148.

Pucruch rivul. 1237, 41.

Pucruch (= Pakrac ?) locus 1266, 413.

Pukur flum. 1257, 74 ; 1269, 510.

Pukur terra 1257, 74.

Pukurrew (= Pakrački brod) 1257, 72.

Pukurtu terra 1257, 71.

Pudosi portus 1244, 251.

Pulchina rivus 1270, 544.

Pulschka aqua 1269, 513.

Pupec testis 1262, 235.

Pupek Luča testis 1262, 234.

Purča vojevoda 1249, 387.

Purpach castrum 1270, 571.

Pusterula locus 1254, 547.

Putey locus 1249, 398.

Puzada terra 1250, 434.

Puzun (= Psunj) mons 1266, 413.

Q.

Qualter.ius (= Gualterius) abbas 1247, 314.

Quarensis (= hvarensis) episco-patus 1239, 91.

Quinqueecclesiae civit. 1239, 81.

Quinqueecclesiense capitulum 1239, 80 ; 1240, 120 ; 1244, 214, 218 ; 1248, 376 ; 1250, 418 ; 1251, 446 ; 1263, 264 ; 1267, 438, 448 ; 1269, 496.

Quirinus Baldoinus comes iaćr. 1250, 426 ; 1251 439, 440, 455.

Quirinus Egidius comes rag. 1259, 122 ; 1260, 157.

Quirini Jacobus comes iadr. 1265, 345 ; 1266, 368, 374, 386, 388, 397, 407.

Quirinus Johannes nob. ragus. et comes 1240, 99 ; 1245, 283 ; 1246, 290, 292, 305 ; 1265, 353, 362, 266, 399.

Quirinus Leonardus comes iadr. 1245, 267; 1247, 328; 1248, 372.

Quirinus Marcus fil. Johannis Quirini nob. venet. 1254, 552.

Quirinus Nicolaus nob. venet. 1254, 552.

Quirinus Petrus nob. venet. 1254, 552.

Quirinus de Cuna testis 1239, 89.

R.

Raak de Sirimio heros 1264, 309.

Raad genus 1250, 433 ; 1272, 626.

Rabfew mons 1269, 511.

Rabiat locus 1261, 195 ; 1262, 214.

Raça Gusik (= Gusić) testis 1252, 505.

Racanate civit. ital. 1251, 451.

Racca villa 1260, 165.

Raccha possessio 1267, 447.

Race filii generatio comitum de Babonić 1243, 182.

Rachcha locus 1265, 350

Rachowcha (= Orahovica) locus 1250, 436.

Rakolechiche (= Rakolečići) villa 1242, 168.

Racosa aqua 1249, 398.

Rakovec locus 1269, 511.

Rakovec (Rokonuc) terra 1245, 285, 286.

Radde diac. 1238, 48, 58.

Radde fil. Giancii de Garda 1238, 58.

Radde missus tragur. 1239, 84.

Radde posses. domus 1241, 127.

Radeh filii posses. terrae 1265, 360.

Radeh posses. terrae 1253, 543.

Radenez nob. Almis. 1239, 77.

Radden nob. Almis. 1239, 77.

Raddo diac. trag. 1239, 80.

Radi sirtor 1249, 390.

Radi Debuti testis 1247, 314.

Radych terra 1259, 152.

Radichne possess. terrae 1250, 417.

Radigoz (= Radigost?) generationis · Bonjani (Babonić) 1243, 182.

Radiha comes 1264, 326.

Radilo filii posses. terrae 1249, 414.

Radin fil. quond. Tomane posses. terrae 1247, 329.

Radin locus 1268, 474.

Radinić Hrela testis 1254, 560.

Radiša magister 1255, 601.

Radislov laz locus 1243, 210.

Radizlay filii posses. terrae 1266, 395, 397.

Radizlaus dux Galliciae gener regis Belae IV. 1255, 608.

Radoh civis senien. 1243, 181.

Radomer posses. molendini 1246, 309.

Radomir missus regis Serviae 1239, 77.

Raćomiri Dragan posscs. vineae 1266, 379.

Radona knez 1249, 387.

Radona tepčija bosn. 1240, 107.

Radoš canon. splt. 1258, 83.

Radoš comes 1262, 234.

Radoš comes de Omiš 1258, 105 ; 1261—1262, 207.

Radoš filius Dragossi posses. terrae 1236, 5.

Radoš fil. Dragovani posses. terrae 1245, 277.

Radoš Hrističić (Christiçiç) nob. Croata 1238, 47.
Radošević Voislav testis 1254, 560.
Radošić villa 1266, 380.
Radosius frater Budoy posses. terrae 1236, 5.
Radoslav Beripliciçi posses. terrae 1238, 46.
Radoslav Cosma de, testis 1270, 530.
Radoslav fil. Petriçe posses. vineae 1249, 390.
Radoslav iudex de Senj 1257, 66.
Radoslav Lapčanin 1238, 59.
Radoslav posses. terrae 1238, 72.
Radoslav Stephanus, rex Serviae 1250, 423, 424.
Radoslav testis 1262, 235.
Radoslav župan 1249, 414 ; 1254, 558, 559, 560.
Radoslava vas villa 1258, 102.
Radoslavi filii posses. terrae 1249, 398.
Radossius (= Radoš) fil. Milonje posses. terrae 1255, 588.
Radouan nepos Ethybel posses. terrae 1250, 436.
Radovan fil. Sleman posses. terrae 1236, 5.
Radovana uxor quona. Johannis Ragni 1237, 35.
Radovani fil. Elias nob. de Šibenik 1271, 618.
Radovančić rivulus 1266, 413.
Radovanić Berko testis 1249, 415 ; 1254, 560.
Radovánus Kunic posses. terrae testis 1236, 5.
Radovanus serviens archiep. iadr. 1260, 169.
Radovčić Dobrovit testis 1249, 415.
Raduan fluv. 1244, 249.
Raduhna fil. Radomeri posses. terrae 1256, 25.
Raduhna posses. terrae 1260, 184.
Raduna fil. Chornoy posses. terrae 1269, 514.
Radoević Bogdan testis 1254, 560.
Ragusium civit. 1236, 1, 8, 9, 10, 11; 1237, 27, 32, 33, 34, 36, 37, 38, 39 ; 1238, 52, 53, 60, 61, 62, 69, 70, 77, 78 ; 1240, 98, 99, 104, 107, 108, 109, 111, 119 ;
1240—1243, 125,; 1240, 126 : 1241, 131 ; 1242, 139, 140, 141, 149, 150, 155, 159, 160, 161, 169, 171, 172,; 1242—1244, 179, 1243, 183, 187, 188, 194, 196, 199, 200, 201, 204, 205, 210, 211, 212 ; 1244, 223, 226, 227, 228, 229, 234, 235 ; 1245, 268, 269, 273, 283, 284 ; 1246, 290, 292, 301, 302, 305 ; 1247, 313, 314, 317, 319, 320, 321, 328, 330, 331 ; 1248, 334, 339, 355, 361, 365 ; 1249, 378, 380, 381, 385, 386, 388, 395, 396, 399, 414 ; 1250, 420, 427, 437 ; 1251, 448, 449, 450, 451, 452. 457, 460 ; 1252, 482, 483, 484, 495, 496, 498, 499, 500, 501, 502, 503, 506 ; 1252, 507, 508, 1253, 528, 542, 547, 554, 555 ; 1254, 558, 559, 560, 561, 565, 567, 569, 570, 572, 580 ; 1255, 591, 598, 600, 601, 606, 611, 612 ; 1256, 1, 7, 11, 18, 43 ; 1257, 50, 56, 57, 66, 70, 77 ; 1258, 87, 92, 95 ; 1259, 122, 127, 128 ; 1260, 157, 172, 176 ; 1261, 187 ; 1261, 193, 194, 195, 207 ; 1262, 215, 224, 225, 226, 227, 233, 234, 237, 238 ; 1265, 353 ; 1266, 399 ; 1267, 427 ; 1268, 459, 490, 493 ; 1270, 523, 531, 581.
Raynaldus episc. transsilvan. 1238, 50.
Raynaldus mag. dapifer. 1242, 163.
Rainerius archiepisc. spal. (mem. eius) 1251, 453.
Raynerius cardinalis 1249, 388.
Rainerius Geno dux Venet. 1256, 23 ; 1257, 69 ; 1258, 91 ; 1259, 130, 134, 136, 137 ; 1260, 153 ; 1261, 187, 189, 190 ; 1262, 236 ; 1264, 299, 307, 317 ; 1265, 333, 339 ; 1265, 345, 357 ; 1266, 368, 374, 386, 388, 397, 399, 407.
Raynerius Geno nob. venet. 1247, 328 ; 1248, 372, 373.
Rainerius Varicassi nob. iadr. 1252, 510 ; 1254, 573.
Rama terra 1244, 253.
Rambaldus de Carono mag. templ. (mem. eius), 1248, 351.

Rambaldus de Voczon magist. dom. hosp. Jerosol. 1238, 49 ; 1239, 81 ; 1240, 109 ; 1243, 206.

Ramk filii posses. terrae 1263, 261.

Ramni locus 1240, 124.

Ramurna potok 1266, 418.

Ranane Andreas nob. ragus. 1236, 1 ; 1242, 140, 149, 160 ; 1243, 199, 205 ; 1249, 386.

Ranenić (Ranane) Dobroslavus nob. ragus. 1249, 381 ; 1253, 532, 542 ; 1254, 548, 554, 555, 559, 562, 567; 1255, 606, 611, 612; 1256, 8; 1261, 194; 1262, 225; 1265, 353.

Ranane Johannes nob. ragus. 1251, 458 ; 1256, 7 ; 1260, 176 ; 1262, 239.

Ranane Michael Dabroslai nob. rag. 1255, 610.

Ranane Paulus nob. rag. 1237, 37 ; 1238, 52, 53.

Ranenić Žun nob. rag. 1253, 532.

Ranina Grubeša Zani nob. ragus. 1258, 87.

Rantulfus civis justinopolit. 1243, 197.

Rascha fluv. 1249, 406 ; 1264, 328.

Rasinja fluv. 1248, 353, 354.

Rasinja (Razna, Razina) posses. 1248, 353, 354.

Rastena Martini testis 1255, 600.

Rasti Mathias nob. ragus. 1258, 87.

Rastica archipresb. iadr. 1256, 4.

Rastić Matija nob. rag. 1253, 532.

Rastiche terra 1247, 329.

Rastii Dobroslavus nob. ragus. 1243, 212.

Rastii Teodorus nob. ragus. 1243, 212.

Rastimirić Hrelko testis 1243, 415.

Rastinice locus 1246, 288.

Rasuman iupanus 1262, 234.

Rata filii posses. terrae 1267, 425.

Ratk filii posses. terrae 1263, 259.

Ratcha aqua 1245, 275.

Ratkfelde terra 1263, 259.

Ratold prior 1266, 378.

Raven terra 1238, 72; 1249, 397, 398, 413.

Ravena civit. ital. 1269, 490.

Rawn silva 1248, 375.

Ravna locus 1259, 147.

Ravna silva 1263, 281.

Rozat v. Rožat.

Razina (= Rasinja) fluv. 1259; 133.

Razina (= Rasinja) terra 1259, 133.

Razisse fluv. 1249, 414.

Razlay filii posses. terrae 1269, 511.

Razmin iobag. 1266, 395.

Razosan rivus 1238, 72.

Reate civit. 1236, 15, 16, 17, 18.

Reciza (= Rečica) locus 1264, 313.

Redempertus cantor bachien. 1270, 577.

Redemptus cantor titul. 1237, 45.

Rednycha fluv. 1270, 539.

Regiana villa 1249, 391.

Regnec fluv. 1244, 262.

Reguna 'ocus 1242, 162.

Reynoldi filii 1263, 258.

Reka terra 1249, 404.

Relch locus 1255, 587, 588.

Relinich aqua 1267, 445.

Rembaldus de Karump mag. dom. hosp. Jerosol. 1240, 109, 110.

Rembaldus frater hospit. 1254, 570 ; 1259, 135.

Remunt posses. terrae 1256, 44.

Renez (?) comes trium camporum 1249, 391.

Renoldus fil. Dyonisii posses. terrae 1256, 3.

Resinicha aqua 1266, 383.

Resnik locus 1266, 418.

Resnyk terra et generatio 1264, 310.

Reth villa 1242, 168.

Reueneche fluv. 1269, 511.

Reunaceria locus 1251, 442.

Rezycha (= Rečica) terra 1251, 472.

Ribinac aqua 1245, 275, 276.

Ribnica aqua 1249, 412 ; 1255, 617.

Ricardus card. 1260, 167 ; 1266, 381.

Richardus frater cellarius toplic. 1252, 520.

Ricerius Trevisanus civis iadr. 1260, 169.

Ričica (Rychycha) locus 1269, 514.

Ričina (Richina) flumen 1260, 180.

Rika (= Rijeka, Flumen, Fiume) civit. croat. 1260, 180.

Rijeka (Ombula) locus 1248, 366 ; 1249, 399 ; 1253, 531 ; 1255, 606 ; 1262, 224.

Rio terra 1252, 511.
Ryvcha v. Rovišće.
Ripan fluv. 1257, 74.
Riso Gaudius de, iudex Baroli 1262, 226, 227.
Rissus locus 1238, 58.
. Ritesa Grube de, civis iadr. 1270, 524.
Rivoalti v. Venetia.
Robertus abbas St. Damiani 1240, 115.
Robertus archiep. strigon. 1236, 16, 17 ; 1237, 30 ; 1238, 49, 50, 64.
Robertus cantor de Požega 1264, 287.
Rocçi Dese testis 1262, 213.
Rochoycha locus 1242, 165.
Rocil posses. bosn. 1244, 239.
Rokonuk (= Rakovec) castrum 1244, 242.
Rodoan fluv. 1252, 486.
Rodouanch terra 1266, 412.
Rodove terra 1255, 618.
Rodowissa f'um. 1245, 285.
Rodus posses. terrae 1244, 242.
Rodvey de gen. Agha posses. terrae 1244, 256.
Roga portus insulae Šolta 1242, 155.
Rogerius archiepisc. spalat. 1250, 428 ; 1251, 446, 449, 453, 454 ; 1252, 510 ; 1253, 526 ; 1254, 553, 571 ; 1255, 587, 588, 589, 616 ; 1256, 3, 6 ; 49 ; 1257, 56, 58 ; 1258, 86, 97, 103, 107 ; 1259, 121, 124 ; 1260, 154, 164 ; 1261, 191, 199 1262, 212 ; 1265, 343 ; 1266, 367, 378.
Rogerius Georgii consil. iadr.1248, 336
Rogerius magis. (postea archiepisc. splatet.) 1249, 389.
Rogerius Maurocenus com. Arb. 1236, 12 ; 1237, 25, 36 ; 1238, 56 ; 1239, 91, 92 ; 1243, 206.
Rogerius nepos comitis Domaldi 1239, 85 ; 1243, 205.
Rogozna rivus 1244, 231.
Rolandus (de gen. Ratold) banus tot. Slav. 1261, 203, 204, 205 ; 1262, 239 ; 1263, 245, 260, 261, 266, 267 ; 1269, 280 ; 1264, 293, 305, 312, 315, 325 ; 1265, 332, 337, 343, 347 ; 1266, 363, 367, 378, 382, 384, 387, 390, 391, 393, 395, 399 ; 1267, 405, 421,

426, 428, 429, 430, 440, 441, 443, 447 ; 1268, 469, 470, 480 ; 1270, 546.
Rolandus mag. dapifer. 1242, 148, 152, 158, 175 ; 1243, 192 ; 1244, 225, 233, 255 ; 1245, 276, 286 ; 1246, 308.
Rolandus mag. pincer. 1241, 136.
Rolandus palatinus 1248, 369, 370 (Lorandus); 1251, 466, 467, 470, 471.
Roman dux Ruthenorum 1259, 132.
Romania (= imper. byzant.) 1236, 11.
Romanus posses. terrae 1261, 198.
Ronna silva 1269, 506.
Rosa relicta Detmari comitis 1258, 94.
Rosini Blasius nob. ragus. 1248, 366.
Rosini Petrus nob. ragus. 1243, 212.
Rosinus cler. ragus. 1249, 386
Rosinus de Menge testis 1243, 187,188.
Rusinus fil. Valii Ballislave canon. ragus. 1268, 459.
Rosinus Goislavi nob. ragus. 1243, 205 ; 1244, 241 (falso Bosinus) ; 1247, 330, 332 ; 1248, 365 ; 1249, 399 ; 1251, 452, 458 ; 1255, 606, 612 ; 1256, 8.
Rovišće (Ryvcha) comit et castrum 1255, 596, 597, 613, 614 ; 1262, 230 ; 1263, 263 ; 1265, 329, 337 ; 1266, 409, 417 ; 1270, 535, 572, 574.
Rožat (Razat) locus 1237, 38 ; 1257, 50.
Rozinović Mihoilo nob. rag. 1253, 532.
Rubens Helyas civis iadr. 1270, 524.
Rucota fil. Obradi posses. terrae 1245, 269.
Ruch terra 1239, 74.
Ruh comes 1263, 281 ; 1265, 338, 348, 349, 350, 351, 352.
Ruhota nomen viri 1253, 546.
Ruocha fluv. 1249, 412.
Rupaca rivul. 1250, 435.
Rusinović Vlasi nob. rag. 1253, 533.
Russia terra 1248, 352.
Rutcha fluv. 1255, 617.
Ruteni natio 1240, 103 ; 1249, 383.
Ruze Bertane Marini presb. trag. 1267, 451.
Ruzeta fil. Bratk posses. terrae 1269, 514.

S.

Saar fluv. 1255, 608.
Sabaci Dragi nob. spal. 1266, 399,
1267, 421, 426, 430.
Sıbaciolus testis 1259, 140.
Sabacus de Benda posses. terrae
1257, 39.
Sabatius Male pater Germani Purnos
1237, 31.
Sabba Gambarinus civis venet. 1243,
199.
Sabbati locus 1240, 123.
Sabbe Malce testis 1240, 105.
Sabbe Prodanco testis 1249, 395.
Sabe Travalia testis 1247, 322.
Sabya v. Žabje.
Sabigc rivus 1236, 20.
Sabino de Felice presb. rag. 1251,
458, 459, 460, 1252, 496.
Sočibabić Martin nob. rag. 1253,
532.
Sacidii Marinus nob. spal. 1270, 549.
Sacmar comes 1270, 576.
Sacrista presb. tragur. 1246, 288.
Sagarelle Lampredius nob. spalat.
1256, 6.
Sagud comes 1262, 235, 1268, 483.
Sajo (Soyow) fluv. 1244, 230, 1256,
2; 1259, 132.
Sala v. Zala.
Salach generatio 1264, 310.
Saladini Cosa (= Cosmas) nob.
iadr. 1256, 4; 1259, 130, 134;
1266, 398; 1268, 462.
Saladini Donatus nob. trag. 1264,
315.
Saladini Laurentius Cosce, nob. iadr.
1258, 91.
Saladinus de Volcina nob. trag.
1239, 86.
Salamon banus (mem. eius) 1244,
253; 1256, 45.
Salamon decanus quinqueeccl. 1240,
121.
Salamon frat. praedicat. 1252, 508.
Salamon Hungarus fil. Galli posses.
ter ae 1263, 253; 1264, 294.
Salamon posses. terae 1243, 209;
1248, 372.
Salamon presb. 1231, 445.
Salamon pugilis zagoriensis 1239, 97.

Salatinik (= Slatinik) fluv. 1256; 37.
Salbe presb. et canon. arb. testis
1239, 91, 93.
Salinarii Petri Johannes civis iadr.
1270, 530.
Salinus Cernehi presb. 1255, 611.
Salogha posses. terae 1266, 389.
Salona (= Solin) locus 1245, 277;
1247, 327; 1248, 374; 1258,
107; 1267, 426.
Salvius episc. de Trebinje 1250,
420; 1251, 445, 446; 1252;
494; 1261, 196; 1262, 214,
1265, 342.
Sambatinus Systus presb. 1259,
124.
Samobor (Zumbor) locus 1242, 164.
165; 1257, 51; 1272, 640.
Samson episc. nonen. 1243, 202;
1244, 240; 1266, 390; 1267,
426; 1269, 505.
Samson fil. Devecher posses. terae
1244, 248.
San Stefano insula 1244, 236.
Sana (Zana) fluv. 1256, 9.
Sancta Eufemia terra 1236, 18.
St. Casianus (= Sukošan) locus
1251 449.
St. Georgii eccl. (= Sućurac) 1242, 148
St. Helpidii castrum et comune
1249, 388.
St. Martini (= Martinci) terra
1249, 382.
St. Michaelis (= Donji Miholjac)
villa 1255, 595.
St. Nicolai terra 1244, 266.
Saraceni natio 1246, 306.
Saracenus episc. corbav. 1251, 450;
1271, 597, 609.
Saračić Paul. nob. rag. 1253, 533.
Sarcas pater Orisci et Sarcasi
1236, 19.
Sarcas posses. terrae 1236, 19, 20.
Sare Jacobus nob. spal. 1270, 549.
Sarus Bor fluv. 1262, 228.
Sauçadeo posses. salin. 1237, 35.
Saul iobag. 1270, 575.
Saul sacerdos 1269, 518.

Sava (Sawa) fluv. 1237, 43; 1242,
168, 175; 1244, 237, 239, 257;
1245, 270, 271; 1247, 312;
1249, 411, 412; 1251, 442;
1255, 617; 1257, 55, 72, 78;
1261, 200, 201; 1263, 281; 1266,
388, 403, 404; 1269, 485, 495,
510; 1271, 603; 1272, 628.
Sava Detho notar. 1256, 19.
Savica rivulus iuxta Zagrab. 1266,
403.
Savinus diacon. tragur. 1248, 337;
1251, 449.
Sawar villa 1237, 29.
Saxones natio. 1259, 132.
Scalatina (= Slatina?) terra 1256, 10.
Skalić Barthomaeus nob. vir 1263,
278.
Skalić Philippus nob. vir 1263,
278.
Scaritii (Skarić?) Jacobus nob. ragus.
1243, 212.
Scebesk posses. terrae 1264, 295.
Schebnicha (= Šebnica, Sepnicca?)
terra 1254, 578.
Scegued locus 1237, 30.
Sceguna rivul. 1261, 198; 1270,
534, 540.
Scelca locus 1256, 44.
Scelca terra 1262, 241.
Scelna rivul. 1242, 168.
Scelch (= Selce?) praedium 1271,
597.
Scelniza terra 1258, 110.
Scema comes 1251, 474; 1263,
269.
Scema homo banalis 1258, 113.
Scemeta fluv. 1257, 75.
Scenny fluv. 1249, 408.
Scenta hospes 1255 597.
Scenthgerolth (= Szent-Gerold) villa
1267, 451.
Scepnica terra 1259, 145
Scephcina aqua 1244, 257.
Scephina lenca locus 1271, 603.
Scerda villa 1241, 168.
Scerepeg locus 1263, 246.
Scestogisdi Grisogonus testis 1270,
524.
Scetnik (= Satnik?) civis senien.
1243, 181.
Scibislov iobag. 1259, 133.

Sciboeth silva 1270, 566.
Scimusa uxor Michae Hachiae 1249,
401, 1250, 415.
Scyna mlaka 1265, 331.
Scina potok fluv. 1248, 375.
Scynch mons 1258 111.
Scinella comes vegl. 1254, 573.
Scinna rivus 1269, 492.
Scirobatay rivul. 1249, 409.
Scytar locus 1269, 514.
Scytk posses. molendini 1246, 309.
Scytyz (= Sisak) villa 1244, 257.
Scitnic rivul. 1249, 404.
Sciuinnec potok 1263, 283.
Scorin potok 1263, 283.
Sclavonia v. Slavonia.
Sclavi v. Slavi.
Skoch Kobilla (= Skočikobila) lapis
1253, 535
Scocilanin Radovanus testis 1257, 65
Scoha terra 1246, 289.
Scolatura Creste de nob. iadr.
1239, 75, 76.
Scolnuk flum. 1245, 286.
Scomuza filia Conici posses. terrae
1258, 83.
Skopchonik potok 1259, 150.
Scopnik rivulus 1242, 168.
Scothachka vallis 1256, 29.
Scothmar (= Szatmár) locus 1269
506.
Skrad (Zkrad) castrum 1263, 278.
Scrissa (= Bag) locus 1251, 473.
Scranafelde terra 1256 41.
Schuchia villa 1242 168.
Scuha (= Suha) Dublizca vallis
1245, 286.
Schulen wenic castri de Gordoa
(= Grdjevac) 1244, 231.
Scumecha rivul. 1257, 54.
Skupiça Skalnica locus 1253, 535.
Sczolovna (?· possessio 1259, 132.
Sdrilaz portus 1243, 391.
Sebastianus frat. praed. 1259, 124.
Sebka posses. vineae 1244, 232.
Sebe posses. terra 1244, 238.
Sebret fil. Farcasius posses. terrae
1257, 63.
Sebus locus 1237, 31.
Secet potok 1263, 246.
Sekirani (Secherani) terra 1242,
164.

Sekirje (Scekerie) terra 1271, 593.

Seege piscatura 1257, 55.

Segesd civit. 1242, 168; 1244, 243, 250, 252; 1248, 374.

Segura terra 1248, 372.

Selk familia 1270, 578.

Selk filii posses. terrae 1251, 464 1258, 113, 117, 119.

Selk posses. terae 1236 19, 20.

Seltha comes 1263, 284.

Semičon kaznac 1249, 387.

Senj (Sceingnia, Sennia, Scen) civit. 1240, 109, 110; 1243, 181, 182; 1248, 350, 351; 1257, 66; 1260, 178; 1268, 474; 1269, 510; 1271, 598, 612, 617; 1272, 622.

Sepčina fluv. 1271, 603.

Sepina posses. terrae 1236, 19.

Sepnica fluv. 1269 489.

Sepnica (Scepnicha) terra 1252, 517, 518; 1270, 571; 1271, 594.

Serblin idem quod Bosnensis, natio, 1240, 108.

Serblin natio 1249, 387.

Sergius arb. notar. 1237, 26.

Sergius de Cantono de civit. Melfi posses. navis 1242, 140, 141.

Sergius de Ragusa posses. navis 1254, 569.

Sergius fil. Mathaei Dento posses. terrae 1252, 509.

Sergius Peccinagii nob. rag. 1253, 542.

Sernov locus 1256, 49.

Sernoviza (= Žrnovica?) locus 1251, 473.

Sersii Clemens nob. rag. 1236, 1; 1237, 37; 1238, 52, 53, 60; 1239, 78; 1240, 104, 111, 119, 1242, 140; 149, 160, 169; 1243, 205, 212; 1244, 227, 241; 1245, 284, 1251, 458.

Sersii Johannes nob. ragus. 1240, 99; 1243, 212.

Serviae rex 1242, 149.

Sewa posses. terrae 1258, 84.

Seuinicha Paruel poss. domus 1242, 154.

Seunik castrum 1258, 114.

Seunicha (= Sevnica?) fluv. 1248, 371, 372.

Šibenik civit. 1240, 101; 1243, 208, 209; 1245, 272; 1246, 295, 299; 1250 430, 431, 432; 1251, 473, 1252, 526; 1254, 550, 551, 553, 562, 563, 573; 1255, 602, 604; 1260, 159; 1263, 247; 1266, 380; 1267, 454, 1268, 458; 1270, 528, 554; 1272, 618.

Siciliae regnum 1263, 11; 1241, 137.

Siculi natio transsilvana 1259, 132.

Sylacoycha fluv. 1248, 375.

Sylbunk posses. terrae 1260, 184.

Silverius Blasii nob. rag. 1251, 457.

Silverius Damiani Bocinoli nob. ragus. 1249, 380.

Silvester de Urso exam. tragur. 1249, 385.

Silvester monach. 1239, 89.

Silvester scriba 1250, 424.

Silvestrović Mihoil nob. rag. 1253, 533.

Simeon comes vacien. 1238, 50.

Simeon fil. quond. Mençolini clericus 1242, 142.

Simeon frater tepčije Radonae 1240, 107.

Simeon Gerardo civis venet. 1254, 573.

Simeon Justo nob. venet. 1251, 458, 459, 1252, 496, 497.

Symeon presbit. venet. 1240, 113, 114.

Simeonis Maranus nob. spal. 1270, 549.

Simeonis Martinus exam. spal. 1260, 164.

Symiga villa 1269, 511.

Symigiense castrum 1239, 90; 1255, 594; 1256, 24.

Simigiensis comitatus (ultra Dravam) 1245, 275, 280; 1246, 291; 1248, 350; • 1252, 485; 1255, 609.

Simme nepos quond. Cocorini testis 1239, 91.

Symon Benesse nob. ragus. 1243, 212.

Symon cantor bach. 1244, 266.

Simon comes 1243, 206.

Simon de Mauro exam. iadr. 1270, 568.
Simon fil. Salamonis posses. terrae 1264, 294, 295.
Simon maior exercitus castri Vukovar 1244, 227.
Simon monach. 1239, 89.
Symon presb. 1252, 522.
Simonis Marinus nob. tragur. 1271, 591.
Symon fil. Salamonis de gen. Durugcha posses. terrae 1270, 545.
Syn fluv. 1264, 328.
Sinaita Dragoio testis 1263, 248.
Sinedeo Martinus Grisogoni testis 1266, 386.
Šipan (Jupana) locus 1249, 400; 1252, 514; 1260, 176; 1270, 523.
Sipiça Gotte de, posses. domus 1264, 299.
Sirgrot Duimus nob. spal. 1270, 549.
Sirimius (= Srijem) 1264, 309.
Syrmiensis archidiaconatus 1244, 259.
Sirmiensis comitatus 1237, 28, 29, 44; 1253, 540; 1271, 590.
Sirmiensis ecclesia 1255, 592.
Sirmiensis ecclesia St. Irenaei 1252, 479.
Syrmonicha terra 1258, 106.
Sirnouicha (= Žrnovica?) terra 1265, 347.
Sirocti Stephanus civis ancon. 1254, 569.
Sisa (Siso) Duimus de Cega archipresb. 1241, 127, 1246, 287, 300.
Sisak (Scytyz) villa 1244, 257.
Sisco fil. Martinus posses. terae 1258, 90.
Siticus conversus iadr. 1254, 556.
Sythnyak (= Žitnjak) rivul. 1250, 434.
Sywch aqua 1250, 436.
Sjenica locus 1253, 534.
Slabić Fosko nob. rag. 1253, 532.
Slatina (Zlatyna) terra 1249, 405.
Slautius presb. 1240, 101.
Slava fil. Bunae Turbae monacha 1245, 271.

Slava soror Lampredii Dešice 1252, 510.
Slava uxor Gervasi Naymeri 1251, 452.
Slava vidua Andreae Segarelle posses. terrae 1247, 321.
Slavce nomen viri 1262, 234, 235.
Slavko Poličić nob. bosn. 1240, 107.
Slavec iudex 1266, 415.
Slavetić (Zlavatigy) villa 1249, 407.
Slavi (Sclavi = Croatae) natio 1239, 91, 93, 1240, 117; 1244, 229; 1246, 301, 302; 1251, 461; 1252, 479, 507; 1262, 237.
Slavius abbas Lacrom. 1239, 89; 1245, 269, 1260, 176.
Slavogost comes de Posedarje 1249, 391, 392; 1251, 470, 471.
Slavonia (Sclavonia, id est Croatia) regnum 1236, 2, 3 11, 13, 1237, 46, 47; 1240, 104, 115, 121; 1241, 136; 1242, 144, 146, 158, 172; 1243, 185, 191; 1244, 216, 242, 246; 1245, 276, 280, 285; 1246, 296; 1247, 320; 1248, 343, 368; 1249, 402, 403; 1252, 485, 515, 517; 1253, 527, 541; 1255, 589, 594; 1256, 19, 20; 1258, 108, 109, 113, 117; 1259, 135; 1261, 202; 1263, 270, 272, 275, 277; 1264, 302, 316; 1265, 329; 1266, 401; 1267, 420, 423, 429, 436, 1268, 456, 462; 1269, 495, 510, 517, 1270, 530, 559, 574.
Slavonicae litterae (i. d. glagolica) 1248, 343; 1252, 479.
Slavonicae (= croaticae) villae 1251, 464.
Slobiduta via 1259, 133.
Slogodinić Dimina posses. vineae 1266, 374.
Slorado (Sluraddo) Bogdan de, nob. iadr. 1237, 24; 1239, 82, 83.
Slove presb. 1257, 50.
Slovinić Velcoscius civis pagen. 1264, 317.
Slovinja fil. comitis Domaldi 1243, 205.
Slovinja (Slovigna) fil. iupani Ivani testis 1237, 40.

48

Slovinja Martinus de, exam. iadr. 1256, 23.

Slovinja Marinusclus de, exam. arb. 1261, 191, 1268, 456, 471, 472.

Slovinje Petrus exam. spal. 1268, 470.

Slurado Jacobus de, nob. iadr. 1259, 137.

Smaragdus archiep. strig. 1262, 237.

Smaragdus lector bach. 1270, 577.

Smaragdus praep. Alban. et vice-cancell. regius 1244, 222; 1255 610, · 613.

Smaragdus praepos. de Hanta 1244, 266.

Smaragdus praep. poson. 1253, 525.

Smaragdus vicecancel. reg. 1248, 370.

Smaragdus vicecancel. regis 1256, 3, 6, 9, 16, 17, 24, 30, 31, 33, 35, 37, 40, 42; 1257, 52, 55, 60, 62, 63, 65, 68, 73, 75, 77; 1258, 99, 100, 101, 105, 106, 1260, 185.

Smerdz rivul. 1266, 406.

Smokvice (Smocquiçe) villa 1242, 147, 154; 1249, 385.

Soyow v. Sajo.

Solarata locus 1251, 446

Soldani Berisii filii posses. terrae 1259, 140.

Solomun testis 1253, 534.

Šolta insula 1242, 155.

Sombathel (= Szombathely) terra 1254, 549.

Somogy locus 1256, 22.

Soplonica (Soploncha) fluv. 1237, 41; 1239, 90; 1244, 249; 1252, 485; 1256, 33; 1257, 74.

Soppe Blasius de, nob. iadr. 1236, 18; 1256, 23.

Sopron civit. 1243, 191; 1263, 275; 1270, 547.

Sorgo Marinus Viti nob. rag. 1269, 493.

Sornouyk fluv. 1256, 25.

Sosen Vita od Črnete nob. rag. 1253, 532. ·

Sotk vinea 1252, 518.

Sotruga (= Struga aqua 1258, 116.

Sou (= Soli) praed. bosn. 1244, 239.

Spalatum (croat. Spljet) civit. 1237, 22, 31; 1238, 52, 53; 1239, 84, 85, 86; 1240, 102, 105, 112, 113; 1241. 134; 1242, 147, 152, 155; 1242 — 1244, 179; 1243, 184, 196, 197, 198, 208; 1244, 235, 236, 243, 247, 255, 256; 1245, 255, 271, 279, 283; 1247, 321, 327; 1248, 347, 349, 373; 1249, 389, 394; 1250, 428; 1251, 446, 449, 453, 454; 1252, 510; 1253, 534; 1254, 562; 1255, 587, 588, 616; 1256, 3, 6 49; 1257, 53, 56, 57; 1258, 87, 103, 106, 107; 1259, 121, 124, 125; 1260, 154; 1261, 191, 199; 1262, 212; 1265, 343, 353, 1266, 367, 378, 384, 399; 1267, 420, 426, 430, 447; 1268, 456, 469, 470; 1269, 501, 502; 1270, 549, 550; 1271, 582, 583, 587, 591; 1272, 633, 638.

Spalatense capitulum 1237, 22; 1238, 47; 50 51; 1245, 282; 1249, 389; 1251, 453; 1252, 510; 1254, 551, 562, 563; 1271, 582.

Spaurasonti Martinus testis 1265, 333.

Splecia portus 1240, 112.

Spellan locus 1266, 380.

Spertalisi Radin nomen viri 1262, 234.

Spreçça de Dominico nob. vegl. 1271, 604.

Sreça (= Sreća) Caçete nob. spal. 1247, 327; 1251, 446, 449, 453, 454.

Srece (Srege) Julana nob. spal. 1270, 549.

Sreçe Petrus exam. spal. 1262, 213.

Srece Vulcina testis 1271, 584.

Srecce Peregrinus Niciforus nob. ragus. 1243, 212.

Srecca (Srečić) Petrus de, nob. ragus. 1237, 27; 1239, 78; 1243, 212, 1251, 457, 460; 1253, 532.

Srekia Johannes de, advocatus iadr. 1239, 82.

Srexa (= Sreća) testis 1251, 453.

Stamnum (= Ston?) locus 1238, 53, 62; 1239, 77; 1245, 268; 1257, 57.

Stana filia quond. Georgii 1238, 73.

Stana heres Johannis Ragni 1240, 116.

Stana mulier Prestantii de Cotopagna 1264, 289.

Stana posses. terrae 1271, 582.

Stana rel. Nicolai Camaso 1259, 123.

Stana uxor Berislavi posses. terrae 1249, 390.

Stana uxor Thisseni posses. terrae 1236, 7.

Stana vidua quond. Heliae fil. Grubeše comitis 1245, 272.

Stance de Lapčan posses. terrae (mem. eius) 1238, 59; 1239, 82.

Stancius de Pavleço diac. rag. 1261, 196.

Stancius fil. Cernoti posses. terrae 1243 209.

Stancius Lazari presb. 1240, 99.

Stancius Zaulegi testis 1255, 600.

Stanko de Druganno nob. Almis. 1239, 78.

Stanko Vlcoslavus Pupec nob. Almis. 1239, 77.

Stane iobag. 1249, 404.

Staneç fil. Velcodrassi posses. terrae 1236, 5.

Stanech testis 1261, 200.

Stanicha de Ventaro testis 1247, 327.

Stanicha posses. domus 1269, 499.

Stanicna diac. 1252, 500, 501.

Stanimirus archipresb. siben. 1240, 101; 1251, 465; 1253, 526 (falso Stephanum), 1254, 550, 551; 1255, 589; 1260, 162; 1268, 458.

Stanisk fil. Waracisk posses. terrae 1271, 602; 1272, 625.

Stanislaus testis 1261, 200.

Stanislav fr. Mire posses. terrae 1240, 121.

Stanius fil. Sabbe de Farro (= Hvar) testis 1240, 113.

Stano di Elia nob. spal. 1239, 86.

Stefan Vladislav rex Serviae 1238, 69; 1239, 77, 84; 1240 —; 1272, 126.

Stefan Uroš rex Serviae 1243, 210, 211.

Stefan župan 1254, 568.

Stefani Petrus nob. rag. 1251, 458.

Stelcha aqua 1244, 238.

Stenc villa 1237, 28.

Stepan posses. terrae 1260, 184.

Stepco fil. Camasii Capilleti testis 1240, 106.

Stepco (= Stephanus, Stjepko) fil. Roberti posses. terrae 1244, 256, 257; 1245, 270; 1253, 546, 547.

Stepco nob. croat. (de parantella Nelipić) 1253, 540.

Stepco nob. de Bribir, comes tragur. 1238, 58; 1239, 80, 86; 1241, 127; 1242, 143, 154, 178; 1243, 197, 198, 205; 1244, 236; 1245, 277; 1246, 287, 299; 1248, 337; 1249, 384, 385; 1251, 476; 1263, 247.

Stepe Madii nob. spal. 1251, 446, 449, 453, 454.

Stepe canon. iadr. 1254, 573.

Stepi Pongracius de, nob. ragus. 1248, 388.

Stepicius de Cetina comes 1272, 617.

Stephani Drago nob. spalat. 1258, 87, 97; 1267, 448; 1271, 582, 583, 587.

Stephani Julianus nob. spalat. 1270, 549.

Stephani filii posses. terrae 1261, 200.

Stephani fil. Macharia 1247, 311.

Stephani fil. Pribislav posses. terrae 1246, 303, 304.

Stephano de Formino testis 1240, 117.

Stephanus archidiac. de Gverče 1270, 557.

Stephanus archiep. coloc. 1264, 287; 1270, 548, 566; 1271, 595, 607.

Stephanus archiepisc. strigon. 1244, 225, 233, 255; 1245, 276, 282, 286; 1246, 308; 1251, 466, 467, 469, 471.

Stephanus archielectus spalat. 1242, 155; 1243, 183, 196, 205.

Stephanus Babonić comes 1242, 165; 1256, 9.

Stephanus Baduarius nob. venet. 1243, 201.

Stephanus banus bosnen. (mem. eius) 1236, 15, 16, 17.

Stephanus banus marit. (= Croatiae et Dalmatiae) 1249, 391; 1243, 181, 182, 185; 1249, 391; 1263, 245; 1264, 296; 1266, 390.

Stephanus banus totius Slav. 1248, 343, 345, 346, 371; 1249, 402, 403, 411, 412; 1250, 428; 1251, 442, 446, 453, 454, 461, 465, 466, 467, 468, 469, 470, 471, 472, 473; 1252, 485, 489, 510, 517; 1253, 538, 543; 1254, 548, 549, 571; 1255, 587, 588, 596, 603, 604, 612, 613, 616, 617, 618; 1256, 3, 6, 8, 12, 17, 24, 25, 42, 44; 1257, 51, 56, 58, 64, 65, 66, 67; 1258, 86, 100, 104, 106, 108, 109, 112, 117, 119; 1259, 133, 142, 146, 147, 151; 1261, 206; 1263, 258, 269; 1264, 323; 1218, 476, 480; 1269, 513.

Stephanus cancel. regis et praep., postea episc. vacien. 1238, 50; 1241, 128.

Stephanus comes de gen. Družma 1269, 491.

Stephanus comes de Wodycha 1241, 135, 136.

Stephanus comes de Goricha (mem. eius) 1241, 135, 136.

Stephanus comes - nob. de Bribir (mem. eius) 1251, 467.

Stephanus comes tragur. 1238, 47; 1263, 250.

Stephanus de Falicanço testis 1238, 59.

Stephanus de Gorica avus gen. Babonić 1269, 514.

Stephanus de Lapčani 1263, 267.

Stephanus de Lideniza (= Ledenice) 1248, 355.

Stephanus de Lourehna posses. terrae 1240, 105.

Stephanus de Mago posses. domus 1240, 100.

Stephanus de Picica potest. tragur. 1245, 277, 278; 1246, 287.

Stephanus de Semao testis 1252, 509.

Stephanus de Surica nob. arb. 1237, 26.

Stephanus de Zadur posses. terrae 1261, 201.

Stephanus decanus quinqueeccles. 1239, 74; 1243, 204; 1244, 215; 1261, 203.

Stephanus dux (fil. regis Belae IV., postea rex Stephanus V.) 1242, 177; 1244, 246.

Stephanus dux tot. Slav. („Lombardus") 1252, 488.

Stephanus episc. arben. 1251, 450, 456, 478; 1256, 23.

Stephanus episc. nonen. 1272, 633, 636, 637.

Stephanus episc. praenest. 1255, 604; 1260, 167; 1262, 222, 223; 1263, 256; 1264, 286; 1266, 381.

Stephanus episc. vacien. 1241, 136; 1242, 148, 152, 153, 158, 163, 175 ; 1243, 192.

Stephanus episc. zagrab. 1236, 20; 1237, 42, 43; 1238, 50; 1240, 115; 1242, 148, 158, 163, 175; 1243, 210; 1244, 225, 233, 262, 263; 1245, 273, 276, 282, 286, 287; 1246, 293, 304, 308; 1247, 315; 1257, 58.

Stephanus fil Belus nob. vir 1269, 487.

Stephanus fil. (generationis?) Belus bani nob. vir. 1265, 329.

Stephanus fil. Chenke posses. terrae 1256, 32.

Stephanus fil. Ders comes 1269, 505.

Stephanus fil. Dragoslavi posses. vineae 1251, 440.

Stephanus fil. Laurentii exam. iadr. 1237, 24; 1238, 59.

Stephanus fil. Martinusii iupanus 1242, 153.

Stephanus fil. Pothey posses. terrae 1244, 251; 1248, 354.

Stephanus fil. Polandi testis 1249, 378.

Stephanus fil. Prijezde bani 1267, 439.

Stephanus fil. Radoš testis 1236, 19.

Stephanus fil. Rodus posses. terrae 1248, 376.

Stephanus fil. Stephani de Bribir comes 1249, 391.

Stephanus frater Rauue testis 1239, 73.

Stephanus frater Thomae archidiac. sirm. 1237, 44.

Stephanus iudex curiae regiae 1245, 286.

Stephanus Justinianus com. ragus. 1240, 119; 1240—1243, 125; 1242, 139, 140, 141, 149, 150; 1243, 199.

Stephanus Justinianus nob. venet. 1247, 328; 1248, 372.

Stephanus Justinianus comes iadr. 1248, 348; 1250, 417.

Stephanus Martinusio comes trag. 1264, 293.

Stephanus mag. agazon. 1242, 158, 175; 1243, 192; 1244, 225, 233, 255; 1245, 276.

Stephanus nepos Prvonje sacristae testis 1251, 453.

Stephanus Pocafice testis 1253, 545.

Stephanus posses. terrae 1256, 28.

Stephanus praep. de Glogovnica 1254, 577.

Stephanus praep. titul. 1237, 45.

Stephanus presb. iadr. 1251, 441.

Stephanus primic. nonensis 1267, 426.

Stephanus (Prvovjenčani) rex Serviae (mem. eius) 1250, 423.

Stephanus rex iunior postea rex 1246, 308; 1248, 353; 1259, 141, 151; 1260, 186; 1261, 197; 1263, 264, 276, 279, 280; 1264, 302, 324; 1267, 435; 1268, 473.

Stephanus rex Hung. et Croat. 1270, 544, 545, 546, 549, 551, 552, 553, 555, 556, 559, 568, 572, 573, 574, 577, 578, 579, 580, 581, 582, 583; 1271, 584,

587, 588, 590, 594, 596, 598, 606, 607, 608, 612; 1272, 623, 625, 626, 627, 629, 630, 631, 632, 633, 636, 637, 639, 641.

Stephanus sacrista 1246, 196.

Stephanus satnik senien. 1248, 355.

Stephanus Scorobogatti nob. arb. 1237, 26.

Stephanus Slovine testis 1261, 446.

Stephanus Ungarus posses. terae 1256, 36, 38; 1262, 232.

Stephanus Uroš rex Serviae 1243, 194.

Stephanus vicecancel. reginae 1266, 414.

Stephanus Volpoth posses. terrae 1258, 111.

Stepholu villa 1237, 28.

Steuenicha rivul. 1242, 168.

Steuenicha villa 1242, 168.

Stilević Margarit nob. rag. 1253, 532, 1265, 353.

Stilu Vitalis nob. ragus. 1243, 212.

Stimisa fluv. 1244, 250.

Styria provincia 1261, 197; 1266, 411; 1272, 639.

Stirue aqua 1244, 250.

Stjepković Hrela testis 1249, 415.

Stoche Romanus nob. trag. 1259, 140.

Stojan presbyter 1249, 395.

Stojan spiritual. pater spalat. 1243, 184.

Stoyk hospes 1255, 597.

Stoyk terra 1255, 597.

Stoyanicha fluv. 1266, 388.

Stoigo testis 1251, 451.

Stopnik fluv. 1259, 133.

Stopnicha terra 1265, 347.

Strahowch potoka rivul. 1250, 436.

Strasischa villa 1244, 233.

Strasische (= Stražišće?) mons 1249, 391.

Strasny fons 1252, 519.

Stresina aqua 1266, 387.

Stria relicta Stoi Magerii posses. terrae 1258, 97.

Stria uxor quond. Duimi de Pecce 1238, 58.

Strigomla (= Strigovo) fluv. 1256, 9; 1269, 512.

Strigonium (= Esztergom) civit. 1255, 604.

Strizelav testis 1243, 182.
Strižići locus 1240, 124.
Strmech fluv. 1259, 133.
Stroycha castrum 1251, 472.
Stromazenos rivul. 1252, 486.
Strug aqua 1239, 79.
Struga locus 1261, 200.
Struhvan testis 1243, 182.
Strusez (= Stružec) fluv. 1245, 271.
Strzeuch potok 1266, 412.
Stupačno locus 1251, 535.
Stupna terra 1257, 53.
Stupnik (Ztopnic) rivulus 1249, 407.
Stupna rivul. 1257, 54.
Šubići gener 1237, 46.
Subinich (= Šubinić) nob. gener. vegl. 1248, 357.
Subnak vallis 1256, 27.
Sucha mosocha fluv. 1242, 178.
Sudan genus 1248, 377.
Suden terra 1255, 609.
Sudyn locus 1267, 447.
Sudinich (= Sudinić) nob. gener. vegl. 1248, 357.
Suhi dol (Scuha dol) vallis 1256, 28.
Suhodol vallis 1256, 33, 34; 1266, 388.

Suhovare locus 1239, 91, 92, 93; 1242, 164.
Suynna (= Sunja?) vallis 1256, 38.
Suisgian locus 1240, 116.
Sulich fil. Martinus posses. terrae 1258, 116.
Šumeth (Juncet) locus 1238, 64; 1245, 269; 1253, 531; 1254, 565; 1270, 531.
Suparentius Antonius comes iadr. 1264, 299, 317; 1265, 333, 339, 357.
Superantius Antonius dux venet. 1264, 307.
Suph comes 1267, 439.
Supplonca (= Stupčanica?) fluv. 1246, 304.
Suplonicha aqua 1256, 28.
Svojmir župan testis 1262, 235.
Svračić Hranislav testis 1249, 387.
Szalath possessio 1251, 469.
Szel Mesco villa 1244, 228.
Szent Laduzlo (= László) villa 1270, 571.
Szombathely terra 1256, 22.
Szombathely locus 1264, 325.

T.

Takač fil. posses. terrae 1266, 411.
Tadeus fil. Mlad posses. terrae 1240, 121.
Taglacozo Henricus nob. de Pirano 1270, 549.
Taglamentus de Vgerio notar. venet. 1254, 552.
Tarda gener Cheh 1268, 466.
Tartari natio 1241, 128, 129, 130, 131, 137, 138 ; 1242, 144, 146, 170, 177 ; 1243, 190, 191, 193, 194, 203 ; 1244, 220, 221, 230, 242 244, 245, 262 ; 1245, 274, 284 ; 1246, 289, 306, 307 ; 1247, 316, 323, 326 ; 1248, 351, 352, 377 ; 1249, 383 ; 1250, 433 ; 1251, 443, 463, 467, 469 ; 1252, 479 ; 1255, 608 ; 1256, 2, 8, 24, 43, 44 ; 1257, 53, 59, 61, 62, 71, 74, 76 ; 1258, 101 ; 1259, 132, 133 ; 1260, 173, 178, 179 ; 1263, 243, 244, 276, 277, 278 ; 1264, 302, 308, 309 ; 1270, 547, 569.

Tarvisina marchia regio ital. 1248, 350
Tata locus 1271, 609.
Tavalicus testis 1245, 273.
Teklisa posses. terrae 1256, 27.
Tegna posses. domus (mem. eius) 1250, 426.
Tehno terra 1257, 61.
Telisna vallis 1266, 397
Telnicha rivus 1270, 565.
Temechech lutus 1249, 411.
Teodorus Rastii nob. ragus. 1243, 212.
Teodorus Gisle nob. ragus. 1243, 212.
Teodosii Bastianus Lucae nob. trag. 1267, 451.
Termulo civit. 1244, 226.
Ternow gurni meta 1242, 177.
Terpen villa 1270, 570.
Terredych villa 1242, 168.
Tetrench fons 1252, 491.
Tetreuinech aqua 1238, 72.
Tetreunch fluv. 1249, 398, 399, 414.
Teupolus (Theupolus, Tiepolo) Jacobus dux venet. 1236, 1, 4,

5, 6, 7, 8, 11, 18 ; 1237, 21,
22, 24, 25, 32, 35, 36, 37, 39,
46 ; 1238, 52, 53, 56, 59, 60,
61 ; 1239, 73, 75, 82, 91, 92 ;
1240, 99, 105, 115, 455 ; 1241,
133 ; 1242, 142, 159 ; 1243,
201, 206, 1244, 241 ; 1245,
268, 283 1247, 328 ; 1248, 348,
350, 361, 362, 363, 372; 1250,
427.
Teupolus Jacobus nob. venet. 1264,
298.
Teupulus Johannes comes absar.
1248, 357.
Teupulus Johannes comes ragus.
1237, 32, 34, 36, 37 ; 1238,
52, 53, 61 ; 1241, 133.
Teupolus Laurentius dux venet.
1268, 471 ; 1269, 490 ; 1270,
524, 567 ; 1271, 601 ; 1272,
621, 622.
Teupulus Laurent'us nob. venet.
1243, 201 ; 1264, 296, 297,
298, 306.
Teutonia (Theotonia) terra 1241,
136 ; 1242, 166 ; 1243, 191,
194 ; 1251, 463 ; 1270, 547.
Teutonici (Theotonici) natio 1249,
383 ; 1251, 442 ; 1255, 608 ;
1270, 570.
Teutonicorum villa 1237, 28.
Thelinus monachus St. Stephani
spalat. 1255, 616.
Thempnifew aqua 1269, 511.
Theobaldus capel. papal. (mem. eius)
1238, 51.
Theodor custos quinqueeccl. 1239,
74, 81 ; 1240, 121 ; 1243, 204 ;
1244, 215 ; 1248, 377 ; 1250,
418 ; 1251, 447.
Theodori Petri Margoritus posses.
1262, 224.
Theodoricus episc. cuman. 1238, 56.
Theodorus Bodatie nob. ragus. 1242,
172 ; 1243, 183, 199, 212 ;
1244, 223, 227 ; 1248 366 ;
1250, 438 ; 1251, 452, 457,
460 ; 1252, 481, 495, 498, 502 ;
503, 508 ; 1253, 534, 542 ;
1254, 548, 554, 555, 562, 567 ;
1255 598; 1256, 1; 1257, 57;
1265, 353.

Theodorus cleric. iadr. 1254, 556.
Theodorus de Lampridius diac. 1242,
149, 150, 156, 157.
Theodorus de Luca civis ragus.
1252, 499.
Theodorus diacon. 1242, 149.
Theodorus diac. antibar. 1247, 318.
Theodorus fil. Bunae 1237, 24.
Theodorus fil. Radovani testis 1249,
390.
Theodorus monachus iadr. 1248,
359, 363.
Theodosius archiep. de Corfù 1261—
1282, 210, 211.
Theodosius cognatus Striae 1238, 58.
Theophili Matheus cler. rag. 1259,
127, 128 ; 1261, 196.
Theplussane villa 1253, 522.
Thybold (Tibold) genus 1250, 418 ;
1269, 485.
Thiburcius posses. terrae 1252, 491.
Thimoteus v. Timotheus.
Thinin v. Knin.
Thobias de Bogut praep. zgrb.
1263, 243.
Thobias praepos. 1261, 203.
Thodinafew mons 1269, 511
Thodosius canon. spal. 1271 587.
Tholomeri filii posses. terrae 1264,
322 ; 1265, 334.
Thoma (Thomas, Toma) archidiac.
spalat. 1237, 22 ; 1238, 47, 50 ;
1240, 101 ; 1248, 337, 347 ;
1254, 551 ; 1256 3, 49 ; 1257,
59 ; 1258, 103 ; 1260, 162 ;
1265, 343 ; 1266, 382 ; 1267,
421, 444, 447.
Thoma banus (mem. eius) 1247,
312 ; 1266, 372.
Thomas canon. castel. 1251, 459.
Thomas civis senjen. 1243, 181.
Thoma comes 1259, 147.
Thomas (Thomas) comes 1270,
559, 561.
Thoma comes de Chay (== Gaj ?)
1237, 42.
Thomas comes de Crocov 1259, 132.
Thomas comes de Hernsueu 1251,
464.
Thomas comes de Moravče 1267, 431.
Thoma comes, frater episc. zgrb.
Philippi 1248, 368 ; 1250, 422.

Thoma comes frater praep. Filae
  1242, 160; 1244, 214; 1244,
  244, 253; 1249, 381, 382; 1251,
  447; 1263, 265; 1267, 449.
Thomas de gen. Raad posses. terrae
  1250, 433.
Thomas de Trekella nob. arb.
  1237, 26.
Thomas fil. Cernelii de homaza
  abbas lacromon. 1252, 514.
Thomas fil. Chepani nob. vir 1263,
  282.
Thomas fil. comitis Thomae 1245,
  284.
Thomas fil. Grubše de Ragusio
  1240, 111.
Thoma fil. Janus nob. 1240, 103.
Thomas fil. Joachimi comes 1267,
  435.
Thomas fil. Lamperti posses. terrae
  1242, 160.
Thomas fil. Rorocon posses. terrae
  1244, 231.
Thoma frater comitis Puchunae
  1239, 97.
Thoma lector quinqueeccl. 1239,
  74, 81; 1240, 121; 1243, 204;
  1244, 215.
Thomas posses. terrae 1257, 71.
Thomas praepos. de Hont 1270,
  555, 556.
Thomas presb. 1239, 89.
Thomas presb. 1252, 522.
Thomas magister 1265 330; 1267,
  452, 453; 1268, 478.
Thomas magis. thesaur. 1262, 238.
Thomae Andreas civis ancon. 1254,
  569.
Thomae bani pratum locus 1255, 596.
Thomae filii possess. terrae 1257,
  78; 1269, 498.
Thomasinus notar. 1264, 287.
Thopol locus 1242, 165.
Thornua fluv. 1266, 392.
Thurycha rivul. 1269, 513.
Tiba fideiussor 1242, 170.
Tibold genus v. Thybold.
Tiburcius comes 1266, 395; 1270,
  536, 564.
Tiburcius comes zgrb. et vicebanus
  1257, 79, 80, 82; 1260, 183.

Tyburcius fil. Tyba posses. terrae
  1248, 343, 344, 345.
Tyburcius magister 1260, 177;
  1264, 318.
Tiburcius magister čazmen. 1270,
  575.
Tyburcius magnus posses. terrae
  1264, 295.
Tyburcius phisicus regius 1257, 53,
  59, 60.
Tyburcius posses. terrae 1257, 73.
Tikud villa 1269, 509.
Ticha posses. terrae 1250, 428.
Ticha vel. Michae Stosce 1260, 154.
Timotheus (Thimoteus) episc. zgrb.
  1263, 256; 1264, 286, 289,
  290; 1266, 365, 385; 1268,
  463; 1269, 487, 496, 503, 507,
  509; 1270, 525, 526, 534, 548,
  557, 558, 566; 1271, 596, 598.
  607; 1272, 623, 634.
Tytulense (= de Titel) capitulum
  1237, 44.
Todor fil. Sancii de Petrizo testis
  1240, 117.
Togach filii posses. terrae 1249, 398.
Togahe filii posses. terrae 1249, 413.
Togomorich (= Tugomorić ?) nob.
  gener. vegl. 1248, 357.
Tolan presb. 1240, 101.
Tolen iudex šiben. 1263, 247.
Tolen Kačić (mem. eius) 1239, 91,
  92; 1249, 112.
Tolenić filii posses. terrae 1264, 327.
Tolia mater Nycolize de Cerne
  1261, 194.
Tolia uxor Jacobi de Cerne 1251, 448.
Tolycha fluv. 1244, 239.
Tolihna de Korčula testis 1262, 234.
Tolimeri filii posses. terrae 1271, 591.
Tolimir presb. testis 1256, 14.
Tolimirus fil. Radosii Šubić posses.
  terrae 1238, 46.
Tolys terra 1244, 237.
Tolislav Kačić testis 1239, 82.
Tolk posses. terrae 1266, 397.
Tolman terra 1270, 576.
Tolomeri fil. Farcasius posses. terrae
  1255, 597; 1265 329.
Tolstouch locus 1240, 121.
Tolzconth generatio 1255, 612.
Tomichna posses. terrae 1260, 176.

Tone fil. Thomas posses. terrae 1258, 114.

Tonisco Bartholomaeus testis 1240, 99.

Tonisco Nicolaus com. ragus. 1238, 60, 62, 69, 70, 77, 1240, 98, 104, 107, 108, 111.

Toplicha aqua 1239, 90.

Toplica fluv. 1264, 328.

Toplica locus 1248, 354.

Toplica potok 1271, 593.

Toplicha terra 1239, 90.

Toplicha v. Varaždinske toplice.

Toploberdza locus 1248, 366.

Toplucha terra (= Toplice, Topusko ?) 1252, 521.

Topoch aqua 1240, 123.

Topusko (Toplica) monast. 1240, 109, 110, 1242, 167, 168, 182 ; 1244, 257 ; 1252, 519, 520 ; 1254, 577; 1255, 616; 1256, 45 ; 1259, 144, 147 ; 1260, 156 ; 1264, 292, 310 ; 1266, 386, 388, 405, 415 ; 1268, 469, 520 ; 1270, 543 ; 1271, 600, 610, 617; 1272, 631.

Torda officialis 1270, 543.

Torda terra 1255, 618.

Tornua (= Trnova) praedium 1254, 549.

Torrente abbas St. Grisogoni 1237, 21 ; 1239, 73, 75, 76, 82 ; 1240, 106, 117, 1242, 163.

Tosmirius posses. terrae 1248, 344.

Totar posses. terrae 1268, 482.

Totille Jacobus nob. trag. 1267, 441, 442 ; 1271, 592.

Tragurium civit. 1236, 12 ; 1237, 23 ; 1238 47, 58 ; 1239, 80, 84, 85, 86 ; 1240, 101 ; 1241, 127, 137 ; 1242, 143, 145, 146, 147, 148, 152, 153, 154, 178; 1242 — 1244, 179 ; 1243, 184, 185, 186 ; 1243, 189, 197, 198, 199, 205, 208 ; 1244, 216, 235, 236, 247, 255 ; 1245, 277, 279, 1246, 287, 299 ; 1248, 337, 346, 349 ; 1249, 384, 385 ; 1250, 430, 431, 432, 438 ; 1251, 473, 1253, 524 ; 1254, 550, 551, 553, 562, 563; 1255, 603 ; 1257, 65 ; 1258, 106, 1259, 124, 140 ; 1262,

236 ; 1263, 247, 250, 251 ; 1264, 285, 293 ; 1265, 341, 344 ; 1266, 382 ; 1267, 440, 441, 443, 446, 451, 1269, 499 ; 1270, 528, 591 ; 1272, 618, 621.

Trani civit. ital. 1246, 292 ; 1252, 500 ; 1254, 561.

Trano Nicolaus de iudex 1259, 130 ; 1260, 154.

Transilvanus ducatus 1271, 590.

Trasmundi Petrus civis ancon. 1254, 569.

Trauaie Sabbe nob. spalat. 1258, 87, 107.

Travni vrh (Trauni werh) mons 1253, 537.

Trebeneg laz locus 1243, 209

Trebochel villa 1242, 168.

Trebses rivul. 1257, 72.

Treguanus episc. tragur. 1236, 12 ; 1237, 23 ; 1238, 47, 58 ; 1239, 80 ; 1240, 101 1241, 127 ; 1242, 143, 146, 154, 178 ; 1243, 197, 198, 205 ; 1245, 277, 282 ; 1246, 287, 295, 299 ; 1248, 337, 1249, 384, 385 ; 1254, 550, 551, 553.

Treseygh villa 1266, 388.

Trestina loca pratum 1252, 520.

Trevisanus Jacobus nob. venet. 1254, 552.

Treztena pole campus 1268, 467.

Tribaug locus 1243, 203.

Trichuch mons 1259, 150.

Tripche rivus 1270, 565.

Triphon presb. 1252, 501.

Trippe presb. 1270, 554.

Tripuna kneza Georgi nob. rag. 1253, 533.

Tristan comes 1244, 261, 262.

Trystanus frater phisici regii Tyburcii 1257, 53.

Trnava terra 1264, 316.

Trnovica (Ternouizza) locus 1249, 391.

Trouan de Jance nob. trag. 1239, 86.

Trstenik locus 1260, 180.

Truglou potok 1266, 412.

Trunçannus Michaelis posses. terrae 1238, 46 (mem. eius).

Tuclizani terra 1249, 401; 1250, 416.

Tudr Bukčić nob. rag. 1254, 559.
Tuynicha rivus 1266, 388.
Tulk posses. terrae 1257, 55.
Tulman posses. terrae 1263, 266.
Tumon terra 1256, 22.
Tunis terra 1236, 11.
Tunnicha generatio Borić bani
1244, 237.
Tuplyca (= Toplica ?) terra
1249, 406.
Turbić Hrvatin testis 1249, 415.
Turdissa (= tvrdiša) castrensis po-
žeganus 1250, 434.

Turdizlaus (= Tvrdislav) fideiussor
1242, 170.
Turnoa (= Trnava ?) aqua
1244, 252.
Turnoa (= Trnovac ?) terra
1244, 255.
Turpinus archidiac. de Tolna
1239, 81.
Tursoy insula 1256, 17.
Tutulyg praed. 1271, 597, 609.
Tusti vrh (Tulzti verh) mons
1249, 406.
Tvrya flum. 1258, 99.

U.

Ubaldus iudex firm. 1256, 7, 11.
Ubertus card. 1266, 381.
Uburbot via 1244, 239.
Ugo Ugolini Latini potestas An-
conae 1236, 12.
Ugolinus archiep. coloc. 1236, 4,
13 ; 1238, 50 ; 1240, 115.
Ugolinus (= Ugrinus) archiepisc.
spalat. 1246, 299.
Ugrin knez 1249, 387.
Ugrinus archiep. coloc. 1258, 84.
Ugrinus archiep. spalat. (antea praep.
čazmen.) 1244, 243 ; 1245, 271,
279, 282 ; 1246, 295 ; 1247, 315,
321, 327 ; 1248, 339, 347.
Ugrinus Ugrinciho (= Ugrinić?)
testis 1251, 451.
Ukurd locus 1237, 28.
Ulcinj 1247, 313.
Una (Un, Hun) fl. 1240, 121 ;
1249, 411 ; 1256, 9 ; 1258, 99 ;
1263, 278 ; 1266, 387 ; 1269,
513.
Ungara uxor Domane Guererii
1258, 95.
Ungaria v. Hungaria.
Unzfeu (= Unac, grad nad izvorom
Unca) castrum 1251, 469.

Urbanus IV. papa 1261—1264, 208 ,
1262, 211, 217, 219, 220, 221,
222, 223, 231, 237 , 1263, 250,
256, 268, 270, 275, 276, 277 ;
1264, 284, 285, 287, 288, 290,
291, 296, 297, 298, 300, 301,
302, 303, 305, 307.
Urbanus de Weresu iobagio 1255, 597.
Urbona aqua 1244, 231.
Urlandus magis. dapif. v. Rolandus.
Uroš rex Serviae 1240—1272, 126 ;
1247, 327 ; 1250, 423, 424 ;
1252, 499, 508 ; 1253, 528, 529,
534 ; 1254, 559, 567, 569, 572 ;
1254—1256, 580 ; 1255, 591 ;
1257, 77 ; 1261, 190 ; 1265,
362 ; 1268, 484 ; 1270, 554 ;
1271, 585.
Ursatius Mathaei clericus 1242, 149,
151.
Urso archidiac. tragur. 1238, 47.
Urso Silvester de, exam. trag. 1264,
315.
Ursulino Pelegrinus de, testis 1259,
138.
Urvati (= Hrvati) praedium 1244,
238.
Usemir testis 1262, 235.
Usora praedium bosn. 1244, 239.
Ustilonja (Vstilouna) locus 1257, 55.

V, W.

Vadassa posses. terrae 1255, 597.

Vaylermus (= Wilchelmus) mag. agas. 1242, 148.

Walamira mag. pincer. 1238, 50.

Valko, Walko, Wolko v. Vukovar.

Valcodrug (= Vukodrug) fil. Stephani iobag. 1254, 549.

Walcomerius fil. Slauch de gener. Draginić 1264, 296.

Valentinus Casarizze nob. tragur. 1246, 300 ; 1249, 384, 385.

Valentinus Petri Luce nob. testis 1271, 592.

Valentinus fil. Petri de Luca testis 1245, 278.

Valentynus iudex 1268, 481.

Vali de Gondola nob. ragus. 1240, 99 ; 1243, 200. 201.

Vallecheperla campus 1266, 391.

Wamus (= Vámos) terra 1244, 253.

Wanlegeu (?!) posses. montis 1247, 324

Waranik terra 1240, 124.

Waratna fluv. 1257, 75, 76.

Varaždin civit. et comitatus 1238, 49 ; 1239, 79, 98 ; 1242, 166; 1244, 232, 245, 246, 247, 251 ; 1248, 367, 375 ; 1251, 463, 464 ; 1254, 577 ; 1256, 17 ; 1258, 113, 115, 116, 117 ; 1259, 133 ; 1260, 176, 182 ; 1261, 197, 206 ; 1264, 327 ; 1265, 349, 361 ; 1267, 447, 453 ; 1269, 487, 521 ; 1270, 533, 538, 567, 578, 630.

Varaždinske Toplice (Toplicha) 1237, 43 ; 1253, 525.

Varaždiniensis maior via 1236, 20.

Wardycha terra 1269, 512.

Varicassa Pasca nob. iadr. 1258, 88, 89, 94 ; 1265, 341.

Varicassa Raynerius exam. iadr. 1257, 69

Warheg (= Várhegy?) mons 1242— 1250, 180.

Warod locus 1237, 30.

Warolea villa 1237, 28

Wasardus custos 1237, 45.

Vaška locus 1248, 345, 374, 346; 369, 375, 376 ; 1254, 570 ; 1255, 593, 594, 595 ; 1267, 439 ; 1269, 496 ; 1270, 551.

Vchnus possessio 1244, 249.

Vcoy posses terrae 1240, 124.

Vdez posses. terrae 1256, 29, 36, 39.

Vdorhel (= Udvarhely), locus 1257, 72.

Wdruha fluv. 1267, 439.

Vechecha Justi posses. vineae 1266, 407.

Wechelinus (= Vecelinus) comes 1257, 61.

Wecherin iobag. 1257, 71.

Weden posses. terrae 1242, 168.

Vegla (croat. Krk) civitas et insula 1239, 89 ; 1243, 207 ; 1248, 356, 357, 358, 359 ; 1251, 443 ; 1264, 308 ; 1271, 605.

Veglenses nobiles 1248, 357, 358, 359.

Weysa via 1269, 506.

Vel (?) fil. Dragoši pristaldus 1245, 277.

Velcanus Chranenic (= Vukan Hranjenik) de Omiš 1238, 62.

Velcassa uxor Dragotta posses. terrae 1236, 5.

Velcassus Johannis nob. ragus. 1247, 330, 332 ; 1248, 339, 366 ; 1251, 450, 453 ; 1257, 57 ; 1258, 95 ; 1261, 194 ; 1262, 225.

Welcheta posses. domus 1256, 38.

Velco (= Vlko) fil. Radogosti posses. terrae 1251, 454.

Velcodrug v. Vukodrug.

Velcussa uxor Dragotta posses. terrae 1236, 6, 7.

Welezlai filii posses. terrae 1258, 108.

Welezlaus posses. terrae 1260, 185.

Welezna villa 1242, 168.

Velika (Welyca) fluv. 1237, 41 ; 1243, 210 ; 1244, 225 ; 1255, 597, 1266, 414 ; 1269, 511 ; 1270, 535, 574.

Velika possessio 1244, 246.

Velika terra 1256, 22, 47, 48.

Welika Dulypchka rivulus 1244, 242 243.

Welyka wyze (= Velika voda) fons 1244, 243.

Velichate locus 1243, 209.

Veligna fil. Descenni posses. terrae 1236, 5.
Velizlaus posses. terrae 1256, 12.
Velseuniza rivul. 1266, 419.
Venceslaus decanus quinqueccl. 1250, 418 ; 1251, 447.
Vengiguerra Dessa Petri testis 1271, 592.
Venetia (Rivoalto) civit. et comune 1236, 9, 10, 11 ; 1237, 32, 34, 61 ; 1241, 131, 132, 133 ; 1242, 161, 168 ; 1243, 199, 200 ; 1244, 228, 229 ; 1247, 329 ; 1248, 350 ; 1250, 427 ; 1251, 457, 459 ; 1252, 482, 495, 496, 498 ; 1260, 185 ; 1266, 400.
Veneri Almerigo nob. de Pirano 1270, 549.
Venture Stanicha testis 1260, 164.
Vepernuck rivulus 1248, 354.
Weprinna vallis 1243, 203.
Vera uxor quond. Radoani 1247, 329, 330.
Verçani villa 1256, 14.
Vercklaz locus 1259, 149.
Verestorić Matev nob. rag. 1253, 532.
Werewcha v. Virovitica.
Verneuch rivus 1248, 354.
Vértes (Wertus) regio 1269, 509.
Verussia abbas St. Stephani arben. 1251, 456.
Vesperuni Jacobus clericus 1258, 104.
Vgniça Lapčanin posses. terrae 1238, 59.
Vgo de Lilla procur. apul. 1244, 217.
Vgra v. Vugrovec.
Vya genus 1244, 214.
Vykel possessio 1271, 589.
Vicencius nob. arb. 1237, 26.
Vicentius not. iadr. 1264, 300 ; 1265, 341 ; 1266, 369, 386, 390 ; 1267, 438 ; 1270, 524.
Vych fluv. 1262, 240.
Wychen fil. Wolchech (= Vlček?) testis 1236, 19.
Vichen pons 1247, 333.
Vichen terra 1244, 251.
Vichi dol villa 1244, 227.
Victo de Agulea nob. Almis. 1239, 77.
Victo Ugulut nob. Almisensis 1239, 77

Victor Esinne testis 1243, 207.
Victor subdiac. iadr. 1254, 556.
Wyd de gen. Thugomerich nob. vir. 1253, 523.
Vid iudex 1268, 481.
Vide posses. terrae 1244, 251.
Vidgoša župa 1244, 239.
Vidina gorica locus 1249, 406.
Vido (Wydov = Guido) comes de Veglia 1242, 144 ; 1248, 358 ; 1258, 86; 1266, 378.
Wido episc. Clugiensis 1243, 201.
Vydosa (= Viduša?) posses. terrae 1265, 338.
Vidotus Varicasce civis iadr. 1244, 219.
Vydunal mons 1264, 328.
Vidus potest tragur. 1250, 430, 432, 437.
Wydus posses. terrae 1244, 242.
Vienna (= Wien, Beč) civit. 1242, 139.
Vigilia civit. ital. 1254, 562.
Wyhugh insula 1260, 156.
Vilan Marin nob. rag. 1253, 532.
Vilce (= Vuk?) fil. Radovani Chotusse posses. terrae 1249, 384.
Wylkina (= Vukina) posses. terrae 1264, 323.
Wilhelmus comes crasinen. 1241, 136.
Villa Nova (= Villeneuve) civit. 1246, 294.
Wyllanth villicus 1257, 80.
Vylok (= Ilok?) terra 1263, 284.
Vincentius abbas (mem. eius) 1238, 46, 56 ; 1239, 91, 92.
Vincentius cler. iadr. 1261, 188.
Vincencius comes. 1266, 413.
Vincentius cler. episc. varad. 1244, 233, 255 ; 1245, 286 ; 1251, 466, 467, 470, 471.
Vincencius notar senien 1271, 598.
Wyncencius (= Vincentius) praep. 1242, 160.
Vincencius praep. bach. 1244, 266.
Wincyk iobagio 1240, 122.
Vinodol (Wynodol, Wynadol) comit. 1242, 144 ; 1251, 443, 444 ; 1260, 179.
Vinodol possessio 1266, 405, 419 ; 1271, 609.

Vir insula 1243, 202.
Virević Bogodan nob. Croata 1237, 47.
Virovitica (Werewche) locus 1239, 89 ; 1242, 166, 175, 176 ; 1244, 228 ; 1246, 304 ; 1248, 374, 375, 376 ; 1252, 486 ; 1257, 80 ; 1269, 516.
Virovitica (Wereucha) fluv. 1248, 375.
Vysen posses. terrae 1261, 201.
Vysen Zdench terra 1261, 200.
Višegrad (Visagrad) castrum hung. 1265, 352.
Wisladol vallis 1240, 122.
Višnja uxor Bogdani 1255, 600.
Wyschust v. Medjurječje.
Visoc locus 1240, 120.
Visoć (Uisoch) locus 1240, 105.
Vita de Barbara testis 1243, 187, 188.
Vital Johannes nob. tragur. 1271, 591.
Vitalis procurator 1261, 195.
Vitalis subdiac. 1238, 56 ; 1239, 93.
Vitalis de Sefia nob. ragus. 1244, 228, 229.
Vitalis Gregorius Johannis civis spalat. 1266, 384.
Vitalis Johannis nob. spal. 1245, 271 ; 1265, 343 ; 1266, 399 ; 1267, 421, 426, 430,448 ; 1269, 494.
Vitalis Padmanus testis 1244, 229.
Vitalis Stilu nob. ragus. 1243, 212.
Vitalis Theodori Grubeša monachus 1237, 37, 38.
Vitalis Theophili testis 1247, 314 ; 1255, 600.
Vitalus subdiac. 1243, 207.
Wytalus de Cranisapula filii, iobag. 1272, 629.
Wytalus filii posses. terrae 1266, 391.
Vitačça Costri nob. arb. 1237, 26.
Vitačça Pruanole nob. arb 1237, 26.
Vitoča de Scolatura posses. terrae 1252, 511.
Vite Petrigna testis 1259, 123.
Viterbium civit 1236, 3, 4 ; 1257, 68 ; 1258, 86, 93 ; 1262, 212, 218, 220, 221, 222, 223 ; 1266, 382, 385 ; 1267, 423, 428, 432, 434 ; 1268, 459, 463, 468, 469, 474.

Vytik posses terrae 1239, 79.
Vito fil. Defani vob. arben. 1251, 447.
Wito frater Barthi nob. arb. 1238, 56.
Vittane Cerna nob. ragus. 1236, 1, 8, 9, 11 ; 1237, 33 ; 1238, 52 ; 1242, 150, 151 ; 1244, 227, 1246, 290 ; 1251, 450 ; 1252, 481, 495, 498 ; 1258, 96 ; 1265, 353.
Vitus Barte nob. arb. 1237, 26.
Vitus cler. et not. iadr. 1266, 408 ; 1268, 458, 465 ; 1270, 568.
Vitus diac. spal. 1251, 446.
Vitus diac. tragur. 1248, 337.
Vitus Figaçoli posses. terrae 1249, 390, 401 ; 1250, 416.
Vitus Leonardi civis iadr. 1243, 206.
Vitus Morovize posses. vineae 1249 401 ; 1250, 416.
Vitus sartor 1250, 418.
Vyoduor (= Ujudvar Novi dvori) terra 1265, 347.
Viviani Helia nob. rag. 1259, 128.
Wizcuz v. Medjurječje.
Wizguz v. Medjurječje.
Wyzmeth praedium 1239, 96.
Vyzmich terra 1239, 78.
Vizolić Pologrin nob. rag. 1253, 532.
Vlačine (Dilato) locus 1249, 395 ; 1260, 155 ; 1266, 379.
Vladislav rex Serviae 1250, 423, 424 ; 1252, 483, 504, 506, 507 ; 1253, 528.
Vladislava regina Serviae 1243, 210,
Vladimirić Goden testis 1254, 560,
Vladimirus fil. comitis Calimanni (= Kolomani) de Omiš 1239, 78.
Vlah idem quod Raguseus 1240, 108 ; 1249, 387.
Vlaštica locus 1253, 531.
Wlk (= Vuk) fil. Devecher posses. terrae 1244, 248.
Vlkas Mučnik nob. rag. 1254, 559.
Vlkasović Vlkča testis 1249, 387.
Wlkazlaus (= Vukoslav) posses. domus 1248, 344.
Vlčeta (Wlcheta) posses. terrae 1252, 491.
Vlci Andreas nob. ragus. 1251, 453, 458.

Vlcius Johannis Bladimiri 1237, 27, 33 ; 1240, 119 ; 1242, 141, 149, 150 ; 1243, 212 ; 1247, 332 ; 1251, 475.

Wlkyna filii posses. terrae 1266, 394.

Wlco (= Vuk) fil. Zybislav (= Sebeslav) posses. terrae 1252, 519, 520.

Wlkoy insula 1266, 388.

Wlkoy villa 1259, 152.

Wlkou posses. terrae 1263, 264.

Wlkou fluv. 1263, 264.

Wlkoz filii posses. terrae 1251, 477.

Wlcuzlo (= Vukoslav?) fil. Gordan (= Grdan) testis 1260, 184.

Wlchez testis 1243, 182.

Wlcheta (= Vučeta) f l. Devecher posses. terrae 1244, 248.

Wlcheta (= Vučeta) posses. terrae 1256, 29.

Wlchi aqua 1244, 225.

Wlchy posses. terrae 1258, 120.

Wlchya locus 1249, 411.

Wlchina iobag. 1258, 110.

Vlchiz posses. terrae 1259, 148.

Wlchizlau fil. Giubrina 1236, 19.

Wlchizlou posses. domus 1257, 55;

Wlchuk (= Vučak?) fil. Wlchuk posses. terrae 1248, 354 ; 1254, 549.

Wlchuk posses. terrae 1239, 79.

Vlkmirić Predislav testis 1249, 415, 1254, 560.

Vlković Bratislav testis 1249, 415.

Vlksanić Galc test s 1249, 415.

Vlktić Vojmir testis 1249, 415.

Vlup posses. terrae 1257, 61.

Wnuhleu campus 1259, 150.

Wokowy filii de Gorica posses. terrae 1263, 261.

Wodycha (= Vodičevo?) comitatus 1241, 135, 136 ; 1266, 387.

Vodica (Wodycha) terra 1256, 9 ; 1269, 514.

Vognizlov comes 1244, 242.

Vogrincha fluv. 1266, 397.

Vogrysa de gen. Tolzconth posses. terrae 1255, 612, 613.

Wogrissa posses. terrae 1253 44.

Voycha posses. terrae 1264, 295.

Woycin (= Vojko?) posses. terrae 1237, 40.

Voyhna fil. Vytalus posses. terrae 1269, 514.

Woychin fil. Petri de Zagoria 1236, 19.

Vojn posses. terrae 1246, 310.

Vojin (Uoin) fil. Cernevi posses. terrae 1243, 209.

Voyn filii posses. terrae 1264, 320.

Voyn terra 1264, 328.

Voync filii posses. terrae 1251, 475.

Wonich banus v. Vojnić.

Voynk posses. domus 1256, 39.

Woynch (= Vojnić?) nob. croat. (de parantella Nelipić) 1253, 540.

Vojnić bani filii posses. terrae 1245, 276.

Woyos locus 1237, 41.

Vojska fluv. 1249, 411.

Voiskiza locus 1240, 116.

Volavje (Volaula) fons 1249, 406.

Wolkan (= Vukan) posses. terrae 1256, 38.

Vojslav comes 1270, 554.

Wolkan fil. Johannes posses. terrae 1256, 37.

Wolkan filii posses. terrae 1256, 30, 34.

Wolkar posses. terrae 1264, 321.

Wolchka fil. Isan 1236, 19.

Volchya glaua (= Vučja glava) collis 1249, 391.

Volcigna (= Vučina?) Matafaro posses. vineae 1249, 392, 394.

Volchila fil. Volcumi posses. terrae 1256, 25.

Wolkyna iobagio 1244, 243.

Wolchina (= Vlčina) civis senien. 1243, 181.

Wokimir posses. terrae 1256, 32.

Volcuta fil. Jurgis posses. terrae 1256, 25.

Volica genus 1266, 414.

Wolizlav comes terres. 1257, 79.

Volcoi preb. de Goriza testis 1240, 117.

Wolcomer (= Vukomir) posses. terrae 1245, 285.

Wolkomer (= Vukomir) fil. Kuplen posses. terrae 1244, 242.

Volunch potok 1261, 201.

Wonycha zora terra 1266, 394.

Wopak aqua 1259, 133.
Worbouch (= Vrbovec) terra regal. 1244, 224, 225.
Vosoie Varse nomen viri 1262, 234.
Vosos fil. Stephani iobagio 1240, 122.
Vrachicha villa 1269, 511.
Wran vinea 1240, 122.
Vranja locus 1267, 427.
Wratha locus 1269, 512.
Wratech terra 1256, 45.
Wratynus Incon frater Jakše vicebani 1238, 71.
Wratizlai filii posses. terrae 1262, 229 ; 1269, 492.
Vratissae filii posses. terrae 1256, 25.
Wratizlaus fil. Jacou posses. terrae 1269, 492.
Vratna terra 1265, 360.
Vrba inferior castrum 1259, 150.
Vrban iobag. 1255, 594.
Vrban fil. Pobrad posses. terrae 1270, 534.
Vrbas (Vrbaz) comitatus 1243, 192 ; 1244, 233, 255 ; 1245, 276 ; 1258, 106 ; 1269, 503, 511.
Wrboa aqua 1250, 436.
Wrboycha fluv. 1268, 467.
Vrbona terra 1244, 230, 231.
Wrbna terra 1255, 618.
Vrbovnica fluv. 1260, 181.
Vrbuna rivus 1248, 371, 372.
Vrgat v. Brgat.
Vrh locus 1251, 469.
Vrhbosna (Urhbozna) župa 1244, 239.
Wrych terra 1256, 3.
Vrtaiković Martolo ban nob. rag. 1254, 559.
Vrso archidiac. tragur. 1246, 288.
Vrtelen fluv. 1252, 491.
Vrudki (Vrudchy) posses. bosn. 1244, 239.
Vrusić Goislav nob. rag. 1254, 559.

Vrustum praedium 1253, 544.
Wruz terra 1269, 489.
Vsprina Draga vallis 1249, 392.
Wstychernewz (= Pusti Črnec) posses. 1244, 256.
Vtruyzlaw posses. domus 1261, 204.
Vukan (Vlcannus) iupanus (mem. eius) 1242, 149, 150.
Vukodrug (Veleodrug) Radogostić nob. Croata 1238, 47.
Vukodrug (Wlkodrug) fil. Abrahe posses. terrae 1249, 411.
Vukoslav de Cetina testis 1262, 234.
Vukovar (Walco) castrum et opid. 1238, 49 ; 1239, 81 ; 1244, 227, 237, 266 ; 1246, 289, 307 ; 1249, 382 ; 1251, 447 ; 1258, 101 ; 1263, 279, 280, 284 ; 1264, 302, 325 ; 1267, 449, 450 ; 1269, 491 ; 1270, 537, 576, 579.
Vučina (Vulcina) de Curtisia examin. šibenic. 1243, 209.
Vučeta fil. Predislavi nob. Croata de Cetina 1272, 617.
Vugrovec (Vugra) locus 1237, 43.
Vulascigi (= Vulašići?) locus 1265, 345.
Vulcana rel. Desco Osinacii posses. terrae 1268, 470.
Vulchet potest. spal. 1272, 632.
Vulchislo fil. Nagul posses. terrae 1269, 514.
Vulchuk posses. terrae 1259, 133.
Wulkota iobag. 1256, 44.
Vulpicelle Jacobus nob. ragus. 1243, 212.
Vulxa (= Vukša) nob. croat. 1244, 236.
Wzcopla (= Uskoplje) župa 1244, 240.
Vzlar villa 1267, 447.
Vzma obag. 1257, 76.

Z, Ž.

Zabav Prodasa nob. bosn. 1240, 107.
Žabje (Sabya) locus 1244, 257.
Zabordna rivul. 1256, 29.
Zaburna fluv. 1256, 39.
Zaburna terra 1256, 39.
Zadolinus Duimus nob. iadr. 83, 1258.
Zadurna filii posses. terrae 482, 1268.
Zagorje (Zagoria, Zegueria) comitatus 1236, 19 ; 1239, 97 ; 1242, 170; 1247, 316; 1248, 371; 1254, 549, 1258, 109, 113 ; 1261, 206, 1262, 228 ; 1265, 347 ; 1267, 428, 447, 453; 1268, 484, 1269, 492, 1270, 578.
Zagorje (dalm.) comitatus 1266, 380.
Zagrab posses. terrae 1251, 477 ; 1256, 46.
Zagrabia (Grech) civit. et comit. 1237, 43, 1240, 123 ; 1241, 128, 1242, 172 ; 1244, 242, 262 ; 1247, 323 ; 1249, 402, 412 ; 1252, 481, 490, 517 ; 1255, 616, 618 ; 1256, 5, 15 ; 1257, 64, 67 ; 1258, 100, 108, 120 ; 1259, 126, 140, 144, 146 ; 1261, 200, 202 ; 1262, 229, 230, 1263, 270, 1264, 310 ; 1265, 332 ; 1266, 391, 393, 401, 405, 408, 410; 1267, 423, 424, 425, 432 ; 1269, 486, 489, 517, 518 ; 1270, 545, 558, 573 ; 1271, 599, 604 ; 1272, 619, 621.
Zagrabiense capitulum 1236, 19 ; 1240, 109 ; 1242, 167, 170, 175, 177, 182 ; 1243, 209 ; 1244, 261 ; 1245, 270, 1246, 293, 308 ; 1247, 315, 323, 325, 332 ; 1248, 367 ; 1249, 413 ; 1251, 474 ; 1252, 480, 516, 517, 520, 521 ; 1253, 525, 537, 544, 546 ; 1254, 577, 578 ; 1255, 616 ; 1256, 12, 14, 22, 48, 49 ; 1257, 78, 82 ; 1258, 99, 108, 118, 119 ; 1259, 128, 144 ; 1260, 182, 184 ; 1261, 203, 204 ; 1262, 239, 242 ; 1263, 280 ; 1264, 326 ; 1265, 331, 332 ; 1266, 363, 378, 404, 405, 408 ; 1268, 463, 472 ; 1269, 487, 491, 500, 506, 521 ;

1270, 535, 543, 552, 553, 557, 561, 571 ; 1271, 592, 594, 597, 599, 609 ; 1272, 621.
Zagrabuch aqua 1266, 414.
Zahatuk vallis 1256, 39.
Zaym pataka rivul. 1250, 434.
Zala castrum et comitat. 1244, 245, 246, 250, 256, 261 ; 1248, 368 ; 1250, 421 ; 1251, 473 ; 1254, 548 ; 1256, 22 ; 1259, 132, 141, 142 ; 1261, 197 ; 1267, 452 ; 1268, 481.
Zaladienses castrenses 1239, 79.
Zaladiensis comit. ultra Dravum 1248, 353 ; 1258, 104.
Zalatinnyk (= Slatinik ?) aqua 1265, 348, 351.
Zalatinnik (= Slatinik ?) fluv. 1250, 438, 1263, 261, 262, 281.
Zalathunk (= Slatinik ?) locus 1250, 425.
Zalatinszka rivul. 1256, 32.
Zalaztnik fluv. 1261, 204.
Zamarus nob. vir. 1254, 561.
Zana v. Sana.
Zanicha exam. trag. 1242, 179.
Zaniche Thomas testis 1271, 592.
Zanius de Batallo testis 1242, 141.
Zansi Andreas subdiac. 1260, 173.
Zantii Sab testis 1241, 135.
Zapola (= Zapolje) praed. 1258, 94.
Zapoljščica (Zapolsycha) terra 1257, 71.
Zapotnika rivulus 1266, 404.
Zaratka (Zuratka) fluv. 1239, 78, 79, 96 ; 1240, 122 ; 1264, 316.
Zaroz patak rivul. 1250, 435.
Zarpetri posses. terrae 1265, 362.
Zaton locus 1253, 531 ; 1262, 224.
Zavide filii posses. terrae 1261, 201.
Zavinna Vitalis testis 1247, 317.
Zastoba terrae 1264, 328.
Zbelen aqua 1258, 116.
Zbelou posses. terrae 1258, 118.
Zbogcina terra 1236, 19.
Zcala lapis 1259, 148.
Zcycheu terra 1263, 245.
Zkorin potok 1259, 149.
Zkrabatnik terra 1259, 150.

Zdela locus 1270, 564.
Zdenci (Ezdench) aqua 1244, 248 ; 1252, 485.
Zdenci puteus 1255, 617.
Zdenci (Ezdench, Izdench) terra 1244, 248 ; 1245, 280 ; 1246, 303, 304 ; 1252, 485 ; 1255, 609 ; 1256, 27, 41.
Zebusce terra 1256, 47.
Zedur posses. vineae 1244, 233.
Zegene terra 1259, 133.
Zegueria v. Zagorje.
Zeguna fluv. 1248, 354.
Zelk filius Kokot de Comore posses. terrae 1256, 31.
Zelch locus 1271, 609.
Zelemen (= Sleme) mons. iuxta Požegam 1250, 434.
Zelemen (= Sleme) locus 1266, 413.
Zelencha locus 1258, 112.
Zelengo Dabrane de, nob. rag. 1252, 481.
Želin (= Selyn) locus 1265, 333 ; 1270, 526.
Zelina fluv. 1270, 558.
Zelina (= Sv. Ivan Z.) locus 1237, 43.
Zelnathech terra 1261, 201.
Zemdech mons 1270, 562 rivus.
Zeme posses. terrae 1263, 258.
Zemefelde terra 1263, 258.
Zeminztrug fluv. 1244, 224.
Zenesae filii posses. terrae 1259, 133.
Zenta (= Zeta) regio 1270, 554.
Zepregna (= Ceprenja) iupan. hvaren. et brač. 1242, 151.
Zerchan (= Srčan ?) aqua 1263, 245.
Zerdahel (= Središte locus 1271, 589.
Zeregna fluv. 1257, 75.
Zereua Andreas nob. ragus. 1269, 493
Zetane terra (= Cvetković ?) 1249, 403.
Zetina (= Cetina) comitatus 1244, 244.
Zezvich fluv. 1250, 438.
Ziani Marcus comes arben. 1251, 450, 451; 1252, 488, 1253, 545.
Zibislai filii posses. terrae 1258, 108.
Zibislaui fil. Wolk posses. terrae 1259, 143.

Zibisclaus (= Sibislav ?) comes (kenesius) Usorae 1236, 15, 16.
Zickuan terra 1238, 49.
Zyman terra 1268, 461.
Zimdech rivus 1270, 565.
Zimoti Palma canon. ragus. 1260, 173.
Zyrgerardus comes 1266, 414.
Zitniza locus 1243, 203.
Zyuenk fil. Zorian posses. terrae 1269, 514.
Zlacho villa 1250, 432.
Zlandus (Zalandus) episc. vesprim. 1245, 286 ; 1251, 466, 467, 469, 471 ; 1252, 522.
Zlayna locus 1253, 536.
Zlatcho villa 1255, 592.
Zlatina locus 1268, 473.
Zlogonja (Zlogona) possessio 1244, 246.
Zlonyn (= Slanje) rivulus 1244, 225.
Zlonyn (= Slanje) terra regal. 1244; 224, 225.
Zlošević Pribjen testis 1249, 415 ; 1254, 560.
Zlouina (= Slovina) posses. terrae 1240, 121.
Zlowna posses. terrae 1248, 354.
Zmick fluv. 1263, 281.
Zobozlou villa 1270, 571.
Zochan filii posses. terrae 1269, 488.
Zocbau villa 1259, 150.
Zodislow posses terrae 1248, 354.
Zodyzlo Suynycha terra 1266, 394.
Zoen lector bach. 1244, 266.
Zogenefrie (!) locus 1259, 133.
Zoyl villa 1237, 29.
Zoym praep. čazm. 1274, 323, 325.
Zoysca (= Savica?) rivus 1242, 174.
Zolod comes 1253, 543.
Zoln v. Zvolen.
Zolmuch(?) terra 1258, 106.
Zolna terra 1240, 124.
Zolona terra 1248, 368 ; 1250, 421.
Zolonapotok fluv. 1259, 133.
Zolotnik (= Slatinik ?) vallis 1256, 30.
Zolum (= Zolen, Zolyom) locus 1261, 197.
Zomobor v. Samobor.
Zonuzlov filii posses. terrae 1267, 439.
Zopotnika rivus 1242, 175.

Zoryslo fil. Ozor posses. terrae 1269, 514

Zotischa (= Sotiska) terra 1258, 110.

Zotmar (= Szatmár ?) posses. terrae 1263, 266.

Zouk fil. Stephk posses. terrae 1256, 39.

Zozima praep. čazm. 1246, 304, 1247, 312, 315.

Zporco posses. terrae 1249, 404, 405.

Zquorch fluv. 1264, 321.

Zreua (Zereua, croat. Črijević) Andreas nob. rag. 1247, 330 ; 1248, 339 ; 1249, 400 ; 1251, 460 ; 1254, 559, 569, 573 ; 1255, 599, 600 ; 1257, 57 ; 1258, 95 ; 1259, 123 ; 1262, 224, 225 ; 1265, 353 ; 1269, 493.

Žrnovica locus 1253, 531.

Zrzović Žun nob. rag. 1253, 532.

Ztanysk posses. terae 1258, 120.

Ztrelk posses. vineae 1247, 333.

Zturgo castrum 1270, 571.

Zuent iobagio 1252, 491.

Zuetanna (= Cvjetana) Stasius testis 1258, 87.

Zuetislaus (= Svetislav) imper. bulgar. 1270, 570.

Zuetoh iobag. 1266, 395.

Zuha potok 1266, 412.

Zuhodol terra 1259, 133, 151.

Zuibnik (= Svibnik) locus 1244, 237.

Zuini potok 1259, 149.

Zuynica Marinus nob. ragus. 1243, 212 ; 1247, 331.

Zulga centurio 1249, 398.

Zulich castrum 1236, 20.

Zulre terae 1256, 31.

Zulupico de gen. Grobic posses. terrae 1244, 265.

Zumbor v. Samobor.

Zumuga rivul. 1257, 60.

Zunk terra 1259, 142.

Zund villa 1270, 526.

Zuoytin rivul. 1256, 28.

Zuonna fluv. 1256, 9.

Župa (Breno) locus 1239, 89.

Zuppan diac. 1251, 445.

Zupoth terra 1266, 396.

Zuratka v. Zaratka.

Zuweuscha (= Završje ?) vallis 1256, 27.

Zoaberke silva 1259, 149.

Zwo (= Suho) dol rivul. 1250, 435.

Zvolen (hung. Zolyom, Zoln) civit. 1243, 208 ; 1247, 324, 325 ; 1267, 436.

Zwplych terra 1256, 3.

Knj. XX. Spomenici hrvatske krajine. Vol. III. 1889. Cijena 8 K.
Knj. XXIII. Acta Bosnae potissimum ecclesiastica. 1892. Cijena 10 K.
Knj. XXIV. Index rerum, personarum et locorum in voluminibus I—V. Monumentorum spectantium historiam Slavorum meridionalium. 1893. C. 6 K.
Knj. XXV. Scriptores. Vol. II. Chronica Ragusina J. Restii et J. Gundulae. 1893. Cijena 7 K.
Knj. XXVI. Scriptores. Vol. III. Thomas archidiaconus: Historia Salonitana. 1894. Cijena 4 K.
Knj. XXVII. Monumenta Ragusina. T. III. 1895. Cijena 5 K.
Knj. XXVIII. Monumenta Ragusina. T. IV. 1896. Cijena 5 K.
Knj. XXIX. Monumenta Ragusina. T. V. 1897. Cijena 7 K.
Knj. XXX/₁. Scriptores. Vol. IV. Kercselich Annuae. 1901. Cijena 5 K.
Knj. XXX/₂. Scriptores. Vol. IV. Kercselich Annuae. 1902. Cijena 5 K.
Knj. XXXI. Scriptores. Vol. V. A. Vramecz Kronika. 1908. Cijena 2 K.

5. **Monumenta historico-juridica Slavorum meridionalium. (Knj. 1—9.)**
Knj. I. Statuta et leges civitatis Curzulae. 1877. Cijena 6 K.
Knj. II. Statuta et leges civitatis Spalati. 1878. Cijena 6 K.
Knj. III. Statuta et leges civitatis Buduae, civitatis Scardonae et civitatis et insulae Lesinae 1882—3. Cijena 9 K.
Knj. IV. Statuta lingua croatica conscripta. Hrvatski pisani zakoni: vinodolski, poljički, vrbanski i donekle svega krčkoga otoka, kastavski, veprinački i trsatski. 1890. Cijena 6 K.
Knj. V. Urbaria lingua croatica conscripta. Hrvatski urbari. Svezak I. 1894. Cijena 8 K.
Knj. VI. Acta croatica. Tom. I. (Ab anno 1100—1499). 1898. Cijena 7 K.
Knj. VII. Statuta confraternitatum et corporationum Ragusinarum. Bratovštine i obrtne korporacije u republici dubrovačkoj od XIII. do konca XVIII. vijeka. Sveska 1. 1899. Sveska 2. 1900. Cijena svesci 3 K.
Knj. VIII. Libro delli ordinamenti e delle usance della uniuersitade et dello commun della Isola de Lagusta. Knjiga o uredbama i običajima skupštine i općine ctoka Lastova. 1901. Cijena 3 K.
Knj. IX. Liber statutorum civitatis Ragusii a. 1272. 1904. Cijena 7 K.

6. **Zbornik za narodni život i običaje južnih Slavena. (Knj. 1—13/₁.)**
Knj. 1—6. 1896.—1901. Cijena knjizi po 5 K. — Knj. 7. 1902. Cijena 6 K. — Knj. 8—12 1903.—1907. Cijena knjizi po 5 K. — Knj. 13/₁. 1908. Cijena 2 K. 50 f.

7. **Građa za povijest književnosti hrvatske. (Knj. 1—5.)**
Knj. 1—2 1897—1899. Cijena knj. po 3 K. 60 fil. — Knj. 3 1901. Cijena 4 K. — Knj. 4. 1904. Cijena 3 K. — Knj. 5. 1907. Cijena 4 K.

8. **Ljetopis Jugoslav. akademije znanosti i umjetnosti. Sv. 1—22.** Cijena sves. 1, 2 i 8 po 1 K. 20 fil., sves. 3—7, 9—11 po 2 K., 12 sves. 3 K., 18 sves. 1 K. 60 fil., 14—22 sves. po 2 K.

9, **Historija srednjega vijeka za narod hrvatski i srpski.** Napisao N. Nodilo. Knj. I. Rimski svijet na domaku propasti i Varvari. 1897. Stoji 2 K. Knj. II. Bizantija i germanski zapad do smrti cara Justinijana I. (476—565.) 1900. Stoji 2 K.

10. **Diplomatički zbornik (Codex diplomaticus) kraljevine Hrvatske, Dalmacije i Slavonije.** Sabrao i uredio T. Smičiklas. Svezak II. Listine XII. vijeka (1101—1200.) 1904. — Svezak III. Listine godina 1201—1235. 1905. — Svezak IV. Listine godina 1236—1255. 1906. — Svezak V. Listine godina 1256—1272. 1907. — Cijena svesku po 10 K.

11. **Prinosi za hrvatski pravno-povjestni rječnik.** Napisao V. Mažuranić. Sv. 1. (A—čtenija). 1908. Cijena 4 K.

II. Rječnik hrvatskoga ili srpskoga jezika.

Dio I. Obradio Đ. Daničić. Sv. 1—4. 1880—1882. Dio II. Obradili Đ. Daničić M. Valavac, P. Budmani. Sv. 5—8. 1884—1886. Dio III. Obradio P. Budmani. Sv. 9—12. 1887—1891. Dio IV. Obradio P. Budmani. Sv. 13—17 1893—1897. Dio V. Obradio P. Budmani. Svezak 18—23. 1898—1903. Cijena dijelu 24 K. Dio VI. Obraduje P. Budmani. Sv. 24—26. 1904—1907. Cijena svesku 4 K.

III. Posebna djela, koja je izdala Akademija.

Razreda historičko-filologičkoga i filosofičko-juridičkoga.

1. **Dvie službe rimskoga obreda za svetkovinu sv. Ćirila i Metuda.** Izdao Ivan Berčić. 1870. Cijena 2 K.
2. **Historija dubrovačke drame.** Napisao prof. A. Pavić. 1871. Cijena 2 K. 50 fil.
3. **Pisani zakoni na slovenskom jugu.** Bibliografski nacrt dra. V. Bogišića. 1872. Cijena 2 K. 50 fil.
4. **Izprave o uroti bana Petra Zrinskoga i kneza Fr. Frankopana.** Skupio dr. Fr. Rački. U Zagrebu 1873. Cijena 6 K.
5. **Zbornik sadašnjih pravnih običaja u južnih Slovena.** Osnovao, skupio, uredio V. Bogišić. Knjiga I. 1874. Cijena 12 K.

6. Vetera monumenta Slavorum meridionalium historiam illustrantia. Edidit A. Theiner; tomus I. Romae 1863., tomus II. Zagrabiae 1875. Cijena tomu II. 10 K.
7. Korijeni s riječima od njih postaljom u hrvatskom ili srpskom jeziku. Napisao dr. Gj. Daničić. 1877. Cijena 8 K.
8. Figure u našem narodnom pjesništvu s njihovom teorijom. Napisao L. Zima. 1880. Cijena 5 K.
9. U proslavu petdesetgodišnjice priopreda hrvatske knjige g. 1885. Cijena 4 K
10. Euchologium, glagolski spomenik manastira Sinai brda. Izdao dr. Lavoslav Geitler. 1882. Cijena 4 K.
11. Psalterium, glagolski spomenik manastira Sinai brda. Izdao dr. L. Geitler. 1883. Cijena 7 K.
12. Lekcionari Bernardina Spljećanina. Po prvom izdanju od g. 1495. 1885. Cij. 3 K.
13. Nekoje većinom sintaktične razlike izmedju čakavštine, kajkavštine i štokavštine. Napisao Luka Zima. 1887. Cijena 5 K.
14. Hrvatski spomenici u kajkačkoj okolici uz ostale suvremene dalmatinske iz dobe narodne hrvatske dinastije. Napisao Frane Bulić. 1888. Cijena 5 K. 20 fil.
15. Istorija hrvatskoga pravopisa latinskijem slovima. Napisao dr. T. Maretić. 1889. Cijena 7 K.
16. Dvjestogodišnjica oslobodjenja Slavonije. I. dio: Slavonija i druge hrvatske zemlje pod Turakom i rat oslobodjenja. Napisao T. Smičiklas. 1891. Cijena 8 K. — II. dio: Spomenici o Slavoniji u XVII. vijeku (1640—1702). Skupio T. Smičiklas. 1891. Cijena 6 K.
17. Kolunićev zbornik. Hrvatski glagolski rukopis od godine 1486. Izdao M. Valjavac. 1892. Cijena 5 K.
18. Zadarski i Ranjinin lekcionar. Za štampu priredio Milan Rešetar. 1894. Cijena 6 K.
19. Sbornik jugoslavenskih umjetnih spomenika. Prvi svezak: Zavjetna spomenslika slavenskih apostola i srodni joj spomenici. Razpravio Prof. Dr. Luka Jelić. 1895. Cijena 4 K.
Život i djela dra. Franje Račkoga. Napisao T. Smičiklas. 1895. Cijena 2 K.
20. Akcenti u glagola. Napisao Gjuro Daničić. 1896. Cijena 1 K. 40 fil.
21. Regesta documentorum regni Croatiae, Dalmatiae et Slavoniae saeculi XIII.
22. Collegit et digessit I. Kukuljević de Saccis. Zagrabiae 1896. Cijena 12 K.
23. Nacrt života i djelâ biskupa J. J. Strossmayera i izabrani njegovi spisi: govori, rasprave i okružnice. Napisao i sabrao T. Smičiklas. 1906. Cijena 5 K.

Razreda matematičko-prirodoslovnoga:

1. Flora croatica. Auctoribus Dr. Jos. Schlosser et Lud. Farkaš-Vukotinović 1869. Cijena 12 K.
2. Fauna kornjaša trojedne kraljevine. Od dra. J. K. Schlossera Klekovskoga. 1-77—1879. Knj. I., II., III. Cijena svakoj knjizi 6 K.
3. Izvješće o zagrebačkom potresu 9. studenoga 1880. Sastavio J. Torbar. 1882. Cijena 4 K.
4. Flora fossilis Susedana (Susedska fosilna flora. — Flore fossile de Sused.) Auctore Georgio dr. Pilar. 1883. Cijena 16 K.
5. Geografijske koordinate ili položaji glavnijih točaka Dalmacije, Hrvatske, Slavonije i djelomice susjednih zemalja, imenito Bosne i Hercegovine, Istre, Kranjske itd. Sastavio dr. Gj. Pilar. 1890. Cijena 8 K.
6. De piscibus fossilibus. — Fosilne ribe Komena, Mrzleka, Hvara i M. Libanona. Napisao dr. Drag. Gorjanović-Kramberger. 1895. Cijena 7 K.
7. Gragja za neogensku malakološku faunu Dalmacije, Hrvatske i Slavonije uz neke vrste iz Bosne, Hercegovine i Srbije. — Matériaux pour la faune malacologique néogène de la Dalmatie, de la Croatie et de la Slavonie avec des espèces de la Bosnie, de l'Herzégovine et de la Serbie. Složio Spiridion Brusina. Sa 21 tablicom. 1897. Cijena 12 K.

IV. Knjige, koje su prešle u svojinu Akademije ili su izašle njezinim troškom:

1. Jugoslavenski imenik bilja. Sastavio dr. B. Šulek. 1879. Cijena 4 K.
2. Povjestni spomenici južih Slavena. Izdao I. Kukuljević. Knj. I. (Acta croatica.) 1868. Cijena 6 K.
3. Рјечник из књижевних старина српских. Написао Ђ. Даничић. Књига III. Cijena 6 K.
4. Живот св. Саве и Симеуна од Доментијана. На свијет издао Ђ. Даничић. Cijena 2 K. 60 fil.
5. Животи краљева и архиепискова српских од Данила. На свијет издао Ђ. Даничић. Cijena 2 K. 60 fil.
6. Kurelac: Stope Hristove. Cijena 1 K.
   Jačke. Cijena 2 K.
7. Rački: Assemanov evangjelistar. Cijena 6 K.
8. Historija srednjega vijeka za narod hrvatski i srpski. Napisao N. Nodilo. Knj. III. Varvarstvo otima mah nad Bizantijom, do smrti cara Heraklija (566—641.) U Zagrebu 1905. Cijena 2 K.